Hartmann | Volks- und Weltwirtschaft

Hartmann

Volks- und Weltwirtschaft

Merkur
Verlag Rinteln

Wirtschaftswissenschaftliche Bücherei für Schule und Praxis
Begründet von Handelsschul-Direktor Dipl.-Hdl. Friedrich Hutkap †

Verfasser:

Gernot B. Hartmann
Dipl.-Handelslehrer

* * * * *

27., aktualisierte Auflage 2008

Gesamtherstellung:
MERKUR VERLAG RINTELN Hutkap GmbH & Co. KG, 31735 Rinteln

E-Mail: info@merkur-verlag.de
lehrer-service@merkur-verlag.de
Internet: www.merkur-verlag.de

ISBN 978-3-8120-**0320-9**

Vorwort

- Das vorliegende Lehrbuch setzt sich zum Ziel, volks- und weltwirtschaftliche Lerninhalte aktuell und praxisnah darzustellen. Sie werden in die Lage versetzt, wirtschaftliche und gesellschaftliche Erscheinungen und Nachrichten, wie z.B. den Wirtschaftsteil einer Tageszeitung, zu verstehen und zu beurteilen. Die „Aufgaben" enthalten daher nicht nur Fragen zur Wiederholung und Vertiefung, sondern eine Fülle von zu interpretierenden Textauszügen aus Zeitungen, Informationsdiensten und Zeitschriften.
- Gleichzeitig erhalten Sie auch eine Einführung in das wissenschaftliche Modelldenken. Sie lernen, dass Modelle an bestimmte Voraussetzungen gebunden sind und daher lediglich eine begrenzte Aussagekraft besitzen.
- Zahlreiche Beispiele, Statistiken, Abbildungen, Begriffsschemata, Gegenüberstellungen und Zusammenfassungen erhöhen Ihr Verständnis für die angesprochenen Grundprobleme der Volkswirtschaftstheorie und -politik. In diesem Buch können Sie nicht nur nachlesen wie etwas ist, sondern *warum* es so ist.
- Fremdwörter und notwendige Fachausdrücke werden grundsätzlich erklärt. Texthinweise auf zuvor behandelte oder noch zu besprechende Lerninhalte erleichtern Lernschleifen. Ein ausführliches Stichwortverzeichnis hilft Ihnen, sich schnell zu informieren.
- Viele Beispiele und Abbildungen tragen dazu bei, dass Sie das Gelernte auf ähnliche Situationen anwenden können. Es ist deshalb zweckmäßig, wenn Sie zumindest einen Teil der angebotenen Aufgaben durcharbeiten.
- Der leicht verständliche Text mit seinen Erläuterungen und Begriffserklärungen versetzt Sie in die Lage, das im Unterricht bzw. in Kursen Gehörte nochmals *nachzulesen* und *nachzudenken*. Sollten Sie den Unterricht bzw. den Kurs einmal versäumen müssen, können Sie mit Hilfe des Buchs den Stoff selbstständig nachholen, ohne dass Verständnislücken entstehen.
- Das Buch berücksichtigt so viele fächerübergreifende Ansätze wie möglich. So bestehen zahlreiche Berührungspunkte zur Betriebswirtschaftslehre (z.B. Arbeitsteilung, Kostentheorie), zur Mathematik (z.B. Geldschöpfung der Kreditinstitute), zum Recht (z.B. Grundgesetz, Kartellrecht), zur Ethik (z.B. Ordnungsrahmen von Wirtschaftssystemen), zur Geschichte (z.B. Wirtschaftsordnungen, Entstehung der Europäischen Union, Geschichte des Geldes, Inflation und Deflation), zum kaufmännischen Rechnen (z.B. Tenderverfahren im Rahmen der Offenmarktpolitik der Europäischen Zentralbank) und zur Buchführung (z.B. Geldschöpfung und -vernichtung durch eine Zentralbank, Zahlungsbilanz).
- Die mit einem „Sternchen" (*) gekennzeichneten Aufgaben entstammen – teilweise in abgeänderter Form – ehemaligen Abschlussprüfungen.

Wir wünschen Ihnen einen guten Lernerfolg.

Verlag und Verfasser

Vorwort zur 25. Auflage

In der 25. Auflage wurde die im Jahr 2005 erfolgte Änderung des Gesetzes gegen den unlauteren Wettbewerb (GWB) eingearbeitet. Berücksichtigung fanden ferner die Revision der Volkswirtschaftlichen Gesamtrechnungen (2005) sowie die so genannte „Stabilitätspaktreform" (ebenfalls 2005).

Ferner wurden die Schaubilder und Statistiken auf den neuesten Stand gebracht Wo erforderlich, wurden die in den Aufgaben zu bearbeitenden Texte aktualisiert.

Im Sommer 2006

Verlag und Verfasser

Vorwort zur 26. Auflage

Auch in dieser Auflage wurden wiederum Schaubilder und Statistiken aktualisiert. Außerdem wurden eine Reihe von kleineren und größeren Fehlern korrigiert.

Im Sommer 2007

Verlag und Verfasser

Vorwort zur 27. Auflage

In diese Auflage wurden u.a. der neue „Warenkorb" des Statistischen Bundesamtes sowie die Erweiterung der Europäischen Wirtschafts- und Währungsunion eingearbeitet. Darüber hinaus wurden die Statistiken und Schaubilder auf den neuesten Stand gebracht. Druckfehler und Ungenauigkeiten wurden verbessert.

Im Sommer 2008

Verlag und Verfasser

Inhaltsverzeichnis

1 Grundfragen der Wirtschaft

1.1 Fragestellung

Die Wirtschaft ist zwar nicht die Hauptsache, aber die wichtigste Nebensache der Welt.[1]

Jeder von uns kommt tagtäglich mit wirtschaftlichen Dingen in Berührung. Ganz gleich, ob wir im Einzelhandelsgeschäft lebensnotwendige oder weniger notwendige Waren einkaufen, ob wir einen Arbeitsplatz suchen und annehmen, um Geld zu verdienen, ob wir eine Kinokarte kaufen oder in einer Gaststätte ein Bier trinken – wir nehmen die *Dienste* anderer in Anspruch oder verbrauchen und benutzen die *Produkte*, die andere Menschen erzeugt haben. Und nicht nur dies: Wenn wir in einem Unternehmen oder in einer staatlichen Behörde arbeiten, interessiert uns nicht nur, ob die Arbeit angenehm ist, ob wir ein gutes Betriebsklima vorfinden, sondern auch, wie hoch der *Lohn* oder das *Gehalt* ist. Wenn wir das verdiente Geld ausgeben, werden wir uns überlegen, ob der Preis der Sachgüter oder Dienste, die wir kaufen wollen, für uns tragbar ist oder nicht. Wir sind, ob wir wollen oder nicht, Glieder einer Gesellschaft und damit der Wirtschaft.[2] Die Wirtschaft ist somit ein Teil des sozialen Lebensbereichs, „derjenige Bereich menschlichen Tätigseins, der die Versorgung mit Gütern und Leistungen zum Gegenstand hat".[3]

■ Die **Volkswirtschaft** ist die Summe aller Einrichtungen und sozialen Handlungen, die der Bedarfsdeckung innerhalb eines Staates dienen.

Mit dem Alltagswissen über wirtschaftliche (= ökonomische) Erscheinungen können wir nicht erklären, weshalb bestimmte wirtschaftliche Sachverhalte so und nicht anders waren bzw. sind. Dies ist vielmehr die Aufgabe wissenschaftlicher Untersuchungen (Analysen). Mehr noch: Alle Mitglieder einer Gesellschaft haben bestimmte Vorstellungen darüber, was sein sollte und darüber, was ihnen am augenblicklichen Zustand der Gesellschaft gefällt oder nicht gefällt. So erwarten wir z. B. von der Regierung, dass sie Maßnahmen gegen die Arbeitslosigkeit, gegen die Inflation, gegen die Kostenexplosion im Gesundheitswesen usw. ergreift. Mit der Frage, wie sich ein bestimmter Sollzustand (ein bestimmtes Ziel) erreichen lässt, befasst sich die Wirtschaftspolitik.

1 Das Wort wird einem englischen Publizisten (Name unbekannt) zugeschrieben.

2 Unter Gesellschaft versteht man ein soziales (= zwischenmenschliches) System, dessen Mitglieder sich weitgehend den gleichen Normen (= Verhaltensregeln) verpflichtet fühlen und ein Mindestmaß an Zusammengehörigkeitsgefühl (= Wir-Gefühl) entwickelt haben.

3 BRANDT, K.: Einführung in die Volkswirtschaftslehre, 3. Aufl. 1973, S. 19.

Nach dem Gesagten hat die Volkswirtschaftslehre folgende Aufgabengebiete (Fragestellungen):

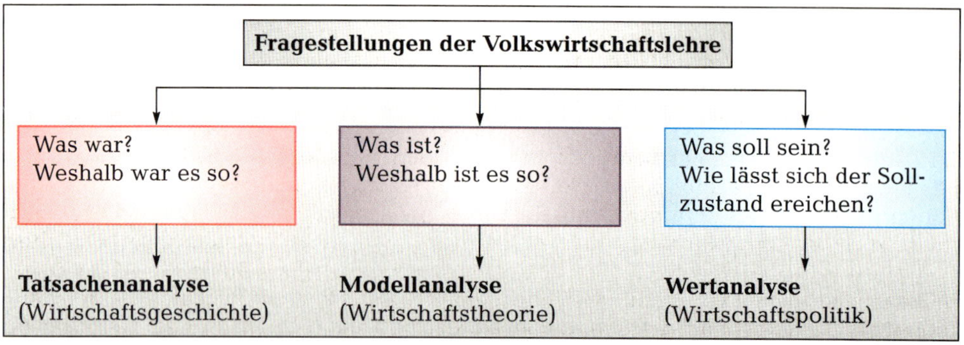

Abb. 1.1

Zusammenfassend kann man sagen:

- Die Volkswirtschaftslehre hat die Aufgabe, Ursachen und Wirkungen wirtschaftlicher Abläufe zu untersuchen und zu erklären und damit Unterlagen für die praktische Wirtschafts- und Sozialpolitik zu liefern.

1.2 Produktionsziele

Willst du jemanden reich machen, musst du ihm nicht das Gut mehren, sondern seine Bedürfnisse mindern.

(EPIKUR)[1]

1.2.1 Begriff und Arten der Bedürfnisse

Der Mensch hat zahlreiche Bedürfnisse. Wenn er Durst hat, hat er das Bedürfnis zu trinken. Hat er Hunger, will er essen. Friert er, wird in ihm der Wunsch nach warmer Kleidung und/oder nach einer Behausung wach. Die Reihe der Beispiele ließe sich beliebig fortsetzen. Um auch ein nicht körperliches Bedürfnis zu nennen: Ist es dem Menschen langweilig, hat er z. B. den Wunsch, sich zu unterhalten oder sich unterhalten zu lassen. Er möchte z.B. ein Buch lesen, ins Kino gehen oder eine Diskothek besuchen.

- Unter **Bedürfnissen** versteht man Mangelempfindungen der Menschen, die diese zu beheben bestrebt sind.

Die Bedürfnisse sind also die *Antriebe* (Motive) des wirtschaftlichen Handelns der Menschen. Ursprüngliches Ziel des wirtschaftlichen Handelns ist, die eigene und auch fremde Existenz zu sichern (z.B. die Existenz der übrigen Familienmitglieder).

1 EPIKUR (EPIKUROS), griechischer Philosoph, 341 bis 271 v. Chr. EPIKUR war ein Gegner des üppigen Genusses, weil dieser den „Seelenfrieden", d.h. die Zufriedenheit zerstöre.

Die wichtigste Unterscheidung der Bedürfnisse ist die nach ihrer *Dringlichkeit*. Die so genannten **Existenzbedürfnisse** *müssen* befriedigt werden: Ihre Befriedigung ist *lebensnotwendig*. Bei den **Kultur-** und **Luxusbedürfnissen** liegen die Dinge anders. Diese Bedürfnisse wurden im Menschen dadurch erzeugt, dass er in einer bestimmten Gesellschaft mit einer bestimmten Kultur lebt,[1] innerhalb der er eine bestimmte Stellung einnimmt. Man sagt, die Kultur- und Luxusbedürfnisse (auch „Wohlfahrtsbedürfnisse" genannt) seien soziokulturell bestimmt.

Eine weitere Einteilung der Bedürfnisse in **Individual-** und **Kollektivbedürfnisse** (= Sozialbedürfnisse) ist anfechtbar, weil *alle* Bedürfnisse letztlich vom Einzelnen, d.h. vom Individuum ausgehen, also nur von ihm selbst empfunden werden. Die Einteilung lässt sich nur aufrechterhalten, wenn man definiert, dass sich die Individualbedürfnisse auf Güter (im weitesten Sinne) richten, die der Einzelne für sich *allein* (bzw. innerhalb seiner Familie) konsumieren kann (z.B. Brot, Getränke, ein Möbelstück, ein Privatauto), während die Kollektivbedürfnisse mit Gütern befriedigt werden, die *allen* Mitgliedern der Gesellschaft zur Nutzung zur Verfügung stehen bzw. nach überwiegender Meinung zur Verfügung stehen sollten (z.B. Straßen, öffentliche Verkehrsmittel, Krankenhäuser, Schulen, saubere Umwelt).

Eine weite Verbreitung in der Wirtschaftstheorie hat die **Bedürfnishierarchie**[2] von MASLOW[3] gefunden. Er ging von der Annahme aus, dass zwei Hauptarten von Bedürfnissen den Menschen wirtschaftlich tätig werden (arbeiten) lassen, und zwar die **Defizitbedürfnisse** (Mangelbedürfnisse) und die **Wachstumsbedürfnisse.**

Die **Mangelbedürfnisse** sind:

1. **Physiologische (körperliche) Bedürfnisse** (z.B. Hunger, Durst, Schlafbedürfnis). Ihre Nichterfüllung vernichtet die Existenz.
2. **Sicherheitsbedürfnisse** (z.B. Bedürfnisse nach Zukunftsfürsorge, Schutz, materieller Sicherheit).
3. **Soziale Bedürfnisse** (z.B. Bedürfnisse nach Kontakt mit anderen Menschen, nach Zuneigung, Liebe, Geborgenheit).
4. **Ich-Bedürfnisse** (z.B. Bedürfnisse nach sozialem Ansehen, Prestige, Anerkennung, Macht).

Die **Wachstumsbedürfnisse** sind Bedürfnisse nach Selbstverwirklichung.

Werden die Sicherheitsbedürfnisse, die sozialen und die Ich-Bedürfnisse nicht oder nur unzureichend befriedigt, können seelische und/oder körperliche Krankheiten eintreten.

Die Bedürfnisse nach MASLOW sind hierarchisch geordnet, d.h., das jeweils „höhere" Bedürfnis kommt dann in vollem Umfang zum Tragen, wenn die „niedrigeren" Bedürfnisse vollständig (die physiologischen Bedürfnisse) oder zumindest teilweise (die übrigen Mangelbedürfnisse) erfüllt sind. Mit der Aussage, dass der Mensch nach „Selbstverwirklichung" strebe, will MASLOW erklären, dass der Mensch auch dann arbeitet (unter Umständen auch wirtschaftlich tätig wird), wenn die Mangelbedürfnisse befriedigt sind. Was indessen unter Selbstverwirklichung im Einzelnen zu verstehen ist, kann nicht definiert werden. Jeder versteht hierunter etwas anderes. (Beispiele: Der eine findet seine „Selbstverwirklichung" darin, dass er Briefmarken sammelt, Gedichte schreibt oder Bilder malt; der andere findet seine Selbstbestätigung in einem Verein, in einer Gewerkschaft oder in der Politik.)

---

1 Das Hineinwachsen in die Gesellschaft bezeichnet man als Sozialisationsprozess.

2 Hierarchie = Rangfolge.

3 MASLOW, A. H.: Motivation and personality, New York 1954. MASLOW war Psychologe.

Überblick über wichtige Einteilungsmöglichkeiten der Bedürfnisse

Einteilung	Arten	Beispiele	Mittel der Befriedigung (Güter)
■ **nach der Dringlichkeit**	Existenzbedürfnisse (absolute Bedürfnisse = Primärbedürfnisse)	Hunger, Durst	Reis, Wasser
	Kultur- und Luxusbedürfnisse (relative Bedürfnisse = Sekundärbedürfnisse)	Auto fahren wollen, fliegen wollen	Personenwagen, Ferienreise
■ **nach den gesellschaftlichen Befriedigungsmöglichkeiten**	Individualbedürfnisse	sich unterhalten wollen	Fernsehapparat
	Kollektivbedürfnisse	sich sauberen Fußes bewegen wollen	Straßen, Gehwege
■ **nach individuellen Empfindungen**	körperliche (materielle) Bedürfnisse	Hunger, Durst	Fleisch, Bier
	seelische Bedürfnisse } immaterielle Bedürfnisse	Liebe, Geborgenheit, Verlangen nach Gerechtigkeit	soziale Umwelt, Gesellschaft, Staat
	geistige Bedürfnisse } immaterielle Bedürfnisse	Wissensdurst, Wünsche nach besserer Ausbildung	Bücher, Abendkurs
■ **nach der Befriedigungsmöglichkeit**	wirtschaftliche Bedürfnisse	Bedürfnis nach Wärme	knappe Güter wie Heizung und Wohnung
	nicht wirtschaftliche Bedürfnisse	Bedürfnis zu atmen	freie Güter wie Luft
■ **nach der Rangordnung (siehe auch Einteilung nach der Dringlichkeit)**	primäre Bedürfnisse	Hunger, Durst, Schlafbedürfnis, Wärmebedürfnis	Fleisch, Milch, Bett, Unterkunft
	sekundäre Bedürfnisse (= soziale Bedürfnisse = gelernte Bedürfnisse = nicht physiologische Bedürfnisse)	Streben nach Macht und Ansehen, Streben nach Selbstverwirklichung	soziale Umwelt

Übersicht 1.1

1.2.2 Bedarf und Nachfrage

Sind die Bedürfnisse auf *knappe Güter*[1] gerichtet, handelt es sich also um wirtschaftliche Bedürfnisse (siehe Zeile 4 in der Übersicht 1.1), können diese nur befriedigt werden, wenn der Einzelne über die erforderlichen finanziellen Mittel (Einkommen, Vermögen) verfügt, wenn er *Kaufkraft* besitzt.

■ Die mit Kaufkraft ausgestatteten Bedürfnisse heißen **Bedarf.**

Es muss jedoch gesagt werden, dass in der Literatur und im Sprachgebrauch mitunter kein Unterschied zwischen Bedürfnissen und Bedarf gemacht wird.

Von *Nachfrage* wird hingegen gesprochen, wenn die auf dem *Markt* angebotenen Güter durch zahlungsbereite Käufer verlangt werden. So mag sich z.B. ein junger Angestellter eine Stereoanlage, ein Moped und eine Videokamera wünschen. Sein Einkommen reicht nicht zum Kauf aller, wohl aber zum Kauf eines dieser Güter aus. Der Bedarf nach *allen* drei Produkten besteht dennoch. Entschließt sich der Angestellte zum Kauf der Videokamera, wird der Bedarf zur Nachfrage.

■ Unter **Nachfrage** versteht man den auf dem Markt erscheinenden Bedarf.

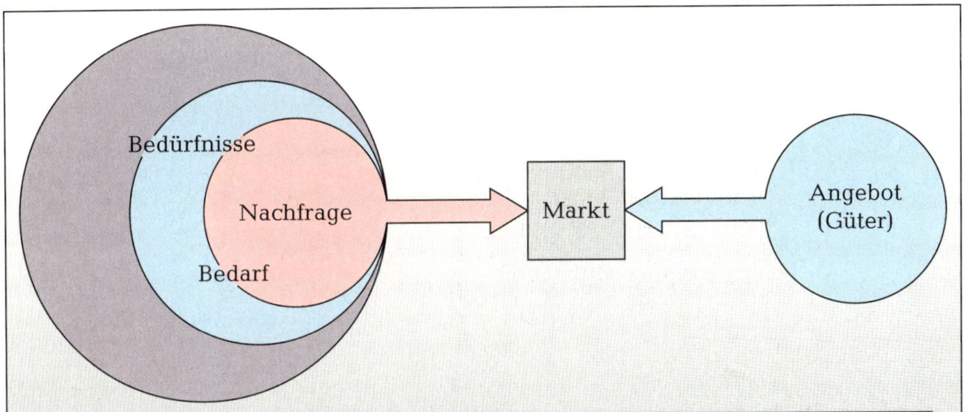

Der Bedarf ist eine Teilmenge der Bedürfnisse, die Nachfrage eine Teilmenge des Bedarfs. Der Markt bringt Nachfrage und Angebot zum Ausgleich.

Abb. 1.2

Der Mensch wird, wenn er vernünftig (rational) handelt, zunächst die Bedürfnisse zu befriedigen suchen, die ihm am dringlichsten erscheinen.[2] Er wird also sagen können, welches Bedürfnis *stärker* als ein anderes ist. Da eine Rangordnung der Bedürfnisse nach ihrer Dringlichkeit aufgestellt werden kann, sagt man, dass die Bedürfnisse *ordinal* messbar seien. Eine *kardinale* (zahlenmäßige) Messung der Bedürfnisstärke ist jedoch *nicht* möglich. Niemand kann etwa sagen, dass er im Augenblick doppelt so viel Durst wie Hun-

1 Näheres siehe Kapiel 1.2.3.

2 Auf diese Frage wird im Kapitel 3.1 näher eingegangen.

2 Hartmann - ISBN 978-3-8120-0320-9

ger habe, dass sein Bedürfnis, ins Theater zu gehen, aber das Dreifache seines Dursts ausmache.

■ **Bedürfnisse** sind zwar ordinal, nicht aber kardinal messbar.

Wir leben nicht, um zu essen,
wir essen, um zu leben.

(SOKRATES)[1]

1.2.3 Güter und Güterarten

Bedürfnisse wollen befriedigt werden. Wer Hunger hat, braucht Nahrung. Wer Durst hat, braucht Getränke, um seinen Durst zu stillen. Wer friert, braucht Wärme und Kleidung. Wer Neues wissen will, braucht Informationen (z.B. aus einem Buch). Und wer schließlich krank ist, braucht ärztliche Beratung und Hilfe. Der Gebrauch oder Verbrauch aller Dinge und Dienste, die der Bedürfnisbefriedigung dienen, erhöhen das Wohlbefinden des Menschen. Man sagt, dass die Bedürfnisbefriedigung „Nutzen" stiftet.[2]

■ Die Mittel, die dem Menschen Nutzen stiften, heißen **Güter.**

Die Güter können **Sachgüter** (z.B. Lebensmittel, Kleidung, Wohnungseinrichtung), **Dienstleistungen** (z.B. Unterrichtstätigkeit, ärztliche Behandlung, Beratung durch einen Rechtsanwalt) oder **Rechte** (z.B. Patente, Gebrauchsmuster, Firmenwert) sein.

In der Regel sind die Güter *knapp.*[3] Sie sind dann **wirtschaftliche Güter.** Die **freien Güter,** d.h. solche, die in unbeschränktem Maße zur Verfügung stehen (z.B. Luft, Sand, Meerwasser), können von jedem Menschen nach Belieben in Anspruch genommen werden. Sie sind nicht Gegenstand des Wirtschaftens. Allerdings ist zu bemerken, dass die freien Güter durch den Raubbau an der Natur (Vernichtung der Tierwelt, Verschmutzung der Binnengewässer, der Meere und der Luft) immer knapper werden, sodass sie zu wirtschaftlichen Gütern werden, bei denen es gilt, sie mit Verstand (rational) zu verwalten und zu verteilen.

Güter, die der unmittelbaren Bedürfnisbefriedigung dienen, nennt man **Konsumgüter** (Gegenwartsgüter). Solche, die zur Herstellung (Produktion) von Wirtschaftsgütern gebraucht werden, heißen **Produktionsgüter** (Zukunftsgüter), seien es nun Roh-, Hilfs- und Betriebsstoffe **(Verbrauchsgüter)** oder Maschinen, maschinelle Anlagen und Werkzeuge **(Gebrauchsgüter).**

Die Wirtschaftsgüter im weitesten Sinne setzen sich nicht nur aus Sachgütern aller Art, sondern auch aus Dienstleistungen und Rechten zusammen. All das, was verhältnismäßig knapp ist und wofür zumindest einige Leute gewillt sind, einen Preis zu zahlen, zählt zum Begriff des „wirtschaftlichen Gutes".

---

1 SOKRATES, griechischer Philosoph, 470 bis 399 v. Chr. Aus einsichtigem Denken, so meinte er, gehe rechtes, d.h. sittliches Handeln hervor.

2 Die Psychologen sprechen von „Lustgewinn".

3 Der Begriff Knappheit darf nicht mit dem Begriff Seltenheit verwechselt werden. Malt ein Sonntagsmaler z. B. ein Bild, so besteht dieses Bild nur ein Mal auf der Welt. Das Bild ist „selten". Will indessen kein Mensch dieses Bild haben, geschweige kaufen, ist das Bild nicht knapp. Knappheit liegt nur vor, wenn die Bedürfnisse nach bestimmten Dingen größer sind als die Zahl dieser Dinge.

Alle materiellen Güter, die wir ge- und verbrauchen, entstammen letztlich unserer natürlichen Umwelt, dem Produktionsfaktor **Natur** (siehe auch Kapitel 1.3.1). Werden die Güter gebrauchs- oder verbrauchsfertig von der Natur geliefert, bezeichnet man sie auch als **Natur-** oder **Umweltgüter.** Werden sie durch den Menschen in irgendeiner Weise verändert, z.B. Meerwasser zu Trinkwasser, Lehm zu Ziegeln, Eisenerz zu Industriestahl, Gold zu Schmuck oder Getreide zu Mehl, werden sie zu **Industriegütern.** Auch durch den Transport vom Fundort zum Verbrauchsort oder durch den Kauf bzw. Verkauf werden die Naturgüter zu Industriegütern.

Lange Zeit wurden die Naturgüter als kostenlose „Gabe" der Natur angesehen, die man beliebig „nutzen", „benutzen" und „ausbeuten" kann. In der heutigen Zeit, in der die natürlichen Ressourcen (Vorräte, Quellen) immer knapper werden, die Natur als „kostenlose" Lagerstätte für Abfälle aller Art missbraucht wird und täglich zahllose Tier- und Pflanzenarten für immer ausgerottet werden, beginnt sich die Ansicht durchzusetzen, dass die Natur nicht länger als „Gratisquelle" und als „Gratisdeponie" betrachtet werden darf, dass also die meisten Naturgüter **nicht** „frei" sind.

Nachstehendes Begriffsschema bringt die verschiedenen Güterbegriffe in Zusammenhang:

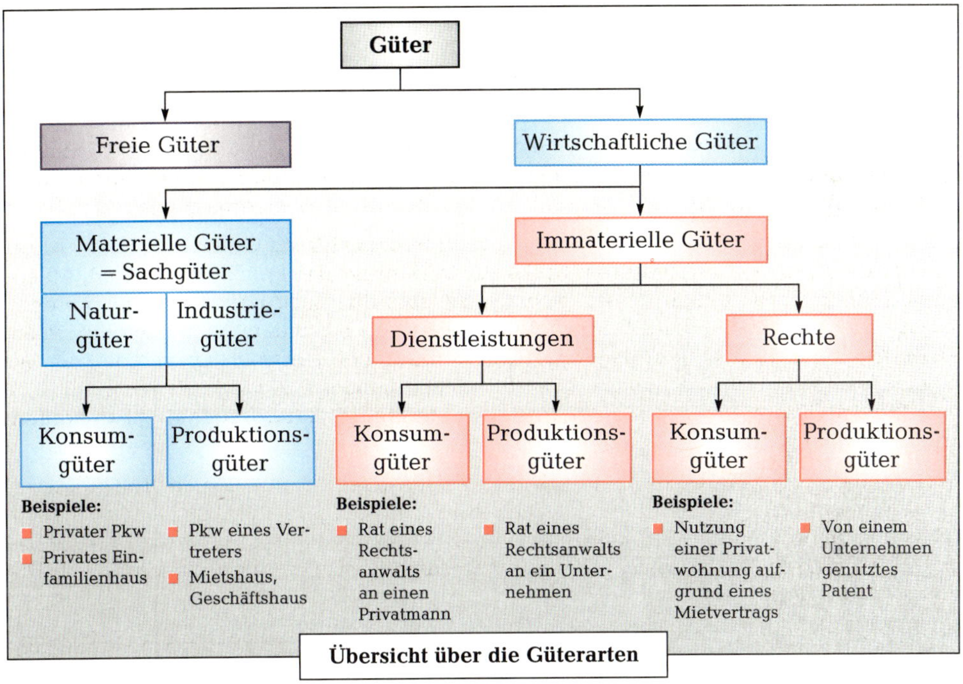

Abb. 1.3

Eine andere Einteilung der Güter nahm CARL MENGER (1840 – 1921) vor. Er unterschied zwischen **Gütern niederer Ordnung** und **Gütern höherer Ordnung.** Ein Gut erster Ordnung ist nach ihm beispielsweise das Brot, ein Gut zweiter Ordnung das Mehl, ein Gut dritter Ordnung das Getreide, wobei man in jeder Bearbeitungsstufe weitere Produktionsgüter benötigt (Einrichtung der Bäckerei, landwirtschaftliche Maschinen).[1]

1 Diese Unterteilung ist z.B. bei der Besprechung der Zentralverwaltungswirtschaft von Bedeutung (s. Kapitel 6).

Je nach Untersuchungsgegenstand werden in der Volkswirtschaftslehre die Güter nach unterschiedlichen Gesichtspunkten eingeteilt. Nachstehend eine kurze Übersicht:

Übersicht über verschiedene Güterarten

Einteilung	**Arten**	**Beispiele**	**Bedeutung für**
■ **nach der Knappheit**	freie Güter	Luft, Sand am Meer, Sonnenenergie	Kap. 1.2.4
	wirtschaftliche Güter	Rohstoffe, Produktionsmittel, Nahrungsmittel (Gemüse, Obst)	
■ **nach dem Zeitraum der Nutzung**	Gebrauchsgüter	Automobile, Kühlschränke, Kleidung	Kap. 1.3.1
	Verbrauchsgüter	Nahrungsmittel, Tinte, Bleistifte, Nägel	
■ **nach der Bedeutung für den Produktionsprozess**	Produktionsgüter (Zukunftsgüter)	Fabrikgebäude, Handelsgeschäfte, Maschinen, Kraftfahrzeuge	Kap. 1.3.1 Kap. 1.3.3
	Konsumgüter (Gegenwartsgüter)	Einfamilienhäuser, Freizeitkleidung, Lebensmittel	
■ **nach der Austauschbarkeit**	Substitutionsgüter	Metall – Kunststoff; Bier – Wein	Kap. 3.2.2
	Komplementärgüter	Messer – Gabel; Auto – Benzin; Lampe – Steckdose	
■ **nach der Vergleichbarkeit**	homogene Güter	z.B. Aktien einer bestimmten Gesellschaft, Banknoten, Gold, Kupfer	Kap. 4.2
	inhomogene (= heterogene) Güter	verschiedene Biersorten, Obstqualitäten, Autos verschiedener Hersteller, Kaffeesorten	
■ **nach der Qualität**	inferiore Güter	Kartoffeln, Brot, Malzkaffee	Kap. 3.2.2
	superiore Güter	Teigwaren, Fleisch, Bohnenkaffee	
■ **nach der Bedarfsdeckung**	Güter des privaten Bedarfs (Individualbedarf)	Abendanzug, Privatwohnung	Kap. 1.2.5
	Güter des öffentlichen Bedarfs	Uniformen für Polizei, Schulräume	
■ **nach politischen Gesichtspunkten**	Güter des zivilen Bedarfs	Wohnhäuser mit Privatwohnungen, privat genutzte Autos	Kap. 1.2.5
	Güter des militärischen Bedarfs	Kasernen, Panzer, Kriegsschiffe	
■ **nach der Elastizität der Nachfrage**	Güter des Zwangsbedarfs	Grundnahrungsmittel, Medikamente	Kap. 3.2.2
	Güter des Wahlbedarfs	Luxusgüter	

Übersicht 1.2

Nachfrage ist der Bedarf
plus die Mittel ihn zu befriedigen.
(MANFRED ROMMEL)

1.2.4 Knappheit der Güter und ökonomisches Prinzip

Gehen wir davon aus, dass die Bedürfnisse *größer* sind als die Befriedigungsmöglichkeiten, also die zur Verfügung stehenden Güter. Das dann entstehende Spannungsverhältnis zwingt den Menschen zum *Wirtschaften*. Versucht der Mensch, dieses Problem bewusst (mit Verstand = rational) zu lösen, handelt er nach dem **ökonomischen Prinzip.**

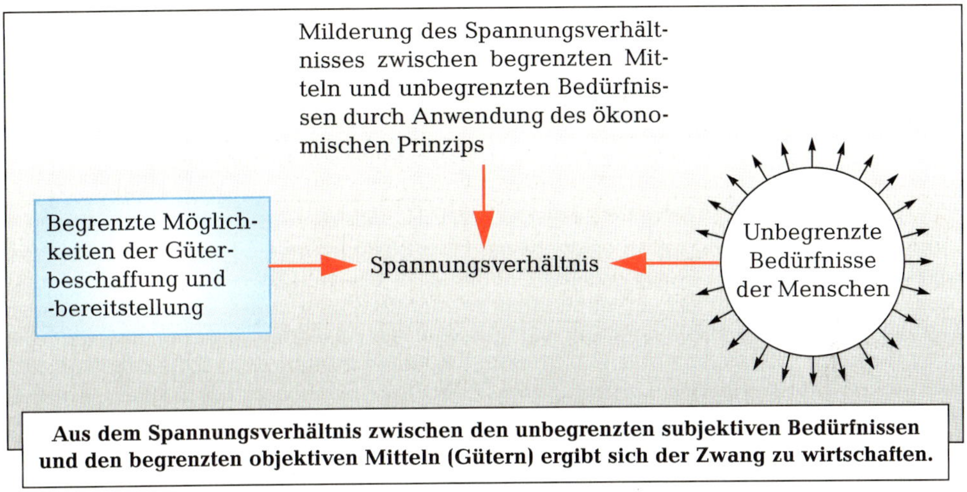

Abb. 1.4

Das ökonomische Prinzip lässt sich auf dreierlei Weise ausdrücken:

- Mit gegebenen Mitteln ist der größtmögliche Erfolg zu erzielen **(Maximalprinzip).**
- Ein geplanter Erfolg ist mit dem geringsten Einsatz an Mitteln anzustreben **(Minimalprinzip, Sparprinzip).**
- Es gilt, einen möglichst großen Überschuss an Erfolg über den Mitteleinsatz zu erlangen (allgemeine Formulierung).

Ein einzelner Verbraucher handelt dann z.B. nach dem wirtschaftlichen Prinzip, wenn er sein Nettoeinkommen (= gegebene Mittel) so verwendet, dass er einen höchstmöglichen Nutzen erzielt (Nutzenmaximierung). Ein Unternehmen richtet sich dann nach dem ökonomischen Prinzip, wenn es mit den geplanten Kosten je Periode einen größtmöglichen Gewinn zu erzielen trachtet (Gewinnmaximierung).

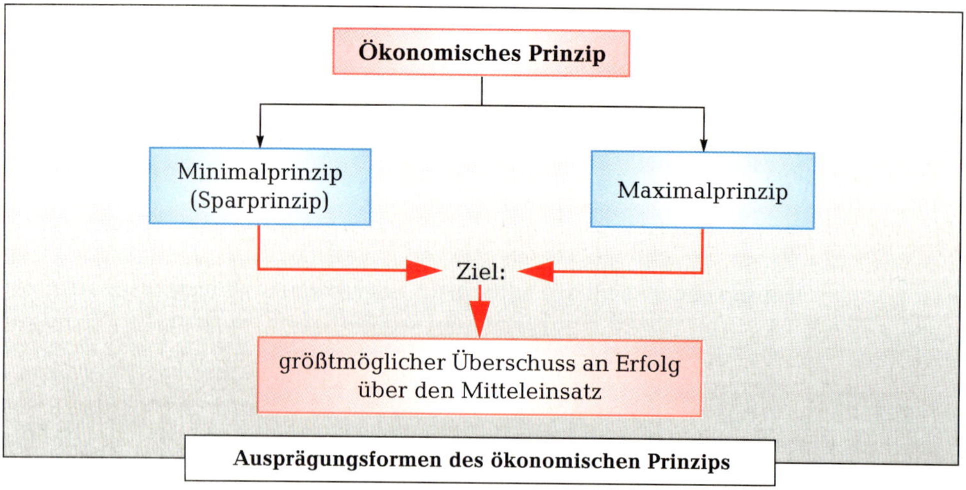

Abb. 1.5

Rationales Verhalten kann objektiv oder subjektiv rational sein. „Unkenntnis der wirklichen Größen, Unsicherheit über die Menge der Lösungswege oder charakteristischer Merkmale einzelner Wege führen zu Handlungen, die subjektiv als ‚vernünftig' oder ‚angemessen' beurteilt werden **(subjektive Rationalität)**[1], bei denen aber nicht erwartet werden kann, dass bei gleicher Information von jedermann die gleiche Entscheidung getroffen wird."[2] Diese subjektive Rationalität treffen wir täglich an. Eine Hausfrau z.B., die in dem preiswertesten Lebensmittelgeschäft ihrer Nachbarschaft einkauft, handelt subjektiv rational, weil sie nicht weiß, dass in dem neuen Supermarkt, der in etwa gleicher Entfernung von ihrer Wohnung liegt, die Lebensmittel bei gleicher Qualität durchschnittlich um 10% billiger angeboten werden. Darauf aufmerksam gemacht, sagt sie: „Hätte ich das gewusst!" Bei vollständiger Information hätte sie sich **objektiv rational** verhalten können.

1.2.5 Wirtschaftliche Wahlentscheidungen

Obwohl die Bedürfnisse subjektiv und daher nicht kardinal messbar sind, müssen in jeder Gesellschaft Entscheidungen darüber gefällt werden, *welche* Güter bereitzustellen, also zu **produzieren** sind. Solange sich z.B. ein Einsiedler die Frage stellt, ob er lieber Beeren sammeln oder lieber Pilze suchen möchte, befindet er sich nicht in einem Spannungsverhältnis zwischen Bedürfnis und Produktionsentscheidung. Sobald aber der Einzelne Glied einer Gemeinschaft ist, erhebt sich die Frage, welche Güter die Gesellschaft produzieren bzw. nicht produzieren soll, wo es doch an einer objektiven Bestimmbarkeit der Dringlichkeit der Bedürfnisse fehlt. Das Problem besteht also darin, für welche **Produktionsziele** sich die Gesellschaft entscheiden soll.

1 Ratio (lat.) = Vernunft.

2 BRANDT, K., a.a.O., S. 18.

Greifen wir aus zahlreichen möglichen Produktionszielen (Grundalternativen = Wahlmöglichkeiten) einige heraus:

- Gegenwartsgüter (Konsumgüter) und/oder Zukunftsgüter (Produktionsgüter);
- Güter des zivilen und/oder Güter des militärischen Bedarfs;
- Güter des privaten Bedarfs (Individualgüter) und/oder Güter des kollektiven Bedarfs (Kollektivgüter).

Machen wir uns das Problem am Beispiel der Erzeugungsmöglichkeit von Individualgütern einerseits und Kollektivgütern andererseits klar.

Beispiel:

Um den Zusammenhang sichtbar machen zu können, nehmen wir an, dass in einer Volkswirtschaft nur zwei Güter (bzw. Güterarten) produziert werden sollen.[1] Bei vollständiger Ausnutzung der verfügbaren Kapazität[2] der Volkswirtschaft **(Vollbeschäftigung)** sei zwischen Getreideanbau und/oder Straßenbau zu wählen. Das Getreide steht stellvertretend für die Produktion von **Individualgütern,** der Straßenbau stellvertretend für die Herstellung von **Kollektivgütern.** Wir wollen unterstellen, dass unsere Modellwirtschaft - als ein Extrem - mit den verfügbaren Mitteln (Arbeitskräfte, Maschinen) bei gegebenem technischem Stand 1 500 km Straßen je Periode herstellen kann, wenn sie bereit ist, auf das Getreide völlig zu verzichten. Das andere Extrem - so wird weiterhin angenommen - besteht in der Erzeugung von 10 Millionen Tonnen Getreide, falls überhaupt keine Straßen gebaut werden. Innerhalb dieser beiden Grenzfälle gibt es natürlich eine Vielzahl weiterer Möglichkeiten, ein Produktionsziel teilweise durch ein anderes zu **substituieren,** d.h. zu ersetzen. Anders ausgedrückt: Man kann den Straßenbau in Getreideanbau und umgekehrt **transformieren** (umwandeln). So ist es möglich, auf *etwas* Getreide zu verzichten und *dafür* einige Kilometer Straßen zu bauen. Je mehr auf den Getreideanbau verzichtet wird, desto mehr Straßen können gebaut werden. Es ergibt sich z.B. nachfolgende Substitutionstabelle (Tab. 1.1).

Möglichkeiten	Straßen in 100 km	Getreide in Mio. t
A	15	--
B	14	2
C	12	4
D	9	6
E	5	8
F	--	10

Tabelle 1.1: Substitutionstabelle[3]

1 Wegen der Knappheit der Güter ist es nicht möglich, genügend Güter für *jeden* Bedarf herzustellen. Die Frage ist immer, wie viel der gewünschten Güter innerhalb der gegebenen Produktionsmöglichkeiten, d.h. bei gegebener Kapazität der Volkswirtschaft, hergestellt werden sollen. Um ein derart schwieriges Problem erörtern zu können, muss man vereinfachen, d.h. ein **Modell** konstruieren. Ein Modell ist ein Denkschema, dem bestimmte vereinfachende Voraussetzungen **(Prämissen)** zugrunde liegen. Schlussfolgerungen aus einem Modell - mögen sie noch so logisch sein - können nicht ohne weiteres auf die Wirklichkeit übertragen werden. Dies ist nur möglich, wenn die Prämissen auch in Wirklichkeit zutreffend sind.

2 Kapazität = Leistungsfähigkeit.

3 Beispiel nach SAMUELSON, P.: Volkswirtschaftslehre. Eine Einführung, Bd. 1, 1965, S. 31 ff.

Die Werte aus der Tabelle lassen sich auch grafisch darstellen. Verbindet man die einzelnen Punkte (geglättete Kurve), erhält man eine **Kapazitätslinie,** auch Produktionskapazitäts- oder Transformationskurve genannt. Sie zeigt, dass bei gegebenem technischem Stand und bei gegebener Kapazität die Gesellschaft immer vor der Wahl steht, entweder ein Gut A (d.h. eine Güterart A) oder ein Gut B (d.h. eine Güterart B) oder eine Kombination beider zu produzieren. Jeder Punkt, der innerhalb der Kurve liegt (z.B. Punkt Z), bedeutet, dass die Kapazität nicht voll ausgenutzt ist (**Unterbeschäftigung,** d.h. Arbeitslosigkeit, freie Kapazitäten der Unternehmen, unausgenutzte Rohstoffquellen bzw. -reserven). Die Wirtschaft könnte *sowohl* mehr Kollektivgüter (z.B. Straßen) *als auch* mehr Individualgüter (z.B. Getreide) erzeugen.

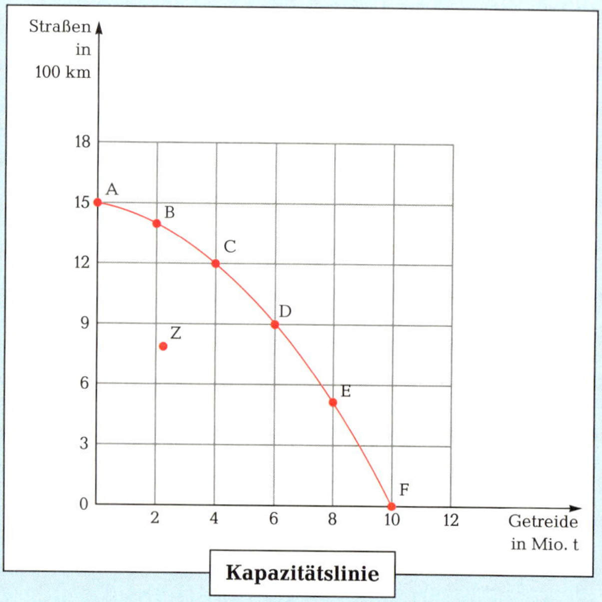

Abb. 1.6

Wird hingegen genau auf der Kapazitätslinie produziert, liegt **Vollbeschäftigung** vor. Die Mehrproduktion einer Gütergruppe geht immer zu Lasten einer anderen.

Das Beispiel liefert folgende Ergebnisse:

- Wirtschaften kann als Wahlentscheidung zwischen alternativen Produktionszielen verstanden werden.
- Jede Volkswirtschaft kann bei Vollbeschäftigung und gleich bleibendem technischem Stand ein neues Produkt nur dann aufnehmen, wenn sie bereit ist, die bisherige Produktion einzuschränken oder ganz auf sie zu verzichten.
- Ist die Wirtschaft unterbeschäftigt, können neue Produktionsziele aufgenommen und/oder die Produktion bisheriger Güter ausgeweitet werden, ohne dass auf einzelne Produktionsziele verzichtet werden muss.

Die dargestellte Kapazitätslinie verläuft konvex, d.h., sie hat einen nach außen gekehrten „Bauch". Warum? Um 2 Mio. Tonnen Getreide zu erhalten, müssen wir auf 100 km Straße verzichten. 4 Mio. Tonnen Getreide erfordern bereits einen Verzicht auf 300 km Straße. Der Grund ist darin zu sehen, dass bei steigender Getreideproduktion auch a) Arbeitskräfte in der Landwirtschaft angestellt werden müssen, die die Arbeit dort nicht kennen, entsprechend langsamer arbeiten und Fehler machen, und b) Böden herangezogen werden müssen, die unfruchtbarer sind bzw. klimatisch ungünstiger als die bisherigen liegen, was wiederum ein Mehr an Düngemitteln und Maschineneinsatz bzw. Arbeitseinsatz bedeutet. Bei zunehmender Getreideproduktion nimmt also der Einsatz von Mensch und Maschine überproportional zu.[1]

1 Vgl. Ableitung des Ertragsgesetzes im Kap. 4.1.1.

Eine bestimmte Kapazitätslinie gilt in einer Volkswirtschaft nur für einen verhältnismäßig kurzen Zeitraum. Wird die Kapazität erweitert, verschiebt sich die Kapazitätslinie nach „rechts". Dies ist z.B. der Fall, wenn die Zahl der arbeitsfähigen und -willigen Personen zunimmt und/oder Produktionsanlagen der Wirtschaft erweitert werden (Erweiterungsinvestitionen). Auch der technische Fortschritt[1] trägt zur Kapazitätsausweitung der Wirtschaft bei.

Das Kapazitätslinienmodell liefert noch eine weitere Erkenntnis. In Zeiten der so genannten **Überbeschäftigung** kann real[2] nicht mehr erzeugt werden, als es die Kapazitätsgrenze der Wirtschaft zulässt. Die überhöhte Nachfrage wirkt sich lediglich auf die Preise der Güter aus.[3]

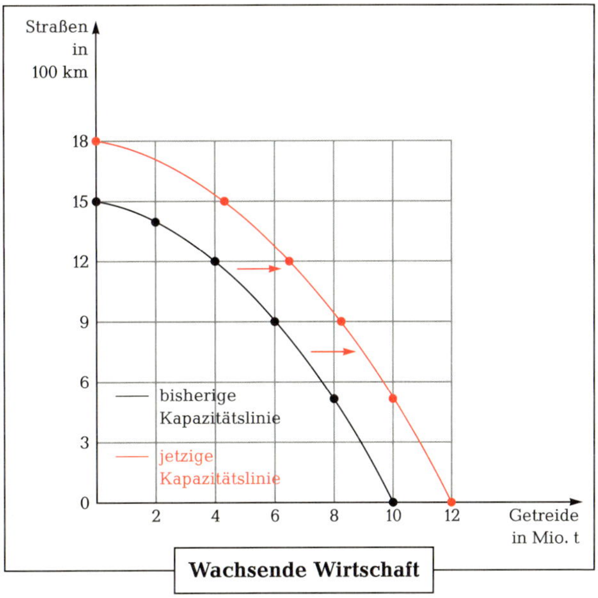

Abb. 1.7

Bestimmung der Produktionsziele

Es besteht nun die Frage, *wer* darüber entscheidet, welche Produktionsziele sich eine Gesellschaft setzen soll. Im Modell der **Zentralverwaltungswirtschaft**[4] sind es staatliche Behörden, die aufgrund der Einschätzung der *Bedürfnisse* der Bevölkerung und der *vorhandenen Kapazitäten* (also der gegebenen Güterknappheit) die Produktionsziele in kurz-, mittel- und langfristigen Wirtschaftsplänen festlegen. Im Modell der **freien Marktwirtschaft**[5] hingegen entscheiden die Verbraucher in ihrer Gesamtheit, welche Güterarten und -mengen die Unternehmen herstellen und anbieten (Konsumentensouveränität). Ihren Bedarf melden die Verbraucher über die Nachfrage an, auf die die Unternehmen reagieren müssen, wenn sie ihre Erzeugnisse absetzen wollen. Begrenzt wird das mögliche Güterangebot (die Gütererzeugung) in *jeder* Volkswirtschaft durch die vorhandenen Kapazitäten und/oder Rohstoffquellen (Ressourcen).

- Die **Produktionsziele** einer Volkswirtschaft hängen von der gegebenen Güterknappheit und dem Bedarf (d.h. von den mit Kaufkraft versehenen Bedürfnissen) der Bevölkerung ab.

1 Näheres hierzu siehe S. 32f.
2 Real = wirklich; hier: mengen- und qualitätsmäßig.
3 Diese Zusammenhänge werden im Kapitel 8.4 besprochen.
4 Siehe Kapitel 6.
5 Siehe Kapitel 5.1.

Aufgaben zur Lernkontrolle

1. Definieren Sie den Begriff Bedürfnis!

2. Teilen Sie die Bedürfnisse

   2.1 nach ihrer Dringlichkeit und
   2.2 nach den gesellschaftlichen Befriedigungsmöglichkeiten ein!

   Nennen Sie je vier eigene Beispiele!

3. Nach weit verbreiteter Auffassung sind die Bedürfnisse der Menschen unbegrenzt. Lesen Sie nachstehenden Text durch! Wie stellen Sie sich selbst hierzu?

   „In den hoch industrialisierten Ländern wird zwar der Mensch dazu erzogen, viel zu konsumieren. So hängt sein Sozialprestige, also das Ansehen, das der Einzelne in der Gesellschaft genießt, von dem Konsumstandard ab, den er sich leisten kann. ‚Es verwundert deshalb nicht, wenn der Einzelne durch Steigerung seines Konsums seine soziale Position zu verbessern oder zumindest zu erhalten sucht, und wenn auf diese Weise die Bedürfnisse immer schneller steigen ... Es gibt andere Kultursysteme, in denen der Mensch zur Selbstgenügsamkeit erzogen wird. Hier ist keineswegs selbstverständlich, dass die Bedürfnisse mit der Produktion zunehmen'.[1] Aber selbst in den entwickelten Ländern scheint das Wachstum der Bedürfnisse abzuflachen. Wie anders wäre es sonst erklärlich, dass das Problem der Absatzschwierigkeiten und der damit verbundenen Arbeitslosigkeit sich in den Vordergrund schiebt. Die Unternehmen werden gezwungen, den Absatzmarkt planmäßig zu gestalten (Marketing), um ihren Absatz zu sichern und auszuweiten. ‚Es hieße die Augen vor der Wirklichkeit verschließen, wollte man auch hier noch davon sprechen, dass die Bewältigung der Knappheit das einzige und wichtige Problem sei.'"[2]

4. Machen Sie die Unterschiede zwischen Bedürfnis, Bedarf und Nachfrage deutlich! Konstruieren Sie ein eigenes Beispiel!

5. Warum ist die Intensität (die Stärke) der Bedürfnisse nicht kardinal messbar?

6. Definieren Sie den Begriff „wirtschaftliches Gut"! Grenzen Sie den Begriff wirtschaftliches Gut vom Begriff des freien Gutes ab!

7. Nehmen Sie eine Einteilung der wirtschaftlichen Güter

   7.1 nach der Bedarfsdeckung,
   7.2 nach politischen Gesichtspunkten und
   7.3 nach der Bedeutung für den Produktionsprozess vor! (Vgl. Übersicht 1.2.)

   Bilden Sie je drei selbst gewählte Beispiele!

8. Inwiefern besteht ein Spannungsverhältnis zwischen der vorhandenen Gütermenge einerseits und den Bedürfnissen andererseits?

9. Welchen Inhalt geben Sie dem Begriff „wirtschaftliches Prinzip"?

10. Warum kann man Wirtschaften als Wahlentscheidung zwischen alternativen Produktionszielen auffassen?

---

1 KÜLP, B.: Grundfragen der Wirtschaft, 1967, S. 49.

2 Ebenda, S. 50.

11. Sie erhalten nebenstehende Substitutionstabelle mit zwei Gütern, und zwar „Maschinen" (stellvertretend für Zukunftsgüter) und „Personenwagen" (stellvertretend für Gegenwartsgüter).

Aufgabe: Zeichnen Sie die Kapazitätslinie!

Möglichkeiten	Personenwagen (in tausend Stück je Periode)	Maschinen (in tausend Stück je Periode)
A	6	—
B	5	2
C	4	3
D	3	3,8
E	2	4,5
F	1	5
G	–	5,25

12. Was sagt die von Ihnen gezeichnete Kapazitätslinie (Aufgabe 11) aus?

13. Begründen Sie, warum die in Aufgabe 11 gezeichnete Kapazitätslinie konvex verläuft!

14. Angenommen, die in Aufgabe 11 genannte Volkswirtschaft stellt 3000 Personenwagen und 2500 Maschinen her. Welche gesamtwirtschaftliche Situation liegt vor? Begründen Sie Ihre Antwort!

15. Angenommen, in der in Aufgabe 11 genannten Volkswirtschaft beträgt die Nachfrage nach Personenwagen 4000 Stück je Periode und die Nachfrage nach Maschinen 4500 Stück je Periode. Welche gesamtwirtschaftliche Situation liegt vor? Begründen Sie Ihre Antwort!

16. Wie wirkt sich der technische Fortschritt auf den Verlauf einer Kapazitätslinie aus?

17. Unter welchen Bedingungen könnten sich Kapazitätslinien nach „links" verschieben?

18. Suchen Sie nach einem sinnvollen Zahlenbeispiel, bei dem Sie lineare Kapazitätslinien erhalten!

19. Nennen und begründen Sie die Faktoren, die den Verlauf einer Kapazitätslinie bestimmen!

20. Welche gesellschafts- und wirtschaftspolitischen Vor- und Nachteile ergeben sich, wenn sich eine Volkswirtschaft zur verstärkten Produktion von Zukunftsgütern (Produktionsgütern) zu Lasten der Produktion von Gegenwartsgütern (Konsumgütern) entschließt?

21. Wie ändert sich Ihre Antwort, wenn Sie annehmen, dass in einer vollbeschäftigten Wirtschaft die Produktion militärischer Güter zu Lasten der Produktion ziviler Güter ausgedehnt wird?

22. Verdeutlichen Sie den Unterschied der Produktionsmöglichkeiten einer

    22.1 unterbeschäftigten und
    22.2 vollbeschäftigten Wirtschaft!

23. Halten Sie den Ausspruch des EPIKUR, der dem Kapitel 1.2.1 vorangestellt wurde, für zutreffend?

1.3 Produktion und Produktionsfaktoren

Der Weg zum Reichtum liegt hauptsächlich in zwei Wörtern:
Arbeit und Sparsamkeit.
(BENJAMIN FRANKLIN)[1]

1.3.1 Die volkswirtschaftlichen Produktionsfaktoren

Das Produzieren im volkswirtschaftlichen Sinne, also das Beschaffen, Erzeugen und Verteilen von Gütern, geht auf die Vereinigung der beiden Grundelemente **Natur**[2] und menschliche **Arbeit** zurück. Diese beiden Grundelemente werden daher auch als **ursprüngliche (= originäre) Produktionsfaktoren**[3] bezeichnet.

■ **Produktionsfaktoren** sind alle Grundelemente, die bei der Produktion mitwirken.

1.3.1.1 Produktionsfaktor Natur

Die Natur liefert uns den *Boden*, die *Luft*, das *Wasser* und die *Sonnenenergie*. Vor allem der Boden dient der Produktion auf vielfache Weise. In der landwirtschaftlichen Produktion ist er **Anbaufaktor,** indem mit seiner Hilfe Nahrungsmittel (z.B. Getreide) oder Rohstoffe (z.B. Baumwolle) hervorgebracht werden. Der Boden liefert der Forstwirtschaft den wichtigen Rohstoff Holz (z.B. zur Herstellung von Möbeln, Baumaterialien oder Papier).

Zugleich ist der Boden ein **Abbaufaktor,** indem er uns Rohstoffe, wie z.B. Kohle, Erze, Erdgas oder Erdöl, liefert. Die Bodenschätze sind jedoch begrenzt und es lässt sich absehen, dass diese bald erschöpft sein werden. Damit wird sich die Menschheit einem neuen Knappheitsproblem gegenübersehen, dem nicht mit primär wirtschaftlichen, sondern mit technischen Mitteln begegnet werden muss (z.B. Entwicklung neuer Technologien zur Erschließung weiterer Energiequellen).

Ferner gibt uns der Boden die Flächen, die wir für die Erstellung von Fabrikanlagen, Handelsgeschäften oder land- und forstwirtschaftlichen Betrieben benötigen. Der Boden dient als **Standortfaktor.**

Für die Produktion wirtschaftlicher Güter sind die übrigen Kräfte der Natur nicht weniger wichtig. Jedermann weiß z.B., welche Bedeutung das Klima für die Landwirtschaft hat. Die Kräfte der Flüsse dienen der Elektrizitätsgewinnung, die Gewässer der Fischwirtschaft. Mit Hilfe der Sonnenenergie hofft man, in Zukunft „saubere" Energie gewinnen zu können.

Lange Zeit wurde die Natur als kostenloser Produktionsfaktor gesehen, den man beliebig „nutzen", „benutzen" und „ausbeuten" kann. In der heutigen Zeit, in der die natürlichen

1 BENJAMIN FRANKLIN, 1706 bis 1790, amerikanischer Schriftsteller, Physiker und Staatsmann, lehrte das geordnete, sparsame, zum Erfolg führende Leben (Puritanismus). Bekannt ist er auch als Erfinder des Blitzableiters und des Kondensators.

2 Da der Boden bei der Produktion eine ganz wesentliche Rolle spielt, wird meist statt vom Produktionsfaktor „Natur" vom Produktionsfaktor „Boden" gesprochen.

3 Faktor = „Mitbewirker".

Ressourcen immer knapper werden, die Natur als „kostenlose" Lagerstätte für Abfälle aller Art missbraucht wird und täglich zahlreiche Tier- und Pflanzenarten für immer ausgerottet werden, beginnt sich die Ansicht durchzusetzen, dass die Natur nicht länger als „Gratisquelle" und als „Gratisdeponie" betrachtet werden darf.

Die Benutzung der Natur als Deponie, also die **Umweltbelastung**, tritt in folgenden Formen auf:

- **Luftverschmutzung.** Die Luft enthält viele Verunreinigungen, die teilweise auf natürliche Quellen (z. B. Staub aus Vulkanausbrüchen und aus Verwehungen), in immer stärkerem Maße jedoch auf das menschliche Produzieren und Verbrauchen zurückzuführen sind (z. B. industrielle Stäube, Abgase und Abwässer, Verbrennungsrückstände, Abwärme, Radioaktivität).
- **Gewässerbelastung.** Binnengewässer und Meere werden zunehmend durch giftige Stoffe verschmutzt. Dünge- und Reinigungsmittel enthalten Nitrate und Phosphate, die die Flüsse in die Meere schwemmen. Chemieabfälle werden auf den Meeren „verklappt". Ungereinigte Abwässer ergießen sich in Flüsse und Meere. Radioaktive Abfälle und andere gefährliche Stoffe werden in die Meere versenkt.
- **Bodenbelastung.** Luft-, Wasser- und Bodenverschmutzung hängen eng zusammen. Die in der Luft enthaltenen Schadstoffe werden abgeregnet und gelangen in den Boden und von dort in die Gewässer. Düngemittel, Unkraut- und Insektenvertilgungsmittel belasten die Böden in immer stärkerem Maße.

Die Folgen der Umweltverschmutzung sind die weitere Zerstörung von naturnahen Räumen und Erholungslandschaften, Vergiftung der Nahrungsmittel mit Chemierückständen und Radioaktivität, Klimaveränderungen, Vernichtung der Arten und letztlich Entziehung der Lebensgrundlagen der Menschen.

Die Frage ist, was man tun kann, um die verhängnisvolle Entwicklung zu bremsen. Notwendig ist eine globale Umweltpolitik (Erdpolitik),[1] die bislang nur in Ansätzen vorhanden ist.

Ein mögliches Mittel der Umweltpolitik ist die Einführung von **Umweltsteuern** und **-sonderabgaben („Ökosteuern").**[2] Mit ihrer Hilfe erhalten z. B. die Produktionsfaktoren, die bisher zum „Nulltarif" zu haben waren, einen Preis. Wird die Ökosteuer (der Preis) des zu schützenden Produktionsfaktors hoch genug angesetzt, wird die Wirtschaft den teuren Produktionsfaktor durch andere Produktionsfaktoren ersetzen (substituieren).

Beispiel:

Nach der Einführung einer „Neuversiegelungssteuer" von z. B. 100,00 € je Quadratmeter würde es billiger, alte Industriegelände zu sanieren, als draußen vor der Stadt die letzten Grünflächen zu zerstören, um dort neue Industrieanlagen zu bauen.[3]

Weitere Mittel der Umweltpolitik sind Bauvorschriften (z. B. hinsichtlich der Wärmedämmung), die Einführung von Grenzwerten, das Haftungsrecht, Sicherheitsvorschriften und Verbote für Stoffe, die mit Sicherheit als gefährlich und/oder schädlich für Mensch und Umwelt anzusehen sind.

---

1 WEIZSÄCKER, E.-U. von: Erdpolitik, ökologische Realpolitik an der Schwelle zum Jahrhundert der Umwelt, 1989.

2 Siehe auch NUTZINGER, H. G. / ZAHRNT, H. (Hrsg.): Ökosteuern. Umweltsteuern und -abgaben in der Diskussion, 1989. Vgl. ebenda, S. 171. Näheres zu den Umweltabgaben siehe Kapitel 9.3.6.3.

3 Vgl. WEIZSÄCKER, E.-U. von, a. a. O., S. 171.

1.3.1.2 Produktionsfaktor Arbeit

Der zweite ursprüngliche Produktionsfaktor ist die Arbeit. Wir leben nicht im Schlaraffenland, in dem uns die gebratenen Tauben in den Mund fliegen. Selbst dort, wo uns die Natur die Früchte bereitstellt, ohne dass sie angebaut werden müssen (z.B. Pilze, Waldbeeren), bedarf es einer gewissen Anstrengung, sie zu suchen, zu pflücken und zuzubereiten. Es sind geistige und körperliche Anstrengungen des Menschen, also **Arbeit,** notwendig.

Manche Arbeiten erfordern vorwiegend geistige Kräfte (anordnende, verwaltende, organisierende Tätigkeiten). Andere Arbeiten wiederum sind vorwiegend körperlicher Natur (Handarbeit, Arbeit an Maschinen, Führen von Fahrzeugen usw.). Im ersten Fall spricht man von *geistiger* Arbeit, im zweiten von *körperlicher* Arbeit.

1.3.1.3 Produktionsfaktor Kapital

Wie wir gesehen haben, ist das Produzieren bereits durch *Kombination* der beiden ursprünglichen Produktionsfaktoren *Arbeit* und *Natur* möglich. In der Regel setzt der Mensch jedoch ein weiteres Hilfsmittel - das **Kapital** - ein, um den Erfolg seiner Arbeit zu erhöhen. Solche Hilfsmittel sind z.B. Werkzeuge, Maschinen, Fahrzeuge, Straßen, Kanäle, Schiffe oder Flugzeuge.

■ Unter **Kapital** im volkswirtschaftlichen Sinne versteht man produzierte Produktionsmittel.

Beispiel:[1]

Um uns den Begriff des Kapitals klarzumachen, greifen wir zu einem sehr vereinfachenden naturalwirtschaftlichen[2] Modell.

Angenommen, eine Gruppe von 10 Schiffbrüchigen landet auf einer einsamen Insel. Die Leute haben nichts gerettet, außer den Kleidern, die sie auf dem Leibe trugen. Um ihre Existenz zu sichern, ernähren sie sich tagelang nur von Früchten, Wurzeln und Kleingetier. An den Ufern und in den Bächen gibt es jedoch Fische genug und in den Wäldern lebt Wild in Hülle und Fülle. Da wenig Hoffnung auf Rettung besteht, beschließen die Schiffbrüchigen, einige geschickte Leute vom Früchtesammeln freizustellen, damit diese Angelgeräte und Jagdwaffen herstellen können. Dieser Entschluss bedeutet für die Schiffbrüchigen zunächst teilweisen Verzicht auf die bisher gewohnte Menge Nahrungsmittel, also *Konsumverzicht.* Nach Fertigstellung der Jagdgeräte (des „Kapitals") erhöht sich jedoch die täglich zur Verfügung stehende Nahrungsmittelmenge (Fisch, Fleisch). Die Befriedigung der Existenzbedürfnisse ist gesichert. Weiterer Konsumverzicht fällt den Schiffbrüchigen leichter, wenn sie z.B. ihren Lebensstandard durch das Anfertigen von Kleidung oder den Bau von Hütten erhöhen wollen.

Das mit Hilfe der beiden ursprünglichen Produktionsfaktoren Arbeit und Natur geschaffene Kapital im volkswirtschaftlichen Sinne stellt einen dritten **abgeleiteten (= derivativen) Produktionsfaktor** dar, der der Erleichterung und Erweiterung der Produktion dienen kann.

■ Die Herstellung von Kapital im volkswirtschaftlichen Sinne erfordert **Konsumverzicht** (= Sparen).

---

1 Vgl. WAGENFÜHR, H.: Wie die Wirtschaft funktioniert, 4. Aufl. 1956, S. 152.

2 Eine Naturalwirtschaft ist eine Wirtschaft ohne Geld als Zwischentauschgut.

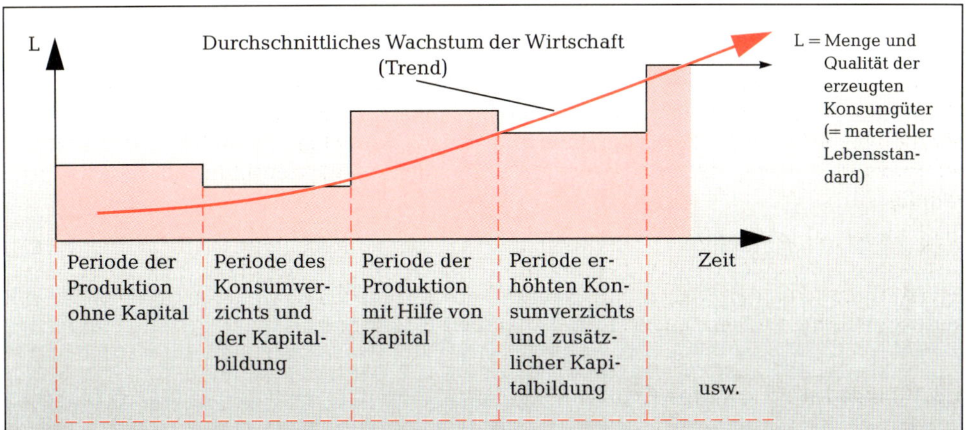

Bedeutung der Kapitalbildung für die Produktion

Abb. 1.8

In einer Geldwirtschaft (siehe Kapitel 1.3.3) erfolgt das Sparen i. d. R. nicht durch Vorratsbildung, sondern durch Verzicht auf vollständige Ausgabe des Geldeinkommens. Dort wird also zunächst *Geldkapital* gebildet, das dann zur Investition (= vor allem Bildung von *Kapital im volkswirtschaftlichen Sinne*) führen kann.

Der moderne Kapitalbegriff umfasst nicht nur *Sachanlagen* wie Bauten (z. B. Handelshäuser, Fabriken, Verwaltungsgebäude), Ausrüstungen (z. B. betrieblich genutzte Kraftfahrzeuge, Maschinen, Computer), Nutztiere und Nutzpflanzungen, sondern auch *immaterielle Anlagegüter* wie z. B. Suchbohrungen, Computerprogramme und Urheberrechte (z. B. Patente).

Noch eine weitere Einteilung des Kapitals ist üblich. In hoch entwickelten Gesellschaften unterscheidet man zwischen *privatem Kapital* (z. B. Privateigentum an Fabriken, Handelshäusern, Banken) einerseits und *öffentlichem Kapital* (Sozialkapital, Kollektivkapital) andererseits. Zum öffentlichen Kapital zählen z. B. Schulen, öffentliche Krankenhäuser, öffentliche Straßen, städtische Straßenbahnen und öffentliche Versorgungsbetriebe.

1.3.1.4 Produktionsfaktor Bildung

Mit unserem Schiffbrüchigenbeispiel auf Seite 30 haben wir Jahrhunderttausende der Menschheitsentwicklung im Zeitraffer zusammengefasst. Die Menschheit brauchte sehr lange, bis sie es verstand, die Produktion mit Hilfe von Werkzeugen (Kapital) zu steigern. Die Schiffbrüchigen konnten die Werkzeuge nur deswegen so schnell bauen, weil sie ein bestimmtes Maß an Bildung im weitesten Sinne, hier also technisches Wissen (Know-how,[1] Human capital),[2] aus der Zivilisation mitbrachten. Umfang und Qualität der Produktion hängt somit nicht nur von den Produktionsfaktoren Natur, Arbeit und Kapital, sondern auch vom Bildungsstand der wirtschaftenden Menschen ab.

1 Know-how (engl.) = gewusst wie.

2 Human capital (engl.) = menschliches Kapital (Bildung, technisches Wissen und Können, Ausbildungsstand).

Bildung und Ausbildung sind dem Menschen nicht von vornherein gegeben. Da sie oft mühevoll erworben werden müssen und da Bildungseinrichtungen nur durch Konsumverzicht geschaffen werden können, handelt es sich bei der Bildung ebenfalls um einen abgeleiteten (= derivativen) Produktionsfaktor.

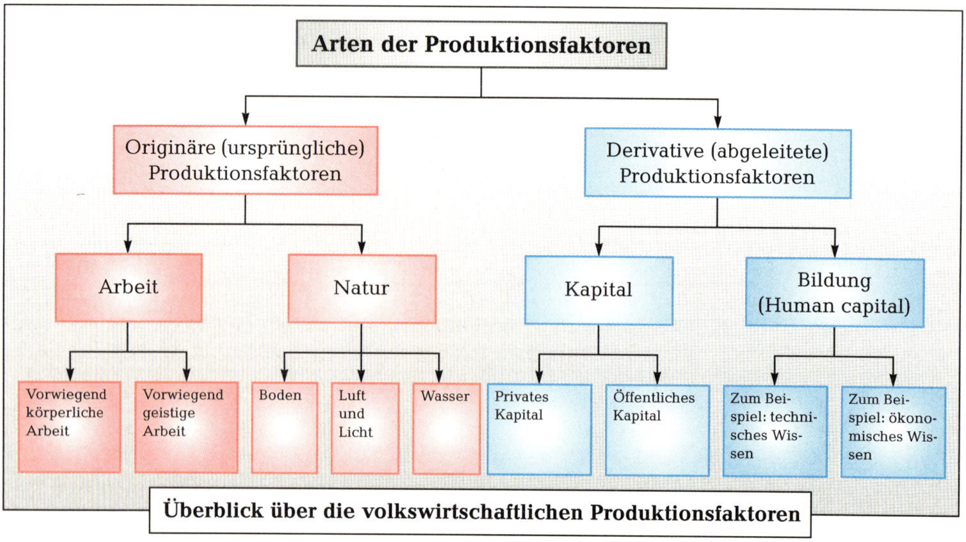

Abb. 1.9

Merke:

- Die heutige Produktion ist durch die Kombination der originären und derivativen Produktionsfaktoren gekennzeichnet, während die primitive Produktion auch auf der Kombination von Natur und Arbeit beruhen kann.
- Die Kapitalbildung ermöglicht es, die Güterproduktion zu steigern.

1.3.1.5 Quantität und Qualität der Produktionsfaktoren

Das Schiffbrüchigenbeispiel (S. 30) zeigte bereits, dass Art und Umfang der Produktion wirtschaftlicher Güter nicht allein von der Quantität (z.B. von der Menge der vorhandenen bzw. nachwachsenden Fische), sondern auch von der Qualität der Produktionsfaktoren (hier der Qualität des Produktionsfaktors Arbeit) abhängig ist. Menschen ohne jede Vorkenntnis wären nicht imstande gewesen, Angelgeräte oder Jagdwaffen zu bauen. Je umfangreicher die technischen Kenntnisse der wirtschaftenden Menschen sind, desto funktionstüchtiger können die von ihnen gebauten Werkzeuge und Maschinen sein. Die Qualität des Produktionsfaktors Kapital hängt somit unmittelbar von der Qualität des Produktionsfaktors Arbeit ab.

Natürlich hätte es unseren Schiffbrüchigen auch nichts genutzt, wenn sie zwar über das nötige technische Wissen und über den erforderlichen Leistungswillen verfügt hätten, die Natur ihnen aber weder Nahrung noch Material für den Fallenbau zu liefern imstande gewesen wäre. Dann hätte auch der Versuch, sich mit Hilfe des Kapitals Nahrung zu verschaffen (zu produzieren), scheitern müssen. Die Möglichkeit zu produzieren ist somit auch von der verfügbaren Quantität und Qualität der natürlichen Produktionsfaktoren abhängig.

Noch eine weitere Erkenntnis liefert unser Beispiel. Unterstellt, es seien nicht 10, sondern 20 Schiffbrüchige auf der Insel gelandet, die den gleichen Kenntnisstand besitzen. Dann können 20 Leute unter der Voraussetzung, dass genügend natürliche Quellen (Ressourcen) vorhanden sind, auch das Doppelte an Werkzeugen bauen und sich auch das Doppelte an Nahrung beschaffen.

- Die **Vermehrung aller Produktionsfaktoren** führt bei gleich bleibender Qualität dieser Faktoren zur proportionalen Erhöhung der Produktion.

Der durchschnittliche Lebensstandard kann sich unter diesen Bedingungen jedoch *nicht* erhöhen. Dies wäre nur möglich, wenn die Qualität der Produktionsfaktoren gesteigert wird, etwa durch zunehmende Routine bei der Herstellung der Produktionsmittel und/oder bei der Handhabung dieser Produktionsmittel.

Die gezeigten Zusammenhänge lassen sich durchaus auf die gesamte Volkswirtschaft übertragen. Die volkswirtschaftliche *Kapazität* (= Leistungsfähigkeit = mögliche Ausbringungsmenge an wirtschaftlichen Gütern je Zeiteinheit) lässt sich erhöhen, wenn

- die Menge (Quantität) der Produktionsfaktoren gleichmäßig vermehrt wird und/oder
- die Qualität der Produktionsfaktoren gesteigert wird.

Die Qualität der natürlichen Ressourcen (des Produktionsfaktors Natur) lässt sich nur in geringem Maße steigern, und dies nur dann, wenn der *Mensch* die hierzu erforderlichen Kenntnisse besitzt.

Beispiel:

Bodenverbesserung durch wirksamere Bearbeitungstechniken, Düngung und Bewässerung, künstliche Beregnung, Ertragsverbesserung durch moderne Anbaumethoden, Verbesserung des Saatguts, Krankheits- und Schädlingsbekämpfung.

Insgesamt ist jedoch zu sagen, dass die Qualität der natürlichen Ressourcen aufgrund der Ausbeutung der Natur laufend abnimmt.

Beispiel:

Die Steinkohleförderung muss in immer tiefer liegende Flöze vorstoßen; zur Erdölgewinnung wird bereits Ölschiefer herangezogen; zur Metallgewinnung müssen immer minderwertigere Erze verwendet werden. Dies führt zur Verteuerung der natürlichen Produktionsfaktoren.

Merke:

- Die **Qualitätsverbesserung der Produktionsfaktoren** Arbeit und Kapital ist nur mit Hilfe des **technischen Fortschritts** möglich.
- Je besser die **Qualität** der zur Produktion eingesetzten **Produktionsfaktoren** ist, desto höher ist die **volkswirtschaftliche Leistungsfähigkeit.**
- **Voraussetzung der Produktionssteigerung** ist immer, dass genügend natürliche Ressourcen zur Verfügung stehen.

3 Hartmann – ISBN 978-3-8120-0320-9

1.3.1.6 Bevölkerungsentwicklung, Erwerbsquote und Produktion

Die Bevölkerungslehre (Demoskopie) kennt grundsätzlich drei typische Fälle der Bevölkerungsentwicklung:

- die wachsende Bevölkerung,
- die stagnierende Bevölkerung und
- die schrumpfende Bevölkerung.

Die Entwicklung der Bevölkerungszahl wird in der „Alterspyramide" deutlich. Ein wachsendes Volk besitzt tatsächlich eine „Pyramide", weil die natürliche Absterbeordnung dafür sorgt, dass die älteren Jahrgänge zahlenmäßig geringer sind als die jüngeren (Abb. 1.10). Die stagnierende (gleich bleibende) Bevölkerung wird in Abb. 1.11 gezeigt. Hier besitzt der altersmäßige Bevölkerungsaufbau eine „Glockenform". Bei einem schrumpfenden Volk (Bevölkerungsentwicklung in der Bundesrepublik Deutschland) erhalten wir eine „Zwiebelform" wie in Abb. 1.12.

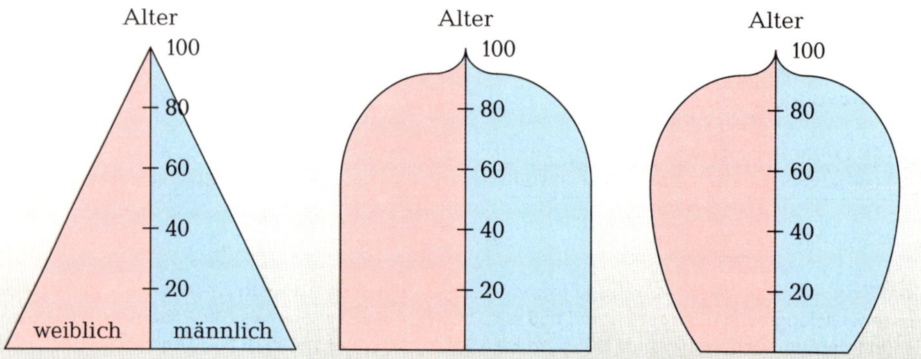

Wachsende Bevölkerung Abb. 1.10* | Stagnierende Bevölkerung Abb. 1.11* | Abnehmende Bevölkerung Abb. 1.12*

Typische Bevölkerungsstrukturen

* Die Abb. 1.10 bis 1.12 sind entnommen aus BRANDT, K., a.a.O., S. 66.

Die Bestimmungsgründe der Bevölkerungsentwicklung sind nur teilweise bekannt. „Wir wissen, dass biologische, soziale und ökonomische Faktoren das generative Verhalten beeinflussen. Da die ökonomischen Faktoren (Lebensstandard, Arbeitsbelastung) nicht isoliert werden können, aber auch nicht ständig in der gleichen Richtung wirken, lässt sich nicht eindeutig bestimmen, in welchem Ausmaß das Bevölkerungswachstum von der Wirtschaftsentwicklung abhängig ist.[1] In den wirtschaftstheoretischen Überlegungen wird daher in der Regel die Bevölkerung bzw. ihr Wachstum als exogen[2] vorgegebene Größe behandelt.[3]

1 BRANDT, K., a. a. O., S. 68.

2 Exogen = von außen; eine exogene Größe ist demnach eine Größe, die als Datum, als gegeben in die Untersuchung eingeführt wird.

3 Vgl. BRANDT, K., a. a. O., S. 68.

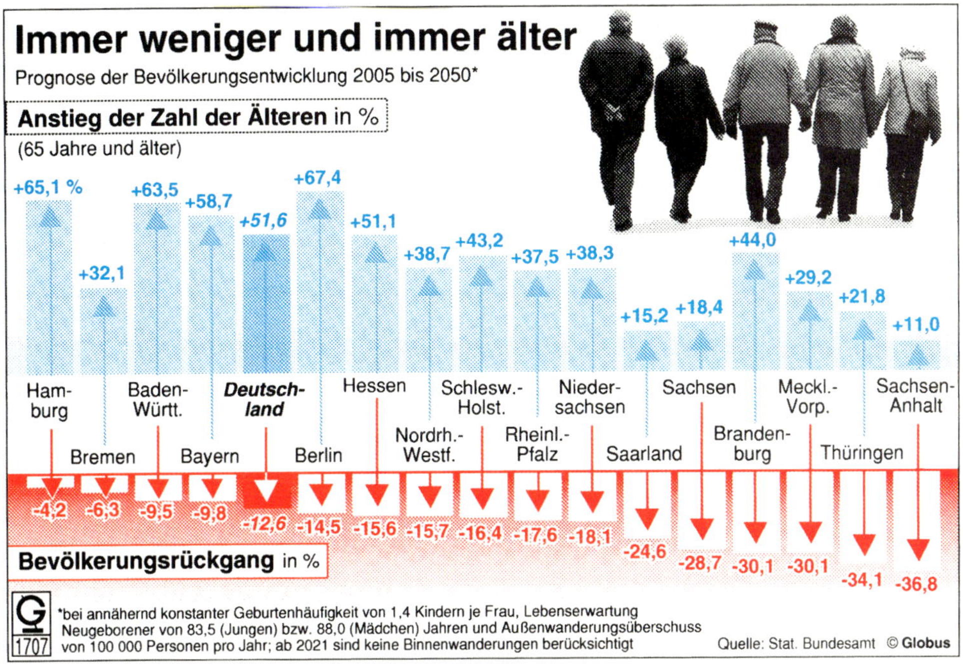

Abb. 1.13

Leere Schulen, volle Altersheime und immer weniger Einwohner – Deutschlands Bevölkerung gerät aus dem Gleichgewicht. Bis zum Jahr 2050 wird nach einer Prognose des Statistischen Bundesamtes die Zahl der Bundesbürger von heute rund 82,4 Millionen auf etwa 68,7 Millionen abnehmen. Das ist ein Rückgang von fast 17 Prozent. Gleichzeitig wird die Zahl der jungen Menschen in Stadt und Land immer weniger. Deutschland wird in den nächsten Jahrzehnten drastisch altern. Die Zahl der über 65-Jährigen wird insgesamt bis 2050 um 51,6 Prozent zunehmen. Allerdings läuft dieser Alterungsprozess nicht in allen Bundesländern gleichermaßen ab. So wird die Bevölkerung in den Stadtstaaten Berlin (Zunahme der über 65-Jährigen um 67,4 Prozent) und Hamburg (Zunahme um 65,1 Prozent) besonders stark altern; in den östlichen Bundesländern, wo allerdings die Bevölkerung besonders stark schrumpfen wird, wird der Anteil der Älteren weniger stark ansteigen.

Betrachten wir im Folgenden die Bevölkerungsentwicklung als gegeben (als „Datum") und untersuchen wir ihren Einfluss auf die wirtschaftliche Entwicklung.

Angenommen, die Bevölkerung stagniert. Bei gegebenem technischem Stand und bei ausreichenden Vorräten an sachlichen Produktionsfaktoren hängt dann die Produktion wirtschaftlicher Güter von der **Erwerbsquote** ab.

- Unter **Erwerbsquote** versteht man den prozentualen Anteil der Erwerbstätigen an der Gesamtbevölkerung.

Steigt die Erwerbsquote unter sonst gleichen Bedingungen, nimmt die Gesamtproduktion und die Pro-Kopf-Produktion, also der durchschnittliche materielle Lebensstandard, zu. Sinkt die Erwerbsquote, nimmt auch die Produktion ab. Voraussetzung ist immer, dass genügend natürliche Produktionsfaktoren zur Verfügung stehen.

Eine sinkende Erwerbsquote führt auch bei stagnierender Bevölkerung nicht zur Abnahme der Produktion, wenn aufgrund des technischen Fortschritts je Arbeitskraft *mehr* erzeugt werden kann.[1] Es mag sogar sein, dass der technische Fortschritt einen Rückgang der Erwerbsquote derart überkompensiert, dass sowohl die Gesamtproduktion als auch die Pro-Kopf-Produktion steigen.

Die Gründe für einen Rückgang der Erwerbsquote können mannigfacher Art sein. So ist es z.B. möglich, dass durch Gesetz die Zahl der Erwerbstätigen verringert wird. (Beispiele: Verlängerung der Schulpflicht, Herabsetzung des Renten- bzw. Pensionsalters). Der Übergang von einer stagnierenden Bevölkerung zur wachsenden Bevölkerung führt zunächst zu einem sinkenden Anteil der arbeitenden Bevölkerung an der Gesamtbevölkerung. Schrumpft die Bevölkerung, führt dies dann zu sinkender Erwerbsquote, wenn die Zahl der nicht mehr im Berufsleben stehenden (Rentner, Pensionäre) schneller steigt als die Zahl der ins Berufsleben tretenden jungen Menschen. Außerdem führen rein wirtschaftliche Gründe, über die später noch ausführlich zu sprechen sein wird, zu einem Rückgang der Erwerbsquote (z.B. Konjunkturrückgänge, Rohstoffmangel, strukturelle Mängel der Volkswirtschaft).

In der nachfolgenden Tabelle wird der Zusammenhang zwischen Erwerbsquote, technischem Fortschritt und Erzeugung wirtschaftlicher Güter bei *stagnierender* Bevölkerung gezeigt:

Zusammenhänge zwischen Erwerbsquote und technischem Fortschritt bei stagnierender Bevölkerung

Erwerbsquote	Technischer Fortschritt	Gesamterzeugung	Pro-Kopf-Erzeugung
konstant	konstant	konstant	konstant
	zunehmend	steigt	steigt
sinkt	konstant	sinkt	sinkt
	zunehmend, hält aber mit Rückgang der Erwerbsquote nicht Schritt	sinkt	sinkt
	zunehmend, kompensiert den Rückgang der Erwerbsquote	konstant	konstant
	zunehmend, überkompensiert den Rückgang der Erwerbsquote	steigt	steigt
steigt	konstant	steigt	steigt
	zunehmend	steigt schneller als Erwerbsquote	steigt schneller als Erwerbsquote

Übersicht 1.3

1 Das Verhältnis von volkswirtschaftlicher Ausbringungsmenge je Arbeitskraft bezeichnet man als Arbeitsproduktivität (Näheres siehe Kapitel 1.3.4).

Ähnliche Überlegungen lassen sich auch bei einer wachsenden Bevölkerung anstellen. Hierzu einige Beispiele, die der Leser ohne weiteres durch die Vornahme weiterer Kombinationen ergänzen kann:

Zusammenhänge zwischen Erwerbsquote und technischem Fortschritt bei wachsender Bevölkerung

Erwerbsquote	Technischer Fortschritt	Gesamt-erzeugung	Pro-Kopf-Erzeugung
konstant	konstant	steigt	konstant
	zunehmend	steigt	steigt
sinkt im umgekehrten Verhältnis zum Bevölkerungswachstum	konstant	konstant	sinkt
sinkt langsamer als die Bevölkerung zunimmt	konstant	steigt	sinkt
sinkt schneller als die Bevölkerung zunimmt	konstant	sinkt	sinkt

Übersicht 1.4

1.3.2 Die Arbeitsteilung als Organisationsprinzip der Produktion

Wir wissen aus unserer täglichen Lebenserfahrung, dass in unserer Volkswirtschaft zahlreiche Betriebe Millionen von unterschiedlichsten Produkten herstellen, und dass weiterhin in jedem einzelnen dieser Betriebe eine Vielzahl von Menschen arbeitet, wobei wiederum einzelne Gruppen von Menschen die unterschiedlichsten Arbeiten verrichten. Ein wichtiger Organisationsgrundsatz unserer Wirtschaft und Gesellschaft ist also die *Arbeitsteilung*. Wir wollen im Folgenden kurz untersuchen, *warum* dies so ist.

Gesellschaftliche Arbeitsteilung

Die Menschen der Frühzeit hatten bereits entdeckt, dass das Ergebnis der Arbeit gering ist, wenn jeder Einzelne alle erforderlichen Arbeiten für sich alleine erledigt. Vor allem die **familiäre Arbeitsteilung** fand schon sehr früh statt, indem die Frauen vorwiegend für Kleidung, für die Zubereitung der Speisen und die Erziehung der Kinder sorgten, die Männer indessen für die Beschaffung der Nahrung zuständig waren.

Warum wird nun das Ergebnis der Arbeit (die Arbeitsproduktivität)[1] gesteigert, wenn sich die Mitglieder einer Gesellschaft auf bestimmte Tätigkeiten spezialisieren? Hierzu ein kleines Beispiel.

1 Siehe Kapitel 1.3.4.

Beispiel:

Angenommen, eine kleine Gruppe von Menschen lebt unter einfachen Bedingungen im Urwald. Sie besteht aus drei Männern, drei Frauen und zehn Kindern. Die Männer sind zuständig für die Herstellung von Jagdwaffen, für die Jagd und für das Sammeln von Früchten. Jeder der Männer arbeitet neun Stunden am Tag. A ist ein geschickter Jäger, B hat Routine im Herstellen von Jagdwaffen und C kann am besten die Früchte des Waldes beschaffen. Dennoch arbeiten A, B und C für sich allein, sodass die gesamte Produktion der Gruppe (ihr „Sozialprodukt") je Arbeitstag nebenstehendes Ergebnis zeigt:

Arbeit \ Personen	A	B	C	Gesamtertrag
Waffen herstellen (in Stück)	2	3	1	6
Wild erlegen (in Stück)	5	3	4	12
Früchte sammeln (in kg)	1	2	3	6

Tabelle 1.2

Unterstellen wir weiter, dass unsere Waldbewohner bemerken, dass es für sie günstiger wäre, wenn sie sich auf die Tätigkeiten spezialisieren, die ihren *Fähigkeiten* am meisten entsprechen. Dann erhalten wir nebenstehendes Bild:

Arbeit \ Personen	A	B	C	Gesamtertrag
Waffen herstellen (in Stück)	-	9	-	9
Wild erlegen (in Stück)	15	-	-	15
Früchte sammeln (in kg)	-	-	9	9

Tabelle 1.3

Die Arbeitsteilung brachte also eine *Mehr*produktion bei gleicher Arbeitsleistung, die ursächlich nicht auf eine Verbesserung der Qualität der Produktionsfaktoren, sondern auf eine verbesserte gesellschaftliche Organisation der Arbeit zurückzuführen ist.

Den in unserem Beispiel gezeigten ersten Schritt der Arbeitsteilung bezeichnet man auch als **Berufsbildung**, weil nunmehr bestimmte „Berufe" entstanden sind (Waffenschmied, Jäger, Sammler). Eine weitere Steigerung der Produktivität ist nicht auszuschließen, weil durch die Spezialisierung die Routine zunimmt.

Je dichter die Besiedlung wurde, desto mehr Berufe bildeten sich. Anfänglich waren diese Berufe noch wenig spezialisiert. So war z.B. der Bader zugleich Friseur für Männer, Frauen und Kinder und Zahnarzt. Der Schmied erledigte nahezu alle Arbeiten, die mit Eisen zu tun hatten.

Infolge der weiteren technischen Entwicklung begannen sich die Grundberufe zu spalten. Aus dem einstigen Händler wurde der Einzelhändler, der Großhändler, Exporteur oder Importeur. Aus dem Schlosser wurde der Bauschlosser und Maschinenschlosser oder aus dem Bader der Herrenfriseur, der Damenfriseur und der Zahnarzt. Diese Spezialisierung – die man als **Berufsspaltung** bezeichnet – erhöhte weiterhin die Produktion, weil die ständige Wiederholung gleichartiger Tätigkeiten die Routine und damit die Fertigkeiten der Arbeitenden steigerte.

Einst vollzogen sich Produktion und Verbrauch innerhalb einer Großfamilie, z.B. innerhalb eines sich selbst versorgenden Bauernhofs (geschlossene Hauswirtschaft). Mit der *Berufsbildung* und *Berufsspaltung* wurden die Produktionsstätten mehr und mehr aus den Haushalten *ausgegliedert:* Es entstanden die wirtschaftlichen Betriebe.

Die Eigentümer dieser Betriebe konnten oft die anfallende Arbeit nicht mehr alleine bewältigen und stellten Arbeitskräfte („Gesellen" in Handwerksbetrieben, „Gehilfen" in

Handelsbetrieben) ein. Mit der Berufsbildung ging also die **innerbetriebliche** oder **technische Arbeitsteilung** Hand in Hand (siehe S. 41).

Gütererstellung und Bedarfsdeckung erfolgen in verschiedenen **Zweigen der Wirtschaft.** Die arbeitsteilige Wirtschaft lässt sich vertikal („senkrecht") oder horizontal („waagerecht") einteilen.

Vertikal kann die Wirtschaft in *Erzeugung, Verteilung* und *Verbrauch* gegliedert werden (Wirtschaftsstufen).

Erzeugungsbetriebe sind die Urproduktionsbetriebe (Landwirtschaft, Fischerei, Jagd, Bergbau), die Produktionsmittelbetriebe (z.B. Herstellung von Maschinen, Fertigteilen, Werkzeugen für den eigenen und fremden Bedarf) und die Konsumgüterbetriebe (z.B. Herstellung von Konserven, Getränken, Kühlschränken, Radiogeräten).

Die **Verteilungsbetriebe** umfassen den Großhandel, den Außenhandel und den Einzelhandel.

Der **Verbrauch**[1] findet in den *privaten* und *öffentlichen Haushalten* statt. Öffentliche Haushalte (= öffentliche Gemeinwesen, im weitesten Sinne der „Staat") sind z.B. die Haushalte des Bundes, der Länder und der Gemeinden. Die Haushalte stellen das letzte Glied der Wirtschaft dar.

In die genannte vertikale Gliederung der Wirtschaft lassen sich die **Dienstleistungsbetriebe** nicht einfügen, weil sie allen *Wirtschaftsstufen* dienen. Zu den Dienstleistungsbetrieben rechnen die *Verkehrsbetriebe,* die die Beförderung von Gütern von Betrieb zu Betrieb und an die Haushalte übernehmen, die *Banken,* die *Versicherungen,* die *Mittlerbetriebe* (Makler, Vertreter, Kommissionäre) oder die *Werbeagenturen* und die *Marketingberater.* Ferner müssen auch die Betriebe der *Rechtsanwälte,* der *Steuerberater,* der *Wirtschaftsprüfer* und die *Auskunfteien* zu den Dienstleistungsbetrieben gerechnet werden.

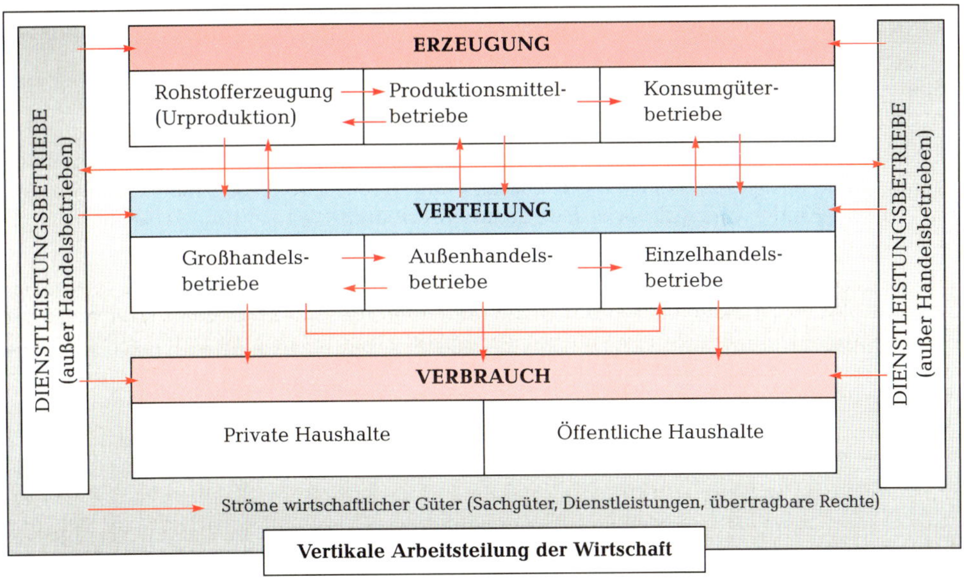

Abb. 1.14

1 Statistisch werden die in den privaten Haushalten erbrachten Leistungen allerdings nicht zur Produktion gerechnet. Volkswirtschaftlich gesehen gehört die in den Haushalten geleistete Arbeit zur Produktion.

Der Begriff vertikale Arbeitsteilung ist nicht so aufzufassen, als ob ein steter Strom von Gütern und Leistungen von der Urproduktion bis hin zum Verbrauch stattfände. Einmal dienen die Dienstleistungsbetriebe allen Wirtschaftsstufen (auch den Haushalten), zum anderen beliefern die Produktionsbetriebe alle Erzeugungs-, Handels- und Dienstleistungsbetriebe (Produktionsumwege). Gleichfalls dient der Handel allen Wirtschaftsstufen. Jede Wirtschaftsstufe ist also in ein Geflecht vielfacher wirtschaftlicher Beziehungen eingebettet (siehe Pfeile in Abb. 1.14).

Jede Wirtschaftsstufe umfasst wiederum eine Vielzahl von Betrieben, die gewissermaßen auf gleicher Ebene liegen *(horizontale Arbeitsteilung)*, weil keine Stufe in einem Betrieb allein alle erforderlichen Leistungen erbringen kann.

Wirtschaftsstufen	Beispiele für horizontale Aufgliederungen
Urproduktion	Landwirtschaft, Fischerei, Jagd, Forstwirtschaft, Bergbau, Erdölförderung, Erdgasförderung, Steinbrüche, Kiesgruben.
Rohstoff-verarbeitung	Investitionsgüterbetriebe wie z.B. Maschinenfabriken, Büromöbelfabriken, Hersteller landwirtschaftlicher Maschinen und Konsumgüterfabriken wie z.B. Konservenfabriken, Autofabriken, Textilfabriken.
Verteilung	Großhandel, Importhandel, Exporthandel, Transithandel; beim Großhandel z.B. wiederum Schuhgroßhandel, Lederwarengroßhandel, Lebensmittelgroßhandel. Der Einzelhandel lässt sich beispielsweise einteilen in Fachgeschäfte, Warenhäuser, Kaufhäuser, Versandhäuser usw., die sich ihrerseits auf bestimmte Gebiete spezialisieren.
Verbrauch	Selbst beim Verbrauch ist eine horizontale Gliederung zu verzeichnen. Der Verbrauch findet in privaten Haushalten (Einpersonenhaushalten, Mehrpersonenhaushalten) und öffentlichen Haushalten statt.

Übersicht 1.5

Betriebliche Arbeitsteilung

Die betriebliche Arbeitsteilung hat die Aufgabe, die Ergiebigkeit der menschlichen Arbeitsleistung im wirtschaftlichen Betrieb zu steigern. Sie vollzieht sich in zwei Stufen:

- Schaffung von betrieblichen Aufgabenbereichen **(Funktionen)** wie etwa Beschaffung, Lagerung, Produktion, Verwaltung und Vertrieb (Absatz).
- **Zerlegung** ursprünglich zusammengehöriger Tätigkeiten in einzelne Teilverrichtungen. Diese „Arbeitszerlegung“ erfolgt sowohl im verwaltenden Bereich als auch in der Produktion. Der Arbeitszerlegung kam vor allem die fortschreitende Technik zu Hilfe. Ein Musterbeispiel ist das Fließband, an dem der einzelne Arbeiter lediglich die sich immer wiederholenden gleichen Handgriffe vorzunehmen hat. Man spricht daher auch von der *technischen Arbeitsteilung*.

Innerbetrieblich führt die Technisierung zu immer enger werdenden Tätigkeitsbereichen der Arbeitenden, bis schließlich am Fließband nur noch wenige Handgriffe notwendig sind. Erst die **Automation** bringt die Ablösung dieser in kleinste Handgriffe zerlegten Arbeit durch elektronisch gesteuerte und sich selbst kontrollierende Maschinen.

Zusammenfassende Übersicht über die Arten der Arbeitsteilung

Arbeitsteilung			
Überbetriebliche Arbeitsteilung (gesellschaftliche Arbeitsteilung)		**Innerbetriebliche Arbeitsteilung (technische Arbeitsteilung)**	
Berufsbildung (Beispiele)	Berufsspaltung (Beispiele)	Funktionsbildung (Arbeitsbildung) (Beispiele)	Arbeitszerlegung (Beispiele)
Schmied	→ Hufschmied → Klempner	→ Beschaffung und Lagerung	→ Belege sortieren ↓
Schlosser	→ Bauschlosser → Maschinenschlosser	→ Finanzen und Rechnungswesen	Belege kontieren ↓
Schneider	→ Herrenschneider → Damenschneider	→ Personalverwaltung	Kontrollieren ↓
Bäcker	→ Konditor → Brotbäcker	→ Absatz (Verkauf)	Buchen ↓
Händler	→ Großhändler → Einzelhändler		Belege ablegen

Übersicht 1.6

Einige Vor- und Nachteile der Arbeitsteilung

Vorteile	Nachteile
■ Steigerung der Produktivität (z.B. Leistungssteigerung durch Routinearbeit); infolgedessen ■ Einkommensverbesserungen; ■ spezielle Begabungen lassen sich zum Nutzen des Einzelnen und der Gesellschaft entfalten; ■ Ausbildung für spezielle Tätigkeiten ist kürzer als für nicht spezialisierte Arbeiten; Schaffung von Arbeitsplätzen auch für angelernte und ungelernte Arbeitskräfte; ■ Arbeitsteilung erleichtert den Einsatz von Maschinen; damit wird dem Arbeitenden ■ die Arbeit erleichtert.	■ Gesundheitliche Schäden durch einseitige Belastung körperlicher und geistiger Funktionen; ■ Umstellungsschwierigkeiten bei Verlust oder Veränderung des Arbeitsplatzes; ■ gegenseitige Abhängigkeit der Arbeitenden (Verlust der Selbstständigkeit); ■ der Arbeitende verliert die Übersicht über den Gesamtzusammenhang seiner Tätigkeit; ■ die Arbeit erscheint dem Einzelnen sinnlos; ■ Monotonie der Arbeit führt zum Verlust der Arbeitsfreude (Beruf wird zum „Job"); ■ seelische Schäden können die Folge sein; ■ schöpferische Tätigkeit oft nicht oder kaum mehr möglich.

Übersicht 1.7

1.3.3 Die Kapitalbildung in der Geldwirtschaft

In den vorigen Kapiteln haben wir gelernt, dass die Ergiebigkeit der Produktion vor allem von der Art und Höhe der *Kapitalbildung*, der *Qualität der Produktionsfaktoren* und vom Umfang der betrieblichen, gesellschaftlichen und internationalen *Arbeitsteilung* bestimmt wird. In diesem Kapitel müssen wir uns noch näher mit der Kapitalbildung in einer Geldwirtschaft befassen.

In einer arbeitsteiligen Wirtschaft muss das Geld als Zwischentauschgut vorhanden sein, denn die Beschaffung der Güter mit Hilfe des Realtauschs wäre viel zu kompliziert. Anhand unseres Schiffbrüchigenbeispiels (S. 30 ff.) wurde gezeigt, dass die **Kapitalbildung** im volkswirtschaftlichen Sinne (die Bildung von **Sachkapital** und **immateriellem Kapital**) durch **Konsumverzicht** (= Sparen) erfolgt. Durch das bloße Sparen allein entsteht jedoch noch kein Kapital im volkswirtschaftlichen Sinne. Die Unternehmen müssen vielmehr bereit sein, die Ersparnisse auch in Produktionsmitteln anzulegen, d.h. zu investieren.

Die Wege der Kapitalbildung sind in einer arbeitsteiligen Geldwirtschaft sehr verschlungen. Man spricht daher von **Produktionsumwegen.** Der Vorgang sei an einem sehr vereinfachenden Beispiel deutlich gemacht.

Beispiel:

In einem Entwicklungsland ist nur die Landwirtschaft von Bedeutung. Die Haushalte der Bodeneigentümer und Arbeitskräfte erhalten Gewinne (Unternehmereinkommen) und Löhne (Arbeitnehmereinkommen) von 500 Mrd. Geldeinheiten (= GE) pro Jahr, die sie restlos für die Erzeugnisse der Landwirtschaft ausgeben. In diesem Fall entspricht der Konsum (= C) dem gesamten Volkseinkommen (= Summe aller Einkommen = E). Die Wirtschaft kann nicht wachsen, sie ist *stationär,* weil alles verbraucht wird, was sie erzeugt. Zusätzliche Investitionen (Nettoinvestitionen) finden nicht statt. Es werden lediglich Ersatzinvestitionen (Reinvestitionen) zur Erhaltung des Bestands an Produktionsmitteln vorgenommen.

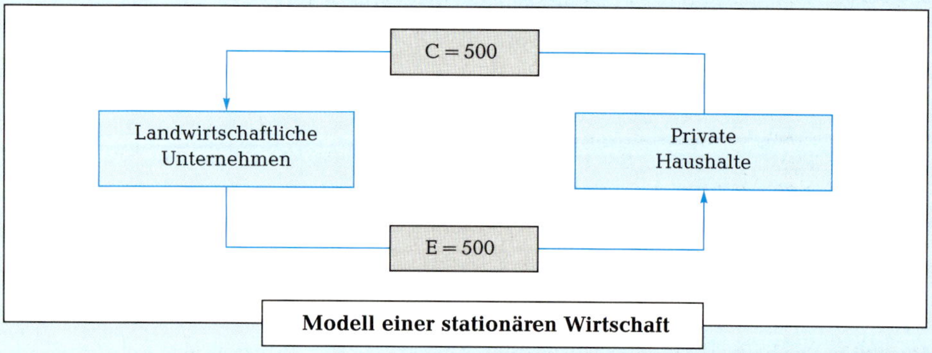

Abb. 1.15

Die landwirtschaftliche Produktion soll gesteigert werden, um den Lebensstandard zu erhöhen. Dazu müssen z.B. mehr Düngemittel eingesetzt werden. Da von außen keine Hilfe zu erwarten ist und das Land keine Devisen (= Zahlungsmittel fremder Währungsgebiete) besitzt, müssen Düngemittelfabriken gebaut werden, die 50 Mrd. GE kosten. Die mit Hilfe dieser Fabriken erzeugten Düngemittel werden die landwirtschaftliche Produktion um 100 Mrd. GE je Jahr erhöhen helfen. (Der Produktionsumweg über die Düngemittelfabriken ist nur dann wirtschaftlich, wenn mit seiner Hilfe in Zukunft mehr erzeugt werden kann.)

Um die Mittel für den Aufbau der Düngemittelfabriken finanzieren zu können, müssen die Haushalte 50 Mrd. GE sparen. Angenommen, der Regierung gelingt es, durch Aufklärung, Umerziehung und Sparförderungsmaßnahmen (z.B. Einführung von Sparprämien) die Haushalte zum Sparen von 50 Mrd. GE zu veranlassen. Die Haushalte legen die 50 Mrd. GE bei den Banken des Landes an, die sie dann an die Unternehmen ausleihen, die die Düngemittelfabriken bauen wollen. Die *zusätzliche* Investition beträgt dann 50 Mrd. GE.

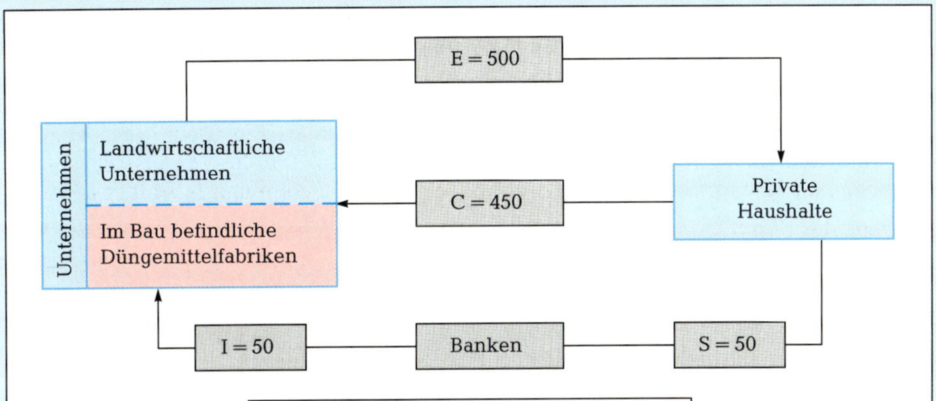

Modell einer evolutorischen Wirtschaft

Abb. 1.16

Es ist auch möglich, dass die Ersparnis nicht *freiwillig* erfolgt, sondern *erzwungen* wird. Erhöhen die landwirtschaftlichen Unternehmen ihre Preise, um den Bau von Düngemittelfabriken zu finanzieren, wird der Konsumverzicht der Haushalte dann erzwungen, wenn die Einkommen gleich bleiben oder nicht in gleichem Maße wie die Preise steigen (Zwangssparen durch Inflation).

Auch der Staat kann die Ersparnis durch Steuererhebung erzwingen. Sie führt dann zur Kapitalneubildung (zu zusätzlichen Investitionen), wenn die Steuereinnahmen zu investiven Zwecken (hier zum Bau von Düngemittelfabriken) verwendet werden.[1]

Aus der Abb. 1.16 ersehen wir, dass die Haushalte ein Einkommen von 500 Mrd. GE beziehen. Davon geben sie 450 Mrd. für Konsumzwecke aus (C). Den restlichen Betrag in Höhe von 50 Mrd. GE sparen sie (S). Die Banken leihen den Betrag von 50 Mrd. GE an die Unternehmen aus, die zusätzliche Investitionen vornehmen (I).

Demnach beträgt die Verwendung des Einkommens

sowohl $E = C + I$

als auch $E = C + S$.

Daraus folgt, dass in unserem Beispiel

$$C + I = C + S$$

ist.

Somit gilt:

$$\mathbf{I = S}$$

1 Auch die Einbehaltung von Sozialversicherungsabgaben durch den Staat stellt eine Form des Zwangssparens dar.

Diese Gleichung besagt natürlich nicht, dass die geplante Ersparnis immer den geplanten zusätzlichen Investitionen gleich sein muss. So kann es durchaus sein, dass die Haushalte (und die Unternehmen) zwar sparen, die Unternehmen aber nicht gewillt sind zu investieren, beispielsweise deshalb, weil sie für die Zukunft Absatzrückgänge erwarten.

Umgekehrt mag es sein, dass die Unternehmen von den Banken mehr Kredite zu Investitionszwecken zur Verfügung gestellt bekommen, als die Haushalte sparen. Diese Geldschöpfung (Giralgeldschöpfung) der Banken ist möglich, weil diese nicht damit rechnen müssen, dass alle Sparer auf einmal ihre Einlagen zurückfordern.[1]

Im Nachhinein (ex post) stimmt jedoch unsere Gleichung immer. Würden nämlich die Haushalte in irgendeinem Jahr weniger konsumieren (mehr sparen) als zuvor, blieben die Unternehmen auf einem Teil ihrer Produkte „sitzen". Die zusätzlichen Investitionen haben sich erhöht, allerdings in Form von *unfreiwilligen Vorratsinvestitionen* (= Bildung von Lagervorräten). Natürlich kann es auch sein, dass die Unternehmen ihre Vorräte *absichtlich* erhöhen, weil sie künftige Nachfrageerhöhungen erwarten. Man spricht dann von freiwilligen, absichtlichen oder *geplanten Vorratsinvestitionen*.[2]

Aus dem Kreislaufschema (Abb. 1.16) folgt weiterhin, dass die Landwirte durch das Sparen der Haushalte zunächst einen Umsatzverlust von 50 Mrd. GE (C = 450 Mrd. GE statt bisher 500 Mrd. GE) erleiden. Soll das Pro-Kopf-Einkommen in der Landwirtschaft nicht sinken, müssen die Arbeitskräfte, die in der Landwirtschaft beschäftigt sind, ebenfalls um 10 % verringert werden. Herrschte bisher Vollbeschäftigung, können diese Arbeitskräfte nunmehr in der Düngemittelindustrie beschäftigt werden.

Durch die Kapitalneubildung (= Schaffung von Produktivvermögen) wird das Volkseinkommen und der Lebensstandard nicht unmittelbar erhöht, sondern zunächst gesenkt (Konsumverzicht). Vielmehr kann die landwirtschaftliche Produktion erst erhöht werden, wenn die Düngemittelfabriken fertig gestellt sind, die Düngemittel an die Landwirtschaft geliefert sind und schließlich die darauf folgende Ernteperiode zu Ende gegangen ist. Dieser so genannte *Investitionseffekt* kann erst nach mehreren Jahren eintreten.

Erst nach Ablauf der Investitions-, Anbau- und Ernteperioden steigt die landwirtschaftliche Produktion voraussetzungsgemäß im Wert von 100 Mrd. GE. Damit steigen auch die Einkommen der Haushalte, welche nun in die Lage versetzt werden, 1. mehr zu verzehren (zu konsumieren) und 2. mehr zu sparen. Diese zusätzlichen Ersparnisse können nun wiederum der weiteren Kapitalbildung dienen, was längerfristig erneut zu einer Steigerung der Gesamtproduktion führt (evolutorische = sich entwickelnde Wirtschaft im Gegensatz zur stationären Wirtschaft in Abb. 1.15).

Unser kleines Modell liefert eine ganze Reihe von Erkenntnissen, die wir für spätere Überlegungen brauchen:

- In einer Geldwirtschaft erfolgt die Bildung von Produktivvermögen (Sachkapital [z.B. Industriebauten, Handelshäuser, Maschinen, Werkstoffe, Straßen] und immaterielle Anlagen [z.B. von Unternehmen selbst erstellte oder gekaufte Software, Patente, Urheberrechte]) über die **Geldkapitalbildung** (Sparen).
- **Sparen** bedeutet auch in einer Geldwirtschaft Konsumverzicht (Teile des Einkommens werden nicht für Konsumzwecke verwendet).
- Das **Sparen** kann **freiwillig** sein, es kann aber auch durch Unternehmen über Preiserhöhungen oder durch den Staat über Steuern und Abgaben **erzwungen** werden (freiwilliges Sparen und Zwangssparen).

1 Näheres über die Geldschöpfung siehe Kapitel 8.2.3.

2 Näheres siehe Kapitel 7.2.2.

- Das Sparen führt nur dann zur **Bildung von Produktivvermögen,** wenn die ersparten Mittel auch zu Investitionszwecken ausgegeben werden.
- Die gesamten Investitionen einer Volkswirtschaft **(= Bruttoinvestitionen)** setzen sich aus **Ersatzinvestitionen (Reinvestitionen)** und zusätzlichen Investitionen **(= Neuinvestitionen, Nettoinvestitionen)** zusammen.
- Eine Wirtschaft kann bei gegebenem technischem Stand nur wachsen **(evolutorische Wirtschaft),** wenn positive Nettoinvestitionen vorgenommen werden. Andernfalls bleibt die Wirtschaft stationär (siehe Abb. 1.16).[1]

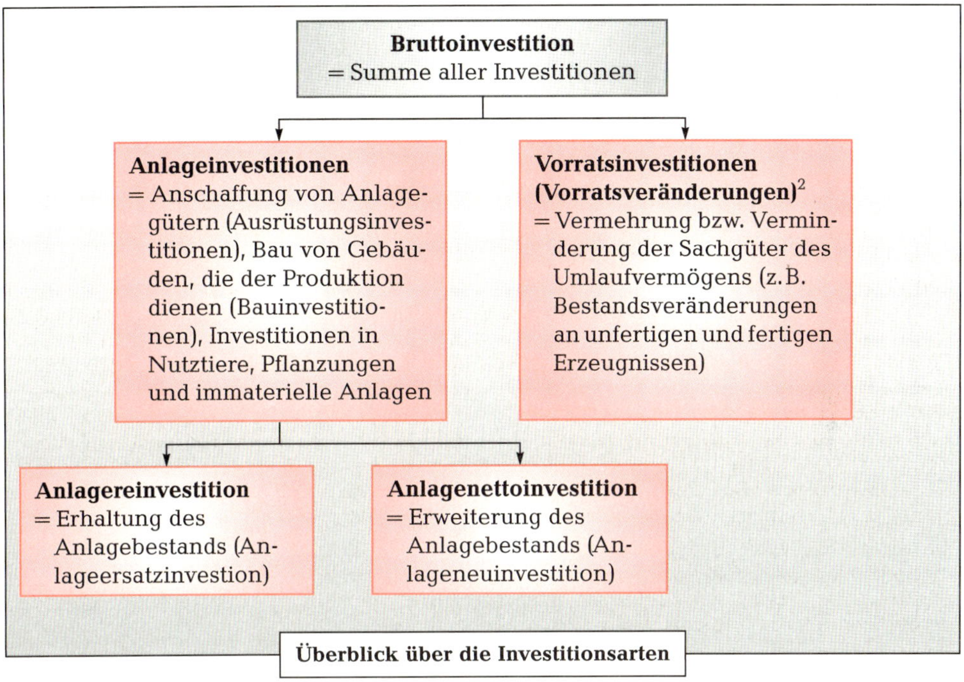

Abb. 1.17

Es gilt also:

- Nettoinvestition = Bruttoinvestition – Anlageersatzinvestition (Anlagereinvestition)

1 Es ist wahrscheinlich, dass die Ersatzinvestitionen Verbesserungen beinhalten (Verbesserungsinvestitionen), sodass selbst dann eine Steigerung der Produktion möglich ist, wenn die Nettoinvestitionen gleich null sind.

2 Der Begriff Vorratsveränderungen (Nettoinvestitionen) meint immer Bestandsveränderungen an Vorräten (Waren, unfertige und fertige Erzeugnisse, Roh-, Hilfs- und Betriebsstoffe). Wenn die Vorratsinvestitionen gleich null sind, bedeutet das nicht, dass die Unternehmen nichts in die Vorräte investiert hätten. In diesem Fall ist in der betrachteten Periode (z.B. ein Jahr) lediglich der Zu- und Abgang (bei konstanten Preisen) gleich hoch. Vorratsinvestitionen können auch negativ sein. In diesem Fall wurden mehr Vorräte abgesetzt als eingekauft bzw. neu produziert wurden. Sind die Anlageinvestitionen negativ, ist in einer bestimmten Periode ein Teil der Ersatzinvestitionen unterlassen worden.

1.3.4 Messzahlen wirtschaftlicher Leistungsfähigkeit

1.3.4.1 Produktivität

Jedes Jahr zur Eröffnung der neuen Lohnrunden tauchen in den Zeitungen Schlagzeilen wie diese auf: „Gewerkschaft fordert 7 % Lohnerhöhung". Die Forderung wird in der Regel damit begründet, dass die Produktivität um z. B. 3 % gestiegen sei. 4 % sollen dem Inflationsausgleich dienen. Wir wollen sehen, was es mit dem Begriff der Produktivität auf sich hat.

Im Kapitel 1.3.2[1] wurde am Beispiel der Berufsentstehung (Berufsbildung) gezeigt, dass bereits allein die Arbeitsteilung die Produktivität verbessert. Auch das Einschlagen von Produktionsumwegen[2] hat zum Ziel, die Produktivität zu erhöhen. Desgleichen führt der technische Fortschritt[3] zu Produktivitätssteigerungen.

Die allgemeine Formel zur Berechnung der Produktivität lautet:

$$\text{Produktivität} = \frac{\text{Ausbringung (Output) je Periode}}{\text{Faktoreinsatz (Input) je Periode}}$$

Gemäß der üblichen Einteilung der Produktionsfaktoren in „Boden", „Arbeit" und „Kapital" unterscheidet man **Teilproduktivitäten,** nämlich die **Boden-, Arbeits-** und **Kapitalproduktivität.**

Bodenproduktivität

Unter Bodenproduktivität versteht man das Verhältnis der Produktionsmenge je Periode (z. B. 1 Jahr) zur eingesetzten Bodenfläche (z. B. ha).

Beispiel:

Für die Bundesrepublik Deutschland (westliche Bundesländer) wurden z. B. folgende landwirtschaftliche Produktivitätskennzahlen ermittelt:

Erträge in dt[4] je ha[5]

Jahre	Getreide	Kartoffeln	Zuckerrüben
1938	25	185	317
2007	62	423	624

Tabelle 1.4

Die Formel zur Berechnung der Bodenproduktivität lautet demnach:

$$\text{Bodenproduktivität} = \frac{\text{Ausbringung je Periode (z. B. 1 Jahr)}}{\text{eingesetzte Bodenfläche (z. B. ha)}}$$

1 Siehe S. 37 ff.
2 Siehe Kapitel 1.3.3, S. 42 ff.
3 Siehe S. 31 ff.
4 dt = Dezitonne = 100 kg.
5 Quelle: Statistisches Bundesamt; www.destatis.de

Kapitalproduktivität

Bezieht man die Ausbringungsmenge auf das eingesetzte Sachkapital, erhält man die Kapitalproduktivität. Das Problem hierbei ist, dass man die verschiedenen Formen des Sachkapitals (Gebäude, Maschinen, Geschäftsausstattung, Werkzeuge) nicht addieren kann. Vielmehr müssen die verschiedenen Sachkapitalteile (betriebswirtschaftlich: Sachvermögensteile) mit ihren Preisen beziffert und die so ermittelten Werte addiert werden. Um die einzelnen Produktivitätskennzahlen im Zeitablauf vergleichbar zu machen, müssen die einmal gewählten Preise beibehalten werden: Es wird mit *konstanten* (gleich bleibenden) Preisen gerechnet.

In der Praxis wird zur Berechnung der Kapitalproduktivität meist nur das im Sachanlagevermögen[1] investierte Kapital zugrunde gelegt.

Beispiel:

Ein Bauunternehmen erstellte im Monat April mit seinen 24 Beschäftigten 2000 m^3 Raum, im Mai 2400 m^3. Die geleisteten Arbeitsstunden betrugen im April 3840 und im Mai 4416 Stunden. Der Einsatz an Gebäuden, Betriebs- und Geschäftsausstattung, Maschinen und Fahrzeugen blieb unverändert (Wert zu konstanten Preisen: 300000,00 €).

Die Kapitalproduktivität berechnet sich wie folgt:

- $$\text{Kapitalproduktivität} = \frac{\text{Ausbringung je Periode}}{\text{eingesetztes Sachkapital}}$$

Die Zahlen des Beispiels ergeben folgende Werte:

Monat	Kapitalproduktivität
April	$\frac{2000}{300000} = 0{,}006^2/_3$
Mai	$\frac{2400}{300000} = 0{,}008$

Tabelle 1.5

Arbeitsproduktivität

Die Arbeitsproduktivität ist das Verhältnis von hergestellter Produktionsmenge zu eingesetzter Arbeitskraft. Dividiert man eine gegebene Ausbringungsmenge je Periode durch die Anzahl der in dieser Periode beschäftigten Arbeitskräfte, erhält man die Produktivität je Arbeitskraft. Wird die Ausbringungsmenge je Periode durch die insgesamt geleisteten Arbeitsstunden je Periode dividiert, ergibt sich die Produktivität je Arbeitsstunde.

Allgemein gilt:

- $$\text{Arbeitsproduktivität} = \frac{\text{Ausbringung je Periode}}{\text{Arbeitseinsatz}}$$

1 Das Vermögen ist das in einem Betrieb investierte Geldkapital. Zum Sachanlagevermögen gehören alle Vermögensteile, die dem Betrieb über mehrere Jahre hinweg dienen (z.B. Gebäude, Maschinen, Geschäftsausstattung, Fahrzeuge).

Beispiel:

Aus unserem Zahlenbeispiel auf S. 47 lassen sich folgende Produktivitätskennziffern errechnen:

Monat	Arbeitsproduktivität
April	$\frac{2\,000}{3\,840} = 0{,}52\ m^3/h$
Mai	$\frac{2\,400}{4\,416} = 0{,}54\ m^3/h$

Tabelle 1.6

Produktivitätskennzahlen sind **Mengenverhältnisse.** Um bei Mehrproduktunternehmen die Ausbringung (den Output) auf einen Nenner bringen zu können, müssen die verschiedenartigen Produkte mit Preisen beziffert werden. Eine Vergleichbarkeit der Produktivitätskennzahlen ist dann erreicht, wenn die einmal gewählten Preise unverändert beibehalten, d.h. konstant gehalten werden.

Bedeutung der Produktivitätskennzahlen

Produktivitätskennzahlen dienen **inner-** und **zwischenbetrieblichen** Vergleichen. So kann z.B. ein Landwirt die Bodenproduktivität seines Betriebs in mehreren Jahren ermitteln und mit der seiner Konkurrenzbetriebe vergleichen. Liegt die Bodenproduktivität des Landwirts z.B. unter dem Durchschnitt, wird er versuchen, die Ursachen aufzudecken und Maßnahmen zur Produktivitätsverbesserung ergreifen.

Das Hauptproblem jeder Produktivitätsberechnung ist, dass die Veränderung des Outputs nicht auf einen Produktionsfaktor allein zurückgeführt werden kann (Zurechnungsproblem).

Beispiel:

Bauen 20 Arbeiter in 100000 Arbeitsstunden ein Haus, eine andere Arbeitsgruppe von 20 Arbeitern aber ein gleiches Haus in nur 80000 Stunden, so war die Arbeitsproduktivität der zweiten Gruppe größer. Kann man aber die Mehrleistung der zweiten Gruppe einfach dem Produktionsfaktor Arbeit zurechnen? Dies wäre nur möglich, wenn die technische Ausstattung beider Gruppen gleich war, die Mehrleistung also etwa auf besserer Ausbildung, größerem Leistungswillen oder größerer Leistungsfähigkeit der Arbeiter beruhte. Möglicherweise waren aber die Maschinen und Werkzeuge der zweiten Arbeitsgruppe besser und leistungsfähiger. Dann war die Mehrleistung auf den Faktor Kapital zurückzuführen. Möglich ist aber auch, dass die Produktivitätssteigerung auf die Mehrleistung beider Produktionsfaktoren zurückzuführen ist.

Bedeutung der gesamtwirtschaftlichen Arbeitsproduktivität

Durch die Steigerung der Arbeitsproduktivität, die vor allem auf den technischen Fortschritt (z.B. auf die Automatisierung)[1] zurückzuführen ist, nimmt die Pro-Kopf-Erzeugung zu. Damit die **Mehrproduktion** auch gekauft werden kann, müssen die Einkommen (also auch die Löhne und Gehälter der Unselbstständigen) steigen. Daher rechtfertigt sich auch

1 Unter Automatisierung versteht man den Weg zur Automation. Automation ist die vollständig mechanisierte Durchführung von Arbeiten mit Hilfe von Maschinen, die in der Lage sind, selbstständig einen oder mehrere Arbeitsgänge ohne menschliches Zutun durchzuführen.

die Forderung der Gewerkschaften, die Löhne und Gehälter mindestens in Höhe des Produktivitätsfortschritts zu erhöhen. Steigende Arbeitsproduktivität bedeutet somit auch steigenden materiellen Lebensstandard.

Die *Kehrseite* der Produktivitätssteigerungen ist die Gefahr der Entstehung technologischer Arbeitslosigkeit.[1] Zunehmende Produktivität bedeutet, dass die gleiche Produktmenge mit immer weniger Arbeitskräften bzw. Arbeitsstunden erstellt werden kann.

1.3.4.2 Wirtschaftlichkeit

Der Begriff „Wirtschaftlichkeit" ist nicht neu. Er taucht z.B. in den Familien immer dann auf, wenn der Kauf eines neuen Autos zur Diskussion steht. Nicht nur auf die äußere Form soll es ankommen, sondern auf die „Wirtschaftlichkeit". Hierbei überlegt man sich, dass der Wagen zwar „etwas bringen soll", stellt dieser Leistung jedoch die aufzubringenden Kosten gegenüber.

- Unter **Wirtschaftlichkeit** versteht man das Verhältnis von **Leistung** zu **Kosten.**

Unter **Leistung** versteht man die in Geld gemessene Ausbringungsmenge. **Kosten** sind die in Geld gemessenen Einsatzmengen der Produktionsfaktoren.

Die Wirtschaftlichkeitskennzahl berechnet sich wie folgt:

- $\text{Wirtschaftlichkeit} = \frac{\text{Leistung}}{\text{Kosten}}$

Wirtschaftlichkeit und Produktivität

Die Wirtschaftlichkeit ist von der Produktivität zu unterscheiden. Während die **Produktivität** ein reines Mengenverhältnis ausdrückt (z.B. m^3 umbauten Raums je Arbeitsstunde) bzw. mit konstanten Output- und Inputpreisen rechnet, werden bei **Wirtschaftlichkeitsberechnungen** tatsächliche Preise zugrunde gelegt.[2]

Beispiel:

In einer Schreinerei werden nur Türen in einer genormten Qualität und Größe hergestellt. Zehn Arbeitskräfte stellten im August in insgesamt 1620 Arbeitsstunden 540 Türen, im September in 2030 Arbeitsstunden 690 Türen und im Oktober in 2320 Arbeitsstunden 812 Türen her.

Im August und im September kostete den Betrieb eine Arbeitsstunde 25,00 €, im Oktober aufgrund von Tariflohnerhöhungen 27,00 €.[3] Die übrigen Kosten betrugen 10 000,00 € monatlich.

Der Verkaufspreis je Tür betrug im August 100,00 €. Aufgrund der schwieriger werdenden Absatzverhältnisse musste der Verkaufspreis in den Monaten September und Oktober auf 90,00 € je Tür gesenkt werden.

---

1 Technologische Arbeitslosigkeit = durch die technische Entwicklung (z.B. durch die Automatisierung) herbeigeführte Arbeitslosigkeit.

2 Wird bei Wirtschaftlichkeitsberechnungen mit konstanten Preisen gerechnet, spricht man von „mengenmäßiger Wirtschaftlichkeit". Sie stellt ebenfalls eine mögliche Produktivitätskennzahl dar.

3 Die Kosten je Arbeitsstunde sind für den Betrieb wesentlich höher als der Lohn, den der Arbeitnehmer erhält. Der Betrieb (der Arbeitgeber) muss zusätzlich noch die Hälfte der Krankenkassenbeiträge, der Rentenversicherungsbeiträge und der Arbeitslosenversicherungsbeiträge tragen.

4 Hartmann - ISBN 978-3-8120-0320-9

In diesem Beispiel wird ferner angenommen, dass alle hergestellten Türen auch verkauft wurden. In diesem Fall ergeben sich folgende Kennzahlen für die Produktivitäts- und Wirtschaftlichkeitsentwicklung.

Monat \ Kennzahl	Arbeitsproduktivität	Wirtschaftlichkeit
August	$\frac{540}{1\,620} = \underline{\underline{0{,}33}}$	$\frac{54\,000{,}00}{50\,500{,}00} = \underline{\underline{1{,}07}}$
September	$\frac{690}{2\,030} = \underline{\underline{0{,}34}}$	$\frac{62\,100{,}00}{60\,750{,}00} = \underline{\underline{10{,}2}}$
Oktober	$\frac{812}{2\,320} = \underline{\underline{0{,}35}}$	$\frac{73\,080{,}00}{72\,640{,}00} = \underline{\underline{1{,}01}}$

Tabelle 1.7

Aus den Zahlen des Beispiels erkennt man zunächst, dass die Produktivität gestiegen ist. Dies kann auf mehrere Ursachen zurückzuführen sein. Einmal kann die Routine der Arbeitskräfte zugenommen haben. Ferner kann es sein, dass die innerbetriebliche Arbeitsteilung verbessert wurde. Außerdem ist es möglich, dass moderne Maschinen und Werkzeuge eingesetzt wurden.

Trotz Steigerung der Arbeitsproduktivität ist die Wirtschaftlichkeit gesunken. Dies ist darauf zurückzuführen, dass einmal die Absatzpreise um 10% zurückgegangen sind, zum anderen aber mit erhöhten Kosten zu rechnen war: Das Verhältnis von Leistung zu Kosten hat sich verschlechtert.

Bedeutung der Wirtschaftlichkeitskennzahlen

Wirtschaftlichkeitsberechnungen dienen der Leistungs- und Kostenkontrolle im inner- und zwischenbetrieblichen Vergleich. Die Wirtschaftlichkeitskontrolle allein reicht nicht aus; denn die bloße Feststellung, dass die Wirtschaftlichkeit eines Betriebes gesunken ist, bringt weder eine Kostenersparnis noch eine Leistungssteigerung.

Es ist möglich, dass die Geschäftsleitung versucht, festgestellte Kostenerhöhungen in die Absatzpreise einzukalkulieren. Diese Maßnahme verbessert die Wirtschaftlichkeit jedoch nur, wenn der Markt Preiserhöhungen zulässt, wenn also die Kunden die Preiserhöhungen hinnehmen, ohne weniger nachzufragen.

In vielen Fällen ist es jedoch so, dass die Geschäftsleitung versuchen muss, einer Verschlechterung der Wirtschaftlichkeit durch Kostenersparnis einerseits und durch Absatzförderung andererseits (z.B. Werbung, Produktgestaltung) entgegenzuwirken.

Kosten lassen sich beispielsweise durch Erhöhung der Ausbringungsmenge und durch Substitution arbeitsintensiver durch kapitalintensive Fertigungsverfahren senken.

1.3.4.3 Rentabilität

Eine weitere Messzahl wirtschaftlicher Ergiebigkeit ist die **Rentabilität.** Darunter versteht man den prozentualen Anteil eines erzielten Gewinns an einem eingesetzten Kapital. Wird nichts anderes gesagt, bezieht sich die Rentabilitätskennzahl auf ein Jahr. Sie stellt somit nichts anderes als die **Verzinsung** eines investierten Kapitals dar.

■ $\text{Rentabilität} = \frac{\text{Gewinn} \cdot 100}{\text{eingesetztes Kapital}}$

Rentabilität und Produktivität

Von der Produktivität unterscheidet sich die Rentabilität dadurch, dass die Produktivität ein reines **Mengenverhältnis** angibt, während die Rentabilität eine **Wertbeziehung** darstellt.

Rentabilität und Wirtschaftlichkeit

Die Rentabilität zeigt die Verzinsung eines eingesetzten Kapitals, die Wirtschaftlichkeit gibt das Verhältnis von Leistung zu Kosten an.

Rentabilität, Wirtschaftlichkeit und Produktivität hängen zusammen: Eine Erhöhung der Produktivität und Wirtschaftlichkeit kann zur Steigerung der Rentabilität beitragen.

Beispiel:

Mit einer Maschine zum Anschaffungswert von 42 000,00 € stellt man im Jahr bei 1 920 Arbeitsstunden 50 000 Werkstücke her. Sie wird von einer Arbeitskraft bedient. Abschreibung, Verzinsung und Instandhaltung betragen jährlich 8 400,00 €. Die Arbeitsstunde kostet 8,00 €. Der Wert je Werkstück beträgt 0,50 €.

Eine verbesserte Maschine stellt hingegen in der gleichen Zeit 58 000 Werkstücke her. Ihr Anschaffungswert beträgt 60 000,00 €, die jährlichen Maschinenkosten belaufen sich auf 12 000,00 €. Die Lohnkosten sind die gleichen.

Produktivität, Wirtschaftlichkeit und Rentabilität betragen also:

Messzahlen / Maschinen	Produktivität (je Arbeitsstunde)	Wirtschaftlichkeit	Rentabilität
Maschine A	$\frac{50\,000}{1\,920} = \underline{\underline{26{,}04}}$	$\frac{25\,000}{23\,760} = \underline{\underline{1{,}05}}$	$\frac{1\,240 \cdot 100}{42\,000} = \underline{\underline{2{,}95\,\%}}$
Maschine B	$\frac{58\,000}{1\,920} = \underline{\underline{30{,}21}}$	$\frac{29\,000}{27\,360} = \underline{\underline{1{,}06}}$	$\frac{1\,640 \cdot 100}{60\,000} = \underline{\underline{2{,}73\,\%}}$

Tabelle 1.8

Arten der Rentabilität

Im obigen Beispiel wurde die Rentabilität eines **Einzelobjekts** gemessen. Daneben interessiert aber auch die Rentabilität des gesamten Unternehmens. Dabei wird zwischen **Unternehmerrentabilität (= Eigenkapitalrentabilität)** und **Unternehmensrentabilität (Gesamtkapitalrentabilität)** unterschieden.

- Bei der **Unternehmerrentabilität** wird der Reingewinn zum eingesetzten **Eigenkapital** in Beziehung gesetzt. Die Unternehmerrentabilität ist also der prozentuale Anteil des Reingewinns am Eigenkapital.
- Die **Unternehmensrentabilität** ist der prozentuale Anteil des Reingewinns zuzüglich Zinsaufwand am Gesamtkapital des Unternehmens. Die Zinsaufwendungen müssen berücksichtigt werden, weil sie als Einkommen der Kapitalgeber ebenfalls vom Unternehmen erwirtschaftet werden müssen.

Beispiel:

Ein Industriebetrieb ist mit 1 600 000,00 € Eigenkapital und 1 200 000,00 € Fremdkapital finanziert. Der Reingewinn betrug 320 000,00 €. Für das aufgenommene Fremdkapital wurden 96 000,00 € Zinsen bezahlt.

Die *Unternehmerrentabilität* errechnet sich folgendermaßen:

$$1\,600\,000{,}00\ € \mathrel{\hat=} 100\,\%$$
$$320\,000{,}00\ € \mathrel{\hat=} x\ \%$$

$$x = \frac{320\,000 \cdot 100}{1\,600\,000} = \underline{\underline{20\,\%}}$$

Allgemein:

■ $$\text{Unternehmerrentabilität} = \frac{\text{Reingewinn} \cdot 100}{\text{Eigenkapital}}$$

Die *Unternehmensrentabilität* wird folgendermaßen ermittelt:

$$2\,800\,000{,}00\ € \mathrel{\hat=} 100\,\%$$
$$416\,000{,}00\ € \mathrel{\hat=} x\ \%$$

$$x = \frac{416\,000 \cdot 100}{2\,800\,000} = \underline{\underline{14{,}86\,\%}}$$

Allgemein:

■ $$\text{Unternehmensrentabilität} = \frac{(\text{Reingewinn} + \text{Zinsaufwand}) \cdot 100}{\text{Gesamtkapital}}$$

Zur Beurteilung der Geschäftslage kann neben der **Kapitalrentabilität** auch die **Umsatzrentabilität** von Bedeutung sein.

■ Unter Umsatzrentabilität versteht man den prozentualen Anteil des Reingewinns am Umsatz zu Verkaufspreisen.

Beispiel:

Beläuft sich der Umsatz eines Geschäfts in einem Jahr auf 320 000,00 € und beträgt der Reingewinn 16 000,00 €, ergibt sich die Umsatzrentabilität wie folgt:

$$320\,000{,}00\ € \mathrel{\hat=} 100\,\%$$
$$16\,000{,}00\ € \mathrel{\hat=} x\ \%$$

$$x = \frac{16\,000 \cdot 100}{320\,000} = \underline{\underline{5\,\%}}$$

Allgemein:

■ $$\text{Umsatzrentabilität} = \frac{\text{Reingewinn} \cdot 100}{\text{Umsatz}}$$

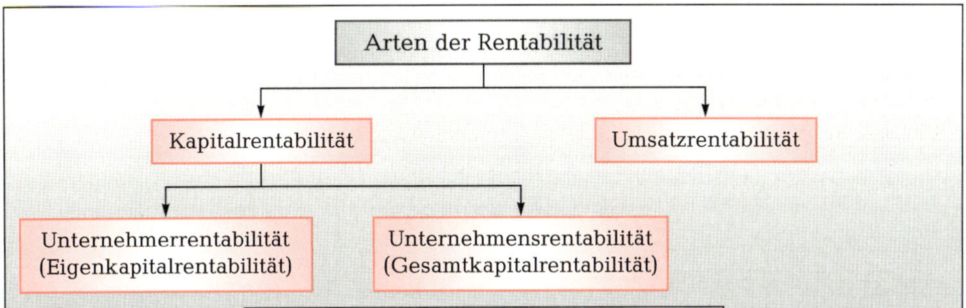

Überblick über die Arten der Rentabilität

Abb. 1.18

Bedeutung der Rentabilitätskennzahlen

Die Rentabilitätskennzahlen gehören in marktwirtschaftlich orientierten Wirtschaftsordnungen zu den wichtigsten betrieblichen Kennzahlen. Die vergleichsweise hohe und längerfristig als sicher angesehene Rentabilität bestimmt, wohin letzten Endes das investierte Kapital fließt (z.B. in Erfolg versprechende Zukunftsbranchen,[1] in Gebiete mit niedrigen Arbeits-, Sozial- und Steuerkosten usw.)

Aufgaben zur Lernkontrolle

1. Unterscheiden Sie die originären und die derivativen volkswirtschaftlichen Produktionsfaktoren!
2. Erläutern Sie die Abb. 1.8!
3. Begründen Sie, warum man den volkswirtschaftlichen Produktionsprozess als sinnvolle Kombination von Produktionsfaktoren bezeichnen kann!
4. Welche Bedeutung hat die Qualität des Produktionsfaktors Arbeit für die Leistungsfähigkeit einer Volkswirtschaft? Bilden Sie ein selbst gewähltes Beispiel!
5. Welche Bedeutung haben Quantität und Qualität des Produktionsfaktors Natur auf die Leistungsfähigkeit einer Volkswirtschaft? Bringen Sie selbst gewählte Beispiele!
6. HERBERT GRUHL schrieb 1975 in seinem Buch „Ein Planet wird geplündert – die Schreckensbilanz unserer Politik":[2] Dass die Rohstoffe „als freie Güter angesehen wurden, hielt jedermann für richtig; denn sie waren ja von der Natur «geschenkt». Ihr Abbau und ihre Verarbeitung kosteten in den ersten Jahrhunderten der Nutzung auch so viel Schweiß und Mühe, dass niemand solche Unternehmungen begonnen hätte, wenn auch noch große Summen allein für den Erwerb des Rohstoffes aufzubringen gewesen wären. So ergab es sich, dass der Eigentümer des jeweiligen Grund und Bodens nur ein kleines Entgelt für die Schürfrechte bekam, das in der Höhe etwa dem Ertrag der benötigten Fläche bei ihrer landwirtschaftlichen Nutzung entsprach, also sehr niedrig war. In der Bundesrepublik Deutschland betrug der Förderzins 1973 für Erdgas und Erdöl 5 % des Bruttoerlöses abzüglich der Manipulationskosten. Für den Steinkohleabbau wird gar nichts gezahlt."

---

1 Branche = Wirtschaftszweig. Von la branche (frz.) = Zweig.

2 GRUHL, H.: Ein Planet wird geplündert. Die Schreckensbilanz unserer Politik, 1976, S. 71 f.

6.1 Begründen Sie mit eigenen Worten, warum der Produktionsfaktor Natur bislang weitgehend als „Gratisfaktor“ betrachtet wurde!

6.2 Überlegen Sie sich Maßnahmen, wie der Raubbau an der Natur gebremst werden kann!

7. Angenommen, eine Volkswirtschaft hat im Jahr t_0 50 Millionen Einwohner. Die Erwerbsquote beträgt 50 %, die durchschnittliche Arbeitszeit je Jahr und Erwerbstätigen 2000 Stunden. Die Produktivität je Arbeitsstunde beträgt 10 GE.

Wie wirkt sich unter sonst gleichen Bedingungen eine auf den technischen Fortschritt zurückzuführende Erhöhung der Arbeitsproduktivität um 5 % auf die Gesamterzeugung und auf die Pro-Kopf-Erzeugung im Jahr t_1 aus, wenn die Bevölkerung um 10 % zunimmt und die Erwerbsquote konstant bleibt?

8. Angenommen, die Bevölkerung nimmt bei konstanter Erwerbsquote ab. Unter welchen Bedingungen kann die Pro-Kopf-Erzeugung (der materielle Lebensstandard) trotzdem zunehmen?

9. Angenommen, die Erwerbsquote nimmt bei konstanter Bevölkerung ab (Überalterung der Bevölkerung). Unter welchen Bedingungen kann die Pro-Kopf-Erzeugung trotzdem zunehmen?

10. Warum führt die Arbeitsteilung zur Produktivitätssteigerung?

11. Stellen Sie kurz die Arten (Erscheinungsformen) der Arbeitsteilung dar!

12. Erörtern Sie kurz Vor- und Nachteile der Arbeitsteilung! Überwiegen nach Ihrem Urteil die Vor- oder die Nachteile? Begründen Sie Ihre Meinung!

13. Warum ist das Sparen Voraussetzung der Neukapitalbildung?

14. Warum führt Sparen nicht in jedem Fall zur Neukapitalbildung?

15. Unterscheiden Sie zwischen freiwilliger und erzwungener Ersparnis! Bilden Sie je zwei Beispiele!

16. In einer Volkswirtschaft wurden insgesamt 50 Mrd. GE für produktive Zwecke investiert. Davon sind 5 Mrd. GE in zusätzlichen Vorräten angelegt worden, 30 Mrd. GE wurden für den Ersatz verbrauchter Anlagen verwendet.

16.1 Definieren Sie die im Aufgabentext angesprochenen Investitionsarten!

16.2 Berechnen Sie die Höhe der Nettoinvestition!

17. Definieren Sie die Begriffe Produktivität, Wirtschaftlichkeit und Rentabilität!

18. Ein Glaser stellt zusammen mit seinen drei Gesellen nur Fenster gleicher Größe und Qualität her. Der Verkaufspreis je Stück beträgt 150,00 €. Im Monat Mai stellten er und seine drei Gesellen in insgesamt 720 Arbeitsstunden 100 Fenster her, die auch verkauft wurden. Die Gesamtkosten der Glaserei betrugen im gleichen Monat 11500,00 €. Das Eigenkapital belief sich auf 280000,00 €.

Berechnen Sie die Produktivität, die Wirtschaftlichkeit und die Rentabilität!

19. Versuchen Sie, das dem Kapitel 1.3.1 vorausgesetzte Motto von FRANKLIN zu den Kapiteln 1.3.1 und 1.3.3 in Beziehung zu setzen!

20. Die Bevölkerungsentwicklung (demographische Entwicklung) in der Bundesrepublik Deutschland bleibt nicht ohne einschneidende wirtschaftliche und soziale Folgen. Bearbeiten Sie mit Hilfe des nachstehenden Text- und Bildmaterials folgende Aufgaben:

20.1 Nennen Sie Gründe für die Bevölkerungsentwicklung in der Bundesrepublik Deutschland!

20.2 Begründen Sie wirtschaftliche und soziale Folgen dieser Bevölkerungsentwicklung!

20.3 Machen Sie Vorschläge, wie der Staat Einfluss auf die Geburtenhäufigkeit nehmen kann!

20.4 Nennen Sie eine Möglichkeit, wie der negativen Entwicklung des Arbeitskräftepotenzials entgegengewirkt werden kann. Begründen Sie Ihre Aussage!

Materialien

a) Nach einer Prognose[1] wird in der Bundesrepublik Deutschland das Erwerbspersonenangebot um 7,35 Millionen zurückgehen. „Diese demographisch bedingte Schrumpfung ist in den alten Bundesländern bei den Männern etwas stärker ausgeprägt als bei den Frauen. Sie wächst mit zunehmendem Zeithorizont immer weiter in die Alterspyramide hinein und ist wegen des vorübergehenden Geburtenanstiegs in der früheren DDR in den neuen Bundesländern nicht ganz so stark ausgeprägt."

Es wird klar: „Weder steigendes Erwerbsverhalten noch Migration können für sich genommen die negativen Auswirkungen der altersstrukturellen Verschiebungen ausgleichen. Anders formuliert: Wenn eine demographisch bedingte Schrumpfung des Arbeitskräftepotenzials in Deutschland verhindert werden soll, ist Nettozuwanderung[2] unumgänglich. Denn eine noch stärkere Ausschöpfung der Erwerbsbevölkerung scheint unter den gegebenen Bedingungen kaum vorstellbar."

b) Die deutsche Bevölkerung wandelt sich. 1970 hatte die Bevölkerungspyramide ungefähr eine Dreiecksform: Die Basis war am stärksten ausgeprägt, oberhalb des Alters von 30 Jahren lief die Pyramide spitz zu. Diese klassische Form gab es seitdem nicht mehr. Schon 1990 ähnelte der Bevölkerungsaufbau eher einem Tannenbaum, mit schmalem Sockel und kräftiger Mitte in der Altersgruppe zwischen 20 und 30 Jahren.

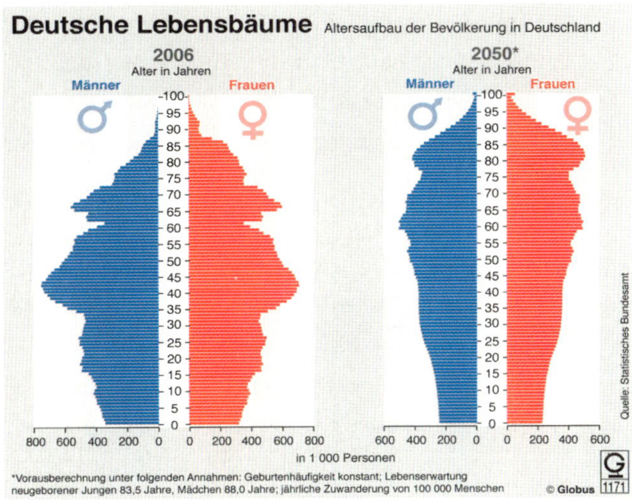

So ist es auch heute, nur hat sich die starke Mitte nach oben verschoben. Im Jahr 2006 ist die Gruppe der 40- bis 45-Jährigen am stärksten besetzt. Im Jahr 2050 wird diese Gruppe das hohe Alter erreicht haben; nach unten wird die Basis allmählich dünner. So wird der Bevölkerungsaufbau in Deutschland in 45 Jahren eher einer Säule gleichen als einem Baum.

1 Vgl. HOF, B.: Szenarien künftiger Zuwanderungen und ihre Auswirkungen auf Bevölkerungsstruktur, Arbeitsmarkt und soziale Sicherung, hrg. vom Institut der Deutschen Wirtschaft, 1996, S. 40 und 42.

2 Nettozuwanderung = Einwanderung - Auswanderung (Abwanderung).

c)

Die demografischen Zahlen signalisieren, welche Problemlagen auf unsere Gesellschaft zukommen. Da die Altersgruppe der Hochbetagten ein erhebliches Risiko aufweisen, hilfs- und pflegebedürftig zu sein, ergeben sich daraus Herausforderungen für den Pflegebereich und die Rentenkassen.

Auch im Arbeitsleben wird die Verschiebung der „Alterspyramide" Konsequenzen haben. Bald werden mehr ältere als jüngere Menschen im Arbeitsleben stehen. Bereits kurz nach der Jahrhundertwende werden stets mehr 40- bis unter 60-Jährige als 20- bis unter 40-Jährige in der erwerbstätigen Bevölkerung vertreten sein. Das bedeutet eine „Innovationslücke", da immer weniger junge Menschen den Fortschritt vorantreiben könnten.

Der technische, wirtschaftliche und soziale Wandel muss dann von der älteren Bevölkerung getragen werden.

Nach der Jahrhundertwende wird es deutlich mehr Sterbefälle als Geburten geben. Auf längere Sicht ist mit einem Bevölkerungsrückgang zu rechnen.

Quelle: Badische Zeitung vom 22. Mai 1997.

d)

Die Geburtenentwicklung in Deutschland seit 1945 zeigt einen stark schwankenden Verlauf. In ihr spiegeln sich einerseits die Verwerfungen im Altersaufbau der Bevölkerung, die überwiegend auf die Menschenverluste der beiden Weltkriege zurückzuführen sind und so noch Generationen später nachwirken. Und sie ist andererseits geprägt durch die Veränderung des **generativen Verhaltens**, also der Summe ganz persönlicher Entscheidungen darüber, wie viele Kinder eine Frau, und wann, zur Welt bringt.

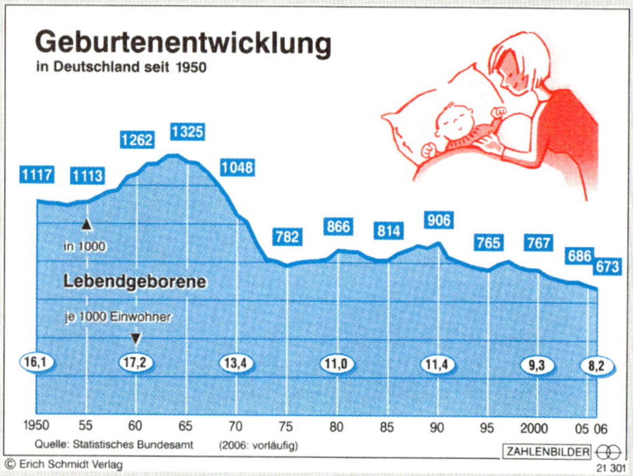

Eine erste starke Zunahme der Geburten war um das Jahr 1950 zu verzeichnen, als viele Paare die im Krieg und in der unmittelbaren Nachkriegszeit aufgeschobene Familiengründung nachholten. Ein weiteres Geburtenloch folgte im familienbetonten gesellschaftlichen Umfeld der frühen sechziger Jahre. Auf seinem Höhepunkt (1964) kamen in West- und Ostdeutschland 1,36 Millionen Kinder zur Welt. Danach fiel die Geburtenhäufigkeit aber innerhalb eines Jahrzehnts so steil ab, dass 1975 nur noch 782000 Neugeborene registriert wurden. Für diesen **Geburtenrückgang,** der ähnlich auch in anderen Staaten Europas zu beobachten war, lassen sich mehrere Ursachen anführen: Eine entscheidend wichtige Rolle spielte die zunehmende Bildungsbeteiligung und Erwerbstätigkeit der Frauen; hinzu kam die Verbreitung der „Pille", die eine bewusste Familienplanung erleichterte, und – in der DDR – die Legalisierung des Schwangerschaftsabbruchs (1972).

Ab Mitte der siebziger Jahre entwickelte sich das Geburtengeschehen beider deutscher Staaten auf getrennten Pfaden. Im *damaligen Bundesgebiet* blieb die Geburtenzahl weiterhin niedrig und stieg erst gegen Ende der achtziger Jahre wieder, als die starken Frauenjahrgänge der sechziger Jahre in das Alter vorrückten, in dem sie selbst Kinder bekamen. Die *DDR* reagierte dagegen mit Maßnahmen zur Familien- und Geburtenförderung auf die rückläufige Geburtenentwicklung und erreichte so, dass wieder mehr Kinder geboren wurden. Nach der deutschen Einigung (1990) gingen die Geburten in Ostdeutschland aber fast schlagartig zurück – Ausdruck der sozialen Verunsicherung wie der Möglichkeit, neue Lebensentwürfe zu erproben, aber auch der

Abwanderung junger Leute in Richtung Westen. Bis heute bleibt das Geburtenniveau in Ostdeutschland hinter dem westdeutschen Vergleichswert zurück.

Für Deutschland insgesamt weist die **Geburtenstatistik** 2006 einen weiteren Rückgang aus: Die Zahl der Neugeborenen sank auf rund 673000; das entsprach nur noch 8,2 Geburten je 1000 Einwohner. Unter den gegenwärtigen Verhältnissen würden jeweils 1000 Frauen im Lauf ihres Lebens rund 1340 Kinder zur Welt bringen. Die Elterngeneration wird dadurch nur zu etwa zwei Dritteln ersetzt.

Quelle: Erich Schmidt Verlag, Nr. 21 301, 6/2007

e)

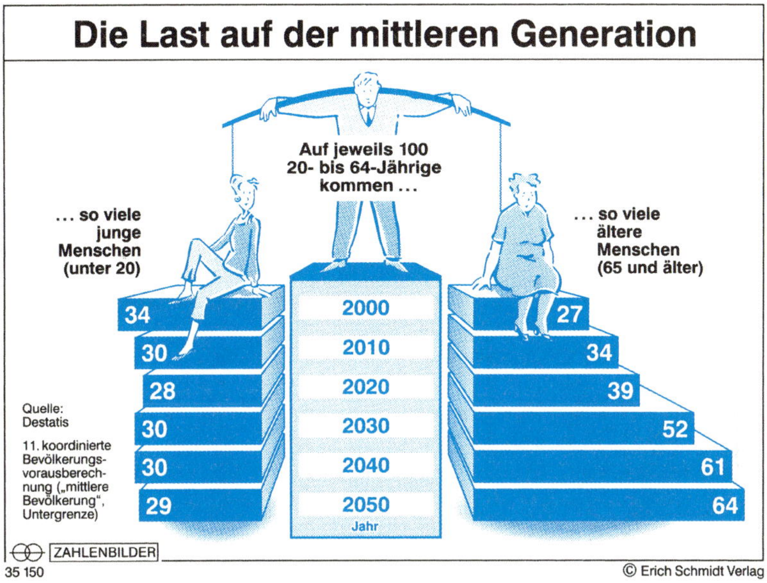

Der Altersaufbau der Bevölkerung hat entscheidende Auswirkungen auf die wirtschaftlichen und sozialen Verhältnisse des Landes. Denn aus dem, was die wirtschaftlich aktive mittlere Generation erarbeitet, müssen – vereinfacht gesehen – auch die Bedürfnisse der jüngeren und der älteren Generation bestritten werden. Die dazu notwendige **Umverteilung zwischen den Generationen** erfolgt teils direkt innerhalb der Familien, teils direkt über den Staat und die sozialen Sicherungssysteme. Wirtschaft und Politik, aber auch die Bürger in der privaten Lebensplanung, müssen sich daher rechtzeitig auf die zu erwartenden Verschiebungen im Altersaufbau und damit im **Verhältnis zwischen „tragenden" und „lastenden" Teilen der Gesellschaft** einstellen.

Die künftige demografische Entwicklung in Deutschland wird einerseits durch niedrige Geburtenraten, andererseits durch die steigende Lebenserwartung bestimmt. Falls sich das generative Verhalten der Menschen nicht grundlegend ändert – wofür es derzeit keine Anhaltspunkte gibt –, wird die Anzahl der Kinder und Jugendlichen stark zurückgehen und die der mittleren Jahrgänge ebenfalls schrumpfen, während die Zahl der älteren Menschen in den kommenden Jahrzehnten weiterhin zunimmt. Neue Daten dazu liefert die 11. aktualisierte Bevölkerungsvorausberechnung des Bundes und der Länder, die für den Zeitraum bis 2050 mehrere denkbare Verlaufsvarianten durchspielt.

Quelle: Erich Schmidt Verlag, Nr. 35 150, 11/06.

f) Deutschlands Bevölkerung schrumpft. Seit 2003 geht die Einwohnerzahl kontinuierlich zurück. Und schon seit über drei Jahrzehnten folgt auf jede Generation eine kleinere Generation, weil die Zahl der geborenen Kinder nicht ausreicht, um die Elterngeneration zu ersetzen. Auch die Zuwanderung reicht nicht aus, diese Entwicklung auszugleichen. Vergleicht man die Entwicklung in den einzelnen Bundesländern, ist die Binnenwanderung von Bedeutung. Süddeutschland und die Stadtstaaten profitieren wegen einer stabilen wirtschaftlichen Entwicklung und eines breiten Angebotes an Arbeits- und Ausbildungsplätzen. Für Bayern und Baden-Württemberg rechnen die Statistiker bis 2020 mit einem Bevölkerungsplus von 123000 bzw. 105000. In den „Auswanderungsländern" wird der Bevölkerungsrückgang und die Alterung dagegen verstärkt. Für Nordrhein-Westfalen wird zum Beispiel ein Verlust von 592000 Menschen prognostiziert.

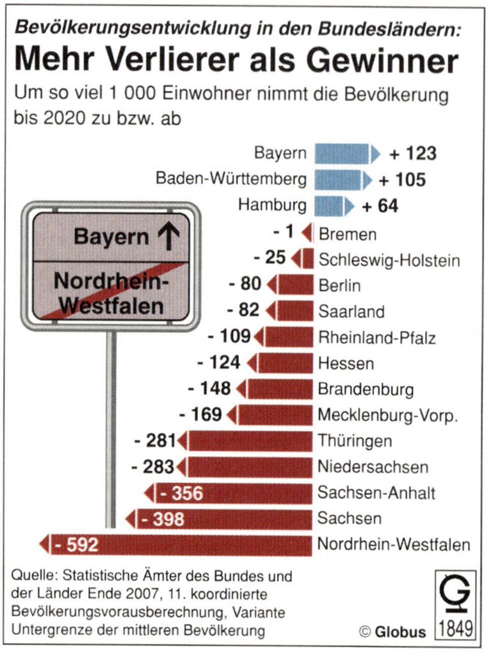

21.

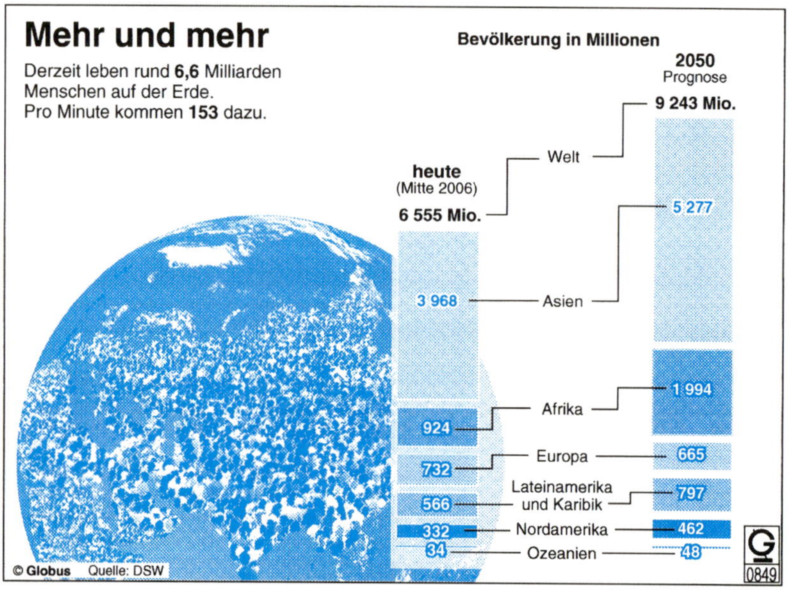

Wie erklären Sie sich die unterschiedliche Bevölkerungsentwicklung in der Bundesrepublik Deutschland einerseits und in den außereuropäischen Regionen andererseits?

2 Träger und Ziele der Wirtschaftspolitik

2.1 Träger der Wirtschaftspolitik

Parlament und Regierung

Wichtigster Träger der Wirtschaftspolitik ist der „Staat". In demokratischen Wirtschafts- und Gesellschaftsordnungen ist seine politische Entscheidungsbefugnis auf die staatlichen Organe **Parlament** (Legislative), **Regierung** mit nachgeordneter Verwaltung (Exekutive) und **Rechtsprechung** (Judikative) verteilt.

Die Regierung wird von der Regierungsfraktion getragen und von der Opposition kontrolliert.

In einem *Bundesstaat* (einem föderalistischen Staat) tritt der Zentralstaat (der „Bund") Teile seiner Entscheidungsbefugnis an die Bundesländer ab, die einen Teil ihrer politischen Macht wiederum an Gemeinden, Gemeindeverbände und Kreise delegieren (weitergeben). In der Bundesrepublik Deutschland werden die Länder über eine eigene Kammer, den **Bundesrat,** an der Willensbildung des Bundes beteiligt.

Regierungsunabhängige Institutionen

Außerdem wird von der Bundesrepublik Deutschland politische Macht an mehr oder weniger regierungsunabhängige (autonome) staatliche und überstaatliche (supranationale) Institutionen abgetreten. Solche zur so genannten mittelbaren Staatsverwaltung zählenden öffentlichen Körperschaften sind z.B. die Deutsche Bundesbank, die Bundesagentur für Arbeit, die Rentenversicherungsträger, die gesetzlichen Krankenkassen, die Industrie- und Handelskammern und die Handwerkskammern.

In der Europäischen Währungsunion[1] nimmt die **Europäische Zentralbank (EZB)**[2] eine besondere Stellung ein, weil sie als Zentralbank das alleinige Recht zur Schaffung von Notengeld besitzt. Sie ist in ihren geldpolitischen Entscheidungen weitgehend autonom (unabhängig). Ihre wichtigste Aufgabe ist die Erhaltung der Geldwertstabilität.

Verbände

Die Soziologie (die Lehre von der Gesellschaft) versteht unter dem Begriff „Verbände" soziale Gruppen mit organisatorischem Überbau, in denen das Handeln durch eine mit Autorität (Führungsmacht mit Weisungsrecht) ausgestattete Führung bestimmt wird.[3]

Zu unterscheiden sind **Interessenverbände** und **politische Parteien.** Die Interessenverbände sind dauerhafte soziale Gruppen, die ungeachtet ihrer Rechtsform Einfluss auf Regierungsentscheidungen zu nehmen suchen, ohne politische Parteien zu sein.

1 Zur Europäischen Wirtschafts- und Währungsunion (WWU) siehe Kapitel 8.7.1.

2 Näheres zur Europäischen Zentralbank siehe Kapitel 8.7.2 und 8.7.5.

3 Die rechtliche Definition des Begriffs „Verbände" geht weiter. Hier wird unter einem Verband eine Personenvereinigung zu einem bestimmten Zweck verstanden, die durch eine Verfassung (Satzung) zur Bildung eines gemeinschaftlichen Willens begründet wird und, falls eine juristische Person vorliegt, rechtsfähig, d. h. selbst Träger von Rechten und Pflichten ist. Die Verbände sind danach teils privatrechtliche Vereinigungen (z.B. eingetragene und auch nicht eingetragene Vereine, Formkaufleute), teils öffentlich-rechtliche juristische Personen (z.B. Gemeinden, Gemeindeverbände, Rundfunkanstalten, Sozialversicherungsträger).

Im Unterschied zu den Interessenverbänden müssen Parteien nach § 2 Abs. 1 ParteienG *parlamentarisch*, d.h. an der Vertretung des Volkes im Deutschen Bundestag, mitwirken wollen.

Bei den Interessenverbänden gibt es solche, die ständig und ausschließlich bestimmte politische Ziele verfolgen, so z.B. die **Tarifpartner** (Gewerkschaften und Arbeitgeberverbände), der Bundesverband Bürgerinitiativen Umweltschutz e.V. (BBU) und der Bund für Umwelt und Naturschutz Deutschland e.V. (BUND). Andere Verbände versuchen nur gelegentlich, auf Parlamente und Regierungen Einfluss zu nehmen, so etwa karitative Verbände, Kleingärtner- und Tierzuchtvereine, Sportvereine und -verbände. Eine scharfe Trennung kann hier jedoch nicht vorgenommen werden; man denke nur daran, welche politische *und* wirtschaftliche Bedeutung der Sport in den letzten 20 Jahren genommen hat.

<table>
<tr><th colspan="3">Arten der Verbände</th></tr>
<tr><th colspan="2">Interessenverbände</th><th rowspan="2">Politische Parteien</th></tr>
<tr><th>Gelegenheits-Interessenverbände</th><th>Reine Interessenverbände</th></tr>
<tr><td>■ karitative Verbände
■ Gesangvereine
■ Sportvereine
■ Haustierzüchtervereine
■ Kleingärtnervereine
■ Briefmarkensammlervereine</td><td>■ Tarifpartner
– Gewerkschaften
– Arbeitgeber bzw. Arbeitgeberverbände
■ Umweltschutzverbände (z.B. BBU, BUND)
■ Verbraucherverbände
■ Steuerzahlerverbände</td><td rowspan="2">■ Volksparteien (Parteien, die alle Schichten der Bevölkerung vertreten wollen)
■ Interessenparteien (Parteien, die bestimmte soziale Gruppen vertreten wollen), z.B. Arbeiterparteien, Bauernparteien, Flüchtlingsparteien, Autofahrerparteien usw.</td></tr>
<tr><td colspan="2">Bürgerinitiativen</td></tr>
</table>

Übersicht 2.1

Wie geschieht nun die Einflussnahme der Verbände auf staatliche Entscheidungen? Der klassische Adressat der Verbandstätigkeit ist das Parlament.[1] In der Bundesrepublik Deutschland haben die Verbandsvertreter die Möglichkeit, ihre Vorstellungen (Ziele, Interessen) in den Bundestagsausschuss einzubringen, in dem gemäß § 73 Abs. 3 der Geschäftsordnung des Deutschen Bundestags in so genannten „Hearings" neben Sachverständigen auch Interessenvertreter (z.B. der deutschen Wirtschaft) gehört werden können. Daneben werden natürlich zahlreiche informelle Kontakte zwischen den Verbandsvertretern und Abgeordneten gepflegt.

Darüber hinaus lassen die Verbände ihre Vertreter (z.B. Vertreter des Mittelstands, der Heimatvertriebenen, der Landwirtschaft, der Unternehmer) von den politischen Parteien aufstellen und in die Parlamente (den Deutschen Bundestag und die Länderparlamente) wählen.

Schließlich nehmen die Verbände Einfluss auf die Ministerialverwaltungen, indem sie Informationen liefern, die der Staat benötigt, um sinnvolle Entscheidungen treffen zu können.

1 Die Verbandsvertreter werden als Lobbyisten bezeichnet. Der Ausdruck stammt aus den USA und bezeichnet diejenigen Interessenvertreter, die im 19. Jahrhundert in der Wandelhalle des Parlaments (in der „Lobby") die Abgeordneten in ihrem Sinne zu beeinflussen suchten.

Ausland

Wirtschaftspolitische Entscheidungen reichen über die Landesgrenzen hinaus, man denke z.B. an die Erhöhung oder Senkung von Zöllen, die Einführung oder Aufhebung der Devisenzwangswirtschaft, die Inflations- oder Deflationspolitik, die Erhöhung oder Senkung von Rüstungsausgaben usw. In jedem Fall wirken sich derartige wirtschaftspolitische Eingriffe des Auslands auf die Binnenwirtschaft aus. Gegenmaßnahmen werden dann erforderlich, wenn die Eingriffe des Auslands den eigenen wirtschaftspolitischen Zielen entgegenstehen.

Unmittelbar an der Entscheidungsbildung der Regierung und der übrigen Träger der Wirtschaftspolitik sind **internationale Organisationen**[1] beteiligt, wie z. B. die WTO (World Trade Organization) und der Internationale Währungsfonds (IWF).

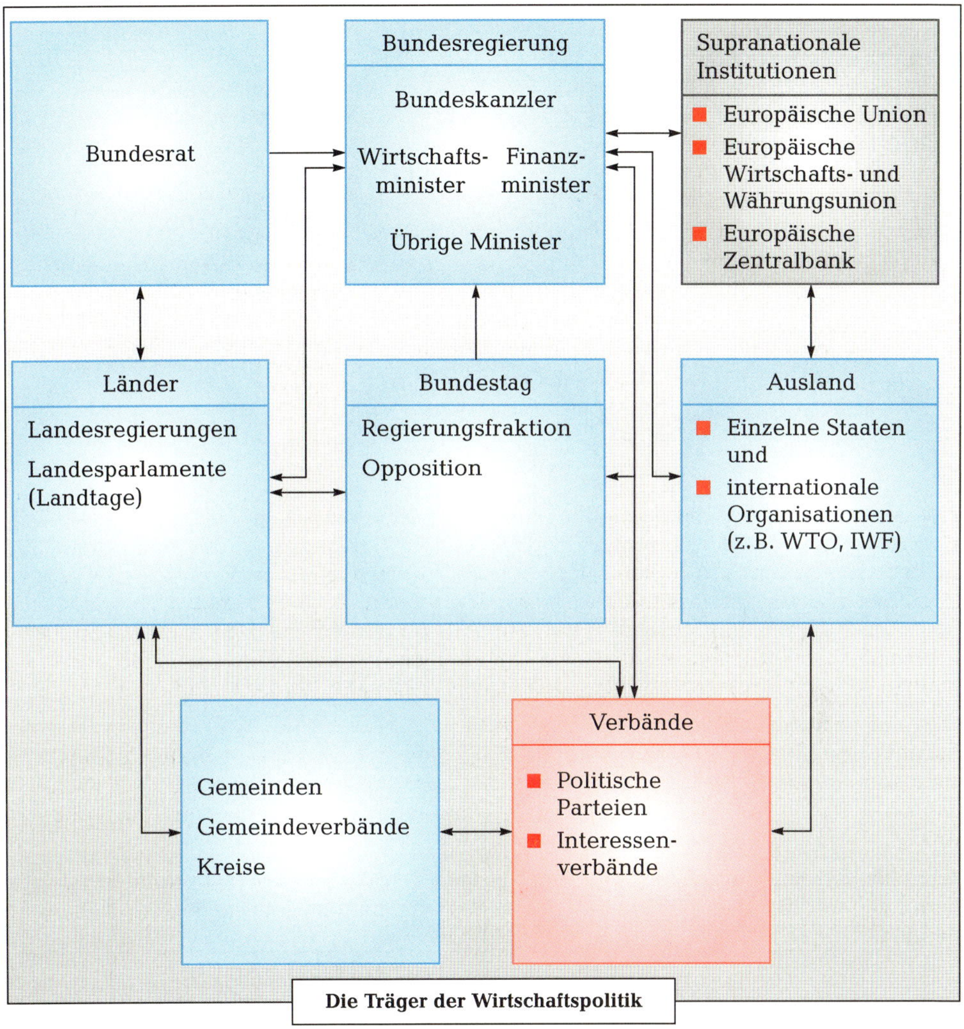

Abb. 2.1

1 Näheres siehe Kapitel 10.4.

Eine reife Volkswirtschaft ist vergleichbar mit einem Mobile. Eine Änderung an einem Punkt im System der Gleichgewichte verändert alle übrigen Gleichgewichte.

(JÜRGEN EICK)[1]

2.2 Wirtschaftspolitik als Bestandteil der Gesellschaftspolitik

2.2.1 Die Wirtschaft als Subbereich der allgemeinen Gesellschaftsordnung

Die Gesellschaft stellt eine Verbindung von Menschen dar, die durch Geschichte, Konventionen (Sitten und Gebräuche) und Rechtssätze[2] miteinander verbunden sind. Die **Unterbereiche (Subbereiche)** der Gesellschaft (z.B. Wirtschaftsordnung, Rechtsordnung und Sozialordnung) sind derart vielfältig miteinander verknüpft, dass sich eine sinnvolle Unterteilung der Gesellschaftsordnung kaum unternehmen lässt. Wenn wir dennoch eine Unterteilung der Gesellschaftsordnung vornehmen, muss man sich darüber im Klaren sein, dass diese Einteilung lediglich eine Arbeitsgrundlage darstellen kann, um die Probleme isoliert behandeln zu können. In Wirklichkeit sind alle Bereiche der Gesellschaft voneinander abhängig; sie durchdringen und beeinflussen sich gegenseitig.

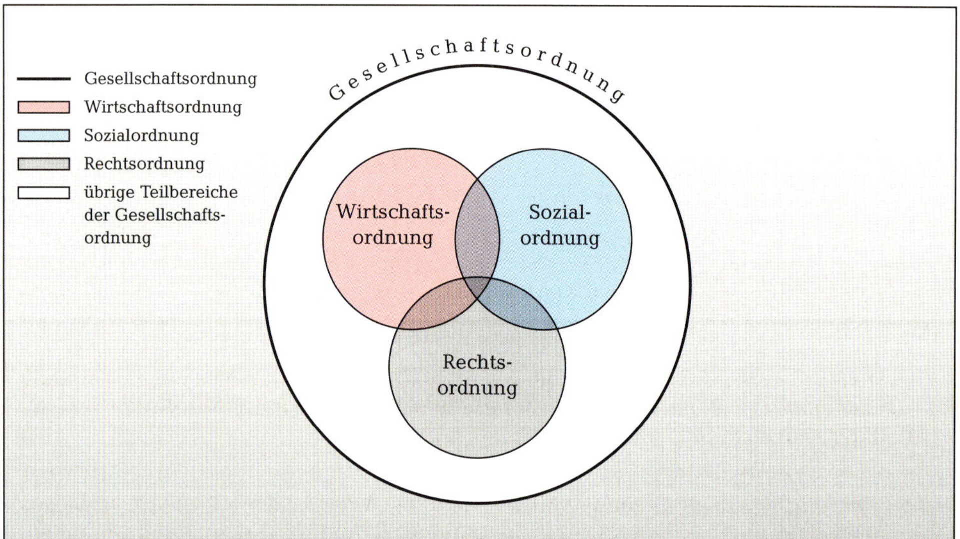

Die Teilbereiche der Gesellschaftsordnung überschneiden sich und sind voneinander abhängig. Ändert sich auch nur ein Teilbereich, verändert sich auch die Gesellschaftsordnung.

Abb. 2.2

1 EICK, J.: Wie man eine Volkswirtschaft ruinieren kann. Die wirtschaftlichen Irrtümer unserer Tage, 3. Aufl. 1974.

2 Rechtssätze = Gesetze, Gewohnheitsrecht, Gerichtsurteile.

„An dieser Stelle tritt mit voller Kraft die *zweite* Grundwahrheit hervor, die wir wissen sollten: Es ist das Gesetz der Interdependenz.

Auf eine kurze Formel gebracht: Alles hängt mit allem zusammen. Das wirtschaftliche Leben steht nicht für sich allein. Die Ordnung der Wirtschaft ist vielmehr Teil einer alles umfassenden Gesamtordnung.

Es gibt nicht
hier: die Wirtschaft, auf sich selbst beschränkt und von allem Übrigen abgetrennt,
dort: die Politik,
dort: die Kultur.

Die Ordnung der Wirtschaft ist mit den Ordnungen des Staates, des Rechts, des geistigen Lebens verflochten. Und wie keine dieser Ordnungen aus einzelnen Punkten besteht, die unabhängig, voneinander existieren, so besteht auch das Ganze unseres Lebens nicht aus isolierten Bereichen.

Ein großer Zusammenhang geht durch alles hindurch. Und jedes Einzelne kann nur aus dem Zusammenhang heraus verstanden werden.

Was immer an Wesentlichem geschieht, hat seine Folgen oft weit von dem ursprünglichen Ausgangspunkt entfernt. Und die Folgen haben wieder ihre Rückwirkungen.

In dieser gegenseitigen Bedingtheit liegt das alles durchdringende, kaum je genug beachtete Gesetz der Interdependenz."[1]

2.2.2 Wechselwirkungen zwischen Wirtschafts- und Gesellschaftsordnung

Ändert sich ein Teilbereich der Gesellschaftsordnung (z.B. die Rechtsordnung), ändern sich zugleich alle übrigen Teilbereiche und damit die Gesellschaftsordnung als Ganzes.

Folgende Beispiele sollen das Gesagte veranschaulichen.

Veränderung der Rechtsnormen

Neue Gesetze aller Art beeinflussen in der Regel die Wirtschafts- und damit auch die Sozialordnung. Angenommen, die Pflicht zum Besuch der Grund- und Hauptschule wird von neun auf zehn Jahre erhöht. Davon werden zunächst die Dispositionen vieler Unternehmen betroffen, weil die durchschnittliche Zeit, die die Bevölkerung einer Volkswirtschaft im Arbeitsprozess steht, um ein Jahr verkürzt wird. Während in vielen kapitalistischen und sozialistischen Wirtschaftsordnungen Kinderarbeit ein Ordnungselement darstellt, ist die soziale Marktwirtschaft der Bundesrepublik Deutschland durch das Verbot der Kinderarbeit gekennzeichnet.

Die enge Verzahnung der Rechts-, Wirtschafts- und Sozialordnung wird, um ein weiteres Beispiel zu nennen, am Problem der Mitbestimmung deutlich. Ein rein kapitalistisches System kann eine Mitbestimmung der Arbeitnehmer in den Unternehmen nicht dulden, weil damit in das Eigentumsrecht der Unternehmenseigner (der „Kapitalisten") eingegriffen wird. Beschließt das Parlament jedoch eine gleichberechtigte (paritätische) Mitbestimmung, ist ein wichtiges Ordnungselement der Marktwirtschaft entscheidend verändert worden: Das Eigentum an den Produktionsmitteln garantiert nicht mehr zugleich auch wirtschaftliche und politische Macht, während Einfluss und Macht der Gewerkschaften zunehmen. Aber nicht nur dies: Während bisher die Unternehmen auf Änderungen der

1 ERDSIEK-EUCKEN, E.: Die Ordnung, in der wir leben. Zum Verständnis unerser Wirtschaftsordnung, 1961, S. 32.

Marktverhältnisse rentabilitätsorientiert reagieren konnten, brauchen sie nunmehr die Zustimmung der Arbeitnehmer bzw. der Gewerkschaft. So mag es beispielsweise sein, dass die Geschäftsleitung der Meinung ist, aufgrund gestiegener Löhne ein Zweigwerk im Inland zu schließen, um dafür ein Zweigwerk im Ausland aufzubauen, weil dort das Lohnniveau niedriger ist. Besteht ein Mitbestimmungsrecht, werden die Arbeitnehmervertreter die Schließung u.U. verhindern oder verzögern, um die Arbeitsplätze zu sichern. Dadurch ergeben sich völlig andere Verhältnisse auf dem Binnenmarkt: Die Absatzpreise des betreffenden Unternehmens werden gedrückt und/oder die gesamte Produktion wird nicht vom Markt aufgenommen. Es wird auf Halde produziert. Falls staatliche Hilfen ausbleiben, müssen mit verzögerter Wirkung Arbeitskräfte entlassen werden.

In ähnlicher Weise ließe sich jede Gesetzesänderung bzw. jedes neue Gesetz hinsichtlich seiner Wirkungen auf die Wirtschaft und letztlich auf die Gesellschaft untersuchen. Man denke beispielsweise an das Gesellschaftsrecht, das Eigentumsrecht, das Erbrecht, das Steuerrecht, das Wettbewerbsrecht, die Arbeitsschutzgesetzgebung oder die Rechtsvorschriften, die etwa die Verbände (Gewerkschaften, Arbeitgeberverbände) betreffen.

Wirtschaftlicher Wandel

Veränderungen der Rechtsnormen beeinflussen die Wirtschaft. Umgekehrt zieht aber der wirtschaftliche und technische Wandel eine entsprechende Änderung der Rechtsnormen (und natürlich auch der sittlichen Normen der Wirtschaftssubjekte) nach sich.

Die mittelalterliche Gesellschaft Europas war eine statische Gesellschaft, deren Aufbau (Struktur) sich über lange Zeit nicht veränderte, weil sich eben die Art der Gütererzeugung und -verteilung während einiger hundert Jahre nicht oder nur sehr wenig änderte. Erst die Industrialisierung Ende des 19. und Anfang des 20. Jahrhunderts brachte einen gewaltigen sozialen Wandel mit sich, der sich sowohl auf die Rechtsordnung als auch auf die Sozialordnung auswirkte. Die Beispiele liegen auf der Hand: Mit der Entstehung des besitzlosen Industrieproletariats musste ein System der sozialen Sicherung geschaffen werden (Schaffung der Sozialversicherungen, Kündigungsschutzgesetze usw.). Um die neuen Erfindungen und Entdeckungen zu schützen, brauchte man Urheberschutzgesetze. Mit der Erfindung des Autos musste eine Straßenverkehrsordnung geschaffen werden. Und um noch ein aktuelles Beispiel zu nennen: Die Einführung der elektronischen Datenverarbeitung mit den neuen Speichermethoden (Bänder, Platten) lässt das rechtliche (juristische) Problem auftreten, welche Rechtsvorschriften geeignet sein könnten, einen Missbrauch der Daten zu verhindern („Problem des Datenschutzes").

Änderung der Sozialordnung

Die oben genannten Beispiele machen allein schon deutlich, dass Änderungen der Wirtschaftsordnung zugleich einen Wandel der Sozialstruktur bedeuten. Die Verbindung zwischen beiden Aspekten der Gesellschaftsordnung bildet das Recht. Nehmen wir als weiteres Beispiel den Ausbau des Bildungswesens. Durch ein System von Gesetzgebungswerken, das die finanzielle Lage einkommensschwacher Bevölkerungsschichten verbessert (Kindergeld, Wohngeld, Ausbildungsförderung, Freibeträge, Steuerprogression), werden auch die Ausbildungschancen für alle Schichten der Bevölkerung größer und damit auch die Chance des sozialen Aufstiegs. Dies hat wiederum unmittelbare Auswirkungen auf die Wirtschaft: Je besser die Bevölkerung ausgebildet ist, desto größer ist auch die Produktivität einer Volkswirtschaft.

2.2.3 Wirtschaftspolitische Ziele als Subziele der allgemeinen Gesellschaftspolitik

Jede Gesellschaft hat im Laufe ihrer Geschichte Einrichtungen geschaffen, die der Befriedigung der verschiedenen Bedürfnisse des Menschen dienen. Insoweit diese Einrichtungen dazu bestimmt sind, *wirtschaftliche Güter* herzustellen, zu verteilen und zu verbrauchen, spricht man von **wirtschaftlichen Institutionen.** Die Gesamtheit dieser wirtschaftlichen **Institutionen** wird als **wirtschaftliches Subsystem** bezeichnet. Zu ihnen gehören solche makroökonomischen Größen wie

- Unternehmen,
- private und öffentliche Haushalte sowie
- das Ausland.

Jede **Gesellschaftsordnung** setzt sich bestimmte **wirtschaftliche, kulturelle** und **politische Ziele.** Dazu bedarf es einer gesellschaftlichen Willensbildung. Der Prozess, wie eine allgemeine (kollektive) Willensbildung zustande kommt, hängt ab von der Art und Weise, wie die Gesellschaft organisiert ist. Die Möglichkeiten sind unübersehbar. Beispielsweise kann die kollektive Willensbildung durch demokratische Abstimmung über jeden Einzelfall (plebiszitäre Demokratie), durch die gewählten Vertreter eines abstimmungsberechtigten Parlaments (repräsentative Demokratie) oder durch eine Gruppe, Partei bzw. eine Einzelperson, die durch Revolution oder Staatsstreich an die Macht gelangt ist (Diktatur), vollzogen werden. Ob im letzten Fall noch von kollektiver Willensbildung gesprochen werden kann, müsste im konkreten Einzelfall untersucht werden. Jedoch muss auf die Dauer auch eine Diktatur in gewisser Weise auf die Wünsche und Meinungen der Gesellschaft Rücksicht nehmen, wenn sie überleben will. Gleichgültig aber, welche Institution die Gesellschaftsziele formuliert und durchsetzt, also **Gesellschaftspolitik** betreibt: Immer wird sich der Gesellschaftswille von den Einzelwillen mehr oder weniger unterscheiden. Die Bildung eines Gesellschaftswillens setzt somit einen Kompromiss voraus, wenn Unzufriedenheit und Unruhe vermieden werden sollen.

- Da die verschiedenen Gesellschaftsbereiche voneinander abhängig (interdependent) sind, können auch die wirtschaftspolitischen Ziele nur **Subziele** der allgemeinen Gesellschaftspolitik sein.

Wird z.B. als oberstes politisches Gesellschaftsziel die Kriegsbereitschaft proklamiert, sind *alle* übrigen Gesellschaftsbereiche betroffen. Im wirtschaftlichen Bereich wird die Produktion von zivilen Gütern zugunsten der Produktion von militärischen Gütern verschoben. Im kulturellen Bereich werden Erziehung („Wehrerziehung"), Kunst, Wissenschaft (militärische Forschung), Rundfunk und Fernsehen in den Dienst des obersten Zieles gestellt.

2.2.4 Hauptziele staatlicher Wirtschaftspolitik

Politik ist zielgerichtetes Handeln. Der Staat muss sich also Ziele setzen, nach denen er seine Wirtschaftspolitik ausrichtet. Bestimmte „Eckpfeiler" setzt das Grundgesetz mit seinen Forderungen nach größtmöglicher Freiheit einerseits und sozialer Gerechtigkeit andererseits. In diesem weit gespannten Rahmen ist der Staat in seinen Zielsetzungen und Maßnahmen frei.

5 Hartmann - ISBN 978-3-8120-0320-9

Oberziel

Nach § 1 des Gesetzes zur Förderung der Stabilität und des Wachstums der Wirtschaft vom 8. Juni 1967 („Stabilitätsgesetz") haben Bund und Länder bei ihren wirtschafts- und finanzpolitischen Maßnahmen die Erfordernisse des gesamtwirtschaftlichen Gleichgewichts zu beachten. Gesamtwirtschaftliches Gleichgewicht liegt vor, wenn alle Produktionsfaktoren vollbeschäftigt sind und sich alle Märkte (z.B. Arbeits-, Kredit-, Gütermärkte) ausgleichen.

Unterziele

Aus diesem Oberziel leitet das Stabilitätsgesetz [§ 1 Satz 2] folgende Unterziele ab:

- Stabilität des Preisniveaus,
- hoher Beschäftigungsstand (Vollbeschäftigung),
- außenwirtschaftliches Gleichgewicht und
- stetiges und angemessenes Wirtschaftswachstum.

Die hier genannten Ziele sind quantitative Ziele, weil sie sich in Zahlen erfassen lassen. Weitere wichtige, nicht ausdrücklich im Stabilitätsgesetz erwähnte qualitative Ziele sind:

- gerechtere Einkommens- und Vermögensverteilung und
- Erhaltung einer lebenswerten Umwelt (Umweltschutz).

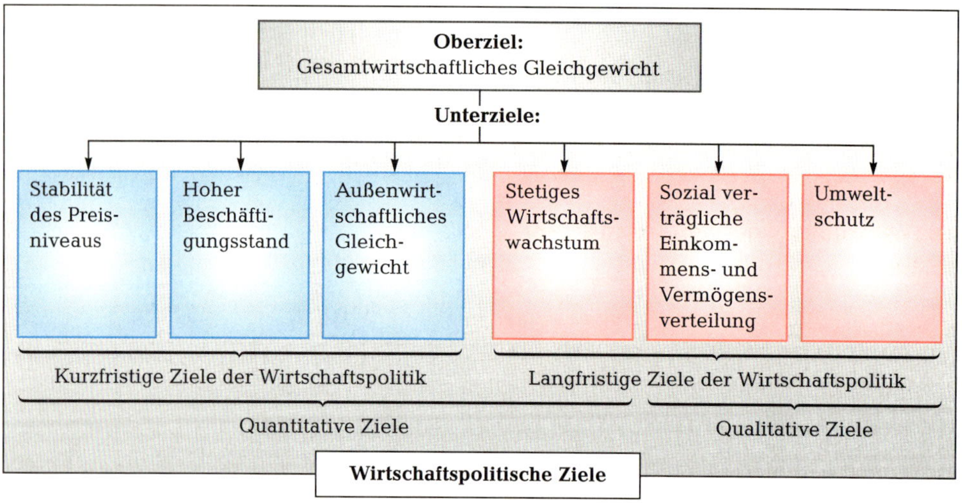

Abb. 2.3

Bei der Verfolgung wirtschaftspolitischer Ziele kann **Harmonie** oder **Indifferenz** bestehen; es können aber auch **Konflikte** auftreten.

- Wirtschaftspolitische **Zielharmonie** ist gegeben, wenn zwei oder mehrere wirtschaftspolitische Ziele mit einer Maßnahme bzw. mit einem Maßnahmenbündel erreicht werden können.
- Zielindifferenz liegt vor, wenn durch die Verfolgung eines wirtschaftspolitischen Ziels die Verfolgung anderer wirtschaftspolitischer Ziele weder positiv noch negativ beeinflusst wird.
- Von einem Zielkonflikt wird gesprochen, wenn bei der Verfolgung eines wirtschaftspolitischen Ziels die Erreichung anderer wirtschaftspolitischer Ziele beeinträchtigt wird.

Die wirtschaftlichen **Ziele** können kurz- oder langfristiger Natur sein (Abb. 2.3). Die traditionellen (= althergebrachten) Ziele der kurzfristigen Wirtschaftspolitik sind: **Preisniveaustabilität, hoher Beschäftigungsstand** und **außenwirtschaftliches Gleichgewicht.** Die *gleichzeitige* Verfolgung dieser Ziele ist sehr schwierig, häufig sogar widersprüchlich. So können z. B. stabile Preise die Unternehmen daran hindern, weitere Investitionen vorzunehmen und zusätzliche Arbeitskräfte nachzufragen. Erst die Erwartung steigender Preise (und damit steigender Gewinne) kann unter bestimmten Bedingungen bewirken, dass die Arbeitslosigkeit abnimmt. Steigende Preise und Löhne können wiederum dazu führen, dass die Exportchancen verringert werden, was wiederum die Vollbeschäftigung und das außenwirtschaftliche Gleichgewicht (Ausgewogenheit von Export und Import) gefährdet. Die drei genannten traditionellen wirtschaftspolitischen Ziele werden daher auch als das **magische Dreieck der Wirtschaftspolitik** bezeichnet. Der bestehende **Zielkonflikt** wird in der praktischen Wirtschaftspolitik dadurch zu lösen versucht, dass immer das Ziel Vorrang hat, das im Augenblick am stärksten gefährdet ist.

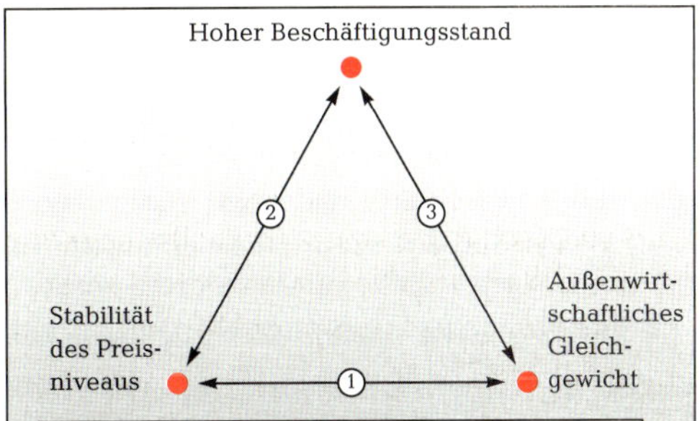

Magisches Dreieck der Wirtschaftspolitik

Abb. 2.4

Zusätzliche Zielkonflikte können eintreten, wenn die Wirtschaftspolitik eines Landes ein weiteres Ziel, nämlich das **stetige Wachstum,** postuliert **(magisches Viereck).**

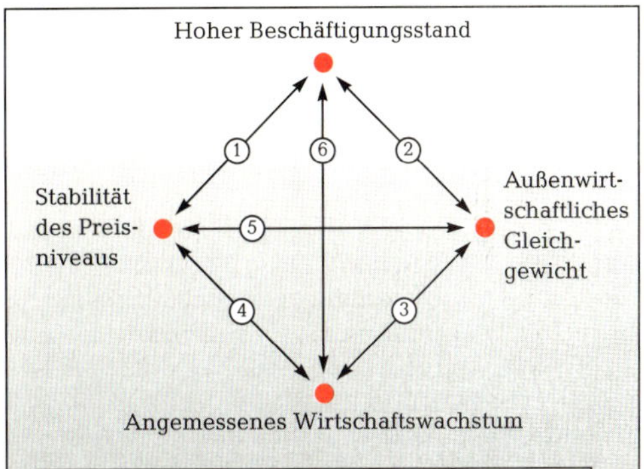

Magisches Viereck der Wirtschaftspolitik

Abb. 2.5

Wachstum ist bei gegebenem technischem Stand nur bei positiven Nettoinvestitionen möglich. Die Investitionsneigung der Unternehmen steigt, wenn eine Politik des „leichten Geldes", d. h. des billigen Geldes betrieben wird. Dies aber führt zu Preissteigerungen, was wiederum das außenwirtschaftliche Gleichgewicht stört (Exportrückgang) und zum Verlust von Arbeitsplätzen führen kann. Während bei drei wirtschaftspolitischen Zielen nur *drei* Spannungsfelder bestehen, sind es bei vier Zielsetzungen bereits sechs.

Den Zielen des magischen Vierecks treten zwei weitere Hauptziele hinzu, nämlich die Wünsche nach **sozial verträglicher Einkommensverteilung** und nach **Erhaltung einer lebenswerten Umwelt (magisches Sechseck).**

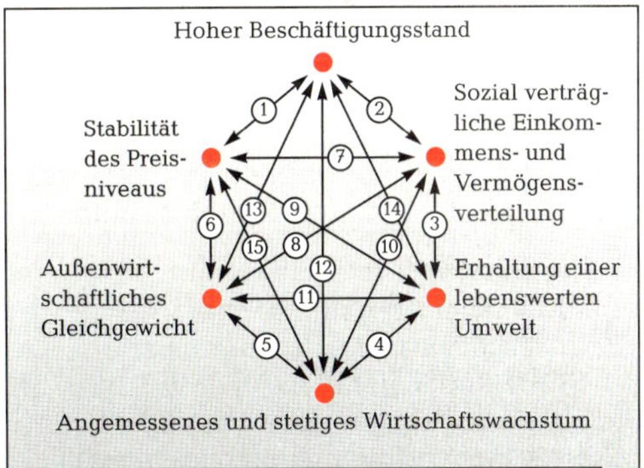

Magisches Sechseck der Wirtschaftspolitik

(Die Pfeile bedeuten mögliche Zielkonflikte)

Abb. 2.6

Aufgaben zur Lernkontrolle

1. Nennen Sie die wichtigsten Träger der Wirtschaftspolitik in der Bundesrepublik Deutschland und zeigen Sie deren Zusammenwirken an einem selbst gewählten Beispiel auf!
2. Inwiefern stellt die Wirtschaftsordnung nur einen Teilbereich der allgemeinen Gesellschaftsordnung dar?
3. Zeigen Sie mit Hilfe von sechs selbst gewählten Beispielen die Wechselwirkungen zwischen Wirtschafts- und Gesellschaftsordnung!
4. Lesen Sie den Text von EDITH ERDSIEK-EUCKEN auf S. 63. In ihrem Text ist vom „Gesetz der Interdependenz" die Rede.
   4.1 Was ist unter dem Gesetz der Interdependenz zu verstehen?
   4.2 Wer das Gesetz der Interdependenz verstanden hat, ist in der Lage, „vernetzt denken" zu lernen. Erläutern Sie diese Feststellung anhand eines eigenen Beispiels!
5. Nennen Sie die Ihnen bekannten sechs wirtschaftspolitischen Ziele und beschreiben Sie kurz deren Inhalt!
6. Definieren Sie die Begriffe magisches Dreieck, magisches Viereck und magisches Sechseck!
7. Erklären Sie mit eigenen Worten, was unter Zielkonflikt, Zielindifferenz und Zielharmonie zu verstehen ist! Bringen Sie ein selbst gewähltes Beispiel!
8. Welche Zusammenhänge drücken die nachfolgenden Abbildungen aus?

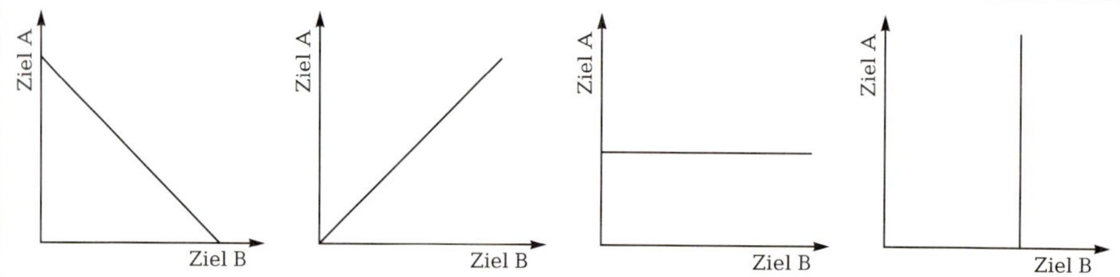

Zielbeziehungen

9. Beurteilen Sie, ob in den nachstehenden Fällen Zielharmonie, Zielindifferenz oder Zielkonflikt besteht!
   9.1 In einer Volkswirtschaft wirkt das „Gesetz der Massenproduktion". Die Wirtschaft ist unterbeschäftigt. Die Regierung beschließt, die Staatsausgaben (bei gleich bleibenden Einnahmen) zu erhöhen. Ihre vorrangigen wirtschaftspolitischen Ziele sind zurzeit die Vollbeschäftigung und die Preisniveaustabilität.
   9.2 In einer mit dem Ausland stark verflochtenen Volkswirtschaft übersteigen die Exporte seit längerer Zeit die Importe. Die Wirtschaft ist unterbeschäftigt. Die Regierung beschließt die Senkung der Importzölle und die Aufhebung bisheriger Exportförderungsmaßnahmen. Ihre vorrangigen wirtschaftspolitischen Ziele sind zurzeit außenwirtschaftliches Gleichgewicht, Preisniveaustabilität und Vollbeschäftigung.
   9.3 In einer vollbeschäftigten Volkswirtschaft steigen die Preise jährlich um ca. 10%. Es bestehen laufende Exportüberschüsse. Das Wirtschaftswachstum beträgt im kommenden Jahr voraussichtlich 3%. Der Grad der Umweltverschmutzung ist sehr hoch, sodass die Lebenserwartung der Bevölkerung zu sinken beginnt. Die derzeitige Einkommens- und Vermögensverteilung wird als „gerecht" empfunden.
   Die Regierung beschließt, die Grenzen weiter zu öffnen, um die Importe zu steigern. Die sechs magischen Ziele der Wirtschaftspolitik werden von der Regierung als gleichrangig betrachtet.

3 Theorie der Nachfrage

3.1 Nachfrageplan des privaten Haushalts

Die Freuden, die man übertreibt,
verwandeln sich in Schmerzen.
(JUSTIN BERTUCH)[1]

3.1.1 Erstes Gossensches Gesetz[2]

Obwohl wir wissen, dass auch die *öffentlichen Haushalte* (der „Staat") wirtschaftliche Güter nachfragen, beschränken wir uns in den folgenden Überlegungen auf den *privaten* Haushalt. Dieser fragt wirtschaftliche Güter in Form von **Gebrauchsgütern** (über mehrere Perioden hinweg nutzbare Güter) und **Verbrauchsgütern** (in einem Konsumakt[3] verbrauchbare Güter) nach.

Gesamtnutzen und Grenznutzen

Den meisten Menschen ist bewusst, dass bei zunehmender Bedürfnisbefriedigung irgendwann einmal eine Sättigung eintritt. Wir hören dies tagtäglich im Radio und im Fernsehen, wenn z.B. gesagt wird, dass der Absatz an Eigentumswohnungen stagniere oder gar zurückgehe, weil der Markt gesättigt sei. Ähnliche Feststellungen werden auch bei anderen Produkten getroffen. Wir wollen untersuchen, was es damit auf sich hat.

Beispiel:

Angenommen, ein allein Stehender isst für sein Leben gern Steaks. Er plant eine durchschnittliche tägliche Ausgabe von 3,60 GE (= Geldeinheiten) für Steakfleisch. Sein Nutzen (der Umfang seiner individuellen Zufriedenheit) entwickelt sich mit zunehmender Fleischversorgung wie in der Tab. 3.1 (S. 70) angegeben. Dabei unterstellen wir, dass der Nutzen messbar ist.

- In Wirklichkeit ist der Nutzen nur ordinal,[4] nicht aber kardinal[5] messbar, weil niemand sagen kann, um das Wievielfache der Nutzen steigt oder fällt, wenn die ihm zur Verfügung stehenden Wirtschaftsgüter vermehrt oder vermindert werden. Ebenso wie die individuellen Bedürfnisstrukturen voneinander abweichen, weichen auch die individuellen Nutzenempfindungen voneinander ab.

1 FRIEDRICH JUSTIN BERTUCH (1744 - 1822) war Schriftsteller, Übersetzer, Verleger und Buchhändler.

2 HERMANN HEINRICH GOSSEN (1810 - 1858) war der Begründer der so genannten Grenznutzenschule. Seine Erkenntnisse fanden in der damaligen Zeit jedoch keine Beachtung.

3 Akt (lat. actus) bedeutet Vorgang, Handlung. Konsum (lat.) ist der Verbrauch. Unter Konsumakt ist also der sofortige oder zumindest kurzfristige Verbrauch von Gütern (Sachgütern oder Dienstleistungen) zu verstehen.

4 Ordinal = der Ordnung nach, der Reihenfolge nach (z.B. besser - schlechter, schöner - weniger schön - hässlich).

5 Eine kardinale Messung liegt vor, wenn mit Hilfe eines Maßstabs (kg, m^2, m^3 usw.) eine exakte Unterscheidung vorgenommen werden kann. „Kardinal" (lat.) heißt wörtlich „Haupt...", „Grund...". Die Kardinalzahl ist die Hauptzahl.

Preis je Steak in GE	**Gekaufte Menge** in Stück	**Gesamtnutzen** (willkürliche Maßeinheiten)	**Grenznutzen** (willkürliche Maßeinheiten)
3,60	1	20	20
1,80	2	35	15
1,20	3	45	10
0,90	4	50	5
0,72	5	50	0
0,60	6	45	- 5

Tabelle 3.1

Die Tabelle bedarf einiger Erläuterungen. Man erkennt, dass unser Verbraucher seinen Nutzen steigern kann, wenn die Preise sinken und er sich demzufolge mit zusätzlichem Fleisch versorgen *kann*. Bei einer Preissenkung von 0,90 auf 0,72 GE könnte er sich sogar 5 Steaks kaufen, falls er bei seinem Haushaltsplan bleiben möchte. Wenn er jedoch ökonomisch handelt, wird er dies *nicht* tun, sondern sein Geld für andere Zwecke ausgeben, weil sein Grenznutzen mit zunehmender Fleischversorgung nicht mehr steigt. Der Grund: Mehr als $4\,^{1}/_{2}$ Steaks will er pro Tag unter keinen Umständen essen; die Steaks werden ihm zuwider. Die Sättigungsgrenze ist bei viereinhalb Steaks erreicht.

In den Abb. 3.1 - 3.2 ist die Entwicklung des Gesamtnutzens mit zunehmender Güterversorgung dargestellt. Der Gesamtnutzen steigt *unterproportional*[1] bis zur *Sättigungsgrenze.* Wird die Sättigungsgrenze überschritten, nimmt der Gesamtnutzen ab.

Da der Gesamtnutzen mit zunehmender Güterversorgung nur degressiv zunimmt, nimmt auch der **Grenznutzen** ab. Der Grenznutzen wird negativ, wenn der Konsument die Sättigungsgrenze überschreitet.

In der Abb. 3.1 stellen die blauen Felder die Grenznutzen (= Nutzenzuwachs je zusätzliche Gütereinheit) dar.[2] Sie entsprechen dem Inhalt der Felder in Abb. 3.2. Der Gesamtnutzen in Abb. 3.1 ergibt sich aus der Addition der blauen Felder bzw. aus der *Gesamtnutzenkurve.* Aus der Grafik ist ersichtlich, dass z. B. der Gesamtnutzen bei 4 Gütereinheiten 50 Nutzeneinheiten (= Maßstab für die Intensität der Nutzenempfindung) beträgt.

Das rote Feld in der Abb. 3.1 zeigt die Abnahme des Gesamtnutzens, wenn die Sättigungsgrenze überschritten wird. Der Gesamtnutzen sinkt auf 45 Nutzeneinheiten. Der Grenznutzen ist also negativ, wie das rote Feld in der Abb. 3.2 erkennen lässt.

1 Proportional = im gleichen Verhältnis; unterproportional = langsamer zunehmend als eine Bezugsgröße.

2 Grenzwerte sind Zwischenwerte. Sie müssen daher in einer grafischen Darstellung auch als Zwischenwerte eingetragen werden.

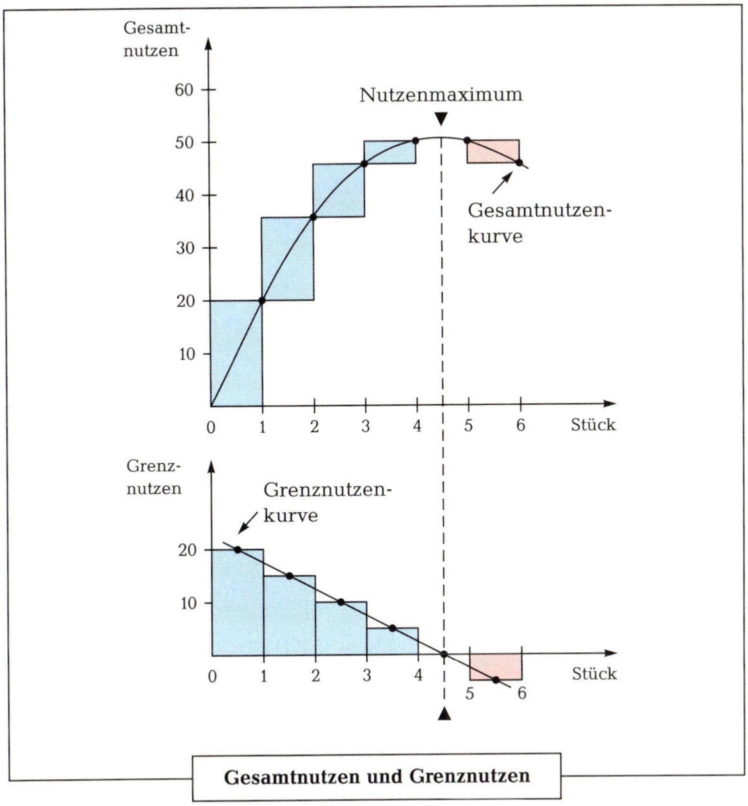

Abb. 3.1 - 3.2[1]

■ Während wir unter **Gesamtnutzen** die Summe aller Nutzenempfindungen eines Verbrauchers bei einem bestimmten Versorgungsniveau verstehen, definieren wir den **Grenznutzen** als Nutzenzuwachs, der dann entsteht, wenn der Verbraucher eine zusätzliche Gütereinheit konsumiert.

Gesetz der Wertabnahme

Der Zusammenhang zwischen Versorgungsniveau und Nutzenentwicklung ist der Volkswirtschaftslehre schon seit langem bekannt. Er wurde von HERMANN HEINRICH GOSSEN erstmalig formuliert und daher als „Erstes Gossensches Gesetz" bezeichnet.

■ Das **Erste Gossensche Gesetz** besagt, dass mit zunehmender Bedürfnisbefriedigung der Grenznutzen abnimmt. Andere sprechen vom „Gesetz der Wertabnahme".[2]

1 Abb. 3.1 bis 3.2 nach WOLL, A.: Allgemeine Volkswirtschaftslehre, 4. Aufl. 1974, S. 89.

2 „Gesetze" im volkswirtschaftlichen Sinne stellen keine Naturgesetze dar. Es handelt sich vielmehr um Tendenzen, die immer wieder von Ausnahmen durchbrochen sein können.

Die **Bedeutung** des Gesetzes vom abnehmenden Grenznutzen besteht in der Erklärung der Tatsache, dass der Verbraucher seine Wertvorstellungen von einem Gut nach der letzten ihm zur Verfügung stehenden Einheit dieses Gutes ausrichtet. „Der Platz des Wassers auf unserer Wertskala wird nicht durch den unendlich großen Nutzen eines Glases Wasser bestimmt, das uns vor dem Verdursten retten würde, wenn uns nur dieses eine Glas zur Verfügung stünde, sondern durch den Nutzen der letzten Dosis, die wir zum Baden oder zum Blumengießen benutzen."[1]

3.1.2 Zweites Gossensches Gesetz

Bisher haben wir lediglich untersucht, wie sich Gesamtnutzen und Grenznutzen entwickeln, wenn sich der Verbraucher (der private Haushalt) *einem* Wirtschaftsgut gegenübersieht. Zu überlegen ist aber weiterhin, wie sich der Verbraucher verhält, wenn er bei gegebener Konsumsumme die *Auswahl* unter mehreren Arten von Konsumgütern treffen soll und dabei seinen Nutzen maximieren möchte.

Beispiel:

Angenommen, ein privater Haushalt (ein Verbraucher) hat folgende Bedürfnisstruktur:

Getränke	Brot	Fleisch	Gemüse	Seife	Genussmittel	
6						vom Haushalt gekaufte Gütermenge
5	5					
4	4	4				
3	3	3	3			
2	2	2	2	2		nicht befriedigte Bedürfnisse
1	1	1	1	1	1	

Tabelle 3.2

Die Zahlen bedeuten die Grenznutzen je Einheit der genannten Güter. Die Versorgung mit einer ersten Einheit Getränke (z.B. einer Flasche Milch) bringt beispielsweise einen Nutzenzuwachs von 6 Einheiten, die Beschaffung einer ersten Einheit Gemüse (z.B. 1 kg Rotkraut) schafft dem Haushalt nur einen Nutzen von 3 Einheiten. Noch weniger Wert legt der Haushalt auf Genussmittel (z.B. 1 Tafel Schokolade). Die Grenznutzenwerte in der Tab. 3.2 drücken also zugleich die Dringlichkeit der Bedürfnisse nach den einzelnen Gütern aus. Nehmen wir weiter an, dass unser Haushalt 10 GE zur Verfügung hat und jede Gütereinheit 1 GE kostet, so wird er 4 Einheiten Getränke, 3 Einheiten Brot, 2 Einheiten Fleisch und 1 Einheit Gemüse kaufen. Der Rest der Bedürfnisse bleibt unbefriedigt. Ein restloser Nutzenausgleich ist nur möglich, wenn die Güter vollständig teilbar sind. Bei nicht restlos teilbaren Gütern wäre z.B. ein vollständiger Nutzenausgleich nicht möglich, wenn der Haushalt 12 GE ausgeben wollte. Bei 15 GE hingegen kann der Ausgleich wieder geschaffen werden.

1 RÖPKE, W.: Die Lehre von der Wirtschaft, 6. Aufl. 1951, S. 25.

Gesetz des Nutzenausgleichs

Unser Beispiel zeigt, dass das Maximum der Bedürfnisbefriedigung dann erreicht ist, wenn sich die Grenznutzen der zur Verfügung stehenden Güter ausgleichen. Jede andere Verwendungskombination erbringt einen niedrigeren Gesamtnutzen (Summe aller Grenznutzen).

Beweis: Kauft der Haushalt mit seinen 10 GE 4 Einheiten Getränke, 3 Einheiten Brot, 2 Einheiten Fleisch und 1 Einheit Gemüse, beträgt sein Gesamtnutzen 40 Nutzeneinheiten (6 + 5 + 4 + 3 + 5 + 4 + 3 + 4 + 3 + 3).

Kauft er hingegen statt Gemüse eine zusätzliche Einheit Fleisch, beträgt sein Gesamtnutzen nur 39 Nutzeneinheiten (18 Nutzeneinheiten bei den Getränken, 12 beim Brot und 9 beim Fleisch). Nur im Fall des Grenznutzenausgleichs hat er ökonomisch gehandelt, also seinen Gesamtnutzen maximiert.

- Das **Zweite Gossensche Gesetz** besagt, dass der private Haushalt (der Verbraucher) dann seinen Nutzen maximiert, wenn sich die Grenznutzen der von ihm verwendeten Güter ausgleichen (Gesetz des Nutzenausgleichs).

3.1.3 Die individuelle Nachfrage des privaten Haushalts

Die individuelle Nachfragekurve in Abhängigkeit vom Preis eines Gutes

Aus unserer Lebenserfahrung wissen wir bereits, dass die Preise der Wirtschaftsgüter und die Nachfrage nach diesen Gütern in einem bestimmten Zusammenhang stehen. Ein sparsamer Verbraucher wird, falls er genügend Zeit hat, regelmäßig die Preise in den verschiedenen Geschäften vergleichen, um sein Haushaltsgeld (sein Budget) zu schonen.

Die Nachfrage nach einem Gut lässt sich aus den Gossenschen Gesetzen ableiten. Denn Geld ist aus der Sicht des wirtschaftenden Menschen ebenfalls ein Gut, weil ihm der Besitz von Geld **Nutzen** stiftet. Die Hergabe von Geld bedeutet **Nutzenverzicht,** die Einnahme von Geld **Nutzengewinn.**

Der private Haushalt maximiert seinen Nutzen dann, wenn sich beim Kauf eines Gutes der dadurch entstehende Nutzengewinn und der durch die Hergabe des Gelds hervorgerufene Nutzenverlust ausgleichen. Je teurer eine Ware ist, desto mehr „tut es einem Haushalt weh", noch einen zusätzlichen Geldschein hergeben zu müssen. Der Haushalt wird also im Normalfall weniger von dem begehrten Gut kaufen wollen als bisher, wenn dessen Preis steigt. Im Extremfall wird er ganz auf den Kauf verzichten. Das Gleiche gilt natürlich auch im umgekehrten Sinne.

Beispiel:

Nachfolgende Nutzentabelle (S. 74) zeigt die „Bedürfnisstruktur" der ferienhungrigen Frau Hella Bronn, die stets das gleiche Reiseziel aufsucht. Hat sie z.B. 1 000,00 € auf dem Konto und macht sie zwei Ferienreisen, hat sie einen Gesamtnutzen von 21 Nutzeneinheiten (NE). Kann sie z.B. drei Reisen bei einem Barvermögen von 1 000,00 € machen, so steigt ihr Nutzen auf insgesamt 23,5 NE. Eine weitere Reise bringt ihr bei gleichem Geldvermögen nur noch einen Nutzenzuwachs (Grenznutzen) von 1,5 (= Erstes Gossensches Gesetz).

Mehr Geld (bei gleicher Anzahl von Ferienreisen) bringt Frau Bronn ebenfalls einen (abnehmenden) zusätzlichen Nutzen. Zum Beispiel hat sie bei einer Ferienreise *und* einem Barvermögen von 5 000,00 € einen Nutzen von 29 NE. Die Kombination 6 000,00 € und eine Ferienreise hat für sie ein Nutzenniveau von 30.

Nutzentabelle

(Die Zahlen zeigen die unterschiedlichen Gesamtnutzen bei verschiedenen Geld-Güter-Kombinationen)

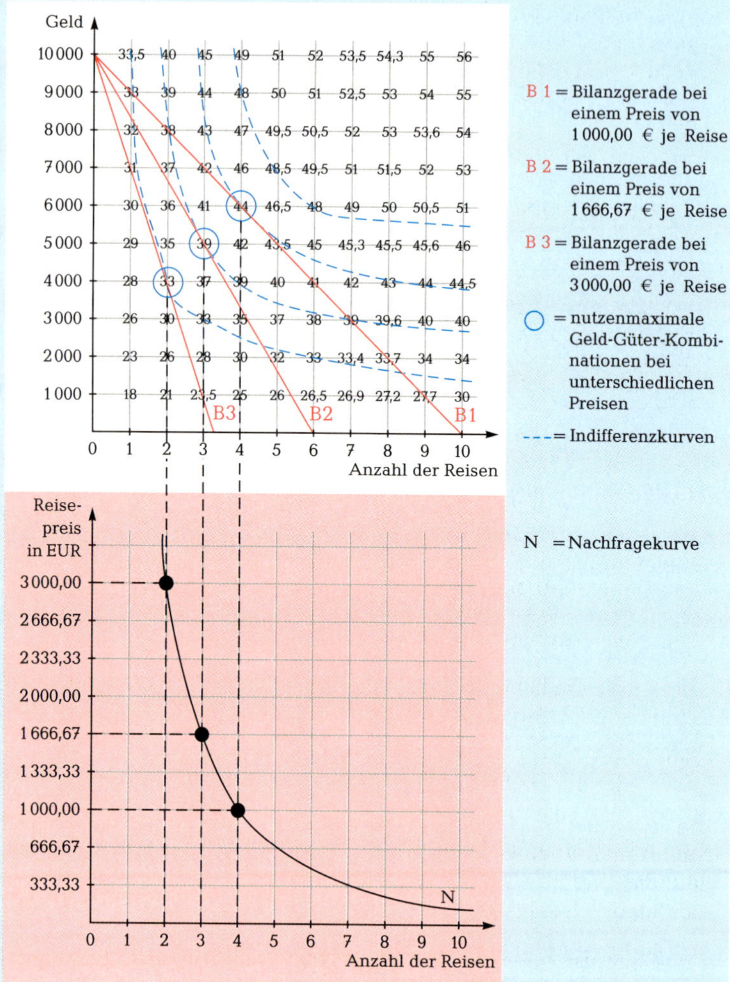

Abb. 3.3 - 3.4

Aus der Nutzentabelle lässt sich entnehmen, dass es verschiedene Kombinationen von *Geld* einerseits und *Ferienreisen* andererseits gibt, die Frau Bronn den **gleichen Nutzen** stiften. Dies gilt z.B. für die Kombinationen 9000,00 € auf dem Konto *und* eine Ferienreise, 4000,00 € auf dem Konto *und* zwei Ferienreisen, 3000,00 € auf dem Konto *und* drei Ferienreisen sowie 2000,00 € *und* sechs Ferienreisen. Diese Kombinationen sind für Frau Bronn völlig gleichwertig, also **indifferent.** Verbindet man die Kombinationen gleichen Nutzens, erhält man die so genannten **Indifferenzkurven** (in der Abb. 3.3 blau gestrichelt).

Je höher das Versorgungsniveau ist, desto höher ist der Gesamtnutzen, den Frau Bronn hat. Die Nutzentabelle (Abb. 3.3) zeigt z.B., dass für Frau Bronn 3000,00 € *und* eine Ferienreise einen Gesamtnutzen von 26 NE haben, während ihr der Besitz von 4000,00 € *und* der Genuss zweier Ferienreisen einen Gesamtnutzen von 33 NE bringen.

Für welche Kombination sich Frau Bronn entscheidet, hängt unter sonst gleichen Bedingungen vom Preis der Ferienreisen ab. Hat Frau Bronn z.B. ein Budget von 10000,00 € zur Verfügung und kostet eine Ferienreise 1000,00 €, so kann sie z.B. 10000,00 € behalten und überhaupt nicht in die Ferien fahren. Sie kann aber auch das ganze Geld ausgeben und 10 Ferienreisen machen. Schließlich kann sie auch andere Kombinationen dazwischen wählen, z.B. sechs Ferienreisen machen und 4000,00 € behalten. Alle theoretisch möglichen Kombinationen werden durch die **Bilanzgerade 1** angezeigt. (Praktisch sind die Kombinationen begrenzt, weil die Ferienreisen nicht beliebig teilbar sind.) Handelt Frau Bronn nach dem ökonomischen Prinzip, wird sie die Kombination wählen, die ihr den höchsten Nutzen bringt. Dies ist bei folgender Kombination der Fall: Sie macht vier Ferienreisen *und* behält 6000,00 €. Jede andere Kombination bringt ihr einen geringeren Gesamtnutzen. (Frau Bronn handelt somit nach dem Zweiten Gossenschen Gesetz.)

Um es nochmals zu sagen: Frau Bronn fragt bei einem Reisepreis von 1000,00 € vier Ferienreisen nach. Steigt indessen der Reisepreis z.B. auf 1666,66 €, kann sie nur noch entweder *sechs Reisen* bezahlen *oder* – im anderen Extremfall – 10000,00 € behalten. Alle dazwischen liegenden Kombinationen werden durch die **Bilanzgerade 2** angezeigt.

Um noch ein Beispiel zu zeigen: Steigt der Preis für eine Reise auf 3000,00 €, kann Frau Bronn z.B. drei Reisen machen und 1000,00 € behalten oder eine Reise machen und 7 000,00 € auf ihrem Konto lassen. Alle erdenklichen Kombinationen liegen auf der **Bilanzgerade 3.** (Wobei man natürlich bedenken muss, dass die Reisen nicht beliebig teilbar sind.) Die Kombination, die Frau Bronn den höchsten Nutzen bringt, ist folgende: Sie macht zwei Reisen zu je 3000,00 € und lässt 4000,00 € auf dem Konto. Jede andere Kombination weist einen niedrigeren Gesamtnutzen als 33 NE auf.

Nunmehr lässt sich aus der Tabelle die **individuelle Nachfragekurve** von Frau Bronn ableiten. Unter sonst gleichen Bedingungen fragt Frau Bronn wie folgt nach:

Preis einer Ferienreise	1000 €	1666,66 €	3000,00 €
Zahl der nachgefragten Reisen	4	3	2

Die in den Abb. 3.3 bis 3.4 entwickelte Nachfragekurve bezeichnet man als **normale Nachfragekurve,** weil sich vermutlich die große Mehrheit der privaten Haushalte so verhält, dass sie mit steigendem Preis weniger, mit sinkendem Preis mehr nachfragen. Die individuelle Nachfragekurve gibt das „Gesetz der Nachfrage" wieder.

- Nach dem **„Gesetz der Nachfrage"** steigt die Nachfrage mit sinkendem Preis und sinkt die Nachfrage mit steigendem Preis des nachgefragten Gutes.

In den Abb. 3.3 bis 3.4 ist unterstellt, dass das Budget des Haushalts und seine Bedürfnisstruktur gegeben sind. Da das Budget eines Haushalts aber von seinem Einkommen abhängig ist, kann man auch sagen, dass die individuelle Nachfrage nach einem Gut nur dann in Beziehung zum Preis dieses Gutes gesetzt werden kann, wenn seine Bedürfnisstruktur und sein Einkommen konstant sind.

- Ändert sich der Preis unter sonst gleichen Bedingungen, findet eine Bewegung *auf* der Kurve statt. Um eine Bewegung auf der Kurve zum Ausdruck zu bringen, verwenden wir die Begriffe „steigen" oder „sinken".[1]

1 Um eine „Eselsbrücke" zu bauen, kann man sich ein Thermometer vorstellen, in dem in einer Röhre das Quecksilber steigt oder fällt.

Verschiebung der individuellen Nachfragekurve

Einkommensänderungen und individuelle Nachfrage. Steigt das Einkommen eines privaten Haushalts und damit sein Budget, wird sich seine Nachfragekurve nach „rechts" verschieben. Diese Verschiebung (in Abb. 3.5 von N_0 nach N_1) bedeutet, dass der Haushalt gewillt ist, bei *jedem* denkbaren Preis *mehr* als bisher zu kaufen.

■ Die Verschiebung einer Kurve ist von der Bewegung auf einer Kurve scharf zu unterscheiden. Um eine Verschiebung einer Kurve zum Ausdruck zu bringen, verwenden wir die Begriffe „zunehmen" oder „abnehmen".[1]

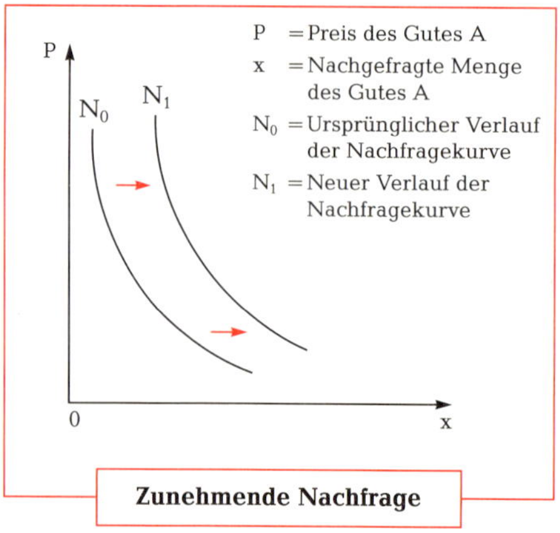

Abb. 3.5

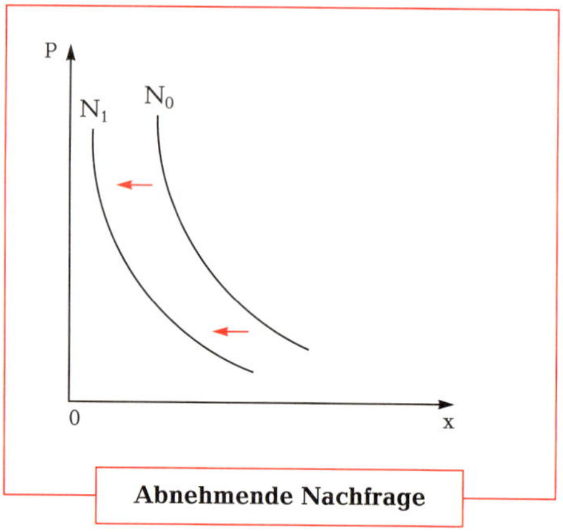

Abb. 3.6

■ Die individuelle Haushaltsnachfrage hängt nicht nur von der Bedürfnisstruktur des Haushalts und dem Preis eines Gutes ab, sondern auch von der Höhe des Einkommens. Steigt das Einkommen, nimmt die Nachfrage zu. Sinkt das Einkommen, nimmt die Nachfrage ab.

Änderungen der Bedürfnisstruktur und individuelle Nachfrage. Eine Verschiebung der Nachfragekurve kann auch durch eine Veränderung der individuellen Bedürfnisstruktur bewirkt werden.

Beispiel:

Aufgrund der Antiraucherkampagne mag es sein, dass ein Haushalt (ein Verbraucher) seinen Zigarettenkonsum zu reduzieren wünscht. Hat er bisher bei einem Preis von 3,00 GE je Zigarettenschachtel täglich 2 Schachteln erworben, kauft er nunmehr bei gleichem Preis und gleich bleibendem Einkommen nur noch 1 Schachtel. Die Nachfragekurve verschiebt sich nach „links" (von N_0 nach N_1 in Abb. 3.6).

■ Die individuelle Haushaltsnachfrage ist – unter sonst gleich bleibenden Bedingungen – von der individuellen Bedürfnisstruktur des Haushalts abhängig. Nimmt die Intensität des Bedürfnisses nach einem Gut zu, nimmt auch die Nachfrage zu. Nimmt die Intensität des Bedürfnisses ab, nimmt auch die Nachfrage ab.

1 Auch hier lässt sich eine „Eselsbrücke" verwenden. Verschiebt sich der Zeiger eines Tachometers nach rechts, nimmt die Geschwindigkeit des Autos zu. Wandert der Zeiger nach links, nimmt die Geschwindigkeit ab.

Preisänderungen anderer Güter und individuelle Nachfrage. Die Nachfrage nach einem bestimmten Gut kann sich auch ändern, wenn sich der Preis eines anderen Gutes (oder die Preise anderer Güter) ändert. Bei Substitutionsgütern führt die Preiserhöhung beim Gut A regelmäßig zu einer Zunahme der Nachfrage beim Gut B. Bei Komplementärgütern wird die Nachfrage nach dem Gut B abnehmen, wenn der Preis des Gutes A steigt.

- **Substitutionsgüter** sind Güter, die in den Augen des Haushalts austauschbar sind (z.B. Bier – Wein; Kartoffeln – Nudeln; Feuerzeug – Streichhölzer).
- **Komplementärgüter** sind Güter, die nur zusammen verbraucht bzw. gebraucht werden können (z.B. Bohnenkaffee – Wasser; Benzin – Auto; Teller – Besteck).

Beispiele:

Steigt der Preis für Kartoffeln, wird die Nachfrage nach Nudeln zunehmen. Oder: Steigt der Preis für Schweinefleisch, nimmt die Nachfrage nach Rindfleisch zu (Substitutionsgüter).

Steigt jedoch der Preis für Superbenzin stark an, mag es sein, dass die Nachfrage nach großen und teuren Autos mit hohem Superbenzinverbrauch zurückgeht, obwohl sich der Preis dieser Autos nicht geändert hat (Komplementärgüter).

- Die Nachfrage des privaten Haushalts nach einem bestimmten Gut ist unter sonst gleichen Bedingungen von dem Preis eines anderen Gutes bzw. vom Preis anderer Güter abhängig. Die Richtung der Nachfrageänderung bestimmt sich danach, ob es sich um Substitutionsgüter oder um Komplementärgüter handelt.[1]

Selbstverständlich gibt es noch eine ganze Reihe weiterer Bestimmungsgründe der individuellen Nachfrage. So ist es beispielsweise für die Nachfrage eines Haushalts nicht gleichgültig, ob er Vermögen im Hintergrund hat oder nicht. Selbst der Aufbau (die Struktur) des Vermögens spielt eine Rolle. Ein Arbeitnehmer, der sein Vermögen in einer Eigentumswohnung angelegt hat, wird bei steigenden Preisen und gleich bleibendem Einkommen seine Nachfrage nach den Gütern des täglichen Bedarfs einschränken müssen. Ein anderer, der ein gleich großes Vermögen auf dem Bankkonto hat, unterliegt diesem Zwang in gleicher Situation nicht. Auch die Erwartung künftiger politischer und wirtschaftlicher Ereignisse beeinflusst die Nachfrage des Haushalts. Erwartet der Haushalt steigende Preise, mag es sein, dass er zu den jetzt noch günstigen Preisen kauft. Die Erwartung sinkender Einkommen (die Erwartung steigender Arbeitslosigkeit) wird zu abnehmender Nachfrage und steigender Ersparnis führen.

Zusammenfassender Überblick über die Einflussfaktoren der individuellen Haushaltsnachfrage

Die Nachfrage des Haushalts nach einem bestimmten Gut A nimmt ab, wenn	Die Nachfrage des Haushalts nach einem bestimmten Gut A nimmt zu, wenn
– die Intensität des Bedürfnisses nach dem Gut A abnimmt, – sein Einkommen sinkt, – der Preis eines Komplementärgutes B steigt, – der Preis eines Substitutionsgutes B sinkt, – der Haushalt pessimistische Zukunftserwartungen hegt.	– die Intensität des Bedürfnisses nach dem Gut A wächst, – sein Einkommen steigt, – der Preis eines Komplementärgutes B sinkt, – der Preis eines Substitutionsgutes B steigt, – der Haushalt optimistische Zukunftserwartungen hegt.

Übersicht 3.1

1 Beeinflusst eine Preisänderung beim Gut A (z.B. Bier) die Nachfrage nach einem Gut B (z.B. Radiergummi) überhaupt nicht oder nicht merklich, spricht man von „indifferenten Gütern".

Aufgaben zur Lernkontrolle

1. Unterscheiden Sie die Begriffe Gesamtnutzen und Grenznutzen!

2. Was hat das dem Kapitel 3.1.1 vorangestellte Motto mit der Grenznutzentheorie zu tun?

3. Warum ist der Nutzen nicht kardinal messbar?

4. Der Grenznutzen eines privaten Verbrauchers je 100 g zusätzliche Einheit Brot entwickelt sich mit zunehmender Brotmenge wie folgt:

Brotmenge insgesamt:	100	200	300	400	500	600
Grenznutzen je 100 g Brot in Nutzeneinheiten:	60	35	25	15	10	0

4.1 Zeichnen Sie die Gesamtnutzenkurve und die Grenznutzenkurve!

4.2 Welche Aussagen lassen sich aufgrund dieser Kurven machen?

5. Welche Bedeutung hat der Grenznutzen für die Nutzenerwägungen eines Haushalts?

6. Formulieren Sie das Erste Gossensche Gesetz!

7. Beweisen Sie mit Hilfe eines selbst gewählten Beispiels (mindestens drei Güter bzw. Gütergruppen), dass ein privater Haushalt sein Nutzenmaximum dann erreicht, wenn die Grenznutzen der ihm zur Verfügung stehenden Güter gleich sind!

8. Definieren Sie das Zweite Gossensche Gesetz!

9. WILHELM RÖPKE schrieb in seinem Buch „Die Lehre von der Wirtschaft" u.a.: „Wir sehen den Vorgang in voller Deutlichkeit bei einem so trivialen Anlass wie dem des Kofferpackens für eine Reise. Da wir nicht unsere ganze Habe mitnehmen können, überlegen wir uns zunächst, welche Dinge wir am dringendsten brauchen (Auswahl); zugleich aber wägen wir ein Mehr an Hemden gegen ein Weniger an Schuhen, ein Mehr an Büchern gegen ein Weniger an Anzügen so gegeneinander ab, dass alles in einem vernünftigen Verhältnis zueinander steht (Begrenzung)."[1]

   Welches „Gesetz" wird hier von RÖPKE beschrieben? Begründen Sie Ihre Aussage!

10. Angenommen, der in Aufgabe 4 angesprochene private Haushalt hat pro Tag für den Brotkauf 3,00 GE eingeplant. Leiten Sie mit Hilfe der Angaben in Aufgabe 4 die (individuelle) Nachfragekurve dieses Haushalts ab! Die alternativen Preise je 100 g Brot sollen betragen: 0,60 GE, 1,20 GE, 1,80 GE und 3,00 GE.

11. Wie wirken sich Einkommens-, Bedürfnis- und Preisänderungen anderer Güter auf die Haushaltsnachfrage nach einem Gut aus? Zeichnen Sie die Kurven und begründen Sie Ihre Feststellungen!

1 RÖPKE, W.: Die Lehre von der Wirtschaft, 6. Aufl. 1951, S. 31.

3.2 Die Marktnachfrage (Gesamtnachfrage) für ein Gut

Und all das Geld und all das Gut
gewährt zwar schöne Sachen,
Gesundheit, Schlaf und guten Mut
kann's aber doch nicht machen.

(MATTHIAS CLAUDIUS)[1]

3.2.1 Ableitung der Marktnachfrage für ein Gut

Im vorigen Kapitel haben wir gesehen, dass ein Haushalt unter sonst gleichen Bedingungen in der Regel bei steigenden Preisen weniger Wirtschaftsgüter, bei fallenden Preisen mehr Wirtschaftsgüter nachfragt. Dabei ist zu berücksichtigen, dass die Nachfrageänderungen aufgrund von Preisänderungen bei den einzelnen Haushalten unterschiedlich sind, weil jeder Haushalt eine andere Bedürfnisstruktur besitzt. Wollen wir wissen, wie sich die Nachfrage *aller* Haushalte nach einem Gut bei Preisänderungen dieses Gutes verhält, müssen wir gedanklich die individuellen Nachfragen aller Haushalte nach diesem Gut zusammenfassen (= aggregieren).

- Die **Marktnachfrage** (Gesamtnachfrage) für ein Gut ist die Nachfrage aller privaten Haushalte für dieses Gut.
- Die **Marktnachfrage** (Gesamtnachfrage) für ein Gut ergibt sich aus der Aggregation (= Queraddition) aller individuellen Haushaltsnachfragen.

Beispiel:[2]

Die Preisabhängigkeit der Nachfrage zweier Haushalte sei wie folgt festgelegt:

Preis in EUR je kg	Nachgefragte Mengeneinheiten (kg Kartoffeln) je Zeiteinheit (je Woche) durch die Haushalte		Marktnachfrage nach Kartoffeln beider Haushalte (1) + (2)
	Müller (1)	Schmidt (2)	
1,00	-	-	-
0,80	0,5	-	0,5
0,60	1	1	2
0,40	1,5	2	3,5
0,20	2	3	5
0,00	2,5	4	6,5

Tabelle 3.3

1 MATTHIAS CLAUDIUS, deutscher Dichter, 1740 - 1815.

2 Beispiel nach SAMUELSON, P., a.a.O., Bd. II, S. 40.

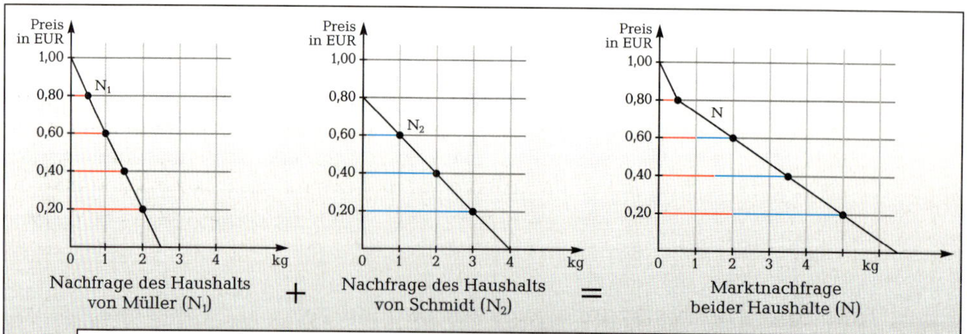

Aggregation[1] der individuellen mengenmäßigen Haushaltsnachfragekurven zur mengenmäßigen Marktnachfragekurve

Abb. 3.7

Die **mengenmäßige Marktnachfrage** („mengenmäßig" deshalb, weil Preis und nachgefragte Menge in Beziehung gesetzt werden) verhält sich demnach wie folgt (Gesetz der Nachfrage):

- Bei konstantem Gesamteinkommen steigt die Marktnachfrage mit sinkenden Preisen.
- Bei konstantem Gesamteinkommen fällt die Marktnachfrage mit steigenden Preisen.

Derselbe Zusammenhang lässt sich auch mit einer **monetären Nachfragekurve** (Abb. 3.9) darstellen. Gehen wir von einer linearen Nachfragekurve aus (Abb. 3.8):

Die **monetäre Nachfragekurve** (Umsatzkurve) zeigt an, welche Umsätze (= Menge · Preis) bei verschiedenen Preisen und gegebener Nachfragereaktion möglich sind:

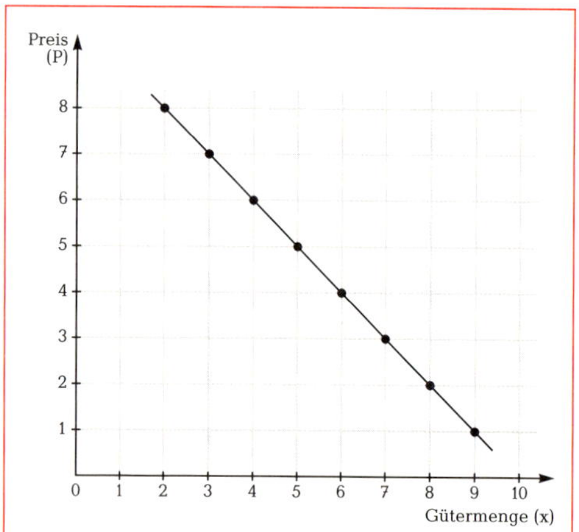

Mengenmäßige Marktnachfragekurve

Abb. 3.8

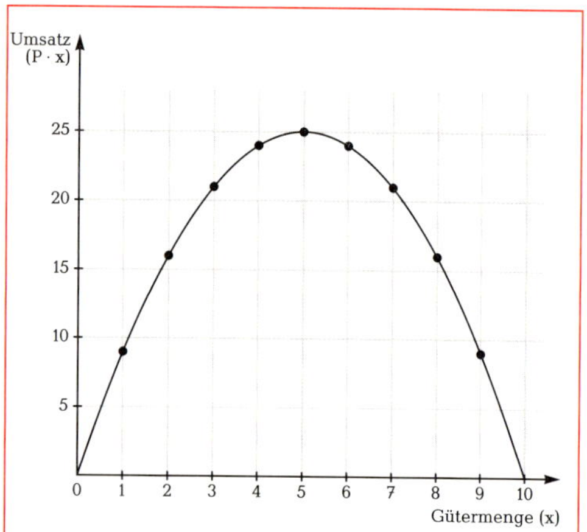

Monetäre Marktnachfragekurve

Abb. 3.9

1 Aggregation = Zusammenfassung, Queraddition.

Diese monetäre Nachfragekurve drückt folgende Abhängigkeiten aus:

Preis:	10 GE	9 GE	8 GE	7 GE	6 GE	5 GE	4 GE	3 GE	2 GE	1 GE
Mengenmäßige Nachfrage:	–	1	2	3	4	5	6	7	8	9
Umsatz:	–	9 GE	16 GE	21 GE	24 GE	25 GE	24 GE	21 GE	16 GE	9 GE

Tabelle 3.4

Der **Graph der Nachfragefunktion,**[1] d.h. die Nachfragekurve, ist bei den einzelnen Gütern verschieden. Außerdem wird er in Wirklichkeit keine lineare Gestalt aufweisen.

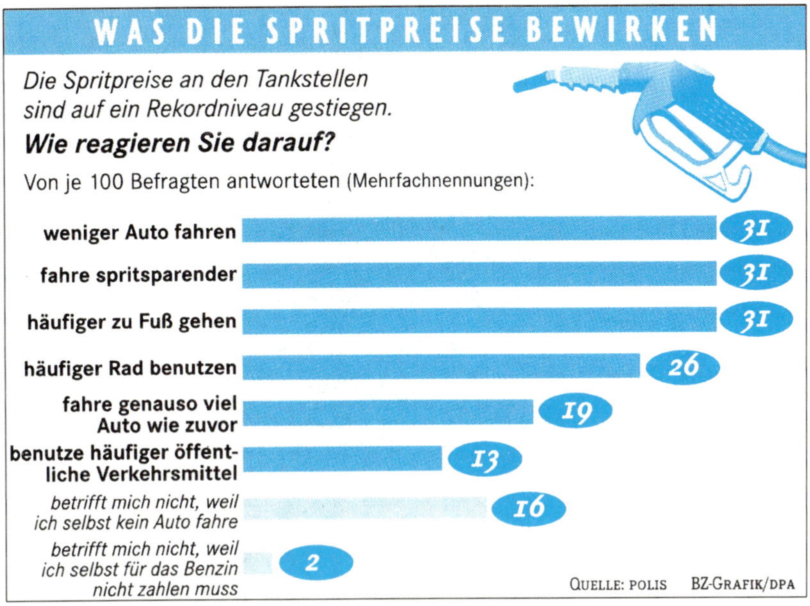

Der **Erkenntniswert** der **monetären Nachfragekurve** ist beträchtlich. Sie zeigt, dass Preissenkungen bei einem Gut bei normaler Nachfrage zwar den mengenmäßigen Absatz erhöhen, nicht unbedingt aber den Umsatz. Umgekehrt führen Preiserhöhungen zwar zur Verringerung des mengenmäßigen Absatzes, nicht aber immer zu einer Umsatzerhöhung. Über die genauen Beziehungen zwischen Nachfrageänderungen einerseits und Preisänderungen andererseits gibt die Nachfrageelastizität Auskunft, die wir im Kapitel 3.2.2 behandeln werden.

Bestimmungsgründe der Marktnachfrage

Die Marktnachfrage nach einem Gut ergibt sich aus der Aggregation (Queraddition, Zusammenfassung) aller individuellen Nachfragekurven für ein Gut. Daraus folgt, dass die Gestalt (der Verlauf) der Marktnachfragekurve von allen Faktoren, die die individuellen Haushaltsnachfragekurven beeinflussen, mitbestimmt wird (siehe Abb. 3.7).

1 Die grafische Darstellung einer Funktion bezeichnet man in der modernen Mathematik als „Graph einer Funktion". Zur sprachlichen Vereinfachung wird jedoch in der volkswirtschaftlichen Literatur nach wie vor z.B. von Nachfragekurve oder „Nachfragefunktion" gesprochen.

6 Hartmann – ISBN 978-3-8120-0320-9

Daneben sind Verlauf bzw. Veränderung der Entwicklung der Marktnachfrage für ein Gut von der **Zahl** der nachfragenden Haushalte abhängig.

Beispiel:

Wächst z.B. die Bevölkerung um 10% bei gleich bleibendem Pro-Kopf-Einkommen, ist zu erwarten, dass unter sonst gleich bleibenden Bedingungen die Nachfrage nach einem bestimmten Gut (sagen wir Schwarzbrot) ebenfalls um 10% zunimmt. Dies bedeutet, dass sich die Nachfragekurve nach „rechts" verschiebt: Zu jedem denkbaren Preis wird aufgrund des Bevölkerungswachstums *mehr* nachgefragt.

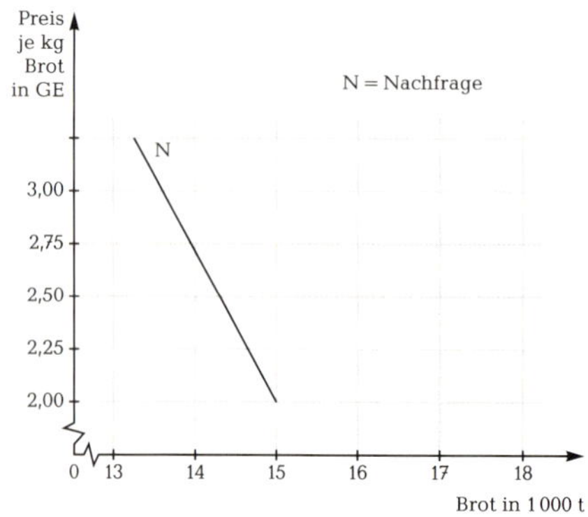

Tägliche Nachfrage nach Brot bei einer Bevölkerung von 60 Millionen

Abb. 3.10

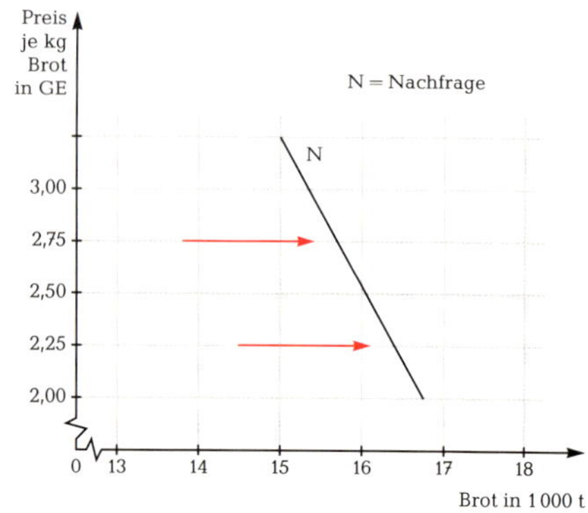

Tägliche Nachfrage nach Brot bei einer Bevölkerung von 66 Millionen

Abb. 3.11

Schrumpft hingegen die Bevölkerung, wird unter sonst gleich bleibenden Bedingungen die Marktnachfrage (Gesamtnachfrage) früher oder später zurückgehen. Die Nachfragerückgänge spüren zunächst die Industrien, die die Nachfrage befriedigen, die unmittelbar und mittelbar mit der Zahl der Kinder zusammenhängt (Babynahrung, Kinderwagen, Laufställe, Kinderbetten, Kinderkleidung, Kinderspielzeug, Ausstattung für Kindergärten, Kinderheime und Schulen, Lernmittelhersteller usw.). Überkapazitäten, Arbeitslosigkeit und Einkommensrückgänge (= Strukturkrisen) können die Folge sein.

- Bei einem Bevölkerungswachstum nimmt im Allgemeinen die Marktnachfrage zu, bei einem Bevölkerungsrückgang ab.

Die Marktnachfrage (Gesamtnachfrage) für ein Gut ist nicht nur von der Bevölkerungsentwicklung und -größe abhängig, sondern auch von der **Einkommensverteilung,**[1] d.h. davon, ob die Einkommen der Bevölkerung gleichmäßig oder ungleichmäßig verteilt sind. Je ungleichmäßiger die Einkommen verteilt sind, desto geringer wird die Nachfrage vor allem nach Gütern des Wahlbedarfs (siehe Übersicht 1.2) sein, weil sich lediglich eine geringe Zahl der Haushalte diese Güter leisten kann. Mit zunehmender Gleichheit der Einkommen (bei gleich bleibendem Gesamteinkommen = Volkseinkommen) wird die Nachfrage im Allgemeinen zunehmen, weil eine immer größere Zahl von Haushalten in die Lage versetzt wird, das angebotene Gut bezahlen (kaufen) zu können.

1 Näheres siehe Kapitel 11.

3.2.2 Elastizität der Marktnachfrage

Direkte Preiselastizität der Nachfrage

Begriff und Arten. Untersuchen wir zunächst eine (lineare) Nachfragekurve etwas näher, um einige Erkenntnisse zu gewinnen, die für spätere Überlegungen wichtiger sind.[1] Angenommen, eine Nachfragekurve hat die in Abb. 3.12 gezeigte Gestalt.

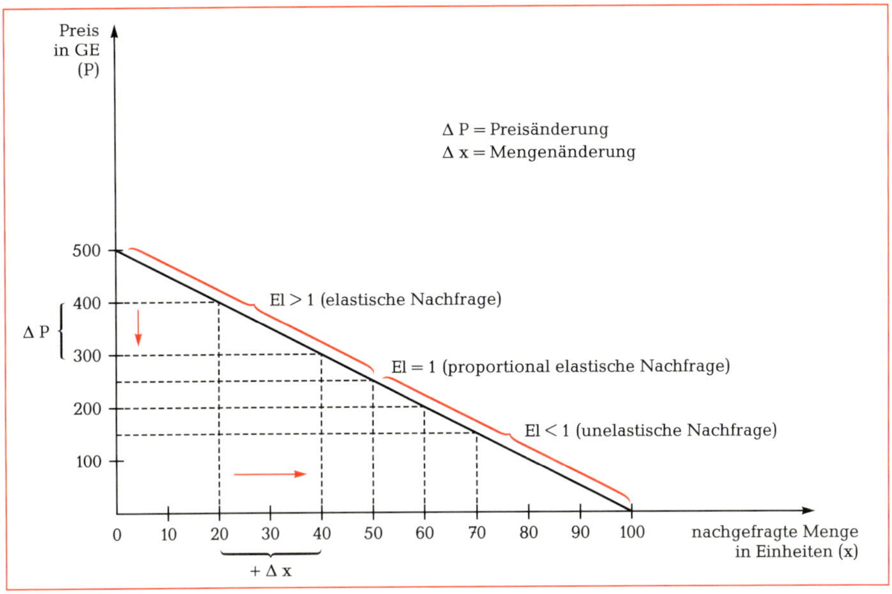

Abb. 3.12

Beträgt in der Abb. 3.12 der bisherige Preis z.B. 400 GE, liegt die nachgefragte Menge bei 20 Einheiten. Sinkt der Preis auf 300 GE, steigt die nachgefragte Menge auf 40 Einheiten. Der Zuwachs der Gütermenge (Δ x) beträgt, bezogen auf die bisher nachgefragte Menge (x), 100%. Die Preissenkung (Δ P) beläuft sich, bezogen auf den bisherigen Preis, auf - 25%. Dieser Zusammenhang kommt im Begriff der **direkten**[2] **Preiselastizität** der Nachfrage zum Ausdruck.

- Die **direkte Preiselastizität der Nachfrage** (El_{dir}) ist das Verhältnis einer prozentualen Nachfrageänderung für ein bestimmtes Gut zu einer prozentualen Preisänderung dieses Gutes.
- $El_{dir} = \frac{\text{prozentuale Nachfrageänderung}}{\text{prozentuale Preisänderung}} = \frac{\Delta x \text{ in } \%}{\Delta P \text{ in } \%}$

1 Die Kenntnis der Zusammenhänge zwischen Preisänderungen und Absatzänderungen ist z.B. für das Verständnis der Monopolpreisbildung von Bedeutung.

2 Direkt = unmittelbar. Hier ist der unmittelbare Zusammenhang zwischen Nachfrageänderung und Preisänderung angesprochen.

Die direkte Preiselastizität der Nachfrage ist im Normalfall **negativ**, weil Preiserhöhungen ein Sinken bzw. Preissenkungen ein Steigen der mengenmäßigen Nachfrage nach sich ziehen. In der neueren Literatur hat man, um einen positiven Wert für die direkte Nachfrageelastizität zu erhalten, die Berechnungsformel mit – 1 multipliziert.[1] Wir werden uns im Folgenden dieser Übung anschließen:

$$El_{dir} = \frac{\Delta x \cdot 100}{x} : \frac{\Delta P \cdot 100}{P} = \frac{\Delta x \cdot 100 \cdot P}{x \cdot \Delta P \cdot 100} = \frac{\Delta x}{\Delta P} \cdot \frac{P}{x}$$

Die Symbole bedeuten:

El_{dir} = direkte Preiselastizität der Nachfrage
Δx = Mengendifferenz (Unterschied zwischen bisher nachgefragter und jetzt nachgefragter Menge)
ΔP = Preisdifferenz (Unterschied zwischen bisherigem Preis und neuem Preis)
x = bisher nachgefragte Menge
P = bisheriger Preis

Beispiele:

Die direkten Preiselastizitäten der Nachfrage aus Abb. 3.12 berechnen sich auszugsweise wie folgt: Sinkt der Preis von 400 auf 300 GE, beträgt die direkte Preiselastizität 100% : 25% = 4. Die Elastizitätskennziffer 4 bedeutet, dass sich bei einer Preisänderung von beispielsweise 1% die nachgefragte Menge um das Vierfache, also um 4% ändert. Würde der Preis z.B. von 300 auf 250 GE abnehmen, stiege die nachgefragte Menge von 40 auf 50 Einheiten. Die prozentuale Preisänderung beträgt dann $16\,^2/_3$, die prozentuale Mengenänderung 25%, die Nachfrageelastizität demnach 1,5. Nimmt z.B. der Preis von 250 GE auf 200 GE ab, steigt die Nachfrage von 50 auf 60 Einheiten. Die Mengenzunahme beläuft sich auf 20%, die Preisabnahme ebenfalls auf 20%. Die Elastizität ist 1 (proportional elastische Nachfrage). Eine weitere Preissenkung, etwa von 200 GE auf 150 GE (= 25%), bewirkt eine Nachfrageerhöhung von 60 auf 70 Einheiten (= $16\,^2/_3$%). Die direkte Preiselastizität der Nachfrage beträgt 0,66.

Die Untersuchung der Nachfragekurve zeigt uns also, dass die Werte für die Preiselastizität in jedem Punkt der Kurve unterschiedlich sind.[2] Sind die Änderungen der nachgefragten Mengen prozentual (relativ) *größer* als die prozentualen Preisänderungen (die Elastizität ist größer als 1), spricht man von **elastischer Nachfrage.** Sind die prozentualen Mengenänderungen kleiner als die prozentualen Preisänderungen (die Elastizität ist kleiner als 1), ist die Nachfrage **unelastisch.**

1 Es ist üblich, nur die Kennziffer für die direkte Preiselastizität mit – 1 zu multiplizieren. Alle übrigen Elastizitätskennziffern (vgl. S. 88ff.) werden mit ihren tatsächlichen Werten ausgewiesen.

2 Die hier dargestellte Methode zur Berechnung der Elastizitätskennziffern genügt für praktische Zwecke vollkommen. Mathematisch ist sie jedoch ungenau, weil die Elastizität in jedem einzelnen Punkt der Nachfragekurve einen anderen Wert aufweist. Eine exakte Elastizitätsberechnung ist nur möglich, wenn man von sehr kleinen (gegen null tendierenden) Veränderungen der Preise und Mengen ausgeht (dx bzw. dP).

Genauere Werte für die Elastizität erhält man, wenn man die Preis- bzw. Mengenveränderungen nicht auf die bisherigen Preise bzw. Mengen bezieht, sondern die Durchschnittswerte als Basis nimmt. Sinkt z.B. der Preis von 250 auf 200 GE (siehe Abb. 3.12) und steigt infolgedessen die nachgefragte Menge von 50 auf 60 Stück, so ergibt sich ein mittlerer Preis von 225 GE und eine mittlere Menge von 55 Stück. Die prozentuale Mengenänderung beträgt dann 9,09%, die prozentuale Preisänderung 11,11%, die Elastizitätskennziffer 0,82. Der Vorteil dieser Berechnungsmethode liegt nicht nur darin, dass sie genauer ist, sondern man erhält auch die gleichen Elastizitätswerte, gleichgültig, ob man von sinkenden oder steigenden Preisen bzw. Mengen ausgeht.

In der nachstehenden Tabelle sind unsere Untersuchungsergebnisse nochmals in übersichtlicher Weise zusammengefasst:

Vor der Preissenkung nachgefragte Menge (x)	Nach der Preissenkung nachgefragte Menge	Mengenänderung (Differenz = Δ x)	Prozentuale Mengenänderung (Δ x in % von x)
0	20	20	∞ %
20	40	20	100 %
40	50	10	25 %
50	60	10	20 %
60	70	10	$16^2/_3$%

Tabelle 3.5

Bisheriger Preis (P)	Neuer Preis	Preisänderung (Δ P)	Prozentuale Preisänderung (Δ P in % von P)	$\frac{\Delta x \text{ in } \%}{\Delta P \text{ in } \%}$	Elastizität	Wirkung der Preissenkung auf den Umsatz (x · P)
500	400	100	20 %	$\frac{\infty\%}{20\%}$	∞	↓
400	300	100	25 %	$\frac{100\%}{25\%}$	4	Umsatz steigt ↓
300	250	50	$16^2/_3$%	$\frac{25\%}{16^2/_3\%}$	1,5	Umsatz unverändert ↓
250	200	50	20 %	$\frac{20\%}{20\%}$	1	Umsatz sinkt
200	150	50	25 %	$\frac{16^2/_3\%}{25\%}$	0,66	↓

Tabelle 3.6

In der Wirklichkeit streuen die Elastizitäten *nicht* in ihrer ganzen Breite von 0 bis ∞. Von der Nachfrage nach lebensnotwendigen Gütern (nach Gütern des *Zwangsbedarfs*) wird gesagt, dass sie eine niedrige Nachfrageelastizität aufweisen, während von den Kultur- und Luxusbedürfnissen (nach Gütern des *Wahlbedarfs*) behauptet wird, dass die Nachfrageelastizität hoch sei. Statistische Untersuchungen zeigen jedoch, dass dem nicht unbedingt so sein muss (vgl. auch Übersicht 3.2).[1]

Der in Abb. 3.14 gezeigte Abschnitt einer Nachfragekurve zeigt den Bereich **unelastischer Nachfrage:** Eine relativ starke Preisänderung bewirkt nur eine relativ geringe Nachfrageänderung. Die Nachfrage ist, wie man verkürzt zu sagen pflegt, „unelastisch". Wirtschaftlich gesehen spielt der Bereich der elastischen Nachfrage bei dieser Kurve keine Rolle. (Beispiele: Nachfrage nach Babynahrung oder nach Süßstoff für Zuckerkranke.)

1 Vgl. WOLL, A., a. a. O., S. 84.

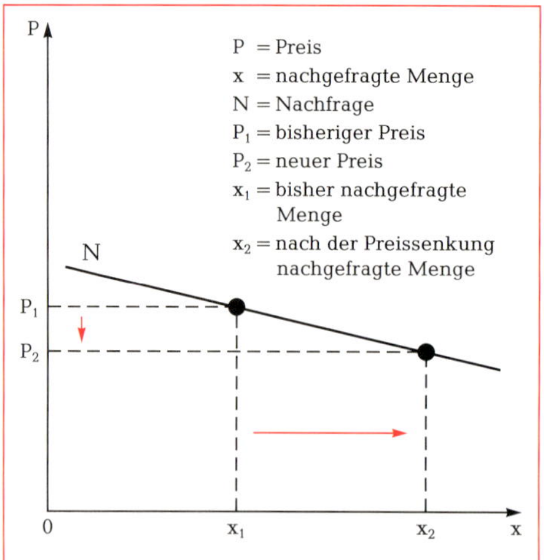

Elastische Nachfrage (Nachfrage nach Gütern des Wahlbedarfs): Bei Preissenkungen (-erhöhungen) steigt (sinkt) die Nachfrage verhältnismäßig stark.

Abb. 3.13

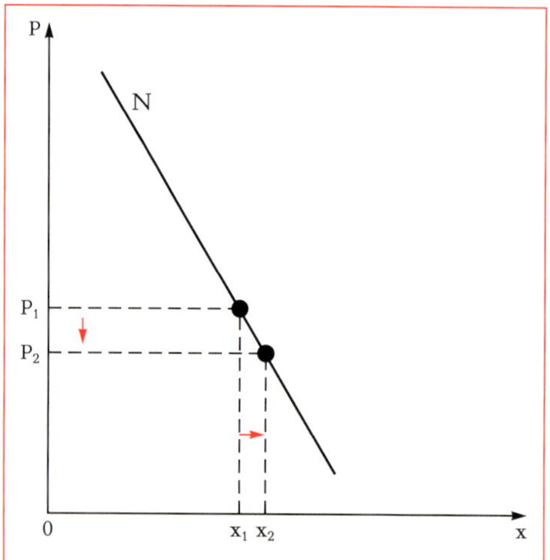

Unelastische Nachfrage (Nachfrage nach Gütern des Zwangsbedarfs): Bei Preissenkungen (-erhöhungen) steigt (sinkt) die Nachfrage verhältnismäßig schwach.

Abb. 3.14

Die Abb. 3.13 zeigt den elastischen Bereich einer Nachfragekurve. Verkürzt spricht man von **elastischer Nachfrage,** weil eine relativ geringe Preisänderung eine relativ große Nachfrageänderung mit sich bringt (z. B. Schmuck, Flugreisen).

Stellt die Nachfragekurve eine Parallele zur Abszisse (x-Achse) dar, ist die Elastizität unendlich groß (∞). Die Nachfrage ist **vollkommen elastisch** (siehe Abb. 3.15). Dies bedeutet praktisch, dass die Nachfrager jede beliebige Menge zu einem bestimmten Preis kaufen würden (Grenzfall). Ist die Nachfragekurve eine Parallele zur Ordinate (y-Achse), beträgt die Elastizität null. Die Nachfrage ist **vollkommen unelastisch** (siehe Abb. 3.16): Preisänderungen ziehen keine Änderungen der mengenmäßigen Nachfrage nach sich (Grenzfall).

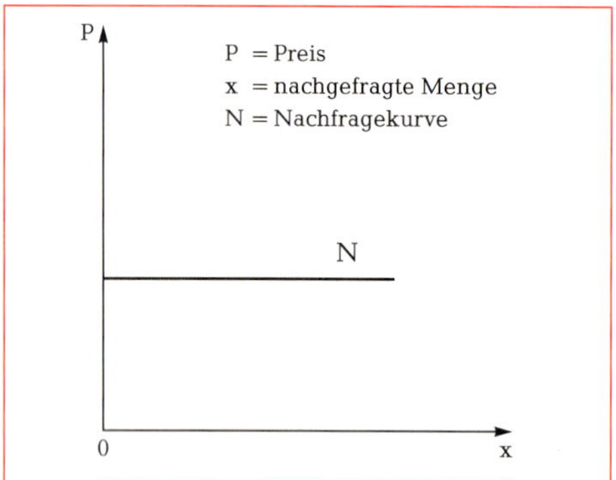

Vollkommen elastische Nachfrage

Abb. 3.15

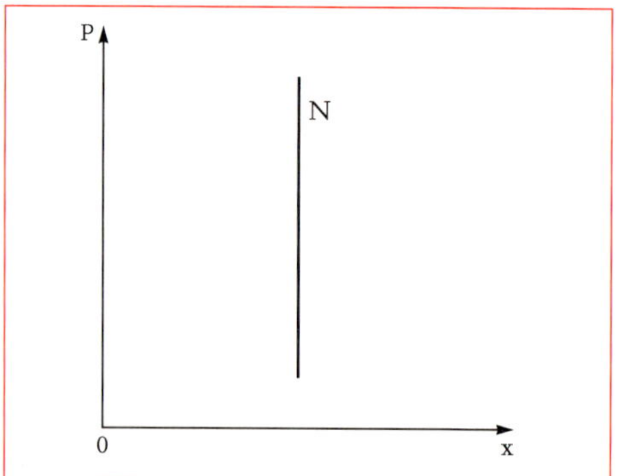

Vollkommen unelastische Nachfrage

Abb. 3.16

Es ist sogar möglich, dass die Nachfragefunktion eine **anomale Gestalt** aufweist (Abb. 3.17), d.h., dass bei steigenden Preisen mit steigender Nachfrage und umgekehrt zu rechnen ist. Das ist der Fall bei Waren mit so genanntem **Snob-Value,** denen erst von einem gewissen Preis an ein Wert beigemessen wird, schon deshalb, weil nicht jeder diesen hohen Preis bezahlen kann. Eine derartige Nachfragefunktion liegt auch vor, wenn die Nachfrager den Preis als Qualitätsmaßstab nehmen (anomale oder inverse Nachfrageelastizität).

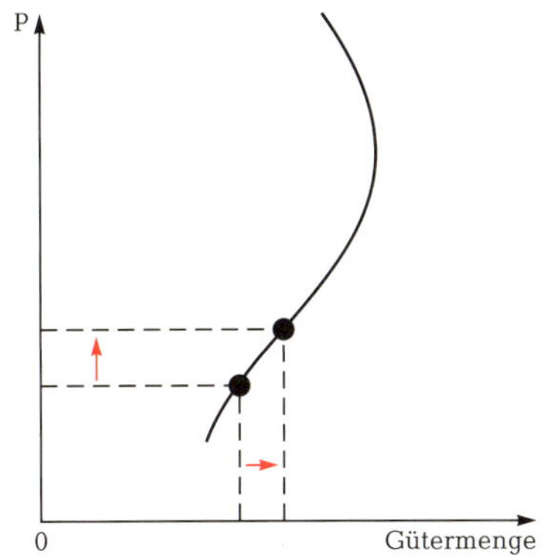

Snobeffekt (anomale Nachfrage)

Abb. 3.17

Beispiele für typische Nachfrageelastizitäten[1]

Elastische Nachfrage ($El_{dir} > 1$)		Unelastische Nachfrage ($El_{dir} < 1$)		Vollkommen unelastische Nachfrage ($El_{dir} = 0$)	
Güter	Elastizität	Güter	Elastizität	Güter	Elastizität
Juwelen	2,6	Kartoffeln	0,68	Autoreifen	0
Buchweizen	1,5	Rindfleisch	0,5	Streichhölzer	0
Hammelfleisch	1,47	Milch	0,31		

Übersicht 3.2

Bedeutung der direkten Nachfrageelastizität. Kann ein Anbieter aufgrund von Marketingmaßnahmen die Elastizitätskennziffern für sein Produkt bzw. für seine Ware ermitteln oder zumindest abschätzen, ist er auch in der Lage zu beurteilen, ob seine Preispolitik zu sinkenden oder zu steigenden Umsätzen führt.

- Ist die Nachfrage elastisch ($El_{dir} > 1$), führen Preissenkungen zu steigenden Umsätzen, Preiserhöhungen zu sinkenden Umsätzen. Ist die Nachfrage unelastisch ($El_{dir} < 1$), führen Preissenkungen zu Umsatzrückgängen, Preissteigerungen zu steigenden Umsätzen (vgl. Abb. 3.12 und die Tab. 3.5 - 3.6).

Aber noch ein Weiteres ist festzuhalten. Die immer größer werdende Zahl von verwandten Produkten führt zu zunehmender Substitutkonkurrenz. Daraus ist zu schließen, dass in den hoch entwickelten Volkswirtschaften die direkte Preiselastizität der Nachfrage allgemein zunimmt. Dies führt wiederum dazu, dass Preiserhöhungen eines einzelnen Anbieters unter sonst gleichen Bedingungen Umsatzeinbußen mit sich bringen. Preiserhöhungen im Gleichschritt oder mit kurzer zeitlicher Abstufung sind daher heute die Regel geworden. Der Konkurrenzkampf der Anbieter verlagert sich auf andere absatzpolitische Instrumente wie z.B. Werbung, Produktgestaltung, Wahl geeigneter Vertriebsformen und -wege.

1 Zahlen nach WOLL, A., a.a.O., S. 84.

Indirekte Preiselastizität der Marktnachfrage

Begriff und Arten. Neben der direkten Preiselastizität kennt die Volkswirtschaftslehre den Begriff der **indirekten Preiselastizität,** auch **Kreuzpreiselastizität** (El_{ind}) genannt.

- Die **indirekte Preiselastizität der Nachfrage** ist das Verhältnis einer prozentualen Nachfrageänderung für ein Gut A zu einer prozentualen Preisänderung eines Gutes B.
- $El_{ind} = \frac{\text{prozentuale Nachfrageänderung für das Gut A}}{\text{prozentuale Preisänderung für ein Gut B}} = \frac{\Delta x_A \text{ in \%}}{\Delta P_B \text{ in \%}}$

Der Sachverhalt lässt sich auch mit folgender Formel wiedergeben:

$$El_{ind} = \frac{\Delta x_A \cdot 100}{x_A} : \frac{\Delta P_B \cdot 100}{P_B} = \frac{\Delta x_A \cdot 100 \cdot P_B}{x_A \cdot \Delta P_B \cdot 100} = \frac{\Delta x_A}{\Delta P_B} \cdot \frac{P_B}{x_A}$$

Die Symbole bedeuten:

El_{ind} = indirekte Preiselastizität der Nachfrage (Kreuzpreiselastizität)

Δx_A = Mengendifferenz (Unterschied zwischen bisher nachgefragter Menge des Gutes A und jetzt nachgefragter Menge des Gutes A)

ΔP_B = Preisdifferenz (Unterschied zwischen bisherigem Preis des Gutes B und neuem Preis des Gutes B)

x_A = bisher nachgefragte Menge des Gutes A

P_B = bisheriger Preis des Gutes B

Bei der indirekten Preiselastizität der Nachfrage ist die Elastizitätskennziffer (der Elastizitätskoeffizient) *negativ*, wenn es sich um *Komplementärgüter* handelt **(Komplementärelastizität).**

Beispiel:

Steigt der Preis für Benzin von 1,00 GE auf 1,10 GE, nimmt – so sei angenommen – die Nachfrage nach Autos mit hohem Benzinverbrauch von 2 000 auf 1 600 Stück je Periode ab. Die Komplementärelastizität beträgt – 2. Dies besagt, dass der Prozentsatz der Nachfrageverringerung beim Gut A (Autos) doppelt so groß ist wie der Prozentsatz der Preiserhöhung beim Gut B (Benzin).

Bei Substitutionsgütern ist die Elastizitätskennziffer positiv **(Substitutionselastizität).**

Beispiel:

Steigt der Preis für Schweinefleisch von 10,00 GE auf 12,00 GE je kg, nimmt die Nachfrage nach Brathähnchen – so sei unterstellt – von 1 000 Stück auf 1 100 Stück je Periode zu. Die Substitutionselastizität beträgt + 0,5. Dies besagt, dass die Haushalte in dem betreffenden Gebiet auf Hähnchen ausweichen, falls deren Preis konstant bleibt. Der Prozentsatz der Nachfrageerhöhung nach dem Gut A (Hähnchen) ist halb so groß (0,5) wie der Prozentsatz der Preiserhöhung des Gutes B (Schweinefleisch).

Bedeutung. Für Anbieter ist es nicht nur wichtig, die Reaktionen der Käufer bei eigenen Preisänderungen vorauszuschätzen, sondern auch die Preisentwicklung bei Konkurrenzprodukten, die in der Regel den Charakter von Substitutprodukten besitzen (Autos verschiedener Hersteller, Weine verschiedener Provenienzen), zu beobachten. Bei Preiserhöhungen der Substitutionsgüter kann es daher sinnvoll sein, eigene Preiserhöhungen zu unterlassen, um einen größeren Marktanteil zu gewinnen. Eigene Preiserhöhungen führen hingegen dazu, dass die Kunden auf Konkurrenzprodukte (Substitute) ausweichen. Die steigende Zahl eng verwandter Produkte bringt so eine Schwächung der Marktmacht der Anbieter und eine Stärkung der Marktmacht der Verbraucher mit sich.

Anbieter, die Komplementärgüter herstellen bzw. vertreiben (z.B. Fensterglas - Rohbauerstellung), müssen mit einer negativen Kreuzpreiselastizität rechnen. Steigen die Preise der Komplementärgüter, sind unter sonst gleichen Bedingungen Nachfragerückgänge nach dem eigenen Produkt zu erwarten. Für Anbieter von Komplementärgütern ist es demnach lebenswichtig, den langfristigen Trend (= Entwicklungsrichtung) auf dem Komplementärgütermarkt zu beobachten. Bei rückläufigen Entwicklungen helfen preispolitische Maßnahmen nicht, den Umsatz zu halten. Vielmehr müssen sich solche Anbieter rechtzeitig auf die Produktion bzw. den Handel mit zukunftssicheren Gütern einstellen.

Einkommenselastizität der Marktnachfrage

Begriff und Arten. Über die Beziehungen zwischen der durchschnittlichen Änderung des Einkommens *aller* Wirtschaftssubjekte einer Volkswirtschaft und der Entwicklung der Nachfrage nach einem bestimmten Gut gibt die **Einkommenselastizität der Nachfrage** (El_E) Auskunft.

- Unter **Einkommenselastizität der Nachfrage** versteht man das Verhältnis einer prozentualen Nachfrageänderung eines Gutes zu einer prozentualen Veränderung des Volkseinkommens.
- $El_E = \frac{\text{prozentuale Nachfrageänderung für ein Gut}}{\text{prozentuale Änderung des Volkseinkommens}} = \frac{\Delta\ x \text{ in } \%}{\Delta\ E \text{ in } \%}$

Die Berechnungsformel lautet:

$$El_E = \frac{\Delta x \cdot 100}{x} : \frac{\Delta E \cdot 100}{E} = \frac{\Delta x \cdot 100 \cdot E}{x \cdot \Delta E \cdot 100} = \frac{\Delta x}{x} \cdot \frac{E}{\Delta E}$$

Es bleibt offen, ob die Einkommenselastizität positiv oder negativ ist. Bei Gütern des gehobenen Bedarfs ist es in der Regel so, dass die Nachfrage *zunimmt*, wenn die Einkommen steigen. Güter mit einer positiven Einkommenselastizität heißen **superiore**[1] **Güter.** Man spricht von elastischer Nachfrage, wenn die Elastizitätskennziffer größer als 1 ist, von unelastischer Nachfrage, wenn die Elastizitätskennziffer kleiner als 1 ist.

Hierzu ist jedoch zu sagen, dass die Nachfrage nach verschiedenen Gütergruppen mit steigendem Einkommen sehr unterschiedlich wächst. So hat im Jahre 1857 der preußische Statistiker ENGEL nachgewiesen, dass mit steigendem Einkommen die privaten Haushalte für Grundnahrungsmittel kaum mehr ausgeben. Dies bedeutet, dass der prozentuale Anteil der Haushaltsausgaben für Grundnahrungsmittel mit steigendem Einkommen sinkt, mit sinkendem Einkommen wächst **(Engelsches Gesetz).** Der Grund: Auch die Reichen können kaum mehr Wasser verbrauchen, mehr Brot essen oder mehr Salatöl verwenden als die Armen.[2]

Die Nachfrage nach vielen Gütern steigt überhaupt nicht, wenn die Einkommen steigen. Sie nimmt sogar absolut ab. Dies ist bei den so genannten **inferioren**[3] **Gütern** der Fall: Mit steigenden Einkommen werden sie durch **superiore Güter** ersetzt (z.B. Kondensmilch statt Frischmilch, Reis statt Teigwaren, Gemüse statt Kartoffeln). Bei inferioren Gütern ist demnach die Einkommenselastizität negativ.

1 Superior = höherwertig, übergeordnet.
2 Vgl. RÖPKE, W., a.a.O., S. 27.
3 Inferior = wörtl. minderwertig, untergeordnet.

Verbrauchsänderungen in der Bundesrepublik Deutschland 1959 – 2000 in kg je Einwohner und Jahr

Inferiore Güter		Superiore Güter	
Kartoffeln	- 72,0	Gemüse	+ 25,8
Brotgetreidemehl	- 12,4	Obst, Südfrüchte	+ 43,5
Margarine	- 4,7	Zitrusfrüchte	+ 13,4
Trockenobst	- 0,4	Zucker	+ 2,9

Übersicht 3.3[1]

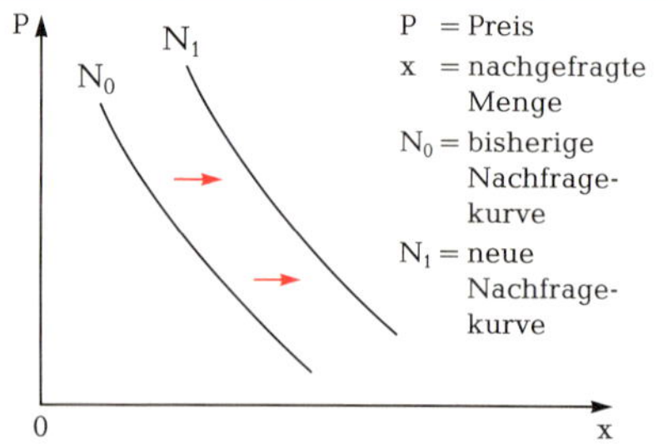

Zunehmende Nachfrage nach einem superioren Gut aufgrund von Einkommenserhöhungen (Verschiebung der Nachfragekurve nach „rechts")

Abb. 3.18

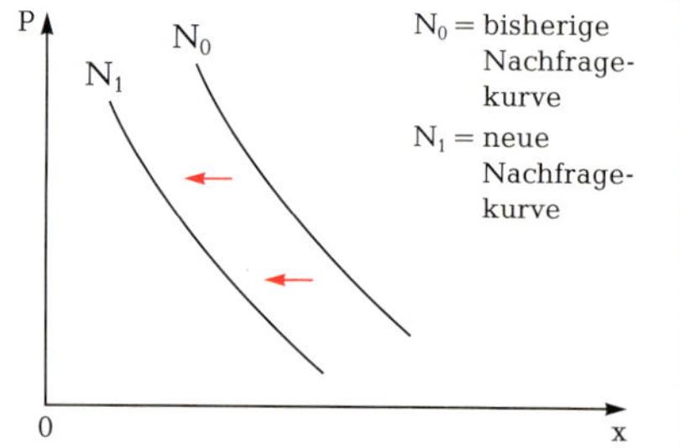

Abnehmende Nachfrage nach einem inferioren Gut aufgrund von Einkommenserhöhungen (Verschiebung der Nachfragekurve nach „links")

Abb. 3.19

Bedeutung. Untersuchungsergebnisse über tatsächliche Einkommenselastizitäten in einer Volkswirtschaft sind nicht nur für die Unternehmen (die Anbieter) interessant, weil sich daraus Rückschlüsse auf die Marktentwicklung ziehen lassen, sondern auch für die Regierungen. Will eine Regierung z. B. die Steigerungsraten ihrer Einnahmen aus indirekten Steuern[2] an die Steigerungsraten der Einkommen binden, muss sie die Güter am stärksten belasten, die eine hohe Einkommenselastizitätskennziffer aufweisen. Diese Spaltung der Steuersätze ist auch sozialpolitisch erwünscht, weil die Schichten mit niedrigen Einkommen steuerlich entlastet werden. In der Realität stößt man jedoch bei der Festlegung der Einkommenselastizitäten auf Schwierigkeiten, weil sich diese im Zeitablauf in nicht immer voraussehbarer Weise verändern. Technische Neuerungen, modische Änderungen, Geschmackswandel, wachsendes Umwelt- und Gesundheitsbewusstsein – insbesondere zwischen Generationen – und auch Schwerpunkte der Werbung beeinflussen das Verbraucherverhalten im Gegensatz zur Vergangenheit, in der die zumeist starke Steigerung der Einkommen zu einem optimistischen Verbraucherverhalten aufgrund sich rechtfertigender Einkommenserwartungen geführt hat.

1 Quelle: www.landwirtschaft-mlr.baden-wuerttemberg.de: Loseblattsammlung Marktwirtschaftliche Erzeugerberatung, abgerufen am 23. März 2006.

2 Die Steuern werden von der Statistik in direkte und indirekte Steuern eingeteilt. Zu den indirekten Steuern rechnen alle *Kostensteuern*, d h. die Steuern, die bei der Gewinnermittlung abzugsfähig sind und die die Unternehmen voll auf die Verbraucher überwälzen (z. B. Gewerbesteuer, Grundsteuer, Tabaksteuer, Kaffeesteuer und Umsatzsteuer). Alle übrigen Steuern werden als direkte Steuern bezeichnet, weil sie aus dem Gewinn zu zahlen sind (z. B. Einkommensteuer, Körperschaftsteuer).

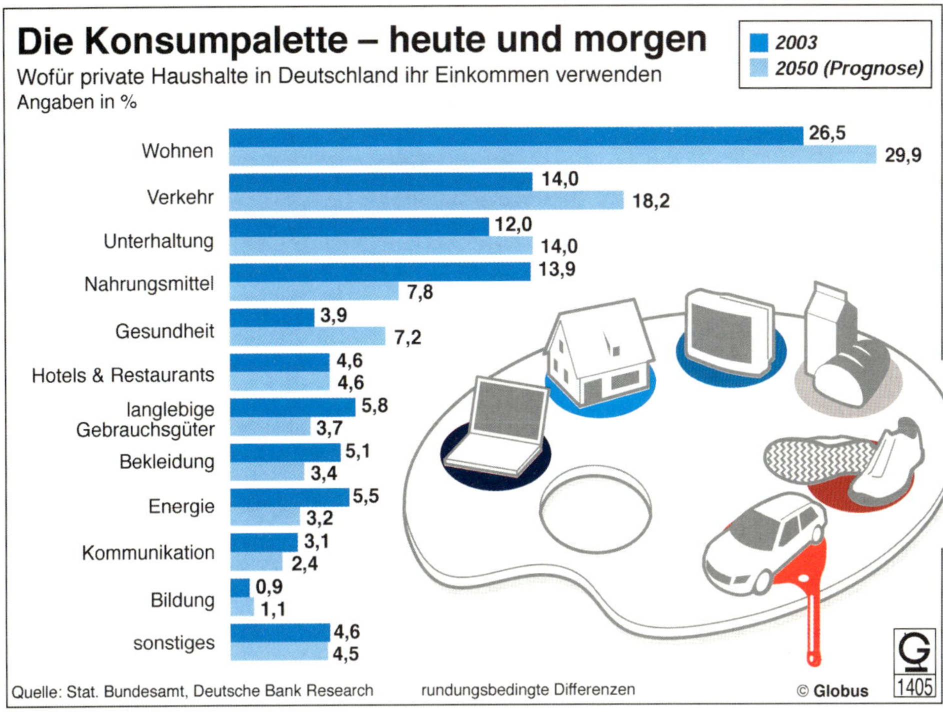

Abb. 3.20

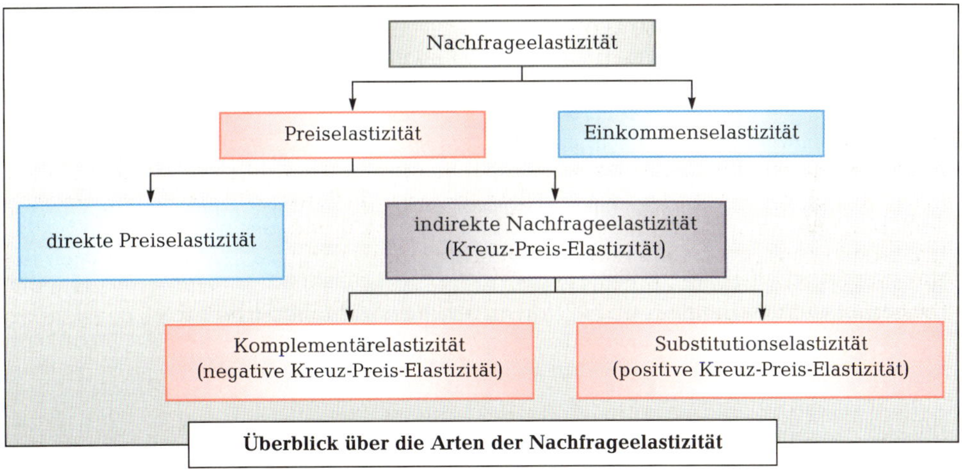

Abb. 3.21

Aufgaben zur Lernkontrolle

1. Definieren Sie den Begriff Marktnachfrage (Gesamtnachfrage) für ein Gut!

2. Erklären Sie mit eigenen Worten, wie die Marktnachfrage für ein Gut zustande kommt!

3. Die individuellen Nachfragekurven folgender Haushalte nach kg Kartoffeln je Woche sind bekannt:

Armbruster	Bertram	Czerny	Dietermann
$P = 1 - \frac{2}{5}x$	$P = 0{,}8 - \frac{1}{5}x$	$P = 1 - \frac{1}{5}x$	$P = 0{,}5 - \frac{1}{10}x$

P = Preis je kg Kartoffeln; x = kg Kartoffeln.

   3.1 Ermitteln Sie die Gesamtnachfrage nach Kartoffeln entsprechend der Tab. 3.3 (Seite 90)!

   3.2 Zeichnen Sie die vier Nachfragekurven und konstruieren Sie die Gesamtnachfragekurve durch Queraddition!

4. Neben den Einkommens-, Bedürfnis- und Preisänderungen anderer Güter gibt es weitere Bestimmungsgründe der Gesamtnachfrage nach einem Gut. Wie wirken sich die Veränderungen dieser Faktoren auf die Gesamtnachfrage aus? Begründen Sie Ihre Antwort!

5. Definieren Sie die Arten der Nachfrageelastizität und geben Sie die jeweilige Berechnungsformel an!

6. Ein Winzer hat im vergangenen Jahr 100 hl Wein hergestellt. Seine Gesamtkosten beliefen sich auf 10000,00 GE. Er besitzt eine Stammkundschaft, die allerdings nicht bereit ist, jeden geforderten Preis zu zahlen. Seine Kunden reagieren auf Preisänderungen wie folgt:

Preis je Liter:	1,90	1,80	1,70	1,60	1,50
Gekaufte Mengen (in l):	8000	8500	9000	9500	10000

   6.1 Berechnen Sie die Elastizitätskennziffern, wenn der Winzer den Preis von 1,90 GE auf 1,80 GE, von 1,80 GE auf 1,70 GE, von 1,70 GE auf 1,60 GE und von 1,60 GE auf 1,50 GE senkt!

   6.2 Welche Art der Elastizität haben Sie unter 6.1 berechnet?

   6.3 Welchen Preis wird der Winzer festsetzen, wenn er einen maximalen Umsatz erzielen will? Wie hoch ist dann sein Reingewinn?

   6.4 Welche Beziehungen bestehen zwischen den von Ihnen berechneten Elastizitätskennziffern und der Umsatzentwicklung bei alternativen Preisen?

7. Angenommen, der Bierpreis ist um 20 % gestiegen. Daraufhin nimmt die Nachfrage nach Wein um 10 % zu.

   7.1 Wie groß ist die Elastizitätskennziffer?

   7.2 Welche Art der Elastizität haben Sie unter 7.1 berechnet?

   7.3 Erklären Sie die Zunahme der Nachfrage nach Wein!

8. Angenommen, die Baukosten sind um 10 % gestiegen. Daraufhin nimmt die Nachfrage nach Einbauküchen um 4 % ab.

   8.1 Berechnen Sie die Elastizitätskennziffer!

   8.2 Welche Art der Elastizität haben Sie unter 8.1 berechnet?

   8.3 Erklären Sie die Gründe für die Abnahme der Nachfrage nach Einbauküchen!

9. Angenommen, die Einkommen aller privaten Haushalte einer Volkswirtschaft sind in einem bestimmten Jahr um 8 % gestiegen. Die Einkommenselastizität für Anzüge beträgt 0,8, die für Kaffee 0,75 und die für Mangold (= Gemüsesorte) - 0,1. Im Jahr zuvor wurden 1 Mio. Anzüge, 20 Mio. kg Kaffee und 50 Mio. kg Mangold gekauft.

   Wie entwickelte sich der Absatz bei den drei genannten Güterarten?

10. In Frage 9 sind drei Güterarten genannt.

   10.1 Welche(s) davon sind (ist) inferior, welche(s) superior?

   10.2 Worin liegt der Unterschied zwischen beiden Güterarten?

11. Lesen Sie nachstehenden Text sorgfältig durch:

> Zunächst folgt aus der verschiedenen Nachfrageelastizität für diese oder jene Güter, „dass der Verbrauch der Individuen, ohne Rücksicht auf ihre Einkommensunterschiede, umso gleichförmiger zu sein pflegt, je unelastischer das in Frage stehende Bedürfnis ist. Nun wissen wir aber, dass das umso mehr der Fall ist, je lebenswichtiger ein Bedürfnis ist. In der Tat verbrauchen die Reichen kaum mehr Wasser, Salz oder Brot als die Armen. Ein anderes Ergebnis ist dieses: Je kleiner das Einkommen ist, umso größer ist derjenige Teil, der für Lebensmittel ausgegeben wird. Diese Tatsache ist zuerst von dem preußischen Statistiker Engel im Jahre 1857 nachgewiesen worden (Engelsches Gesetz); ein anderer Statistiker, Schwabe, hat später den gleichen Nachweis für Wohnungsausgaben erbracht (Schwabesches Gesetz)."[1]

   11.1 Von welcher Elastizitätsart ist die Rede? Begründen Sie Ihre Aussage!

   11.2 Welche Güterart wird angesprochen? Begründen Sie Ihre Antwort!

12. Nehmen Sie zu folgendem Zeitungsartikel[2] Stellung:

Frische Zitrusfrüchte direkt auf den Müll

Sizilianische Obstbauern sind sauer – Preise werden künstlich erhöht

Palermo (dpa). Selbst die süßesten Orangen, die nach Überzeugung der Einwohner der sizilianischen Stadt Palermo in der nahegelegenen Ebene der „Goldenen Muschel" reifen, machen die Bauern Siziliens sauer. In den Provinzen Palermo, Syrakus, Messina und vor allem Catania am Fuß des Ätna wurden von Oktober 1976 bis zum Höhepunkt der Zitronenernte in diesem Monat über 700 000 Doppelzentner Orangen, Mandarinen und Zitronen vernichtet.

Die Lastwagen fahren sie direkt von der Ernte in die staatlich überwachten Vernichtungslager oder Abfallplätze. Insgesamt gibt es in ganz Sizilien 41 solcher Sammelstellen, wo die Südfrüchte des an sonstigen Erzeugnissen armen Landes vernichtet werden, um auf solch absurde Weise den Preis künstlich hochzuhalten.

Wer in diesen Tagen die Pflücker bei der Ernte anspricht, bekommt als Antwort Resignation, wütende Empörung oder vieldeutiges Schweigen. Die Empörung betrifft die Vernichtung, die Resignation die Einsicht, dass ohne diese Zerstörung des Früchtereichtums die Bauern nicht mehr auf ihre Kosten kämen.

Desinteresse der amtlichen Stellen, Schlendrian in den Lieferungen sowie Interessen der Mafia (daher das schweigende Achselzucken der Orangenpflücker) lassen die Früchte keineswegs in einer angemessenen Zeit und zu einem entsprechenden Preis an die Verbraucher kommen. Häufig bekommt der Verbraucher dann auch nicht die so hochgelobten Früchte, sondern Ramsch, weil der Transport unsachgemäß organisiert wurde, zu lange dauerte und mitunter schon vor Ort zweitklassige Ware verladen wurde.

Die Preise könnten durchaus konkurrenzfähig sein, wenn „ein parasitärer Zwischenhandel" ausgebootet würde, denn die durch die Vernichtungsaktionen gesicherten Preise liegen bei Mandarinen bei 20 Euro-Cents, bei Orangen bei 25 Euro-Cents und bei Zitronen bei 35 Euro-Cents je Kilogramm. Schon in Rom muss der Verbraucher ein Vielfaches dieser Preise zahlen.

---

1 RÖPKE, W., a. a. O., S. 27.

2 Quelle: Badische Zeitung Nr. 63 vom 17. März 1977.

13. Wie müsste eine normale Nachfragekurve verlaufen, wenn die direkte Preiselastizität in jedem Punkt der Kurve 1 betragen soll?

14. Lesen Sie nachstehenden Zeitungsartikel sorgfältig durch:

Kaffee-Ersatz wieder aktuell

Die hohen Preise für Bohnenkaffee lassen die Nachfrage kräftig steigen

as. Hamburg (vwd). Die Verknappung von Rohkaffee am Weltmarkt und die daraus resultierenden stark gestiegenen Preise für Bohnenkaffee haben die Kaffee-Ersatzmittel wieder in das Blickfeld gerückt. Nicht nur in der Bundesrepublik hat sich die Nachfrage belebt, auch in den USA werden die teuren Bohnen mit so genanntem Kaffee-Ersatz gestreckt. Sogar in dem größten Kaffeeproduktionsland Brasilien werden für den inländischen Konsum aufgrund der Verknappung von Kaffee Überlegungen in dieser Richtung angestellt.

Die „Blütezeit" der Surrogate in der Bundesrepublik Ende der vierziger und Anfang der fünfziger Jahre dauerte nicht lange. Mit dem rapide zunehmenden Konsum von Bohnenkaffee verloren sie ständig an Boden und sanken in einen „Regalschlaf", die ursprünglich etwa 180 Hersteller von Kaffeemitteln schrumpften auf gegenwärtig nur noch acht zusammen. Marktführer unter ihnen ist mit weitem Abstand die zur Nestle-Gruppe gehörende Unifranck Lebensmittelwerke GmbH (Ludwigsburg) mit den traditionellen Marken Linde's und Kathreiner sowie den löslichen Produkten Caro, Mit und Kneipp-Malzkaffee.

Der in der Vergangenheit ständig rückläufige Absatz hat nach einem vorübergehenden Stillstand in den letzten Monaten eine deutliche Belebung erfahren. Je nach Produkt verzeichnete Unifranck, wir berichteten bereits kurz darüber, in den ersten Monaten dieses Jahres Umsatzsteigerungen bis zu 25 %.

14.1 Von welcher Elastizitätsart ist die Rede? Begründen Sie Ihre Aussage!

14.2 Begründen Sie die Zunahme der Nachfrage nach Kaffee-Ersatz!

15. Frau Erika Kuhl hat folgende Nachfragefunktion nach Benzin:

$$P = 4 - \frac{1}{10}x,$$

wobei P = Preis und x = nachgefragte Liter Benzin je Woche bedeuten.

15.1 Zeichnen Sie die individuelle Nachfragekurve (N_1) von Frau Kuhl!

15.2 Begründen Sie, warum es sich um eine normale Nachfragekurve handelt!

Aufgrund einer Tariflohnerhöhung steigt das Einkommen von Frau Kuhl. Sie ist gewillt, bei jedem denkbaren Benzinpreis wöchentlich 10 Liter Benzin mehr als bisher zu kaufen.

15.3 Stellen Sie zeichnerisch und verbal dar, wie sich die Nachfragekurve von Frau Kuhl gegenüber der Nachfragekurve N_1 (Aufgabe 15.1) verändert hat!

Frau Kuhl ändert ihr Verhalten und beschließt, aufgrund ihres gestiegenen Einkommens 25 % mehr Benzin als bisher (Situation 15.1, Nachfragekurve N_1) zu kaufen.

15.4 Zeichnen Sie die neue Nachfragekurve!

15.5 Worin unterscheidet sich die Veränderung im Fall 15.4 von der Veränderung im Fall 15.3?

Frau Kuhl bekommt einen neuen Arbeitsplatz im Nachbarort, den sie nur mit dem Auto erreichen kann. Sie braucht wöchentlich 20 Liter Benzin. Auf private Autofahrten verzichtet sie vollständig.

15.6 Zeichnen Sie die Nachfragekurve von Frau Kuhl!

15.7 Wie heißt eine derartige Nachfragekurve und wie lässt sich deren Verlauf begründen?

Frau Kuhl schließt sich mit einer Kollegin, die am gleichen Ort wohnt, zu einer Fahrgemeinschaft zusammen, sodass sie unter sonst gleichen Bedingungen wöchentlich nur noch halb so viel Benzin wie zuvor braucht.

15.8 Zeichnen Sie die neue Nachfragekurve von Frau Kuhl!

Frau Kuhl findet einen neuen Arbeitsplatz an ihrem Wohnort. Sie beschließt, nunmehr 20,00 € wöchentlich für Benzin auszugeben, gleichgültig, wie hoch der Benzinpreis sein mag.

15.9 Zeichnen Sie die neue Nachfragekurve von Frau Kuhl!

16. In einer Volkswirtschaft gibt es 30000 Haushalte, die gewillt sind, eine 120-m²-Wohnung zu mieten. Die Monatseinkommen verteilen sich wie in nachstehender Tabelle. Weiterhin wird unterstellt, dass die Haushalte bis zu 50 % ihres Einkommens für diese Wohnungen ausgeben wollen. Unter diesen Bedingungen lässt sich die Nachfrage nach Wohnungen bei alternativen Mietpreisen errechnen.

16.1 Füllen Sie die nachstehende Tabelle aus:

Anzahl der Haushalte	Einkommen in GE	Gesamteinkommen in Mio. GE	Nachfrage nach 120-m²-Wohnungen in Stück bei einem Mietpreis von:					
			400 GE	500 GE	750 GE	1000 GE	1250 GE	1500 GE
10000	900	9,0						
8000	1250	10,0						
6000	1900	11,4						
4000	2400	9,6						
2000	5000	10,0						
30000	—	50,0						

16.2 Zeichnen Sie die Nachfragekurve nach Mietwohnungen!

16.3 Wie verhält sich die Nachfrage, wenn die Einkommen gleichmäßiger verteilt wären? Nehmen wir an, dass das Gesamteinkommen in Höhe von 50 Mio. GE gleich bleibt, jedoch wie in nachstehender Tabelle angegeben verteilt ist.
Füllen Sie die Tabelle aus:

Anzahl der Haushalte	Einkommen in GE	Gesamteinkommen in Mio. GE	Nachfrage nach 120-m²-Wohnungen in Stück bei einem Mietpreis von:					
			400 GE	500 GE	750 GE	1000 GE	1250 GE	1500 GE
10000	1000	10,0						
8000	1500	12,0						
6000	2000	12,0						
4000	2500	10,0						
2000	3000	6,0						
30000	—	50,0						

16.4 Zeichnen Sie die neue Nachfragekurve nach Mietwohnungen!

16.5 Wie wirkt sich die Einkommensnivellierung (= Angleichung) auf die Nachfrage aus? Begründen Sie die von Ihnen festgestellte Entwicklung!

4 Theorie des Angebots

4.1 Angebotsplan des wirtschaftlichen Betriebs

Braucht Bodenfrücht' Ihr vielerlei,
Mehr Arbeit immer nötig sei;
Denn Nahrung wächst wie eins, zwei, drei,
Der Mensch wie eins, zwei, vier, o weih.

(Verfasser unbekannt)[1]

4.1.1 Produktionsfunktion vom Typ A (Ertragsgesetz)

Im Kapitel 1.3.1 wurde gezeigt, dass die Güterproduktion im Grenzfall durch **Kombination** mindestens zweier **Produktionsfaktoren,** nämlich *Natur* und *Arbeit* möglich ist. Aber erst durch Hinzunahme der derivativen Produktionsfaktoren *Kapital* und *Bildung* lässt sich eine erhebliche Produktionssteigerung erzielen. Im Folgenden werden die Beziehungen zwischen dem Einsatz der Produktionsfaktoren (kurz: **Faktoreinsatz** oder **Input** genannt) einerseits und der Gütererstellung (kurz: **Ausbringung** oder **Output** genannt) dargestellt.

Beispiel:

In einer landwirtschaftlichen Versuchsanstalt soll untersucht werden, welche Auswirkungen die Intensität der Bodenbearbeitung (pflügen, Unkraut jäten, hacken) unter sonst gleichen Bedingungen auf den mengenmäßigen Ertrag (Output) von Spätkartoffeln hat. Hierzu werden 8 Felder von je 10 Ar bereitgestellt, die die gleiche Bodenbeschaffenheit besitzen. Alle Felder werden mit der gleichen Düngermenge versehen. Außerdem wird auf allen Feldern die gleiche Anzahl Saatkartoffeln von gleicher Qualität gelegt.

Nach Ablauf des Erntejahres erhält die Versuchsanstalt folgende Ernteergebnisse:

Feld-Nr.	Arbeitseinsatz in 100 Stunden	Mengenmäßiger Ertrag in dt[2] je Feld (Gesamtertrag)	Durchschnittsertrag je 100 Arbeitsstunden	Grenzertrag in dt je 100 Arbeitsstunden
A	-	-	-	
B	1	5	5	5
C	2	14	7	9
D	3	25	8,3	11
E	4	34	8,5	9
F	5	40	8	6
G	6	43	7,1	3
H	7	41	5,9	- 2

Tabelle 4.1

1 „Lied des Malthus: Ballade vom abnehmenden Ertragszuwachs", zitiert aus SAMUELSON, P., a.a.O., Bd. I, S. 31. ROBERT MALTHUS (1766 - 1834), englischer Geistlicher, stellte fest, dass die Weltbevölkerung die Tendenz habe, sich alle 25 Jahre zu verdoppeln, während die Nahrungsmittelproduktion nur in arithmetischer Ordnung vergrößert werden könne. Wenn die Menschen nicht durch moralische Enthaltsamkeit („moral restraint") für eine Verminderung der Zuwachsrate sorgten, dann werden - so schloss er - Elend und Laster („misery and vices") die Zahl der Menschen drastisch dezimieren. Die heutige Forderung nach Geburtenkontrolle zur Dämpfung der Bevölkerungsexplosion wird daher auch als *Neomalthusianismus* bezeichnet.

2 dt = Dezitonne = 100 kg.

Aus unserem Beispiel (Tab. 4.1) lässt sich eine Reihe von Erkenntnissen gewinnen:

1. **Prämissen des Modells.** Ein Produktionsfaktor bzw. eine Faktorgruppe wird konstant gehalten (Boden, landwirtschaftliche Werkzeuge und/ oder Maschinen, Düngemittel und Saatgut). Ein anderer Produktionsfaktor (im Beispiel der Arbeitseinsatz) wird variiert (= in unterschiedlichen „Mengen" eingesetzt).

   Weiterhin gilt, dass die Produktionsfaktoren zumindest teilweise gegenseitig austauschbar (substituierbar) sind. (Auf 4 Feldern kann z.B. mit 400 Arbeitsstunden ebenso viel wie auf 3 Feldern mit 500 Arbeitsstunden erzeugt werden. Dies setzt wiederum voraus, dass die Produktionsfaktoren mindestens teilweise teilbar sind [z.B. Arbeit, Dünger, Saatgut]).

2. **Produktionsfunktion.** Die Gesamtertragskurve stellt den Graph der Produktionsfunktion dar (Abb. 4.1). Die Produktionsfunktion (Ertragsfunktion) ist die Relation zwischen veränderlichem Faktoreinsatz (im Beispiel die Arbeitsmenge) und Ausbringung (Output).

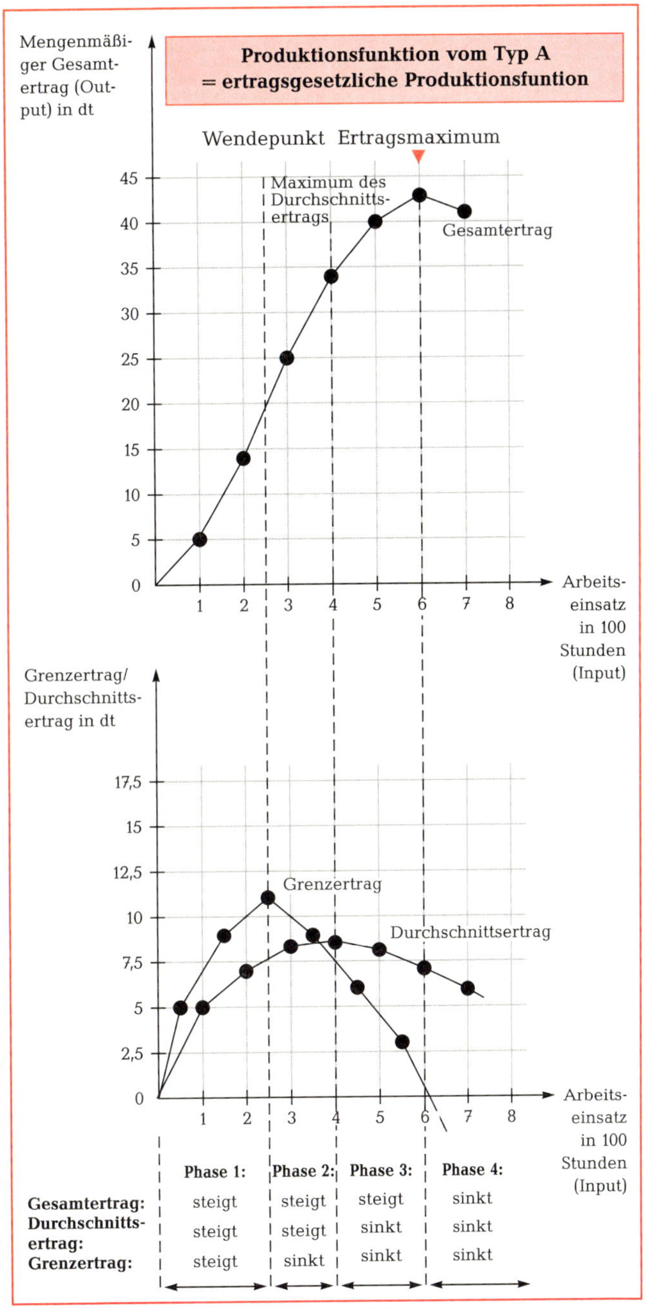

Abb. 4.1 – 4.2

Der in der Volkswirtschaftslehre verwendete Begriff „Ertrag" ist nicht mit dem buchhalterischen Ertragsbegriff zu verwechseln. In der Volkswirtschaftslehre ist in diesem Zusammenhang unter Ertrag der körperliche (physische) Output, also die Ausbringungs*menge* zu verstehen.

7 Hartmann – ISBN 978-3-8120-0320-9

3. Produktionsfunktion vom Typ A. Die in der Abb. 4.1 wiedergegebene Ertragskurve zeigt einen zunächst überproportionalen, dann unterproportionalen Verlauf. Wird der Arbeitseinsatz weiter intensiviert (verstärkt), nimmt der Gesamtertrag absolut ab. Diese Phase ist folglich nicht mehr Gegenstand ökonomischer Betrachtung.

In unserem Beispiel würden sich bei mehr als 600 Arbeitsstunden je Feld die Arbeitskräfte gegenseitig behindern und/oder durch übermäßiges Hacken der Pflanzen das Wachstum stören.

Eine Produktionsfunktion (Ertragsfunktion) mit (im Verhältnis zum Faktoreinsatz) zunächst überproportional (progressiv), dann unterproportional (degressiv) zunehmendem Ertrag bezeichnet man als Produktionsfunktion vom **Typ A,** weil sie in der Wirtschaftstheorie *zuerst* entwickelt wurde.

Der gezeigte Zusammenhang wurde erstmals von TURGOT (siehe Punkt 4) im Jahre 1768 als so genanntes „Ertragsgesetz" formuliert. Die Produktionsfunktion A wird deshalb auch als **ertragsgesetzliche Produktionsfunktion** bezeichnet.

4. Grenzertrag. Ist der Gesamtertrag gegeben, lässt sich der *Grenzertrag* ableiten.

■ Unter **Grenzertrag** versteht man den Zuwachs des Gesamtertrags bei Vermehrung des variablen Faktors bzw. einer variablen Faktorgruppe um eine Einheit.[1]

Liegt eine Produktionsfunktion vom Typ A vor (Abb. 4.1), steigen die Grenzerträge bis zum Wendepunkt der Gesamtertragskurve. Wird der Einsatz des variablen Faktors (einer variablen Faktorgruppe) weiterhin erhöht, nehmen die Grenzerträge ab. Sie werden negativ, wenn das Maximum des Gesamtertrags überschritten wird (siehe Ertragsmaximum in Abb. 4.1 und den dazugehörenden Grenzertragsverlauf in Abb. 4.2).

Dieser Zusammenhang wird im **Ertragsgesetz** beschrieben:

■ Unter Beibehaltung mindestens eines **konstanten Produktionsfaktors** führt der zunehmende Einsatz eines variablen Faktors (einer variablen Faktorgruppe) zu zuerst steigenden, dann fallenden Grenzerträgen („Gesetz von den zuerst steigenden, dann fallenden Grenzerträgen").

5. Durchschnittsertrag. Aus unserem Beispiel (Tab. 4.1 und Abb. 4.2) ist außerdem zu erkennen, dass die Durchschnittserträge so lange steigen, wie die Grenzerträge höher als die Durchschnittserträge sind, und dass sie sinken, wenn die Grenzerträge niedriger als die Durchschnittserträge sind.

■ Unter **Durchschnittsertrag** versteht man das Verhältnis von Ausbringungsmenge zur Einsatzmenge eines Produktionsfaktors.

Der Durchschnittsertrag gibt also nichts anderes als die Produktivität des untersuchten Produktionsfaktors an. In unserem Beispiel ist dies die Arbeitsproduktivität. Sie ist am größten, wenn der Durchschnittsertrag dem Grenzertrag gleich ist (Abb. 4.2).[2] Der

1 Für praktische Zwecke genügt diese grobe Berechnung der Grenzerträge (Δ O, wobei O = Output bedeutet). Streng genommen ist der Grenzertrag der Ertragszuwachs (Δ O) je sehr kleine (gegen null tendierende) Faktoreinsatzerhöhung. In diesem Fall müssten die Produktionsfaktoren nahezu unendlich teilbar sein.

2 Die Faktorkombination mit der höchsten Produktivität (Output : Input) ist zugleich die mit den geringsten Kosten je Produktionseinheit. Deswegen wird diese Faktorkombination auch als **Minimalkostenkombination** bezeichnet.

Grund: Sind die zusätzlichen Erträge (die Grenzerträge) *höher* als der Durchschnittsertrag, muss bei weiterem Faktoreinsatz der Durchschnitt *steigen*. Sind die zusätzlichen Erträge *kleiner* als der bisherige Durchschnitt, muss bei weiterem Faktoreinsatz der Durchschnitt *sinken*. Folglich haben die Durchschnittserträge ihr Maximum erreicht, wenn die zusätzlichen Erträge (der Grenzertrag) dem Durchschnitt der Erträge gleich sind.

Beispiel:

Den Sachverhalt kann man sich leicht an einem kleinen Beispiel verdeutlichen. Man stelle sich eine Schulklasse mit 20 Schülern vor, die im *Durchschnitt* genau 18 Jahre alt sind. Kommt ein neuer Schüler hinzu, der 21 Jahre alt ist, verteilt sich das *zusätzliche* Alter (der Grenzwert) auf alle 21 Schüler. Das Durchschnittsalter muss *steigen* (auf 18,14 Jahre), weil der Grenzwert *über* dem bisherigen Durchschnitt liegt. Ein zweiter hinzukommender Schüler, der genau so alt wie der bisherige Durchschnitt (18,14 Jahre) ist, ändert das Durchschnittsalter der Klasse nicht, weil der Grenzwert dem bisherigen Durchschnitt *gleich* ist. Kommt indessen ein dritter Schüler in die Klasse, der nur 16 Jahre alt ist, muss das Durchschnittsalter fallen (auf 18,05 Jahre), weil der *zusätzliche* Wert (16) *unter* dem bisherigen Durchschnitt liegt.

Merke:

- Eine **Produktionsfunktion** (Ertragsfunktion) zeigt die Relation (die Beziehung) zwischen Faktoreinsatzmengen und Ausbringung (Output).
- Die **ertragsgesetzliche Produktionsfunktion** (die Produktionsfunktion vom **Typ A**) sagt aus, dass der Gesamtertrag zunächst überproportional, dann unterproportional steigt, wenn der variable Produktionsfaktor um je eine Einheit vermehrt wird. Der Gesamtertrag sinkt, wenn die Produktionsfaktoren überbeansprucht werden.
- Die **Prämissen des Ertragsgesetzes** sind:
- Konstanz eines Produktionsfaktors (einer Faktorgruppe) und Variation eines Produktionsfaktors (einer Faktorgruppe);
- Teilbarkeit und gegenseitige Ersetzbarkeit (Substituierbarkeit) der Produktionsfaktoren.
- Der **Gesamtertrag** ist die Ausbringungsmenge, die bei einer bestimmten Faktoreinsatzmenge erzeugt wird.
- Der **Grenzertrag** ist der Zuwachs des Gesamtertrags, wenn der variable Faktor (eine variable Faktorgruppe) um je eine Einheit vermehrt wird.
- Der **Durchschnittsertrag** ist das Verhältnis von Ausbringungsmenge zur Einsatzmenge eines Produktionsfaktors (einer Faktorgruppe).
- Das **Ertragsgesetz** ist das Gesetz von den zuerst steigenden, dann fallenden Grenzerträgen, wenn der Faktoreinsatz um je eine Einheit erhöht wird. Wird der Einsatz des variablen Produktionsfaktors übertrieben,[1] die Produktionsfaktoren also überbeansprucht, werden die Grenzerträge negativ.

1 Wird z.B. übertrieben gedüngt, verbrennen die jungen Pflanzen.

Bedeutung des Ertragsgesetzes. Dass das Ertragsgesetz in der landwirtschaftlichen Produktion Gültigkeit hat, wird nicht bestritten. RÖPKE schrieb, dass es sich dabei um eine Wahrheit handle, „die jeder mit Hilfe einer bedauernswerten Tomatenpflanze und fortgesetzt gesteigerten Kunstdüngerdosen experimentell nachprüfen kann".[1]

Zu beachten ist jedoch, dass eine bestimmte ertragsgesetzliche Produktionsfunktion nur bei unverändertem technischem Stand als gegeben zu betrachten ist. Ändert sich die Technik, ändert sich auch die entsprechende Produktionsfunktion. Technische Verbesserungen sind so imstande, die Wirkung des Ertragsgesetzes immer weiter hinauszuschieben. In der Landwirtschaft geschieht dies beispielsweise durch Verbesserung der Maschinen, der Düngemittel, der Pflanzenschutzmittel und des Saatguts.

Ob das Ertragsgesetz auch für die gewerbliche Wirtschaft Gültigkeit besitzt, wird ebenso oft behauptet wie bestritten. RÖPKE meinte z.B., dass das Ertragsgesetz *allgemeine* Bedeutung habe.[2] Überall, wo die Bedingungen (Prämissen) des Ertragsgesetzes Geltung haben, also in solchen Betrieben, in denen bei Konstanz mindestens eines Produktionsfaktors ein anderer Produktionsfaktor bzw. eine andere Faktorgruppe variiert werden kann, muss auch das Ertragsgesetz gelten.[3] Dies ist vor allem in arbeitsintensiven Betrieben der Fall, bei denen die menschliche Arbeitsleistung (der Produktionsfaktor Arbeit) innerhalb der gegebenen Kapazität (z.B. innerhalb der gegebenen Räumlichkeiten) vermehrt oder vermindert werden kann.

Da in der Industrie jedoch in der Regel die Faktoreinsatzmengen in gleich bleibendem Verhältnis vermehrt oder vermindert werden müssen (z.B. eine Maschine **und** eine Arbeitskraft), wenn die Produktionsmenge (der Output) erhöht oder gesenkt werden soll, werden in der Industrie ertragsgesetzliche Produktionsfunktionen eher die Ausnahme darstellen. Nach GUTENBERG ist das Ertragsgesetz für die Industrie nicht als repräsentativ anzusehen.[4]

4.1.2 Produktionsfunktion vom Typ B

Sind die Produktionsfaktoren nicht austauschbar (substituierbar), sondern müssen sie in einem festen Verhältnis zueinander eingesetzt werden, spricht man von **limitationalen** oder **komplementären Produktionsfaktoren.**[5]

Beispiel:

Eine Werkzeugmaschine muss von einer Arbeitskraft bedient werden. Mit Hilfe der Maschine erzeugt die Bedienung 20 Werkstücke in der Stunde. Soll die Ausbringung auf 40 Werkstücke erhöht werden, muss eine zusätzliche Maschine gekauft und eine zusätzliche Arbeitskraft eingestellt werden.

1 RÖPKE, W., a.a.O., S. 174.
2 Vgl. RÖPKE, W., a.a.O., S. 174.
3 Vgl. SCHNEIDER, E.: Einführung in die Wirtschaftstheorie, Bd. II, 1955, S. 114ff.
4 Vgl. GUTENBERG, E.: Grundlagen der Betriebswirtschaftslehre, Bd. I, Die Produktion, 2. Aufl., 1955, S. 216.
5 Limitational = begrenzt, sich begrenzend, komplementär = ergänzend.

Es ergibt sich folgende Beziehung zwischen Input und Output:

Einsatz der Produktionsfaktoren (Mensch - Maschine)	**Leistung** (Ausbringung, Output) in Stück je h
1 Arbeiter - 1 Maschine	20
2 Arbeiter - 2 Maschinen	40
3 Arbeiter - 3 Maschinen	60
4 Arbeiter - 4 Maschinen	80
5 Arbeiter - 5 Maschinen	100
6 Arbeiter - 6 Maschinen	120

Tabelle 4.2

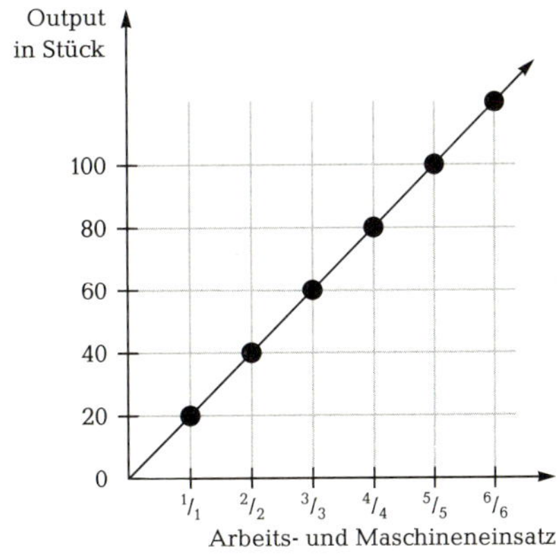

Produktionsfunktion vom Typ B

Abb. 4.3

■ Wird der Einsatz **limitationaler (komplementärer) Produktionsfaktoren** erhöht, ergibt sich eine **lineare Produktionsfunktion** (Produktionsfunktion vom **Typ B**).

4.1.3 Ableitung der Kostenkurven aus der Produktionsfunktion vom Typ A

Aus dem Ertragsgesetz lässt sich das entsprechende Kostengesetz ableiten.

■ Unter **Kosten** verstehen wir die mit ihren Preisen vervielfachten Faktoreinsatzmengen.

Sind die Bedingungen des Ertragsgesetzes erfüllt (siehe Punkt 1 in Kapitel 4.1.1), erhält man bei Konstanz eines Produktionsfaktors (einer Faktorgruppe) einen **gekrümmten (= ertragsgesetzlichen) Kostenverlauf,** der dadurch gekennzeichnet ist, dass die Kosten des variablen Faktors (der variablen Faktorgruppe) zunächst unterproportional, dann überproportional steigen, wenn die Ausbringungsmenge erhöht wird (siehe Abb. 4.6).

Beispiel:

Bemühen wir nochmals unser Beispiel aus Kapitel 4.1.1, S. 97 (Tab. 4.1) und geben die dort entwickelte Gesamtertragskurve (Abb. 4.2) wieder. Sie ist dadurch gekennzeichnet, dass mit zunehmendem Faktoreinsatz der Gesamtertrag zunächst überproportional, dann unterproportional zunimmt.

Nehmen wir nun an, dass eine Arbeitsstunde 10 GE kostet, können wir den verschiedenen Ausbringungsmengen die **Kosten** des variablen Faktors, die so genannten **variablen** Kosten (= Kv) zuordnen.

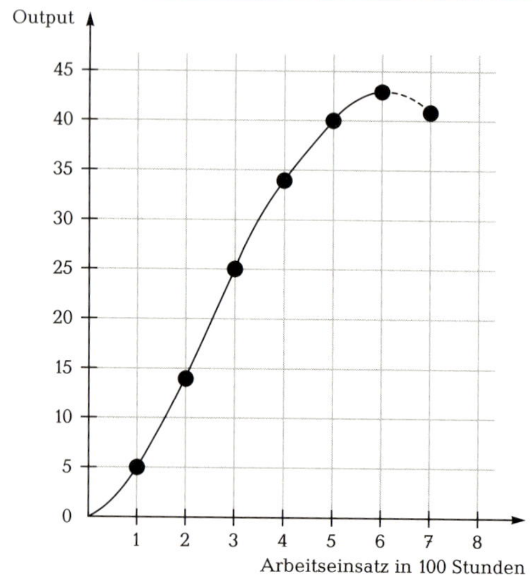

Ertragsgesetzliche Gesamtertragskurve

Abb. 4.4

Wir erhalten dann folgende Kostentabelle:

Ausbringungsmengen[1] in dt: (mengenmäßiger Ertrag)	0	5	14	25	34	40	43[2]
Kosten des variablen Faktors (variable Kosten = K_v) in GE:	0	1000	2000	3000	4000	5000	6000

Tabelle 4.3

1 Die Ausbringungsmengen (den Output) werden wir im Folgenden grundsätzlich mit x bezeichnen.

2 Die Kapazitätsgrenze liegt bei 43 dt, weil jeder zusätzliche Arbeitseinsatz zu abnehmenden Erträgen führt (siehe Tab. 4.1 bzw. Abb. 4.4).

Tragen wir nun an der x-Achse des Koordinatensystems die Ausbringungsmenge (x) und an der y-Achse die variablen Kosten (K_v) ab, erhalten wir eine Kostenkurve [K = f(x)].

Die ertragsgesetzliche Kostenfunktion ist dadurch gekennzeichnet, dass mit zunehmender Ausbringung (Beschäftigung) die variablen Kosten zunächst unterproportional, dann überproportional steigen (Abb. 4.5).

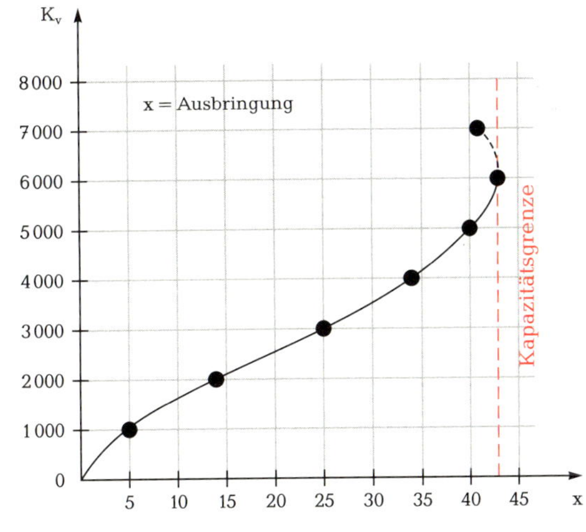

Ertragsgesetzlicher Kostenverlauf

Abb. 4.5

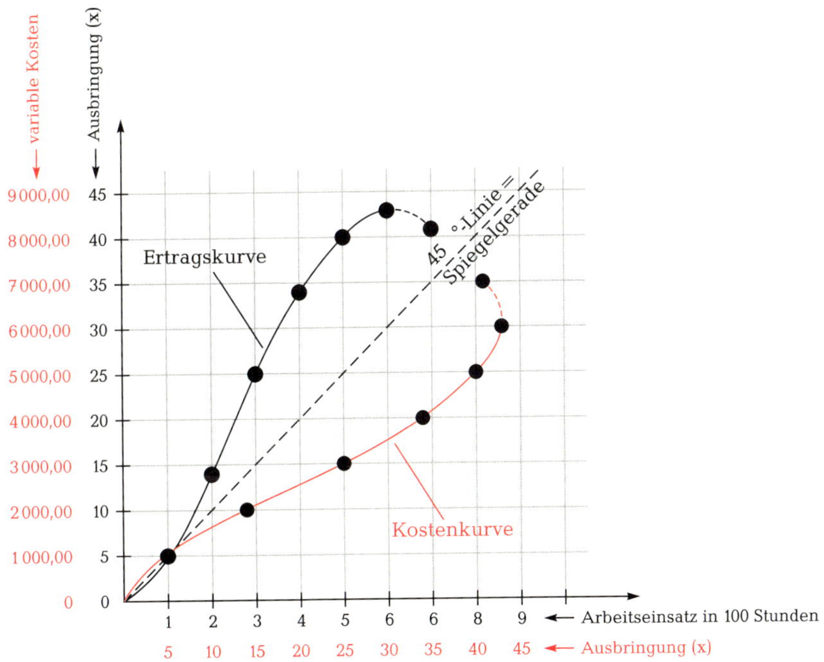

Die ertragsgesetzliche Kostenfunktion ist das Spiegelbild der ertragsgesetzlichen Produktionsfunktion

Abb. 4.6

Die Kurve der variablen Kosten in Abb. 4.6 ist das *Spiegelbild* der Ertragskurve. Mit zunehmender Ausbringung (Beschäftigung) nehmen die variablen Kosten zunächst unterproportional, dann überproportional zu. Da sich ein solcher Kostenverlauf nur dann ergibt, wenn die Bedingungen des Ertragsgesetzes erfüllt sind, spricht man auch vom **ertragsgesetzlichen Kostenverlauf.**

Gesamtkosten

Bisher haben wir lediglich die variablen Kosten (= K_v) betrachtet. Sie steigen bzw. fallen mit der Ausbringungsmenge (Beschäftigung) eines Betriebes. Die variablen Kosten werden deshalb auch als **beschäftigungsabhängige Kosten** bezeichnet. Daneben entstehen aber auch Kosten, die von der Ausbringungsmenge (der Beschäftigung) unabhängig sind. Sie heißen **beschäftigungsunabhängige** oder **fixe Kosten.**

Beispiel:

Nehmen wir der Einfachheit halber an, dass die im Beispiel auf S. 96 genannte landwirtschaftliche Versuchsanstalt für die Felder A bis H insgesamt eine Pacht von jährlich 1 000 GE (= Geldeinheiten) zu zahlen hat. Für sonstige Material- und Verwaltungskosten sind nochmals 1 000 GE aufzuwenden. Dann ergeben sich fixe Kosten (K_f) in Höhe von 2 000 GE je Jahr, die auch dann anfallen, wenn überhaupt nicht produziert wird.

Wird produziert, treten zu diesen fixen Kosten die variablen Kosten hinzu: Die Kurve der variablen Kosten verschiebt sich um die Höhe der fixen Kosten nach oben: Wir erhalten die Gesamtkostenkurve (Totalkostenkurve = K).

$$K = K_f + K_v$$

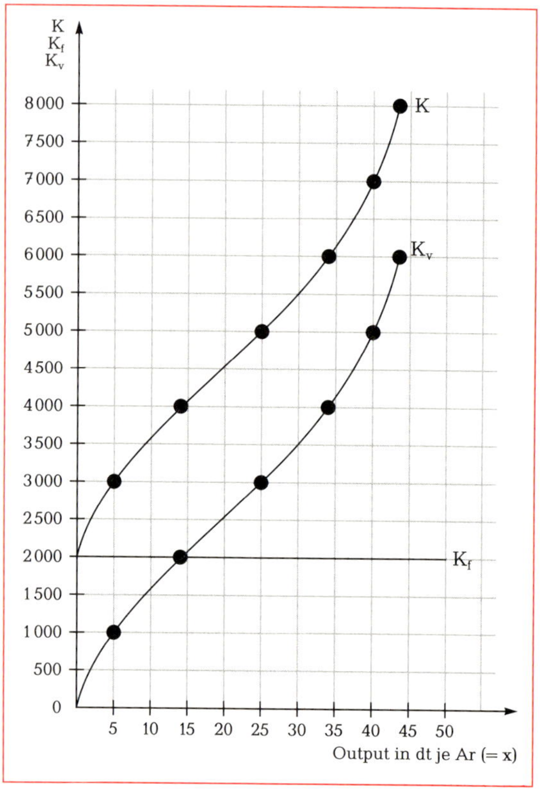

Abb. 4.7

Merke:

- Die **variablen Kosten** sind mengenabhängige Kosten. Sie steigen und sinken mit zu- oder abnehmender Beschäftigung (Ausbringung) eines Betriebs.
- Die **fixen Kosten** sind zeitabhängige Kosten. Sie fallen in jeder Periode in gleich bleibender Höhe an, falls sich Produktionstechnik und Faktorpreise nicht ändern (= beschäftigungsunabhängige Kosten).
- Unter den Bedingungen des **Ertragsgesetzes** steigen die variablen Kosten mit zunehmender Beschäftigung (Ausbringung) zunächst **unterproportional** (= unterproportional variable Kosten), dann **überproportional** (= überproportional variable Kosten).
- Die **Gesamtkosten** sind die Summe aus fixen Kosten und variablen Kosten.

Stückkosten und Grenzkosten

Um die Beziehungen zwischen Gesamtkosten, variablen Kosten und Fixkosten einerseits und den Stückkosten sowie Grenzkosten andererseits untersuchen zu können, wird wiederum ein einfaches Modell konstruiert, das folgende Voraussetzungen (Prämissen) beinhaltet:

1. Es gilt das **Ertragsgesetz.**
2. Ein Teil der Kosten wird von dem zu untersuchenden Betrieb als **fix,** ein anderer als **variabel** geplant.
3. Es handelt sich um einen **Einproduktbetrieb.** (Diese Voraussetzung muss bei allen Kostendarstellungen gemacht werden. Handelt es sich nämlich um einen Betrieb, der mit Hilfe seiner maschinellen Anlagen mehrere Produkte erzeugt, fallen sehr viele Kosten [z.B. Gehälter, Abschreibungen, Steuern] für alle Produkte *gemeinsam* an, können also dem einzelnen Erzeugnis *nicht* zugerechnet werden.)
4. Die **variablen Kosten** nehmen bei einer Produktionserhöhung in gleichem Maße zu wie sie bei einer Produktionsverminderung abnehmen.
5. Die **Faktorpreise** bleiben **konstant.**
6. Die **Kapazität** (mögliche Leistungsfähigkeit) des Betriebs ist gegeben. Es wird lediglich die Kapazitätsausnutzung (Beschäftigung) geändert. Den prozentualen Anteil der tatsächlichen an der möglichen Kapazitätsausnutzung bezeichnet man als Kapazitätsausnutzungsgrad oder **Beschäftigungsgrad.**

   Kann ein Kieswerk z.B. je Tag 10 Tonnen Kies abbauen und beträgt die tatsächliche Leistung 7 Tonnen Kies, so beläuft sich der Beschäftigungsgrad auf 70%.

Beispiel:

Ein Industriebetrieb, der nur ein Produkt herstellt, hat folgende Kosten:

x	K_f	K_v	K	k_f	k_v	k	K'
0	1 500	--	1 500	$\rightarrow \infty$	--	$\rightarrow \infty$	
1	1 500	1 000	2 500	1 500	1 000	2 500	1 000
2	1 500	1 500	3 000	750	750	1 500	500
3	1 500	1 800	3 300	500	600	1 100	300
4	1 500	2 000	3 500	375	500	875	200
5	1 500	2 100	3 600	300	420	720	100
6	1 500	2 300	3 800	250	383	633	200
7	1 500	2 700	4 200	214	386	600	400
8	1 500	3 500	5 000	188	438	625	800
9	1 500	5 000	6 500	167	556	722	1 500
10	1 500	8 500	10 000	150	850	1 000	3 500

Tabelle 4.4

Erläuterungen zu Tabelle 4.4:

1. Die bisher behandelten Kostenbegriffe (K_f = fixe Kosten, K_v = variable Kosten und K = Gesamtkosten [Totalkosten]) betreffen immer die *gesamten* bei einer bestimmten Ausbringungsmenge (x) anfallenden Kosten (Gesamtkostenbetrachtung).
2. Daneben interessiert aber auch, wie hoch die oben genannten Kostenarten in Bezug auf eine Produktionseinheit (z.B. je Stück, je Tonne, je Auflage usw.) sind (Stückbetrachtung).[1]
3. Die stückbezogenen Kosten sind:
   - **Durchschnittliche fixe Kosten (k_f).** Sie werden berechnet, indem man die fixen Kosten durch die Anzahl der hergestellten Produktionseinheiten dividiert. Je höher die Ausbringungsmenge ist, desto geringer sind die fixen Kosten je Stück (= k_f). Diese Tatsache wird als **„Gesetz der Massenproduktion"** bezeichnet.

$$k_f = \frac{K_f}{x}$$

   - **Durchschnittliche variable Kosten (k_v).** Aus der Tab. 4.4 ist zu entnehmen, dass die durchschnittlichen variablen Kosten (auch variable Stückkosten genannt) bei zunehmender Ausbringung des Betriebs zunächst sinken, und zwar bis zu einem Beschäftigungsgrad von etwa 65 %. Wird die Ausbringung weiter erhöht, steigen die durchschnittlichen variablen Kosten.

$$k_v = \frac{K_v}{x}$$

1 Die einzelne Produktionseinheit eines Betriebes wird im Rechnungswesen als **Kostenträger** bezeichnet.

- **Durchschnittliche Totalkosten (k).** Dividiert man die Totalkosten (Gesamtkosten) durch die Anzahl der Produktionseinheiten (x), erhält man die durchschnittlichen Totalkosten (Stückkosten). In der Betriebswirtschaftslehre heißen die Stückkosten auch **Selbstkosten.**

$$k = \frac{K}{x}$$

- **Grenzkosten (K').** Unter Grenzkosten sind die *zusätzlichen* Kosten zu verstehen, die dann entstehen, wenn die Beschäftigung eines Betriebs um eine Produktionseinheit erhöht wird.

$$K' = \frac{\Delta K}{\Delta x} = \frac{\Delta k_f}{\Delta x}$$

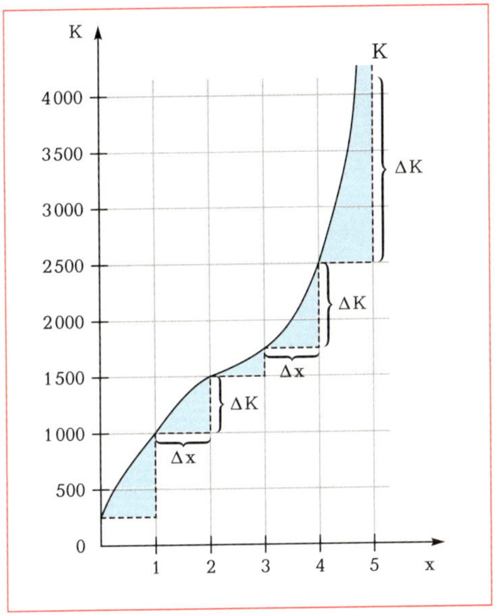

Abb. 4.8

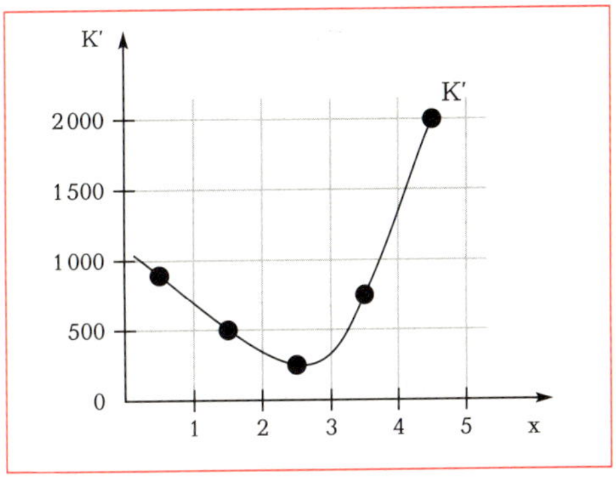

Abb. 4.9

Die Abb. 4.8 zeigt auf anschauliche Weise, wie die Grenzkosten berechnet werden. Beim Zeichnen der Grenzkostenkurve (Abb. 4.9) ist zu beachten, dass die errechneten Werte als **Zwischenwerte** eingetragen werden.[1]

1 Für praktische Zwecke genügt es, wenn die Grenzkosten auf diese grobe Weise berechnet werden. Streng genommen sind die Grenzkosten der Kostenzuwachs (dTK) je sehr kleine (gegen null tendierende) Produktionsausdehnung (dx). In diesem Falle müsste der Output (die Erzeugung) des Betriebs vollkommen teilbar sein.

Kritische Kostenpunkte

Der in Tab. 4.4 (Seite 106) dargestellte Zusammenhang zwischen Beschäftigungsgrad einerseits und Kostenentwicklung andererseits lässt sich auch mit Hilfe der entsprechenden Kostenkurven darstellen (Abb. 4.10 – 4.11).

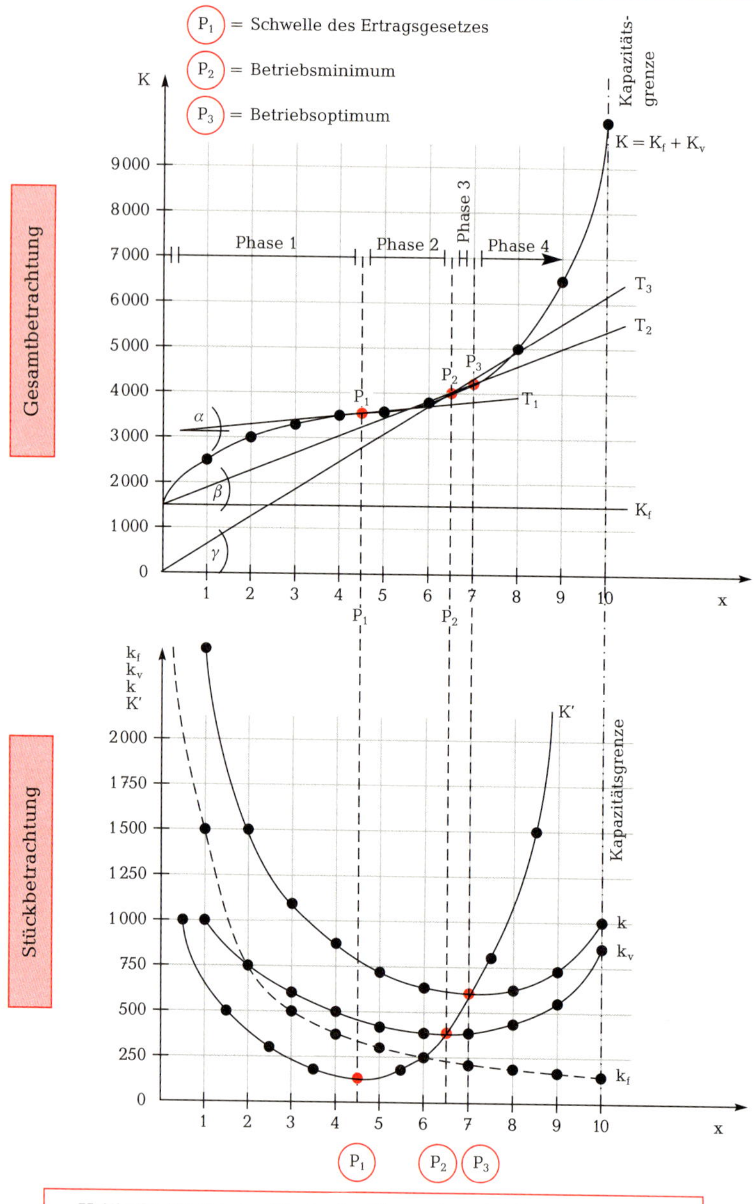

Kritische Kostenpunkte in der Gesamt- und Stückbetrachtung

Abb. 4.10 – 4.11

Aus den Abb. 4.10 - 4.11 lassen sich einige Erkenntnisse gewinnen, die wir später zur Ableitung der Angebotskurve eines Betriebs benötigen.

Schwelle des Ertragsgesetzes. Aus der Kostentabelle (Tab. 4.4) und aus den entsprechenden Kurvenverläufen (Abb. 4.10 - 4.11) ergibt sich, dass bei zunehmender Beschäftigung die Gesamtkosten (K) bis zu einem Beschäftigungsgrad von etwa 45% (4,5 Produktionseinheiten) nur unterproportional steigen. Das ist die Beschäftigung, bei der die Grenzkosten (K') ihr Minimum erreichen. VON STACKELBERG[1] bezeichnete diesen Punkt als „Schwelle des Ertragsgesetzes", weil das Ertragsgesetz in seiner ursprünglichen Fassung zum Tragen kommt.[2]

Die Schwelle des Ertragsgesetzes lässt sich auch geometrisch anhand der Gesamtkostenkurve feststellen (Abb. 4.10). Sie liegt da, wo der Winkel der Tangente (T_1) an die Gesamtkostenkurve im Verhältnis zur x-Achse am kleinsten ist (Winkel α). Hier ist das Steigungsmaß der Gesamtkostenkurve am geringsten ($\Delta K : \Delta x$).

Betriebsminimum. Wird die Beschäftigung des Betriebs weiter ausgedehnt, sinken zunächst noch die durchschnittlichen variablen (k_v) und die durchschnittlichen Gesamtkosten (k). Bei einem Beschäftigungsgrad von rund 65% (6,5 Produktionseinheiten) weisen die durchschnittlichen variablen Kosten ihr Minimum auf. Dieser Punkt heißt *Betriebsminimum.*

Das Betriebsminimum ist geometrisch als der Berührungspunkt der Tangente T_2 mit der Gesamtkostenkurve gegeben. Hier ist das Verhältnis zwischen variablen Kosten einerseits und Ausbringungsmenge andererseits am kleinsten (Winkel β in Abb. 4.10), denn die durchschnittlichen variablen Kosten errechnen sich, indem man die variablen Kosten (K_v) durch die Ausbringungsmenge (x) dividiert.

Aus der Stückbetrachtung (Abb. 4.11) erkennt man, dass im Betriebsminimum die durchschnittlichen variablen Kosten den Grenzkosten gleich sind. Der Grund: Sind die zusätzlichen Kosten (die Grenzkosten) *niedriger* als der bisherige Durchschnitt, muss auch der Durchschnitt (die k_v) sinken (Phasen 1 und 2 in Abb. 4.10 - 4.11). Sind die zusätzlichen Kosten (die Grenzkosten) *höher* als der bisherige Durchschnitt, muss der Durchschnitt (die k_v) steigen. Nur dann, wenn die zusätzlichen Kosten (die Grenzkosten) dem bisherigen Durchschnitt *gleich* sind, bleibt auch der Durchschnitt unverändert.

Der Zusammenhang zwischen Grenz- und Durchschnittswerten lässt sich mit Hilfe eines kleinen Beispiels verdeutlichen. Man stelle sich eine Schulklasse mit 20 Schülern vor, die im *Durchschnitt* 1,70 m groß sind. Kommt ein neuer Schüler hinzu, der nur 1,60 m groß ist, muss die Durchschnittsgröße der Klasse *sinken.* Tritt hingegen ein zusätzlicher Schüler hinzu, der 1,80 m groß ist, steigt der bisherige Größendurchschnitt der Klasse. Der Durchschnitt bleibt nur dann unverändert, wenn der zusätzliche Schüler genau so groß ist wie die bisherige Durchschnittsgröße der Klasse.

---

1 HEINRICH VON STACKELBERG, 1905 - 1946, Volkswirtschaftler, ist einer der Begründer der modernen Preistheorie und Marktformenlehre (siehe Kapitel 5).

2 In seiner ursprünglichen Fassung besagte das Ertragsgesetz, dass die Grenzerträge bei zunehmendem Einsatz eines variablen Produktionsfaktors und Konstanz eines anderen Produktionsfaktors kontinuierlich abnehmen. Da die Kostenkurve die Umkehrung (das Spiegelbild) der Ertragskurve ist, beginnt sich die Wirkung des Gesetzes vom abnehmenden Ertragszuwachs erst dann zu zeigen, wenn die Kosten überproportional zur Ausbringungsmenge steigen.

Betriebsoptimum. Die geringsten Stückkosten (= durchschnittliche Gesamtkosten = k) entstehen bei einem Beschäftigungsgrad von rund 70% (7 Produktionseinheiten). Dieser Punkt heißt *Betriebsoptimum,* weil hier das Verhältnis von Gesamtkosten (K) zur Ausbringungsmenge (x) *optimal,* d.h. am günstigsten ist.

Das Betriebsoptimum ist geometrisch der Berührungspunkt der Tangente T_3 mit der Gesamtkostenkurve (Winkel γ in Abb. 4.10). Hier ist der Wert des Quotienten aus Gesamtkosten (K) und Ausbringungsmenge (x) am niedrigsten. Das Betriebsoptimum ist deshalb der Beschäftigungsgrad, bei dem die Produktivität (Ausbringungsmenge : Faktoreinsatz) am größten ist.

Aus der Stückbetrachtung (Abb. 4.11) lässt sich entnehmen, dass im Betriebsoptimum die durchschnittlichen Gesamtkosten (k) den Grenzkosten gleich sind. Die Begründung ist die gleiche wie oben: Sind die zusätzlichen Kosten (die Grenzkosten) *niedriger* als der bisherige Durchschnitt, muss auch der Durchschnitt (die k) sinken (Phasen 1 bis 3 in Abb. 4.11). Sind die zusätzlichen Kosten (die Grenzkosten) *höher* als der bisherige Durchschnitt, muss der Durchschnitt (die k) steigen. Nur dann, wenn die zusätzlichen Kosten (die Grenzkosten) dem bisherigen Durchschnitt *gleich* sind, bleibt auch der Durchschnitt unverändert.

Zur Veranschaulichung können wir auch hier wieder unsere Schulklasse heranziehen. Wir machen nur eine zusätzliche Annahme: Die fixen Kosten berücksichtigen wir dadurch, dass sich alle 20 Schüler auf die Stühle stellen und die Durchschnittsgröße *einschließlich* der Stuhlhöhe von 0,50 m feststellen. Die Durchschnittsgröße der Klasse beträgt dann 2,20 m. Tritt nun ein neuer Schüler hinzu, der – auf einen Stuhl gestellt – weniger als 2,20 m misst, muss der Durchschnitt sinken. Ist der zusätzliche Schüler – ebenfalls auf den Stuhl gestellt – größer als 2,20 m, muss der Durchschnitt steigen. Der Durchschnitt ändert sich nur dann nicht, wenn der zusätzliche Schüler (einschließlich Stuhlhöhe) genau so groß ist wie die bisherige Durchschnittsgröße der Klasse.

Die Kurve der durchschnittlichen Gesamtkosten liegt *immer* über der Kurve der durchschnittlichen variablen Kosten, weil in den durchschnittlichen Gesamtkosten die *fixen Kosten* enthalten sind. Das Betriebsoptimum *muss* bei einem *höheren* Beschäftigungsgrad als das Betriebsminimum liegen, weil aufgrund des Gesetzes der Massenproduktion (siehe S. 106) der Fixkostenanteil je Produktionseinheit mit zunehmender Ausbringung sinkt. Im Betriebsoptimum halten sich somit zwei Tendenzen die Waage: Die Kostendegression der Fixkosten wird durch die Kostenprogression der variablen Kosten ausgeglichen. Steigt die Beschäftigung des Betriebs über das Betriebsoptimum hinaus, überwiegt der Progressionseffekt der variablen Kosten den Degressionseffekt der fixen Kosten.

Die Schwelle des Ertragsgesetzes, das Betriebsminimum und das Betriebsoptimum bezeichnet man als **kritische Kostenpunkte.**[1]

1 In diesem speziellen Zusammenhang bedeutet das Wort „kritisch" so viel wie „entscheidend". Wofür diese kritischen Kostenpunkte entscheidend sind, wird im übernächsten Abschnitt gezeigt (S. 112 ff.).

Kritische Kostenpunkte

Begriffe	Merkmale
■ **Schwelle des Ertrags-gesetzes**	1. Wendepunkt der (ertragsgesetzlichen) Gesamtkostenkurve. 2. Minimum der Grenzkosten.
■ **Betriebsminimum** (minimaler Kostenpunkt)	1. Minimum der durchschnittlichen variablen Kosten (der variablen Stückkosten = k_v) 2. Durchschnittliche variable Kosten = Grenzkosten.
■ **Betriebsoptimum** (optimaler Kostenpunkt)	1. Minimum der durchschnittlichen Gesamtkosten (der Stückkosten = k). 2. Durchschnittliche Gesamtkosten = Grenzkosten.

Übersicht 4.1

Zusammenfassender Überblick über die Phasen des ertragsgesetzlichen Kostenverlaufs

Der ertragsgesetzliche Kostenverlauf (siehe Abb. 4.10 – 4.11) lässt sich in vier Phasen einteilen, die durch ein bestimmtes Kostenverhalten in Bezug auf den Beschäftigungsgrad eines Betriebs gekennzeichnet sind. Die einzelnen Merkmale sind in der folgenden Übersicht zusammengefasst:

Kostenart	Phase 1	Phase 2	Phase 3	Phase 4
Gesamtkosten (K)	unterproportional steigend	überproportional steigend	überproportional steigend	überproportional steigend
Grenzkosten (K')	sinkend	steigend	steigend	steigend
durchschnittliche variable Kosten (k_v)	sinkend	sinkend	steigend	steigend
durchschnittliche Gesamtkosten (k)	sinkend	sinkend	sinkend	steigend

Übersicht 4.2

Kritische Kosten- und Leistungspunkte und ihre Bedeutung

Um die Bedeutung der kritischen Kostenpunkte erkennen zu können, führen wir eine neue Größe, den **Preis** des Erzeugnisses (Absatzpreis), in unsere Überlegungen ein. Dabei wird unterstellt, dass der Absatzpreis für den Betrieb eine gegebene Größe (ein Datum) ist. Ein solcher Fall liegt z. B. vor, wenn der Staat den Preis gesetzlich vorgeschrieben hat (Festpreis) oder wenn der einzelne Anbieter so unbedeutend ist, dass er keine eigene Preispolitik betreiben kann, sich also an den Marktpreis[1] anpassen muss.

Man kann sich diese Machtlosigkeit eines kleinen Anbieters leicht verdeutlichen, wenn man sich einen Kleinaktionär vorstellt, der zwei Aktien einer großen Aktiengesellschaft verkaufen möchte. Ob diese beiden Aktien an einem bestimmten Börsentag angeboten werden oder nicht, hat auf den Kurs an diesem Tag überhaupt keinen Einfluss. Der Kleinaktionär hat nur zwei Möglichkeiten: Entweder verkauft er seine Aktien zum gegebenen Kurs oder er behält sie, weil ihm der Kurs zu niedrig ist.

Beispiel:

In Fortsetzung des Zahlenbeispiels auf S. 106 (Tab. 4.4) und S. 108 (Abb. 4.10 bis 4.11) erhalten wir folgende Kosten- und Leistungstabelle,[2] wobei von einem Absatzpreis (P) von 750 GE ausgegangen wird:

Ausbringung (x)	Gesamtkosten (K)	Umsatz (U = P · x)	Gewinn bzw. Verlust (U – K)	Grenzkosten (K')	Durchschnittliche variable Kosten (k_v)	Durchschnittliche Gesamtkosten (k)	Stückgewinn bzw. -verlust (P – k)
0	1 500	--	1 500		--	→ ∞	--
1	2 500	750	1 750	1 000	1 000	2 500	1 750
2	3 000	1 500	1 500	500	750	1 500	750
3	3 300	2 250	1 050	300	600	1 100	350
4	3 500	3 000	500	200	500	875	125
5	3 600	3 750	150	100	420	720	30
6	3 800	4 500	700	200	383	633	117
7	4 200	5 250	1 050	400	386	600	150
8	5 000	6 000	1 000	800	438	625	125
9	6 500	6 750	250	1 500	556	722	28
10	10 000	7 500	2 500	3 500	850	1 000	250

Tabelle 4.5

1 Zur Marktpreisbildung siehe Kapitel 5.2ff.

2 Unter „Leistung" versteht man die mit ihrem Absatzpreis vervielfachte Absatzmenge eines Betriebs. Die Begriffe Leistung, Umsatz, Umsatzerlös werden synonym (= gleichbedeutend) verwendet.

Den in der Tab. 4.5 wiedergegebenen Zusammenhang zwischen Umsatz und Gesamtkosten (Gesamtbetrachtung) einerseits und Stück- bzw. Grenzkosten und Preis (Stückbetrachtung) andererseits kann man auch kurvenmäßig darstellen (Abb. 4.12 bis 4.13):

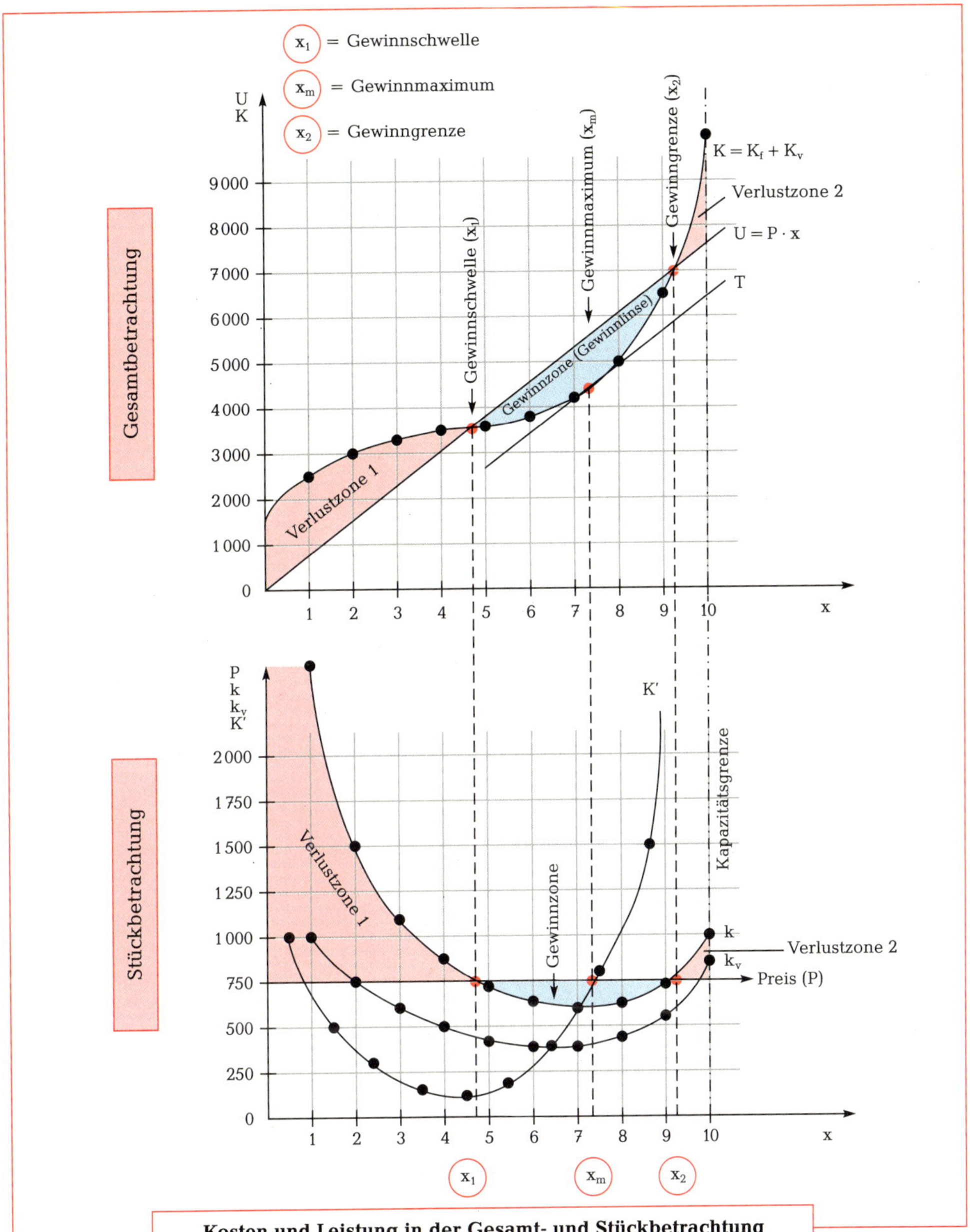

Kosten und Leistung in der Gesamt- und Stückbetrachtung

Abb. 4.12– 4.13

8 Hartmann – ISBN 978-3-8120-0320-9

Erläuterungen zur Tab. 4.5 und zur Abb. 4.12 - 4.13:

Führt man den Absatzpreis in die Betrachtung ein, erhält man drei zusätzliche *kritische Punkte*, die als Kosten-Leistungspunkte bezeichnet werden.

1. **Gewinnschwelle.**[1] Dehnt der Betrieb seine Beschäftigung von beispielsweise 2 auf 4,8 Produktionseinheiten (x) aus, deckt er gerade seine Kosten.

   In der Gesamtbetrachtung bedeutet dies, dass die Erlöse (der Umsatz) gerade so hoch wie die Gesamtkosten des Betriebs sind (U = K). Für die stückbezogene Betrachtung gilt, dass der Absatzpreis je Produktionseinheit (P) der Höhe der Stückkosten (k) entspricht (P = k).

2. **Gewinnmaximum.** Wird die Beschäftigung des Betriebs weiter erhöht, tritt er in die Gewinnzone ein, weil hier der Umsatz höher als die Gesamtkosten ist (Gesamtbetrachtung). Anders ausgedrückt: Der Preis je Produktionseinheit ist höher als die Stückkosten (die durchschnittlichen Gesamtkosten = k).

   Das *Gewinnmaximum* liegt bei einer Ausbringungsmenge von rund 7,4 Produktionseinheiten. Hier ist die Differenz zwischen Umsatz und Gesamtkosten am größten (Gesamtbetrachtung).

   Geometrisch liegt das Gewinnmaximum in Abb. 4.12 bei dem Beschäftigungsgrad, bei dem die Parallele (T) zur Umsatzkurve die Gesamtkostenkurve tangiert, weil hier der *Abstand* zwischen *Umsatz* und *Kosten* am *größten* ist.

   Aus der stückbezogenen Betrachtung (Abb. 4.13) lässt sich entnehmen, dass im Gewinnmaximum die Grenzkosten dem Preis gleich sind. Diese Feststellung ist für spätere Überlegungen sehr wichtig, sodass man sie sich fest einprägen muss:

   ■ Bei **gegebenem Absatzpreis** liegt das **Gewinnmaximum** eines Anbieters bei der Ausbringungsmenge, bei der die Grenzkosten dem Stückpreis gleich sind.[2]

   Dieser Satz ist leicht zu verstehen, wenn man sich ihn mit Hilfe eines einfachen Zahlenbeispiels verdeutlicht. Angenommen, ein Landwirt überlegt sich, ob er ein brachliegendes Feld noch bebauen soll. Die zusätzlichen Kosten (die Grenzkosten) betragen 30,00 € je dt Kartoffeln, der Absatzpreis jedoch 40,00 €. Handelt der Landwirt nach dem ökonomischen Prinzip, wird er das Feld bebauen, denn er kann seinen Gewinn um 10,00 € erhöhen (oder einen etwaigen Verlust um 10,00 € mindern). Betragen die zusätzlichen Kosten jedoch 50,00 €, wird er das Feld nicht mehr bebauen, denn die Grenzkosten sind *höher* als der Absatzpreis. Hieraus folgt, dass der Landwirt sein Gewinnmaximum[3] genau dann erzielt, wenn die zusätzlichen Kosten dem Absatzpreis gleich sind.

   Bei gegebenem technischem Stand, gegebenen (konstanten) Faktorpreisen und bei gegebenem Absatzpreis hat ein Betrieb dann keinen Grund mehr, seine Ausbringungsmenge (seine Beschäftigung) zu verändern, wenn er sein *Gewinnmaximum* erreicht hat. Das Gewinnmaximum kann daher als **langfristiges Gleichgewicht** des Betriebs bezeichnet werden.

---

1 Die Gewinnschwelle wird auch als „Nutzenschwelle" bezeichnet. Da wir mit Nutzen jedoch den Umfang subjektiver und individueller Zufriedenheit bezeichnet haben (siehe Kapitel 3.1.1), ist es folgerichtiger, wenn hier von der objektiven Größe „Gewinn" gesprochen wird. Der Gewinn ist die Differenz zwischen Leistung (Umsatz) und Kosten.

2 Ist der Absatzpreis niedriger als die Stückkosten, wird der Verlust minimiert (d.h. möglichst klein gehalten), wenn der Betrieb die Beschäftigung wählt, bei der die Grenzkosten dem Absatzpreis gleich sind.

3 Mitunter wird das Gewinnmaximum auch „optimaler Nutzenpunkt" genannt.

3. **Gewinngrenze.**[1] Falls der Betrieb seine Beschäftigung (seine Ausbringung) über das Gewinnmaximum hinaus erhöht, sinkt sein Gesamtgewinn, weil die Differenz zwischen Umsatz und Gesamtkosten (Gesamtbetrachtung) bzw. zwischen Absatzpreis und Stückkosten geringer wird. Die Grenzkosten sind *höher* als der Absatzpreis (Stückbetrachtung). Die *Gewinngrenze* ist erreicht, wenn der Umsatz genau so hoch wie die Gesamtkosten ist (Gesamtbetrachtung) bzw. der Absatzpreis den Stückkosten entspricht (U = K bzw. P = k).

   Im vorangehenden Zahlenbeispiel liegt die Gewinngrenze bei einer Ausbringungsmenge von rund 9,1 Produktionseinheiten.

   Wird die Ausbringung über die Gewinngrenze hinaus gesteigert, tritt der Betrieb in eine zweite *Verlustzone* ein (Verlustzone 2 in Abb. 4.12 – 4.13): Die Gesamtkosten sind höher als der Umsatz (Gesamtbetrachtung) bzw. die Stückkosten sind höher als der Absatzpreis. Unter den Bedingungen des ertragsgesetzlichen Kostenverlaufs bringt in unserem Beispiel die Vollbeschäftigung (100%ige Kapazitätsauslastung) Verluste.

Kritische Kosten- und Leistungspunkte

Begriffe	Merkmale
■ **Gewinnschwelle** (Nutzenschwelle, „toter Punkt“, Break-even-Point)	1. Gesamtbetrachtung: Der Umsatz entspricht den Gesamtkosten. 2. Stückbetrachtung: Der Preis entspricht den Stückkosten (den durchschnittlichen Gesamtkosten).
■ **Gewinnmaximum** (maximaler Nutzenpunkt)	1. Gesamtbetrachtung: Die Differenz zwischen Umsatz und Gesamtkosten ist am größten. 2. Stückbetrachtung: Die Grenzkosten sind dem Preis gleich.
■ **Gewinngrenze**	1. Gesamtbetrachtung: Der Umsatz entspricht den Gesamtkosten. 2. Stückbetrachtung: Der Preis entspricht den Stückkosten.

Übersicht 4.3

1 Statt von Gewinngrenze wird in der Literatur auch von „Nutzengrenze“ gesprochen.

Kritische Kostenpunkte und ihre Bedeutung

1. **Betriebsminimum.** Angenommen, der Absatzpreis für das Erzeugnis eines Betriebs ist ebenso hoch wie die minimalen durchschnittlichen variablen Kosten. In diesem Falle deckt der Betrieb lediglich seine variablen Kosten, wenn er im Betriebsminimum produziert. Die fixen Kosten werden über den Preis nicht hereingeholt.

   Das Betriebsminimum wird auch als **kurzfristiges Gleichgewicht** eines Betriebs bezeichnet, weil ein Betrieb auf Dauer die Produktion nicht aufrechterhalten kann, wenn die fixen Kosten nicht gedeckt sind. Würde der Absatzpreis unter die minimalen durchschnittlichen Kosten fallen, wäre es für den Betrieb günstiger, die Produktion einzustellen. Denn in diesem Falle wäre der Verlust bei Aufrechterhaltung der Produktion höher als bei Stilllegung.

2. **Betriebsoptimum.** Während das Betriebsminimum für den Betrieb die *kurzfristige* Preisuntergrenze darstellt, ist das Betriebsoptimum die *langfristige* Preisuntergrenze. Ist nämlich der Absatzpreis für das Erzeugnis eines Betriebs ebenso hoch wie die minimalen Stückkosten (durchschnittlichen Gesamtkosten), deckt der

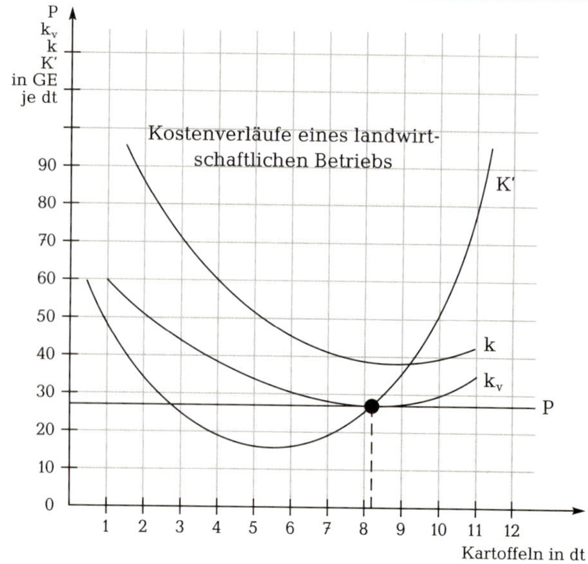

Bei einem Absatzpreis von 27 GE deckt der Landwirt gerade die variablen Kosten, wenn er 8,2 dt Kartoffeln je Feld erzeugt. Jede andere Ausbringung erbringt höhere Verluste.

Abb. 4.14

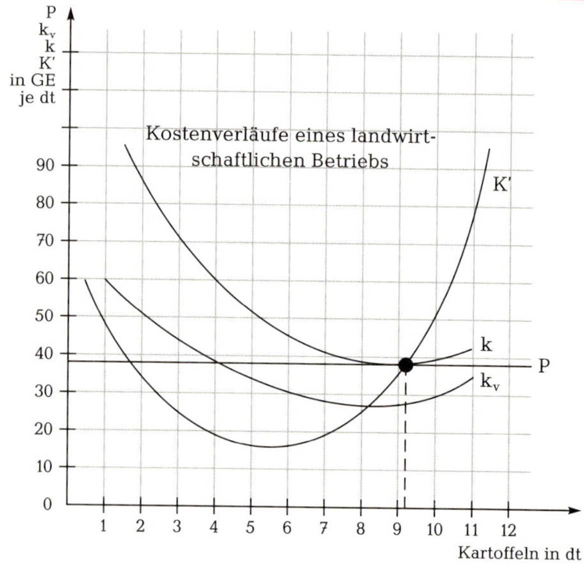

Bei einem Absatzpreis von 37 GE deckt der Landwirt gerade die Stückkosten (durchschnittliche Totalkosten), wenn er 9,2 dt Kartoffeln je Feld erzeugt. Jede andere Ausbringung erbringt Verluste.

Abb. 4.15

Betrieb sowohl seine variablen als auch seine fixen Kosten, also seine Gesamtkosten, wenn er im Betriebsoptimum produziert.

3. **Schwelle des Ertragsgesetzes.** Ist der Absatzpreis für das Erzeugnis eines Betriebs genau so hoch wie die minimalen Grenzkosten, müsste der Betrieb an der „Schwelle des Ertragsgesetzes" produzieren, wenn er seinen Verlust minimieren möchte ($K' = P$). Da in diesem Fall der Betrieb noch nicht einmal seine variablen Kosten decken würde, ist für ihn die Schwelle des Ertragsgesetzes uninteressant. Ist nämlich der Absatzpreis niedriger als die minimalen durchschnittlichen variablen Kosten, ist es günstiger, den Betrieb stillzulegen, denn dann fallen lediglich die fixen Kosten an.

4.1.4 Ableitung der Kostenkurven aus der Produktionsfunktion vom Typ B

Variable Kosten

Im Kapitel 4.1.2 wurde gezeigt, dass der Einsatz komplementärer (limitationaler) Produktionsfaktoren zu linearen Produktionsfunktionen führt. Da die Kostenfunktionen[1] das Spiegelbild der Ertragsfunktionen[2] darstellen, muss einer linearen Produktionsfunktion auch eine **lineare Kostenkurve** entsprechen.

Beispiel:

Mit einem Arbeiter (Pf_1 = Produktionsfaktor 1) und einem Kran (Pf_2) können 50 Paletten Bausteine je Acht-Stunden-Tag befördert werden. Soll die Tagesleistung erhöht werden, müssen zusätzliche Kräne eingesetzt und ebenso viele zusätzliche Arbeitskräfte eingestellt werden.

Hieraus ergibt sich eine lineare Produktionsfunktion (Tab. 4.6 und Abb. 4.16 auf S. 118).

Die Kosten je Arbeits- bzw. Betriebsstunde setzen sich wie folgt zusammen:

Lohnkosten	12,50 GE
Abschreibungen je Betriebsstunde[3]	25,00 GE
Zinskosten je Betriebsstunde	20,00 GE
sonstige Kosten (Strom, Schmiermittel, Reparaturen usw.) je Betriebsstunde	5,00 GE
	62,50 GE

Die (variablen) Kosten je Acht-Stunden-Tag betragen demnach je Arbeiter *und* Kran 500,00 GE (62,50 GE · 8).

Anzahl der eingesetzten Arbeiter *und* Kräne	Output (Anzahl der beforderten Paletten)	Kosten der komplementären Produktionsfaktoren (variable Kosten = k_v) in GE
$^1/_1$	50	500,00
$^2/_2$	100	1 000,00
$^3/_3$	150	1 500,00
$^4/_4$	200	2 000,00
$^5/_5$	250	2 500,00
$^6/_6$	300	3 000,00

Tabelle 4.6

1 $K = f(x)$; lies: Die Kosten sind eine Funktion der Ausbringungsmenge.

2 $O = f(Pf)$; lies: Der Output (der physische Ertrag) ist eine Funktion der Faktoreinsatzmenge(n).

3 Aus dem Beispiel wird ersichtlich, dass Kosten sowohl fix als auch variabel geplant werden können. So lassen sich beispielsweise die Abschreibungen und die Zinskosten auch als fixe Kosten verrechnen.

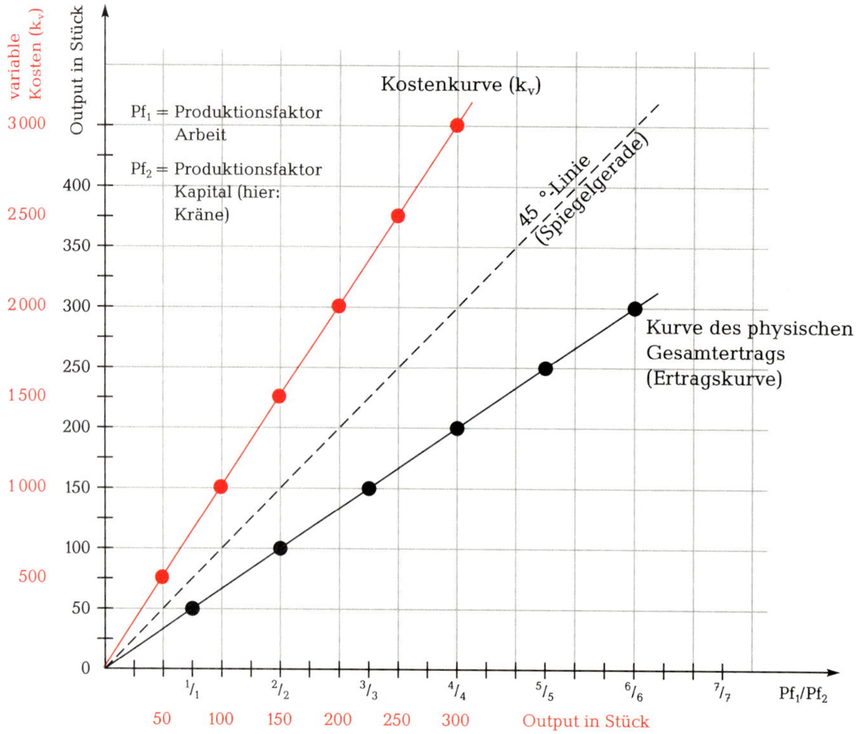

Einer linearen Ertragsfunktion entspricht eine lineare Kostenfunktion

Abb. 4.16

Gesamtkosten

Addiert man zu den linear (proportional) variablen Kosten die fixen Kosten, erhält man eine lineare Gesamtkostenkurve (Abb. 4.17). Statistische Untersuchungen bestätigen, dass man – vor allem in der Industrie – nicht von ertragsgesetzlichen, sondern von linearen Gesamtkostenverläufen ausgehen muss. Allerdings ist dazu zu sagen, dass Kostenuntersuchungen in der Wirklichkeit nicht auf der ganzen Bandbreite der Kapazität möglich sind. Vielmehr beziehen sich solche Untersuchungen regelmäßig auf einen kleinen Teilbereich der Kapazitätsausnutzung (z.B. auf Beschäftigungsschwankungen zwischen 70 und 80%). Je kleiner aber der untersuchte Beschäftigungsspielraum ist, desto weniger fällt ein nichtlineares Kostenverhalten auf.

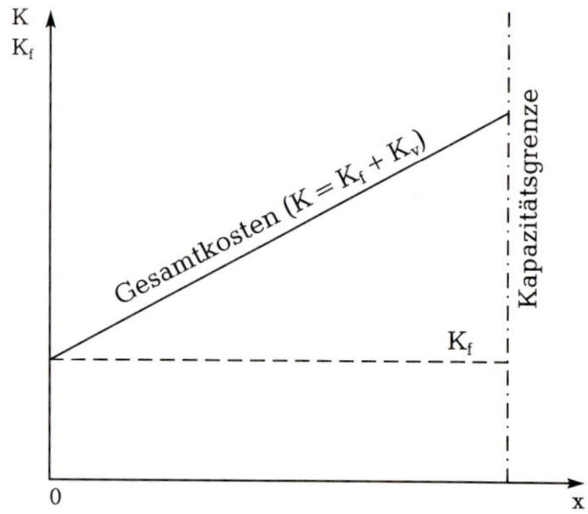

Linearer Gesamtkostenverlauf

Abb. 4.17

Zu beachten ist, dass andererseits die empirische[1] Forschung auch festgestellt hat, dass die Gesamtkosten dann regelmäßig progressiv (= überproportional zur Ausbringungsmenge) zu steigen beginnen, wenn ein Betrieb in der Nähe der Kapazitätsgrenze arbeitet (Abb. 4.18). Der Grund liegt in der Überbeanspruchung der Produktionsfaktoren. So steigt z.B. der Krankenstand. Der Ausschuss nimmt überproportional zu, ebenso der Verschleiß der Maschinen, weil für Wartung und gründliche Reparaturen keine Zeit bleibt.

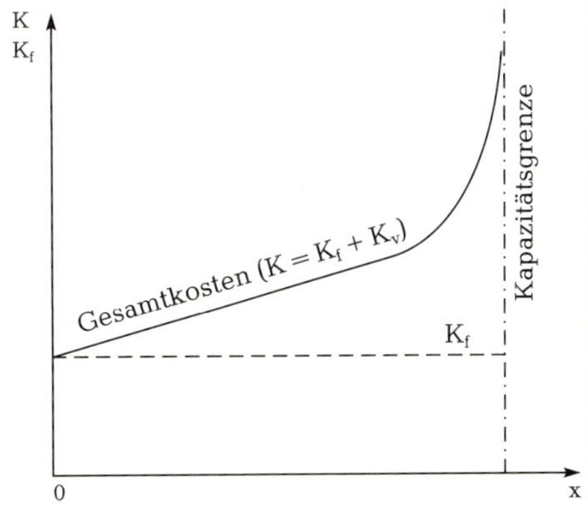

Die Gesamtkosten steigen in der Nähe der Kapazitätsgrenze überproportional

Abb. 4.18

Kritische Punkte

Bei einem rein linearen Gesamtkostenverlauf ergibt sich praktisch nur noch ein kritischer Punkt, nämlich die *Gewinnschwelle*. Das Gewinnmaximum und der optimale Kostenpunkt (= Betriebsoptimum) liegen an der Kapazitätsgrenze. Ein Betriebsminimum existiert nicht, weil die durchschnittlichen variablen Kosten, die den Grenzkosten entsprechen, in Bezug auf die einzelne Ausbringungseinheit fix sind.

Beispiel:

Ein Industriebetrieb, der nur ein Produkt herstellt, hat 12 500 GE fixe Kosten. Die Kapazität beträgt maximal 1 250 Stück. Die proportional variablen Kosten belaufen sich auf 6 GE je Stück. Das Produkt kann für 20 GE abgesetzt werden.

Hieraus ergibt sich folgende **Kosten-Leistungstabelle:**

x	K_f	K_v	K	U (= x · P)	Verlust (V) bzw. Gewinn (G)	k_v	k	K' (je Stück	P (= Erlös je Stück)	v bzw. g v
0	12 500,00	--	12 500,00	--	12 500,00	--	∞		20,00	∞
125	12 500,00	750,00	13 250,00	2 500,00	10 750,00	6,00	106,00	6,00	20,00	86,00
250	12 500,00	1 500,00	14 000,00	5 000,00	9 000,00	6,00	56,00	6,00	20,00	36,00
375	12 500,00	2 250,00	14 750,00	7 500,00	7 250,00	6,00	39,33	6,00	20,00	19,33
500	12 500,00	3 000,00	15 500,00	10 000,00	5 500,00	6,00	31,00	6,00	20,00	11,00
625	12 500,00	3 750,00	16 250,00	12 500,00	3 750,00	6,00	26,00	6,00	20,00	6,00
750	12 500,00	4 500,00	17 000,00	15 000,00	2 000,00	6,00	22,67	6,00	20,00	2,67
875	12 500,00	5 250,00	17 750,00	17 500,00	250,00	6,00	20,29	6,00	20,00	0,29
1 000	12 500,00	6 000,00	18 500,00	20 000,00	1 500,00	6,00	18,50	6,00	20,00	1,50
1 125	12 500,00	6 750,00	19 250,00	22 500,00	3 250,00	6,00	17,11	6,00	20,00	2,89
1 250	12 500,00	7 500,00	20 000,00	25 000,00	5 000,00	6,00	16,00	6,00	20,00	4,00

Tabelle 4.7

1 Empirisch = aus der Erfahrung gewonnen.

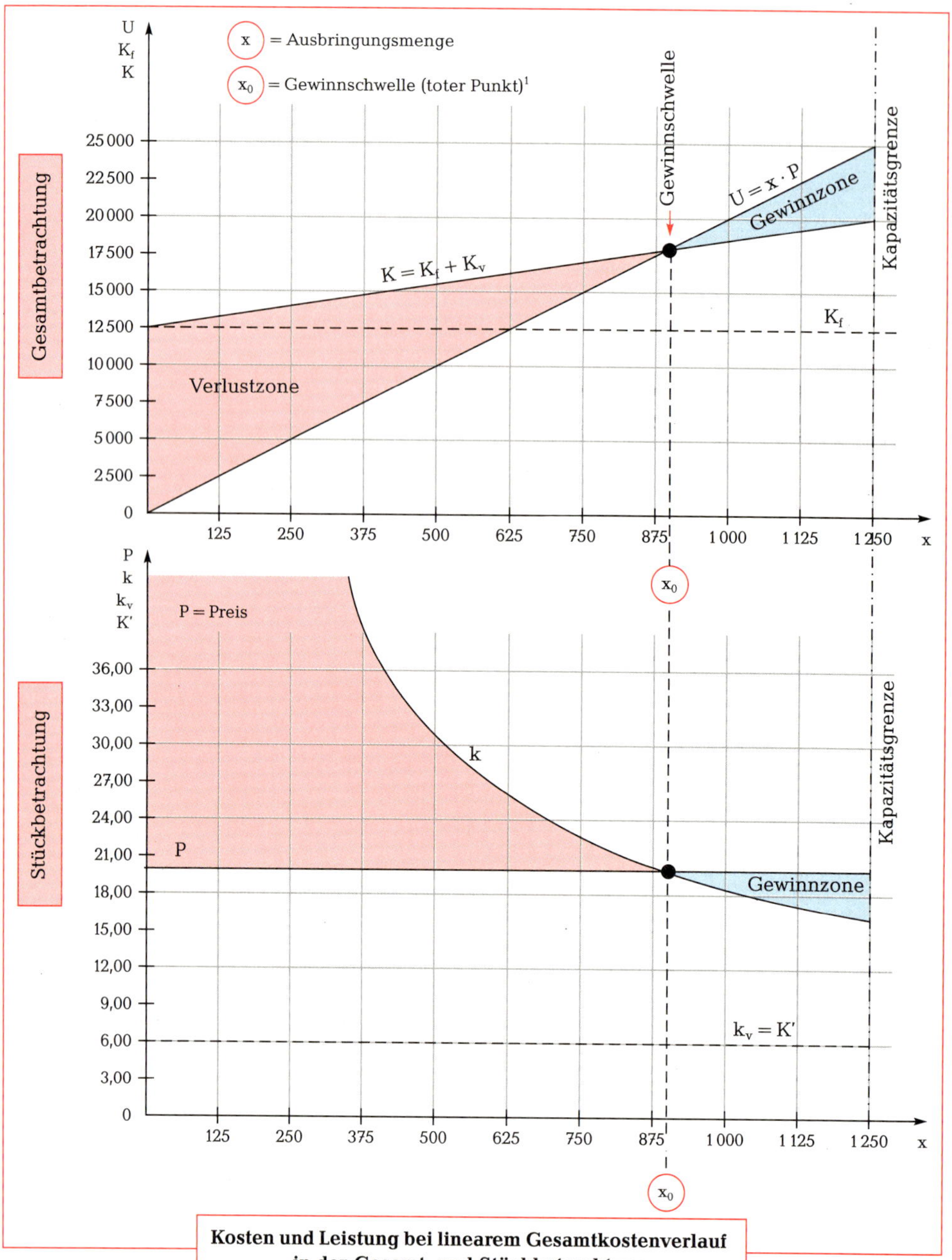

Kosten und Leistung bei linearem Gesamtkostenverlauf in der Gesamt- und Stückbetrachtung

Abb. 4.19 – 4.20

1 Rechnerisch lässt sich die Gewinnschwelle wie folgt berechnen:

$$K_f + K_v \cdot x = x \cdot P$$
$$12500 + 6x = 20x$$
$$14x = 12500$$
$$x = 893 \text{ Stück}$$

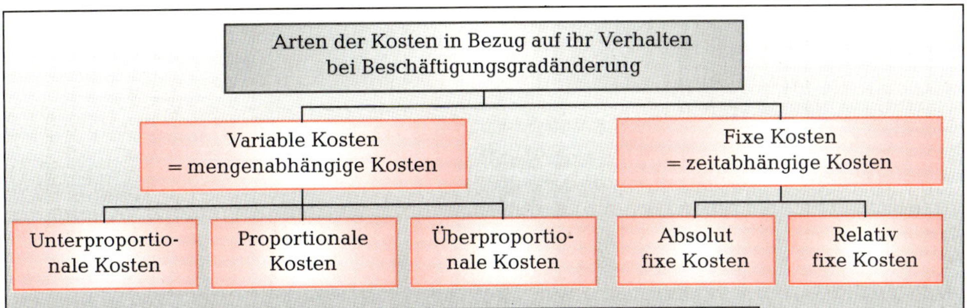

Zusammenfassender Überblick über die Kostenarten in Bezug auf Beschäftigungsgradänderungen

Abb. 4.21

Arten der Kosten nach ihrem Verhalten in Bezug auf Beschäftigungsgradänderungen

Kostenverhalten in Bezug auf die gesamte Produktmenge (Gesamtkosten)			**Kostenverhalten in Bezug auf eine Leistungseinheit (Durchschnittskosten)**	
Kostenbegriff		Graph der Kostenfunktion	Kostenbegriff	Graph der Kostenfunktion
Zeitabhängige Kosten	Absolut fixe Kosten (K_f)	K_f / x	Durchschnittliche absolute Fixkosten (k_f) = degressive Stückkosten	k_f / x
Mengenabhängige Kosten	Proportionale Kosten (K_p)	K_p / x	Durchschnittliche proportionale Kosten (k_p) = fixe Stückkosten	k_p / x
	Unterproportionale Kosten (K_{up})	K_{up} / x	Durchschnittliche unterproportionale Kosten (k_{up}) = degressive Stückkosten	k_{up} / x
	Überproportionale Kosten ($K_{üp}$)	$K_{üp}$ / x	Durchschnittliche überproportionale Kosten ($k_{üp}$) = progressive Stückkosten	$k_{üp}$ / x

K = Gesamtkosten
k = Durchschnittskosten = Kosten je Leistungseinheit
x = Ausbringungsmenge

Abb. 4.22

4.1.5 Das individuelle Angebot des Betriebs

Die individuelle Angebotskurve in Abhängigkeit vom Preis eines Gutes

Im Kapitel 4.1.3 wurde gezeigt, dass ein Anbieter dann seinen Gewinn maximiert bzw. seinen Verlust minimiert, wenn er bei gegebenem Absatzpreis den Beschäftigungsgrad wählt, bei dem die Grenzkosten dem Absatzpreis gleich sind (Abb. 4.14 - 4.15). Bei einem ertragsgesetzlichen Kostenverlauf verringert also der Betrieb sein Angebot, wenn der Absatzpreis sinkt, und erhöht sein Angebot, wenn der Absatzpreis steigt. Unterstellt man, dass der Anbieter nach dem ökonomischen Prinzip handelt, verläuft die **individuelle Angebotskurve** entlang der Grenzkostenkurve eines Betriebs.

Die **kurzfristige Preisuntergrenze** (Beginn der individuellen Angebotskurve) wird dabei durch das Minimum der durchschnittlichen variablen Kosten (k_v) bestimmt. Längerfristig kann ein Anbieter seine Produktion nicht aufrechterhalten, weil er bei einem Absatzpreis in Höhe der durchschnittlichen variablen Kosten seine fixen Kosten nicht deckt.

Die **langfristige Preisuntergrenze** wird durch das Minimum der durchschnittlichen Gesamtkosten (k) festgelegt. Hier produziert der Betrieb kostendeckend.

Steigt der Preis über die minimalen Stückkosten (k), wird der Betrieb seine Produktion weiter ausdehnen. Er wird jeweils den Beschäftigungsgrad wählen, bei dem die Grenzkosten dem Absatzpreis entsprechen.

Da in unserem Modell der Absatzpreis für den Anbieter ein Datum ist, kann er keine Preispolitik, sondern nur *Mengenpolitik* betreiben. Einen Anbieter, der sich in einer solchen Situation befindet, bezeichnet man daher als „Mengenanpasser".

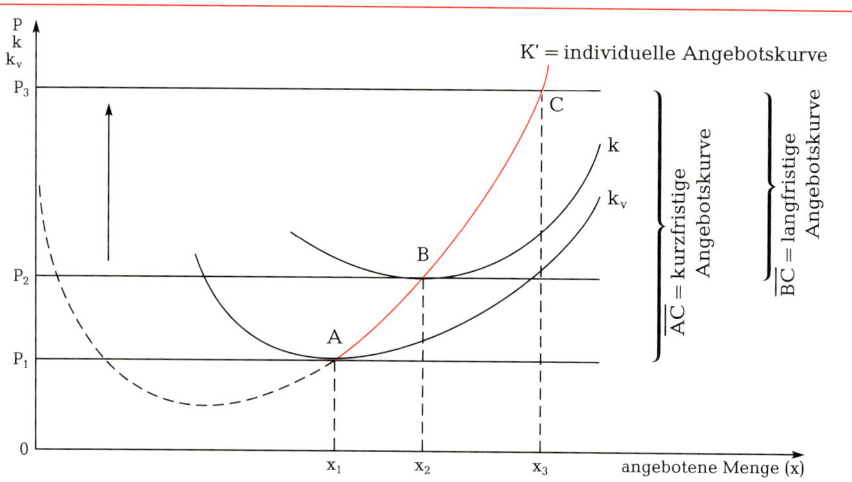

Individuelle Angebotskurve

Abb. 4.23

Aus der Abb. 4.23 ist ersichtlich, dass das Unternehmen bei steigendem Absatzpreis (vom Preis P_1 bis zum Preis P_3) sein Angebot entsprechend der Entwicklung der Grenzkosten (Strecke $\overline{AC}$ von der Menge x_1 bis zur Menge x_3) erhöht. Bei einer Preissenkung gilt das Umgekehrte („Gesetz des Angebots").

■ Nach dem „Gesetz des Angebots“ steigt das Angebot mit steigendem Preis und sinkt das Angebot mit sinkendem Preis des angebotenen Guts.

Verschiebungen der individuellen Angebotskurve

Ist ein Anbieter bereit bzw. in der Lage, zu gegebenen Preisen *mehr* anzubieten, so drückt sich dies in einer Verschiebung der Angebotskurve nach „rechts“ aus: Das Angebot nimmt *zu*. Wird hingegen zu gegebenen Preisen *weniger* angeboten, verschiebt sich die Angebotskurve nach „links“: Das Angebot nimmt *ab*.

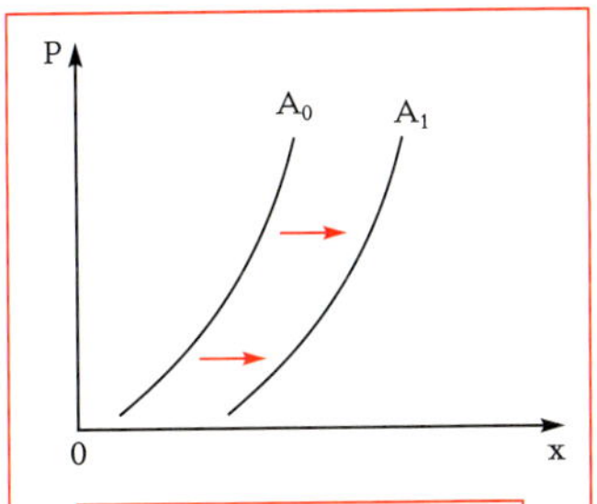

Zunehmendes Angebot

Abb. 4.24

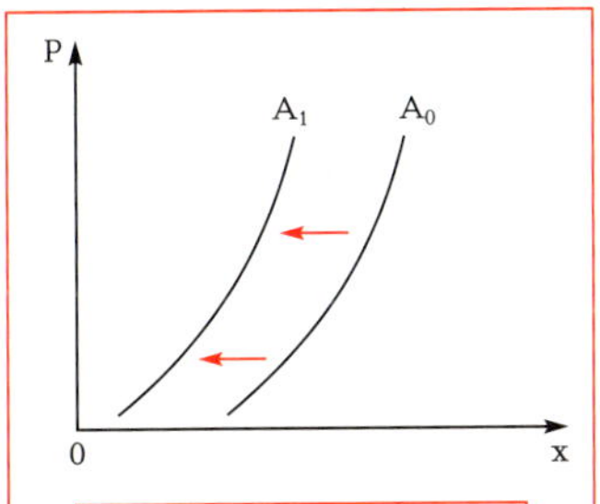

Abnehmendes Angebot

Abb. 4.25

P = Preis des angebotenen Gutes
x = angebotene Menge
A_0 = ursprünglicher Verlauf der Angebotskurve
A_1 = neuer Verlauf der Angebotskurve

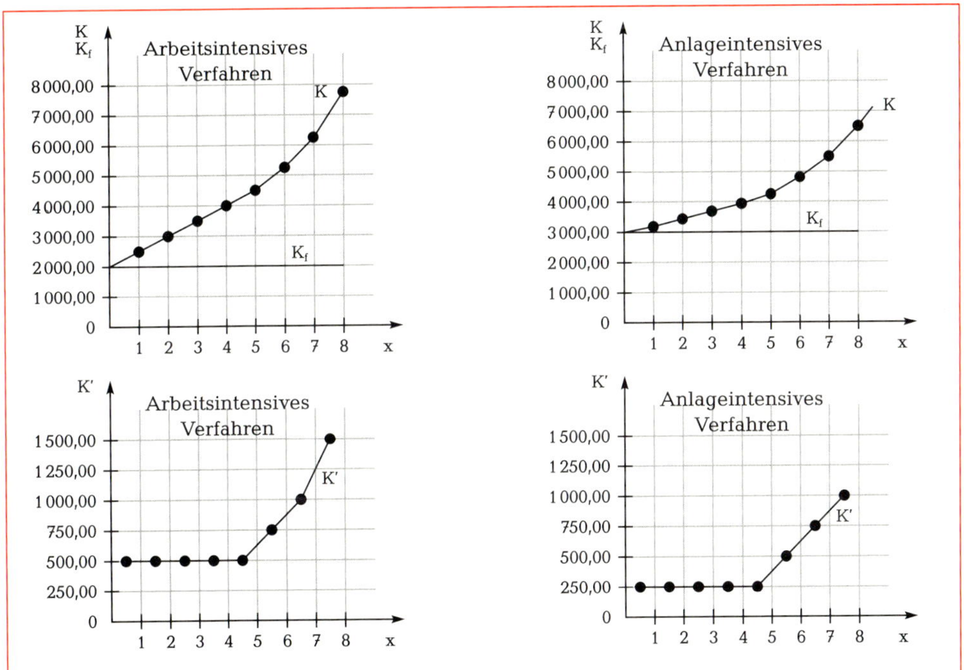

Verschiebung der Grenzkostenkurve (Angebotskurve) beim Übergang von einem arbeitsintensiven zu einem anlageintensiven Produktionsverfahren

Abb. 4.26 - 4.29

Änderung der Produktionstechnik und individuelles Angebot. Eine Änderung der Produktionstechnik wirkt sich in der Regel auf das Verhältnis zwischen fixen Kosten einerseits und variablen Kosten andererseits aus. Geht ein Betrieb z.B. auf ein anlageintensives Verfahren über, steigen die fixen Kosten (höhere Anlagekosten wie Abschreibung, Zinskosten, Reparatur- und Wartungskosten), während die variablen Kosten je Produktionseinheit abnehmen.

Mit zunehmender Anlageintensität verschiebt sich die Grenzkostenkurve nach „rechts". Handelt ein Anbieter nach dem Gewinnmaximierungsprinzip, verschiebt sich damit seine individuelle Angebotskurve: Das Angebot nimmt *zu*, d.h., er bietet zu jedem denkbaren Preis, der *über* seinem Betriebsminimum liegt, *mehr* als zuvor an.

- Mit zunehmender Anlageintensität nimmt das Angebot zu, mit abnehmender Anlageintensität nimmt das Angebot ab.

Faktorpreisänderungen und individuelles Angebot. Steigen die Preise aller Produktionsfaktoren (die Kosten), so verschiebt sich die Grenzkostenkurve (siehe Abb. 4.31). Hieraus ergibt sich, dass ein von den Kostensteigerungen betroffener Betrieb zu jedem möglichen Preis *weniger* anbietet. Liegt der Absatzpreis unter dem neuen Betriebsminimum, muss der Betrieb schließen.

Da in unseren Modellen unterstellt wird, dass die Anbieter mit Grenzkosten kalkulieren, gilt obige Aussage nur, wenn die variablen Kosten steigen. Steigen nur die fixen Kosten, ändern sich die Grenzkosten (und damit das Angebot) *nicht*.

- Steigen die Faktorpreise, nimmt i.d.R. das individuelle Angebot ab.
- Sinken die Faktorpreise, nimmt i.d.R. das individuelle Angebot zu.

Erläuterungen zu den Abb. 4.30 - 4.31:

Steigen die Kosten um insgesamt 20%, so verschiebt sich die Kostenkurve K_1 nach oben (K_2). Folglich müssen sich auch die Grenzkosten von K'_1 nach K'_2 erhöhen. Das bedeutet, dass der Betrieb bei gleich bleibendem Preis *weniger* anbieten wird oder die gleiche Menge nur zu einem *höheren* Preis anbieten kann, wenn er seinen Gewinn maximieren bzw. seinen Verlust minimieren möchte.

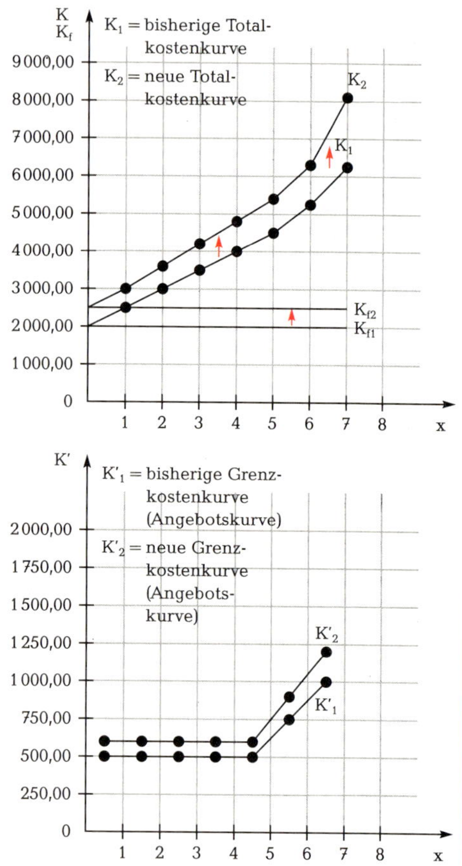

Verschiebung der Grenzkostenkurve (Angebotskurve) aufgrund gestiegener Gesamtkosten

Abb. 4.30 - 4.31

Zahl der Anbieter und individuelles Angebot. Die Zahl der Anbieter eines bestimmten Gutes wirkt sich nur indirekt auf das individuelle Angebot aus. Je größer die Zahl der Anbieter ist - so wird häufig behauptet -, desto stärker ist der Konkurrenzdruck. Da der einzelne Anbieter innerhalb einer großen Zahl von Anbietern den Preis nicht beeinflussen kann, besteht seine einzige Möglichkeit, den Gewinn zu erhöhen bzw. den Verlust zu mindern, darin, die Kosten zu senken (= Rationalisierung). Kostensenkungen und/oder der Übergang zu anlageintensiveren Produktionsverfahren vergrößern das individuelle Angebot.

Selbstverständlich gibt es noch weitere Bestimmungsgründe des individuellen Angebots. Hegt die Geschäftsleitung eines Betriebs z.B. optimistische Absatzerwartungen, wird sie die Kapazität des Betriebs erweitern. Das künftige Angebot steigt. Pessimistische Zukunftserwartungen können hingegen sogar zu einem Abbau der Kapazitäten führen, sodass das Angebot abnimmt.

Des Weiteren können auch vom einzelnen Betrieb nicht beeinflussbare Faktoren sein Angebot verringern. So hängt in der Landwirtschaft das Angebot vom Klima während der einzelnen Vegetationsperioden ab. Um noch ein Beispiel zu nennen: Die Betriebe können gezwungen sein, aufgrund von Streiks oder aufgrund von Stockungen in der Materialzufuhr ihr Angebot einzuschränken.

Zusammenfassender Überblick über die Einflussfaktoren des individuellen Angebots

Das Angebot eines Betriebs nimmt ab, wenn	Das Angebot eines Betriebs nimmt zu, wenn
- er zu arbeitsintensiven Produktionsverfahren übergeht, - die Faktorpreise steigen, - die künftigen Absatzchancen pessimistisch beurteilt werden.	- er zu anlageintensiven Produktionsverfahren übergeht, - die Faktorpreise sinken, - die künftigen Absatzchancen optimistisch beurteilt werden.

Übersicht 4.4

Aufgaben zur Lernkontrolle

1. Definieren Sie den Begriff Ertragsfunktion!
2. Wie lautet das Ertragsgesetz in seiner heutigen Fassung?
3. Unter welchen Voraussetzungen gilt das Ertragsgesetz?
4. Definieren Sie die Begriffe Gesamtertrag, Durchschnittsertrag und Grenzertrag!
5. Angenommen, ein Landwirt besitzt 11 gleich große Felder. Auf jedem Feld investiert er die gleiche Menge Saatgut und die gleiche Arbeitsmenge. Lediglich der Düngereinsatz wird variiert (verändert).

Felder:	A	B	C	D	E	F	G	H	I	K	L
Dünger in ME:[1]	0	1	2	3	4	5	6	7	8	9	10
Ertrag in ME:	10	12,5	17,5	30	47,5	57,5	65	70	72	70	65

1 ME = Mengeneinheiten (z.B. kg).

5.1 Zeichnen Sie die Gesamtertragskurve!

5.2 Berechnen Sie die Durchschnitts- und die Grenzerträge!

5.3 Zeichnen Sie die Durchschnitts- und die Grenzertragskurve!

5.4 Warum beginnt die Ertragskurve in diesem Beispiel nicht bei null?

6. Erläutern Sie die Beziehungen zwischen Gesamtertrags-, Durchschnittsertrags- und Grenzertragskurve!

7. Warum wird das Maximum der Durchschnittsertragskurve von der Grenzertragskurve geschnitten (siehe Abb. 4.2)?

8. Lesen Sie zunächst nachstehende Informationen!

a) **Hektarerträge (dt/ha) landwirtschaftlicher Erzeugnisse in der Bundesrepublik Deutschland von 1950 bis 2007:**[1]

Jahr*	Getreide			Kartoffeln	Zuckerrüben
	Getreide insgesamt	Brotgetreide	Futter und Industriegetreide		
1950	23,2	23,7	22,5	244,9	361,6
1955	26,0	26,0	26,0	202,7	341,3
1960	31,7	32,2	31,0	235,8	419,9
1965	28,2	28,2	28,2	231,1	366,1
1970	33,4	35,3	31,7	272,3	440,1
1975	40,2	41,6	39,1	261,3	427,7
1980	44,3	46,3	42,8	259,4	483,7
1981	44,5	47,4	42,4	308,9	548,4
1982	48,6	51,7	46,6	296,0	544,4
1983	45,7	50,4	42,2	253,0	414,7
1984	53,6	58,6	50,0	331,5	494,7
1985	53,1	57,0	50,2	359,3	516,3
1986	53,2	59,0	48,8	352,4	518,8
1987	50,6	55,3	46,8	332,3	507,1
1988	57,3	63,5	52,1	372,9	490,8
1989	56,3	59,4	53,6	372,6	541,6
1990	57,9	62,3	54,0	342,4	574,3
1991	59,9	63,0	56,9	298,5	467,9
1992	53,4	55,9	50,9	301,9	508,8
1993	57,1	61,3	53,1	392,5	548,3
1994	58,3	63,1	53,3	329,5	484,2
1995	61,1	64,7	55,0	314,0	507,9
1996	62,8	67,9	54,9	390,4	505,6
1997	64,9	68,5	58,1	384,1	511,6
2004	73,6	78,3	64,2	441,8	616,5
2006	64,9	68,6	57,4	365,7	577,3
2007	61,8	64,2	53,1	423,5	624,3

* Bis 1990 früheres Bundesgebiet. Ab 1991 Gesamtdeutschland.

1 Quellen: Leistung in Zahlen, mehrere Jahrgänge, hrsg. vom Referat Öffentlichkeit des Bundesministeriums für Wirtschaft sowie Statistisches Bundesamt: *www. destatis. de.*

b) **Bildstatistik:**

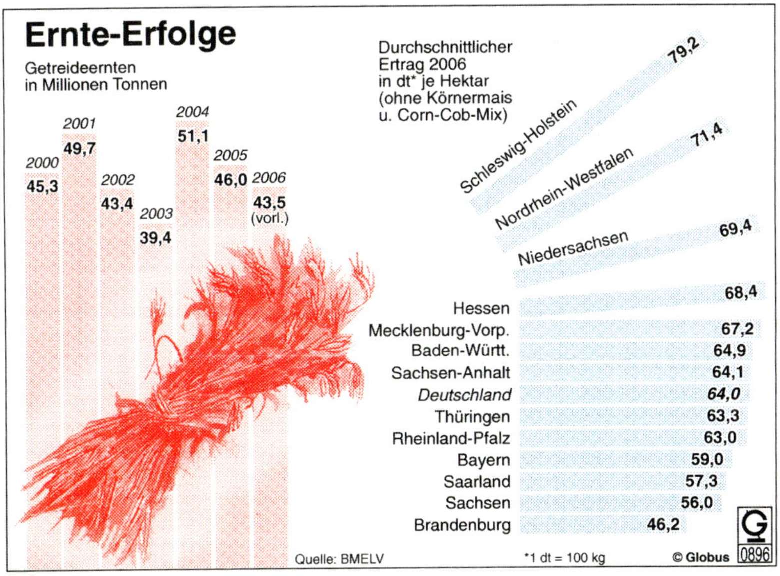

Aufgabe: Beurteilen Sie, ob das Ertragsgesetz für die Landwirtschaft noch gilt!

9. **Bildstatistik:**

Über Glück oder Unglück eines Menschenkindes entscheidet noch allzu häufig der Ort seiner Geburt. Während in den Industrieländern Krankheiten, die mit Übergewicht verbunden sind, die meisten Todesfälle verursachen, verhungern in ärmeren Ländern alljährlich tausende Kinder. Kein Wunder also, dass immer mehr Menschen aus Afrika an den Grenzen Europas auf Einlass in eine bessere Welt drängen. Mit weiter wachsenden Bevölkerungszahlen wird dieser Druck zunehmen. Im Jahr 2050 wird es Prognosen zufolge mehr als neun Milliarden Menschen geben, allein in Asien werden dann rund fünf Milliarden Menschen leben. Damit wird sich der Druck auf knappe Ressourcen wie Land und Wasser beträchtlich erhöhen, ebenso wie auf die ohnehin finanzschwachen Sozialsysteme.

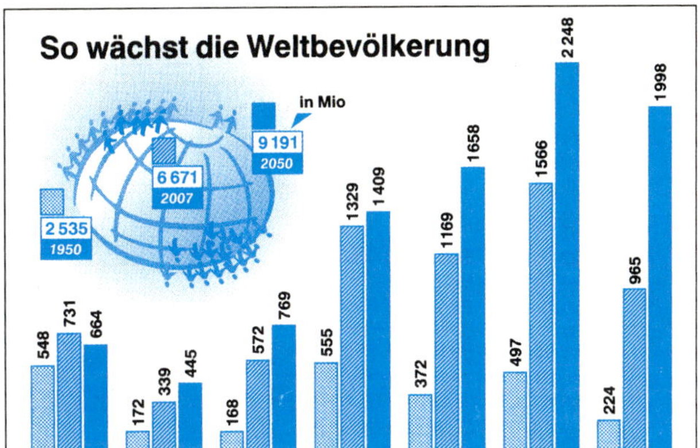

Aufgabe: Welche Gefahren gehen von der Bevölkerungsexplosion aus?

10. Worin unterscheiden sich die Produktionsfunktionen vom Typ A und vom Typ B hinsichtlich

10.1 ihrer Prämissen und

10.2 ihres Verlaufs?

11. 11.1 Leiten Sie aus nebenstehender Abbildung die Durchschnittsertrags- und die Grenzertragskurve ab und zeichnen Sie diese in ein Koordinatensystem ein!

11.2 Suchen Sie nach einem sinnvollen Beispiel, aus dem sich eine Produktionsfunktion vom Typ B herleiten lässt!

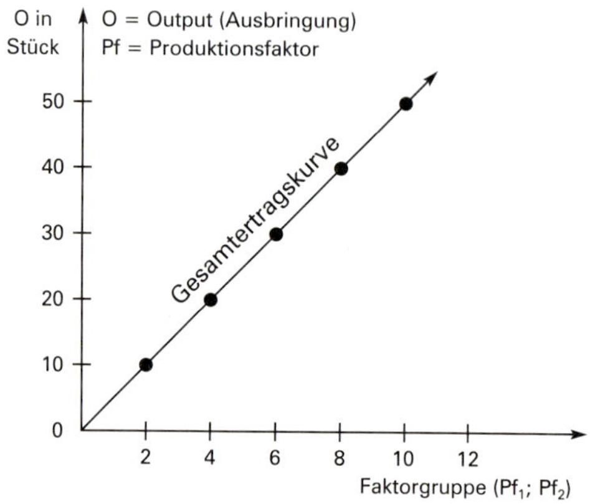

12. In einer Düngemittelfabrik soll untersucht werden, welche Düngemittelgaben bei Hydrokulturen[1] optimal sind. Hierzu werden die Behälter A bis I mit je einer Tomatenpflanze besetzt. Lediglich die Düngerbeigaben werden variiert.

Es ergeben sich folgende Werte:

Behälter/Pflanze:	A	B	C	D	E	F	G	H	I
Dünger in ME:	0	1	2	3	4	5	6	7	8
Mengenmäßiger Ertrag (OutpuT) in kg:	0	1	2	3,5	5	8	11	12,5	13

12.1 Zeichnen Sie die Gesamtertragskurve (Maßstäbe: je Düngemitteleinheit 1 cm; je kg Tomaten 0,5 cm)!

12.2 Zeichnen Sie die Kurve der variablen Kosten (Kosten für den Dünger in Abhängigkeit von der Tomatenproduktion), wenn eine Düngereinheit 1,00 € kostet! (Maßstäbe: je € 1 cm; je Düngereinheit 0,5 cm.)

12.3 Worin unterscheiden sich Kosten- und Ertragsfunktionen?

13. Die Kapazität eines Betriebs beträgt 900 Stück je Periode. Eine Produktionseinheit (PE) soll aus 100 Stück bestehen. Die Fixkosten belaufen sich auf 1000,00 €. Die variablen Kosten (K_v) verhalten sich wie folgt:

PE:	1	2	3	4	5	6	7	8	9
K_v in €:	1200,00	2000,00	2300,00	2500,00	2650,00	3000,00	3700,00	4800,00	6800,00

13.1 Stellen Sie eine Kosten-Leistungstabelle nach folgendem Muster auf, wenn der Stückpreis 7,50 € beträgt:

PE	K_f	K_v	k_v	K	k	K'	U	VuG	Kritische Punkte

Erklären und begründen Sie den Verlauf der Grenzkosten!

13.2 Warum gibt eine Kostentabelle wie diese nicht die genaue Lage der kritischen Punkte wieder?

13.3 Erstellen Sie aus den Werten der Tabelle ein Kurvendiagramm, das den Verlauf der Fixkosten, der Gesamtkosten und des Gesamtertrags (Erlös) enthält. Stellen Sie die genaue Lage der Ihnen bekannten kritischen Punkte fest!
Lösungshinweis: 1000,00 € = 1 cm; 1 PE = 1 cm.

1 Unter Hydrokultur ist die erdelose Aufzucht von Pflanzen in einer wässrigen Lösung zu verstehen (Wasserkultur).

13.4 Erstellen Sie aus den Werten der Tabelle ein Kurvendiagramm, das die Grenzkosten, die Stückkosten, die variablen Stückkosten und die Preisgerade enthält! Bestimmen Sie die genaue Lage der kritischen Punkte! 1 cm = 250,00 €.

14. Welche Bedeutung haben folgende kritische Punkte?

a) Betriebsoptimum,
b) Betriebsminimum,
c) Gewinnschwelle (Nutzenschwelle = toter Punkt = Break-even-Point),
d) Gewinngrenze (Nutzengrenze) und
e) Gewinnmaximum.

Geben Sie insbesondere Antwort darauf, welche Situation für den Betrieb eintritt, wenn der Absatzpreis

a) unter die minimalen Stückkosten (k) und
b) unter die minimalen variablen Stückkosten (k_v) sinkt!

15. Warum kann man das Gewinnmaximum als langfristiges Gleichgewicht des Betriebs bezeichnen?

16. Warum kann man das Betriebsminimum lediglich als kurzfristiges Gleichgewicht des Betriebs ansehen?

17. Warum entspricht einer linearen Produktionsfunktion (Produktionsfunktion vom Typ B) eine lineare Kostenfunktion?

18. Die fixen Kosten eines Unternehmens mit einer Kapazität von 10 Produktionseinheiten betragen 1000 GE. Die variablen Kosten belaufen sich auf 300 GE je Produktionseinheit. Bis zu einer Beschäftigung von 60 % steigen sie proportional. Mit zunehmender Beschäftigung nehmen sie mit 600, 800, 1200 und 1600 GE je Produktionseinheit zu. Der Marktpreis je Produktionseinheit beträgt 600 GE.

18.1 Stellen Sie mit Hilfe der Gesamtkostendarstellung Betriebsminimum und -optimum fest!

18.2 Stellen Sie die gleichen Punkte mit Hilfe der Stück- und Grenzkostenkurven fest!

18.3 Bestimmen Sie Gewinnschwelle, Gewinnmaximum und Gewinngrenze!

19. Lösen Sie rechnerisch nachstehende Übungsaufgaben nach folgenden Beispielen:

Der Absatzpreis (P) eines Anbieters beträgt 30 GE. Seine maximale Kapazität liegt bei 200 Stück (x) je Periode, seine fixen Kosten (K_f) bei 1500 Geldeinheiten (GE) je Periode. Die proportional-variablen Kosten (K_v) belaufen sich auf 15 GE je Stück.

Beispiel 1: Bei wie viel Stück liegt die Gewinnschwelle (der „tote Punkt")?
Die Nutzenschwelle ist gegeben, wenn der Umsatz ($P \cdot x$) den Gesamtkosten ($K_f + K_v$) entspricht. Daraus folgt:

$$30x = 1500 + 15x$$
$$15x = 1500$$
$$x = 100$$

Die Gewinnschwelle liegt bei 100 Stück.

Beispiel 2: Wie hoch ist sein Gewinn, wenn er 200 Stück je Periode absetzen kann?
Der Gewinn (G) ergibt sich aus Umsatz ($P \cdot x$) abzüglich Gesamtkosten ($K_f + K_v$). Es gilt also:

$$G = 30 \cdot 200 - (1500 + 15 \cdot 200)$$
$$G = 6000 - 4500$$
$$G = 1500$$

Der Gewinn beträgt 1500 GE.

19.1 Wie hoch wäre der Gewinn des Anbieters, wenn er nur 150 Stück zum Preis von 30 GE absetzen könnte?

9 Hartmann – ISBN 978-3-8120-0320-9

19.2 Wie hoch wäre der Gewinn, wenn 150 Stück zu 30 GE und 20 Stück zu 25 GE je Periode abgesetzt werden könnten? (Zweifache Preisdifferenzierung!)

19.3 Wie hoch wäre der Gewinn, wenn 150 Stück zu 30 GE, 30 Stück zu 25 GE und 20 Stück zu 16 GE abgesetzt werden könnten? (Dreifache Preisdifferenzierung!)

19.4 Bei wie viel GE liegt die absolute Preisuntergrenze? Begründen Sie Ihre Antwort!

20. Der Absatzpreis für das Produkt eines Betriebs beträgt 25 GE. Die fixen Kosten belaufen sich auf 1 500 GE je Periode, die proportional-variablen Kosten auf 10 GE je Stück.

20.1 Bei wie viel Stück liegt die Gewinnschwelle?

20.2 Angenommen, die Maximalkapazität beträgt 200 Stück je Periode. Wie hoch ist dann der Gesamtgewinn?

20.3 Bei welcher Produktionsmenge beträgt der Gewinn 750 GE?

20.4 Wo liegt die Gewinnschwelle, wenn die fixen Kosten um 20 % steigen?

20.5 Wo liegt die Gewinnschwelle, wenn die fixen Kosten um 20 % fallen?

20.6 Wie verschiebt sich die Gewinnschwelle, wenn die fixen Kosten um 20 % steigen, die variablen Kosten aber auf 8 GE je Stück gesenkt werden können?

20.7 Welcher wirtschaftliche Sachverhalt kann dem Fall 20.6 zugrunde liegen?

21. Die fixen Kosten der Maschine A betragen 1 000 GE je Periode, die Arbeitskosten 20 GE je Stück. Die fixen Kosten der Maschine B belaufen sich auf 1 500 GE je Periode, die Arbeitskosten betragen 10 GE je gefertigtem Stück. Die Arbeitskosten sind proportional-variabel.

21.1 Welche Maschine wird ein Betrieb kaufen, wenn er

21.1.1 50 Stück je Periode,

21.1.2 80 Stück je Periode oder

21.1.3 120 Stück je Periode absetzen kann?

21.2 Bei wie viel Stück liegt die kritische Produktionsmenge (= Produktmenge, ab der sich der Übergang zu einem anderen Produktionsverfahren lohnt)?

21.3 Werden Investitionsentscheidungen nur nach Kostengesichtspunkten getroffen?

22. Unter welchen Bedingungen ist die Grenzkostenkurve die Angebotskurve eines wirtschaftlichen Betriebs?

23. Zeichnen Sie

a) die kurzfristige und

b) die langfristige Angebotskurve eines Betriebs, der nachstehenden Gesamtkostenverlauf aufweist:

Produktionseinheiten (PE):	0	1	2	3	4	5	6	7	8	9	10	11	12
Gesamtkosten (K) in Geldeinheiten (GE):	20	27	32	36	39,5	42,5	46	50	55	62	70	82	98

24. Erklären Sie, wie sich die individuelle Angebotskurve eines Betriebs verschiebt, wenn

a) sich die Produktionstechnik und

b) die Faktorpreise ändern!

25. Welcher Zusammenhang könnte zwischen der Zahl der Anbieter eines Gutes und der individuellen Angebotskurve eines Anbieters bestehen?

26. Wie verläuft die Angebotskurve eines Betriebs, der nicht mit Grenzkosten, sondern mit Stückkosten kalkuliert?

4.2 Das Marktangebot (Gesamtangebot) für ein Gut

Bier, das nicht getrunken wird,
hat seinen Beruf verfehlt.

(ALEXANDER MEYER)[1]

4.2.1 Ableitung des Marktangebots für ein Gut

Im vorigen Kapitel wurde gezeigt, dass ein Betrieb unter sonst gleichen Bedingungen in der Regel bei steigenden Preisen größere Mengen des von ihm hergestellten Gutes, bei sinkenden Preisen aber geringere Mengen dieses Gutes anbietet. Dabei ist zu berücksichtigen, dass die Angebotsänderungen aufgrund von Preisänderungen bei den einzelnen Betrieben unterschiedlich sind, weil jeder Betrieb eine andere Kostenstruktur besitzt. Wollen wir wissen, wie sich das Angebot *aller* Betriebe für ein Gut bei Preisänderungen dieses Gutes verhält, müssen wir gedanklich die individuellen Angebote aller Betriebe zusammenfassen (= aggregieren).

- Das Marktangebot (Gesamtangebot) für ein Gut ist das Angebot aller Betriebe für dieses Gut.
- Das Marktangebot (Gesamtangebot) für ein Gut ergibt sich aus der Aggregation (= Queraddition) aller individuellen Angebote.

Beispiel:

Die Preisabhängigkeit des Angebots zweier Betriebe sei wie folgt festgelegt:

Preis in EUR je Stück	Angebotene Mengeneinheiten (1 000 Stück Eier) je Zeiteinheit (je Woche) durch die Hühnerfarmen		Marktangebot von Eiern beider Anbieter (1) + (2)
	Klein (1)	Groß (2)	
0,00	-	-	-
0,10	2	-	2
0,20	2,5	2	4,5
0,30	3	3	6
0,40	3,5	4	7,5
0,50	4	5	9

Tabelle 4.8

1 ALEXANDER MEYER in einer Rede, die er 1880 als Abgeordneter im preußischen Abgeordnetenhaus hielt.

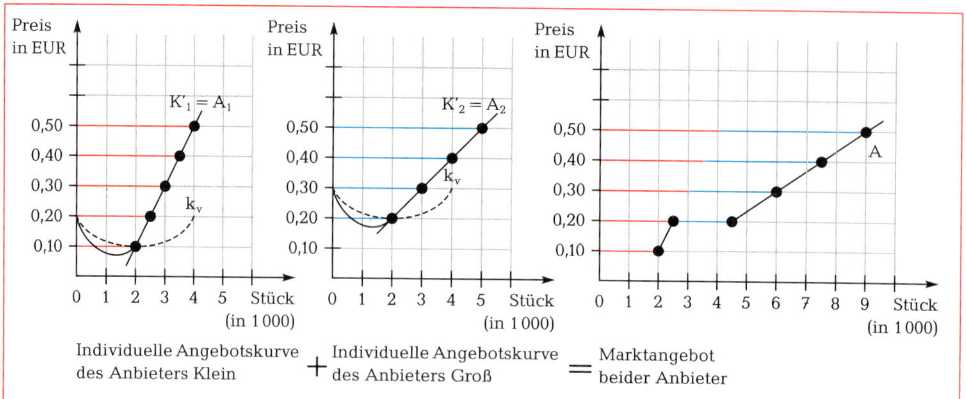

Aggregation der individuellen Angebotskurven zur Marktangebotskurve

Abb. 4.32 - 4.34

Aggregiert man die individuellen Angebotskurven einer sehr großen Zahl (streng genommen einer unendlich großen Zahl) von Anbietern, schwinden die „Treppen" in der Marktangebotskurve immer mehr: Man erhält eine geglättete Angebotskurve (Abb. 4.35).

Die Annahme unterschiedlicher Kostenverläufe ist realistisch, denn wenn wir zunächst einmal davon ausgehen, dass in einer Volkswirtschaft für ein bestimmtes Produkt eine sehr große Anzahl von Produzenten (Anbietern) vorhanden ist, so können wir nicht annehmen, dass die Kostenfunktionen aller Betriebe einer bestimmten Branche die gleiche Höhe und die gleiche Gestalt aufweisen. Die Kostenhöhe wird außer durch den Beschäftigungsgrad und die Faktorpreise auch von der Betriebsgröße und -struktur, dem Rationalisierungs- und Mechanisierungsgrad, der Ausbildung und dem Leistungswillen der Arbeitskräfte, der Betriebsführung, dem Standort, der Steuerhöhe und in der Landwirtschaft schließlich noch durch Bodenqualität und Klima bestimmt.

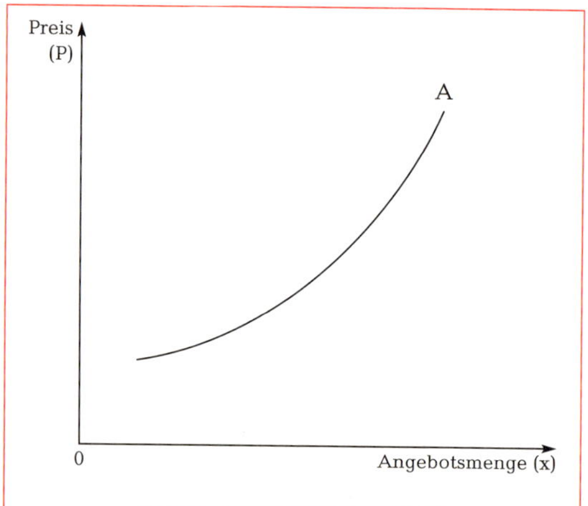

Normale Angebotskurve

Abb. 4.35

Zur Konstruktion der **Marktangebotskurve** brauchen wir jedoch nicht unbedingt den zuvor beschriebenen verhältnismäßig komplizierten Weg zu wählen. Er ist ohnehin nicht gangbar, wenn wir unterstellen, dass im nicht landwirtschaftlichen Bereich das Ertragsgesetz nicht gilt, sondern ein linearer Kostenverlauf wahrscheinlich ist. Dann nämlich erhalten wir lineare Grenzkosten. Das Gewinnmaximum liegt an der Kapazitätsgrenze. Einen

Schnittpunkt zwischen Grenzkostenkurve und Preisgerade gibt es nicht. Deswegen ist in der Abb. 4.36 angenommen, dass die Unternehmen längerfristig die Vollkostendeckung[1] anstreben.

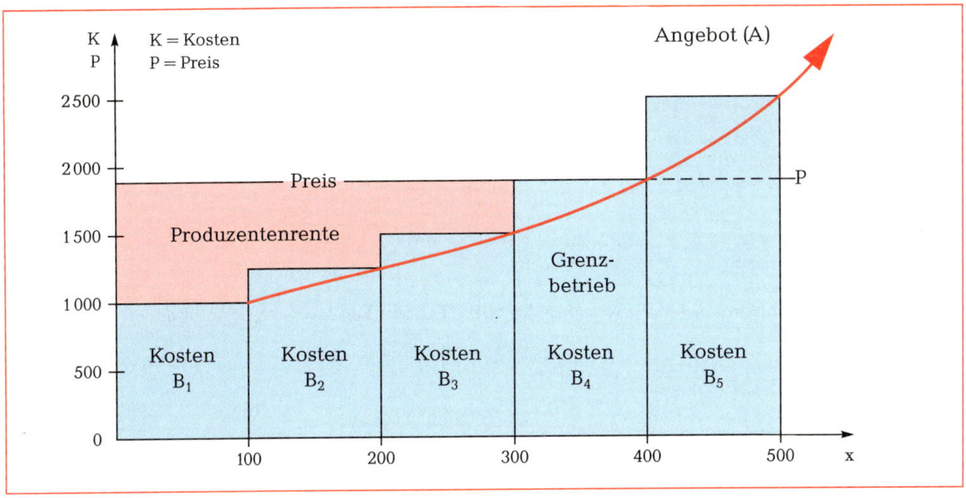

Abb. 4.36

Vorstehendes Beispiel (Abb. 4.36) ordnet 5 Produktionsbetriebe nach ihrer Kostenhöhe. Es ist erkennbar, dass bei einem Preis von 1 000 GE gerade noch der Betrieb B_1 anbieten kann. Alle anderen Betriebe würden mit Verlust arbeiten. Das gesamte Angebot beträgt höchstens 100 Produktionseinheiten. Steigt der Preis z.B. auf 1 600 GE, so bieten die Betriebe B_1 bis B_3 an. Steigt der Preis auf 1 800 GE, nimmt das gesamte Güterangebot auf maximal 400 Produktionseinheiten zu. Dabei ist zu beachten, dass der Betrieb B_4 noch gerade seine Kosten deckt **(Grenzbetrieb).** Der fünfte Betrieb B_5 muss, zumindest langfristig, aus dem Markt ausscheiden. Die Betriebe B_1 bis B_3 hingegen erzielen eine **Produzentenrente.**

Sollte der Betrieb B_5 aus dem Markt ausgeschieden und liquidiert[2] worden sein und steigt der Preis auf z.B. 2500 GE, ist kurzfristig keine Angebotserhöhung möglich. Das Angebot ist **unelastisch.** Erst auf längere Sicht werden neue Konkurrenten auftreten, die sich bei diesem hohen Preis eine Rendite versprechen. Im Einzelnen wird die Angebotselastizität im nächsten Kapitel beschrieben.

Bestimmungsgründe des Marktangebots

Das Marktangebot für ein bestimmtes Gut ergibt sich aus der Aggregation (Queraddition, Zusammenfassung) aller individuellen Angebotskurven für ein Gut. Daraus folgt, dass die Gestalt (der Verlauf) der Marktangebotskurve von allen Faktoren, die das individuelle Angebot beeinflussen, mitbestimmt wird (siehe Übersicht 4.4).

1 Vollkosten = Summe aus fixen und variablen Kosten.

2 Liquidieren = wörtl. verflüssigen, d.h. in flüssige Mittel (Geld) umwandeln. Unter Liquidation versteht man die (freiwillige) Auflösung eines Betriebs.

Daneben sind Verlauf bzw. Veränderung der Entwicklung des Marktangebots für ein Gut von der **Zahl** der anbietenden Betriebe abhängig.

Beispiel:

Aufgrund der Energieverknappung nimmt die Zahl der Betriebe, die Sonnenkollektoren anbieten, laufend zu. Die Anbieter rechnen damit, dass in Zukunft immer mehr private Haushalte und Betriebe zu kostengünstigeren Heizsystemen übergehen werden. Die Angebotskurve verschiebt sich nach „rechts" (das Angebot nimmt zu).

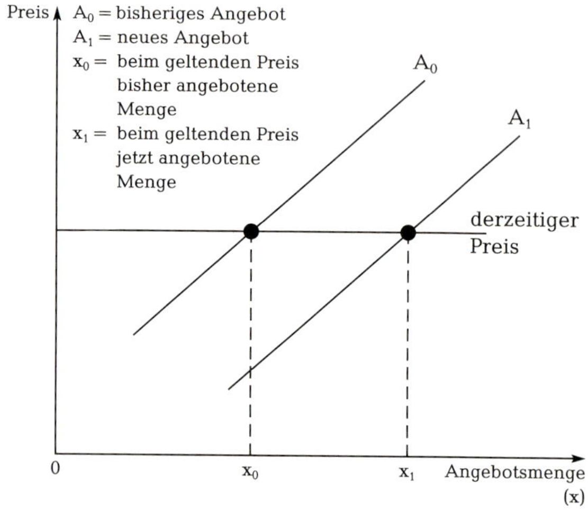

Zunehmendes Angebot von Sonnenkollektoren

Abb. 4.37

Merke:

- Steigt die Zahl der Anbieter, nimmt das Angebot für ein Gut zu.
- Sinkt die Zahl der Anbieter, nimmt das Angebot für ein Gut ab.

4.2.2 Preiselastizität des Angebots

Die Erkenntnisse über die Preiselastizität des Angebots (Angebotselastizität = El_A) sind deswegen von Bedeutung, weil mit ihrer Hilfe Preisbildungsvorgänge auf den verschiedenen Märkten erklärt werden können.

- Die Preiselastizität des Angebots (El_A) ist das Verhältnis einer prozentualen Angebotsänderung für ein bestimmtes Gut zu einer prozentualen Preisänderung dieses Gutes.
- $El_A = \frac{\text{prozentuale Angebotsänderung}}{\text{prozentuale Preisänderung}} = \frac{\Delta x \text{ in } \%}{\Delta P \text{ in } \%}$

Die Angebotselastizität ist im Normalfall **positiv,** weil Preiserhöhungen ein Steigen bzw. Preissenkungen ein Sinken des mengenmäßigen Angebots nach sich ziehen („Gesetz des Angebots").

Der Sachverhalt lässt sich auch mit folgender Formel darstellen:

$$El_A = \frac{\Delta x \cdot 100}{x} : \frac{\Delta P \cdot 100}{P} = \frac{\Delta x \cdot 100 \cdot P}{x \cdot \Delta P \cdot 100} = \frac{\Delta x}{\Delta P} \cdot \frac{P}{x}$$

Die Symbole bedeuten:
El_A = Angebotselastizität
Δx = Mengendifferenz (Unterschied zwischen bisher angebotener und jetzt angebotener Menge)
ΔP = Preisdifferenz (Unterschied zwischen bisherigem Preis und neuem Preis)
x = bisher angebotene Menge
P = bisheriger Preis

Grundsätzlich kann sich das Angebot wie folgt verhalten:

Fall 1

Das Angebot ist vollkommen elastisch. Dies ist vor allem dann der Fall, wenn die Betriebe unterbeschäftigt sind. Aufgrund einer möglichen Zunahme der Nachfrage können die Anbieter ihre Produktion und damit das Angebot ausdehnen. Ein Anlass für Preiserhöhungen besteht nicht, da mit steigendem Beschäftigungsgrad die Stückkosten zunächst sinken.

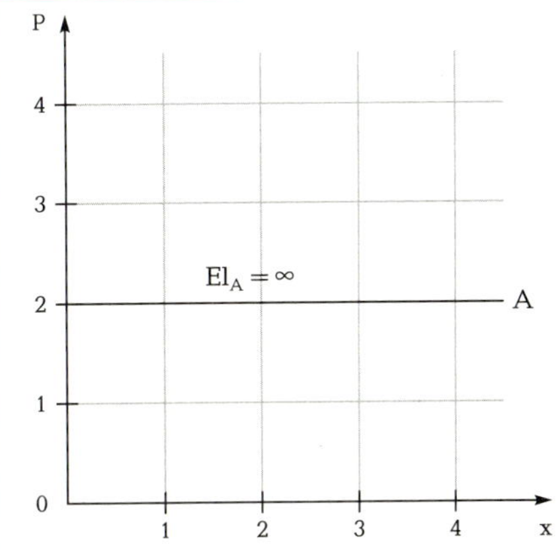

Vollkommen elastisches Angebot

Abb. 4.38

Fall 2

Das Angebot ist vollkommen unelastisch. In diesem Fall sind die Anbieter vollbeschäftigt. *Kurzfristig* kann das Angebot nicht weiter ausgedehnt werden.

Auch das Angebot von leicht verderblichen landwirtschaftlichen Erzeugnissen (Spargel, Erdbeeren, Kirschen) ist zu einem bestimmten Zeitpunkt (z.B. Wochentag) vollkommen unelastisch: Die Anbieter müssen die Erntemengen sofort anbieten und den auf dem Markt sich bildenden Preis hinnehmen. Das Gleiche gilt für eine Fischauktion an einem bestimmten Tag.[1] Ebenso ist das Angebot anlässlich einer Versteigerung vollkommen unelastisch.[2]

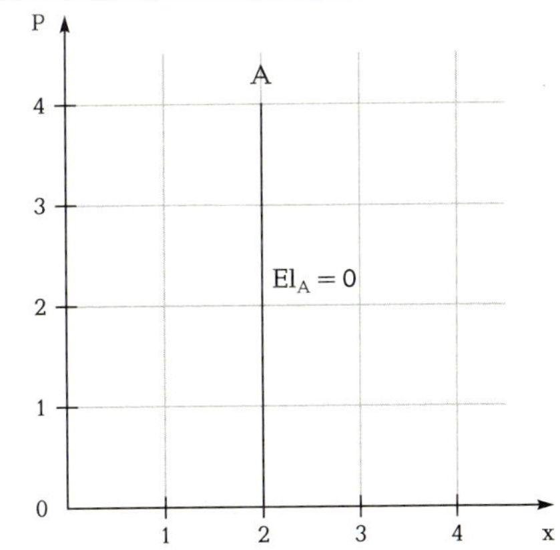

Vollkommen unelastisches Angebot

Abb. 4.39

1 Vgl. RÖPKE, W., a. a. O., S. 191.
2 Vgl. ebenda, S. 191.

Fall 3

Das Angebot ist proportional elastisch. Dies sagt aus, dass eine prozentuale Angebotsmengenänderung einer prozentualen Preisänderung gleich ist. Die Elastizität beträgt 1.

Dabei ist zu bemerken, dass *jede* lineare Angebotskurve, die im Ursprung des Koordinatensystems beginnt (bzw. sich bis zum Ursprung verlängern lässt), die Elastizitätskennziffer 1 aufweist.

Da die Angebotskurven für ein Gut i.d.R. nicht linear, sondern gekrümmt verlaufen, ist eine Angebotselastizität von 1 ein theoretischer Grenzfall.

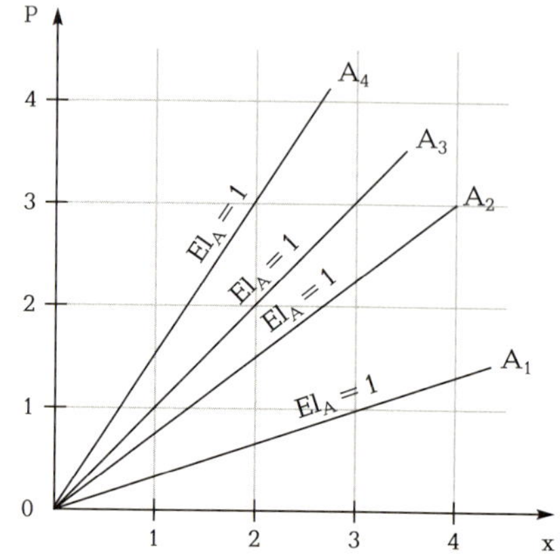

Proportional elastisches Angebot

Abb. 4.40

Fall 4

Das Angebot ist elastisch. Das bedeutet, dass die prozentuale Angebotsmengenänderung *größer* als die prozentuale Preisänderung ist (Abb. 4.41). Die Elastizitätskennziffer ist *größer* als 1.

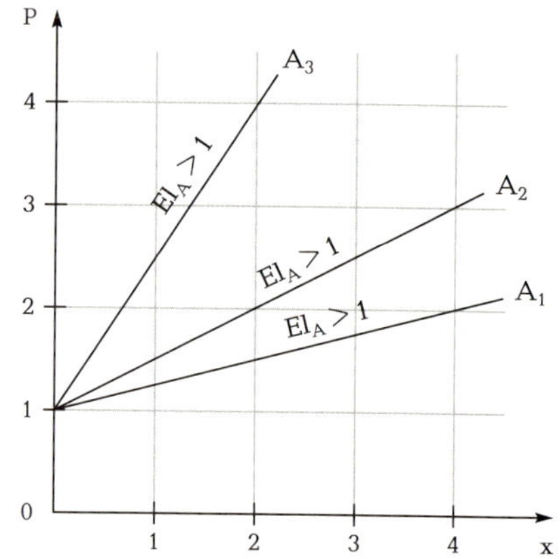

Elastische Angebotskurven

Abb. 4.41

Fall 5

Das Angebot ist unelastisch. Hier ist die prozentuale Angebotsänderung *geringer* als die prozentuale Preisänderung. Die Elastizitätskennziffer ist *kleiner* als 1 (Abb. 4.42).

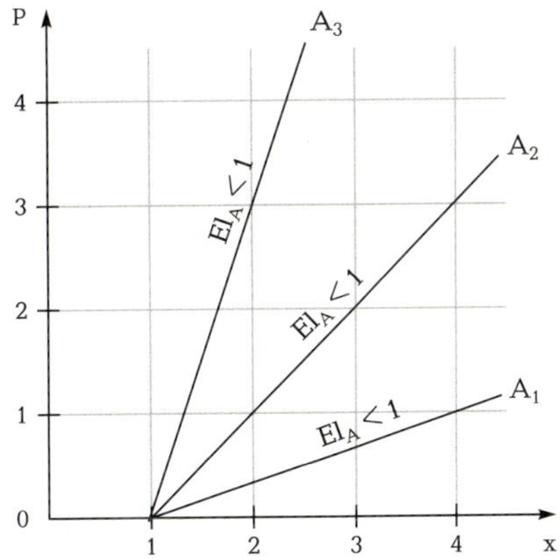

Unelastische Angebotskurven

Abb. 4.42

Zu betonen ist, dass bei einer der Wirklichkeit angenäherten Marktangebotskurve weder von „elastischem" noch von „unelastischem" Angebot gesprochen werden kann. Vielmehr wird es so sein, dass das Angebot bei *Unterbeschäftigung* der betreffenden Branche[1] zunächst elastisch ist, um bei steigender Beschäftigung zunehmend unelastisch zu werden. Bei einer gekrümmten Angebotskurve kommt der Elastizitätskoeffizient 1 nur einmal vor (Punkt Y in Abb. 4.43).

Die Angebotselastizität ändert sich auch im Zeitablauf. Treten z.B. zu den bisherigen Anbietern weitere hinzu und/oder erweitern die bisherigen Anbieter ihre Kapazitäten, wird die Angebotskurve nach „rechts" verschoben, d.h. sie wird elastischer.

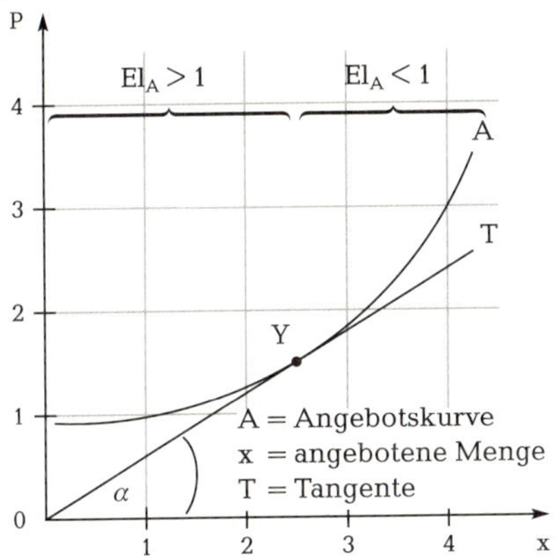

Mit zunehmender Kapazitätsauslastung nimmt die Angebotselastizität ab

Abb. 4.43

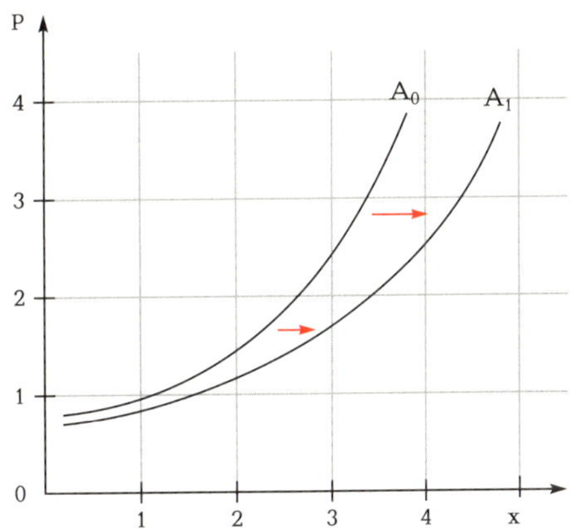

Zunehmende Angebotselastizität bei Kapazitätsausweitung

Abb. 4.44

1 Branche = Wirtschaftszweig.

Fall 6

Das Angebot ist invers[1] (anomal). Eine anomale Angebotskurve liegt vor, wenn bei steigenden Preisen das mengenmäßige Angebot sinkt und bei sinkenden Preisen steigt. Dies ist z. B. dann der Fall, wenn die Anbieter weiter steigende Preise *erwarten*, sodass sie ihr Angebot zurückhalten. Werden hingegen weiter sinkende Preise erwartet, wird das Angebot erhöht, um zukünftige Verluste zu vermeiden.

Ein anomales Angebot kommt auch vor, wenn nur ein oder wenige Anbieter auf dem Markt sind und diese mit Stückkosten kalkulieren. Aufgrund des Gesetzes der Massenproduktion sind sie in der Lage, größere Mengen zu niedrigeren Preisen anzubieten.[2]

Ein weiteres Beispiel für die anomale Angebotselastizität findet man in der Landwirtschaft. So kann es sein, dass eine Preissenkung bei landwirtschaftlichen Produkten zu einer Vergrößerung der Anbaufläche und damit des Angebots führt, weil jeder Landwirt die Umsatzeinbuße durch eine vergrößerte Verkaufsmenge ausgleichen möchte.[3]

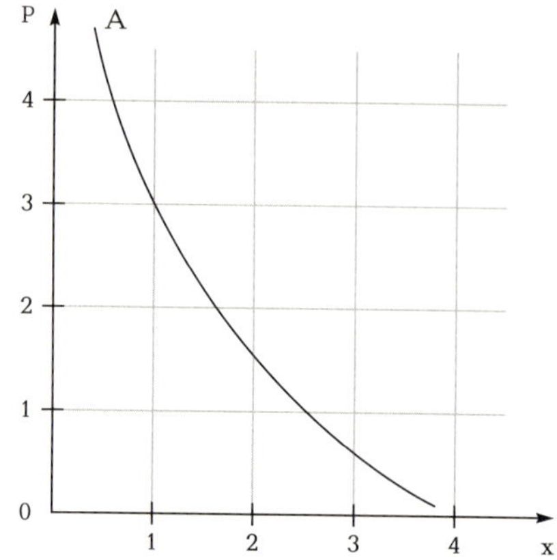

Negative Angebotselastizität (anomale Angebotskurve)

Abb. 4.45

Aufgaben zur Lernkontrolle

1. Definieren Sie den Begriff Marktangebot (Gesamtangebot) für ein Gut!
2. Erklären Sie mit eigenen Worten, wie das Marktangebot für ein Gut zustande kommt!
3. Die individuellen Angebotskurven folgender Betriebe sind bekannt (x = Mengeneinheiten):

Betrieb A	Betrieb B	Betrieb C
$P = 1\,^1/_3x$	$P = 1 + \,^1/_2x$	$P = 2x - 2$

   3.1 Ermitteln Sie die Marktangebotskurve entsprechend der Tab. 4.8!

   3.2 Zeichnen Sie die drei Angebotskurven und konstruieren Sie die Marktangebotskurve durch Queraddition!

4. Aufgrund welcher Ursachen nimmt das Marktangebot zu? (Begründungen!)
5. Aufgrund welcher Ursachen nimmt das Marktangebot ab? (Begründungen!)
6. Definieren Sie den Begriff Angebotselastizität!

---

1 Invers = umgekehrt, dem „Normalen" entgegengesetzt.

2 Näheres siehe Kapitel 5.

3 Beispiel aus RÖPKE, W., a.a.O., S. 191.

7. Berechnen Sie die Angebotselastizitäten in folgenden Fällen:

Güterart	Preisänderung je Einheit	Angebotsmengenänderung je Raum- und Zeiteinheit
Benzin	von 1,40 EUR auf 1,47 EUR	von 1 000 hl auf 1 200 hl
Radiogeräte	von 100,00 EUR auf 90,00 EUR	von 800 Stück auf 880 Stück
Milch	von 1,00 EUR auf 1,10 EUR	von 900 Liter auf 891 Liter
Taschenrechner	von 200,00 EUR auf 150,00 EUR	unverändert

8. Von welchen Faktoren können unterschiedliche Angebotselastizitäten abhängen?

9. WILHELM RÖPKE berichtet in seinem Buch „Die Lehre von der Wirtschaft"[1] von den Farmern im amerikanischen Staat Alabama, dass sie im Jahre 1919 einem Insektenschädling (dem Kapselwurm) aus Dankbarkeit dafür, dass seine Verwüstungen in den Baumwollplantagen das Angebot an Baumwolle verringert hatten, ein Denkmal gesetzt hätten.

   Erklären Sie diesen scheinbaren Widersinn!

10. Ein Orkan richtete in den Waldstücken von vier Forstwirten erheblichen Schaden an. Nur noch als Brennholz verwertbar sind 4000 Ster aus dem Wald des Forstwirts A, 5000 Ster aus dem Wald des Forstwirts B, 4500 Ster aus dem Wald des Forstwirts C und 6000 Ster aus dem Wald des Forstwirts D. Die vier Forstwirte verhalten sich wie folgt:

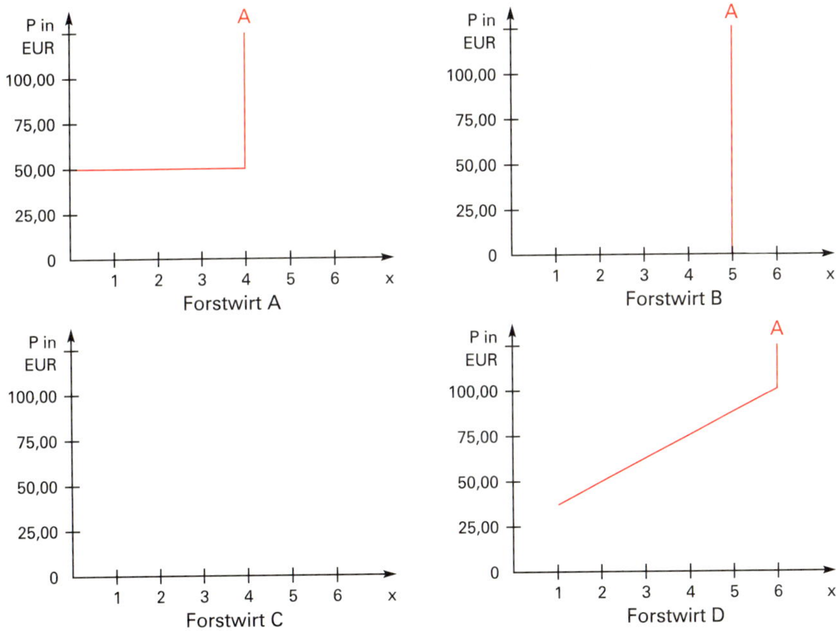

x = Brennholz in 1000 Ster A = Angebotskurve

Interpretieren Sie das Marktverhalten der vier Forstwirte!

1 Vgl. RÖPKE, W., a. a. O., S. 189.

5 Koordination der Produktion und Konsumtion in der Marktwirtschaft

5.1 Ordnungsrahmen der Marktwirtschaft

Eine geordnete Wirtschaft setzt voraus, dass in jedem Augenblick das Richtige in den richtigen Proportionen, zur richtigen Zeit, am richtigen Ort und mit der richtigen Produktionstechnik erzeugt wird.

(WILHELM RÖPKE)[1]

5.1.1 Notwendigkeit eines Ordnungssystems

Hoch entwickelte Volkswirtschaften stellen arbeitsteilige Gesellschaften dar.[2] Dies bedeutet, dass die wirtschaftlich tätigen Menschen nur in Ausnahmefällen die Güter erzeugen, die sie selbst verbrauchen. Produktion und Konsumtion finden also in unterschiedlichen Organisationsformen (Betrieben einerseits und Haushalten andererseits) statt. Außerdem fallen Produktion und Konsumtion räumlich und zeitlich auseinander. Hieraus ergibt sich die Notwendigkeit, die *einzelwirtschaftlichen Pläne* (die Pläne der Haushalte und der Betriebe) zu koordinieren,[3] d.h. zu *gesamtwirtschaftlichen Plänen* zusammenzufasssen. Wie sich diese Abstimmung vollzieht, hängt von der Wirtschaftsordnung ab, wobei unter *Wirtschaftsordnung* das gesamtwirtschaftliche Plansystem zu verstehen ist.

Wirtschaftsordnungen kann man danach unterscheiden, *wer* die einzelwirtschaftlichen Pläne (Produktionspläne der Betriebe und Konsumtionspläne der Haushalte) in Einklang bringt. In *zentralen Plansystemen*[4] ist es eine zentrale[5] Planbehörde, die die Teilpläne zu koordinieren hat *(Anweisungsmechanismus)*. In *dezentralen Plansystemen* werden die einzelwirtschaftlichen Pläne durch die *Märkte*[6] aufeinander abgestimmt *(Marktmechanismus)*.

Genauso wie der scheinbar chaotische[7] Straßenverkehr dann im Wesentlichen reibungslos abläuft, wenn sich die große Mehrheit der Verkehrsteilnehmer an die „Spielregeln", also an die Straßenverkehrs*ordnung* hält, kann auch die Koordination[8] der einzelwirtschaftlichen Pläne zu einem gesamtwirtschaftlichen Plan nur dann funktionieren,[9] wenn der arbeitsteiligen Wirtschaft ein Ordnungsrahmen vorgegeben ist, dessen „Spielregeln" (Normen) von den Wirtschaftssubjekten[10] eingehalten werden.

---

1 RÖPKE, W., a.a.O., S. 295.

2 Siehe Kapitel 1.3.2 „Die Arbeitsteilung als Organisationsprinzip der Produktion".

3 Koordinieren = zuordnen, aufeinander abstimmen, in Einklang bringen.

4 Siehe Kapitel 6.

5 Zentral = von einem bestimmten Punkt (Ort) aus.

6 Markt = Zusammentreffen von Angebot und Nachfrage (siehe Kapitel 5.2).

7 Von Chaos (gr.) = ungeordnetes, wirres Durcheinander.

8 Koordination = Abstimmung.

9 Funktionieren = reibungslos ablaufen.

10 Wirtschaftssubjekte sind alle wirtschaftlich handelnden Einzelpersonen (z.B. die privaten Verbraucher) und Organisationen (z.B. Betriebe und staatliche Stellen).

Der Ordnungsrahmen setzt sich aus einzelnen *Ordnungsmerkmalen* zusammen, die u.a. folgende Fragen regeln:

- Inwieweit soll der Staat in das Wirtschaftsgeschehen eingreifen?
- Wer soll produzieren? Wo, was und wie viel soll produziert werden?
- Wer entscheidet, wer was und wie viel zu konsumieren hat?
- Inwieweit sollen die Wirtschaftssubjekte Verträge miteinander abschließen können?
- Welche Aufgabe soll das Geld erfüllen?
- Wer soll Eigentümer an den Produktionsmitteln sein?
- Inwieweit sollen die Arbeitnehmer Beruf, Arbeitsplatz und Wohnort frei wählen können?

Ist der Ordnungsrahmen gegeben, sorgen in jeder Wirtschaftsordnung positive und negative Sanktionen[1] für die Einhaltung der Normen.

Beispiele:

In dezentralen Systemen wird ein Produzent dann belohnt, wenn er es versteht, seine Produktion auf Güter zu lenken, die von den Verbrauchern (Nachfragern) gewünscht werden, weil er dann Gewinn erzielt. Produziert er hingegen am „Markt vorbei" (er überschätzt z.B. die Nachfrage), wird er vom Markt „bestraft", indem er Verluste macht. In zentralen Systemen werden die Produzenten zu höherer Leistung angeregt, indem sie Prämien oder Auszeichnungen erhalten. Die Nichteinhaltung der zentralen Pläne wird durch Entzug der Prämien, Verlust des Arbeitsplatzes oder durch gerichtliche Maßnahmen bestraft.

Merke:

- Jede funktionsfähige Wirtschaft benötigt einen **Ordnungsrahmen,** weil in einer arbeitsteiligen Wirtschaft die Produktions- und Konsumtionspläne von verschiedenen Entscheidungsträgern erstellt werden.
- Der Ordnungsrahmen ist die Gesamtheit aller **Normen,** denen sich die Wirtschaftssubjekte unterwerfen sollten.
- Für die Einhaltung der Normen sorgen **positive** und **negative Sanktionen.**

Nach dem Gesagten lässt sich die Art und Weise, wie die einzelwirtschaftlichen Pläne koordiniert werden können, am besten mit Hilfe zweier *extremer Modelle* erläutern. Die beiden Modelle, von denen hier die Rede sein soll, sind die *freie Marktwirtschaft* (= dezentrales Plansystem) und die *Zentralverwaltungswirtschaft* (= zentrales Plansystem).

- Die beiden Modelle **freie Marktwirtschaft** und **Zentralverwaltungswirtschaft** werden als „Idealtypen" oder als „Idealformen" bezeichnet, weil diese Wirtschaftsformen zwar von der Idee her, nicht aber in der Wirklichkeit (Realität) existieren.

1 Für den Einzelnen bzw. für Gruppen vorteilhafte oder nachteilige Folgen eines bestimmten Handelns.

Ich vertraue der privaten Initiative und glaube, dass sie die stärkste Kraft ist, um aus den jeweiligen Gegebenheiten den höchsten Effekt herauszuholen.

(LUDWIG ERHARD)[1]

5.1.2 Der Individualismus als geistige Grundlage der freien Marktwirtschaft

Die Konzeption[2] eines wirtschaftlichen Ordnungsmodells ist weitgehend von der Auffassung vom Wesen des Menschen abhängig. Als die beiden großen *gegensätzlichen* Anschauungen über das Wesen des Menschen kann man den *Individualismus* einerseits und den *Kollektivismus* andererseits bezeichnen.[3]

Die freie Marktwirtschaft beruht auf dem Individualismus. Im Mittelpunkt der individualistischen Geisteshaltung steht der *einzelne Mensch*, das *Individuum*.

Für den Individualismus ist die *Freiheit* des Einzelnen oberster Grundsatz. Liberalismus und Individualismus sind also eng miteinander verknüpft. Der Staat ist nur ein Zweckverband, innerhalb dessen die Bürger ihren einzelwirtschaftlichen egoistischen Zielen nachgehen. Die Aufgabe des Staates besteht lediglich darin, den inneren und äußeren Rechtsschutz zu gewährleisten (Nachtwächterstaat).

Der Individualismus ist davon überzeugt, dass die uneingeschränkte Verfolgung der Einzelinteressen der Erreichung des höchsten Allgemeinwohls dient. Das ist der Gedanke der *natürlichen Harmonie*. Wenn nämlich jeder seinen eigenen Vorteil sucht, so wird der Produzent diejenigen Waren herstellen, die er am billigsten produzieren kann, um einen Höchstgewinn zu erzielen (Maximalprinzip). Auf der anderen Seite wird jeder die Waren dort kaufen, wo sie am billigsten zu haben sind (Minimalprinzip). Der freie, d.h. der nicht vom Staat beeinflusste Wettbewerb (= Konkurrenz) ist nach dieser Auffassung so imstande, wie eine „unsichtbare Hand" die Einzelinteressen auf das Gesamtinteresse zu lenken: *Eigennutz* ist zugleich *Gemeinnutz*.

„Jeder Einzelne wird sich darum bemühen, sein Kapital so anzulegen, dass es den höchsten Wert erzielen kann. Im Allgemeinen wird er weder darauf aus sein, das öffentliche Wohl zu fördern, noch wird er wissen, inwieweit er es fördert. Er interessiert sich lediglich für seine eigene Sicherheit und seinen eigenen Gewinn. Und dabei wird er von einer unsichtbaren Hand geleitet, ein Ziel zu fördern, das keineswegs in seiner Absicht gelegen hatte. Indem er seinen eigenen Interessen dient, fördert er das Wohl der Allgemeinheit oft auf weit wirksamere Weise, als wenn es in seiner wahren Absicht gelegen hätte, es zu fördern." (ADAM SMITH: Der Reichtum der Nationen, 1776).[4]

- Die Ablehnung der staatlichen Eingriffe in das wirtschaftliche Geschehen bringt für die Wirtschaftssubjekte eine Reihe von „Freiheiten" mit sich, somit auch das Recht der Wirtschaftssubjekte, ihre Wirtschaftspläne dezentral, d.h. frei von staatlicher Reglementierung erstellen und verwirklichen zu können.

---

1 LUDWIG ERHARD, 1897 – 1977, deutscher Politiker und Wirtschaftsfachmann, Verteter der „Sozialen Marktwirtschaft" (siehe Kapitel 5.3), 1949 – 1963 deutscher Wirtschaftsminister, deutscher Bundeskanzler von 1963 bis 1966. Bekannt wurden seine Schriften „Wohlstand für alle", 1957, und „Deutsche Wirtschaftspolitik", 1962.

2 Konzeption = gedanklicher Entwurf.

3 Zum Begriff Kollektivismus siehe Kapitel 6.1.2.

4 Zitiert nach SAMUELSON, P., a.a.O., Bd. I, S. 56. ADAM SMITH, 1723 – 1790, war britischer Moralphilosoph und Volkswirtschaftler sowie der bedeutendste Vertreter der klassischen liberalen Schule. (Unter Schule versteht man hier eine bestimmte geisteswissenschaftliche Richtung.)

Ein Mensch, der kein Eigentum erwerben darf, kann auch kein anderes Interesse haben, als so viel wie möglich zu essen und so wenig wie möglich zu arbeiten.

(ADAM SMITH)

5.1.3 Wesentliche Ordnungsmerkmale der freien Marktwirtschaft

In einer freien Wirtschaft wird *dezentral* geplant, d.h. von zahlreichen autonomen[1] Unternehmen und privaten Haushalten.

Die nachstehende Abbildung zeigt das vereinfachte Modell einer freien Marktwirtschaft:

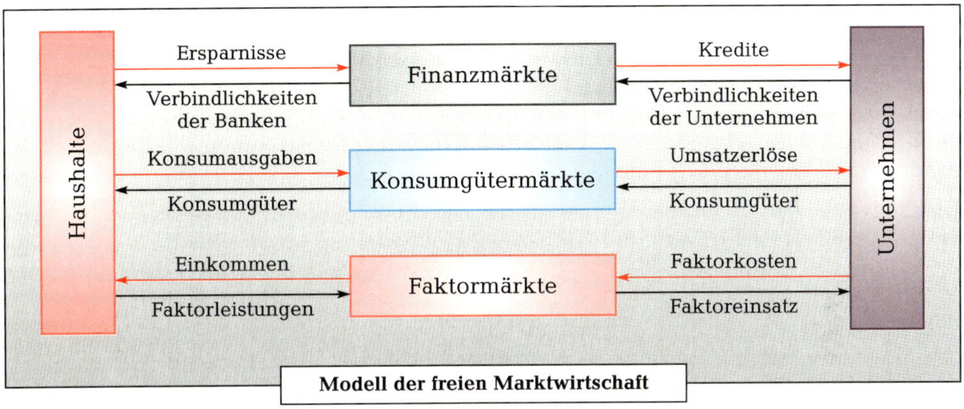

Abb. 5.1

Die privaten Haushalte treten auf den **Faktormärkten**[2] als Anbieter der beiden **Produktionsfaktoren** Arbeit und Boden auf (Faktoreinsatz), die von den Unternehmen[3] nachgefragt und gekauft werden (Faktorkosten). Die Unternehmen bieten auf den **Konsumgütermärkten** ihre Fertigerzeugnisse an, die die Haushalte kaufen. Umgekehrt fließt den Haushalten für Arbeitsleistungen und zur Verfügung gestellte Bodennutzungen **Einkommen** zu. Die Einnahmen aus dem Verkauf der Fertigerzeugnisse stellen für die Unternehmen **Umsatzerlöse** dar. Den Leistungs- und Güterströmen entsprechen also entgegenlaufende Geldströme (= monetäre Ströme). Dies gilt auch für die **Finanzmärkte:** Den Banken fließen die Ersparnisse der Haushalte zu; es entstehen Forderungen der Haushalte an die Banken (Verbindlichkeiten der Banken). Die Unternehmen erhalten finanzielle Mittel (Kredite); es entstehen Verbindlichkeiten der Unternehmen gegenüber den Banken.

---

1 Autonom = unabhängig; in der Handlungsfreiheit unbeeinträchtigt.

2 Märkte, auf denen Produktionsfaktoren gehandelt werden.

3 Im Modell der freien Wirtschaft stellen die wirtschaftlichen Betriebe „Unternehmen" dar, weil sie von privaten Kapitalgebern (Unternehmern, „Kapitalisten") gegründet, geleitet und aufgelöst werden. Die Unternehmen können in verschiedenen Rechtsformen auftreten, nämlich als Einzelunternehmen, Personengesellschaften oder Kapitalgesellschaften. Da der Staat in diesem Modell nur eine untergeordnete Rolle spielt, gibt es in der freien Marktwirtschaft auch keine staatlichen Betriebe in privatwirtschaftlichen Rechtsformen, also keine staatlichen Unternehmen.

Im Modell der freien Marktwirtschaft regulieren sich die Gütermärkte mit Hilfe des **Güterpreises,**[1] die Kreditmärkte[2] mit Hilfe des **Zinses** und die Faktormärkte mit Hilfe des **Lohns**[3] und des **Pacht-** bzw. **Mietzinses.**[4]

Wirtschaftsordnungen können nicht isoliert von der Rechtsordnung betrachtet werden. Eine freie Wirtschaft muss den Wirtschaftssubjekten z.B. das Recht garantieren, Unternehmen zu gründen oder aufzulösen **(Gewerbefreiheit),** Verträge frei abzuschließen **(Vertragsfreiheit),** den Niederlassungsort durch Unternehmen und durch Arbeitnehmer frei zu wählen **(Niederlassungsfreiheit** bzw. **Freizügigkeit)** oder zu ex- und importieren, wie dies der Markt verlangt **(Freihandel).** Das ist leicht einzusehen. Preise können z.B. nur dann eine Steuerungsfunktion übernehmen, wenn bei steigenden Preisen das Angebot erhöht werden kann. Das wiederum ist nur möglich, wenn es den Wirtschaftssubjekten überlassen bleibt, mehr zu produzieren bzw. neue Produkte auf den Markt zu bringen **(Produktionsfreiheit).** Eine staatliche Produktionsauflage würde diese Anpassung be- oder verhindern. Das ist auch der Grund dafür, dass in einer freien Marktwirtschaft das **Privateigentum** an den Produktionsmitteln (am „Kapital") garantiert sein muss.[5] Die Verbraucher müssen das Recht haben, über den Kauf oder Nichtkauf der angebotenen Güter selbst zu entscheiden **(Konsumfreiheit).** Die Unternehmen kommen den Kaufwünschen der Konsumenten deswegen nach, weil sie die Chance haben, Gewinn zu erzielen. Das Streben nach Gewinn (Profit) ist daher der *Anreiz* (das Motiv), immer mehr, billiger und besser zu produzieren.

Merke:

- In der **freien Marktwirtschaft** greift der Staat überhaupt nicht in das Wirtschaftsgeschehen ein. Er hat allenfalls eine Überwachungsfunktion **(Nachtwächterstaat).**
- Die Entscheidung darüber, was und wie viel produziert wird, liegt ausschließlich bei den Unternehmen **(Produktionsfreiheit).**
- Die Entscheidung darüber, was und wie viel gekauft wird, liegt ausschließlich bei den Konsumenten **(Konsumfreiheit).**
- Es bleibt den Unternehmen und Haushalten überlassen, ob und wie viel sie importieren oder exportieren wollen **(Freihandel).**
- Die Ausgestaltung der Verträge (Kauf-, Miet-, Pacht-, Kartellverträge usw.) wird den Vertragsparteien überlassen **(Vertragsfreiheit).**
- Die Steuerung der Wirtschaft über den Preis setzt das Vorhandensein eines allgemein anerkannten Zahlungsmittels, also von Geld, voraus **(Geldwirtschaft).**
- Das **Privateigentum an den Produktionsmitteln** (am „Kapital", daher „Kapitalismus") muss gewährleistet sein.
- **Freie Berufswahl, Arbeitsplatzwahl** und **Freizügigkeit** müssen garantiert sein (andernfalls kann der „Lohnmechanismus" nicht wirken).

---

1 Siehe Kapitel 5.2.

2 Unter Kredit versteht man die gegenwärtige Hingabe von Geld im Vertrauen auf die zukünftige Rückgabe (lat. credere = glauben, vertrauen). Die Kreditmärkte werden im Kapitel 8 behandelt.

3 Wirtschaftlich gesehen ist der Lohn der „Preis" für menschliche Arbeitsleistungen. Näheres siehe Kapitel 5.3.3.

4 Näheres siehe Kapitel 7.1.

5 Wirtschaftsordnungen, in denen sich das Kapital (Produktionsmittel einschließlich Grund und Boden) in der Hand privater Wirtschaftssubjekte befindet, werden daher auch als „kapitalistische Wirtschaftsordnungen" bezeichnet.

Aufgaben zur Lernkontrolle

1. Warum benötigt eine arbeitsteilige Volkswirtschaft ein Ordnungssystem zur Koordinierung des Wirtschaftsablaufs?

2. Begründen Sie, warum die freie Marktwirtschaft ein idealtypisches Modell einer Wirtschaftsordnung darstellt!

3. Kennzeichnen Sie den Individualismus als geistige Grundlage der freien Marktwirtschaft!

4. Kennzeichnen Sie das Wesen der dezentralen Planung im Modell der freien Marktwirtschaft!

5. Welche Merkmale muss das Modell einer freien Marktwirtschaft aufweisen, damit es funktionsfähig sein kann?

6. Bilden Sie Beispiele für die liberale Ansicht, dass das Einzelinteresse dem Gesamtinteresse entspreche!

7. In Abb. 5.1 wurde der Einfachheit halber der Sektor Unternehmen nicht nach Produktionsgüter- und Konsumgüterindustrie aufgeteilt. Der Produktionsgütermarkt tritt also nicht in Erscheinung.

   Zeichnen Sie das Modell der freien Marktwirtschaft unter Einbeziehung der Produktionsmittelmärkte!

8. ADAM SMITH (siehe Fußnote 4 auf S. 142) war kein Verfechter eines ungehemmten Liberalismus und damit einer völlig freien Marktwirtschaft. Stellen Sie anhand des nachfolgenden Textauszugs fest, welche Aufgaben er dem Staat in einer Marktwirtschaft zumaß!

Smith wird vielfach als doktrinärer Vertreter eines Laisser-faire bezeichnet – zu Unrecht. Seine Kritik richtet sich nicht gegen Staatseingriffe schlechthin, sondern gegen von ihm für schädlich gehaltene. Grundsätzlich habe der Staat nur solche Aufgaben zu übernehmen, die von den Privaten entweder nicht oder nur schlechter wahrgenommen werden können. Der Souverän habe sich aller Pflichten zu entledigen, „zu deren angemessener Erfüllung keine menschliche Weisheit und kein Wissen je ausreichen könnten“ – der Planung und Steuerung der Produktion. Der Markt löse dies weit besser, und Wettbewerb sei ein Mittel zur Beschränkung individueller Macht. Nur dort, wo der Markt versage, wie bei der Bereitstellung öffentlicher Güter und der Tendenz zur Monopolbildung, seien Staatseingriffe gerechtfertigt …

Die Liste der von Smith für gerechtfertigt erachteten Staatseingriffe ist lang. Sie reicht von der Regulierung des Bankgeschäfts und der Kontrolle der Zinsen über Steuern zur Eindämmung des Alkoholkonsums bis hin zur Förderung von Kunst und Kultur. Der „unsichtbaren Hand“ ist eine deutlich sichtbare zur Seite gestellt.

Adam Smith starb am 17. Juli 1790 in Edinburgh. Auch zwei Jahrhunderte danach verdient es seine Botschaft gehört zu werden. So ließen sich soziale Schäden gewaltigen Ausmaßes vermeiden: Die bestehenden Systeme der Arbeitsteilung in Osteuropa wären nicht mutwillig zerstört worden. Es würde verstanden werden, dass die neu gewonnene Freiheit der sozialen Kontrolle bedarf: „Jener Gebrauch der natürlichen Freiheit durch einige wenige Individuen, welcher die Sicherheit der ganzen Gesellschaft gefährden könnte, wird zu Recht durch die Gesetze einer jeden Regierung beschränkt – der freiesten ebenso wie der willkürlichsten“. Es würde auch verstanden, dass Marktwirtschaft keine amoralische Veranstaltung ist und daher ebensowenig von heute auf morgen dekretiert werden kann wie der damit verbundene politische Regimewechsel – und dass eine Gesellschaft „zwar ohne Wohlwollen auskommen kann, die Vorherrschaft von Ungerechtigkeit sie jedoch letztlich zerstören muss“.

Die Zeichen verdichten sich, dass das gewaltige Experiment des Übergangs von der Kommando- zur Marktwirtschaft vielerorts zu scheitern droht …

Quelle: Piper, N. (Hrsg.): Die großen Ökonomen, Leben und Werk der wirtschaftswissenschaftlichen Vordenker, 1994, S. 34 f.

10 Hartmann – ISBN 978-3-8120-0320-9

Selbst aus einem Papagei kann man einen gelehrten Nationalökonomen machen; er muss nur die beiden Worte „Angebot" und „Nachfrage" beherrschen.

(Verfasser unbekannt)[1]

5.2 Preisbildung

5.2.1 Marktformen

Sehen wir uns die Marktberichte einer Tageszeitung an, so stellen wir fest, dass beispielsweise die Preise für Gemüse oder Kartoffeln im Laufe des Jahres steigen oder fallen. Die Preisentwicklung dieser Waren hängt offenbar vom Umfang des Angebots einerseits und der Nachfrage andererseits ab.

Einteilung der Märkte

- Unter **Markt** verstehen wir das Zusammentreffen von Angebot und Nachfrage.
- Die **Nachfrage** setzt sich aus der Summe aller mit Kaufkraft ausgestatteten Kaufwünsche der Wirtschaftssubjekte zusammen.
- Das **Angebot** setzt sich aus der Summe aller Verkaufswünsche der Wirtschaftssubjekte zusammen.

Je nachdem, von welchem Gesichtspunkt aus man die Märkte betrachtet, kann man verschiedene Einteilungen vornehmen, und zwar:

1. **nach dem Umfang der staatlichen Marktbeeinflussung**
   - freie Märkte (= Märkte ohne jeden Staatseingriff, wie sie im Modell der freien Marktwirtschaft vorausgesetzt werden);
   - regulierte (gelenkte) Märkte (= Märkte, auf denen der Staat eingreift, wenn er seine politischen Ziele gefährdet sieht).[2]
2. **nach dem Umfang der Marktzutrittsmöglichkeit**
   - offene Märkte (= Märkte, bei denen jedermann als Anbieter oder Nachfrager auftreten kann);
   - geschlossene Märkte (= Märkte, auf denen nicht jedermann Zutritt hat. Beispiel: Der Staat verbietet den gewerblichen Transport von Briefen zugunsten einer Staatspost. Solche rechtlichen Beschränkungen widersprechen dem Modell der freien Marktwirtschaft);
3. **nach der Art der gehandelten Sachgüter und Leistungen**
   - Warenmärkte (= Märkte, auf denen Sachgüter gehandelt werden). Die Warenmärkte können wieder in Konsumgütermärkte und Produktionsgütermärkte eingeteilt werden;
   - Grundstücksmärkte (= Märkte, auf denen bebaute und unbebaute Grundstücke angeboten und nachgefragt werden);

---

1 Zitiert bei SAMUELSON, P.; a.a.O., Bd. I, S. 81.

2 Um uns das Marktgeschehen zu verdeutlichen, wollen wir uns im Folgenden auf die Konsumgütermärkte beschränken.

- Finanzmärkte (= Märkte, auf denen kurz- oder langfristige Geldmittel gehandelt werden, also Geld- und Kapitalmärkte);
- Arbeitsmärkte (= Märkte, auf denen die Nachfrage nach Arbeitskräften und das Angebot von Arbeitskräften aufeinander trifft);

4. nach räumlich-zeitlichen Gesichtspunkten

- zentralisierte Märkte (= Märkte, auf denen alles Angebot und alle Nachfrage an einem bestimmten Ort aufeinander treffen; zentralisierte Märkte sind *Punktmärkte* wie z.B. Wochenmärkte, Großmärkte, Auktionen, Versteigerungen, Börsen). In der Regel sind zentralisierte Märkte zugleich *organisierte* Märkte, d.h. Märkte mit einer Marktordnung (z.B. Regelung des Beginns und des Endes einer Marktveranstaltung, Begrenzung des Teilnehmerkreises);
- dezentralisierte Märkte (= Märkte, auf denen Angebot und Nachfrage weder am gleichen Ort noch zur gleichen Zeit aufeinander treffen; die meisten Märkte der Wirklichkeit sind dezentralisierte und zugleich *unorganisierte* Märkte. Beispiele: Schuhmarkt, Weinmarkt, Lebensmittelmarkt, Textilmarkt);

5. nach rein räumlichen Gesichtspunkten

- norddeutsche Märkte;
- deutsche Märkte;
- europäische Märkte;
- Weltmärkte.

6. nach der Anzahl der Anbieter und Nachfrager

- polypolistische Märkte[1] (= vollständige Konkurrenz, d.h. unzählige Anbieter und Nachfrager treten auf dem Markt auf);
- oligopolistische Märkte[2] (= Märkte, bei denen auf einer und/oder beiden Marktseiten wenige Konkurrenten vorhanden sind);
- monopolistische Märkte[3] (= Märkte, bei denen sich auf einer und/oder beiden Marktseiten nur ein Marktbeteiligter befindet);

7. nach der Einheitlichkeit bzw. Uneinheitlichkeit der Marktpreisbildung

- vollkommene Märkte (= Märkte, auf denen es nur einen einheitlichen Preis für ein bestimmtes Gut geben kann);
- unvollkommene Märkte (= Märkte, auf denen es für ein bestimmtes Gut unterschiedliche Preise gibt).

---

1 Die Vorsilbe poly ... bedeutet in Fremdwörtern „viel", z.B. in „Polygamie" die Vielehe.

2 Die Vorsilbe olig ... bedeutet in Fremdwörtern „wenig", z.B. in „Oligarchie" die Herrschaft weniger. Näheres zum Oligopol siehe S. 163f. und 184ff.

3 Die Vorsilbe mono ... bedeutet in Fremdwörtern „ein", z.B. in „Monotonie" die Eintönigkeit.

Modellannahmen des vollkommenen Marktes

Ein Einheitspreis kann sich nur unter folgenden Modellannahmen (= Prämissen) bilden:

- Auf einem vollkommenen Markt müssen absolut gleichartige Güter gehandelt werden: Die Güter müssen *homogen* sein.

Beispiele:

Banknoten, Aktien einer bestimmten Aktiengesellschaft, Edelmetalle, Baumwolle eines bestimmten Standards.

- Angebot und Nachfrage müssen gleichzeitig an einem bestimmten Ort aufeinander treffen **(Punktmarkt).**

Beispiel:

Nur die an einem bestimmten Tag bei einem Börsenmakler zusammenlaufenden Kauf- oder Verkaufsaufträge bestimmen den Kurs (den Preis) des Tages.

- Anbieter und Nachfrager müssen eine vollständige **Marktübersicht (Markttransparenz)** besitzen.

Beispiel:

An den Börsen ist die Bedingung der vollständigen Markttransparenz weitgehend erfüllt. Hier kennt der Börsenmakler genau die Preisvorstellungen der Käufer und Verkäufer. Des Weiteren sind ihm die angebotenen und nachgefragten Mengen bekannt. Auch die Anbieter und Nachfrager sind jederzeit in der Lage, sich über die Marktsituation an der Börse zu informieren.

- Anbieter und Nachfrager müssen sofort auf Änderungen der Marktsituation reagieren können **(„unendlich schnelle Reaktionsfähigkeit").**

Beispiel:

Der Börsenspekulant hat jederzeit die Möglichkeit, sich telefonisch an der Börse über den Stand der Nachfrage, des Angebots und der Kurse zu informieren (Markttransparenz). Zugleich hat er die Möglichkeit, z.B. bei steigenden Kursen mehr anzubieten oder weniger nachzufragen (schnelle Reaktionsfähigkeit).

- Käufer und Verkäufer dürfen sich nicht gegenseitig bevorzugen (**Abwesenheit von Präferenzen** = Bevorzugungen).

Beispiele:

Eine sachliche Präferenz liegt vor, wenn ein Käufer der Meinung ist, dass das Produkt des Herstellers A besser als das des Herstellers B ist, auch wenn beide Produkte objektiv gleich (homogen) sind. Eine zeitliche Präferenz ist gegeben, wenn z.B. ein Käufer den Lieferer A bevorzugt, weil dieser schneller liefern kann. Von räumlicher Präferenz spricht man z.B., wenn die räumliche Nähe des Marktpartners zu Bevorzugungen führt. Persönliche Präferenzen bestehen z.B. dann, wenn ein Kunde ein Geschäft aufgrund besonders kulanter und freundlicher Bedienung bevorzugt.

Fehlt nur eine der genannten Bedingungen, spricht man von einem *unvollkommenen Markt*. Annähernd vollkommene Märkte sind die Ausnahme, unvollkommene Märkte die Regel.

Marktformenschema

Marktformen nach der Zahl der Marktteilnehmer[1]

Zahl der Anbieter \ Zahl der Nachfrager	einer	wenige	viele
einer	zweiseitiges Monopol	Angebotsmonopol mit oligopolisitischer Nachfrage	Angebotsmonopol
wenige	Nachfragemonopol mit oligopolisitischem Angebot	zweiseitiges Oligopol	Angebotsoligopol
viele	Nachfragemonopol	Nachfrageoligopol	vollständige (polypolistische) Konkurrenz

vollkommene Märkte | unvollkommene Märkte

Übersicht 5.1

Aufgrund dieser Matrixdarstellung erhält man 9 verschiedene Marktformen. Beachtet man, dass (theoretisch) **jede** Marktform **vollkommen** oder **unvollkommen** sein kann, ergeben sich 18 Marktformen.

Im Folgenden werden wir uns auf das Polypol, das Monopol und das Oligopol beschränken.

5.2.2 Preisbildung auf vollkommenen Märkten

5.2.2.1 Preisbildung des vollkommenen Polypols

5.2.2.1.1 Gleichgewichtspreis

Um uns den Vorgang der *Preisbildung* auf einem vollkommenen polypolistischen Markt zu verdeutlichen, greifen wir zu einem einfachen Beispiel.

Beispiele:

Die Warenbörsen erhalten von den Käufern und Verkäufern Kauf- oder Verkaufsaufträge. Dabei können Käufer und Verkäufer ihre Aufträge limitieren, d.h. begrenzen. Ein Käufer kann z.B. den Makler[2] beauftragen, eine bestimmte Warenmenge *höchstens* zu 62,00 € je Gewichtseinheit zu kaufen. Sollte der Kurs (= der an der Börse festgelegte Preis) am Kauftag höher sein, wird der Auftrag nicht ausgeführt.

Ein Verkäufer kann den Makler beauftrgen, eine bestimmte Warenmenge zu *mindestens* 61,00 € zu verkaufen. Ist der Kurs (Preis) am Verkaufstag niedriger, wird der Auftrag ebenfalls nicht ausgeführt.

1 Dieses Marktformenschema stammt von HEINRICH VON STACKELBERG (1905 - 1946).

2 Ein Makler ist ein Kaufmann, der Geschäfte für andere vermittelt. Für seine Tätigkeit erhält er eine Maklergebühr (= Courtage), die von beiden Vertragspartnern (Käufer, Verkäufer) je zur Hälfte zu zahlen ist.

Werden die Kauf- und Verkaufsaufträge nicht limitiert, werden die zum Kauf nachgefragten bzw. die zum Verkauf angebotenen Waren „bestens“, d. h. zu dem am Abschlusstag gültigen Kurs (Preis) ge- oder verkauft.

Angenommen nun, bei einem Warenmakler laufen für eine Weichweizensorte einheitlicher Qualität folgende Aufträge ein:

Kaufaufträge (= Nachfrage)	**Verkaufsaufträge (= Angebot)**
50 dt[1] bestens	30 dt bestens
45 dt zu 61,00 EUR höchstens	45 dt zu 61,00 EUR mindestens
20 dt zu 62,00 EUR höchstens	85 dt zu 62,00 EUR mindestens
70 dt zu 63,00 EUR höchstens	40 dt zu 63,00 EUR mindestens
20 dt zu 64,00 EUR höchstens	35 dt zu 64,00 EUR mindestens

Tabelle 5.1

Der Makler hat nun die Aufgabe, festzustellen, bei welchem Preis (Kurs) der höchste Umsatz erzielt werden kann.

Dazu muss festgestellt werden, welche Umsätze (= Menge · Preis) bei den einzelnen Preisen möglich sind:

Mögliche Preise (Kurse)	Durchführbare Kaufaufträge (Nachfrage)	Durchführbare Verkaufsaufträge (Angebot)	Umsetzbare Menge
60,00 EUR	205 dt[2]	30 dt[4]	30 dt
61,00 EUR	205 dt	75 dt	75 dt
62,00 EUR	160 dt[3]	160 dt	160 dt
63,00 EUR	140 dt	200 dt	140 dt
64,00 EUR	70 dt	235 dt	70 dt

Tabelle 5.2

In diesem Beispiel beträgt der vom Makler festgesetzte Preis 62,00 € je dt, weil hier der größtmögliche Umsatz getätigt werden kann. Man spricht vom **Gleichgewichtspreis.**

- Der **Gleichgewichtspreis** bringt Angebot und Nachfrage zum Ausgleich, er „räumt den Markt".

Der Gleichgewichtspreis ist somit in der Lage, die **unterschiedlichen Interessen** der **Anbieter** und **Nachfrager** auszugleichen. Die *Anbieter* haben ein Interesse daran, möglichst *hohe Preise* zu erzielen. Das Interesse der *Nachfrager* hingegen besteht darin, die nachgefragten Güter zu möglichst *niedrigen Preisen* zu erhalten.

Zu beachten ist, dass die Anbieter, die einen *höheren* Preis als den Gleichgewichtspreis (Marktpreis) erzielen wollen, und die Nachfrager, die nur einen *niedrigeren* Preis als den Gleichgewichtspreis bezahlen wollen, *leer ausgehen.*

1 1 dt = 1 Dezitonne = 100 kg.

2 Bei einem Preis (Kurs) von 60,00 € wollen alle Auftraggeber kaufen, auch diejenigen, die eigentlich einen höheren Kurs zu zahlen bereit sind.

3 Bei einem Preis von 62,00 € kaufen die Auftraggeber nicht mehr, die höchstens 61,00 € anlegen wollten. Die Käufer, die nicht limitiert haben, kaufen jedoch zu *jedem* Kurs.

4 Es verkaufen nur die Auftraggeber, die nicht limitiert haben. Alle anderen wollten einen höheren Preis erzielen.

Die Marktteilnehmer jedoch, die zum Zuge kommen, befinden sich in unterschiedlichen Situationen. Diejenigen Anbieter, die auch zu einem niedrigeren Preis als zu dem Gleichgewichtspreis verkaufen würden, erzielen einen Gewinn, den man als **Anbieterrente** bezeichnet. Handelt es sich bei diesen Anbietern um Hersteller bzw. Verkäufer von Produkten, deren Produktion *Kosten* verursacht hat, spricht man von **Produzentenrente.**[1] Die Käufer hingegen, die auch einen höheren Preis als den Gleichgewichtspreis zu zahlen gewillt wären, erzielen eine **Nachfragerrente.** Handelt es sich um Nachfrager nach Konsumgütern, spricht man von der **Konsumentenrente.** Sie stellt für die Nachfrager nach Konsumgütern (also vor allem die privaten Haushalte) einen *Nutzengewinn* dar (siehe auch Abb. 5.3 auf S. 152).

Handelt es sich um reproduzierbare Güter (immer wieder neu herstellbare Güter), kommt in den Preisforderungen der Anbieter die Höhe ihrer Produktionskosten[2] zum Ausdruck. Je höher die Produktionskosten jedes einzelnen Anbieters sind, desto höher wird i. d. R. auch seine Preisforderung sein. In den Preisvorstellungen der Käufer kommen, falls es sich um Konsumgüter handelt, ihre individuellen Nutzenvorstellungen zum Ausdruck. Je höher der individuelle Nutzen des nachgefragten Gutes ist, desto mehr ist der einzelne Nachfrager zu zahlen bereit.

Ganz wesentlich ist die Erkenntnis, dass jeder andere als der Gleichgewichtspreis (Einheitspreis) den Markt nicht räumen kann. Setzt der Börsenmakler beispielsweise einen Kurs von 61,00 € je dt fest, beträgt die Nachfrage 205 dt, das Angebot nur 75 dt (Unterangebot = Übernachfrage = **Angebotslücke**). Der Börsenmakler wird also den Preis *heraufsetzen.*

- Allgemein ausgedrückt: Ist bei einem gegebenen Preis das Angebot kleiner als die Nachfrage (Angebotslücke), wird der Preis steigen.

Umgekehrt ist es, wenn der Börsenmakler beispielsweise einen Preis von 63,00 € je dt bestimmt. Dann beläuft sich das Angebot auf 200 dt, die Nachfrage lediglich auf 140 dt (Überangebot = Unternachfrage = **Nachfragelücke**). Der Makler wird also den Preis *herabsetzen.*

- Allgemein ausgedrückt: Ist bei einem gegebenen Preis die Nachfrage kleiner als das Angebot (Nachfragelücke), wird der Preis sinken.

Das obige Zahlenbeispiel lässt sich auch grafisch veranschaulichen. Tragen wir an der x-Achse (waagerechte Achse des Koordinatensystems) die angebotenen bzw. nachgefragten Gütereinheiten (im Beispiel dt) und an der y-Achse die möglichen Preise (hier € je dt) ab, erhalten wir folgende **Angebots-** und **Nachfragekurven:**

1 Bei nicht reproduzierbaren Gütern (z. B. Sammlungen von Mineralien, Versteinerungen oder Briefmarken, Kunstgegenständen und Boden) spielen die Anschaffungskosten als objektive Größe für die Anbieter nur eine geringe Rolle. Ihre Preisvorstellungen sind mehr oder weniger subjektiv bestimmt.

2 In den Produktionskosten ist ein angemessener Unternehmergewinn, Zinsen für das investierte Eigenkapital, eine Risikoprämie und ein Unternehmerlohn für die geleistete Arbeit enthalten. Die „Produzentenrente" stellt also einen Zusatzgewinn dar.

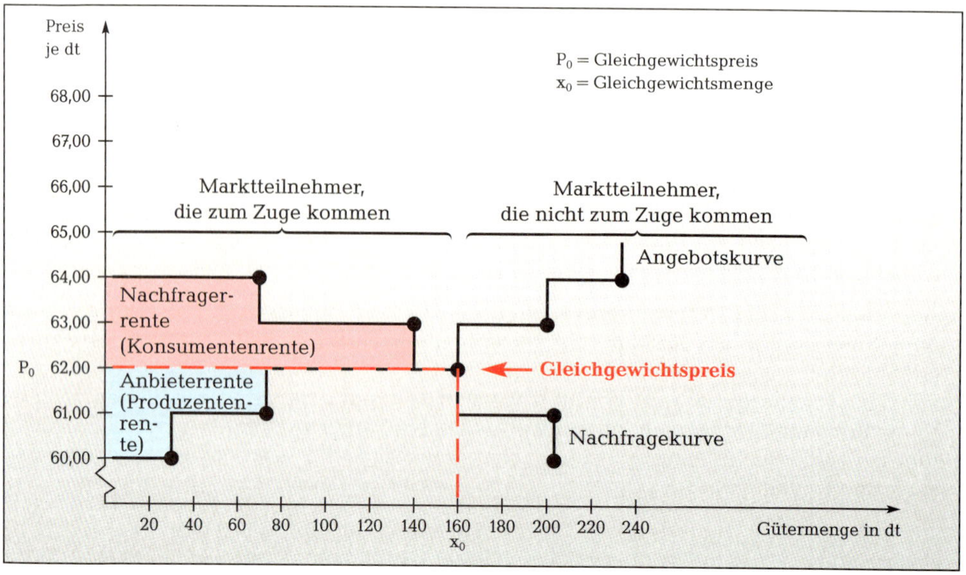

Abb. 5.2

Wenn man sich nun vorstellt, dass sehr viele (theoretisch „unendlich" viele) Anbieter und Nachfrager auf dem Markt sind, verschwinden die „Treppen" aus der Angebots- und aus der Nachfragekurve. Es ergibt sich folgendes Bild:

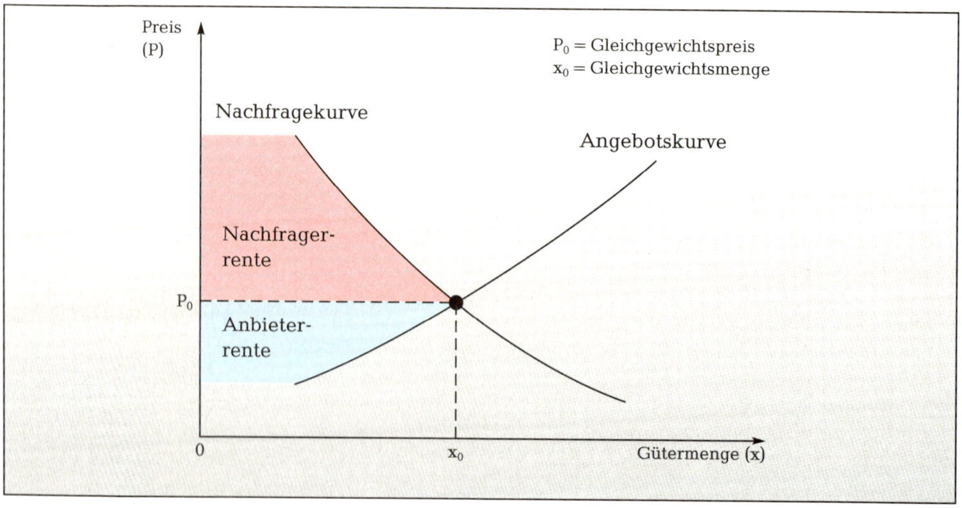

Abb. 5.3

5.2.2.1.2 Preismechanismus

Wer mehr über die Steuerung der freien Marktwirtschaft mit Hilfe des *Preismechanismus* wissen möchte, kann sich in diesem Abschnitt informieren. Denn weder Angebot noch Nachfrage bleiben im Laufe der Zeit unverändert.

So mag es z.B. sein, dass die Nachfrage nach bestimmten Gütern und Dienstleistungen bei einem gegebenen Preis *zunimmt*, weil die Einkommen der Nachfrager gestiegen sind oder weil die Nachfrager künftige Preissteigerungen *erwarten*. Umgekehrt kann die Nachfrage zu einem bestimmten Preis *abnehmen*, weil die Einkommen gesunken sind (z.B. aufgrund von Arbeitslosigkeit) oder die Nachfrager Preissenkungen *erwarten*.

Eine Zunahme der Nachfrage wirkt sich in einer Verschiebung der Nachfragekurve nach „rechts" aus, eine Abnahme der Nachfrage in einer Verschiebung der Nachfragekurve nach „links".

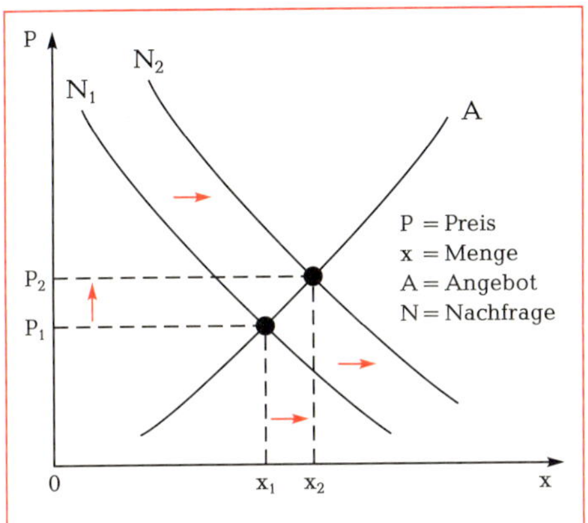

Zunehmende Nachfrage

Abb. 5.4

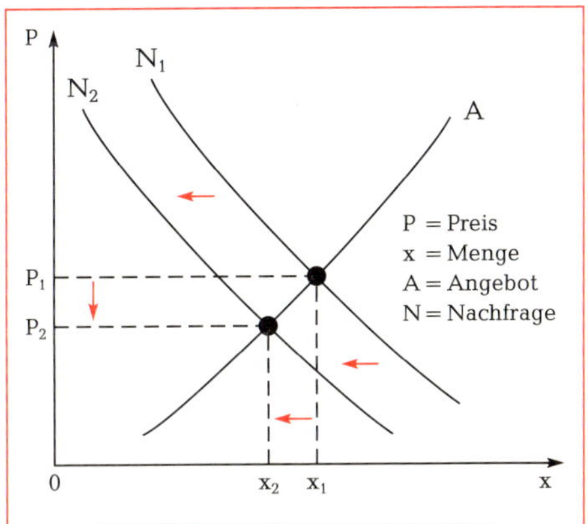

Abnehmende Nachfrage

Abb. 5.5

Im Normalfall gelten auf vollkommenen polypolistischen Märkten folgende **„Preisgesetze"**:

- Bei gleich bleibendem Güterangebot führt die Zunahme der Nachfrage zu steigenden Preisen.
- Bei gleich bleibendem Güterangebot führt die Abnahme der Nachfrage zu fallenden Preisen.

Desgleichen kann der Fall eintreten, dass das Angebot bei einem bestimmten Preis und bei gleich bleibender Nachfrage zu- oder abnimmt. So geht z.B. das Angebot landwirtschaftlicher Produkte bei Missernten zurück, während es bei Rekordernten zunimmt.

Die Zunahme des Angebots wirkt sich in einer Verschiebung der Angebotskurve nach „rechts" aus, eine Abnahme des Angebots in einer Verschiebung der Angebotskurve nach „links".

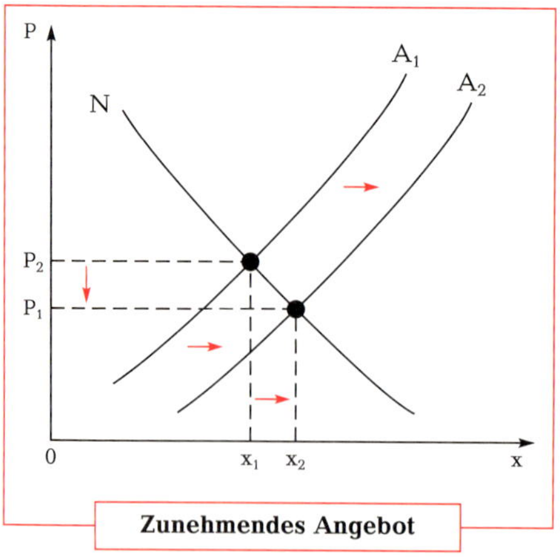

Abb. 5.6

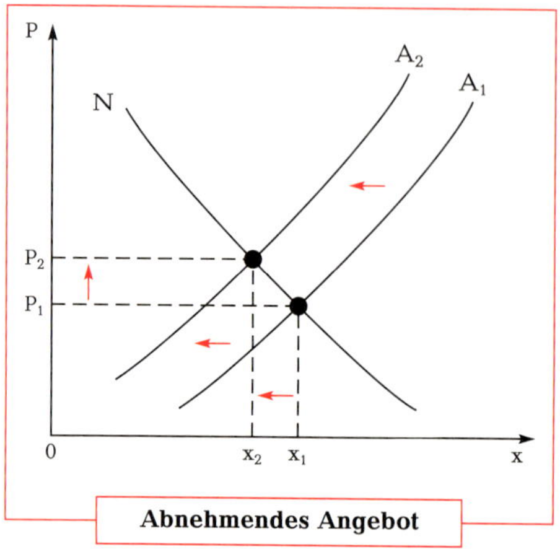

Abb. 5.7

Im Normalfall gelten bei vollkommen polypolistischer Konkurrenz folgende **„Preisgesetze"**:

- Bei gleich bleibender Nachfrage führt die Zunahme des Angebots zu sinkenden Preisen.
- Bei gleich bleibender Nachfrage führt die Abnahme des Angebots zu steigenden Preisen.

Diese so genannten **Preisgesetze** werden jedoch nur dann wirksam, wenn man von einer normalen Nachfragekurve (also vom Gesetz der Nachfrage) und von einer normalen Angebotskurve (also vom Gesetz des Angebots) ausgeht (siehe S. 123).

Die bisherigen Überlegungen zeigen, dass in einer freien Marktwirtschaft Preis, Angebot und Nachfrage, kurz: die *Märkte*, die Volkswirtschaft selbsttätig (automatisch) *steuern*. Was für die Güterpreise gilt, trifft im Modell auch auf die übrigen Marktpreise zu. So wird der Arbeitsmarkt über die Löhne (= Preise für die Arbeitskraft) reguliert. Ist das Arbeitsangebot hoch und die Arbeitsnachfrage niedrig, wird eben der Lohn so lange sinken, bis der „Markt geräumt" ist. Gleichermaßen werden die Kreditmärkte mit Hilfe des Zinsmechanismus gesteuert. Ist das Kreditangebot niedrig, die Kreditnachfrage hoch, wird der Zins so lange steigen, bis auch hier die Kreditnachfrage dem Kreditangebot entspricht. Somit erübrigen sich jegliche staatliche Eingriffe in das Marktgeschehen.

Aufgaben zur Lernkontrolle

1. Definieren Sie den Begriff Markt!
2. Auf dem Kartoffelmarkt der Bundesrepublik Deutschland bietet eine unüberschaubar große Zahl von unabhängigen Landwirten die verschiedensten Kartoffelsorten an. Ebenso zahlreich sind die Nachfrager (Händler und private Haushalte). Der Staat überlässt die Preisbildung dem freien Markt. Anbauvorschriften gibt es nicht. Die Gründung bzw. Stilllegung

landwirtschaftlicher Betriebe wird vom Staat nicht beeinflusst; es herrscht also Gewerbefreiheit.

Welche Marktform liegt vor

a) nach dem Umfang der staatlichen Marktbeeinflussung,
b) nach dem Umfang der Marktzutrittsmöglichkeit,
c) nach der Art der gehandelten Güter,
d) nach räumlich-zeitlichen Gesichtspunkten,
e) nach der Anzahl der Anbieter und Nachfrager und
f) nach der Einheitlichkeit bzw. Uneinheitlichkeit der Marktpreisbildung?

Begründen Sie kurz Ihre Feststellungen!

3. Nennen Sie die einzelnen Prämissen des vollkommenen Marktes und **begründen** Sie, warum die einzelnen Prämissen erfüllt sein müssen, wenn für ein Gut nur ein Gleichgewichtspreis (Einheitspreis) existieren soll!

4. Charakterisieren Sie das Wesen des vollkommenen polypolistischen Marktes und begründen Sie, warum das vollkommene Polypol einen theoretischen Grenzfall darstellt!

5. Wie hoch sind Gleichgewichtspreis und Gleichgewichtsmenge auf einem vollkommenen polypolistischen Markt, wenn die Angebotsfunktion die Gestalt $P = 10 + 0{,}2x$ und die Nachfragefunktion die Gestalt $P = 20 - 0{,}05x$ besitzen? (P = Preis, x = nachgefragte bzw. angebotene Menge.)

   Bestimmen Sie Gleichgewichtspreis und -menge sowohl rechnerisch als auch zeichnerisch!

6. Die Polypolpreisbildung stellt einen Ausgleichsmechanismus zwischen den gegensätzlichen Interessen der Anbieter und Nachfrager dar.

   6.1 Welches sind die gegensätzlichen Interessen der Anbieter und Nachfrager?

   6.2 Begründen Sie, warum es sich bei der Polypolpreisbildung um einen Mechanismus, d.h. um ein sich selbsttätig regelndes System handelt!

7. Angenommen, in dem Beispiel auf S. 149 f. (Kapitel 5.2.2.1.1) würden alle Anbieter „bestens" verkaufen wollen.

   7.1 Wie verläuft dann die Angebotskurve?

   7.2 Wie hoch ist dann der Gleichgewichtspreis (Kurs)?

8. Begründen Sie, wie sich folgende Datenänderungen auf den Gleichgewichtspreis bei vollständiger und vollkommener Konkurrenz auswirken! Es wird unterstellt, dass sich alle übrigen Bedingungen nicht ändern. Angebot und Nachfrage verhalten sich normal.

   8.1 Die Gewerkschaften setzen Arbeitszeitverkürzungen bei vollem Lohnausgleich durch. Die Unternehmer ersetzen die ausgefallenen Arbeitsstunden vollständig durch Neueinstellungen.

   8.2 Die Nachfrage nach Kalbfleisch geht zurück, weil die Verbraucher fürchten, dass die Züchter die Tiere mit gesundheitsschädlichen Stoffen mästen.

   8.3 Der Staat senkt die Kostensteuern.

   8.4 Rationalisierungsmaßnahmen der Unternehmer führen zu steigender Produktivität.

   8.5 Die Verbraucher fürchten Preiserhöhungen; sie sparen deshalb weniger.

9. Welche Aussagen lassen sich treffen, wenn das Angebot und die Nachfrage gleichzeitig zu- oder abnehmen? (Begründen Sie Ihre Antworten zeichnerisch, d.h. mit Hilfe der Angebots- und Nachfragekurven!)

10. Angenommen, das (normale) Angebot für ein Gut nimmt zu. Wie entwickelt sich der Gleichgewichtspreis, wenn die Angebotszunahme

10.1 auf eine unelastische Nachfrage oder

10.2 auf eine elastische Nachfrage trifft?

Begründen Sie Ihre Antwort zeichnerisch!

11. Das Angebot für frische Kirschen ist unelastisch. Begründen Sie diese Feststellung!

12. Bei einem Makler an einer Wertpapierbörse gehen folgende Kauf- und Verkaufsaufträge für Schwabag-Aktien (Nennwert je 50,00 €) ein:

Kaufaufträge	Verkaufsaufträge
10 Stück billigst	15 Stück bestens
15 Stück zu 80,00 EUR höchstens	10 Stück zu 81,00 EUR mindestens
5 Stück zu 81,00 EUR höchstens	20 Stück zu 82,00 EUR mindestens
20 Stück zu 82,00 EUR höchstens	5 Stück zu 83,00 EUR mindestens
30 Stück zu 83,00 EUR höchstens	25 Stück zu 84,00 EUR mindestens
25 Stück zu 84,00 EUR höchstens	30 Stück zu 85,00 EUR mindestens

Welchen Kurs legt der Börsenmakler fest? Geben Sie auch den gegebenenfalls erforderlichen Kurszusatz im Börsenblatt an!

5.2.2.2 Preisbildung des vollkommenen Angebotsmonopols

Das vollkommene Angebotsmonopol als theoretischer Grenzfall

Im Sprachgebrauch werden alle marktbeherrschenden Unternehmen bzw. staatlichen Betriebe als „Monopole" bezeichnet. Theoretisch liegt ein *Monopol* jedoch nur dann vor, wenn ein einziger Anbieter oder Nachfrager auf dem Markt ist.[1] Wir wollen uns im Folgenden auf das Angebotsmonopol beschränken.

■ Ein **Angebotsmonopol** liegt vor, wenn einem einzigen Anbieter eine Vielzahl von Nachfragern gegenübersteht.

Ein **vollkommenes Angebotsmonopol** ist gegeben, wenn der Monopolist nur ein *homogenes* Gut anbietet und darüber hinaus alle sonstigen Bedingungen des vollkommenen Marktes gegeben sind (siehe S. 148). Das vollkommene Monopol ist somit ein theoretischer Grenzfall. Unter den Bedingungen des vollkommenen Marktes kann es nur *einen einheitlichen* Monopolpreis geben, ein Fall, der in Wirklichkeit nur äußerst selten anzutreffen sein wird.

1 Bei einem *Nachfragemonopol* sieht sich ein Nachfrager zahlreichen Anbietern gegenüber (z.B. Bundeswehr – Zuliefererbetriebe). Ein zweiseitiges Monopol (= bilaterales Monopol) weist nur einen Anbieter und einen Nachfrager auf (z.B. näherungsweise Arbeitgeber einerseits und Gewerkschaften andererseits).

In der Regel sind nämlich die Angebotsmonopolisten in der Lage, Preisdifferenzierung zu betreiben, d.h. für ein und dasselbe Gut unterschiedliche Preise zu verlangen.

Obwohl also das vollkommene (homogene) Angebotsmonopol in der Wirklichkeit kaum in reiner Form vorkommen dürfte, ist das Modell des vollkommenen Monopols geeignet, die mögliche *Absatzpolitik* eines marktstarken Anbieters zu veranschaulichen.

Monopolpreisbildung

Da der Angebotsmonopolist definitionsgemäß der alleinige Anbieter eines Gutes ist, vereinigt er die *Gesamtnachfrage* für ein Gut auf sich. Dies bedeutet, dass er sich der Gesamtnachfragekurve (siehe Kapitel 3.2.1) gegenübersieht.[1] Diese Gesamtnachfragekurve wird auch als **Preis-Absatz-Kurve** bezeichnet, weil aus ihr ablesbar ist, welche *Gütermengen* die Käufer bei alternativen Monopolpreisen zu kaufen beabsichtigen.

In der Realität kennt der Monopolist das Nachfrageverhalten seiner Kunden nicht genau, wenngleich mit Hilfe der heutigen Marktforschungsmethoden Aussagen darüber gemacht werden können, wie die Nachfrager auf geplante Preis- oder Angebotsmengenänderungen eines Monopolisten voraussichtlich reagieren werden. Die Preis-Absatz-Kurve des Monopolisten heißt daher auch „konjekturale[2] Preis-Absatz-Kurve".

Im Gegensatz zum polypolistischen Anbieter, der aufgrund seiner verschwindend geringen Marktmacht den Absatzpreis als gegeben, d.h. als „Datum" hinnehmen muss, kann der Angebotsmonopolist den Absatzpreis für das von ihm angebotene Gut frei **(autonom)** bestimmen: Er kann **Preispolitik** betreiben.[3]

Natürlich ist für den Monopolisten auch **Mengenpolitik** möglich. Dann allerdings muss er den Preis hinnehmen, der sich auf dem Markt bildet. Die Festsetzung von Preis *und* Angebotsmenge zugleich ist nicht möglich.

Beispiel:

Angenommen, die Erdöl exportierenden Staaten (OPEC) setzen den Preis für Erdöl fest. Dann müssen sie abwarten, welche Mengen bei diesem Preis auf dem Weltmarkt absetzbar sind. Vereinbaren sie hingegen bestimmte Fördermengen, müssen sie die Preisbildung dem Weltmarkt überlassen. Unterstellt, sie würden Preis *und* Fördermengen (Angebotsmengen) festlegen. Dann ergeben sich zwei Möglichkeiten, wenn man von dem unwahrscheinlichen Fall absieht, dass sie den Preis getroffen haben, zu dem die Käufer genau die geförderten Mengen zu kaufen bereit sind. Fall 1: Der autonom festgelegte Monopolpreis ist in Bezug auf die geförderten (angebotenen) Mengen zu *hoch*: Die Erdölproduzenten bleiben auf einem Teil ihrer Fördermengen „sitzen". Wollen sie diese absetzen, müssen sie die überschüssigen Mengen auf freien Märkten (den „Spot-Märkten") zu niedrigeren Preisen verkaufen. Fall 2: Der gewählte Preis ist in Bezug auf die geförderten (angebotenen) Mengen zu niedrig. Es entsteht eine Angebotslücke, sodass der Weltmarktpreis auch ohne Zutun der Produzenten steigt. Soll eine Preissteigerung vermieden werden, muss die Fördermenge gesteigert werden.

---

1 In den folgenden Überlegungen unterstellen wir, dass sich die Gesamtnachfrage für ein Gut „normal" verhält.

2 Konjektural = vermutet.

3 Der Anbieter auf einem vollkommenen polypolistischen Markt kann keine Preispolitik betreiben. Er muss sich vielmehr mit seiner Absatzmenge so an den Preis anpassen, dass er einen möglichst hohen Gewinn (bzw. einen möglichst geringen Verlust) erzielt. Er ist „Mengenanpasser".

Um feststellen zu können, welchen Preis ein Monopolist festlegen muss, um seinen Gewinn zu maximieren bzw. seinen Verlust zu minimieren, greifen wir zu einem vereinfachenden Beispiel. Folgende Voraussetzungen sollen gelten:

- Es gelten die Bedingungen des vollkommenen Marktes.
- Dem Monopolisten ist die Preis-Absatz-Kurve bekannt. Sie verläuft „normal" und linear.
- Der Monopolist hat fixe und proportional-variable Kosten.
- Der Monopolist richtet sich nach dem (kurzfristigen) Gewinnmaximierungsprinzip (Gewinnmaximierungsmonopol).
- Der Monopolist bildet keine Lager (Produktionsmenge = Angebotsmenge).
- Die Faktorpreise (die Kosten) sind konstant.

Beispiel:

Die Preis-Absatz-Funktion eines vollkommenen Monopols hat folgende Gestalt:

$$x = \frac{8000 - 2P}{1000}$$

Dabei bedeuten x = hergestellte sowie angebotene Menge und P = Preis.

Die fixen Kosten belaufen sich auf 1 500 Geldeinheiten (GE) je Periode, die proportional-variablen Kosten auf 1 000 GE je Produktionseinheit (x).

Unter diesen Bedingungen erhält man folgende Kosten- und Leistungstabelle:

Ausbringungsmenge (x)	Preis (P)	Umsatz (U = P · x)	Gesamtkosten (K)	Gewinn bzw. Verlust (U - K)	Grenzkosten (K')	Grenzumsatz (U')	Kritische Punkte
0	4 000	--	1 500	- 1 500			
					1 000	3 500	Gewinnschwelle
1	3 500	3 500	2 500	1 000			
					1 000	2 500	
2	3 000	6 000	3 500	2 500			
					1 000	1 500	
3	2 500	7 500	4 500	3 000			Gewinnmaximum
					1 000	500	
4	2 000	8 000	5 500	2 500			
					1 000	- 500	
5	1 500	7 500	6 500	1 000			
					1 000	- 1 500	Gewinngrenze
6	1 000	6 000	7 500	- 1 500			
					1 000	- 2 500	
7	500	3 500	8 500	- 5 000			
					1 000	- 3 500	
8	--	--	9 500	- 9 500			

Tabelle 5.3

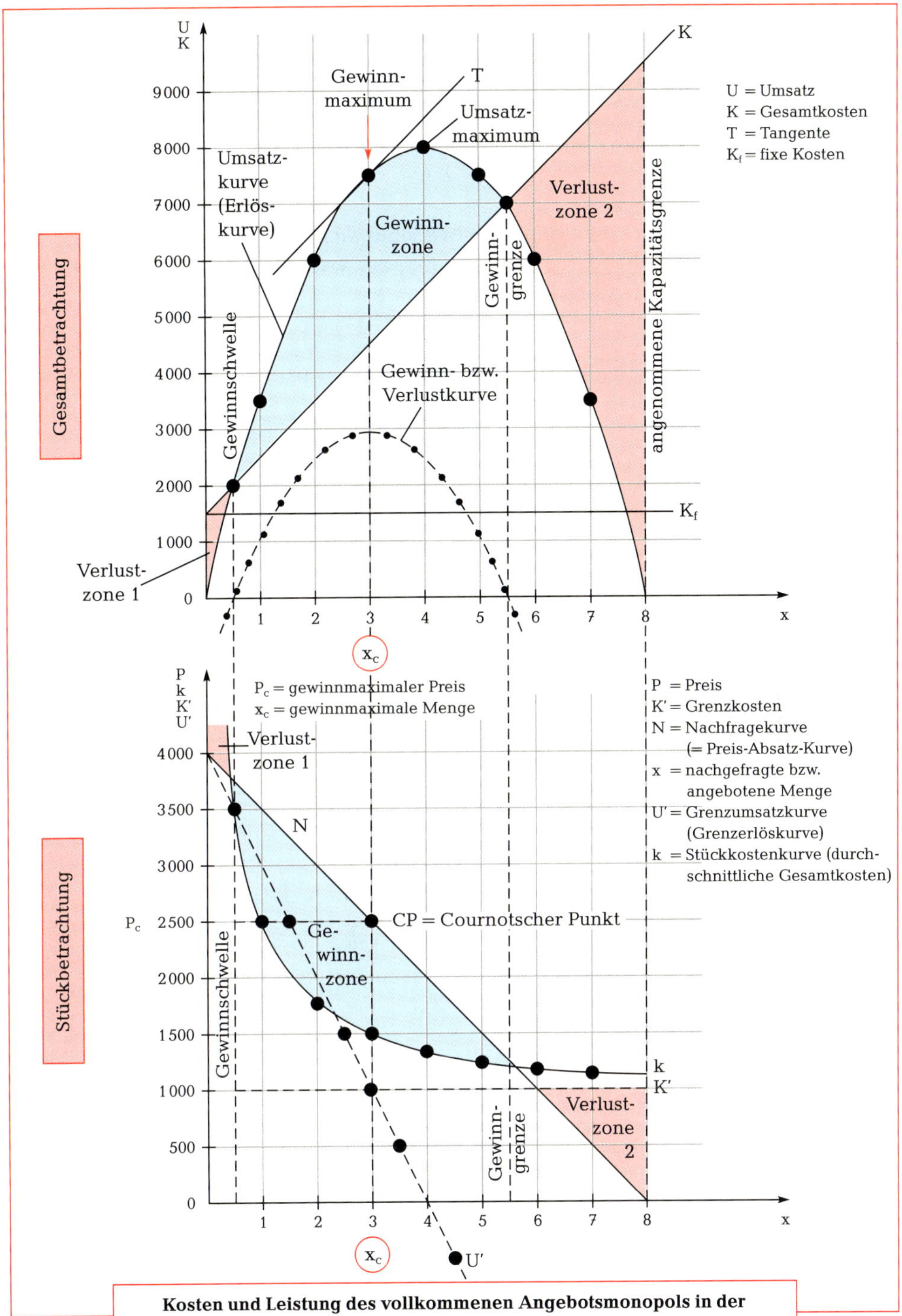

Kosten und Leistung des vollkommenen Angebotsmonopols in der Gesamt- und Stückbetrachtung

Abb. 5.8 – 5.9

Erläuterungen zur Tabelle 5.3 und zur Abb. 5.8 – 5.9:

Unter den Bedingungen des vollkommenen Angebotsmonopols erhält man folgende Ergebnisse:

1. Variiert der Monopolist den Absatzpreis, hängt die Umsatzentwicklung von der jeweiligen Nachfrageelastizität[1] ab. Ist die Elastizität *größer* als 1, so führen Preissenkungen zu *steigenden* Umsätzen und Preiserhöhungen zu *sinkenden* Umsätzen. Ist die Elastizität hingegen kleiner als 1, so führen Preissenkungen zu *sinkenden* Umsätzen, Preiserhöhungen jedoch zu steigenden Umsätzen.[2] Das **Umsatzmaximum** ist erreicht, wenn die Elastizität der Nachfrage 1 beträgt.
2. Die **Umsatzkurve** ergibt sich, indem man den Absatzpreis (P) mit der bei diesem Preis nachgefragten Menge (x) multipliziert. Bei einer linearen Preis-Absatz-Kurve (Nachfragekurve) hat die Umsatzkurve die Gestalt einer Parabel (Gesamtbetrachtung).
3. Der **Grenzumsatz** ergibt sich, indem man den *Umsatzzuwachs* je Produktionseinheit errechnet.

   ■ **Der Grenzumsatz (Grenzerlös)** ist der zusätzliche Erlös je Produktionseinheit.

4. Bei einer Ausbringungsmenge von 0,5 Produktionseinheiten erzielt der Monopolist Kostendeckung **(Gewinnschwelle).** Die Umsatzkurve schneidet die Gesamtkostenkurve (Gesamtbetrachtung).
5. Dehnt der Monopolist seine Beschäftigung (seine Ausbringungsmenge) weiter aus *oder* senkt er weiterhin seinen Absatzpreis, tritt er in die **Gewinnzone** ein. Hier ist der Umsatz höher als die Gesamtkosten (Gesamtbetrachtung).
6. Das **Gewinnmaximum** ist erreicht, wenn die Differenz zwischen Umsatz und Gesamtkosten am größten ist, im Beispiel also bei 3 Produktionseinheiten. Zeichnerisch ergibt sich das Gewinnmaximum dort, wo die Parallele (T) zur Gesamtkostenkurve gerade die Umsatzkurve (U) tangiert (Gesamtbetrachtung).
7. Die **Grenzkosten** erhält man, indem man den *Kostenzuwachs* je Produktionseinheit errechnet.

   ■ Unter **Grenzkosten** sind die zusätzlichen Kosten zu verstehen, die dann entstehen, wenn die Beschäftigung des Betriebs um eine Produktionseinheit erhöht wird.

   Bei einem **linearen Gesamtkostenverlauf** sind die **variablen Stückkosten den Grenzkosten gleich.**

8. Aus der Stückbetrachtung lässt sich entnehmen, dass im Gewinnmaximum die **Grenzkosten** dem **Grenzumsatz** (Grenzerlös) gleich sein müssen.

   Dies ist leicht einzusehen. Ist der *zusätzliche* Umsatz *höher* als die *zusätzlichen* Kosten, muss bei weiterer Ausbringung der Gesamtgewinn *steigen*. Betragen z.B. der zusätzliche Umsatz (der Grenzumsatz) 1 500 GE, die zusätzlichen Kosten (die Grenzkosten) jedoch nur 1 000 GE, so nimmt der Gesamtgewinn um 500 GE zu (bzw. der Gesamtverlust um 500 GE ab). Wird die Beschäftigung (die Ausbringung) weiter erhöht, steigt der Gesamtgewinn so lange, bis der Grenzumsatz den Grenzkosten gleich ist. Ist der *zusätzliche* Umsatz jedoch *niedriger* als die *zusätzlichen* Kosten, muss der Gesamtgewinn *sinken*.

---

1 Siehe hierzu Kapitel 3.2.2.

2 Vgl. hierzu Abb. 3.12 und Tab. 3.6 im Kapitel 3.2.2.

Betragen z. B. der zusätzliche Umsatz (der Grenzumsatz) 500 GE, die zusätzlichen Kosten (die Grenzkosten) 1 000 GE, nimmt der Gesamtgewinn um 500 GE ab (bzw. der Gesamtverlust um 500 GE zu).

■ Das **Gewinnmaximum** des vollkommenen Angebotsmonopols ist erreicht, wenn die Grenzkosten dem Grenzumsatz gleich sind.

9. Projiziert man den Schnittpunkt von Grenzumsatz- und Grenzkostenkurve auf die Preis-Absatz-Kurve, erhält man den **Cournotschen Punkt.**[1] Der Cournotsche Punkt (CP) ordnet den **gewinnmaximalen Preis** (P_c) der **gewinnmaximalen Ausbringungsmenge** (x_c) zu.

Bedeutung des Modells

Das Modell des vollkommenen Monopols wird häufig dazu herangezogen, um zu erklären, dass

- der **Monopolpreis** im Regelfall *höher* ist als der Preis, der sich bei polypolistischer Konkurrenz ergibt, und dass demzufolge
- die **Versorgung der Nachfrager** *geringer* ist

als dies bei polypolistischer Konkurrenz der Fall wäre.

Dies ist jedoch nur unter der sehr einschränkenden Bedingung der Fall, dass die Angebotskurve sehr vieler kleiner Anbieter der Grenzkostenkurve eines Monopolisten entspricht (was näherungsweise bei einem aus diesen Anbietern entstandenen Kollektivmonopol der Fall sein kann). Außerdem unterstellt das Modell, dass der Monopolist mit Grenzkosten kalkuliert.

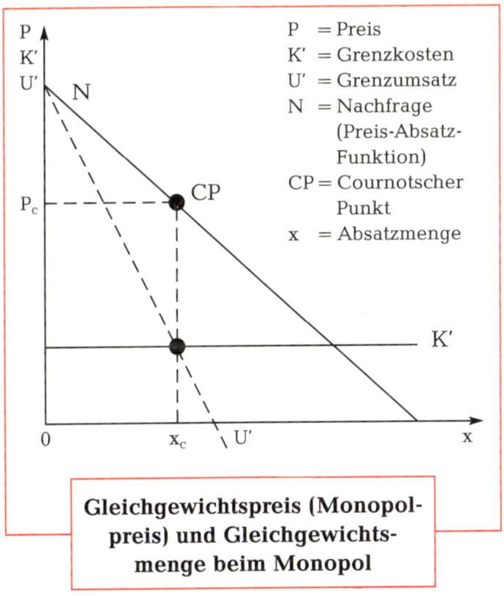

Gleichgewichtspreis (Monopolpreis) und Gleichgewichtsmenge beim Monopol

Abb. 5.10

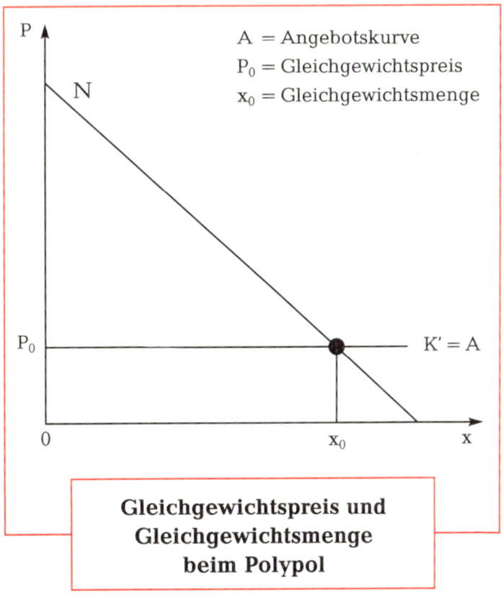

Gleichgewichtspreis und Gleichgewichtsmenge beim Polypol

Abb. 5.11

1 ANTOINE AUGUSTIN COURNOT, 1801 – 1877, war französischer Wirtschaftswissenschaftler. Er gilt als wichtigster Begründer der mathematischen Schule der Volkswirtschaftslehre. COURNOT untersuchte vor allem die Preisbildung des Monopols und Oligopols.

11 Hartmann – ISBN 978-3-8120-0320-9

In Wirklichkeit kalkulieren die Unternehmen jedoch nur bei *zusätzlichen Aufträgen* mit Grenzkosten (= Teilkostenrechnung), sonst aber mit Stückkosten (= Vollkostenrechnung). Ist Letzteres der Fall, kommt in der Preisgestaltung der Großunternehmen, also bei Unternehmen mit monopolartiger Marktstellung, das *Gesetz der Massenproduktion* zur Geltung: Mit zunehmender Kapazitätsauslastung werden zunächst die Stückkosten sinken, falls der Markt die Mehrproduktion aufnimmt. Es kommt zu „inversen" (umgekehrten) Preisreaktionen: Mit zunehmender Nachfrage sinkt der Preis, mit abnehmender Nachfrage steigt der Preis **(= anomale Angebotskurve).**

Beispiel:

Angenommen, ein Industriebetrieb stellt Elektromotoren her. Die fixen Kosten je Monat betragen 200 000,00 GE, die proportional-variablen Kosten je Stück 300,00 GE. Nachstehende Tabelle zeigt die Entwicklung der Stückkosten bei zunehmender bzw. abnehmender Produktion.

Stückzahl	Fixe Kosten	Variable Kosten	Gesamtkosten	Stückkosten
2 000	200 000,00	600 000,00	800 000,00	400,00
2 100	200 000,00	630 000,00	830 000,00	395,00
2 200	200 000,00	660 000,00	860 000,00	391,00
2 300	200 000,00	690 000,00	890 000,00	387,00
2 400	200 000,00	720 000,00	920 000,00	383,00
2 500	200 000,00	750 000,00	950 000,00	380,00
2 600	200 000,00	780 000,00	980 000,00	377,00
2 700	200 000,00	810 000,00	1 010 000,00	374,00
2 800	200 000,00	840 000,00	1 040 000,00	371,00
2 900	200 000,00	870 000,00	1 070 000,00	369,00
3 000	200 000,00	900 000,00	1 100 000,00	367,00

Tabelle 5.4

Nehmen wir weiterhin an, dass unser Industriebetrieb die Stückkosten als Preisuntergrenze ansieht. Dann muss er beispielsweise 400,00 GE je Stück verlangen, wenn er nur 2 000 Stück absetzen kann. Nimmt die Nachfrage jedoch um 1 000 Stück auf 3 000 Stück je Monat zu, kann er den Stückpreis auf 367,00 GE senken. Seine Angebotskurve entspricht in diesem Fall dem Verlauf der Stückkostenkurve.

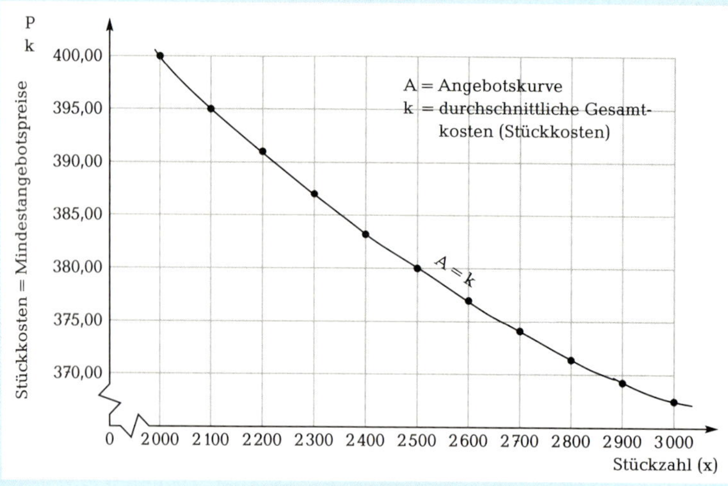

Anomale Angebotskurve bei Stückkostenkalkulation

Abb. 5.12

Das Beispiel auf S. 162 liefert *eine* mögliche Erklärung dafür, dass in hoch entwickelten Volkswirtschaften mit monopolistischen und oligopolistischen Märkten bei Nachfragerückgängen die Preise nicht sinken, sondern sogar steigen.

Beispiel:

Im Rezessionsjahr[1] 1993 stiegen trotz (besser: wegen) der Nachfragerückgänge die Preise um 4,5%.

Umgekehrt erklärt sich auch, dass bei steigender Nachfrage die Preise bestimmter Massengüter im Laufe der Jahre absolut sinken.

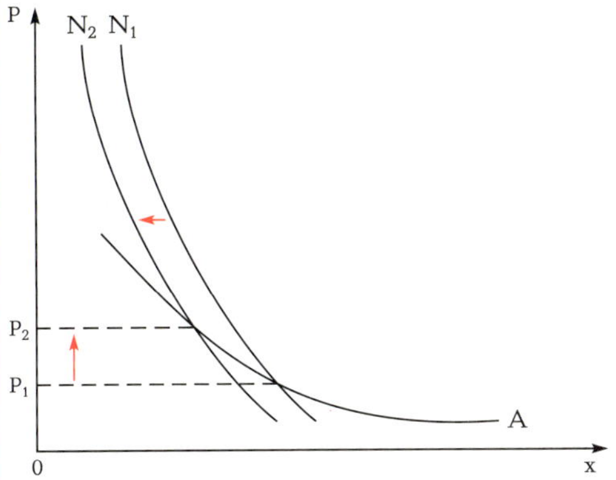

Nachfragerückgang führt zu steigenden Preisen

Abb. 5.13

Beispiele:

Kühlschränke, Radiogeräte, Fernsehgeräte, Waschmaschinen, Spülmaschinen, Taschenrechner, Personalcomputer.

Noch ein weiterer Gesichtspunkt sei erwähnt. Die Unterstellung, dass der Monopolpreis auf jeden Fall über dem Gleichgewichtspreis bei polypolistischer Konkurrenz liegen müsse, trifft in Wirklichkeit auch deswegen nur in Ausnahmefällen zu, weil die Monopole mit dem Auftreten einer Substitutkonkurrenz rechnen müssen, wenn sie das kurzfristige Gewinnmaximum verwirklichen wollen. Außerdem wirkt die öffentliche Kritik an überhöhten Preisforderungen dämpfend auf die Preispolitik monopolistischer Anbieter.

5.2.2.3 Preisbildung des vollkommenen Angebotsoligopols

Das Wesen des Angebotsoligopols besteht darin, dass wenige Anbieter den Markt beherrschen. Im Unterschied zum Polypol und Monopol müssen die Oligopolisten mit Gegenmaßnahmen der Konkurrenten rechnen, wenn sie am Markt absatzpolitische Maßnahmen (z.B. Preisänderungen) vornehmen. Deshalb bezeichnet man den oligopolistischen Wettbewerb auch als zirkulare Konkurrenz:[2] Die Handlungen eines Oligopolisten werden einmal von den Aktionen der Konkurrenten bestimmt, zum anderen von den Erwartungen darüber, wie die Konkurrenten auf eigene Aktionen reagieren werden.[3]

Beim vollkommenen Oligopol wird ein homogenes Gut angeboten, ein in Wirklichkeit kaum anzutreffender Fall. Als Beispiel könnte man sich etwa vorstellen, dass sich zwei oder mehr Braunkohlebrikettfabriken an einem Ort befinden, deren Erzeugnisse sich deswegen nicht unterscheiden, weil die Braunkohle aus derselben geologischen Schicht stammt.

1 Rezession = Rückgang der wirtschaftlichen Aktivitäten, d.h. vor allem der Nachfrage.

2 Vgl. WOLL: Allgemeine Volkswirtschaftslehre, 4. Aufl. 1974, S. 158.

3 Ebenda, S. 158.

Homogene Märkte können nur einen einheitlichen Preis aufweisen, wie bereits mehrfach bewiesen wurde, ebenso das homogene Oligopol. Würde ein Oligopolist versuchen, den Preis zu senken, gewänne er *alle* Kunden, falls seine Konkurrenten nicht nachzögen. Würde er den Preis erhöhen, verlöre er *alle* Kunden, falls die Konkurrenten nicht reagieren.[1] Diese Tatsache erklärt bereits, dass auf oligopolistischen Märkten relative **Preisstarrheit** herrscht, weil **friedliches Verhalten** für alle Anbieter i.d.R. von Vorteil ist.[2] Bei Kostensteigerungen werden die Oligopolisten *gemeinsam* ihre Preise erhöhen (abgestimmtes Verhalten), sei es durch vertragliche Abmachung (Kartell) oder stillschweigende Übereinkunft (Quasikartell). Möglicherweise wird es auch einem **Preisführer** überlassen, an dessen preispolitischem Verhalten sich die Mitbewerber orientieren.

Weisen die Oligopolunternehmen jedoch Kostenunterschiede auf, mag es für das kostengünstiger arbeitende Unternehmen langfristig von Nutzen sein, mit Niedrigpreisen (Verdrängungspreisen) zu arbeiten, also gewissermaßen ein **kriegerisches Verhalten** an den Tag zu legen **(Verdrängungswettbewerb).**[3] Setzt man gleiche Finanzierungsmöglichkeiten voraus, kann es dem kostengünstiger arbeitenden Oligopolisten gelingen, die Konkurrenten aus dem Markt zu drängen, die bei einem für sie zu niedrigen Marktpreis nicht mehr in der Lage sind, ihre Kosten zu decken. Die Nachfrage nach den Erzeugnissen der verdrängten Unternehmen fließt dann dem verbleibenden Anbieter zu, der nunmehr seinen Preis wieder erhöhen kann.

Aufgaben zur Lernkontrolle

1. Definieren Sie den Begriff Angebotsmonopol!

2. Warum ist das vollkommene Angebotsmonopol als ein theoretischer Grenzfall zu bezeichnen?

3. Die Preis-Absatz-Funktion eines Monopolisten hat folgende Gestalt:

$$PE = \frac{10\,000 - 2P}{1\,000}$$

   Dabei bedeuten PE = Produktionseinheiten und P = Preis.

   3.1 Stellen Sie eine Wertetafel für P und PE auf!

   3.2 Ermitteln Sie grafisch das Gewinnmaximum mit Hilfe der

      3.2.1 Gesamtbetrachtung und

      3.2.2 Stückbetrachtung, wenn die fixen Kosten 2000 GE und die variablen Kosten 2000 GE je PE betragen!

4. Warum erzielt der Angebotsmonopolist sein Gewinnmaximum dann, wenn der Grenzerlös (Grenzumsatz) den Grenzkosten entspricht?

---

1 Vgl. GUTENBERG, E.: Grundlagen der Betriebswirtschaftslehre, Der Absatz, Bd. II, 2. Aufl. 1956, S. 233.

2 Ebenda, S. 238.

3 Ebenda, S. 238 ff.

5. Ein Monopolist sieht sich folgender Nachfragesituation gegenüber:

Absetzbare Menge:	0	1	2	3	4	5	6	7	8
Preis in Tausend:	4	3,5	3	2,5	2	1,5	1	0,5	0

Seine fixen Kosten betragen 2000 GE, seine variablen Kosten 1000 GE je Produktionseinheit.

Bestimmen Sie grafisch das Gewinnmaximum mit Hilfe der

5.1 Gesamtdarstellung und

5.2 Stückdarstellung!

6. Zeigen Sie mit Hilfe der Stückdarstellung, wie sich das Gewinnmaximum des Monopolisten verändert, wenn sich die variablen Kosten um 20 % erhöhen!

7. Hohe Monopolpreise führen in der Regel dazu, dass Substitutionskonkurrenz aufkommt. Dies aber bedeutet, dass die Nachfrage nach dem Monopolgut elastischer wird. Die Folge ist, dass die Marktmacht des Monopolisten abnimmt.

Interpretieren Sie diese Aussagen!

8. Die ursprüngliche Nachfragefunktion (Preis-Absatz-Funktion) eines Monopolisten hat die Gestalt $x = 6 - 4P$. In der Folgeperiode nimmt die Nachfrage auf $x = 8 - 4P$ zu, in der nächsten Periode auf $x = 10 - 4P$.

x = Produktionseinheiten, z.B. 1000 Stück; P = Preis je Produktionseinheit.

8.1 Zeichnen Sie die drei Preis-Absatz-Funktionen in ein Koordinatensystem ein! (1 cm auf der y-Achse = 0,50 GE; 1 cm auf der x-Achse = 1 PE.)

8.2 Ermitteln Sie die jeweiligen Cournotschen Punkte unter der Annahme, dass die Grenzkosten 0,50 GE betragen!

8.3 Bestimmen Sie die Angebotskurve (Reaktionskurve, Cournotsche Kurve) des Monopolisten, indem Sie die Cournotschen Punkte verbinden!

8.4 Prüfen Sie, ob die Preisgesetze (siehe S. 154f.) auch für das Angebotsmonopol gelten, sofern der Monopolist nach dem (kurzfristigen) Gewinnmaximierungsprinzip handelt!

9. Erklären Sie, warum auf oligopolistischen Märkten ein gemeinsames Vorgehen der Oligopolisten die Regel ist!

10. Erläutern Sie die Begriffe Preisführerschaft und Verdrängungswettbewerb!

5.2.3 Preisbildung auf unvollkommenen Märkten

5.2.3.1 Preisbildung des unvollkommenen Polypols

5.2.3.1.1 Herausbildung eines Preisniveaus für ein Gut

Auch im Modell der freien Marktwirtschaft kann man nicht davon ausgehen, dass die Märkte vollkommen sind. Es wäre im Grunde auch eine armselige Wirtschaftsgesellschaft, in der von jeder Güterart nur eine einzige Sorte hergestellt und angeboten wird.

- Ein **unvollkommener Markt** liegt vor, wenn eine, mehrere oder alle Voraussetzungen des vollkommenen Marktes (siehe S. 148 f.) fehlen.

Das äußere Merkmal des unvollkommenen Marktes ist, dass es für eine Güterart *unterschiedliche* Preise gibt.

Beispiele:

Eine bestimmte Brotsorte kostet in verschiedenen Bäckereien nicht dasselbe; für eine bestimmte Weinsorte muss man in Geschäften und Lokalen unterschiedliche Preise bezahlen.

Die Gründe für die Unvollkommenheit der Märkte sind im Einzelnen:

- Eine bestimmte Güterart wird in verschiedenen Qualitäten, Abmessungen, Aufmachungen, Farben usw. hergestellt. Das Gut ist heterogen (= verschiedenartig).
- Angebot und Nachfrage treffen weder am gleichen Ort noch zur gleichen Zeit zusammen (= dezentralisierte, nicht organisierte Märkte).
- Anbietern und Nachfragern fehlt die Marktübersicht. (Die Hausfrau weiß beispielsweise nicht, was die Milch im übernächsten Geschäft kostet.)
- Käufer und Verkäufer hegen persönliche, sachliche, räumliche oder zeitliche Präferenzen.

Die fast unüberschaubare Zahl eng verwandter Güter führt dazu, dass der Markt für die Nachfrager nur in Ausnahmefällen „vollkommen transparent“ ist. Diese Tatsache allein erlaubt es den Anbietern bereits, ihre Preise innerhalb einer bestimmten Spanne festzusetzen, ohne bei Preiserhöhungen sofort alle Kunden an die Konkurrenz zu verlieren oder bei Preissenkungen alle Kunden gewinnen zu können. Deswegen ergibt sich bei zeichnerischer Darstellung des Angebots keine „Angebotskurve“, sondern ein „Angebotsband“.[1] Dieses drückt aus, dass unter den Bedingungen der unvollkommenen polypolistischen Konkurrenz ein Anbieter in der Lage ist, eine bestimmte Gütermenge innerhalb bestimmter Grenzen zu unterschiedlichen Preisen anzubieten.

Umgekehrt besitzen auch die Nachfrager keine eindeutige Preisvorstellung. (Will beispielsweise eine Mutter ihrem Kind einen Pullover kaufen, hat sie die Vorstellung, dass sie „etwa“ 20,00 € bis 25,00 € ausgeben möchte. Die Nachfrage stellt sich also ebenfalls als ein „Band“ dar.)

1 Vgl. DAHL, D.: Volkswirtschaftslehre, 2. Aufl. 1975, S. 179.

Die Abb. 5.14 zeigt, dass es bei unvollkommener Konkurrenz (auch wenn sie vollständig, d.h. polypolistisch ist) *keinen* einheitlichen Preis geben kann. Es gibt lediglich eine Preisunter- und eine Preisobergrenze. Je heterogener (z.B. je undurchschaubarer) ein Markt ist, desto größer ist der mögliche Preisspielraum. Es lassen sich lediglich Durchschnittspreise für ein bestimmtes Gut errechnen.

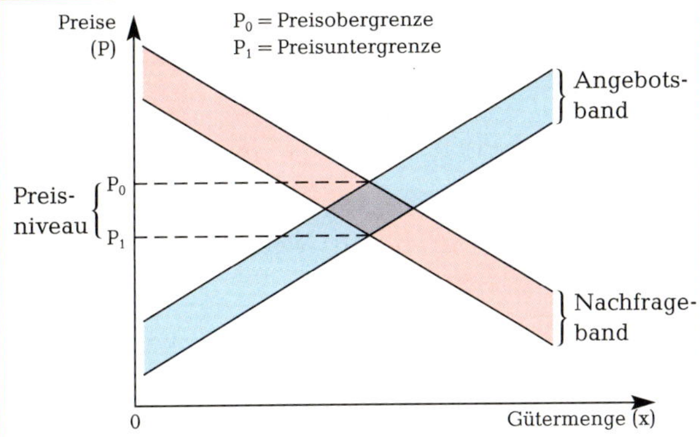

Auf unvollkommenen Märkten gibt es keinen Einheitspreis[1]

Abb. 5.14

Beispiel:

Marktberichte in Tageszeitungen oder im Fernsehen.

■ Auf einem unvollkommenen Markt gibt es keinen Einheitspreis.

Es erhebt sich die Frage, ob auf unvollkommenen polypolistischen Märkten die „Preisgesetze" außer Kraft gesetzt sind. Soweit normales Angebots- und Nachfrageverhalten der Marktteilnehmer vorausgesetzt werden kann, gelten auch hier die Preisgesetze, allerdings nicht in Form einer Entwicklung zum Gleichgewichtspreis, sondern lediglich in einer Tendenz zu einem Durchschnittspreisniveau für ein bestimmtes Gut.

In der nebenstehenden Abbildung ist angenommen, dass sich das Angebot erhöht hat. Aufgrund dieser Tatsache entsteht bei dem zunächst noch hohen Preisniveau eine *Nachfragelücke*.[2] Im Zeitablauf merken die Anbieter, dass sie auf einem Teil ihrer Waren „sitzen bleiben". Verringern sie die bisher angebotene Gütermenge nicht, müssen sie die Preise senken, wenn sie ihre Lager räumen wollen.

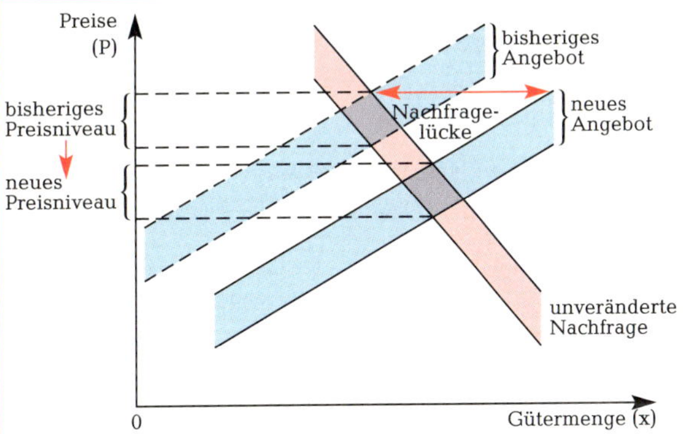

Der Preisdruck bei Nachfragelücken

Abb. 5.15

■ Bei gegebener Nachfragelücke besteht auch auf unvollkommenen polypolistischen Märkten eine Tendenz zu Preissenkungen.

---

1 Abbildung nach DAHL, D., a.a.O., S. 179.

2 Beim geltenden Preis ist die Nachfrage zu gering bzw. das Angebot zu groß. Daher spricht man von einer „Nachfragelücke" oder von einem „Angebotsüberhang".

In der nebenstehenden Abbildung ist unterstellt, dass sich die Nachfrage erhöht hat. Es entsteht bei dem zunächst noch niedrigen Preisniveau eine *Angebotslücke.*[1] Im Zeitablauf merken die Anbieter, dass ihre Lagerbestände abnehmen und/oder dass sie mit ihren Lieferungen nicht mehr nachkommen. Die Ware wird ihnen sozusagen „aus den Händen gerissen". Sie werden folglich ihre Preise erhöhen.

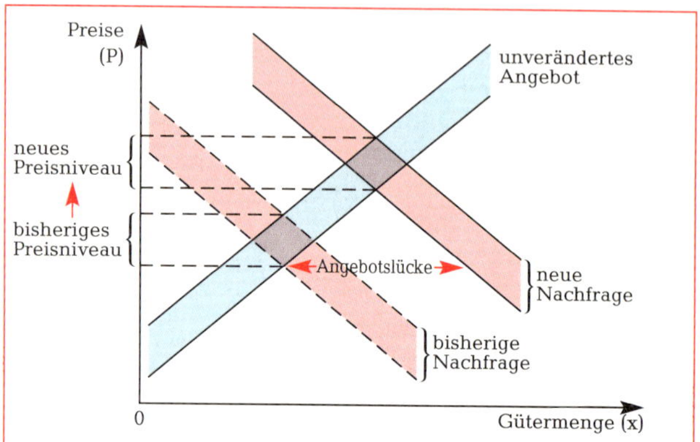

Der Preisauftrieb bei Angebotslücken

Abb. 5.16

- Bei gegebener Angebotslücke besteht auch auf unvollkommenen polypolistischen Märkten eine Tendenz zu Preissteigerungen.

5.2.3.2 Der monopolistische Preisspielraum eines einzelnen Anbieters

Unter den Bedingungen des vollkommenen Polypols kann der einzelne Anbieter keine Preispolitik betreiben. Der Preis ist für ihn ein Datum. Würde er seinen Absatzpreis höher als den Marktpreis ansetzen, verlöre er sämtliche Kunden.

Anders ist die Situation des einzelnen Anbieters beim unvollkommenen Polypol. Hier haben die Nachfrager gegenüber den Anbietern und/oder deren Erzeugnissen bzw. Handelswaren bestimmte Präferenzen, so z.B.:

- **Sachliche Präferenzen.** Die Käufer haben sachliche Präferenzen, wenn die Güte (Qualität) der angebotenen Waren oder Erzeugnisse unterschiedlich ist. Vielfach spielt auch die persönliche Meinung der Kunden eine erhebliche Rolle, obwohl die angebotenen Güter objektiv gleichwertig sind. (**Beispiel:** Eine Gruppe von Bierliebhabern „schwört" auf das „Gänsebier", die andere auf das „Felsenbier". In diesem Fall besitzen die beiden Bierhersteller ein „Meinungsmonopol", das ihnen gestattet, für ihre Biere unterschiedliche Preise zu verlangen.)
- **Persönliche Präferenzen.** Diese liegen beispielsweise vor, wenn die Kunden einen Anbieter deswegen bevorzugen, weil er ihnen persönlich bekannt und besonders sympathisch ist oder weil die Bedienung sehr geschickt und der Service einwandfrei ist.
- **Räumliche Präferenzen.** Hier ziehen die Käufer den nächstliegenden Anbieter aus Bequemlichkeit, aus Gründen der Zeit- und Transportkostenersparnis oder wegen der Besichtigungsmöglichkeit der Erzeugnisse und Waren vor. (**Beispiel:** Der „Laden um die Ecke" ist schneller und bequemer erreichbar als der möglicherweise preisgünstigere Supermarkt am Rand der Stadt.)

---

1 Beim geltenden Preis ist die Nachfrage zu groß bzw. das Angebot zu gering. Daher spricht man von einer „Angebotslücke" oder von einem „Nachfrageüberhang".

- **Zeitliche Präferenzen.** In diesem Fall ist ein Anbieter deshalb für eine Vielzahl von Kunden attraktiv, weil er schneller und/oder pünktlicher als seine Mitbewerber zu liefern imstande ist. (**Beispiel:** Im Textilgeschäft am Ort kann man den gekauften Anzug gleich mitnehmen, auf den im Versandhaus bestellten Anzug muss man u.U. wochenlang warten.)
- **Fehlende Markttransparenz.** Häufig führt fehlende Markttransparenz (= Mangel an Informationen über die angebotenen Sachgüter und Dienstleistungen) zu Präferenzen. Aber die fehlende Markttransparenz ist an sich schon ein Faktor, der zur Unvollkommenheit der Märkte beiträgt, weil insbesondere die privaten Verbraucher nicht in der Lage sind, bei der Vielzahl der angebotenen Waren in den Besitz der notwendigen Informationen über Güte und Preise zu gelangen.

Die Summe aller möglichen Präferenzen verschmilzt in der Praxis zu einer Einheit, die GUTENBERG als **akquisitorisches Kapital** eines Unternehmens bezeichnet hat. Je stärker dieses akquisitorische Kapital ist, desto größer ist die Möglichkeit der Anbieter, Preispolitik zu betreiben. Die Unternehmen sind daher bemüht, mit Hilfe verschiedener absatzpolitischer Maßnahmen (= Marketingmaßnahmen) das akquisitorische Kapital zu erhöhen. Beispielsweise dient die **Werbung** u.a. dazu, die „Meinung" der Kunden zu beeinflussen. Mit Hilfe der **Produktgestaltung** (z.B. Qualitätsverbesserung, Formgebung, Verpackungsgestaltung, Einführung von Markenzeichen) sollen die sachlichen Präferenzen verstärkt werden. Durch die Wahl geeigneter **Absatzmethoden** kann die Kundennähe vergrößert werden.

Aufgrund all dieser Maßnahmen enthält die Preis-Absatz-Kurve (Nachfragekurve) des polypolistischen Anbieters einen „monopolistischen Bereich" (daher auch „monopolistische Konkurrenz"), der ihm gestattet, innerhalb gewisser Grenzen eigene **Preispolitik** zu betreiben.

Beispiel:

Der Besitzer einer Hühnerfarm hat es verstanden, sich durch den Verkauf „naturfrischer" Eier einen guten Ruf zu schaffen, weil seine Legehennen auf eigenen Wiesen freien Auslauf haben. Seine Preis-Absatz-Kurve (Nachfragekurve) hat folgende Gestalt:

x (angebotene Eier in 1 000 Stück)	**P** (Preis je Stück)	**U** (Umsatz = P · x)	**Grenzerlös** (Umsatzzuwachs je 10 000 Stück)	**Grenzerlös je Stück**
0	0,25 GE	--		
10	0,25 GE	2 500 GE	2 500 GE	0,25
20	0,25 GE	5 000 GE	2 500 GE	0,25
30	0,25 GE	7 500 GE	2 500 GE	0,25
40	0,24 GE	9 600 GE	2 100 GE	0,21
50	0,22 GE	11 000 GE	1 400 GE	0,14
60	0,175 GE	10 500 GE	- 500 GE	- 0,05
70	0,13 GE	9 100 GE	- 1 400 GE	- 0,14
80	0,11 GE	8 800 GE	- 300 GE	- 0,03
90	0,10 GE	9 000 GE	200 GE	0,02
100	0,10 GE	10 000 GE	1 000 GE	0,10
110	0,10 GE	11 000 GE	1 000 GE	0,10

Tabelle 5.5

Erläuterungen:

1. Der **monopolistische Preisspielraum** des Anbieters liegt zwischen 0,25 GE und 0,10 GE. Würde er seinen Preis höher als 0,25 GE festsetzen, verlöre er alle Kunden an die Konkurrenz. Läge sein Absatzpreis unter 0,10 GE, gewänne er alle Kunden.
2. Den **Umsatz (Erlös)** erhält man, indem man die Absatzmenge mit dem Stückpreis multipliziert.
3. Der **Grenzerlös (Grenzumsatz)** ist der Umsatzzuwachs je Produktionseinheit (hier je 10000 Stück).
4. Der **Grenzerlös je Stück** ergibt sich, indem man den Grenzerlös durch 10000 Stück dividiert.
5. Grenzerlös und Grenzerlös je Stück sind Differenzwerte. Sie sind deshalb in der Tabelle auf S. 169 und in der nachstehenden Abbildung als **Zwischenwerte** eingetragen.

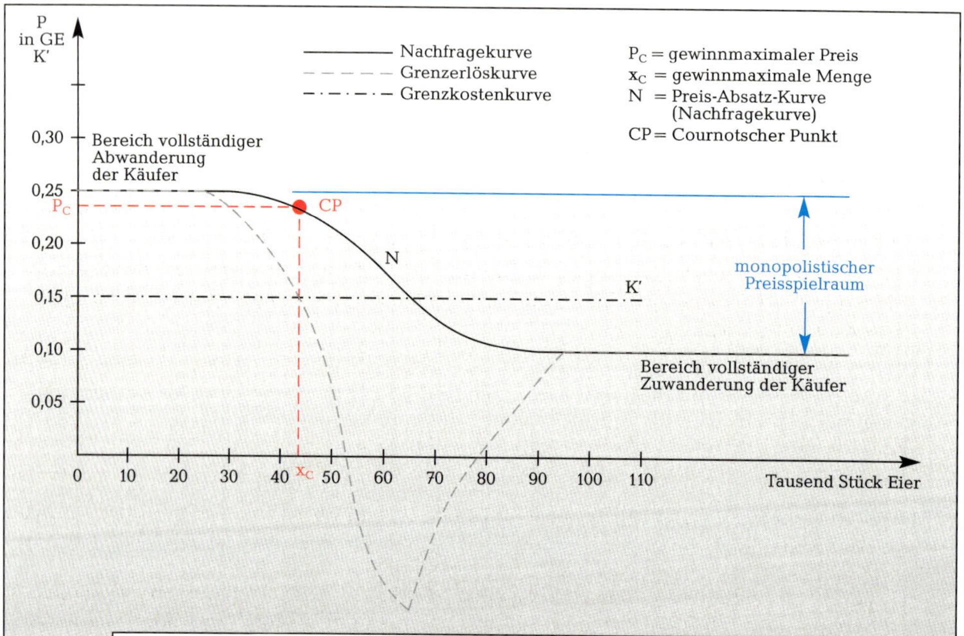

Preis-Absatz-Kurve bei polypolistisch-heterogener Konkurrenz

Abb. 5.17

Erläuterungen:

1. Die **„geschwungene" Nachfragekurve** in der Abbildung bringt zum Ausdruck, dass der Polypolist bei heterogener Konkurrenz einen mehr oder weniger großen monopolistischen Spielraum besitzt, innerhalb dessen er Preispolitik betreiben kann, ohne dass seine Konkurrenten zu stark reagieren.
2. Treibt der Polypolist Preispolitik, so liegt sein **Gewinnmaximum** bei der Ausbringungs- und Verkaufsmenge, bei der die **Grenzkosten dem Grenzerlös gleich** sind (Begründung hierzu siehe Kapitel 5.2.2.2).

3. In diesem Beispiel wird der polypolistische Anbieter einen Preis von ca. 0,23 GE verlangen, weil bei diesem Preis die Bedingung Grenzkosten (0,15 GE) gleich Grenzerlös (0,15 GE) erfüllt ist (Cournotscher Preis).

Ob ein Polypolist bei heterogener Konkurrenz tatsächlich Preispolitik betreibt, hängt zunächst davon ab, ob sein monopolistischer Bereich innerhalb seiner maximalen Kapazität liegt. Bleiben wir bei unserem Beispiel. Könnte unser Anbieter beispielsweise nur 30000 Eier pro Tag erzeugen, wird er sich wie ein Anbieter bei vollkommener Konkurrenz verhalten müssen, d.h. den Absatzpreis von 0,25 GE als Datum hinnehmen. Preispolitik kann er auch dann nicht betreiben, wenn seine Kapazität z.B. 110000 Stück beträgt und er in der Nähe seiner Kapazitätsgrenze produziert. Liegen seine Grenzkosten bei 0,15 GE, wird er seine Ausbringung vermindern müssen. Hätte er jedoch Grenzkosten in Höhe von beispielsweise 0,08 GE, würde er seine Kapazität voll ausnutzen.

Merke:

- **Heterogene polypolistische Konkurrenz** (monopolistische Konkurrenz) liegt vor, wenn eine oder mehrere Prämissen des vollkommenen Marktes fehlen, aber unendlich viele Anbieter und Nachfrager auf dem Markt vertreten sind.
- Der **Polypolist** besitzt bei heterogener Konkurrenz einen monopolistischen Spielraum, innerhalb dessen er **Preispolitik** betreiben kann, ohne dass seine Konkurrenten reagieren.
- Ob ein Polypolist bei heterogener Konkurrenz Preispolitik betreibt, hängt vor allem von seiner Kapazität und von seiner Kostenstruktur ab.
- Der Polypolist wird in der Regel versuchen, durch Einsatz verschiedener absatzpolitischer Instrumente (= Marketingmaßnahmen) seinen **monopolistischen Spielraum** zu vergrößern.

Aufgaben zur Lernkontrolle

1. Unter welcher Bedingung (unter welchen Bedingungen) liegt ein unvollkommener polypolistischer Markt vor?

2. Auf einem unvollkommenen polypolistischen Markt nimmt das Angebot bei gleich bleibender Nachfrage ab. Wie wird sich das Durchschnittspreisniveau auf diesem Markt verändern? Begründen Sie Ihre Feststellung!

3. Auf einem unvollkommenen polypolistischen Markt nimmt bei unverändertem Angebot die Nachfrage ab. Wie wird sich das Durchschnittsniveau auf diesem Markt verändern? Begründen Sie Ihre Feststellung!

4. Ein Polypolist auf unvollkommenem Markt sieht sich folgender Preis-Absatz-Situation gegenüber:

   a) Bei einem Absatzpreis von 120 GE je PE (Produktionseinheit) kann er maximal 12 PE absetzen. Erhöht er den Preis über 120 GE, verliert er alle Kunden an die Konkurrenz.

   b) Bei einem Absatzpreis von 60 GE und darunter gewinnt er alle Kunden.

c) Der monopolistische Spielraum des Angebotspolypolisten liegt somit zwischen 120 GE und 60 GE. Die Nachfrage nach seinen Erzeugnissen verhält sich normal und ist linear:

Absatzpreis (P)	120[1]	110	100	90	80	70	60[2]
Nachgefragte Menge in Stück (PE)	12	16	20	24	28	32	36

1 höchstens
2 mindestens

d) Die proportional-variablen Stückkosten (Grenzkosten) belaufen sich auf 30 GE.

e) Die fixen Kosten betragen 1 000 GE je Periode. Die Kapazitätsgrenze des Polypolisten liegt bei 44 Stück je Periode.

Aufgaben:

(1) Erstellen Sie eine Tabelle mit folgenden Spalten:
  (1) PE (= Produktionseinheiten = produzierte und verkaufte Mengeneinheiten)
  (2) P (= Absatzpreis)
  (3) U (Umsatz = Erlös)
  (4) U' (= Grenzerlös je 4 PE)
  (5) U'/PE (= Grenzerlös je Produktionseinheit)
  (6) K_f (= fixe Kosten)
  (7) K_V (= variable Kosten)
  (8) K'/PE (= Grenzkosten je PE)
  (9) K = Gesamtkosten
  (10) Gew/Verl (= Gewinn bzw. Verlust)

  Lösungshinweis: Berechnen Sie die erforderlichen Werte jeweils für **4** Produktionseinheiten (PE), in der Spalte (1) also für 0, 4, 8, 12 usw. bis einschließlich **60** PE.

(2) Zeichnen Sie die Preis-Absatz-Kurve, die Grenzumsatzkurve und die Grenzkostenkurve des Polypolisten!

  Lösungshinweis: Teilen Sie die Koordinaten wie folgt ein:
  x-Achse: 1 cm ≙ 6 PE; y-Achse: 1 cm ≙ 20 GE.

(3) Stellen Sie die gewinnmaximale Absatzmenge und den gewinnmaximalen Absatzpreis fest!

(4) Für welchen Absatzpreis wird sich der Polypolist entscheiden, wenn er nach Umsatzmaximierung strebt? (Begründung!)

(5) Wie fällt die Preisentscheidung des Polypolisten aus, wenn sein oberstes Unternehmensziel die Vollbeschäftigung (Erhaltung der Arbeitsplätze) ist? (Begründung!)

(6) Angenommen, der Polypolist kann seine Kapazität unter sonst gleich bleibenden Bedingungen auf 60 PE ausweiten. Für welchen Absatzpreis wird er sich entscheiden, wenn er nach Gewinnmaximierung strebt? (Begründung!)

(7) Von welchen Faktoren hängt die Entscheidung eines nach Gewinnmaximierung strebenden Polypolisten ab, seinen monopolistischen Preisspielraum auszunutzen?

5. Der unvollkommene polypolistische Markt wird auch als „monopolistische Konkurrenz" bezeichnet. Erklären Sie diesen Begriff!

5.2.3.3 Preisbildung des unvollkommenen Angebotsmonopols

Ebenso wie die polypolistischen Märkte sind auch die monopolistischen Märkte in der Regel *unvollkommen*, d.h., es fehlen eine oder mehrere Prämissen des vollkommenen Marktes.

■ Ein **unvollkommenes Monopol** liegt vor, wenn das Monopolunternehmen in der Lage ist, **Preisdifferenzierung** – auch **Preisdiskriminierung** genannt – zu betreiben,[1] indem es die „Konsumentenrente" ausnutzt.

Beispiel:

Ein Angebotsmonopol sieht sich einer Nachfragekurve gegenüber, wie sie in den nachstehenden Abbildungen wiedergegeben wird.

Die Preisdifferenzierung (ein Produkt wird zu verschiedenen Preisen verkauft) setzt voraus, dass die Käufer voneinander entweder räumlich oder sachlich (Inländer – Ausländer, Endverbraucher – Wiederverkäufer) getrennt werden können. Falls es unserem Monopolisten gelingt, beispielsweise 3 Abnehmergruppen voneinander zu scheiden und seine Preise auf 1 400 GE, 1 200 GE und 1 000 GE festzusetzen, so beträgt sein Umsatz 3 x 1 400, 1 x 1 200 und 1 x 1 000 GE, zusammen also 6 400 GE. Betragen seine Gesamtkosten bei einem Umsatz von 5 Produktionseinheiten 3 600 GE, so macht er einen Gewinn von 2 800 GE. Ohne Preisdifferenzierung würde der Monopolist lediglich einen Umsatz von 5 000 GE erzielen (5 x 1 000 GE). In diesem Fall beliefe sich sein Gesamtgewinn nur auf 1 400 GE (siehe linke Abbildung).

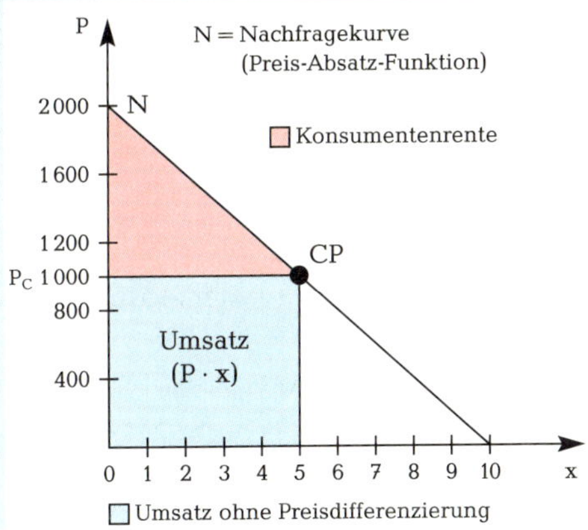

Abb. 5.18

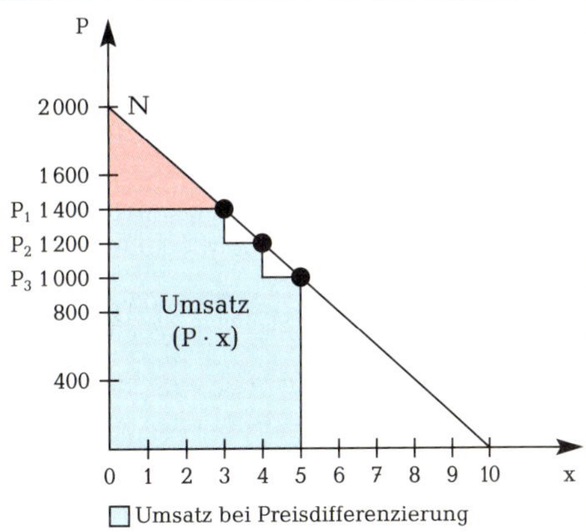

Abb. 5.19

Je weiter die Preisdifferenzierung durchgeführt werden kann, desto größer ist der Gesamtgewinn. Die **absolute Preisuntergrenze** ist die Höhe der **Grenzkosten:** Jede weitere Produktionsausdehnung verursacht mehr zusätzliche Kosten als zusätzlich erlöst wird.

1 Vgl. WOLL, A., a.a.O., S. 147.

Überblick über die Arten der Preisdifferenzierung[1]

Arten	Kriterien	Beispiele
Sachliche Preisdiffe-renzierung	a) Nach dem Verwendungszweck des Gutes; b) nach der gekauften Menge; c) nach der Produktgestaltung.	Strom für private Haushalte – Strom für Industriebetriebe. Staffelrabatte. Preise für Standardmodelle – für Luxusmodelle bei Autos.
Persönliche Preisdiffe-renzierung	a) Nach den Einkommen der Kunden; b) nach der Gruppenzugehörigkeit.	Differenzierte Arztrechnungen. Niedrigere Eintrittspreise für Schüler, Studenten und Schwerbehinderte.
Räumliche Preisdiffe-renzierung	Nach der räumlichen Verteilung der Käufer.	Angebotspreise im Ausland niedriger als im Inland (Dumping); Zonenpreise (z.B. Benzinpreise).
Zeitliche Preisdiffe-renzierung	Nach der zeitlichen Verteilung der Nachfrage.	Tagstrom- und Nachtstromtarife; Sommer- und Winterpreise für Heizmaterial oder für Pelzwaren.
Verdeckte Preisdiffe-renzierung	Nach den künstlich geschaffenen Meinungen bei den Käufern.[2]	Vortäuschung von Produktunterschieden.[3]

Übersicht 5.2

Sowenig wir zurückkönnen zur ersten Dampfmaschine und reinen Goldwährung, sowenig können wir auch zurück zur ‚naiven' Marktwirtschaft.[4]

(KARL SCHILLER)

Exkurs: Arten und Beurteilung der Monopole

Individual- und Kollektivmonopole

Die Entstehung marktstarker Unternehmen wird als **Konzentration**[5] oder **Monopolisierung** bezeichnet.

Monopolisierung bedeutet in diesem Zusammenhang nicht unbedingt, dass am Ende des Konzentrationsprozesses nur ein Unternehmen **(= Einzelmonopol, Individualmonopol)** bzw. nur eine Unternehmensgruppe **(= Kollektivmonopol)**[6] übrig bleibt. Vielmehr wird von Monopolisierung auch dann gesprochen, wenn der Konzentrationsprozess zur Marktbeherrschung eines Unternehmens bzw. eines Unternehmenszusammenschlusses

1 Nach WOLL; A., a.a.O., S 150.

2 A. WOLL spricht von „Irreführung".

3 WOLL, A., ebenda., S. 159.

4 SCHILLER, K.: In: SHONFIELD, A.: Geplanter Kapitalismus, Wirtschaftspolitik in Westeuropa und USA, 1968, S. XXI.

5 Konzentration = Zusammenfassung; hier: Zusammenballung wirtschaftlicher Macht bei einem oder wenigen Unternehmen bzw. staatlichen Betrieben.

6 Kollektiv (lat.) = Gesamtheit, Zusammenschluss.

führt. Mit anderen Worten: Mit Monopolisierung ist nicht nur die Entstehung von **„reinen Monopolen"**, sondern auch von **„Teilmonopolen"** gemeint. Ein Teilmonopol liegt vor, wenn ein starker Anbieter bzw. Nachfrager und einige schwache („kleine") Anbieter bzw. Nachfrager auf dem Markt auftreten.

Ursachen der Konzentration

Ein **Individualmonopol** entsteht z.B.

- aufgrund einer bahnbrechenden Erfindung, die eine besondere Marktstellung sichert;
- aufgrund des Alleineigentums an seltenen Rohstoffen;
- aufgrund der Tatsache, dass ein Unternehmen (z.B. durch geschickte Unternehmensführung) *schneller* wächst als seine Konkurrenten, sodass es diese schließlich aus dem Markt verdrängt **(unternehmensinternes Wachstum);**
- aufgrund eines Gesetzes, das einem Unternehmen (das sich häufig vollständig oder teilweise in staatlichem Eigentum befindet) eine Monopolstellung verschafft und sichert („Staatsmonopol").

Ein **Kollektivmonopol** entsteht, wenn ein *Unternehmenszusammenschluss* (= eine *Unternehmensverbindung*) zu einer *marktbeherrschenden Stellung* der beteiligten Unternehmen führt. Mit anderen Worten: Ein Kollektivmonopol liegt nur dann vor, wenn die kooperierenden Unternehmen *wie ein Einzelmonopol* oder *wie ein Teilmonopol* auf dem Markt auftreten können. Der Zusammenschluss kleiner Unternehmen auf einem mehr oder weniger polypolistischen Markt ist demnach kein „Kollektivmonopol".

Gründe für die Konzentration

Aus der Sicht der beteiligten Unternehmen sprechen z.B. folgende Gründe für die Konzentration:

1. **Beschränkung des Wettbewerbs.** Die Einschränkung der Konkurrenz ermöglicht es den monopolistischen Anbietern, ihre Preise so zu gestalten, dass Gewinne erzielt werden. Monopolistische Nachfrager können die Preise ihrer Zulieferer drücken, um ihre eigenen Gewinne zu erhöhen.
2. **Beschaffungssicherung.** Durch Verträge, Beteiligungen oder durch den Aufkauf von Zulieferbetrieben wird die Zulieferung von Rohstoffen und/oder Fertigteilen gesichert.
3. **Absatzsicherung.** Durch Verträge, Beteiligungen oder durch den Aufkauf von nachgelagerten Unternehmen lässt sich der Absatz der eigenen Erzeugnisse oder Waren sichern.
4. **Absatzförderung.** Der Absatz lässt sich z.B. durch gemeinsame Werbung, einheitliche Ausgestaltung von Verkaufsstätten sowie durch vereinheitlichte Qualität der angebotenen Produkte ausweiten.
5. **Förderung der Forschung.** Die Finanzierung kostspieliger Forschungsvorhaben wird erleichtert oder erst durch die gemeinsame Finanzierung (z.B. einer Forschungs-GmbH) ermöglicht.
6. **Steigerung der Wirtschaftlichkeit.** Durch Rationalisierungsmaßnahmen wie z.B. Typisierung, Normung und Spezialisierung lässt sich die Wirtschaftlichkeit erhöhen.

7. **Kapazitätsauslastung.** Durch die Übernahme von Großaufträgen, die die Leistungskraft der einzelnen Unternehmen übersteigen würden, lässt sich die Beschäftigung der zusammenarbeitenden (= kooperierenden) Unternehmen sichern.

Beispiele:

Mehrere europäische Unternehmen sind am Bau eines Flugzeugs beteiligt. – Mehrere Bauunternehmen erstellen in einer Arbeitsgemeinschaft ein Kraftwerk.

8. **Sicherung der Konkurrenzfähigkeit auf dem Weltmarkt.** Die Absatzsicherung auf den internationalen Märkten kann z. B. durch gemeinsame Rationalisierungsmaßnahmen mit dem Ziel der Kostensenkung, durch gemeinsame Werbung und/oder durch die Gründung gemeinsamer Absatzeinrichtungen (= Absatzsyndikate) geschehen.

Arten der Konzentration durch Unternehmenszusammenschlüsse

Unternehmenszusammenschlüsse (Unternehmensverbindungen) können auf *vertraglicher Basis* beruhen. Zu diesen so genannten *Kooperationsformen* gehören z. B. Interessengemeinschaften, Arbeitsgemeinschaften, Konsortien,[1] Gemeinschaftsunternehmen („Joint Ventures")[2] und Kartelle.

Unternehmenszusammenschlüsse, bei denen ein oder mehrere Partner ihre *wirtschaftliche* und/oder *rechtliche Selbstständigkeit* verlieren, bezeichnet das Aktiengesetz als *verbundene Unternehmen.* Zu ihnen gehören z. B. die Konzerne und die Trusts (siehe S. 178 ff.)

Verbundene Unternehmen und Trusts können *vertikal,*[3] *horizontal*[4] oder *anorganisch*[5] sein. Ein vertikaler Zusammenschluss liegt vor, wenn sich Unternehmen verschiedener Produktionsstufen zusammenschließen. Von horizontalem Zusammenschluss spricht man, wenn es sich um Unternehmen der gleichen Branche handelt. Anorganisch ist ein Zusammenschluss dann, wenn an ihm Unternehmen unterschiedlichster Branchen beteiligt sind.

---

1 Das Wort Konsortium (Mehrzahl: Konsortien) hängt mit dem lateinischen Wort Konsorte = Genosse, Mitglied zusammen. Ein Konsortium ist ein vorübergehender, loser Zweckverband von Unternehmen zur Durchführung von Geschäften, die mit großem Kapitaleinsatz und hohem Risiko verbunden sind. So schließen sich z. B. Kreditinstitute zu Konsortien zusammen, um Aktien oder Obligationen großer Unternehmen zu platzieren, d. h. zu verkaufen.

2 Joint Ventures (engl. = Gemeinschaftsunternehmen) sind eine Form der wirtschaftlichen Zusammenarbeit zwischen zwei oder mehreren voneinander unabhängigen Unternehmen – der so genannten Gesellschafterunternehmen –, die sich darin niederschlägt, dass ein rechtlich selbstständiges Unternehmen gemeinsam gegründet oder erworben wird mit dem Ziel, Aufgaben im gemeinsamen Interesse der Gesellschafterunternehmen auszuführen.

3 Beispiel: Forstwirt, Sägerei, Möbelfabrik, Möbelfachgeschäft.

4 Beispiel: Zusammenschluss mehrerer Möbelfabriken.

5 Beispiel: Sägerei, Brauerei, Lebensmittelfabrik, Maschinenfabrik.

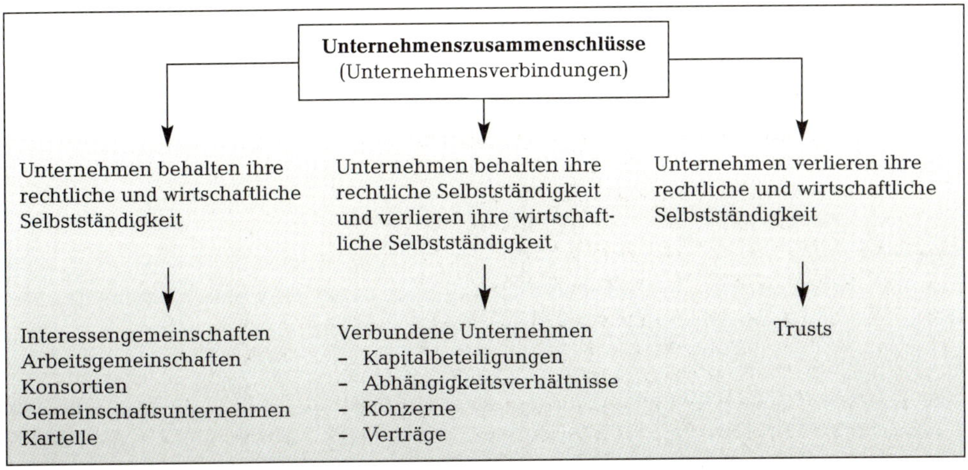

Abb. 5.20

1. Kartelle

■ Das **Kartell** ist ein vertraglicher Zusammenschluss von rechtlich selbstständig bleibenden Unternehmen eines Wirtschaftszweigs, deren wirtschaftliche Selbstständigkeit im Hinblick auf das Ziel, Markt und Wettbewerb im Wege von Absprachen zu beeinflussen, mehr oder weniger stark eingeschränkt ist.

Die kartellierten Unternehmen sind durch Verträge (Konventionen) miteinander verknüpft, geben aber ihre rechtliche und ihre wirtschaftliche Selbstständigkeit nicht auf.

Kartellgesetz. Um den Wettbewerb aufrechtzuerhalten, verbietet das „Gesetz gegen Wettbewerbsbeschränkungen" (Kartellgesetz) grundsätzlich die Kartelle, sieht aber sehr viele Ausnahmen vor. (Zu den Arten der Kartelle siehe Kapitel 5.4.3).

Syndikat. Die höchste Ausprägung des Kartells ist das Syndikat. Es handelt sich dabei um gemeinsame Verkaufsstellen mit eigener Rechtsform (meist Gesellschaften mit beschränkter Haftung), die den *Vertrieb* der Erzeugnisse oder Waren (z.B. Importwaren) ihrer Mitglieder übernehmen. Die Kunden kaufen ausschließlich beim Syndikat und zahlen auch an dieses. Aufträge und Zahlungen werden vom Syndikat an die Mitglieder entsprechend den Vertragsvereinbarungen weitergegeben.

2. Verbundene Unternehmen

Wesen. Wie bei den Kartellen besteht der Zweck der „verbundenen Unternehmen" (vgl. § 15 AktG) darin, den Markt zu beherrschen. Auch andere Zwecksetzungen sind denkbar, z.B. Verbesserung der Rationalisierungsmaßnahmen oder Gewinn- und Verlustausgleich.

Verbundene Unternehmen entstehen durch

a) Kapitalbeteiligung,

aa) wenn sich die Mehrheit der Anteile oder alle Anteile (z.B. Aktien) eines rechtlich selbstständigen Unternehmens in der Hand der Hauptgesellschaft befinden oder einem anderen Unternehmen die Mehrheit der Stimmrechte zusteht (Mutter-Tochter-Gesellschaft). Die Muttergesellschaft ist das herrschende Unternehmen, die Tochtergesellschaft das abhängige (vgl. §§ 16, 17 AktG);

12 Hartmann - ISBN 978-3-8120-0320-9

ab) wenn jedem Unternehmen mehr als 25% der Anteile an einem anderen gehört (wechselseitige Beteiligung). Auch hier kann ein Unternehmen das herrschende sein (vgl. § 19 AktG).

b) Abhängigkeitsverhältnisse,

wenn ein herrschendes Unternehmen auf ein anderes Unternehmen unmittelbar oder mittelbar einen beherrschenden Einfluss ausüben kann. Abhängigkeitsverhältnisse sind auch dann denkbar, wenn keine oder eine nur geringe Kapitalbeteiligung besteht. So können z. B. Zulieferbetriebe von einem Nachfragemonopol abhängig sein. § 17 AktG vermutet, dass ein in Mehrheitsbesitz stehendes Unternehmen von dem an ihm mit Mehrheit beteiligten Unternehmen auf jeden Fall abhängig ist, es sei denn, dass anderes nachgewiesen werden kann;

c) Konzerne,

ca) wenn ein herrschendes Unternehmen (die Muttergesellschaft) über ein oder mehrere abhängige Unternehmen durch kapitalmäßige Bindung die *einheitliche Leitung* ausübt (Unterordnungskonzerne; vgl. § 18 I AktG);

cb) wenn rechtlich selbstständig bleibende Unternehmen, ohne dass sie voneinander kapitalmäßig oder durch Beherrschungsvertrag abhängig sind, unter *einheitlicher Leitung* zusammengefasst sind (Gleichordnungskonzerne; vgl. § 18 II AktG).

■ **Konzerne** sind horizontale, vertikale oder anorganische Zusammenschlüsse von Unternehmen, die *rechtlich selbstständig* sind, ihre *wirtschaftliche Selbstständigkeit* aber aufgeben, indem sie sich einer *einheitlichen Leitung* unterstellen.[1]

d) Verträge,

da) wenn eine Aktiengesellschaft oder Kommanditgesellschaft auf Aktien ihre Leitung einem anderen Unternehmen unterstellt (Beherrschungsvertrag; vgl. § 291 AktG);

db) wenn eine Aktiengesellschaft oder Kommanditgesellschaft auf Aktien durch Vertrag verpflichtet ist, ihren Gewinn ganz oder teilweise an ein anderes Unternehmen abzuführen (Gewinnabführungsvertrag) oder eine Gewinngemeinschaft („Pool") zu bilden (§§ 291 und 292 AktG);

dc) wenn eine Aktiengesellschaft oder Kommanditgesellschaft auf Aktien den Betrieb ihres Unternehmens an ein anderes Unternehmen verpachtet (Betriebspachtvertrag; vgl. § 292 AktG).

3. Trusts

Wesen. Im Gegensatz zum Konzern, bei dem die beteiligten Unternehmen (die Konzernunternehmen) ihre rechtliche Selbstständigkeit behalten, ist der Trust ein horizontaler, vertikaler oder anorganischer Zusammenschluss mehrerer Unternehmen, die ihre *rechtliche* und *wirtschaftliche Selbstständigkeit* aufgeben.

■ **Trusts** sind horizontale, vertikale oder anorganische Zusammenschlüsse mehrerer Unternehmen, die ihre rechtliche und wirtschaftliche Selbstständigkeit aufgeben.

---

1 Das herrschende Unternehmen kann auch eine „Dachgesellschaft" sein. Bei diesen so genannten Dachgesellschaften (Holding-Companies) übertragen die Konzernunternehmen ihre Aktien (oder zumindest deren Mehrheit) auf eine übergeordnete Gesellschaft, die lediglich Aufgaben der Verwaltung und Finanzierung übernimmt.

Entstehung. Trusts entstehen durch *Verschmelzung (Fusion)*. Dabei gibt es zwei Möglichkeiten:

- **Fusion durch Aufnahme.** Sie liegt vor, wenn das Vermögen des übertragenden Unternehmens auf die übernehmende Gesellschaft übertragen wird. Praktisch bedeutet das, dass ein schwächeres Unternehmen durch ein stärkeres Unternehmen aufgekauft wird. Die Firma des übertragenden Unternehmens wird gelöscht.
- **Fusion durch Neubildung.** Bei dieser Art der Trustentstehung wird eine neue Gesellschaft gegründet, auf die die Vermögen der sich vereinigenden Unternehmen übertragen werden. Alle übertragenden Unternehmen erlöschen.

Beurteilung der Monopole

Das vorige Kapitel hat gezeigt, dass es allein aus rechtlicher Sicht zahlreiche Formen monopolartiger Unternehmen gibt. Aus wirtschaftlicher Sicht kann man noch weitere Einteilungen vornehmen, die für die nähere Beurteilung von Monopolen von Bedeutung sein können. So ist z. B. ein privatwirtschaftliches Gewinnmaximierungsmonopol (Kapitel 5.2.2.2) anders zu beurteilen als ein Bedarfsdeckungsmonopol der öffentlichen Hand. Ersteres versucht, kurz- und/oder langfristig seinen Gewinn zu maximieren, letzteres will die Bevölkerung mit Kollektivgütern zu kostendeckenden Preisen versorgen. Dies besagt nicht, dass Staatsmonopole nicht auch als Gewinnmaximierungsmonopole auftreten können.

Monopolarten

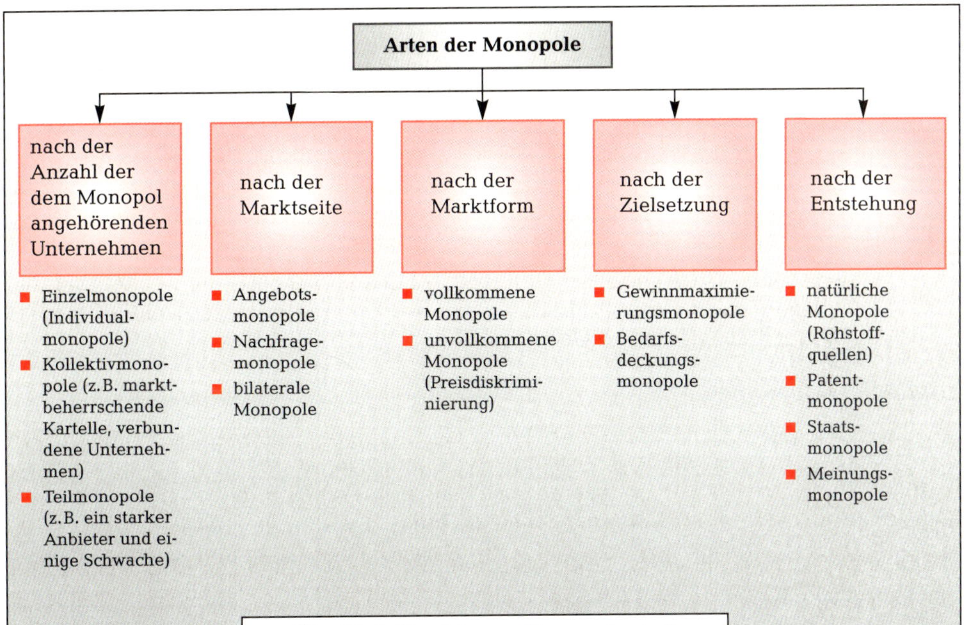

Überblick über Monopolformen (-arten)

Abb. 5.21

In der folgenden Übersicht werden die wichtigsten Argumente der Gegner der marktbeherrschenden Unternehmen und Unternehmensverbindungen („Monopole") einerseits und der Befürworter andererseits gegenübergestellt.

Argumente der Gegner	Argumente der Befürworter
Marktbeherrschende Unternehmen sind jederzeit in der Lage, das Angebot (oder die Nachfrage) künstlich zu verknappen; die Folgen sind überhöhte Preise, Versorgungsschwierigkeiten und der Verlust von Arbeitsplätzen.	Gerade weil die künstliche Verknappung zu erhöhten Preisen führt, wird eine Verknappungspolitik nicht die Regel sein. Bei überhöhten Preisen werden nämlich die Käufer auf Substitutionsprodukte ausweichen, sodass eine Verknappungsstrategie den marktbeherrschenden Unternehmen selbst schadet.
Marktbeherrschende Unternehmen nutzen ihre wirtschaftliche Machtstellung rücksichtslos aus, indem sie unangemessen hohe Preise fordern.	Hier gilt das Gleiche wie oben: Überhöhte Preisforderungen führen zur Substitutkonkurrenz. Außerdem sind die marktbeherrschenden Unternehmen in ihrer Preispolitik vorsichtig, weil gerade sie im Mittelpunkt der öffentlichen Kritik stehen. Erheblich drastischere Preiserhöhungen der Handwerksbetriebe nimmt die Öffentlichkeit kaum zur Kenntnis.
Fusionen, die der Marktbeherrschung dienen, verbilligen die Produktion nicht. Vielmehr entsteht ein riesiger Verwaltungsapparat, der die Stückkosten erhöht.	Von einer bestimmten Betriebsgröße an mag dieses Argument richtig sein. Tritt in der Realität aber diese Kostenprogression ein, werden die Trusts von sich aus zur Dekonzentration schreiten, um ihre Rentabilität zu wahren oder zu vergrößern.
Marktbeherrschende Unternehmen haben keine oder nur geringe Konkurrenz. Dies führt dazu, dass notwendige Rationalisierungsmaßnahmen unterbleiben. Neue Erfindungen werden aufgekauft und verschwinden in den Schubladen. Die Monopolisierung ist fortschrittsfeindlich.	Gerade die Konzentration ermöglicht die Durchführung kostspieliger Forschungsvorhaben, weil die entsprechenden finanziellen Mittel bereitgestellt werden können. Dadurch fördert sie den technischen Fortschritt.
Wirtschaftliche Macht bringt politische Macht mit sich. Die Bestechung von Politikern beweist dies.	Die politischen Instanzen haben Mittel und Wege, durch eine entsprechende Gesetzgebung die Macht der marktbeherrschenden Unternehmen und Unternehmensverbindungen unter Kontrolle zu halten. Bestechungsversuche sind moralisch weniger verwerflich als die Bestechlichkeit der Politiker, die sich ebenso von anderen Organisationen (z.B. Gewerkschaften) bestechen lassen können.

Übersicht 5.3

Im Rahmen der Monopoldiskussion stehen auch die **multinationalen Konzerne** („Multis"), also Konzerne, die in mehreren Staaten ihre Niederlassungen und/oder Tochtergesellschaften besitzen, „unter Beschuss". Auch hier sind die Meinungen nicht einheitlich. Im Folgenden werden einige der üblichen Argumente der Gegner und der Verteidiger der Multis einander gegenübergestellt.[1]

Argumente der Gegner	Argumente der Befürworter
Multinationale Unternehmen sind mächtiger als Staaten. Sie beherrschen Wirtschaft und Politik der Staaten, in denen sie Fuß gefasst haben.	Die Beherrschungstheorie ist eine Fiktion. Die Staaten sitzen am längeren Hebel, weil sie mit Hilfe ihrer Gesetzgebung die Niederlassung eines Unternehmens verhindern oder von strengen Auflagen abhängig machen können.
Multinationale Unternehmen beuten die Entwicklungsländer aus. Die rücksichtslose Ausnutzung des technischen Vorsprungs verstärkt die Ausbeutung.	Viele Gastländer drängen auf Investitionen (= Kapitaleinfuhr), um Arbeitsplätze zu schaffen und technisches Wissen zu erwerben. Im Übrigen sind die Multis in den Gastländern gute Steuerzahler.
Multinationale Unternehmen sind die Hauptverantwortlichen für Währungs- und Kapitalmarktkrisen. Die Teilnahme an Währungsspekulationen beweist dies.	Gerade die multinationalen Konzerne haben großes Interesse an internationaler Stabilität, weil nur diese ihren Absatz langfristig garantiert. Beteiligen sie sich an internationalen Spekulationen, gehen sie ebenso wie andere Spekulanten entweder als Gewinner oder als Verlierer hervor.
Multinationale Unternehmen verstärken die Inflation. Vor allem ihre monopolistischen oder oligopolistischen Marktstrukturen sind die Ursache hierfür. Das treffendste Beispiel sind die Ölkrisen von 1974 und 1979.	Sowohl Wirklichkeit als auch Theorie beweisen, dass gerade auf oligopolistischen Märkten i.d.R. eine beträchtliche Preisstarrheit herrscht. Die Ölkrisen wurden von den Politikern in den Erdölförderländern, nicht von den Multis ausgelöst.
Multinationale Unternehmen sind gewerkschaftsfeindlich. Sie diskriminieren die gewerkschaftliche Arbeit, vernichten Arbeitsplätze, indem sie willkürlich Betriebsteile in Länder mit niedrigen Arbeitslöhnen verlagern.	Willkürliche Produktionsverpflanzungen sind i.d.R. nicht möglich, weil man einerseits ganze Produktionsstätten stilllegen, diese andererseits in einem anderen Land aufbauen müsste. Ferner sind die Gewerkschaften gegenüber den Multis nicht machtlos. Vielmehr kann ein Streik in einem Land wegen der gegenseitigen Abhängigkeit der Konzernunternehmen den gesamten Konzern treffen.

Übersicht 5.4

Die dargestellten Argumente für und gegen die nationalen und internationalen Oligopole und Monopole machen ausreichend deutlich, dass es sehr schwierig ist, mit gesetzlichen Maßnahmen den Wettbewerb auf nationaler Ebene zu erhalten und zu stärken.[2]

1 Zusammengestellt nach GRUHLER, W.: Die Multis – Mär und Wirklichkeit. dv-Sachbuchreihe, 1974.

2 Über die gesetzlichen Regelungen in der Bundesrepublik Deutschland siehe Kapitel 5.4.3.

Aufgaben zur Lernkontrolle

1. Das Städtische Theater (800 Sitzplätze) in Neustadt hat unter Abzug der Subventionen im Durchschnitt fixe Kosten in Höhe von 10000,00 € je Theaterabend. (Die variablen Kosten sind so gering, dass sie kostenrechnerisch vernachlässigt werden können.)

   Die Theaterleitung erwartet, dass die Besucher auf Preisänderungen wie folgt reagieren werden:

Preis je Karte in EUR:	20,00	19,00	18,00	17,00	16,00	15,00	14,00
Zahl der verkauften Karten:	500	550	600	650	700	750	800

1.1 Angenommen, die Theaterleitung will die Karten zu einem Einheitspreis verkaufen und den abendlichen Gewinn maximieren. Ermitteln Sie rechnerisch den Preis je Abendkarte, der den gewinnmaximalen Kartenverkauf erbringt! Stellen Sie hierzu eine Kosten-Leistungs-Tabelle nach folgendem Muster auf:

Zahl der Besucher	Preis je Abendkarte	Umsatz	Kosten	Verlust bzw. Gewinn
500	20,00 EUR	10000,00 EUR	10000,00 EUR	—
550	19,00 EUR	10450,00 EUR	10000,00 EUR	+ 450,00 EUR
⋮	⋮	⋮	⋮	⋮

1.2 Wie viel Karten bleiben unverkauft, wenn der gewinnmaximierende Einheitspreis (Monopolpreis) festgesetzt wird? (Begründung!)

1.3 Angenommen, die Theaterleitung handelt nicht nach dem Gewinnmaximierungsprinzip, sondern nach dem Kostendeckungsprinzip.

1.3.1 Welchen Preis wird sie verlangen?

1.3.2 Wie viel Kunden können dann keine Karte erhalten? Handelt es sich in diesem Fall um eine Angebots- oder um eine Nachfragelücke? (Begründen Sie Ihre Antwort!)

1.4 Warum sind in diesem Beispiel Gewinn- und Umsatzmaximum identisch?

1.5 Die Theaterleitung gelangt zur Ansicht, dass der Gewinn durch Preisdifferenzierung bei ausverkauftem Haus erhöht werden kann. Sie teilt die vorhandenen Plätze in drei Ränge ein. Für den Rang I (500 Plätze) verlangt sie 20,00 € je Karte, für den Rang II (200 Plätze) 16,00 € und für den Rang III (100 Plätze) 14,00 €.

1.5.1 Werden alle Karten verkauft? (Begründen Sie Ihre Antwort!)

1.5.2 Wie hoch ist der Gesamtgewinn? (Rechnerisch nachweisen!)

1.6 Welche Art des Angebotsmonopols liegt im Fall 1.5 vor?

2. Worin unterscheiden sich Individual- und Kollektivmonopole?

3. Wie erklären Sie sich den Trend zur Monopolisierung (Konzentration)?

4. Stellen Sie Argumente für und gegen die Konzentration zusammen. Überwiegen Ihrer Meinung nach die Vor- oder die Nachteile? Begründen Sie Ihre Aussage!

5. Die Deutsche Post AG besitzt das so genannte Briefmonopol.

5.1 Zu welcher Monopolart rechnet das Briefmonopol?

5.2 Welche Vor- und Nachteile kann dieses Monopol haben?

6. Textauszug:

Einmal Monopolist ...

Eigentlich ein paradoxer Vorgang. Da dereguliert der Staat nationale und regionale Monopole, zwingt sie zum Wettbewerb – und dann unterstellt er sie staatlicher Kontrolle. Das war bei Telekom und Post so, gilt jetzt für Strom- und Gaswirtschaft. Der Bahn, die bald an die Börse will, steht die gleiche Diskussion bevor.

Aus den Monopolen sind in der Tat keine Unternehmen wie andere geworden, die darum kämpfen, dass der Kunde wieder König wird. Sie haben Teilmonopole behalten, können damit den Wettbewerb behindern und die Preise zum eigenen Vorteil bestimmen. Sie nutzen dafür den Zugang zu Netzen, die sie exklusiv besitzen. Bei Strom und Gas sind es die Leitungen, bei der Bahn ist es das Schienennetz; bei der Telekom bietet sich das Festnetz an. Immer ist der Exmonopolist versucht, die Konditionen zu bestimmen, zu denen Konkurrenten seine Infrastruktur benutzen dürfen. Es wäre unsinnig und unbezahlbar, parallele Netze aufzubauen.

Natürlich genügt das nicht den Vorstellungen von ausreichendem Funktionieren des Marktes. Zwar haben sich die Ökonomen schon lange vom Ziel eines vollkommenen Wettbewerbs verabschiedet, bei dem sich auf dem Markt unzählige kleine Anbieter tümmeln. Das Beispiel des von Tante-Emma-Läden beherrschten Einzelhandels zeigt, dass da meistens nicht viel passiert. Mehr Dynamik und niedrigere Preise verspricht das Oligopol, in dem ein paar mächtige Unternehmen den Ton angeben, ohne dass eines den Markt beherrscht. Wenn jeder, der sich auf diesem Markt betätigen will, freien Zugang hat und zudem eine realistische Erfolgschance, dann sprechen die Experten von der Idealform des weiten Oligopols. Der Wettbewerb ist dann nicht perfekt, aber funktionsfähig.

Doch davon sind die Märkte, auf denen die öffentlichen Exmonopole tätig sind, noch weit entfernt. Zwar gibt es heute in Deutschland Privatbahnen, Stromanbieter und Telefonfirmen, die den mächtigen Oligopolisten Konkurrenz machen. Aber ob bei Strom, Bahn oder Telefon: Der Exmonopolist kann im Prinzip über sein Netz die Konkurrenz weiter behindern...

Bei der Bahn ist es nicht viel anders. Wenn eine Privatbahn einen Güterzug auf den Schienen der DB AG bewegen will, muss sie das zu deren Preisen und Konditionen tun. Und warum soll die Bahn gegenüber lästigen Konkurrenten besonders großzügig sein? Beim Telefon schließlich sorgt die Deutsche Telekom AG dafür, dass der Wettbewerb im Festnetzmarkt (anders als beim Mobilfunk) unbefriedigend bleibt.

Um dem Übel abzuhelfen, arbeitet seit 1998 in Deutschland die Regulierungsbehörde für Telekommunikation und Post. Ab 2005 wird sie auch über den Gas- und Strommarkt wachen. Wie der unbehinderte Netzzugang bei der Bahn organisiert werden soll, ist noch offen, doch auch hier wird wohl eine Behörde mit einem Chefregulierer an der Spitze die Aufgabe übernehmen.

In der Praxis ist entscheidend, dass die Behörde sich frei informieren, entscheiden und Sanktionen verhängen kann. Auf dem deutschen Telefonmarkt hat die Behörde wiederholt eingegriffen, wenn auch zu wenig nach Meinung der Neulinge. Vor allem setzte die Regulierungsbehörde von vornherein die Preise im Festnetz fest, wovon heute jeder Endkunde profitiert. Sie zwang den Exmonopolisten auch, sein Netz mit Netzen von Konkurrenten zusammenzuschalten und ihnen niedrigere Preise für Vorleistungen zu berechnen...

Quelle: Schmid, Klaus-Peter, Einmal Monopolist ..., in: DIE ZEIT, *www.zeit.de/2004/40/85konom* vom 23. September 2004.

6.1 Welche Marktformen werden im obigen Zeitungsabschnitt angesprochen?

6.2 Worauf beruht die starke Marktstellung der ehemaligen Monopolisten?

6.3 Auf welche Weise könnte der Staat den Wettbewerb auf dem im obigen Artikel genannten Märkten fördern?

5.2.3.4 Preisbildung des unvollkommenen Angebotsoligopols

Die Probleme der Oligopoltheorie sind bis heute noch nicht befriedigend gelöst. Zwar gibt es eine große Anzahl von Oligopolmodellen. „Empirisch haben sie jedoch ebenso wenig Bedeutung, wie manche der komplizierteren Fortentwicklungen."[1] Die heutige Theorie wendet sich daher mehr und mehr von den Modellen ab. Vielmehr wird versucht, die *Wirklichkeit* zu beobachten, typische Verhaltensweisen festzustellen und daraus brauchbare allgemein gültige Aussagen zu gewinnen. Diese Notwendigkeit ergibt sich vor allem deshalb, weil in der Wirklichkeit die homogenen Oligopole kaum vorkommen, sondern die heterogenen Oligopole vorherrschen.

Zum Zwecke der Veranschaulichung seien im Folgenden dennoch zwei Oligopolmodelle vorgestellt, die einige grundsätzliche Aussagen über das Wesen oligopolistischer Märkte zulassen.

1. Beispiel:

Angenommen, es bieten zwei Oligopolisten (Angebotsdyopol) ein heterogenes Gut (z.B. zwei Schreibmaschinentypen) an. Hat z.B. Anbieter A (Abb. 5.22) die Mengen-Preis-Kombination CP (4000/400) verwirklicht und senkt er den Preis auf P1 (300 GE), wird er, falls sein Konkurrent nicht nachzieht, die Menge x_2 (5500 Stück), sonst die Menge x_1 (4800 Stück) je Zeiteinheit absetzen. Eine konkurrierende Preissenkung ist wahrscheinlicher, sodass die Nachfrage bei oligopolistischer heterogener Konkurrenz *unelastischer* reagiert (von x_0 nach x_1) als beim Monopolisten (von x_0 nach x_2).

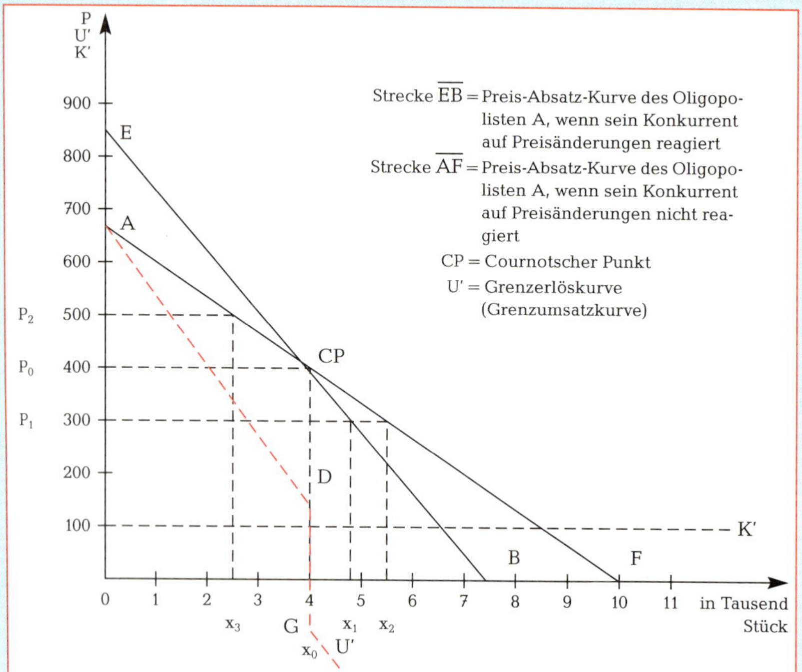

Geknickte Nachfragekurve[2]

Abb. 5.22

1 WOLL, A., a.a.O., S. 159.

2 Darstellung nach WOLL, A., a.a.O., S. 160.

Bei einer Preiserhöhung wird hingegen der Konkurrent wahrscheinlich nicht nachziehen, weil ihm nunmehr die Nachfrage zuströmt, die der Anbieter A aufgrund der Preiserhöhung verliert. Erhöht Anbieter A den Preis z.B. auf 500 GE (P_2 in der Abb. 5.22), wird er lediglich die Menge x_3 absetzen können. Seine Preis-Absatz-Kurve verläuft also entlang der Strecke $\overline{AC}$. Die Nachfragekurve des Oligopolisten besitzt mithin einen „Knick" (kinked demand curve = geknickte Nachfragekurve).

Wegen dieses Knicks besitzt die Grenzerlöskurve (U') einen unbestimmten Bereich $\overline{DG}$, sodass bei einer Kostensenkung bzw. -erhöhung innerhalb dieses Bereichs keine Änderung in der gewinnmaximalen Mengen-Preis-Kombination eintritt. Diese Tatsache belegt die bereits im Kapitel 5.2.2.3 getroffene Aussage, dass auf oligopolistischen Märkten häufig eine relative Preisstarrheit zu beobachten ist.[1]

2. Beispiel:

Bereits GUTENBERG hatte darauf hingewiesen, dass die Modelle für die heterogene polypolistische Konkurrenz auch auf die Oligopoltheorie angewendet werden können,[2] denn auch beim heterogenen Angebotsoligopol besitzen die Anbieter einen mehr oder weniger großen autonomen (monopolistischen) Bereich, der ihnen gestattet, Preispolitik zu betreiben, ohne dass die Konkurrenz reagiert oder reagieren muss. Angenommen, in einer Volkswirtschaft teilen sich drei Autohersteller den Kraftfahrzeugmarkt mit drei verschiedenen Typen. Dem Produzenten A ist es gelungen, bei einem Teil der Käufer durch Reklame, Formgestaltung und Leistung die Vorstellung zu erwecken, dass sein Auto besonders robust, preiswert und wirtschaftlich sei. Sein Preis liegt bei 5000 GE.

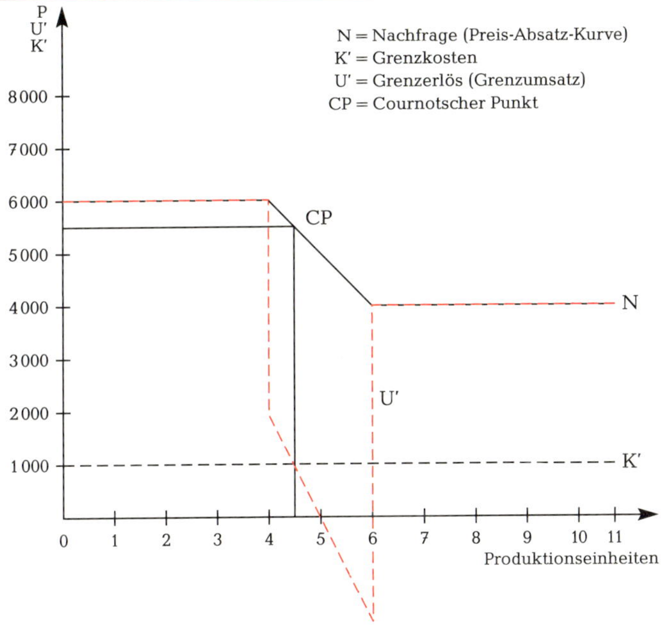

Doppelt geknickte Nachfragekurve[2]

Abb. 5.23

1 Vgl. WOLL, A., a.a.O., S. 159/160.

2 Vgl. GUTENBERG, E.: Grundlagen der Betriebswirtschaftslehre, 1970, Bd. II, S. 249 sowie Abb. 54 auf S. 250.

Der zweite Anbieter B kann einen Preis von 6000 GE verlangen, weil er eine gehobene Käuferschicht davon zu überzeugen verstand, dass sein Autotyp auch verwöhnten Ansprüchen genügt.

Der dritte Anbieter C schließlich wendet sich mit seinem Produkt an die schwächeren Einkommensschichten und fordert einen Preis von 4000 GE.

Unter den gegebenen Bedingungen kann Anbieter A seinen Preis nicht höher als 6000 GE festsetzen, denn bei einem Preis von 6000 GE und darüber würde er alle seine Kunden verlieren, weil diese nunmehr den Wagen des Anbieters B kaufen. Senkt A seinen Preis auf 4000 GE, so gewinnt er alle Kunden des C, weil diese nun auch den (zumindest vermeintlich) besseren Wagen kaufen wollen. Bei Preisen von 4000 und 6000 GE befindet sich das Unternehmen A also in der Situation des Mengenanpassers. Zwischen diesen Preisen aber ist – behalten die Konkurrenzunternehmen ihre Preise bei – das Unternehmen in seiner Preisgestaltung mehr oder weniger frei. Eine Preiserhöhung des Anbieters A von 5000 auf z.B. 5500 GE wird zwar einen Verlust an Kunden bringen, weil mancher sich jetzt entschließt, etwas mehr und länger zu sparen, um dann den Wagen des Unternehmens B zu kaufen. Senkt A seinen Preis von 5000 GE auf beispielsweise 4500 GE, können zwar Kunden gewonnen werden, aber nicht allzu viele, da der Preis von 4500 GE für die meisten Käufer des C-Typs immer noch zu hoch ist.

Der Zusammenhang lässt sich leicht bildlich darstellen. Tragen wir auf der y-Achse den Pkw-Preis, auf der x-Achse die absetzbaren Pkw-Einheiten ab, so zeigt sich, dass die Absatzkurve (Nachfragekurve) des Herstellers A einen monopolistischen Teilbereich zwischen den Preisen von 4000 und 6000 GE besitzt, innerhalb derer er nur mit den Reaktionen seines eigenen Kundenstamms zu rechnen hat. Liegen seine Grenzkosten z.B. bei 1000 GE, so wird er, falls er Gewinnmaximierung anstrebt, einen Preis in Höhe von 5500 GE wählen und 4,5 Pkw-Einheiten produzieren und absetzen (Cournotscher Punkt).

Diese Aussage gilt nur, wie bereits gesagt wurde, wenn die Konkurrenten des A ihre Preise unverändert lassen. Setzt nämlich B seinen Preis auf 5500 GE herunter, verliert A sämtliche Kunden an B, falls er seinen Preis nicht ebenfalls zurücknimmt. Weitere Preissenkungen von A und B müssten endlich auch den Anbieter C veranlassen, seinen Preis zu reduzieren, wenn er nicht seinerseits seine Kunden an A und B abgeben will.

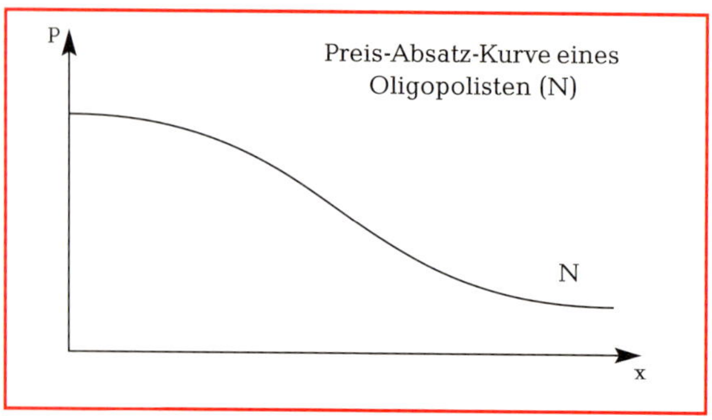

Abb. 5.24

Die Preis-Absatz-Kurve des Oligopolisten wird in Wirklichkeit geschwungen verlaufen. Auch wird er bei einer Preiserhöhung über 6000 GE nur allmählich Kunden verlieren, bei einer Preissenkung unter 4000 GE nur allmählich Kunden hinzugewinnen (siehe Abb. 5.24).

Zusammenfassender Überblick über die Marktformen

	Zahl der Anbieter	Marktbeschaffenheit	Preisbildung
wachsende Marktmacht ↓	**viele**	vollkommene polypolistische Konkurrenz	Bildung eines Einheitspreises; der einzelne Anbieter bzw. Nachfrager hat keinen Einfluss auf den Preis
		unvollkommene polypolistische Konkurrenz	Es gibt mehrere Preise für ein Gut; der einzelne Anbieter hat einen geringen Spielraum bei der Preisfestsetzung
	wenige	vollkommene oligopolistische Konkurrenz	Bildung eines Einheitspreises durch abgestimmtes Verhalten der Oligopolisten
		unvollkommene oligopolistische Konkurrenz	Es gibt unterschiedliche Preise für eine Güterart; Oligopolisten müssen die Reaktion ihrer Konkurrenten bei Preisänderungen und/oder Produktänderungen berücksichtigen
	einer	vollkommenes Monopol	Der Monopolist kann nur einen Preis für ein Gut verlangen; er ist in der Preisbildung unabhängig
		unvollkommenes Monopol	Der Monopolist kann Preise differenzieren (z.B. Tag- und Nachtstromtarif)

Wachsende Marktmacht führt zu zunehmender Aufhebung der Preisgesetze

Übersicht 5.5

Bedeutung der Marktformenlehre. Die Untersuchung der Marktformen nach der *Zahl* der Marktteilnehmer zeigt, dass die *Marktmacht* mit abnehmender Teilnehmerzahl steigt. Während bei vollständiger Konkurrenz die „Preisgesetze" noch funktionieren, werden sie auf oligopolistischen und monopolistischen Märkten eingeschränkt, aufgehoben oder gar in ihr Gegenteil verkehrt. Eine Wirtschaftsordnung, die auf der Grundlage der *Marktwirtschaft* beruht, muss folglich dafür Sorge tragen, dass der *Wettbewerb* (die Konkurrenz) erhalten bleibt. Dies ist Aufgabe der **Ordnungspolitik.** In der Bundesrepublik Deutschland versucht das Gesetz gegen Wettbewerbsbeschränkungen (GWB), auch „Kartellgesetz" genannt, die Entstehung besonders wettbewerbsgefährdender Kartelle (z.B. Preiskartelle) zu verhindern, den Missbrauch wirtschaftlicher Macht und Fusionen marktbeherrschender Unternehmen zu unterbinden.[1]

Fusionen betrachten manche Experten mit Argwohn. Sie befürchten, dass die Konkurrenz um Kunden und Marktanteile Zug um Zug nachlässt, weil sich verbleibende Wettbewerber auf eine friedliche Koexistenz einigen. Damit einher gingen dann höhere Preise für die Abnehmer, und auch der Druck auf die – oft kleineren – Lieferanten würde zunehmen, sodass deren Erträge wegbrechen. Zudem drohten, so die Kritiker, die neuen Großkonzerne Speck anzusetzen – ihre Innovationsfreude und Flexibilität gehe verloren.

1 Siehe Kapitel 5.4.3.

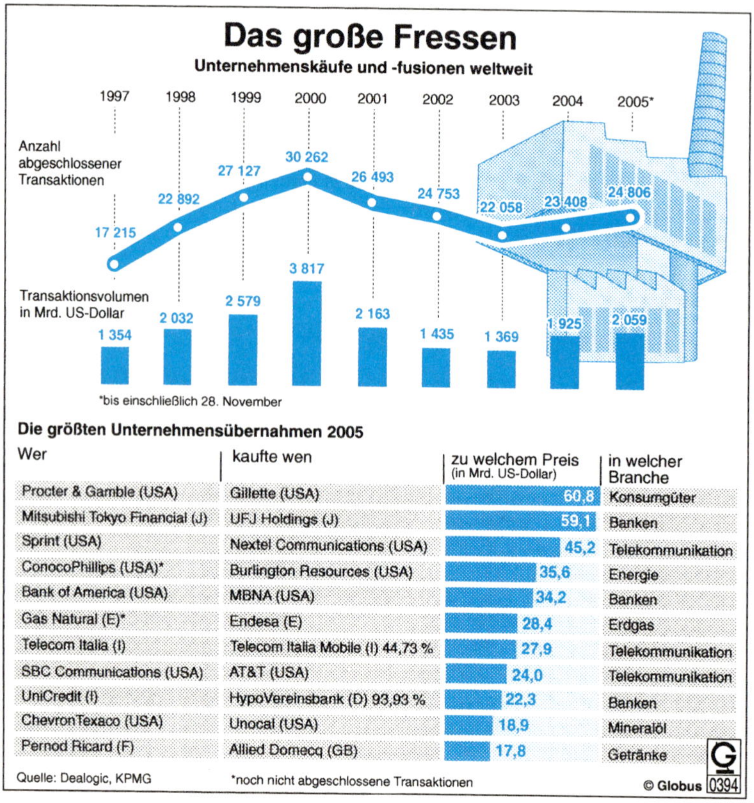

Wer	kaufte wen	zu welchem Preis (in Mrd. US-Dollar)	in welcher Branche
Procter & Gamble (USA)	Gillette (USA)	60,8	Konsumgüter
Mitsubishi Tokyo Financial (J)	UFJ Holdings (J)	59,1	Banken
Sprint (USA)	Nextel Communications (USA)	45,2	Telekommunikation
ConocoPhillips (USA)*	Burlington Resources (USA)	35,6	Energie
Bank of America (USA)	MBNA (USA)	34,2	Banken
Gas Natural (E)*	Endesa (E)	28,4	Erdgas
Telecom Italia (I)	Telecom Italia Mobile (I) 44,73 %	27,9	Telekommunikation
SBC Communications (USA)	AT&T (USA)	24,0	Telekommunikation
UniCredit (I)	HypoVereinsbank (D) 93,93 %	22,3	Banken
ChevronTexaco (USA)	Unocal (USA)	18,9	Mineralöl
Pernod Ricard (F)	Allied Domecq (GB)	17,8	Getränke

Quelle: Dealogic, KPMG *noch nicht abgeschlossene Transaktionen © Globus 0394

Abb. 5.25

Aufgaben zur Lernkontrolle

1. Erklären Sie, warum auf oligopolistischen Märkten i. d. R. Ruhe an der „Preisfront" herrscht!
2. Erläutern Sie, warum das Modell des Angebotspolypolisten auf unvollkommenem Markt auch auf das mögliche Verhalten eines Angebotsoligopolisten auf unvollkommenem Markt anwendbar ist!
3. Angenommen, auf dem Markt für Universallexika befinden sich nur zwei Anbieter (Verlage), und zwar der Arnold-Verlag und der Brecht-Verlag. Die Nachfrage ist polypolistisch.

   Der Arnold-Verlag kann zurzeit in einer Periode 3000 Lexika (1 Lexikon = 12 Bände) zu einem Preis von je 2500 GE verkaufen. Seine Grenzkosten (proportional-variablen Kosten) betragen 1000 GE je Lexikon.

   Der Arnold-Verlag sieht sich zwei möglichen linearen Nachfragekurven gegenüber:

■ Preis-Absatz-Kurve, wenn der Brecht-Verlag auf Preisänderungen des Arnold-Verlags entsprechend reagiert

Preis	3750 GE	1250 GE
Lexika	1500 Stück	4500 Stück

■ Preis-Absatz-Kurve, wenn der Brecht-Verlag auf Preisänderungen des Arnold-Verlags nicht reagiert

Preis	3000 GE	1500 GE
Lexika	2000 Stück	5000 Stück

3.1 Zeichnen Sie die beiden möglichen Preis-Absatz-Kurven des Arnold-Verlags, die dazugehörigen Grenzerlöskurven (Grenzumsatzkurven) sowie die Grenzkostenkurve!

Lösungshinweis:
x-Achse: 1 cm ≙ 1000 Lexika (= 1 PE, d.h. Produktionseinheit);
y-Achse: 1 cm ≙ 500 GE.

3.2 Der Arnold-Verlag muss damit rechnen, dass der Brecht-Verlag seinen Absatzpreis stabil hält, wenn er seinen Absatzpreis anhebt. Andererseits muss der Arnold-Verlag davon ausgehen, dass bei einer eigenen Preissenkung der Brecht-Verlag in gleicher Weise reagiert.

3.2.1 Begründen Sie die vermuteten Entscheidungen des Brecht-Verlags!

3.2.2 Zeichnen Sie die „geknickte Preis-Absatz-Kurve" des Arnold-Verlags!

3.3 Beim Arnold-Verlag sind die proportional-variablen Kosten (Grenzkosten) um 50% gestiegen. Wie wird der Arnold-Verlag entscheiden, wenn sein oberstes Unternehmensziel die Gewinnmaximierung ist und der Brecht-Verlag nicht reagiert?

3.4 Angenommen, der Arnold-Verlag hat die Absicht, seinen Konkurrenten (den Brecht-Verlag) vom Markt zu verdrängen. Er will notfalls auf die Deckung seiner fixen Kosten verzichten, unter keinen Umständen jedoch auf die Deckung seiner variablen Kosten, die sich zurzeit auf 1250 GE belaufen.

3.4.1 Für welchen Absatzpreis wird sich der Arnold-Verlag entscheiden, wenn er unter den oben genannten Bedingungen einen möglichst hohen Marktanteil „erobern" möchte und der Brecht-Verlag auf seine Maßnahme entsprechend reagiert?

3.4.2 Wie viel Exemplare könnte der Arnold-Verlag unter den oben genannten Bedingungen absetzen, wenn der Brecht-Verlag nicht reagieren würde?

5.2.4 Funktionen des Preises

Der Preis ist eine Erscheinung, die es keinem recht machen kann: Dem Käufer ist er zu hoch, dem Verkäufer zu niedrig.

(Verfasser unbekannt)

Wenn im Folgenden von den Funktionen (Aufgaben) des Preises gesprochen wird, so wird unterstellt, dass es sich um Märkte mit vollkommener polypolistischer Konkurrenz handelt. Erst anschließend wird gezeigt, dass monopolistische Marktstrukturen die genannten Preisfunktionen einschränken.

Im Modell der freien Wirtschaft mit vollkommener polypolistischer Konkurrenz hat der Preis unter anderem folgende Funktionen, und zwar die Ausgleichs-, Signal-, Lenkungs- und Erziehungsfunktion.

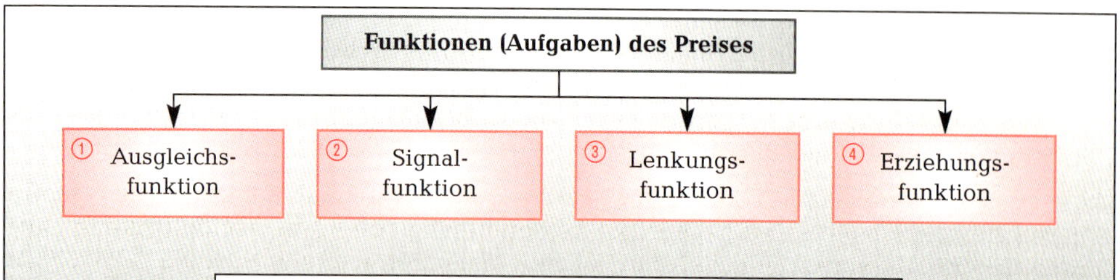

Überblick über die Funktionen des Preises im Modell des vollkommenen polypolistischen Marktes

Abb. 5.26

① Eine **Ausgleichsfunktion** hat der Preis deshalb, weil er einen „Ausgleich" von Angebot und Nachfrage auf dem Markt herbeiführt.[1] RÖPKE sagte daher, dass der (freie) Preis den Markt räume.

„Der *Gleichgewichtspreis ist derjenige Preis, der den Markt räumt.* Dies ist einer der wichtigsten und elementarsten Sätze der gesamten Nationalökonomie, den man sich so fest einprägen muss, dass man ihn niemals vergisst."[2]

② Die **Signalfunktion** des Preises äußert sich darin, dass der freie Marktpreis den Knappheitsgrad eines Gutes „signalisiert", d.h. anzeigt. Steigt der Preis, so wird erkennbar, dass sich entweder das Güterangebot bei gleich bleibender Nachfrage verknappt hat, oder dass sich die Nachfrage bei gleich bleibendem Güterangebot erhöht hat, oder dass die Nachfrage schneller als das Güterangebot zugenommen hat. Der fallende Preis zeigt die gegenteilige Marktsituation.

③ Die **Lenkungsfunktion** des Preises wird dadurch erfüllt, dass der Preis das Angebot und damit die Produktion sowie die zur Produktion erforderlichen Investitionen auf diejenigen Märkte „lenkt", auf denen die größte Nachfrage (Knappheit) herrscht und folglich der höchste Gewinn (aufgrund der hohen Preise) erzielt werden kann. Im Modell der freien Wirtschaft ist es also der Preis, der das Problem, *was* produziert werden soll,[3] löst: Der Preis führt die Produktionsfaktoren ihrer produktivsten Verwendung zu. Man bezeichnet daher die Lenkungsfunktionen des Preises auch als „Allokationsfunktion".[4]

Beispiele:

Steigt die Nachfrage nach Plasmafernsehern und nimmt die Nachfrage nach Röhrengeräten ab, werden die Produzenten die Produktion von Röhrengeräten einschränken und die Produktion von Plasmageräten erhöhen, weil auf dem Plasmafernsehermarkt höhere Preise und damit höhere Gewinne erzielt werden können. – Steigt die Nachfrage nach Rindfleisch zu Lasten der Nachfrage nach Schweinefleisch, werden die Produzenten mehr Rindfleisch erzeugen und anbieten.

1 Wie der Ausgleichsmechanismus (Preismechanismus) wirkt, wurde ausführlich in dem Kapitel 5.2.2.1.2 beschrieben. (Siehe dort vor allem die Abb. 5.4 bis 5.7.)

2 RÖPKE, W., a.a.O., S. 183.

3 Siehe Kapitel 1.2.5 (Wirtschaftliche Wahlentscheidungen).

4 Allokationsproblem = Frage nach der bestmöglichen Verteilung der Produktionsfaktoren in einer Volkswirtschaft.

④ Die **Erziehungsfunktion** des Preises wird darin gesehen, dass – immer bei vollkommener polypolistischer Konkurrenz – der vom einzelnen Wirtschaftssubjekt nicht beeinflussbare Preis die Produzenten dazu zwingt („erzieht"), ihre Kosten zu senken, wenn sie ihre Gewinne erhöhen wollen. Die Produzenten werden also dazu veranlasst, das Minimalprinzip zu verfolgen.[1]

Aber auch auf der Nachfrageseite erfüllt der Preis eine Erziehungsfunktion. Die Nachfrager von Produktionsfaktoren werden die kostengünstigsten Einkaufsmöglichkeiten ausfindig machen müssen, wenn sie ihre Gewinne maximieren wollen. Die Nachfrager von Konsumgütern – also die Haushalte – werden ebenfalls die preisgünstigsten Einkaufsmöglichkeiten wahrnehmen, um ihren Nutzen zu maximieren.

Einschränkung der Preisfunktionen auf monopolistischen Märkten

Die genannten Preisfunktionen werden durch Monopole und Oligopole ganz oder teilweise außer Kraft gesetzt. Die **Ausgleichsfunktion** kann aufgehoben werden, weil ein Monopolist den Preis so festsetzen kann, dass ein Nachfrageüberhang entsteht (der Preis ist zu niedrig), sodass Auftragsbestände und Lieferfristen entstehen.

Beispiel:

Ein Automobilhersteller hat eine derzeitige Kapazität von 350 Pkw je Periode. Bei der gegebenen hohen Nachfrage (N in Abb. 5.27) würde er seinen Gewinn maximieren, wenn er den Preis von 16 500,00 € verlangt (Cournotscher Preis). Die absetzbare Menge beträgt dann 300 Pkw je Periode. Verlangt er jedoch einen Preis von 15 000,00 € je Pkw, so könnte er 400 Pkw absetzen. Da er indessen nur eine Kapazität von 350 Stück hat, muss er 50 Kunden je Periode auf einen späteren Liefertermin vertrösten. Die Gründe für eine derartige Absatzpolitik können unterschiedlich sein. Nicht das Unternehmensziel der kurzfristigen Gewinnmaximierung steht im Vordergrund, sondern die Vollbeschäftigung (Arbeitsplatzsicherung). Ferner wird für eine gleich bleibende Beschäftigung gesorgt, weil die Auftragsbestände bei späteren Nachfragerückgängen aufgearbeitet werden können. Aus dem gleichen Grund wird die Kapazität nicht auf 400 Pkw je Periode erweitert, obwohl beim Preis von 15 000,00 € der Markt zum Ausgleich gebracht werden könnte: Ein möglicher Nachfragerückgang führte im Fall einer Kapazitätserweiterung zu brachliegenden Kapazitäten.

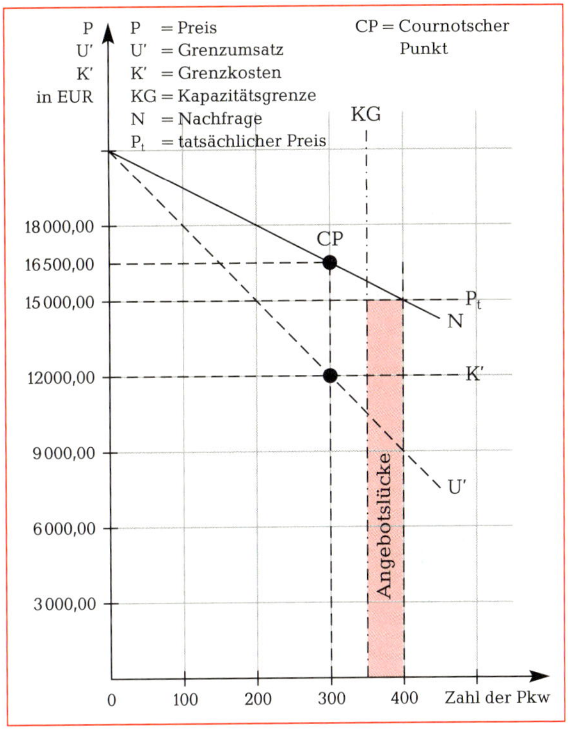

Abb. 5.27

1 Siehe Kapitel 1.2.4 (Knappheit der Güter und ökonomisches Prinzip).

Es ist aber auch möglich, dass der Monopolist den Preis so hoch festlegt, dass bei Aufrechterhaltung der Mindestkapazitätsausnutzung auf Lager gearbeitet werden muss. Sowohl im Fall des zu hohen als auch im Fall des zu niedrigen Preises wird der Markt durch den Preis *nicht* geräumt.

Auch die **Signalfunktion** der Preise auf monopolistischen Märkten ist eingeschränkt, da der Monopolpreis autonom von den marktbeherrschenden Unternehmen festgesetzt wird. So muss z.B. eine Monopolpreiserhöhung nicht unbedingt auf eine Zunahme der Nachfrage zurückzuführen sein. Es ist vielmehr möglich, dass die Monopolpreiserhöhung auf eine künstliche Verknappung des Angebots durch den Monopolisten (z.B. durch ein Kartell) zurückzuführen ist.

In der Regel kann von einer **Lenkungsfunktion** des Preises auf monopolistischen Märkten ebenfalls nicht gesprochen werden. Bei polypolistischer Konkurrenz soll z. B. eine zunehmende Nachfrage über eine zunächst stattfindende Preiserhöhung zu einer Zunahme des Angebots führen. Wird die zusätzliche Nachfrage vom Monopolisten jedoch nur zur Erhöhung des Stückgewinns bei gleich bleibender Produktionsmenge (Absatzmenge) ausgenutzt, wird die Lenkungsfunktion des Preises ausgeschaltet.

Ähnliches gilt für die **Erziehungsfunktion** des Preises. Der polypolistische Wettbewerb zwingt die Unternehmen zum wirtschaftlichsten Einsatz der Produktionsfaktoren und zur Produktion qualitativ einwandfreier Erzeugnisse. Ob ein Monopolist unter diesem Zwang steht, ist anzuzweifeln. Da er in seiner Absatzpolitik nur von den Nachfragern, nicht aber von Mitbewerbern abhängig ist, kann er durchaus versuchen, hohe Kosten, die auf schlechter Organisation und mangelnder Rationalisierung beruhen, durch hohe Preise auf die Kunden abzuwälzen.

Merke:

- Bei vollkommener polypolistischer Konkurrenz hat der **Preis** folgende **Funktionen:**
  - Er räumt den Markt **(Ausgleichsfunktion);**
  - er zeigt den Knappheitsgrad eines Gutes an **(Signalfunktion);**
  - er lenkt die Produktion in die Bereiche des dringendsten Bedarfs **(Lenkungsfunktion);**
  - er zwingt die Produzenten zur Verwirklichung des Minimalprinzips und die Verbraucher zur sparsamen Verwendung ihrer Mittel **(Erziehungsfunktion).**
- Auf monopolistischen Märkten wirken die Preisfunktionen nur teilweise oder werden ganz aufgehoben.

Aufgaben zur Lernkontrolle

1. Erklären Sie die Ausgleichs-, Signal-, Lenkungs- und Erziehungsfunktion des Preises auf vollkommenen polypolistischen Märkten!
2. Nennen Sie eigene Beispiele zu den einzelnen Preisfunktionen!
3. Zeigen Sie, wie die einzelnen Preisfunktionen auf monopolistischen Märkten eingeschränkt bzw. aufgehoben werden!

5.3 Soziale Marktwirtschaft

Aufgabe der sozialen Marktwirtschaft ist, auf der Grundlage der Marktwirtschaft das Prinzip der Freiheit mit dem des sozialen Ausgleichs zu verbinden.

(Nach MÜLLER-ARMACK)[1]

5.3.1 Mängel der freien Marktwirtschaft

Das Modell der freien Marktwirtschaft war am ehesten im Kapitalismus[2] des 19. Jahrhunderts und des frühen 20. Jahrhunderts verwirklicht. Bei der kritischen Würdigung des Kapitalismus jener Zeit sollte nicht verkannt werden, dass er zu großen und bewundernswerten Leistungen geführt hat, eine Tatsache, die auch seine heftigsten Gegner anerkennen. In diese Zeit fallen Industrialisierung, Massenproduktion, Kanalisierung, Schaffung von Eisenbahnlinien und die Erschließung neuer Märkte in Übersee. Die Privilegien (= Vorrechte) des Adels wurden beseitigt. Das Bürgertum erhielt die Chance des sozialen (gesellschaftlichen) Aufstiegs.

MARX und ENGELS[3] schrieben 1848 im Kommunistischen Manifest:

„Die Bourgeoisie[4] hat in ihrer kaum hundertjährigen Klassenherrschaft massenhaftere und kolossalere Produktionskräfte geschaffen als alle vergangenen Generationen zusammen. Unterjochung der Naturkräfte, Maschinerie, Anwendung der Chemie auf Industrie und Ackerbau, Dampfschifffahrt, Eisenbahnen, elektrische Telegrafen, Urbarmachung ganzer Weltteile, Schiffbarmachung der Flüsse, ganze aus dem Boden hervorgestampfte Bevölkerungen - welches frühere Jahrhundert ahnte, dass solche Produktionskräfte im Schoß der gesellschaftlichen Arbeit schlummerten."[5]

Auf der anderen Seite brachte der Frühkapitalismus krasse **soziale Missstände** mit sich. Dazu gehören eine heute nicht mehr vorstellbare **Ausbeutung der Arbeitskraft** bei niedrigsten Löhnen, fehlende Sicherheit bei Krankheit und Arbeitslosigkeit, **Wirtschaftskrisen** und eine **Konzentration** der Vermögen (und damit der Macht) bei wenigen.

WALTER EUCKEN, einem der Begründer der sozialen Marktwirtschaft deutscher Prägung, führte 1947 aus, dass eine sich selbst überlassene Marktwirtschaft zu immer größerer Machtkonzentration führe. Wirtschaftliche Interessengruppen kontrollieren immer mehr Märkte durch Kartelle, Fusionen, Marktsperren und verdrängen ihre schwächeren

---

1 Vgl. MÜLLER-ARMACK, A.: Soziale Marktwirtschaft, in: Handwörterbuch der Sozialwissenschaften, Bd. IX, 1956, S. 390. MÜLLER-ARMACK gehört, wie z. B. WALTER EUCKEN (1891 - 1950) und LUDWIG ERHARD (1897 bis 1977), zu den „Vätern" der Idee der sozialen Marktwirtschaft.

2 Im Allgemeinen wird eine Wirtschaftsordnung dann als „kapitalistisch" bezeichnet, wenn sich die Produktionsmittel, also das Kapital im volkswirtschaftlichen Sinne, in Privathand (in den Händen der Kapitalisten) befindet.

3 KARL MARX (1818 - 1883) als erstem Vertreter des wissenschaftlichen Sozialismus ging es vor allem darum, zu beweisen, dass der Sozialismus eine zwangsläufige Phase der gesellschaftlichen Entwicklung ist.
FRIEDRICH ENGELS (1820 - 1895) war engster Mitarbeiter von KARL MARX. Sein Werk „Die arbeitenden Klassen in England" wurde zu einem grundlegenden Werk des wissenschaftlichen Sozialismus.

4 Bourgeoisie = Bürgertum (hier: Klasse der Kapitalisten und ihre Interessenvertreter).

5 KARL MARX/FRIEDRICH ENGELS: Manifest der Kommunistischen Partei, 1848, zitiert in: BECHER, J. u. a.: Politische Ökonomie des Kapitalismus und des Sozialismus, Lehrbuch für das marxistisch-leninistische Grundlagenstudium, Berlin (Ost), 1974, S. 110.

13 Hartmann - ISBN 978-3-8120-0320-9

Mitbewerber (Konkurrenten) durch Dumpingpreise.[1] Die Folge ist, dass marktstarke Unternehmen demokratische Regierungen durch bloße Wirtschaftsmacht erpressen können. An die Stelle der Konsumentenentscheidung (Konsumfreiheit) auf den Märkten entsteht eine unkontrollierbare Verflechtung von wirtschaftlicher und staatlicher Herrschaft.

Nach dem *Modell* der freien Marktwirtschaft hätte sich die kapitalistische Wirtschaft ohne wesentliche Wirtschaftsschwankungen entwickeln müssen: Gleichgewichtspreis, Gleichgewichtszins und Gleichgewichtswechselkurse, also die Preismechanismen, hätten eine stabile Wirtschaft sichern sollen. In Wirklichkeit war dies nicht der Fall. Warum? Greifen wir aus den genannten Steuerungsmechanismen (= Koordinationsmechanismen)[2] den Preis und den Lohn heraus. Wir erkannten im Kapitel 5.2, dass der Güterpreis nur dann ein einwandfreies Steuerungsinstrument in einer Volkswirtschaft darstellen kann, wenn vollständige Konkurrenz herrscht. Bleibt aber eine freie Marktwirtschaft sich selbst überlassen, wird die vollständige Konkurrenz, falls diese überhaupt von Anfang an vorhanden ist, binnen kurzem durch Oligopol- und Monopolbildungen (Konzentration) ersetzt werden, wie bereits KARL MARX prophezeite. Der Grund ist vor allem darin zu sehen, dass die unbeschränkte, durch keinerlei Kontrolle gehinderte Freiheit der Wirtschaftssubjekte den besonders Intelligenten, Fähigen, Fleißigen, Starken, aber auch den Rücksichts- und Skrupellosen die Chance gibt, die Mitbewerber auf die Seite zu schieben und in die Knie zu zwingen. Monopolbildungen aber heben die Steuerungsfunktion des Preises weitgehend auf: Die Preise werden nicht mehr von den Gegebenheiten des Marktes bestimmt, sondern von den monopolistischen Machtgebilden diktiert.

Nicht nur der Gütermarkt, sondern auch der Arbeitsmarkt ist in der freien Marktwirtschaft sich selbst überlassen. Der Lohn wird zum Preis für Arbeit. Er schwankt je nach Arbeitsangebot und Arbeitsnachfrage. Fehlen tarifliche Mindestlöhne oder staatliche Mindestlohnvorschriften, sinken die Löhne, falls ein Überangebot von Arbeitskräften besteht. Werden Arbeitslose nicht unterstützt, sorgen Hunger und Krankheit für eine Dezimierung (Verminderung) der besitzlosen Arbeitnehmer. Der Lohn wird erst wieder steigen, wenn die Arbeitskräfte knapp geworden sind.[3]

Die genannten Beispiele mögen ausreichend erklären, warum das freie marktwirtschaftliche System *nicht* in der Lage ist, soziale Gerechtigkeit herbeizuführen.

Merke:

Nachteile der freien Marktwirtschaft sind:

- **Monopolisierung** (Konzentration) wirtschaftlicher und politischer Macht bei wenigen;
- Entstehung **sozialer Missstände.**

1 Dumping (engl.) = Schleuderausfuhr, Verkauf auf ausländischen Märkten zu Preisen, die unter den Inlandspreisen liegen – auch Handel zu Niedrigpreisen, um Marktvorteile zu erhalten („Schleuderverkauf"), Verdrängungswettbewerb.

2 Koordination = Ordnung, Einordnung, Steuerung.

3 Näheres siehe Kapitel 5.4.2.

5.3.2 Die soziale Marktwirtschaft als Realtyp einer Wirtschaftsordnung

Wird in der öffentlichen Diskussion von „sozialer Marktwirtschaft" gesprochen, ist immer die derzeit in der Bundesrepublik Deutschland bestehende Wirtschaftsordnung gemeint.[1]

In der Wirklichkeit (= Realität) bestehende Wirtschaftsordnungen werden als „Realformen" oder „Realtypen" bezeichnet, während Modelle „Idealformen" oder „Idealtypen" genannt werden, weil letztere nur in der „Idee", im Entwurf bestehen.

Das der sozialen Marktwirtschaft zugrunde liegende Menschenbild ist *dualistisch*, d.h., der Mensch wird *sowohl* als Individual- als auch als Kollektivwesen gesehen. (Man spricht deswegen auch von der dualistischen oder auch von der personalistischen Gesellschaftsauffassung.) Hieraus folgt bereits, dass die soziale Marktwirtschaft *zwischen* den beiden extremen Modellen der freien Marktwirtschaft einerseits und der Zentralverwaltungswirtschaft andererseits stehen muss. Schlagwortartig könnte man das Grundziel dieser Wirtschafts- und Gesellschaftsordnung wie folgt umreißen: „So viel Freiheit wie möglich, so viel staatlichen Zwang wie nötig", wobei man sich freilich immer darüber streiten kann, was möglich bzw. was nötig ist.

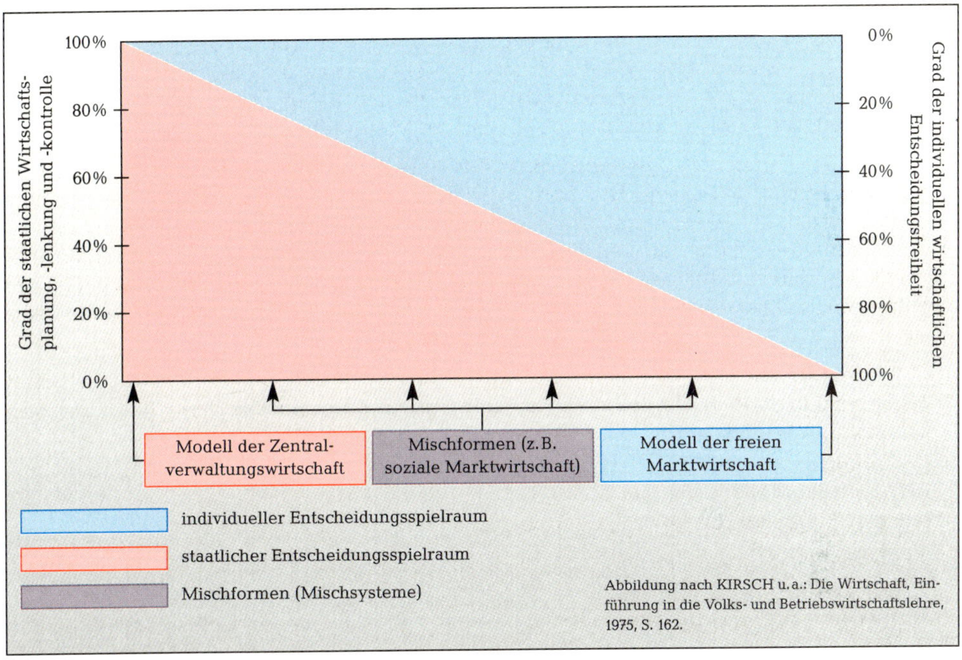

Abbildung nach KIRSCH u.a.: Die Wirtschaft, Einführung in die Volks- und Betriebswirtschaftslehre, 1975, S. 162.

Abb. 5.28

■ Die **soziale Marktwirtschaft** ist eine Wirtschaftsordnung, die grundsätzlich den freien Markt bejaht, ohne die Nachteile der freien Wirtschaft in Kauf nehmen zu wollen.

---

1 Wenn wir in diesem Kapitel die in der Bundesrepublik Deutschland verwirklichte Wirtschaftsordnung als „Realtyp" bezeichnen, entspricht das zwar dem wirtschaftspolitischen Sprachgebrauch. Wissenschaftlich gesehen stellt jedoch die soziale Marktwirtschaft ebenfalls ein Modell dar, das in der Bundesrepublik Deutschland nur näherungsweise realisiert (= verwirklicht) ist.

Medio tutissimus ibis, in der Mitte wirst du am sichersten gehen.

(OVID)[1]

5.3.3 Zielsetzungen der sozialen Marktwirtschaft und ihre wesentlichen Ordnungsmerkmale

Grundgesetz und soziale Marktwirtschaft

In einem Rechtsstaat muss die Wirtschaftsordnung in eine Rechtsordnung eingebunden sein, die sich wiederum an der Verfassung, in der Bundesrepublik Deutschland also am Grundgesetz,[2] auszurichten hat.

Das Grundgesetz schreibt ausdrücklich keine bestimmte Wirtschaftsform vor, sondern lässt einen weiten Spielraum für denkbare Wirtschaftsordnungen.[3] Diese Tatsache ermöglicht es der Regierung bzw. dem Gesetzgeber (dem Bundestag und/oder den Landtagen), die als angemessen erscheinenden wirtschafts- und sozialpolitischen Maßnahmen zu ergreifen bzw. Gesetze zu beschließen. Allerdings enthält das Grundgesetz bestimmte Vorschriften (Normen), die gewissermaßen als „Eckpfeiler" auf der einen Seite eine reine Marktwirtschaft, auf der anderen Seite eine reine Zentralverwaltungswirtschaft[4] ausschließen. Laut Grundgesetz sind daher die verschiedensten Mischformen möglich (siehe Abb. 5.28), von denen eine die soziale Marktwirtschaft ist.

Im Folgenden werden die wichtigsten Artikel des Grundgesetzes daraufhin untersucht, ob und inwieweit sich aus ihnen wirtschafts- und sozialpolitische Ziele in der sozialen Marktwirtschaft ableiten lassen.

Art. 2 GG: (1) Jeder hat das Recht auf die freie Entfaltung seiner Persönlichkeit, soweit er nicht die Rechte anderer verletzt und nicht gegen die verfassungsmäßige Ordnung oder das Sittengesetz verstößt. (2) Jeder hat das Recht auf Leben und körperliche Unversehrtheit. Die Freiheit der Person ist unverletzlich. In diese Rechte darf nur aufgrund eines Gesetzes eingegriffen werden.

Im wirtschaftlichen Bereich bedeutet der Freiheitsgrundsatz, dass im Kern folgende Freiheitsrechte garantiert sind:

- Gewerbefreiheit (jeder hat das Recht, ein Unternehmen zu gründen, zu führen oder auch aufzulösen);
- Vertragsfreiheit (jeder hat das Recht, Verträge abzuschließen und deren Inhalt frei zu gestalten);
- Konsumfreiheit (jeder hat das Recht, jede Ware dort zu kaufen, wo es ihm am günstigsten erscheint).

Nur wenn diese „Freiheiten" bestehen, kann der Koordinationsmechanismus der Wirtschaft der Preis sein.[5] Umgekehrt: Soll eine Wirtschaft mit Hilfe des Preismechanismus

1 PUBLIUS OVIDUS, römischer Dichter, 43 v. Chr. bis 17 n. Chr.

2 Grundgesetz für die Bundesrepublik Deutschland vom 23. Mai 1949 (GG).

3 Nach einem Urteil des Bundesverfassungsgerichts aus dem Jahre 1961. Quelle: PILZ, F.: Das System der sozialen Marktwirtschaft, 1974, S. 29.

4 Im Modell der reinen Zentralverwaltungswirtschaft werden Einsatz der Produktionsfaktoren (einschließlich der Arbeitskräfte), Produktionsmengen und -qualitäten, Preise und Verbrauch von einer zentralen Stelle aus, also letztlich von der Regierung, geplant und verbindlich vorgeschrieben. (Näheres siehe Kapitel 6.)

5 Siehe z.B. Kapitel 5.2.2.1.2.

gesteuert werden, müssen die Wirtschaftssubjekte in ihrer Entscheidungsfreiheit unbeeinträchtigt bleiben.

Andererseits begrenzt der Art. 2 GG die Freiheitsrechte dort, wo die Rechte anderer verletzt werden können. Wucherische (ausbeuterische) und sittenwidrige Rechtsgeschäfte sind verboten. Umfassende Arbeitsschutzgesetze schützen den einzelnen Arbeitnehmer.[1] Zum Schutze des Verbrauchers, der Allgemeinheit und der natürlichen Umwelt ist die Gewerbefreiheit z.B. durch Umweltschutzauflagen eingeschränkt. Hierzu gehören Emissionsauflagen (z.B. Festlegung von Grenzwerten), Produktionsverfahrensauflagen (z.B. Verbote, Lindan, Asbest oder schwefelreiche Heizöle zu verwenden) und Produktionsauflagen (z.B. Produktionsverbote, wenn ein Unternehmen sehr giftige Stoffe wie z.B. FCKW herstellt). Selbst die Konsumfreiheit ist in manchen Bereichen eingeengt: Bestimmte Arzneimittel dürfen von den Apotheken nur gegen ärztliches Rezept abgegeben werden. Handel mit Rauschgiften aller Art ist verboten.

Der Kern des Art. 2 GG darf – wie bei den übrigen Grundrechten auch – jedoch nicht in seinem Wesensgehalt angetastet werden (Art. 19 II GG). Dies aber bedeutet, dass die Wirtschafts- und Sozialpolitik in der sozialen Marktwirtschaft dafür Sorge tragen muss, dass der Privatinitiative ein breiter Raum gelassen wird. Dies ist Aufgabe der **Ordnungspolitik.** Das *Ziel* lautet: Sicherung des Wettbewerbs durch Beschränkung der Staatseingriffe auf die Fälle, bei denen der Markt seine Funktionen nicht mehr erfüllt,[2] und Verhinderung der Monopolisierung (Konzentration) in der Wirtschaft.[3] Hierbei bleibt nicht aus, dass Konflikte (Spannungen) im Verhältnis von „Freiheit" einerseits und „staatlicher Reglementierung" andererseits auftreten.

Art. 12 GG: (1) Alle Deutschen haben das Recht, Beruf, Arbeitsplatz und Ausbildungsstätte frei zu wählen. Die Berufsausübung kann durch Gesetz oder auf Grund eines Gesetzes geregelt werden.[4]
(2) Niemand darf zu einer bestimmten Arbeit gezwungen werden, außer im Rahmen einer herkömmlichen allgemeinen, für alle gleichen öffentlichen Dienstleistungspflicht.

Im Art. 12 GG wird der Freiheitsgrundsatz des Art. 2 GG fortgeführt, denn in einer vorwiegend auf Privatinitiative und Wettbewerb beruhenden Gesellschaftsordnung muss das Recht auf freie Wahl des Berufs, des Arbeitsplatzes und der Ausbildungsstätte im Grundsatz garantiert sein. Mehr noch: Es muss das Recht bestehen, dort seinen Arbeitsplatz (und seinen Wohnsitz) zu nehmen, wo es einem beliebt (vgl. Art. 11 GG: Recht auf Freizügigkeit).

Der Anspruch des Art. 12 GG ist ein schwieriges sozial- und wirtschaftspolitisches Problem. Das Recht auf freie Berufs-, Arbeitsplatz- und Ausbildungsstättenwahl ist in der harten Wirklichkeit dort begrenzt, wo es an Arbeits- und Ausbildungsplätzen fehlt. Ein gerichtlich durchsetzbares „Recht auf Arbeit" gibt es nach dem Grundgesetz nicht. Ein solches Recht kann es in einer (wenn auch staatlich gesteuerten) Marktwirtschaft nicht geben, weil kein Unternehmen und keine Behörde gezwungen werden kann, mehr Arbeitskräfte einzustellen als benötigt werden. Das viel zitierte „Recht auf Arbeit" beinhaltet jedoch eine moralische Verpflichtung des Staates. Die Aussage des Art. 12 GG stellt eine Aufforderung an den Staat dar, dafür Sorge zu tragen, dass genügend Arbeits- und

1 Zum Beispiel Kündigungsschutzgesetze, Schwerbehindertengesetz, Mutterschutzgesetz, Jugendarbeitsschutzgesetz, Gewerbeordnung, Sozialgesetzbuch.

2 Näheres siehe Kapitel 5.4.1.

3 Siehe Exkurs auf S. 174 ff. und Kapitel 5.4.3.

4 Beispiele: Ärzte und Apotheker benötigen die Approbation (= vom Staat verliehenes Recht zur Berufsausübung). Bei Handwerkern ist im Regelfall die Meisterprüfung (der „große Befähigungsnachweis") erforderlich, wenn sie sich selbstständig machen wollen.

Ausbildungsplätze zur Verfügung stehen. Das aus Art. 12 GG folgende wirtschafts- und sozialpolitische Ziel ist somit ein **hoher Beschäftigungsstand** und ein **angemessenes Wirtschaftswachstum.**

Art. 9 GG: (1) Alle Deutschen haben das Recht, Vereine und Gesellschaften zu bilden. (2) Vereinigungen, deren Zweck oder deren Tätigkeit den Strafgesetzen zuwiderlaufen oder die sich gegen die verfassungsmäßige Ordnung oder gegen den Gedanken der Völkerverständigung richten, sind verboten. (3) Das Recht, zur Wahrung und Förderung der Arbeits- und Wirtschaftsbedingungen, Vereinigungen zu bilden, ist für jedermann und für alle Berufe gewährleistet ...

Eng mit dem Freiheitsgrundsatz ist auch der Grundsatz der Vereinigungsfreiheit verknüpft. Im wirtschaftlichen Bereich bedeutet dies nicht nur das Recht zur Gründung von Handelsgesellschaften, sondern auch das Recht, Gewerkschaften (Arbeitnehmerverbände) und Arbeitgeberverbände zu gründen, die *autonom*, d.h. unabhängig von staatlicher Beeinflussung, Arbeitsbedingungen (z.B. Löhne, Arbeitszeit) aushandeln können.[1] Wirtschaftspolitisches Ziel muss es daher sein, das Gleichgewicht der Kräfte (Macht der Gewerkschaften einerseits und Macht der Unternehmer andererseits) zu wahren und die Tarifautonomie[2] zu erhalten. Etwaige Lohnstopps für Angestellte und Arbeiter, wie sie in Zeiten starker Inflation gefordert werden, sind somit verfassungsrechtlich bedenklich. Mit dem Art. 9 GG wird also ein Stück freie Preisbildung – wirtschaftlich gesehen ist der Lohn der Preis für den Faktor Arbeit – garantiert, wenngleich die Preisbildung hier im Rahmen eines bilateralen Monopols stattfindet.

Art. 14 GG: (1) Das Eigentum und das Erbrecht werden gewährleistet. Inhalt und Schranken werden durch die Gesetze bestimmt. (2) Eigentum verpflichtet. Sein Gebrauch soll zugleich dem Wohle der Allgemeinheit dienen. (3) Eine Enteignung ist nur zum Wohle der Allgemeinheit zulässig. Sie darf nur durch Gesetz oder auf Grund eines Gesetzes erfolgen, das Art und Ausmaß der Entschädigung regelt ...

Das Eigentumsrecht umfasst das Privateigentum an Konsumgütern (z.B. Kleidung, Privatauto, Eigenheim, Eigentumswohnung) als auch an Produktionsmitteln (Kapital im volkswirtschaftlichen Sinne) einschließlich Grund und Boden.

Das Eigentumsrecht ist im Zusammenhang mit dem Freiheitsgrundsatz zu sehen. (Wer z.B. das Recht haben soll, ein Unternehmen zu gründen, muss auch das Recht haben, über die Produktionsmittel zu verfügen.)

Allerdings gewährt das Grundgesetz dem Gesetzgeber weitgehende Eingriffsrechte in das Privateigentum. Einmal soll das Eigentum dem Wohle der Allgemeinheit dienen **(„soziale Bindung des Eigentums")**, zum anderen ist eine Enteignung ausdrücklich erlaubt. Produktionsmittel, Grund und Boden und Naturschätze können verstaatlicht (in Gemeineigentum überführt) werden (Art. 15 GG).

Aus dem Art. 14 GG abzuleitende konkrete wirtschafts- und sozialpolitische Ziele, die für jede Bundesregierung bzw. für jeden Bundestag verbindlich sind, kann es daher nicht geben. Der Wunsch einer Regierung bzw. eines Parlaments nach mehr oder weniger Verstaatlichung hängt ausschließlich von den jeweils herrschenden Wertvorstellungen ab. Wer sich von staatlicher Steuerung und Lenkung mehr soziale Sicherheit und höheren Wohlstand verspricht, wird die Sozialisierung (Verstaatlichung) in sein Programm schreiben. Wer jedoch glaubt, dass diese Ziele mit Hilfe des Wettbewerbs leichter zu erreichen sind, wird der Sozialisierung ablehnend gegenüberstehen. In einer demokratischen

1 Näheres siehe Kapitel 5.4.2.

2 Tarifautonomie = Recht der Gewerkschaften und der Arbeitgeber, die Arbeitsbedingungen ohne staatliche Bevormundung zu vereinbaren. (Näheres siehe Kapitel 5.4.2.)

Gesellschaft ist es also letztlich die Mehrheit der Wähler, die über die konkrete Ausgestaltung der Wirtschaftsordnung entscheidet.

Art. **3 GG:** (1) Alle Menschen sind vor dem Gesetz gleich. (2) Männer und Frauen sind gleichberechtigt. (3) Niemand darf wegen seines Geschlechtes, seiner Abstammung, seiner Rasse, seiner Sprache, seiner Heimat und Herkunft, seines Glaubens, seiner religiösen oder politischen Anschauungen benachteiligt oder bevorzugt werden.

Der Art. 3 GG verlangt Gleichbehandlung in vergleichbaren Fällen. Man hat aus dem Gleichheitsgrundsatz des Grundgesetzes viele wirtschafts- und sozialpolitische Ziele abgeleitet. Folgende seien beispielhaft erwähnt:

- Gleicher Lohn für gleiche Arbeit, d.h. also auch zwischen Mann und Frau oder zwischen In- und Ausländern. Dass gerade hier für Staat, Gewerkschaften und Arbeitgeber noch viel zu tun bleibt, um die Kluft zwischen dem Anspruch der Verfassung und der Wirklichkeit zu überbrücken, ist offensichtlich (vgl. Abb. 5.29).
- Gleiche Bildungs- und Berufschancen für alle („Chancengleichkeit").

  Maßnahmen zur Verwirklichung des Ziels der Chancengleichheit sind z.B. Bereitstellung von Mitteln zum Ausbau von Schulen, betrieblichen Ausbildungsstätten und Hochschulen; Maßnahmen zur Umschulung und Weiterbildung Erwachsener (Arbeitsförderung);[1] Ausbildungsförderung für Schüler und Studenten nach dem Bundesausbildungsförderungsgesetz (BAföG).
- Gerechtere (gleichmäßigere) Einkommens- und Vermögensverteilung.[2]

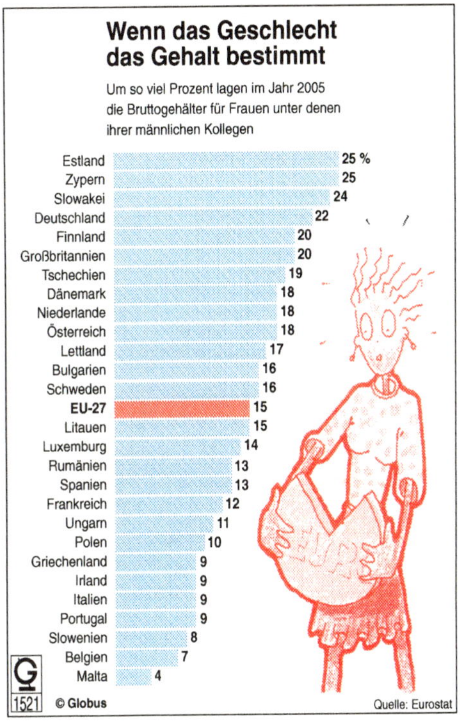

Abb. 5.29

Beispiele:

Die Mitbestimmung der Arbeitnehmer bzw. der Gewerkschaften in den Unternehmen ist ohne Zweifel ein Stück mehr „Gleichheit" und Demokratie. Sie bedeutet jedoch andererseits eine Einschränkung der Verfügungsgewalt (des Eigentumsrechts) über die Produktionsmittel.

Die progressive Lohn- bzw. Einkommensteuer dient unter anderem dazu, den mittleren und höheren Einkommensschichten Einkommen zu entziehen, um es den schlechter Verdienenden oder Mittellosen zuzuführen (z.B. Wohngeld, Ausbildungsförderung, Sozialhilfe). Mehr soziale Gleichheit (Gerechtigkeit) geht zu Lasten der Freiheit, hier also zu Lasten des Rechts, über das selbst Erarbeitete verfügen zu dürfen.

1 Siehe Sozialgesetzbuch (SGB), Drittes Buch (III). Arbeitsförderung vom 24. März 1997.

2 Näheres siehe Kapitel 11.

Da aber die Chance, durch Mehrleistung auch mehr verdienen zu können, ein wichtiger Antrieb („Motor") einer marktwirtschaftlichen Ordnung ist,[1] muss es Ziel der Wirtschafts- und Sozialpolitik in der sozialen Marktwirtschaft sein, einen für alle Schichten tragbaren Kompromiss zwischen Gleichheitsprinzip einerseits und Leistungsprinzip andererseits zu finden („soziale Symmetrie").

Merke:

- Das **Grundgesetz** ist in Bezug auf die Wirtschaftsordnung nicht neutral, denn es lässt weder eine freie Marktwirtschaft noch eine reine Zentralverwaltungswirtschaft zu.
- Die soziale Marktwirtschaft ist eine **verfassungskonforme Wirtschaftsordnung,** aber nicht die einzig mögliche.
- Das Grundgesetz lässt dem **Gesetzgeber** und der **Regierung** weiten **Spielraum** zur Gestaltung und Ausgestaltung der Wirtschaftsordnung und der Wirtschaftspolitik.
- Aus den Ansprüchen des Grundgesetzes folgt, dass die Wirtschaftspolitik in der sozialen Marktwirtschaft im **Konfliktfeld** (Spannungsfeld) zwischen **Freiheitsgrundsatz** einerseits und dem Streben nach sozialem Fortschritt (**sozialer Gerechtigkeit** und **Sicherheit**) andererseits steht.
- Aus dem Grundgesetz lassen sich einige, allerdings weit gespannte **wirtschafts- und sozialpolitische Ziele** ableiten, die die jeweiligen Regierungen und Parlamente entsprechend ihrer politischen Grundüberzeugungen ausfüllen müssen, wobei der Wesensgehalt der Grundrechte nicht angetastet werden darf.
- Aus dem **Grundgesetz** ableitbare Ziele **sind z.B.:**
  - **Art. 2** (Freiheitsgrundsatz): Dezentrale Steuerung der Wirtschaft auf der Grundlage der Vertrags-, Gewerbe-, Konsumfreiheit. Ordnungspolitische Ziele: Erhaltung des Wettbewerbs und Kontrolle wirtschaftlicher Macht.
  - **Art. 3** (Gleichheitsgrundsatz): Chancengleichheit, gerechtere Einkommens- und Vermögensverteilung, Mitbestimmung der Arbeitnehmer. Ziel: sozialer Fortschritt (soziale Gerechtigkeit und Sicherheit).
  - **Art. 9** (Koalitionsfreiheit):[2] Autonome Regelung der Arbeitsbedingungen durch Gewerkschaften und Arbeitgeberverbände. Ziele: gerechtere Einkommens- und Vermögensverteilung, Sicherung der Arbeitsplätze, Mitbestimmung.
  - **Art. 12** (Berufsfreiheit): Freie Wahl des Arbeitsplatzes, des Berufs und der Ausbildungsstätte. Ziel: Vollbeschäftigung und Wirtschaftswachstum.
  - **Art. 14** (Eigentumsrecht): Grundsätzlicher Schutz des Privateigentums, aber soziale Bindung des Eigentums. Die Zielsetzung des Staates hängt von der jeweiligen politischen Machtkonstellation[3] ab. Das Grundgesetz lässt einen weiten Spielraum.

---

1 Siehe Kapitel 5.1.1 und 5.1.2.

2 Koalition = Vereinigung.

3 Konstellation = Stellung der Himmelskörper zueinander (aus der Astronomie); hier: parteienmäßige Zusammensetzung der Parlamente und der Regierung.

Es ist nicht gut, wenn man die Kräfte nicht begreift, in deren Feld man lebt.

(LUDWIG ERHARD)[1]

Wesentliche Ordnungsmerkmale der sozialen Marktwirtschaft

Aus den zuvor angestellten Überlegungen ergeben sich zwangsläufig die wichtigsten Ordnungsmerkmale der sozialen Marktwirtschaft. Die Gesamtheit aller Ordnungsmerkmale wird als **„Ordnungsrahmen"** bezeichnet.

Nachfolgende Übersicht stellt wesentliche **Ordnungsmerkmale** der **freien Marktwirtschaft**[2] denen der **sozialen Marktwirtschaft** gegenüber:

Idealtyp	Realtyp
■ Der Staat greift überhaupt nicht in das Wirtschaftsgeschehen ein. Er hat lediglich Überwachungsfunktionen (Nachtwächterstaat).	■ Der Staat greift in das Wirtschaftsgeschehen ein, um den Wohlstand und die soziale Sicherheit breiter Schichten zu gewährleisten (Sozialstaat).
■ Die Entscheidung darüber, was und wie viel produziert wird, liegt ausschließlich bei den Unternehmen (Produktionsfreiheit, Gewerbefreiheit).	■ Grundsätzlich besteht Gewerbefreiheit, nicht jedoch für Gewerbezweige, die die Gesundheit und/oder die Sicherheit der Bevölkerung gefährden können (eingeschränkte Gewerbefreiheit).
■ Die Entscheidung darüber, was und wie viel gekauft wird, liegt ausschließlich bei den Konsumenten (Konsumfreiheit).	■ Grundsätzlich besteht Konsumfreiheit, nicht jedoch bei gesundheitsgefährdenden Konsumgütern (z.B. Rauschgifte).
■ Es bleibt den Unternehmen und Haushalten überlassen, ob und wie viel sie importieren und exportieren wollen (uneingeschränkter Freihandel).	■ Grundsätzlich besteht Freihandel und freie Austauschbarkeit der Währungen. Eingriffe in den Außenhandel sind aus konjunkturpolitischen Gründen erlaubt und erwünscht (z.B. Auf- oder Abwertungen, Freigabe der Wechselkurse, Devisenpolitik der Notenbank, Zollsatzänderungen, Verbot des Waffenhandels mit kriegsgefährdeten Gebieten usw.).
■ Die Ausgestaltung der Verträge (Kauf-, Miet-, Pacht-, Kartellverträge usw.) wird den Vertragsparteien überlassen (Vertragsfreiheit).	■ Eingeschränkte Vertragsfreiheit durch Verbot des Wuchers, der Ausnutzung der Notlage eines anderen, Kartellgesetzgebung, Missbrauchsaufsicht, Fusionskontrolle, Unternehmensrecht usw.
■ Das Geld ist lediglich Zahlungsmittel.	■ Das Geld ist darüber hinaus Steuerungsmittel; durch die notenbankpolitischen Instrumentarien (Offenmarktpolitik, Mindestreservepolitik) soll der Wirtschaftsablauf in der gewünschten Richtung beeinflusst werden.

1 LUDWIG ERHARD im Geleitwort zu EUCKEN-ERDSIEK, E.: Die Ordnung, in der wir leben, 1961, S. 1.

2 Siehe Kapitel 5.1.3 (Wesentliche Ordnungsmerkmale der freien Marktwirtschaft).

Idealtyp	Realtyp
■ Das Privateigentum an den Produktionsmitteln ist gewährleistet.	■ Grundsätzlich steht das Eigentum unter dem Schutz des Staates. Staatseigentum an Produktionsmitteln ist möglich oder erwünscht (z.B. Sozialisierung, um Arbeitsplätze zu sichern).
■ Freie Berufswahl, Arbeitsplatzwahl und Freizügigkeit müssen garantiert sein.	■ Grundsätzlich bestehen freie Berufswahl, Arbeitsplatzwahl und Freizügigkeit. Um Fehlentwicklungen auf dem Arbeitsmarkt abzuschwächen, sind staatliche indirekte Lenkungsmaßnahmen erwünscht (Beihilfen zur Umschulung, Stellenvermittlung durch Arbeitsämter, Berufsberatung).
■ Die Verteilung des Volkseinkommens ist das Ergebnis der Marktprozesse.	■ Der Staat nimmt eine Einkommensumverteilung mit dem Ziel einer „sozialverträglichen Einkommensverteilung" vor: prozentual höhere Versteuerung der mittleren und höheren Einkommen (Steuerprogression), Kindergeldzahlungen, Wohngeld für niedrige Einkommensschichten, Ausbildungsförderung, Sparförderung.
■ Bildung ist Privatsache.	■ Bildung ist grundsätzlich die Aufgabe des Staates. Jeder soll gemäß seinen Fähigkeiten und Neigungen die gleichen Bildungschancen haben („Chancengleichheit"). Der Staat stellt die Mittel für die Bildungseinrichtungen zur Verfügung.

Übersicht 5.6

Aufgaben zur Lernkontrolle

1. Begründen Sie, warum die soziale Marktwirtschaft der Bundesrepublik Deutschland als „Realtyp" einer Wirtschaftsordnung bezeichnet wird!
2. Nennen Sie mögliche Mängel der freien Marktwirtschaft und leiten Sie hieraus die Grundzüge der sozialen Marktwirtschaft ab!
3. Beurteilen Sie folgende Zielsetzungen in der sozialen Marktwirtschaft aus der Sicht des Grundgesetzes:
   3.1 dezentrale Steuerung der Wirtschaft;
   3.2 sozialverträgliche Einkommens- und Vermögensverteilung;
   3.3 Chancengleichheit;
   3.4 Mitbestimmung;
   3.5 Recht auf Arbeit;
   3.6 Sozialisierung (Verstaatlichung) der Produktionsmittel und des Grund und Bodens;
   3.7 Tarifautonomie.
4. Stellen Sie mögliche Zielkonflikte in der sozialen Marktwirtschaft dar!
5. Stellen Sie die wesentlichsten Ordnungsmerkmale der sozialen Marktwirtschaft den Ordnungsmerkmalen der freien Wirtschaft gegenüber! Begründen Sie die vorhandenen Abweichungen!

5.4 Wirtschaftspolitik in der sozialen Marktwirtschaft am Beispiel der Preis-, Arbeitsmarkt- und Wettbewerbspolitik

5.4.1 Preispolitik

Der Marktpreis kann nicht „sozial", nicht „gerecht" sein. Er ist eine objektive Größe. Deswegen greift in der sozialen Marktwirtschaft der Staat indirekt oder direkt in das Marktgeschehen ein, um Nachfrager und/oder Anbieter zu schützen.

5.4.1.1 Marktkonforme Staatseingriffe

■ Staatseingriffe, die den Preismechanismus nicht außer Kraft setzen, bezeichnet man als marktkonform (systemkonform).[1]

Marktkonforme Eingriffe liegen vor, wenn der Staat die Nachfrage und/oder das Angebot erhöht oder senkt, die Preisbildung aber dem Markt überlässt. Man spricht daher auch von *indirekter* Marktlenkung.

1. **Erhöhung der Nachfrage.** Der Staat kann selbst als Nachfrager auftreten, wenn er z.B. eine unterbeschäftigte Wirtschaft aus der Depression[2] herausführen möchte. Zahlreiche Möglichkeiten sind gegeben: Erteilung zusätzlicher Forschungsaufträge, Aufträge an die Bauwirtschaft (Bau von Straßen, Krankenhäusern, Schulen, Kindergärten, Ausgaben für Kanalisation, für militärische Zwecke usw.) oder auch zusätzliche Einstellungen von Personal. Die Wirkung wird sein, dass die Beschäftigung zunimmt. Die Gefahr von Preis- und Lohnsteigerungen besteht (Abb. 5.30).

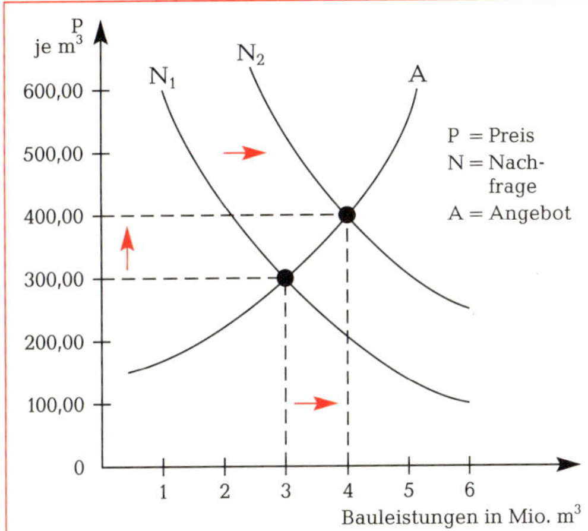

Der Staat erhöht die Nachfrage nach Bauleistungen um 1 Mio. m^3 umbauten Raums. Bei normalem Angebot und gleich bleibendem technischem Stand steigen Beschäftigung und Preise.

Abb. 5.30

Wenn der Staat die Nachfrage erhöhen will, selbst aber nicht als Nachfrager auftreten möchte (z.B. weil er bestimmte Wirtschaftsgüter gar nicht braucht), kann er die möglichen Nachfrager subventionieren.[3] Auch hier gibt es in der Bundesrepublik Deutschland zahlreiche Beispiele: Wohngeld (Erhöhung der Nachfrage nach Neubauwohnungen), Zinssubventionen für Bauherren und Landwirte, Steuerermäßigungen (Abschreibungsmöglichkeiten für Unternehmer), Barsubventionen an Not leidende Unternehmen (Kohlebergbau, Werften), Förderung der Klein- und Mittelbetriebe (Mittelstandsförderung).

---

1 Konform sein = in Einklang stehen mit etwas; marktkonforme Maßnahmen sind also solche, die mit der Idee der Marktwirtschaft in Einklang stehen.

2 Depression = wörtl. Niedergeschlagenheit; hier: eine Wirtschaft, die unterbeschäftigt ist, z.B. Arbeitslosigkeit aufweist.

3 Subvention = Zuschuss (von staatlichen Geldern).

2. **Senkung der Nachfrage.** Will der Staat die Nachfrage (und damit die Preisentwicklung) dämpfen, kann er die Staatsnachfrage einschränken, indem er geplante Staatsaufträge streicht oder aufschiebt. Auch **Steuererhöhungen** wirken in die gleiche Richtung, weil in der Regel weniger gekauft wird, wenn die Nettoeinkommen sinken (Abb. 5.31).

   Weitere Möglichkeiten zur Verringerung der Nachfrage sind die Streichung von Subventionen und von Abschreibungsvergünstigungen.

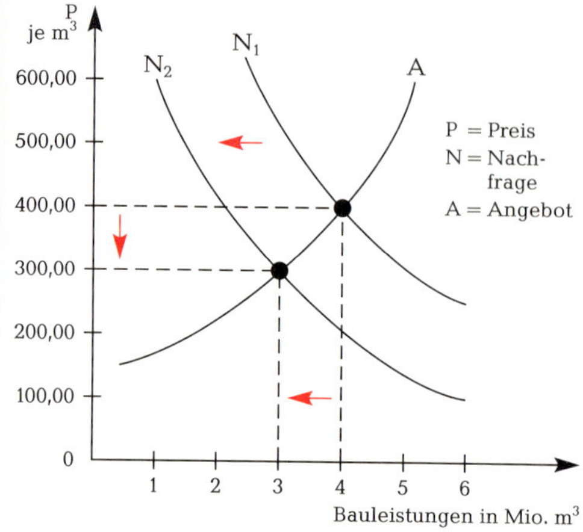

Der Staat verringert seine Nachfrage nach Bauleistungen um 1 Mio. m³ umbauten Raums. Bei normalem Angebot gehen Preise und Beschäftigung zurück.

Abb. 5.31

3. **Erhöhung des Angebots.** In seltenen Fällen hat der Staat die Möglichkeit, das Angebot unmittelbar zu erhöhen, dann nämlich, wenn er selbst Eigentümer wirtschaftlicher Betriebe ist. Hierher gehören z.B. erhöhte Leistungen öffentlicher Verkehrsbetriebe, staatlicher Forschungsanstalten oder städtischer Wohnungsbaugesellschaften. Der indirekten Einflussnahme auf das Angebot kommt jedoch größere Bedeutung zu. Beispiele sind: **Zollsenkungen,** um das Angebot ausländischer Waren auf dem Inlandsmarkt zu erhöhen, oder **Subventionen** an die Produzenten (z.B. an die Landwirte), damit diese in die Lage versetzt werden, Kostensteigerungen aufzufangen, d.h. zum gleichen Preis *mehr* anzubieten. Bei Kuppelprodukten[1] nimmt das Angebot aller Produkte zu, wenn auch nur eines subventioniert wird (z.B. die Milcherzeugung wird subventioniert, das Angebot von Milch, Rindfleisch und Rohleder erhöht sich, siehe Abb. 5.32).

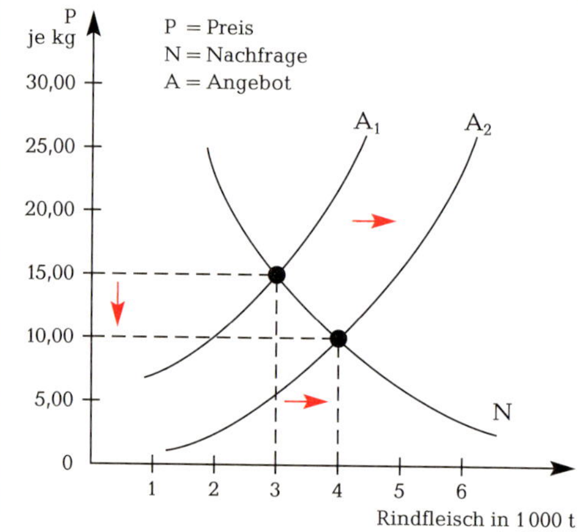

Das Angebot an Rindfleisch nimmt um 1000 Tonnen zu, weil die Landwirte Milchsubventionen erhalten. Die Versorgung der Bevölkerung nimmt bei sinkenden Preisen zu.

Abb. 5.32

1 Kuppelprodukte sind Erzeugnisse, deren Herstellung an die Erzeugung weiterer Güter „gekoppelt" ist, z.B. Koks, Gas und Teer.

4. **Senkung des Angebots.** Die Verringerung des staatlichen Angebots an Sachgütern und Dienstleistungen ist nur bei Staatsbetrieben möglich (z.B. Schließung von staatlichen Krankenhäusern, Beratungsstellen und Forschungsanstalten). Mittelbare Maßnahmen sind häufiger. Beispiele sind: **Zollerhöhungen,** um das Güterangebot im Inland zu verringern, **Streichung von Subventionen** an Produzenten oder **Erhöhung von Kostensteuern** (z.B. Gewerbesteuer, Verbrauchsteuern, siehe Abb. 5.33).

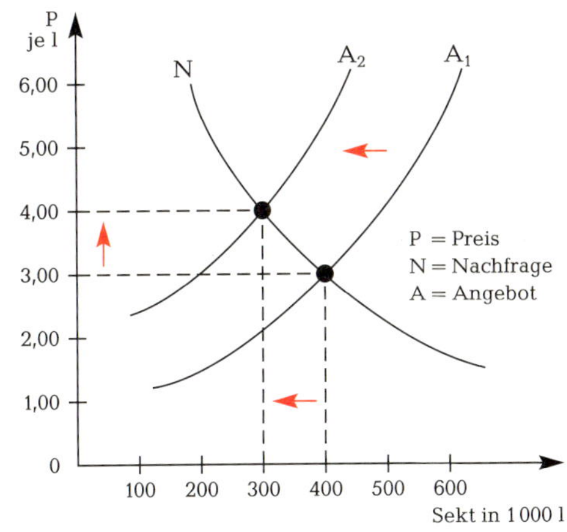

Der Staat erhöht die Sektsteuer um 1,00 GE. Der Absatz nimmt bei steigenden Preisen ab.

Abb. 5.33

Die genannten Maßnahmen stellen lediglich Beispiele für marktkonforme Maßnahmen in der sozialen Marktwirtschaft dar. In den Arbeitsmarkt wird z.B. indirekt eingegriffen, wenn der Staat die Schulpflicht verlängert und/oder das Rentenalter herabsetzt (Verknappung des Arbeitsangebots). Die Vergabe von Forschungsaufträgen durch den Staat erhöht langfristig die Produktivität. Die Sonderbesteuerung umweltschädlicher Produkte und die Steuerbegünstigung umweltfreundlicher Erzeugnisse verändern das Angebot. Darüber hinaus beeinflussen die Maßnahmen der Europäischen Zentralbank das Verhalten der Wirtschaftssubjekte (siehe Kapitel 8). Gemeinsam ist allen marktkonformen Maßnahmen, dass sie die Wirtschaftssubjekte nicht zu bestimmten Verhalten zwingen, sondern lediglich Anreize geben.

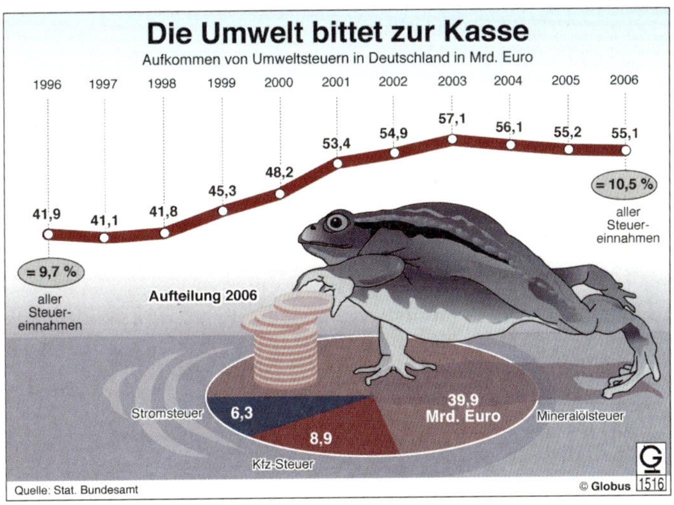

Rund 55 Mrd. € umweltbezogene Steuern sind im Jahr 2006 in die öffentlichen Kassen geflossen. Der Anteil der Einnahmen am gesamten Steueraufkommen erhöhte sich von 1996 bis 2006 von 9,7 auf 10,5 %. Der größte Posten war mit knapp 40 Mrd. € die Mineralölsteuer. 8,9 Mrd. € entfielen auf die Abgaben für Kraftfahrzeuge, 6,3 Mrd. auf die Stromsteuer. Unter den umweltbezogenen Steuern werden alle Steuern zusammengefasst, die den Energieverbrauch, die Emissionen, den Verkehr oder schädliche Stoffausbringungen (z.B. Pestizide) besteuern – unabhängig von den Beweggründen zur Einführung der Steuer und der Verwendung der Einnahmen.

Zusammenfassender Überblick über mögliche marktkonforme Maßnahmen des Staates

■ **Erhöhung der Nachfrage** 1. Erhöhung der Staatsnachfrage; 2. Steuersenkung (Wirtschaftssubjekte können mehr ausgeben); 3. Verbesserungen der Abschreibungsmöglichkeiten (Unternehmen werden angeregt, mehr Investitionsgüter nachzufragen); 4. Subventionen an Verbraucher (z.B. Wohngeld, Kindergeld). *Ziel:* Verbesserung der Beschäftigungslage (Abbau der Arbeitslosigkeit). *Gefahr:* Preissteigerungen (Inflation).	■ **Verringerung der Nachfrage** 1. Verringerung der Staatsnachfrage; 2. Steuererhöhungen (Wirtschaftssubjekte können weniger ausgeben); 3. Abbau der Abschreibungsvergünstigungen (die Investitionsgüternachfrage wird gebremst); 4. Streichung und/oder Kürzung von Subventionen an Verbraucher. *Ziel:* Dämpfung der Preissteigerungsraten (Inflationsbekämpfung). *Gefahr:* Unterbeschäftigung (Arbeitslosigkeit).
■ **Erhöhung des Angebots** 1. Erhöhung des Angebots der staatlichen Betriebe; 2. Subventionen an Produzenten; 3. Zollabbau (Erhöhung des Angebots von ausländischen Waren). *Ziel:* Dämpfung der Preissteigerungsraten (Inflationsbekämpfung). *Gefahr:* Überproduktion, falls Preissenkungen ausbleiben.	■ **Verringerung des Angebots** 1. Verringerung des Angebots der staatlichen Betriebe; 2. Streichung und/oder Kürzung von Subventionen an Produzenten; Erhöhung der Kostensteuern; 3. Zollerhöhungen (Verringerung des Angebots von ausländischen Waren). *Ziel:* Verhinderung der Überproduktion. *Gefahr:* Preissteigerungen und Unterbeschäftigung (Arbeitslosigkeit).

Übersicht 5.7

5.4.1.2 Marktkonträre Staatseingriffe

Der Preismechanismus wird dann außer Kraft gesetzt, wenn der Staat entweder die Produktions- bzw. Verbrauchsmengen durch Gesetz festlegt oder den Preis unmittelbar vorschreibt. Derartige Eingriffe *widersprechen* dem Wesen einer Marktwirtschaft.

■ Staatseingriffe, die den Preismechanismus außer Kraft setzen, bezeichnet man als **marktkonträr**[1] (systeminkonform).

1 Konträr = entgegengesetzt.

1. **Festsetzung von Produktionsmengen.**[1] Die staatliche Festsetzung von Produktionsmengen kann den Zweck haben, die Mindestversorgung der Bevölkerung zu sichern. Hierbei geht es der Regierung darum, die bisherigen Produktionsmengen möglichst zu erhalten oder zu *erhöhen*. Die Produzenten werden unter Strafandrohung gezwungen, ihre Produktionsmengen den entsprechenden staatlichen Behörden zu melden und an diese bzw. an die gesetzlich vorgeschriebenen Stellen abzuliefern.

   Die staatliche Mengenpolitik kann auch zum Ziel haben, die Produktionsmengen zu *verringern*. Der Zweck ist, das Preisniveau zu erhöhen. Es sollen die Produzenten vor Überproduktion und damit vor einem Preisverfall geschützt werden.

2. **Festsetzung von Verbrauchsmengen.**[1] Setzt der Staat die Verbrauchsmengen fest, will er eine gleichmäßige Versorgung der Wiederverwender und/oder der Letztverbraucher sichern. Die Festsetzung von Verbrauchsmengen ist – wie die Festsetzung von Produktionsmengen auch – vor allem in Kriegswirtschaften und/oder Zentralverwaltungswirtschaften zu finden.

3. **Staatliche Preisfestsetzung.** Die vom Staat vorgeschriebenen Preise können *Höchstpreise*, *Festpreise* oder *Mindestpreise* sein.

   Höchstpreise liegen *unter* dem Preis, der sich bei freier Preisentwicklung ergeben würde. Sie dienen demnach dem Schutz des *Verbrauchers* (Beispiel: Höchstmieten im sozialen Wohnungsbau). Ist der Höchstpreis so niedrig, dass ein Teil der Produzenten nicht mehr kostendeckend anbieten kann, ist die Wirtschaft *unterversorgt*. Die Folge: Es entstehen „schwarze Märkte", auf denen die knappen Waren zu überhöhten Preisen gehandelt werden.

   Mindestpreise liegen *über* dem Preis, der sich bei freier Preisentwicklung ergeben würde. Sie dienen demnach dem Schutz des *Produzenten*. Durch den Mindestpreis werden die Produzenten zur Mehrproduktion angeregt, die die Verbraucher aufgrund des hohen Preises nicht restlos aufnehmen wollen oder können. Der Mindestpreis ist nur haltbar, wenn der Staat die Überschussproduktion aufkauft. Mindestpreise werden daher auch als **Interventionspreise** bezeichnet.

   Beispiel:

   Zum Schutz der Landwirtschaft werden in der Europäischen Union[2] (EU) für Getreide Mindestpreise festgelegt. Die Folge ist, dass *Überproduktion* besteht. Die überschüssigen Mengen müssen die staatlichen Einfuhr- und Vorratsstellen aufkaufen, um die Preise zu stützen.

   Festpreise können *über* oder *unter* dem Preis liegen, der sich bei freier Preisentwicklung ergeben würde. Liegt der Festpreis über dem Gleichgewichtspreis, wirkt er wie ein Mindestpreis; liegt er darunter, wirkt er wie ein Höchstpreis.

---

1 Die Festsetzung von Produktions- und Verbrauchsmengen bezeichnet man als Kontingentierung.

2 Mitgliedsländer sind Belgien, Bundesrepublik Deutschland, Dänemark, Estland, Finnland, Frankreich, Griechenland, Großbritannien, Irland, Italien, Lettland, Litauen, Luxemburg, Malta, Niederlande, Österreich, Polen, Portugal, Rumänien, Schweden, Slowakei, Slowenien, Spanien, Tschechien, Ungarn und Zypern.

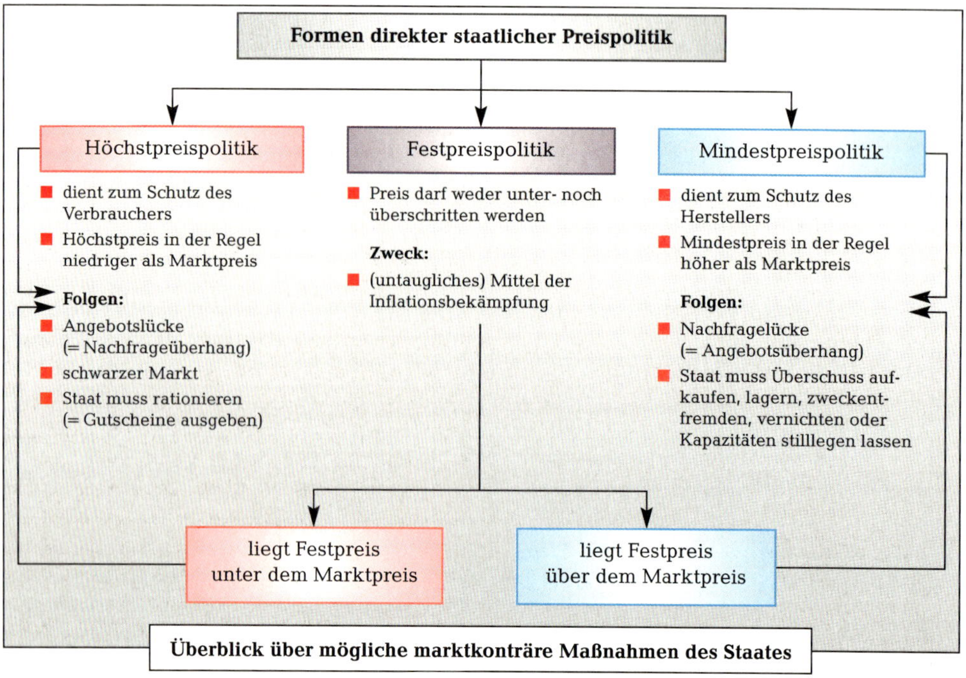

Abb. 5.34

Alle Räder stehen still,
wenn dein starker Arm es will.
(GEORG HERWEGH)[1]

5.4.2 Arbeitsmarktpolitik

5.4.2.1 Lohnbildung in der freien Marktwirtschaft

Der Lohn als „Preis für Arbeit" bildet sich auf dem **Arbeitsmarkt,** auf dem Arbeitsangebot und Arbeitsnachfrage zusammentreffen. In Wirklichkeit gibt es *den* Arbeitsmarkt nicht; vielmehr gibt es eine Vielzahl von Teilmärkten, und zwar regional[2] als auch fachlich. So mag es beispielsweise sein, dass in München Baufacharbeiter gesucht werden, ohne dass die offenen Stellen besetzt werden können. In Hamburg hingegen können gleichzeitig Baufacharbeiter arbeitslos sein. (Sind die arbeitslosen Arbeitskräfte in Hamburg nicht bereit, nach München umzuziehen, spricht man von „räumlicher Immobilität".)[3]

1 GEORG HERWEGH, deutscher Dichter, 1817 – 1875. HERWEGH war einer der Wegbereiter der deutschen Revolution von 1848.

2 Regional = gebietsmäßig.

3 Mobil = beweglich; immobil = unbeweglich. Näheres siehe Kapitel 5.4.2.4.

Fachlich können die Arbeitsmärkte praktisch nach jedem Beruf unterschieden werden. Auch hier kann es Ungleichgewichte geben, obwohl der Arbeitsmarkt im Ganzen ausgeglichen scheint. Auch die berufliche Immobilität ist schwer zu überwinden. Werden z.B. Hotelfachkräfte gesucht, werden arbeitslose Lehrer nur selten bereit sein, sich umschulen zu lassen.

Wenn wir zunächst einen einzigen Arbeitsmarkt annehmen, ist dies eine theoretische Vereinfachung, um einige wesentliche Erkenntnisse herausarbeiten zu können. Wir gehen deswegen von einem homogenen und polypolistischen Arbeitsmarkt aus.[1] In diesem Fall erhalten wir *eine* Arbeitsangebotskurve und *eine* Arbeitsnachfragekurve.

Arbeitsnachfrage

Wir dürfen davon ausgehen, dass die Arbeitsnachfragekurve „normal" verläuft: Mit steigendem Lohnsatz (Lohn bzw. Gehalt je Arbeitsstunde) sinkt die Nachfrage nach Arbeit und mit sinkendem Lohnsatz steigt die Nachfrage nach Arbeit. Der Grund: Für die Unternehmen stellen die Löhne Kosten dar. Steigen die Kosten unter sonst gleich bleibenden Bedingungen, nimmt das Angebot ab.[2] Bei nicht im gleichen Maße zunehmender Nachfrage nimmt der Absatz ab. Die Folge ist, dass weniger Arbeitskräfte nachgefragt werden. Langfristig kommt hinzu, dass die Unternehmen bei steigenden Löhnen zu anlageintensiveren Produktionsverfahren übergehen, also rationalisieren (= Kosten sparen),[3] sodass Arbeitskräfte entlassen („freigesetzt") werden.

Arbeitsangebot

Wie sich das Arbeitsangebot in einer freien Marktwirtschaft (ohne Sozialgesetzgebung und Mindestlöhne) verhält, wird in der Literatur unterschiedlich dargestellt.[4]

In der Regel wird angenommen, dass das Arbeitsangebot *unterhalb* des Lohnsatzes, der das Existenzminimum sichert, *normal* ist. Sinken nämlich die Löhne unter das physische[5] Existenzminimum, wird die Zahl der Arbeitskräfte durch Hunger und Elend dezimiert (verringert).

Liegt der Lohnsatz hingegen über dem physischen Existenzminimum, so wird im Allgemeinen eine *anomale* Arbeitsangebotskurve angenommen. Die Lohnerhöhung erhöht das Einkommen der Arbeitskräfte derart, dass sich die Arbeitskräfte bei steigendem materiellen Lebensstandard *auch* mehr Freizeit leisten wollen.

1 Siehe Kapitel 5.2.1.

2 Siehe Kapitel 4.1.5 (Abb. 4.31).

3 Siehe Kapitel 4.1.5 (Abb. 4.26 – 4.29).

4 Vgl. z. B. SAMUELSON, P., Bd. II, a. a. O., S. 245.

5 Physisch = körperlich; das physische Existenzminimum entspricht dem Einkommen, das gerade zum Überleben ausreicht.

14 Hartmann - ISBN 978-3-8120-0320-9

Die Arbeitsangebotskurve bleibt jedoch nur bis zu einem bestimmten Lohnsatz (in Abb. 5.35 L_0) anomal, weil es sich bei weiter steigenden Lohnsätzen lohnt, mehr zu arbeiten. Hinzu kommt, dass in einer *offenen* Wirtschaft aufgrund hoher Lohnsätze ausländische Arbeitskräfte herbeigelockt werden, die das Arbeitskräfteangebot insgesamt erhöhen.[1] Infolgedessen erscheint es als gerechtfertigt, in einer offenen Wirtschaft mit hohem Lohnniveau von einer normalen Arbeitsangebotskurve auszugehen.

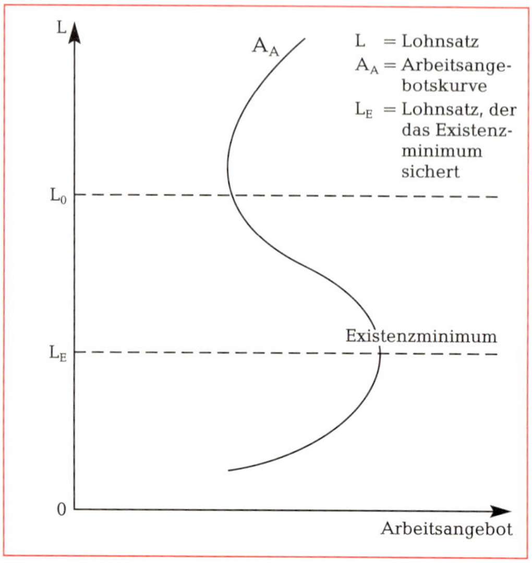

Abb. 5.35

Gleichgewichtslohn

Wie auf jedem freien Markt[2] ergibt sich der *Gleichgewichtspreis* - hier also der Gleichgewichtslohnsatz - auf dem Arbeitsmarkt im Schnittpunkt der Arbeitsangebots- und Arbeitsnachfragekurve. Dies ist die klassische[3] Situation. Hätten wir auf dem Arbeitsmarkt die Bedingungen der vollständigen (polypolistischen) Konkurrenz,[4] würde sich der Lohnsatz ausschließlich nach Arbeitsangebot und Arbeitsnachfrage bestimmen. In Zeiten geringer Nachfrage könnten so die Löhne bis auf das Existenzminimum oder sogar darunter sinken. Hunger- und Massenelend wären die Folgen, eine Situation, wie sie aus dem Europa des 19. Jahrhunderts sowie aus den Entwicklungsländern bekannt ist.

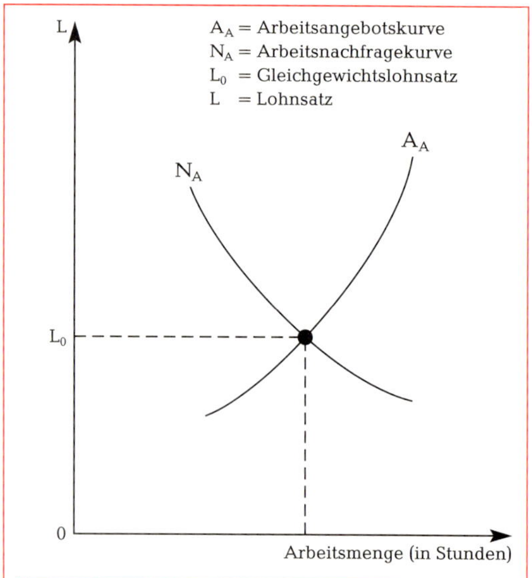

Gleichgewichtslohn auf einem polypolistischen Arbeitsmarkt

Abb. 5.36

1 Vgl. WEBER, H.F.: Kompendium der Volkswirtschaftslehre, 6. Aufl. 1969, S. 260f.

2 Siehe Kapitel 5.2.1.

3 Als „klassische Schule" bezeichnet man die Lehre von der freien Marktwirtschaft, wie sie im 18. und 19. Jahrhundert vor allem von ADAM SMITH (1723 - 1790) und DAVID RICARDO (1772 - 1823) entwickelt wurde.

4 Siehe Kapitel 5.2.2.1.

5.4.2.2 Lohnbildung in der sozialen Marktwirtschaft

Dadurch aber, dass sich in der sozialen Marktwirtschaft Arbeitnehmer und Arbeitgeber zu mächtigen Interessenvertretungen zusammenschließen können (**Gewerkschaften** einerseits und **Arbeitgeberverbände** andererseits), haben wir auf dem Arbeitsmarkt heute ein **zweiseitiges Monopol,** das die Lohnhöhe mit Hilfe von Verhandlungen oder anderer „Kampfmittel" auszuhandeln sucht. Das Ergebnis sind **Mindestlöhne,** die nicht unterschritten werden können.

Sozialpartner

Die Gründung von Gewerkschaften und Arbeitgeberverbänden ist im Art. 9 III GG ausdrücklich verbrieftes Recht.[1] Da zumindest kurz- und mittelfristig die *Interessen* der Arbeitnehmer denen der Arbeitgeber zuwiderlaufen können, sind *beide* Interessenvertretungen dazu aufgerufen, auf einen Interessenausgleich, der in der Regel ein Kompromiss sein wird, hinzuarbeiten. Ihre Aufgabe ist also, für einen *sozialen Ausgleich* Sorge zu tragen. Gewerkschaften und Arbeitgeberverbände werden daher als *Sozialpartner* bezeichnet.

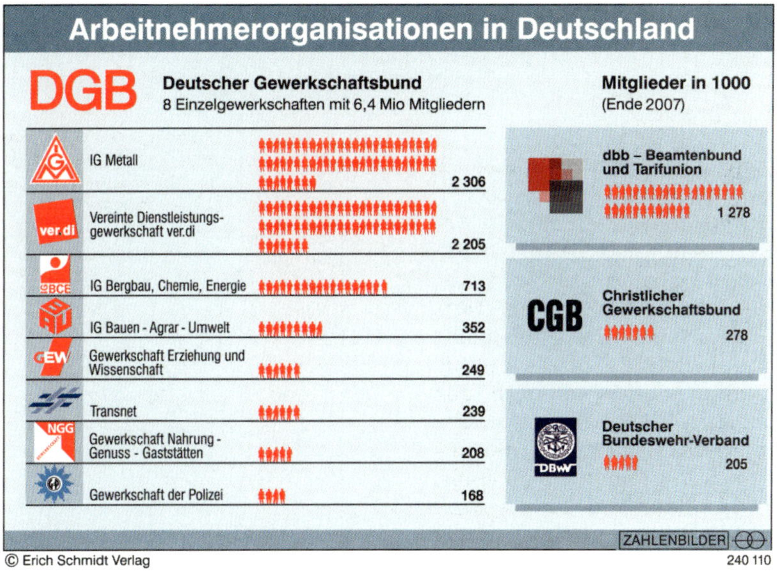

Abb. 5.37

Rund 8,2 Mio. Beschäftigte sind in Deutschland gewerkschaftlich organisiert. Die größten Einzelgewerkschaften sind die Vereinte Dienstleistungsgewerkschaft ver.di mit rund 2,2 Mio. und die IG Metall mit rund 2,3 Mio. Mitgliedern. Diese Organisationen sind zusammen mit weiteren Einzelgewerkschaften im Deutschen Gewerkschaftsbund (DGB) zusammengeschlossen. Insgesamt sind im DGB derzeit rund 6,4 Mio. Beschäftigte organisiert; das sind mehr als zwei Fünftel weniger als 1991. Gründe für den Mitgliederverlust sind Arbeitsplatzverluste und einschneidende Verschiebungen in der Beschäftigungsstruktur von den Wirtschaftsbereichen mit traditionell starker Gewerkschaftsbindung (Industrie, öffentlicher Dienst) zu den eher gewerkschaftsfernen wirtschaftlichen (kommerziellen) Dienstleistungen.

1 Siehe auch Kapitel 5.3.3.

Ziele der Gewerkschaften

Die wichtigsten Ziele der Gewerkschaften sind:

- Erhöhung der Lohnquote (des prozentualen Anteils der Arbeitnehmereinkommen am Volkseinkommen). Schlagwort: „Gerechtere Einkommensverteilung".[1]
- Verringerung bzw. Beseitigung der Lohnunterschiede zwischen den einzelnen Arbeitnehmergruppen durch Anhebung oder Wegfall der unteren Lohngruppen. Schlagwort: „Soziale Komponente[2] bei Lohnerhöhungen".
- Verbesserung der Arbeitsbedingungen. Schlagwort: „Humanisierung der Arbeitswelt".
- Hebung des Ausbildungsstands der Arbeitnehmer. Schlagwort: „Bildungsurlaub".
- Beseitigung oder Milderung negativer Folgen durch technische Erneuerungen für die Arbeitnehmer. Schlagwort: „Rationalisierungsschutz".
- Erhaltung bereits erreichter Sozialstandards (z. B. kurze Wochenarbeitszeiten, Urlaub, Urlaubsgeld, Weihnachtsgeld, Kündigungsschutz).
- Verringerung bzw. Beseitigung der Arbeitslosigkeit.

Mittel der Gewerkschaften

Auch das zweiseitige Monopol kommt nicht um die Marktkräfte herum: Eine Abnahme des Arbeitskräfteangebots führt zu steigenden Lohnsätzen. Die gewerkschaftliche Strategie muss also vor allem darauf abzielen, das Arbeitsangebot zu verknappen („die Arbeitsangebotskurve nach ‚links' zu verschieben"), um die Bedingungen für Lohnerhöhungen zu verbessern. Kurz: Je *knapper* die Arbeitskräfte sind, desto leichter fallen Lohnerhöhungen.

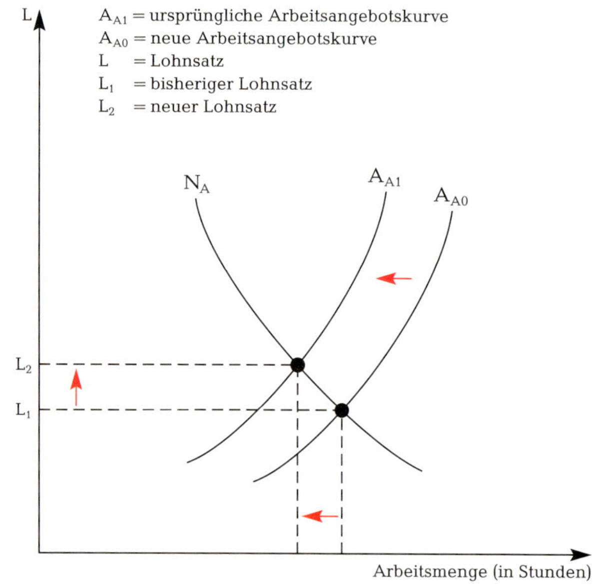

Die Verkürzung der Arbeitszeit führt zu abnehmendem Arbeitsangebot und steigenden Lohnsätzen

Abb. 5.38

1 Näheres siehe Kapitel 11.1.2 (Personelle Einkommensverteilung).

2 Komponente = Bestandteil, Ergänzung.

Die Mittel dieser indirekten (mittelbaren) Lohnpolitik (Verknappung der Arbeitskräfte) sind:

- Verlängerung der Schulzeit (erst das neunte, jetzt das zehnte Vollzeitschuljahr);
- Erhöhung des Jahresurlaubs (der Jahresurlaub hat sich in Westdeutschland in den letzten 40 Jahren verdreifacht);
- Verknappung der wöchentlichen und täglichen Arbeitszeit. (1960 leistete der westdeutsche Arbeitnehmer im Jahr 2083 Arbeitsstunden. 2006 betrug die jährliche durchschnittliche Arbeitszeit je Arbeitnehmer in Deutschland nur noch rund 1659 Arbeitsstunden).
- Vorverlegung des Rentenalters.[1]

Tarifverträge

Soweit die gewerkschaftlichen Ziele nicht über die Gesetzgebung erreicht werden müssen (Beispiel: Die Verlängerung der Schulzeit kann nur durch die Landtage, die Ausweitung der Mitbestimmung kann nur vom Bundestag beschlossen werden), versuchen die Gewerkschaften, ihre Vorstellungen in den *Tarifverträgen* durchzusetzen. Da die Tarifverträge für ganze Arbeitnehmergruppen ausgehandelt werden, spricht man auch von *Kollektivarbeitsverträgen*.[2]

Öffnung der Tarifverträge. Seit Ende der neunziger Jahre werden in den Tarifverträgen **Arbeitszeitkorridore** und **Entgeltkorridore** vereinbart. Die Arbeitszeitkorridore (z.B. 30 bis 40 Wochenstunden bei jährlich festgelegter Gesamtarbeitszeit) ermöglichen es den Betrieben, die Arbeitszeit flexibel (beweglich) zu gestalten und dadurch Arbeitskosten zu sparen. Durch die Entgeltkorridore werden Betriebe, denen es wirtschaftlich nicht besonders gut geht, in die Lage versetzt, ihre Belegschaft für eine bestimmte Zeit (z.B. für ein Jahr) bis zu einem bestimmten Prozentsatz *unter Tarif* zu bezahlen.

Vorteile der Tarifverträge

Vorteile für den Arbeitnehmer	Vorteile für den Arbeitgeber
■ Sicherung der Mindestarbeitsbedingungen (Mindestlohn, Urlaubsgeld, Kündigungsschutz usw.) für die Laufzeit des Tarifvertrags;	■ Einheitliche Kalkulationsgrundlage durch einheitliche Lohn- und Gehaltstarife für die Dauer des Tarifvertrags;
■ Gleichstellung der Arbeitnehmer mit gleichen Tätigkeiten, gleichen Berufserfahrungen und gleicher Verantwortung (Schutz vor willkürlicher Behandlung).	■ Einschränkung der Konkurrenz innerhalb der Branchen bezüglich der Personalanwerbung, geringere Fluktuation bei Fachkräftemangel und in Zeiten der Vollbeschäftigung.

Übersicht 5.8

Scheitern die Tarifverhandlungen, weil sich Gewerkschaften und Arbeitgeber nicht einigen können, kommt es zum **Arbeitskampf im engeren Sinne.**[3]

1 Die Einflussnahme der Gewerkschaften auf die Sozialgesetzgebung ist nur über die Parlamente möglich, weil Beschlüsse über Rentenalter, Höhe der Renten, Art und Leistungen der Krankenkassen usw. nur vom Gesetzgeber gefasst werden können.

2 Kollektiv = Gesamtheit, Gemeinschaft, Gegensatz: Einzelarbeitsvertrag, der zwischen Arbeitnehmer und Arbeitgeber ausgehandelt wird. Die Vereinbarungen des Einzelarbeitsvertrags dürfen den Arbeitnehmer zwar besser stellen, als dies der Kollektivarbeitsvertrag vorsieht, nicht aber schlechter.

3 Im weiteren Sinne gehören auch die Kündigung und die Aushandlung eines neuen Tarifvertrags zum „Arbeitskampf".

Streik

Die Spielregeln des Streiks sind in den Statuten der Gewerkschaften, in den Richtlinien der Hauptvorstände und durch Entscheidungen der Gerichte festgelegt. Ein einheitliches „Streikgesetz" gibt es in der Bundesrepublik Deutschland nicht, weil sich der Gesetzgeber vor heftigen und langwierigen Auseinandersetzungen mit den Gewerkschaften scheut. Die Gewerkschaften nämlich lehnen ein „Streikgesetz" ab, weil sie hierin einen Eingriff in ihre Unabhängigkeit (Autonomie) und ihre Gestaltungsrechte sehen.

Abb. 5.39

■ Unter **Streik** versteht man die gemeinsame Arbeitseinstellung mehrerer Arbeitnehmer mit dem Ziel, nach Durchsetzung bestimmter Forderungen die Arbeit wieder aufzunehmen. Da dem Streik keine Kündigung der Arbeitsverhältnisse vorausgeht, bleiben diese auch während des Streiks erhalten.

Bevor eine Gewerkschaft zum Streik aufruft, muss in der Regel eine **Urabstimmung** vorausgehen. (In seltenen Fällen kann die Gewerkschaft auch *ohne* Urabstimmung einen Streik beschließen, z.B. die Ver.di.)

Die meisten Gewerkschaftssatzungen sehen vor, dass sich **75 %** der Gewerkschaftsmitglieder in einer Urabstimmung für einen Streik aussprechen müssen (siehe Abb. 5.39), bevor der Gewerkschaftsvorstand oder das zuständige Gremium (z.B. die Tarifkommission) den Streik ausrufen kann. Zum Streik muss es dennoch nicht kommen, weil aufgrund der Ergebnisse weiterer Tarifverhandlungen der Streik immer noch abgewendet werden kann.

Während des Streiks zahlen die Gewerkschaften an die Mitglieder **Streikgelder.** Die Nichtmitglieder gehen leer aus. Die Streikleitung kann vor den Betrieben Streikposten aufstellen, die dafür sorgen müssen, dass Arbeitswillige nicht am Betreten des Betriebsgeländes gehindert werden. Andererseits haben die Streikposten die Aufgabe, die nicht Streikwilligen von der Notwendigkeit des Streiks zu überzeugen.

Streiks, die nicht von den Gewerkschaften organisiert sind, sind illegal (= ungesetzlich, gesetzeswidrig). Man spricht von **„wilden Streiks“.** So genannte „spontane Arbeitsniederlegungen“ und „Warnstreiks“ (= kurze Arbeitsverweigerungen, um weitere Maßnahmen anzudrohen oder die Arbeitgeber zu Zugeständnissen bei laufenden Tarifverhandlungen zu zwingen) sind hingegen erlaubt.

Beendigung des Streiks. Führen die Verhandlungen der Gewerkschaften mit den Arbeitgebern zu einem Kompromiss, wird der Streik beendet. Die Modalitäten[1] richten sich häufig nicht nach der Satzung, sondern nach den *Richtlinien des Hauptvorstands* einer Gewerkschaft. Die Regel ist, dass zum Abbruch des Streiks eine Urabstimmung erforderlich ist, in der mindestens **25%** (plus eine Stimme) der Gewerkschaftsmitglieder zustimmen. Die Richtlinien mancher Gewerkschaften sehen auch höhere Zustimmungsquoten zur Beendigung eines Streiks vor (z.B. 75%). Wird dieses Abstimmungsergebnis nicht erreicht, so kann sich der Vorstand i.d.R. dennoch über das Votum[2] hinwegsetzen und den Streik beenden, wenn i.d.R. mindestens 25% der Gewerkschaftsmitglieder in einer neuen Abstimmung dem Kompromiss und der Beendigung des Streiks zustimmen.

Aussperrung

■ Das **Arbeitskampfmittel der Arbeitgeber** ist die **Aussperrung,** deren Berechtigung zwar umstritten, nach überwiegender Rechtsmeinung als legales[3] Gegenmittel der Unternehmer gegen die kollektive (= gemeinsame) Arbeitsniederlegung (= Streik) zu betrachten ist.[4]

Die Aussperrung erfolgt auch durch Unternehmer, die zwar dem Arbeitgeberverband einzelner bestreikter Betriebe angehören, deren Betriebe aber selbst nicht bestreikt werden. Die Gewerkschaften nämlich können einzelne marktstarke Schlüsselbetriebe durch Streiks lahmlegen, sodass ganze Wirtschaftszweige betroffen und geschädigt werden. Man bezeichnet derart gezielte Streiks als Schwerpunktstreiks. Sie sind wirksam, ohne die Streikkassen der Gewerkschaften allzu stark zu belasten.

Durch die Aussperrung werden die Arbeitsverhältnisse *nicht* gelöst, sondern lediglich *suspendiert*.[5] Damit ruhen die Rechte und Pflichten aus dem Arbeitsvertrag (z.B. keine Arbeitsleistung, kein Lohn oder Gehalt), leben aber nach Beendigung des Arbeitskampfes wieder auf. Somit sind die Arbeitgeber zugleich verpflichtet, die Gesamtbelegschaft nach Beendigung der Aussperrung weiterzubeschäftigen, ohne dass neue Arbeitsverträge abgeschlossen werden müssen. Eine Verweigerung der Weiterbeschäftigung ist nur möglich, wenn sie sozial gerechtfertigt ist (z.B. Nichtwiedereinstellung der Rädelsführer eines illegalen Streiks).

---

1 Modalität = Art und Weise, wie ein Ablauf geregelt ist.

2 Votum = Stimme, Entscheidung.

3 Legal = gesetzesmäßig; von lex (lat.) = Gesetz.

4 Nach der hessischen Landesverfassung ist die Aussperrung verboten. In Baden-Württemberg haben im Jahre 1978 einige Arbeitsgerichte bestimmte Aussperrungen für gesetzlich nicht zulässig erklärt. Im Dezember 1978 forderte der SPD-Parteitag ein gesetzliches Verbot der Aussperrung.

5 Suspendieren = einstweilen ruhen lassen, vorübergehend von Rechten und Pflichten befreien.

Schlichtungswesen

Da die Sozialpartner *autonom*, d.h. von staatlicher Befehlsgewalt unabhängig sind, hat der Staat auf die Monopollohnbildung nur mittelbaren Einfluss über das Schlichtungswesen.

Man unterscheidet

- das **private Schlichtungsverfahren,** das von Schlichtungsstellen durchgeführt wird, deren Besetzung im Tarifvertrag festgelegt ist **(„vereinbarte Schlichtung"),** und
- das **behördliche Schlichtungsverfahren,** welches dann von den Tarifparteien beantragt werden kann, wenn das private Schlichtungsverfahren nicht zur Einigung führte. Die Durchführung obliegt Personen, die vom Landesarbeitsministerium ständig mit dieser Aufgabe betraut sind **(„Landesschlichter").**

  Die vereinbarten Schlichtungsstellen können im Einverständnis mit den Parteien beschließen, die Entscheidung dem **Landesschlichtungsausschuss** zu übertragen. Der Landesschlichtungsausschuss besteht aus dem Landesschlichter oder dessen Stellvertreter als Vorsitzenden und aus Beisitzern der Arbeitgeber und Arbeitnehmer in gleicher Zahl.

  Ein Schiedsspruch hat nur dann bindende Wirkung unter den Parteien, wenn diese vor seiner Fällung seine Annahme vereinbart haben, oder wenn beide Parteien nach Verkündigung seine Annahme erklären.

Da in der Bundesrepublik Deutschland heute meist erst dann Streiks eingeleitet werden, wenn bestimmte Schlichtungsverfahren ergebnislos verlaufen sind, hat das Schlichtungswesen die Aufgabe, zur Verhinderung von Streiks beizutragen.

Konzertierte[1] Aktion

Einen mittelbaren Einfluss auf die Lohnentwicklung hat die Regierung auch durch die „konzertierte Aktion" (§ 3 StabG).[2] Im Falle einer Gefährdung der Ziele des magischen Vierecks (§ 1 StabG) ist die Regierung verpflichtet, den Gebietskörperschaften (Länder, Gemeinden), Gewerkschaften und Arbeitgeberverbänden *Orientierungsdaten* zur Verfügung zu stellen, damit ein abgestimmtes Verhalten (z.B. eine maßvolle Lohnpolitik) ermöglicht wird.

Zusammenfassung

Die Lohnbildung in einer sozialen Marktwirtschaft unterscheidet sich somit erheblich von der Lohnbildung einer freien Wirtschaft. Während sich in der freien Wirtschaft der Lohn aufgrund von Arbeitsangebot und Arbeitsnachfrage ergibt (siehe S. 210), kommt der Mindestlohn[3] in der sozialen Marktwirtschaft – wie gezeigt wurde – durch *Verhandlungen* zwischen den Gewerkschaften einerseits und den Arbeitgeberverbänden andererseits zustande (bilaterales Monopol). Es ist anzunehmen, dass der „Monopollohn" über

1 Konzertiert (lat.) = aufeinander abgestimmt.

2 Gesetz zur Förderung der Stabilität und des Wachstums in der Wirtschaft (StabG) vom 8. Juni 1967.

3 Lohn, der nicht unterschritten werden darf.

dem Lohn liegt, der sich bei vollständiger (polypolistischer) Konkurrenz auf dem Arbeitsmarkt ergeben würde. Das Zustandekommen des Monopollohns wird in der Literatur wie in Abb. 5.40 dargestellt.[1] Die Grafik macht deutlich, dass die Streikdauer abhängig ist von der Konzessionsbereitschaft[2] der Unternehmer und der Widerstandskraft der Gewerkschaften. Die Konzessionsbereitschaft der Unternehmer ist groß, wenn sie z.B. steigende Gewinne erwarten: Die „Konzessionskurve" verläuft steiler. Die Widerstandskraft der Gewerkschaften wächst mit zunehmender Mitgliederzahl und damit mit volleren Streikkassen: Die Widerstandskurve verläuft flacher.

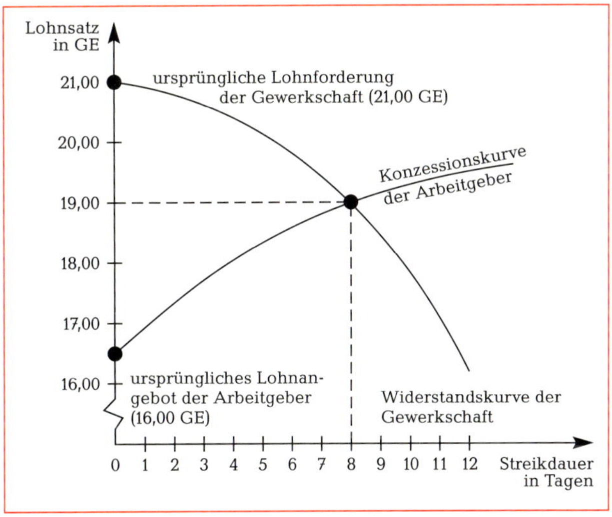

Abb. 5.40

Die **Einwirkungsmöglichkeiten der Gewerkschaften** auf die Arbeitsbedingungen (z.B. die Löhne) hängen somit auch von der **konjunkturellen Lage** ab. (Zur Konjunktur siehe Kapitel 9.3.)

Bei guter Konjunktur (= Geschäftslage) können die Gewerkschaften ihre Forderungen leichter durchsetzen als in Zeiten hoher Arbeitslosigkeit, weil vor allem qualifizierte Arbeitskräfte knapp sind. In Zeiten des konjunkturellen Rückgangs haben hingegen die Arbeitgeberverbände die stärkere Stellung. Für die Gewerkschaften sind Reallohnerhöhungen kaum erreichbar. Für sie ist es in der Rezession (= konjunktureller Rückgang) bereits ein Erfolg, wenn die vereinbarten Lohnerhöhungen der Inflationsrate (Preissteigerungsrate) entsprechen.

Merke:

- Im Modell der freien Marktwirtschaft erfolgt die Lohnbildung aufgrund von Arbeitsangebot und Arbeitsnachfrage. Der Arbeitsmarkt unterliegt den gleichen Regeln wie der Gütermarkt **(Lohnmechanismus).**
- Gewerkschaften einerseits und Arbeitgeberverbände andererseits werden als **Sozialpartner** bezeichnet. Ihre Aufgabe besteht darin, für sozialen Ausgleich zwischen Arbeitnehmern und Arbeitgebern zu sorgen.

1 Quellen zur Abb. 5.40: ROPPEL, U.: Wann kommt es zum Streik? Streikursachen im Lichte der ökonomischen Theorie, in: Der Bürger im Staat, hrsg. von der Landeszentrale für politische Bildung Baden-Württemberg, 27. Jg., Heft 3, 1977, S. 170. Oder: MÜLLER/PÖHLMANN, a.a.O., S. 112.

2 Konzession = Zugeständnis.

- Die **Bedeutung der Gewerkschaften** liegt darin, dass sie den Lohnmechanismus außer Kraft setzen und so zur sozialen Sicherheit der Arbeitnehmer beitragen konnten und können.
- Wichtige Ergebnisse gewerkschaftlicher Arbeit sind:
  - Verkürzung der Arbeitszeit;
  - Durchsetzung von Mindestlöhnen, die weit über dem physischen Existenzminimum liegen;
  - Verkürzung der Gesamtarbeitszeit;
  - Mitbestimmung;
  - Einfluss auf die Sozialpolitik.
- Letztes Mittel gewerkschaftlicher Politik ist der **Streik.**
- Das Arbeitskampfmittel der Arbeitgeber ist die **Aussperrung.** Während der Aussperrung ruhen die Arbeitsverhältnisse.
- Das Ergebnis des Arbeitskampfes ist ein neuer **Tarifvertrag,** in dem die Arbeitsbedingungen geregelt werden.

5.4.2.3 Arbeitsmarktgleichgewicht und Arbeitsmarktungleichgewichte

Arbeitsmarktgleichgewicht (Vollbeschäftigung) liegt theoretisch dann vor, wenn sich Arbeitsangebot und Arbeitsnachfrage ausgleichen. Abb. 5.41 zeigt einen **ausgeglichenen Arbeitsmarkt** unter den Bedingungen der polypolistischen Konkurrenz. Bei dem sich bildenden **Gleichgewichtslohn L_0** finden alle Arbeit, die zu diesem oder einem niedrigeren Lohn zu arbeiten gewillt sind. Umgekehrt finden alle Arbeitgeber, die diesen oder einen höheren Lohn zu zahlen bereit sind, genügend Arbeitskräfte.

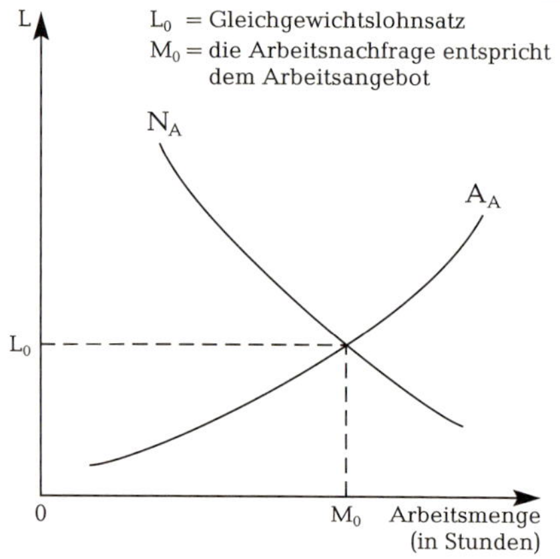

Arbeitsmarktgleichgewicht

Abb. 5.41

In unserer Wirtschaftsordnung bildet sich der Lohn bislang **nicht** auf einem freien polypolistischen Arbeitsmarkt, sondern aufgrund von Verhandlungen zwischen den **Arbeitgeberverbänden** einerseits und den **Gewerkschaften** (Arbeitnehmerverbänden) andererseits. Der vereinbarte Tariflohn darf nicht unterschritten werden. Er ist ein **Mindestlohn.**
Je nach dem, ob der Mindestlohnsatz über oder unter dem Marktlohn liegt, herrscht Unter- oder Überbeschäftigung.

Arbeitsmarktungleichgewichte (Über- oder Unterbeschäftigung) liegen vor, wenn beim gegebenen Lohnniveau Arbeitsangebot und Arbeitsnachfrage nicht übereinstimmen.

a) Liegt der Tariflohn **unter** dem Gleichgewichtslohnsatz, besteht **Überbeschäftigung** (Abb. 5.42). Es wird mehr Arbeit nachgefragt (M_2) als Arbeit angeboten wird (M1). Mit anderen Worten: Die Zahl der offenen Stellen ist größer als die Zahl der Arbeitslosen. Die Nachfrager (private Unternehmen, staatliche Betriebe und Verwaltungen) erhöhen von sich aus die Lohnsätze, um zusätzliche Arbeitskräfte zu gewinnen. Der tatsächliche Lohn (Effektivlohn) liegt über dem Tariflohn. Man zahlt übertarifliche Zuschläge, um zusätzliche Arbeitskräfte zu gewinnen (Hausfrauen, die einen „Halbtagsjob" suchen, Schüler und Studenten, ausländische Arbeitskräfte) und/oder aus Konkurrenzbetrieben an sich zu ziehen **(Abwerbung).**

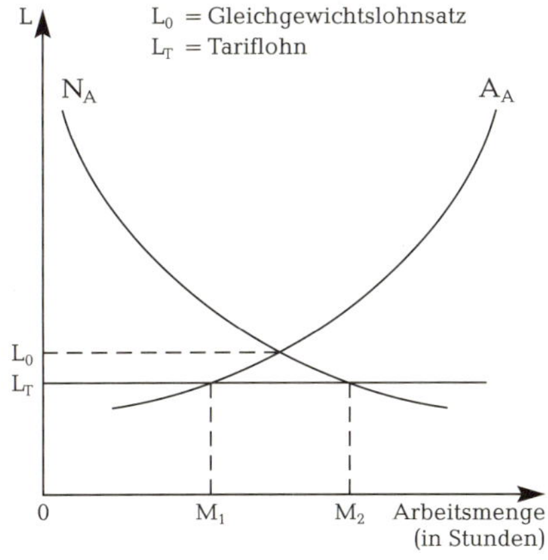

Überbeschäftigung

Abb. 5.42

b) Liegt der Tariflohn **über** dem Gleichgewichtslohnsatz, herrscht **Unterbeschäftigung** (Abb. 5.43). Es wird weniger Arbeit nachgefragt (M_1) als Arbeit angeboten wird (M_2). Mit anderen Worten: Die Zahl der offenen Stellen ist kleiner als die Zahl der Arbeitslosen **(lohnhöhenbedingte Arbeitslosigkeit).**

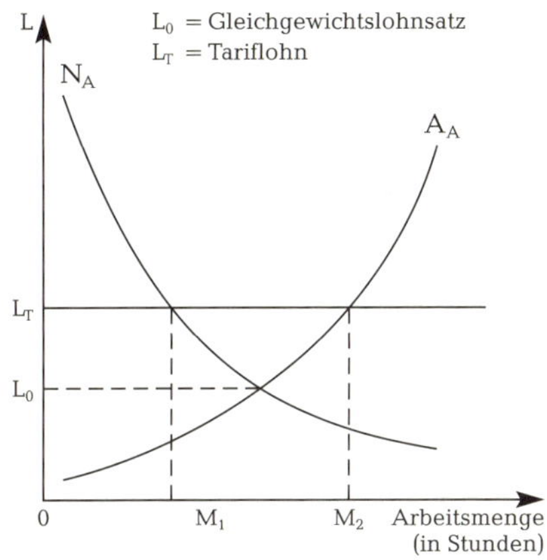

Unterbeschäftigung

Abb. 5.43

Beispiel USA

Ökonomen fällen vernichtendes Urteil

Bei Politikern beliebt, bei Unternehmern gehasst: Der gesetzliche Mindestlohn liegt in den USA bei 5,15 Dollar pro Stunde und sorgt für Streit. In der vergangenen Woche begrüßte die Demokratische Partei in Annapolis lauter glückliche und dankbare Arbeitnehmer. In der Hauptstadt des US-Bundesstaates Maryland richtete die Partei eine Feier zur Erhöhung des gesetzlichen Mindestlohnes aus. 6,15 Dollar pro Stunde müssen in Maryland künftig bezahlt werden – ein Dollar über dem bundesweiten Mindestlohn von 5,15 Dollar. Amerikanische Politiker lieben den gesetzlichen Mindestlohn. Die Forderung nach einer Erhöhung ist populär, klingt sehr sozial und kostet den Staat zunächst einmal kein Geld. Regional gibt es Gesetze, welche die untere Lohngrenze höher ansetzen: In Santa Fe etwa liegt der Mindestlohn bei 9,50 Dollar. Wem das genau hilft, ist heftig umstritten. Die Arbeitslosenzahl in Santa Fe ist nach der jüngsten Erhöhung des Mindestlohnes um 16 Prozent gestiegen.

Wirtschaftswissenschaftler fällen ein vernichtendes Urteil über die Wirkung des gesetzlichen Mindestlohns: „Studien über Jahre und Jahrzehnte haben zweifelsfrei belegt, dass jede Erhöhung des gesetzlichen Mindestlohns Arbeitsplätze vernichtet", sagt Craig Garthwaite, Forschungsdirektor am Institut für Arbeitsmarktpolitik in Washington, „vor allem die Arbeitsplätze der am schlechtesten qualifizierten Arbeitnehmer fallen solchen Erhöhungen schnell zum Opfer."

Die Ökonomen David Card und Alan Krueger versuchten allerdings 1997 nachzuweisen, dass die Erhöhung des Mindestlohnes noch nie Arbeitsplätze vernichtet habe, die schwächsten Einkommensgruppen auf diese Weise aber in den Genuss einer Lohnerhöhung gekommen seien. Mit diesem Urteil sind die beiden Ökonomen jedoch in der Minderheit.

Quelle: Badische Zeitung vom 24. Februar 2006.

Beim Boxen steht der Sieger spätestens nach der letzten Runde fest. Bei den jährlichen Lohnrunden hingegen nicht. Denn – so drückt es die Deutsche Bundesbank aus – „hohe nominale Lohnerhöhungen sind nicht gleichzusetzen mit einer Verbesserung des Lebensstandards; Beschäftigungsverluste und zusätzliche Preissteigerungen stellen die Kehrseite dar". Am Ende eines Jahres kann es sich erweisen, dass die am Jahresanfang erstrittenen Lohnzulagen nichts mehr wert sind, weil steigende Preise die Kaufkraft des Geldes ausgehöhlt haben. Diese Gefahr besteht, wenn die Lohnkosten schneller steigen als die Produktivität, also die Mehrleistung je Stunde, Woche oder Monat. Die Unternehmen werden dann versuchen, die höheren Lohnkosten in Form von höheren Preisen an ihre Abnehmer weiterzugeben. Gelingt ihnen das nicht, sind die Konsequenzen nicht weniger schwerwiegend. Dann wird am Einsatz teurer menschlicher Arbeit gespart und es kommt zu Entlassungen. Wer auf diese Weise arbeitslos wird, muss also gewissermaßen dafür bezahlen, dass sein weiterbeschäftigter Kollege besser verdient. Oder aber die höheren Lohnkosten gehen voll zu Lasten der Erträge; mit sinkender Ertragskraft sinkt aber meist auch die Wettbewerbsfähigkeit und Arbeitsplätze geraten in Gefahr. Wie auch immer das Abc der Lohnpolitik buchstabiert wird, immer steht dahinter die ungeliebte Binsenweisheit, dass keine Volkswirtschaft der Welt auf die Dauer mehr verteilen kann, als sie zuvor erzeugt.

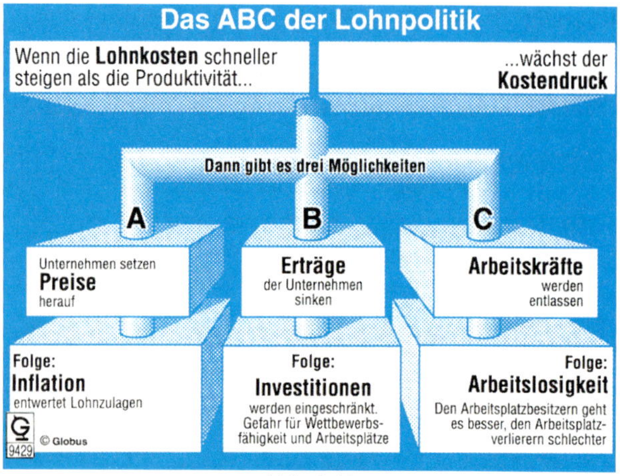

Abb. 5.44

5.4.2.4 Mobilität der Arbeit

1. Räumliche Mobilität

Das einfache Polypolmodell reicht natürlich nicht aus, die Über-, Voll- und Unterbeschäftigung restlos zu erklären, denn in Wirklichkeit gibt es nicht *den* Arbeitsmarkt schlechthin, sondern zahlreiche Arbeitsmärkte, die sich örtlich (regional) und im Hinblick auf die Qualifikationen (die Anforderungen), die an die Arbeitskräfte gestellt werden, unterscheiden: Die Arbeitsmärkte sind unvollkommen (heterogen).

So mag es z.B. sein, dass bundesweit in einem bestimmten Beruf die Zahl der offenen Stellen der Zahl der Arbeitslosen entspricht. Dennoch herrscht Arbeitslosigkeit, weil es an **räumlicher Mobilität** (Beweglichkeit) der Arbeitskräfte fehlt.

Beispiel:

In Hamburg werden dringend Baufacharbeiter gesucht; in Augsburg hingegen sind zahlreiche Baufacharbeiter arbeitslos. Die Arbeitslosigkeit könnte beseitigt werden, wenn die Arbeitslosen bereit wären, nach Hamburg zu ziehen.

2. Berufliche Mobilität

Das Beschäftigungsproblem muss auch unter dem qualitativen Aspekt, d.h. unter dem Blickwinkel der **qualitativen (beruflichen) Mobilität** gesehen werden, denn es gibt im Grunde ebenso viele Arbeitsmärkte wie es Berufe gibt. Vereinfachen wir wieder, um die

Übersicht zu behalten. Wir teilen die Arbeit in nur fünf Qualifikationsstufen ein. Außerdem unterstellen wir, dass Arbeitsangebot und Arbeitsnachfrage räumlich *nicht* auseinander fallen. Vollbeschäftigung herrscht, wenn das gesamte Arbeitspotenzial seinen Qualifikationen entsprechende Arbeitsplätze besetzen kann.

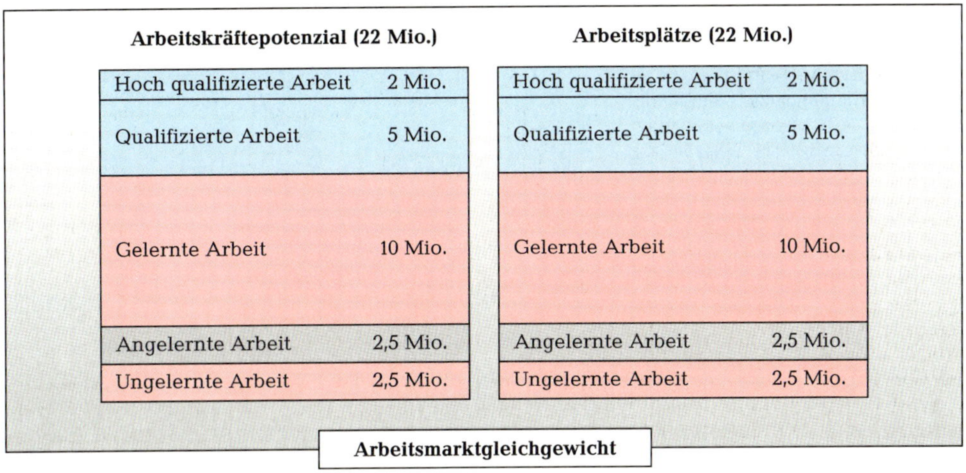

Abb. 5.45

Klaffen qualitative Arbeitsnachfrage und qualitatives Arbeitsangebot auseinander, ist „der" Arbeitsmarkt im Ungleichgewicht. Im nachfolgenden Beispiel (Abb. 5.46) gibt es Arbeitslosigkeit, obwohl das quantitative Arbeitskräftepotenzial der quantitativen Arbeitsnachfrage entspricht. **Arbeitskräftemangel** herrscht bei qualifizierter und gelernter Arbeit (2 Mio.). Bei angelernter und ungelernter Arbeit besteht hingegen **Arbeitslosigkeit.**

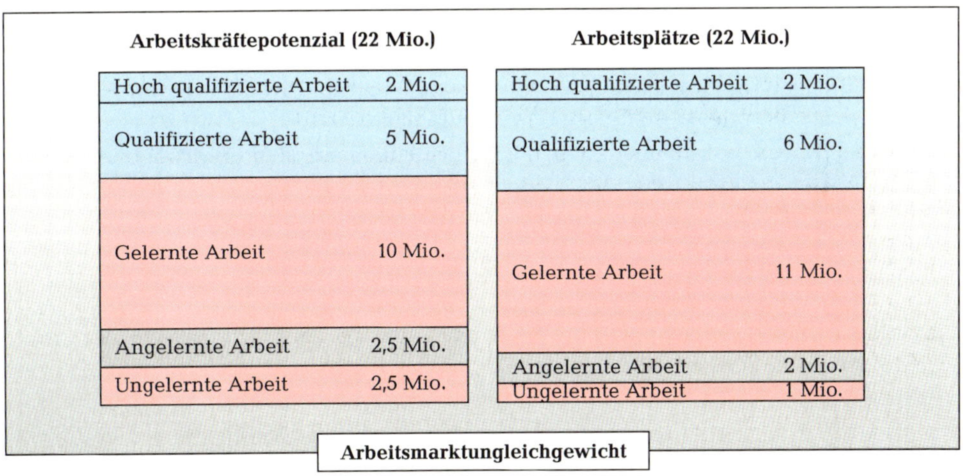

Abb. 5.46

Ein **Arbeitsmarktungleichgewicht,** wie es auf S. 221 beschrieben worden ist (Abb. 5.46), ist nicht leicht zu beheben, weil es meist an der beruflichen Mobilität fehlt. Sie ist umso geringer, je weniger die Berufe miteinander verwandt sind. So wird es beispielsweise trotz hoher und höchster Einkommen der Zahnärzte kaum vorkommen, dass ein Schreiner ein Studium ergreift, um Zahnarzt zu werden. Umgekehrt wird sich ein arbeitsloser Jurist kaum dazu bereitfinden, Koch zu werden. Dennoch lässt sich die berufliche Mobilität in einem begrenzten Rahmen durch Berufsbildungsmaßnahmen erhöhen, wie sie im Kapitel 5.4.2.6 genannt werden.

5.4.2.5 Arten der Arbeitslosigkeit

Ungleichgewichte auf dem Arbeitsmarkt können also struktureller (und damit langfristiger) Natur sein. Ursachen dieser **strukturellen Arbeitslosigkeit** sind z.B.: falsche Bildungspolitik (Über- oder Unterqualifikation des Arbeitskräftepotenzials; siehe Abb. 5.46), Niedergang von Wirtschaftszweigen, die sich überlebt haben oder durch billigere und/ oder qualitativ überlegene ausländische Konkurrenz in Bedrängnis geraten sind; Bedürfnisänderungen bei den Verbrauchern; Rohstoff- und/oder Energiemangel; Absatzschwierigkeiten bei den Verbrauchern; Sparpolitik verschuldeter Regierungen; Absatzschwierigkeiten im Ausland; politische Krisen; Kriege.

Die strukturelle Arbeitslosigkeit ist auch deswegen hartnäckig, weil sie **Langzeitarbeitslose** schafft. Das sind Arbeitslose, die ein Jahr und länger ohne Arbeit sind **(Arbeitslosensockel).** Langzeitarbeitslose sind von den Agenturen für Arbeit nur sehr schwer zu vermitteln. In der Bundesrepublik Deutschland beträgt die Zahl der Langzeitarbeitslosen rund $^1/_3$ der Erwerbslosen.

Die Arbeitslosigkeit kann auch konjunkturelle Ursachen haben. Unter Konjunktur versteht man mehr oder weniger regelmäßig wiederkehrende Schwankungen der wirtschaftlichen Aktivitäten (z.B. Investitionen, Geschäftsabschlüsse) mit einer Dauer von 4 bis 6 Jahren (Näheres siehe Kapitel 9.3). Die **konjunkturelle Arbeitslosigkeit** ist also verhältnismäßig kurzfristiger Natur.

Neben den genannten Arten der Arbeitslosigkeit gibt es noch die **friktionelle Arbeitslosigkeit.** Sie tritt auf, weil zu jedem Zeitpunkt Leute aus einem Arbeitsverhältnis ausscheiden, ihre neue Arbeit aber noch nicht angetreten haben.

Merke:

- Man unterscheidet nach den Ursachen folgende **Arten der Unterbeschäftigung (Arbeitslosigkeit):**
  - lohnhöhenbedingte Arbeitslosigkeit,
  - strukturelle Arbeitslosigkeit,
  - konjunkturelle Arbeitslosigkeit,
  - friktionelle Arbeitslosigkeit.
- In der Wirklichkeit treten, allerdings mit unterschiedlichem Gewicht, die verschiedenen Arten der Arbeitslosigkeit zugleich auf.

5.4.2.6 Bekämpfung der Arbeitslosigkeit durch Berufsbildung

Eine Möglichkeit zur Bekämpfung der Dauerarbeitslosigkeit ist die private und öffentliche (staatliche) Förderung der **Berufsbildung.**

Die **Bereiche der Berufsbildung** sind:

Berufsausbildung	Berufliche Fortbildung	Berufliche Umschulung
Sie soll eine breit angelegte berufliche Grundbildung und die für die Ausübung einer qualifizierten beruflichen Tätigkeit notwendigen fachlichen Fertigkeiten und Kenntnisse vermitteln sowie den Erwerb erforderlicher Berufserfahrungen ermöglichen [§ 1II BBiG].	**1. Anpassungsfortbildung** Aneignung von Fähigkeiten, um den sich verändernden Anforderungen der Arbeit gerecht werden zu können [§ 1 III BBiG]. **2. Aufstiegsfortbildung** Aneignung von Fähigkeiten, um in der Zukunft auch anspruchsvollere, schwierigere und/oder verantwortungsvollere Arbeiten (Aufgaben) übernehmen zu können [§ 1 III BBiG].	**Berufsverändernde Fortbildung:** Erlernen der zur Ausübung eines neuen Berufs erforderlichen Kenntnisse und Fertigkeiten [§ 1 IV BBiG]. Die berufliche Umschulung trägt damit zur Arbeitsplatzsicherung des Arbeitnehmers bei. Eine Umschulung kann z.B. aus arbeitsmarktpolitischen Gründen (ein bestimmter Beruf wird nicht mehr gebraucht) oder aufgrund eines Unfalls oder einer Krankheit erforderlich sein.

Arbeits- und Berufsförderung

Übersicht 5.9

Die **Arbeits- und Berufsförderung** wird sowohl innerbetrieblich als auch überbetrieblich durchgeführt.

1. Die **innerbetriebliche Arbeits- und Berufsförderung** ist Aufgabe der privaten Unternehmen, der staatlichen Verwaltungen und der Mitglieder der freien Berufe. Wichtige Maßnahmen der innerbetrieblichen Arbeits- und Berufsförderung sind z.B. die von den Arbeitgebern, den Betriebsräten [§§ 96ff. BetrVerfG] und den Gewerkschaften durchgeführten berufsbezogenen Beratungen, Vorträge, Seminare, Kurse (z.B. Meisterkurse), Fachtagungen und Trainingsprogramme.

2. Die **überbetriebliche Arbeits- und Berufsförderung** wird u.a. von den berufsbildenden Schulen, von den Arbeitgeberverbänden, den Gewerkschaften, den Kammern (z.B. den Industrie- und Handelskammern, den überbetrieblichen Lehrwerkstätten usw.) wahrgenommen. Viele Träger der Arbeits- und Berufsförderung erhalten von der Bundesagentur für Arbeit finanzielle Unterstützung.

Die **Finanzierung der Arbeits- und Berufsförderung** sollte zunächst auch vom einzelnen Arbeitnehmer vorgenommen werden, denn eine größere berufliche Mobilität liegt auch in seinem persönlichen Interesse. Die Bereitschaft zum „lebenslangen Lernen" ist in einer Zeit ständigen Strukturwandels und sich ständig ändernder beruflicher Anforderungen auch für den Einzelnen (über-)lebenswichtig. Selbstverständlich erhält der Arbeitnehmer unter bestimmten Förderungsvoraussetzungen staatliche Hilfen. So gewährt die Bundesagentur für Arbeit über die Agenturen für Arbeit z.B. Unterhaltsgeld bei Teilnahme an Maßnahmen zur beruflichen Fortbildung und Umschulung mit ganztägigem Unterricht. Weitere Leistungen der Bundesagentur für Arbeit sind: Übernahme der Aufwendungen für Lehrgänge (Lehrgangsgebühren), Lernmittel, Arbeitskleidung, Fahrten zwischen Wohnung und der Bildungsstätte, Unterkunft und Mehrkosten der Verpflegung bei notwendiger auswärtiger Unterbringung, Übernahme des gesetzlichen Unfallschutzes, Zahlung der Renten- und Krankenversicherungsbeiträge.

Merke:

- Die **berufliche Mobilität** der Arbeitnehmer wird durch die Förderung der Berufsbildung erhöht.
- Die **Bereitschaft des Einzelnen zur Mobilität** erhöht seine Berufschancen und Arbeitsmöglichkeiten.
- Die **Arbeits- und Berufsförderung** wird von den Arbeitgebern, den Gewerkschaften und vom Staat unterstützt.

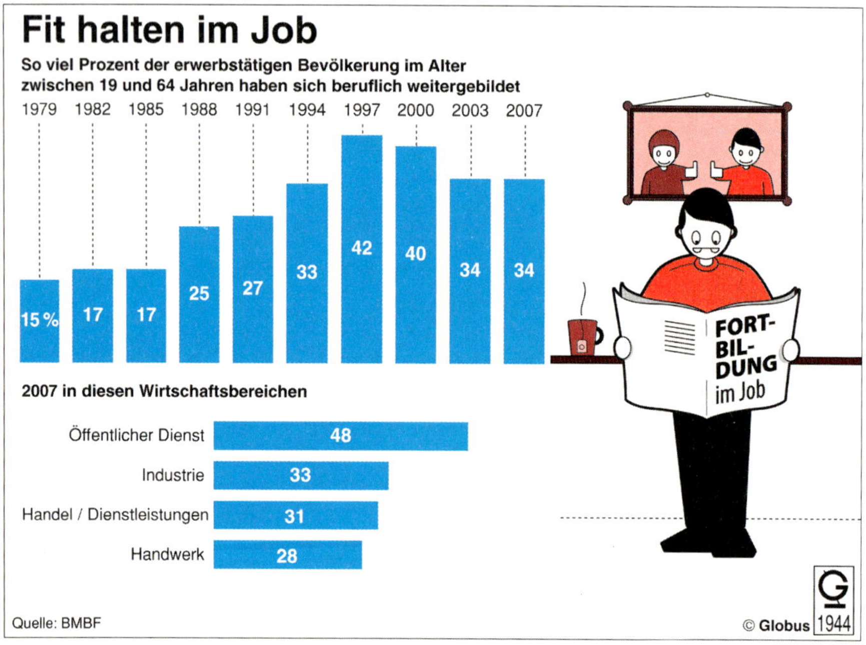

Abb. 5.47

Die Tatsache, dass in der modernen Arbeitswelt die berufliche Entwicklung notwendigerweise mit lebenslangem Lernen verbunden ist, hat sich inzwischen weithin durchgesetzt. Dennoch klaffen Erkenntnis und Handeln weit auseinander. Nur knapp ein Drittel aller im Jahr 2007 erwerbstätigen Bundesbürger zwischen 19 und 64 Jahren hat schon einmal an beruflichen Weiterbildungsmaßnahmen teilgenommen. Entgegen der allgemeinen Erwartung stagniert der Anteil seit mehreren Jahren. Im Vergleich zur Erwerbsbevölkerung des Jahres 1997 ist der Anteil der Personen, die sich beruflich weitergebildet haben, sogar um acht Prozentpunkte gesunken. Die höchste Weiterbildungsquote wies 2007 der Öffentliche Dienst auf: Mit 48 Prozent setzte fast jeder zweite Beschäftigte auf Weiterbildung. In der Industrie war es nur noch jeder Dritte, im Handwerk niedrige 28 Prozent.

5.4.3 Wettbewerbspolitik in der sozialen Marktwirtschaft

Die Unternehmen haben aufgrund der zunehmenden Fixkostenbelastung das Ziel, vor allem bei wirtschaftlichen Schwierigkeiten einem freien Wettbewerb durch Zusammenschlüsse auszuweichen. Deshalb muss der Staat den Wettbewerb durch eine aktive Wettbewerbspolitik (Ordnungspolitik) fördern und alle Unternehmenszusammenschlüsse, die erkennbar gegen die Prinzipien eines freien Wettbewerbs verstoßen, verbieten und unter Strafe stellen.

Das Kartellrecht schafft die Voraussetzungen für einen funktionierenden Wettbewerb der auf den Märkten auftretenden Unternehmen. Insbesondere will es der Entstehung von zu viel Marktmacht eines Unternehmens vorbeugen. In Deutschland finden sich die kartellrechtlichen Regelungen vor allem im Gesetz gegen Wettbewerbsbeschränkungen (GWB). Die europarechtlichen Grundlagen stehen im Art. 81 EGV.[1]

5.4.3.1 Kartellkontrolle

Grundsätzliches Kartellverbot

Vereinbarungen zwischen Unternehmen, *Beschlüsse* von Unternehmensvereinigungen sowie aufeinander *abgestimmte Verhaltensweisen* zur Verhinderung, Einschränkung oder Verfälschung des Wettbewerbs sind verboten [§ 1 GWB]. Von diesem Verbot sind sowohl Beschränkungen des Wettbewerbs von Marktteilnehmern auf der gleichen Wirtschaftsstufe (horizontale Beschränkungen) als auch solche von Wettbewerbern verschiedener Wirtschaftsstufen (vertikale Beschränkungen) erfasst.

- *Vereinbarungen* sind Verträge, durch die sich eine oder mehrere (natürliche oder juristische) Personen zu einem Tun oder Unterlassen verpflichten (z.B. Preise zu erhöhen, bestimmte Personengruppen nicht zu beliefern, Produktionsquoten einzuhalten). Unter das Verbot fallen mündliche oder schriftliche Vereinbarungen.
- *Beschlüsse* sind einstimmig oder mehrheitlich mit Rechtsfolgewillen getroffene Entscheidungen der zuständigen Gremien (Organe) von Unternehmensvereinigungen. Sie binden die Mitglieder der Vereinigung.
- *Abgestimmte Verhaltensweisen* sind dadurch gekennzeichnet, dass eine verbindliche Übereinkunft zwischen den sich am Markt gleichförmig verhaltenden Unternehmen fehlt. Dies kann bereits durch gegenseitige Information über ihr künftiges Marktverhalten oder die Befolgung einer Empfehlung der Fall sein. (Beispiel: Alle führenden Mineralölgesellschaften erhöhen ohne formale Absprache innerhalb weniger Tage ihre Absatzpreise.)

Grundsätzlich verboten sind die so genannten **Preisbindungen,** bei denen durch vertikale Vereinbarungen die Käufer daran gehindert werden, ihre Verkaufspreise selbst festzulegen. § 1 GWB gilt jedoch nicht für Zeitschriften, Zeitungen und Bücher (Näheres siehe § 30 GWB und § 3 BuchPrG).

1 EGV = Vertrag zur Gründung der Europäischen Gemeinschaft.

15 Hartmann - ISBN 978-3-8120-0320-9

Legalausnahme[1]

Kartelle müssen nicht bei einer Wettbewerbsbehörde[2] angemeldet und genehmigt werden. Vielmehr besteht ein System der **Legalausnahme:** Kartelle werden so lange als gesetzlich zulässig (legal) behandelt, wie sie nicht von einer Wettbewerbsbehörde oder einem Gericht als unzulässig angesehen werden.

Sonstige Ausnahmen

- **Freigestellte Vereinbarungen.** Vom Kartellverbot des § 1 GWB freigestellt sind *Vereinbarungen* zwischen Unternehmen, *Beschlüsse von Unternehmensvereinigungen* oder *aufeinander abgestimmte Verhaltensweisen*, die unter angemessener Beteiligung der Verbraucher an dem entstehenden Gewinn zur Verbesserung der Warenerzeugung oder -verteilung oder zur Förderung des technischen oder wirtschaftlichen Fortschritts beitragen.

  Die freigestellten Kartellabsprachen dürfen lediglich solche Beschränkungen enthalten, die für die Erreichung der oben genannten Ziele unerlässlich sind. Sie dürfen den beteiligten Unternehmen nicht die Möglichkeit eröffnen, für einen wesentlichen Teil der betreffenden Waren den Wettbewerb auszuschalten. (Näheres siehe § 2 GWB und Art. 81 III EGV.)
- **Mittelstandskartelle.** Vereinbarungen zwischen miteinander im Wettbewerb stehenden Unternehmen und Beschlüsse von Unternehmensvereinigungen, die die Rationalisierung wirtschaftlicher Vorgänge durch zwischenbetriebliche Zusammenarbeit zum Gegenstand haben („Rationalisierungskartelle"), sind ebenfalls vom Kartellverbot nicht betroffen, wenn
  1. dadurch der Wettbewerb auf dem Markt nicht wesentlich beeinträchtigt wird und
  2. die Vereinbarung oder der Beschluss dazu dient, die Wettbewerbsfähigkeit kleinerer oder mittlerer Unternehmen, also von so genannten *Mittelstandsunternehmen*, zu verbessern [§ 3 GWB].

5.4.3.2 Zusammenschlusskontrolle (Fusionskontrolle)

Alle Unternehmenszusammenschlüsse (Fusionen) sind *vor ihrem Vollzug* beim Bundeskartellamt anzumelden [§ 39 I GWB]. Sie unterliegen bis zur Freigabe durch das Bundeskartellamt dem *Vollzugsverbot* [§ 41 I GWB].

Die Vorschriften des GWB über die Zusammenschlusskontrolle gelten, wenn im letzten Geschäftsjahr vor dem Zusammenschluss die beteiligten Unternehmen insgesamt weltweit Umsatzerlöse von mehr als 500 Mio. Euro und mindestens ein beteiligtes Unternehmen im Inland Umsatzerlöse von mehr als 25 Mio. Euro erzielt haben [§ 35 I GWB].

Ein Unternehmenszusammenschluss liegt z.B. in folgenden Fällen vor [§ 37 GWB]:

- Erwerb des gesamten Vermögens oder eines wesentlichen Teils des Vermögens eines anderen Unternehmens;

1 Legal (lat.) = gesetzlich erlaubt. Legalausnahme = legaler Zustand, solange er nicht von einer zuständigen staatlichen oder zwischenstaatlichen Institution (z.B. Kartellbehörde, Gericht) für illegal (gesetzlich unzulässig) angesehen wird.

2 Die deutschen Wettbewerbsbehörden (Kartellbehörden) sind das Bundeskartellamt, das Bundesministerium für Wirtschaft und die nach Landesrecht zuständigen obersten Landesbehörden wie z.B. das Wirtschaftsministerium. (Näheres zu den Kartellbehörden finden Sie in den §§ 48ff. GWB.) Die Vorschriften zu den Verfahren vor den Kartellbehörden stehen in den §§ 54ff. GWB.

- Erwerb der unmittelbaren oder mittelbaren Kontrolle über andere Unternehmen durch Rechte, Verträge und andere Mittel;
- Erwerb von Anteilen an einem anderen Unternehmen, wenn diese Anteile allein oder zusammen mit sonstigen, dem Unternehmen bereits gehörenden Anteilen 50% oder 25% des Kapitals oder der Stimmrechte des anderen Unternehmens erreichen.

Ministererlaubnis. Auf Antrag kann der Bundesminister für Wirtschaft und Technologie die Erlaubnis zu einem vom Bundeskartellamt untersagten Zusammenschluss erteilen, wenn dieser von gesamtwirtschaftlichem Vorteil ist oder durch ein überragendes Interesse der Allgemeinheit gerechtfertigt ist. Die Erlaubnis darf nur erteilt werden, wenn der Zusammenschluss die marktwirtschaftliche Ordnung nicht gefährdet [§ 42 GWB].

5.4.3.3 Missbrauchsaufsicht

Über bestehende marktbeherrschende Unternehmen besteht, unabhängig davon, ob die Marktbeherrschung durch internes oder externes Unternehmenswachstum entstand, eine Missbrauchsaufsicht durch das Bundeskartellamt.

Die missbräuchliche Ausnutzung einer marktbeherrschenden Stellung ist verboten [§ 19 I GWB].

Marktbeherrschung liegt vor, wenn ein Anbieter oder Nachfrager einer bestimmten Art von Produkten (Sachgüter oder Dienstleistungen) ohne Wettbewerber ist *oder* keinem wesentlichen Wettbewerb ausgesetzt ist *oder* im Verhältnis zu seinen Wettbewerbern eine überragende Marktstellung hat. *Marktbeherrschung wird vermutet,* wenn ein Unternehmen einen Marktanteil von mindestens einem Drittel hat. Eine Gesamtheit von Unternehmen gilt als marktbeherrschend, wenn drei oder weniger Unternehmen zusammen einen Marktanteil von mindestens 50% oder fünf oder weniger Unternehmen zusammen einen Marktanteil von mindestens zwei Drittel erreichen [§ 19 III GWB].

5.5 Probleme der sozialen Marktwirtschaft

Ende der achtziger Jahre haben die kapitalistischen Marktwirtschaften - und mit ihnen die soziale Marktwirtschaft - den Wettbewerb mit der sozialistischen Planwirtschaft gewonnen. Deshalb richtet sich der Blick viel unmittelbarer und kritischer auf die Marktwirtschaften, in der Bundesrepublik Deutschland also auf die soziale Marktwirtschaft. Und dieser drohen nicht zu unterschätzende Gefahren.

Wirtschaftsethik. Marktwirtschaft bedarf, soll sie funktionieren, einer bestimmten Ethik, deren Regeln zumindest von einer starken Mehrheit einer Gesellschaft eingehalten werden. Solche ethischen Regeln sind z.B.:

- geschäftliche Anständigkeit,
- Unbestechlichkeit,
- Ehrlichkeit,
- Pünktlichkeit und Zuverlässigkeit,
- Verantwortungsbewusstsein gegenüber Mitmenschen und Natur,
- Gemeinsinn.

Fehlt es also an der notwendigen Wirtschaftsgesinnung, wird gelogen und betrogen, dem Geschäftspartner „das Fell über die Ohren gezogen", schlechte Qualität produziert, werden Verträge nicht eingehalten, Zahlungstermine versäumt und verantwortungslose Entscheidungen getroffen, kann das System der sozialen Marktwirtschaft nicht funktionieren. Bestehende Marktwirtschaften geraten in die Krise, neu eingeführte können sich erst gar nicht entfalten. Die äußeren Zeichen der Krise kann man in den alten und jungen Marktwirtschaften erkennen: Wirtschaftskriminalität, Lebensmittelskandale, Bandenbildung, Bestechung von Politikern, in die eigene Tasche wirtschaftende Gewerkschafter, kurzsichtig entscheidende Manager und Politiker, Steuerhinterziehung und Steuerflucht, fehlende Innovationsfähigkeit und -willigkeit, mangelnder Unternehmensgeist, Sattheit und Wohlgefälligkeit.

Überlastung des sozialen Netzes. Gefahren drohen der sozialen Marktwirtschaft aber auch wegen der möglichen Überdehnung des sozialen Netzes, das eine Fülle von Möglichkeiten des Sozialmissbrauchs bietet. Beispiele sind die illegale Beschäftigung von Arbeitskräften, die Schwarzarbeit bei gleichzeitigem Bezug von Arbeitslosengeld oder anderen Unterstützungszahlungen und das mehrfache Abkassieren der Sozialhilfe.

Sozialmissbrauch schwächt das soziale Sicherungssystem der sozialen Marktwirtschaft, erhöht die Belastung der arbeitenden ehrlichen Leute, führt zu Leistungsunwillen und beeinträchtigt die Funktionsfähigkeit des Wirtschaftssystems und damit auch die soziale Leistungsfähigkeit.

Abgaben- und Steuerbelastung. Auch die Belastung der arbeitenden Bevölkerungsteile findet ihre Grenzen. „Irgendwo hören – das ist jeweils auf konkret absehbare Zeiträume eine Tatsache – Opferbereitschaft, Zusammengehörigkeitsgefühl und Verständigungsbereitschaft unter den Menschen auf ... Wieweit lässt sich der Bürger besteuern, um in welchen anderen Gebieten zur ‚Gleichwertigkeit der Lebensbedingungen' beizutragen?"[1] Eine Überlastung der arbeitenden Menschen führt zur Arbeitsunlust, weil der Anreiz zur Leistung nachlässt. Die Motivation zur *belohnten Leistung* aber ist gerade *der Motor* jeder Marktwirtschaft. Fehlt sie, greifen Pessimismus, Unterbeschäftigung und Radikalismus um sich.

Umweltbelastung. Schließlich erhebt sich die Frage, ob die soziale Marktwirtschaft in der Lage sein wird, die Umweltbelastung nachhaltig zu verringern. Der Hinweis darauf, dass in den ehemaligen sozialistischen Ländern die Umwelt noch viel rücksichtsloser und nachhaltiger ausgebeutet wurde, kann hier nicht „trösten". Die Folgen der Umweltbelastung sind mehr staatliche Vorschriften, mehr Ge- und Verbote, also mehr Kommando- als Marktwirtschaft. Hinzu kommen die Kosten für die Beseitigung der Umweltschäden. Die Gewinne der Unternehmen sinken, die Steuereinnahmen verringern sich, die staatlichen Ausgaben für konsumtive, produktive und soziale Zwecke werden gekürzt.

Abnehmende Gemeinwohlorientierung. Gefahren für die soziale Marktwirtschaft entstehen auch durch die Erfüllung der Einzelinteressen von Verbänden durch die Regierungen zu Lasten der Allgemeinheit. „Erfahrungsgemäß wird jedoch oft vor allem dann, wenn es um die Erhaltung bisheriger Arbeitsplätze geht, eine solche Politik gefordert, sei es in Form von Subventionen oder von anderen protektionistischen Maßnahmen. Der Druck der betroffenen Verbände – leider oft auch unterstützt von den lokalen Kirchen – ist dann häufig extrem stark, und er wird meist von den Medien nachdrücklich unterstützt, wie

1 WAGNER, A.: Volkswirtschaft für jedermann. Die marktwirtschaftliche Demokratie, 1992, S. 12.

viele Beispiele zeigen."[1] Die Folge ist, dass durch Subventionen und sonstige Protektion die Interessen anderer (z.B. der Konsumenten, Nachfrager, in- und ausländischer Wettbewerber) geschädigt werden.[2]

Globalisierung[3] der Märkte. Im Vergleich zum konkurrierenden Ausland zu hohe Produktionskosten (z.B. Steuerkosten, Lohnkosten, Lohnnebenkosten, Kosten des Umweltschutzes) führen dazu, dass zahlreiche Unternehmen im Ausland produzieren lassen oder ins Ausland abwandern („Globalsourcing").[4] Die Folge ist, dass vor allem in den alten Industrieländern die Arbeitslosigkeit im industriellen Sektor zunimmt.

Aufgaben zur Lernkontrolle

1. In nebenstehender Abbildung wird der Markt für Getreide dargestellt. Der Preis P_0 darf nicht unterschritten, wohl aber überschritten werden.
   1.1 Handelt es sich um eine marktkonforme oder marktkonträre Maßnahme des Staates? Begründen Sie Ihre Antwort!
   1.2 Welcher Art ist der Preis P_0? (Antwort begründen!)
   1.3 Welche Marktsituation liegt vor und welche Konsequenzen ergeben sich langfristig?

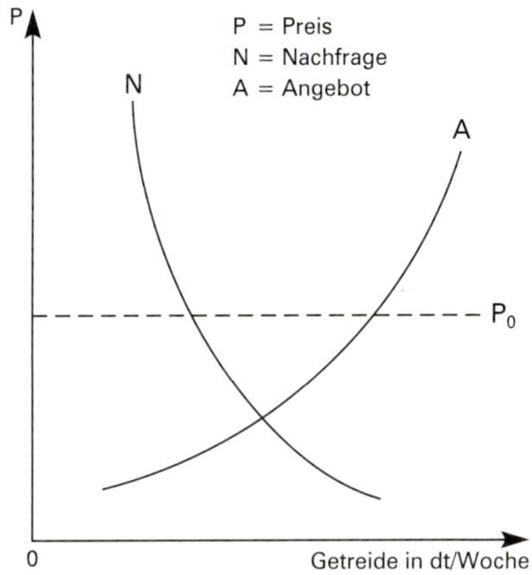

2. In nebenstehender Abbildung wird der Markt für Sozialwohnungen dargestellt. Der Mietsatz P_0 darf nicht überschritten, wohl aber unterschritten werden.
   2.1 Handelt es sich um eine marktkonforme oder marktkonträre Maßnahme des Staates? Begründen Sie Ihre Antwort!
   2.2 Welcher Art ist der Preis P_0? (Antwort begründen!)
   2.3 Welche Marktsituation liegt vor und welche Konsequenzen ergeben sich langfristig?

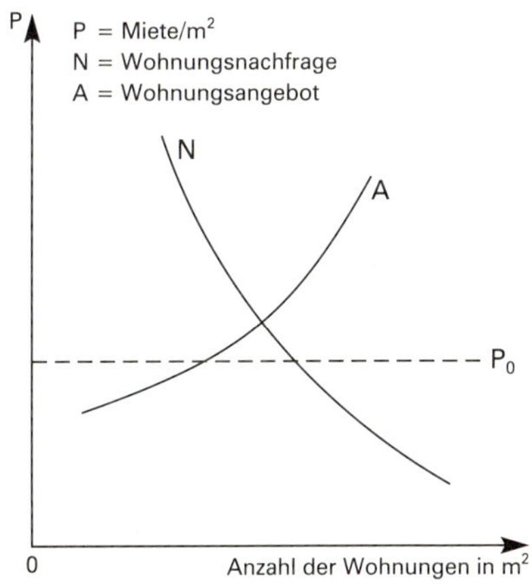

1 TIETMEYER, H.: Zur Ethik wirtschaftspolitischen Handelns, in: Forum - Vortragsreihe des Instituts der Deutschen Wirtschaft Köln, 43. Jg., Nr. 45 vom 9. November 1993, S. 2.

2 Vgl. ebenda, S. 2.

3 Globalisierung = erdweite Öffnung der Märkte (Globus = Kugel, Erdkugel).

4 Globalsourcing (engl.) = wörtlich „Erdausschöpfung", d.h. erdweit die (günstigsten) Quellen suchen.

3. Beschreiben Sie das Wesen marktkonformer Staatseingriffe auf einem Gütermarkt!

4. Nennen Sie mindestens drei Möglichkeiten, wie der Staat auf einem Gütermarkt systemkonform eingreifen kann! Beschreiben Sie die Wirkungsrichtung dieser Eingriffe!

5. 5.1 Worin unterscheidet sich die Lohnbildung in der sozialen Marktwirtschaft von der der freien Marktwirtschaft?

   5.2 Sammeln Sie Argumente für und gegen den staatlichen Mindestlohn!

6. Nennen Sie mindestens fünf wesentliche Ziele der Gewerkschaften!

7. Welche Bedeutung messen Sie der Sozialpartnerschaft zu?

8. Skizzieren Sie eine Arbeitsangebots- und eine Arbeitsnachfragekurve und zeigen Sie das Zustandekommen des Gleichgewichtslohnsatzes!

9. Erklären Sie, was unter Vollbeschäftigung, Unterbeschäftigung (Arbeitslosigkeit) und Überbeschäftigung zu verstehen ist!

10. Nennen Sie die Arten der Arbeitslosigkeit nach ihren Ursachen!

11. In der Bundesrepublik Deutschland fordern die Unternehmen eine deutliche Senkung der Lohn- und Lohnnebenkosten. Begründen Sie anhand einer Grafik, wie sich eine Lohnkostensenkung auf den Arbeitsmarkt auswirken kann!

12. Unterscheiden Sie zwischen räumlicher und beruflicher Mobilität!

13. Inwiefern trägt die Erhöhung der Mobilität der Arbeitskräfte zur Verringerung der Arbeitslosigkeit bei?

14. Nennen Sie Möglichkeiten zur Erhöhung Ihrer persönlichen beruflichen Mobilität!

15. Warum muss die Wirtschaftspolitik in der sozialen Marktwirtschaft versuchen, die Konzentration aufzuhalten?

16. Erläutern Sie kurz das Wesen der Wettbewerbspolitik in der Bundesrepublik Deutschland am Beispiel des Gesetzes gegen Wettbewerbsbeschränkungen!

17.

Teure Katastrophen

... Eines lässt sich sicher sagen: Die Zahl der registrierten Naturkatastrophen steigt. **Wetterabhängige Ereignisse** wie Stürme und Überflutungen nehmen zu. Weltweit entstand zwischen 1980 und 2004 bei 14216 Katastrophen ein ökonomischer Schaden von insgesamt 1,825 Billionen, ausgeschrieben: 1825000000000 US-Dollar. 374 Milliarden US-Dollar davon trugen die Versicherungsunternehmen. Allein für die klimabedingten Desaster in den ärmeren Ländern zahlen sie dreimal so viel wie die Staaten der internationalen Gemeinschaft bei ihren Hilfsaktionen. Doch der katastrophale Zuwachs ist nicht nur auf die Erderwärmung zurückzuführen, sondern in hohem Maße darauf, dass die Zahl der Menschen in den betroffenen Gebieten zunimmt und mit ihr die **Zahl der potenziellen Opfer,** die den Begriff Katastrophe definiert.

Zu oft gerät in Vergessenheit, dass Metropolen wie Los Angeles und San Francisco, Tokyo und Istanbul auf sehr wackeligem Fundament errichtet sind. Angesichts schöner Strände zieht es Menschen aus dem sicheren Landesinneren immer wieder an die Küsten. Vielen fehlt jenes Wissen, das ihr Großvater noch hatte: wo in den Bergen in harten Wintern Lawinen heruntergehen und man tunlichst nicht bauen sollte. Wo bei außergewöhnlichen Wasserständen die Marschen voll laufen – und mit ihnen die Keller.

Es sind jedoch nicht die Großereignisse, die die Versicherungen zunehmend unter Druck setzen: In der aktuellen Ausgabe der Zeitschrift „Science" weist Evan Mills vom Lawrence Berkeley National Laboratory auf die medial bedingte **Schieflage unserer Wahrnehmung** hin.

Großereignisse, die es in die Fernsehnachrichten schaffen, machen nur 40 Prozent der Kosten aus. Viel teurer sind kleine Verwüstungen wie Blitzschläge, Erdrutsche oder Winterstürme. In den USA verursachen allein die Stromausfälle jedes Jahr Schäden in Höhe von 80 Milliarden Dollar. Zum Vergleich: Ein Starkbeben in Los Angeles würde nach Expertenschätzung Schäden in Höhe von 200 Milliarden Dollar hinterlassen...

Quelle: DIE ZEIT vom 18. August 2005.

17.1 Welche Ursachen hat die steigende Zahl der Naturkatastrophen?

17.2 Welche Wirkungen haben Naturkatastrophen für die Wirtschaft?

18. **Arbeitsauftrag:** Sammeln Sie Zeitungsartikel und Bildstatistiken, die über Korruptionsfälle berichten und begründen Sie mit deren Hilfe, warum die Korruption die Funktionsfähigkeit einer Wirtschaftsordnung (z. B. der sozialen Marktwirtschaft) beeinträchtigt!

Beispiele:

(a)

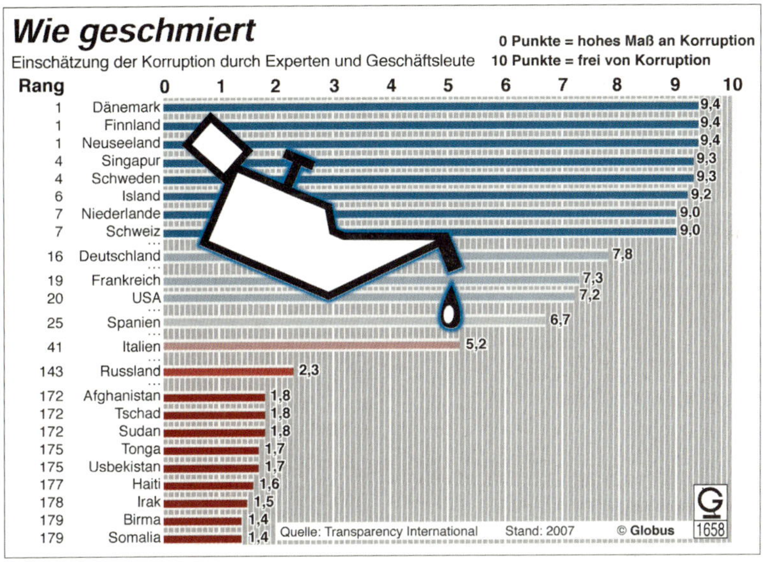

Im Kampf gegen Bestechung und Bestechlichkeit hat Deutschland nach Ansicht der Anti-Korruptions-Organisation Transparency International auch im Jahr 2007 kaum Fortschritte gemacht. Mit Platz 16 unter 180 Staaten konnte sich Deutschland gegenüber dem Vorjahr nicht verbessern. Auch wenn die Schmiergeld-Affäre im Siemens-Konzern das Thema wieder in das Blickfeld der Öffentlichkeit gerückt hat, ist Korruption hierzulande vergleichsweise wenig verbreitet. An der Spitze der am wenigsten korruptionsanfälligen Länder stehen die skandinavischen Länder Dänemark, Finnland und Schweden sowie Neuseeland und Singapur; zu den korruptesten Ländern zählen Haiti, Irak, Birma und Somalia. Vor allem einige südosteuropäische Länder konnten bei der Korruptionsbekämpfung Fortschritte erzielen. Dagegen rutschte Russland, das von ausländischen Unternehmen immer wieder an den Pranger gestellt wird, vom 121. auf den 143. Rang ab. Transparency beruft sich bei seiner Analyse auf Umfragen bei Geschäftsleuten und unabhängigen Experten, die Angaben zu der von ihnen wahrgenommenen Korruption in der öffentlichen Verwaltung machen.

(b)

Korruption

Die Korruption, meist definiert als Missbrauch öffentlicher Ämter für private Zwecke, ist ein schillerndes Phänomen. Die Zahlung von Schmiergeldern gehört ebenso dazu wie Vetternwirtschaft und sogar Erpressung. ...

Mit dem Maximalwert von 10 stuft der Korruptions-Warnehmungs-Index Dänemark als „sauberstes" Land ein. Deutschland erreicht mit 8 Punkten immerhin Rang 14 unter den 99 untersuchten Ländern.

Damit reiht sich die Bundesrepublik hinter Großbritannien, aber noch vor den USA ein. Andere Industrienationen wie Frankreich, Japan und Italien finden sich auf den Plätzen 22, 25 und 38.

Ein genauerer Blick auf die Studien lässt erahnen, auf welchem Boden Bestechlichkeit gedeihen kann:

1. Armut. Die Verbreitung der Korruption nimmt tendenziell mit steigendem Wohlstand ab. In vielen ärmeren Ländern sind die Staatsdiener unterbezahlt und daher für unerlaubte Zuwendungen besonders empfänglich.

2. Schwache Institutionen. Eine unzureichende Kontrolle der Regierung durch das Parlament und eine nicht unabhängige Justiz erleichtern Beamten und Politikern den Machtmissbrauch. Häufig mangelt es in solchen Staaten auch an freien Medien, die die dunklen Machenschaften publik machen könnten.

3. Planwirtschaft. Dort, wo ein starres und planwirtschaftliches System für knappe Güter und staatliche Monopole sorgt, ist der Anreiz besonders groß, mittels Bestechung auf die Verteilung begehrter Waren Einfluss zu nehmen.

Die große Verliererin solcher Deals ist die Gesellschaft. Denn Korruption schwächt das Vertrauen der Bürger in den Rechtsstaat und beeinträchtigt die Qualität staatlicher Leistungen, wenn z.B. öffentliche Gelder vorzugsweise dorthin fließen, wo reichlich Schmiergelder winken. Nicht zuletzt behindert Korruption den Wettbewerb und damit das Wirtschaftswachstum. Denn Firmen, die sich durch finanzielle Zuwendungen Vorteile erschleichen, müssen noch lange nicht die effizientesten sein.

Quelle: iwd vom 7. September 2000.

(c)

Korruption wird immer schlimmer

Frage: Deutschland wird gerade erschüttert von zahllosen Korruptionsaffären. Eine zufällige Kette von Einzelfällen oder die Spitze des Eisbergs?

Antwort: Wenn man den Kriminologen glauben darf, ist das leider nur die Spitze des Eisbergs. Das Dunkelfeld bei Korruption, Bestechlichkeit und Untreue ist außerordentlich groß.

Frage: Ist Deutschland denn besonders anfällig für Schmiergeld-Affären?

Antwort: Nein, das kann man wohl nicht sagen. Auch so spektakuläre Fälle wie in den USA, etwa bei Worldcom, haben wir in Deutschland bisher Gott sei Dank nicht.

Frage: Aber der Schaden hier zu Lande ist auch nicht von Pappe. Eine Studie von Ernst & Young spricht von jährlich acht Milliarden Euro. Wie kriegt man diese Auswüchse in den Griff?

Antwort: Bei diesen Taten werden die Täter vor allem durch zwei Dinge abgeschreckt: eine hohe Aufklärungswahrscheinlichkeit und eine empfindliche Bestrafung. Damit ist auch der Reputationsverlust, der Imageschaden in der Öffentlichkeit, gemeint. Das sind sozusagen zwei Stellschrauben, an denen man drehen kann. Wenn beide angezogen werden, werden solche Delikte zurückgehen.

Quelle: Handelsblatt Wirtschafts- und Finanzzeitung vom 1. August 2005.

(d)

Mehr Schmiergeld

Die Korruptionsaffäre um einen Ex-Manager eines Automobilherstellers weitet sich laut Focus und Spiegel aus. Die Staatsanwaltschaft habe Büros von mindestens drei Zulieferern in Oberbayern durchsucht. Diese sollen mindestens 500000 US-Dollar Schmiergeld an einen ehemaligen Mitarbeiter eines Automobilherstellers gezahlt haben. Zwei Mitarbeiter der Zulieferer wurden festgenommen. Der Ex-Manager sitzt bereits in Haft, weil er von zwei anderen Zulieferern 450000 US-Dollar Schmiergeld kassiert haben soll.

Quelle: Badische Zeitung vom 28. November 2005.

19. **Kasper appelliert an Unternehmer**

Vor der Gefährdung der sozialen Marktwirtschaft hat der Rottenburger Bischhof Walter Kasper vor Unternehmern gewarnt. Vor der Industrie- und Handelskammer Pforzheim sagte Kasper, die Übereinstimmung über die Bedeutung von Menschenwürde, Selbstverantwortung, Gerechtigkeit und Solidarität dürfe nicht aufgegeben werden. Die unerträglich hohe Arbeitslosigkeit bedrohe das sozialpolitische System. Nachdrücklich sprach sich der Bischof für Umbau mit „sozialem Fingerspitzengefühl" statt Abbau des Sozialstaats aus. Die Sozialpolitik dürfe dem Einzelnen die Vorsorgepflicht nicht abnehmen; wenn ein fragwürdiges Anreizsystem die Leistungsbereitschaft und Problemlösungsfähigkeit des Menschen untergrabe, würden letztlich jene benachteiligt, die wirklich auf Solidarität angewiesen seien.

Quelle: Badische Zeitung vom 15. Oktober 1997.

Überlegen Sie, warum ein „überzogenes" Sozialsystem die soziale Marktwirtschaft gefährden kann!

20. **Arbeitsauftrag**: Wirtschaftsethische Grundsätze haben auch ihren Niederschlag in verschiedensten Gesetzen gefunden. Lesen Sie in Ihrer Gesetzessammlung nach und nennen Sie Beispiele!

21. Begründen Sie anhand selbst gewählter Beispiele, warum durch Verstöße gegen wirtschaftsethische Grundsätze (Normen) meist alle Mitglieder einer Gesellschaft geschädigt werden!

Beispiele:

Ladendiebstahl: Genau 677 542-mal schnappte 1997 in deutschen Läden die Falle zu – ein Dieb wurde dingfest gemacht und angezeigt. Insider schätzen jedoch, dass neun von zehn Dieben ungeschoren davon kommen.

Quelle: iwd vom 2. April 1998.

Arzt bietet Piercing auf Krankenschein

Düsseldorf (AP). Ein Düsseldorfer Hautarzt soll seinen Patientinnen „Piercing auf Krankenschein" angeboten haben. Die Kassenärztliche Vereinigung Nordrhein berichtete am Montag in Düsseldorf, ihr lägen die Aussagen zweier Patientinnen vor, denen der Arzt kostenlos Körperschmuck angebracht habe. Statt des „Piercings" war bei den Kassen unter anderem eine Pickelbehandlung aufgetaucht. Die Vereinigung will deshalb dem Arzt die Kassenzulassung entziehen. Beim so genannten „Piercing" werden Körperteile wie Bauchnabel, Augenbrauen, Nase oder Lippe durchstochen und Ringe oder Stecker als Schmuck angebracht.

Quelle: Badische Zeitung vom 25. Februar 1997.

HAMBURG (dpa/AFP). Bei einer groß angelegten Untersuchung von Obst und Gemüse in Supermarktketten hat die Umweltorganisation Greenpeace zum Teil erhebliche Pestizidbelastungen festgestellt. In 100 Fällen und damit bei 15 Prozent der Proben seien die gesetzlichen Höchstmengen erreicht oder überschritten worden.

DEGGENDORF (dpa). Das im niederbayerischen Deggendorf gefundene Gammelfleisch enthielt nach Informationen des ARD-Magazins „Fakt" hochgefährliche Krankheitserreger. In zwei Proben seien neben Salmonellen auch Erreger gefunden worden, die Fehlgeburten oder Hirnhautentzündungen auslösen könnten. Die Produkte seien schon vor dem Einfrieren teilweise verwest gewesen. Zudem sei auf einem der Fleischstücke Industrieöl festgestellt worden.

FRIEDRICHSFAFEN (dpa). Der „Gammelfleisch"-Skandal hat jetzt auch Baden-Württemberg erreicht: Bei einem Händler im Bodenseekreis wurden rund 2,5 Tonnen teils verdorbene Fleisch- und Wurstwaren sichergestellt. Der Großhändler beliefere Gastronomiebetriebe im Süden Baden-Württembergs und in Bayern, teilte eine Sprecherin des Landratsamtes gestern in Friedrichshafen mit.

Quelle: Badische Zeitung vom 5. November und 5. Dezember 2005.

6 Koordination der Produktion und Konsumtion in der Zentralverwaltungswirtschaft

6.1 Ordnungsrahmen der Zentralverwaltungswirtschaft

Die Jugend von heute und die nachfolgenden Generationen werden die Leistungen der Revolution nach ihren eigenen Wertmaßstäben beurteilen. In tausend Jahren werden vielleicht alle, auch Marx, Engels und Lenin, ziemlich absurd oder gar lächerlich erscheinen.

(MAO ZEDONG)[1]

6.1.1 Wesen der Zentralverwaltungswirtschaft

Der Begriff „Zentralverwaltung der Wirtschaft" stammt von FRIEDRICH ENGELS. In die wirtschaftswissenschaftliche Literatur wurde der Ausdruck „Zentralverwaltungswirtschaft" von WALTER EUCKEN eingeführt.[2]

- Die **Zentralverwaltungswirtschaft** ist eine Wirtschaftsform, in der der arbeitsteilige Wirtschaftsprozess von *einer* zentralen Stelle, die in der Regel eine staatliche Planungsabteilung ist, gesteuert wird.

Der Staat ist **Ordnungsinstanz,** weil er den Ordnungsrahmen der Zentralverwaltungswirtschaft vorgibt.[3] Er ist **Planungsinstanz,** weil er sämtliche zu produzierenden und zu konsumierenden Güterarten und -mengen in einem **Wirtschaftsplan,** der Gesetzeskraft hat, festlegt.[4] Schließlich ist der Staat **Kontrollinstanz,** weil er die Erfüllung der Pläne kontrollieren und notfalls erzwingen muss, wenn Ungleichgewichte in der Wirtschaft vermieden werden sollen.

- Das Modell der totalen Zentralverwaltungswirtschaft ist ein **„Idealtyp"** (eine „Idealform"), weil diese Wirtschaftsform zwar von der Idee her, nicht aber in der Wirklichkeit (Realität) existiert.

Im Modell der Zentralverwaltungswirtschaft gibt es keine Märkte im Sinne eines freien Austauschs von Gütern, also weder Preis-, Lohn- noch Zinsmechanismus. Das Geld hat nur die Aufgabe, Verrechnungseinheit zu sein.

---

1 MAO ZEDONG, 1893 - 1976, Sohn eines reichen chinesischen Bauern, Lehrer und Soldat, 1921 Gründungsmitglied der Chinesischen Kommunistischen Partei. Unter seiner Führung eroberten die chinesischen Kommunisten von 1945 bis 1950 das chinesische Festland. Von 1954 bis zu seinem Tod war MAO der Vorsitzende der Volksrepublik China (Staatspräsident).

2 Siehe auch Fußnoten 3 und 5 auf S. 193.

3 Näheres siehe Kapitel 6.1.3.

4 Näheres siehe Kapitel 6.2.

Will der Staat die Produktion planen, muss er sich ein genaues Bild über die einsetzbaren *originären* und *abgeleiteten* Faktormengen, d.h. über Boden, Bodenschätze und Arbeitskräfte einerseits und Fabrikanlagen, Transportmittel und Rohstoffe *(Produktionsmittel)* andererseits machen. Die Güte des Produktionsplans hängt damit weitgehend vom Stand der Statistik ab.

Noch schwieriger als die zentrale Produktionsplanung ist die Konsumtionsplanung. Die Planungsbehörde muss sich vollkommen über die Verbraucherwünsche im Klaren sein, es sei denn, sie setzt von sich aus fest, was der Einzelne zu verbrauchen hat bzw. verbrauchen darf. Will sie das nicht, ist eine Orientierung beispielsweise über Verbraucherbefragungen möglich, wenn Fehlplanungen vermieden werden sollen. Fehlplanungen im Konsumgüterbereich bedeuten, dass entweder ein Teil der Produktion nicht absetzbar ist (die Nachfrage ist zu gering) oder das Angebot nicht ausreicht (die Nachfrage ist zu groß). Im letzteren Fall muss das Angebot *rationiert* werden, d.h., jeder erhält eine von der Planungsbehörde festgelegte Zuteilung (Gutschein- oder Bezugsscheinsystem).

Nachstehende Abbildung zeigt in vereinfachender Weise das Modell einer vollständigen Zentralverwaltungswirtschaft.

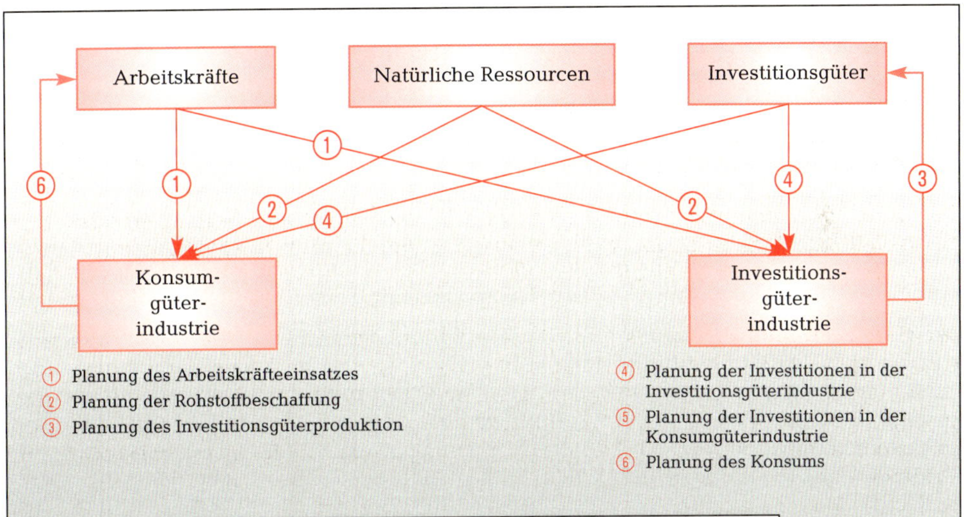

Planzusammenhang in einer Zentralverwaltungswirtschaft

Abb. 6.1

Die Planungsbehörde plant den Einsatz der Arbeitskräfte, der natürlichen Ressourcen (Boden, Bodenschätze) und der vorhandenen Produktionsgüter in der Produktionsgüter- und Konsumgüterherstellung. Gleichzeitig müssen die Lieferungen der Produktionsgüterabteilung an die Konsumgüterabteilung festgelegt werden.

6.1.2 Der Kollektivismus als geistige Grundlage der Zentralverwaltungwirtschaft

Bereits im Kapitel 5.1.2 haben wir dem Individualismus den **Kollektivismus**[1] gegenübergestellt. Für den Kollektivismus ist der Mensch in erster Linie ein *Sozialwesen.*[2] Seine gesellschaftlichen Verbindungen (z.B. Familie, Gemeinde, Betrieb, Staat) sind mehr als die Summe von Einzelwesen. Sie erlangen gleichsam eine höhere, überindividuelle Eigenpersönlichkeit, etwa so, wie sich eine Familie als Ganzes versteht, als ein über das persönliche Leben des einzelnen Familienmitglieds hinausreichendes Gebilde. Im gleichen Sinne stehen auch Staat und Gesellschaft *über* dem Einzelnen, woraus folgt, dass sich der Einzelmensch im kollektivistischen Staat deren Prinzipien und Gesetzen unterzuordnen hat.

Im Gegensatz zum Individualismus behauptet der Kollektivismus, dass sich die Einzelinteressen keineswegs immer mit dem Gesamtinteresse decken. Vielfach stehen sie derart im Widerspruch, dass dem Satz *„Gemeinnutz geht vor Eigennutz"* Geltung verschafft werden muss. Für die Wirtschaftspolitik ergibt sich hieraus die Notwendigkeit der *zentralen Planung,* der Aufhebung des Privateigentums zumindest an den Produktionsmitteln, der Einführung der Sozialpolitik und der Einflussnahme des Staates auf den Außenhandel.

6.1.3 Wesentliche Ordnungsmerkmale der Zentralverwaltungswirtschaft

Neben der Aufhebung des Privateigentums an den Produktionsmitteln ergibt sich aus dem Grundgedanken der zentralen Planung heraus (der Staat plant Produktion und Konsumtion) eine Reihe von Folgerungen ordnungspolitischer Art:

1. Zentrale Planung kann nur funktionieren, wenn sich die am Wirtschaftsprozess Beteiligten (Betriebe, Verbraucher) *unterordnen.* Die Zentralverwaltungswirtschaft kann daher nicht auf der Vertragsfreiheit aufbauen. Im Gegenteil: Private Verträge (z.B. Kaufverträge zwischen den Betrieben) würden die staatlichen Pläne stören, soweit sie sich außerhalb der Pläne bewegen.

   An die Stelle der Vertragsfreiheit tritt der **Kontrahierungszwang.**[3] Dies bedeutet, dass ein Betrieb gezwungen ist, mit Zulieferern und/oder Abnehmern Verträge über Mengen, Preise, Qualitäten und Ablieferungstermine abzuschließen.

   Beispiele:

   Im extremen Modell einer Zentralverwaltungswirtschaft kann auch der Verbraucher nicht kaufen, was und wo er will. Ihm wird vielmehr aufgrund des Wirtschaftsplans zugeteilt, was ihm zusteht. Hierzu müssen Berechtigungsscheine (Bezugsscheine wie z.B. Lebensmittelkarten) ausgegeben werden, die der Verbraucher in vom Staat bestimmten Geschäften gegen die entsprechenden Waren eintauschen kann.

   Im strengen Modell der Zentralverwaltungswirtschaft wird im Zusammenhang mit der Abschaffung der Vertragsfreiheit auch die Konsumfreiheit aufgehoben. Desgleichen kann es auch keine freie Berufs- und Arbeitsplatzwahl geben: Die Arbeitnehmer schließen keine Arbeitsverträge ab, sondern werden den Betrieben zugewiesen (Arbeitspflicht).

---

1 Kollektivum (lat.) = das Ganze, die Gesamtheit.

2 Weltanschauliche und/oder politische Richtungen, die im Menschen primär ein Sozialwesen sehen, werden daher mit dem Sammelbegriff „Sozialismus" belegt.

3 Kontrakt = Vertrag; Kontrahierung = Vertragsabschluss.

2. Auch die Gewerbefreiheit ist für die Zentralverwaltungswirtschaft ein systemfremdes Recht. Die Gründung bzw. die Auflösung eines Betriebs muss vielmehr im Gesamtwirtschaftsplan vorgesehen sein. Eine nicht von vornherein eingeplante Betriebsgründung müsste allein schon deswegen scheitern, weil dem Betrieb weder Rohstoffe, Fertigteile, Maschinen oder Werkzeuge noch Arbeitskräfte zur Verfügung stünden. Die Gewerbefreiheit würde – wie die Vertragsfreiheit auch – die Durchführung der zentralen Planung stören.

Beispiel:

Würde in einer totalen Zentralverwaltungswirtschaft beispielsweise ein Kraftfahrzeugmechaniker eine eigene Werkstatt gründen, müsste er Arbeitskräfte von staatlichen Betrieben abwerben, indem er höhere Löhne oder bessere Arbeitsbedingungen bietet. Damit wäre aber der staatliche Betrieb, der die Arbeitskräfte an den privaten Unternehmer verliert, nicht mehr in der Lage, seinen Plan zu erfüllen.

3. Mit der Aufhebung der Gewerbefreiheit muss auch die Freizügigkeit abgeschafft werden, denn die aufgrund staatlicher Weisung gegründeten Betriebe müssen auch die erforderlichen Arbeitskräfte zugewiesen bekommen. Fehlende Gewerbefreiheit bedeutet aber auch, dass die staatlichen Betriebe nicht produzieren können, was sie wollen, sondern produzieren müssen, was der Plan vorschreibt. Damit ist auch die Produktionsfreiheit abgeschafft. Freihandel ist ebenfalls nicht möglich. Ex- und Importe müssen über eine staatliche Stelle (staatliches Außenhandelsmonopol) abgewickelt werden, weil es keinen Waren- bzw. Dienstleistungsstrom außerhalb des Plans geben darf.

Zusammenfassender Überblick über die Ordnungsmerkmale einer Zentralverwaltungswirtschaft

- Eine zentrale Planungsbehörde (eine staatliche Behörde) plant Verbrauchs- und Produktionsmengen.
- Die Verteilung der zu erstellenden Gütermengen und Dienstleistungen wird zeitlich und örtlich vorausgeplant.
- Die Produzenten können keine Entscheidungen darüber treffen, was und wie viel sie produzieren wollen (keine Produktionsfreiheit).
- Ebenso können die Verbraucher keine Entscheidungen darüber treffen, was und wie viel sie verbrauchen wollen (keine Konsumfreiheit, sondern Zuteilungssystem).
- Weder Unternehmen noch Haushalte können darüber entscheiden, ob und wie viel sie importieren oder exportieren wollen (kein Freihandel, sondern staatlicher Außenhandel; Devisenzwangswirtschaft).
- Keine Vertragsfreiheit.
- Die Geldfunktionen sind überflüssig, weil es keine Märkte im Sinne einer freien Wirtschaft gibt und die Steuerung der Wirtschaft nicht über die Marktpreise erfolgt.
- Da der Staat die Produktions- und Konsumentscheidungen trifft, kann es kein Privateigentum an den Produktionsmitteln geben. Die Produktionsmittel sind verstaatlicht (= in Gemeineigentum überführt = sozialisiert).
- Keine freie Berufswahl, keine Arbeitsplatzwahl und keine Freizügigkeit, weil die Planerfüllung verlangt, dass die Arbeitskräfte dort eingesetzt werden, wo sie am dringendsten benötigt werden.

Mit der Eroberung der politischen und ökonomischen Kommandohöhen durch die von der marxistisch-leninistischen Partei geführte Arbeiterklasse wurden zugleich die gesellschaftlichen Grundlagen geschaffen, die die Planung der Volkswirtschaft möglich und notwendig machen.[1]

6.2 Technik der Planung und Durchsetzung der Planziele

6.2.1 Technik der Planung

Planung ist gedankliche und organisatorische Vorwegnahme zukünftiger Entwicklungen. Bevor also die zentrale Planungsbehörde (der Staat) in einer totalen Zentralverwaltungswirtschaft planen kann, muss sie wissen, was sie will. Sie muss sich also Ziele setzen, die voraussichtlich realisierbar (= verwirklichbar) sind. Realisierbare Ziele lassen sich nur setzen, wenn man die Daten über die Ansprüche **(= Verwendung)** und das Vorhandene bzw. Produzierte **(= Aufkommen)** kennt. Dazu bedarf es ausführlicher statistischer Erhebungen.

Beispiel:

Angenommen, eine sozialistische Modellvolkswirtschaft hat eine Bevölkerung von 20 Mio. In der Landwirtschaft sind 1 Mio. Beschäftigte tätig. Von der landwirtschaftlichen Nutzfläche sollen 2 Mio. ha für Brotgetreide und 1 Mio. ha für Futtergetreide vorgesehen werden. Dabei wird ein Hektarertrag von 40 dt (dt = Dezitonne = 100 kg) geplant.

Nach den Zielvorstellungen der obersten Führung ist pro Kopf der Bevölkerung 1 kg Brot je Kalendertag vorgesehen. Dabei wird der Einfachheit halber folgende technische Beziehung zwischen Getreide und Brot unterstellt: 1 kg Getreide (= 0,5 kg Mehl) = 1 kg Brot (1 Jahr = 360 Tage).

Importe von Brotgetreide sind nicht eingeplant. Dagegen bestehen Exportverpflichtungen von 10 Mio. dt je Jahr. Die Vorräte in Höhe von 2 Mio. dt sollen beibehalten werden.

Für die Viehwirtschaft werden 42 Mio. dt Futtergetreide angefordert. Auf eine Vorratshaltung wird verzichtet. Ex- und Import von Futtergetreide ist nicht eingeplant.

Brotgetreideaufkommen und -verwendung werden in der Abteilung A (staatliche Bäckereien) geplant, Aufkommen und Verwendung von Futtergetreide von der Abteilung B (staatliche landwirtschaftliche Betriebe). Die Gesamtplanung erfolgt in der Abteilung Z (zentrale Planbehörde).

Staatliche Vorgabe. Wenn das Planungsziel, die so genannte „staatliche Vorgabe", erreicht werden soll, müssen in unserem Beispiel jährlich 124 Mio. dt Brotgetreide hergestellt werden. Die Kapazität der Landwirtschaft beträgt unter den gegebenen Verhältnissen 80 Mio. dt Brotgetreide und 40 Mio. dt Futtergetreide.

1 KINZE, H.-H. (Hrsg.): Volkswirtschaftsplanung, Berlin 1974, S. 21.

Zuerst müssen die *Planbilanzen* der Abteilung A (staatliche Bäckereien) und der Abteilung B (staatliche landwirtschaftliche Betriebe) erstellt werden. Die beiden Planbilanzen haben folgenden Inhalt:

Aufkommen	Planbilanz A (in Mio. dt)		Verwendung
Anfangsbestand	2	Schlussbestand	2
Import	--	Export	10
Inlandaufkommen	80	Inlandverbrauch	72
Fehlmenge	2		
	84		84

Aufkommen	Planbilanz B (in Mio. dt)		Verwendung
Inlandaufkommen	40	Inlandverbrauch	42
Fehlmenge	2		
	42		42

Die Ergebnisse der Planbilanzen werden an die zentrale Planungsbehörde gemeldet. Diesen Vorgang bezeichnet man als *Rücklauf.* Die Meldung an die zentrale Planungsbehörde ergibt eine *Fehlmenge* von 2 Mio. dt Brotgetreide und 2 Mio. dt Futtergetreide. Die Fehlmenge in Prozent der Gesamtanforderungen heißt *Knappheitsgrad.* Er beträgt insgesamt 3,2%.

Die Planbilanz der zentralen Planungsbehörde (Abteilung Z) hat also folgendes Aussehen:

Aufkommen	Planbilanz Z (in Mio. dt)		Verwendung
Anfangsbestand	2	Schlussbestand	2
Import	--	Export	10
Inlandaufkommen	120	Inlandverbrauch	
Fehlmenge	4	Bäckereien	72
		Viehwirtschaft	42
	126		126

Staatliche Aufgabe. In der 2. Phase der Planung, der so genannten „staatlichen Aufgabe", werden die vorläufigen Planbilanzen nach den gegebenen Möglichkeiten und Prioritäten (= Dringlichkeit, Wichtigkeit) berichtigt. Nehmen wir an, dass die zentrale Planungsbehörde der Meinung ist, die Viehwirtschaft solle keine Kürzung erfahren, um die Fleischversorgung zu sichern. Die Bestände sollen, um sich gegen etwaige Krisen schützen zu können, nicht verändert werden. Importe können nicht durchgeführt werden, weil die Devisen für den Import landwirtschaftlicher Maschinen benötigt werden. Der geplante Hektarertrag kann nicht erhöht werden, weil andernfalls Arbeitskräfte aus anderen Wirtschaftszweigen abgezogen werden müssten. Außerdem kann die Düngemittelproduktion kurzfristig nicht erhöht werden. Daraus folgt, dass die Planbilanz der Abteilung A um die Fehlmenge, die in der Planbilanz Z ermittelt wurde, gekürzt werden muss.

Demnach lautet die endgültige Planbilanz der Abteilung A wie folgt:

Aufkommen	Planbilanz A (in Mio. dt)		Verwendung
Anfangsbestand	2	Schlussbestand	2
Inlandaufkommen	78	Export	10
		Inlandverbrauch	68
	80		80

Die endgültige Planbilanz der Abteilung B hat folgendes Aussehen:

Aufkommen	Planzbilanz B (in Mio. dt)		Verwendung
Inlandaufkommen	42	Inlandverbrauch	42
	42		42

Die endgültigen Planbilanzen werden Gesetz (staatliche Planauflage, „Soll"), nachdem die einzelnen Betriebe und andere interessierte gesellschaftliche Gruppen (z. B. Partei und ihre Organisationen) gehört und eventuelle geringfügige Änderungen vorgenommen worden sind. Man bezeichnet diesen komplexen Planungsvorgang (staatliche Vorgabe, staatliche Aufgabe und gesetzliche Verankerung) als *Planung in Runden.*

Neben der Möglichkeit, Fehlmengen durch Kürzungen zu beseitigen, kann natürlich die zentrale Planungsbehörde versuchen, die Fehlmengen auf der Aufkommensseite zu beseitigen. Solche Möglichkeiten sind z. B.:

1. Importerhöhung,
2. Vergrößerung der Anbauflächen,
3. Verlängerung der Arbeitszeit,
4. Erhöhung der Arbeitsintensität,
5. Vergrößerung des Personalbestands,
6. Maschinisierung und Mechanisierung,
7. Erhöhung des Düngemitteleinsatzes,
8. Unkraut- und Schädlingsbekämpfung.

Folgende Bedingungen müssen im obigen Beispiel erfüllt sein, wenn der Plan erfüllt werden soll (hierbei werden die Schwächen der zentralen Planung deutlich):

1. Erhaltung des Arbeitskräftestamms (keine Abwanderung),
2. keine Erhöhung des geplanten Krankenstands,
3. Witterungseinflüsse müssten einkalkulierbar sein,
4. kein unerwarteter Schädlingsbefall,
5 Saatgutlieferung muss gesichert sein,
6. kein unerwarteter Ausfall bei technischen Geräten,
7. gesicherte Lieferung von Düngemitteln,
8. gesicherte Lieferung von Maschinen.

6.2.2 Plankontrolle

Im Modell der freien Wirtschaft erfolgt die Kontrolle der einzelwirtschaftlichen Pläne durch die **Märkte.** Hat z. B. ein Produzent seine Absatzchancen überschätzt, bleibt er auf einem Teil seines Angebots „sitzen". Er muss entweder die Preise *senken* und/oder sein Angebot *verringern.*

Da es im Modell der Zentralverwaltungswirtschaft keinen sich selbst regulierenden Markt gibt, ist es erforderlich, die Erfüllung der Pläne durch Behörden *kontrollieren* zu lassen, denn jeder Verstoß gegen einen Einzelplan stört die Erfüllung des Gesamtplans.

Die Plankontrolle richtet sich deshalb nicht nur auf die zu produzierenden Mengen, sondern auch darauf, ob die wirtschaftlichen Leistungen am richtigen Ort und zur richtigen Zeit erbracht werden. So hat z. B. die Anlieferung von Mähdreschern im November keinen Sinn mehr, wenn mit deren Hilfe die Produktivität der Landwirtschaft in der laufenden Periode erhöht werden sollte. Auch nützt es nichts, wenn die Mähdrescher zur richtigen Zeit in der eingeplanten Menge produziert wurden, mangels Transportkapazitäten aber nicht an den Einsatzort gebracht werden konnten.

Hilfsmittel der Plankontrolle ist ein System von Vollzugsmeldungen der einzelnen Betriebe, bei denen *Kennzahlen* eine besondere Rolle spielen.

Solche Kennzahlen, von denen es mehrere hundert gibt, sind z.B.:

1. **Bruttoproduktion.** Darunter versteht man das Verhältnis von *Planpreisen* zum *Arbeitskräfteeinsatz.* Ist die Istkennzahl höher als die Plankennzahl, wurde der Plan übererfüllt.
2. **Plangewinn.** Die Differenz zwischen *Umsatz zu Planpreisen* und *Faktoreinsatz zu Planpreisen* heißt Plangewinn. Ist der Istgewinn dem Plangewinn gleich, wurde der Plan erfüllt.
3. **Mengenvorgabe.** Am einfachsten ist die Methode, Mengeneinheiten vorzugeben und zu kontrollieren („Tonnensozialismus"). Mengengrößen können z.B. angegeben sein in kW (Elektrizität), dt (z.B. Getreide), Stück (z.B. Traktoren), hl (z.B. Milch), km (z.B. Straßen, Schienen), t (z.B. Kohle) oder m^3 (z.B. Erdgas). Wurden z.B. die vorgegebenen Mengeneinheiten nicht erreicht, liegt Nichterfüllung des Planungssolls vor.

6.2.3 Plandurchsetzung

Plankontrolle allein genügt nicht. Die Pläne müssen auch *durchgesetzt* werden. Die Zentralverwaltungswirtschaft kennt daher *Anreiz- und Strafsysteme.* Zu den Anreizsystemen gehören Prämien und Auszeichnungen.

Die Strafsysteme werden wie folgt begründet: „Liefert ein Betrieb Erzeugnisse mit unterdurchschnittlicher Qualität und erleidet die Volkswirtschaft dadurch ökonomische Verluste, so müssen der Betrieb und die einzelnen Produzenten (= Arbeiter und Angestellte) ebenfalls ökonomisch spüren, dass sie den Interessen der Gesellschaft zuwider gehandelt haben."[1] Denn „im Sozialismus wirkt das Gesetz der Verteilung nach der Arbeitsleistung".[2] Wichtigste Strafen für Minderleistungen sind daher Entzug der Prämien und Lohnkürzungen.

6.3 Mängel der Zentralverwaltungswirtschaft

Während im Modell der freien Wirtschaft der **Preismechanismus** Angebot und Nachfrage in Einklang bringt, erfolgt die Koordination von Aufkommen („Angebot") und Verwendung („Nachfrage") im Modell der Zentralverwaltungswirtschaft durch staatliche Anweisung **(Anweisungsmechanismus).** Ebenso wie der Marktmechanismus lediglich dann fehlerlos „funktioniert", wenn die Bedingungen der vollkommenen Konkurrenz vorliegen,[3] ist die Zentralverwaltungswirtschaft nur funktionstüchtig, wenn die staatliche Planungsbehörde jederzeit im Besitz aller zur Planung erforderlichen Informationen ist. Ist dies nicht der Fall, ist auch die Planung unvollkommen.

Die Beschaffung vollkommener Informationen scheitert aus technischen, ökonomischen und außerökonomischen Gründen.

---

1 SCHWEBS, G. u.a.: Einführung in die sozialistische Produktion. Dresden 1968, S. 117/118.

2 Ebenda, S. 119.

3 Siehe Kapitel 5.2.1.

16 Hartmann - ISBN 978-3-8120-0320-9

1. Rein technisch ist es (bis heute) nicht möglich, in einer modernen Volkswirtschaft mit rund 20 Mio. Güterarten[1] das erforderliche Aufkommen bzw. den tatsächlichen Bedarf zu ermitteln und die entsprechenden Planbilanzen zu erstellen.

   Hierzu schrieb OTA ŠIK, 1963 – 1968 Leiter der Regierungskommission für die ökonomische Reform der Tschechoslowakei (CSFR): „Von einem zentralen Organ aus kann aber nicht die gesamte Produktion, die einige Millionen konkreter Produktenarten enthält, im Einzelnen geplant werden. Auch mit einem ganzen Computersystem würde eine Aufstellung eines solchen detaillierten und konkreten Planes unmöglich sein."[2]

2. Jede Planung ist so gut wie die Prognosen, auf denen sie beruht. Viele ökonomische Bedingungen lassen sich aber nur sehr ungenau oder überhaupt nicht voraussehen. Hierher gehören z.B. technischer Wandel, Veränderung der Bedürfnisstruktur der Bevölkerung, Geburten- und Sterberate, Zu- und Abwanderungen, Klimaschwankungen oder Veränderungen in den außenpolitischen und außenwirtschaftlichen Beziehungen.

   Da die Einzelpläne (Planbilanzen) untereinander interdependent (gegenseitig abhängig) sind, wird das ganze Plangefüge gestört, wenn auch nur ein einziger Teilplan nicht erfüllt werden kann. Basiert z. B. die Energiewirtschaft einer Zentralverwaltungswirtschaft auf Braunkohle und wird der Braunkohlenbergbau durch einen unerwartet harten Winter lahm gelegt, sind alle übrigen Pläne nicht mehr erfüllbar: Der Energiemangel zwingt dazu, die Produktion insgesamt zu drosseln.

3. Nach dem Gesagten müsste sich die zentrale Planung schnell an veränderte Daten anpassen können, wenn Störungen vermieden werden sollen. Je vollständiger die Planung aber ist (je mehr Planbilanzen erstellt werden), desto größer ist der zur Planung erforderliche Behördenapparat (die „Bürokratie"). Mit wachsender Bürokratie wird jedoch das Plansystem immer starrer.

   Das Modell der Zentralverwaltungswirtschaft hat andererseits die Chance, wirtschaftspolitische Ziele wie z.B. Vollbeschäftigung (zu Lasten des Rechts auf freie Berufs- und Arbeitsplatzwahl und um den Preis der Arbeitspflicht), Preisniveaustabilität (zu Lasten der Konsumfreiheit) und Wirtschaftswachstum (zu Lasten des Konsumgüterangebots) zu erreichen.

1 Vgl. HENSEL, K. P.: Grundformen der Wirtschaftsordnung. Marktwirtschaft - Zentralverwaltungswirtschaft, 1972, S. 116.

2 ŠIK, O.: Demokratische und sozialistische Plan- und Marktwirtschaft. Zürich 1971, S. 28.

Aufgaben zur Lernkontrolle

1. Schildern Sie die Grundzüge der zentralen Planung als zweistufiges System (Planvorgabe und Planaufgabe)!
2. Planbilanzen sind Mengenbilanzen. Warum?
3. Angenommen, in der Planabteilung L (Lkw-Bau) einer Zentralverwaltungswirtschaft laufen von den einzelnen Staatsbetrieben folgende Anforderungen ein:

1.	Staatsbetrieb A (Wohnungsbau)	1700 Lkw
2.	Staatsbetrieb B (Kohlenbergbau)	1300 Lkw
3.	Staatsbetrieb C (Handel)	200 Lkw
4.	Staatsbetrieb D (Landwirtschaft)	500 Lkw

Aufgrund dieser Daten sowie aufgrund der Kapazitätsanalyse, die ergeben hat, dass die Lkw-Industrie maximal 3600 Lkw je Periode herstellen kann, wird eine Planbilanz durch die Abteilung L erstellt. Anfangs- und Schlussbestand werden mit je 500 Lkw eingeplant. Der Import wird mit 1040 Lkw, der Export mit 1100 Lkw festgelegt.

3.1 Stellen Sie die (vorläufige) Planbilanz auf!

3.2 Berechnen Sie die Fehlmenge und den Knappheitsgrad!

3.3 Schlagen Sie mindestens vier Möglichkeiten vor, die Fehlmenge zu beseitigen!

3.4 Stellen Sie die endgültige Planbilanz unter folgenden Bedingungen auf: Anfangs- und Endbestände sollen aus Sicherheitsgründen nicht verändert werden. Die Importe können nicht erhöht werden, weil die erforderlichen Devisen nicht eingeplant sind. Der Export liegt fest, weil entsprechende Lieferverträge mit dem Ausland abgeschlossen wurden. Eine kurzfristige Kapazitätserhöhung der Lkw-Industrie ist nicht möglich, weil die Kapazitäten der Zulieferindustrien bereits voll ausgeschöpft sind. Da die Planungsbehörde die Dringlichkeit der landwirtschaftlichen Produktion am höchsten „bewertet", sollen die Anforderungen der Landwirtschaft nicht gekürzt werden. Die Anforderungen des Wohnungsbaus hingegen werden um 50, die des Kohlenbergbaus um 80 und die des Handels um 30 Lkw gekürzt.

3.5 Nennen Sie mindestens drei Faktoren, die die Erfüllung des Plans stören könnten!

4. Nennen Sie drei Kennzahlen, die der Plankontrolle dienen können!
5. Nennen Sie einige Anreiz- und Strafsysteme in der Zentralverwaltungswirtschaft und erörtern Sie deren Bedeutung für die Durchsetzung der Planziele!
6. Stellen Sie das Anreizsystem der freien Marktwirtschaft dem der Zentralverwaltungswirtschaft gegenüber!
7. Stellen Sie die wesentlichen Ordnungsmerkmale der Zentralverwaltungswirtschaft denen der freien Marktwirtschaft gegenüber!
8. Vergleichen Sie einige Vor- und Nachteile der Zentralverwaltungswirtschaft! Überwiegen Ihrer Ansicht nach die Vorteile oder die Nachteile? Begründen Sie Ihre Meinung!

6.4 Sozialistische Wirtschaftsformen

6.4.1 Sozialistische Planwirtschaft

Ebenso wenig, wie sich die freie Wirtschaft in die Wirklichkeit umsetzen lässt, ist es möglich, das Modell der Zentralverwaltungswirtschaft zu realisieren. Das System, das dem Modell am nächsten kam, war die sowjetisch administrative[1] Wirtschaftsordnung unter Stalin, dem später auch prinzipiell die Chinesen folgten. Ähnlich wie die soziale Marktwirtschaft eine Wirtschaftsordnung ist, die bei Beibehaltung liberaler Ideen und Ideale die *Fehler* des Kapitalismus vermeiden möchte, sind die sozialistischen Wirtschaftsordnungen der Gegenwart und der Vergangenheit Versuche, das Prinzip der zentralen Wirtschaftsplanung beizubehalten, ohne die Mängel eines totalen Planungssystems in Kauf nehmen zu wollen.

Wir bezeichnen eine Wirtschaftsform als **sozialistisch,** wenn das gesamte oder zumindest ein Großteil des Produktivvermögens in **Gemeineigentum** (Staatseigentum) überführt ist. Werden Produktionsmengen und Güterpreise von einer staatlichen Behörde zentral festgelegt, spricht man von einer **sozialistischen Planwirtschaft.** Konkurrieren hingegen die sozialistischen Betriebe auf Märkten mit weitgehend freier Preisbildung, handelt es sich um eine **sozialistische Marktwirtschaft.**

Heute stellen z.B. die Wirtschaftsordnungen Kubas und Nordkoreas sozialistische Planwirtschaften dar. Die Volksrepublik China befindet sich auf dem Weg zu einer sozialistischen Marktwirtschaft.

6.4.2 Unterschiede zwischen Modell und Wirklichkeit

Vom Modell der Zentralverwaltungswirtschaft unterscheiden sich sozialistische Planwirtschaften z.B. in folgenden Punkten:

Planung

Bedenkt man, dass es in einer modernen Volkswirtschaft Millionen von Güterarten gibt, kann man sich vorstellen, dass ein tatsächlich existierender sozialistischer Staat nicht in der Lage ist, ebenso viele Einzelpläne zu erstellen. Es ist also in Wirklichkeit notwendig, die Anzahl der Pläne auf ein wirtschaftlich vernünftiges Maß zu verringern.

Eigentumsordnung

a) **Staatseigentum** (z.B. an Banken und Versicherungen, Bergwerken, Eisenbahnen, großen landwirtschaftlichen Gütern).

b) **Genossenschaftliches Eigentum.** Hier müssen sich die Produzenten (z.B. Handwerker, Landwirte) zu einem kollektiven Betrieb zusammenschließen. (In der ehemaligen DDR wurden z.B. bis Ende 1989 95% der landwirtschaftlichen Nutzfläche von sozialisierten Betrieben bearbeitet.)

---

1 Administrativ = verwaltend, anordnend, befehlend.

c) **Gesellschaftliches Eigentum.** Im Gegensatz zum „reinen“ Staatseigentum handelt es sich hier um verstaatlichte mittlere und größere Betriebe, die rechtlich selbstständig bleiben. (In der ehemaligen DDR waren dies die VEB [= **V**olks**e**igene **B**etriebe], die VVB [= **V**ereinigung **V**olkseigener **B**etriebe] und die Kombinate.)

d) **Gemischtes Eigentum.** Hier beteiligt sich der Staat an kleineren Betrieben (z.B. Gaststätten, Einzelhandelsbetriebe).

e) **Privateigentum.** In den einzelnen sozialistischen Planwirtschaften war (und ist) der Umfang des zugelassenen Privateigentums an den Produktionsmitteln sehr unterschiedlich. In der Regel beschränkt sich das Privateigentum auf Kleinbetriebe im Handwerk, im Einzelhandel und im Gaststättengewerbe.

Eigenverantwortung

Im strengen Modell der Zentralverwaltungswirtschaft können die Produzenten (die Betriebe und ihre Mitarbeiter) überhaupt keine eigenen Entscheidungen treffen. In den einzelnen sozialistischen Wirtschaftsordnungen ist die Entscheidungsfreiheit der Betriebe unterschiedlich weit gespannt. In sozialistischen Planwirtschaften sind die Entscheidungsspielräume der Betriebe sehr eng. In sozialistischen Marktwirtschaften konkurrieren die Betriebe auf den Märkten mit verhältnismäßig freier Preisbildung (Konkurrenzsozialismus).

Konsumfreiheit

Die derzeit existierenden sozialistischen Wirtschaftsordnungen verzichten weitgehend darauf, den Verbrauchern vorzuschreiben, was sie zu kaufen haben. Löhne und Gehälter werden in Geld ausbezahlt, sodass die Konsumenten selbst entscheiden können, was sie kaufen wollen. Begrenzt wird die Konsumfreiheit durch den Umfang des vom Staat geplanten Konsumgüterangebots.

Vertragsfreiheit

In den sozialistischen Planwirtschaften gab und gibt es in unterschiedlichem Umfang kleinere Gütermärkte mit freier Preisbildung, z.B. für den Verkauf landwirtschaftlicher Erzeugnisse, die die Landarbeiter auf einem ihnen belassenen privaten kleinen Grundstück anbauen. Auch Gebrauchtwarenmärkte können geduldet, manchmal sogar erwünscht sein, denn sie haben die Funktion, Versorgungslücken, die auf mangelhafte Planung, Planerfüllung und/oder Plankontrolle zurückzuführen sind, zu schließen.

Wer darüber entscheiden darf, was, wann und wo er kaufen möchte, braucht ein gewisses Maß an Vertragsfreiheit.

Geld

Im Modell der Zentralverwaltungswirtschaft ist das Geld lediglich Verrechnungs- und Zahlungsmittel. In einem vollständig durchgeplanten Zuteilungssystem ist das Geld überflüssig. In dem Augenblick jedoch, in dem noch (oder wieder) marktwirtschaftliche Elemente in das sozialistische System eingebaut sind, ist das Geld notwendiges Steuerungsinstrument, weil es die Preisbildung ermöglicht.

Staatliche Preisfestsetzung

Ein wesentliches Kennzeichen sozialistischer Planwirtschaften ist die staatliche Preisfestsetzung. Im Vordergrund der staatlichen Preisfestsetzung stehen nicht „markträumende Preise", sondern politische Gesichtspunkte. So werden z.B. die Preise für Mieten und Grundnahrungsmittel sehr niedrig, die Preise für höherwertige Konsumgüter indessen sehr hoch angesetzt. Die staatlich festgesetzten Preise spiegeln nicht die tatsächlichen Knappheitsverhältnisse wider, sondern dienen lediglich der Verrechnung.

Berufswahl, Arbeitsplatzwahl, Freizügigkeit

Falls nicht - wie im Modell - die Herstellung und Verteilung jedes Produkts zentral geplant wird, kann auch nicht jede Arbeitskraft eingeplant werden. Reale sozialistische Systeme werden daher in einem bestimmten Rahmen die **freie Berufs- und Arbeitsplatzwahl** zulassen müssen. Mit einem vorgegebenen Produktionsprogramm ist dies jedoch nur dann vereinbar, wenn die Arbeitskräfte durch unterschiedliche Lohnhöhen in die Betriebe und/oder Gebiete geleitet werden, in denen sie benötigt werden. Je stärker der Widerstand der Arbeitskräfte gegen bestimmte Arbeiten und bestimmte Gegenden ist, desto höher muss das Arbeitsentgelt sein.

Besonders ausgeprägt war das System der Lohndifferenzierung[1] in der ehemaligen Sowjetunion. Differenziert wurde nach Leistung, nach Arbeitsbedingungen (z.B. Gesundheitsgefährdung), nach Wirtschaftszweigen und nach Gebieten (im sozialistischen Sprachgebrauch als „Rayons" bezeichnet). Begründet wurde die Lohndifferenzierung nach Rayons wie folgt:

„So ist der Lohn im Fernen Osten, im hohen Norden und anderen entlegenen Gebieten der UdSSR höher als in den zentralen Gebieten des Landes. Der erhöhte Arbeitslohn dient in verschiedenen Fällen neben einem längeren Urlaub, einem niedrigeren Rentenalter und anderen Vorzügen dazu, Kader[2] für diese Gebiete zu gewinnen und hier sesshaft zu machen."[3]

Die Verplanung des Menschen (der Arbeitskraft) in einem zentralgesteuerten Wirtschaftssystem macht es nötig, die Freizügigkeit der Bevölkerung weitgehend einzuschränken, wenn der zentrale Wirtschaftsplan erfüllt werden soll. Um die Abwanderung (die Flucht) von Arbeitskräften zu verhindern, müssen besonders die Außengrenzen kontrolliert werden; nur absolut systemtreue Bürger dürfen in das nichtsozialistische Ausland ausreisen. Ein Beispiel für eine solche „Abriegelungspolitik" waren die Grenzbefestigungen („Berliner Mauer", „Todesstreifen") der ehemaligen DDR mitten durch Deutschland, Zwangsumsiedlungen und Schießbefehl an den Grenzen.

---

1 Differenzieren = unterschiedlich gestalten.

2 Kader = erfahrener Stamm einer Mannschaft.

3 RUMJANZEW, A. F. u.a.: Politische Ökonomie des Sozialismus. Berlin 1973, S. 241.

Gegenüberstellung der wichtigsten Ordnungsmerkmale des Modells der Zentralverwaltungswirtschaft mit denen möglicher Realtypen

Idealtyp	Realtypen (mögliche Formen)
■ Eine zentrale Planungsbehörde plant alle Verbrauchs- und Produktionsgütermengen.	■ Planbilanzen werden nur für „strukturbestimmende" Wirtschaftsbereiche erstellt.
■ Alle Güter und Leistungen werden mengen- und qualitätsmäßig nach örtlichem und zeitlichem Bedarf geplant.	■ Nur die wichtigsten Güterarten werden in die Planung einbezogen.
■ Produzenten können keine Entscheidungen fällen; keine Produktionsfreiheit.	■ Produzenten können in einem gewissen Rahmen Entscheidungen treffen.
■ Konsumenten können keine Entscheidungen fällen; keine Konsumfreiheit.	■ Konsumfreiheit im Rahmen des von der staatlichen Planung vorgesehenen Konsumgüterangebots.
■ Keine Import- und Exportentscheidungen durch Produzenten und Verbraucher; kein Freihandel.	■ Konsumenten können im Rahmen der Devisenzuteilungen auch im sozialistischen Ausland kaufen.
■ Keine Vertragsfreiheit.	■ Vertragsfreiheit auf Gebrauchtwaren- und freien Lebensmittelmärkten zugelassen.
■ Geldfunktionen überflüssig; falls „Geld" vorhanden ist, ist es lediglich Rechnungseinheit.[1]	■ Dort, wo Märkte vorhanden sind (z.B. private Handwerker und ihre Kunden), ist das Geld auch Steuerinstrument (Preisbildung auf dem Markt!).
■ Kein Privateigentum an Produktionsmitteln, lediglich Staatseigentum.	■ Kleinere Betriebe können auch in Privathand sein; mehrere „sozialistische Eigentumsformen" sind möglich.
■ Keine freie Berufswahl, keine Arbeitsplatzwahl und keine Freizügigkeit.	■ Eine begrenzte Freiheit der Berufs- und Arbeitsplatzwahl ist möglich, eingeschränkte Freizügigkeit nur im Inland, allenfalls noch im sozialistischen Ausland gegeben.
■ Keine Märkte (z.B. kein Arbeitsmarkt, kein Finanzmarkt, kein Investitionsgütermarkt, kein Konsumgütermarkt).	■ Bestimmte Gütermärkte zugelassen (z.B. landwirtschaftliche Erzeugnisse, soweit sie auf privatem Boden erzeugt wurden); ferner Gebrauchtwarenmärkte (z.B. Autos); die Verhinderung schwarzer Märkte ist kaum möglich.

1 Die Funktionen des Geldes in marktwirtschaftlichen Systemen werden im Kapitel 8.1.2 behandelt.

Übersicht 6.1

Merke:

- Sozialistische Wirtschaftsformen wie z. B. die sozialistische Planwirtschaft und die sozialistische Marktwirtschaft sind **Realtypen,** weil sie in der Wirklichkeit (Realität) vorkommen.
- Die sozialistischen Wirtschaftsformen der Wirklichkeit stellen **Mischformen** dar, die zwischen den extremen Modellen der freien Wirtschaft einerseits und der Zentralverwaltungswirtschaft andererseits stehen.
- Auch sozialistische Wirtschaftsformen weisen **marktwirtschaftliche Elemente** auf.

6.4.3 Von der sozialistischen Planwirtschaft zur sozialen Marktwirtschaft

Seit Ende der achtziger Jahre sind die ehemals sozialistischen Länder Mittel- und Osteuropas (Bulgarien, Polen, Rumänien, Tschechoslowakei, die Nachfolgestaaten der UdSSR und Ungarn) dabei marktwirtschaftliche Ordnungen zu schaffen. Dies ist den meisten Transformationsländern[1] auch gelungen, allerdings mit unterschiedlichem Erfolg, weil die einzelnen Länder mit ihren Reformen nicht mit gleichem Tempo und gleichen Strategien vorgegangen sind. Wichtige Reformen waren (und sind) die Privatisierung der ehemaligen Staatsunternehmen, der Übergang zur marktwirtschaftlichen Preisbildung, die Öffnung der Grenzen und der Aufbau eines verlässlichen Rechtsstaats (z. B. Gerichtswesen, staatliche Missbrauchsaufsicht, Korruptionsbekämpfung).

„Marktwirtschaft ist keine urwüchsige Pflanze, die immer und überall gedeiht, wo sie nicht gerade mit Stumpf und Stiel ausgerottet wird. Vielmehr ist sie – insbesondere ihre soziale Variante – im buchstäblichen Sinne ein Kulturgewächs, das nicht nur günstiger klimatischer Bedingungen, sondern darüber hinaus auch noch sorgfältiger Pflege bedarf. Es ist also nicht damit getan, Hindernisse wegzuräumen. Wenn Marktwirtschaft gelingen soll, muss sie aktiv gestaltet werden. Eine marktwirtschaftliche Ordnung zur vollen Entfaltung zu bringen, erfordert außerordentliche Anstrengungen von Individuen, Gesellschaft und Staat."[2]

Das will heißen, dass Marktwirtschaft nicht automatisch den gewünschten Erfolg bringt, wenn lediglich nur die administrativen Hindernisse beseitigt werden. Besonders die „soziale Variante der Marktwirtschaft" (also z. B. die soziale Marktwirtschaft) bedarf der **aktiven Gestaltung,** etwa durch

1. die Unternehmen, die z. B. bereit sein müssen, Marktnischen zu erkennen und auszufüllen oder einwandfreie Ware pünktlich zu liefern,
2. Manager, die nicht nach Macht und kurzfristiger Gewinnmaximierung streben, sondern langfristig denken, d. h. zukunftsorientiert zum Wohl des Unternehmens planen und entscheiden.
3. die Gewerkschaften, die z. B. die Wirtschaft nicht überfordern dürfen,
4. die Behörden, die die Einhaltung der marktwirtschaftlichen Spielregeln wirkungsvoll überwachen müssen,
5. die Regierungen, die eine systemgerechte Ordnungs- und Prozesspolitik betreiben müssen.

---

1 Transformation (lat.) = Umwandlung, Umformung, Umgestaltung.

2 MIEGEL, M.: Alchimie des des Reichtums, in: DIE ZEIT, Nr. 19 vom 14. Mai 1990, S. 41 ff.

Viele Wirtschaftsführer, Wirtschaftstheoretiker, Investoren und Politiker glauben und glaubten, dass die Einführung der reinen Marktwirtschaft in den ehemals sozialistischen Ländern (Reformländern) den wirtschaftlichen Aufschwung und die Demokratie gewissermaßen automatisch hervorbringen würden. Indessen erfolgte zunächst ein wirtschaftlicher Zusammenbruch. In Russland z. B. sank die Wirtschaftsleistung von 1989 bis 2000 um 40% und in der Ukraine um 60%.

Der Zusammenbruch der alten **sozialistischen Planwirtschaft** Anfang der neunziger Jahre hat in allen Reformländern zu einem Rückgang der Wirtschaftsleistung (des Nettoinlandssprodukts) geführt. Ursachen waren nicht nur der Zusammenbruch der wechselseitigen Produktions- und Handelsbeziehungen zwischen den ehemaligen Ostblockstaaten, sondern die grundlegenden Schwächen des planwirtschaftlichen Wirtschaftssystems wie z.B. die veralteten Produktionsanlagen, die in riesigen Staatsbetrieben konzentrierte Industrieproduktion, die unterentwickelte Infrastruktur[1] und das nicht den Marktverhältnissen entsprechende Preissystem. Die Arbeitslosenquoten und die Inflationsraten stiegen. Mittlerweile ist in den meisten Reformländern eine Stabilisierung eingetreten. Gemessen an der Entwicklung des Bruttoinlandsprodukts konnte Polen den Rückschlag am schnellsten überwinden (siehe Abbildung). Bereits 1995 erreichte das Land wieder den Stand von 1989. Auch die Slowakei, Slowenien und Ungarn erreichten bald wieder ein beachtliches Wirtschaftswachstum. Bulgarien und Rumänien befinden sich noch kaum oberhalb des Stands von 1989. Noch heftiger war die Abwärtsentwicklung in der Ukraine und in Russland. In beiden Ländern geht es erst seit etwa 1998 wieder aufwärts, wobei ihr jeweiliges Leistungsniveau[2] noch immer unter dem von 1989 liegt.

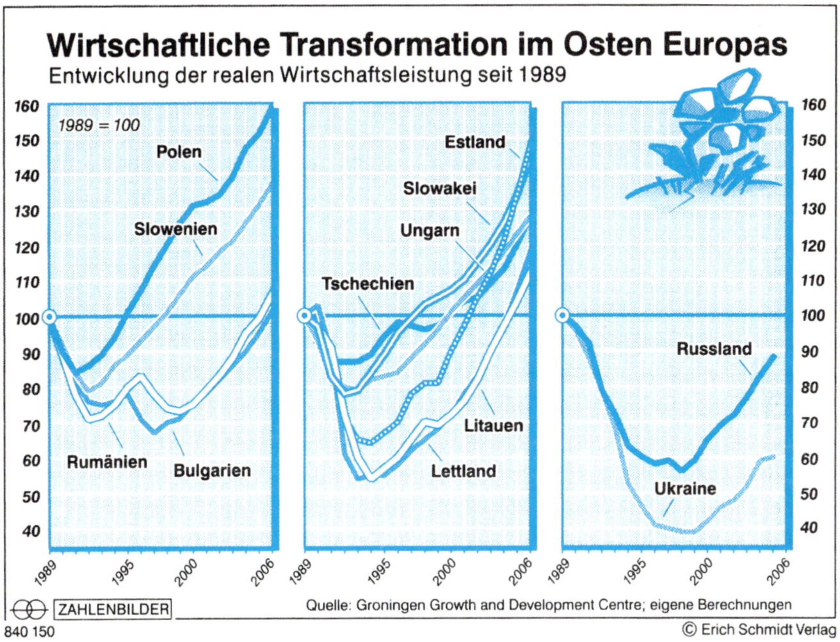

Abb. 6.2

1 Infrastruktur (lat.) = notwendiger wirtschaftlicher und organisatorischer Unterbau einer hoch entwickelten Wirtschaft wie z.B. Verkehrs- und Nachrichtennetz, Energieversorgung usw.

2 Niveau (fr.) = Ebene, Höhe.

6.4.4 Perspektive: Ökologisch-soziale Marktwirtschaft[1]

Mit der Entscheidung „für den Markt" sind die Zukunftsprobleme der Menschheit nicht gelöst. Die fortschreitende Umweltzerstörung in **allen** Industrieländern zwingt dazu, Überlegungen anzustellen, wie eine umweltverträgliche Wirtschaftsordnung geschaffen werden kann. Notwendige Maßnahmen sind:

(1) Schaffung eines Umweltbewusstseins. Eine der wichtigsten **Voraussetzungen** für eine umweltschonende Wirtschaftspolitik ist die **Veränderung** des **Bewusstseins** zumindest der Mehrheit der Bevölkerung. Solange z.B. noch Schüler Behältnisse aller Art ungeniert in die Schulhöfe werfen, Touristen ihre Abfälle an den Park- und Rastplätzen hinterlassen, Autofahrer ihre Motoren im Stand laufen lassen, Verbraucher oft aufwendig verpackte Lebensmittel kaufen, Motorrad- und Autofahrer an Sonn- und Feiertagen hunderte von Kilometern fahren, Familienväter den Hausmüll im nächstgelegenen Bach oder Wald „entsorgen", Landwirte ihre Spritz- und Düngemittel nach dem Motto „viel bringt viel" ausbringen, solange also jeder, ob Privater, Unternehmer, Angestellter, Arbeiter, Beamter, Soldat oder Rentner, Auszubildender, Schüler oder Student, den Umweltschutz den „anderen" überlässt, solange ist es um eben dieses Umweltbewusstsein schlecht bestellt.

Ein geändertes Umweltbewusstsein ist aber erforderlich, weil die Politiker, die letztlich die **Entscheidungen** treffen, natürlich nur dann die erforderlichen Maßnahmen befürworten, wenn sie die Mehrheit der Bevölkerung hinter sich wissen.

Die Veränderung des Bewusstseins allein genügt jedoch nicht. Es muss vielmehr ein **neues Wirtschafts- und Gesellschaftsmodell** geschaffen werden, das alle wirtschaftlichen Ziele und Handlungen dann als **richtig** begreift, wenn sie umweltschonend sind, und alle diejenigen als **falsch** (als schädlich) ansieht, wenn sie die Umwelt schädigen.

(2) Verursacherprinzip. Schließlich muss allgemein dem Verursacherprinzip Geltung verschafft werden. Das Verursacherprinzip verlangt, dass alle Kosten denjenigen Leistungen zuzurechnen sind, auf die die Kosten zurückzuführen sind. Auf die Umweltpolitik übertragen bedeutet dies, dass derjenige die Kosten zur Vermeidung, Beseitigung oder zum Ausgleich einer Umweltbelastung zu tragen hat, der für ihre Entstehung verantwortlich gemacht werden kann. Die Durchsetzung des Verursacherprinzips dient der Internalisierung von Kosten.

Beispiel:

Bislang tragen die Hersteller bzw. Verwender aufwendiger und umweltbelastender Verpackungsmaterialien nicht deren Entsorgungskosten. Sie „externalisieren" ihre Kosten, d.h., die Kosten müssen von der „Außenwelt" (der Umwelt) der Hersteller bzw. Verwender bezahlt werden. Mit der Erhebung einer Umweltsteuer auf diese Produkte werden die Kosten „internalisiert", d.h., die Kosten erscheinen in den Kalkulationen der Verursacher.

1 Die Ökologie als Teilbereich der Biologie untersucht die Beziehungen zwischen den Lebewesen untereinander und ihre Wechselbeziehungen zu ihrer Umwelt. Der Lebensraum eines Lebewesens wird als Biotop bezeichnet. Alle Lebewesen eines Biotops bilden eine Biozönose. Biotop und Biozönose stellen zusammen ein Ökosystem dar.

Wenn der Begriff „Ökologie" im Zusammenhang mit dem Begriff „Ökonomie" verwendet wird, ist mit Ökologie in aller Regel der Umweltschutz, d. h. die Erhaltung einer lebenswerten und lebensfähigen Umwelt gemeint.

(3) Vorsorgeprinzip. Dieser Grundsatz der Umweltpolitik verlangt, dass Umweltgefahren **vorausschauend** erkannt und vorbeugend vermieden werden.

Beispiel:

Bereits in der Planungsphase privater und öffentlicher Maßnahmen (z.B. Bauplanungen) prüfen staatliche Behörden, ob bei den zu genehmigenden Projekten schädliche Immissionen (Einwirkungen auf Pflanzen, Tiere und Menschen) zu erwarten sind **(Umweltverträglichkeitsprüfung).**

(4) Kooperationsprinzip. Neben dem Verursacher- und dem Vorsorgeprinzip stellt das Kooperationsprinzip eine weitere Säule der Umweltpolitik dar. Das Kooperationsprinzip verlangt das enge Zusammenwirken (Kooperieren) von Unternehmen, privaten Haushalten, staatlichen Stellen und Verbänden in Angelegenheiten des Umweltschutzes.

Beispiele:

Ein großer Brillengestellhersteller verzichtet seit einiger Zeit auf die Herstellung von Brillen mit Schildpatt-Fassungen - ein konsequenter Schritt hin zum Artenschutz der Schildkröten. Eine Kaufhausgruppe hat 2000 Artikel aus Umweltgründen ausgetauscht oder völlig ausgelistet, zum Beispiel alle Sprays mit FCKW als Treibmittel. Ein bekannter Kosmetikhersteller verzichtet ebenfalls auf den Vertrieb derartiger Sprays. Eine Lebensmittelgruppe appelliert in einem offenen Brief an ihre Lieferer, auf unnötige Verpackungen zu verzichten. Warum dies alles? Die Marketing-Strategen haben erkannt, dass sich das „Öko-Marketing" auszahlt, weil es die Mitarbeiter motiviert und weil die Zahl der umweltbewussten Kunden zunimmt.

Hinzu kommt das „Öko-Sponsoring", d.h., die Leistung von Spenden für Wiederherstellungsmaßnahmen (z.B. Wiederaufforstung) und/oder Zahlungen an Umweltverbände (z.B. GREENPEACE, ROBIN WOOD, World Wildlife Fund [WWF], Bund für Umwelt und Naturschutz [BUND] und der Deutsche Bund für Vogelschutz [DBV]). Diese Verbände nehmen in der Regel Spenden nur dann an, wenn umweltschädigende Produkte in großem Umfang vom Markt genommen werden.

Käme es zusätzlich noch zu einer Verlagerung des Konsums hin zu den umweltverträglichsten Produkten, dann wäre der Umweltschutz in einigen Jahren **ohne** langwierige und oft lückenhafte Gesetzgebung ein großes Stück vorangekommen, ein unbestreitbarer Vorteil des Kooperationsprinzips im Rahmen der sozialen Marktwirtschaft.

(5) Staatliche Instrumente. Schließlich müssen Instrumente weiterentwickelt und konsequent eingesetzt werden, die im Rahmen einer sozialen Marktwirtschaft **Nachfrage** und **Angebot** in der gewünschten Weise **lenken. Marktkonforme Maßnahmen** müssen hierbei die Regel, **marktkonträre Maßnahmen** die Ausnahme bilden.

1. Marktkonforme Maßnahmen

Mit Hilfe marktkonformer Maßnahmen strebt der Staat eine preisgesteuerte Beeinflussung des Verhaltens der Wirtschaftssubjekte an. Mit Hilfe von Steuern, Abgaben und Zöllen (so genannten **„Ökosteuern"**) sollen als umweltschädigend erkannte Maßnahmen und Produkte so stark belastet werden, dass in absehbarer Zeit sowohl Nachfrage als auch Angebot reagieren werden. Umgekehrt sollen alle als umweltschonend erkannten Maßnahmen und Produkte so stark entlastet (erforderlichenfalls auch subventioniert) werden, sodass sich Nachfrage und Produktion in die gewünschte Richtung bewegen.

Beispiele:

a) Erhebung einer „Ausgleichsabgabe für Eingriffe in Natur und Landschaft", wie dies z.B. in Baden-Württemberg seit 1973 der Fall ist und die 1990 verzehnfacht wurde. Seit 1990 wird für die Entnahme von Boden (etwa in Steinbrüchen und Kiesgruben) ein Mengenentgelt erhoben. Die Mittel fließen der baden-württembergischen Stiftung Naturschutz zu.

b) Mögliche Einführung von „Öko-Produktsteuern" z.B. für Batterien, normale Glühlampen, tropisches Holz, Waschmittel und Streusalz.

c) Einführung von Öko-Abgaben in der Landwirtschaft für Pestizide, Massentierhaltung und Futtermittelimporte.

d) Erhebung von Müllvermeidungssteuern für Einwegflaschen, Getränkedosen, Kunststoffbehälter und -flaschen, Aluminiumfolien und für Werbezwecke verwendetes Papier.

e) Rücknahmeverpflichtung für umweltbelastende Produkte, nachdem ihre Nutzungsdauer abgelaufen ist (z.B. Kühlschränke, Autos).

2. Marktkonträre Maßnahmen

Die Umweltpolitik kommt ohne marktkonträre Maßnahmen nicht aus. Marktkonträre Maßnahmen sind **Verbote** und die Vorgabe von **Grenzwerten.**

a) Umweltschädliche Produkte, auf die vollständig verzichtet werden kann, müssen verboten werden (z.B. umweltschädliche Treibgase in Sprühdosen).

b) Einzelschadstoffe, die mit technischen Mitteln auf einen bestimmten Stand reduziert werden können, sind mit Hilfe von Grenzwerten zu verringern (z.B. Schadstoffe in Autoabgasen).

   Das Problem der Vorgabe von Grenzwerten ist, dass sie auch noch unterboten werden können, die Wirtschaftssubjekte aber nicht einsehen, dass sie die Kosten für eine weitere Verringerung von Schadstoffen tragen sollen, wenn dies nicht gesetzlich vorgeschrieben ist.

Die **wirtschaftlichen Folgen** der skizzierten Umweltpolitik sind Beschäftigungsrückgänge in den umweltbelastenden Wirtschaftszweigen und positive Beschäftigungseffekte in den Umweltschutzindustrien. Die meisten Wirtschaftswissenschaftler sind der Meinung, dass die positiven Beschäftigungseffekte überwiegen, d.h., dass langfristig der Umweltschutz **kein „Jobkiller"** ist.

Kurzfristig führt der **Strukturwandel** in bestimmten Bereichen sicher zu sozialen Härten, die der Staat - also die Allgemeinheit - ausgleichen muss.

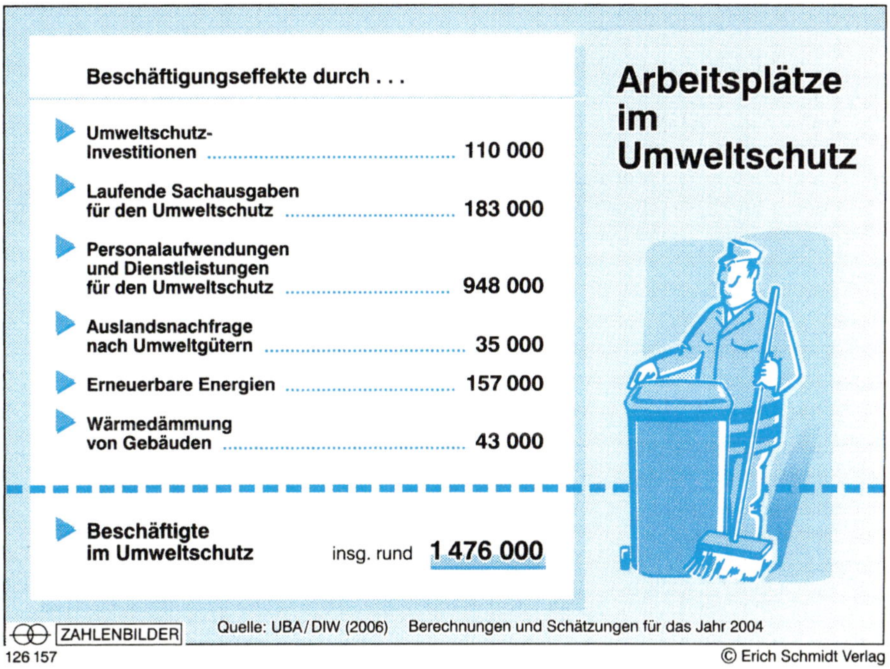

Abb. 6.3

Der Umweltschutz erweist sich als bedeutender Faktor für den deutschen Arbeitsmarkt. Während in vielen anderen Bereichen der Wirtschaft Arbeitsplätze verloren gingen, hat die **Beschäftigung im Umweltsektor** im letzten Jahrzehnt noch zugenommen. Die Beschäftigungswirkungen des Umweltschutzes sind allerdings nicht leicht zu erfassen. Zum einen greift der Umweltschutz als Querschnittsektor über die gängige Brancheneinteilung der Statistik hinweg. Zum anderen lassen sich die durch Umweltschutzmaßnahmen angestoßenen indirekten Beschäftigungseffekte nur selten eindeutig zuordnen. Bundesumweltministerium und Umweltbundesamt haben deshalb mehrfach Forschungsinstitute damit beauftragt, aus den verfügbaren beschäftigungsstatistischen Daten den Anteil der Umweltwirtschaft herauszufiltern. Für das Jahr 2004 legt das *Deutsche Institut für Wirtschaftsforschung (DIW)* seine Schätzergebnisse vor. Danach sind in Deutschland rund **1,5 Millionen Arbeitsplätze** direkt oder indirekt mit dem Umweltschutz verknüpft. Der Anteil des Umweltsektors an der Gesamtbeschäftigung beläuft sich damit auf rund 3,8%.

Das DIW stützte sich bei seinen Berechnungen auf eine weit gefasste Definition des Umweltschutzes. Neben den klassischen Umweltschutzbereichen wie Abfallwirtschaft, Abwasserreinigung oder Lärmbekämpfung wurden auch umweltorientierte Dienstleistungen berücksichtigt, die sich erst in jüngster Zeit entwickelten – Energie- und Gebäudemanagement zum Beispiel oder umweltorientierte Finanzdienstleistungen. Aus Mangel an verlässlichen Daten mussten aber manche umweltrelevanten Bereiche (z.B. der Ökotourismus) weiterhin ausgeklammert bleiben, sodass die vorgelegten Zahlen eher die Untergrenze der Beschäftigung durch und für den Umweltschutz markieren.

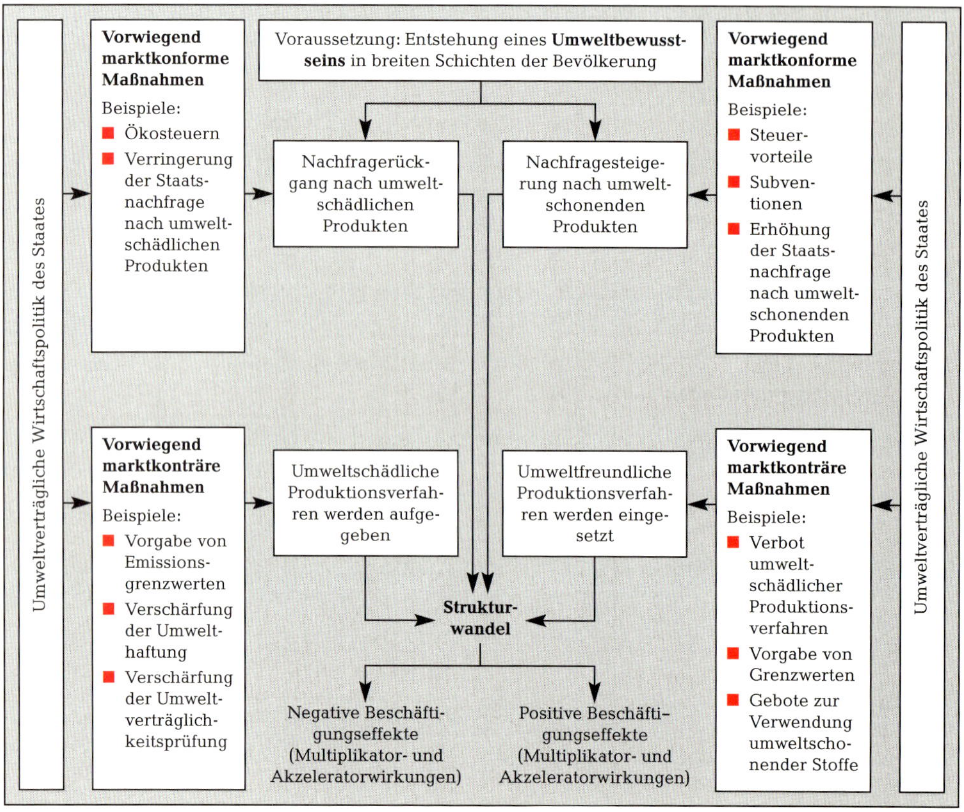

Abb. 6.4

Aufgaben zur Lernkontrolle

1. Aus einem kultusministeriellen Gutachten zur 19. Auflage dieses Lehrbuchs: „Der Begriff ‚kapitalistische Marktwirtschaften' enthält zum einen eine gewisse Tautologie,[1] zum anderen suggeriert er als Gegenstück ‚sozialistische Marktwirtschaften', die es wohl nicht gibt."

   Nehmen Sie Stellung!

2. An welcher Stelle ordnen Sie in Abb. 5.28 (siehe S. 195) die sozialistische Planwirtschaft einerseits und die sozialistische Marktwirtschaft andererseits ein?

3. Nennen Sie mindestens vier Beispiele für marktwirtschaftliche Elemente in sozialistischen Wirtschaftsformen!

1 Tautologie = doppelte Wiedergabe (z.B. weißes Pferd, runder Kreis).

4. Vergleichen Sie wesentliche Ordnungsmerkmale des Modells der Zentralverwaltungswirtschaft mit möglichen Ordnungsmerkmalen einer sozialistischen Planwirtschaft im Hinblick auf
   4.1 Planungsvorgang,
   4.2 Planungsumfang,
   4.3 Produzenten- und Konsumentenfreiheit,
   4.4 Vertragsfreiheit,
   4.5 Eigentumsordnung und
   4.6 Koordination von Produktion und Konsumtion!

5. Nennen Sie Gründe, warum die sozialistischen Planwirtschaften nicht die gleichen Erfolge wie die marktwirtschaftlich orientierten Volkswirtschaften hatten und haben!

6. Welche Rahmenbedingungen müssen Ihrer Ansicht nach gegeben sein, wenn eine soziale Marktwirtschaft aufgebaut werden soll?

7. Erläutern Sie die Wirkungen marktkonformer und marktkonträrer Staatseingriffe im Rahmen einer ökologisch orientierten Wirtschaftspolitik! Nennen Sie Beispiele!

8.

Themen auf dem Umweltschutzgipfel 2002 in Johannesburg

dpa. Der Weltgipfel für nachhaltige Entwicklung soll die Interessen von Umweltschutz, Bevölkerung und Wirtschaft verbinden. Hier eine Auswahl der Themen:

Armut: Rund 1,2 Milliarden Menschen haben weniger als einen Dollar pro Tag zum Leben – das ist jeder fünfte Bewohner der Erde. Bereits zum Millenniums-Gipfel im Jahr 2000 haben die Staaten versprochen, die Anzahl der Menschen, die in extremer Armut leben, bis 2015 zu halbieren. Wie das geschehen soll, ist unklar. Im vergangenen Jahrzehnt ist die Anzahl der Armen nur um 0,1 Milliarden gesunken.

Energie: Da der Aufbau einer Energie- und Stromversorgung mit Netzen wie in Industrieländern unbezahlbar ist, ruhen die Hoffnungen auf dem Einsatz erneuerbarer Energien, die dezentral genutzt werden. Derzeit haben Wasserkraft, Windkraft, Solarenergie und weitere alternative Energien laut Bundesregierung einen Anteil von 13 Prozent am Energieverbrauch weltweit. EU-Ziel für Johannesburg ist es, ihn bis zum Jahr 2010 weltweit auf 15 Prozent zu heben. Umweltorganisationen setzen sich für so genannte moderne erneuerbare Energien ein. Dabei sind große Wasserkraftwerke ausgeschlossen, für die riesige Dämme errichtet werden müssen.

Artenschutz: Mehr als 11 000 Tier- und Pflanzenarten gelten als bedroht, 800 sind bereits ausgestorben. Die meisten globalen Umweltabkommen sind laut UN zu weich formuliert oder können nicht umgesetzt werden, weil das dafür nötige Geld fehlt.

Gesundheit: Rund acht Millionen Kinder unter fünf Jahren sterben jedes Jahr in Entwicklungsländern an Infektionen der Atemwege, Malaria, Masern oder Unterernährung. Etwa 3 Millionen Menschen sterben als Folge von Luftverschmutzung. 800 Millionen Menschen bekommen nicht genügend zu essen, um ein gesundes Leben zu führen. Auf dem Millenniums-Gipfel 2000 vereinbarten die Staaten, bis 2015 die Sterberate von Kindern unter fünf Jahren um zwei Drittel zu reduzieren und die Zahl der Hungernden zu halbieren.

Landwirtschaft: Generell gibt es mehr als genug Lebensmittel für alle Menschen. Doch gerade in den ärmeren Staaten sinkt die landwirtschaftliche Produktivität aufgrund von Übernutzung, aber auch wegen extremer Dürren und Überschwemmungen. So sank die Ackerfläche pro Kopf in den Entwicklungsländern vom Beginn der 60er Jahre bis zum Ende der 90er Jahre um ein Drittel, mit weiter negativer Tendenz. Früher wurden 7000 Pflanzen- und Tierarten genutzt. Heute beruht 90 Prozent der Nahrungsmittelproduktion auf 120 Arten.

Wälder: Seit 1992 wurden 940 000 Quadratkilometer Wald zerstört – die Fläche Deutschlands, Frankreichs und der Schweiz. Den größten Verlust gibt es in tropischen Regionen der Entwicklungsländer. Es gibt kein handfestes Abkommen zum Schutz der Wälder.

Fischerei: Etwa 400 Millionen Menschen leben vom Fischfang. In der Hälfte der Fanggebiete holen Fischer so viel Tiere aus dem Wasser, wie gerade nachwachsen können. Ein Viertel ist bereits überfischt.

Wüsten: In vielen Trockenregionen der Erde wird übermäßig viel Feuerholz geschlagen, das Land überweidet oder überkultiviert und Wasser falsch eingesetzt. Die darauf folgende Ausbreitung von Wüsten gefährdet den Lebensunterhalt von mehr als einer Milliarde Menschen. Auf dem Erdgipfel von Rio wurde zwar eine Wüstenkonvention ins Leben gerufen, die Verhandlungen zu ihrer Umsetzung kommen jedoch kaum voran.

8.1 Begründen Sie, warum die im Text genannten Themen miteinander zusammenhängen!

8.2 Führen Sie mögliche Lösungsansätze an!

9.

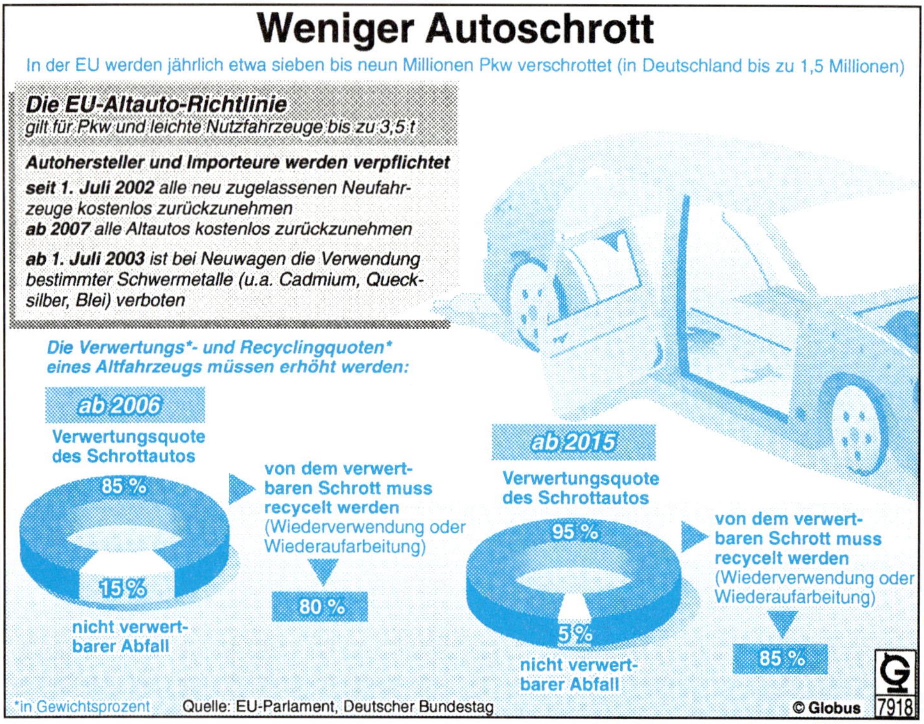

In der EU landen jedes Jahr bis zu 9 Mio. Autos auf dem Schrott, in Deutschland sind es jährlich bis zu 1,5 Mio. Die Kosten der Entsorgung musste bisher der letzte Besitzer des Fahrzeugs tragen. Das wird sich nun ändern, denn mit der EU-Altauto-Richtlinie nimmt die Europäische Union bei der Entsorgung von Schrottautos die Unternehmen stark in die Pflicht. Ab 2007 an müssen Autohersteller und Importeure alle Altautos kostenlos zurücknehmen und entsorgen. Neufahrzeuge, die seit dem 1. Juli 2002 neu zugelassen wurden, können bereits jetzt ohne eigene Kosten zurückgegeben werden. Die EU-Altauto-Richtlinie sieht auch neue strenge Regeln für das Recycling der Schrottwagen vor. Spätestens ab 2006 müssen mindestens 85 % des durchschnittlichen Gewichts eines Altfahrzeugs verwertet (Verwertungsquote) und mindestens 80 % des verwertbaren Schrotts wiederverwendet oder wiederaufgearbeitet werden (Recyclingquote). Ab 2015 wird die Verwertungsquote auf 95 %, die Recyclingquote auf 85 % gesteigert. Die EU-Kommission wacht über die Einhaltung der Richtlinien in den 15 EU-Mitgliedstaaten und kann bei Versäumnissen vor den Europäischen Gerichtshof ziehen.

Sammeln Sie Argumente für die Behauptungen, dass Umweltschutz

9.1 Arbeitsplätze schafft oder

9.2 Arbeitsplätze vernichtet.

7 Wirtschaftskreislauf und volkswirtschaftliche Gesamtrechnung

7.1 Kreislauf der stationären Wirtschaft

Die Welt ist wie ein Kram,
hat Waren ganze Haufen.
Um Arbeit stehn sie feil,
und sind durch Fleiß zu kaufen.
(FRIEDRICH VON LOGAU 1604 - 1655)[1]

Bereits im Kapitel 1.3.3 wurde das wirtschaftliche Geschehen in einem Kreislaufschema dargestellt.[2] Hierbei wurde vom Modell einer stationären Wirtschaft ausgegangen.

■ Eine Volkswirtschaft ist **stationär,** wenn in einer Periode (z.B. in einem Jahr) das gesamte Einkommen wieder für Konsumzwecke ausgegeben wird.

Beispiel:

In Abb. 7.1 ist angenommen, dass die privaten Haushalte den Unternehmen **Produktionsfaktoren** (Arbeit, Boden) zur Verfügung stellen. Sie erhalten hierfür **Einkommen** (E)[3] in Form von Löhnen,[4] Gewinnen, Pachten, Mieten usw. Dem **Güterstrom** (Dienstleistungen, Sachgüter) steht daher ein **Geldstrom** gegenüber.

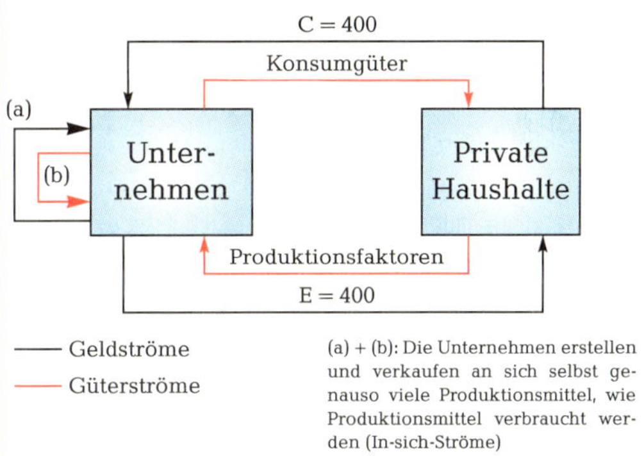

Modell einer geschlossenen stationären Wirtschaft ohne Staat

Abb. 7.1

Des Weiteren ist unterstellt, dass die privaten Haushalte, die Arbeitnehmer- und Unternehmerhaushalte darstellen, ihr gesamtes Einkommen wieder für Konsumzwecke ausgeben. Die **Konsumausgaben** (C)[5] sind für die Unternehmen **Umsatzerlöse** aus dem Verkauf von Konsumgütern an die privaten Haushalte. Dem Konsumgüterstrom steht also der Ausgabenstrom der privaten Haushalte gegenüber. In diesem einfachen Model sind die Außenhandelsbeziehungen außer Acht gelassen. Außerdem fehlt der staatliche Sektor. Es handelt sich also um eine geschlossene stationäre Wirtschaft ohne staatliche Aktivität.

1 Quelle: RÖPKE, W., a.a.O., S. 158.

2 Siehe Abb. 1.15 und 1.16.

3 In der internationalen Literatur wird häufig das Symbol Y verwendet. Da im Englischen das Symbol I für Investitionen belegt ist, wird für den Begriff „income" (Einkommen) die Abkürzung Y verwendet. Oft liest man auch die Abkürzung NI (= National Income).

4 In der Volkswirtschaftslehre werden sämtliche Entgelte für unselbstständige Arbeit als „Lohn" bezeichnet (z.B. Löhne der Arbeiter, Gehälter der Angestellten, Beamten, Richter und Soldaten). Das **E**uropäische **S**ystem **V**olkswirtschaftlicher **G**esamtrechnungen (ESVG) verwendet den Begriff Arbeitnehmerentgelt.

5 Die Abkürzung C für Konsum stammt aus dem Englischen (to consume = verbrauchen).

17 Hartmann - ISBN 978-3-8120-0320-9

Darstellungsformen

1. Darstellung mit Konten

Dem Beispiel liegen folgende einfache gesamtwirtschaftliche[1] Vorgänge (Transaktionen) zugrunde:

(1)	Die Unternehmen erstellen genauso viele Produktionsmittel, wie sie während einer Periode verbrauchen. (Die Bruttoinvestition[2] [I_{br}] entspricht der Reinvestition [I_r = Ab[3]], also der Abschreibung)	50 Mrd. GE
(2)	Zahlung von Arbeitnehmerentgelten (= Nichtunternehmereinkommen = E_{nu}[4]) in Höhe von	300 Mrd. GE
(3)	Zahlung von Zinsen, Mieten und Pachten	20 Mrd. GE
(4)	Ausschüttung der Unternehmensgewinne (= Unternehmenseinkommen = Selbstständigeneinkommen) an die privaten Haushalte	80 Mrd. GE
(5)	Die privaten Haushalte kaufen Konsumgüter (= C) im Wert von	400 Mrd. GE.

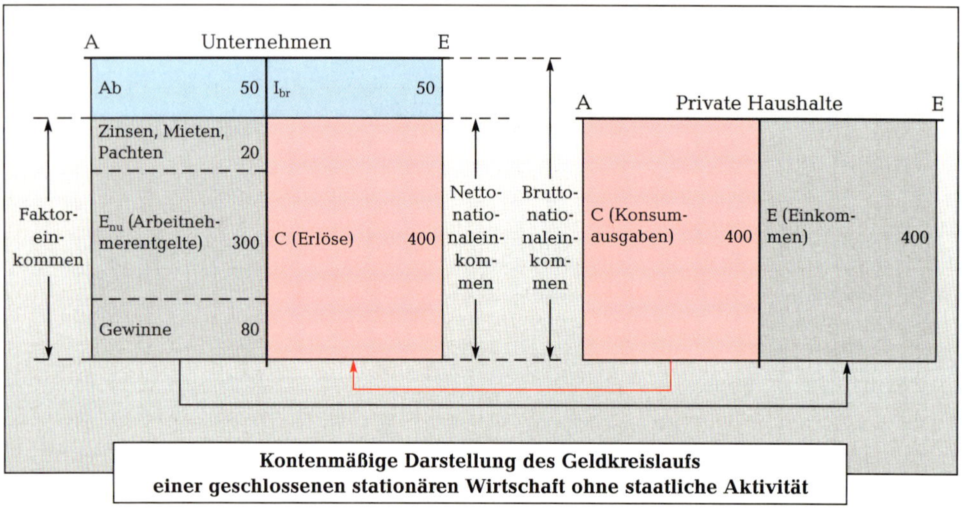

Abb. 7.2

Die Abb. 7.2 stellt das (stark vereinfachte) Modell einer **volkswirtschaftlichen Gesamtrechnung** dar.

■ Wichtige Aufgaben der **volkswirtschaftlichen Gesamtrechnung** sind:
- Erfassung aller wesentlichen gesamtwirtschaftlichen Geldströme und
- Ermittlung des Faktoreinkommens sowie des Nationaleinkommens.[5]

1 Gesamtwirtschaftlich = makroökonomisch; makroökonomische Größen liegen vor, wenn mehrere gleichartige Transaktionen (= wirtschaftliche Vorgänge) in einer Größe zusammengefasst (= aggregiert) werden.

2 Siehe Kapitel 1.3.3 sowie Abb. 1.17.

3 In der wissenschaftlichen Literatur werden die Abschreibungen häufig mit D (engl. = Depreciation) bezeichnet.

4 Eine häufig zu findende Abkürzung für E_{nu} ist W_u (engl. wages = Lohn).

5 Der Begriff Nationaleinkommen (national income) entspricht in etwa dem früheren Begriff Sozialprodukt.

Aus der Abb. 7.2 lassen sich folgende Erkenntnisse gewinnen:

(a) Das **Faktoreinkommen**[1] entspricht dem **Volkseinkommen,** weil der Gegenwert der gesamtwirtschaftlichen Nettoleistung den Produktionsfaktoren als Einkommen zufließt.

(b) Auch in einer stationären Wirtschaft wird investiert, denn der Produktionsapparat (das „Kapital") muss erhalten bleiben, wenn in den kommenden Perioden die Produktion nicht sinken soll. Die Wirtschaft ist dann stationär, wenn die **Bruttoinvestition** der **Reinvestition** (den Abschreibungen) entspricht, wenn also die **Nettoinvestition** null ist.

(c) Das Faktoreinkommen (Volkseinkommen) setzt sich aus den **Vermögenseinkommen** (Zinsen als **Kapitaleinkommen,** Mieten und Pachten als **Bodeneinkommen**),[2] dem **Arbeitnehmerentgelt,** dem **Selbstständigeneinkommen**[3] und dem **Betriebsüberschuss**[3] zusammen.

Da die Arbeitsentgelte und die Vermögenseinkommen vertraglich vereinbart werden, spricht man von **kontraktbestimmten Einkommen.**[4]Die Selbstständigeneinkommen und die Betriebsüberschüsse der Kapital- und Quasi-Kapitalgesellschaften (kurz: Unternehmenseinkommen = E_u) sind **residualbestimmte Einkommen.**[5]

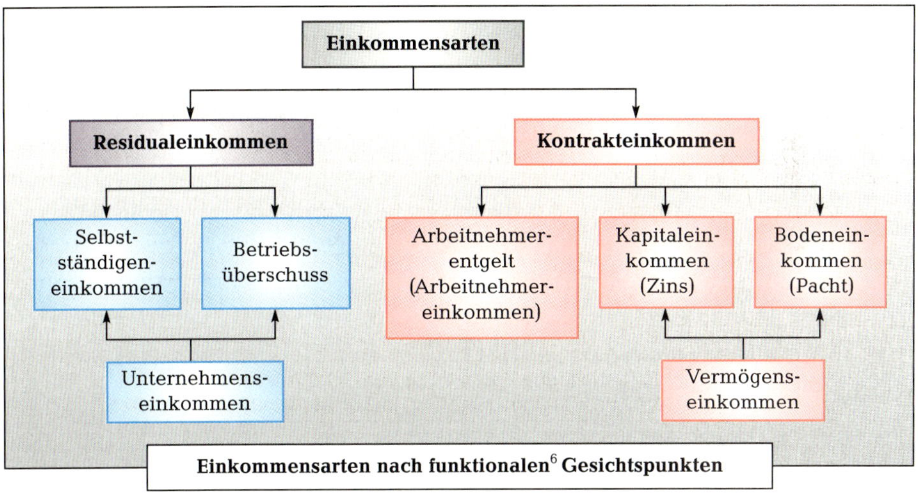

Abb. 7.3

1 Von „Faktoreinkommen" spricht man deshalb, weil die einzelnen Bestandteile des Volkseinkommens den verschiedenen Produktionsfaktoren zufließen.

2 Das Bodeneinkommen wird in der Volkswirtschaftslehre i.d.R. als „Grundrente" bezeichnet.

3 Das Europäische System Volkswirtschaftlicher Gesamtrechnungen (ESVG) unterscheidet zwischen den Ergebnissen (Gewinnen bzw. Verlusten) der Unternehmen ohne eigene Rechtspersönlichkeit (Selbstständigeneinkommen) und den Ergebnissen der Kapital- und Quasi-Kapitalgesellschaften. „Quasi" heißt „als ob". Die Quasi-Kapitalgesellschaften sind Unternehmensformen, die so behandelt werden, als ob sie Kapitalgesellschaften seien. Hierzu gehören vor allem die Personengesellschaften wie z.B. die offenen Handelsgesellschaften und die Kommanditgesellschaften.

4 Kontrakt (lat.) = Vertrag.

5 Residuum (lat.) = Rest, übrig Gebliebenes. Residualbestimmtes Einkommen = übrig gebliebenes Einkommen, Resteinkommen.

6 Man spricht in diesem Zusammenhang von „funktionaler Einkommensverteilung", weil hier das Einkommen entsprechend den Aufgaben (Funktionen) der Produktionsfaktoren aufgeteilt wird.

Im **E**uropäischen **S**ystem **V**olkswirtschaftlicher **G**esamtrechnungen (ESVG) werden die Vermögenseinkommen vollständig den Selbstständigeneinkommen zugerechnet, sodass die Einkommensverteilung auf zwei große soziale Gruppen reduziert wird: 1. Arbeitnehmerentgelt (= Nichtunternehmereinkommen = E_{nu}) und 2. Unternehmens- und Vermögenseinkommen (E_u).

2. Darstellung mit Gleichungen

Rechnen wir die Vermögenseinkommen den Unternehmenseinkommen zu, erhalten wir folgende Gleichungen:

- Faktoreinkommen (Volkseinkommen) = E_{nu} (Arbeitnehmerentgelte) + E_u (Unternehmens- und Vermögenseinkommen)
- Bruttonationaleinkommen = $C + I_{br}$
- Nettonationaleinkommen = $C + I_{br} - Ab$
- In der stationären Wirtschaft gilt: $E = C$

Bedeutung des Modells

Das Modell der stationären Wirtschaft zeigt, dass eine Wirtschaft, in der das gesamte Volkseinkommen verbraucht wird, nicht wachsen kann ($E = C$). Das Modell ist sehr unrealistisch. Ganz abgesehen davon, dass in diesem Modell der Staat und das Ausland unberücksichtigt bleiben, werden im Normalfall die privaten Haushalte nicht ihr gesamtes Einkommen für Konsumzwecke ausgeben, sondern sparen. Das Modell ist auch deswegen statisch, weil davon ausgegangen wird, dass die Reinvestitionen keinerlei Verbesserungen beinhalten („konstanter technischer Stand"). In Wirklichkeit ist durchaus denkbar, dass die Reinvestitionen – obwohl sie wertmäßig den Bruttoinvestitionen entsprechen – qualitativ besser sind, sodass das Volkseinkommen künftig steigt (Verbesserungsinvestitionen).

Aufgaben zur Lernkontrolle

1. Unterscheiden Sie zwischen Geld- und Güterkreislauf!
2. Stellen Sie anhand folgender Zahlen den Geld- und Güterkreislauf in einer geschlossenen stationären Wirtschaft ohne staatliche Aktivität dar:

(a) Bruttoinvestition	60 Mrd. GE
(b) Abschreibungen (Reinvestition)	60 Mrd. GE
(c) Nichtunternehmereinkommen (Arbeitnehmerentgelte)	450 Mrd. GE
(d) Unternehmens- und Vermögenseinkommen	150 Mrd. GE
(e) Konsumausgaben der privaten Haushalte	600 Mrd. GE

3. Stellen Sie den Geldkreislauf mit Hilfe der in Aufgabe 2 gegebenen Zahlen kontenmäßig dar! Beantworten Sie anschließend folgende Fragen:
   (a) Warum verzichtet die volkswirtschaftliche Gesamtrechnung auf die Darstellung des Güterkreislaufs?
   (b) Wie hoch sind in Aufgabe 2 und 3 das Faktoreinkommen (Volkseinkommen) und das Bruttonationaleinkommen?
4. Inwiefern stellt das Modell des stationären Wirtschaftskreislaufs ein unrealistisches theoretisches Modell dar?

7.2 Kreislauf der geschlossenen evolutorischen Wirtschaft ohne staatliche Aktivität

Die **evolutorische Wirtschaft**[1] unterscheidet sich von der stationären Wirtschaft dadurch, dass die privaten Haushalte (und/oder die Unternehmen) *sparen* und die Bruttoinvestitionen die Abschreibungen überschreiten, sodass die Nettoinvestitionen *positiv* sind. Hierdurch ändert sich das Volkseinkommen. Da das Volkseinkommen letztlich in den produzierenden Einheiten[2] – vor allem in den Unternehmen – entsteht, wird zunächst die Bildung des Einkommens am Beispiel eines einzelnen Unternehmens unter den Bedingungen einer geschlossenen Wirtschaft ohne staatliche Aktivität besprochen.

7.2.1 Die Einkommensentstehung im Unternehmen

Das Ergebnis des Wirtschaftsprozesses eines Unternehmens schlägt sich nach Ablauf einer bestimmten Periode in seiner **Verlust- und Gewinnrechnung** nieder.

Beispiel:

Ein Unternehmen hat folgende (vereinfachte) Gewinn- und Verlustrechnung:

Gewinn- und Verlustkonto

Aufwand			Ertrag
Roh-, Hilfs- und Betriebsstoffverbrauch[3] (= Material**verbrauch**)	19000,00	Umsatzerlös	82000,00
Abschreibungen	12000,00	Mehrbestände an unfertigen und fertigen Erzeugnisse sowie Waren	9000,00
Löhne und Gehälter	30000,00		
Mieten und Pachten[4]	6000,00		
Zinsaufwendungen[4]	8000,00		
Gewinn	16000,00		
	91000,00		91000,00

Abb. 7.4

Setzen wir weiterhin voraus, dass der **Materialeinkauf** in der vorliegenden Periode 26000,00 GE betrug, dann ist der Wert des *Zuwachses* an **Materialbeständen** (Materialeinkauf 26000,00 GE – Verbrauch 19000,00 GE) = 7000,00 GE. Der *gesamte* Zuwachs an Beständen beläuft sich auf 7000,00 GE zuzüglich 9000,00 GE, also auf 16000,00 GE. Dieser Materialmehrbestand wird als **Vorratsveränderungen** (Vorratsinvestition) bezeichnet.

1 Evolutorisch (lat.) = sich entwickelnd, fortschreitend, wachsend.

2 Produzierende Einheiten (Wirtschaftseinheiten, Wirtschaftssektoren) sind nach der ESVG die nichtfinanziellen Kapitalgesellschaften (z.B. Produktions- und Handelsunternehmen), die finanziellen Kapitalgesellschaften (z.B. Kreditinstitute, Versicherungsunternehmen), der Staat, die privaten Haushalte (z.B. Kleingewerbetreibende, Freiberufler) und die privaten Organisationen ohne Erwerbszweck (z.B. Turnvereine, Wandervereine).

3 Neben dem Verbrauch von Roh-, Hilfs- und Betriebsstoffen sowie dem Wareneinsatz (im Handelsbetrieb) gibt es noch eine Reihe weiterer **Vorleistungen** anderer (vorgelagerter) Unternehmen. Diese Vorleistungen finden in der Gewinn- und Verlustrechnung ihren Niederschlag als Aufwendungen für Fremdreparaturen, Provisionen für Vermittlertätigkeiten anderer Unternehmen, Zinsen für von Unternehmen (z.B. Banken) bereitgestellte Kredite, Versicherungsbeiträge, Mieten und Pachten an andere Unternehmen. In unserem Beispiel steht der Roh-, Hilfs- und Betriebsstoffverbrauch bzw. -einkauf *stellvertretend* für *alle* Vorleistungen anderer Unternehmen, um die folgenden Ableitungen zu vereinfachen und durchschaubarer zu machen.

4 Es wird vorausgesetzt, dass die Zinsen sowie die Mieten und Pachten an *private* Haushalte gezahlt werden. Zahlungen an Unternehmen stellen Entgelte für Vorleistungen dar und damit wiederum Umsatzerlöse der empfangenden Unternehmen.

Die Vorratsveränderung kann vom Unternehmen erwünscht (geplant) oder unerwünscht (ungeplant) sein. Die bewusste (geplante) Erhöhung der Lagerbestände (Rohstoffe, Hilfs- und Betriebsstoffe, Handelswaren, unfertige und fertige Erzeugnisse) stellt somit eine **geplante Vorratsveränderung** dar. Gelingt es jedoch einem Unternehmen nicht, seine für den Umsatz bestimmte Produktion in vollem Umfang abzusetzen (umgesetzte Menge < hergestellte Menge), handelt es sich um eine **ungeplante Vorratsveränderung.** (Bestandsmehrungen stellen positive Vorratsveränderungen, Bestandsminderungen negative Vorratsveränderungen dar.)

Mit Hilfe des Begriffs der Vorratsveränderung können wir die in Abb. 7.4 dargestellte Gewinn- und Verlustrechnung wie folgt vereinfachen (Abb. 7.5):

Gewinn- und Verlustkonto

Aufwand		Ertrag	
Material**einkauf** (stellvertretend für alle Vorleistungen)	26 000,00	Umsatzerlös	82 000,00
Abschreibungen	12 000,00	Vorratsveränderungen	16 000,00
Löhne und Gehälter	30 000,00		
Mieten und Pachten	6 000,00		
Zinsaufwendungen	8 000,00		
Gewinn	16 000,00		
	98 000,00		98 000,00

(Rot umrandet: Löhne und Gehälter bis Gewinn) = Nettowertschöpfung (kurz: Wertschöpfung)

Abb. 7.5

Begriff Nettowertschöpfung[1]

Aus dem Beispiel (Abb. 7.4 und 7.5) erkennt man, dass unser Unternehmen folgende Einkommen geschaffen hat: Löhne, Pachten und Zinsen **(kontraktbestimmte Einkommen)** in Höhe von insgesamt 44 000,00 GE und ein Unternehmenseinkommen **(residualbestimmtes Einkommen)** von 16 000,00 GE. Das *gesamte* von diesem Unternehmen geschaffene Einkommen – **Nettowertschöpfung** oder kurz **Wertschöpfung** genannt – ergibt sich als Differenz aus Verkäufen und Vorratsinvestitionen einerseits (98 000,00 GE) und Käufen von Material und Leistungen (= Vorleistungen) von anderen Unternehmen sowie Abschreibungen (38 000,00 GE) andererseits.

Als Ergebnis halten wir fest:

- Unter **Nettowertschöpfung** versteht man die Summe aller von einem Unternehmen geschaffenen Einkommen (= Faktoreinkommen).
- **Nettowertschöpfung** = Verkäufe (Umsatzerlöse) + Vorratsveränderungen – Vorleistungen – Abschreibungen

1 Die Nettowertschöpfung wird meist kurz als Wertschöpfung bezeichnet. Zur Bruttowertschöpfung siehe Kapitel 7.6.1.

7.2.2 Volkswirtschaftliche Gesamtrechnung einer geschlossenen Wirtschaft ohne staatliche Aktivität

Volkseinkommen

Rechnen wir die Vermögenseinkommen den Unternehmenseinkommen zu, besteht die Nettowertschöpfung eines einzelnen Unternehmens aus den Arbeitsentgelten (E_{nu}) und den Unternehmens- und Vermögenseinkommen (E_u). Addieren wir gedanklich alle in den Unternehmen[1] geschaffenen Unternehmer- und Nichtunternehmereinkommen, so ergibt sich folgende Rechnung:

Summe aller Arbeitnehmerentgelte, Unternehmens- und Vermögenseinkommen (= Nettowertschöpfung = Faktoreinkommen)
= Summe aller Verkäufe an private Haushalte und Unternehmen (Umsatzerlöse)
- Summe aller Käufe von Materialien und Dienstleistungen von Unternehmen (= Vorleistungen)
- Abschreibungen
+ Vorratsveränderungen

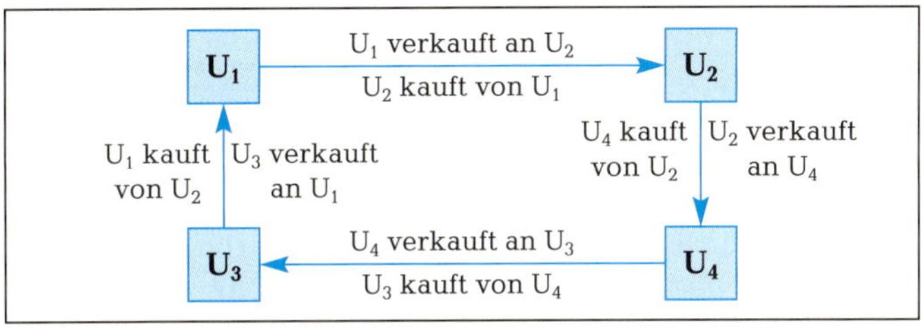

Abb. 7.6

Da die Summe aller **Verkäufe** von Vorleistungen der Summe aller **Käufe** von Vorleistungen gleich ist (Abb. 7.6), können wir diese Vorgänge aus unserer gesamtwirtschaftlichen Gleichung weglassen und schreiben:

Nettowertschöpfung (E_u + E_{nu})
+ Verkäufe an alle privaten Haushalte (Konsum = C)
+ Verkäufe von Anlagegütern (Anlageinvestition = AI)
+ Vorratsveränderungen (Vorratsinvestitionen = VI)
- Abschreibungen (= Ab)

In Symbolen:

$$E = C + AI + VI - Ab$$

Der Saldo aus Anlageinvestition, Vorratsveränderungen und Abschreibungen (= Reinvestition) ergibt die **Nettoinvestition,**[2] sodass wir auch schreiben können:

$$E = C + I$$

1 Wir fassen der Einfachheit halber alle produzierenden Einheiten einer Volkswirtschaft (siehe Fußnote 2 auf S. 261) zum Sektor „Unternehmen" zusammen.

2 Zu den Investitionsbegriffen siehe Kapitel 1.3.3 und Abb. 1.17.

Diese Gleichung stellt somit **nach** Ablauf einer Wirtschaftsperiode (also ex post) fest, dass in einer geschlossenen Wirtschaft ohne staatliche Aktivität das gesamte Einkommen **(= Volkseinkommen = Faktoreinkommen)** der Summe aus Konsumausgaben (C) und Nettoinvestitionen (I) gleich ist.

Wenn wir vom Volkseinkommen (E) den Teil abziehen, der zu Konsumzwecken verwendet wurde (C), erhalten wir das Sparen (S). Hierunter verstehen wir den Nichtverbrauch von Einkommen (Konsumverzicht).[1] Das Volkseinkommen setzt sich somit wie folgt zusammen:

$$E = C + S$$

und $$E = C + I$$

Folglich ist $$C + I = C + S$$

oder $$\mathbf{I = S}$$

Diese **KEYNESsche Investitionsgleichung**[2] besagt, dass *nach* Ablauf einer bestimmten Wirtschaftsperiode das Sparen (S) der Nettoinvestition (I) gleich sein muss, sofern es sich um eine geschlossene Wirtschaft ohne staatliche Aktivität handelt.

Das Problem I = S

Die Investitionsgleichung (I = S) drückt lediglich aus, dass *nach* Ablauf jeder beliebigen Periode I und S übereinstimmen müssen. Eine Aussage darüber, ob das **geplante Sparen** (S_{gepl}) und die **geplanten Nettoinvestitionen** (I_{gepl}) gleich groß sind oder nicht, ist nicht möglich. Befinden sich das geplante Sparen einerseits und die geplanten Nettoinvestitionen andererseits in Übereinstimmung, herrscht *Gleichgewicht*, denn weder die Unternehmen noch die Haushalte haben Veranlassung, ihre Pläne zu revidieren (zu ändern).

Die Gleichgewichtslage ($I_{gepl} = S_{gepl}$) wäre ein reiner Zufall, der in Wirklichkeit noch nicht einmal zu wünschen ist. Ein Gleichgewicht ist nämlich auch bei Unterbeschäftigung (Arbeitslosigkeit) möglich.

In der Realität (in der Wirklichkeit) werden jedoch in aller Regel die geplanten Größen *nicht* mit den tatsächlichen Größen übereinstimmen. Da aber ex post (im Nachhinein) S = I sein *muss*, wie oben bewiesen wurde, vollzieht sich die Anpassung über *ungeplante* Größen, also über das **ungeplante Sparen** (S_{ungepl}) und die **ungeplanten Nettoinvestitionen** (I_{ungepl}). In der Regel stellen die ungeplanten Nettoinvestitionen Veränderungen der Lagerbestände (Vorratsveränderungen) dar, weil im Allgemeinen die geplanten Anlageinvestitionen realisiert (verwirklicht) werden.[3]

Allgemein gilt somit:

$$\underbrace{\mathbf{I_{gepl} + I_{ungepl}}}_{\mathbf{I}} = \underbrace{\mathbf{S_{gepl} + S_{ungepl}}}_{\mathbf{S}}$$

Zur *Begründung*, warum ex post I = S sein muss, untersuchen wir die beiden möglichen Situationen, nämlich $I_{gepl} > S_{gepl}$ und $I_{gepl} < S_{gepl}$.

1 Näheres siehe Kapitel 1.3.1 und 1.3.3.

2 JOHN MAYNARD KEYNES, 1883–1946, berühmter englischer Nationalökonom, Schöpfer der „Neuen Wirtschaftslehre". Im Mittelpunkt seiner Überlegungen stand das gesamtwirtschaftliche Gleichgewicht und das Problem, wie dieses durch aktive Wirtschaftspolitik zu erhalten ist (siehe Kapitel 9.1 und 9.3.5).

3 Zur Wiederholung: Nehmen die Lagerbestände der Unternehmen ab, liegen negative Vorratsveränderungen vor. Nehmen die Lagerbestände zu, sind die Vorratsveränderungen positiv.

1. Die geplante Nettoinvestition ist größer als die geplante Ersparnis

In diesem Fall ist die volkswirtschaftliche Gesamtnachfrage (= Nachfrage nach Konsum- und Investitionsgütern) *größer* als das Angebot (Angebotslücke, auch inflatorische Lücke genannt). Das geplante Sparen ist also im Vergleich zu den geplanten Nettoinvestitionen zu *gering*.

Beispiel:

Das Einkommen in einer Volkswirtschaft beträgt 1 000 Mrd. GE. Die gesamtwirtschaftliche Konsumgüternachfrage beläuft sich auf 920 Mrd. GE. Die Unternehmen planen jedoch Nettoinvestitionen in Höhe von 100 Mrd. GE.

Ist $I_{gepl} > S_{gepl}$ bestehen folgende Anpassungsmöglichkeiten:

a) **Die Unternehmen bauen Lagervorräte ab.** Dadurch wird die Übernachfrage befriedigt. Der Lagerabbau stellt ungeplante negative Nettoinvestitionen dar.

Aus den Zahlen des Beispiels ergibt sich, dass auf diese Weise das geplante Sparen dem tatsächlichen (faktischen) Sparen entspricht (80 Mrd. GE). Die Anpassung hat sich über die ungeplanten Nettoinvestitionen (- 20 Mrd. GE) vollzogen, sodass die faktischen Nettoinvestitionen nur 80 Mrd. GE betragen:

$$I_{gepl}\ (100) + I_{ungepl}\ (-\ 20) = S\ (80)$$

b) **Die Unternehmen führen Lieferfristen ein.** Bei zu geringen Lagerbeständen wollen (oder können) die Unternehmen ihre Lagerbestände nicht abbauen.[1] Dann müssen sie Lieferfristen für ihre Erzeugnisse einführen, sodass ein Teil der Nachfrage in der laufenden Periode *nicht* befriedigt werden kann. Das Sparen wird somit *erzwungen* (Zwangssparen).

Beharren in dem oben verwendeten Zahlenbeispiel die Unternehmen auf ihren geplanten Nettoinvestitionen in Höhe von 100 Mrd. GE (zu konstanten Preisen), kann mit dem restlichen Volkseinkommen von 900 Mrd. GE nur eine Konsumgüternachfrage von ebenfalls 900 Mrd. GE befriedigt werden. Die Überschussnachfrage (20 Mrd. GE) wird erst in späteren Perioden beliefert. Die Nachfrager, die in der laufenden Periode nicht mehr zum Zuge kamen, realisierten (verwirklichten) ein ungeplantes Sparen von 20 Mrd. GE. Es gilt somit:

$$I_{gepl}\ (100) = S_{gepl}\ (80) + S_{ungepl}\ (20)$$

c) **Die Unternehmen erhöhen die Preise.** Insbesondere bei Vollbeschäftigung neigen die Unternehmen dazu, die Preise zu erhöhen.[2] Der Zusatzgewinn der Unternehmen kann dann als zusätzliches ungeplantes Sparen interpretiert werden. Man kann den Sachverhalt aber auch anders ausdrücken: Aufgrund der Preiserhöhungen können die Nachfrager *real weniger* kaufen. Das Sparen (der Nichtverbrauch) wurde *erzwungen* (reales Zwangssparen aufgrund von Preissteigerungen).

---

1 Lagervorräte werden dann nicht abgebaut, wenn die Lagerbestände bereits auf die „eisernen Bestände" zusammengeschrumpft sind. Herrscht in der Wirtschaft Unterbeschäftigung (Arbeitslosigkeit), ist es für die Unternehmen auch schwer, Preiserhöhungen durchzusetzen. Bei gestiegener Nachfrage werden mitunter auch deshalb Lieferfristen (statt Preiserhöhungen) eingeführt, um die Beschäftigung der Betriebe langfristig zu sichern.

2 Diese Annahme entspricht nicht dem Keynesschen Modell. Keynes ging vielmehr von der Prämisse aus, dass kurzfristig die Preise starr sind.

2. Die geplante Nettoinvestition ist kleiner als die geplante Ersparnis

In diesem Fall ist die volkswirtschaftliche Gesamtnachfrage *kleiner* als das Angebot (Nachfragelücke, auch deflatorische Lücke genannt). Das geplante Sparen ist also im Vergleich zu den geplanten Nettoinvestitionen zu *hoch*.

Beispiel:

Das Einkommen in einer Volkswirtschaft beträgt 1 000 Mrd. GE. Die gesamtwirtschaftliche Konsumgüternachfrage beläuft sich auf 880 Mrd. GE. Die Unternehmen planen jedoch Nettoinvestitionen von 100 Mrd. GE.

Folgende Anpassungsmöglichkeiten bestehen:

a) **Die Unternehmen können einen Teil ihrer Erzeugnisse nicht absetzen.** Ist das Sparen zu hoch, bleiben die Unternehmen auf einem Teil ihrer Vorräte „sitzen". Die erhöhten Lagerbestände stellen ungeplante positive Nettoinvestitionen dar.

   Aus den Zahlen des obigen Beispiels ergibt sich, dass die Unternehmen aufgrund der zu geringen Nachfrage (Volkseinkommen 1 000 Mrd. GE, geplante Nettoinvestition 100 Mrd. GE, Konsumgüternachfrage nur 880 Mrd. GE) ihre Lagerbestände um 20 Mrd. GE unfreiwillig (ungeplant) erhöhen müssen. Es gilt folgende Gleichung:

$$I_{gepl}\,(100) + I_{ungepl}\,(20) = S\,(120)$$

b) **Die Unternehmen verkürzen ihre Lieferfristen.** Diese Maßnahme stellt manchen Nachfrager vor die Tatsache, dass die bestellten Erzeugnisse früher als erwartet eintreffen. Hierdurch werden Beträge fällig, die ursprünglich in der laufenden Periode gespart werden sollten. Das ungeplante Sparen ist negativ.

   In dem oben angenommenen Zahlenbeispiel müssen die Unternehmen Erzeugnisse im Wert von 20 Mrd. GE vorzeitig liefern, wenn die geplante Nettoinvestition der realisierten Nettoinvestition gleich sein soll. Die Anpassung geschieht über das negative ungeplante Sparen der Nachfrager (vorzeitige Zahlungen in Höhe von 20 Mrd. GE). Damit gilt folgende Gleichung:

$$I\,(100) = S_{gepl}\,(120) + S_{ungepl}\,(-\,20)$$

c) **Die Unternehmen senken die Preise.** Ist das geplante Sparen im Vergleich zur geplanten Nettoinvestition zu hoch, ist also die Gesamtnachfrage zu gering, können die Unternehmen ihre Preise senken. Dadurch sinken ihre Gewinne. Die Gewinneinbuße kann als ungeplantes negatives Sparen interpretiert werden. Der Sachverhalt kann aber auch anders ausgedrückt werden: Aufgrund der Preissenkungen können die Nachfrager *real mehr* kaufen, sparen also *real* weniger.

   Die Annahme sinkender Preise ist jedoch unrealistisch, und zwar wegen der institutionellen Starrheiten[1] und aufgrund ständig steigender Kostenpreise (Rohstoffpreise, Löhne, Kostensteuern).

Zu bemerken ist, dass sich die faktische Gleichheit von I und S zwar allein aus geplantem und ungeplantem Sparen oder allein aus geplanten und ungeplanten Nettoinvestitionen erklären lässt. In Wirklichkeit wird sich der Anpassungsprozess jedoch aufgrund aller oder zumindest einiger der genannten Anpassungsmöglichkeiten ergeben.

1 Siehe S. 340.

Zusammenfassender Überblick über die Faktoren, die die faktische Gleichheit von I und S bewirken

$I_{gepl} > S_{gepl}$	$I_{gepl} < S_{gepl}$
1. Abbau von Lagervorräten (I_{ungepl} ist negativ) 2. Einführung von Lieferfristen (S_{ungepl} ist positiv) 3. Preiserhöhungen (S_{ungepl} ist positiv) = reales Zwangssparen	1. Aufbau von Lagervorräten (I_{ungepl} ist positiv) = unfreiwillige Vorratsinvestitionen 2. Verkürzung von Lieferfristen (S_{ungepl} ist negativ) 3. Preissenkungen (S_{ungepl} ist negativ)

Übersicht 7.1

Darstellungsformen

1. Darstellung mit Konten

Zum besseren Verständnis der Zusammenhänge empfiehlt es sich, zunächst das nachstehende Zahlenbeispiel zu verfolgen.

Beispiel:

In einer geschlossenen Wirtschaft ohne staatliche Aktivität werden folgende Transaktionen statistisch erfasst:

(a) Die Unternehmen der Investitionsgüterindustrie kaufen von der Konsumgüterindustrie Materialien und Dienstleistungen (= Vorleistungen = VL) 120 Mrd. GE

(b) Die Unternehmen der Konsumgüterindustrie kaufen von der Investitionsgüterindustrie Materialien und Dienstleistungen (= Vorleistungen = VL) 175 Mrd. GE

(1) Verkäufe der Investitionsgüterindustrie an die Konsumgüterindustrie (Anlageinvestitionen = AI) bar 40 Mrd. GE

(2) Verkäufe der Investitionsgüterindustrie an die Investitionsgüterindustrie selbst (Anlageinvestitionen = AI) bar 100 Mrd. GE

(3) Lohn- und Gehaltszahlungen der Investitionsgüterindustrie (E_{nu}) bar 70 Mrd. GE

(4) Lohn- und Gehaltszahlungen der Konsumgüterindustrie (E_{nu}) bar 180 Mrd. GE

(5) Verkäufe der Konsumgüterindustrie an die privaten Haushalte (C) 315 Mrd. GE

(6) Abschreibungen der Investitionsgüterindustrie (Ab) 30 Mrd. GE

(7) Abschreibungen der Konsumgüterindustrie (Ab) 25 Mrd. GE

(8) Mehrbestand an Vorräten bei der Konsumgüterindustrie (Vorratsinvestition = VI) 6 Mrd. GE

(9) Die gesamten Gewinne (E_u) der Unternehmen werden an die privaten Haushalte (hier an die Unternehmerhaushalte) ausgeschüttet.

Die Gewinne ergeben sich als Restgrößen auf den Gewinn- und Verlustkonten der Unternehmen.

Konten der Investitionsgüterindustrie

A	Eröffnungsbilanz		P
AV	300	EK	300
UV	250	S	250
	550		550

Konten der Konsumgüterindustrie

A	Eröffnungsbilanz		P
AV	250	EK	250
UV	150	S	150
	400		400

Konten der Haushalte

A	Eröffnungsbilanz		P
PV	350	EK	350

A = Aktiva (Vermögen)
P = Passiva (Kapital)
AV = Anlagevermögen
UV = Umlaufvermögen
EK = Eigenkapital
S = Sparen
PV = privates Vermögen

V +	Vermögensänderung		V –
(b) VL [+UV]	175	(a) VL [– UV]	120
(1) [+ UV]	40	(2) [– UV]	100
(2) AI [+ AV]	100	(3) [– UV]	70
(2) [+ UV]	100	(6) Ab [– AV]	30
		(9) E_u [– UV]	95
	415		415

V +	Vermögensänderung		V –
(a) VL [+UV]	120	(b) VL [– UV]	175
(1) AI [+ AV]	40	(1) [– UV]	40
(5) [+ AV]	315	(4) [– UV]	180
(8) VI [+ UV]	6	(7) Ab [– AV]	25
		(9) E_u [– UV]	61
	481		481

V +	Vermögensänderung		V –
(3) [+ UV]	70	(5) [– UV]	315
(4) [+ UV]	180	S	91
(9) [+ UV]	95		
(9) [+ UV]	61		
	406		406

V + = Vermögenszunahme
V – = Vermögensabnahme

A	GuV-Konto		E
(a) VL	120	(b) VL	175
(3) E_{nu}	70	(1) AI	40
(6) Ab	30	(2) AI	100
(9) E_u	95		
	315		315

A	GuV-Konto		E
(b) VL	175	(a) VL	120
(4) E_{nu}	180	(5) C	315
(7) Ab	25	(8) VI	6
(9) E_u	61		
	441		441

A	Einkommenskonto		E
(5) C	315	(3) E_{nu}	70
S	91	(4) E_{nu}	180
		(9) E_u	95
		(9) E_u	61
	406		406

A = Aufwand (in der VGR „Ausgabe")
E = Ertrag (in der VGR „Einnahme")
GuV-Konto = Gewinn und Verlustkonto

A	Schlussbilanz		E
AV	370	EK	300
UV	180	S	250
	550		550

A	Schlussbilanz		E
AV	265	EK	250
UV	135	S	150
	400		400

A	Schlussbilanz		P
PV	441	EK	441

Aggregierte Bewegungskonten der VGR

V +	Vermögensänderungskonto		V –
AI (1) + (2)	140	Ab (6) + (7)	55
VI (8)	6	S	91
	146		146

A	Produktionskonto		E
VL (a + b)	295	VL (a + b)	295
Ab (6) + (7)	55	AI (1) + (2)	140
E_{nu} (3) + (4)	250	VI (8)	6
E_u (9)	156	C (5)	315
	756		756

A	Einkommenskonto der privaten Haushalte		E
C (5)	315	E_{nu} (3) + (4)	250
S	91	E_u (9)	156
	406		406

Erläuterungen:

1. Die Eröffnungsbilanzen der einzelnen Sektoren[1] (Investitionsgüterindustrie, Konsumgüterindustrie, private Haushalte) erfassen den **Vermögensbestand** zu Beginn der Rechnungsperiode.

2. Die Vermögensänderungskonten der Sektoren erfassen die **Bestandsänderungen** aufgrund der einzelnen wirtschaftlichen Transaktionen. Da in der Bilanz Vermögensmehrungen im Soll (auf der linken Seite) gebucht werden, stehen diese in den Vermögensänderungskonten ebenfalls im Soll. Im Haben der Vermögensänderungskonten werden folglich die Bestandsminderungen gebucht.

   Kauft z.B. die Konsumgüterindustrie Maschinen und Werkzeuge im Wert von 40 Mrd. GE (siehe Transaktion Nr. 1), so nimmt das *Anlagevermögen* der Konsumgüterindustrie um diesen Betrag zu. Gleichzeitig vermindert sich das Umlaufvermögen um 40 Mrd. GE, falls bar bezahlt wird. (Würde auf Ziel gekauft, ändert sich nichts: Statt einer Abnahme des Umlaufvermögens wäre eine Zunahme der Verbindlichkeiten zu buchen). Andererseits weist die Investitionsgüterindustrie einen Umsatzerlös (Ertrag) von 40 Mrd. GE aus, der sich in einer Zunahme des Umlaufvermögens niederschlägt. Das volkswirtschaftliche Vermögen hat demnach per Saldo um 40 Mrd. GE, eben um die Anlageinvestition zugenommen.

3. Anstelle des Gewinn- und Verlustkontos der Unternehmen steht für die privaten Haushalte das „Einkommenskonto". Die Einkommen der privaten Haushalte können als „Erträge", die Konsumausgaben als „Aufwendungen" interpretiert werden. Übersteigen die Einkommen die Ausgaben, haben die privaten Haushalte (positiv) gespart.

4. In unserer stark vereinfachenden Darstellung einer **volkswirtschaftlichen Gesamtrechnung** werden die Gewinn- und Verlustrechnungen der Unternehmen zum **Produktionskonto,** die Einkommenskonten der privaten Haushalte zum **Einkommenskonto** (der privaten Haushalte) und die Vermögensänderungskonten zu einem **Vermögensänderungskonto**[2] aggregiert.

Merke:

- Das **Vermögensänderungskonto** erfasst im Soll die Anlage- und Vorratsveränderungen (= Bruttoinvestition = I_{br}), weil aufgrund der Investitionen das volkswirtschaftliche Vermögen *zunimmt.*
- **Abschreibungen** werden im Haben des Vermögensänderungskontos gebucht, weil sich der Wert des volkswirtschaftlichen Vermögens um die Höhe der Abschreibungen *vermindert.*
- Sind die Bruttoinvestitionen *höher* als die Abschreibungen, ist der Wert des gesamtwirtschaftlichen Vermögens *gestiegen.* Der **Saldo des Vermögensänderungskontos** wird zum *Ausgleich* des Kontos im Haben gebucht. Er entspricht dem **Gesamtsparen** einer Volkswirtschaft in einer Periode.
- Sind die Bruttoinvestitionen *niedriger* als die Abschreibungen, ist der Wert des gesamtwirtschaftlichen Vermögens *gesunken.* Der **Saldo des Vermögensänderungskontos** wird zum *Ausgleich* im Soll gebucht. In dieser Periode wurde in der Volkswirtschaft „negativ gespart". Der Fachausdruck lautet **„Entsparen",** weil Sparguthaben aufgelöst oder Kredite aufgenommen werden.

1 Sektor = Ausschnitt; hier: Wirtschaftsbereich.

2 Das ESVG kennt drei Vermögensänderungskonten mit Unterkonten. Unterschieden werden die Vermögensbildungskonten (mit zwei Unterkonten), das Finanzierungskonto und die Konten sonstiger Vermögensänderungen (mit zwei Unterkonten). Das Statistische Bundesamt verwendet neben dem Begriff Vermögensänderungskonto auch den Begriff Vermögensveränderungskonto.

Wie das vorangegangene Beispiel lehrt, entfallen durch die Aggregation der einzelwirtschaftlichen Bewegungskonten in der volkswirtschaftlichen Gesamtrechnung eine ganze Reihe von Buchungen, weil sie sich in ihren Wirkungen gegenseitig aufheben. Es verbleiben in einer geschlossenen evolutorischen Wirtschaft ohne staatliche Aktivität lediglich folgende Zahlungsströme:

1. Bruttoinvestitionen (Anlagebruttoinvestitionen und Vorratsveränderungen (I_{br});
2. Abschreibungen (Reinvestitionen) (Ab);
3. Arbeitnehmerentgelt, Unternehmens- und Vermögenseinkommen ($E_{nu} + E_u = E$);
4. Konsumausgaben (C) und – falls mit Hilfe der volkswirtschaftlichen Gesamtrechnung auch der Bruttoproduktionswert ermittelt werden soll (siehe Abb. 7.8) –
5. die Vorleistungen (VL).

Beispiel:

Mit den Zahlen des Beispiels auf S. 267 f. sind in der volkswirtschaftlichen Gesamtrechnung einer geschlossenen evolutorischen Wirtschaft ohne staatliche Aktivität folgende Transaktionen zu buchen:

(1) Bruttoinvestitionen	146 Mrd. GE
(2) Abschreibungen (Reinvestitionen)	55 Mrd. GE
(3) Konsumausgaben	315 Mrd. GE
(4) Arbeitnehmerentgelt (Nichtunternehmereinkommen)	250 Mrd. GE
(5) Unternehmens- und Vermögenseinkommen[1]	156 Mrd. GE

Auf Konten dargestellt ergibt sich folgendes Bild:

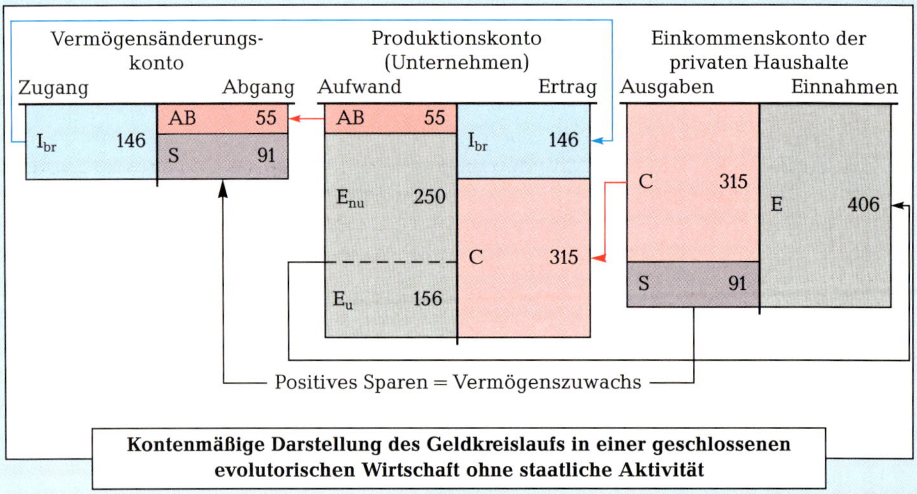

Abb. 7.7

1 In diesem und in den folgenden Modellen wird angenommen, dass die Unternehmensgewinne vollständig an die privaten Haushalte ausgeschüttet werden. Nicht ausgeschüttete Gewinne sind Ersparnisse der Unternehmen.

2. Darstellung mit Gleichungen (Entstehung, Verteilung und Verwendung des Volkseinkommens)

Mit Hilfe des Zahlenbeispiels lassen sich die verschiedenen Berechnungsmethoden des Volkseinkommens darstellen.

Entstehungsrechnung

Das Volkseinkommen entsteht in den einzelnen Wirtschaftsbereichen. Es ist die Summe aller in einer Volkswirtschaft geschaffenen Einkommen in einer Rechnungsperiode (i.d.R. in einem Jahr).

Aus den Zahlen unseres Beispiels auf S. 267 f. (GuV-Konten der Investitions- und Konsumgüterindustrie) ergibt sich:

Nettowertschöpfung der Investitionsgüterindustrie ($E_{nu} + E_u$ = 70 Mrd. GE + 95 Mrd. GE)	165 Mrd. GE
Nettowertschöpfung der Konsumgüterindustrie ($E_{nu} + E_u$ = 180 Mrd. GE + 61 Mrd. GE)	241 Mrd. GE
Volkseinkommen	406 Mrd. GE

Allgemein gilt:

$$\mathbf{E = W_1 + W_2 + W_3 + W_4 + W_5 \ldots + W_n}$$

wobei E = Volkseinkommen und W = Nettowertschöpfung eines bestimmten Wirtschaftsbereichs bedeutet.

Verteilungsrechnung

Das Volkseinkommen fließt verschiedenen Personengruppen zu. Man spricht von der personellen Einkommensverteilung. Wie bereits gesagt, unterscheidet das ESVG zwischen dem Arbeitnehmerentgelt und dem Unternehmens- und Vermögenseinkommen.

Unser Zahlenbeispiel liefert folgende Werte:

Arbeitnehmerentgelt (Nichtunternehmereinkommen = E_{nu})	250 Mrd. GE
Unternehmens- und Vermögenseinkommen (E_u)	156 Mrd. GE
Volkseinkommen	406 Mrd. GE

Allgemein gilt:

$$\mathbf{E = E_{nu} + E_u}$$

Verwendungsrechnung

Das geschaffene Volkseinkommen wird nicht nur verteilt, sondern auch wieder dem Wirtschaftskreislauf zugeführt: Es wird „verwendet".

Zur Erläuterung der Verwendungsrechnung sei nochmals das Produktionskonto aus dem vorangegangenen Zahlenbeispiel herangezogen (siehe S. 268). Hieraus ergibt sich – immer unter Verwendung der vorgegebenen Zahlen – folgende Rechnung (Abb. 7.8):

Produktionskonto in einer geschlossenen Wirtschaft ohne staatliche Aktivität

Aufwand		Ertrag	
Vorleistungen (z.B. Materialeinkäufe, Zinsen an Unternehmen, Käufe von Dienstleistungen anderer Unternehmen)	295	Vorleistungen (z.B. Materialverkäufe, Zinsen von Unternehmen, Verkäufe von Dienstleistungen an andere Unternehmen)	295
Abschreibungen	55	Bruttoanlageinvestition	140
Arbeitnehmerentgelt (Nichtunternehmereinkommen)	250	Vorratsveränderungen	6
Unternehmens- und Vermögenseinkommen	156	Konsumausgaben	315
Produktionswert	756	Produktionswert	756

Bruttonationaleinkommen[1] = Bruttowertschöpfung (Abschreibungen bis Unternehmens- und Vermögenseinkommen)

Nettowertschöpfung = Nettonationaleinkommen[1] = Faktoreinkommen = Volkseinkommen (Arbeitnehmerentgelt bis Unternehmens- und Vermögenseinkommen)

Produktionswert (Vorleistungen bis Konsumausgaben)

Abb. 7.8

	Bruttoanlageinvestitionen	140 Mrd. GE	
+	Vorratsveränderung	6 Mrd. GE	
	Bruttoinvestitionen		146 Mrd. GE
-	Abschreibungen		55 Mrd. GE
	Nettoinvestitionen		91 Mrd. GE
+	Konsumausgaben		315 Mrd. GE
	Volkseinkommen		406 Mrd. GE

Allgemein gilt: $E = C + I_{br} - Ab$

$$\mathbf{E = C + I}$$

Entstehungsrechnung			Verteilungsrechnung			Verwendungsrechnung	
Nettowertschöpfung der Landwirtschaft	W_1		Arbeitnehmerentgelt (Nichtunternehmereinkommen)	E_{nu}		Nettoinvestitionen (I_{br} - Ab)	I
+ Nettowertschöpfung des Bergbaus	W_2		+ Unternehmens- und Vermögenseinkommen	E_u		+ Konsumausgaben	C
+ Nettowertschöpfung der Eisen schaffenden Industrie	W_3	=			=		
+ Nettowertschöpfung der Maschinenindustrie	W_4						
....	.....						
....	.....						
....	W_n						
= Volkseinkommen	E		= Volkseinkommen	E		= Volkseinkommen	E

Abb. 7.9

1 Das **Bruttonationaleinkommen** entspricht in etwa dem herkömmlichen **Bruttosozialprodukt,** das **Nettonationaleinkommen** in etwa dem **Nettosozialprodukt.**

Aufgaben zur Lernkontrolle

1. Skizzieren Sie das Modell des Geldkreislaufs einer geschlossenen evolutorischen Wirtschaft ohne staatliche Aktivität! Worin unterscheidet sich dieses Modell vom Modell der stationären Wirtschaft?

2. Stellen Sie anhand folgender Zahlen den Geldkreislauf in einer geschlossenen evolutorischen Wirtschaft ohne staatliche Aktivität (a) in einem Kreislaufschema und (b) auf Konten dar!

(a)	Bruttoinvestitionen	80 Mrd. GE
(b)	Abschreibungen (Reinvestition)	60 Mrd. GE
(c)	Arbeitnehmerentgelt (Nichtunternehmereinkommen)	450 Mrd. GE
(d)	Konsumausgaben	600 Mrd. GE
(e)	Unternehmens- und Vermögenseinkommen	?

Es wird unterstellt, dass die Unternehmen den gesamten Gewinn an die privaten Haushalte ausschütten.

3. Beantworten Sie aufgrund der Ergebnisse aus Aufgabe 2 folgende Fragen:
   3.1 Wie hoch ist die Nettowertschöpfung?
   3.2 Wie lautet die Verteilungsrechnung des Volkseinkommens?
   3.3 Wie hoch ist die Lohnquote (= prozentualer Anteil des Arbeitnehmereinkommens am Volkseinkommen)?
   3.4 Wie hoch ist die Gewinnquote (= prozentualer Anteil des Unternehmereinkommens am Volkseinkommen)?
   3.5 Wie lautet die Verwendungsrechnung? (Formel!)
   3.6 Wie groß ist das Bruttonationaleinkommen? (Formel!)
   3.7 Warum übersteigt das Bruttonationaleinkommen das Volkseinkommen?

4. Die Gewinn- und Verlustrechnung eines Unternehmens weist folgende Zahlen aus:

(a)	Roh-, Hilfs- und Betriebsstoffverbrauch		20 000,00 GE
(b)	Fremdreparaturen		13 000,00 GE
(c)	Zinsen		
	a) an Banken	6 000,00 GE	
	b) an Private	4 000,00 GE	10 000,00 GE
(d)	Mieten und Pachten		
	a) an fremde Unternehmen	2 000,00 GE	
	b) an Private	3 000,00 GE	5 000,00 GE
(e)	Abschreibungen		12 500,00 GE
(f)	Löhne und Gehälter		34 000,00 GE
(g)	Mehrbestände an unfertigen und fertigen Erzeugnissen		7 000,00 GE
(h)	Umsatzerlöse		108 000,00 GE

Die **Einkäufe** an Roh-, Hilfs- und Betriebsstoffen betrugen 18 000,00 GE.

Berechnen Sie die Wertschöpfung des Unternehmens!

5. Wie hoch wäre die Wertschöpfung des Unternehmens, wenn am Ende der Rechnungsperiode ein **Minder**bestand an unfertigen und fertigen Erzeugnissen in Höhe von 3000 GE vorläge?

6. Definieren Sie den Begriff „Nettowertschöpfung“!

7. Leiten Sie die Keynessche Investitionsgleichung ab!

18 Hartmann - ISBN 978 3 8120-0320-9

8. Begründen Sie die ex-post-Gleichheit von S und I!

9. Die volkswirtschaftliche Gesamtrechnung in einer geschlossenen evolutorischen Wirtschaft ohne staatliche Aktivität liefert folgende Zahlen:

Konsumausgaben (C) 330 Mrd. GE; Bruttoanlageinvestitionen 220 Mrd. GE; Vorratsinvestitionen – 12 Mrd. GE; Abschreibungen (Reinvestitionen) 58 Mrd. GE.

Die Nettowertschöpfung der einzelnen Wirtschaftsbereiche betrug:

Wirtschaftsbereiche	Arbeitnehmerentgelt	Unternehmens- und Vermögenseinkommen
Landwirtschaft	30	15
Bergbau	40	20
Eisen schaffende Industrie	60	30
Maschinenindustrie	90	45
sonstige Wirtschaftszweige	100	50

Berechnen Sie das Volkseinkommen von der Entstehungs-, Verteilungs- und Verwendungsseite!

10. Welche Positionen enthält das Vermögensänderungskonto? Begründen Sie, warum die Bruttoinvestitionen im Soll, die Abschreibungen im Haben des Vermögensänderungskontos gebucht werden müssen!

11. Das Vermögensänderungskonto einer geschlossenen Wirtschaft ohne staatliche Aktivität sieht wie in nebenstehender Abbildung gezeigt aus.

11.1 Welche wirtschaftliche Situation liegt vor?

11.2 Welche wirtschaftlichen Folgen werden sich ergeben?

Vermögensänderungskonto

Zugang		Abgang	
I_{br}	177 Mrd.	Ab	182 Mrd.
S	5 Mrd.		
	182 Mrd.		182 Mrd.

12. Prüfen Sie nach, ob Sie die Aggregation (Zusammenfassung) der Erfolgsrechnungen von Einzelunternehmen zum Produktionskonto verstanden haben, indem Sie mit Hilfe zweier Erfolgsrechnungen eine einfache volkswirtschaftliche Gesamtrechnung erstellen!

In einer geschlossenen Wirtschaft ohne staatliche Aktivität gibt es nur zwei Unternehmen A und B, die nachstehende Erfolgsrechnungen ausweisen (Zahlen in Tausend GE):

Gewinn- und Verlustkonto des Unternehmens A

Aufwand		Ertrag	
1. Vorleistungen (gezahlt an Unternehmen B)	400	1. Umsatzerlöse	
		a) Verkäufe von Vorleistungen an Unternehmen B	580
2. Personalaufwendungen	450	b) Investitionsgüter (Anlagegüter)	100
3. Zinsaufwendungen (gezahlt an private Haushalte)	60	c) Konsumgüter	490
4. Miet- und Pachtaufwendungen (gezahlt an private Haushalte)	40	2. Mehrbestände an unfertigen und fertigen Erzeugnissen	40
5. Abschreibungen	180	3. Innerbetriebliche Eigenleistungen (selbst erstellte Anlagen)	10
6. Gewinn	90		
	1220		1220

Aufwand	Gewinn- und Verlustkonto des Unternehmens B		Ertrag
1. Vorleistungen (gezahlt an Unternehmen A)	580	1. Umsatzerlöse	
		a) Verkäufe von Vorleistungen an Unternehmen A	400
2. Personalaufwendungen	390	b) Investitionsgüter (Anlagegüter)	220
3. Zinsaufwendungen (gezahlt an private Haushalte)	40	c) Konsumgüter	600
4. Miet- und Pachtaufwendungen (gezahlt an private Haushalte)	10	2. Mehrbestände an unfertigen und fertigen Erzeugnissen	20
5. Abschreibungen	150		
6. Gewinn	70		
	1 240		1 240

12.1 Erstellen Sie das Einkommenskonto, das Produktionskonto und das Vermögensänderungskonto! (Es wird vorausgesetzt, dass alle Gewinne ausgeschüttet werden.)

12.2 Berechnen Sie mit Hilfe von Gleichungen folgende Größen:
a) das Volkseinkommen,
b) die Bruttoinvestitionen (Anlageinvestitionen und Vorratsveränderungen),
c) die Nettoinvestitionen und
d) das Sparen!

12.3 Erstellen Sie die
a) Entstehungs-,
b) Verteilungs- und
c) Verwendungsrechnung
des Volkseinkommens!

12.4 Rechnen Sie das ermittelte Volkseinkommen den einzelnen Produktionsfaktoren zu! Wie viel GE entfallen auf die Produktionsfaktoren?

7.3 Kreislauf der geschlossenen evolutorischen Wirtschaft mit staatlicher Aktivität

Das **Modell der geschlossenen evolutorischen Wirtschaft mit staatlicher Aktivität** führt den Sektor „Staat" in das bisherige Modell ein. Der Staat entzieht der Wirtschaft Geldmittel mit Hilfe von Steuern, Gebühren und Beiträgen. Aufgrund der Staatsausgaben werden der Wirtschaft Geldmittel zugeführt.

Wir beschränken unsere Betrachtung im Folgenden auf die staatlichen Aktivitäten, die sich in den Gewinn- und Verlustrechnungen der Unternehmen niederschlagen. Auf der Aufwandsseite sind dies die **Produktions- und Importabgaben** (indirekte Steuern einschließlich Zölle = T_{ind}),[1] die bei der Gewinnermittlung abzugsfähig sind. Zu den Produktionsabgaben, die auch als Gütersteuern bezeichnet werden, zählen z.B. die Umsatz-

1 T = Abkürzung für „Tax" (engl.) = Steuer (Taxe). In der Literatur wird der Saldo aus T_{ind} und Z häufig lediglich mit dem Symbol T_i bezeichnet.

steuer,[1] die Grundsteuer (für Betriebsgrundstücke), die Gewerbesteuer, die Kraftfahrzeugsteuer (für betrieblich genutzte Kraftfahrzeuge) und die Verbrauchsteuern (z.B. Kaffeesteuer, Tabaksteuer, Teesteuer usw.).[2]

Während die Produktions- und Importabgaben (die „indirekten Steuern" = T_{ind}) die Gewinne der Unternehmen *schmälern*, werden die Gewinne durch **Subventionen** (Zuschüsse = Z)[3] an Unternehmen *erhöht*. Die Produktions- und Importabgaben stellen daher Aufwand, Subventionen hingegen Ertrag dar. Der Saldo zwischen den Produktions- und Importabgaben (T_{ind}) und den Subventionen (Z) ergibt die **Nettoproduktionsabgaben** (T_{ind} - Z).

7.3.1 Auswirkung der Nettoproduktionsabgaben auf die Einkommensentstehung im Unternehmen

Wir knüpfen die folgenden Überlegungen unter Verwendung der bereits entwickelten neuen Begriffe an das Gewinn- und Verlustkonto eines einzelnen Unternehmens an (Kapitel 7.2.1, Abb. 7.5), um die Auswirkungen der Produktions- und Importabgaben einerseits und der Subventionen andererseits zeigen zu können.

Beispiel:

Vor Erhebung von Produktions- und Importabgaben und *vor* Zahlung von Subventionen hat unser Gewinn- und Verlustkonto folgendes Aussehen:

Gewinn- und Verlustkonto

Aufwand		Ertrag	
Materialeinkauf (stellvertretend für alle Vorleistungen)	26000,00	Umsatzerlöse (Verkäufe)	82000,00
Abschreibungen	12000,00	Vorratsveränderung	16000,00
Arbeitnehmerentgelt	30000,00		
Unternehmenseinkommen	30000,00		
	98000,00		98000,00

Abb. 7.10

1 Vom betriebswirtschaftlichen Standpunkt aus ist die Umsatzsteuer ein durchlaufender Posten, weil sie vollständig auf die privaten Haushalte abgewälzt wird. In der volkswirtschaftlichen Gesamtrechnung erscheint die Umsatzsteuer auf der Habenseite des Produktionskontos in den Größen I_{br} und C, weil die Umsatzerlöse der Unternehmen brutto, d.h. einschließlich Umsatzsteuer ausgewiesen werden. Die „Korrektur" erfolgt auf der Sollseite des Produktionskontos mit Hilfe der Position „Produktions- und Importabgaben", die die durch die Unternehmen gezahlte Umsatzsteuer enthält (siehe Abb. 7.11 bzw. 7.12).

2 Die direkten Steuern sind aus dem Einkommen (Gewinn, Lohn oder Gehalt) zu zahlen (z.B. Einkommensteuer, Körperschaftsteuer, Lohnsteuer). Die direkten Steuern bleiben in diesem Zusammenhang deswegen außer Betracht, weil mit Hilfe der hier zu behandelnden (vereinfachten) volkswirtschaftlichen Gesamtrechnung die Bruttoeinkommen (Einkommen vor Abzug der direkten Steuern und der von den Arbeitnehmern selbst zu tragenden Sozialversicherungsbeiträgen) ermittelt werden sollen. Die im Produktionskonto ermittelte Einkommensverteilung wird daher als Primärverteilung bezeichnet. Die Sekundärverteilung ergibt sich, wenn der Staat direkte Steuern bei den Wohlhabenderen erhebt und sie in Form von Transferzahlungen (z.B. Renten, Pensionen, Ausbildungsbeihilfen, Fürsorgeunterstützungen usw.) den sozial Schwächeren zuführt (= abgeleitete Einkommen oder Sozialeinkommen). Mit Hilfe der direkten Steuern (und der von den Arbeitnehmern zu tragenden Sozialversicherungsbeiträgen) führt also der Staat eine Einkommensumverteilung durch.

3 Subventionen = Zuschüsse (= Z).

Unter Berücksichtigung der Produktions- und Importabgaben (indirekten Steuern) (Aufwand) und Subventionen (Ertrag) ergeben sich Änderungen auf der Aufwands- und Ertragsseite, wobei vorausgesetzt ist, dass das Unternehmen die nicht durch Subventionen ausgeglichenen Produktions- und Importabgaben durch Erhöhung der Verkaufspreise gedeckt hat.[1] Betragen die Produktions- und Importabgaben z.B. 5 000,00 GE und die Subventionen 2 000,00 GE, so werden die Absatzpreise um insgesamt 3 000,00 GE erhöht. Es ergibt sich folgendes Gewinn- und Verlustkonto:

Aufwand	Gewinn- und	Verlustkonto	Ertrag
Materialeinkauf (stellvertretend für alle Vorleistungen)	26 000,00	Umsatzerlöse (Verkäufe)	85 000,00
Abschreibungen	12 000,00	Vorratsveränderung	16 000,00
Produktions- und Importabgaben	5 000,00	Subventionen	2 000,00
Arbeitnehmerentgelt	30 000,00		
Unternehmenseinkommen	30 000,00		
	103 000,00		103 000,00

Abb. 7.11

Zum gleichen Ergebnis gelangt man, wenn – wie in volkswirtschaftlichen Gesamtrechnungen üblich – die Produktions- und Importabgaben (T_{ind}) mit den Subventionen (Z) saldiert werden.

Aufwand	Gewinn- und	Verlustkonto	Ertrag
Materialeinkauf (VL)	26 000,00	Umsatzerlöse einschließlich Vorratsveränderungen	101 000,00
Abschreibungen (Ab)	12 000,00		
Nettoproduktionsabgaben (T_{ind} - Z)	3 000,00		
Arbeitnehmerentgelt (E_{nu})	30 000,00		
Unternehmenseinkommen (E_u)	30 000,00		
	101 000,00		101 000,00

Abb. 7.12

Merke:

- Für das einzelne Unternehmen stellen die Produktions- und Importabgaben Aufwendungen, die Subventionen Erträge dar.
- Erhebt der Staat Produktions- und Importabgaben und zahlt er Subventionen, errechnet sich die Nettowertschöpfung (das Faktoreinkommen) eines einzelnen Unternehmens wie folgt:

  Umsatzerlös einschließlich Vorratsveränderungen – Vorleistungen – Abschreibungen – Nettoproduktionsabgaben.

1 Es ist geradezu der Zweck der Produktions- und Importabgaben, dass Steuerzahler (die Unternehmen) und Steuerträger (die privaten Haushalte) auseinander fallen. (Daher auch die Bezeichnung „indirekte" [mittelbare] Steuern.) Ob es den Unternehmen in Wirklichkeit immer gelingt, diese Steuern und Abgaben vollständig auf die Käufer zu überwälzen, hängt von den Nachfrageelastizitäten ab. Je unelastischer die Nachfrage ist, desto leichter ist es für die Unternehmen, die Steuern zu überwälzen.

7.3.2 Volkswirtschaftliche Gesamtrechnung einer geschlossenen Wirtschaft mit staatlicher Aktivität

Unter Einbeziehung der Nettoproduktionsabgaben (T_{ind} – Z) ergibt sich das Volkseinkommen wie folgt: Bruttonationaleinkommen (Bruttowertschöpfung) abzüglich Abschreibungen abzüglich Nettoproduktionsabgaben (siehe Abb 7.14). In Symbolen:

$$E = BNE - Ab - (T_{ind} - Z).$$

Von der Verwendungsseite her wird das Volkseinkommen wie folgt berechnet:

	Volkseinkommen
=	**Summe aller Verkäufe an private Haushalte (C_{pr}) und den Staat (C_{St})**
+	**Summe aller Verkäufe von Anlagegütern (AI)**
+	**Vorratsveränderungen (VI)**
–	**Nettoproduktionsabgaben (T_{ind} – Z)**
–	**Abschreibungen (Ab)**

Formelmäßig dargestellt gilt:

$$E = C + AI + VI - (T_{ind} - Z) - Ab$$

$$\mathbf{E = C + I - (T_{ind} - Z)} \quad \text{(da AI + VI – Ab = I)}$$

Darstellungsformen

1. Darstellung mit Konten

Beispiel:

In einer geschlossenen Wirtschaft mit staatlicher Aktivität werden folgende Transaktionen statistisch erfasst:

(1)	Bruttoinvestition		156 Mrd. GE
(2)	Abschreibungen (Reinvestitionen)		55 Mrd. GE
(3)	Konsumausgaben		
	der privaten Haushalte	305 Mrd. GE	
	des Staates	40 Mrd. GE	345 Mrd. GE
(4)	Produktions- und Importabgaben	50 Mrd. GE	
	Subventionen	10 Mrd. GE	40 Mrd. GE
(5)	Arbeitnehmerentgelt (Nichtunternehmer-einkommen)		250 Mrd. GE
(6)	Unternehmenseinkommen (vollständig an die privaten Haushalte ausgeschüttet)[1]		156 Mrd. GE

1 Das Modell ändert sich nicht, wenn unterstellt wird, dass die Unternehmen einen Teil der Gewinne einbehalten. In diesem Fall wird ein Teil des Unternehmereinkommens als Ersparnis der Unternehmen (S_u) ausgewiesen. Das Volkseinkommen berechnet sich dann wie folgt: Arbeitnehmerentgelt + ausgeschüttete Gewinne + nicht ausgeschüttete Gewinne.

Auf Konten dargestellt, ergibt sich folgendes Bild:

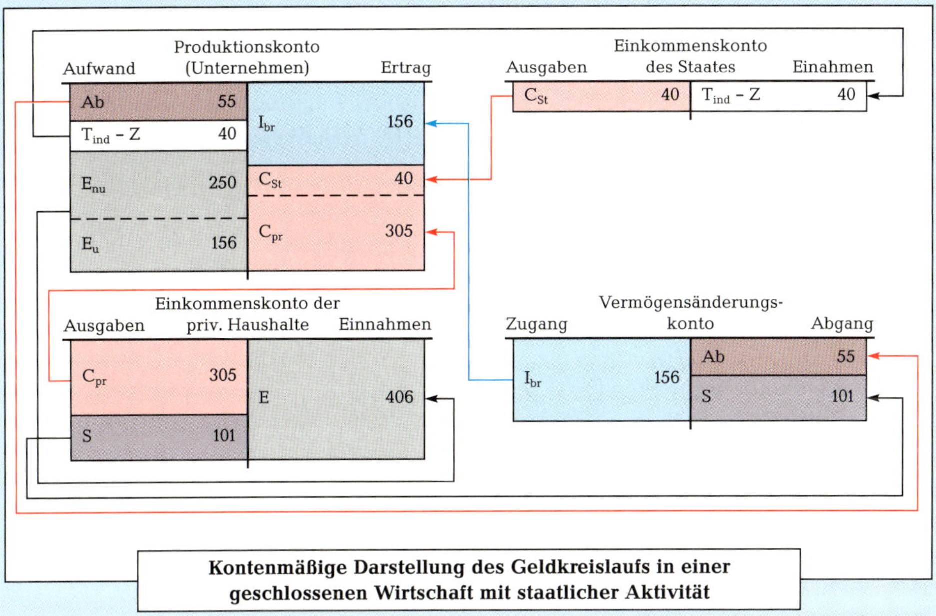

Abb. 7.13

2. Darstellung in Gleichungen

In einer geschlossenen evolutorischen Wirtschaft mit staatlicher Aktivität ändert sich die **Verwendungsrechnung,** denn in den Investitions- und Konsumausgaben sind die gezahlten Nettoproduktionsabgaben enthalten (siehe S. 278):

$$\mathbf{E = C + I - (T_{ind} - Z)}$$

Außerdem ergeben sich verschiedene Einkommensbegriffe, die im Folgenden (S. 280 f.) erklärt werden:

Begriffe	**Symbole**
Bruttonationaleinkommen = Bruttowertschöpfung	BNE
Nettonationaleinkommen zu Marktpreisen = Primäreinkommen = Nettowertschöpfung	NNE
Volkseinkommen = Nettonationaleinkommen zu Herstellungspreisen	E

Erweitern wir das Produktionskonto aus der Abb. 7.13[1] um die Vorleistungen (295 Mrd. GE), erhalten wir nachstehende Darstellung:

Produktionskonto in einer geschlossenen evolutorischen Wirtschaft mit staatlicher Aktivität

Aufwand		Ertrag	
Vorleistungen (VL)	295	Vorleistungen (VL)	295
Abschreibungen (Ab)	55	Bruttoinvestition (I_{br})	
Nettoproduktionsabgaben (T_{ind} - Z)	40	Bruttoanlageinvestition 150	
Arbeitnehmerentgelt	250	Vorratsveränderungen 6	156
		Konsumausgaben der privaten Haushalte (C_{pr}) 305	
Unternehmenseinkommen (E_u)	156	des Staates (C_{St}) 40	345
Produktionswert	796	Produktionswert	796

Bruttonationaleinkommen = Bruttowertschöpfung (Abschreibungen bis Unternehmenseinkommen)

Nettonationaleinkommen zu Marktpreisen = Nettowertschöpfung = Primäreinkommen (Nettoproduktionsabgaben bis Unternehmenseinkommen)

= Volkseinkommen = Nettonationaleinkommen zu Herstellungspreisen (Arbeitnehmerentgelt bis Unternehmenseinkommen)

Produktionswert[2] (Vorleistungen bis Konsumausgaben)

Abb. 7.14

Aus dem Produktionskonto lassen sich nun ohne weiteres verschiedene Einkommensbegriffe ermitteln bzw. bei gegebenen Zahlen berechnen.

Bruttonationaleinkommen (Bruttowertschöpfung)

Das Bruttonationaleinkommen (die Bruttowertschöpfung) stellt den Wert aller während einer Periode (in der Regel eines Jahres) hergestellten wirtschaftlichen Güter (Sachgüter, Dienstleistungen, immaterielle Güter wie z. B. gekaufte oder selbst erstellte Software und Patente) *ohne* Vorleistungen dar. Vom „Brutto"nationaleinkommen wird deshalb gesprochen, weil es die *Brutto*investitionen enthält, die Abschreibungen (Reinvestitionen) also mit in die Berechnung einbezogen sind. Das Bruttonationaleinkommen kann zu jeweiligen und zu konstanten Preisen errechnet werden. Erfolgt die Errechnung mit jeweiligen Preisen, spricht man vom **nominellen**[3] **Bruttonationaleinkommen.** Wird mit konstanten Preisen (den Preisen eines Ausgangsjahrs) gerechnet, handelt es sich um das **reale**[4] **Bruttonationaleinkommen.**

Formelmäßig (in Form von Gleichungen) kann man schreiben:

$$\mathbf{BNE = I_{br} + C}$$

oder

$$BNE = E_{nu} + E_u + (T_{ind} - Z) + Ab$$

1 Vgl. auch Abb. 7.2 und Abb. 7.8.

2 Der Produktionswert wird von der ESVG meistens ohne Nettoproduktionsabgaben ausgewiesen.

3 Nominell = dem Namen nach, dem Nennwert nach.

4 Real = wirklich, tatsächlich.

Nettonationaleinkommen zu Marktpreisen (Primäreinkommen)

Zieht man vom Bruttonationaleinkommen die Abschreibungen (Reinvestitionen) ab, erhält man das Nettonationaleinkommen zu Marktpreisen: „Netto"nationaleinkommen deshalb, weil in die Berechnung lediglich die Nettoinvestitionen eingehen.

Die entsprechenden Berechnungsformeln lauten:

$$NNE = E_{br} - Ab$$

oder **$NNE = I + C$** (da $I = I_{br} - Ab$)

oder $NNE = E_{nu} + E_u + (T_{ind} - Z)$

Volkseinkommen (Nettonationaleinkommen zu Herstellungspreisen)

Werden bei der Berechnung des Nationaleinkommens die Nettoproduktionsabgaben nicht berücksichtigt, erhält man das Volkseinkommen (= Nettonationaleinkommen zu Herstellungspreisen).

Es bestehen folgende Berechnungsmöglichkeiten:

$$E = BNE - Ab - (T_{ind} - Z) = NNE - (T_{ind} - Z) = E_{nu} + E_u$$

oder **$E = I + C - (Tind - Z)$**

oder $E = I_{br} + C - Ab - (T_{ind} - Z)$

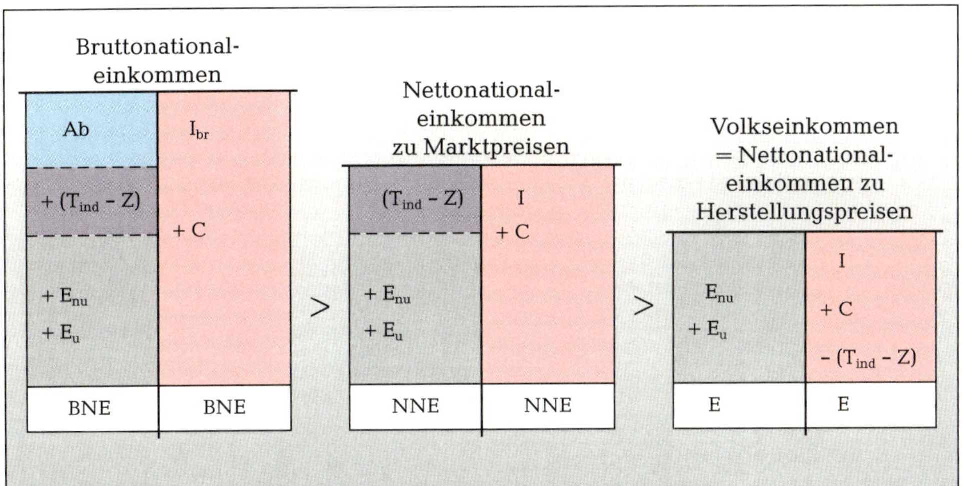

Überblick über die Einkommensbegriffe in einer geschlossenen Wirtschaft mit staatlicher Aktivität

Abb. 7.15

Aufgaben zur Lernkontrolle

1. Skizzieren Sie das Modell des Geldkreislaufs einer geschlossenen evolutorischen Wirtschaft mit staatlicher Aktivität! Worin unterscheidet sich dieses Modell vom Modell der geschlossenen Wirtschaft ohne staatliche Aktivität?

2. Wie wirken sich Produktions- und Importabgaben einerseits und Subventionen andererseits auf die Gewinn- und Verlustrechnung eines Unternehmens aus?

3. In einer geschlossenen evolutorischen Wirtschaft werden folgende Transaktionen statistisch erfasst:

(1) Bruttoanlageinvestitionen		140 Mrd. GE
(2) Vorratsveränderungen		– 12 Mrd. GE
(3) Abschreibungen (Reinvestitionen)		60 Mrd. GE
(4) Konsumausgaben		
der privaten Haushalte	300 Mrd. GE	
des Staates	45 Mrd. GE	345 Mrd. GE
(5) Produktions- und Importabgaben		55 Mrd. GE
(6) Subventionen		10 Mrd. GE
(7) Arbeitnehmerentgelt (Nichtunternehmereinkommen)		260 Mrd. GE
(8) Unternehmenseinkommen		
ausgeschüttete Gewinne	58 Mrd. GE	
nicht ausgeschüttete Gewinne (Su)	?	?

Buchen Sie die genannten Transaktionen auf folgende Konten einer einfachen volkswirtschaftlichen Gesamtrechnung: Produktionskonto, Einkommenskonto der privaten Haushalte, Einkommenskonto des Staates und Vermögensänderungskonto!

4. Beantworten Sie aufgrund der Ergebnisse aus Aufgabe 3 folgende Fragen:
   4.1 Wie hoch sind Volkseinkommen, Nettonationaleinkommen zu Marktpreisen und Bruttonationaleinkommen?
   4.2 Wie lautet die Verteilungsrechnung des Volkseinkommens?

5. Warum ist das Nettonationaleinkommen zu Marktpreisen normalerweise größer als das Nettonationaleinkommen zu Herstellungspreisen?

6. Prüfen Sie, ob die Keynessche Investitionsgleichung auch in einer geschlossenen Wirtschaft mit staatlicher Aktivität gilt! Begründen Sie Ihre Antwort!

7. Berechnen Sie die fehlenden Größen:

E	BNE	NNE	C	I_{br}	Ab	I	T_{ind}	Z	E_{nu}	E_u	S
500	?	?	300	?	30	250	60	10	?	100	?
?	650	?	500	200	50	?	80	80	400	?	?
?	?	800	650	?	50	100	120	20	600	?	?
700	?	?	620	?	30	?	50	10	500	?	120

7.4 Kreislauf der offenen evolutorischen Wirtschaft mit staatlicher Aktivität

Das Modell der **offenen** evolutorischen Wirtschaft mit staatlicher Aktivität führt (vereinfacht) den Sektor „Ausland" in das bisherige Modell ein. Erfasst werden auch hier lediglich die Zahlungsströme. Die Größe **Export** beinhaltet somit die Erlöse der Unternehmen aus der Ausfuhr wirtschaftlicher Güter, die Größe **Import** die Zahlungen der Unternehmen für die Einfuhr wirtschaftlicher Güter.[1]

In unserem Modell gehen wir zunächst davon aus, dass a) die im Ausland geschaffenen und Inländern zugeflossenen Erwerbs- und Vermögenseinkommen und b) die im Inland geschaffenen und Ausländern zugeflossenen Erwerbs- und Vermögenseinkommen null oder gleich hoch sind. Ebenso bleiben zunächst die von der Europäischen Union (EU)[2] empfangenen Subventionen und die geleisteten Produktions- und Importabgaben an die Europäische Union außer Betracht.

7.4.1 Auswirkungen des Exports und Imports auf die Einkommensentstehung im Unternehmen

Ein Unternehmen, das wirtschaftliche Güter (Sachgüter, Dienstleistungen oder Rechte) exportiert, erzielt Umsatzerlöse (Erträge). Importe stellen hingegen Aufwand dar.[3]

Beispiel:

Die im Kapitel 7.3.1 (Abb. 7.11, S. 277) vorgestellte Gewinn- und Verlustrechnung eines einzelnen Unternehmens wird um die Importe in Höhe von 6000,00 GE und die Exporte in Höhe von 7500,00 GE erweitert.

Wir erhalten folgende Gewinn- und Verlustrechnung:

Aufwand		Gewinn- und Verlustkonto	Ertrag
Materialeinkauf (stellvertretend für alle Vorleistungen)	2600,00	Umsatzerlöse aus Verkäufen an inländische Abnehmer	85000,00
Abschreibungen	12000,00	Export (Umsatzerlös aus Verkäufen an ausländische Abnehmer)	7500,00
Produktions- und Importabgaben	5000,00	Vorratsveränderungen	16000,00
Import	6000,00	Subventionen	2000,00
Arbeitnehmerentgelt	30000,00		
Unternehmenseinkommen	31500,00		
	110500,00		101000,00

Abb. 7.16

Zum gleichen Ergebnis gelangt man, wenn – wie in volkswirtschaftlichen Gesamtrechnungen üblich – die Produktions- und Importabgaben (T_{ind}) mit den Subventionen (Z) und die Exporte (Ex) mit den Importen (Im) saldiert werden. Der Saldo zwischen den Produktions- und Importabgaben einerseits und den Subventionen andererseits heißt **Nettoproduktionsabgaben.** Der Saldo zwischen Ex- und Import wird als **Außenbeitrag** (Ex – Im) bezeichnet.

1 Ex- und Importe der privaten und öffentlichen Haushalte bleiben außer Betracht.

2 Zur Europäischen Union (EU) siehe S. 527 ff.

3 Die Statistik ist hier nicht korrekt. Importe werden auch dann als „Aufwand" behandelt, wenn es sich um Anlagegüter handelt. Diese müssten jedoch als Bruttoinvestitionen erfasst werden.

Aufwand	Gewinn- und Verlustkonto		Ertrag
Materialeinkauf (VL)	26 000,00	Umsatzerlös aus Verkäufen an inländische Abnehmer (VL, AI, C)	85 000,00
Abschreibungen (Ab)	12 000,00	Außenbeitrag (Ex - Im)	1 500,00
Nettoproduktionsabgaben (T_{ind} - Z)	3 000,00	Vorratsveränderungen (VI)	16 000,00
Arbeitnehmerentgelt (E_{nu})	30 000,00		
Unternehmenseinkommen (E_u)	31 500,00		
	102 500,00		102 500,00

Abb. 7.17

Merke:

- Exporterlöse werden als Ertrag, Importausgaben als Aufwand gebucht.
- Der Saldo aus Produktions- und Importabgaben einerseits und Subventionen andererseits heißt Nettoproduktionsabgaben.
- Der Saldo aus Export und Import heißt Außenbeitrag.
- Ein positiver Außenbeitrag (Ex > Im) erhöht das Volkseinkommen, ein negativer Außenbeitrag (Ex < Im) vermindert das Volkseinkommen.

7.4.2 Volkswirtschaftliche Gesamtrechnung einer offenen Wirtschaft mit staatlicher Aktivität

Auch in einer offenen Wirtschaft mit staatlicher Aktivität ergibt sich das Volkseinkommen wie folgt: Bruttonationaleinkommen abzüglich Abschreibungen abzüglich Nettoproduktionsabgaben (siehe Abb. 7.20). In Symbolen:

$$E = BNE - Ab - (T_{ind} - Z)$$

Von der Verwendungsseite her wird das Volkseinkommen wie folgt berechnet:

	Volkseinkommen
=	**Summe aller Verkäufe an private Haushalte (C_{pr}) und an den Staat (C_{St})**
+	**Summe aller Verkäufe von Anlagegütern an inländische Unternehmen bzw. an den Staat (AI)**
+	**Vorratsveränderungen (VI)**
+	**Außenbeitrag (Ex - Im)[1]**
-	**Nettoproduktionsabgaben (T_{ind} - Z)**
-	**Abschreibungen (Ab)**

Formelmäßig dargestellt gilt:

$$E = C + AI + VI + (Ex - Im) - (T_{ind} - Z) - Ab$$

$$\mathbf{E = C + I + (Ex - Im) - (T_{ind} - Z)}$$

1 In der Literatur finden sich für den **Ex**port das Symbol X und für den **Im**port das Symbol M.

Darstellungsformen

1. Darstellung mit Konten

Beispiel:

In einer offenen Wirtschaft mit staatlicher Aktivität werden nachstehende Transaktionen erfasst:

(1)	Bruttoinvestition		156 Mrd. GE
(2)	Abschreibungen (Reinvestition)		55 Mrd. GE
(3)	Konsumausgaben		
	der privaten Haushalte	305 Mrd. GE	
	des Staates	40 Mrd. GE	345 Mrd. GE
(4)	Produktions- und Importabgaben	50 Mrd. GE	
	Subventionen	10 Mrd. GE	40 Mrd. GE
(5)	Exporterlöse	25 Mrd. GE	
	Importausgaben	21 Mrd. GE	4 Mrd. GE
(6)	Arbeitnehmerentgelt (Nichtunternehmereinkommen)		250 Mrd. GE
(7)	Unternehmenseinkommen (vollständig an die privaten Haushalte ausgeschüttet)		160 Mrd. GE

Auf Konten dargestellt, ergibt sich folgendes Bild:

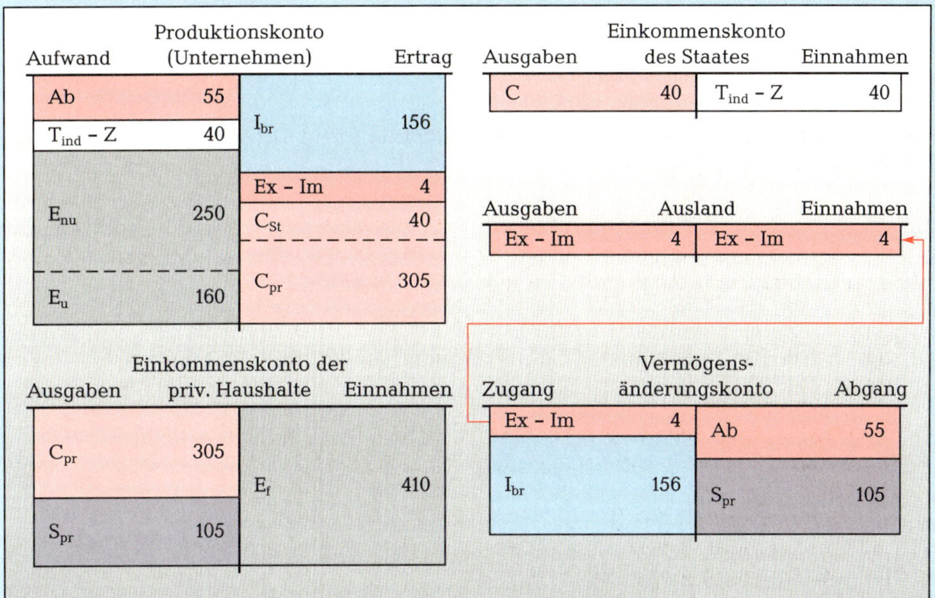

Kontenmäßige Darstellung des Geldkreislaufs in einer offenen Wirtschaft mit staatlicher Aktivität

Abb. 7.18

Die kontenmäßige Darstellung zeigt, dass das volkswirtschaftliche Gesamtvermögen (Volksvermögen) aufgrund des Exportüberschusses (des positiven Außenbeitrags) gestiegen ist. Ein positiver Außenbeitrag muss deshalb im Soll (auf der linken Seite) des Vermögensänderungskontos gebucht werden. Der buchhalterische Ausgleich erfolgt im Haben des Kontos „Ausland".

In der Abb. 7.18 wurde auf die Wiedergabe der Pfeile für die Zahlungsströme wie in den Abb. 7.2, 7.7 und 7.13 verzichtet, weil die Darstellung zu unübersichtlich würde. Deshalb wird der gleiche Zusammenhang in einem Kreislaufschema (Abb. 7.19) wiedergegeben.

In einer offenen Volkswirtschaft ändert sich auch die Keynessche Investitionsgleichung:[1]

(a) $NNE = C + I + (Ex - Im)$

(b) $NNE = C + S$

Daraus folgt:

(c) $C + I + Ex - Im = S + C$

und

(d) $I + Ex - Im = S$

oder

(e) $\mathbf{I - S = Im - Ex}$ oder $\mathbf{I + (Ex - Im) = S}$

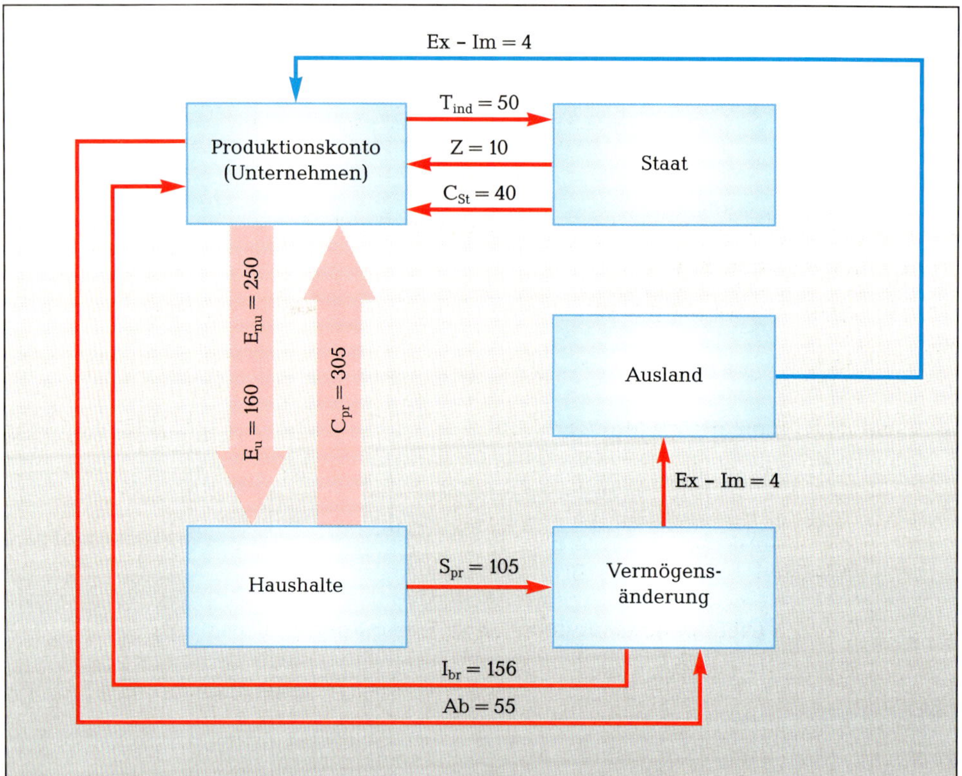

Schema des Geldkreislaufs in einer offenen Wirtschaft mit staatlicher Aktivität

Abb. 7.19

1 Siehe Kapitel 7.2.2.

2. Darstellung in Gleichungen

In einer offenen evolutorischen Wirtschaft mit staatlicher Aktivität ändert sich die Verwendungsrechnung, denn sie muss um den Außenbeitrag ergänzt werden (siehe S. 284):

$$\mathbf{E = C + I - (T_{ind} - Z) + (Ex - Im)}$$

Das Produktionskonto sieht unter Einbeziehung des Außenbeitrags sowie der Vorleistungen wie folgt aus:

Produktionskonto in einer offenen evolutorischen Wirtschaft mit staatlicher Aktivität

Aufwand		Ertrag		
Vorleistungen (VL)	295	Vorleistungen (VL)		295
Abschreibungen (Ab)	55	Bruttoinvestition (I_{br})		
Nettoproduktionsabgaben (T_{ind} - Z)	40	Bruttoanlageinvestition	150	
Arbeitnehmerentgelt	250	Vorratsveränderungen	6	156
		Außenbeitrag (Ex - Im)		4
		Konsumausgaben der privaten Haushalte (C_{pr})	305	
Unternehmenseinkommen (E_u)	160	des Staates (C_{St})	40	345
Produktionswert	800	Produktionswert		800

Bruttonationaleinkommen (Abschreibungen bis Unternehmenseinkommen)

Nettonationaleinkommen zu Marktpreisen = Primäreinkommen (Nettoproduktionsabgaben bis Unternehmenseinkommen)

Nettowertschöpfung = Volkseinkommen = Nettonationaleinkommen zu Herstellungspreisen (Arbeitnehmerentgelt bis Unternehmenseinkommen)

Produktionswert[1] (Vorleistungen bis Konsumausgaben)

Abb. 7.20

Die einzelnen Einkommensbegriffe errechnen sich wie folgt:

Bruttonationaleinkommen

$$\mathbf{BNE = I_{br} + C + (Ex - Im)}$$

oder

$$BNE = E_{nu} + E_u + (T_{ind} - Z) + Ab$$

Nettonationaleinkommen zu Marktpreisen

$$NNE = E_{br} - Ab$$

oder

$$\mathbf{NNE = I + C + (Ex - Im)} \qquad (\text{da } I = I_{br} - Ab)$$

$$NNE = E_{nu} + E_u + (T_{ind} - Z)$$

Volkseinkommen (Nettonationaleinkommen zu Herstellungspreisen)

$$E = E_{br} - Ab - (T_{ind} - Z)$$

oder

$$E = E_m - (T_{ind} - Z)$$

oder

$$E = E_{nu} + E_u$$

oder

$$\mathbf{E = I + C + (Ex - Im) - (T_{ind} - Z)}$$

1 Siehe Fußnote 2 auf S. 280.

Nachstehende Darstellung fasst die oben entwickelten Formeln in übersichtlicher Weise zusammen:

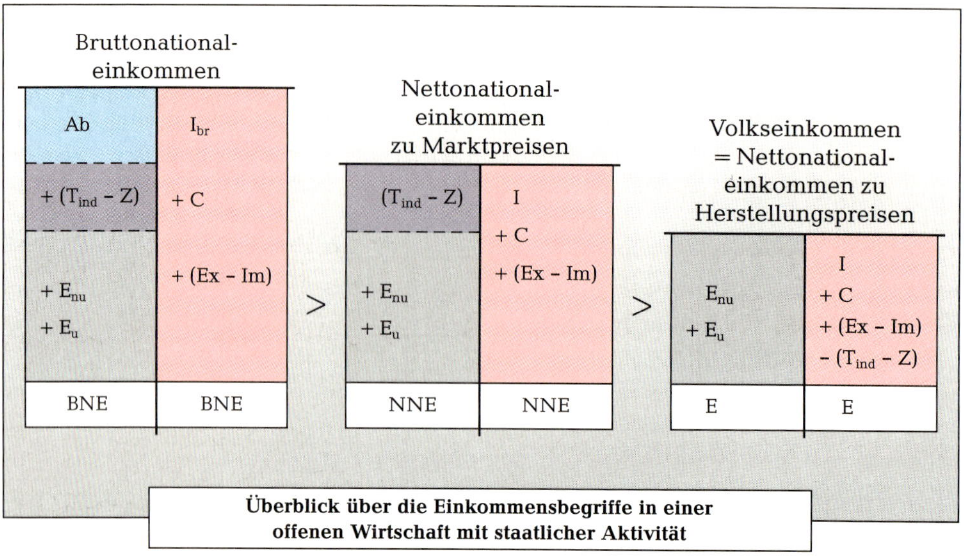

Überblick über die Einkommensbegriffe in einer offenen Wirtschaft mit staatlicher Aktivität

Abb. 7.21

Aufgaben zur Lernkontrolle

1. Skizzieren Sie das Modell des Geldkreislaufs einer offenen evolutorischen Wirtschaft mit staatlicher Aktivität! Worin unterscheidet sich dieses Modell vom Modell der geschlossenen Wirtschaft mit staatlicher Aktivität?

2. Wie wirken sich Exporte und Importe auf die Gewinn- und Verlustrechnung eines Unternehmens aus?

3. Wie wirken sich unter sonst gleichen Bedingungen Export und Import auf die Höhe des Volkseinkommens aus?

4. Leiten Sie die Keynessche Investitionsgleichung in einer offenen Wirtschaft ab!

5. Berechnen Sie die fehlenden Größen:

E	NNE	BNE	C	I_{br}	Ab	I	T_{ind}	Z	Ex	Im	S
?	?	?	345	156	55	?	50	20	30	20	?
?	?	?	400	?	50	300	40	10	25	20	?
?	?	?	700	?	90	?	70	40	50	30	120

6. In einer offenen evolutorischen Wirtschaft werden folgende Transaktionen statistisch erfasst:

(1)	Bruttoanlageinvestitionen		140 Mrd. GE
(2)	Vorratsveränderungen		+ 10 Mrd. GE
(3)	Abschreibungen (Reinvestitionen)		80 Mrd. GE
(4)	Konsumausgaben		
	der privaten Haushalte	280 Mrd. GE	
	des Staates	50 Mrd. GE	330 Mrd. GE
(5)	Produktions- und Importabgaben		60 Mrd. GE
(6)	Subventionen		20 Mrd. GE
(7)	Exporte	70 Mrd. GE	
	Importe	80 Mrd. GE	
	Außenbeitrag		– 10 Mrd. GE
(8)	Arbeitnehmerentgelt (Nichtunternehmereinkommen)		250 Mrd. GE
(9)	Unternehmenseinkommen (vollständig an die privaten Haushalte ausgeschüttet)		?

Buchen Sie die Transaktionen auf T-Konten gemäß Abb. 7.18!

7. Die Monatsberichte einer Zentralbank weisen für das Jahr 20.. u.a. folgende Zahlen der volkswirtschaftlichen Gesamtrechnung aus:

Konsumausgaben der privaten Haushalte (C_{pr})	821,59 Mrd. GE
Konsumausgaben des Staates (C_{St})	303,52 Mrd. GE
Export (Ex)	430,61 Mrd. GE
Import (Im)	433,71 Mrd. GE
Bruttoinvestitionen (I_{br})	369,89 Mrd. GE
Unternehmens- und Vermögenseinkommen (E_u)	319,79 Mrd. GE
Volkseinkommen	1 149,77 Mrd. GE
Abschreibungen (Ab)	175,85 Mrd. GE
Produktions- und Importabgaben (T_{ind})	189,96 Mrd. GE
Subventionen (Z)	23,68 Mrd. GE

7.1 Welche allgemeine Bedeutung messen Sie volkswirtschaftlichen Gesamtrechnungen zu?

7.2 Erstellen Sie mit Hilfe der angegebenen Zahlenwerte das Produktionskonto und das nationale Vermögensänderungskonto!

7.3 Erläutern Sie, warum in dieser Volkswirtschaft nach Ablauf einer Wirtschaftsperiode folgende Gleichung gilt:
$I - S = Im - Ex$

7.4 Prüfen Sie, ob es berechtigt ist, von der Höhe der Bruttoinvestitionen auf die wirtschaftliche Entwicklung eines Landes zu schließen!

7.5 Entscheiden und begründen Sie, welche der folgenden Positionen zum Volkseinkommen zählen:

7.5.1 Bruttolohn eines Arbeiters
7.5.2 Hauswirtschaftliche Tätigkeit einer Hausfrau
7.5.3 Nicht entnommene Gewinne einer AG
7.5.4 Schwarzarbeit eines Maurers
7.5.5 Ernteerträge aus einem Schrebergarten
7.5.6 Mieteinnahmen eines Hauseigentümers aus seinem Zweifamilienhaus.

19 Hartmann – ISBN 978-3-8120-0320-9

7.5.7 Zinszahlungen einer nichtfinanziellen Kapitalgesellschaft an eine finanzielle Kapitalgesellschaft! (Siehe Fußnote 2 auf S. 261.)

7.5.8 Zinszahlungen einer nichtfinanziellen Kapitalgesellschaft an private Haushalte.

8. Aufgrund der volkswirtschaftlichen Gesamtrechnung in einer Volkswirtschaft ergeben sich für das abgelaufene Jahr folgende Zahlen:

Abschreibungen (Ab)	90 Mrd. GE
Sparen des Staates (S_{St})	– 110 Mrd. GE
Nettoinvestitionen (I)	130 Mrd. GE
Konsumausgaben der privaten Haushalte (C_{pr})	860 Mrd. GE
Außenbeitrag (Ex – Im)	30 Mrd. GE

8.1 Ermitteln Sie mit Hilfe des Vermögensänderungskontos das Sparen der privaten Haushalte!

8.2 Erläutern Sie den Begriff „negatives Sparen des Staates“ und begründen Sie die Erfassung dieses Werts im Vermögensänderungskonto!

8.3 In einem Land betrug im Jahr 00 das private Sparen 16,2 % des Bruttonationaleinkommens, während sich die Nettoinvestitionen auf 16,3 % und das negative Sparen des Staates auf 3,4 % des Bruttonationaleinkommens beliefen.

8.3.1 Wie viel Prozent des Bruttonationaleinkommens betrug der Außenbeitrag?

8.3.2 Zeigen Sie mit Hilfe der Keynesschen Investitionsgleichung, wie dieser Zusammenhang in der offenen Volkswirtschaft dieses Landes im Jahre 00 aussieht und erläutern Sie diese Gleichung!

9. Das Produktionskonto eines Landes weist u. a. folgende Zahlen aus:

Ausgänge in Mrd. GE **Produktionskonto** Eingänge in Mrd. GE

Ausgänge	Mrd. GE	Eingänge	Mrd. GE
Käufe von Materialien und Dienstleistungen von anderen inländischen Unternehmen	100	Verkäufe von Materialien und Dienstleistungen von anderen inländischen Unternehmen	100
Abschreibungen	150	Bruttoinvestitionen	230
Nettoproduktionsabgaben	170		
Arbeitnehmerentgelt	380	Konsum	600
Unternehmens- und Vermögenseinkommen	150	Außenbeitrag	20

9.1 Erklären Sie die Begriffe Bruttoinvestition, Nettoinvestition, Außenbeitrag und Produktions- und Importabgaben!

9.2 Berechnen Sie den Produktionswert, das Bruttonationaleinkommen, das Nettonationaleinkommen zu Marktpreisen und das Volkseinkommen!

9.3 Berechnen Sie die Lohn- und die Gewinnquote!

9.4 Berechnen Sie die unter 9.2 genannten gesamtwirtschaftlichen Größen unter der Annahme, dass der Außenbeitrag negativ ist und 10 Mrd. GE beträgt!

Steuern erheben heißt, die Gans so zu rupfen, dass man möglichst viel Federn mit möglichst wenig Gezische bekommt.

(JEAN BAPTISTE COLBERT)

7.4.3 Volkswirtschaftliche Gesamtrechnung unter Berücksichtigung der direkten Steuern und der Transferzahlungen des Staates

In den bisherigen Modellen haben wir unterstellt, dass die Unternehmen ihre gesamten Gewinne an die privaten Haushalte ausgeschüttet haben. Dies ist jedoch in der Realität nicht der Fall.

Um das Problem in den Griff zu bekommen, bleiben wir bei der bisherigen Annahme, dass das gesamte Volkseinkommen in den Kapital- und Quasi-Kapitalgesellschaften entsteht (siehe Fußnote 3 auf S. 259).

Das Europäische System Volkswirtschaftlicher Gesamtrechnungen (ESVG) kennt hingegen keinen einheitlichen Unternehmenssektor. Stattdessen werden die Kapitalgesellschaften (einschließlich Quasi-Kapitalgesellschaften, wie z.B. offene Handelsgesellschaften, Kommanditgesellschaften und abgeleitete Rechtsformen) in den Sektoren finanzielle und nichtfinanzielle Kapitalgesellschaften erfasst. Die übrigen Unternehmen ohne eigene Rechtspersönlichkeit (u.a. Freiberufler und Einzelunternehmer) gehören zum Sektor private Haushalte.

Bei den **Kapitalgesellschaften** ist zwischen ausgeschütteten und nicht ausgeschütteten Gewinnen zu unterscheiden, weil die Kapitalgesellschaften als juristische Personen selbst steuerpflichtig sind. Während die Einzelunternehmer und Personengesellschafter **Einkommensteuer** und **Kirchensteuer** zahlen, müssen die Kapitalgesellschaften **Körperschaftsteuer** entrichten.

Die von den Kapitalgesellschaften **ausgeschütteten Gewinne** stellen **Einkommen der privaten Haushalte** dar (die wiederum einkommensteuerpflichtig sind); die **nicht ausgeschütteten Gewinne** sind **Ersparnisse der Unternehmen.**

Die Körperschaftsteuer, die Einkommen- und die Kirchensteuer stellen wie die Lohnsteuer **direkte Steuern** dar, weil sie nach dem Willen des Gesetzgebers nicht abgewälzt werden sollen, sondern aus dem Einkommen zu zahlen sind.

Um die genannten Transaktionen (Zahlungsvorgänge) in unserer vereinfachten volkswirtschaftlichen Gesamtrechnung buchen zu können, führen wir ein besonderes Konto für die Unternehmen mit eigener Rechtspersönlichkeit ein. Dieses **„Einkommenskonto der Unternehmen mit eigener Rechtspersönlichkeit"** erfasst einerseits die nicht ausgeschütteten Gewinne und andererseits die direkten Steuern dieser Unternehmen. Der Saldo entspricht dem (positiven oder negativen) Sparen der Unternehmen mit eigener Rechtspersönlichkeit.

Die Einkommen- und Kirchensteuer der Einzelunternehmer und Personengesellschafter wird hingegen dem Einkommenskonto der privaten Haushalte belastet, ebenso wie die Lohnsteuer der Arbeitnehmer.

In einer volkswirtschaftlichen Gesamtrechnung muss noch eine weitere Abgabenart berücksichtigt werden, nämlich die **Sozialversicherungsbeiträge** der Arbeitgeber und der Arbeitnehmer (gesetzliche Krankenkasse, Pflegeversicherung, Rentenversicherung, Arbeitslosenversicherung, Unfallversicherung).

Die vom **Arbeitgeber zu tragenden Sozialversicherungsbeiträge** (i.d.R. 50%) müssen dem **Arbeitnehmerentgelt** (E_{nu}) hinzugerechnet werden, denn sie gehören zu den Bruttobezügen der Arbeitnehmer.

Andererseits müssen die von den Arbeitgebern zu tragenden Sozialversicherungsbeiträge zusammen mit den von den Arbeitnehmern zu zahlenden Sozialversicherungsbeiträgen dem Einkommenskonto der privaten Haushalte belastet werden. (Zur Erinnerung: Auf dem Einkommenskonto der privaten Haushalte werden u.a. sowohl die ausgeschütteten Unternehmensgewinne als auch das Arbeitnehmerentgelt erfasst.)

Die Sozialversicherungsbeiträge werden als Einnahmen auf dem Einkommenskonto der öffentlichen Haushalte gebucht, weil die Sozialversicherungsträger staatliche Einrichtungen sind (Körperschaften des öffentlichen Rechts).

Die direkten Steuern und die Sozialversicherungsbeiträge dienen der Finanzierung der **Transferzahlungen an die privaten Haushalte.** Während die Subventionen Zuschüsse an die Unternehmen darstellen, sind die **Transferzahlungen** (= Übertragungen) Zahlungen des Staates an die privaten Haushalte. Die Transferzahlungen bezeichnet man auch als **abgeleitete Einkommen** oder als **Sozialeinkommen,** denn durch die Erhebung der direkten Steuern wird einem Teil der Unternehmen und Privatpersonen Einkommen entzogen, welches einem anderen Teil der Bevölkerung zugeführt wird. Die durch den Markt erfolgte so genannte **primäre Einkommensverteilung**[1] wird auf diese Weise durch den Staat korrigiert. Das Ergebnis der staatlichen Umverteilungsmaßnahmen bezeichnet man als **sekundäre Einkommensverteilung.**[2]

Zu den Transfereinkommen zählen z.B. Renten und Pensionen, Arbeitslosengeld, Arbeitslosengeld II, Kindergeld, Sozialhilfe für Bedürftige, Wohngeld, Kriegsopferversorgung und Ausbildungsförderung.

Beispiel:

Es werden folgende Transaktionen gebucht:

1.	Staatliche Konsumausgaben (C_{St})		80 Mrd. GE
2.	Private Konsumausgaben (C_{pr})		270 Mrd. GE
3.	Bruttoinvestitionen (I_{br})		180 Mrd. GE
4.	Abschreibungen (Ab)		50 Mrd. GE
5.	Arbeitnehmerentgelt (E_{nu})		
	Bruttoeinkommen	250 Mrd. GE	
	Arbeitgeberanteil an der Sozialversicherung	30 Mrd. GE	280 Mrd. GE
6.	Sozialversicherungsbeiträge (SV)		60 Mrd. GE
7.	Produktions- und Importabgaben (T_{ind})		70 Mrd. GE
8.	Nicht ausgeschüttete Gewinne der Unternehmen mit eigener Rechtspersönlichkeit (E_u^{na})		54 Mrd. GE
9.	Direkte Steuern der Unternehmen mit eigener Rechtspersönlichkeit (T_{dir}^u)		8 Mrd. GE
10.	Direkte Steuern der privaten Haushalte (T_{dir}^H)		12 Mrd. GE
11.	Subventionen (an die Unternehmen) (Z)		7 Mrd. GE
12.	Transferzahlungen an die privaten Haushalte (Tf)		20 Mrd. GE
13.	Positiver Außenbeitrag (Ex - Im)		14 Mrd. GE

1 Siehe z.B. Abb. 11.3 auf S. 553.

2 Näheres zum Thema Einkommensverteilung siehe Kapitel 11.

Auf Konten dargestellt, ergibt sich folgendes Bild:

Produktionskonto

Aufwand		Ertrag	
Ab	50	C_{pr}	270
$(T_{ind} - Z)$	63	C_{St}	80
E_{nu}	280	I_{br}	180
E_u^{na}	54	(Ex - Im)	14
E_u^a	97		
	544		544

Einkommenskonto der Unternehmen mit eigener Rechtspersönlichkeit

Ausgaben		Einnahmen	
T_{dir}^u	8	E_u^{na}	54
S_u	46		
	54		54

Einkommenskonto der priv. Haushalte

Ausgaben		Einnahmen	
SV	60	E_{nu}	280
T_{dir}^H	12	Tf	20
C_{pr}	270	E_u^a	97
S_H	55		
	397		397

Einkommenskonto des Staates

Ausgaben		Einnahmen	
C_{St}	80	$(T_{ind} - Z)$	63
Tf	20	SV	60
S_{St}	43	T_{dir}^H	12
		T_{dir}^u	8
	143		143

Ausland

Ausgaben		Einnahmen	
(Ex - Im)	14	(Ex - Im)	14

Vermögensänderungskonto

Zugang		Abgang	
I_{br}	180	Ab	50
(Ex - Im)	14	S_u	46
		S_{St}	43
		S_H	55
	194		194

E_u^a = ausgeschüttete Gewinne aller Unternehmen

Kontenmäßige Darstellung des Geldkreislaufs unter Berücksichtigung der Sekundärverteilung

Abb. 7.22

Aus dem Beispiel lassen sich folgende Erkenntnisse gewinnen:

- Die zusätzliche Buchung der direkten Steuern sowie der Transferzahlungen des Staates berühren das Produktionskonto nicht. Der Unternehmensgewinn wird lediglich in den nicht ausgeschütteten und in den ausgeschütteten Teil aufgespalten.
- Durch die Buchung der Einkommensumverteilung (direkte Steuern einerseits und Transferzahlungen andererseits) wird die Höhe des Volkseinkommens bzw. des Nationaleinkommens nicht beeinflusst.
- Das Gleiche gilt für das Vermögensänderungskonto. Das volkswirtschaftliche Sparen entspricht immer dem Saldo des Vermögensänderungskontos (VÄK): $I_{br} + (Ex - Im) - Ab = S$.

■ Die Erfassung der direkten Steuern und der Transferzahlungen ermöglicht folgende Darstellung:

Bruttonationaleinkommen (BNE)		544 Mrd. GE
– Abschreibungen (Ab)		50 Mrd. GE
Nettonationaleinkommen zu Marktpreisen (NNE)		494 Mrd. GE
– Nettoproduktionsabgaben (T_{ind} – Z)		63 Mrd. GE
Volkseinkommen (E)		431 Mrd. GE
+ Transferzahlungen (Tf)		20 Mrd. GE
Privates Einkommen		451 Mrd. GE
– Direkte Steuern der Unternehmen mit eigener Rechtspersönlichkeit (T^u_{dir})	8 Mrd. GE	
– Direkte Steuern der privaten Haushalte (T^H_{dir})	12 Mrd. GE	
– Sozialversicherungsbeiträge (SV)	60 Mrd. GE	80 Mrd. GE
Verfügbares Einkommen		371 Mrd. GE
– Sparen der Unternehmen mit eigener Rechtspersönlichkeit (S_u)		46 Mrd. GE
Verfügbares Einkommen des Haushaltssektors (C_{pr} + S_{pr})		325 Mrd. GE

Aufgaben zur Lernkontrolle

1. Richten Sie die Konten Produktionskonto, Einkommenskonto der Unternehmen mit eigener Rechtspersönlichkeit, Einkommenskonto der privaten Haushalte, Einkommenskonto des Staates, Ausland und Vermögensänderungskonto ein und buchen Sie folgende gesamtwirtschaftlichen Transaktionen:

a)	Bruttoinvestitionen (I_{br})	210 Mrd. GE
b)	Produktions- und Importabgaben (T_{ind})	130 Mrd. GE
c)	Subventionen (an Unternehmen) (Z)	20 Mrd. GE
d)	Arbeitnehmerentgelt (E_{nu})	330 Mrd. GE
e)	Abschreibungen (Ab)	62 Mrd. GE
f)	Konsumausgaben des Staates (C_{St})	213 Mrd. GE
g)	Konsumausgaben der privaten Haushalte (C_{pr})	300 Mrd. GE
h)	Export (Ex)	50 Mrd. GE
i)	Import (Im)	30 Mrd. GE
j)	Einbehaltene Gewinne der Unternehmen mit eigener Rechtspersönlichkeit (E^{na}_u)	60 Mrd. GE
k)	Direkte Steuern der Unternehmen mit eigener Rechtspersönlichkeit (T^u_{dir})	33 Mrd. GE
l)	Direkte Steuern der privaten Haushalte (T^H_{dir})	40 Mrd. GE
m)	Sozialversicherungsbeiträge	70 Mrd. GE
n)	Transferzahlungen des Staates (an die privaten Haushalte)	60 Mrd. GE

   Schließen Sie die Konten ab und ermitteln Sie das den privaten Haushalten zugeflossene Unternehmens- und Vermögenseinkommen!

2. Berechnen Sie mit Hilfe der Zahlen aus Aufgabe 1 das private Einkommen, das verfügbare Einkommen sowie das verfügbare Einkommen des Haushaltssektors!

3. Berechnen Sie aufgrund der Zahlen aus Aufgabe 1 das Bruttonationaleinkommen, das Nettonationaleinkommen sowie das Volkseinkommen!

4. Berechnen Sie mit den Zahlen aus Aufgabe 1 die Lohn- und die Gewinnquote, die Staatsquote (prozentualer Anteil der Konsumausgaben des Staates am Bruttonationaleinkommen) und die Sparquote der privaten Haushalte!

5. Erklären Sie, warum durch die Buchung der direkten Steuern einerseits und der Transferzahlungen des Staates andererseits das Produktionskonto sowie das Vermögensänderungskonto nicht berührt werden!

7.5 Nationaleinkommen und Inlandsprodukt

Ein in volkswirtschaftlichen Gesamtrechnungen häufig verwendeter Begriff ist das Inlandsprodukt. Es dient vor allem der Konjunktur- und Wachstumsmessung (siehe Kapitel 9).

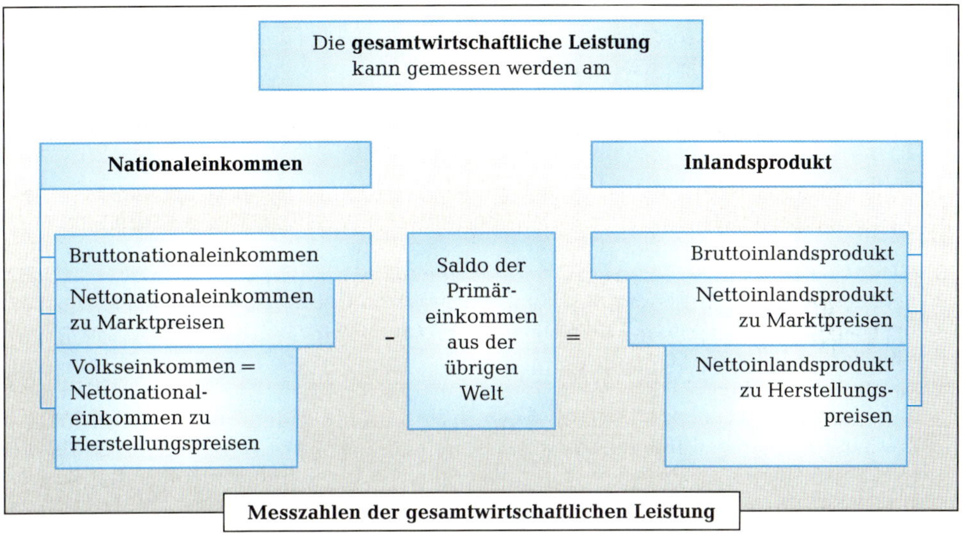

Abb. 7.23

Bereits kennen gelernt haben wir das Volkseinkommen. Es handelt sich dabei um das den **Inländern** zugeflossene Faktoreinkommen, welches teils im Inland und teils im Ausland entstanden ist. Das im **Inland** geschaffene Faktoreinkommen heißt **Nettoinlandsprodukt zu Herstellungspreisen.** Es fließt sowohl **Inländern** als auch **Ausländern** zu.

Vom Volkseinkommen gelangt man zum Nettoinlandsprodukt zu Marktpreisen, wenn man vom Volkseinkommen den Saldo der Primäreinkommen aus der übrigen Welt abzieht (= F).

Der Saldo F setzt sich wie folgt zusammen:

	Aus dem Ausland bezogene Erwerbs- und Vermögenseinkommen	10 Mrd. GE
	Von der EU erhaltene Subventionen	5 Mrd. GE
	Aus dem Ausland bezogen	15 Mrd. GE
-	An das Ausland bezahlte Erwerbs- und Vermögenseinkommen	7 Mrd. GE
-	An die EU bezahlte Produktions- und Importabgaben	6 Mrd. GE
	Saldo der Primäreinkommen aus der übrigen Welt (F)	2 Mrd. GE

Das Verhältnis von Nettoinlandsprodukt zu Herstellungspreisen (NIP_H) zum Volkseinkommen (E) stellt sich in diesem Beispiel wie folgt dar:

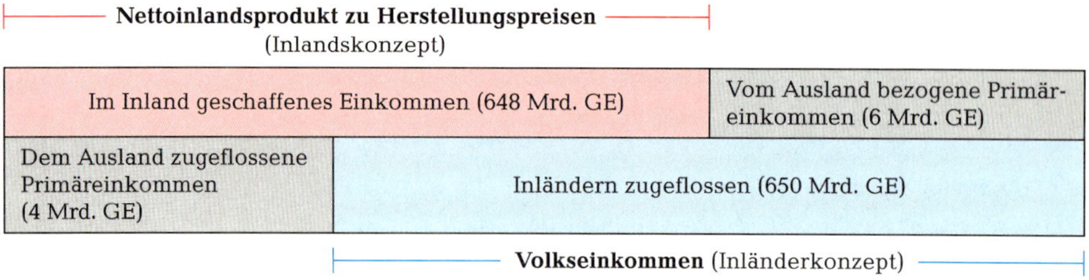

Abb. 7.24

Der **Saldo** aus dem den **Inländern zugeflossenen Erwerbs- und Vermögenseinkommen** (6 Mrd. GE) und dem den **Ausländern zugeflossenen Erwerbs- und Vermögenseinkommen** (4 Mrd. GE) beträgt in diesem Beispiel **2 Mrd. GE.**

Somit gilt:

	Nettoinlandsprodukt (zu Herstellungspreisen) (= NIP_H)	648 Mrd. GE
+	Saldo der Primäreinkommen aus der übrigen Welt (= F)	2 Mrd. GE
=	Volkseinkommen (= E)	650 Mrd. GE

Oder:

	Volkseinkommen (= E)	650 Mrd. GE
-	Saldo der Primäreinkommen aus der übrigen Welt (= F)	2 Mrd. GE
=	Nettoinlandsprodukt (zu Herstellungspreisen) (= NIP_H)	648 Mrd. GE

Entsprechendes gilt für das Verhältnis von **Bruttoinlandsprodukt** und **Bruttonationaleinkommen.** Zu den jeweiligen Größen werden lediglich die Abschreibungen und Nettoproduktionsabgaben hinzugerechnet. Im obigen Beispiel sind das 110 Mrd. GE (Ab) und 180 Mrd. GE (T_{ind} - Z).

Es gilt:

	Bruttoinlandsprodukt (= BIP)	938 Mrd. GE
+	Saldo der Primäreinkommen aus der übrigen Welt (= F)	2 Mrd. GE
=	Bruttonationaleinkommen (= BNE)	940 Mrd. GE

Oder:

	Bruttonationaleinkommen (= BNE)	940 Mrd. GE
-	Saldo der Primäreinkommen aus der übrigen Welt (= F)	2 Mrd. GE
=	Bruttoinlandsprodukt (= BIP)	938 Mrd. GE

Übersicht 7.2

Durch die Einbeziehung des Saldos der Primäreinkommen aus der übrigen Welt ergeben sich weitere Kennzahlen der gesamtwirtschaftlichen Leistung, deren Beziehungen zueinander in der Abb. 7.25 dargestellt werden.

Beispiel:

a) Konsumausgaben der privaten Haushalte (C_{pr})	500 Mrd. GE
b) Konsumausgaben des Staates (C_{St})	180 Mrd. GE
c) Arbeitnehmerentgelt (E_{nu})	450 Mrd. GE
d) Unternehmens- und Vermögenseinkommen (E_u)	198 Mrd. GE
e) Nettoproduktionsabgaben (T_{ind} - Z)	180 Mrd. GE
f) Exporterlöse (Ex)	19 Mrd. GE
g) Importausgaben (Im)	11 Mrd. GE
h) Saldo der Primäreinkommen aus der übrigen Welt (F)	2 Mrd. GE
i) Bruttoinvestitionen (I_{br})	250 Mrd. GE
j) Ersatzinvestitionen (Ab = Abschreibungen)	110 Mrd. GE

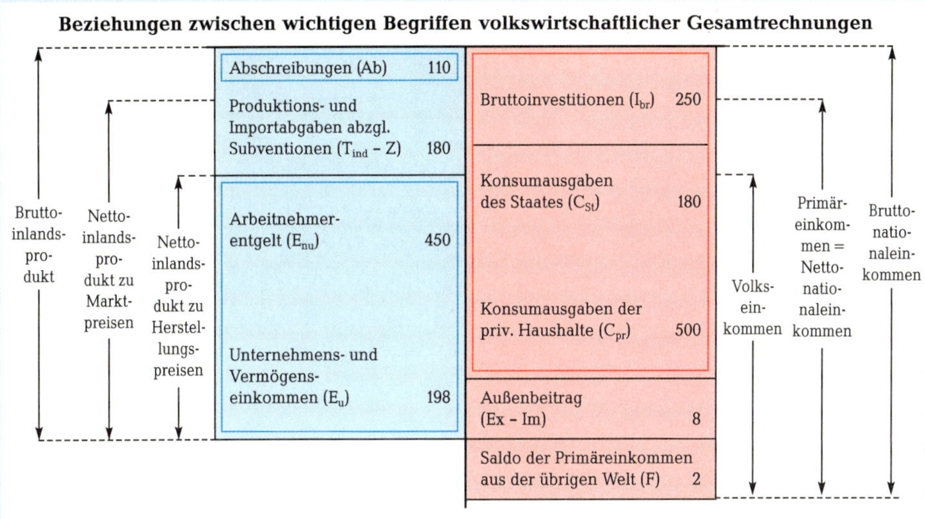

Abb. 7.25

(rot umrandetes Kästchen) = inländische Verwendung: $I_{br} + C_{St} + C_{pr}$

(blau umrandetes Kästchen) = Bruttowertschöpfung nach Abzug der Produktions- und Importabgaben (= Gütersteuern) abzgl. Subventionen (= Gütersubventionen): BIP - (T_{ind} - Z).

Erläuterung zum Beispiel:

Die Messzahlen *Inlandsprodukt* und *Nationaleinkommen* unterscheiden sich dann, wenn die aus dem Ausland bezogenen **Primäreinkommen** und die an das Ausland bezahlten **Primäreinkommen** unterschiedlich hoch sind. Zur Berechnung des Nationaleinkommens müssen dem Inlandsprodukt die Primäreinkommen aus der übrigen Welt (ebenso wie die Exporte von Sachgütern und Dienstleistungen) *hinzugerechnet* werden. Der Grund: Das Nationaleinkommen bezieht sich auf die Produktionstätigkeit, die mit Hilfe der Faktorleistung (Arbeit, Kapital) der Einwohner eines bestimmten Gebiets erbracht wird. Umgekehrt verhält es sich mit den Einkommen an die übrige Welt. Sie müssen vom Inlandsprodukt *abgesetzt* werden.

7.6 Nominelles und reales Inlandsprodukt

Im Bruttoinlandsprodukt (BIP) spiegelt sich die wirtschaftliche Gesamtleistung Deutschlands wider. In ihm wird der Wert aller innerhalb eines Kalenderjahrs produzierten Waren und geleisteten Dienste zusammengefasst. Das BIP bietet somit einen Total-Überblick über das wirtschaftliche Geschehen. Die Arbeit des kleinen Handwerksbetriebs ist im BIP ebenso enthalten wie die Produktion des riesigen Industrieunternehmens, die Leistung des Transportgewerbes, der Dienstleistungsbranche, des Handels, der Banken und Versicherungen sowie der Landwirtschaft ebenso wie die des Staates, der Kirchen, der Gewerkschaften und anderer Organisationen.

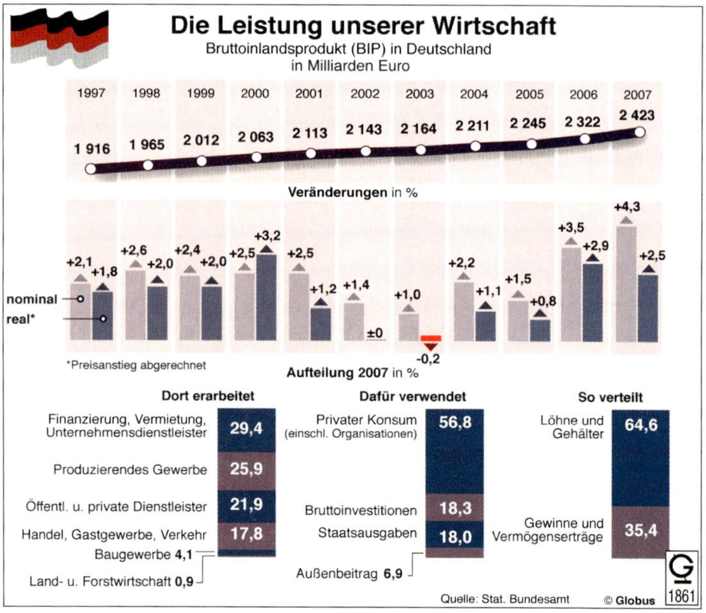

Abb. 7.26

Steigendes Inlandsprodukt bedeutet noch nicht, dass die Volkswirtschaft tatsächlich im angezeigten Umfang mehr produziert hat. Das Wachstum kann ganz oder teilweise auf gestiegene Preise zurückzuführen sein. Das zu jeweiligen (tatsächlich gezahlten) Preisen bewertete Inlandsprodukt bezeichnet man als **nominelles**[1] **Inlandsprodukt.**

Will man die tatsächliche Mehrleistung einer Volkswirtschaft erfahren, muss man vom nominellen Inlandsprodukt die Preissteigerungen abziehen. Dann erhält man das **reale**[2] **Inlandsprodukt.** Die Bereinigung des nominellen Inlandsprodukts um die jeweiligen Inflationsraten bezeichnen die Statistiker als **Deflationierung**. Seit 2005 erfolgt die Berechnung der Entwicklung der realen Wirtschaftsleistung nicht mehr in Preisen eines festen Basisjahrs (das letzte Basisjahr war 1995), sondern in den Preisen des Vorjahrs. Um langfristige Preisänderungen abzubilden, sind die Preisänderungen miteinander verkettet, d.h., die Preisänderungen von 2005 beziehen sich auf 2004, die von 2004 auf 2003 usw.

1 Nominell (oder „nominal") = dem Nennwert nach.

2 Real = wirklich; im realen Bruttoinlandsprodukt sind die Preissteigerungen nicht enthalten. Steigt das Bruttoinlandsprodukt z. B. nominell (wertmäßig) um 5% und steigen die Preise im gleichen Zeitraum um ebenfalls 5%, hat das reale Bruttoinlandsprodukt überhaupt nicht zugenommen.

Bei der Ermittlung der jährlichen Preisveränderungsraten wird außerdem auf die **hedonische Preisermittlung**[1] zurückgegriffen.

Beispiel:

Ein Standard-PC von heute ist nahezu ein anderes Produkt als vor fünf Jahren. Er rechnet schneller, hat eine größere Festplatte und einen leistungsfähigeren Arbeitsspeicher. Hedonische Preisindizes berücksichtigen solche Qualitätsveränderungen. Sie zeigen im Fall des Standard-PCs, dass sein Preis je Einheit „Rechenleistung" noch stärker gesunken ist als sein Marktpreis. Die allgemeine Inflationsrate wird nach unten korrigiert.

7.7 Entstehung, Verwendung und Verteilung der gesamtwirtschaftlichen Leistung

7.7.1 Entstehungsrechnung

Die Entstehungsrechnung erfasst die wirtschaftliche Leistung einer Periode nach ihren Quellen, d.h. nach den **Wirtschaftsbereichen** (z.B. produzierendes Gewerbe [ohne Baugewerbe], Baugewerbe, Handel, Gastgewerbe und Verkehr, Finanzierung, Vermietung und Unternehmensdienstleister, öffentliche und private Dienstleister).

Für die Bundesrepublik Deutschland galten für 2007 folgende Zahlen (preisbereinigt [„real"], verkettet):[2]

Entstehung des Inlandsprodukts (Veränderung gegenüber Vorjahr in Prozent)	
Produzierendes Gewerbe (ohne Baugewerbe)	5,2
Baugewerbe	1,7
Handel, Gastgewerbe und Verkehr	2,3
Finanzierung, Vermietung und Unternehmensdienstleister	3,1
Öffentliche und private Dienstleister	0,6
Bruttoinlandsprodukt	**2,5**

7.7.2 Verwendungsrechnung

Aus der Verwendungsrechnung kann entnommen werden, für welche Zwecke das Bruttoinlandsprodukt ausgegeben wurde.

1 Hedonisch (gr.) = dem Lustprinzip folgend. Der Hedonismus ist eine in der Antike (lat. = klassisches Altertum und seine Kultur) begründete philosophische Lehre, nach welcher das höchste sittliche Prinzip das Streben nach Genuss ist. Im Zusammenhang mit der „hedonischen Preisermittlung" geht es darum, die Qualitätsverbesserungen der Güter und damit ihren gestiegenen Nutzwert bei der Ermittlung der Preisveränderungsraten zu berücksichtigen.

2 Quelle: Monatsbericht der Deutschen Bundesbank, Januar 2008, S. 61*.

Für die Bundesrepublik Deutschland ergaben sich für 2007 folgende Zahlen (jeweilige Preise):[1]

Verwendung des Bruttoinlandsprodukts (Zahlen in Mrd. Euro)		
Private Konsumausgaben		1 376,3
Konsumausgaben des Staates		435,9
Bruttoinvestition		
Ausrüstungen	186,7	
Bauten	235,3	
Sonstige Anlagen	27,1	
Vorratsveränderungen	- 6,4	442,7
Inländische Verwendung		2 254,9
Außenbeitrag		
Exporte	1 139,0	
Importe	- 970,9	168,1
Bruttoinlandsprodukt		**2 423,0**

7.7.3 Verteilungsrechnung

Die Verteilungsrechnung ermittelt die Aufteilung des Volkseinkommens auf das Arbeitnehmerentgelt und das Unternehmens- und Vermögenseinkommen einschließlich des Saldos der Primäreinkommen aus der übrigen Welt.

Für die Bundesrepublik Deutschland ergaben sich für 2007 folgende Zahlen (jeweilige Preise):[1]

Verteilung des Volkseinkommens (Zahlen in Mrd. Euro)	
Arbeitnehmerentgelt	1 179,8
Unternehmens- und Vermögenseinkommen	645,1
Volkseinkommen	**1 824,9**

Der prozentuale Anteil des Arbeitnehmerentgelts am Volkseinkommen (E) wird als **Lohnquote** bezeichnet. 2007 betrug die Lohnquote in Deutschland 64,7 %. Die Lohnquote stellt die materielle Einkommenslage der Arbeitnehmer schlechter dar als sie ist, weil in Deutschland rund die Hälfte aller Vermögenseinkommen (Zinsen, Mieten, Pachten) den Arbeitnehmerhaushalten zufließt.

Der prozentuale Anteil des Unternehmens- und Vermögenseinkommens am Volkseinkommen heißt **Gewinnquote** (Profitquote). Er belief sich in Deutschland 2007 auf 35,3 %.

1 Quelle: Monatsbericht der Deutschen Bundesbank, Januar 2008, S. 61*.

7.8 Nationaleinkommen bzw. Inlandsprodukt als Messgrößen der gesamtwirtschaftlichen Tätigkeit

1. Zeitvergleich

Die Messgrößen gesamtwirtschaftlicher Leistung (Abb. 7.23), wie z.B. das Bruttonationaleinkommen, das Bruttoinlandsprodukt oder das Pro-Kopf-Einkommen sind wichtige **Indikatoren**[1] des *materiellen Wohlstands* eines Volkes. Grob gesehen sind diese Maßstäbe auch richtig. So ist z.B. nicht zu bezweifeln, dass in der Entwicklung des realen Bruttonationaleinkommens der letzten Jahrzehnte der Anstieg des materiellen Lebensstandards in der Bundesrepublik Deutschland zum Ausdruck kommt („indiziert" wird).

2. Internationaler Vergleich

Die Messgrößen gesamtwirtschaftlicher Leistung dienen auch der Beurteilung der Wirtschaftskraft verschiedener Staaten. Durch den Vergleich der Pro-Kopf-Einkommen oder des Bruttoinlandsprodukts je Einwohner können z.B. Rückschlüsse auf den materiellen Lebensstandard in den zu vergleichenden Ländern gezogen werden.

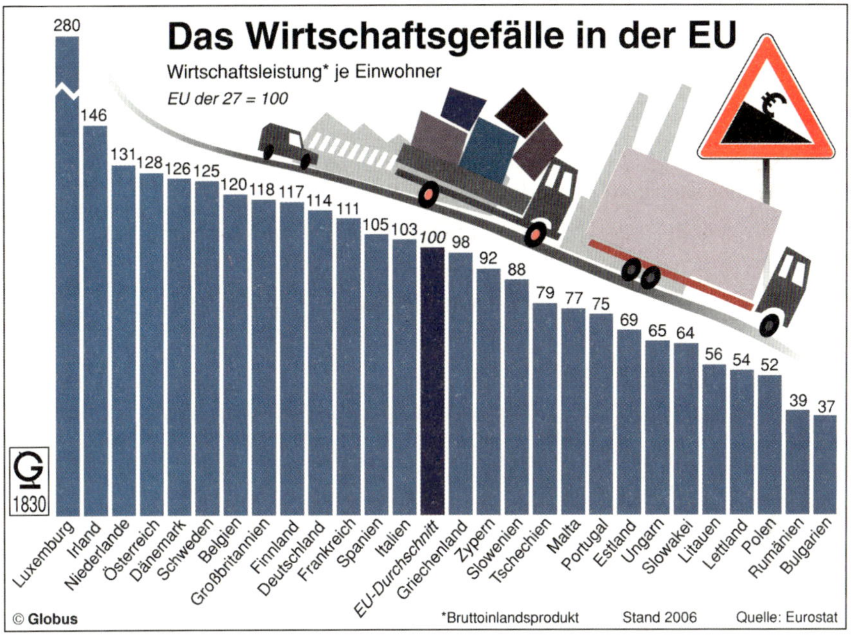

Abb. 7.27

Armes Bulgarien: Das EU-Land am Schwarzen Meer liegt bei der Wirtschaftsleistung pro Kopf mehr als 60 Prozent unter dem EU-Durchschnitt. Luxemburg dagegen erreichte fast das Dreifache des EU-Durchschnitts und ließ damit alle anderen EU-Staaten weit hinter sich. Deutschland lag den Zahlen von Eurostat zufolge, dem Statistischen Amt der EU, 14 Prozent über dem EU-Durchschnitt und damit klar hinter Belgien, Großbritannien und Finnland.

1 Indikator = Anzeiger.

3. Grundlagen für die Wirtschaftspolitik

Auch die Wirtschaftspolitik benötigt die Messzahlen der gesamtwirtschaftlichen Leistung. Für die **Konjunkturpolitik** ist z.B. die Entwicklung des Bruttoinlandsprodukts ein Indikator dafür, ob sich die Wirtschaft im Aufschwung oder im Abschwung befindet und ob wirtschaftspolitische Maßnahmen zum Erfolg geführt haben oder nicht.

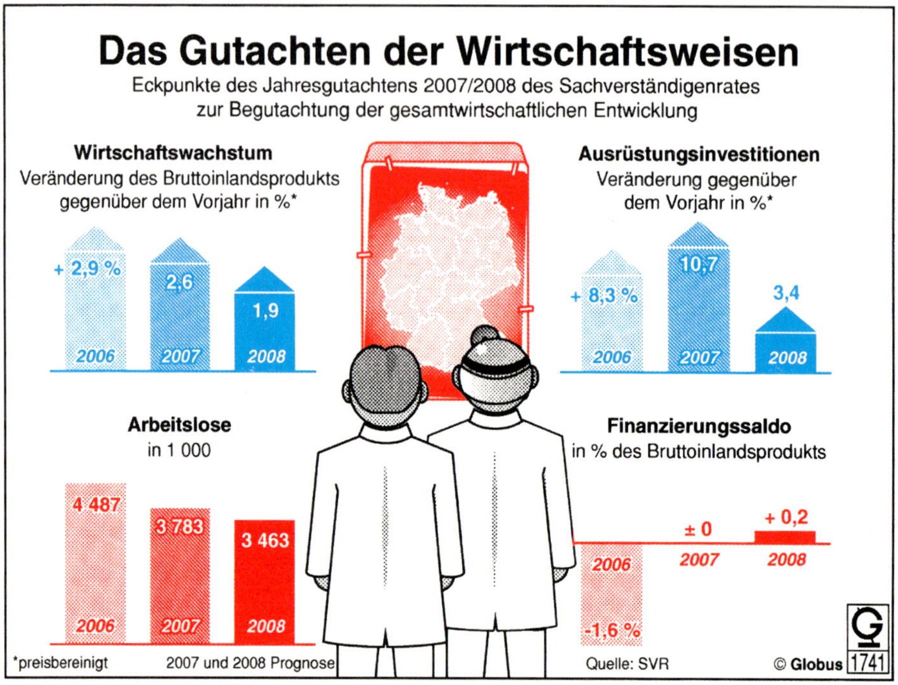

Abb. 7.28

Die deutsche Wirtschaft wird 2008 nur noch um 1,9 Prozent wachsen. Zu dieser Prognose kommt der Sachverständigenrat zur Begutachtung der gesamtwirtschaftlichen Entwicklung in seinem jüngsten Jahresgutachten. Damit wird das Wachstum deutlich schwächer ausfallen als im Jahr 2007. Als Grund für den Rückgang sehen die Experten vor allem die schwächere Weltwirtschaft. Im Inland wird die sinkende Arbeitslosigkeit für einen kräftigen Anstieg des privaten Konsums sorgen. 2008 soll die Arbeitslosenzahl auf weniger als 3,5 Millionen zurückgehen. Die Zahl der Erwerbstätigen wird 2008 die 40-Millionen-Grenze überschreiten.

7.9 Kritik an der traditionellen Berechnung der gesamtwirtschaftlichen Leistung

1. Erfassungs- und Bewertungsprobleme

Obwohl wirtschaftliche Tatbestände **quantitativer**[1] Natur sind, stößt man bei der Erfassung und Berechnung dieser Tatbestände auf Schwierigkeiten.

Aus der **Betriebswirtschaftslehre** kennen Sie die Probleme, die sich bei der **Bewertung** des Vermögens und/oder der Schulden ergeben.

In der **Ökonometrie**[2] treten zu den Bewertungsproblemen die **Erfassungsprobleme,** sodass **Schätzungen** erforderlich werden, die auf mehr oder weniger willkürlichen **Annahmen** beruhen.

Beispiele:

① Die Leistungen des Staates werden nicht auf dem Markt gehandelt. Viele staatliche Leistungen sind unentgeltlich. Deshalb gibt es für die staatlichen Leistungen keine Marktpreise. Bei der Berechnung der volkswirtschaftlichen Gesamtleistung werden deshalb die staatlichen Leistungen mit den Herstellungspreisen bewertet.

② Die Höhe der verschiedenen Messzahlen gesamtwirtschaftlicher Leistung hängt u.a. davon ab, ob Abschreibungen nachgewiesen und wie diese berechnet werden. Abschreibungen sind keine direkt messbare Größe, sondern ein kalkulatorischer Posten, der nach festgelegten Grundsätzen bewertet wird. Die Berechnung der volkswirtschaftlichen Abschreibungen unterscheidet sich daher von den Berechnungs- und Bewertungsgrundsätzen im einzelwirtschaftlichen Rechnungswesen. Die volkswirtschaftlichen Abschreibungen gehen vom Wiederbeschaffungswert aus; sie stellen deshalb eine fiktive (angenommene) Größe dar.

2. Die Gesamtleistung ist teilweise zu hoch bewertet

Die volkswirtschaftliche Gesamtleistung (z.B. das Bruttonationaleinkommen und das Bruttoinlandsprodukt) ist vor allem deshalb zu *hoch* berechnet, weil die **sozialen Kosten,** die abgesetzt werden müssten, nicht erfasst werden.

- Unter **sozialen Kosten** versteht man den Verbrauch von Produktionsfaktoren, der nicht vom einzelnen Verursacher, sondern von der gesamten Gesellschaft getragen werden muss (z.B. stetiger Abbau nicht ersetzbarer Rohstoffe, Zerstörung der natürlichen Umwelt durch Verbauung und Verschmutzung, Entstehung von Krankheiten durch Lärm, Schmutz und Unfälle).

Die Gesamtleistung wird auch deswegen zu hoch wiedergegeben, weil Teile der sozialen Kosten der Gesamtleistung hinzugerechnet werden, so z.B. die Behandlungskosten von Unfallopfern und Berufskranken, die Reparaturen an Unfallfahrzeugen oder -maschinen sowie die Neuanschaffungen von Fahrzeugen und Maschinen, die aufgrund von Unfällen erforderlich werden.

1 Quantitativ = mengenmäßig.

2 Die Ökonometrie hat die Aufgabe, Theorien mit Hilfe der Wirtschaftsstatistik auf ihre Richtigkeit hin zu überprüfen.

3. Die Gesamtleistung ist teilweise zu niedrig bewertet

Zu *niedrig* ist die Gesamtleistung insofern, als die nicht auf den Märkten in Erscheinung tretenden Leistungen unberücksichtigt bleiben. Hierzu rechnen z.B. die Tätigkeiten der Hausfrauen (Kindererziehung, Arbeitsleistungen im privaten Haushalt) oder die Leistungen der Kleingärtner.

Zu diesen legalen[1] Vorgängen der **Schattenwirtschaft** kommen die illegalen[2] wie z.B. Schwarzarbeit, Beschäftigung illegaler Einwanderer sowie Lieferungen und Leistungen ohne Rechnung.

Die Leistungen des Staates sind nicht ausreichend bewertet. Da es für staatliche Leistungen keine „Marktpreise" gibt (z.B. Dienstleistungen der Justiz, der Behörden, der Schulen und Universitäten usw.), müssen diese zu Herstellungspreisen bewertet werden. (Siehe auch Punkt 1, S. 303.)

Der Gesamtleistung hinzugerechnet werden sollten auch die **sozialen Leistungen** (der „soziale Nutzen").

- Zu den **sozialen Leistungen** rechnen alle der gesamten Gesellschaft zugute kommenden Nutzeffekte, wie z.B. die Umwelt erhaltende Tätigkeit der Landwirtschaft, der Erholungswert rekultivierter Industrielandschaften, die Ausbildungsleistungen der Unternehmen oder die Nutzung der Infrastruktur.[3]

4. Die Kennzahlen volkswirtschaftlicher Gesamtleistung sind eindimensionale Wohlfahrtsmaßstäbe

Das durch Mehr- oder Wenigerrechnung bereinigte Bruttonationaleinkommen bzw. Bruttoinlandsprodukt bleibt nach wie vor ein **eindimensionaler Wohlstandsmaßstab,** da lediglich quantitativ (zahlenmäßig) erfassbare Größen berücksichtigt werden können. Qualitative Dimensionen,[4] die so genannte **Lebensqualität** (Gesamtheit aller Lebensumstände in einer Gesellschaft), werden nicht berücksichtigt. Die Lebensqualität kann nur mit Hilfe **sozialer Indikatoren** beschrieben werden, die sich meist einer Bewertung in Geld entziehen. Soziale Indikatoren sind qualitative Größen, die wesentliche Tatbestände der Gesellschaft wiedergeben.

Beispiele:

Die Qualität der medizinischen Versorgung lässt sich z.B. ablesen an der Geburtensterblichkeit, der Müttersterblichkeit, der Zahl der Krankenbetten oder an den Wartezeiten zwischen dem Auftreten einer Krankheit und der Aufnahme in ein Krankenhaus.

Die Qualität des Arbeitslebens spiegelt sich z.B. in den Arbeitslosenzahlen, in der Zahl der offenen Stellen oder in der Zahl der Arbeitsunfälle und Berufskrankheiten wider.

---

1 Legal = gesetzlich, erlaubt.

2 Illegal = ungesetzlich, verboten.

3 Unter Infrastruktur sind alle der Allgemeinheit dienlichen öffentlichen und privaten Einrichtungen zu verstehen (z.B. private und öffentliche Straßen, Eisenbahnen, Krankenhäuser, Schulen, Kindergärten, Versorgungseinrichtungen).

4 Dimension = Abmessung, Ausdehnung; hier: Gesichtspunkte.

7.10 Umweltökonomische Gesamtrechnung

Es ist heute unstrittig, dass vor allem zur Lösung umweltpolitischer („ökologischer") Aufgaben die statistischen Informationen vor allem über den Rohstoff- und Energieverbrauch, den Schadstoffausstoß, den Flächen- und Raumbedarf und die umweltpolitischen Maßnahmen verbessert werden müssen. Deswegen veröffentlicht das Statistische Bundesamt neben der volkswirtschaftlichen Gesamtrechnung auch eine umweltökonomische Gesamtrechnung (UGR).

Diese Statistik zeigt die Wechselwirkungen zwischen Wirtschaft und Umwelt. Das Berichtssystem gibt darüber Auskunft, welche Umweltbelastungen entstehen und welche Maßnahmen zum Schutz der Umwelt ergriffen werden.[1]

Umweltökonomische Gesamtrechnung (UGR)[2]

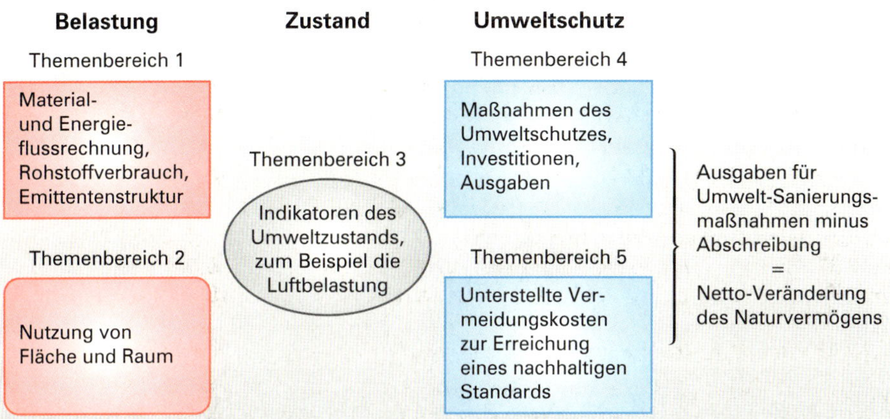

Wie die unterschiedlichen Symbole (Ellipse, Rechteck usw.) andeuten, sind die verschiedenen Themenbereiche jeweils durch eine ihnen eigene charakteristische Methode gekennzeichnet: In den Themenbereichen 1, 4 und 5 werden Wirtschaftsstatistiken und Gesamtrechnungsmethoden angewandt, um die von den Wirtschaftssektoren verursachten Stoffströme sowie die getroffenen Umweltschutzmaßnahmen zu bilanzieren. Themenbereich 2 befasst sich mit den Belastungen, die nicht stofflicher Art sind, sondern auf einer geänderten Nutzungsverteilung des Raumes, auf physikalischen Eingriffen usw. beruhen; methodische Instrumente sind Fernerkundung, etwa die Ermittlung von Bodenbelastungen per Flugzeug, und Geoinformationssysteme, zum Beispiel Bohrungen zur Suche nach Altlasten. Im Themenbereich 3 besteht die Aufgabe im Wesentlichen darin, die räumlich und inhaltlich isolierten Mess- und Beobachtungsdaten zu geeigneten Indikatoren zu verdichten; aufbauend auf Themenbereich 2 wird eine Flächenstichprobe mit dem Ziel von Ökoindikatoren/-indizes entwickelt. Der UGR-Gesamtdarstellungsbereich umfasst nicht das Setzen von allgemein einzuhaltenden Standards. Die UGR-Informationen haben jedoch das ausdrückliche Ziel, für den politischen Entscheidungsprozess zum Setzen solcher Standards - soweit verfügbar - Sachdaten über Kosten und Nutzen alternativer Standardwerte zur Verfügung zu stellen.

Abb. 7.29

1 Vgl. Wirtschaftswachstum und Umwelt, in: Wirtschaft und Unterricht, hrsg. vom Institut der deutschen Wirtschaft, Nr. 3 vom 27. April 1995, S. 3.

2 Quelle: Wirtschaftswachstum und Umwelt, a. a. O., S. 3.

20 Hartmann - ISBN 978-3-8120-0320-9

Aufgaben zur Lernkontrolle

1. Angenommen, das Bruttonationaleinkommen eines EU-Landes beträgt 2 100 Mrd. GE.

   Berechnen Sie das Nettoinlandsprodukt, wenn die Nettoproduktionsabgaben 320 Mrd. GE, die Abschreibungen 270 Mrd. GE, die von Inländern aus dem Ausland bezogenen Erwerbs- und Vermögenseinkommen 32 Mrd. GE und die von Ausländern bezogenen Erwerbs- und Vermögenseinkommen 25 Mrd. GE betragen! Der Saldo zwischen den Subventionen von der EU und den Produktionsabgaben an die EU ist ausgeglichen.

2. Wie hoch ist das Nettoinlandsprodukt in der Aufgabe 1, wenn unter sonst gleichen Bedingungen die von Ausländern bezogenen Erwerbs- und Vermögenseinkommen 35 Mrd. GE betragen?

3. Das statistische Amt eines Landes liefert u.a. folgende Zahlen (in Mrd. GE):

a)	Bruttowertschöpfung der Wirtschaftsbereiche		
	Produzierendes Gewerbe	835	
	Baugewerbe	200	
	Handel, Gastgewerbe und Verkehr	600	
	Sonstige Wirtschaftsbereiche	700	2 335
b)	Saldo der Primäreinkommen aus der übrigen Welt		+ 16
	Vom Saldo der Primäreinkommen entfallen je die Hälfte auf das Arbeitnehmerentgelt und die Unternehmens- und Vermögenseinkommen.		
c)	Konsumausgaben der privaten Haushalte		1 300
d)	Konsumausgaben des Staates		400
e)	Bruttoinvestitionen		540
f)	Außenbeitrag		+ 95
g)	Abschreibungen		300
h)	Nettoproduktionsabgaben		260
i)	Arbeitnehmerentgelt		1 390
j)	Unternehmens- und Vermögenseinkommen		385

   3.1 Berechnen Sie das Bruttoinlandsprodukt, das Nettoinlandsprodukt zu Herstellpreisen, das Bruttonationaleinkommen, die inländische Verwendung des Bruttonationaleinkommens, das Primäreinkommen und das Volkseinkommen! Der Saldo der Primäreinkommen aus der übrigen Welt entfällt je zur Hälfte auf das Arbeitnehmerentgelt und die Unternehmens- und Vermögenseinkommen.

   3.2 Stellen Sie die Entstehungs- und Verwendungsrechnung des Bruttoinlandsprodukts und die Verteilung des Volkseinkommens dar!

   3.3 Unter welcher Bedingung sind Brutto- und Nettoinlandsprodukt gleich groß? (Theoretischer Grenzfall.) Wie bezeichnet man eine Volkswirtschaft, in der dies der Fall ist?

   3.4 Unter welcher Bedingung ist das Bruttonationaleinkommen kleiner als das Bruttoinlandsprodukt?

4. Was kann die Größe „Bruttonationaleinkommen" über den Wohlstand der Bevölkerung eines Landes aussagen?

5.

Weg mit dem Bruttoinlandsprodukt!

... 2007 hat die Bundesrepublik Deutschland ein Bruttoinlandsprodukt in Höhe von 2423 Mrd. € erwirtschaftet. Ist das viel, ist das wenig? Müssen wir besorgt sein, dürfen wir stolz sein?

2423 Mrd. € sind weder viel noch wenig, sondern falsch. Denn im Bruttoinlandsprodukt wird vieles gar nicht erfasst und vieles zwar richtig erfasst, aber falsch bewertet.

Das Bruttoinlandsprodukt misst so ziemlich alles, was in der Wirtschaft vorgeht. Nur nicht das – so meint GEO-Chefredakteur Adolf Theobald –, worauf es im Leben ankommt.

Zum Beispiel: Die Arbeit der Hausfrau, sofern sie kein Einkommen hat, zählt nicht. Mütter, die ihre Kinder ohne Entgelt großziehen, werden vom Bruttoinlandsprodukt übersehen. Kämen zwei Mütter dagegen auf die listige Idee, ihre Kinder auszutauschen und sich für die Betreuung gegenseitig und monatlich je 1000 € zu zahlen, wäre das Bruttoinlandsprodukt im selben Monat um 2000 € gestiegen.

Nicht erfasst wird auch die Schwarzarbeit, sie geht an Staat und Statistik vorbei. Und nicht erfasst wird auch die legale Schattenarbeit wie z.B. die gesamte Do-it-yourself-Bewegung. Beide, die legale und die illegale Schattenarbeit, machen, nach groben Schätzungen, bereits die Hälfte des offiziellen Bruttoinlandsprodukts in der Bundesrepublik Deutschland aus.

Oscar Wilde[1] hat einmal formuliert, es gebe Menschen, die von allem den Preis, aber von nichts den Wert kennen. Er muss dabei an Politiker gedacht haben. Sie lieben es, aus der Statistik des Bruttoinlandsprodukts falsche Schlüsse zu ziehen. So wird zum Beispiel ein Auto, das viele Kosten verursacht, in der volkswirtschaftlichen Gesamtrechnung letztlich immer wertvoller, denn die Reparaturen erhöhen ja das Inlandsprodukt. Und Umweltschäden, die uns an den Rand des Ruins bringen können, erhöhen unseren Reichtum ins Unermessliche – wegen der Reparatur, der Folgekosten. Um zum Beispiel den Schwarzwald wieder aufzuforsten, bräuchte man 6 Mrd. €. Ein toller Erfolg in unserer Gesamtrechnung. Ein kranker Mensch, der die Pharma-Industrie am Laufen hält, ist allemal ein besserer Inlandsprodukt-Produzent als ein gesunder. Denn der verursacht ja keine Kosten, bringt also auch keine Einnahmen.

Dass Statistiker uns reich rechnen? Na gut. Wenn aber Politiker die jährliche Steigerungsrate wie einen Fetisch behandeln, auf den man hören muss, dann wird es gefährlich.

Adolf Theobald

Quelle: GEO, Heft 2/1986, S. 148f. Text und Angaben zum BIP wurden aktualisiert.

5.1 Nehmen Sie Stellung zu dem Zitat: „Das Bruttoinlandsprodukt misst so ziemlich alles, was in der Wirtschaft vorgeht. Nur nicht das, worauf es im Leben ankommt.“

5.2 Stellen Sie anhand des Textes zusammen, welche Korrekturen am Maßstab BIP nach Meinung des Verfassers notwendig sind!

6. Im Jahr 00 ist das reale Bruttoinlandsprodukt eines Landes um 62 Mrd. GE gesunken, während das nominelle Bruttoinlandsprodukt um rd. 29 Mrd. GE gestiegen ist.

6.1 Erklären Sie die Begriffe reales Inlandsprodukt und nominelles Inlandsprodukt!

6.2 Wie erklärt sich die unterschiedliche Entwicklung des realen und des nominellen Inlandsprodukts im Jahr 00?

6.3 Angenommen, das reale Inlandsprodukt stieg um 1,5 %, das nominelle Inlandsprodukt um 2,5 %. Wie hoch war die Preissteigerungsrate?

6.4 Angenommen, das reale Inlandsprodukt stieg um 1,8 % und die Preissteigerungsrate betrug 2,5 %. Um wie viel Prozent stieg das nominelle Inlandsprodukt?

6.5 Angenommen, die Preissteigerungsrate betrug 3 % und die Steigerung des nominellen Inlandsprodukts belief sich auf 4,6 %. Um wie viel Prozent stieg das reale Inlandsprodukt?

---

1 Engl. Schriftsteller, Verf. von „Das Bildnis des Dorian Gray“.

7. An der gängigen Berechnung der Messgrößen der gesamtwirtschaftlichen Leistung wird häufig Kritik geübt.

7.1 Nennen und erläutern Sie mindestens drei Kritikpunkte!

7.2 Erklären Sie in diesem Zusammenhang die Begriffe soziale Kosten und soziale Leistungen!

7.3 Bringen Sie je ein eigenes Beispiel für soziale Kosten und soziale Leistungen!

7.4 Erklären Sie die Begriffe Lebensqualität und soziale Indikatoren!

7.5 Nennen Sie zwei eigene Beispiele für soziale Indikatoren!

8. **Textauszug:**

Das Bruttonationaleinkommen ist verhältnismäßig leicht aus der Finanzstatistik eines Landes abzuleiten. Wenn man dazu bedenkt, dass die Chancen des Mitglieds einer Volkswirtschaft, Arbeit und Brot zu bekommen, umso besser sind, je höher das Bruttonationaleinkommen je Kopf der Bevölkerung ist, dann wird einsichtig, warum die Wirtschaftspolitik auf diese Größe zur Zielbestimmung und Erfolgskontrolle nicht verzichten kann. Da die Ermittlung des Nationaleinkommens auf finanzstatistischen Daten beruht, kann es zuverlässig nur aus versteuerten Leistungen berechnet werden. Die unbezahlte Hausarbeit bleibt ebenso außen vor wie die Schwarzarbeit und der Umsatz der sonstigen Schattenwirtschaft.

Neben diesen Tauglichkeitsbeschränkungen des Bruttonationaleinkommens für seine Funktion als Orientierungsgröße der Wirtschafts- und Sozialpolitik erscheinen vor allem seine ökologischen Defizite als so gravierend, dass Nobelpreisträger Jan Tinbergen das Bruttonationaleinkommen als „falschen Kompass" diskreditiert hat.

Quelle: Nach Ludolf, F.-J.: Ergänzung der volkswirtschaftlichen Gesamtrechnung (VGR) durch die Umweltgesamtrechnung (UGR), in: Wirtschaft und Gesellschaft im Beruf, 1998, S. 25.

8.1 Welche Bedeutung misst der Autor dem Bruttonationaleinkommen zu?

8.2 Warum hat Jan Tinbergen das Bruttonationaleinkommen als „falschen Kompass" bezeichnet?

9. **Textauszug:**

Ein Staatenvergleich

Philadelphia (dpa). Absolut gesehen sind die USA der reichste Staat der Welt. In 40 anderen Staaten, darunter die Bundesrepublik, lässt es sich aber besser leben, wenn man verschiedene Sozialfaktoren berücksichtigt, meint der Wissenschaftler Richard Estes von der Universität Pennsylvania in einer jetzt veröffentlichten Studie.

Estes verglich 107 Staaten nach einer Liste, die Kriterien wie Alphabetisierung und Bildung, Teilnahme am politischen Leben und politische Stabilität, Rechte der Frauen, Wirtschaftswachstum und Inflation sowie geologische Faktoren wie Dürren und Vulkanausbrüche umfasst. Dabei kam er zu dem Ergebnis, dass die USA nur auf Platz 41 rangieren ...

Angeführt wird die Lebensqualitätsliste stattdessen von Dänemark, Norwegen und Österreich. Auf den nächsten Plätzen kommen die Niederlande, Schweden, Neuseeland und Australien, mit der Bundesrepublik Deutschland auf Platz elf. Am Ende der Skala stehen die afrikanischen Sahel-Staaten.

Das schlechte Abschneiden seines eigenen Landes erklärt Estes mit dem enormen Unterschied im Lebensstandard der weißen Bevölkerungsmehrheit und den rassischen Minderheiten sowie den großen Löchern im sozialen Netz.

9.1 Wie nennt man die Kriterien, mit denen der „Staatenvergleich" vorgenommen wurde?

9.2 Welche Kriterien werden im obigen Artikel angeführt, um die einzelnen Staaten vergleichen zu können?

10. Textauszug 1:

Bei der **Schattenwirtschaft** (auch hidden oder irregular economy) handelt es sich um statistikfreies Wirtschaftsgeschehen. Vorgänge, die grundsätzlich zur Produktion gerechnet werden können, gelangen amtlichen Stellen nicht oder nur teilweise zur Kenntnis – so etwa, um auf diese Weise Steuern und andere Abgaben zu sparen. Diese Vorgänge gehen nicht vollständig in die der VGR zugrunde liegenden Statistiken ein, selbst wenn sie einen Marktpreis aufweisen. Zur Schattenwirtschaft rechnen zwei unterschiedliche Komponenten: die Untergrundwirtschaft bzw. der illegale Sektor und die Selbstversorgungswirtschaft. [...] In die **Untergrundwirtschaft** gehen Sachgüter und Dienstleistungen ein, die **illegal** gehandelt werden, obwohl ihre Produktion grundsätzlich legal ist. Beispiele sind Schwarzarbeit, Beschäftigung illegaler Einwanderer, Schmuggel und Drogenhandel. Hinzu kommen Aktivitäten, die grundsätzlich – also auch deren Produktion – verboten sind. Ferner werden bestimmte **Einkommen in Güterform (income in kind)** falsch erfasst: Sie werden in der VGR als Vorleistungen der Unternehmen verbucht, obwohl sie faktisch Verbrauch der Haushalte darstellen (z. B. private Nutzung von Einrichtungsgegenständen der Unternehmen, darunter etwa Firmenwagen für private Zwecke, Materialdiebstahl durch Angestellte u. Ä.).

Ein weiterer Bereich der nicht erfassten Aktivität, der zur gesamtwirtschaftlichen Wertschöpfung beiträgt, ist die **Selbstversorgungswirtschaft** (Hauswirtschaft).

Quelle: Brümmerhoff, D.: Volkswirtschaftliche Gesamtrechnungen, 4. Aufl. 1992, S. 58.

Textauszug 2:

Der Anteil der Schattenwirtschaft an der gesamten wirtschaftlichen Leistung eines Landes ist teilweise beträchtlich. Für internationale Leistungs- und Wohlstandsvergleiche ist bedeutsam, dass statistisch nicht erfasste Aktivitäten in einzelnen Ländern unterschiedliches Gewicht besitzen. Allgemein ist der Anteil der Schattenwirtschaft in Entwicklungsländern, in denen ein hoher Grad an Eigenversorgung in Großfamilien herrscht, höher als in industrialisierten Ländern. So schätzt man den Anteil der Schattenwirtschaft in den westlichen Industriestaaten auf 10 bis 20 Prozent des Bruttonationaleinkommens, während in wirtschaftlich weniger entwickelten Ländern dieser Anteil bis zu 50 Prozent und mehr betragen kann.

Quelle: Former, A.: Volkswirtschaftslehre. Einführung in die Grundlagen, 1992, S. 106.

10.1 Wie wird der Begriff Schattenwirtschaft im Textauszug 1 definiert?

10.2 Wie teilt der Autor des Textauszugs 1 die Schattenwirtschaft ein?

10.3 Nennen Sie je zwei Beispiele zu den unterschiedlichen Arten der Schattenwirtschaft!

10.4 Wie hoch schätzt der Autor des Textauszugs 2 den Anteil der Schattenwirtschaft am Bruttonationaleinkommen?

10.5 Wie erklärt sich der hohe Anteil der Schattenwirtschaft am Nationaleinkommen in den Entwicklungsländern?

11. Textauszug:

Der Reichtum der Nationen

Die Berechnungen, mit denen die jährliche Wirtschaftsleistung oder das Wohlstandsniveau eines Staates erfasst werden, weisen in der Regel ein schwerwiegendes Manko auf: Sie lassen den Verbrauch an natürlichen Ressourcen oder die Beeinträchtigung der Umwelt außer Betracht und zeichnen deshalb ein oft zu günstiges Bild. Im Extremfall gaukeln die veröffentlichten Zahlen eine positive Entwicklung vor, obwohl das betreffende Land nur von der Substanz zehrt und sein Vermögen verspielt. Gerade für die Entwicklungsländer sind solche Fehldeutungen problematisch.

Eine Studie der Weltbank („Where ist the Wealth of Nations?") versucht sich deshalb an einer umfassenden Betrachtung des Nationalvermögens. Drei Komponenten machen danach den Reichtum eines Landes aus: ● Das **natürliche Kapital.** Dazu zählen insbesondere die Bodenschätze wie Öl, Gas, Kohle oder Erze, die Wälder und die Acker- oder Weideflächen. ● Das **produzierte Kapital,** nämlich die gesamte Infrastruktur einer Volkswirtschaft, die Maschinen, Anlagen und Ausrüstungen und die (bebauten) städtischen Areale. ● Und schließlich das **immaterielle Kapital:** In ihm verkörpert sich der Wert der Kenntnisse und Fähigkeiten einer Gesellschaft, der Arbeitskräfte und ihrer Ausbildung, des Regierungs- und Verwaltungssystems, der Rechtsordnung, des sozialen Zusammenhalts usw.

Der für jedes Land geschätzte **Gesamtwert des Reichtums** im Jahr 2000 entspricht dem Netto-Gegenwartswert des nachhaltigen Konsums der nächsten 25 Jahre. Nach diesem Ansatz kommt die Schweiz als reichstes Land der Erde auf einen Vermögenswert von rund 648200 US-Dollar je Einwohner. Es folgen Dänemark, Schweden und die USA. Deutschland nimmt mit einem Pro-Kopf-Vermögen von knapp 500000 $ bereits den fünften Rang ein. Für Äthiopien als ärmstes Land lautet die Schätzung dagegen auf 2000 $ pro Kopf. Die Aufschlüsselung des Gesamtvermögens ergibt für die reichen Industrieländer ein starkes Übergewicht des immateriellen Kapitals (mit einem Anteil von 80%), während das natürliche Kapital nur 2% ausgemacht. In den ärmeren Ländern entfallen dagegen 26% des Vermögens auf das natürliche Kapital, 16% auf das prodzierte Kapital und 59% auf das immaterielle Kapital. Für eine erfolgreiche, **nachhaltige Entwicklung** dieser Länder kommt es darauf an, dass sie ihren natürlichen Reichtum nicht nur konsumieren, sondern dass sie seine Erträge nutzen, um die Grundlagen künftigen Einkommens zu **investieren** – in die Infrastruktur, in produktive Wirtschaftszweige, in die Bildung oder das Gesundheitswesen.

 632 140

Arbeitsaufträge:

11.1 Welche Indikatoren bestimmen nach Meinung der Weltbank den Wohlstand der Nationen?

11.2 Warum ist das Humankapital ein wichtiger Indikator?

12. Entwicklungsstand und Wohlergehen eines Landes und seiner Menschen nur anhand des Bruttoinlandsprodukts zu messen, wird zu Recht als ungenügend empfunden. Vor allem für die Lebensverhältnisse in der Dritten Welt ist ein Maßstab, der sich allein an der marktbezogenen Wirtschaftsleistung orientiert, von beschränkter Aussagekraft. Aufschlussreicher erscheint eine Antwort auf die Frage, ob und inwieweit eine Steigerung des Bruttoinlandsprodukts zur menschlichen Entwicklung beiträgt. Das *UN-Entwicklungsprogramm (UNDP)* versteht darunter „einen Prozess, der die Möglichkeiten des Einzelnen erweitert", ihm also zu einem längeren und gesunden Leben, einem bestimmten Maß an Bildung und einem ausreichenden Einkommen verhilft. Schon ein flüchtiger Vergleich zwischen „reichen" und „armen" Ländern zeigt, dass wirtschaftlicher Erfolg nicht automatisch mit höherer **Lebensqualität** einhergeht. So ist es möglich, dass Länder mit niedrigem Nationaleinkommen ihrer breiten Bevölkerung einigermaßen befriedigende Lebensbedingungen bieten, während in viel wohlhabenderen Staaten manchmal extreme soziale Gegensätze herrschen.

Um solche Vergleiche auf eine feste, nachprüfbare Grundlage zu stellen, hat das UNDP einen besonderen Maßstab ausgearbeitet: den **Index der menschlichen Entwicklung**. Dabei wird für jedes Land ein Satz statistischer Kennzahlen, in denen sich die Lebenserwartung, das Bildungsniveau und das Pro-Kopf-Einkommen niederschlägt, zu einem einzigen Indexwert gebündelt. Unter den 177 Ländern, für die dieser Index im Jahr 2007 neu berechnet wurde, belegt *Island* den ersten Platz: Dort haben die Neugeborenen eine Lebenserwartung von 81,5 Jahren; fast alle Erwachsenen können lesen und schreiben; die Bildungsbeteiligung im Schul- und Hochschulbereich liegt nahe bei 100 %; und das mittlere Pro-Kopf-Einkommen des Jahres 2005 bezifferte sich, nach der Kaufkraft umgerechnet, auf 36 500 US-Dollar. Auf dem letzten Rang liegt der westafrikanische Staat *Sierra Leone* (mit einer Lebenserwartung von 41,8 Jahren, einer Alphabetisierungsrate von 35 %, einer Bildungsbeteiligung von 45 % und einem Pro-Kopf-Einkommen von schätzungsweise 800 Dollar).

Ergänzend zu dieser Betrachtungsweise wandte sich das UNDP im Lauf der Jahre auch immer wieder einzelnen Aspekten der menschlichen Entwicklung zu – so z. B. der Bedeutung von Demokratie und kultureller Freiheit für die Überwindung von Ungleichheit und Armut. Schwerpunktthema des *Human Development Report 2007/08* ist der Klimawandel, der die Entwicklung gerade in den ärmsten Ländern und verletzlichsten Weltregionen weit zurückwerfen kann.

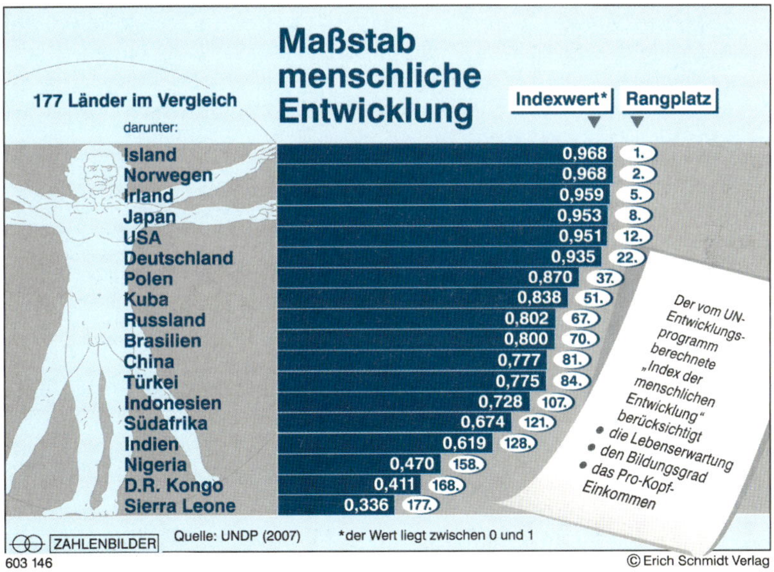

Worin unterscheidet sich der „Maßstab der menschlichen Entwicklung" von der Wohlstandsdefinition (Wohlstandsmessung) der Weltbank? (Siehe Aufgabe 11.)

8 Geld und Geldpolitik

8.1 Entstehung, Arten und Funktionen des Geldes

Geld regiert die Welt.
(PUBLILIUS SYRUS)[1]

8.1.1 Geschichtliche Entwicklung des Geldes und der Geldarten (Geldformen)[2]

Ist von „Geld" die Rede, so meint man zunächst zu wissen, was das ist. Soll man aber den Begriff Geld definieren, so stößt man auf Schwierigkeiten. Nicht anders ergeht es den Wissenschaftlern, die immer wieder aufs Neue daran gehen, das Wesen des Geldes zu deuten. Begriff und Aufgabe des Geldes kann man nur verstehen, wenn man sich über seine Entstehungsgründe Gedanken macht.

1. Tauschlose Wirtschaft. In früheren Zeiten, als die Menschen noch in so genannten „geschlossenen Hauswirtschaften" lebten, gab es keinen oder nur geringen Güteraustausch. Die weitaus meisten der von den Menschen benötigten Güter wurden von ihnen innerhalb der Großfamilie (in der geschlossenen Hauswirtschaft) selbst hergestellt. Die geschlossene Hauswirtschaft war daher Produktions- und Verbrauchsstätte zugleich. In der Regel war daher ein Tauschmittel („Geld") nicht erforderlich.

2. Naturaltauschwirtschaft. In reiner Form gab es diese tauschlose Wirtschaft jedoch nicht. Die einzelnen Großfamilien konnten sicher manche Dinge nicht oder nicht in ausreichendem Maße herstellen (z. B. Rohstoffe wie Salz, Metalle, Bernstein). Andere Güter hat man in Mengen hergestellt, die den eigenen Bedarf überstiegen. Es war also möglich,

Ware gegen Ware

zu tauschen. Dieser *unmittelbare* (direkte) Tausch war jedoch umständlich und zeitraubend.

3. Warengeldwirtschaft. Der größte Nachteil der Naturaltauschwirtschaft war, dass es kein Gut gab, das *allgemein* als Tauschmittel anerkannt wurde. Es war daher bereits ein gewaltiger Fortschritt in der wirtschaftlich-gesellschaftlichen Entwicklung, als sich die Menschen in bestimmten Regionen auf *ein* einziges Tauschgut einigten, dem alle einen Tauschwert zumaßen, obwohl das Gut mitunter zu einem unmittelbaren Gebrauch überhaupt nicht zu verwenden war. Musterbeispiel für derartiges „Geld" waren die Mühlsteine riesigen Ausmaßes, die die Einwohner der Yap-Inseln[3] als Zahlungsmittel benutzten.

---

1 Römischer Dichter (1. Jh. v. Chr.).

2 Vgl. zu diesem Kapitel GRUPP, D.C.: Geld zu jeder Zeit. Geschichten vom Geld am Rande der Geschichte, 3. Aufl. o.J., S. 5 und S. 12.

3 Die Yap-Inseln (auch Jap-Inseln) liegen im Pazifischen Ozean (etwa 1 200 km östlich der Philippinen).

■ Ein von allen Tauschpartnern anerkanntes **Zwischentauschgut** bezeichnet man als **Geld.**

Die Warengeldwirtschaft ist die erste Stufe der Geldwirtschaft. An die Stelle des unmittelbaren Tauschs tritt der *mittelbare* (indirekte) Tausch:

Ware gegen Geld – Geld gegen Ware.

Als allgemeines Tauschmittel (Geld) fanden anfänglich Waren mit verhältnismäßig langer Lebensdauer Verwendung, die notfalls zugleich der unmittelbaren Bedürfnisbefriedigung dienen konnten (**Warengeld** als Nutzgeld).

Solches Nutzgeld waren beispielsweise Vieh (heutige Bezeichnungen für Geld oder Geldeinheiten wie pecus, pecunia = Vieh lassen darauf schließen),[1] Pfeilspitzen, Spieße (z.B. Obolus[2] = Bratspieß oder Drachme[3] = eine Handvoll Spieße).

Warengeld kam gleichermaßen als Schmuckgeld vor (z.B. Muscheln, Perlen und Edelmetalle). Besonders die Edelmetalle (Gold, Silber, Kupfer) hatten gegenüber den übrigen Waren *Vorteile*: Sie waren verhältnismäßig leicht *transportierbar* und *teilbar*.

Links und rechts chinesische, in der Mitte ein russischer Teeziegel

Abb. 8.1

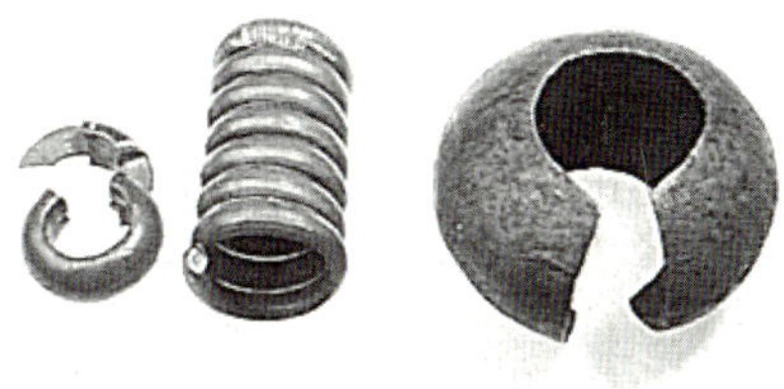

Schmuckgeld aus dem Sudan

Abb. 8.2

Quelle: Archiv Dr. Runge, Hamburg.

4. Wägegeldwirtschaft. Die Verwendung des Metalls (Barren, Stäbe) als allgemeines Tauschmittel war zwar ein Fortschritt, brachte jedoch beim Zahlungsvorgang einige Mühe mit sich. Die Metallstücke mussten abgeschlagen, auf ihren Feinheitsgehalt überprüft und gewogen werden (die Bezeichnung Rubel[4] deutet darauf hin: Rubel = abgeschlagenes Stück).

5. Münzgeldwirtschaft. Es waren im 7. Jh. v. Chr. die Lyder,[5] die die **Münze** erfanden. Die von den Metallstäben oder -barren abgeschlagenen Scheiben wurden mit einer *Prägung* versehen, mit der der König den Feingehalt und das Gewicht garantierte.

1 Auch heute wird das aus dem Lateinischen stammende Wort „pekuniär" = geldlich verwendet.

2 Wenn jemand „seinen Obolus" (gr.) entrichtet, hat er einen kleinen Beitrag bezahlt. Ein Obolus war im alten Griechenland eine kleine Silber-, später Kupfermünze.

3 Die Drachme ist eine griechische Münze.

4 Der Rubel ist die Währungseinheit Russlands.

5 Das Reich der Lyder befand sich im 7. bis 6. Jahrhundert v. Chr. an der Westküste Kleinasiens. Der letzte Lyderkönig hieß Krösus. Die Lyder waren ein Handelsvolk. Ihr Gold fanden sie im goldführenden Fluss Paktolos.

Manche Münznamen erinnern an diese Entwicklungsstufe des Geldes, z.B. Gulden[1] (= gülden, aus Gold), Sou[2] (lat. Solidus, d.h. aus solidem Gold) oder Pfund[3] bzw. Livre[4] (= Angabe des Gewichts des Metalls).

Münzen, deren Metallwert dem aufgeprägten Wert (= Nennwert, Nominalwert) entsprach, heißen *Kurantmünzen*. Damit auch Güter geringeren Wertes mit Geld bezahlt werden konnten, gab es sog. *Scheidemünzen*, deren Nennwert *über* dem Metallwert lag. Beim heute gültigen Münzgeld liegt der Nennwert regelmäßig über dem Metallwert (unterwertige Münzen).

Silbertetradrachme von Athen (um 460 v. Chr.) Vorderseite: Kopf der Göttin Athene – Rückseite: Eule

Griechische Münze mit dem Kopf des Poliorketes von Makedonien (306 – 283 v. Chr.)

Solidus aus Gold mit dem Kopf Konstantins des Großen (um 280 – 337 n. Chr.)

Chinesische Käschmünze (500 v. Chr. – 1912)

Mainzer Pfennig (um 780) – Die Buchstaben CAROLUS sind das Signet Karls des Großen (742 – 814)

Hohlpfennig (Brakteat) Heinrichs des Löwen (1129 – 1195) 2. Hälfte des 12. Jahrhunderts

Maria-Theresientaler – Zahlungsmittel bis in die Gegenwart (z. B. in Afrika)

Quelle: Erich Schmidt Verlag, Zahlenbild Nr. 455 100.

Abb. 8.3

6. Papiergeldwirtschaft. Weil den Kaufleuten des Mittelalters die Aufbewahrung des Geldes in ihren Häusern zu unsicher war, entstanden Kaufmannsbanken, die Edelmetallbeträge gegen Quittung („Noten") in Verwahrung nahmen. Bald gewöhnte man sich daran, diese Scheine selbst zu übertragen und nicht das bare Geld. Im Prinzip war damit das **Papiergeld** (die Banknote) entstanden.

Die Zahlungen mit Papiergeld konnte man so lange unbedenklich vornehmen, wie man sicher sein konnte, dass die Banken bei Vorlage des Papiers die entsprechende Münzgeldsumme auszahlten. Jedoch merkten die Banken bald, dass nicht alle Noten zur gleichen Zeit eingetauscht wurden, dass sie also mehr Noten ausgeben konnten (z.B. Kredite gewähren konnten), als Deckung in Münzen vorhanden war. Das konnte nur so lange gut gehen, wie die Banken diese *Geldschöpfung* nicht übertrieben und vor allem das *Vertrauen* der Geldanleger in die Banken vorhanden war. In dem Augenblick nämlich, in dem alle Anleger zugleich die Auszahlung ihrer Guthaben forderten, musste sich herausstellen, dass die Bank nicht in der Lage war, alle Guthaben auszuzahlen. Nach einer Reihe

1 Der Gulden (abgekürzt hfl) war bis Ende 2001 die Währungseinheit der Niederlande.

2 Der Sou war das französische 5-Centimes-Stück (1 französischer Franc = 100 Centimes).

3 Das englische Pfund (£) ist die Währungseinheit Großbritanniens.

4 Livre (frz.) = Pfund (alte Währungseinheit Frankreichs).

von Bankzusammenbrüchen übernahmen daher die *Staaten* die Aufsicht über die Banken. Nur zuverlässige Banken erhielten das Recht, Noten in Umlauf zu bringen, ein Recht, das heutzutage allein die Zentralbanken (in der Europäischen Wirtschafts- und Währungsunion die Europäische Zentralbank) kraft Gesetzes besitzen (siehe Kapitel 8.7.2).

7. Giralgeldwirtschaft. Seit etwa 100 Jahren gewinnt das *Buchgeld* zunehmend an Bedeutung. Es existiert auf den Konten (in den „Büchern") der Geldinstitute.

Statt von Buchgeld wird auch von *Giralgeld*[1] gesprochen. Es entsteht entweder durch Einzahlung von Bargeld auf ein Girokonto bei einem Geldinstitut oder durch Inanspruchnahme eines von einem Geldinstitut gewährten Kredits durch den Kontoinhaber. Im ersten Fall ist der Kontoinhaber Gläubiger des Geldinstituts, im zweiten Fall Schuldner. Die durch Bargeldeinzahlung entstehenden Guthaben auf Girokonten werden als *Sichteinlagen* bezeichnet, weil sie jederzeit („bei Sicht") fällig sind. (Näheres siehe S. 316.)

Eine Weiterentwicklung stellt das **„elektronische Geld"** (E-Geld) dar. Es handelt sich dabei um Werteinheiten in Form einer Forderung gegen die ausgebende Stelle, die 1. auf elektronischen Datenträgern gespeist sind, 2. gegen Entgegennahme eines Geldbetrags ausgegeben werden und 3. von Dritten als Zahlungsmittel angenommen werden, ohne gesetzliches Zahlungsmittel zu sein [§ 1 XIV KWG].

Kein elektronisches Geld liegt vor, wenn Herausgeber und Akzeptant[2] der Werteinheiten identisch[3] sind und wenn die Werteinheiten lediglich Vorauszahlungen für bestimmte Sach- oder Dienstleistungen darstellen (z. B. Telefonkarten).

Das Kreditwesengesetz rechnet „die Ausgabe und Verwaltung von elektronischem Geld (E-Geld) zu den Bankgeschäften [§ 1 I KWG]". Die Geschäfte unterliegen damit der Aufsicht der Bundesanstalt für Finanzdienstleistungsaufsicht.

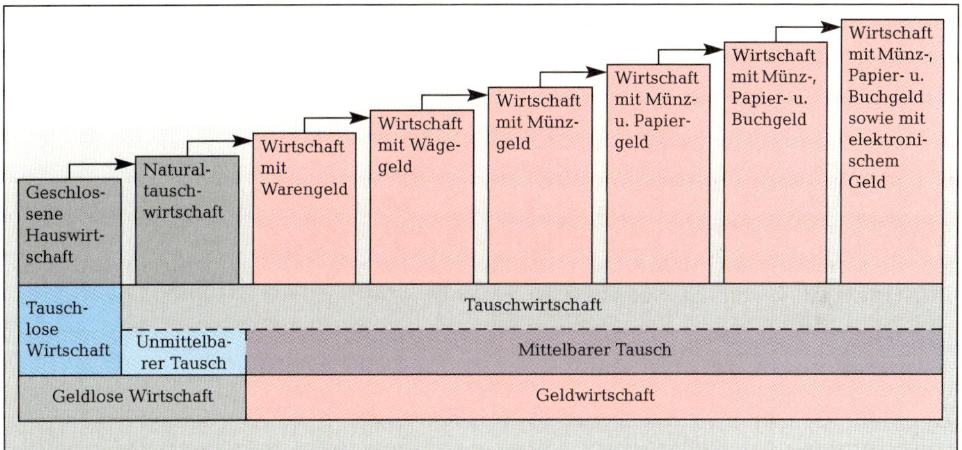

Entwicklungsstufen des Geldes und der Wirtschaft

Abb. 8.4

1 Das Wort „Giro" kommt von „Kreis", „Ring". Über Girokonten kann man jederzeit verfügen, z. B. von Konto zu Konto Geld überweisen, weil die Geldinstitute gewissermaßen „ringförmig" miteinander in Verbindung stehen. Girokonten sind laufende Konten (= Kontokorrentkonten [vgl. §§ 355 ff. HGB]), die dem laufenden Zahlungsverkehr dienen.

2 Akzeptieren (lat.) = annehmen, einverstanden sein. Der Akzeptant ist derjenige, der die von ihm herausgegebene Werteinheit gegen die versprochene Leistung annimmt.

3 Identisch (lat.) = völlig gleich, übereinstimmend, ein und dasselbe.

8.1.2 Geldmengenbegriffe

Es sind folgende Geldmengenbegriffe (Geldarten) zu unterscheiden:

1. **Bargeld.** Hierunter fallen Münzen und Banknoten.
   - **Münzen.** Die in der Bundesrepublik Deutschland umlaufenden Euro-Münzen sind durchweg Scheidemünzen, weil ihr Materialwert niedriger als ihr Nennwert ist (unterwertig ausgeprägte Münzen).

     Die deutschen Euro-Münzen werden im Auftrag der Bundesregierung von den staatlichen Prägeanstalten geprägt und von der Deutschen Bundesbank in Umlauf gebracht. (Das Gleiche gilt für die Münzen der übrigen WWU-Länder, die von den Regierungen geprägt und von den nationalen Zentralbanken in Umlauf gebracht werden.)
   - **Banknoten.** Das alleinige Recht zur Ausgabe von Banknoten besitzt die Europäische Zentralbank.
2. **Sichteinlagen.** Hierunter versteht man die Summe aller täglich fälligen Einlagen der privaten Haushalte, der Unternehmen (Nichtbankenunternehmen) und des Staates bei den Geldinstituten.

Die Summe aus **Bargeldumlauf** und **täglich fälligen Einlagen** bezeichnet die EZB mit dem Symbol **M1.**[1] Die Geldmenge M1 ist das am engsten gefasste monetäre Aggregat.[2]

M1 = Bargeldumlauf + täglich fällige Einlagen

Indem man zur Geldmenge M1 die **kurzfristigen Einlagen,** d.h. die Einlagen mit vereinbarter Laufzeit von bis zu zwei Jahren und die Einlagen mit vereinbarter Kündigungsfrist von bis zu drei Monaten hinzuzählt, erhält man die Geldmenge M2.

M2 = M1 + kurzfristige Einlagen

Die weitgefasste Geldmenge M3 ergibt sich, indem man zu M2 bestimmte **marktfähige Verbindlichkeiten des Bankensektors**[3] (z.B. Schuldverschreibungen mit einer Laufzeit von weniger als zwei Jahren, Geldmarktpapiere wie z.B. Bankakzepte und Repogeschäfte)[4] hinzurechnet.

M3 = M2 + sonstige marktfähige Verbindlichkeiten des Bankensektors

---

1 M ist das Symbol für money (engl. = Geld). Monetär (lat.) = geldlich, geldmäßig.

2 Aggregieren (lat.) = zusammenfassen, zusammenzählen. Aggregat = Zusammenfassung.

3 Der Fachausdruck für Bankensektor heißt Sektor der **m**onetären **F**inanz**i**nstitute **(MFI-Sektor).** Er umfasst vor allem die nationalen Zentralbanken, die EZB, Kreditinstitute und andere Finanzinstitute. Der MFI-Sektor wird auch als „Geldschöpfungssektor" bezeichnet. Das Gegenstück des MFI-Sektors ist der Nichtbankensektor (Nicht-MFI-Sektor). Er ist der „Geldhaltungssektor". Zu ihm gehören z.B. die privaten Haushalte, alle Unternehmen, die keine Bankgeschäfte betreiben und – mit gewissen Ausnahmen – der Staat.

4 Die Kreditinstitute können sich beim ESZB finanzielle Mittel beschaffen, indem sie beleihungsfähige Wertpapiere an das ESZB für eine bestimmte Zeit verkaufen. Diese Geschäfte bezeichnet man als Pensions- oder Repogeschäfte. Repo ist die Abkürzung für Repurchase (engl. Rückkauf). Das „o" am Ende hat sich wegen der Aussprache durchgesetzt. (Näheres zu den Pensionsgeschäften des ESZB siehe Kapitel 8.7.5.2.)

Geld ist, was gilt, wo es gilt
und so viel wie es gilt.
(GÜNTER SCHMÖLDERS)[1]

8.1.3 Funktionen (Aufgaben) des Geldes

Geld ist alles, was die Funktionen des Geldes erfüllt. Die wesentlichen Funktionen des Geldes sind in Abb. 8.5 wiedergegeben:

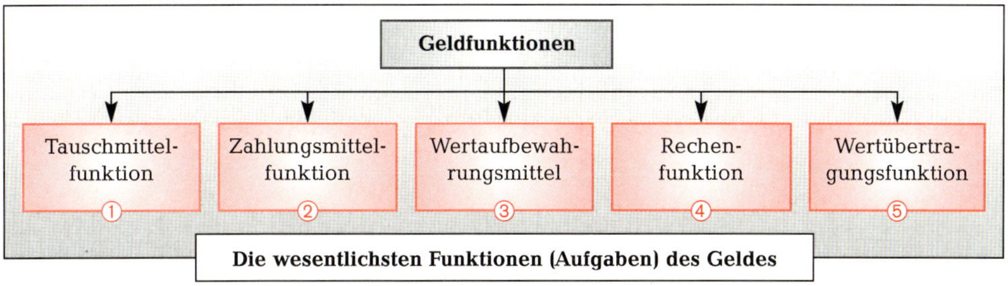

Abb. 8.5

① **Geld ist allgemeines Tauschmittel.** Als allgemein anerkanntes Tauschmittel ermöglicht es, den *indirekten* Tausch vorzunehmen, also Güter zu kaufen und zu verkaufen.

② **Geld ist Zahlungsmittel.** Auch andere Vorgänge als Tauschgeschäfte können mit Geld bewerkstelligt werden. So kann man mit Geld einen Kredit gewähren, Schulden tilgen, Steuern zahlen oder einen Strafzettel begleichen.

③ **Geld ist Wertaufbewahrungsmittel.** Geld muss man nicht sofort ausgeben, sondern man kann es „aufbewahren", also sparen. Diese Funktion hat das Geld natürlich nur dann, wenn sein Wert nicht durch Inflation aufgezehrt wird.[2]

④ **Geld ist Recheneinheit.** Das Geld ist der Maßstab (der Wertmesser) für die verschiedenartigsten Güter. Mit Hilfe der in Geld ausgedrückten Preise können diese addiert werden. Nur so ist es beispielsweise möglich, Bilanzen und Gewinn- und Verlustrechnungen zu erstellen, die Wirtschaftlichkeit und Rentabilität eines Betriebs zu errechnen.

⑤ **Geld ist Wertübertragungsmittel.** Das Geld macht es möglich, Vermögenswerte zu übertragen, ohne dass körperliche Gegenstände übereignet werden müssen. So kann man Geld verschenken oder vererben.

Das Geld kann seine Funktionen (Aufgaben) nur wahrnehmen, wenn die Wirtschaftssubjekte *Vertrauen* in das Geld besitzen.[3] Gestützt wird dieses Vertrauen durch die gesetzliche Bestimmung, dass jeder Schuldner, der mit Banknoten zahlt, dies mit befreiender Wirkung tut, und dass jeder Gläubiger das Notengeld in Zahlung nehmen muss. In den modernen Volkswirtschaften ist das Geld also *gesetzliches Zahlungsmittel.*

---

1 SCHMÖLDERS, geb. 1903, ist ein bekannter Nationalökonom und Finanzwissenschaftler, der sich vor allem mit den Zusammenhängen zwischen Psychologie und Wirtschaft befasst hat. Wichtige Werke sind z. B. „Psychologie des Geldes" (1966) und „Finanzpsychologie" (2. Aufl. 1970).

2 Inflation, wörtl. Aufblähung, dem Sinne nach Geldentwertung durch dauernd steigende Preise. (Näheres siehe Kapitel 8.4.8.)

3 Das Vertrauen in die Funktionen des Geldes, insbesondere in seine Wertaufbewahrungsfunktion, bezeichnet man als Geldillusion. Sie ist der „Glaube", dass Geld = Geld ist, dass z. B. 100,00 € heute gleich 100,00 € morgen sind.

Aufgaben zur Lernkontrolle

1. Berichten Sie kurz über die geschichtliche Entwicklung des Geldes und der Geldarten!
2. Unterscheiden Sie die Begriffe Bargeld und Giralgeld!
3. Erklären Sie die Geldmengenbegriffe M1, M2 und M3!
4. **Komponenten der Geldmengenaggregate**

	Bargeldumlauf	Täglich fällige Einlagen	Einlagen mit vereinbarter Laufzeit von bis zu 2 Jahren	Einlagen mit vereinbarter Kündigungsfrist von bis zu 3 Monaten	Repogeschäfte	Geldmarktfondsanteile	Schuldverschreibungen bis zu 2 Jahren
	1	2	3	4	5	6	7
	Bestände						
2003	386,9	2 293,7	1 031,0	1 522,3	218,6	597,3	92,7
2004	452,7	2 459,9	1 028,1	1 634,7	240,6	620,3	102,3
2005	521,5	2 897,9	1 109,9	1 543,2	241,6	631,6	126,2
2006	579,0	3 095,4	1 402,5	1 551,6	268,5	631,4	198,7
2007	629,8	3 226,1	2 039,3	1 533,8	313,5	742,8	293,5

Quelle: Monatsberichte der Europäischen Zentralbank, mehrere Jahrgänge.

Berechnen Sie die Geldmengen M1, M2 und M3 für 2003 und 2007!

5. Erläutern Sie die Funktionen des Geldes anhand von Beispielen!
6. Überlegen Sie, ob und gegebenenfalls welche Geldfunktionen durch laufende Preissteigerungen gefährdet sein können!
7.

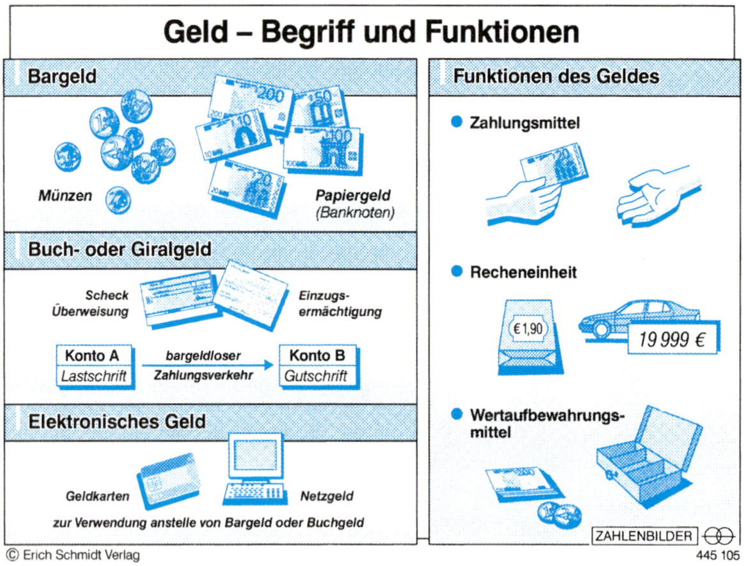

Erklären Sie die in der Abbildung enthaltenen Begriffe!

8.2 Geldschöpfung und -vernichtung

8.2.1 Geldproduzenten

Wenn wir in den kommenden Kapiteln von „Geld" sprechen und nichts anderes gesagt wird, sind unter Geld die in der Geldmenge M1 zusammengefassten Erscheinungsformen des Geldes (Münz-, Noten- und Giralgeld) zu verstehen. Mit „Zentralbank" bezeichnen wir eine Bank, die das alleinige Recht zur Ausgabe von Banknoten besitzt.

Geld schöpfen (produzieren) können in der Europäischen Wirtschafts- und Währungsunion die *Mitgliedstaaten* (vertreten durch die Regierungen), die *Europäische Zentralbank* (EZB) und die *Geschäftsbanken.*

- Ein **Staat** ist Geldproduzent, weil die Regierung Münzen prägen lassen kann, die von der jeweiligen nationalen Zentralbank in Umlauf gebracht werden. Der *Münzgewinn* (= der Unterschied zwischen Prägekosten und Nominalwert) fließt dem Staat zu.
- Die **Europäische Zentralbank** schafft („produziert") Notengeld (und Giralgeld), indem sie Aktiva (vor allem in Form von Forderungsrechten) erwirbt (siehe Kapitel 8.2.2 und 8.7.5).
- Die **Kreditinstitute**[1] schöpfen Geld, weil sie in der Lage sind, mehr Kredite zu gewähren, als sie an Einlagen besitzen (siehe Kapitel 8.2.3).

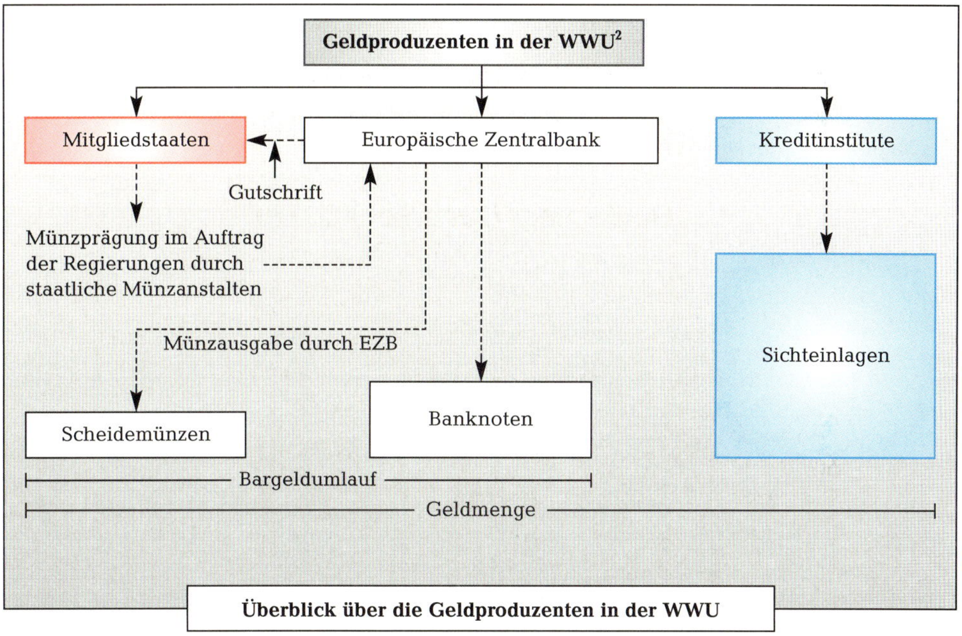

Abb. 8.6

1 Kreditinstitute sind Unternehmen, die Bankgeschäfte betreiben, wenn der Umfang dieser Geschäfte einen in kaufmännischer Weise eingerichteten Geschäftsbetrieb erfordert. Zu den Kreditinstituten gehören z.B. die Genossenschaftsbanken, die Sparkassen, die Geschäftsbanken (z.B. Deutsche Bank AG, Dresdner Bank AG, Commerzbank AG) und die Deutsche Postbank AG (Näheres siehe § 1 KWG und § 2 PTNeuOG).

2 Zur WWU siehe Kapitel 8.7.1.

8.2.2 Geldschöpfung und -vernichtung durch eine Zentralbank[1]

- Eine Zentralbank schöpft (produziert) Noten- bzw. Buchgeld, indem sie Aktiva (z.B. Gold, Devisen, Wertpapiere) erwirbt oder beleiht.
- Umgekehrt vernichtet die Zentralbank Geld, wenn sie Aktiva verkauft. Geld wird auch vernichtet, wenn Schuldner der Zentralbank (i.d.R. Kreditinstitute) ihre Verbindlichkeiten tilgen.

Möglichkeiten der Geldschöpfung und -vernichtung

1. An- und Verkauf von Wertpapieren

Durch den Ankauf von Wertpapieren (z.B. Schuldverschreibungen von Kreditinstituten, Industrie- und Handelsunternehmen sowie der öffentlichen Hand) schöpft eine Zentralbank Geld, durch den Verkauf vernichtet sie Geld.

Der Kauf bzw. Verkauf von Wertpapieren wird von einer Zentralbank im Rahmen der so genannten Offenmarktpolitik[2] eingesetzt (Näheres siehe Kapitel 8.7.5.2).

2. Ausgabe von Wertpapieren

Verkauft (emittiert)[3] eine Zentralbank eigene Schuldverschreibungen, verringert sie die umlaufende Geldmenge; sie schöpft - wie man sagt - Liquidität[4] ab. Tilgt sie die Schuldverschreibungen oder kauft sie diese vor Fälligkeit zurück, nimmt die umlaufende Geldmenge zu. Mit anderen Worten: Die Zentralbank stellt mehr Liquidität bereit.

3. Beleihung von Wertpapieren

Eine Zentralbank kann ihren Geschäftspartnern (i.d.R. Kreditinstitute) verschiedene Kreditmöglichkeiten (Fazilitäten)[5] gegen refinanzierungsfähige Sicherheiten anbieten. Sicherheiten sind vor allem Schuldverschreibungen, Aktien und aus Handelsgeschäften stammende Wechsel (Handelswechsel), die an die Zentralbank verpfändet werden. (Die Verpfändung erfolgt a) durch *Einigung* zwischen dem Kreditinstitut [dem Schuldner] und der Zentralbank [dem Gläubiger] darüber, dass dem Gläubiger das Pfandrecht zustehen soll und b) durch *Übergabe* des Pfands [z.B. der Wertpapiere]. Eigentümer des Pfands bleibt der Schuldner, Besitzer wird der Gläubiger.[6])

---

1 Zur Wiederholung: Zentralbanken sind Banken, die das alleinige Recht zur Banknotenausgabe besitzen. Sie werden deshalb auch als Notenbanken bezeichnet. Beispiele für Zentralbanken sind das Federal Reserve Board (die „Fed") in den USA, die Bank of England in Großbritannien oder die Europäische Zentralbank (EZB) in der WWU. Die nationalen Zentralbanken der WWU-Länder sind keine Zentralbanken (Notenbanken) in diesem Sinne. Sie sind lediglich ein Bestandteil des Europäischen Systems der Zentralbanken (ESZB).

2 Der Begriff Offenmarktpolitik ist geschichtlich zu verstehen. Er stammt aus England, wo es den offenen Markt für Staatsanleihen gab, auf dem die englische Zentralbank im Rahmen der „open market policy" mit jedermann handelte.

3 Emittieren = herausgeben.

4 Liquidität (lat.) = wörtl. Flüssigkeit, hier: Zahlungsmittel, Kaufkraft.

5 Fazilität (lat.) = Möglichkeit. Fazilität (eigentlich „Kreditfazilität") bedeutet die Möglichkeit, einen Kredit aufnehmen zu können. Einlagenfazilität ist die Möglichkeit, Geld bei einer Zentralbank anlegen zu können (Näheres siehe Kapitel 8.7.5.3).

6 Ein Kredit, der gegen Hinterlegung von Pfändern gewährt wird, heißt Lombardkredit. Das Wort Lombard stammt aus Italien, weil in der Lombardei bereits im Mittelalter derartige Geschäfte getätigt wurden. (Oberitalien war im Mittelalter Zentrum des europäischen Handels.)

Durch die Inanspruchnahme von Fazilitäten bei der Zentralbank wird die Geldmenge vermehrt, durch die Tilgung wird sie vermindert.

4. An- und Verkauf von Gold und Devisen[1]

Durch den Ankauf von Gold oder Devisen schöpft eine Zentralbank Geld, durch den Verkauf vernichtet sie Geld.

Eine Zentralbank muss Devisen in Binnenwährung umtauschen, weil die Exporteure des Währungsgebiets die aus den Ausfuhren erlösten Devisen bei den Geschäftsbanken in Binnenwährung (z.B. Euro) eintauschen, um ihre Verpflichtungen (z.B. Lohnzahlungen, Steuerzahlungen, Liefererrechnungen) in der Binnenwährung erfüllen zu können. Die Geschäftsbanken refinanzieren sich bei der Zentralbank. Wird in Binnenwährung fakturiert,[2] ergibt sich letztlich der gleiche Effekt: Die gebietsfremden Importeure tauschen ihre Devisen (z.B. US-$) in Binnenwährung um (z.B. Euro), um ihre Rechnungen begleichen zu können.

Der umgekehrte Vorgang ergibt sich, wenn Waren in das eigene Währungsgebiet eingeführt (importiert) werden. In diesem Fall brauchen die Importeure Devisen, die sie sich bei den Kreditinstituten beschaffen. Diese wiederum kaufen die erforderlichen Devisen bei der Zentralbank. Wird in Binnenwährung (z.B. Euro) fakturiert, tauschen die ausländischen Exporteure ihre Erlöse in die ausländische Währung (z.B. US-$) um, um ihren Verpflichtungen nachkommen zu können.

Beispiel:

Die Bilanz einer Zentralbank weist auf der Aktivseite ihr Vermögen und auf der Passivseite den Banknotenumlauf, ihr Eigenkapital (Grundkapital und Rücklagen) sowie ihre Schulden (Verbindlichkeiten) aus.

Aktiva — Vereinfachte Bilanz einer Zentralbank (in Mrd. GE) — Passiva

Aktiva		Passiva	
Gold	14	Banknotenumlauf	235
Devisen und sonstige Währungsreserven	115	Einlagenfazilitäten	56
Fazilitäten	62	Grundkapital und Rücklagen	12
Wertpapiere	150	Sonstige Passiva	47
Sonstige Aktiva	9		
	350		350

Vorgang der Geldschöpfung und -vernichtung durch eine Zentralbank

Der Vorgang der Geldschöpfung einer Zentralbank wird im Folgenden anhand stark vereinfachter Geschäftsfälle und Buchungen dargestellt. Die Vereinfachung besteht vor allem darin, dass die Gutschriften der Zentralbank unmittelbar in Banknoten abgerufen werden.

1 Devisen sind Zahlungsmittel eines fremden Währungsgebiets. Für den Euro-Raum sind z.B. auf US-$ oder Yen lautende Zahlungsmittel (z.B. Schecks, Wechsel, Zahlungsanweisungen) Devisen.

2 Fakturieren (lat.) = in Rechnung stellen. Faktura = Rechnung.

21 Hartmann - ISBN 978-3-8120-0320-9

Beispiel:

① Eine neu gegründete Zentralbank kauft Gold im Wert von 2,8 Mrd. GE. (Buchung: Konto Gold an Konto Notenumlauf 2,8 Mrd. GE.)

Zentralbankbilanz

Aktiva		Passiva	
Gold	2,8	Banknoten-umlauf	2,8

② Die Zentralbank kauft Devisen im Wert von 3 Mrd. GE, die aus Exporterlösen der Unternehmen stammen. (Buchung: Konto Devisen an Konto Notenumlauf 3 Mrd. GE.)

Zentralbankbilanz

Aktiva		Passiva	
Gold	2,8	Banknoten-umlauf	5,8
Devisen	3,0		

③ Die Zentralbank kauft Wertpapiere im Wert von 4 Mrd. GE. (Buchung: Konto Wertpapiere an Konto Notenumlauf 4 Mrd. GE.)

Zentralbankbilanz

Aktiva		Passiva	
Gold	2,8	Banknoten-umlauf	9,8
Devisen	3,0		
Wertpapiere	4,0		

④ Die Zentralbank verkauft Wertpapiere im Wert von 0,7 Mrd. GE. (Buchung: Konto Notenumlauf an Konto Wertpapiere.)

Zentralbankbilanz

Aktiva		Passiva	
Gold	2,8	Banknoten-umlauf	9,1
Devisen	3,0		
Wertpapiere	3,3		

⑤ Die Zentralbank beleiht Wertpapiere im Wert von 1,5 Mrd. GE. (Buchung: Konto Forderungen an Konto Notenumlauf 1,5 Mrd. GE.)

Zentralbankbilanz

Aktiva		Passiva	
Gold	2,8	Banknoten-umlauf	10,6
Devisen	3,0		
Wertpapiere	3,3		
Forderungen	1,5		

Merke:

- **Geldproduzenten** sind der **Staat** (Münzen), die **Europäische Zentralbank** (Noten- und Giralgeld) und die **Kreditinstitute.**
- Die Europäische Zentralbank **schöpft Geld,** indem sie Aktiva erwirbt; sie **vernichtet Geld,** indem sie Aktiva verkauft.

Aufgaben zur Lernkontrolle

1. Nennen Sie die Geldproduzenten in der WWU! Welche Geldformen können von diesen geschöpft (produziert) werden?

2. Die vereinfachte Zentralbankbilanz eines Währungsgebiets hat folgendes Aussehen (Zahlen in Mrd. GE):

Aktiva		Zentralbankbilanz	Passiva
Gold und Devisen	90	Banknotenumlauf	75
Wertpapiere	20	Sichteinlagen der Kreditinstitute	60
Forderungen	15	Sonstige Passiva	20
Sonstige Aktiva	30		
	155		155

Erstellen Sie die Zwischenbilanz (den Zentralbankausweis), nachdem Sie folgende Transaktionen („Geschäftsfälle") gebucht haben:

a) Die Zentralbank verkauft Devisen im Wert von 8 Mrd. GE gegen eigene Banknoten (bar).
b) Die Zentralbank gewährt Kredite in Höhe von 2 Mrd. GE (bar).
c) Die Kreditinstitute rufen Notengeld in Höhe von 3 Mrd. GE ab.
d) Die Kreditinstitute legen überschüssige Mittel bei der Zentralbank bar ein (1 Mrd. GE).
e) Die Zentralbank kauft Gold im Wert von 4 Mrd. GE (bar).
f) Die Kreditinstitute rufen Notengeld in Höhe von 5 Mrd. GE bar ab.
g) Die Zentralbank erwirbt von den Kreditinstituten Wertpapiere im Wert von 6 Mrd. GE und schreibt diesen den Gegenwert gut.

3. Welche Ursachen können folgende Veränderungen in der Zentralbankbilanz haben?

a) Goldbestand nimmt zu,
b) Devisenbestand nimmt ab,
c) Notenumlauf nimmt zu,
d) Notenumlauf nimmt ab,
e) Forderungen an Kreditinstitute nehmen zu,
f) Forderungen an Kreditinstitute nehmen ab,
g) Bestand an Wertpapieren nimmt ab.

4. Folgende Positionen einer Zentralbank in Mrd. GE sind gegeben:

	Jahr 1	Jahr 2
Gold	14,2	12,0
Devisen	16,0	42,2
Banknotenumlauf	34,6	35,8
Wertpapiere	17,0	12,0
Beleihung von Wertpapieren (Lombardkredite)	2,4	1,4
Einlagen inländischer Kreditinstitute	16,9	25,9
Einlagenfazilitäten	4,0	4,0
Sonstige Aktiva	30,0	28,9
Sonstige Passiva	24,1	30,8

4.1 Um welchen Betrag steigen die für internationale Zahlungsvorgänge verwendbaren Mittel (Währungsreserven)?

4.2 Welche Gefahr sehen Sie in der Zunahme der Währungsreserven? Begründen Sie Ihre Aussage!

4.3 Untersuchen Sie anhand der vorgegebenen Zahlen, welche Maßnahmen die Zentralbank dem Anwachsen der Währungsreserven entgegengesetzt haben könnte!

4.4 Erklären Sie, welche grundsätzlichen Geldschöpfungsmöglichkeiten eine Zentralbank hat und welche Bilanzpositionen dadurch berührt werden!

Banken sind Institutionen, die regelmäßig mehr versprechen, als sie im Ernstfall zu halten imstande sind.

(nach Wilhelm RÖPKE)[1]

8.2.3 Geldschöpfung der Kreditinstitute

8.2.3.1 Geldschöpfung bei vollständigem Bargeldrückfluss

Die Geldschöpfung der Kreditinstitute ist nur in einem **Giralgeldsystem** möglich, weil diese nur Giralgeld (Buchgeld, Kreditgeld) schöpfen können, falls das Recht zur Notenausgabe allein bei der Zentralbank liegt. Ein Giralgeldsystem ist folglich eine Geldordnung, in der neben der Zahlung mit Münzen und Noten (Bargeld) auch mit Giralgeld gezahlt werden kann.

Die Geldschöpfung (Giralgeldschöpfung) wird dadurch ermöglicht, dass die Kreditinstitute erfahrungsgemäß nur einen Teil der Sichteinlagen[2] (Geldeinlagen der Bankkunden auf Girokonten) als *Reserve in bar* halten müssen. Den Rest, die so genannte *Überschussreserve*, können sie wieder ausleihen. Fließen die im Wege des Kredits ausgeliehenen Gelder wieder in das Kreditbankensystem zurück, entstehen neue Einlagen, die zum größten Teil wieder ausgeliehen werden können.

Beispiel:

Angenommen, ein Bankkunde legt bei seiner Bank A eine Einlage in Höhe von 125 000,00 GE ein. Unter der Bedingung (Prämisse), dass *alle* Banken eine *Liquiditätsreserve* (Barreserve) in Höhe von 20% ihrer Sichteinlagen halten, die Geldnachfrager alle von den Banken angebotenen Gelder in Anspruch nehmen und die erhaltenen Kredite auch vollständig wieder bei den Banken einbezahlt werden, ergibt sich folgender Prozess (Verlauf), falls sich die Zentralbank jeglicher Einflussnahme enthält:

Die Geschäftsbank, nennen wir sie Bank A, hat nach der Einzahlung nachstehende Bilanz:

Aktiva	Bilanz Bank A		Passiva
Kasse	125 000,00	Sichteinlagen	125 000,00

Unter der Voraussetzung einer 20%igen Liquiditätsreserve (Barreserve) kann die Bank A nunmehr einen Kredit in Höhe von 100 000,00 GE neu schaffen („schöpfen"), da sie eine **Überschussreserve** in dieser Höhe besitzt. Wird dieser Kredit tatsächlich von den Bankkunden in Anspruch genommen, sieht die Bilanz der Bank A wie folgt aus:

Aktiva	Bilanz Bank A		Passiva
Kasse	25 000,00	Sichteinlagen	125 000,00
Forderungen	100 000,00		
	125 000,00		125 000,00

1 Vgl. RÖPKE, W., a. a. O., S. 130.

2 Sichteinlagen sind Gelder, die bei Abruf durch den Bankkunden („bei Sicht") fällig sind. Die Sichteinlagen befinden sich auf den Girokonten. Eine allgemein bekannte Form des Girokontos ist das „Gehaltskonto", das die meisten Arbeitnehmer bei einem Kreditinstitut besitzen. Über das Girokonto kann mit Überweisung, Scheck oder Auszahlungsschein jederzeit – eben „bei Sicht" – verfügt werden.

Wenn wir annehmen, dass der Betrag von 100 000,00 GE abgehoben wird und vollständig bei einer anderen Bank einbezahlt wird **(totaler Bargeldrückfluss)**, bietet sich bei der nächsten Bank folgendes Bild:

Aktiva	Bilanz Bank B		Passiva
Kasse	100 000,00	Sichteinlagen	100 000,00

Hiervon kann die Bank B wiederum 80% ausleihen:

Aktiva	Bilanz Bank B		Passiva
Kasse	20 000,00	Sichteinlagen	100 000,00
Forderungen	80 000,00		
	100 000,00		100 000,00

Diesen Prozess einer fortschreitenden (multiplen) Geldschöpfung (Kreditschöpfung) könnte man nun theoretisch in unendlich vielen Perioden verfolgen, wie die Darstellung des Prozessverlaufs zeigt:

Periode	**Überschussreserve**	**Neue Kredite (Geldschöpfung)**	**Liquiditätsreserve-zuwachs**
1	100 000,00	100 000,00	25 000,00
2	80 000,00	80 000,00	20 000,00
3	64 000,00	64 000,00	16 000,00
4	51 200,00	51 200,00	12 800,00
5	40 960,00	40 960,00	10 240,00
.	.	.	.
.	.	.	.
.	.	.	.
Ergebnis nach n Perioden	0,00 (Grenzwert)	500 000,00 (Summe)	125 000,00 (Summe)

Tabelle 8.1

Ableitung des Geldschöpfungsmultiplikators

Rechnerisch ausgedrückt erhält man:

$$100000 + 100000 \cdot \frac{4}{5} + 100000 \cdot \left(\frac{4}{5}\right)^2 + 100000 \cdot \left(\frac{4}{5}\right)^3 + \ldots$$

Die Summe dieser unendlich geometrischen Reihe ist:

$$100000 \cdot \frac{1}{1 - \frac{4}{5}} = 100000 \cdot \frac{1}{\boxed{\frac{1}{5}}} = 100000 \cdot \boxed{5} = 500000 \text{ GE}$$

Geldschöpfungsmultiplikator

Liquiditätsreservesatz (Barreservesatz)

Der Nenner des Bruchs zeigt nichts anderes als den Liquiditätsreservesatz in Höhe von $^1/_5$ (= 0,2 = 20 %). Damit können wir sagen, dass der **Geldschöpfungsmultiplikator** (Kreditschöpfungsmultiplikator) bei vollständigem Bargeldrückfluss gleich dem reziproken Wert des Liquiditätsreservesatzes (Barreservesatzes) ist:

$$\frac{1}{\frac{1}{5}} = \frac{1}{20\,\%} = \frac{1}{0{,}2} = 5$$

Bezeichnen wir den Barreservesatz mit R und die Überschussreserve mit Ü,[1] so ergibt sich die gesamte Geldschöpfungsmöglichkeit (Kreditschöpfungsmöglichkeit) des Bankenapparats (Kr) aus:

$$\text{Kr} = 100\,000 \cdot \frac{1}{0{,}2} = \frac{100\,000}{0{,}2} = \frac{\text{Ü}}{\text{R}}$$

Ist z. B. R = 10 %, so beträgt die gesamte Geldschöpfungsmöglichkeit (ein Geldschöpfungsspielraum) in unserem Beispiel 112 500 GE[2] · 10 = 1 125 000 GE. Bei einem Barreservesatz von R = 25 % beläuft sich die Geldschöpfungsmöglichkeit auf 93 750 GE[3] · 4 = 375 000 GE.

Von Geldschöpfungs*möglichkeit* (vom Geldschöpfungsspielraum) wird gesprochen, weil die Kreditinstitute nur dann Geld schöpfen können, wenn die entsprechende Geldnachfrage (Kreditnachfrage) besteht (Näheres siehe S. 328).

- Je höher die Liquiditätsreservehaltung (Barreservehaltung) der Kreditinstitute ist, desto geringer sind ihre Geldschöpfungsmöglichkeiten.
- Je niedriger die Liquiditätsreservehaltung (Barreservehaltung) der Kreditinstitute ist, desto größer sind ihre Geldschöpfungsmöglichkeiten.

8.2.3.2 Geldschöpfung bei teilweisem Bargeldrückfluss

Die bisherige Annahme, dass das durch Giralgeldschöpfung in die Wirtschaft fließende Geld wieder vollständig in das Bankensystem zurückfließt, ist wirklichkeitsfremd. Die Statistik zeigt, dass in der WWU etwa 75 % des *gesamten* Geldbestands (Noten- und Giralgeld) als Sichtguthaben gehalten wird, wobei die Vorliebe zur Haltung von Sichtguthaben nur langsam steigt, sodass wir diese so genannten **Zahlungssitten** durchaus als konstant betrachten können.

Wie wirkt sich nun die Tatsache, dass von den Nichtbanken nur ein Teil des aufgenommenen Geldes wieder in das Bankensystem zurückfließt, auf die Geldschöpfungsmöglichkeiten des Bankenapparats aus? Machen wir uns wieder den Sachverhalt an einem Zahlenbeispiel klar und nehmen der Einfachheit halber an, dass bei einem Liquiditätsreservesatz (Barreservesatz) von 20 % ein nicht in das Bankensystem zurückfließender Bargeldabzug von 30 % erfolgt. Den nicht wieder in das Bankensystem zurückfließenden Prozentsatz der Gesamtgeldmenge bezeichnet man als **Bargeldquote**.

---

1 Beträgt der Barreservesatz 20 % und beläuft sich die Überschussreserve auf 100 000 GE (≙ 80 %), errechnet sich eine Sichteinlage von 125 000 GE (≙ 100 %), wie auch aus den Bankbilanzen auf Seite 324 f. zu entnehmen ist.

2 Beläuft sich der Barreservesatz unter sonst gleichen Bedingungen auf nur 10 %, errechnet sich die Überschussreserve wie folgt: 125 000 GE (≙ 100 %) - 12 500 GE (≙ 10 %) = 112 500 GE (≙ 90 %).

3 Beträgt der Barreservesatz 25 %, ergibt sich unter sonst gleichen Bedingungen eine Überschussreserve von 125 000 GE (≙ 100 %) - 31 250 GE (≙ 25 %) = 93 750 GE (≙ 75 %).

Beispiel:

Nachstehende Tabelle zeigt dann die Entwicklung der Geldschöpfung, wenn wir wieder (vgl. Tab. 8.1) von einer Überschussreserve in Höhe von 100 000 GE ausgehen:

Periode	Überschuss-reserve	Neue Kredite (Geld-schöpfung)	Bargeldrück-fluss (70 % der Geldschöp-fung)	Liquiditäts-reserve	Nicht in den Bankensektor zurückfließendes Bargeld (30 % der Geldschöpfung)
1	100 000,00	100 000,00		25 000,00	
2	56 000,00	56 000,00	70 000,00	14 000,00	30 000,00
3	31 360,00	31 360,00	39 200,00	7 840,00	16 800,00
4	17 562,00	17 562,00	21 952,00	4 390,00	9 408,00
5	9 834,00	9 834,00	12 293,00	2 459,00	5 268,00
.	.	.	.	.	.
.	.	.	.	.	.
.	.	.	.	.	.
Ergebnis nach n Perioden	0,00 (Grenzwert)	227 272,00 (Summe)	0,00 (Grenzwert)	56 818,00 (Summe)	68 182,00 (Summe)
				125 000,00 (= ursprüngliche Sichteinlage)	

Tabelle 8.2

Die Tabelle sagt Folgendes aus: Die Bank A leiht ihre Überschussreserve in Höhe von 100 000 GE aus. Davon verbleiben aufgrund der gegebenen Bargeldquote 30 %, also 30 000 GE außerhalb des Bankensektors. 70 000 GE werden wieder eingezahlt, wovon 20 % (14 000 GE) als Liquiditätsreserve (Barreserve) gehalten werden müssen. 56 000 GE können wieder ausgeliehen werden. Davon fließen 39 200 GE ins Bankensystem zurück, wovon wiederum 31 360 GE ausgeliehen werden können. Der Prozess setzt sich so theoretisch unendlich viele, praktisch wenige Perioden fort.

Ableitung des Geldschöpfungsmultiplikators

Rechnerisch ausgedrückt ergibt sich:

$$100000 + 100000 \cdot \left(1 - \frac{3}{10}\right)\left(1 - \frac{1}{5}\right) + 100000 \cdot \left(1 - \frac{3}{10}\right)^2 \left(1 - \frac{1}{5}\right)^2 \ldots$$

Die Summe dieser unendlichen geometrischen Reihe ist:

$$100000 \cdot \frac{1}{1 - \left(1 - \frac{3}{10}\right)\left(1 - \frac{1}{5}\right)} = 100000 \cdot \frac{50}{22} = 227272 \text{ GE.}$$

Die unter den Bedingungen eines partiellen (teilweisen) Geldrückflusses mögliche Geldschöpfung (Kreditschöpfung) ist also wesentlich niedriger als im Falle des totalen Rückflusses.

Bezeichnen wir wieder die Überschussreserve mit Ü, den Liquiditätsreservesatz (Barreservesatz) mit R und den Teil des Geldschöpfungsbetrags, der nicht in den Bankensektor zurückfließt, mit BQ (Bargeldquote), so ergibt sich jetzt der **Geldschöpfungsmultiplikator** aus

$$\frac{1}{1 - (1 - BQ)\,(1 - R)}$$

oder

$$\frac{1}{1 - (1 - R - BQ + BQ \cdot R)}$$

oder

$$\frac{1}{(R + BQ) \cdot (1 - R)}$$

Die Geldschöpfungsmöglichkeit (Kreditschöpfungsmöglichkeit) des Bankenapparats (Kr) beträgt dann

$$\mathbf{Kr = \frac{Ü}{R + BQ \cdot (1 - R)}}$$

Aus dieser Formel lässt sich entnehmen, dass, je höher der im Nichtbankensektor verbleibende Betrag (BQ) ist, desto niedriger die Geldschöpfungsmöglichkeit des Bankenapparats sein muss. Wenn wir für den im Nichtbankensektor verbleibenden Geldbetrag z.B. einen Satz von 40% zugrunde legen, ergibt sich bei einer Überschussreserve von 100 000 GE ein Geldschöpfungsspielraum (Kr) von:

$$Kr = \frac{100\,000}{0{,}2 + 0{,}4 \cdot (1 - 0{,}2)} = \underline{\underline{192\,308 \text{ GE.}}}$$

- Je stärker die Präferenzen der Nichtbanken für die Bargeldhaltung sind, desto geringer sind die Geldschöpfungsmöglichkeiten der Kreditinstitute.
- Je stärker die Präferenzen der Nichtbanken für den bargeldlosen Zahlungsverkehr sind, desto größer sind die Geldschöpfungsmöglichkeiten der Kreditinstitute.

Bedeutung der Modelle

Die beiden Giralgeldschöpfungsmodelle erklären auf anschauliche Weise, wie Kreditinstitute Giralgeld schaffen (produzieren) können. Zu beachten ist, dass in Wirklichkeit nicht alle Banken mit dem gleichen Barreservesatz arbeiten. Ob *tatsächlich* ein Geldschöpfungsprozess (Kreditschöpfungsprozess) in Gang gesetzt wird, hängt außerdem von der **Geldnachfrage (Kreditnachfrage)** ab. In Zeiten wirtschaftlicher Unsicherheit werden die Banken trotz eventuell niedriger Zinsen auf einem Teil ihrer Überschussreserven „sitzen bleiben", weil die Wirtschaft (die Unternehmen und die privaten Haushalte) die Aufnahme von Krediten scheut.

Die Modelle zeigen aber auch, dass die **Zentralbanken,** sollen sie auf das Geldvolumen der Wirtschaft Einfluss haben – und dies ist in gelenkten Marktwirtschaften erforderlich –, das Recht haben müssen, auf die Reservehaltung der Kreditinstitute einzuwirken. Dies geschieht mit Hilfe der **Mindestreserven,** die die Kreditinstitute bei der Europäischen Zentralbank halten müssen (Kapitel 8.7.5.1). Bestünde in unserem Beispiel ein Mindestreservesatz von 10%, könnte die Bank A bei unveränderter Barreserve nur noch 87 500,00 GE ausleihen. Erhöht also die Zentralbank die Mindestreservesätze, wird der Kreditspielraum der Banken eingeengt. Es kann sogar sein, dass dann Kredite gekündigt werden müssen, sodass ein **Geldvernichtungsmultiplikator** in Gang gesetzt wird.

Der oben gewählte hohe Mindestreservesatz wurde der rechnerischen Deutlichkeit wegen gewählt. Die tatsächliche Höhe der Mindestreservesätze und der Mindestreserven kann nachstehender Statistik entnommen werden:

Mindestreservebasis der reservepflichtigen Kreditinstitute

(Mrd €; Stand am Ende des Berichtszeitraums)

Reservebasis per	Insgesamt	Verbindlichkeiten mit einem Reservesatz von 2 %		Verbindlichkeiten mit einem Reservesatz von 0 %		
		Einlagen (täglich fällig, mit vereinbarter Laufzeit und Kündigungsfrist von bis zu 2 Jahren)	Schuldverschreibungen mit vereinbarter Laufzeit von bis zu 2 Jahren	Einlagen (mit vereinbarter Laufzeit und Kündigungsfrist von mehr als 2 Jahren)	Repogeschäfte	Schuldverschreibungen mit vereinbarter Laufzeit von mehr als 2 Jahren
	1	2	3	4	5	6
2003	11 538,7	6 283,8	412,9	1 459,1	759,5	2 623,5
2004	12 415,9	6 593,7	458,1	1 565,2	913,7	2 885,3
2005	14 040,7	7 409,5	499,2	1 753,5	1 174,9	3 203,6
2006	15 648,3	8 411,7	601,9	1 968,4	1 180,3	3 486,1
2007	17 394,7	9 438,8	815,0	2 143,1	1 364,0	3 633,9

Quelle: Monatsbericht der Europäischen Zentralbank, März 2008, Seite S9.

Aufgaben zur Lernkontrolle

1. Erklären Sie den Begriff Giralgeldsystem!

2. Angenommen, ein Kreditinstitut besitzt eine Überschussreserve in Höhe von 200000,00 GE. Alle Kreditinstitute halten eine Barreserve in Höhe von 25% der Sichteinlagen. Die Geldnachfrage (Kreditnachfrage) ist vollkommen elastisch (jeder angebotene Kredit wird in Anspruch genommen). Die Zentralbank enthält sich jeglicher Einflussnahme. Das von den Kreditinstituten ausgeliehene Bargeld fließt vollständig in das Bankensystem zurück.
   2.1 Stellen Sie den Vorgang der Geldschöpfung tabellarisch dar!
   2.2 Berechnen Sie den Geldschöpfungsmultiplikator!
   2.3 Leiten Sie den Geldschöpfungsmultiplikator unter den Bedingungen des vollständigen Geldrückflusses ab, ohne im Text dieses Buches nachzusehen!
   2.4 Warum ist das hier darzustellende Geldschöpfungsmodell sehr unrealistisch?

3. Angenommen, das Geldschöpfungsvolumen (der Geldschöpfungsspielraum) der Kreditinstitute wurde unter den Bedingungen der Aufgabe 2 (unveränderte Sichteinlage) vollständig ausgeschöpft. Die Kreditinstitute erhöhen nun (z.B. aufgrund einer Vorschrift der Zentralbank) ihre Barreservesätze einheitlich auf 30%.
   3.1 Wie hat sich nunmehr der Geldschöpfungsspielraum verändert?
   3.2 Wie viel Giralgeld wird vernichtet?

4. Das Bankensystem eines Landes besitzt Überschussreserven in Höhe von 1 Mrd. GE. Der Teil des geschöpften Giralgeldes, der **nicht** wieder in den Bankensektor zurückfließt, beträgt 35 %, der Barreservesatz 12 %.

4.1 Stellen Sie den Vorgang der Geldschöpfung tabellarisch dar!

4.2 Berechnen Sie den Geldschöpfungsmultiplikator!

4.3 Wie hoch ist der Geldschöpfungsspielraum des Bankensystems?

4.4 Leiten Sie den Geldschöpfungsmultiplikator unter den Bedingungen des teilweisen Geldrückflusses ab, ohne im Text dieses Buches nachzusehen!

4.5 Warum ist das Modell der Geldschöpfung bei teilweisem Bargeldrückfluss realistischer als das mit vollständigem Bargeldrückfluss?

5. 5.1 Welche Aussagekraft besitzen die beiden Geldschöpfungsmodelle?

5.2 Welche Folgerungen für die Geldpolitik lassen sich aus den beiden Geldschöpfungsmodellen ziehen?

✱ 6. Die zusammengefasste Bilanz der Geschäftsbanken eines Währungsgebiets weist folgende Positionen aus:

Aktiva	Bilanz der Geschäftsbanken (Mrd. GE)		Passiva
Bargeld	166	Sichteinlagen	1000
Zentralbankguthaben (Mindestreserven)	34	Termineinlagen	500
Kredite	1400	Spareinlagen	200
Sonstige Aktiva	400	Sonstige Passiva	300
	2000		2000

Der Mindestreservesatz beträgt 2 %, der Barreservesatz beläuft sich einheitlich auf 8 %. Es wird mit einem Bargeldrückfluss von 80 % gerechnet. In dieser Situation erhöht die Zentralbank den Mindestreservesatz um einen Prozentpunkt; gleichzeitig sind die Banken verpflichtet, Lombardkredite in Höhe von 8 Mrd. GE zurückzuführen, d.h. von der Zentralbank beliehene Wertpapiere zurückzunehmen und die gewährten Kredite zu tilgen.

Um wie viel Mrd. GE verringert sich der Geldschöpfungsspielraum des Bankensystems gegenüber der ursprünglichen Situation? (Berechnung auf zwei Stellen nach dem Komma!)

✱ 7. Einem Geschäftsbankensystem fließen Sichteinlagen von 30 Mrd. GE zu. Der Barreservesatz beträgt 10 % der Sichteinlagen, die Bargeldquote 30 %.

7.1 Ermitteln Sie die sich daraus ergebende Überschussreserve und die maximale Geldschöpfungsmöglichkeit!

7.2 Ende 20.. gab es in der Bundesrepublik Deutschland ca. 3000 Geldausgabeautomaten mit steigender Tendenz zur Abhebung von Bargeld.

Erörtern Sie, welche Auswirkungen diese Entwicklung auf die Geldschöpfungsmöglichkeiten des Geschäftsbankensystems haben könnte!

✱ 8. Im vergangenen Jahr veräußerte ein Unternehmer sein Industrievermögen im Umfang von mehreren Milliarden Euro direkt an eine Geschäftsbank.

Erläutern Sie, wie sich die angeführte Vermögensveräußerung auf Geldmenge und Mindestreserve auswirkten!

8.3 Währung und Währungsarten

8.3.1 Währung

Der Begriff Währung stammt aus dem Mittelhochdeutschen „werunge" und bedeutet „Gewährleistung". Gewährleistet (garantiert) werden soll der Wert des Geldes eines Staates.

- Das gesetzliche Zahlungsmittel eines Staates oder einer Wirtschafts- und Währungsunion heißt **Währung.** Die Gesamtheit aller gesetzlichen Regelungen, die das Geldwesen eines Währungsgebiets betreffen, bezeichnet man als **Geldordnung.**

Die Geldordnung des Euro-Währungsgebiets hat z.B. folgende Merkmale:

1. Währungseinheit

Die Währungseinheit der Mitgliedstaaten des Euro-Währungsgebiets ist der Euro, der in 100 Cents (genau: Euro-Cents) unterteilt wird.

2. Münzregal

Das Recht, Münzen prägen zu lassen, steht den einzelnen Mitgliedstaaten des Euro-Währungsgebiets, vertreten durch die jeweiligen Regierungen, zu.[1]

3. Notenmonopol

Das Recht, Banknoten auszugeben, obliegt der Europäischen Zentralbank.

4. Gesetzliches Zahlungsmittel

Seit 1. Januar 2002 sind die Euro-Banknoten in der WWU gesetzliches Zahlungsmittel. Dies bedeutet für die Bundesrepublik Deutschland, dass jeder Schuldner, der mit Euro-Banknoten zahlt, dies mit befreiender Wirkung tut, und dass jeder Gläubiger die Euro-Banknoten in Zahlung nehmen muss.

Obwohl die Euro-Münzen von den nationalen Regierungen geprägt und von den nationalen Zentralbanken in Umlauf gebracht werden, sind sie in allen EWU-Ländern gesetzliches Zahlungsmittel. Allerdings ist außer den ausgebenden Behörden niemand verpflichtet, mehr als fünfzig Münzen im Gesamtbetrag von 100,00 € bei einer einzelnen Zahlung anzunehmen. (Siehe auch Kapitel 8.1.2.)

5. Geldpolitik

Hauptaufgabe der Währungspolitik ist, die Wirtschaft ausreichend mit Geld zu versorgen und den Wert des Geldes zu erhalten. Diese Aufgabe obliegt der Europäischen Zentralbank.[2]

1 Siehe auch Kapitel 8.2.1.

2 Siehe Kapitel 8.7.5.

8.3.2 Währungsarten (Währungssysteme)

Nach dem *Stoff*, aus dem eine Währung besteht bzw. an den die umlaufende Geldmenge gebunden ist, spricht man von **gebundener** oder von **freier (manipulierter) Währung.**

1. Gebundene Währungen

Sie sind an ein Währungsmetall gebunden (z.B. Gold oder Silber). Folgende Formen waren im Laufe der Wirtschaftsgeschichte von Bedeutung:

- **Goldumlaufwährung.** Sie liegt vor, wenn vollwertig ausgeprägte Goldmünzen oder aber Banknoten, die jederzeit von der Zentralbank in Gold umgetauscht werden müssen, im Umlauf sind. Die Goldumlaufwährung bestand z.B. im Deutschen Reich von 1873 bis 1914. Seit 1909 waren Banknoten im Umlauf, die jederzeit in Gold einlösbar waren.
- **Goldkernwährung.** Bei dieser Form der gebundenen Währung sind nur noch Banknoten und Scheidemünzen als gesetzliche Zahlungsmittel im Umlauf. Das umlaufende Geld muss aber vollständig oder zu einem bestimmten Teil (z.B. zu einem Drittel) mit Gold gedeckt sein. Für die Zentralbank besteht keine Einlösungspflicht in Gold.
- **Golddevisenwährung.** Bei dieser Währung muss der Geldumlauf durch Gold **oder** durch Devisen gedeckt sein. Genauso wenig wie bei der Goldkernwährung gibt es gegenüber Inländern eine Einlösungspflicht in Gold; gegenüber Ausländern besteht jedoch Einlösungspflicht durch die Zentralbank. Von 1924 bis 1931 hatte das Deutsche Reich eine Golddevisenwährung. Die USA hoben die Einlösungspflicht erst 1971 auf.[1]

2. Freie Währung

Hier ist die Bindung an einen Stoff (z.B. Gold) aufgehoben. Es handelt sich also um eine reine Papierwährung. Die Geldmengenvermehrung bzw. -verminderung ist durch die Notenbank frei manipulierbar.[2] Eine freie Währung wird deshalb auch als manipulierte Währung bezeichnet. Dies schließt nicht aus, dass auch eine manipulierte Währung durch Gold und Devisen „gedeckt" sein kann. Die Gold- und Devisenbestände haben jedoch nur die Aufgabe, dem internationalen Zahlungsausgleich (z. B. der Bezahlung von Importen) zu dienen.

- Die **Währung der Europäischen Wirtschafts- und Währungsunion (WWU)** ist eine **freie** (manipulierte) **Währung.**

1 Zum Ende der Golddevisenwährung – auch Gelddevisenstandard genannt – siehe Kapitel 10.2.2.

2 Manipulieren (lat.) = handhaben.

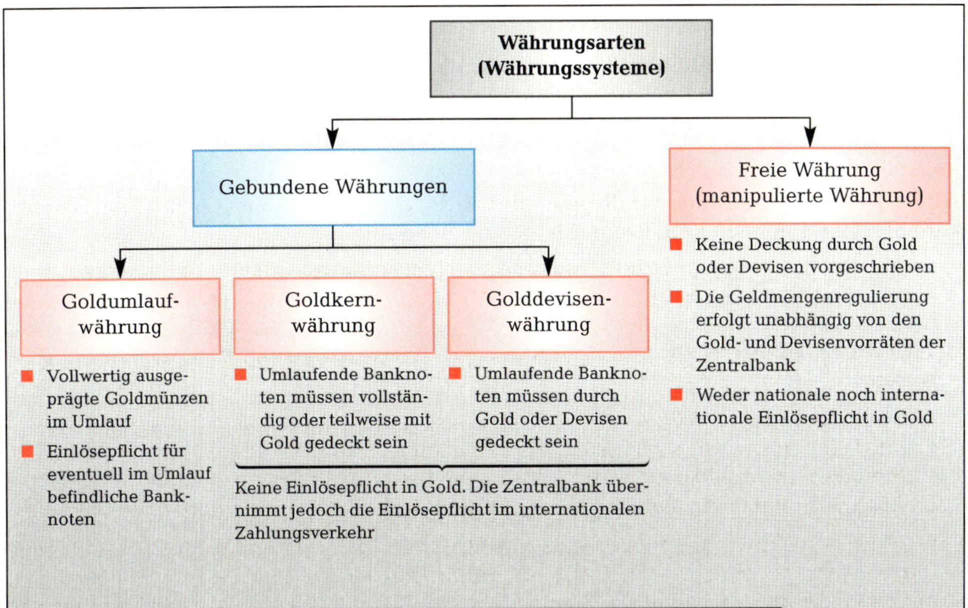

Überblick über mögliche Währungsarten (-systeme)

Abb. 8.7

Bedeutung der Währungsarten (Währungssysteme)

Der Vorteil der gebundenen Währungsarten (Währungssysteme) ist, dass die natürliche Knappheit der Währungsmetalle (in der Regel Gold) für eine Stabilität des Preisniveaus sorgt.[1] Dies gilt vor allem für die Goldumlaufwährung. Steigt mit zunehmender Produktion (mit zunehmendem Güterangebot) die Geldmenge nicht in gleichem Maße, tritt jedoch ein Mangel an Zahlungsmitteln ein. Mögliche Liquiditätsschwierigkeiten sind umso größer, je starrer die Geldbindung an das Gold ist. Am unbeweglichsten ist die Goldumlaufwährung. Flexibler (beweglicher) ist die Goldkernwährung. Besteht z.B. „Dritteldeckung“ ($^1/_3$ Gold, Rest Banknoten bzw. unterwertige Münzen), kann der Geldbedarf der Wirtschaft bereits leichter befriedigt werden, weil die Banknotenproduktion das Doppelte der Goldproduktion betragen kann. Noch anpassungsfähiger ist die Golddevisenwährung.

Der Vorteil der freien (manipulierten) Währung ist ihre Flexibilität: Der Geldbedarf kann jederzeit befriedigt werden. Damit besteht zugleich die Gefahr der Geldüberversorgung, sodass das Preisniveau zu steigen beginnt.

1 Näheres siehe Kapitel 8.4.

Aufgaben zur Lernkontrolle

1. Erklären Sie kurz folgende Begriffe:
   a) Goldumlaufwährung,
   b) Goldkernwährung und
   c) Golddevisenwährung!

2. Die unter Aufgabe 1 genannten Währungssysteme nennt man monometallische (= einmetallische) Währungen. Eine bimetallische (= zweimetallische) Währung besitzt zwei Währungsmetalle – Gold und Silber –, deren Wertverhältnis zueinander gesetzlich festgelegt ist (z. B. in der lateinischen Münzunion von 1865). Mit dieser Währung hatte man damals schlechte Erfahrungen gemacht, weil das „schlechte Geld immer das gute verdrängt" (Greshamsches Gesetz).

   Überlegen Sie:
   2.1 Wieso kann sich das tatsächliche Wertverhältnis zwischen Gold und Silber ändern?
   2.2 Warum verdrängt dann das „schlechte" Geld das „gute"?

3. Nehmen Sie zu den einzelnen Währungssystemen kritisch Stellung!

4. Wir sprechen von der Euro-Währung, der englischen oder der Schweizer Währung.
   4.1 Erklären Sie den Begriff Währung!
   4.2 Unterscheiden Sie zwischen gebundener und freier Währung!
   4.3 Welche Währungsart (welches Währungssystem) wird im nachfolgenden Artikel beschrieben?

„1871 wird das Deutsche Kaiserreich gegründet, der preußische König Wilhelm I. wird zum ersten deutschen Kaiser gekrönt. Erster Reichskanzler ist Otto von Bismarck.

Mit der Gründung des Kaiserreichs wird auch das Münzsystem vereinheitlicht. Die neuen Reichsmünzen gliedern sich nach dem Dezimalsystem. Die Münzwerte sind Mark und Pfennige. Als Wert und Rechenbasis liegt diesem System Gold zugrunde. Aus 500 g Feingold werden 139 $^1/_2$ Goldstücke geprägt. Der Goldanteil einer einzelnen Münze macht 3,5 g aus. Der Wert einer solchen Münze wird auf zehn Mark festgesetzt. Die Münzen werden von nun an vom Staat geprägt und nicht mehr von den einzelnen Landesherren.

Alle Münzen des Deutschen Kaiserreichs tragen als Hoheitszeichen den gekrönten Reichsadler, umrahmt von der Umschrift DEUTSCHES REICH. Außerdem sind das Prägejahr, der Wert und das Münzstättenabzeichen angegeben. Bei den höheren Werten ist zusätzlich der Kopf des Landesherren abgebildet.

Zur bequemeren Bezahlung größerer Handelsgeschäfte wird auch Papiergeld ausgegeben. Seit 1909 gelten Banknoten als gesetzliches Zahlungsmittel. Es gibt Hundert- und Tausendmarkscheine ..."

Quelle: BfG: Geldzeitung.

Die jahrtausendealte Geschichte des Geldes ist geprägt von einem unheilvollen Trend. Abgesehen von einigen Phasen, die – in historischen Dimensionen gemessen – Wimpernschlägen gleichen, wurde das Geld im Laufe der Zeit immer weniger wert.[1]

8.4 Binnenwert des Geldes[2]

8.4.1 Handelsvolumen

In jeder Volkswirtschaft werden Güter erzeugt, deren Preise in einer sozialen Marktwirtschaft teils vom Markt her, teils durch den Staat bestimmt werden. Zur Vereinfachung unserer Überlegungen unterstellen wir, dass alle hergestellten Güter auch umgesetzt, d.h. verkauft werden. Außerdem nehmen wir an, dass sich die Importe und Exporte von Gütern wertmäßig die Waage halten.

In einer Geldwirtschaft gibt es ebenso viele Preise wie es Güter gibt. Will man nun den *Wert* aller in einer Periode (z.B. in einem Jahr) hergestellten und umgesetzten (verkauften) Güter feststellen, muss man jedes umgesetzte Gut mit seinem jeweiligen Preis vervielfachen. Möchte man feststellen, ob die umgesetzte (angebotene und verkaufte) Gütermenge im Folgejahr gleich geblieben, gestiegen oder gesunken ist, muss man mit den alten Preisen *(„konstanten Preisen")* rechnen, denn bei Preisveränderungen ergäbe sich sonst ein falsches Bild. (Die Gütermenge an sich kann nicht festgestellt werden, denn die verschiedenartigen Güter sind nicht addierbar.) Das Jahr, dessen Güterpreise man wählt, bezeichnet man als *Basisjahr.*[3]

■ Die Summe aller während einer Periode umgesetzten Güter, bewertet zu konstanten Preisen, bezeichnet man als *Handelsvolumen* (= H).

Aus praktischen Gründen wird das Handelsvolumen meistens mit dem realen *Bruttoinlandsprodukt*[4] gleichgesetzt.

In der WWU entwickelte sich das reale Bruttoinlandsprodukt wie folgt (Zahlen in Mrd. Euro, Basisjahr 2000):

Jahr	1997	1998	2000	2002	2003	2004	2005	2006	2007
BIP_r	6124,2	6265,0	6614,3	6902,0	6952,5	7107,7	7226,3	7434,0	7625,3

Quelle: Berechnung mithilfe der Monatsberichte der Europäischen Zentralbank, mehrere Jahrgänge.

1 BLOHN, B.: Euro-Land, Welt am Sonntag vom 29. März 1998.

2 Wert des Geldes innerhalb einer Volkswirtschaft.

3 Basis = Grundlage; hier: Ausgangszeitpunkt.

4 Zur Berechnung des realen Bruttoinlandsprodukts siehe S. 341.

Beispiel:

Angenommen, in einer Volkswirtschaft werden nur fünf Güterarten erzeugt und umgesetzt, und zwar Kohle, Stahl, Getreide, Kleidung und Bauleistungen. Sie werden zu den Preisen eines Ausgangsjahrs (= Basisjahr) bewertet. Nur so lässt sich feststellen, wie sich die Gütermenge von Jahr zu Jahr entwickelte.

In der Volkswirtschaft erzeugte und umgesetzte Güter	Jahr 00 (Basisjahr)			Jahr 01			Jahr 02		
	Umgesetzte Gütermengen (in Mio. Einheiten)	Preise je Einheit in GE	Wert der umgesetzten Güter (in Mio. GE)	Umgesetzte Gütermengen (in Mio. Einheiten)	Konstante Preise (Basisjahr) in GE	Wert der umgesetzten Güter zu konstanten Preisen (in Mio. GE)	Umgesetzte Gütermengen (in Mio. Einheiten)	Konstante Preise (Basisjahr) in GE	Wert der umgesetzten Güter zu konstanten Preisen (in Mio. GE)
Kohle	10 t	400	4 000	10 t	400	4 000	11 t	400	4 400
Stahl	20 t	750	15 000	20 t	750	15 000	22 t	750	16 500
Getreide	50 t	500	25 000	50 t	500	25 000	60 t	500	30 000
Kleidung	200 Stück	100	20 000	200 Stück	100	20 000	250 Stück	100	25 000
Bauten	60 m^3	600	36 000	60 m^3	600	36 000	73,5 m^3	600	44 100
	Handelsvolumen →		100 000	Handelsvolumen →		100 000	Handelsvolumen →		120 000

Tabelle 8.3

Das Beispiel zeigt, dass die Gütermenge (das Handelsvolumen) im Jahr 01 gegenüber dem Jahr 00 konstant (gleich geblieben) ist, während sie im Jahr 02 gegenüber dem Vorjahr um 20 % zunahm.

Volkswirtschaftslehre ist die Lehre von der Notwendigkeit, dass der Mensch ein Auto braucht, um Geld zu verdienen, damit er sich ein Auto kaufen kann.

(ROBERT LEMBKE)[1]

8.4.2 Nachfragewirksame Geldmenge

Auch hier müssen wir vereinfachen, um zu einem eindeutigen Ergebnis zu gelangen. Wenn im vorigen Beispiel im Jahre 02 das Handelsvolumen 120 000 GE betrug, wurde zum Kauf dieser Güter auch die *Geldmenge* in Höhe von 120 000 GE benötigt, falls wir unterstellen, dass das gesamte Handelsvolumen in einem Zuge nachgefragt und gekauft wurde. Diese so genannte *nachfragewirksame* Geldmenge ist in der Regel nicht mit der Gesamtgeldmenge der Wirtschaft gleichzusetzen, weil die Wirtschaftssubjekte einen Teil ihrer Einnahmen nicht wieder ausgeben, sondern sparen. Von der Gesamtgeldmenge ist also die Ersparnis (die dem Geldkreislauf entzogene Sparsumme) abzusetzen.

Nun entspricht es aber nicht der Wirklichkeit, dass die gesamte Gütermenge, die in einem Jahr erzeugt wird, auf *ein* Mal umgesetzt wird. Vielmehr *verteilen* sich die Umsätze über das ganze Jahr hinweg.

1 ROBERT LEMBKE, 1928 – 1998, Journalist und Quizmaster.

Beispiel:

Lassen wir einmal die Umsätze zwischen den Unternehmen außer Acht. Vergessen wir auch, dass es einen Staatshaushalt gibt und dass die Haushalte sparen. Nehmen wir unter diesen Bedingungen an, dass die privaten Haushalte im Jahr 120 000 GE verdienen und dass ihnen dieses Geld nur ein Mal im Jahr ausbezahlt wird, wird tatsächlich eine Geldmenge (Buch- und Giralgeld) in Höhe von 120 000 GE benötigt: Den privaten Haushalten fließen ein Mal im Jahr 120 000 GE zu, die sie im gleichen Jahr zum Kauf von Gütern bei den Unternehmen verwenden. Die *Umlaufgeschwindigkeit* des Geldes ist 1.

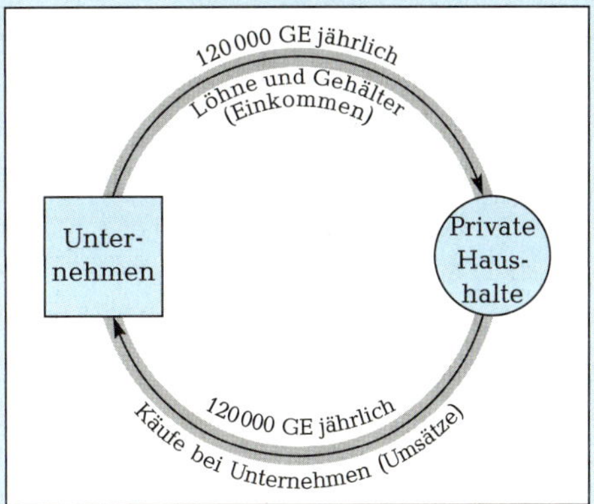

Mit einer Geldmenge von 120 000 GE wird im Jahr ein Umsatz von 120 000 GE bewirkt. Die Umlaufgeschwindigkeit des Geldes ist 1.

Abb. 8.8

Wenn wir unterstellen, dass die Löhne und Gehälter im Jahr zwei Mal ausbezahlt werden, kommt die Wirtschaft mit 60 000 GE aus. Der Grund: Mit der ersten Gehaltszahlung kaufen die privaten Haushalte Güter im Werte von ebenfalls 60 000 GE. Der gleiche Vorgang wiederholt sich danach im zweiten Halbjahr, weil die privaten Haushalte die zweite Lohnzahlung wiederum zum Kauf von Gütern im Werte von 60 000 GE verwenden. Mit einer Geldmenge von 60 000 GE wird somit ein jährlicher Umsatz von 120 000 GE getätigt. Die *Umlaufgeschwindigkeit* des Geldes ist also 2.

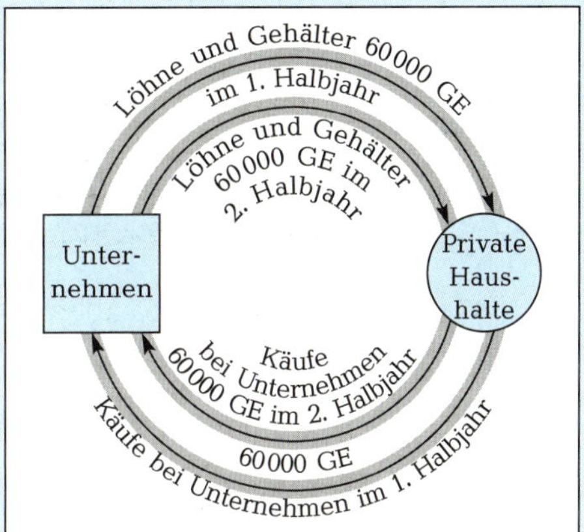

Mit einer Geldmenge von 60 000 GE werden im Jahr Umsätze von 120 000 GE bewirkt. Die Umlaufgeschwindigkeit des Geldes ist 2.

Abb. 8.9

Würden die Gehälter und Löhne z. B. 12-mal im Jahr ausbezahlt **und** wieder ausgegeben, könnte man mit einer Geldmenge von 10 000 GE einen jährlichen Umsatz von 120 000 GE bewirken. Die Umlaufgeschwindigkeit des Geldes beträgt dann 12.

Die nachfragewirksame Geldmenge setzt sich aus dem für Kaufzwecke bereitgestellten Bar- und Giralgeld, multipliziert mit seiner Umlaufgeschwindigkeit, zusammen.

Nachfragewirksame Geldmenge = Geldmenge (M)[1] · Umlaufgeschwindigkeit (U)

1 Die international übliche Abkürzung M kommt von money (engl.) = Geld.

22 Hartmann – ISBN 978-3-8120-0320-9

8.4.3 Preisniveau

Beispiel:

Angenommen, im Jahr 01 sei die nachfragewirksame Geldmenge von 100000 GE auf 120000 GE gestiegen, während die zu konstanten Preisen gemessene Gütermenge unverändert blieb. Man sagt, dass sich das *reale* (= wirkliche) Handelsvolumen nicht verändert hat. *Ein* möglicher Grund hierfür ist, dass die Wirtschaft vollbeschäftigt ist, sodass aufgrund der gestiegenen Nachfrage nicht mehr angeboten werden *kann*.

Die Folge der gestiegenen Nachfrage (Geldmenge) bei Vollbeschäftigung ist, dass die Unternehmen ihre Preise so lange anheben, bis auf den Märkten wieder Gleichgewicht herrscht.[1]

Der Faktor, um den sich die Preise *aller* Güter im Durchschnitt verändern müssen, lässt sich leicht errechnen, indem man die nachfragewirksame Geldmenge durch das zu konstanten Preisen gemessene Handelsvolumen teilt:

$$\text{Veränderungsfaktor des Preisniveaus (P)} = \frac{120\,000}{100\,000} = \underline{\underline{1{,}2}}$$

Allgemein:

$$\mathbf{P = \frac{M \cdot U}{H}}$$

Die Zahl für P = 1,2 bedeutet, dass sich gegenüber dem Vorjahr das *Preisniveau* um das 1,2fache oder um 20% erhöht hat. Wäre die nachfragewirksame Geldmenge (M · U) z.B. um 50% auf 150000 GE gestiegen, ergäbe sich eine Preissteigerungsrate von 50%, sofern das Handelsvolumen konstant geblieben ist.

Steigt im Jahr 02 die Geldmenge z.B. auf 150000 GE und das Handelsvolumen (zu konstanten Preisen) auf 120000 GE, ergibt sich:

$$P = \frac{150\,000}{120\,000} = \underline{\underline{1{,}25}}$$

Dies sagt aus, dass sich im Jahr 02 das Preisniveau gegenüber dem Jahr 00 (Basisjahr) um das 1,25fache oder um 25% erhöht hat.

Merke:

- Die Entwicklung des Preisniveaus (die Höhe der Güterpreise) hängt weitgehend von der Entwicklung der nachfragewirksamen Geldmenge ab.
- Steigt die nachfragewirksame Geldmenge schneller als das Handelsvolumen (die Menge der zu konstanten Preisen bewerteten Güter), steigt in einer freien Wirtschaft das Preisniveau, sofern diese vollbeschäftigt ist.
- Steigt die nachfragewirksame Geldmenge in gleichem Maße wie das Handelsvolumen, wird das Preisniveau gleich bleiben.

Eine *Umkehrung* der letzten beiden Sätze ist jedoch nicht möglich. Eine Verringerung der nachfragewirksamen Geldmenge wird in der heutigen Wirtschaft nur selten und dann nur auf Teilmärkten zu *Preissenkungen* führen. Hierfür gibt es viele Gründe.

---

1 Dies ist natürlich nur in einer freien Wirtschaft möglich. Werden vom Staat Höchstpreise vorgeschrieben, können die Preise nicht im erforderlichen Umfang steigen. Es entsteht Übernachfrage, sodass der Staat rationieren muss.

Zum einen *steigen* bei zurückgehender Produktion die Stückkosten der Betriebe, sodass die Betriebe, falls sie marktstark genug sind, sogar die Preise erhöhen können. Zum anderen gibt es viele Kosten, die trotz schwindender Nachfrage nicht sinken. Hierzu gehören einige Steuern (z.B. Grundsteuer, Kfz-Steuer), die tariflich festgelegten Mindestlöhne der Arbeitskräfte oder die Importpreise der Rohstoffe **(institutionelle Starrheiten).** Sinkt also die nachfragewirksame Geldmenge, wird nicht das Preisniveau fallen, sondern das Güterangebot abnehmen. Somit entsteht *Unterbeschäftigung* (Arbeitslosigkeit).

8.4.4 Kaufkraft

Mit steigendem Preisniveau *sinkt* die Kaufkraft, denn mit einer Geldeinheit kann man jetzt *weniger* Güter kaufen als zuvor.

Beispiel:

Angenommen, vom Jahr 00 bis zum Jahr 02 steigt die nachfragewirksame Geldmenge von 100000 GE auf 150000 GE, während das Handelsvolumen von bisher 100000 GE konstant bleibt. Die Veränderung des Preisniveaus beträgt 50%:

$$P = \frac{M \cdot U}{H} = \frac{150\,000}{100\,000} = \underline{\underline{1{,}5}}$$

Die *Kaufkraft* hat sich gegenüber dem Vorjahr wie folgt verändert:

$$K = \frac{H}{M \cdot U} = \frac{100\,000}{150\,000} = \underline{\underline{\frac{2}{3}}}$$

Dies besagt, dass man sich im Jahr 01 mit einer Geldeinheit nur noch $^2/_3$ der Gütermenge des Jahres 00 kaufen konnte. Die *Kaufkraft* des Geldes ist also um $^1/_3$ (= $33\,^1/_3$%) *gesunken.*

- Der Veränderungsfaktor der Kaufkraft ist der reziproke (umgekehrte) Wert des Veränderungsfaktors des Preisniveaus.

Steigen die Preise z.B. um 100% (Preisveränderungsfaktor 2), beträgt die Kaufkraft einer Geldeinheit nur noch 50% (Veränderungsfaktor der Kaufkraft $^1/_2$).

Verkehrsgleichung des Geldes

Aus der Formel zur Berechnung des Veränderungsfaktors des Preisniveaus lässt sich die **Fishersche Verkehrsgleichung des Geldes** (auch **Quantitätsgleichung**[1] genannt) ableiten, indem man die ganze Gleichung mit H (= Handelsvolumen) multipliziert:

$$\mathbf{P \cdot H = M \cdot U}$$

In der Geldpolitik wird H mit dem *realen Bruttoinlandsprodukt* und P · H mit dem *nominellen Bruttoinlandsprodukt* gleichgesetzt. Die Quantitätsgleichung dient dann der Berechnung der Umlaufgeschwindigkeit des Geldes in einer Volkswirtschaft (Näheres siehe Kapitel 8.7.3).

1 Quantität = Menge; die Quantitätsgleichung ist die formelmäßige Darstellung der *Quantitätstheorie*, die besagt, dass die Entwicklung der Geld*menge* weitgehend Richtung und Umfang der wirtschaftlichen Entwicklung (des Handelsvolumens und dessen Preise) bestimmt. (Siehe auch Kapitel 8.4.7.) Die Verkehrsgleichung stammt von IRVING FISHER: „The purchasing power of money" (1911).

Stabiles Geld ist nicht alles,
aber ohne stabiles Geld ist alles nichts.
(KARL SCHILLER)

8.4.5 Preisindizes

8.4.5.1 Verbraucherpreisindex

Den einzelnen Verbraucher interessiert es weniger, wie sich das *allgemeine* Preisniveau verändert. Selbst die Preissteigerungen bei bestimmten Luxusgütern kümmern den durchschnittlichen Verbraucher nicht: Ihm ist es gleichgültig, ob irgendein Luxusauto nunmehr statt 90 000,00 € stolze 100 000,00 € kostet. Selbst bei den Gütern des täglichen Bedarfs wirken sich Preissteigerungsraten bei den einzelnen Gütern unterschiedlich auf das Budget (das „Haushaltsgeld") eines privaten Haushalts aus. Steigen z. B. die Preise für eine Streichholzschachtel von 0,50 € auf 1,00 €, also um 100 %, ist dies für den Einzelnen wenig bedeutsam. Steigen indessen die Preise für Heizmaterialien um 100 %, trifft dies die einzelnen Bürger recht empfindlich.

Um ermitteln zu können, wie sich die Preisveränderungen der Konsumgüter auf die privaten Haushalte auswirken, hat das Statistische Bundesamt in Wiesbaden neben vielen anderen Indizes[1] den **Verbraucherpreisindex** entwickelt. Dieser Preisindex erfasst die Preisänderungen bei 750 Gruppen von Sachgütern und Leistungen **(„Warenkorb"),** die vom privaten Haushalt gekauft werden. Da nicht alle Güter das gleiche Gewicht im Warenkorb besitzen, musste das Statistische Bundesamt ein **„Wägungsschema"** erstellen, das von Zeit zu Zeit den neuen Verbrauchsstrukturen angepasst werden muss.[2] Die Waren nämlich, die von einem durchschnittlichen Haushalt heute gekauft werden, sind nicht mehr die gleichen wie die im Jahr 1985 oder im Jahr 1995. Man braucht hier nur an Konsumgüter wie z. B. Mieten für Videofilme, DVDs, das Telefonieren mit Handys, Mikrowellenherde oder Mikrofaserkleidung, Heimsportgeräte, Digitalkameras, DVD-Player, MP3-Player, Espresso-Maschinen oder die Internetnutzung zu denken. Außerdem verschiebt sich der prozentuale Anteil bestimmter Ausgaben zugunsten anderer. So gab z. B. der durchschnittliche private Haushalt 1970 noch 33,3 % seines Einkommens für Nahrungs- und Genussmittel aus. Im Jahr 2005 betrug dieser Anteil nur noch rund 14 %.

Das Wägungsschema wird entwickelt, indem man für ein Basisjahr die durchschnittlichen Ausgaben eines durchschnittlichen Haushalts für verschiedene Güter und Leistungen in Prozenten seiner Gesamtausgaben ermittelt.

1 Indizes = Mz. von Index; ein Index ist wörtlich ein „Anzeiger". Der Preisindex zeigt also Preisveränderungen an. Wichtige Preisindizes sind z. B.: Index der Einkaufspreise landwirtschaftlicher Betriebsmittel, Index der Grundstoffpreise, Index der Großhandelsverkaufspreise und der Index der Einzelhandelspreise.

2 Die letzte Umstellung des Wägungsschemas auf neuere Verbrauchsverhältnisse erfolgte 2008. Neues Basisjahr ist das Jahr 2005.

Beispiel:

Um den Vorgang der Preisindexberechnung deutlich zu machen, sei ein sehr vereinfachtes Wägungsschema zugrunde gelegt (5 statt 750 Positionen):

Warenkorb	Wägungsschema Jahr 00		Preise		
			01	02	03
1. Nahrungsmittel	615,00 GE	41 %	615,00 GE	615,00 GE	615,00 GE
2. Kleidung	600,00 GE	40 %	600,00 GE	660,00 GE	660,00 GE
3. Wohnung	150,00 GE	10 %	200,00 GE	200,00 GE	200,00 GE
4. Brennstoffe	60,00 GE	4 %	60,00 GE	60,00 GE	180,00 GE
5. Dienstleistungen	75,00 GE	5 %	75,00 GE	75,00 GE	75,00 GE
Gesamtausgaben	1 500,00 GE	100 %	1 550,00 GE	1 610,00 GE	1 730,00 GE

Tabelle 8.4

Die Indexzahlen werden wie folgt ermittelt:

Das Basisjahr 00 wird mit 100 Punkten angesetzt. Die angenommene Verteuerung der Wohnungsausgaben um 50,00 GE im Jahr 01 (= $33\,^1/_3$%) bewirkt bei Konstanz aller anderen Preise eine Erhöhung der Lebenshaltungskosten um 3,3 Punkte auf 103,3.[1]

Steigen im Jahr 02 z. B. die Preise für Kleidung um 10 %, erhöhen sich die Lebenshaltungskosten um 4 Punkte auf 107,3 Punkte.[2]

Die angenommene Steigerung der Brennstoffkosten um 200 % im Jahr 03 bewirkt allein eine Steigerung der Lebenshaltungskosten auf 115,3 Punkte.

Insgesamt gilt also, dass Preissteigerungen bei bestimmten Waren und Diensten sich auf den Verbraucherpreisindex umso stärker auswirken, je größer ihr prozentualer Anteil (ihr „Gewicht") an den Gesamtausgaben eines durchschnittlichen Haushalts ist.

Der Verbraucherpreisindex für die Bundesrepublik Deutschland entwickelte sich wie folgt (Basisjahr 2005):

Jahr	1994	1996	1998	2000	2002	2003	2004	2005	2006	2007
Verbraucherpreisindex	85,2	88,0	90,5	92,3	95,5	97,0	98,1	100	101,7	103,9

Tabelle 8.5[3]

Mit Hilfe des Verbraucherpreisindex lässt sich das reale Bruttoinlandsprodukt berechnen:

$$\mathbf{BIP_r = \frac{BIP_n \cdot 100}{Preisindex}}$$

Die Europäische Zentralbank bezeichnet die Preisindizes als Deflatoren[4], weil sie den „Abschlag" wiedergeben, um den das nominelle Bruttoinlandsprodukt bereinigt werden muss, um das reale Bruttoinlandsprodukt zu erhalten.

1 Berechnung: 1 500,00 GE (00) ≙ 100 Punkte
1 550,00 GE (01) ≙ x Punkte

$$x = \frac{100 \cdot 1\,550}{1\,500} = 103{,}3 \text{ Punkte}$$

2 Berechnung: 1 500,00 GE (00) ≙ 100 Punkte
1 610,00 GE (02) ≙ x Punkte

$$x = \frac{100 \cdot 1\,610}{1\,500} = 107{,}3 \text{ Punkte}$$

3 Quelle: Monatsberichte der Deutschen Bundesbank, mehrere Jahrgänge.

4 Deflator (lat.) = Abschlag, Zusammenziehung, Minderung.

Beispiel:

Jahr	Nominelles Brutto-inlandsprodukt	Preisänderung gegenüber Vorjahr (Jahr 00 ≙ 100%)	Deflatoren	Reales Brutto-inlandsprodukt
01	2 109,44 GE	2,4%	102,40	2 060,00 GE
02	2 204,20 GE	2,5%	104,96	2 100,00 GE
03	2 269,68 GE	2,0%	107,06	2 120,00 GE
04	2 397,78 GE	1,8%	108,99	2 200,00 GE

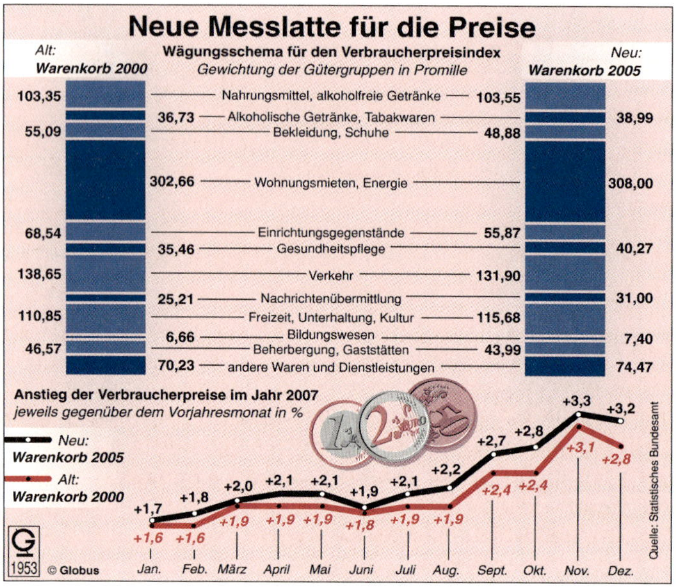

Abb. 8.10

8.4.5.2 Harmonisierter Verbraucherpreisindex (HVPI)

Vom Statistischen Bundesamt wird zusätzlich zum VPI der **Harmonisierte Verbraucherpreisindex (HVPI)** erstellt. Wichtigste Aufgabe des HVPI ist der Vergleich der Preisveränderungsraten zwischen den Mitgliedsländern der Europäischen Union (EU). Die Europäische Union hat verbindliche Regeln für die Berechnung des HVPI aufgestellt, deren Einhaltung vom Statistischen Amt der Europäischen Union (Eurostat) überwacht wird. Aufgrund der nationalen Harmonisierten Verbraucherpreisindizes berechnet Eurostat die Harmonisierten Verbraucherpreisindizes für die Europäische Union, die Europäische Währungsunion (WWU) und den Europäischen Wirtschaftsraum (EWR).[1]

Der HVPI für das Euro-Währungsgebiet weist folgende Kennzahlen aus (Basisjahr 2005):

Jahr	1995	1996	1998	2000	2002	2004	2005	2006	2007
HVPI	83,7	85,6	87,9	89,9	93,9	97,9	100	102,2	104,4

Quelle: Monatsberichte der Europäischen Zentralbank, mehrere Jahrgänge.

Tabelle 8.6[1]

1 Dem Europäischen Wirtschaftsraum gehören neben den EU-Ländern noch Island, Liechtenstein und Norwegen an.

8.4.6 Reallohn[1]

Die Entwicklung eines Preisindex lässt im Allgemeinen keine Aussage darüber zu, ob sich der *Lebensstandard* der Arbeitnehmer (und Arbeitgeber) verbessert oder verschlechtert hat. Neben der Qualitätsverbesserung der angebotenen Güter muss vor allem die Entwicklung des *Nettolohns* berücksichtigt werden.

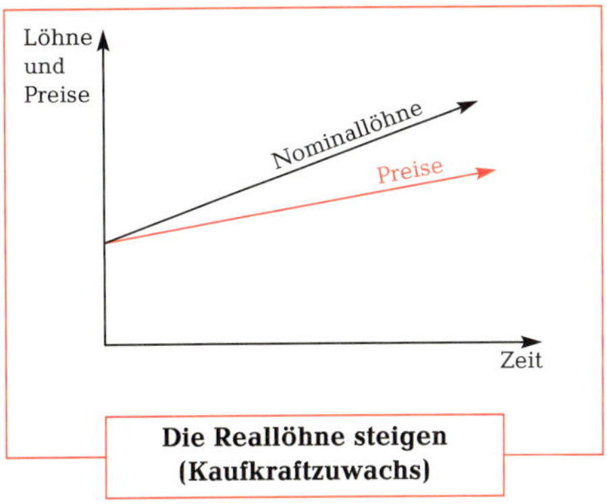

Abb. 8.11

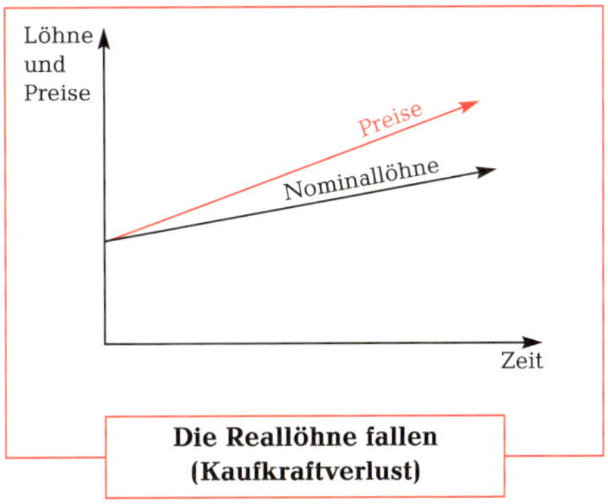

Abb. 8.12

Was der Arbeitnehmer am Monatsende ausbezahlt erhält, nennt man **Nettolohn**. Dieser Nettolohn entspricht längst nicht dem, was der Arbeitgeber für die Arbeitskraft aufzuwenden hat. Zu berücksichtigen ist nämlich, dass der Arbeitgeber i.d.R. die Hälfte der Sozialversicherungsbeiträge zu tragen hat. Zieht man von dem Betrag, den der Arbeitgeber insgesamt für den Arbeitnehmer aufzuwenden hat, den Arbeitgeberanteil ab, erhält man den **Bruttolohn.** Dieser erscheint auf der Lohnabrechnung des Arbeitnehmers. Vom Bruttolohn werden die Sozialversicherungsbeiträge (der sog. Arbeitnehmeranteil) und die Lohn- und Kirchensteuer abgezogen.

Beispiel:[2]

Vom Arbeitgeber aufzubringender Betrag (tatsächliche Lohnkosten)	3000,00 €
- Arbeitgeberanteil an der Sozialversicherung ca.	350,00 €
- sonstige Personalnebenkosten (z.B. 13. Monatsgehalt, Urlaubsgeld, Lohnfortzahlung im Krankheitsfall)	750,00 €
Bruttolohn	1900,00 €
- Arbeitnehmeranteil an der Sozialversicherung ca.	350,00 €
- Lohnsteuer, Solidaritätszuschlag und ggf. Kirchensteuer	325,00 €
Nettolohn	**1225,00 €**

Der in der Lohn- bzw. Gehaltsabrechnung „genannte" Lohn ist der **Nominallohn.**[3] Aus der Sicht des Arbeitnehmers ist dies sein **Nettolohn.**

Der Nominallohn sagt nichts darüber aus, wie viel sich ein Arbeitnehmer dafür kaufen kann. Steigt z.B. der Nominallohn *schneller* als das Preisniveau, nimmt der Lebensstandard trotzdem *zu*. Mit anderen Worten: Der **Reallohn** (real = wirklich) ist gestiegen.

1 Wir bezeichnen – wie in den vorigen Kapiteln auch – die Bezüge aller Arbeitnehmer als „Lohn". Er ist das Entgelt (der „Preis") für unselbstständige Arbeit. Die Deutsche Bundesbank bezeichnet den Lohn im volkswirtschaftlichen Sinne als Arbeitnehmerentgelt.

2 Die Zahlen sind gerundet und beziehen sich auf einen ledigen Arbeitnehmer unter 50 Jahren.

3 „Nominal" kommt von „nominell", d.h. dem Namen nach, dem Nennwert nach.

Steigen Preise und Nettolohn in gleichem Maße, hat sich der Reallohn *nicht* verändert. Steigen indessen die Nominallöhne schwächer als die Preise, nimmt der Reallohn (die Kaufkraft) ab.

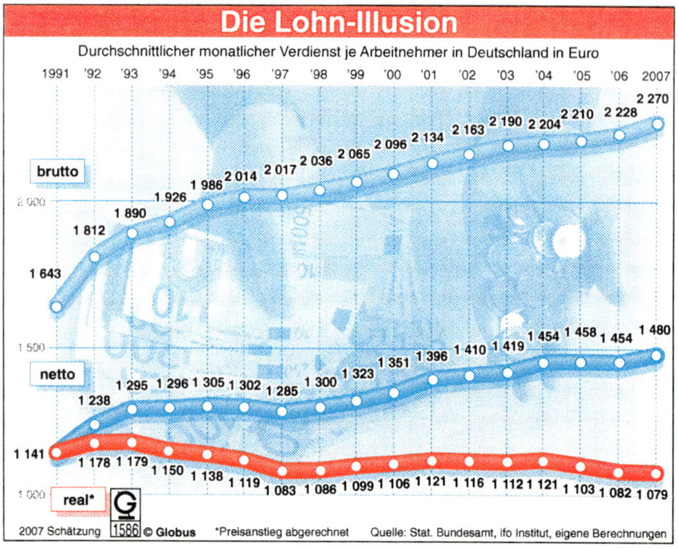

Auf den ersten Blick ist die Einkommensentwicklung der letzten Jahre in Deutschland beachtlich. Die durchschnittlichen Bruttomonatsverdienste je Arbeitnehmer erhöhten sich von 1643 Euro im Jahr 1991 auf schätzungsweise 2270 Euro im Jahr 2007; das ist ein Plus von 38 Prozent. Und auch netto – also nach Abzug von Steuern und Sozialversicherungsbeiträgen – kann sich die Entwicklung sehen lassen: Plus 30 Prozent (von 1 141 auf 1480 Euro) lautet das Ergebnis im Vergleich zu 1991. Berücksichtigt man jedoch die Geldentwertung durch den Anstieg der Verbraucherpreise, dann wird aus dem Einkommensfortschritt ein Einkommensrückschritt. Denn die Kaufkraft der Nettomonatsverdienste ist im Jahr 2007 um rund 60 Euro niedriger als im Jahr 1991. Mit anderen Worten: Die Realeinkommen der Arbeitnehmer sind von 1991 bis 2007 um mehr als fünf Prozent gesunken – der Arbeitnehmer von heute kann sich tatsächlich fünf Prozent weniger leisten als im Jahr 1991.

8.4.7 Komponenten der volkswirtschaftlichen Gesamtnachfrage

Die Quantitätsgleichung (Verkehrsgleichung) des Geldes[1] vermag nicht zu erklären, woher die Veränderungen der nachfragewirksamen Geldmenge (Geldmenge und/ oder Umlaufgeschwindigkeit des Geldes) rühren. Folgende Komponenten (Bestimmungsgründe) der volkswirtschaftlichen Gesamtnachfrage beeinflussen den Geldumlauf:

1. Die Unternehmen erwarten steigende (sinkende) Gewinne. Sie fragen daher mehr (weniger) Investitionsgüter (Anlagen und Vorräte) nach. Die steigende (fallende) Investitionsgüternachfrage drückt sich in steigender (fallender) Nachfrage nach Geldmitteln aus, weil die Investitionen finanziert werden müssen.
2. Der Staat plant zusätzliche Ausgaben bzw. eine Verringerung der Ausgaben für Investitions- und Konsumgüter. Erhöhte (verringerte) Staatsausgaben führen zu einer Erhöhung (Verminderung) des Geldumlaufs, sofern er Kredite bei der Zentralbank aufnimmt bzw. tilgt.
3. Die privaten Haushalte erwarten höhere Einkommen bzw. steigende Preise. Sie erhöhen ihre Nachfrage mit Hilfe von Krediten bzw. durch Auflösung ihrer Ersparnisse.

1 Die Quantitätsgleichung ist die formelmäßige Darstellung der Quantitätstheorie, die besagt, dass bei steigender nachfragewirksamer Geldmenge das Preisniveau steigt, wenn das Handelsvolumen nicht in gleichem Maße zunimmt, das Preisniveau sinkt, wenn die nachfragewirksame Geldmenge schneller sinkt als das Handelsvolumen. (Siehe auch Kapitel 8.4.4.)

4. Der Export ins Devisenausland steigt schneller als der Import aus dem Devisenausland. Die Devisenüberschüsse werden bei der Zentralbank in Binnenwährung umgetauscht, sodass der Geldumlauf steigt, während das entsprechende Güterangebot nicht mehr im eigenen, sondern im fremden Währungsgebiet auf den Markt kommt. In umgekehrter Richtung wirken Importüberschüsse gegenüber dem Devisenausland: Die Importeure kaufen Devisen und Binnenwährung wird dem Umlauf entzogen.

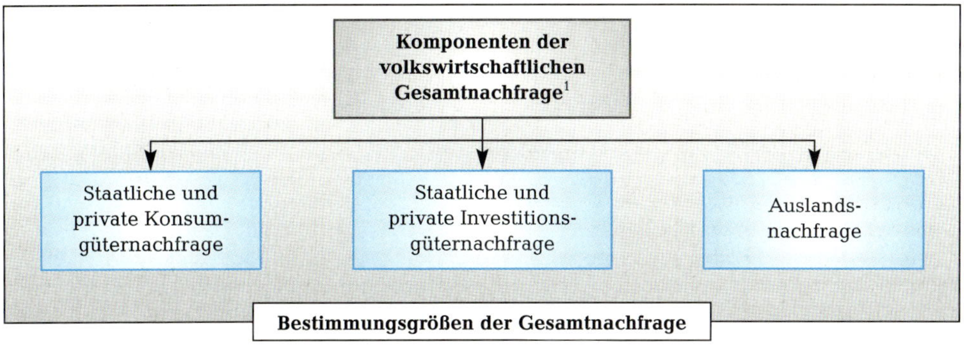

Abb. 8.14

Inflation ist die Art der Besteuerung,
die auch die schwächste Regierung
durchsetzen kann.
(Aus einer Studie des Völkerbundes)[2]

8.4.8 Inflation und Deflation

8.4.8.1 Inflation[3]

In manchen Geschichtsbüchern findet sich folgender Satz: „Als die große Inflation, die 1923 ihren Höhepunkt fand, hereinbrach ...". Dieser Satz ist falsch, denn Inflationen sind keine Naturereignisse, sondern sie werden von Menschen gemacht, und zwar am allerwenigsten „von den Leuten", sondern vor allem von den für Wirtschaft und Politik Verantwortlichen.

■ Unter **Inflation** versteht man ein anhaltendes Steigen des Preisniveaus.

Steigen hin und wieder die Preise einzelner Güter bzw. Gütergruppen, so liegt noch keine Inflation vor. Im Winter steigen beispielsweise die Preise für landwirtschaftliche Produkte, weil – bei gleichbleibender Nachfrage – das Angebot abnimmt.

Arten der Inflation. Die Erscheinungsformen (Arten) der Inflation kann man nach ihrer äußerlichen Erkennbarkeit und nach der Schnelligkeit der Geldentwertung unterscheiden.

1 Siehe auch rechte Seite des nationalen Produktionskontos!

2 Der Völkerbund (engl.: League of Nations) war eine Vereinigung der Staaten mit der Aufgabe, den Weltfrieden zu sichern. Er bestand von 1920 bis 1946 mit dem Sitz in Genf. Der Völkerbund kann als Vorläufer der Vereinten Nationen (UNO) angesehen werden.

3 Inflation = lat. Aufblähung; hier: Aufblähung der nachfragewirksamen Geldmenge.

Nach der Erkennbarkeit unterscheidet man:

- **Offene Inflation.** Hier steigt das Preisniveau „offen" gemäß den Marktbedingungen. Der Staat schreibt weder Fest- noch Höchstpreise vor bzw. passt diese laufend an die Marktgegebenheiten an.

Beispiel:

Die große deutsche Inflation von 1914 bis 1923 war eine offene Inflation. Sie war auf eine unmäßige Geldmengenvermehrung durch die damalige Regierung zurückzuführen. Folgende Zahlen geben einen Eindruck: Der Wechselkurs[1] zum US-Dollar betrug Ende April 1923 29800,00 Mark, Ende Mai 70000,00 Mark, Ende Juli 1100000,00 Mark, acht Tage später 4869000,00 Mark; am 9. Oktober wurde die Milliardengrenze überschritten. Am 20. November belief sich der Dollarkurs auf rund 4,2 Billionen Mark.

- **Verdeckte Inflation.** In diesem Falle schreibt der Staat Höchst- und/oder Festpreise vor, ohne diese an die tatsächlichen Marktverhältnisse anzupassen. Das Preisniveau wird verhältnismäßig stabil gehalten. Die Leute können aber mit ihrem „Geld" wenig anfangen, weil das Güterangebot zu gering ist. Der Staat muss rationieren[2] (z.B. Lebensmittelmarken ausgeben).

Beispiel:

Eine verdeckte (gestoppte) Inflation herrschte in Deutschland von 1939 bis 1948. Preise und Löhne waren vom Staat vorgeschrieben (Preis- und Lohnstopp). Verdeckte Inflationen sind daran erkennbar, dass „schwarze Märkte" entstehen, auf denen die knappen Waren gesetzeswidrig zu Wucherpreisen gehandelt werden.

Nach der Schnelligkeit der Geldentwertung unterscheidet man:

- **Schleichende Inflation.** Diese Art der Inflation ist durch verhältnismäßig niedrige, aber lang anhaltende Preissteigerungen gekennzeichnet. Von schleichender Inflation kann man sprechen, wenn die Preissteigerungsrate nicht höher ist als der Zinssatz für langfristige Geldanlagen.

Beispiel:

Die Wirtschaft der Europäischen Wirtschafts- und Währungsunion (WWU) ist durch eine schleichende Inflation gekennzeichnet (siehe Tab. 8.6 auf S. 342).

- **Galoppierende Inflation.** Liegt die Preissteigerungsrate im Durchschnitt über dem Zins für langfristige Geldanlagen (etwa über 6 bis 8%), liegt eine galoppierende Inflation vor. Bei jährlichen Preissteigerungsraten von mehr als 50% spricht man von **Hyperinflation.**[3]

Beispiele:

Die deutsche Inflation von 1923 war eine Hyperinflation. – In Simbabwe stiegen die Preise im Oktober 2007 gegenüber dem Vormonat um 14840 Prozent.

---

1 Der Wechselkurs drückt das Wertverhältnis zwischen zwei Währungen aus.

2 Rationieren = in „Rationen" einteilen, d.h. Mengenzuteilungen vornehmen.

3 Vgl. WOLL, A., a.a.O., S. 372.

Je nach Anzahl und Art der in die Geldwertmessung einbezogenen Güter spricht man von Gesamtinflation einerseits und Kerninflation andererseits.

- **Gesamtinflation.** In diesem Fall werden die Preissteigerungsraten der in den Warenkörben der amtlichen Statistiken enthaltenen Güter ermittelt, gleichgültig, ob die Preisveränderungen vorübergehender oder nachhaltiger Natur sind.
- **Kerninflation.** Bei der Berechnung der Kerninflationsraten werden die (voraussichtlich) vorübergehenden Preisschwankungen aus den Gesamtinflationsraten (z. B. dem HVPI) herausgerechnet. (Eine allgemein gültige Verfahrensweise gibt es allerdings nicht.)

Beispiele:

Der Preisanstieg bei Lebensmitteln, deren Angebotsmengen und/oder Qualitäten von der Jahreszeit (Saison) sowie von der Witterung abhängen. – Preiserhöhungen beim Mineralöl (Ölpreisschock).

Je nach Wahrnehmung durch die Verbraucher wird von offizieller (amtlich festgestellter) Inflation auf der einen Seite und von „gefühlter Inflation" auf der anderen Seite gesprochen.

- **Offizielle Inflation.** Hierunter versteht man die Inflationsarten, die von den statistischen Ämtern (z.B. dem Statistischen Bundesamt oder von Eurostat) ermittelt und veröffentlicht werden (siehe Kapitel 8.4.5.1 f.).
- **Gefühlte Inflation**. Mit diesem Begriff wird zum Ausdruck gebracht, dass die Verbraucher in bestimmten Situationen die Preissteigerungen als viel stärker empfinden als die amtlichen Statistiken ausweisen. Dies liegt vor allen Dingen daran, dass zahlreiche Waren und Dienstleistungen, die im täglichen Leben gekauft werden (müssen), in den offiziellen „Warenkörben" nur eine geringe Bedeutung (Gewichtung) haben.

Beispiel:

Im ersten Quartal 2002 haben sich nach einer Untersuchung des Instituts der Deutschen Wirtschaft die Güter des täglichen Bedarfs gegenüber dem Vorjahr um 4,8% verteuert. Damit war die „gefühlte" Inflation zweieinhalbmal höher als der offizielle Wert des Statistischen Bundesamtes.

Ursachen der Inflation. Falls die Notenbank eines Landes der Wirtschaft jede gewünschte Geldmenge zur Verfügung stellt, kann man folgende wichtige Inflationsursachen nennen:

- **Anspruchsinflation.** Hier steigen die Ansprüche der Wirtschaftssubjekte schneller als das Handelsvolumen wächst.
  - **Nachfrageinflation.** Die privaten Haushalte, die Unternehmen und vor allem der Staat sparen zu wenig und/oder nehmen Kredite auf, um ihre Ansprüche zu finanzieren.
  - **Kosteninflation.** Die Gewerkschaften setzen überhöhte Lohnforderungen durch, der Staat erhöht die Steuern oder ausländische Rohstofflieferer erhöhen ihre Rohstoffpreise. Die Unternehmen erhöhen die Preise, um die gestiegenen Kosten zu decken.
  - **Gewinninflation.** Die Unternehmen besitzen eine starke Marktstellung (Oligopole und Monopole), sodass sie ihre Absatzpreise auf Kosten der Verbraucher erhöhen können, um ihre Gewinne zu steigern.

- **Außennachfrageinflation.** Laufende Exportüberschüsse gegenüber Fremdwährungsgebieten führen zu Deviseneinnahmen, die nicht wieder für Importzwecke benötigt werden. Die Exporteure tauschen die Devisen bei den Banken in Binnenwährung um, sodass die Geldmenge steigt. Die dieser Geldmenge gegenüberstehenden „Gütermengen“ wurden indessen in Fremdwährungsgebiete exportiert, sodass also letztlich das Preisniveau im eigenen Währungsgebiet steigen muss. Da Exportüberschüsse gegenüber Fremdwährungsgebieten in der Regel vor allem dann entstehen, wenn dort die Inflationsraten *höher* als im eigenen Währungsgebiet sind (die Exportwaren werden für die gebietsfremden Importeure relativ billiger), spricht man von **importierter Inflation.** (Die Inflation wird sozusagen vom Fremdwährungsgebiet ins eigene Währungsgebiet „hereingetragen“.)[1]

Die Inflationen kann man auch danach einteilen, ob sie „angebotsinduziert“,[2] wie die Kosten- und die Gewinninflation oder „nachfrageinduziert“,[3] wie die Binnennachfrageinflation oder die importierte Inflation[3] sind.

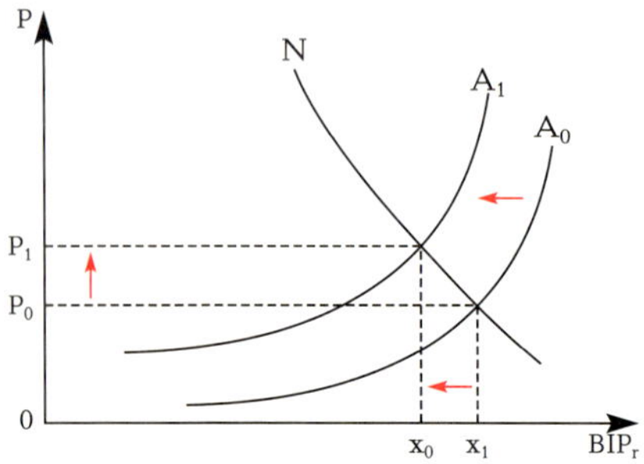

A = Gesamtangebot
N = Gesamtnachfrage
BIP_r = Bruttoinlandsprodukt
P = Preisniveau

Angebotsinflation

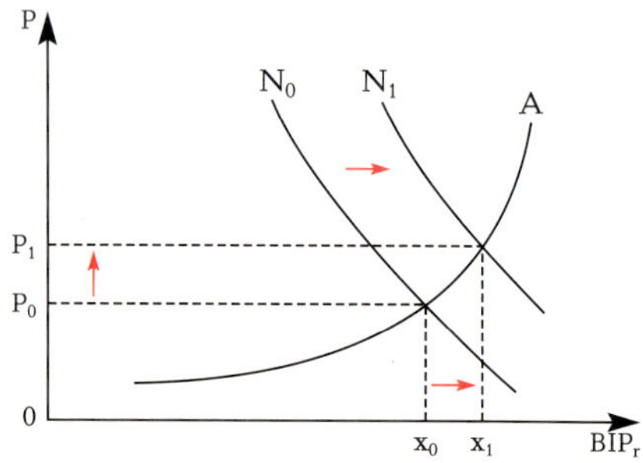

Nachfrageinflation

Abb. 8.15 - 8.16

- Bei unveränderter normaler Gesamtnachfrage nimmt die umgesetzte Gütermenge bei steigenden Preisen ab (zunehmende Arbeitslosigkeit bei steigenden Preisen).
- Ist die Nachfrage vollkommen unelastisch (oder nimmt sie entsprechend der Angebotsverschiebung zu), steigen die Preise bei unverändertem mengenmäßigem Umsatz (Stagflation).

- Bei unverändertem normalem Gesamtangebot nimmt die umgesetzte Gütermenge bei steigenden Preisen zu, sofern die Wirtschaft nicht vollbeschäftigt ist (abnehmende Arbeitslosigkeit bei steigenden Preisen).
- Ist die Wirtschaft vollbeschäftigt, steigen die Preise bei unverändertem mengenmäßigem Umsatz (Vollbeschäftigung mit Inflation).

1 Als Gegenstück zur importierten Inflation wird in den Zeitungen häufig die „hausgemachte“ Inflation genannt. Hausgemachte Inflationen liegen z. B. vor, wenn der Staat die Steuern erhöht, die Staatsausgaben über den Staatseinnahmen liegen, die Löhne schneller als das Handelsvolumen steigen oder die Unternehmen ihre Marktmacht ausnutzen.

2 Induzieren = beeinflussen, auslösen.

3 Die importierte Inflation ist deshalb eine nachfrageinduzierte Inflation, weil sie auf überhöhter Nachfrage des Auslands nach inländischen Gütern beruht.

	Verbraucherpreisindex für Deutschland (Basisjahr 2000)[1]							
		davon:						
Zeit	insgesamt	Nahrungsmittel	andere Ver- u. Gebrauchsgüter ohne Energie	Energie	Dienstleistungen ohne Wohnungsmieten	Wohnungsmieten	Baupreisindex	Index der Erzeugerpreise gewerblicher Produkte im Inlandsabsatz
2002	103,4	106,1	101,1	106,0	104,9	102,6	100,2	102,4
2003	104,5	106,0	101,4	110,2	106,4	103,8	100,3	104,1
2004	106,2	105,7	102,9	114,8	108,9	104,8	101,4	105,8
2005	108,3	105,8	103,8	126,6	111,1	105,9	102,7	110,7
2006	110,1	107,7	104,4	137,3	112,1	107,0	105,3	116,8
2007	112,5	111,0	106,1	142,6	115,2	108,2	112,9	119,1

Tabelle 8.6

Die **Wirkungen der Inflation** sind im Wesentlichen als negativ zu beurteilen. Die wohl schlimmste Folge ist die *Stagflation*, d.h. Stagnation mit Inflation. Sie entsteht z.B. dadurch, dass in einer Wirtschaft mit Außenhandel die Unternehmen die gestiegenen Kosten aus Konkurrenzgründen nicht mehr voll auf die Preise überwälzen können, sodass ihre Gewinne sinken bzw. ihre Verluste größer werden. Dies führt dazu, dass die zusätzlichen Investitionen (Nettoinvestitionen) sinken: Die Güterproduktion stagniert und es entsteht Arbeitslosigkeit bei steigenden Preisen.

Weitere **Folgen der Inflation** sind:

- Schuldner werden begünstigt, weil der reale Wert der Kreditaufnahme im Laufe der Zeit sinkt. Dies gilt insbesondere dann, wenn die Inflationsraten (= jährliche Preissteigerung in Prozent) höher als der Kreditzinssatz sind. Umgekehrt werden die Gläubiger (Sparer) geschädigt.
- Besitzer von Sachvermögen (u.U. auch Besitzer von Grundstücken, Unternehmen usw.) können im Gegensatz zu den Geldbesitzern (Kontensparern) ihr Vermögen erhalten. Geht man davon aus, dass die Arbeitnehmer i.d.R. ihre Ersparnisse auf Sparbüchern oder in festverzinslichen Wertpapieren[2] anlegen, während die Selbstständigen und die Unternehmen ihr Vermögen in Sachwerten investiert haben, verschiebt sich die Vermögensverteilung zugunsten der Selbstständigen und der Unternehmen. Die soziale Ungleichheit wird also durch die Inflation vergrößert.
- Inflation löst „Flucht in die Sachwerte" aus. Die Angst vor weiterer Geldentwertung führt in der Anfangsphase der Inflation zu steigender Nachfrage, was wiederum die Inflation anheizt („Inflationsmentalität„).
- Soziale Gruppen, die nicht von starken Interessenverbänden vertreten werden, hinken mit ihren Einkommen hinter der allgemeinen Preis- und Lohnentwicklung her.
- Die Angst vor Arbeitslosigkeit lässt die Sparquote ansteigen, sodass auch die Konsumgüternachfrage stagniert oder gar zurückgeht.
- In der Anfangsphase der Inflation steigen die Steuereinnahmen der öffentlichen Körperschaften (des „Staates"). Dies verführt die Parlamente dazu, staatlichen Ausgabensteigerungen zuzustimmen. Die gesetzlich fixierten Ausgaben können kaum mehr zurückgenommen werden, sodass im Laufe der Zeit immer größere Haushaltsdefizite[3] entstehen, die dann durch Steuererhöhungen ausgeglichen werden müssen.

---

1 Quelle: Monatsbericht der Deutschen Bundesbank, Januar 2008, S. 66*.

2 Zu den festverzinslichen Wertpapieren rechnen z.B. Industrieobligationen, Pfandbriefe, Anleihen des Bundes, der Länder und der Gemeinden.

3 Defizit = Fehlbetrag. Ein Haushaltsdefizit entsteht, wenn der Staat mehr ausgibt als er einnimmt.

8.4.8.2 Deflation[1]

Die Deflation im traditionellen (= althergebrachten) Sinne ist das „Gegenteil" der Inflation: Die Preise sinken (die Kaufkraft steigt). Man könnte nun glauben, dass dies gerade für die Verbraucher ideal sei. Wie zu zeigen sein wird, ist das Gegenteil der Fall.

Sinkendes Preisniveau bewirkt, dass Unternehmen und private Haushalte mit ihren Käufen eine abwartende Haltung einnehmen, ganz einfach deshalb, weil sie weiter sinkende Preise erwarten: sie *sparen*. Arbeitsplätze gehen verloren, die Einkommen sinken.

- Unter **Deflation** im traditionellen Sinne versteht man ein anhaltendes Sinken des Preisniveaus, verbunden mit zunehmender Arbeitslosigkeit.

Beispiel:

Die deutsche Deflation von 1930 bis 1932 brachte dem Deutschen Reich rund 6 Millionen Arbeitslose. Sie wurde im Wesentlichen dadurch erzeugt, dass der damalige Reichskanzler Brüning den Staatshaushalt an das durch Exportrückgänge geschrumpfte Handelsvolumen laufend anpasste, indem er die Staatsausgaben drastisch senkte.

Ursachen der Deflation sind vor allem:

- Kürzungen der Staatsausgaben (z.B. um die in den Vorjahren vorgenommenen Haushaltsdefizite auszugleichen).
- Pessimistische Zukunftserwartungen der Wirtschaftssubjekte, die z.B. durch Sparmaßnahmen des Staates oder politische Instabilität ausgelöst werden können. Die Folgen sind:
  - Kaufzurückhaltung (überhöhtes Sparen),
  - fehlende Investitionsneigung der Unternehmen und
  - sinkende Umlaufgeschwindigkeit des Geldes.

Beispiel:

Der „Schwarze Freitag"

Nach kräftigen Aktienspekulationen kam es im Oktober 1929 an der New Yorker Wall Street zu einem Börsenkrach, der als „Schwarzer Freitag" in die Geschichte einging. Innerhalb kurzer Zeit weitete sich der Crash, bei dem die Aktienkurse bis März 1933 um 80% fielen, zu einer Weltwirtschaftskrise aus. In Deutschland zum Beispiel sanken die Preise zwischen 1929 und 1932 um insgesamt 22%, das reale Bruttoinlandsprodukt schrumpfte um 16%, die Zahl der Arbeitslosen verdoppelte sich von rund 3 auf 6 Millionen.

Dass sich die Depression in Deutschland ausbreiten konnte, hatte mehrere Gründe. Zum einen lief die Konjunktur schon seit Jahren schlecht. Seit Mitte der zwanziger Jahre stagnierte der Konsum, die Investitionen gingen zurück und die Arbeitslosigkeit stieg – ein idealer Nährboden für Deflation. Zum anderen hatten die Amerikaner wegen des Börsenkrachs massive Liquiditätsprobleme und zogen deshalb in großem Stil Kapital aus Deutschland ab.

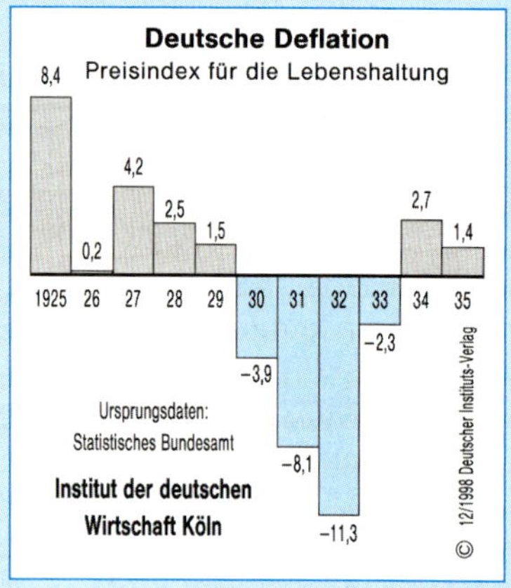

Abb. 8.17

1 Deflation (lat.) = Zusammenziehung.

Schließlich reagierte auch noch die deutsche Wirtschaftspolitik falsch: Um die wachsenden Haushaltslöcher zu stopfen und vermeintliche Inflationsgefahren einzudämmen, kürzte die Regierung Brüning die Staatsausgaben und erhöhte Steuern und Zinsen. Ein Paket, das die bestehende Krise vollends verschärfte.

Quelle: iwd vom 19. März 1998, S. 4.

Deflationen im traditionellen Sinne sind heute unwahrscheinlich, weil die Regierungen erkannt haben, dass Maßnahmen, wie sie einst Brüning ergriff, wirtschaftspolitisch falsch waren. Außerdem ist ein drastisches Senken des Preisniveaus in sozialen Marktwirtschaften aufgrund der bestehenden Mindestlöhne und -preise (siehe Kap. 8.4.3) nicht zu erwarten. Aus diesem Grunde spricht man heute bereits dann von „Deflation", wenn das Handelsvolumen *schrumpft.*

Merke:

- Das **Handelsvolumen** (H) ist die Summe aller während einer Periode umgesetzten Güter, bewertet zu konstanten Preisen.
- Die **nachfragewirksame Geldmenge** (M · U) ist das von Wirtschaftssubjekten für Nachfragezwecke bereitgestellte Bar- und Giralgeld, multipliziert mit seiner Umlaufgeschwindigkeit.
- Unter **Preisniveau** versteht man den gewogenen Durchschnitt aller Güterpreise.
- Die **Kaufkraft** drückt aus, wie viel Gütereinheiten man für eine Geldeinheit kaufen kann.
- Die Kaufkraft ist der **reziproke Wert** der Veränderung des Preisniveaus:
  - Steigt das Preisniveau, nimmt die Kaufkraft einer Geldeinheit ab.
  - Sinkt das Preisniveau, nimmt die Kaufkraft einer Geldeinheit zu.
- Die **Verkehrsgleichung** des Geldes lautet:

$$\mathbf{P \cdot H = M \cdot U}$$

- Die Verkehrsgleichung darf nicht mechanistisch angewendet werden, um die Ursachen von Geldwertschwankungen zu erklären. Sie definiert lediglich, dass der Wert des Handelsvolumens zu tatsächlichen Preisen der nachfragewirksamen Geldmenge gleich ist.
- Bei der Berechnung eines **Preisindex** wird das Preisniveau des Basisjahrs mit 100 Prozent („Punkten") angesetzt. Steigt das Preisniveau gegenüber dem Basisjahr, liegt der Preisindex über 100 Prozent („Punkten"); sinkt das Preisniveau gegenüber dem Basisjahr, liegt der Preisindex unter 100 Prozent („Punkten").
- Die **Preissteigerungsrate** (Inflationsrate) sagt aus, um wie viel Prozent die Preise gegenüber dem *Vorjahr* gestiegen sind.
- Der **Nominallohn** ist der Lohn, den ein Arbeitnehmer tatsächlich ausbezahlt bekommt (Nettolohn).
- Der **Reallohn** drückt aus, welche Gütermenge ein Arbeitnehmer für seinen Nettolohn tatsächlich kaufen kann.
- Wichtige Daten, deren Veränderungen den Geldwert beeinflussen, sind:
  - staatlicher und privater Konsum,
  - staatliche und private Investitionen sowie
  - der Außenbeitrag.
- Unter **Inflation** versteht man ein anhaltendes Steigen des Preisniveaus.
- Eine **Deflation** liegt vor, wenn das Preisniveau anhaltend sinkt.

Aufgaben zur Lernkontrolle

1. Erklären Sie folgende Begriffe:
   1.1 Handelsvolumen,
   1.2 nachfragewirksame Geldmenge und
   1.3 Preisniveau!

2. Inwiefern kann die Entwicklung des Preisniveaus von der Entwicklung der nachfragewirksamen Geldmenge einerseits und der Entwicklung des Handelsvolumens andererseits abhängen? Zeigen Sie die Zusammenhänge anhand selbst gewählter Zahlenbeispiele!

3. Berechnen Sie die fehlenden Größen:

Veränderungsrate des Preisniveaus (Preissteigerungs- bzw. -senkungsrate)	+ 4 %		+ 7 %	– 1 %	
Kaufkraftzu- bzw. -abnahme		– 5 %			+ 2 %

4. Geben Sie einige Gründe dafür an, dass in der heutigen Wirtschaft das Preisniveau nicht sinkt, wohl aber ständig steigt!

5. Leiten Sie die Quantitätsgleichung (Verkehrsgleichung) des Geldes für eine Volkswirtschaft ab, in der es nur **ein** Gut gibt!

6. Beurteilen Sie den Aussagewert der Quantitätsgleichung (Verkehrsgleichung) des Geldes!

7. Nach einer Meldung der „Neuen Zürcher Zeitung“ vom 12. Januar 20.. nahm in der Schweiz die Umlaufgeschwindigkeit des Geldes im Vorjahr stark ab. Zahlreiche Eigentümer von Frankenguthaben legten diese auf die „hohe Kante“ und entzogen sie dadurch dem Geldkreislauf.
   7.1 Wirkt sich die Zunahme der Ersparnis als Verringerung der Geldumlaufgeschwindigkeit aus? Wenn ja, warum? Wenn nein, warum nicht?
   7.2 Wie hätte sich die Verringerung der Geldumlaufgeschwindigkeit auf die Entwicklung des Preisniveaus in der Schweiz auswirken müssen? Begründen Sie Ihre Antwort!

8. Berechnen Sie in nachstehender Tabelle die fehlenden Werte!

Jahr	Handelsvolumen (in Preisen des Jahres 00)	Nachfragewirksame Geldmenge (M · U)	Veränderungsfaktor des Preisniveaus gegenüber dem Jahr 00	Handelsvolumen zu tatsächlichen Preisen	Preisindex	Preissteigerungsrate
00	100 000,00 GE	100 000,00 GE	—	100 000,00 GE	100	—
01	120 000,00 GE	120 000,00 GE				
02	140 000,00 GE	154 000,00 GE				
03	140 000,00 GE	168 000,00 GE				
04	130 000,00 GE	162 500,00 GE				
05	150 000,00 GE	200 000,00 GE				

9. Berechnen Sie mit Hilfe der in Aufgabe 8 angegebenen Zahlen
   9.1 den jährlichen Kaufkraftverlust gegenüber dem Jahr 00 und
   9.2 den jährlichen Kaufkraftverlust gegenüber dem jeweiligen Vorjahr!

10. Geben Sie die Bedingungen an, unter denen die Reallöhne steigen, gleich bleiben oder sinken!

11. Warum ist es falsch, den Bruttolohn zur Berechnung der Reallohnentwicklung heranzuziehen?

12. Nennen Sie mindestens vier Inflationsursachen!

13. Vor noch nicht allzu langer Zeit hat man die Inflation als „Preis für Vollbeschäftigung" bezeichnet. Nehmen Sie Stellung!

14. „Es gibt Leute, Gruppen und Institutionen, die aus der Inflation Nutzen ziehen". Nehmen Sie zu dieser Aussage Stellung!

15. Welche gesamtwirtschaftlichen Nachteile hat die Inflation? Begründen Sie Ihre Feststellungen!

16. Welche sozialen und politischen Auswirkungen können extreme Inflationen mit sich bringen?

17. Definieren Sie den Begriff Deflation!

18. Welche Folgen haben Deflationen?

19. Warum ist eine Deflation im traditionellen Sinne heute nicht mehr zu erwarten?

20. Welche Zusammenhänge bestehen zwischen Währungssystemen und Inflationsanfälligkeit der Wirtschaft?

✹ 21. Der Verbraucherpreisindex eines Landes entwickelte sich wie folgt:

Jahr:	00	01	02	03	04
Preisindex:	100	105,1	110,8	117,9	125,7

21.1 Analysieren Sie diese Daten und beschreiben Sie, wie sie gewonnen werden!

21.2 Warum kann man aus dem Preisindex allein keine Aussage über die Entwicklung des Lebensstandards machen?

21.3 Auf welche Ursachen lässt sich diese Preisentwicklung zurückführen?

21.4 Welche gesamtwirtschaftlichen Entwicklungen und welches Verhalten der Wirtschaftssubjekte sind häufig Begleiterscheinungen eines sinkenden Geldwerts?

21.5 In welcher Form können Inflationen auftreten?

21.6 Welche Folgen kann eine offene Inflation stärkeren Ausmaßes für die Menschen eines Landes haben?

21.7 Durch welche Maßnahmen kann man ein völlig zerrüttetes Geldwesen heilen und wovon hängt der Erfolg ab?

✹ 22. Die Quantitätstheorie macht bestimmte Aussagen über Änderungen des Geldwerts in Abhängigkeit von Geldmengenänderungen.

Erklären Sie mit Hilfe der Fisherschen Verkehrsgleichung, wie es sich auf das Preisniveau auswirken kann, wenn das Vertrauen der Wirtschaftssubjekte in die Währung sinkt!

23 Hartmann – ISBN 978-3-8120-0320-9

Nur die Verpflichtungen der öffentlichen Hand heißen Schulden. Die Banken hingegen können ihre Verpflichtungen Einlagen nennen und die private Wirtschaft sagt dazu einfach Kredit.

(HANNES ANDROSCH)

8.5 Kreditarten

- Unter **Kredit** versteht man die gegenwärtige Hingabe von Kaufkraft im Vertrauen auf die zukünftige Rückgabe.[1]

Der Kredit kann gewährt werden durch Hergabe baren Geldes (Noten) oder durch Einräumung eines Anspruchs auf Auszahlung einer bestimmten Geldsumme. Letzteres liegt vor, wenn z.B. eine Bank ihrem Kunden einen bestimmten Betrag gutschreibt, den er zur Begleichung seiner Verbindlichkeiten verwenden kann. Im ersten Fall handelt es sich um Bargeld, im zweiten um Giralgeld.

Im Folgenden beschränken wir uns auf die Kreditarten, die für die volkswirtschaftliche Betrachtungsweise von Bedeutung sind.

Einteilung nach der Fristigkeit

Nach der Fristigkeit (der Laufzeit) der Kredite unterscheiden wir **kurzfristige** und **langfristige Kredite,** wobei die Grenzen fließend sind. Im Allgemeinen werden Kredite mit einer Laufzeit bis zu 2 Jahren als „kurzfristig" bezeichnet. Längerfristige Kredite gelten als „langfristig".

Die Einteilung in kurz- und langfristige Kredite ist deswegen bedeutsam, weil die **Finanzmärkte**[2] nach der Fristigkeit der gehandelten Kredite unterschieden werden können.

Einteilung nach dem Zweck

Nach der Zielsetzung (nach dem Zweck) unterteilt man die Kredite in **Produktiv-** und **Konsumtivkredite.** Ein Produktivkredit liegt vor, wenn der Kredit für die Anschaffung von Kapital im volkswirtschaftlichen Sinne (z.B. Maschinen, Fabrikgebäude, Mietshäuser, betrieblich genutzte Fahrzeuge) verwendet wird. In diesem Sinne können auch Kredite an den Staat Produktivkredite sein, wenn sie für Staatsausgaben verwendet werden, die zusätzliche produktive Werte schaffen (z.B. Ausgaben für Straßenbau, Erschließung von Fabrikgelände, Ausbau von Schifffahrtswegen).

Produktivkredite können langfristig (Investitionskredite) oder kurzfristig (Betriebsmittelkredite) sein. Investitionskredite werden für die Anschaffung langlebiger Produktionsmittel ausgegeben. Mit Betriebsmittelkrediten werden kurzfristige Finanzierungslücken (z.B. für Lohn- und Steuerzahlungen) geschlossen.

---

1 Lat. credere = glauben, vertrauen.

2 Siehe Kapitel 8.6.

Die Konsumtivkredite werden von privaten und öffentlichen Haushalten zur Finanzierung von Konsumausgaben verwendet. Es handelt sich dabei um Ausgaben für Güter, die *nicht* zur Erhöhung der Produktionskraft der Wirtschaft beitragen, wohl aber zur Erhöhung des Nutzens der Verbraucher. Auch Konsumtivkredite können kurz- oder langfristig sein.

Unter volkswirtschaftlichem Aspekt ist die Einteilung in Produktiv- und Konsumtivkredite deswegen von Bedeutung, weil sich aus deren Veränderungsraten Rückschlüsse auf die künftige wirtschaftliche Entwicklung ziehen lassen.

Beispiele:

Steigende Nachfrage nach Konsumkrediten deutet auf eine steigende Konsumgüternachfrage hin. Ist die Wirtschaft vollbeschäftigt, ist zu erwarten, dass sich in absehbarer Zeit auch der Preisindex für die Lebenshaltung erhöht.[1] Aus einer erhöhten Nachfrage nach langfristigen Produktivkrediten (Investitionskrediten) lässt sich schließen, dass die Investitionsbereitschaft der Unternehmen (und/oder des Staates) zugenommen hat. Eine Gefahr für die Preisniveaustabilität besteht nur in geringem Maße, weil die zusätzlichen Investitionen langfristig zu zusätzlicher Produktion und damit zu zusätzlichem Angebot („Handelsvolumen") führen

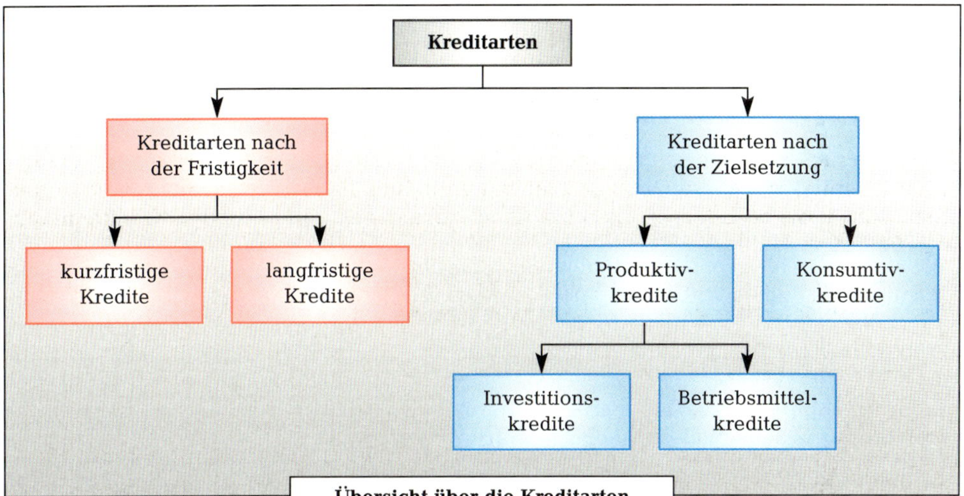

Übersicht über die Kreditarten

Abb. 8.18

1 Siehe Kapitel 8.4.5.1.

Schulden sind besser als gar kein Geld.[1]

8.6 Finanzmärkte

8.6.1 Begriffliche Abgrenzung

Volkswirtschaftlich gesehen besteht zwischen Geld und Kredit kein wesenhafter Unterschied. Ob Wirtschaftssubjekte Leistungen mit Bargeld oder z.B. mit Giralgeld bezahlen, spielt keine Rolle. Wenn in der Volkswirtschaftslehre also von Geldangebot oder Geldnachfrage gesprochen wird, ist damit das Angebot von Bargeld *und* Krediten bzw. die Nachfrage nach Bargeld *und* Krediten gemeint. In diesem gleichen weiten Sinne wird in der Volkswirtschaftslehre von Geldpolitik und vom Geldmarkt gesprochen.

Betriebswirtschaftlich wird der Geldmarkt als Finanzmarkt oder Kreditmarkt bezeichnet und in den Geldmarkt und den Kapitalmarkt eingeteilt.

8.6.2 Arten der Finanzmärkte

Geldmarkt

Der *organisierte Geldmarkt* ist ein Bankenmarkt („Interbankenmarkt"). Er hat die Aufgabe, die bei den Banken aus kurzfristigen Zugängen und Abgängen im Überweisungsverkehr entstehenden Überschüsse und Defizite auszugleichen. Banken mit Defiziten fragen kurzfristige Kredite auf dem Geldmarkt nach. Banken mit Überschüssen bieten kurzfristige Gelder an. Die volkswirtschaftliche Aufgabe des organisierten Geldmarkts besteht somit darin, den *Spitzenbedarf an Liquidität der Banken auszugleichen.*

Handelsobjekte des Geldmarkts sind Guthaben beim ESZB und Geldmarktpapiere. Zu den Geldmarktpapieren rechnen vor allem *Schatzwechsel, unverzinsliche Schatzanweisungen* öffentlicher Körperschaften (z.B. Bund, Länder) und Bankakzepte. Schatzwechsel haben eine Laufzeit von 3 Monaten. Sie dienen öffentlichen Körperschaften zur Finanzierung vorübergehenden Geldbedarfs. Bei den „unverzinslichen" Schatzanweisungen (den so genannten U-Schätzen) - ihre Laufzeit beträgt i.d.R. 6 bis 24 Monate - erfolgt die Verzinsung in Form eines Abschlags. Der Gläubiger hat also beim Kauf des Papiers einen geringeren Betrag zu zahlen, als er bei Fälligkeit zurückerhält.

Bei den ESZB-Guthaben (Zentralbankguthaben) unterscheidet man *Tagesgeld*, das dem Schuldner für einen Tag zur Verfügung steht, *tägliches Geld* (call money) mit eintägiger Kündigungsfrist für beide Vertragspartner, *Ultimogeld*, das der finanziellen Überbrückung angespannter Liquidität am Monatsende dient und *Termingeld* mit einer Laufzeit zwischen 30 und 360 Tagen. An die Stelle des Tagesgelds und des täglichen Gelds treten zunehmend die Handelsformen *„Tagesgeld bis auf weiteres"* oder *„tägliches Geld auf Abruf"*.

Der *nicht organisierte Geldmarkt* umfasst die kurzfristigen Ausleihungen der Kreditinstitute an die Nichtbanken (Unternehmen, private und öffentliche Haushalte) sowie die kurzfristigen Einlagen (Depositen) der Nichtbanken bei den Kreditinstituten. Im ersten Fall handelt es sich um kurzfristige Aktivgeschäfte (z.B. Diskont-, Lombard- und Kontokorrentkredite), im zweiten um kurzfristige Passivgeschäfte der Banken.

---

1 Der Ausspruch wird einem früheren Freiburger Oberbürgermeister zugeschrieben.

Kurzfristige Passivgeschäfte sind entweder **Gelddepositen** (= Sichteinlagen) oder **Kapitaldepositen.** Die Letzteren können entweder **Termineinlagen** (= Festgelder) oder **Kündigungseinlagen** (= Kündigungsgelder) sein. Gelddepositen sind Einlagen, die täglich fällig sind. Festgelder müssen mit mindestens 30 Tagen „fest" angelegt sein. Für Kündigungsgelder besteht eine Kündigungsfrist von mindestens 30 Tagen.

Kapitalmarkt

Der *Kapitalmarkt* ist der Markt für langfristige Anleihen, Anlagen und Beteiligungen. Es wird zwischen *organisiertem* und *nicht organisiertem Kapitalmarkt* unterschieden. Der organisierte Kapitalmarkt ist der Markt der Banken und Börsen. Er wird in *Aktien-* und *Rentenmarkt* eingeteilt. Der Rentenmarkt ist der Markt für festverzinsliche längerfristige Anleihen.

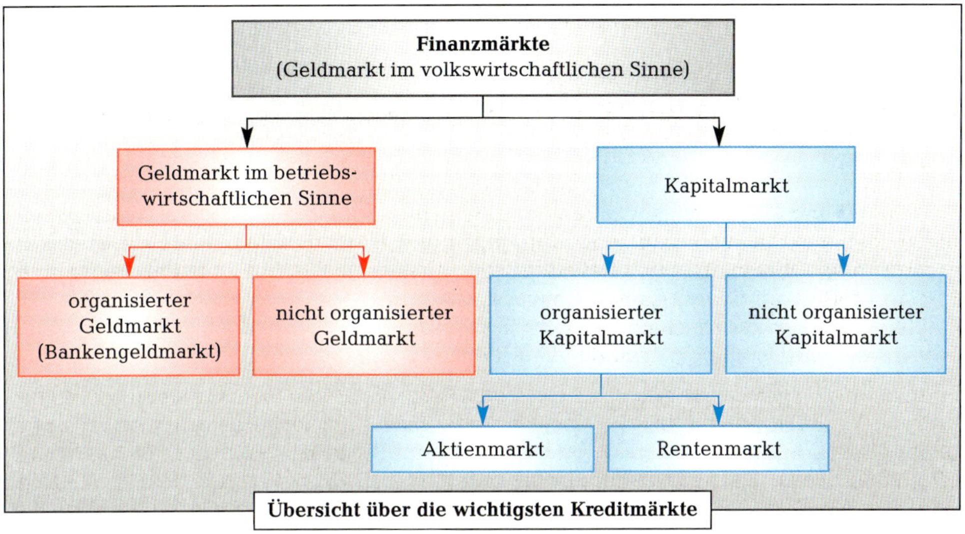

Abb. 8.19

Der *nicht organisierte Kapitalmarkt* umfasst z.B. die Direktanleihen der Versicherungsgesellschaften (z.B. Hypothekarkredite) und der privaten Geldvermittler (Makler) und Geldverleiher. Zum Kapitalmarkt i.w.S. rechnen des Weiteren Nachfrage und Angebot für langfristige Kredite aller Art zwischen den Unternehmen (Banken und Nichtbanken) sowie zwischen den Unternehmen und Haushalten.

Bedeutung der Finanzmärkte

Die Hingabe von Geld bedeutet Verzicht auf Liquidität.[1] Derjenige, der auf Liquidität verzichtet, lässt sich das bezahlen.

- Der Preis für Liquiditätsverzicht ist der **Zins.**[2]

1 Liquide sein = flüssig sein, flüssige Mittel (Zahlungsmittel) besitzen.

2 Definition der „Liquiditätstheorie des Zinses".

Im Modell einer freien Marktwirtschaft haben die Finanzmärkte die Aufgabe, über den Zins[1] das Angebot von finanziellen Mitteln und die Nachfrage nach finanziellen Mitteln zum Ausgleich zu bringen. Diese grundsätzliche Funktion der Finanzmärkte bleibt auch in einer sozialen Marktwirtschaft bestehen, wobei jedoch die Zinshöhe aus wirtschafts- und geldpolitischen Gründen von der Zentralbank (Notenbank) beeinflusst wird.[2]

Die *Struktur* der Finanzmärkte (Abb. 8.19) macht deutlich, dass es *keinen* einheitlichen Zinssatz geben kann, weil die Prämissen eines vollkommenen Markts weitgehend fehlen. Es handelt sich vielmehr um unvollkommene Märkte mit *unterschiedlichen* Zinssätzen, deren Höhe unter anderem von der Laufzeit (Fristigkeit) des Kredits, zum anderen von der Sicherheit des Kredits abhängt.

- Je sicherer der Kredit, desto niedriger ist der Zinsfuß.
- Je langfristiger der Kredit, desto höher ist im Allgemeinen der Zinsfuß.

Die Zinssätze auf den verschiedenen Finanzmärkten sind jedoch voneinander abhängig **(interdependent).**

Beispiel:

Steigt der Zins für kurzfristige Kredite von 6 auf 8% und verharrt der Zinssatz für langfristige Kredite noch auf beispielsweise 7%, so werden kurzfristige Kredite durch langfristige ersetzt, d.h., langfristige Kredite werden so lange nachgefragt, bis auch auf den Kapitalmärkten die Zinssätze steigen.

Wenn wir im Folgenden dennoch von einem homogenen Kreditmarkt ausgehen, so ist dies deswegen gerechtfertigt, weil die Zinssätze interdependent sind, sich also jederzeit ein bestimmtes Zinsniveau[3] herausbildet. Die Aussagekraft des Modells eines einheitlichen Finanzmarkts (Geldmarkts im volkswirtschaftlichen Sinne) wird mithin nicht beeinträchtigt.

8.6.3 Zinsbildung

Zur Erklärung der Zinsbildung genügt es, wenn wir uns a) auf die Betrachtung eines vollkommenen Geldmarkts und b) auf das Angebot von Bargeld und täglich fälligem Geld bzw. die Nachfrage nach Bargeld und täglich fälligem Geld (= Geldmenge M1) beschränken.

Wir vereinfachen das Modell weiter, indem wir von einer *normalen* Geldangebotskurve und einer *normalen* Geldnachfrage ausgehen.

Geldangebot

Mit der Annahme einer normalen Geldangebotskurve wird unterstellt, dass das Geldangebot zinsempfindlich (zinsreagibel) ist:

- Mit steigendem Zinssatz steigt das Geldangebot.
- Mit sinkendem Zinssatz sinkt das Geldangebot.

1 Im Modell der freien Marktwirtschaft erfüllt der Zins als Preis für Kredit die gleichen Aufgaben wie der Güterpreis (siehe Kapitel 5.5).

2 Näheres siehe Kapitel 8.7.5.

3 Vgl. Kapitel 5.2.3 (Preisbildung des unvollkommenen Polypols).

Die normale Geldangebotskurve (Kreditangebotskurve) lässt sich wie folgt begründen:

a) Mit steigenden Zinssätzen sind die privaten Haushalte eher bereit, auf Liquidität zu verzichten und freie Mittel auf dem Geldmarkt anzubieten.

b) Mit steigenden Zinssätzen sind die Kreditinstitute bereit, sich bei der Zentralbank zu refinanzieren, um zusätzliches Geld anbieten zu können.

c) Steigende Zinssätze werden dann ausländische Geldanleger herbeiziehen, wenn das inländische Zinsniveau über das des Auslands steigt.

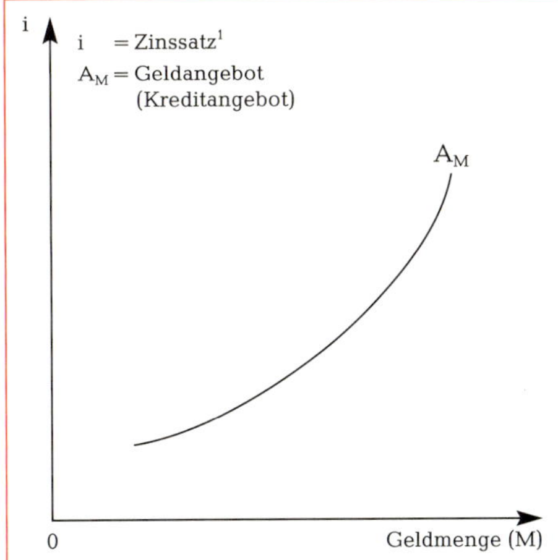

Normale Geldangebotskurve

Abb. 8.20

Verschiebungen der Geldangebotskurve

Nimmt das Geldangebot zu jedem denkbaren Zinssatz zu, verschiebt sich die Geldangebotskurve nach „rechts". Wird hingegen zu gegebenen Zinssätzen weniger Geld angeboten, verschiebt sich die Geldangebotskurve nach „links".

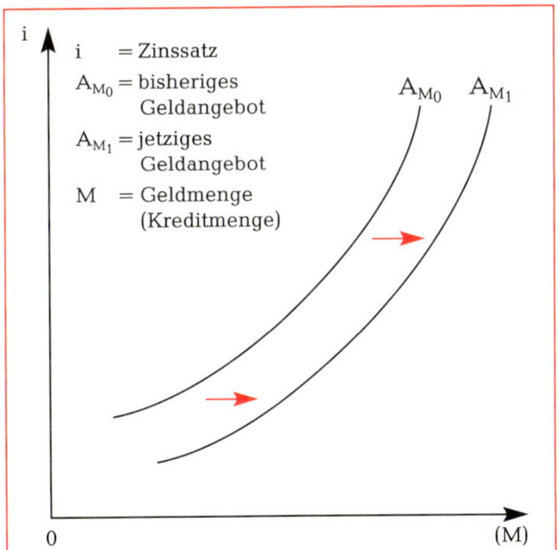

Zunehmendes Geldangebot

Abb. 8.21

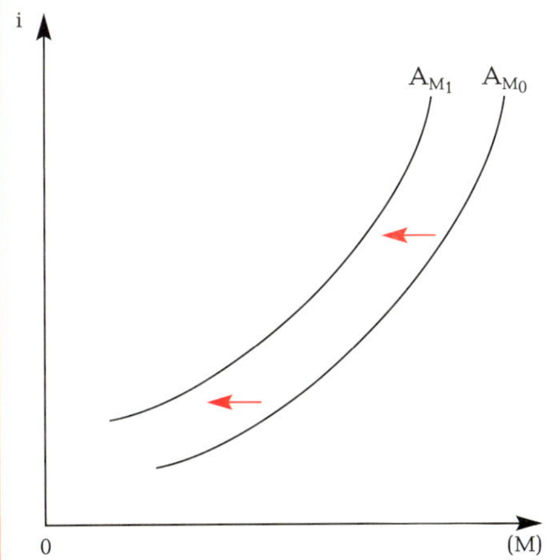

Abnehmendes Geldangebot

Abb. 8.22

1 i von interest (engl.) = Zins; hier: Zinssatz (Zinsfuß).

Mögliche **Ursachen** der Zu- bzw. Abnahme des Geldangebots sind:

Das Geldangebot nimmt zu, wenn	Das Geldangebot nimmt ab, wenn
- die Investitionsneigung der Unternehmen sinkt (frei werdende finanzielle Mittel werden bei Kreditinstituten angelegt, deren Geldschöpfungsspielraum steigt); - die privaten Haushalte sinkende Einkommen erwarten (Angst vor Arbeitslosigkeit), sodass sie weniger konsumieren und mehr sparen; - Devisenausländer ihre Gelder in Binnenwährung anlegen, weil sie diese als sicher („hart") ansehen; - die Zentralbank expansive Maßnahmen ergreift (z.B. mehr Wertpapiere beleiht), sodass der Kreditspielraum der Banken zunimmt.	- die Investitionsneigung der Unternehmen steigt (frei werdende finanzielle Mittel werden nicht auf dem Kreditmarkt angeboten, sondern reinvestiert); - die privaten Haushalte steigende Einkommen erwarten, sodass sie mehr konsumieren und weniger sparen; - Devisenausländer ihre Guthaben in Binnenwährung abziehen, weil sie Kursverluste erwarten; - die Zentralbank eines Währungsgebiets restriktive Maßnahmen ergreift (z.B. weniger Wertpapiere beleiht), sodass der Kreditspielraum der Banken eingeengt wird.

Übersicht 8.1

Geldnachfrage

Mit der Annahme einer normalen Geldnachfragekurve wird unterstellt, dass die Geldnachfrage zinsempfindlich (zinsreagibel) ist:

- Mit steigendem Zinssatz sinkt die Geldnachfrage.
- Mit sinkendem Zinssatz steigt die Geldnachfrage.

Die normale Geldnachfragekurve lässt sich wie folgt begründen:

a) Mit steigenden Zinssätzen fragen die privaten Haushalte weniger Geld nach, weil sich die auf Kredit gekauften Güter durch die Zinserhöhung indirekt verteuern.

b) Mit steigenden Zinssätzen werden fremdfinanzierte Investitionsvorhaben der Unternehmen unrentabel, sodass weniger Geld nachgefragt wird.

Die Zinsempfindlichkeit der Geldnachfrage ist in den verschiedenen Wirtschaftsbereichen unterschiedlich hoch.

Zinsempfindlich sind vor allem Wirtschaftsbereiche, die eine hohe Anlageintensität bei langer Produktionsdauer aufweisen (z.B. Schiffbau, Bergbau, Schwerindustrie und Bauwirtschaft).

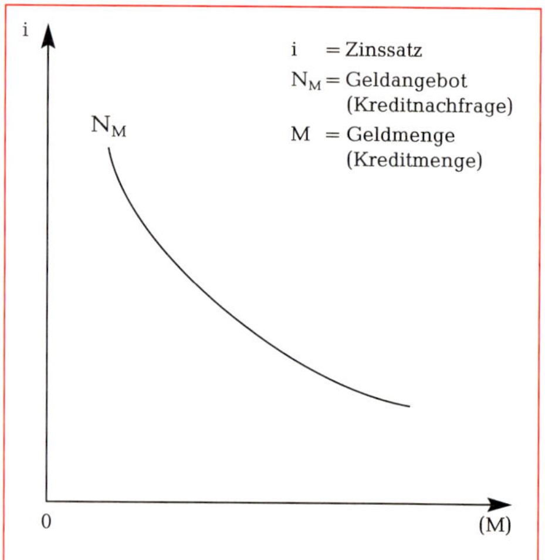

Normale Geldnachfragekurve

Abb. 8.23

Beispiel:

Die Bautätigkeit hängt weitgehend von der Höhe des Zinssatzes für Grundkredite ab. Verursacht eine 4-Zimmer-Wohnung z.B. 100 000,00 € Baukosten und beträgt der Zinssatz 6%, so beläuft sich die zinsdeckende Miete auf 500,00 € monatlich. Steigt der Zins auf 8%, muss die Monatsmiete auf 667,00 € erhöht werden. Bei einem Zinssatz von 10% würde die Miete 833,00 € betragen, wenn sie die Zinskosten decken soll.

Verschiebungen der Geldnachfragekurve

Nimmt die Geldnachfrage zu jedem denkbaren Zinssatz zu, verschiebt sich die Geldnachfragekurve nach „rechts". Wird hingegen zu jedem denkbaren Zinssatz weniger Geld (Kredit) nachgefragt, verschiebt sich die Geldnachfragekurve nach „links".

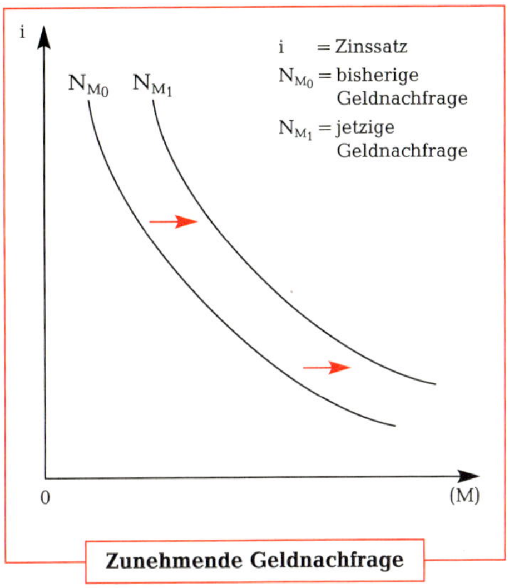

Abb. 8.24

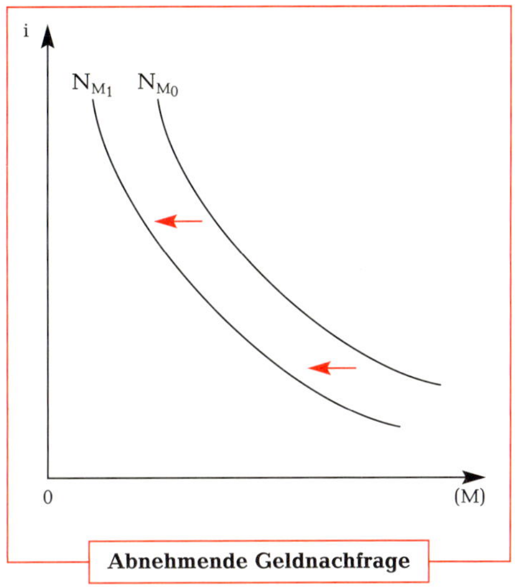

Abb. 8.25

Mögliche **Ursachen** der Zu- bzw. Abnahme der Geldnachfrage werden in nachstehender Übersicht zusammengefasst.

Die Geldnachfrage nimmt zu, wenn	Die Geldnachfrage nimmt ab, wenn
- die Investitionsneigung der Unternehmen steigt, weil sie steigende Umsätze und Gewinne erwarten; - die privaten Haushalte steigende Einkommen beziehen oder erwarten, sodass sie bereit sind, mehr Kreditkäufe zu tätigen; - der Staat zusätzliche Kredite aufnimmt, um die Wirtschaft mit Aufträgen versorgen zu können (siehe Kapitel 8.4.7).	- die Investitionsneigung der Unternehmen sinkt, weil sie stagnierende oder sinkende Umsätze erwarten; - die privaten Haushalte sinkende Einkommen beziehen oder erwarten, sodass sie auf Kreditkäufe verzichten; - der Staat sich mit Kreditaufnahmen zurückhält, um die Gesamtnachfrage zu dämpfen (siehe Kapitel 8.4.7).

Übersicht 8.2

Gleichgewichtszinssatz

Ist ein Geldmarkt homogen, so bildet sich ein Gleichgewichtszinssatz, der Geldangebot und Geldnachfrage zum Ausgleich bringt (Ausgleichsfunktion des Preises). Die im Kapitel 5.2.2.1.2 abgeleiteten „Preisgesetze" lassen sich ohne weiteres auf den Finanzmarkt übertragen.

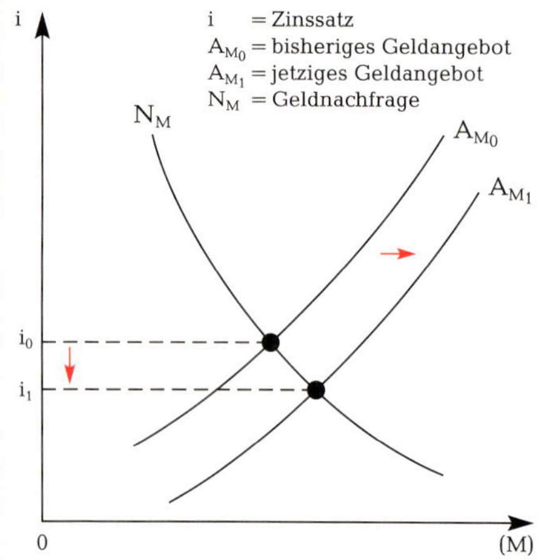

Veränderungen des Gleichgewichtszinssatzes aufgrund von Verschiebungen der Geldangebotskurve

Abb. 8.26

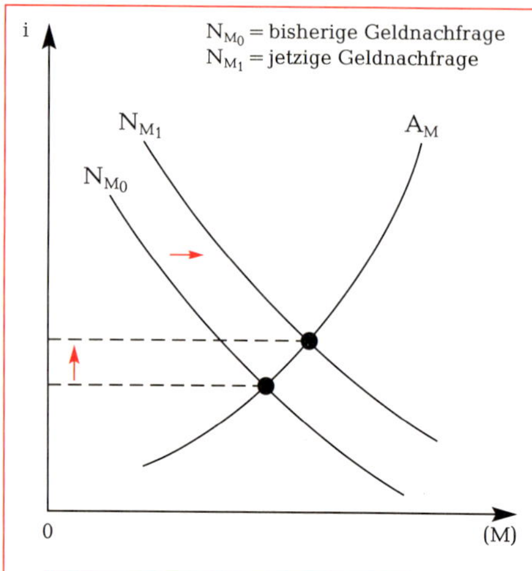

Veränderungen des Gleichgewichtszinssatzes aufgrund von Verschiebungen der Geldnachfragekurve

Abb. 8.27

Merke:

- Bei gleich bleibendem Geldangebot führt eine Erhöhung der Geldnachfrage zu steigenden Zinssätzen.
- Bei gleich bleibendem Geldangebot führt eine Senkung der Geldnachfrage zu fallenden Zinssätzen.
- Bei gleich bleibender Geldnachfrage führt eine Erhöhung des Geldangebots zu sinkenden Zinssätzen.
- Bei gleich bleibender Geldnachfrage führt eine Senkung des Geldangebots zu steigenden Zinssätzen.
- Der Gleichgewichtszinssatz räumt den Geldmarkt.

Aufgaben zur Lernkontrolle

1. Die Struktur des Finanzmarkts zeigt, dass es in Wirklichkeit keinen vollkommenen Finanzmarkt gibt.
   1.1 Welche Bedingungen (Prämissen) müssten für einen vollkommenen Finanzmarkt (Geldmarkt im volkswirtschaftlichen Sinne) vorliegen?
   1.2 Die organisierten Kapitalmärkte (die Wertpapierbörsen) sind Teilmärkte des Finanzmarkts. Inwiefern nähern sich die Börsen weitgehend dem Modell des vollkommenen Markts?
   1.3 Da der Finanzmarkt kein vollkommener Markt ist, gibt es auch keinen Gleichgewichtszinssatz, wohl aber ein bestimmtes Zinsniveau, das sich ebenfalls nach den „Gesetzen" der Preisbildung einpendelt. Warum?
2. Wie und warum ist die Höhe des Zinssatzes sowohl von der Fristigkeit als auch von der Sicherheit der Kredite abhängig? Urteilen Sie aus der Sicht des Kreditgebers (Gläubigers)!
3. Die volkswirtschaftliche Theorie geht in der Regel aus Vereinfachungsgründen von einem einheitlichen Geldmarkt mit einem einheitlichen Zinssatz aus. Warum kann dies die Volkswirtschaftslehre tun, ohne auf wesentliche Aussagen und Erkenntnisse verzichten zu müssen?
4. Skizzieren Sie eine normale Geldangebotskurve und eine normale Geldnachfragekurve!
   4.1 Stellen Sie den Gleichgewichtszinssatz fest!
   4.2 Begründen Sie, warum ein Gleichgewichtszinssatz zustande kommen muss! Gehen Sie hierzu
      4.2.1 von einem niedrigeren,
      4.2.2 von einem höheren Zinssatz als dem Gleichgewichtszinssatz aus!
5. Stellen Sie mit Hilfe einer Grafik dar, wie sich der Gleichgewichtszinssatz verändern muss, wenn das Geldangebot bei gleich bleibender Geldnachfrage
   5.1 zunimmt,
   5.2 abnimmt!
6. Nennen Sie mindestens je zwei Einflussfaktoren, die zu
   6.1 einer Zunahme bzw.
   6.2 Abnahme des Geldangebots führen!
7. Stellen Sie mit Hilfe einer Grafik dar, wie sich der Gleichgewichtszinssatz verändern muss, wenn die Geldnachfrage bei gleich bleibendem Geldangebot
   7.1 zunimmt,
   7.2 abnimmt!
8. Nennen Sie mindestens je zwei Einflussfaktoren, die zu
   8.1 einer Zunahme bzw.
   8.2 Abnahme der Geldnachfrage führen!
9. Formulieren Sie die unter Frage 5 und 7 dargestellten „Preisgesetze"!
10. Angenommen, ein Staat senkt die Einkommensteuersätze. Stellen Sie grafisch dar, welche Auswirkung diese Maßnahme auf den Geldmarkt haben kann! Gehen Sie dabei von einer gleich bleibenden Sparquote (prozentualer Anteil des Sparens am Nettoeinkommen) aus! Begründen Sie anschließend das Ergebnis Ihrer Grafik!

8.7 Geldpolitik

8.7.1 Europäische Wirtschafts- und Währungsunion (WWU)

Entstehung der WWU

Die Schaffung der WWU wurde 1991 von den Staats- und Regierungschefs der EU-Länder in **Maastricht** beschlossen. Der Maastricht-Vertrag trat 1992 in Kraft.

Die **Wirtschafts- und Währungsunion (WWU)** wurde in mehreren Stufen verwirklicht. Zum 1. Januar 1994 wurde das **Europäische Währungsinstitut (EWI)** in Frankfurt a. M. errichtet. Es hatte die Aufgabe, die Strukturen der **Europäischen Zentralbank (EZB)** vorzubereiten.

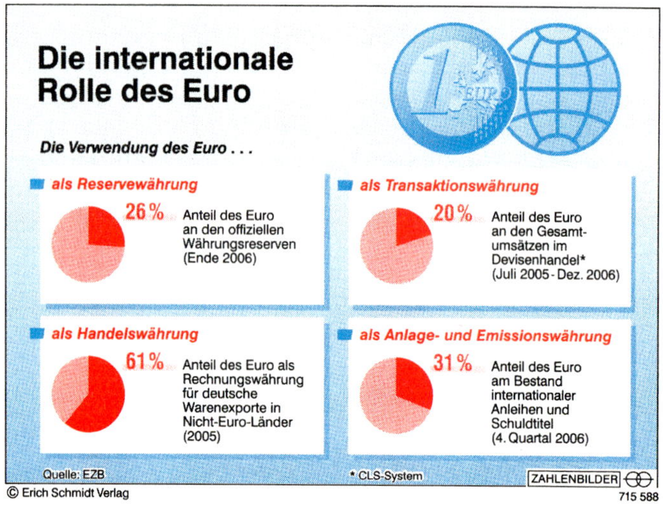

Abb. 8.28

Im Juni 1998 wurde das EWI aufgelöst. An seine Stelle trat die EZB, die ihre Funktionen seit dem 1. Januar 1999 wahrnimmt.

1. Anfang 1998 fiel die Entscheidung durch die Staats- und Regierungschefs der EU über die Teilnahme der Länder von Beginn an.

Die Teilnehmer hätten nach dem Maastricht-Vertrag folgenden Kriterien (auch **„Maastricht-Kriterien“** oder **„Konvergenzkriterien“**[1] genannt) genügen sollen:

- Preisanstieg höchstens 1,5 Prozentpunkte über dem Preisanstieg der drei stabilsten Länderwährungen.
- Haushaltsdefizit höchstens 3 % der Wirtschaftsleistung.
- Staatsverschuldung nicht höher als 60 % der Wirtschaftsleistung.
- Langfristiger Zinssatz höchstens 2 Prozentpunkte über dem durchschnittlichen Zinssatz der drei preisstabilsten Länder.

Obwohl die „Maastricht-Kriterien“ von vielen EU-Ländern nicht vollständig erfüllt wurden, hat die Europäische Kommission Anfang des Jahres 1998 elf Länder zur Teilnahme an der WWU empfohlen. Diese Länder waren Belgien, Deutschland, Finnland, Frankreich, Irland, Italien, Luxemburg, Niederlande, Österreich, Portugal und Spanien.

1 Konvergenz = Annäherung.

Dänemark, Großbritannien und Schweden wollen (noch) nicht teilnehmen. Griechenland durfte wegen seines zu hohen Defizits des Staatshaushalts nicht teilnehmen, trat aber zum 1. Januar 2001 der WWU bei. Am 1. Januar 2007 kamen Slowenien, am 1. Januar 2008 Malta und Zypern hinzu.

Die nicht teilnehmenden EU-Länder werden als „Outs"[1] bezeichnet. Zwischen den Euro-Ländern und den Outs bleibt das Europäische Währungssystem, das als **W**echsel**k**urs**m**echanismus II (WKM II) bezeichnet wird, erhalten.[2]

2. Anfang 1999 begann eine weitere Stufe der WWU mit der Einführung der europäischen Währung in „non-cash-form".[3] Das bedeutete, dass das ehemalige Bargeld in den Teilnehmerländern zunächst noch erhalten blieb.

3. Am 1. Januar 2002 wurden die Banknoten und Münzen der Euro-Währung eingeführt. Damit verloren die nationalen Noten und Münzen in den WWU-Ländern ihre Gültigkeit.[4]

Stabilitätspakt

Die Aufnahme in die dritte Stufe der Europäischen Wirtschafts- und Währungsunion und damit in den Euro-Währungsclub war mehr oder weniger an die Maastricht-Kriterien gebunden. Es bedurfte aber noch der Klarstellung, wie die Stabilität der gemeinsamen Währung auf Dauer gesichert werden kann. Dazu hat der Europäische Rat auf seiner Tagung in Dublin am 13./14. Dezember 1996 die Grundzüge eines **Stabilitäts- und Wachstumspakts** beschlossen.

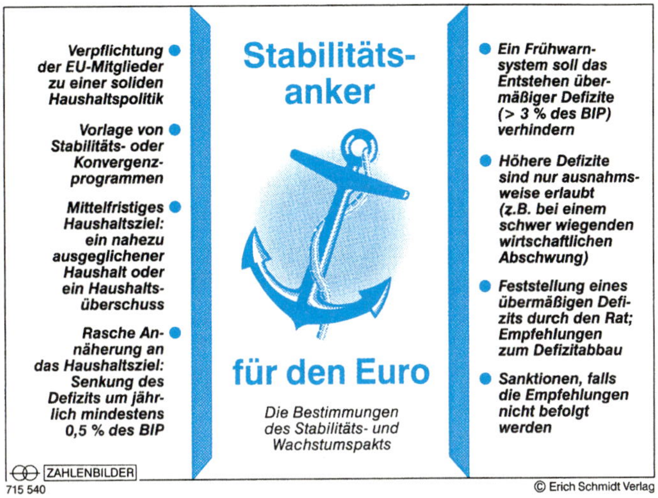

Abb. 8.29

Der Stabilitätspakt in seiner ursprünglichen Form (vgl. Abb. 8.29) hätte verhindern sollen, dass die Euro-Länder über ihre Verhältnisse leben und die gemeinsame Währung gefährden. Manchen Staaten erschienen die Vorgaben in Krisenzeiten jedoch als zu starr. Deshalb wurde im Jahr 2005 der Stabilitätspakt aufgeweicht. Bis dahin mussten alle EU-Länder, die gegen das Defizit-Kriterium verstießen, zumindest mit einem „blauen Brief" (einer Warnung) aus Brüssel (von der EU-Kommission) rechnen, eventuell sogar mit einer hohen Geldstrafe. Das betraf vor allem die großen Länder. (Deutschland verfehlte z.B. 2005 mit einer Neuverschuldung von 3,2% seiner Wirtschaftsleistung bereits zum vierten

1 Outs (engl.) = draußen Gebliebene, Außenstehende.

2 Zum WKM siehe Kapitel 10.2.2.

3 Non-cash-form = unbare (nicht bare) Form.

4 Auch über diesen Zeitpunkt hinaus tauschen die Hauptverwaltungen der Deutschen Bundesbank die DM-Banknoten und -Münzen in Euro um.

Mal in Folge den vorgegebenen Rahmen.) Die so genannten „Stabilitätspakt-Reform" sieht nunmehr bei Verstößen gegen das Defizit-Kriterium zahlreiche mildernde Umstände vor, sodass praktisch kein Verstoß mehr zu bestrafen sein wird. Die „mildernden (straffrei bleibenden) Umstände" zur Überschreitung des Defizit-Kriteriums sind vor allem (a) ein länger anhaltendes *schwaches Wirtschaftswachstum* und (b) *länderspezifische* (auf die Lage der einzelnen Länder bezogene) *Rechtfertigungsgründe*. Deutschland macht z.B. die Vereinigungskosten und die hohen Zahlungen an die EU geltend, Frankreich das Militär und die Entwicklungshilfe. Absetzbar ist zudem eine üppige Forschungsförderung.

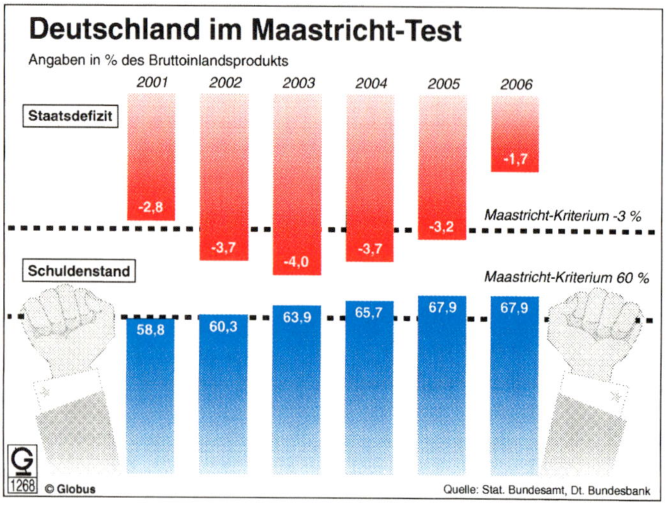

Abb. 8.30

8.7.2 Europäische Zentralbank (EZB)

Verantwortlich für die Geldpolitik (Steuerung der Geldmenge und der Zinssätze) in den Mitgliedstaaten der Europäischen **W**irtschafts- und **W**ährungs**u**nion **(WWU)**[1] ist die **Euro**päische **Z**entral**b**ank **(EZB).** Die Organe der EZB sind das Direktorium, der EZB-Rat und der Erweiterte EZB-Rat.

- Das **Direktorium** besteht aus dem Präsidenten, dem Vizepräsidenten und vier weiteren Mitgliedern. Dem Direktorium obliegt die Geschäftsführung, d.h.,
  - es führt die vom EZB-Rat beschlossene Geldpolitik aus,
  - verwaltet die Währungsreserven der Mitgliedstaaten,
  - führt Devisengeschäfte[2] durch und
  - sorgt für funktionierende Zahlungssysteme.
- Der **Europäische Zentralbankrat (EZB-Rat)** setzt sich aus dem *Direktorium* und den Präsidenten der *nationalen Notenbanken* der WWU-Mitgliedstaaten zusammen.

  Der EZB-Rat trifft mit einfacher Stimmenmehrheit die geldpolitischen Entscheidungen und erlässt Weisungen und Leitlinien für die Zentralbanken der Teilnehmer.
- Dem **Erweiterten EZB-Rat** gehören der *EZB-Rat* und die *Zentralbank-Präsidenten* der Staaten der Europäischen Union (EU) an, die (noch) nicht Mitglieder der WWU sind.

1 WWU-Länder = Mitgliedsländer des Euro-Währungsraums. Die Mitgliedsländer der WWU (des so genannten „Eurolands") können Sie aus den Abb. 8.28 und 8.30 entnehmen. Die Europäische Währungsunion wird auch mit EWWU oder EWU abgekürzt.

2 Devisen (lat., frz.) = Zahlungsmittel in Fremdwährung.

Damit die EZB ihre Aufgaben erfüllen kann, ist sie mit einer dreifach gesicherten Unabhängigkeit (Autonomie) ausgestattet:

1. Sie ist **institutionell unabhängig.** Nach Art. 107 EGV[1] darf weder die EZB noch eine nationale Zentralbank noch ein Mitglied ihrer Beschlussorgane Weisungen von EU-Organen oder von den Regierungen der Mitgliedstaaten einholen oder entgegennehmen.
2. Sie ist **personell unabhängig.** Der Präsident und die übrigen geschäftsführenden Direktoren der EZB werden von den Regierungen, vertreten durch die Staats- bzw. Regierungschefs der Mitgliedstaaten, für i.d.R. acht Jahre gewählt. Eine Amtsenthebung kann nur durch den Europäischen Gerichtshof erfolgen. Die im EZB-Rat vertretenen Präsidenten der nationalen Zentralbanken werden für eine Amtszeit von mindestens fünf Jahren berufen.
3. Sie ist **operativ unabhängig.** Die EZB entscheidet autonom über ihre geldpolitischen Maßnahmen.

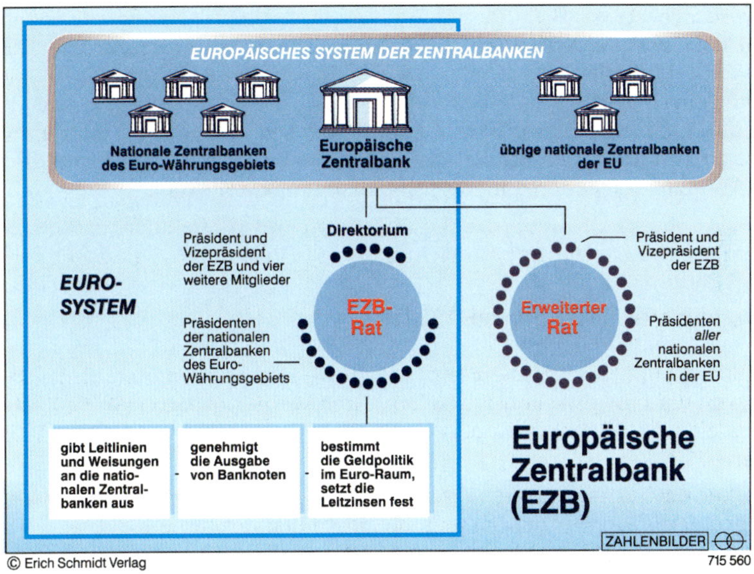

Abb. 8.31

8.7.3 Europäisches System der Zentralbanken (ESZB)

Das **E**uropäische **S**ystem der **Z**entral**b**anken **(ESZB)** besteht aus der *Europäischen Zentralbank* und den *nationalen Zentralbanken der Mitgliedstaaten der Europäischen Union*. Vorrangiges Ziel des ESZB ist die Preisniveaustabilität [Art. 105 EGV]. Ebenso wie die EZB im Einzelnen, ist das ESZB im Ganzen von Weisungen politischer Instanzen unabhängig.

Das ESZB unterstützt die allgemeine Wirtschaftspolitik der Mitgliedsländer, aber nur, soweit dies ohne Beeinträchtigung der Preisniveaustabilität möglich ist.

Öffentliche Haushalte dürfen vom ESZB nicht finanziert werden.

1 EGV = EG-Vertrag.

Für die Stabilität des Euro ist das **Eurosystem** zuständig. Es setzt sich aus der EZB und den nationalen Zentralbanken der Euro-Länder zusammen.

Stabilitätsziel

Nach der Definition der EZB liegt Preisniveaustabilität (kurz: Preisstabilität) vor, wenn der Anstieg des **H**armonisierten **V**erbraucher**p**reis**i**ndex **(HVPI)** der WWU-Länder unter 2% gegenüber dem Vorjahr beträgt. Zur Preisstabilität gehört aber auch die Vermeidung einer Deflation. Deswegen wird von der EZB eine Inflationsrate (Preissteigerungsrate) von jährlich weniger als 1% als problematisch angesehen.

Zwei-Säulen-Strategie[1]

Um mögliche Gefahren für die Preisstabilität rechtzeitig feststellen und die notwendigen Maßnahmen zur Abwehr ergreifen zu können, untersucht der EZB-Rat regelmäßig die wirtschaftliche Lage von zwei Seiten her. An erster Stelle steht eine breit angelegte **wirtschaftliche Analyse** zur Ermittlung der kurz- und mittelfristigen Risiken für die Preisstabilität. Die sich daraus ergebenden Inflationsanzeichen werden in einem zweiten Schritt anhand der **monetären Analyse** aus mittel- und langfristiger Perspektive (Sicht) ermittelt. Ein wichtiger Bestandteil dieser Analyse ist die Bewertung der Geldmengenentwicklung.[2] Richtschnur zur längerfristigen Beurteilung des Geldmengenwachstums ist der so genannte Referenzwert,[3] der in längeren Zeitabständen von der EZB überprüft wird. Der Referenzwert wird in Prozent der Geldmenge M3 ausgedrückt (siehe Beispiel).

Zur geldpolitischen Strategie der EZB gehört aber auch die Transparenz (Verständlichkeit, Durchschaubarkeit), mit der sie ihre Analysen und geldpolitischen Entscheidungen darlegt und begründet. Auf diese Weise kann sie das Vertrauen in die Stetigkeit und Prinzipienfestigkeit ihrer Politik stärken.

Beispiel:

Der EZB-Rat legt für das Jahr 20.. den Referenzwert für das Geldmengenwachstum M3 nach folgendem Schema fest:

1.	Wachstum des realen Bruttoinlandsprodukts (BIP_r) = Handelsvolumen (H)	2,0%
2.	Höchstzulässiger Preisanstieg des HVPI	≦ 2,0%
3.	Zuschlag für die Verminderung der Umlaufgeschwindigkeit des Geldes bzw. Abschlag für die Erhöhung der Umlaufgeschwindigkeit des Geldes (U)	+ 0,5%
=	Referenzwert (angestrebtes Geldmengenwachstum)	4,5%

Die Umlaufgeschwindigkeit (siehe Kapitel 8.4.2) wird auf der Basis der Quantitätsgleichung (Verkehrsgleichung) des Geldes (siehe Kapitel 8.4.4) berechnet:

$$H \cdot P = M \cdot U$$

Das Produkt aus $H \cdot P$ entspricht dem nominellen Bruttoinlandsprodukt ($BIP_r \cdot P = BIP_n$). Setzen wir für M (Geldmenge) zum Beispiel die Geldmenge M3, so erhalten wir folgende Rechnung:

$$BIP_n = M3 \cdot U \quad \text{oder} \quad U = \frac{BIP_n}{M3}$$

1 Strategie (gr.-lat.): genauer Plan des eigenen Vorgehens, um ein militärisches, politisches, wirtschaftliches oder ein anderes Ziel zu erreichen, indem man diejenigen Faktoren, die in die eigene Aktion hineinspielen könnten, von vornherein einzukalkulieren versucht. Wenn von strategischen Zielen die Rede ist, sind meistens langfristig zu erreichende Ziele gemeint.

2 Zum Begriff Geldmenge siehe Kapitel 8.1.2.

3 Referenz (frz. référence, eng. reference): Empfehlung, Referenzwert: empfohlener Wert.

Beträgt das nominelle Bruttoinlandsprodukt in einem Quartal z.B. 1 500 Mrd. Euro und beläuft sich die Geldmenge M3 auf 5000 Mrd. Euro, errechnet sich eine Umlaufgeschwindigkeit von 0,3 je Quartal (1500 Mrd. Euro : 5000 Mrd. Euro) bzw. 1,2 je Jahr.

Die Geldumlaufgeschwindigkeit geht seit längerer Zeit langsam zurück. Dies wird damit erklärt, dass im Vergleich zum Wachstum des Bruttoinlandsprodukts immer mehr Geld in Vermögensanlagen investiert, d.h. dem Geldkreislauf entzogen wird. Der Rückgang der Umlaufgeschwindigkeit des Geldes wird von der EZB durch einen Zuschlag zur Geldmenge M3 ausgeglichen.

Abb. 8.32

8.7.4 Deutsche Bundesbank

Die währungspolitischen Entscheidungen des EZB-Rats werden i.d.R. dezentral durch die nationalen Zentralbanken – in der Bundesrepublik Deutschland durch die Deutsche Bundesbank – verwirklicht. Nur wenn der EZB-Rat Ermessensspielräume zulässt, hat eine nationale Zentralbank, wie z.B. die Deutsche Bundesbank, gestalterische Möglichkeiten der Umsetzung.

Die Deutsche Bundesbank ist wie die übrigen nationalen Zentralbanken der EU integraler Bestandteil[1] des ESZB. Sie wirkt an der Erfüllung seiner Aufgaben mit dem vorrangigen Ziel mit, die Preisniveaustabilität zu gewährleisten. Sie verwaltet die Währungsreserven der Bundesrepublik Deutschland, sorgt für die bankmäßige Abwicklung des Zahlungsverkehrs im Inland und mit dem Ausland und trägt zur Stabilität der Zahlungs- und Verrechnungssysteme bei (§ 3 BBankG).

1 Integraler Bestandteil = vollständig eingegliederter Bestandteil.

24 Hartmann - ISBN 978 3 8120-0320-9

Leitendes **Organ der Deutschen Bundesbank** ist der **Vorstand.** Er leitet und verwaltet die Bank (§ 7 I BBankG) und vertritt die Deutsche Bundesbank gerichtlich und außergerichtlich (Näheres siehe § 11 BBankG). Der Vorstand besteht aus dem Präsidenten und dem Vizepräsidenten sowie sechs weiteren Mitgliedern, die alle eine besondere fachliche Eignung haben müssen (§ 7 II BBankG). Die Mitglieder des Vorstands werden vom *Bundespräsidenten* bestellt. Die Bestellung des Präsidenten und des Vizepräsidenten sowie von zwei weiteren Mitgliedern erfolgt auf Vorschlag der *Bundesregierung*, die der übrigen Mitglieder auf Vorschlag des *Bundesrats* im Einvernehmen mit der Bundesregierung (§ 7 III BBankG).

Der Vorstand fasst seine Beschlüsse mit einfacher Mehrheit der abgegebenen Stimmen. Bei Stimmengleichheit gibt die Stimme des Vorsitzenden den Ausschlag (§ 7 V BBankG).

Die Deutsche Bundesbank hat 9 **Hauptverwaltungen,** die jeweils von einem dem Vorstand der Deutschen Bundesbank unterstehenden **Präsidenten** geleitet werden (§ 8 I, II BBankG). Bei jeder Hauptverwaltung besteht ein **Beirat,** der regelmäßig mit dem Präsidenten der Hauptverwaltung zusammentrifft und mit ihm über die Durchführung der in seinem Bereich anfallenden Arbeit berät (Näheres siehe § 9 BBankG).

Die Deutsche Bundesbank darf **Filialen** unterhalten, die der zuständigen Hauptverwaltung unterstehen (§ 10 BBankG).

Die Hauptverwaltungen sind für folgende Gebiete zuständig (§ 8 I BBankG):

1. Baden-Württemberg,
2. Bayern,
3. Berlin und Brandenburg,
4. Bremen, Niedersachsen und Sachsen-Anhalt
5. Hamburg, Mecklenburg-Vorpommern und Schleswig-Holstein,
6. Hessen,
7. Nordrhein-Westfalen,
8. Rheinland-Pfalz und Saarland sowie
9. Sachsen und Thüringen.

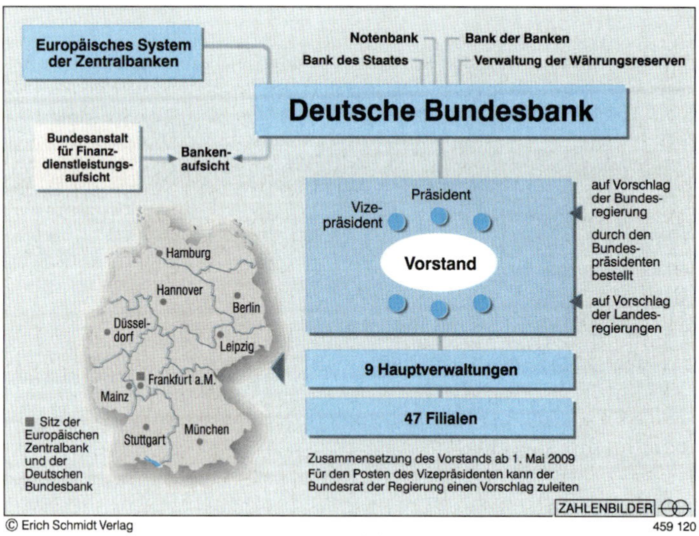

Abb. 8.33

Die Deutsche Bundesbank ist bei der Ausübung ihrer Befugnisse von Weisungen der Bundesregierung unabhängig. Soweit dies unter Wahrung ihrer Aufgabe als Bestandteil des ESZB möglich ist, unterstützt die Deutsche Bundesbank die allgemeine Wirtschaftspolitik der Bundesregierung (§ 12 BBankG).

Aufgaben zur Lernkontrolle

1. Textauszug:

Seit 1. Januar 1999 gibt es an den Geld- und Kapitalmärkten den Euro, wenn auch die D-Mark noch bis zum 31. Dezember 2001 als fester Bestandteil des Euro weiterexistierte. Und ab 1. Januar 1999 ging auch die geldpolitische Generalzuständigkeit auf den europäischen Zentralbankrat über, der die für die Gestaltung der Instrumente und die Regelung der Zuständigkeiten bindenden Beschlüsse fasst. Das alles heißt nicht, dass die Deutsche Bundesbank oder deren Vorstand überflüssig geworden sind, wie bisweilen in Kommentaren fälschlich zu lesen war.

Im Gegenteil! Die Ausführung der Geldpolitik in Deutschland liegt auch weiterhin weitgehend in den Händen der Deutschen Bundesbank.

Im Euroland gibt es nämlich seit dem 1. Juni 1998 ein System der Europäischen Zentralbanken (ESZB). Dieses System ist nicht einfach mit der internen Struktur der Bundesbank, also dem Verhältnis von Vorstand und Hauptverwaltungen zu vergleichen. Die Bundesbank ist ein zwar gegliedertes, aber letztlich eigenständiges Institut. Das europäische System setzt sich dagegen aus rechtlich selbstständigen nationalen Zentralbanken und aus der mit ihren Kapital- und Devisenreserven arbeitenden EZB zusammen, wobei die geldpolitische Entscheidungskompetenz allerdings eindeutig beim EZB-Rat (nicht beim EZB-Direktorium) liegt ...

Quelle: Tietmeyer, H.: Nach einer Rede vom 8. Juli 1998, zitiert in Deutsche Bundesbank, Auszüge aus Presseartikeln vom 10. Juli 1998, S. 1.

1.1 Erklären Sie die unterstrichenen Begriffe!

1.2 Welche Aufgaben hat der Europäische Zentralbankrat, welche das Direktorium der EZB?

2. Textauszug:

Die Mitglieder des EZB-Rats, das sind der Präsident, der Vizepräsident, die Mitglieder des EZB-Direktoriums und die Präsidenten der teilnehmenden nationalen Zentralbanken, handeln unabhängig von Weisungen nationaler Regierungen und Institutionen, wie auch unabhängig von europäischen Organen oder Einrichtungen der Gemeinschaft. Dies bedeutet aber nicht, dass die EZB damit zum „Staat im Staate" wird und ohne jegliche Kontrolle, quasi willkürlich agiert. Zum einen ist die Unabhängigkeit an ihre Aufgabe „Sicherung der Preisstabilität" gebunden. Zum anderen unterliegt die EZB der Kontrolle vor allem der öffentlichen Meinung. Zudem enthält der Maastricht-Vertrag relativ genau festgelegte Berichtspflichten gegenüber dem Ministerrat und dem Europäischen Parlament.

Gemeinsames Geld verlangt eine gemeinsame Geldpolitik. Entsprechend ist das ESZB verantwortlich für den gesamten Euro-Raum und damit in der Tat eine supranationale Institution. Darüber hinaus gibt es im ESZB auch den Erweiterten Rat, der die so genannten „Outs" einbezieht. Er soll die Mitgliedstaaten, die noch nicht an der Währungsunion teilnehmen, an den Euro-Raum heranführen. Der Erweiterte Rat der EZB hat vor allem Beratungs-, aber auch gewisse Mitwirkungspflichten etwa bei Fragen der Bankenaufsicht.

Wie wir in unserem letzten Monatsbericht eingehend dargelegt und begründet haben, hat die Orientierung an einem Geldmengenkonzept gerade beim Beginn der Währungsunion und beim Aufbau stabilitätspolitischer Glaubwürdigkeit entscheidende Vorteile. Die Geldmengenstrategie erleichtert das Abgrenzen der Verantwortungsbereiche. Sie verdeutlicht, dass die EZB nur für die monetären Rahmenbedingungen verantwortlich ist, nicht aber für fiskal-[1] und lohnpolitische Entscheidungen, welche die Preisentwicklung kurzfristig auch erheblich beeinflussen können. Mit Ankündigen eines Geldmengenziels kann sie die Öffentlichkeit über den geldpolitischen Kurs informieren sowie die Bildung und Verankerung von Inflationserwartungen auf dem von ihr angepeilten Niveau erleichtern.

Zugleich gibt sich die EZB mit einem Geldmengenziel eine eigene Orientierung. Sie unterliegt dann einem eigenen Disziplinierungszwang. Abweichungen von ihrem Zielpfad bedürfen dann einer überzeugenden Rechtfertigung. Andererseits darf man natürlich nicht übersehen, dass die monetäre[2] Basis vor allem zu Beginn der Währungsunion möglicherweise noch besondere Unsicherheiten und Unregelmäßigkeiten aufweisen kann. Neben der Geldmenge im Mittelpunkt könnten daher auch andere Indikatoren mit ins Kalkül gezogen werden. Ein unmittelbares Preisziel als ergänzender Indikator steht sicherlich nicht im Widerspruch zur Orientierung an einem Geldmengenziel.

Quelle: Tietmeyer, H.: Die Geldpolitik der Europäischen Zentralbank, in: Deutsche Bundesbank, Auszüge aus Presseartikeln vom 13. Februar 1998.

2.1 Erklären Sie die unterstrichenen Begriffe!

2.2 Inwiefern unterliegt die Europäische Zentralbank einer Kontrolle?

Die soziale Marktwirtschaft ist ohne eine konsequente Politik der Preisstabilität nicht denkbar.

(LUDWIG ERHARD)[3]

8.7.5 Geldpolitische Instrumente der Europäischen Zentralbank

Während in früheren Zeiten die Fürsten das alleinige Recht besaßen, Geld zu schöpfen, d.h. Münzen zu prägen, ist in den heutigen Volkswirtschaften das Recht der Notengeldschöpfung auf die Zentralbanken (Notenbanken) übergegangen. In der Europäischen Union ist das – wie bereits bekannt ist – die Europäische Zentralbank (EZB).

■ Staatliche Banken, die das alleinige Recht zur Ausgabe von Notengeld besitzen, bezeichnet man als **Zentralbanken** oder **Notenbanken** (siehe auch Kapitel 8.2.1 ff.).

8.7.5.1 Mindestreservepolitik

Mindestreserven sind Geldbeträge, die die Kreditinstitute gegen eine geringe Verzinsung oder auch unverzinslich bei der Europäischen Zentralbank einzahlen müssen.[4]

Die Mindestreservepflicht der Kreditinstitute bemisst sich nach der Höhe ihrer Verbindlichkeiten gegenüber Nichtbanken aus täglich fälligen Einlagen (Sichteinlagen), Einlagen mit vereinbarter Laufzeit, Einlagen mit vereinbarter Kündigungsfrist, Repo-Geschäften

1 Unter „Fiskus" versteht man heute den Staat schlechthin, insoweit er es mit Staatseinnahmen (vor allem Steuern), Staatsausgaben oder Staatsvermögen zu tun hat („Einheit von Fiskus und Staat"). Das Wort Fiskus kommt aus dem Lateinischen und bedeutet Korb, Geldkorb, Kasse. Fiskalpolitik ist somit Wirtschaftspolitik mit Geldmitteln aus der „Staatskasse".

2 Monetär (lat.) = geldlich, geldmäßig.

3 ERHARD, L.: Wohlstand für alle, 8. Aufl. 1994, S. 15.

4 Anfang 2008 betrug der Mindestreservesatz für täglich fällige Einlagen mit vereinbarter Laufzeit und Kündigungsfrist von bis zu zwei Jahren, Schuldverschreibungen und Geldmarktpapiere 2%, für Verbindlichkeiten mit vereinbarter Laufzeit und Kündigungsfrist von über zwei Jahren, Repogeschäfte und Schuldverschreibungen 0%.

(siehe Seite 375 ff.), ausgegebenen Schuldverschreibungen und ausgegebenen Geldmarktpapieren. Die Mindestreservesätze sind der prozentuale Anteil der Mindestreserven am Wert der genannten Verbindlichkeiten. Sie können je nach Art der Verbindlichkeiten unterschiedlich hoch sein.

Zum Verständnis des Zusammenhangs genügt es, wenn wir die Mindestreserven für Sichteinlagen betrachten. Dabei ist es wichtig zu wissen, dass die Kreditinstitute zwar kein Bargeld (Münz- und Notengeld), wohl aber Giralgeld schaffen (schöpfen) können, weil sie *mehr* Geld ausleihen können als sie Einlagen besitzen. Der Grund: Es ist kaum zu erwarten, dass *alle* Bankkunden gleichzeitig ihr Geld abheben wollen. Es genügt vielmehr, wenn die Banken eine verhältnismäßig geringe Bargeldsumme zur Auszahlung bereithalten.

Beispiel:

Angenommen, ein Bankkunde zahlt auf sein Girokonto 10 000,00 € ein. Der Mindestreservesatz der EZB beträgt 2%. Ferner pflegt die Bank 20% der Sichteinlagen als Barreserve (Kassenreserve für Auszahlungszwecke) zu halten. Die Bank – nennen wir sie Bank A – kann nunmehr 7 800,00 € ausleihen, falls sich ein Kreditnachfrager findet.

Erhöht die EZB den Mindestreservesatz auf beispielsweise 3%, muss die Bank A bei einer Einlage von 10 000,00 € eine Barreserve von 2 000,00 € und eine Mindestreserve von 300,00 € halten, sodass sich ihre Giralgeldschöpfungsmöglichkeit auf 7 700,00 € vermindert.

Da der Geldschöpfungsmultiplikator unter den im Kapitel 8.2.3.1 entwickelten Modellbedingungen dem reziproken Wert des Barreservesatzes (einschließlich des Mindestreservesatzes) entspricht, beträgt der gesamte Kreditschöpfungsspielraum der Kreditinstitute *nach* der Mindestreservesatzerhöhung 33 478,26 €.[1] *Vorher* belief sich der Kreditschöpfungsspielraum auf 35 454,55 €.[2]

Aus dem Beispiel folgt:

- Je höher die Mindestreservesätze, desto geringer sind die Geldschöpfungsmöglichkeiten der Kreditinstitute.
- Je niedriger die Mindestreservesätze, desto höher sind die Geldschöpfungsmöglichkeiten der Kreditinstitute.

Somit lässt sich Folgendes festhalten:

- **Erhöhung der Mindestreservesätze.** Ist die Wirtschaft vollbeschäftigt und besteht Inflationsgefahr, erhöht die EZB die Mindestreservesätze. Die Kreditinstitute können *weniger* Giralgeld anbieten. Kaufwünsche der Wirtschaftssubjekte können nur in geringerem Umfang erfüllt werden. Die Nachfrage nach Sachgütern und Dienstleistungen wird gebremst, die Inflationsgefahr verringert.
- **Senkung der Mindestreservesätze.** Ist die Wirtschaft unterbeschäftigt und herrscht Preisstabilität, senkt die EZB die Mindestreservesätze. Die Kreditinstitute können *mehr* Giralgeld anbieten. Kaufwünsche der Wirtschaftssubjekte können erfüllt werden. Die Nachfrage nach Gütern wird gefördert. Die EZB hofft, dass die Wirtschaft angekurbelt wird.

1 $7\,700{,}00\ € : \frac{23}{100} = 33\,478{,}26\ €.$

2 $7\,800{,}00\ € : \frac{22}{100} = 35\,454{,}55\ €.$

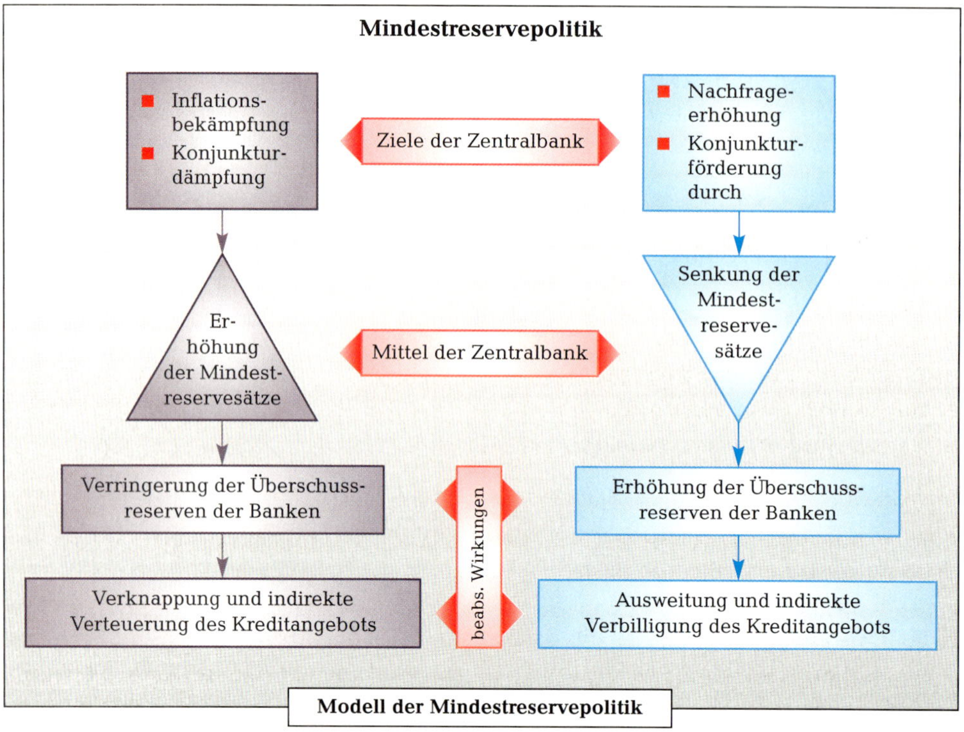

Abb. 8.34

Bedeutung

Es wird häufig gesagt, dass die Mindestreservepolitik ein Schwert mit einer stumpfen und mit einer scharfen Seite ist. Die scharfe Seite ist die Erhöhung der Mindestreservesätze: Erhalten die Wirtschaftssubjekte das gewünschte Geld nur im Rahmen des von der EZB gewünschten Umfangs, *können* sie ihre Nachfrage nicht beliebig ausdehnen: Wo kein Geld ist, ist keine Nachfrage. Senkt indessen die EZB die Mindestreservesätze, zeigt sich die stumpfe Seite der Waffe. Die Kreditinstitute haben zwar mehr Geld. Wenn aber niemand dieses Geld in Form von Krediten haben möchte, steigt auch die Nachfrage nicht.

Bei der Beurteilung der geldpolitischen Instrumente der Europäischen Zentralbank sollte ferner beachtet werden, dass die Hauptaufgabe der EZB die Erhaltung der *Preisstabilität* ist. Die *Beschäftigungspolitik* ist hingegen Aufgabe der Regierungen. Die EZB kann (und soll) die Regierungen bei der Verfolgung ihrer wirtschaftspolitischen Ziele unterstützen, insoweit das Stabilitätsziel nicht gefährdet ist.

8.7.5.2 Offenmarktpolitik

Die Offenmarktpolitik spielt eine wichtige Rolle in der Geldpolitik der Europäischen Zentralbank bzw. des Systems der Europäischen Zentralbanken. Offenmarktgeschäfte werden eingesetzt, um **Zinssätze** und **Liquidität** (die Geldmenge) am Markt zu steuern und um **Signale** zu setzen.

1. Instrumente der Offenmarktpolitik

Es stehen fünf Arten von Instrumenten zur Durchführung von Offenmarktgeschäften zur Verfügung:

- definitive Käufe von Schuldverschreibungen,
- befristete Transaktionen,
- Emissionen von Schuldverschreibungen,
- Devisenswapgeschäfte und
- Hereinnahme von Termineinlagen.

a) Definitive Käufe und Verkäufe von Wertpapieren

Der definitive[1] Kauf oder Verkauf von Wertpapieren[2] ist ein mögliches Instrument einer Zentralbank zur Beeinflussung der Geldmenge und des Zinsniveaus.

Die definitiven Käufe von Wertpapieren rechnet die EZB zu den so genannten **„strukturellen Operationen"**. Sie finden unregelmäßig, d.h. bei Bedarf statt.

Durch den Kauf bzw. Verkauf von Wertpapieren beeinflusst die Zentralbank die Zinssätze. Technisch geschieht das in der Weise, dass die Zentralbank vom Marktzinssatz abweichende Abgabe- und Annahmesätze (Verkaufs- und Ankaufssätze) fixiert (festlegt) und es den Kreditinstituten überlässt, wie viele Papiere sie bei der Zentralbank kaufen bzw. an sie verkaufen wollen. Ist z.B. der Kreditmarkt flüssig, kann die Zentralbank die Abgabesätze über den Marktzinssatz hinaus erhöhen. Für die Kreditinstitute ist es dann vorteilhaft, überschüssige Mittel nicht auf dem Markt anzubieten, sondern in Wertpapieren anzulegen. Der Geldmarkt „verknappt sich" und der Zinssatz steigt.

Somit lässt sich Folgendes festhalten:

- **Verkauf von Wertpapieren.** Ist die Wirtschaft vollbeschäftigt und besteht Inflationsgefahr, verkauft die Zentralbank Wertpapiere am offenen Markt. Dem Kreditmarkt wird Liquidität entzogen. Die Überschussreserven der Kreditinstitute und damit das Kreditangebot verringern sich. Zusätzliche Nachfrage kann nicht finanziert werden. Es ist zu erwarten, dass die inflationäre Entwicklung gebremst wird.
- **Kauf von Wertpapieren.** Ist die Wirtschaft unterbeschäftigt, kauft die Zentralbank Wertpapiere am offenen Markt. Dem Kreditmarkt wird Liquidität zugeführt. Die Überschussreserven der Kreditinstitute erhöhen sich und damit das Kreditangebot. Zusätzliche Kreditnachfrage kann also finanziert werden.

1 Definitiv (lat.) = wörtl. bestimmt. Hier: Ein endgültiger Kauf ohne Nebenbedingungen wie z.B. Rücknahmevereinbarungen.

2 Zu den Offenmarktpapieren siehe Kapitel 8.2.2.

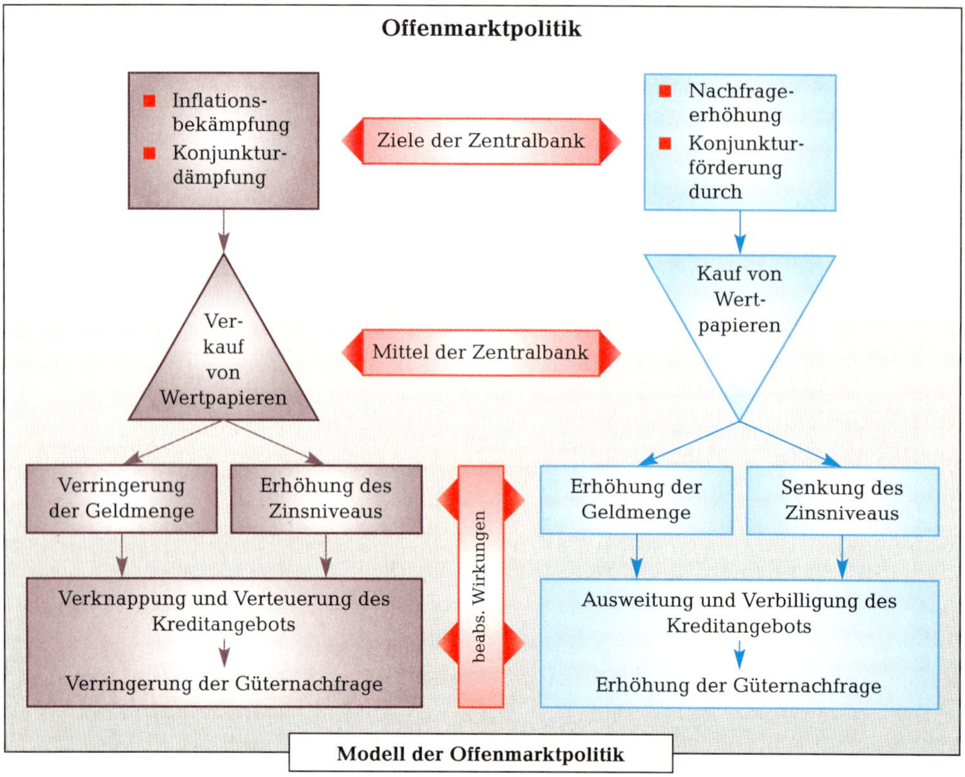

Abb. 8.35

b) Befristete Transaktionen

Befristete Transaktionen werden vom Erosystem in Form von Pensionsgeschäften und Pfandkrediten durchgeführt. Das Eurosystem setzt sich aus der EZB und den nationalen Zentralbanken der EU-Mitgliedstaaten, die bereits den Euro eingeführt haben, zusammen (siehe auch S. 367 f.).

ba) Pensionsgeschäfte

Pensionsgeschäfte sind Offenmarktgeschäfte *auf Zeit* (daher der Begriff „befristete Transaktionen"), weil den Kreditinstituten nur für eine im Voraus feststehende Zeit Zentralbankgeld (Sichtguthaben oder Bargeld) zur Verfügung gestellt wird. Von Pensionsgeschäften spricht man deshalb, weil das Eurosystem Wertpapiere mit der Maßgabe kauft, dass die Kreditinstitute die Papiere nach Ablauf einer bestimmten Zeit (z.B. nach 28 Tagen) wieder zurückkaufen. Die Papiere werden von den Kreditinstituten beim Eurosystem sozusagen „in Pension" gegeben. Die Pensionsgeschäfte unterscheiden sich also von den definitiven Käufen durch die **Rücknahmevereinbarung** zwischen dem Kreditnehmer und dem Eurosystem. Sie werden deswegen auch als *Repogeschäfte*[1] bezeichnet.

1 Siehe Fußnote 4 auf S. 316.

Praktisch vollzieht sich ein Pensionsgeschäft wie folgt:

Die Kreditinstitute verkaufen Wertpapiere an das Eurosystem. Da die Pensionsgeschäfte i.d.R. von den nationalen Zentralbanken durchgeführt werden, verkaufen z.B. die deutschen Kreditinstitute Wertpapiere an die Deutsche Bundesbank gegen Gutschrift mit der Verpflichtung, diese Papiere zu einem späteren festgelegten Zeitpunkt wieder zurückzukaufen. Die Verzinsung besteht darin, dass das Eurosystem den Rückkaufbetrag höher festlegt als den Ankaufbetrag.

Die Kreditvergabe erfolgt im **Tenderverfahren.**[1] Es ist zwischen dem Mengentender und dem Zinstender zu unterscheiden.

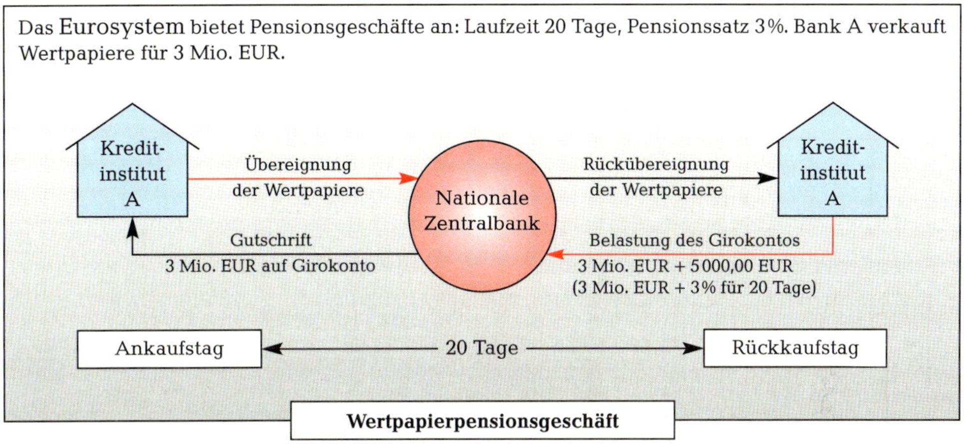

Abb. 8.36

Mengentender[2]

Beim Mengentender legt eine Zentralbank den Zinssatz fest. Die bietenden Kreditinstitute nennen in ihren Geboten die Kreditbeträge, die sie bei ihr aufnehmen wollen. Die Zentralbank setzt einen internen Höchstbetrag für das gesamte Kreditvolumen fest. Bei Überzeichnung (die Kreditinstitute wollen mehr Kredite aufnehmen als die Zentralbank zur Verfügung stellen will) wird anteilig zugeteilt (repartiert).

Beispiel:

Angenommen, das Ausschreibungsvolumen einer Zentralbank beträgt 20 Mrd. GE. Die Gebote der Kreditinstitute belaufen sich auf 25 Mrd. GE. Sie erhalten daher 80% ihrer Gebote zugeteilt.

Durch das Herauf- bzw. Heruntersetzen des Pensionssatzes wird das gesamte Zinsniveau (gewissermaßen der gewogene Durchschnitt aller Zinssätze) beeinflusst, weil die Zinssätze interdependent, d.h. gegenseitig abhängig sind.

1 Das Wort Tender hängt mit dem englischen Wort „to tend" (Kurzform von „to attend") und dem lateinischen Wort attendere (vgl. frz. attendre) zusammen. Es bedeutet so viel wie aufpassen, Sorge tragen für etwas, auf etwas achten. Beim Mengentender wird also in erster Linie die Menge (Kreditmenge) beachtet, beim Zinstender steht die Zinsfindung (genauer: der Zinssatz) im Vordergrund.

2 Seit Mitte 2000 wird das Mengentenderverfahren von der EZB nicht mehr angewendet.

Beispiel:

Steigt der Zins für kurzfristige Kredite von 6 auf 8% und verharrt der Zinssatz für langfristige Kredite noch auf beispielsweise 7%, so werden kurzfristige Kredite durch langfristige ersetzt, d.h., langfristige Kredite werden so lange nachgefragt, bis auch auf den Kapitalmärkten die Zinssätze steigen.

- **Erhöhung des Pensionssatzes.** Setzt eine Zentralbank den Pensionssatz herauf, steigt das Zinsniveau. Die Kreditinstitute geben die gestiegenen Refinanzierungskosten an ihre Kunden (vor allem Unternehmen und private Haushalte) weiter, indem sie ihre Sollzinsen erhöhen. Die Geldnachfrage geht zurück, weil
  - gestiegene Zinssätze geplante Investitionsvorhaben der Unternehmen unrentabel („uninteressant") machen können und weil
  - für manche privaten Haushalte die Kreditaufnahme für Konsumzwecke zu teuer wird.

  Die Zinserhöhung verringert also die Nachfrage nach Investitions- und Konsumgütern, sodass die Konjunktur gedämpft und eine bestehende Inflationsgefahr verringert wird.

- **Senkung des Pensionssatzes.** Setzt eine Zentralbank den Pensionssatz herab, sinkt das Zinsniveau. Die Kreditinstitute geben die gesunkenen Refinanzierungskosten an ihre Kunden weiter, indem sie die Sollzinssätze senken.

  Die Zentralbank hofft, dass die Kreditnachfrage zunimmt, weil die gesunkenen Zinssätze
  - kreditfinanzierte Investitionsvorhaben rentabler machen und
  - den privaten Haushalten Anreize geben, mehr Konsumgüter auf Kredit zu kaufen.

  Die Zinssenkung – so wird erwartet – erhöht die Nachfrage nach Investitions- und Konsumgütern, sodass die Konjunktur „angekurbelt" wird.

  Durch das Herauf- bzw. Herabsetzen des Pensionssatzes gibt eine Zentralbank dem Bankensystem und der gesamten Wirtschaft ein **Signal** (Zeichen).

  Mit einer Zinserhöhung wird signalisiert, dass die Zentralbank weitere Preissteigerungen (ein Steigen der Inflationsrate) nicht hinnehmen möchte. Die Kreditinstitute werden das Signal verstehen und ihre Zinssätze erhöhen, denn sie wissen, dass andernfalls der Zentralbank weitere restriktive Maßnahmen wie z.B. eine Erhöhung der Mindestreservesätze zur Verfügung stehen.

  Mit einer Zinssenkung wird signalisiert, dass die Zentralbank die Geldwertstabilität als gesichert ansieht und ihren Teil zur Förderung der Konjunktur und des Wirtschaftswachstums beitragen möchte.

Zinstender

Der Zinstender ist dadurch gekennzeichnet, dass die Kreditinstitute neben dem Bietungsbetrag auch noch den *Zinssatz* nennen. Das zur Verfügung stehende Kreditvolumen wird von der Zentralbank festgelegt.

Beim Zinstender gibt es zwei **Zuteilungsmethoden:**

- Beim **holländischen Verfahren** (i. d. R. mit einem Mindestbietungssatz) berechnet eine Zentralbank allen bietenden Banken den Pensionssatz, der sich aus dem Gebot des Kreditinstituts ergibt, das mengenmäßig gerade noch zum Zuge kommt.

Beispiel:

Eine Zentralbank möchte 10 Mrd. GE zuteilen. Es bieten die Bankengruppen A bis E:

Kreditinstitute	Bietungsbeträge	Bietungssätze	Zuteilung
A	2,5 Mrd. GE	4,00 %	2,5 Mrd. GE
B	3,0 Mrd. GE	3,95 %	3,0 Mrd. GE
C	3,0 Mrd. GE	3,90 %	3,0 Mrd. GE
D	4,0 Mrd. GE	3,85 %	1,5 Mrd. GE
E	2,0 Mrd. GE	3,80 %	-

Tabelle 8.7

Der Pensionssatz wird einheitlich auf 3,85 % festgelegt.

- Beim **amerikanischen Verfahren** wird zu den individuellen Bietungssätzen der Kreditinstitute abgerechnet. Das amerikanische Verfahren wird vom **Eurosystem** angewendet.

Beispiel:

Das Eurosystem möchte 10 Mrd. € zuteilen. Es bieten die Bankengruppen A bis E:

Kreditinstitute	Bietungsbeträge	Bietungssätze	Zuteilung
A	2,5 Mrd. EUR	4,00 %	2,5 Mrd. EUR zu 4,00 %
B	2,0 Mrd. EUR	3,95 %	2,0 Mrd. EUR zu 3,95 %
C	3,0 Mrd. EUR	3,90 %	3,0 Mrd. EUR zu 3,90 %
D	5,0 Mrd. EUR	3,85 %	2,5 Mrd. EUR zu 3,85 %
E	3,0 Mrd. EUR	3,80 %	-

Tabelle 8.8

Bei beiden Verfahren gilt, dass die Gebote, die über dem niedrigsten zum Zuge kommenden Pensionssatz liegen, voll zugeteilt werden. Die Gebote zum niedrigsten Pensionssatz (in den Beispielen 3,85 %) müssen erforderlichenfalls repartiert werden.

Hinsichtlich des zeitlichen Rahmens ist zwischen Standardtender und Schnelltender zu unterscheiden.

- **Standardtender** werden innerhalb 24 Stunden von der Tenderankündigung an bis zur Bestätigung des Zuteilungsergebnisses durchgeführt (wobei zwischen dem Ablauf der Gebotsfrist und der Bekanntgabe des Zuteilungsergebnisses etwa zwei Stunden liegen).
- **Schnelltender** werden i. d. R. innerhalb einer Stunde von der Tenderankündigung bis zur Bestätigung des Zuteilungsergebnisses durchgeführt.

bb) Verpfändung refinanzierungsfähiger Sicherheiten

In diesem Fall hinterlegen die Kreditinstitute bei einer nationalen Zentralbank Sicherheiten (Pfänder), die von dieser befristet beliehen werden können. (Siehe auch Kapitel 8.2.2.)

c) Emission von Schuldverschreibungen

Die Emission (Ausgabe) von Schuldverschreibungen durch das Eurosystem zählt ebenfalls zu den strukturellen Operationen. Die Schuldverschreibungen stellen eine Verbindlichkeit des Eurosystems gegenüber dem Inhaber der Schuldverschreibung dar. Sie werden stückelos[1] begeben und bei Zentralverwahrern[2] im Euro-Währungsraum verwahrt.

Die Schuldverschreibungen werden in abgezinster Form emittiert, d.h. zu einem Kurs, der unter dem Nennwert liegt, und bei Fälligkeit zum Nennwert eingelöst.

Die geschäftliche Abwicklung erfolgt über die nationalen Zentralbanken. Ebenso wie die definitiven Verkäufe und Käufe von Wertpapieren beeinflusst die Ausgabe von Wertpapieren die Geldmenge und das Zinsniveau.

- **Verkauf von Schuldverschreibungen.** Besteht Inflationsgefahr, emittiert das Eurosystem über die nationalen Zentralbanken Schuldverschreibungen. Dem Geldmarkt wird Liquidität entzogen. Die Überschussreserven der Kreditinstitute verringern sich und damit das Geldangebot. Zusätzliche Nachfrage kann nicht finanziert werden. Es ist zu erwarten, dass die Inflation gebremst wird.

  Da das Geldangebot abnimmt, steigt das Zinsniveau.

- **Tilgung von Schuldverschreibungen.** Durch die Tilgung von Schuldverschreibungen wird dem Geldmarkt Liquidität zugeführt. Die Überschussreserven der Kreditinstitute erhöhen sich und damit das Geldangebot. Zusätzliche Geldnachfrage kann also finanziert werden. Unter sonst gleichen Bedingungen führt das zunehmende Geldangebot zu einem sinkenden Zinsniveau.

  Die liquiditätszuführende Wirkung von Tilgungsleistungen kann geldpolitisch unerwünscht sein. Das Eurosystem kann diese Wirkung durch eine weitere oder erhöhte Ausgabe von Schuldverschreibungen kompensieren (ausgleichen) oder überkompensieren.

d) Devisenswapgeschäfte[3]

Mit Hilfe der Devisenswapgeschäfte (man spricht auch von der Swapsatzpolitik oder Swappolitik) will die EZB den Geldexport fördern (inflationsdämpfende Maßnahme) oder erschweren (konjunkturfördernde Maßnahme). Devisenswapgeschäfte werden i.d.R. dezentral von den nationalen Zentralbanken des Eurosystems durchgeführt.

Ein Swapgeschäft ist eine Kombination zwischen einem Devisenkassageschäft[4] und einem Devisentermingeschäft.[5] Besitzen die Kreditinstitute überschüssige Mittel und wollen sie diese in Fremdwährung anlegen, so hat das Eurosystem die Möglichkeit, den

1 Stückelos heißt, dass keine Wertpapiere gedruckt werden.

2 Zentralverwahrer in Deutschland ist die Deutsche Börse Clearing AG (vormals Deutscher Kassenverein). Sie ist die zentrale Verwaltungsstelle für girosammelverwahrte Wertpapiere und Trägerin des Effektengirosystems.

3 To swap (engl.) = tauschen. Ein Swapgeschäft ist ein (Devisen-)Tauschgeschäft.

4 Kassageschäft = ein Geschäft, das „per Kasse", also zum Zeitpunkt des Abschlusses, abgewickelt wird.

5 Termingeschäft = ein Geschäft, das „per Termin", also zu einem späteren Zeitpunkt, abgewickelt wird. (Verpflichtungsgeschäft und Erfüllungsgeschäft fallen zeitlich auseinander.)

Kreditinstituten die entsprechenden Devisen (z.B. US-$) zu verkaufen (Kassageschäft) und *zugleich* per Termin (z.B. nach 3 Monaten) zum gleichen Kurs (Kassakurs) abzüglich eines Deports (Abschlags) oder zuzüglich eines Reports (Aufschlags) zurückzukaufen (Termingeschäft).

Beispiel:

Angenommen, die Kreditinstitute im Euro-Raum könnten bei einer Geldanlage in US-$ für Dreimonatsgeld netto 4%,[1] bei einer Geldanlage im Euro-Raum jedoch nur 3 ½% Zinsen erzielen. Will das Eurosystem den Geldexport verhindern, bietet es den Kreditinstituten einen Report von mehr als ½% an, sodass die Anlage im Inland günstiger wird.

Berechnet das Eurosystem hingegen einen Report von weniger als ½% bzw. einen Deport, so wird der Kauf der US-$ günstiger.

- **Einschränkung bzw. Verhinderung des Geldexports.** Die Geldanlage erfolgt im eigenen Währungsgebiet. Es erfolgt kein Druck auf das Zinsniveau, sondern es sind eher Zinssenkungen zu erwarten. Die Konjunktur wird gefördert.
- **Förderung des Geldexports.** Die Geldanlagen erfolgen nicht im eigenen, sondern in einem fremden Währungsgebiet. Der Geldmarkt wird „verknappt". Die Zinssätze steigen (Liquiditätsabschöpfung).

Die „Devisenswaps" sind befristete Transaktionen, die unregelmäßig und nicht standardisiert erfolgen. Sie dienen der Feinsteuerung des Geldmarkts und werden über Schnelltender oder als bilaterale[2] Geschäfte durchgeführt.

e) Hereinnahme von Termineinlagen

Das Eurosystem kann den Geschäftspartnern die Hereinnahme verzinslicher Termineinlagen bei der nationalen Zentralbank des Mitgliedstaates anbieten, in dem sich die Niederlassung des Kreditinstituts befindet. Termineinlagen werden hereingenommen, um Liquidität am Markt abzuschöpfen, d.h. das Geldangebot zu verringern.

Der gegenteilige Effekt tritt ein, wenn die Termineinlagen fällig sind und nicht mehr verlängert werden.

Ebenso wie die Devisenswapgeschäfte stellen die Hereinnahmen von Termineinlagen befristete Transaktionen dar, die der Feinsteuerung dienen. Sie sind nicht standardisiert, erfolgen unregelmäßig über Schnelltender oder als bilaterale Geschäfte.

2. Kategorien der Offenmarktpolitik

Die Offenmarktgeschäfte können hinsichtlich ihrer Zielsetzung, der Abstände, in denen sie stattfinden, und der angewandten Verfahren in vier **Kategorien** (Gruppen) unterteilt werden:

- Hauptrefinanzierungsinstrument,
- längerfristige Refinanzierungsgeschäfte,
- Feinsteuerungsoperationen und
- strukturelle Operationen.

1 Abzüglich der Umtausch- und Kreditsicherungskosten.

2 Bilateral = zweiseitig. Bilaterale Verfahren sind Geschäfte zwischen dem ESZB und einem bzw. mehreren Kreditinstituten.

a) Hauptrefinanzierungsinstrument

Die Hauptrefinanzierungsoperationen sind die wichtigsten Offenmarktgeschäfte des Eurosystems. Es sind liquiditätszuführende Transaktionen, die regelmäßig jede Woche durchgeführt werden. Sie haben i. d. R. eine Laufzeit von zwei Wochen und werden von den nationalen Zentralbanken in Form von **Standardtendern** durchgeführt.

Der von der EZB festgelegte Zinssatz für die Hauptrefinanzierung **(Refi-Satz)** ist der entscheidende **Leitzins** in der WWU. Von Leitzins spricht man deshalb, weil sich nach ihm alle übrigen Zinssätze, wie z. B. der Zinssatz für Übernacht-Kredite bzw. Übernacht-Einlagen (Seite 383), richten. Die Spanne zwischen der Zinssatz-Obergrenze für Übernacht-Kredite und der Zinssatz-Untergrenze für Übernacht-Einlagen wird als **Zinsband,** als **Zinskorridor** oder als **Zinskorsett** bezeichnet.

b) Längerfristige Refinanzierungsgeschäfte

Bei den längerfristigen Refinanzierungsgeschäften handelt es sich um regelmäßige Refinanzierungsgeschäfte mit dreimonatiger Laufzeit. Gewöhnlich wird bei diesen Geschäften die Form des Zinstenders gewählt. Das Eurosystem ist, wie der Fachausdruck heißt, Zinsnehmer.

Längerfristige Refinanzierungsgeschäfte werden regelmäßig monatlich von den nationalen Zentralbanken über Standardtender durchgeführt.

c) Feinsteuerungsoperationen

Das Eurosystem kann Feinsteuerungsmaßnahmen in Form von befristeten Offenmarkttransaktionen durchführen, um unerwartete Liquiditätsschwankungen auszugleichen. Feinsteuerungsoperationen finden unregelmäßig statt. Ihre Laufzeit ist nicht standardisiert (einheitlich festgelegt). Sie werden i. d. R. dezentral durch die nationalen Zentralbanken vorgenommen.[1]

d) Strukturelle Operationen

Strukturelle Operationen sind liquiditätszuführende Operationen, die sowohl regelmäßig als auch unregelmäßig stattfinden können, wobei die Laufzeit nicht von vornherein standardisiert ist. Strukturelle Operationen werden dezentral von den nationalen Zentralbanken durchgeführt.

Der Zusammenhang zwischen den einzelnen offenmarktpolitischen Maßnahmen und den Kategorien der Offenmarktpolitik wird auf Seite 384 dargestellt.

1 Der EZB-Rat entscheidet, ob in Ausnahmefällen bilaterale befristete Transaktionen zur Feinsteuerung von der EZB durchgeführt werden können.

8.7.5.3 Ständige Fazilitäten[1]

Ständige Fazilitäten umfassen

a) Kreditbereitstellungen des Eurosystems, die von den Kreditinstituten jederzeit bei Bedarf in Anspruch genommen werden können, und
b) die Bereitschaft des Eurosystems, Einlagen der Kreditinstitute entgegenzunehmen.

Im ersten Fall spricht man von Spitzenrefinanzierungsfazilität, im zweiten von Einlagenfazilität.

1. Spitzenrefinanzierungsfazilität

Die Spitzenrefinanzierungsfazilität dient der Abdeckung von am Tagesende bestehenden (i.d.R. durch den Zahlungsverkehr entstandenen) Sollsalden der Kreditinstitute. Der Kredit des Eurosystems erfolgt „über Nacht" gegen refinanzierungsfähige Sicherheiten (z.B. Wertpapiere, Wechsel). Der Zinssatz wird von der EZB festgelegt und bildet die Obergrenze des Tagesgeldzinssatzes.[2]

Die nationalen Zentralbanken (z. B. die Deutsche Bundesbank) können im Rahmen der Spitzenrefinanzierungsfazilität den Kreditinstituten Liquidität (Geld) in Form von **Übernacht-Pensionsgeschäften** oder als **Übernacht-Pfandkredite** zur Verfügung stellen. Beim Pfandkredit wird vom Kreditnehmer (Schuldner) dem Eurosystem (dem Gläubiger) ein Sicherungsrecht an den hinterlegten Pfändern[3] (z.B. Wertpapieren) eingeräumt, wobei der Schuldner das Eigentum an den Pfändern behält.

2. Einlagenfazilität

Die Einlagenfazilität ist gewissermaßen das Gegenteil der Spitzenrefinanzierungsfazilität, denn hier ermöglicht das Eurosystem den Kreditinstituten, Übernachtliquidität (in der Regel durch den Zahlungsverkehr entstandene Habensalden) bei den nationalen Zentralbanken anzulegen. Die Einlagen werden zu einem im Voraus festgelegten Zinssatz verzinst, der im Allgemeinen die Untergrenze des Tagesgeldzinssatzes bildet.

Der Zugang zur Einlagenfazilität wird nur gemäß den Zielen und allgemeinen geldpolitischen Erwägungen des Eurosystems gewährt. Das Eurosystem kann die Bedingungen der Fazilität jederzeit ändern oder sie aufheben, z.B. in Zeiten konjunktureller Schwäche, in denen keine Liquiditätsabschöpfung erwünscht ist.

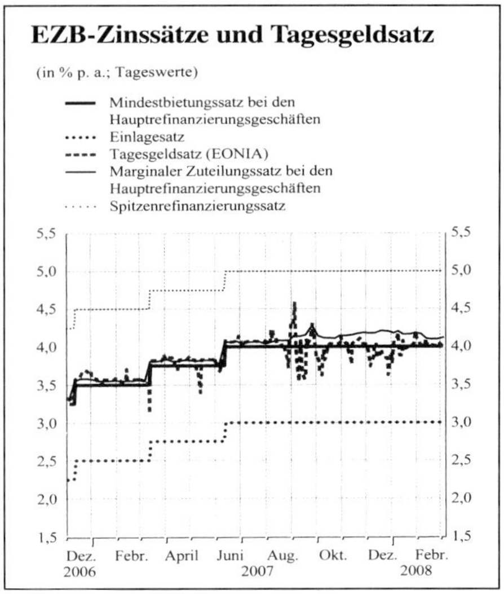

Abb. 8.37

Quelle: Monatsbericht der Europäischen Zentralbank, März 2008, S. 35.

1 Zum Begriff Fazilität siehe Fußnote 5 auf S. 320.

2 Zinssatz, der für täglich fälliges Geld zu zahlen ist.

3 Die Kreditinstitute können beim Eurosystem Pfänder hinterlegen, um bei Bedarf z.B. die Übernacht-Pfandkredite in Anspruch nehmen zu können. Die hinterlegten Sicherheiten werden als **Pfanddepot** bezeichnet.

Überblick über das geldpolitische Instrumentarium der EZB und des Eurosystems[1]

Geldpolitische Geschäfte	Transaktionsarten und Ziele		Laufzeit	Zeitlicher Rahmen (Rhythmus)	Verfahren
	Liquiditätsbereitstellung (Konjunkturförderung)	Liquiditätsabschöpfung (Inflationsbekämpfung)			
Mindestreservepolitik					
Hereinnahme bzw. Rückzahlung von Pflichteinlagen	Senkung der Mindestreservesätze	Erhöhung der Mindestreservesätze	Unbefristet	Unregelmäßig	-
Offenmarktpolitik					
Hauptrefinanzierungsinstrument	Befristete Transaktionen	-	Eine Woche	Wöchentlich	Standardtender
Längerfristige Refinanzierungsgeschäfte	Befristete Transaktionen	-	Drei Monate	Monatlich	Standardtender
Feinsteuerungsoperationen	Befristete Transaktionen Devisenswaps Definitive Käufe	Devisenswaps Hereinnahme von Termineinlagen Befristete Transaktionen Definitive Verkäufe	Nicht standardisiert	Unregelmäßig	Schnelltender Bilaterale Geschäfte
Strukturelle Operationen	Befristete Transaktionen Definitive Käufe	Emission von Schuldverschreibungen Definitive Verkäufe	Standardisiert/ nicht standardisiert	Regelmäßig und unregelmäßig Unregelmäßig	Standardtender Bilaterale Geschäfte
Ständige Fazilitäten					
Spitzenrefinanzierungsfazilität	Befristete Transaktionen	-	Über Nacht	Inanspruchnahme auf Initiative der Geschäftspartner (Kreditinstitute)	
Einlagenfazilität	-	Einlagenannahme	Über Nacht		

Übersicht 8.3

1 Vgl. Deutsche Bundesbank: Informationsbrief zur Europäischen Wirtschafts- und Währungsunion, Nr. 4, Februar 1997, S. 11. Europäische Zentralbank: Durchführung der Geldpolitik, Februar 2004.

Aufgaben zur Lernkontrolle

1. **Textauszug:**

Eins zu null für die Bundesbank: Das Ergebnis der ersten geldpolitischen Entscheidung der neuen Europäischen Zentralbank (EZB) fiel ganz im Sinne der Frankfurter Notenbank aus. Schon seit Monaten ließen die Deutschen keinen Zweifel daran, dass sie ihre bewährte Mindestreservepolitik gerne auch auf Europa übertragen sähen. Zukünftig wird es diese Pflichteinlage der Banken bei der Zentralbank in allen Staaten der Währungsunion geben - gegenüber der deutschen Praxis freilich ergänzt um eine geringe Verzinsung. In diesem Punkt haben sich die Geschäftsbanken durchgesetzt, die seit Monaten vor einem Wettbewerbsnachteil gegenüber Banken außerhalb der WWU gewarnt haben.

Quelle: Der Tagesspiegel, Berlin, vom 9. Juli 1998, in Deutsche Bundesbank, Auszüge aus Presseartikeln vom 10. Juli 1998, S. 11.

1.1 Erläutern Sie die Begriffe Mindestreservesatz und Mindestreservepolitik!

1.2 Worin besteht der Unterschied zwischen der Mindestreservehaltung der EZB und der bisherigen Mindestreservehaltung in der Bundesrepublik Deutschland bis Ende 1998?

1.3 Beurteilen Sie die Wirkungen steigender bzw. sinkender Mindestreservesätze!

1.4 In welchen wirtschaftlichen Gesamtsituationen wird die EZB die Mindestreservesätze a) erhöhen und b) senken? (Begründen!)

1.5 Angenommen, die EZB erhöht die Zins- und Mindestreservesätze. Die Unternehmen gehen deshalb dazu über, Anleihen zu emittieren, um sich Kredite zu beschaffen. Wie kann die EZB diese Maßnahmen der Wirtschaft durchkreuzen?

2. **Textauszug:**

Einigung gibt es inzwischen auch über das anzuwendende notenbankpolitische Instrumentarium und seine Ausgestaltung. In der operativen[1] Geldpolitik agiert die EZB hauptsächlich mit Offenmarktinstrumenten in Form von Repo-Geschäften. Sie haben sich mittlerweile bei allen nationalen Zentralbanken als marktgerechtes und effektives Instrument durchgesetzt. Auch die deutschen Kreditinstitute sind in der Form der wöchentlichen Wertpapierpensionsgeschäfte damit schon seit langem vertraut. Eine so genannte Hauptrefinanzierungsfazilität soll wöchentlich mit einer Laufzeit von zwei Wochen abgeschlossen werden. Daneben werden von dem ESZB längerfristige Refinanzierungsgeschäfte angeboten. Diese Geschäfte nehmen mit der Laufzeit von drei Monaten ein wichtiges Element des Diskontkredits auf. Entsprechend dem Charakter einer Basisfinanzierung ist der Kreis der teilnahmeberechtigten Geschäftspartner breit gezogen. Für die Vertenderung ist allerdings ein monatlicher Rhythmus vorgesehen. Damit kann dieses Instrument zur Verstetigung des Geldmarkts sowie zur Dispositionssicherheit insbesondere bei kleineren Banken beitragen.

Um unerwarteten Liquiditäts- und damit auch Zinsschwankungen angemessen begegnen zu können, kann das ESZB auf ein breites Spektrum von Feinsteuerungsoperationen wie z.B. Devisenswaps zurückgreifen.

Als ständige Fazilitäten, deren Inanspruchnahme auf Initiative der Geschäftspartner erfolgt, wird es eine Spitzenrefinanzierungsfazilität und eine Einlagenfazilität geben. Die Spitzenrefinanzierungsfazilität entspricht dabei funktionell dem deutschen Lombard. Sie ist damit also in erster Linie ein Sicherheitsventil bei kurzfristigen Liquiditätsengpässen im Bankensystem und begrenzt so auch die Ausschläge der Geldmarktsätze nach oben. Die Einlagenfazilität soll kurzfristige Liquiditätsüberschüsse abfangen, wodurch ein Boden für die Geldmarktsätze eingezogen wird ...

Quelle: Tietmeyer, H.: Nach einer Rede vom 8. Juli 1998, zitiert in Deutsche Bundesbank, Auszüge aus Presseartikeln vom 10. Juli 1998, S. 3f.

1 Operation (lat.) = Eingriff. Operative Maßnahmen der EZB sind Eingriffe in den Geldmarkt.

25 Hartmann – ISBN 978-3-8120-0320 9

2.1 Erläutern Sie die im Text unterstrichenen Begriffe!

2.2 Welche Instrumente der Offenmarktpolitik werden im obigen Text nicht angesprochen? Erläutern Sie diese Instrumente!

2.3 Verdeutlichen Sie am Beispiel des effektiven Kaufs bzw. Verkaufs von Wertpapieren durch eine Zentralbank die Wirkungsweise der Offenmarktpolitik!

2.4 Inwieweit hat die Offenmarktpolitik eine Doppelwirkung?

2.5 In welcher Situation wird es für die Kreditinstitute günstiger sein, Wertpapiere von einer Zentralbank beleihen zu lassen als sie an die Zentralbank effektiv zu verkaufen?

2.6 Im Text wird gesagt, dass die Spitzenrefinanzierungsfazilität auch dazu dient, Ausschläge der Geldmarktsätze (Geldmarktzinssätze) nach oben zu begrenzen. Begründen Sie diese Aussage!

2.7 Erläutern Sie, wie die Inanspruchnahme der Einlagenfazilität durch die Kreditinstitute auf die Geldmarktzinssätze wirkt!

2.8 Der Text spricht von „Vertenderung". Damit ist die Anwendung eines Tenders bei der Vergabe von Krediten durch eine Zentralbank gemeint.

2.8.1 Erläutern Sie, was unter Mengentender zu verstehen ist!

2.8.2 Erklären Sie die beiden Zuteilungsmethoden beim Zinstender!

2.9 Angenommen, eine Zentralbank möchte 12 Mrd. GE zuteilen. Es bieten die Bankengruppen A 4,5 Mrd. GE, B 4,2 Mrd. GE, C 5,1 Mrd. GE, D 2,7 Mrd. GE und E 1,5 Mrd. GE.

Es wird ein Tenderverfahren angewandt.

2.9.1 Angenommen, es wird der Mengentender eingesetzt. Wie viel Kredit erhält jede Bankengruppe?

2.9.2 Angenommen, es wird das holländische Tenderverfahren eingesetzt. Die Bankengruppen bieten folgende Zinssätze: Bankengruppe A 3,80 %, Bankengruppe B 3,75 %, Bankengruppe C 3,70 %, Bankengruppe D 3,65 % und Bankengruppe E 3,60 %.

Welche Bankengruppen kommen zum Zuge und wie hoch ist der jeweilige Zuteilungsbetrag?

2.9.3 Worin unterscheidet sich das holländische Tenderverfahren vom amerikanischen?

2.9.4 Wie lautet der Oberbegriff über die in den Aufgaben 2.9.2 und 2.9.3 genannten Tenderverfahren?

3. Welche Maßnahmen sollte die EZB in folgenden Fällen ergreifen? Begründen Sie Ihre Antworten und gehen Sie auf mögliche Zielkonflikte ein!

3.1 Die Wirtschaft befindet sich im Zustand der Unterbeschäftigung (Arbeitslosigkeit). Die Inflationsrate ist gering.

3.2 Die Wirtschaft befindet sich im Zustand der Überbeschäftigung mit hohen Preissteigerungsraten.

3.3 Die Importe übersteigen die Exporte. Die Inflationsrate ist hoch. Die Wirtschaft ist unterbeschäftigt.

3.4 In den USA sind die Zinssätze niedrig, in der WWU im Verhältnis dazu hoch. Die Inflationsrate in der WWU ist nach Ansicht der EZB zu hoch.

9 Beschäftigung, Wachstum und Konjunktur

9.1 Beschäftigung

Theorien sind notwendig; ohne Theorien gibt es keine Praxis. Auch der Praktiker hat eine Theorie – er weiß es nur nicht.

(Verfasser unbekannt)

9.1.1 Beschäftigungsmessung

■ Unter **Beschäftigung** verstehen wir den Grad der Kapazitätsausnutzung einer Volkswirtschaft.

Dabei ist zu beachten, dass die Messung der volkswirtschaftlichen Kapazität (= Leistungsfähigkeit) immer problematisch ist. Messen wir die Kapazität an der Ausstattung der Wirtschaft mit Produktionsanlagen, so kann eine Wirtschaft vollbeschäftigt sein, obwohl es Arbeitslose gibt, ganz einfach deshalb, weil im Verhältnis zu den gegebenen Arbeitsplätzen zu viel Arbeitskräfte vorhanden sind. Umgekehrt mag es möglich sein, dass eine Wirtschaft alle Arbeitskräfte beschäftigt und außerdem noch offene Stellen besitzt. In diesem Fall sind die sachlichen Produktionsfaktoren unterbeschäftigt. Die vollständige Ausnutzung ist nur durch die Einstellung ausländischer Arbeitskräfte möglich.

Um den genannten Schwierigkeiten aus dem Weg zu gehen, beurteilt man die Beschäftigungslage in einer Volkswirtschaft meist an den Arbeitslosenzahlen *und* den offenen Stellen. Von **Vollbeschäftigung** spricht man, wenn die Arbeitslosenquote nicht mehr als 1 bis 1,5% beträgt. **Überbeschäftigung** liegt vor, wenn die Zahl der offenen Stellen erheblich über der Zahl der Arbeitslosen liegt (vgl. in der Tab. 9.1 das Jahr 1966), **Unterbeschäftigung**, wenn die **Arbeitslosenquote** höher als 1,5% ist *und* die Zahl der offenen Stellen niedriger als die Arbeitslosenzahl ist.

Eine einheitliche Berechnungsformel für die Arbeitslosenquote gibt es nicht. Die Bundesagentur für Arbeit verwendet in Anlehnung an die Berechnung der EU-Arbeitslosenquote folgende Berechnungsmethode:

$$\mathbf{ALQ = \frac{Arbeitslosenzahl \cdot 100}{Anzahl\ der\ Erwerbspersonen}}$$

Unter *Erwerbspersonen* sind die selbstständigen und die unselbstständigen Erwerbspersonen *zuzüglich der Arbeitslosen* zu verstehen. Demnach besteht die Zahl der abhängigen Erwerbspersonen aus den abhängig Beschäftigten *und* den Arbeitslosen.

Arbeitsmarktdaten der Bundesrepublik Deutschland (ab 1994 Gesamtdeutschland)
(Zahlen in Tausend)

Jahr	Arbeit-nehmer	Arbeits-lose	Offene Stellen
1966	21 870	161	539
1974	22 152	582	315
1980	22 986	889	308
1984	21 980	2 202	234
1988	24 364	2 242	189
1990	25 460	1 883	314
1994	31 385	3 698	294
1998	33 560	4 279	422
2002	34 577	4 061	452
2004	34 652	4 381	286
2005	34 425	4 861	413
2006	34 500	4 487	564
2007	35 292	3 776	621

Tabelle 9.1

Quelle: Monatsberichte der Deutschen Bundesbank, mehrere Jahrgänge; iwd.

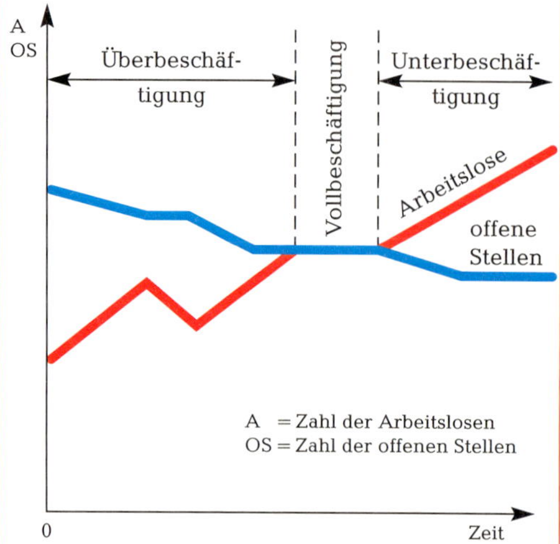

Unter-, Über- und Vollbeschäftigung

Abb. 9.1

Zur Beurteilung der Beschäftigungslage einer Volkswirtschaft kann auch die Erwerbsquote herangezogen werden.

■ Unter **Erwerbsquote** versteht man den prozentualen Anteil der Erwerbspersonen an der Gesamtbevölkerung.

Eine steigende (sinkende) Erwerbsquote ist ein möglicher Hinweis auf eine zunehmende (abnehmende) Beschäftigung. Sie sagt jedoch nicht unbedingt etwas über eine abnehmende (zunehmende) Arbeitslosigkeit aus.

Die Arbeitslosenquote, die Zahl der offenen Stellen und die Erwerbsquote sind Hilfsgrößen zur Beurteilung der Beschäftigungslage einer Wirtschaft. Wie wir eingangs gesehen haben, müsste die Beschäftigung *aller* Produktionsfaktoren untersucht werden. Dies ist jedoch aus verschiedenen Gründen nicht möglich. Einmal fehlt ein gemeinsamer Nenner, zum anderen liegen keine Kriterien für die Gewichtung der einzelnen Produktionsfaktoren vor. Die Theorie begnügt sich daher damit, das **Volkseinkommen** als Maßstab für Beschäftigungsänderungen zu verwenden. Eine Erhöhung des Volkseinkommens zu konstanten Preisen bedeutet dann eine Verbesserung der Beschäftigungslage, während die Verminderung des Volkseinkommens auf eine Verschlechterung hinweist.

9.1.2 Konsum- und Sparfunktion

Es ist leicht einzusehen, dass bei steigendem Volkseinkommen (E) sowohl der Konsum (C) als auch die Ersparnisse (S) steigen: In einer armen Volkswirtschaft, in der die Masse der Bevölkerung gerade so viel verdient, dass sie ihr Existenzminimum decken kann, wird nicht oder wenig gespart. In reichen Volkswirtschaften hingegen, in denen die Durchschnittseinkommen weit über dem Existenzminimum liegen, kann auch mehr gespart werden.

Hierzu ein einfaches Beispiel:

Volks-einkommen	Konsum-ausgaben	Ersparnis
0	100	- 100
100	175	- 75
200	250	- 50
300	325	- 25
400	400	- 0
500	475	+ 25
600	550	+ 50
700	625	+ 75
800	700	+ 100

Tabelle 9.2

Die Tabelle sagt Folgendes aus: Bei einem Volkseinkommen von 400 Mrd. GE wird nicht gespart, sondern das gesamte Einkommen wird verbraucht **(Basiseinkommen).** In einer geschlossenen stationären Wirtschaft ist das Basiseinkommen das Gleichgewichtseinkommen (E = C), wie noch zu beweisen sein wird. Das Basiseinkommen verkörpert gewissermaßen das soziokulturelle Existenzminimum, also den Lebensstandard, der den privaten Haushalten aufgrund der derzeitigen gesellschaftlichen und wirtschaftlichen Entwicklung nach allgemeiner Anschauung zugebilligt wird.

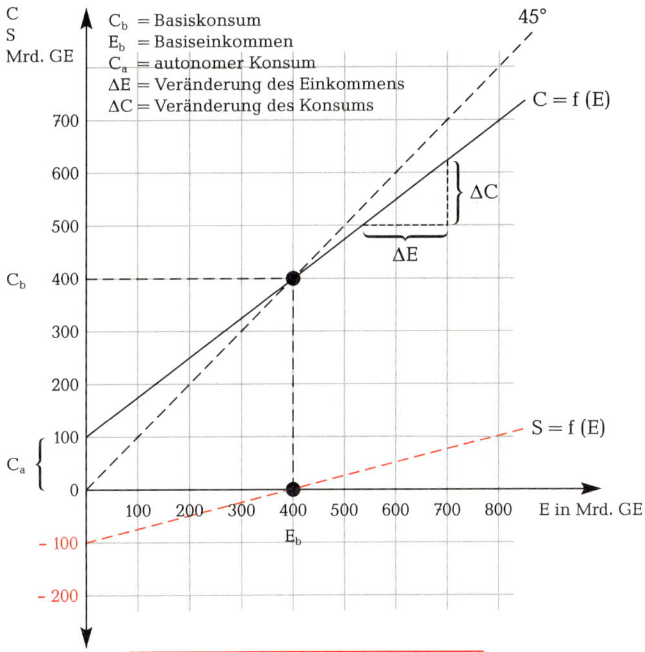

Konsum- und Sparfunktion

Abb. 9.2

Das absolute (physische) Existenzminimum (der Mindestkonsum) liegt bei 100 Mrd. GE. Dies bedeutet, dass bei einem Volkseinkommen von null **negativ gespart** werden muss, d.h., die Verbraucher müssen frühere Ersparnisse angreifen oder Kredite aufnehmen.

Der Mindestkonsum (im Beispiel 100 Mrd. GE) wird auch als **autonomer Konsum** (C_a) bezeichnet, weil er von der Höhe des Volkseinkommens *unabhängig* ist.

Positives Sparen kann erst beginnen, wenn das Volkseinkommen das Basiseinkommen übersteigt. Bei einem Volkseinkommen von 600 Mrd. GE würden z.B. 50 Mrd. GE gespart werden, während 550 Mrd. GE in den Konsum fließen.

In der Abb. 9.2 wird der gleiche Zusammenhang mit der **Konsumfunktion** [C = f (E)] dargestellt. Die Gleichung bedeutet, dass der Konsum (C) eine Abhängige (Funktion) des Einkommens (E) ist. Die 45°-Linie zeigt die Menge aller Punkte an, bei denen Einkommen und Konsum gleich hoch sind.

Neben der Konsumfunktion lässt sich auch die **Sparfunktion** [S = f (E)] einzeichnen. Sie ergibt sich aus der Differenz zwischen Volkseinkommen und Konsum (E - C = S).

Die Steigungen der Konsum- und Sparfunktion lassen sich mit den Begriffen des **Grenzhangs zum Konsum** und des **Grenzhangs zum Sparen** beschreiben. In unserem Beispiel werden bei einem Einkommenszuwachs von 100 Mrd. GE *zusätzlich* 75 Mrd. GE verbraucht und *zusätzlich* 25 Mrd. GE gespart. Der Grenzhang zum Konsum (c) ergibt sich also aus dem Verhältnis einer Konsumänderung (Δ C) zu einer bestimmten Einkommensänderung (Δ E):

$$\mathbf{c = \frac{\Delta C}{\Delta E}}$$

In diesem Beispiel ist somit der Grenzhang zum Konsum 3/4 (75 %). Entsprechend ist der Grenzhang zum Sparen (s) das Verhältnis einer Sparänderung zu einer bestimmten Einkommensänderung:

$$\mathbf{s = \frac{\Delta S}{\Delta E}}$$

Die Summe aus Grenzhang zum Konsum und Grenzhang zum Sparen ist immer 1, denn das zusätzliche Einkommen (Δ E) wird *sowohl* für zusätzlichen Konsum (Δ C) als *auch* für zusätzliches Sparen (Δ S) verwendet.

Das Modell unterliegt folgenden einschränkenden Bedingungen:

(a) Faktor- und Güterpreise sind konstant; Änderungen des Einkommens (E) sind dann gleichbedeutend mit Beschäftigungsänderungen der Volkswirtschaft.

(b) Beschäftigungsänderungen (Einkommensänderungen) vollziehen sich innerhalb der Kapazitätsgrenzen der Volkswirtschaft. Die Kapazität der Volkswirtschaft ist eine gegebene Größe.

(c) Obige Annahmen sind nur unter der Bedingung einer kurzfristigen Betrachtungsweise zulässig, sodass der technische Fortschritt sowie Investitionseffekte[1] außer Betracht gelassen werden können.

(d) Es handelt sich um eine Wirtschaft, in der die Unternehmen gerade so viel reinvestieren, um die Konsumgüternachfrage befriedigen zu können. Die Nettoinvestitionen sind also null.

(e) Anpassungsprozesse vollziehen sich nur infolge unfreiwilligen (ungeplanten) Sparens.[2]

1 Investitionseffekt = Mehrproduktion aufgrund von Investitionen.

2 Siehe Kapitel 7.2.2.

(f) Das Sparen (S) hängt ausschließlich von der Höhe des Volkseinkommens ab.
(g) Die Konsumfunktion ist linear (der Grenzhang zum Konsum ist konstant).

Realistische Konsumfunktion

In Wirklichkeit wird die Konsumfunktion keine lineare Gestalt haben, weil mit zunehmendem Einkommen der Grenzhang zum Sparen *größer* wird (Abb. 9.3), eine Erscheinung, die KEYNES als „fundamentales psychologisches Gesetz" bezeichnet hat. Gleichgültig aber, welche konkrete Gestalt die Konsumfunktion auch haben mag, lässt sich behaupten:

- Steigendes Gesamteinkommen erhöht in der Regel das volkswirtschaftliche Sparen.
- Sinkendes Gesamteinkommen vermindert in der Regel das volkswirtschaftliche Sparen.

Mit diesen Feststellungen steht die moderne Volkswirtschaftslehre (insbesondere seit J. M. KEYNES) im Gegensatz zur klassischen Theorie, die einen engen Zusammenhang zwischen **Sparen** und **Zins** sah. Die Klassiker glaubten feststellen zu können, dass steigende Zinsen das Sparen fördern, fallende Zinsen zu einer Einschränkung des Sparens führen. Tatsächlich aber hat die Höhe des Zinssatzes nur einen Einfluss darauf, ob die gesparten Mittel **angelegt** oder **gehortet** werden. Eine Anlage liegt vor, wenn Geldmittel Unternehmungen, dem Staat oder den Banken als Kredite überlassen werden. Gehortet wird das Geld, wenn es (unverzinst) bei den Wirtschaftssubjekten zur Erhöhung der **Liquidität** (Flüssigkeit) verbleibt.

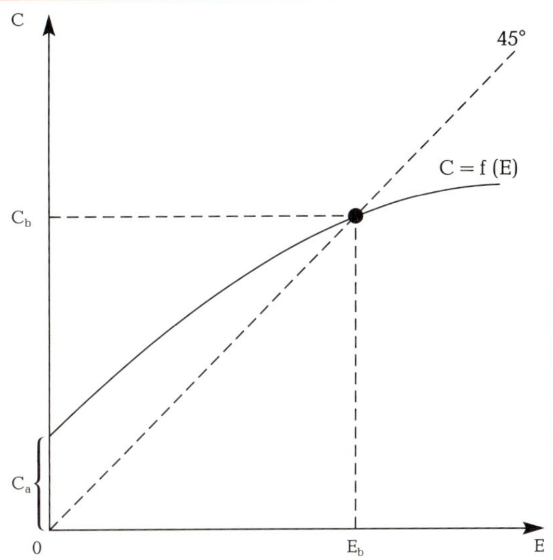

Abnehmender Grenzhang zum Verbrauch

Abb. 9.3

Sonstige Einflussgrößen auf das Sparverhalten

Der bisher angenommene strenge Zusammenhang zwischen Volkseinkommen und Sparen ist in Wirklichkeit nicht generell gegeben. Er erklärt im Grunde nur die **Sparfähigkeit** der Summe aller Einkommensbezieher, die selbstverständlich von der Höhe des Einkommens abhängig ist. Nicht erklärt wird die **Sparwilligkeit,** die auf einer Reihe ganz anderer Motive (= Beweggründe) beruhen kann. So mag z.B. die Angst vor Inflation die Sparquote (prozentualer Anteil der Ersparnis am Volkseinkommen) senken, während die Angst vor Arbeitslosigkeit die Sparquote erhöht. Allgemeines Vertrauen in die wirtschaftliche und politische Stabilität eines Landes vermag die Sparwilligkeit zu steigern.

Staatliche Sparprämien können die Sparquote positiv beeinflussen, wenngleich zu vermuten ist, dass die Sparer aufgrund der staatlichen Sparförderungsmaßnahmen in ihrer Mehrzahl nicht *mehr* sparen als sie es ohnehin täten, sondern lediglich die Anlageform wechseln (z.B. Abschluss eines Bausparvertrags anstelle der Anlage auf einem gewöhnlichen Sparbuch). Auch das **Zwecksparen** muss an dieser Stelle erwähnt werden. Die privaten Haushalte können sparen, um sich in naher oder ferner Zukunft teure Konsumgüter zu kaufen, um ihren Kindern die Ausbildung oder die spätere Heirat zu finanzieren oder um sich einen Notgroschen „auf die hohe Kante" zu legen. Ein Sparmotiv öffentlicher Haushalte ist, dem Wirtschaftskreislauf Geld zu entziehen, um die Konjunktur zu dämpfen (vgl. Kapitel 9.3.5.2). Unternehmen sparen, um spätere Investitionen ganz oder teilweise aus eigenen Mitteln finanzieren zu können (Selbstfinanzierung).

Wenn wir in den folgenden Kapiteln dennoch eine enge Abhängigkeit zwischen Einkommen und Ersparnis sehen, müssen wir uns dessen bewusst bleiben, dass es sich hierbei um gesamtwirtschaftliche Größen **(makroökonomische Größen)** und nicht um einzelwirtschaftliche **(mikroökonomische Größen)** handelt.

Übersicht über mögliche Sparmotive

Die Ersparnis beeinflussende Faktoren:	Das Sparen nimmt zu, wenn	Das Sparen nimmt ab, wenn
Zins	der Zinssatz steigt („klassische" Hypothese);	der Zinssatz sinkt;
Volkseinkommen	das Volkseinkommen steigt (keynesianische Hypothese);	das Volkseinkommen sinkt;
Erwartungshaltung	Arbeitslosigkeit, stagnierende und/oder zurückgehende Einkommen erwartet werden (sozialpsychologische Erklärung);	Vollbeschäftigung und steigende Einkommen erwartet werden;
technischer Wandel, Modewandel	Sättigungserscheinungen auftreten und technische und modische Impulse fehlen.	Nachholbedarf (z.B. nach wirtschaftlichen Rückschlägen) auftritt und/oder technische und modische Impulse die Einkommensbezieher zu Mehrkonsum anregen.

Übersicht 9.1

Von den Wirtschaftssubjekten nicht beeinflussbar ist das **Zwangssparen.** Dies kann ein gesetzlich erzwungenes Sparen sein (z.B. Einführung oder Erhöhung von Sozialversicherungsabgaben) oder ein durch Inflation bewirktes „Sparen". Ein Zwangssparen durch Inflation tritt dann ein, wenn die Einkommen nicht im gleichen Maße wachsen wie das Preisniveau steigt. Dann nämlich können die Wirtschaftssubjekte real weniger kaufen.[1]

Für bestimmte Untersuchungen kann es sinnvoll sein, das gesamtwirtschaftliche Sparen (S) in **Anlagesparen** (= bei Kreditinstituten und/oder anderen Unternehmen angelegte Ersparnis) und **Horten** (= bei den Sparern gehaltene Liquidität) zu unterscheiden. Diese Unterscheidung ist insofern bedeutsam, weil nur das Anlagesparen die gesparten Mittel wieder in den Wirtschaftskreislauf zurückführt.

1 Siehe hierzu Kapitel 7.2.2 („Das Problem I = S").

Entwicklung zum Gleichgewichtseinkommen

In der Abb. 9.2 hat die Konsumfunktion $C = C_a + c \cdot E$ folgende Werte: Der autonome Konsum (C_a) beträgt 100 Mrd. GE und der Grenzhang zum Konsum (c) beläuft sich auf $^3/_4$.

Angenommen nun, die **Konsumneigung** nimmt zu, beispielsweise aufgrund optimistischer Zukunftserwartungen der Konsumenten (Abb. 9.4). Dies drückt sich in einem steigenden Grenzhang zum Konsum aus. Unterstellen wir, dass der Grenzhang zum Konsum von bisher $^3/_4$ auf nunmehr $^5/_6$ steigt. Dann ergibt sich das neue Basiseinkommen wie folgt:

(1) $C = C_a + c \cdot E$

(2) $E = C$ (stationäre Wirtschaft)

(3) $E = C_a + c \cdot E$

(4) mit Zahlen: $E = 100 + {}^5/_6 \cdot E$

$E - {}^5/_6\, E = 100$

${}^1/_6\, E = 100$

$\underline{\underline{E = 600 \text{ Mrd. GE}}}$

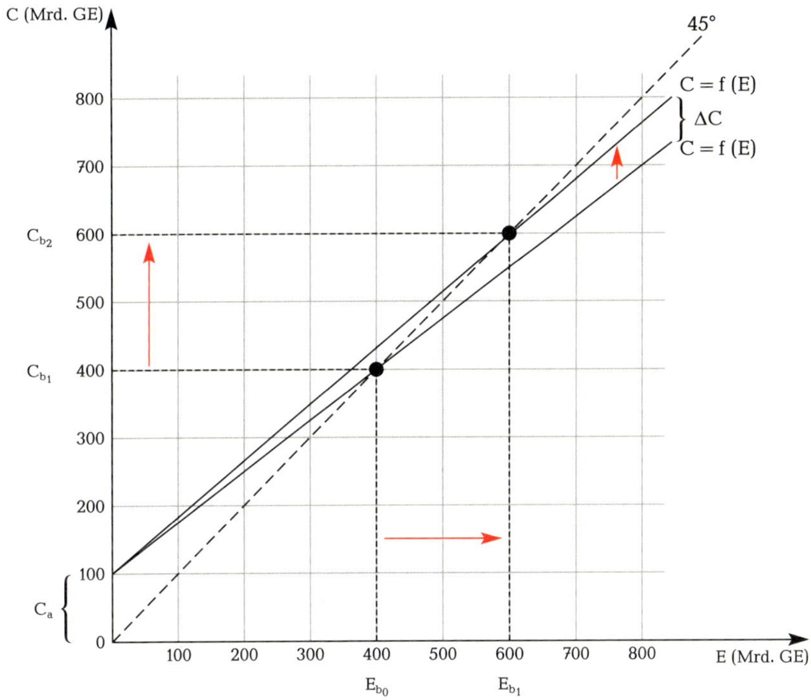

Gestiegenes Einkommen aufgrund gestiegenen Grenzhangs zum Konsum

Abb. 9.4

Wir gingen in unserem Modell davon aus, dass gesamtwirtschaftliches Gleichgewicht herrscht, wenn das Volkseinkommen (E) vollständig für Konsumgüter (C) ausgegeben wird. Umgekehrt heißt das, dass im Gleichgewichtsfall das **gesamtwirtschaftliche Güterangebot** – das wir mit dem Symbol Y bezeichnen – der Güternachfrage (C)[1] entspricht. Da $C = C_a + c \cdot E$ ist, drückt die Konsumfunktion die **gesamtwirtschaftliche Güternachfrage** aus.

Beträgt zum Ausgangszeitpunkt das **gesamtwirtschaftliche Angebot (Y)** bei der „neuen" Konsumfunktion ($C = C_a + {}^5/_6\,E$) nur 400 Mrd. GE, so beläuft sich der geplante Konsum nur auf $433\,{}^1/_3$ Mrd. GE, denn

$$C = C_a + c \cdot E$$

mit Zahlen:

$$C = 100 + {}^5/_6 \cdot 400$$
$$C = 100 + 333\,{}^1/_3$$
$$\underline{\underline{C = 433\,{}^1/_3 \text{ Mrd. GE}}}$$

In diesem Fall ist also die gesamtwirtschaftliche Konsumgüternachfrage (C) *größer* als das gesamtwirtschaftliche Güterangebot (Y). Es liegt eine **Angebotslücke** vor, die in der volkswirtschaftlichen Literatur auch als **„inflatorische Lücke"** bezeichnet wird. Die Produzenten werden die Produktion (die Beschäftigung) so lange ausdehnen und damit zusätzliche Einkommen schaffen, und die Konsumenten werden aufgrund der steigenden Einkommen so lange zusätzliche Konsumgüter nachfragen, bis das neue Gleichgewicht (im Beispiel E = 600 Mrd. GE) erreicht ist.

Beträgt jedoch in unserem Beispiel (Abb. 9.4) bei der gegebenen Konsumfunktion ($E = C_a + {}^5/_6\,E$) das gesamtwirtschaftliche Güterangebot (Y) 800 Mrd. GE, so beläuft sich die Gesamtnachfrage (C) nur auf $766\,{}^2/_3$ Mrd. GE, denn

$$C = C_a + c \cdot E$$

mit Zahlen:

$$C = 100 + {}^5/_6 \cdot 800$$
$$C = 100 + 666\,{}^2/_3$$
$$\underline{\underline{C = 766\,{}^2/_3 \text{ Mrd. GE}}}$$

In diesem Fall ist die gesamtwirtschaftliche Konsumgüternachfrage (C) *kleiner* als das gesamtwirtschaftliche Güterangebot (Y). Es liegt eine **Nachfragelücke** vor, die auch als **„deflatorische Lücke"** bezeichnet wird. Die Produzenten werden die Produktion (die Beschäftigung) so lange zurücknehmen und damit weniger Einkommen schaffen, und die Konsumenten werden aufgrund der sinkenden Einkommen so lange weniger Konsumgüter nachfragen, bis das neue Gleichgewicht (im Beispiel E = 600 Mrd. GE) erreicht ist.

Merke:

- Die **Beschäftigung** einer Volkswirtschaft hängt u. a. von der Höhe des Grenzhangs zum Konsum ab:
  - Je höher der Grenzhang zum Konsum, desto höher ist die Beschäftigung (das Volkseinkommen);
  - je niedriger der Grenzhang zum Konsum, desto niedriger ist die Beschäftigung (das Volkseinkommen).

1 Da in diesem Modell die Nettoinvestitionsgüternachfrage außer Betracht bleibt, ist die gesamtwirtschaftliche Konsumgüternachfrage mit der gesamtwirtschaftlichen Güternachfrage identisch.

- Besteht eine **Angebotslücke** (Y < C), steigt die Beschäftigung bis zum Gleichgewichtseinkommen.
- Besteht eine **Nachfragelücke** (Y > C), sinkt die Beschäftigung bis zum Gleichgewichtseinkommen.
- Die (lineare) **Konsumfunktion** hat folgende Gestalt: $C = C_a + c \cdot E$
- Die (lineare) **Sparfunktion** hat die Gestalt: $S = - C_a + s \cdot E$

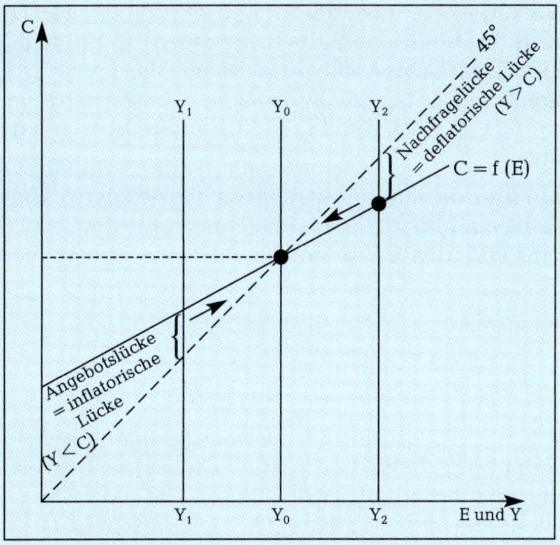

Abb. 9.5

9.1.3 Investitionsneigung

Eine wesentliche Bestimmungsgröße der volkswirtschaftlichen Beschäftigung sind die **Investitionen.**

Unternehmen investieren nicht, um Arbeitsplätze zu schaffen. Unternehmen investieren nur, wenn es sich lohnt, wenn also die Geschäftserwartungen gut sind und Gewinne in Aussicht stehen. Es gibt somit eine enge Verknüpfung von Konjunkturlage, Investitionsklima und Arbeitsplätzen. Läuft es mit der Wirtschaft reibungslos und sind zufrieden stellende Überschüsse zu erwarten, dann stecken die Unternehmen auch mehr Geld in neue Maschinen, Anlagen und Gebäude. Dann wächst – allerdings mit einer gewissen zeitlichen Verzögerung – auch die Zahl der Arbeitsplätze. In der Flaute dagegen, wenn die Betriebe sparen und ihre Investitionslust schwindet, gehen in der Regel auch Arbeitsplätze verloren. Während der flauen Konjunktur von 1992 bis 1997 wurden rund 1,2 Millionen Arbeitsplätze abgebaut. Von 1998 bis 2001 hingegen entstanden fast 1,9 Millionen neue Jobs.

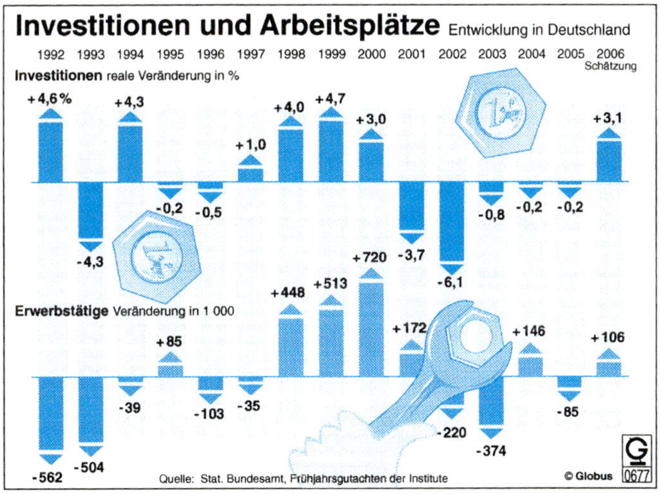

Abb. 9.6

Investitionen sind entweder beabsichtigt (geplant) oder unbeabsichtigt (ungeplant, ungewollt). **Unbeabsichtigte Investitionen** liegen vor, wenn die Unternehmen auf ihren Vorräten „sitzen bleiben", weil die Nachfrage (unerwartet) zurückgegangen ist.

Die **geplanten Investitionen** (Anlage- oder Vorratsinvestitionen) der Unternehmen orientieren sich in der Regel an bestimmten Daten. So können Investitionen z. B. von der Höhe der Kreditzinsen abhängig sein. Weiterhin kann die Investitionstätigkeit der Unternehmen von der Höhe des tatsächlichen oder erwarteten Konsums beeinflusst werden, der wiederum eine Funktion des Volkseinkommens ist. Im ersten Fall sprechen wir von **zinsabhängigen Investitionen,** im letzteren von **einkommensabhängigen Investitionen.**

In einer offenen Wirtschaft bestimmt die Höhe des tatsächlichen oder erwarteten Exports ebenfalls die Investitionsneigung der Unternehmen **(exportabhängige Investitionen).**

Investitionen, die von solchen wirtschaftlichen Daten abhängig sind, heißen **induzierte Investitionen.**[1] Dazu gehören nicht nur die zins-, einkommens- und exportabhängigen Investitionen, sondern auch diejenigen, die durch technische Erneuerungen **(Innovationen)** herbeigeführt werden. **Verbesserungsinvestitionen** können aus verschiedenen Gründen durchgeführt werden. In einer Wettbewerbswirtschaft müssen die Unternehmen Verbesserungsinvestitionen vornehmen, um konkurrenzfähig zu bleiben. Technische Erneuerungen müssen aber auch durchgeführt werden, wenn bisher verwendete Rohstoffe knapp werden und nach Ersatzstoffen gesucht werden muss (z. B. Umstellungen aufgrund der Erdölverknappung). Überhaupt erzwingt die Verteuerung bisheriger Produktionsverfahren den Übergang zu neuen Verfahren.

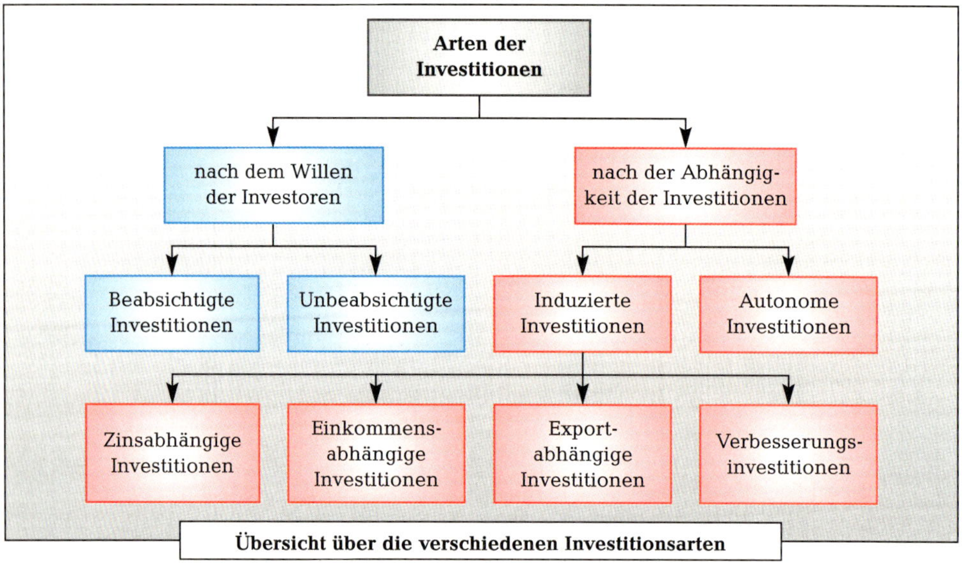

Übersicht über die verschiedenen Investitionsarten

Abb. 9.7

Die genannten Faktoren beeinflussen jederzeit die Investitionsneigung der Unternehmen, wenn auch je nach Situation mit unterschiedlichem Gewicht. Somit sind in der Regel die Investitionen der Unternehmen immer auf irgendeine Weise *induziert*.

1 Induzieren = beeinflussen.

Wenn die Wirtschaftstheorie dennoch von **autonomen Investitionen** spricht, so ist das eine für theoretische Analysen bestimmte Annahme, um nicht auf die *Ursachen* von Investitionen eingehen zu müssen. Autonome Investitionen, also Investitionen, die von anderen wirtschaftlichen Daten *unabhängig* sind, wird in Wirklichkeit regelmäßig nur der Staat vornehmen können, weil er nicht wie Unternehmen einer marktwirtschaftlich orientierten Volkswirtschaft auf Rentabilität, Wirtschaftlichkeit und Liquidität zu achten braucht. Der Staat kann seine autonomen Investitionen z. B. dann durchführen, wenn eine unterbeschäftigte Wirtschaft aus der Depression[1] herausgeführt werden soll.

Um den Zusammenhang zwischen Investitionen und Beschäftigung (gemessen am Volkseinkommen zu konstanten Preisen) in aller Reinheit zeigen zu können, seien zunächst autonome Investitionen unterstellt, wobei offen bleibt, ob es sich um staatliche oder private Investitionen handelt.

9.1.4 Investitionsmultiplikator

In einer evolutorischen und geschlossenen Wirtschaft ohne staatliche Aktivität[2] setzt sich das Volkseinkommen aus Konsum (C) und Nettoinvestitionen (I) zusammen. Mit anderen Worten: Das Volkseinkommen zu konstanten Preisen (die Beschäftigung) wird kurzfristig nicht nur durch die Nachfrage nach Konsumgütern, sondern auch durch die zusätzliche Nachfrage nach Investitionsgütern bestimmt.

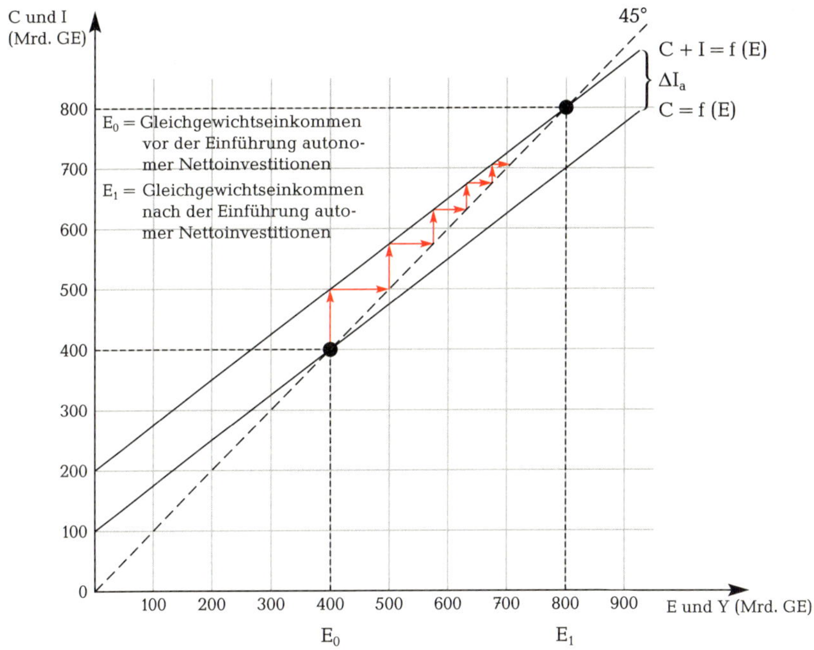

Entwicklung zum Gleichgewichtseinkommen

Abb. 9.8

1 Depression = wirtschaftlicher Niedergang (vgl. Kapitel 9.3).

2 Siehe Kapitel 7.2.

Um die Abhängigkeit des Volkseinkommens von autonomen Nettoinvestitionen (I_a) untersuchen zu können, gehen wir von einer gegebenen Konsumfunktion ($100 + 0{,}75 \cdot E$) wie in Abb. 9.8 aus.

Angenommen, die autonomen Nettoinvestitionen (I_a) betragen 100 Mrd. GE,[1] wobei diese Nettoinvestitionen von Periode zu Periode in der gleichen Höhe beibehalten werden **(permanente Nettoinvestitionen).** Dann erhöht sich die gesamtwirtschaftliche Nachfrage bei jedem Volkseinkommen um 100 Mrd. GE.

Die allgemeine Formel für die **gesamtwirtschaftliche Nachfrage** lautet dann:

$$\mathbf{C + I = C_a + I_a + c \cdot E}$$

Das **Gleichgewichtseinkommen** steigt von bisher 400 Mrd. GE auf nunmehr 800 Mrd. GE, denn:

$E = C + I$

Folglich ist $E = C_a + I_a + c \cdot E$

Mit Zahlen:

$E = 100 + 100 + {}^3/_4 \cdot E$

${}^1/_4\ E = 200$

$E = 800$ Mrd. GE

Bei diesem Einkommen ist die Gleichgewichtsbedingung $E = C + I$ *und* $S = I$ erfüllt. Die privaten Haushalte nämlich planen bei einem Einkommen von 800 Mrd. GE einen Konsum von 700 Mrd. GE und eine Sparsumme von 100 Mrd. GE. Diese Sparsumme ist aber der ursprünglich vorgenommenen und laufend beibehaltenen Nettoinvestition in Höhe von 100 Mrd. GE gleich.

Entwicklung zum Gleichgewichtseinkommen[2]

Es erhebt sich die Frage, wie der Prozess verläuft, der zu einem höheren Volkseinkommen führt. Bei einer Nettoinvestition von 100 Mrd. GE steigt zunächst das Volkseinkommen um 100 Mrd., denn $C + I = E$. Von diesem zusätzlichen Einkommen wird indessen für 75 Mrd. GE konsumiert (Δ C) und zugleich werden zusätzlich 25 Mrd. GE gespart (Δ S). Der Konsumzuwachs führt wieder zu einer Einkommenserhöhung, sodass der Konsum erneut um 56,25 Mrd. GE und das Sparen um 18,75 Mrd. GE steigen. Dieser Prozess setzt sich theoretisch bei immer kleiner werdenden Zuwachsraten unendlich lange fort, wie die Tab. 9.3 (Seite 399) zeigt.

1 Die große Zahl wird angenommen, weil so der Sachverhalt zeichnerisch deutlicher gezeigt werden kann.

2 Die verbale Begründung ist die gleiche wie im Kapitel 9.1.1 (Veränderung der Konsumfunktion). Hier besteht im Ausgangszeitpunkt eine Angebotslücke ($C + I > Y$).

Entwicklung zum Gleichgewichtseinkommen				
Perioden	Nettoinvestitionen je Periode in Mrd. GE	Einkommenszuwachs (ΔE in Mrd. GE)	Konsumzuwachs (ΔC in Mrd. GE)	Zusätzliches Sparen (ΔS in Mrd. GE)
1	100	100		
2	100	75	→ 75	25
3	100	56,25	→ 56,25	18,75
4	100	42,1875	→ 42,1875	14,0625
5	100	31,6406	→ 31,6406	10,5469
6	100	23,7305	→ 23,7305	7,9101
7	100	17,7979	→ 17,7979	5,9326
8	100	13,3484	→ 13,3484	4,4495
9	100	10,0113	→ 10,0113	3,3371
			→ 7,5085	2,5028
.	.	.	.	.
.	.	.	.	.
.	.	.	.	.
n	100	→ 0	→ 0	→ 0
Ergebnis nach n Perioden	100	Σ 400	Σ 300	Σ 100

Tabelle 9.3

Aus der in Abb. 9.8 eingezeichneten „Treppenkurve“ lässt sich diese Entwicklung ebenfalls ablesen.

In unserem Beispiel ist das Volkseinkommen (die Beschäftigung) um 400 Mrd. GE auf 800 Mrd. GE gestiegen, *obwohl* die Nettoinvestitionen nur um 100 Mrd. GE zugenommen haben.

- Die Zahl, die angibt, um wie viel sich das Volkseinkommen bei einer bestimmten Erhöhung der permanenten Nettoinvestitionen verändert, nennt man **Investitionsmultiplikator.**

Die Ermittlung des Investitionsmultiplikators bietet keine Schwierigkeiten. Die Änderung des Volkseinkommens beträgt in der

1. Periode: 100
2. Periode: $100 + {}^3/_4 \cdot 100$
3. Periode: $100 + {}^3/_4 \cdot 100 + ({}^3/_4)^2 \cdot 100$
4. Periode: $100 + {}^3/_4 \cdot 100 + ({}^3/_4)^2 \cdot 100 + ({}^3/_4)^3 \cdot 100$

.
.
.

n^{te} Periode: $100 + {}^3/_4 \cdot 100 + ({}^3/_4)^2 \cdot 100 \ldots ({}^3/_4)^{n-1} \cdot 100$

Die Summe dieser unendlichen geometrischen Reihe, also die Einkommensänderung (ΔE), ist dann:

$$100 \cdot \frac{1}{1 - {}^3/_4}$$

Oder allgemein:

$$\mathbf{\Delta E = \Delta I} = \underbrace{\frac{\mathbf{1}}{\mathbf{1 - Grenzhang\ zum\ Konsum}}}_{\text{Investitionsmultiplikator}}$$

In unserem Beispiel ist der Investitionsmultiplikator 4, denn

$$\Delta E = 100 \cdot \frac{1}{1 - {}^3/_4} = 100 \cdot 4 = \underline{\underline{400 \text{ Mrd. GE}}}$$

Der Investitionsmultiplikator ist somit der reziproke Wert des Grenzhangs zum Sparen, denn s = 1 - c.

Unsere bisherigen Überlegungen lassen somit nachstehende Schlussfolgerungen zu:

- Nehmen die laufenden[1] Nettoinvestitionen um einen bestimmten Betrag zu, steigt das Volkseinkommen um ein Mehrfaches dieses Betrags (positiver Multiplikatoreffekt).
- Nehmen die laufenden Nettoinvestitionen um einen bestimmten Betrag ab, sinkt das Volkseinkommen um ein Mehrfaches dieses Betrags (negativer Multiplikatoreffekt).
- Der Einkommenszuwachs ist umso höher, je höher der Grenzhang zum Verbrauch ist.
- Der Einkommenszuwachs ist umso niedriger, je niedriger der Grenzhang zum Verbrauch ist.

Diese allgemeinen Aussagen werden in keiner Weise von der realistischeren Annahme berührt, dass der Grenzhang zum Verbrauch mit zunehmendem Einkommen abnimmt (Abb. 9.9). Lediglich der Multiplikator ist in diesem Fall kleiner.

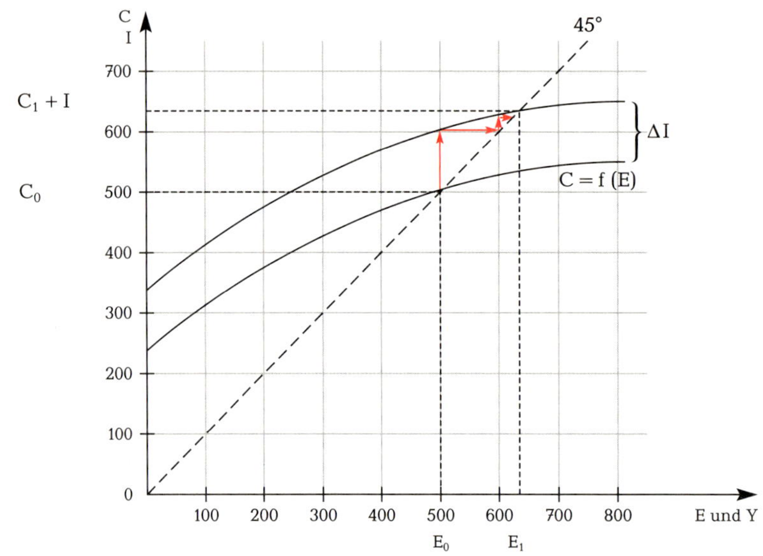

Realistische Konsumfunktion

Abb. 9.9

1 Handelt es sich nur um einen einmaligen Investitionsstoß (eine zusätzliche Nettoinvestition in einer Periode, z.B. in einem Jahr), erhöht sich das Volkseinkommen um eben diese Nettoinvestition, um in den Folgeperioden wieder auf seine ursprüngliche Höhe abzufallen (Näheres zu diesem Problem siehe z.B. SCHNEIDER, E.: Einführung in die Wirtschaftstheorie, Bd. III, 1955, S. 153ff.).

Bedeutung des Modells

Das Modell gilt nur unter ganz engen Bedingungen. So wird z.B. von konstanten Preisen ausgegangen. Investitionseffekte bleiben außer Betracht. Der technische Stand bleibt unverändert. Die Investitionen sind autonom und bleiben von Periode zu Periode gleich hoch. Die Unternehmen sind in der Lage, ihr Konsum- und Investitionsgüterangebot jederzeit an die Nachfrage anzupassen. Dennoch erklärt das Multiplikatormodell auf anschauliche Weise einen verwickelten Zusammenhang zwischen Nachfrage, Volkseinkommen und Beschäftigung. Steigt z.B. die Investitionsgüternachfrage, nehmen zunächst die Einkommen (Löhne und Gewinne) in der Investitionsgüterindustrie zu. Aufgrund der höheren Einkommen wird mehr konsumiert, was zunächst beim Einzelhandel, dann beim Großhandel und schließlich in der Konsumgüterindustrie zu mehr Beschäftigung führt: Es werden mehr Arbeitskräfte eingestellt, sodass das Volkseinkommen weiter zunimmt. Die zusätzlichen Einkommen werden wiederum entsprechend dem gegebenen Grenzhang zum Konsum ausgegeben, sodass sich der Prozess theoretisch unendlich lange fortsetzt.

Beinhalten die Nettoinvestitionen jedoch technische Neuerungen **(Rationalisierungsinvestitionen)**, so ist ein strenger Zusammenhang zwischen Nettoinvestitionen und der Zahl der Beschäftigten nicht mehr gegeben. Bei stark zunehmender technischer Entwicklung, also bei steigender Produktivität durch Rationalisierungsinvestitionen, wächst das reale Volkseinkommen (Sozialprodukt) aufgrund zusätzlicher Nettoinvestitionen, *ohne* dass die Arbeitslosigkeit abgebaut wird. Die Keynessche Methode vieler Regierungen, die Arbeitslosigkeit mittels Investitionsförderungsmaßnahmen zu bekämpfen, muss demnach in Zeiten hoher Produktivitätsfortschritte scheitern.

Die Aussagen der Investitionsmultiplikatortheorie sind auch deswegen von Bedeutung, weil sie sich ohne weiteres zu einer allgemeinen **Ausgabenmultiplikatortheorie** ausweiten lassen. Denn es ist letztlich gleichgültig, ob sich die gesamtwirtschaftliche Nachfrage aufgrund von privaten *Konsumänderungen* (ΔC), *Staatsausgabenänderungen* (ΔC_{st} bzw. ΔI_{st}), *privaten Nettoinvestitionen* (ΔI_{pr}) oder *Exportüberschüssen* (des Außenbeitrags) erhöht oder vermindert.

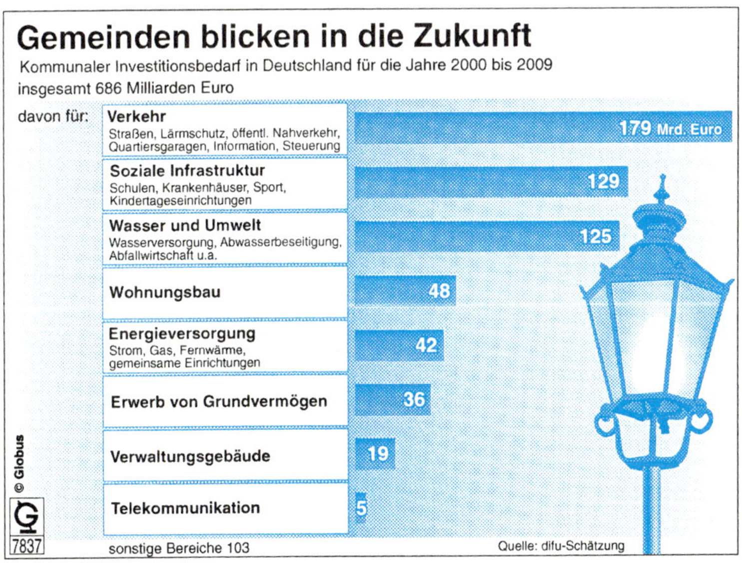

Abb. 9.10

26 Hartmann - ISBN 978-3-8120-0320-9

Die Änderung des Volkseinkommens berechnet sich mit Hilfe des allgemeinen Ausgabenmultiplikators wie folgt:

$$\Delta E = \Delta IA \cdot \underbrace{\frac{1}{1 - \text{Grenzhang zum Verbrauch}}}_{\text{Ausgabenmultiplikator}}$$

9.1.5 Akzelerator

Im vorigen Kapitel haben wir gesagt, dass Änderungen des Konsums die Höhe der Investitionen beeinflussen können.

Beispiel:

Angenommen, im Ausgangszeitpunkt (Periode 1) werden mit 20 Maschinen zu je 500 GE (= Geldeinheiten) insgesamt 250 PE (= Produktionseinheiten) Konsumgüter zu je 10 GE erstellt. Der Anschaffungswert der Anlagen **(Kapitalstock)** beträgt also 10 000 GE. Die Nutzungsdauer der Anlagen beläuft sich auf 10 Perioden.

Der Einfachheit halber wird weiterhin unterstellt, dass die 20 Maschinen über die vergangenen Perioden gleichmäßig verteilt angeschafft wurden, also in der Periode 0 zwei Stück, in der Periode - 1 zwei Stück usw. und schließlich in der Periode - 9 ebenfalls zwei Stück. In der Periode 1 scheiden also 2 Maschinen aus. Soll die Produktion aufrechterhalten werden, müssen sie ersetzt werden (**Ersatz**- oder **Reinvestition**).

Darüber hinaus nehmen wir an, dass der bzw. die Hersteller ihren Kapitalstock an die Höhe des Konsums anpassen (konsumabhängige Investitionen).[1]

Wir fragen nun danach, wie sich die **Nettoinvestition (I)**[2] entwickelt, wenn die Konsumgüternachfrage steigt, stagniert (gleich bleibt) oder fällt. Die nachstehende Tabelle gibt Auskunft.

Periode	Konsumgüternachfrage (C)		Veränderung der Konsumnachfrage (ΔC) in GE	Kapitalstock		Nettoinvestition		Reinvestition		Bruttoinvestition	
	PE	GE		St.	GE	St.	GE	St.	GE	St.	GE
1	250	2 500	--	20	10 000	--	--	2	1 000	2	1 000
2	275	2 750	250	22	11 000	2	1 000	2	1 000	4	2 000
3	300	3 000	250	24	12 000	2	1 000	2	1 000	4	2 000
4	300	3 000	--	24	12 000	--	--	2	1 000	2	1 000
5	275	2 750	- 250	22	11 000	- 2	- 1 000	--	--	- 2	- 1 000
6	250	2 500	- 250	20	10 000	- 2	- 1 000	--	--	- 2	- 1 000

Tabelle 9.4

Erläuterungen zur Tabelle 9.4:

Periode 1: Voraussetzungsgemäß scheiden 2 Maschinen aus (Lebensdauer 10 Jahre). Sie müssen ersetzt werden, wenn die Konsumgüternachfrage (250 PE) befriedigt werden soll. Die Ersatzinvestition (Reinvestition) in Höhe von 1 000 GE ist mit der Gesamtinvestition (Bruttoinvestition) identisch. Die Nettoinvestition ist null.

1 In diesem Fall handelt es sich also um eine quantitative Anpassung an die Absatzverhältnisse. Im strengen Modell wird außerdem eine unendliche Teilbarkeit des Kapitalstocks unterstellt. Dann ist die Höhe der Abschreibungen und Reinvestitionen jederzeit identisch.

2 Nettoinvestition (I) = Bruttoinvestition (I_{br}) - Reinvestition (I_r).

Periode 2: Da vollständige quantitative (mengenmäßige) Anpassung vorausgesetzt wird, kaufen die Unternehmen aufgrund der gestiegenen Konsumgüternachfrage (+ 250 GE) 2 Maschinen hinzu. (Mit 20 Maschinen können 250 PE Konsumgüter, mit 2 Maschinen folglich 25 PE hergestellt werden.) Außerdem scheiden 2 Maschinen aus, die ersetzt werden müssen. Insgesamt werden also 4 Maschinen gekauft (Bruttoinvestition). Die Nettoinvestition beträgt demnach 2 Maschinen (= 1 000 GE).

Periode 3: Hier steigt der Kapitalstock um weitere 2 Maschinen, damit die zusätzliche Konsumgüternachfrage (ΔC) befriedigt werden kann. 2 Maschinen müssen ersetzt werden (Reinvestition). Die Bruttoinvestition beträgt wiederum 4 Maschinen (= 2000 GE), die Nettoinvestition 2 Maschinen (= 1 000 GE).

Periode 4: In dieser Periode werden wieder 24 Maschinen benötigt, weil die Nachfrage nach wie vor 300 PE beträgt. 2 Maschinen müssen ersetzt werden. Zusätzliche Investitionen sind nicht erforderlich. Die Bruttoinvestition fällt also auf 2 Maschinen (= 1 000 GE) zurück. Die Nettoinvestition ist null.

Periode 5: Sinkt die Nachfrage auf 275 Stück (ΔC = - 250 GE), wird nur noch ein Kapitalstock von 22 Maschinen benötigt. Gemäß unserer Prämissen (quantitative Anpassung) werden die beiden ohnehin ausscheidenden Maschinen nicht ersetzt. Die Bruttoinvestition ist negativ (- 2 Stück = 1 000 GE). Demnach ist auch die Nettoinvestition negativ (- 2 Stück = - 1 000 GE).

Periode 6: Für die 6. Periode gilt das Gleiche wie für die Periode 5: Die Nettoinvestition ist negativ.

Aus unseren Überlegungen lassen sich folgende Erkenntnisse gewinnen:

- Konsumsteigerungen führen zu einer erhöhten Investitionsgüternachfrage.

Je anlageintensiver eine Volkswirtschaft ist, desto stärker ist der Einfluss von Konsumveränderungen auf die wertmäßige Investitionsgüternachfrage. Dies gilt jedoch nur, wenn eine Wirtschaft vollbeschäftigt ist. Steigt in einer unterbeschäftigten Wirtschaft die Konsumgüternachfrage, werden die Unternehmer sich nicht quantitativ, sondern intensitätsmäßig anpassen.

- Eine Stagnation der Konsumgüternachfrage führt in der ersten Periode zu einem Rückgang der Investitionsgüternachfrage. In den Folgeperioden stagniert die Investitionsgüternachfrage.

Der Grund ist darin zu sehen, dass die Unternehmen in diesem Fall lediglich Ersatzinvestitionen vornehmen. Für Erweiterungsinvestitionen besteht voraussetzungsgemäß kein Anlass. In Wirklichkeit wird jedoch der tatsächliche Konsum einer bestimmten Person nur eine geringe Rolle spielen. Vielmehr werden sich die Unternehmen bei ihren Investitionsentscheidungen von ihren Absatzerwartungen leiten lassen.

- Ein Rückgang der Konsumgüternachfrage führt zu Desinvestitionen.

Diese Aussage lässt sich jedoch nur dann aufrechterhalten, solange der relative Nachfragerückgang nach Konsumgütern nicht größer ist als die relative Schrumpfung des Kapitalstocks durch das natürliche Ausscheiden abgenutzter Aggregate. Ist der Nachfragerückgang nach fertigen Erzeugnissen relativ größer, werden in der Regel Anlagen stillgelegt, aber nicht veräußert oder verschrottet. Derartige Maßnahmen werden erst auf lange Sicht vorgenommen, dann nämlich, wenn sich zeigt, dass der Rückgang der Konsumgüternachfrage nicht vorübergehend ist.

- Die Höhe der Nettoinvestitionen hängt von den Veränderungen der Konsumgüternachfrage ab.

Unter den Modellvoraussetzungen gelten folgende Zusammenhänge: Steigt der Konsum um 250 GE (ΔC), betragen die Nettoinvestitionen 1 000 GE. Stagniert der Konsum, ist die Nettoinvestition null. Fällt die Konsumgüternachfrage um beispielsweise 250 GE (z.B. Periode 5 in Tab. 9.4), ist die Nettoinvestition negativ (- 1 000 GE). Die Zahl (b), die angibt, wie viel Geldeinheiten die Nettoinvestition (I) beträgt, wenn der Konsum um eine bestimmte - streng genommen unendlich kleine - Einheit steigt oder fällt, heißt **Akzelerator.**

Es gilt also:

$$\mathbf{I = \Delta C \cdot b}$$

In unserem Beispiel beträgt der Akzelerator 4. Wie man aus den ursprünglichen Angaben für unser Beispiel erkennt, ist der Akzelerator durch das Verhältnis von Kapitalstock (Maschinen im Wert von 10 000 GE) zum Wert der Produktion je Periode (2 500 GE) bestimmt. Je anlageintensiver eine Wirtschaft ist, desto stärker ist die Akzeleratorwirkung (Beschleunigungswirkung) von Konsumänderungen.

Bedeutung des Modells

Das Modell stellt einen engen Zusammenhang zwischen Veränderungen des Konsums und der Höhe der Nettoinvestitionen her, der in Wirklichkeit - wie bereits gesagt wurde - nicht bestehen muss. Aber selbst unter der Annahme, dass Akzeleratorwirkungen in der Realität viel schwächer als im Modell in Erscheinung treten, vermag das Modell zu erklären, wie wirtschaftliche Auf- und Abschwünge[1] ausgelöst werden können. In Verbindung mit der Multiplikatortheorie lässt sich ohne weiteres eine Konjunkturtheorie entwickeln.

Aufgaben zur Lernkontrolle

1. Wie kann man die Beschäftigung an der Zahl der Arbeitslosen und offenen Stellen messen? Wie sind dann Unter-, Voll- und Überbeschäftigung definiert?
2. Welche Nachteile hat die unter Frage 1 vorgenommene Messung der Beschäftigung einer Volkswirtschaft?
3. Die Beschäftigungstheorie misst den Beschäftigungsstand einer Volkswirtschaft an den Veränderungen des Volkseinkommens zu konstanten Preisen. Welche Mängel weist dieser Maßstab auf?
4. Welche Gründe sprechen für die These, dass die Höhe der gesamtwirtschaftlichen Ersparnis von der Höhe des Volkseinkommens abhängig ist?
5. Nennen Sie mindestens drei Sparmotive aus gesamtwirtschaftlicher Sicht!
6. Es wird häufig gesagt, dass das Konsum- und Sparverhalten
   6.1 vom Alter und
   6.2 von der Schichtzugehörigkeit der Konsumenten abhängig sei.
   Nehmen Sie Stellung!

1 Näheres siehe Kapitel 9.3.

7. Es ist eine lineare Konsumfunktion von der Gestalt $C = 250 + \frac{1}{2} E$ (in Mrd. GE = Geldeinheiten) gegeben.

Stellen Sie eine Wertetafel für C und E auf!

C:									
E:	0	100	200	300	400	500	600	700	800

7.1 Wie hoch ist das Basiseinkommen?

7.2 Zeichnen Sie a) die Konsum- und b) die Sparfunktion in ein Koordinatensystem ein!

7.3 Wie hoch ist das Gleichgewichtseinkommen, wenn
- 7.3.1 I = 0 ist;
- 7.3.2 I = 50 GE ist;
- 7.3.3 I = – 100 GE ist?

7.4 Wie hoch ist der Grenzhang zum Konsum?

7.5 Wie hoch ist der Grenzhang zum Sparen?

7.6 Warum ist die Summe aus Grenzhang zum Konsum und Grenzhang zum Sparen in jedem Fall 1?

8. Begründen Sie die Entwicklung zum Gleichgewichtseinkommen, wenn sich die Konsumfunktion ändert!

9. Zeichnen Sie die gesamtwirtschaftliche Nachfragekurve, wenn C_a = 150 Mrd. GE und I_a = 100 Mrd. GE betragen!

Der Grenzhang zum Sparen ist 0,5.

Nehmen Sie weiterhin an, dass die Nettoinvestitionen um 100 Mrd. GE steigen! Zeichnen Sie die neue gesamtwirtschaftliche Nachfragekurve!

9.1 Wie hoch war das bisherige Volkseinkommen (E0)?

9.2 Wie hoch ist das neue Volkseinkommen (E1)?

9.3 Zeichnen Sie die Entwicklung zum neuen Gleichgewichtseinkommen mit Hilfe einer Treppenkurve in Ihre Grafik ein!

9.4 Wie hoch ist der Investitionsmultiplikator?

9.5 Begründen Sie die Entwicklung zum neuen Gleichgewichtseinkommen mit eigenen Worten!

10. Stellen Sie den Multiplikatorprozess mit Hilfe folgender Zahlen dar:

a) Grenzhang zum Konsum 0,75 und
b) Erhöhung der Nettoinvestition um 50 Mrd. GE.

Benutzen Sie folgende Tabelle:

Periode	Netto-investition	Einkomen-zuwachs	Konsum-zuwachs	Zusätzliches Sparen
1				
2				
3				
⋮				
n				

11. In einer Volkswirtschaft beträgt das Volkseinkommen gegenwärtig 525 Mrd. GE. Der Grenzhang zum Sparen ist 0,25. Außenwirtschaftsbeziehungen bestehen nicht.

11.1 Auf wie viel Mrd. GE steigt das Volkseinkommen, wenn die Nettoinvestitionen um 5 Mrd. GE zunehmen?

11.2 Wie hoch wäre die Einkommensänderung bei einem Grenzhang zum Konsum von 0,6?

12. Erklären Sie kurz, warum die Annahme einer linearen Konsumfunktion unrealistisch ist!

13. Auf wie viel Mrd. GE steigt/fällt das Volkseinkommen, wenn bei einem gegenwärtigen Volkseinkommen von 550 Mrd. GE und einem Grenzhang zum Verbrauch in Höhe von 80 % die Staatsausgaben um 1,6 Mrd. GE gekürzt werden?

14. Welche Ihnen bekannten gesamtwirtschaftlichen Größen können einen negativen Multiplikatorprozess in Gang setzen? Stellen Sie den negativen Investitionsmultiplikator zeichnerisch dar!

15. 15.1 Welche Auswirkungen haben Steuererhöhungen und -senkungen generell auf das Volkseinkommen? Begründen Sie Ihre Antwort!

15.2 Wie beurteilen Sie eine Anhebung des Umsatzsteuersatzes um 1 % auf die Konsumgüternachfrage, die Investitionsgüternachfrage und auf die gesamtwirtschaftliche Nachfrage?

15.3 Wie würde sich nach Ihrer Ansicht eine generelle lineare Einkommensteuersenkung (-erhöhung) auf das Volkseinkommen auswirken?

15.4 Kommen Sie zu anderen Schlüssen, falls nur die Einkommensteuer für höhere Einkommen gesenkt (angehoben) würde?

15.5 Subventionen werden häufig als Transferzahlungen bezeichnet, die keine Wirkungen auf das Volkseinkommen haben. Überlegen Sie, ob dies tatsächlich der Fall ist!

16. Angenommen, zur Erstellung von 20 Produktionseinheiten zu je 10,00 GE je Stück wird ein Kapitalstock von 400,00 GE benötigt. Die Lebensdauer der Anlagen beträgt 10 Jahre.

16.1 Stellen Sie die Entwicklung von I (= Nettoinvestition) dar, wenn sich die Nachfrage wie folgt entwickelt:

Nachfrage (C) in GE	Kapital-stock	Re-investition	Brutto-investition	Netto-investition
1 000,00				
1 100,00				
1 200,00				
1 200,00				
1 100,00				
1 000,00				

16.2 Wie hoch ist der Akzelerator (b)?

17. Wie entwickelt sich aufgrund des Akzeleratorprinzips die Nachfrage nach Investitionsgütern, wenn

17.1 die Nachfrage (C) steigt?

17.2 die Nachfrage (C) stagniert?

17.3 die Nachfrage (C) fällt?

18. Deutsche Politiker verweisen immer wieder darauf, dass Deutschland „Exportweltmeister" sei. Vergessen wird dabei, dass immer mehr Erzeugnisse im Ausland gefertigt werden, in Deutschland den letzten Schliff erhalten, ettiketiert, verpackt und dann wieder ins Ausland verkauft werden. Führende Wirtschaftswissenschaftler weisen darauf hin, dass Deutschland zunehmend zur Basar-Wirtschaft (Basar-Ökonomie)[1] werde und dass der viel gerühmte Exportüberschuss im Grunde auf eine Standortschwäche hinweise.

18.1 Überlegen Sie, was mit dem Begriff „Basar-Wirtschaft" ausgedrückt werden soll!

18.2 Unter welchen Bedingungen schaffen Exportüberschüsse zusätzliche Arbeitsplätze?

18.3 Begründen Sie, unter welchen Bedingungen Exportüberschüsse sogar auf eine Standortschwäche hindeuten können!

Nicht alles, was wissenschaftlich und technisch machbar ist, dient dem Fortschritt des einzelnen Menschen und der menschlichen Gesellschaft.[2]

9.2 Wachstum

9.2.1 Begriff und Arten des Wachstums

Weiteres wirtschaftliches Wachstum oder „Nullwachstum":[3] Diese beiden entgegengesetzten Alternativen werden seit Beginn der siebziger Jahre - vor allem seit der Club of Rome[4] seine düsteren Prophezeiungen veröffentlichte - mit Heftigkeit diskutiert. Was aber ist das eigentlich - wirtschaftliches Wachstum?

Wachstumsmessung

Ebenso wie der materielle Wohlstand einer Volkswirtschaft an der Höhe des Bruttoinlandsprodukts, die Konjunktur an den Schwankungen des Bruttoinlandsprodukts gemessen wird,[5] ist es üblich, das wirtschaftliche Wachstum als langfristige durchschnittliche Entwicklung des (realen) Bruttoinlandsprodukts anzusehen. In diesem Sinne liegt ein positives Wirtschaftswachstum vor, wenn das Bruttoinlandsprodukt positive Zuwachsraten aufweist, ein „Nullwachstum", wenn das Bruttoinlandsprodukt konstant bleibt und ein „negatives Wachstum", wenn das Bruttoinlandsprodukt sinkt.

Für die Statistiker und Wirtschaftspolitiker ist es im Einzelfall sehr schwierig, positive oder negative „Wachstumsraten" als Konjunkturerscheinung und/oder Wachstumserscheinung zu interpretieren.[6] In den Massenmedien und im Sprachgebrauch der Politiker

1 So z.B. Hans-Werner Sinn, Leiter des Münchner Ifo-Instituts für Wirtschaftsforschung.

2 Junge Christliche Arbeitnehmer zum 1. Mai 1978.

3 Siehe Kapitel 9.2.4.

4 Siehe Kapitel 9.2.4.

5 Siehe Kapitel 9.3.

6 Siehe auch Kapitel 9.3.2 und die Abb. 9.23 bis 9.25. Hier wird deutlich, dass das Bruttoinlandsprodukt real auch dann zunehmen kann, wenn das Wachstum (der Trend) zum Stillstand gekommen ist. In diesem Fall sind positive Veränderungsraten des Bruttoinlandsprodukts auf konjunkturelle Einflüsse zurückzuführen.

wird daher meist auch die Zunahme des realen Bruttoinlandsprodukts als „Wachstum" bezeichnet, obwohl man von einem echten Wirtschaftswachstum nur dann sprechen dürfte, wenn die Leistungsfähigkeit der Volkswirtschaft, also ihre Kapazität, zugenommen hat. Solange eine Volkswirtschaft unterbeschäftigt ist, d.h. Arbeitslosigkeit herrscht und/oder Kapazitäten brachliegen, stellt eine Zunahme des realen Bruttoinlandsprodukts lediglich eine konjunkturelle und/oder saisonale Erscheinung dar.

Die Zunahme des realen Bruttoinlandsprodukts nutzt dem Einzelnen wenig, wenn sie nicht wenigstens mit der Bevölkerungsentwicklung Schritt hält. In den meisten Entwicklungsländern findet ein ständiger Wettlauf zwischen Mehrerzeugung und Bevölkerungswachstum statt. Aus diesem Grund muss das Wirtschaftswachstum auch an der Entwicklung des Bruttoinlandsprodukts je Einwohner gemessen werden. Zu ähnlichen Vergleichswerten gelangt man in der Regel, wenn man das Volkseinkommen je Einwohner (Pro-Kopf-Einkommen) als Maßstab verwendet.

Merke:

Mögliche Maßstäbe zur Wachstumsmessung sind

- die Entwicklung des Bruttoinlandsprodukts im Zeitablauf und
- die Entwicklung des Pro-Kopf-Einkommens im Zeitablauf.

Wachstumsformen

1. Zyklisches Wachstum

Hier handelt es sich um ein Wachstum, das durch zyklische (konjunkturelle) Abweichungen vom Wachstumspfad (Trend) gekennzeichnet ist.[1] Die Wirtschaftspolitik empfindet die Konjunkturabweichungen als „Störung"; es soll deshalb durch die Fiskal- und Geldpolitik[2] ein störungsfreies (stetiges) Wachstum erreicht werden.

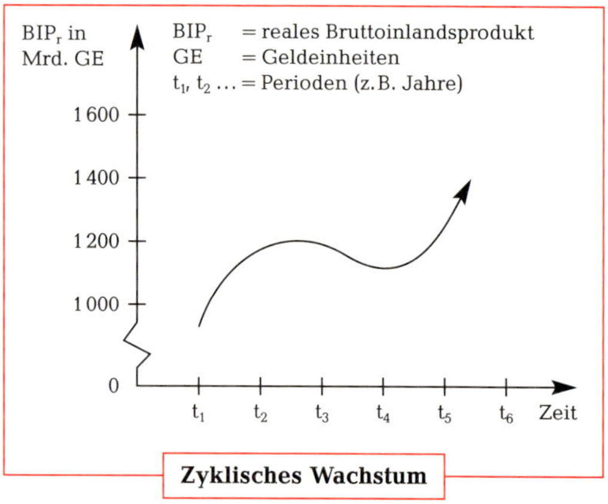

Abb. 9.11

1 Näheres siehe Kapitel 9.3.2 sowie die Abb. 9.21.

2 Siehe Kapitel 8.7.5 (Geldpolitische Instrumente der Europäischen Zentralbank) und Kapitel 9.3.5 (Staatliche Konjunkturpolitik).

2. Stetiges Wachstum

Störungsfreies (stetiges) Wachstum kann sich auf unterschiedliche Weise vollziehen.

Beim **exponentiellen**[1] **Wachstum** wird Jahr für Jahr eine bestimmte **Wachstumsrate** (= Prozentsatz, um den das reale Bruttoinlandsprodukt jährlich zunimmt) erzielt.

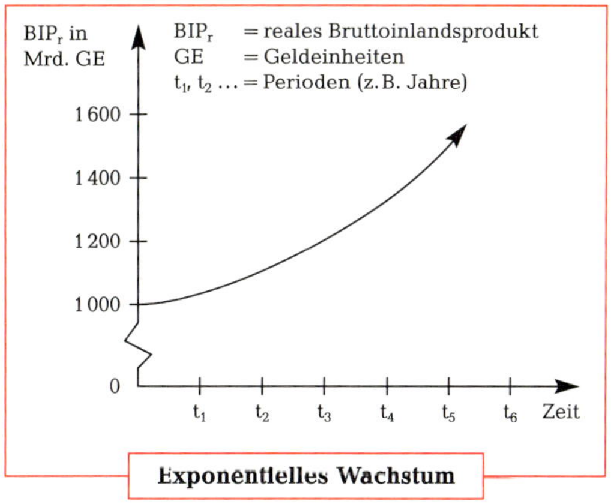

Abb. 9.12

Lineares[2] **Wachstum** liegt vor, wenn Jahr für Jahr der absolute Zuwachs des realen Bruttoinlandsprodukts gleich hoch ist, also geradlinig verläuft. In diesem Falle nehmen die Wachstumsraten ab.

Periode	Exponentielles Wachstum		Lineares Wachstum	
	BIP$_r$ insgesamt	Wachstumsrate	BIP$_r$ insgesamt	Wachstumsrate
t_0	1 000	-	1 000	-
t_1	1 100	10%	1 100	10 %
t_2	1 210	10%	1 200	9,1%
t_3	1 331	10%	1 300	8,3%
t_4	1 464	10%	1 400	7,7%
t_5	1 610	10%	1 500	7,3%
t_6	1 771	10%	1 600	6,7%

Tabelle 9.5

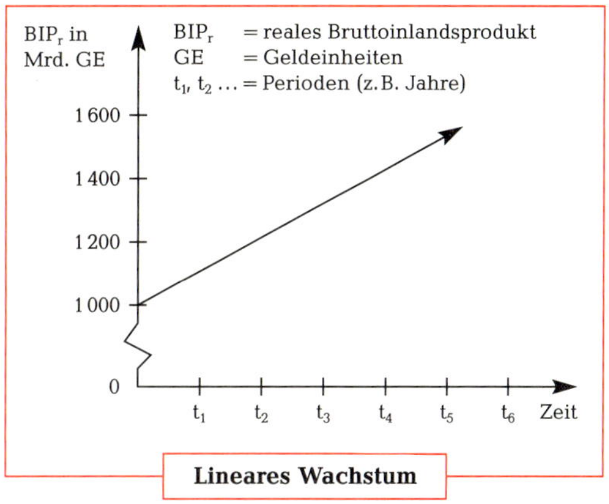

Abb. 9.13

1 Exponentiell = mit Hochzahlen (Potenzen) gerechnet. Wächst z.B. das BIP$_r$ mit jährlich 10% (bezogen auf das Vorjahr = Wachstumsrate) und beträgt das BIP$_r$ zum Ausgangszeitpunkt 1 000 Mrd. GE, so beträgt das BIP$_r$ nach 3 Jahren insgesamt $1\,000 \cdot 1{,}1^3 = 1{,}331$ Mrd. GE (siehe Tab. 9.5).

2 Linear = geradlinig.

Organisches Wachstum. Hier handelt es sich um ein Wachstum, wie es überall in der organischen Natur vorkommt. Wir haben diese Gesetzmäßigkeit bereits beim Ertragsgesetz kennen gelernt.[1] Das organische Wachstum ist dadurch gekennzeichnet, dass es zunächst überproportional, dann unterproportional verläuft, um schließlich zur Stagnation (zum „Nullwachstum") überzugehen.[2]

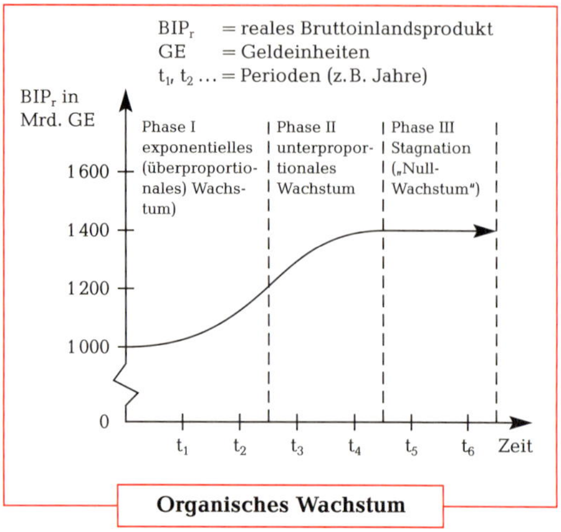

Abb. 9.14

9.2.2 Modell des exponentiellen Wachstums

Um einen vollständigen – wenn auch nur grundlegenden – Überblick über die volkswirtschaftlichen Probleme, mit denen wir täglich konfrontiert werden, zu erhalten, müssen wir uns noch darüber klar werden, welche Bedingungen erfüllt sein müssen, wenn das Wachstum des Volkseinkommens **langfristig** gesichert sein soll.[3] In unserer kurzfristigen Analyse (Kapitel 9.1) haben wir zwar den **Einkommenseffekt** der Nettoinvestitionen berücksichtigt. Die Tatsache aber, dass Nettoinvestitionen innerhalb mehr oder weniger langer Zeit auch das gesamtwirtschaftliche Güterangebot erhöhen, wurde vernachlässigt.

Angenommen, der Wert des gesamten Produktionsapparats einer Volkswirtschaft sei 5 000 Mrd. GE **(Kapitalstock).** Die Zunahme des Kapitalstocks je Periode (ΔK) ist die Nettoinvestition.

$$\Delta K = I$$

Falls unsere Volkswirtschaft je Periode Güter im Wert von 500 Mrd. GE herstellen kann, bedeutet das, dass für 1 Mrd. GE produzierter Güter ein Kapitalstock von 10 Mrd. GE erforderlich ist. Das Verhältnis von Kapitalstock (K) zu möglicher Produktionsmenge (Pr) wird als **Kapitalkoeffizient** (o) bezeichnet:

$$o = \frac{K}{Pr}$$

1 Siehe Kapitel 4.1.1. Das Ertragsgesetz ist ein biologisches Gesetz.

2 Vgl. hierzu MESAROVIC/PESTEL: Menschheit am Wendepunkt, 2. Bericht an den Club of Rome zur Weltlage, 1974, vor allem S. 12 ff. und S. 16 ff.

3 Das hier dargestellte Wachstumsmodell ist eine vereinfachte Wiedergabe des so genannten „Domar-Modells" (vgl. DOMAR, E. D.: „Capital Expansion, Rate of Growth and Employment". Econometrica, Bd. 14, 1946). Die wichtigsten Prämissen sind: konstante Preise, konstanter Kapitalkoeffizient, konstante Sparrate und fehlende Außenwirtschaftsbeziehungen.

In Wirklichkeit ist der Kapitalkoeffizient keine Konstante, weil die technische Entwicklung die **Anlageintensität** der Unternehmen im Normalfall fortlaufend erhöht.[1] An dieser Stelle genügt es jedoch, wenn wir den Kapitalkoeffizienten als unveränderliche Größe betrachten.

Betragen in unserem Beispiel die Nettoinvestitionen je Periode 100 Mrd. GE, so wird sich bei einem Kapitalkoeffizienten von 10 das gesamtwirtschaftliche Güterangebot um 10 Mrd. GE erhöhen. Es ist also:

$$\Delta Pr = \frac{\Delta K}{o}$$

Oder: $\Delta K = \Delta Pr \cdot o;$

da $\Delta K = I$ ist;

folgt: (a) $I = \Delta Pr \cdot o$

Soll die gesamte zusätzliche Produktion (ΔPr) abgesetzt werden, und das muss sein, wenn die Unternehmen keine Enttäuschung erleben und die Produktion nicht drosseln sollen, muss zusätzliches Einkommen geschaffen werden. Da das Volkseinkommen in einer geschlossenen Wirtschaft sich aus Konsum und Nettoinvestition zusammensetzt, muss die Einkommenssteigerung (ΔE) ebenso hoch wie die Produktionssteigerung von Konsum- und Investitionsgütern (ΔPr) sein. Es gilt also die Bedingung:

(b) $\Delta E = \Delta Pr$

Aus (a) ergibt sich, dass (c) $\Delta Pr = \frac{I}{o}$ ist,

sodass man schreiben kann: (d) $\Delta E = \frac{I}{o}$

Oder: (e) $I = \Delta E \cdot o$

Aus den vorigen Kapiteln ist des Weiteren auch bekannt, dass – soll in einer Volkswirtschaft Gleichgewicht herrschen – die geplante Ersparnis der geplanten Nettoinvestition gleich sein muss. Ist in unserer Modellwirtschaft die Sparquote 20% und konstant (s), so beträgt bei einem Volkseinkommen[2] von 500 Mrd. GE die Ersparnis 100 Mrd. GE.

Weil also $S = I$ sein muss

und (f) $S = s \cdot E$ ist,

ergibt sich, dass (g) $I = s \cdot E$ sein muss.

Aus (e) folgt: $\Delta E \cdot o = s \cdot E$

Oder:

$$\Delta E = \frac{s \cdot E}{o}$$

1 Nicht in allen Modellen und Analysen wird der Kapitalkoeffizient als konstant betrachtet. Vgl. z.B. KURT ELSNER: „Wachstums- und Konjunkturtheorie“ in: Kompendium der Volkswirtschaftslehre, Bd. I, 1969, S. 270.

2 Das Domar-Modell geht von einer geschlossenen Volkswirtschaft aus. In diesem Fall sind Volkseinkommen und Nettoinlandseinkommen identisch.

Verfolgen wir nun mit Hilfe unserer Zahlenwerte die störungsfreie Entwicklung des Volkseinkommens, erhalten wir folgende Ergebnisse:

Periode	Wachstumsbedingung	Zusätzliches Volkseinkommen (ΔE)	Volkseinkommen (E)
1	$\frac{0{,}2 \cdot 500}{10}$	10	510
2	$\frac{0{,}2 \cdot 510}{10}$	10,2	520,2
3	$\frac{0{,}2 \cdot 520{,}2}{10}$	10,4	530,6
4	$\frac{0{,}2 \cdot 530{,}6}{10}$	10,6	541,2
5	$\frac{0{,}2 \cdot 541{,}2}{10}$	10,8	552,0
⋮	⋮	⋮	⋮

Tabelle 9.6

Die Tabelle macht klar, dass das Volkseinkommen immer schneller steigen muss, wenn sich das Wachstum ohne Störungen, d. h. ohne Konjunkturschwankungen vollziehen soll (Abb. 9.12). Es handelt sich also um ein **exponentielles Wachstum** (vgl. Kapitel 9.2.1).

Der in Tab. 9.6 gezeigte Wachstumsprozess wird nochmals in den Abb. 9.15 und 9.16 veranschaulicht.

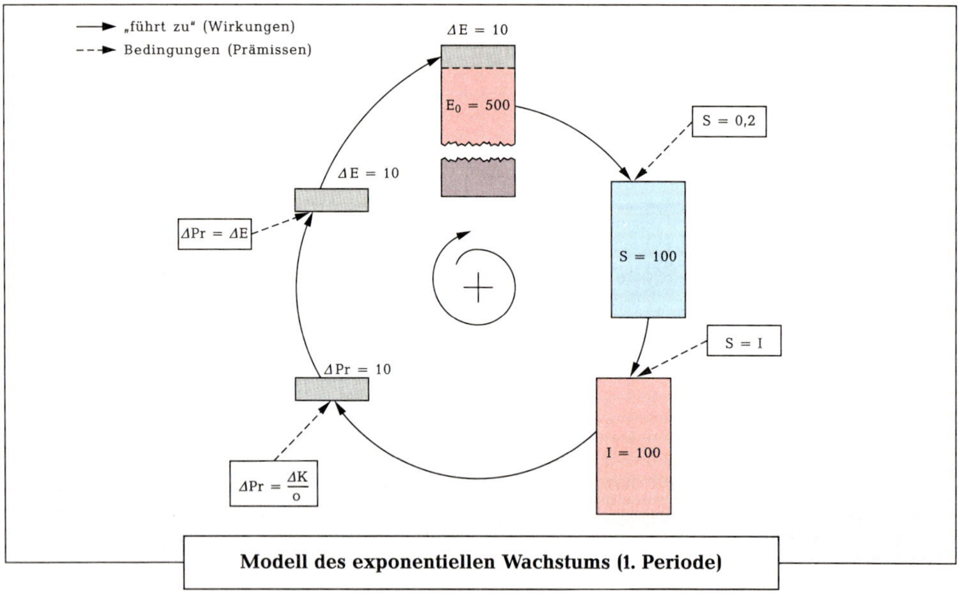

Abb. 9.15

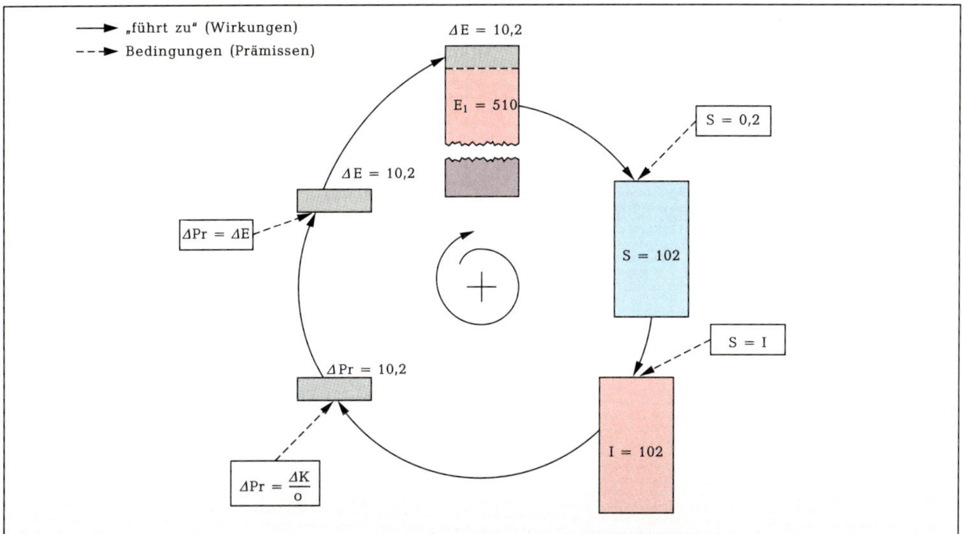

Modell des exponentiellen Wachstums (2. Periode)

Abb. 9.16

Bedeutung des Modells

■ Das langfristige Wachstum einer Volkswirtschaft ist umso stärker, je höher der Grenzhang zum Sparen ist.

Diese Feststellung scheint den Ergebnissen der kurzfristigen Analyse zu widersprechen. Jedoch ist die Aussage völlig richtig. Kurzfristig kommt nur der Einkommenseffekt der Investitionen zur Wirkung. Langfristig aber kann nur mehr produziert werden, wenn nicht die gesamte Produktion verbraucht wird, sondern gespart wird.

Hier ist der Kreis unserer Überlegungen geschlossen, und wir sind wieder bei unserem „Schiffbrüchigenbeispiel" (Kapitel 1.3.1.3) angelangt: Kurzfristig hätten unsere Inselbewohner ihren Konsum (ihr „Einkommen") erhöhen können, wenn sie - statt Werkzeuge zu bauen, also zu sparen - auf Nahrungssuche gegangen wären. Langfristig haben sie hingegen durch Konsumverzicht Produktionsmittel geschaffen, die ihren künftigen Lebensstandard zu verbessern vermochten.

Diesem hohen Erklärungswert des Modells stehen eine ganze Reihe von Nachteilen gegenüber. Das Modell erfasst z.B. nicht die wirtschaftspolitischen Aktivitäten, die vom Außenhandel, vom Staat und von der Zentralbank ausgehen. Ferner wird ein konstanter technischer Stand angenommen. Im folgenden Kapitel werden daher einige wichtige wachstumsfördernde und wachstumshemmende Faktoren angesprochen.

9.2.3 Wachstumsfördernde und wachstumshemmende Faktoren

Ein Hauptziel der langfristigen Wirtschaftspolitik ist das **stetige Wachstum** des Volkseinkommens. Aus dem vorigen Kapitel ist bekannt, dass die **Wachstumsrate** des Volkseinkommens vom Verhältnis der Sparquote zum Kapitalkoeffizienten abhängt:

$$\Delta E = \frac{s \cdot E}{o}$$

Will der Staat auf das Wachstum des Volkseinkommens einwirken, muss er Einfluss auf die Sparquote und den Kapitalkoeffizienten nehmen.

Der Staat kann, wie wir wissen, das Sparen zwangsweise durchsetzen (z.B. Erhöhung der Sozialversicherungsbeiträge) oder die freiwillige Ersparnis durch Zuschüsse fördern (z.B. durch ein System von Sparprämien). Das langfristige Ziel der Sparförderung läuft allerdings dann dem kurzfristigen Ziel eines möglichst hohen Beschäftigungsstands zuwider, wenn die Wirtschaft unterbeschäftigt ist. In diesem Fall nämlich muss die Sparquote gesenkt werden, um den Konsum anzuregen (Konsummultiplikator).

Der Kapitalkoeffizient drückt das Verhältnis des volkswirtschaftlichen Kapitalstocks zur volkswirtschaftlichen möglichen Produktion aus. Setzt man einen konstanten Kapitalkoeffizienten voraus, ist ein stetiges Wachstum nur möglich, wenn das Arbeitskräftereservoir einer Volkswirtschaft in gleichem Maße wächst wie das Volkseinkommen zu konstanten Preisen. Nimmt die arbeitsfähige und -willige Bevölkerung schneller als das reale Volkseinkommen zu, entsteht Arbeitslosigkeit, nimmt sie langsamer zu, kann das stetige Wachstum bei gegebener Sparquote und gegebenem Kapitalkoeffizienten nicht realisiert werden, weil für die vorhandenen Produktionskapazitäten nicht genügend Arbeitskräfte vorhanden sind (Engpässe). Daraus folgt, dass der Staat bei gleich bleibendem technischem Stand für die Erhöhung der Arbeitskräftezahl zu sorgen hat. Sorge für ein gemäßigtes Bevölkerungswachstum trägt die **Familienpolitik** (Steuerermäßigungen für Verheiratete, Kinderfreibeträge, Kindergeld). Die Erhaltung der Arbeitskraft ist Ziel der **Gesundheitspolitik** (ihre Mittel sind z.B. Jugendschutz, Gesundheitsaufklärung, Schutzvorschriften am Arbeitsplatz, Ausbildung der Ärzte und des Pflegepersonals, Krankenhausbau, Förderung der medizinischen Forschung, Ausbau der Leistungen der Sozialversicherungen).

Die Annahme eines konstanten Kapitalkoeffizienten ist aber unrealistisch, weil sich die Produktionsbedingungen durch den technischen Fortschritt laufend ändern. Dabei gibt es folgende Möglichkeiten:

1. Die Wirtschaft geht zu anlageintensiveren Verfahren über: Der Kapitalkoeffizient steigt **(Kapitalvertiefung).**
2. Die Wirtschaft führt technische Verbesserungen ein, sodass bei gleichem Kapital- und Arbeitsaufwand mehr produziert werden kann **(Kapitalverkürzung).**

In Wirklichkeit gehen Kapitalvertiefungen und -verkürzungen Hand in Hand, jedoch derart, dass die Kapitalvertiefung überwiegt. Der Zwang zur Kapitalvertiefung ergibt sich vor allem aus dem Mangel an Arbeitskräften bzw. der Verteuerung der Arbeitskraft.

Durch Kapitalvertiefung wird die Wachstumsrate des Volkseinkommens bei konstanter Sparquote kleiner, durch Kapitalverkürzung größer. Kapitalvertiefung ist auch ohne technischen Fortschritt, also bei konstantem **technischem Wissen** möglich (z.B. Bauarbeiter werden durch Bagger, Straßenarbeiter durch Straßenbaumaschinen substituiert). Der das wirtschaftliche Wachstum beschleunigende technische Fortschritt liegt also in der Entwicklung von arbeits- und kapitalsparenden Verfahren (z.B. Erhöhung der Lebensdauer von Anlagen, Verringerung des Betriebsstoffverbrauchs, Erhöhung der Arbeitsgeschwindigkeit eines Aggregates, Verwendung besserer und billigerer Rohstoffe). Aus dieser Erkenntnis heraus ergibt sich, dass die Wirtschaftspolitik, setzt sie sich das langfristige stetige Wachstum des Volkseinkommens zum Ziel, den technischen Fortschritt fördern muss. Maßnahmen sind z.B. die Förderung und der Ausbau der Universitäten, der Technischen Hochschulen oder die Vergabe von Forschungsaufträgen, die die private Wirtschaft wegen ihrer Kostspieligkeit nicht allein tragen kann (z.B. Atomforschung). Diese Aufgaben fallen in den Bereich der **Wissenschafts-** und **Kulturpolitik.**

Nach dem Gesagten können dem Wachstum **Grenzen** gezogen sein

1. durch **begrenztes Bevölkerungswachstum,**
2. durch **mangelnden technischen Fortschritt** und
3. durch **fehlende finanzielle Mittel,** um die erforderlichen Ausgaben für Bildung, Forschung, Gesundheitswesen und für die Verbesserung der Infrastruktur vornehmen zu können.

Hinzu treten weitere Faktoren, wie z.B. die **drohende Erschöpfung der natürlichen Ressourcen** wie Gold, Silber, Zinn, Zink, Erdöl, Kupfer, Blei, Erdgas und Aluminium. Bremsend wirken auch die steigenden Kosten für die Beseitigung der bislang ungehemmt zunehmenden **Umweltverschmutzung,** deren Bekämpfung einen großen Teil der Produktionsfaktoren, die wir bisher zur Produktion von Gütern aller Art verwendet haben, in Anspruch nehmen wird.

Bedeutung des Wirtschaftswachstums

Kein vernünftiger Mensch kann heute mehr bestreiten, dass das Wirtschaftswachstum in der Form, wie es sich heute vollzieht, Gefahren für die gesamte Menschheit in sich birgt. Dennoch kennen wir bis heute noch keinen anderen Weg, dringende wirtschafts- und sozialpolitische Probleme anders als über das Wirtschaftswachstum zu lösen.[1]

Das Wirtschaftswachstum hat folgende positive Auswirkungen:

1. Wirtschaftswachstum hilft Arbeitsplätze zu sichern und zu vermehren.
2. Wirtschaftswachstum hilft die Entwicklungshilfe zu erhöhen, ohne dass der Lebensstandard der Industrieländer vermindert werden muss.
3. Durch Wirtschaftswachstum können die Ziele der „sozialverträglichen Einkommens- und Vermögensverteilung" ohne allzu harte Konflikte leichter erreicht werden, weil nur der Zuwachs, nicht aber die Substanz umverteilt werden muss.
4. Die Sozialversicherungen sind durch die Versicherten nur dann finanzierbar, wenn die Wirtschaft wächst.
5. Die hohen Kosten des Umweltschutzes können nur dann aufgebracht werden, wenn die zusätzlichen Mittel auch verdient werden.
6. Auch für ein qualitatives Wachstum müssen Mittel vorhanden sein, denn die Entwicklung neuer Verfahren zur Energiegewinnung, Wiederverwendung von Abfallstoffen (Recycling) und umweltschonender Abfallbeseitigung („Entsorgung") kostet Geld.

1 Mehr und sichere Arbeitsplätze durch Wachstum, hrsg. vom Bundesministerium für Wirtschaft, S. 4, 8ff., 25 und 29ff.

Auch 2007 befand sich Deutschland im Konjunkturhoch. Nach 2,9 Prozent Wachstum im Jahr 2006 wuchs das Bruttoinlandsprodukt im vergangenen Jahr real um 2,5 Prozent. Doch dahinter verbergen sich sehr unterschiedliche Entwicklungen in den Ländern. Beim Kräftemessen der Bundesländer schneiden Bayern und Hamburg mit 2,9 und 2,8 Prozent Plus am besten ab. Einige Länder müssen sich mit bescheideneren Wachstumsraten zufrieden geben. So liegen Thüringen, Berlin, Niedersachsen und Schleswig-Holstein unter der Zwei-Prozent-Marke.

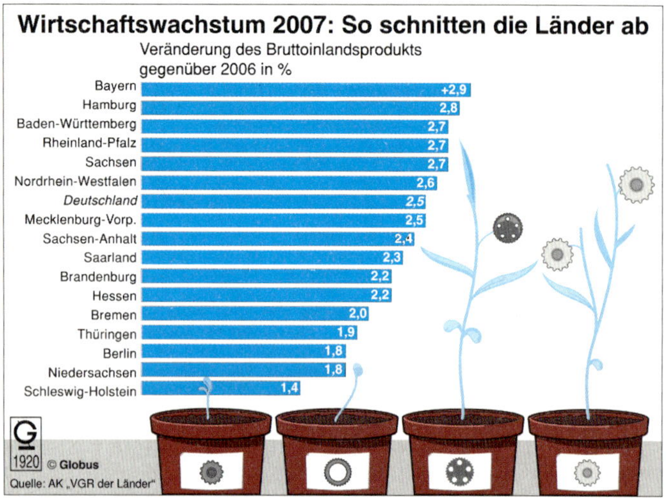

Abb. 9.17

9.2.4 Grenzen und Gefahren des quantitativen Wachstums

Wirtschaftliches Wachstum bedeutet aufgrund des Ausbaus der Industrie einen immer intensiveren Abbau der Rohstoffvorkommen (Ressourcen) und zunehmende Belastung der Umwelt durch Industrieabfälle. Darüber hinaus bringt die Steigerung der industriellen Produktion wachsende Masseneinkommen mit sich, was sich wiederum in mehr Autos, mehr Waschmitteln, mehr Einwegverpackungen, mehr Ölheizungen usw. niederschlägt. Die Umwelt wird durch die Folgen des Wirtschaftswachstums daher von drei Seiten belastet:

1. Ausbeutung natürlicher Ressourcen (Rohstoffquellen),
2. Umweltverschmutzung durch Industrieabfälle und -abgase sowie
3. Umweltverschmutzung durch private Haushalte.

Die Gefahren, die der Menschheit aus dem Spannungsverhältnis (Antinomie) zwischen Wachstum und Bedrohung der Umwelt in nächster Zukunft drohen, beschrieb 1972 DENNIS MEADOWS in seinem Werk „Die Grenzen des Wachstums".[1] Das Buch fand weltweite Beachtung. Der Anstoß für diese Veröffentlichung war eine Einladung des italienischen Unternehmers AURELIO PECCI an dreißig Persönlichkeiten verschiedener Nationalitäten (Wissenschaftler und Praktiker) aus den verschiedensten Berufen und Disziplinen (Fachrichtungen), um die Gefahren zu diskutieren, denen die Menschheit in der Gegenwart und in der Zukunft durch ungehemmtes Wirtschaftswachstum ausgesetzt ist. Aus dieser Versammlung entstand der **„Club of Rome"**.

1 MEADOWS, DENNIS/MEADOWS, DONELLA/ZAHN, ERICH/MILLING, PETER: Die Grenzen des Wachstums, Bericht des Club of Rome zur Lage der Menschheit, 1972.

Anlässlich einer Zusammenkunft in Massachusetts legte JAY W. FORRESTER das grundlegende Werk „Der teuflische Regelkreis“[1] vor. Er versucht darin, anhand eines Computermodells die Abhängigkeiten zwischen folgenden Faktoren zu erklären:

1. Versorgung der Menschen mit Industriegütern,
2. Nahrungsmittelversorgung,
3. Bevölkerungswachstum,
4. Umweltverschmutzung und
5. Verbrauch an Rohstoffen.

Unter den damaligen Produktionsbedingungen ergab sich für FORRESTER eine Prognose, wie sie in der Abb. 9.18 gezeigt wird.

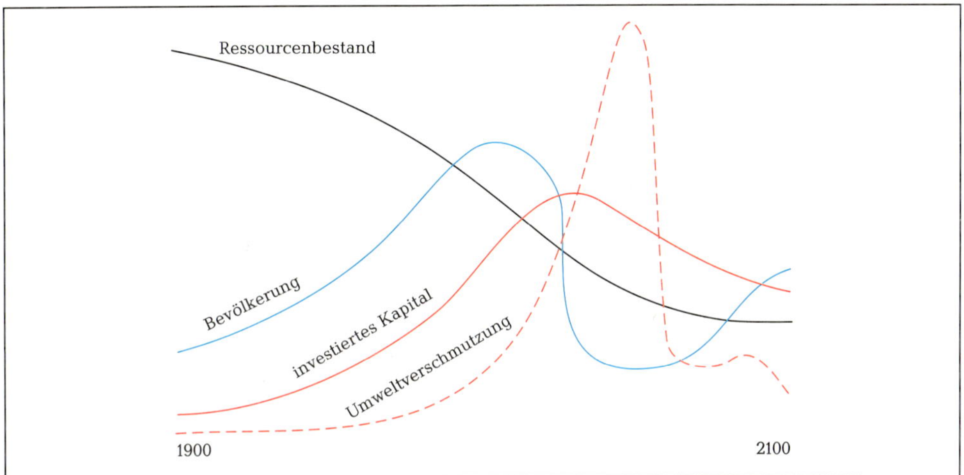

Erhöhtes wirtschaftliches Wachstum löst die Verschmutzungskrise aus[2]

Abb. 9.18

Die düsteren Voraussagen des Club of Rome sind nicht oder nicht in vollem Umfang eingetreten, weil sich die Produktionsbedingungen verändert haben. So ist es z. B. gelungen, eine Entkopplung zwischen Wirtschaftswachstum und Energieverbrauch zu erreichen. Durch vielfache Recycling-Maßnahmen konnte das Wachstum des Ressourcenverbrauchs verringert werden.

Dennoch sind die Gefahren, die das ungebremste materielle Wirtschaftswachstum mit sich bringt, nicht gebannt. „Schon durch das Inganghalten des heutigen, die reichsten zehn Prozent privilegierenden Konsums wird ein angsterregender Raubbau getrieben:

Gegenwärtig

- werden pro Sekunde etwa 1 000 Tonnen Erdreich abgeschwemmt und abgetragen;
- nimmt der Waldbestand der Erde pro Sekunde um 3000 – 5000 Quadratmeter ab; auf ein Jahr umgerechnet ist das beinahe die Fläche der Bundesrepublik;
- rotten wir täglich vielleicht siebzig Tier- oder Pflanzenarten aus;
- blasen wir täglich rund 65 Mio. Tonnen Kohlendioxid (CO_2) in die Luft.“[3]

1 FORRESTER, J. W., a. a. O., S. 59 ff.

2 Nach FORRESTER, J. W., a. a. O., S. 88.

3 Vgl. z. B. WEIZSÄCKER, ERNST U. von: Erdpolitik; ökologische Realpolitik an der Schwelle zum Jahrhundert der Umwelt, 1989, S. 7.

Angesichts dieser und anderer Gefahren, die das ungehinderte materielle Wirtschaftswachstum mit sich bringt, zogen FORRESTER, MEADOWS und andere Autoren den Schluss, dass das Wirtschaftswachstum gestoppt werden müsse („Nullwachstum",[1] „World of Non Growth"). Das „Nullwachstum" kann indessen keine Lösung des **Zielkonflikts** zwischen Wirtschaftswachstum und Umwelterhaltung sein, weil sonst keine Verbesserung des materiellen Lebensstandards der Völker möglich wäre. Der Club of Rome ist deshalb auch von seiner radikalen Forderung abgegangen und verlangt den Übergang vom bisherigen exponentiellen (undifferenzierten) Wachstum zum organischen Wachstum.[2] Auch wird den einzelnen Regionen der Welt zugestanden, unterschiedliche Wachstumsraten anzustreben, etwa dahingehend, dass den Entwicklungsländern die höchsten Wachstumsraten zugebilligt werden.

Der Übergang zum organischen Wachstum stellt nur *eine* Möglichkeit dar, den **Zielkonflikt** zwischen Wachstum und Umwelterhaltung zu entschärfen und eine gewisse **Zielharmonie** herbeizuführen.[3] Weitere Alternativen sind:

1. Dämpfung der reinen Erweiterungsinvestitionen zugunsten der Entwicklung umweltfreundlicher Produktionsverfahren und Produkte,
2. Entwicklung umweltfreundlicher Energiequellen (z.B. Erd- und Sonnenwärme statt Atomenergie),
3. Verminderung des Raubbaus an Rohstoffen durch verstärktes Recycling (= Rückführung von Abfällen in den Produktionsprozess),
4. eine Expansion des tertiären Sektors[4] und
5. internationale Vereinbarungen über einen umfassenden Umweltschutz.

Aufgaben zur Lernkontrolle

1. Grenzen Sie den Begriff exponentielles Wachstum von anderen Wachstumsformen ab!
2. Wie wird das Wirtschaftswachstum in Theorie und Praxis gemessen?
3. Warum muss stetiges Wachstum nicht unbedingt exponentielles Wachstum sein?
4. Nennen Sie die Bedingungen eines exponentiellen Wachstums im „Domar-Modell"!
5. Errechnen Sie für 6 Perioden das (langfristige) Gleichgewichtseinkommen unter den in Frage 4 verlangten Bedingungen. Das Volkseinkommen zum Ausgangszeitpunkt beträgt 600 Mrd. GE, die Sparquote 0,25 und der Kapitalkoeffizient 5. Zeichnen Sie den entsprechenden „Wachstumspfad" (den „Trend")!
6. Wie ändert sich das Ergebnis aus Aufgabe 5, wenn der Kapitalkoeffizient von Periode zu Periode um 0,2 zunimmt?
7. Welche Ursachen können eine Zunahme des Kapitalkoeffizienten bewirken?
8. Wie ändert sich das Ergebnis aus Aufgabe 5, wenn der Kapitalkoeffizient von Periode zu Periode um 0,2 abnimmt?
9. Welche Ursachen können eine Abnahme des Kapitalkoeffizienten bewirken?
10. Nennen Sie neben Sparrate und Kapitalkoeffizienten weitere Wachstumsbedingungen!

1 Der Begriff „Nullwachstum" ist in sich unlogisch, denn Wachstum bedeutet Zunahme, ein Größerwerden.

2 Vgl. MESAROVIC, M. und PESTEL, E.: Menschheit am Wendepunkt, 2. Bericht an den Club of Rome, 1974.

3 Näheres siehe Kapitel 9.3.6 Ökologie und Ökonomie.

4 Tertiärer Sektor = Dienstleistungsbereich.

11. Inwiefern können außenwirtschaftliche Daten hemmend oder fördernd auf das Wachstum einer Volkswirtschaft Einfluss nehmen?

12. Inwiefern kann die Zentralbank Einfluss auf das Wirtschaftswachstum nehmen?

13. Worin bestehen die Gefahren eines exponentiellen Wachstums?

14. Worin sehen Sie die Grenzen des exponentiellen Wachstums?

Aber hier, wie überhaupt, kommt es anders als man glaubt.

(WILHELM BUSCH)

9.3 Konjunktur, Konjunkturpolitik und umweltschonende Wirtschaftspolitik

9.3.1 Strukturelle, konjunkturelle und saisonale Schwankungen

Das Phänomen[1] ist dem Menschen seit jeher bekannt: Die wirtschaftliche Entwicklung vollzieht sich nicht regelmäßig, sondern in „Schwankungen". Selbst die Bibel berichtet von den „sieben fetten und den sieben mageren Jahren".

Je nach der Dauer der wirtschaftlichen Schwankungen, die in der Regel an der Entwicklung des Bruttoinlandsprodukts[2] gemessen werden, unterscheidet man langfristige (strukturelle),[3] mittelfristige (konjunkturelle)[4] und kurzfristige (saisonale)[5] Wirtschaftsschwankungen.

Strukturelle Schwankungen

Im Jahre 1926 stellte der Russe N.D. KONDRATIEFF die Theorie auf, dass sich die kapitalistische (marktwirtschaftliche) Wirtschaft in Form „langer Wellen" fortentwickle, wobei die Dauer dieser Wellen rund 50 bis 60 Jahre beträgt. Die Ursachen dieser so genannten „Kondratieff-Wellen" liegen in tief greifenden strukturellen Wandlungen der Wirtschaft, die durch technische Neuerungen hervorgerufen werden (Dampfmaschine, Eisenbahn, Flugzeuge, Raumfahrt, Computer).

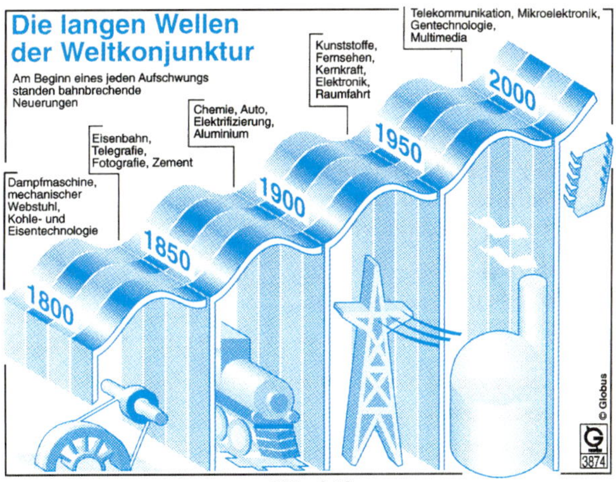

Abb. 9.19

1 Phänomen = Erscheinung.

2 Siehe Kapitel 7.5.

3 Struktur = Aufbau. Eine strukturelle Änderung liegt z.B. vor beim Übergang von einer Agrar-(Ackerbau-)Gesellschaft zu einer Industriegesellschaft.

4 Konjunktur = Wirtschaftslage.

5 Saison = Jahreszeit.

Konjunkturelle Schwankungen

Mittelfristige Wirtschaftsschwankungen werden als Konjunkturschwankungen bezeichnet. Man rechnet heute mit einer Zyklendauer[1] von rund 5 bis 8 Jahren.

Saisonschwankungen

Die jahreszeitlich wiederkehrenden saisonalen Schwankungen haben ihre Ursachen in erster Linie im Klimawechsel der Jahreszeiten. So ist beispielsweise die Bau-, Land-, Forst- und Transportwirtschaft im Winter mehr oder weniger stark betroffen. Die Jahreszeiten beeinflussen ferner die Bekleidungs- und Getränkeindustrie sowie den Brennstoffhandel. Auch die Lage besonderer Festtage (Ostern, Weihnachten) sowie die traditionellen Ferienzeiten beeinflussen den Umsatz (die Beschäftigung) vieler Wirtschaftsbereiche (z.B. Einzelhandel, Reiseveranstalter).

Saisonschwankungen sind somit kurzfristige Wirtschaftsschwankungen ohne erheblichen Nachteil für die Gesamtwirtschaft. Sie sind voraussehbar und damit auch einplanbar.

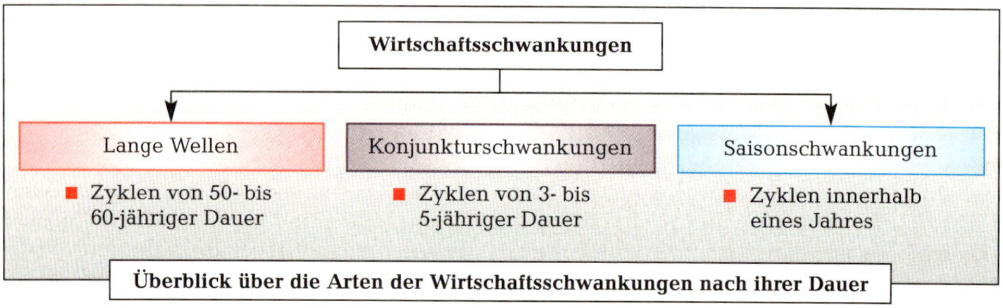

Abb. 9.20

9.3.2 Merkmale des Konjunkturverlaufs

Kein Konjunkturzyklus ist dem anderen gleich, denn die sozialen, technischen und wirtschaftlichen Bedingungen sind laufenden Änderungen unterworfen. Dennoch gibt es besonders hervorstehende Gemeinsamkeiten (= typische Merkmale), die im Folgenden kurz erläutert werden.

Konjunkturschwankungen kann man auffassen als Abweichungen vom Trend. Dabei versteht man unter Trend eine (gedachte) wirtschaftliche Auf- oder auch Abwärtsbewegung *langfristiger* Natur.

Wenn man will – hierüber wird allerdings unter den Volkswirten gestritten –, kann man die Kondratieff-Wellen als „Trend" ansehen. Der Trend zeigt nämlich an, wie die normale Kapazität einer Volkswirtschaft langfristig wächst, stagniert (gleich bleibt) oder gar sinkt. Deswegen wird der Trend auch als **Wachstumspfad** bezeichnet. Ist die tatsächliche Kapazitätsausnutzung der Wirtschaft höher als normal, herrscht *Überbeschäftigung*. Es werden z.B. Überstunden geleistet, Hausfrauen für Halbtagsbeschäftigungen geworben, Schüler und Studenten mit „Ferienjobs" beschäftigt und Gastarbeiter eingestellt. Liegt hingegen die tatsächliche Kapazitätsausnutzung unter der Normalbeschäftigung, liegt *Unterbeschäftigung* vor (Arbeitslosigkeit, brachliegende Fabrikanlagen usw.).

1 Zyklus = regelmäßig wiederkehrende Erscheinung.

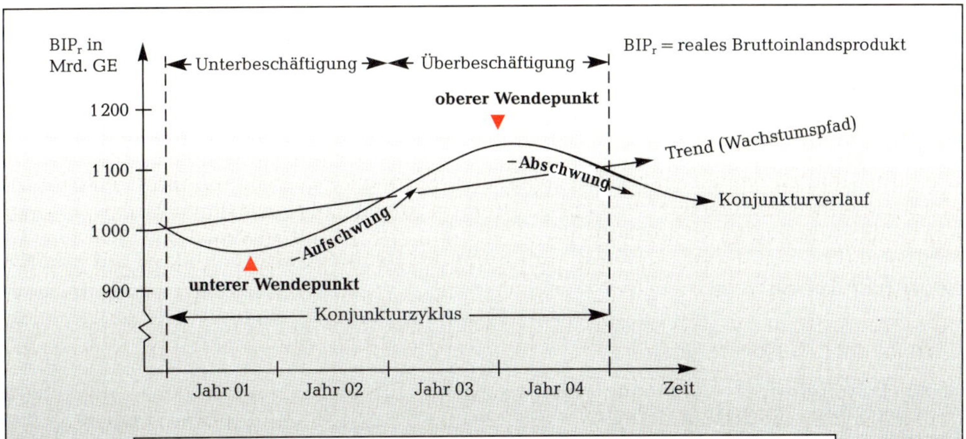

Darstellung eines Konjunkturzyklus von vierjähriger Dauer

Abb. 9.21

Aufschwung. Der konjunkturelle Aufschwung ist durch zunehmende Kapazitätsauslastung gekennzeichnet. Da die Unternehmen jetzt mit sinkenden Stückkosten arbeiten,[1] bleibt trotz steigender Nachfrage nach Konsum- und Investitionsgütern das Preisniveau noch verhältnismäßig stabil, sofern nicht Materialpreise und/oder Löhne überproportional steigen. Da die Käufer von Aktien steigende Unternehmensgewinne erwarten, klettern auch die Aktienkurse in die Höhe (Effektenhausse). Zu Beginn des Aufschwungs ist der Kreditmarkt auch noch flüssig, d.h., die Kreditinstitute besitzen genügend Überschussreserven. Somit bleiben die Zinsen auch noch verhältnismäßig niedrig, es sei denn, die Notenbank greift bremsend ein.

Im Aufschwung entspannt sich zwar der Arbeitsmarkt; die Arbeitslosenzahl bleibt jedoch hoch, weil die Unternehmen während des Abschwungs Rationalisierungsmaßnahmen ergriffen haben.

Oberer Wendepunkt. Versäumen es Regierungen und Notenbanken, den Aufschwung unter Kontrolle zu halten, tritt die Situation der **Konjunkturüberhitzung** ein, die als **Boom** oder **Hochkonjunktur** bezeichnet wird. Auf den Kreditmärkten werden die Mittel knapp. Die Zinsen steigen. Damit beginnen die Wertpapierkurse zu sinken. Die Preissteigerungsraten erhöhen sich. Ebenso steigen die Löhne verhältnismäßig schnell, weil die beschäftigten Arbeitnehmer nicht um ihre Arbeitsplätze fürchten müssen: Die Gewerkschaften haben eine starke Stellung. Infolge der erhöhten Kosten nehmen die Unternehmergewinne ab. Die Investitionsgüternachfrage geht zurück, während die Nachfrage nach Konsumgütern noch steigt. Im Investitionsgüterbereich finden die ersten Betriebsstilllegungen und Entlassungen statt. Die Konjunktur „kippt um" (oberer Wendepunkt), der Abschwung wird eingeleitet.

Abschwung. Die allgemeine Grundhaltung der Verbraucher und Unternehmer ist pessimistisch. Die allseits zu beobachtende Kaufzurückhaltung führt zu Umsatzeinbußen, zu weiteren Betriebsstilllegungen oder zu Insolvenzen. Die Arbeitslosenzahl steigt. Die abnehmende Kreditnachfrage führt zu sinkenden Zinssätzen. Der früher zu beobachtende Rückgang des Preisniveaus während der **Rezession,** wie heute der Abschwung auch bezeichnet wird, ist nicht mehr gegeben, weil zu viele Faktoren einen generellen Preis-

1 Siehe Kapitel 4.2.2 (Anomales Angebot) und Kapitel 5.2.2.2 (Preisbildung des Monopols).

rückgang verhindern.[1] So steigen z. B. die Stückkosten, die Rohstoffpreise und die Löhne (auch in Zeiten der Unterbeschäftigung pflegen die Gewerkschaften Lohnerhöhungen durchzusetzen, wenngleich die Steigerungsraten i. d. R. niedriger als in Zeiten der Vollbeschäftigung sind).

Unterer Wendepunkt. Kommt der Abschwung zum Stillstand und beginnt sich die Konjunktur wieder zu erholen, nimmt die Nachfrage also wieder zu, ist der untere Wendepunkt - die so genannte „Talsohle" - überschritten.

Ein lang anhaltender wirtschaftlicher Tiefstand wird als **Depression** bezeichnet. Die Depression ist keine konjunkturelle Erscheinung, sondern Ausdruck einer tief greifenden strukturellen Krise.[2]

Messung des Konjunkturverlaufs mit Hilfe der Entwicklung des realen Bruttoinlandsprodukts

Wie bereits gesagt wurde, werden wirtschaftliche Schwankungen üblicherweise an der Entwicklung des realen Bruttoinlandsprodukts gemessen. Da im Inlandsprodukt *alle* Wirtschaftsschwankungen erfasst werden, ist es im Einzelnen sehr schwierig, Änderungen in der Höhe des Inlandsprodukts den einzelnen Ursachen der Wirtschaftsschwankungen zuzurechnen.

So kann der Anstieg des Bruttoinlandsprodukts z. B. auf das langfristige Wachstum (den Trend), auf konjunkturelle Erscheinungen oder auf Saisonschwankungen oder auf alle drei dieser Einflussfaktoren zurückzuführen sein. In den nebenstehenden Abb. 9.22 a - 9.22 c wird gezeigt, wie die tatsächliche Entwicklung des Bruttoinlandsprodukts durch Saison- und Konjunkturschwankungen geprägt wird. Um die „reinen" Konjunkturschwankungen zu ermitteln, müssen die Statistiker also die Saisonschwankungen aus tatsächlichen Schwankungen des realen Bruttoinlandsprodukts herausrechnen.

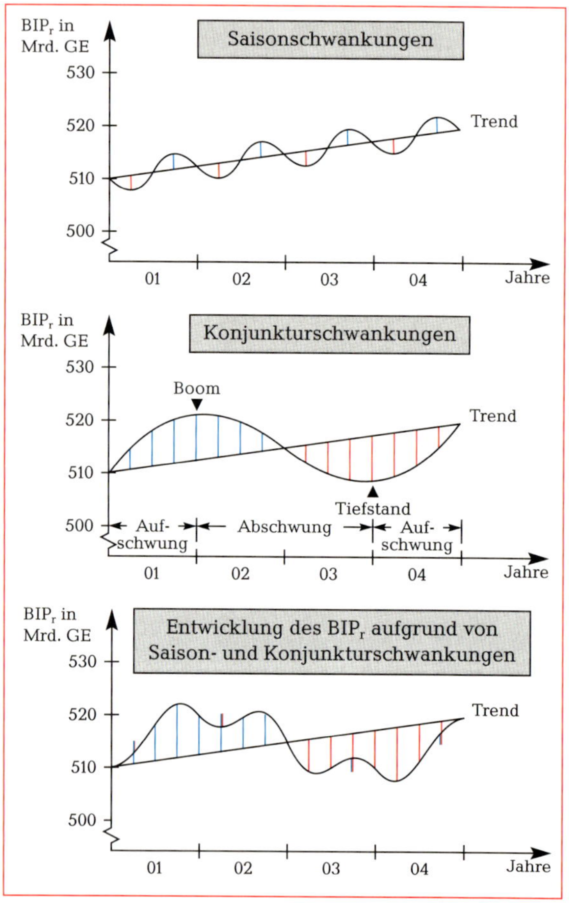

Abb. 9.22 a - c

Zum Verständnis statistischer Darstellungen sei noch auf ein weiteres Problem aufmerksam gemacht. Konjunkturschwankungen müssen sich nämlich keineswegs in einem absolut sinkenden

1 Siehe Abb. 5.13 (Nachfragerückgang führt zu steigenden Preisen).

2 Der Begriff „Krise" wird hier im Sinne von „Ungleichgewicht", „Störung" gebraucht.

Bruttoinlandsprodukt bemerkbar machen. Wie die folgende Abb. 9.23 zeigt, nimmt das reale Bruttoinlandsprodukt auch im Konjunkturabschwung zu, wenn der Trend (das langfristige Wachstum) der Volkswirtschaft stark nach oben gerichtet ist (erster und zweiter Konjunkturzyklus in Abb. 9.23). Erst wenn der Trend stagniert oder gar zurückgeht, nimmt im Abschwung das reale Bruttoinlandsprodukt absolut ab: Es ergeben sich negative Änderungen des realen Bruttoinlandsprodukts (BIP_r).[1]

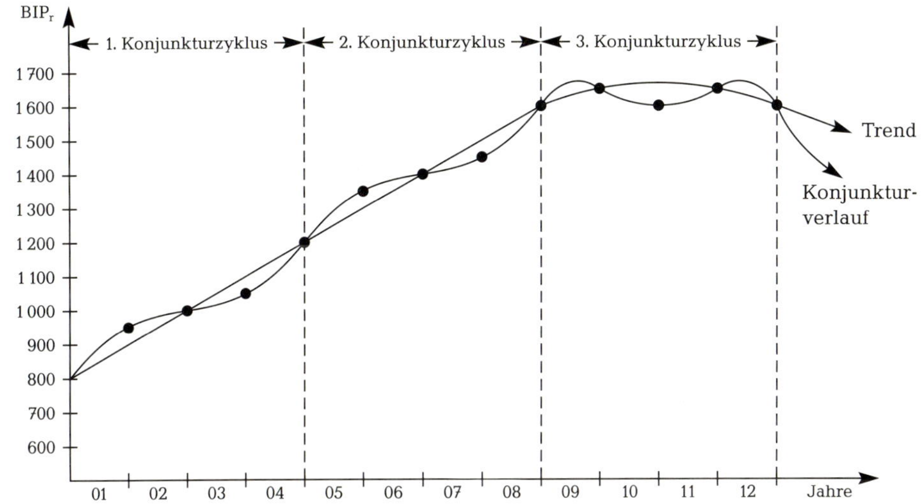

Abb. 9.23

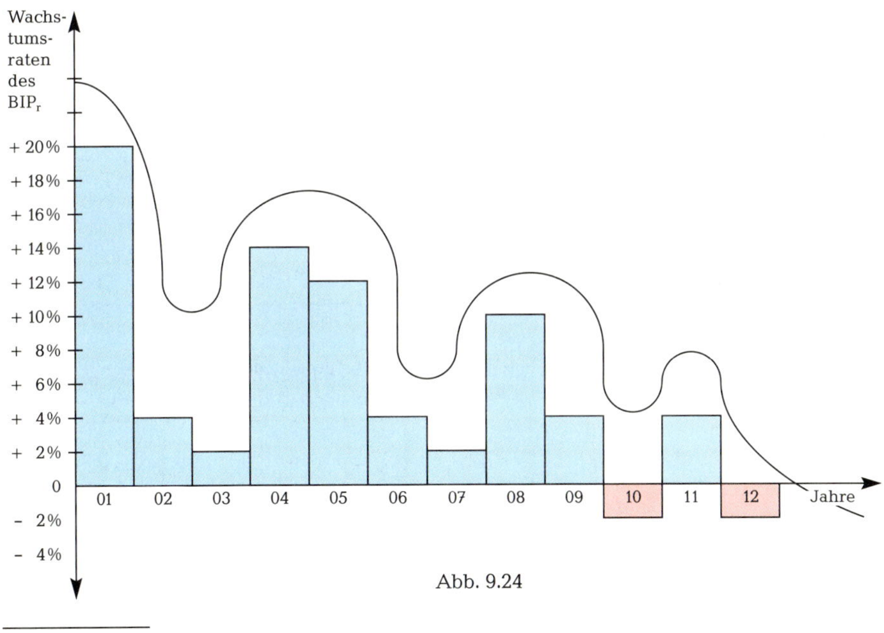

Abb. 9.24

1 Absolute Zahlen = Gesamtwerte (z. B. 1 000, 1 100, 1 210). Relative Zahlen = Prozentwerte (z. B. Preissteigerungsraten, Wachstumsraten, zum Beispiel 10%).
Anmerkung: Die übergroßen Wachstumsraten in den ersten Perioden wurden der zeichnerischen Darstellbarkeit wegen gewählt.

In der Abb. 9.24 sind die Änderungsraten des realen Bruttoinlandsprodukts – in der Wirtschaftspolitik meist als „Wachstumsraten" bezeichnet – in Form eines Balkendiagramms dargestellt.

Vorteil der Darstellung: Die konjunkturellen Bewegungen treten erheblich deutlicher hervor als bei einer Darstellung mit absoluten Werten (als z.B. in Abb. 9.23). **Nachteil der Darstellung:** Kleiner werdende Zuwachsraten des realen Inlandsprodukts erscheinen als „Abschwung", während sich die Wirtschaft tatsächlich noch im Aufschwung befindet. Der Grund: Bereits im Aufschwung werden die Zuwachsraten des realen Inlandsprodukts kleiner, weil sich der Konjunkturverlauf abflacht.

Zusammenfassender Überblick über die Konjunkturphasen

Konjunkturphasen	**Auftragsbestände/ Produktion**	**Konjunkturelle Arbeitslosigkeit**	**Lohnentwicklung**	**Zinsen**	**Wertpapierkurse**	**Preisentwicklung**	**Sparneigung**	**Zukunftserwartungen**
■ **Aufschwung**	steigend	noch hoch	mäßige Lohnerhöhungen	noch niedrig	hoch	geringe Preissteigerungsraten	sinkend	optimistisch
■ **Boom** (= Hochkonjunktur, Überkonjunktur, Überbeschäftigung)	bei Konsumgütern noch steigend; bei Investitionsgütern stagnierend oder sinkend	sinkend	kräftige Lohnerhöhungen	steigend	sinkend	hohe Preissteigerungsraten	niedrig	optimistisch
■ **oberer Wendepunkt** (Konjunkturgipfel)	bei Konsumgütern stagnierend; bei Investitionsgütern sinkend	gleich bleibend	kräftige Lohnerhöhungen („Lohnlag")	hoch	niedrig	hohe Preissteigerungsraten	niedrig	abwartend bis pessimistisch
■ **Abschwung** (= Rezession, Niedergang)	sinkend	steigend	mäßige Lohnerhöhungen (Inflationsausgleich); u.U. Abbau übertariflicher Leistungen	langsam sinkend	langsam steigend	abnehmende Preissteigerungsraten (auf polypolistischen Märkten u.U. sinkende, auf oligopolistischen und monopolistischen Märkten weiter steigende Preise)	steigend	pessimistisch
■ **unterer Wendepunkt** (Talsohle)	auf niedrigem Niveau verharrend	hoch	mäßige Lohnerhöhungen; geringe übertarifliche Leistungen	niedrig	hoch	geringere Preissteigerungsraten; Kosteninflation (Stagflation) jedoch möglich	hoch	abwartend oder vorsichtiger Optimismus

Übersicht 9.2

Wenn die Konjunktur lahmt oder gar in eine Rezession abgleitet, gehen in aller Regel Arbeitsplätze verloren. Wenn die Wirtschaft dann wieder wächst, erhöht sich zumeist auch die Nachfrage nach Arbeitskräften. Dies geschieht allerdings mit zeitlicher Verzögerung und oft nicht im erhofften Ausmaß. Die Unternehmen warten nämlich zunächst ab, ob sich der Aufschwung nur als Strohfeuer erweist oder ob er sich als stabil und nachhaltig entpuppt; mit anderen Worten, ob es sich lohnt zu investieren und neue Mitarbeiter einzustellen. Im Jahr 2006 verzeichnete die deutsche Wirtschaft mit 2,8 Prozent ein kräftiges Plus. Die Zahl der Arbeitsplätze nahm um 283000 zu. Und alle Prognosen gehen davon aus, dass sich der Aufschwung auch 2008 fortsetzt. Das würde den Experten zufolge noch einmal über 700000 neue Arbeitsplätze bringen.

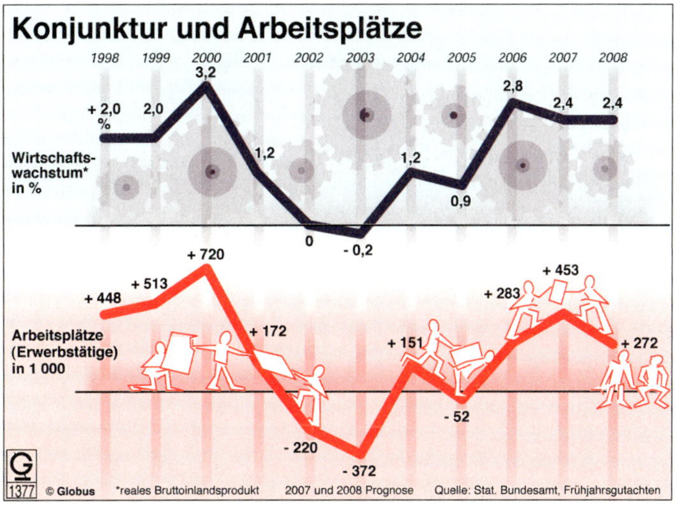

Abb. 9.25

Ach, dass der Mensch so häufig irrt,
und nie recht weiß, was kommen wird!
(WILHELM BUSCH)

9.3.3 Konjunkturindikatoren

Im vorigen Kapitel haben wir das Bruttoinlandsprodukt als Maßstab verwendet, um Konjunkturschwankungen zu erfassen. Das wirtschaftliche Auf und Ab lässt sich jedoch mit Hilfe weiterer Größen messen. Bestimmte wirtschaftliche Erscheinungen lassen sogar Rückschlüsse auf die künftige Entwicklung zu, dienen also der Konjunkturprognose.[1]

- Daten, die den Konjunkturverlauf messen und/oder Voraussagen (Prognosen) für künftige Entwicklungen zulassen, werden als **Konjunkturindikatoren**[2] bezeichnet.

1 Prognose = Voraussage, Vorausschau.

2 Indikator = Anzeiger.

Realwirtschaftliche Konjunkturindikatoren

Realwirtschaftliche[1] Konjunkturindikatoren beziehen sich vor allem auf die Komponenten der volkswirtschaftlichen Gesamtnachfrage (siehe Kapitel 8.4.7) und den Arbeitsmarkt:

- **Entwicklung der Arbeitslosenzahlen und offenen Stellen.** Steigende Arbeitslosenzahlen und sinkende offene Stellen zeigen an, dass die Wirtschaft unterbeschäftigt ist. Die Unternehmen werden sich bei den Investitionen zurückhalten, weil sie eine stagnierende oder gar zurückgehende Konsumgüternachfrage erwarten. Die umgekehrte Reaktion tritt ein, wenn die Bundesanstalt für Arbeit eine steigende Zahl offener Stellen meldet und wenn die Arbeitslosenzahlen zurückgehen.
- **Entwicklung der Konsumgüternachfrage.** Steigt der private Konsum (angezeigt durch steigende Einzelhandelsumsätze), ist eine positive Entwicklung des wirtschaftlichen Geschehens zu erwarten, weil in der Folge die Großhandelsumsätze und schließlich die Umsätze der Herstellerbetriebe steigen werden. Ist die Wirtschaft vollbeschäftigt, werden Preissteigerungen eintreten. Stagnierende oder sinkende Einzelhandelsumsätze bewirken das Gegenteil.
- **Entwicklung der Investitionsgüternachfrage.** Steigt die Investitionsgüternachfrage (angezeigt durch steigende Umsätze und/oder Auftragsbestände in der Investitionsgüterindustrie), kann eine Erhöhung der Beschäftigung erwartet werden, die auch nicht ohne Einfluss auf die Arbeitsnachfrage bleiben wird. Bei Vollbeschäftigung können steigende Preise (zunächst in der Investitionsgüterindustrie) und steigende Löhne vorausgesagt werden. Sinkende Investitionsgüternachfrage lässt den gegenteiligen Schluss zu.
- **Entwicklung des Außenhandels.** Nimmt der Export schneller als der Import zu, ist auf eine Belebung der Konjunktur zu schließen. Eine vollbeschäftigte Wirtschaft muss mit Preissteigerungen rechnen, weil die Gesamtnachfrage (Auslands- und Inlandsnachfrage) das Gesamtangebot der Volkswirtschaft übersteigt. Steigen die Importe indessen schneller als die Exporte, ist der gegenteilige Effekt wahrscheinlich.
- **Entwicklung der Staatsausgaben und -einnahmen.** Aus dem Staatshaushaltsplan kann entnommen werden, in welchem Verhältnis die Staatsausgaben zu den Staatseinnahmen stehen werden. Strebt der Staat große zusätzliche Konsum- oder Investitionsvorhaben an, ohne die Steuern zu erhöhen, ist eine Belebung der Wirtschaftstätigkeit wahrscheinlich. Auch in diesem Fall sind Preiserhöhungen zu erwarten, wenn die Wirtschaft vollbeschäftigt ist. Voraussichtliche Steuererhöhungen indessen können die Investitionstätigkeit der Unternehmen vermindern.
- **Entwicklung der Lagerbestände.** Steigen die Lagerbestände der Unternehmen über das saisonal übliche Maß, so liegt offenbar Überproduktion vor. Es kann der Schluss gezogen werden, dass die Unternehmen ihre Produktion drosseln werden, was einen Konjunkturabschwung bewirken kann. Nehmen die Lagerbestände ab, ist das Gegenteil der Fall.

  Diese Aussage gilt jedoch nicht uneingeschränkt. Es mag nämlich sein, dass die Unternehmen ihre Lagerbestände bewusst abbauen, weil sie sinkende Umsatzzahlen erwarten, und ihre Lagerbestände aufstocken, weil ein Konjunkturanstieg eingesetzt hat.

1 Real = wirklich; von lat. res = Sache. Realwirtschaftliche Vorgänge finden auf Güter- und Arbeitsmärkten statt.

- **Kapazitätsauslastung und Auftragsbestände.** Steigende Auftragsbestände kündigen einen Konjunkturaufschwung an. Die Auslastung der Kapazität folgt der Entwicklung der Auftragsbestände.
- **Vertrauensindikatoren.** Für die Beurteilung zukünftiger Entwicklungen spielen die Erwartungen der Unternehmen und der Verbraucher eine große Rolle. Nimmt das Vertrauen in eine (positive) wirtschaftliche Entwicklung zu, ist mit einer steigenden Konsum- und Investitionsgüternachfrage zu rechnen.

Finanzwirtschaftliche Konjunkturindikatoren

- **Geldpolitik.** Als Konjunkturindikator zählt auch die (vermutete) künftige Geldpolitik einer Zentralbank. Aufgrund von Zinssenkungen kann die Konjunktur belebt, aufgrund von Zinserhöhungen ein „Überschäumen" der Konjunktur verhindert werden (siehe Kapitel 8.7.5).
- **Wechselkurse.** Steigende Wechselkurse (Mengennotierung) verteuern die Binnenwährung. Der Export in Fremdwährungsländer wird gebremst, die Konjunktur wird negativ beeinflusst. Sinken die Wechselkurse, wird die Binnenwährung für die Devisenausländer billiger. Es ist zu erwarten, dass die Exporte steigen und die Konjunktur angekurbelt wird.

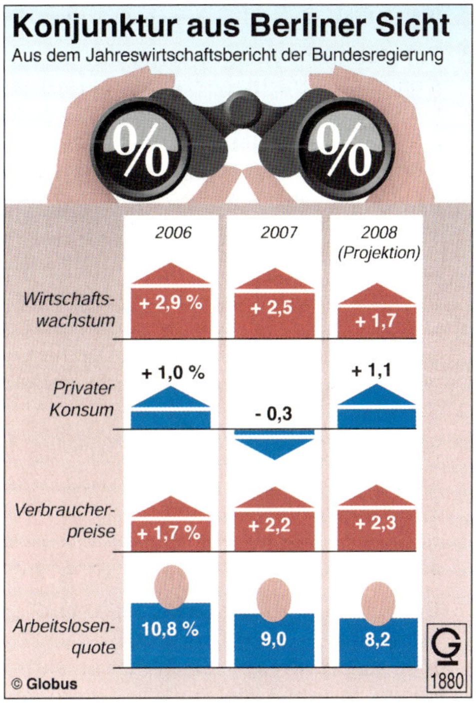

Abb. 9.26

Bedeutung

Voraussagen über die mutmaßliche Konjunkturentwicklung sollen Unterlagen für die Wirtschaftspolitik liefern. So kann eine Regierung ihre konjunkturpolitischen Entscheidungen – vorausgesetzt, die Prognosen stimmen – rechtzeitig treffen.[1]

Es muss aber an dieser Stelle auf die Problematik derartiger Voraussagen hingewiesen werden. Denn wenn, wie häufig angenommen wird, die Konjunktur einen streng zyklischen Verlauf hat, braucht man keine Konjunkturvoraussagen. Andererseits ist klar, dass Vorhersagen die Wirtschaftssubjekte veranlassen, ihre Dispositionen zu ändern. Die Folge ist, dass der vorhergesagte Verlauf nicht eintreten kann, eben weil sich die Grundlagen der Vorhersage geändert haben.

1 Siehe Kapitel 9.3.5.

In bestimmten Situationen kann eine Prognose auch dazu führen, dass die vorausgesagte Entwicklung durch die Prognose selbst verstärkt wird. Prophezeit ein Institut z.B. steigende Preise, wird die Inflation geradezu herbeigeredet, weil die Wirtschaftssubjekte veranlasst werden, jetzt zu relativ niedrigen Preisen mehr nachzufragen, wodurch die Preise erst zu steigen beginnen. Pessimistische Voraussagen können sich deshalb bewahrheiten, weil durch die Voraussage der allgemeine Pessimismus erst hervorgerufen wird. Sagt z.B. ein Institut zunehmende Arbeitslosigkeit voraus, werden die Arbeitnehmer mehr sparen, um sich einen Notgroschen zurückzulegen: Die Konsumgüternachfrage stagniert oder geht zurück. Die Unternehmen investieren nur zögernd – ein Verhalten, das als „Attentismus"[1] bezeichnet wird –, weil sie ihre Absatzmöglichkeiten pessimistisch beurteilen.

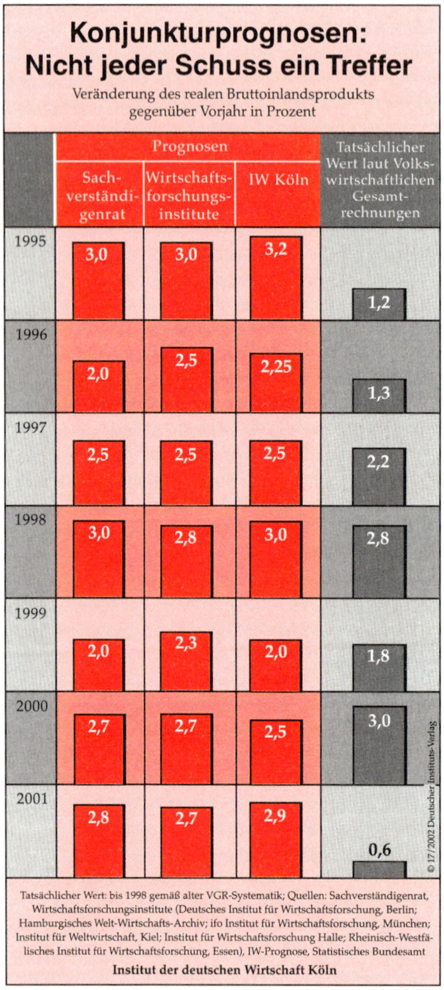

Nicht selten werden Prognosen auch durch unvorhersehbare Ereignisse hinfällig. Dazu gehören z.B. überhöhte Tarifabschlüsse, eine starke Aufwertung der eigenen Währung (der Binnenwährung), Tierseuchen, Terroranschläge, Kriege und Epidemien.[2]

Schließlich erstellen die Wirtschaftswissenschaftler ihre Voraussagen nicht unabhängig voneinander, sondern stehen vielmehr in enger Verbindung zueinander. Vor allem in Zeiten großer Unsicherheit bleiben sie in ihren Voraussagewerten eng beieinander. „Schlimmstenfalls hören sie mehr auf ihre Kollegen als auf die tatsächlichen Konjunktursignale, sodass sich ihre Rechnungen immer weiter von der Realität entfernen."[3]

Ferner wird der Trend zu annähernd gleichen Voraussagen dadurch unterstützt, dass die Prognostiker um ihre Glaubwürdigkeit fürchten, wenn sie mit ihren Vorhersagen von der Mehrheitsmeinung abweichen.[4]

1 Attentismus = abwartende Haltung (fr. attendre = warten, abwarten).

2 Epidemie (gr.) = Massenerkrankung, Seuche.

3 iwd vom 25. April 2002, S. 7.

4 Vgl. ebda, S. 7.

9.3.4 Ursachen der Konjunkturschwankungen

Generationen von Wirtschaftswissenschaftlern haben sich bereits den Kopf darüber zerbrochen, woher eigentlich das wirtschaftliche Auf und Ab kommt. Rund 200 Konjunkturtheorien (einschließlich Krisentheorien) wurden aufgestellt!

Die **Überproduktionstheorie** sieht die Ursache des Konjunkturabschwungs in der ungleichen Einkommensverteilung. Steigende Investitionen (= Kapitalakkumulation)[1] führen zu steigender Produktion, die indessen nicht von den Arbeitnehmern vollständig gekauft werden kann, weil deren Einkommen nicht oder nicht in gleichem Maße wie die Produktion steigen. Die Unternehmen bleiben auf einem Teil ihrer Waren „sitzen", sodass sie gezwungen sind, die Produktion zu drosseln: Die Absatzkrise ist da und der Abschwung wird eingeleitet. (Der untere Wendepunkt des Konjunkturzyklus wird durch die Überproduktionstheorie nicht erklärt.)

Die **Unterspartheorie** (auch Überinvestitionstheorie) behauptet, dass im Laufe der konjunkturellen Aufwärtsbewegung der Verbrauch zu *hoch* wird, sodass die gesparten finanziellen Mittel schließlich nicht mehr ausreichen, die von den Unternehmen in zu optimistischer Vorausplanung begonnenen Investitionen zu finanzieren. Der Mangel an Finanzierungsmitteln führt schließlich zum Abbruch der Investitionen, d.h. zum Konjunkturumschwung. (Auch die Unterspartheorie erklärt zwar den oberen, nicht aber den unteren Wendepunkt des „typischen" Konjunkturverlaufs.)

Die **monetären Konjunkturtheorien** stellen in der Regel eine Weiterentwicklung der Überinvestitionstheorien dar. Da die Kreditinstitute in der Lage sind, Giralgeld zu schöpfen, ist das Kreditangebot in der konjunkturellen Aufschwungphase höher als die Ersparnis. In dem Maße aber, wie sich die Überschussreserven der Kreditinstitute verringern, erhöht sich das Zinsniveau. Ursprünglich als günstig erscheinende Investitionen werden unrentabel und abgebrochen, sodass es zu Entlassungen, also zu steigender Arbeitslosigkeit kommt. (Die monetären Konjunkturtheorien haben den Vorzug, dass sie auch den unteren Wendepunkt erklären können: Die im Tiefstand niedrigen Zinsen vermögen die Unternehmen und/oder privaten Haushalte zu vermehrter Güternachfrage anzuregen, sodass sich die Konjunktur wieder zu erholen beginnt.)

Die **psychologischen Konjunkturtheorien** sehen den Grund der mehr oder weniger rhythmischen Wiederkehr des wirtschaftlichen Auf- und Abschwungs im irrtümlichen Optimismus bzw. Pessimismus der Wirtschaftssubjekte (z.B. der privaten Verbraucher, der Unternehmer, der Gewerkschaften, der Regierungen). Woher die Stimmungen der Mehrzahl der Wirtschaftssubjekte herrühren, vermag diese Theorie nicht zu erklären. In Verbindung mit den Aussagen anderer Konjunkturtheorien gibt sie jedoch wichtige Aufschlüsse über das sozialpsychologische Verhalten der Wirtschaftssubjekte in konkreten wirtschaftlichen Situationen.

Bedeutung

Die heutige Volkswirtschaftslehre weiß, dass die wirtschaftlichen Wellenbewegungen nicht auf eine Ursache allein zurückgeführt werden können. Es gibt zahlreiche „Auslöser" für den Konjunkturauf- bzw. -abschwung, zu denen unter anderen auch die in den traditionellen Konjunkturtheorien genannten gehören.

---

1 Akkumulation = Aufhäufung, Ansammlung.

Aus den Konjunkturtheorien kann man lernen, dass die wirtschaftlichen Wellenbewegungen vor allem aus den Fehlplanungen der Wirtschaftssubjekte resultieren. Dies ist auch leicht verständlich, wenn man sich vergegenwärtigt, dass in den heutigen Volkswirtschaften eine nicht überschaubare Zahl von Einzelpersonen, sozialen Gruppen (z.B. private Haushalte, Unternehmen), sozialen Organisationen (z.B. Arbeitnehmerverbände, Arbeitgeberverbände, Bauernverbände, Heimatvertriebenenverbände usw.) sowie staatliche Verwaltungen und Einrichtungen (Regierungen, Bundes- und Länderparlamente, Sozialversicherungsträger, Gemeinden, Kreise) *wirtschaftliche Entscheidungen* treffen. So ist es von vornherein klar, dass die zahlreichen Einzelpläne in der Regel *nicht* übereinstimmen werden. Konjunkturen sind deshalb Erscheinungen, die dezentral geplanten Wirtschaftsordnungen, also marktwirtschaftlichen Systemen, immanent[1] sind.

Fassen wir die Institutionen, die einen Einfluss auf die konjunkturelle Entwicklung einer Volkswirtschaft nehmen können, grob zusammen, können wir folgende Einteilung vornehmen: 1. Staat, 2. Zentralbank, 3. Unternehmen, 4. private Haushalte (private Verbraucher), 5. Gewerkschaften und 6. das Ausland.

1. Der **Staat** ist in der Lage, durch erhöhte Ausgaben die Gesamtnachfrage nach Konsum- und/oder Investitionsgütern zu erhöhen. Damit steigen Beschäftigung und Einkommen. Die Einleitung eines Konjunkturaufschwungs wird zumindest erleichtert.[2]
2. Die **Zentralbank** kann durch Geldmengenvermehrung dazu beitragen, zusätzliche Nachfrage nach Investitions- und Konsumgütern zu finanzieren und gleichzeitig das Zinsniveau zu senken.[3]
3. Die **Unternehmen** entscheiden weitgehend über die Durchführung von Investitionen. Diese Entscheidungen hängen wiederum ab von dem Vertrauen in die künftige Wirtschaftspolitik der Regierung und der Zentralbank, der Entwicklung der Auslandsnachfrage und vom Verhalten der Verbraucher, also der privaten Haushalte. Positive Gewinnerwartungen erhöhen die Investitionsbereitschaft.
4. Die **Gewerkschaften** wiederum beeinflussen die Gewinnerwartungen bzw. die tatsächliche Gewinnsituation der Unternehmer. Setzen sie Lohnerhöhungen durch, die über den Produktivitätszuwachs hinausgehen, sinken die Gewinne und damit die Investitionsneigung der Unternehmen. Maßvolle lohnpolitische Forderungen haben die entgegengesetzte Wirkung.
5. Die **privaten Haushalte** entscheiden im Modell der freien Wirtschaft letztlich darüber, was und wie viel produziert wird, weil – immer noch im Modell – die Unternehmen das produzieren müssen, was die Haushalte wünschen, also nachfragen („Konsumentensouveränität").[4] In der Realität beeinflussen die privaten Haushalte die Produktionsentscheidungen der Unternehmen nur in begrenztem Maße, weil mit Hilfe moderner Marketingmaßnahmen (z.B. Werbung, Produktgestaltung) das Konsumverhalten der Verbraucher wiederum durch die Unternehmen zu steuern versucht wird. Dennoch übt das Gesamtverhalten der privaten Haushalte einen starken Einfluss auf die Konjunktur aus: Steigt der private Verbrauch, nimmt zunächst die Beschäftigung in der Konsumgüterindustrie zu. Ist diese vollbeschäftigt, steigt auch die Nachfrage nach Investitionsgütern (Multiplikatoreffekt).

---

1 Immanent = innewohnend.

2 Näheres siehe Kapitel 9.3.5.

3 Siehe Kapitel 8.7.5.

4 Souveränität = Selbstbestimmung, unabhängige Alleinbestimmung.

6. Das **Ausland** hat auf die Wirtschaft eines Landes wie z. B. die Bundesrepublik Deutschland, die rund ein Viertel ihrer gesamten Wirtschaftsleistung exportiert, erheblichen Einfluss. Steigender Export trägt somit zum Konjunkturaufschwung bei. Abnehmender Export bremst den Aufschwung oder führt sogar – je nach Entwicklung der Binnennachfrage – zum Konjunkturabschwung.

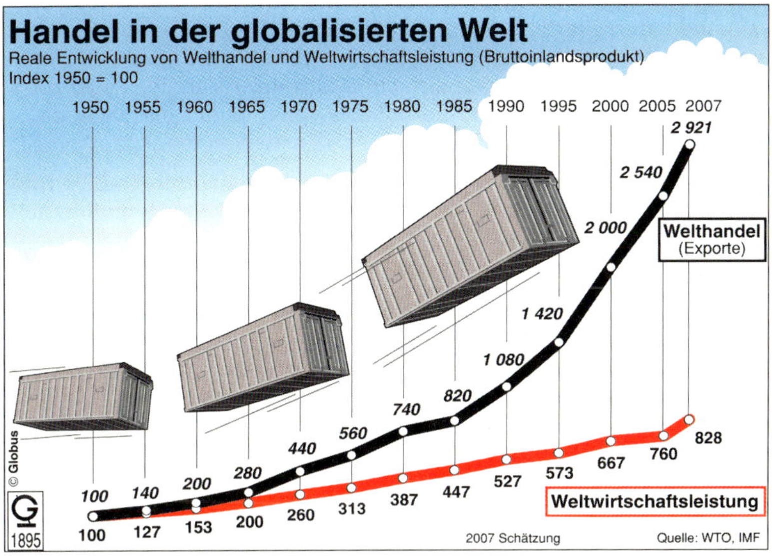

Abb. 9.27

Die Containerhäfen können die anlaufenden Schiffe kaum fassen, vielerorts sind Erweiterungen geplant; mehr Container sollen noch schneller umgeschlagen werden, denn der Außenhandel wächst rasant. In den vergangenen zwei Jahren wuchs das Exportvolumen um 15 Prozent, seit dem Jahr 2000 sogar um fast fünfzig Prozent. Die Weltwirtschaftsleistung nahm dagegen nur um neun bzw. 24 Prozent zu. Vor allem im Langzeitvergleich zeigt sich das Ausmaß der Globalisierung. Die Exporte sind seit 1950 auf das 29-Fache angewachsen; kaum ein Land glaubt heute noch, mit Zöllen und anderen Handelshemmnissen besser zu fahren als mit Freihandel (wenn auch noch bei weitem nicht in allen Branchen der freie Zugang zu den Märkten gegeben ist).

Merke:

Faktoren, die den **Konjunkturaufschwung** auslösen können:

- Ausweitung des Geldangebots (Kreditangebots) durch die Zentralbank: Sinkende Zinssätze – steigende Kreditnachfrage.
- Steigende private und staatliche Investitionsgüternachfrage.
- Steigende private und staatliche Konsumgüternachfrage.
- Steigender Außenbeitrag (Export – Import).

Faktoren, die den **Konjunkturabschwung** auslösen können:

- Verknappung des Geldangebots (Kreditangebots) durch die Zentralbank: Steigende Zinssätze – sinkende Kreditnachfrage.
- Sinkende private und staatliche Investitionsgüternachfrage.
- Sinkende private und staatliche Konsumgüternachfrage.
- Sinkender Außenbeitrag (Export – Import).

Steuern sind der Preis für die Zivilisation; im Urwald gibt es keine.

(WAGNER)[1]

9.3.5 Staatliche Konjunkturpolitik (Fiskalpolitik)

Stellt der Staat seine Ausgaben- und Einnahmenpolitik bewusst in den Dienst der Wirtschaftspolitik, spricht man von *Fiskalpolitik.*[2]

9.3.5.1 Wirtschaftspolitische Ziele

Politik[3] kann man nur betreiben, wenn man weiß, was man will. Politik ist zielbewusstes Handeln. Welches sind nun die *Ziele* wirtschaftlicher Art, die sich die Regierungen setzen? Wesentliche wirtschaftspolitische Ziele wurden bereits im Kapitel 2.2.3 behandelt. Zur Wiederholung seien hier nochmals die Ziele des „magischen Vierecks" (Abb. 2.5 auf S. 67) kurz beschrieben:

1. **Stabilität des Preisniveaus**

   Die für Wirtschaft und Gesellschaft nachteiligen Wirkungen der Inflation und Stagflation verlangen,[4] dass der Staat sein Möglichstes tun muss, für die Stabilität des Preisniveaus zu sorgen.

2. **Hoher Beschäftigungsstand**

   Unterbeschäftigung[5] heißt, dass Produktionsfaktoren (z.B. der Faktor Arbeit) nicht voll ausgelastet sind. Nicht ausgenutzte Kapazitäten bedeuten Verschwendung. Trifft die Unterbeschäftigung die Arbeitskräfte, bedeutet dies geringere Einkommen, geringeres soziales Ansehen der Betroffenen, Resignation, Unzufriedenheit. Der Staat muss also ein Interesse daran haben, einen möglichst hohen Beschäftigungsstand anzustreben.

3. **Außenwirtschaftliches Gleichgewicht**

   Die Bundesrepublik Deutschland ist ein exportabhängiges und ein rohstoffabhängiges Land. Wie im Kapitel 10 noch zu zeigen sein wird, wirken sich Störungen des Außenhandels sowohl auf die Entwicklung des Preisniveaus (z.B. importierte Inflation) als auch auf die Beschäftigung (z.B. aufgrund von Exportrückgängen) aus. Der Staat wird also versuchen, mit Hilfe geeigneter Maßnahmen ein außenwirtschaftliches Gleichgewicht zu erreichen.

4. **Stetiges und angemessenes Wirtschaftswachstum**

   Die wirtschaftlichen Verhältnisse ändern sich laufend. Aufgrund neuer Erfindungen werden die Produktionsverfahren geändert, neue Produkte werden entwickelt, die Bedürfnisse nach bestimmten Erzeugnissen gehen zurück, andere Bedürfnisse entstehen. Erzeugnisse aus billiger produzierenden Ländern drängen auf den Inlandsmarkt; bisher vollbeschäftigte Industriezweige (in der Bundesrepublik Deutschland z.B. die

1 Ehemaliger Washingtoner Bürgermeister.

2 Unter „Fiskus" versteht man heute den Staat schlechthin, insoweit er es mit den Staatseinnahmen (vor allem Steuern), den Staatsausgaben oder dem Staatsvermögen zu tun hat („Einheit von Fiskus und Staat"). Das Wort Fiskus kommt aus dem Lateinischen und bedeutet Korb, Geldkorb, Kasse. Fiskalpolitik ist somit Wirtschaftspolitik mit Geldmitteln aus der „Staatskasse".

3 Politik (gr.) = Staatsgeschäfte.

4 Siehe Kapitel 8.4.8.

5 Siehe Kapitel 9.1.1.

Textilindustrie oder der Schiffbau) werden konkurrenzunfähig. Die durch solche Strukturveränderungen freigesetzten (= arbeitslos gewordenen) Arbeitskräfte können aber nur neue Beschäftigung finden, wenn die Wirtschaft „wächst", d.h., wenn neue Betriebe entstehen oder konkurrenzfähige Betriebe erweitert werden. Der Staat wird also versuchen, eine die Wachstumspolitik unterstützende Strukturpolitik zu betreiben, denn Wachstum bedeutet auch Schaffung neuer Arbeitsplätze. Um die Entstehung konjunktureller Arbeitslosigkeit zu vermeiden, wird ein *störungsfreies* (stetiges) Wachstum angestrebt. Während die Strukturpolitik langfristig angelegt ist, ist die Konjunkturpolitik kurzfristiger Natur.

9.3.5.2 Wirtschaftspolitische Maßnahmen

1. Stabilitäts- und Beschäftigungspolitik

Mit Hilfe der Einnahmen- und Ausgabenpolitik versucht der Staat sowohl Stabilitäts- als auch Beschäftigungspolitik zu betreiben.

- **Erhöhung der Staatseinnahmen und Senkung der Staatsausgaben.** Besteht Inflationsgefahr, kann der Staat die Steuern erhöhen und die zusätzlichen Einnahmen bei der Deutschen Bundesbank stilllegen **(Konjunkturausgleichsrücklage).** Dem Wirtschaftskreislauf wird Geld entzogen, die Inflation wird gebremst.

  Die Kürzung von Staatsausgaben (z.B. Einstellungs- und Beförderungsstopp im öffentlichen Dienst, Verringerung der Staatsausgaben für öffentliche Investitionen) wirkt in die gleiche Richtung: Die nachfragewirksame Geldmenge wird geringer, der Preisauftrieb wird gedämpft.

- **Senkung der Staatseinnahmen und Erhöhung der Staatsausgaben.** Ist die Wirtschaft unterbeschäftigt, kann der Staat die Steuern senken und den Einnahmeausfall durch **Auflösung der Konjunkturausgleichsrücklage** und/oder durch **Kreditaufnahmen** decken. Dem Wirtschaftskreislauf wird zusätzliches Geld zugeführt. Der Staat erwartet, dass aufgrund dieser Maßnahmen die Nachfrage nach Konsum- und Investitionsgütern steigt und so die Arbeitslosigkeit abgebaut wird. Die Politik des bewussten Schuldenmachens durch den Staat zum Zwecke der Konjunkturförderung wird als **Deficit-spending** bezeichnet.[1]

In die gleiche Richtung wirkt die Ausweitung der Staatsausgaben, die der Staat mit Krediten finanziert. Fragt der Staat z.B. mehr Bauleistungen nach, erhöht sich die Beschäftigung in der Bauindustrie. Diese wiederum kann mehr Baumaterialien, mehr Maschinen, mehr Kraftfahrzeuge und mehr Arbeitskräfte nachfragen (Multiplikatorwirkung zusätzlicher Staatsausgaben).

Die Anhänger der Politik, mit Hilfe der Einnahmen und Ausgabengestaltung des Staates die Konjunktur und das Wirtschaftswachstum beeinflussen zu wollen, bezeichnet man als *Fiskalisten*. Die diesen Maßnahmen zugrunde liegende Theorie heißt *Fiskalismus* oder auch „Keynismus" (mitunter auch „Keynesianismus"), weil sie letztlich auf der von KEYNES entwickelten Beschäftigungstheorie – vor allem auf dessen Multiplikatortheorie[2] – aufbaut.

1 Deficit (engl.) = Defizit, Fehlbestand.

2 Siehe Kapitel 9.1.2 ff.

28 Hartmann – ISBN 978-3-8120 0320-9

Mögliche Zielkonflikte. Problematisch ist diese Form der Fiskalpolitik, die auch als **antizyklische Finanzpolitik**[1] bezeichnet wird, wenn sich die Wirtschaft im Zustand der Stagflation befindet. Wird die nachfragewirksame Geldmenge erhöht, steigen die Preise noch stärker, ohne dass eine Garantie dafür besteht, dass auch die Beschäftigung zunimmt. Wird auf eine Erhöhung der nachfragewirksamen Geldmenge verzichtet, ist zwar die Inflationsgefahr geringer; dafür ist aber auch kein Abbau der Arbeitslosigkeit zu erreichen (Zielkonflikt).

Ein Zielkonflikt kann auch zwischen den Zielen „Preisniveaustabilität" einerseits und „stetigem Wirtschaftswachstum" andererseits bestehen, weil die Einschränkung staatlicher produktiver Ausgaben für Bildung, Forschung und Infrastruktur[2] wachstumshemmend ist.[3]

Eine wirkungsvolle staatliche Konjunkturpolitik setzt auch die Bewältigung einer Reihe von **Abstimmungsproblemen** (Koordinierungsproblemen) voraus. So müssen z.B. Bund, Eurosystem, Länder und – wenn möglich – die Gemeinden „am gleichen Strang" ziehen, d.h. die der jeweiligen konjunkturellen Situation entsprechenden Maßnahmen ergreifen. Auch die zeitliche Abstimmung darf nicht zu spät erfolgen. Häufig ist es in der Praxis jedoch so, dass von der Beschlussfassung bis zur Realisierung geraume Zeit verstreicht, sodass konjunkturfördernde Maßnahmen erst dann wirksam werden, wenn man sie eigentlich nicht mehr bräuchte, konjunkturdämpfende Maßnahmen erst dann greifen, wenn sich die Konjunktur bereits im Abschwung befindet.

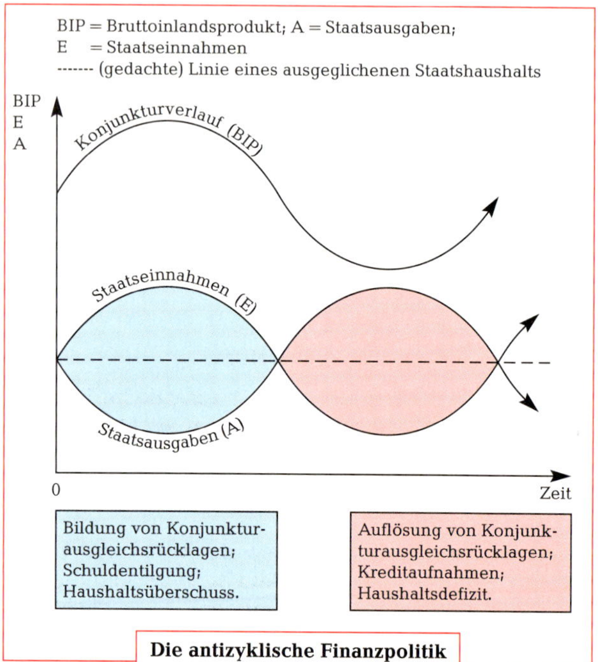

Die antizyklische Finanzpolitik im Modell (Idealfall)

Abb. 9.28

Weiterhin ist zu bemerken, dass die Möglichkeiten der staatlichen Konjunkturförderung von der Ausgabenseite her begrenzt sind, weil die meisten Staatsausgaben gesetzlich oder durch internationale Vereinbarungen festgelegt sind (z.B. Ausgaben für Löhne und Gehälter der Staatsbediensteten, für die soziale Sicherung, für die Verteidigung). Werden in Zeiten der Hochkonjunktur bestehende Schulden nicht ausreichend abgebaut und

1 Anti = dagegen; antizyklisch deshalb, weil dem Konjunkturzyklus entgegengesteuert wird.

2 Infrastruktur = Gesamtheit aller privaten und öffentlichen Einrichtungen eines Wirtschaftsraums, die der Allgemeinheit (also auch den Wirtschaftsbetrieben) zur Verfügung stehen (z.B. Straßen, Eisenbahnlinien, Hafenanlagen, Kanäle usw.).

3 Siehe Kapitel 9.2.3.

keine Konjunkturausgleichsrücklagen gebildet, nehmen die Staatsschulden von Konjunkturrückgang zu Konjunkturrückgang zu. Die staatliche Konjunkturpolitik besteht dann nur noch aus einem immer umfangreicher werdenden Deficit-spending. Der wachsende Schuldendienst (Zins- und Tilgungszahlungen) verkleinert dann zunehmend die finanzielle Manövriermasse, die zur Konjunkturförderung eingesetzt werden kann.

Mit steigender Schuldenlast verlagert sich deshalb die staatliche Konjunkturpolitik immer mehr auf die Einnahmenpolitik, vor allem die Steuer- und Abschreibungspolitik.

§ 26 StabG räumt dem Staat die Möglichkeit ein, zur Konjunkturförderung die Einkommen- und Körperschaftsteuer bis zu 10% für ein Jahr zu senken. Umgekehrt kann der Staat bei akuter Inflationsgefahr die genannten Steuern um bis zu 10 % erhöhen (unmittelbare Steuersenkung bzw. -erhöhung).

§ 26 StabG sieht des Weiteren vor, dass der Staat die Abschreibungsmöglichkeiten erweitern bzw. einschränken kann (mittelbare Steuersenkung bzw. -erhöhung). **Abschreibungen** stellen für die Unternehmen **Kosten** (steuerlich „Betriebsausgaben") dar. Werden die Abschreibungsmöglichkeiten erweitert bzw. zulässige Abschreibungssätze erhöht, nehmen die ausgewiesenen Gewinne ab. Den Unternehmen stehen daher zusätzliche liquide Mittel aufgrund niedrigerer Steuern vom Einkommen und niedrigerer Gewinnausschüttungen zur Verfügung. Es steht zu erwarten, dass die Nachfrage nach Investitionsgütern steigt. Umgekehrt ist es, wenn der Staat die Abschreibungsmöglichkeiten einschränkt bzw. zulässige Abschreibungssätze senkt. In diesem Fall sind die ausgewiesenen Gewinne höher. Steuern und Gewinnausschüttungen steigen, sodass zu erwarten ist, dass die Nachfrage nach Investitionsgütern gebremst wird. (Näheres siehe Kapitel 9.3.5.4.)

2. Wachstums- und Strukturpolitik

Wirtschaftswachstum ist nur über zusätzliche Investitionen möglich. Der Staat kann die Investitionstätigkeit fördern, indem er zusätzliche Aufträge erteilt, Forschungsvorhaben mitfinanziert oder gefährdeten Wirtschaftsbereichen Subventionen (Zuschüsse) zahlt, damit sich diese auf die Produktion von Gütern umstellen können, nach denen auch in Zukunft voraussichtlich Bedarf besteht.

Mögliche Zielkonflikte. Werden die Staatshilfen mit Krediten finanziert, wird das Stabilitätsziel gefährdet. Selbst mit dem Ziel eines möglichst hohen Beschäftigungsstands (dem so genannten „Vollbeschäftigungsziel") muss nicht in jedem Fall Übereinstimmung („Zielharmonie") bestehen, denn Wachstum basiert nicht nur auf einer Ausweitung der Investitionen bei konstantem technischem Stand, sondern auf der Einführung rationellerer (kostengünstigerer) Produktionsverfahren (Rationalisierungsinvestitionen). Die hierdurch eintretende strukturelle Arbeitslosigkeit kann nicht verhindert, sondern allenfalls durch staatliche Unterstützungsmaßnahmen (Arbeitslosengeld, Arbeitslosenfürsorge, Umschulungsmaßnahmen) gemildert werden.

3. Außenwirtschaftspolitik

Außenwirtschaftspolitische Maßnahmen können hier nur angedeutet werden. Besteht z.B. Unterbeschäftigung, wird der Staat versuchen, die Exporte zu fördern (z.B. durch Steuererleichterungen). Befindet sich die Wirtschaft jedoch im Zustand der Überbeschäftigung mit hohen Preissteigerungsraten, kann der Staat versuchen, das Güterangebot im Inland durch Erleichterung der Importe (z.B. durch Zollsenkungen) zu erhöhen, um so eine Dämpfung der Konjunktur herbeizuführen.

Mögliche Zielkonflikte. Exportüberschüsse wirken beschäftigungsfördernd, gefährden aber die Stabilität des Preisniveaus (importierte Inflation).[1] Mit dem „Vollbeschäftigungsziel" besteht zwar Harmonie, die Ziele „außenwirtschaftliches Gleichgewicht" und „Preisniveaustabilität" sind jedoch gefährdet.

Sorgt der Staat hingegen für steigende Importe (bei Vollbeschäftigung und bestehenden Exportüberschüssen), wird zwar das Ziel des außenwirtschaftlichen Gleichgewichts erreicht. Dies wiederum bedeutet zunehmende Konkurrenz für die inländische Wirtschaft, sodass die Gefahr zunehmender Arbeitslosigkeit besteht. Außerdem kann das Wachstumsziel gefährdet werden, weil die inländischen Investitionen zurückgehen.

4. Psychologische Beeinflussung

Getreu den Aussagen der psychologischen Konjunkturtheorien versuchen die Regierungen mitunter, durch psychologische Beeinflussung einen drohenden Boom oder eine drohende Rezession zu verhindern. Mit Maßhalteappellen, die an Verbraucher, Gewerkschaften und/oder Unternehmer gerichtet sind, soll eine Konjunkturdämpfung erreicht werden. Während der Rezession werden die einzelnen Gruppen dazu aufgefordert, mehr auszugeben und weniger zu sparen, um die Wirtschaft wieder anzukurbeln.

Die Wirkung der psychologischen Beeinflussung ist im Allgemeinen gering. Sowohl der Einzelne als auch die Verbände sind überfordert, wenn sie aus gesamtwirtschaftlichen Gründen ihre individuellen Ziele bzw. ihre Gruppenziele aufgeben sollen.

Merke:

- Die Ziele des **magischen Vierecks** sind:
  - Stabilität des Preisniveaus,
  - hoher Beschäftigungsstand,
  - außenwirtschaftliches Gleichgewicht und
  - stetiges und angemessenes Wirtschaftswachstum.
- Die Ausgaben- und Einnahmenpolitik des Staates zum Zwecke der Konjunktursteuerung bezeichnet man als **Fiskalpolitik.**
- Die **antizyklische Fiskalpolitik** verlangt, dass der Staat
  - im Konjunkturaufschwung die Einnahmen (vor allem Steuern) erhöht und die Ausgaben kürzt, um eine Konjunkturüberhitzung zu vermeiden,
  - im Konjunkturabschwung die Einnahmen (vor allem Steuern) senkt und die Ausgaben erhöht, um die Konjunktur anzukurbeln.
- Verschuldet sich der Staat, um die Konjunktur zu fördern, spricht man von **Deficitspending** (Defizitpolitik).
- Mitunter versuchen die Regierungen, durch **psychologische Beeinflussung** den Konjunkturablauf zu dämpfen (Maßhalteappelle) oder anzuregen (Verbreitung optimistischer Voraussagen).

---

1 Siehe Kapitel 8.4.8.1.

9.3.5.3 Zusammenhang zwischen Fiskal- und Geldpolitik

Die nachstehenden Abb. 9.29 und 9.30 verdeutlichen den Zusammenhang zwischen Fiskalpolitik und Geldpolitik (Kapitel 8.7.5).

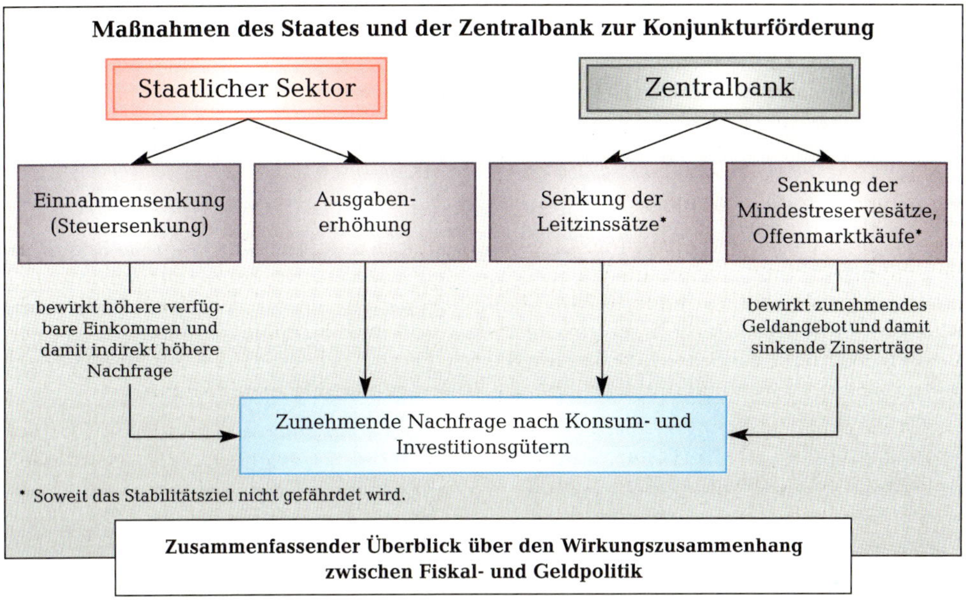

Abb. 9.29

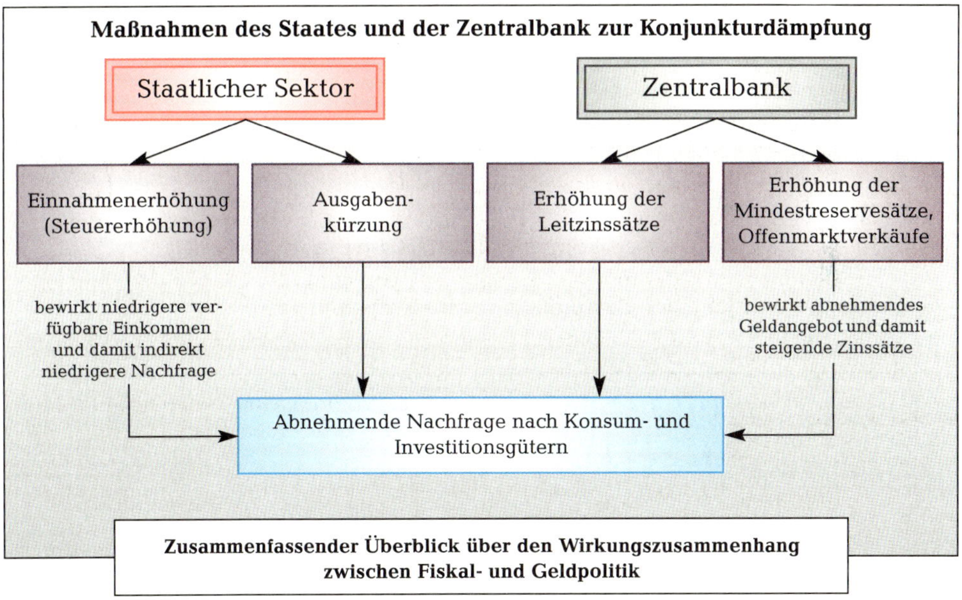

Abb. 9.30

9.3.5.4 Ziele und Mittel des Stabilitätsgesetzes

Ziele. Die wirtschaftspolitischen Ziele des **„magischen Vierecks"** werden – allerdings mit unterschiedlichem Gewicht – von den meisten marktwirtschaftlich orientierten Staaten verfolgt. In der Bundesrepublik Deutschland haben diese Ziele ihren Niederschlag im Stabilitätsgesetz[1] gefunden.

Mittel. Die im Stabilitätsgesetz genannten Mittel zur Erreichung wirtschaftspolitischer Ziele beziehen sich einmal auf die Einnahmenpolitik, zum anderen auf die Ausgabenpolitik. Es handelt sich dabei um antizyklische Maßnahmen, wie aus den Abb. 9.31 und 9.32 ersichtlich ist.

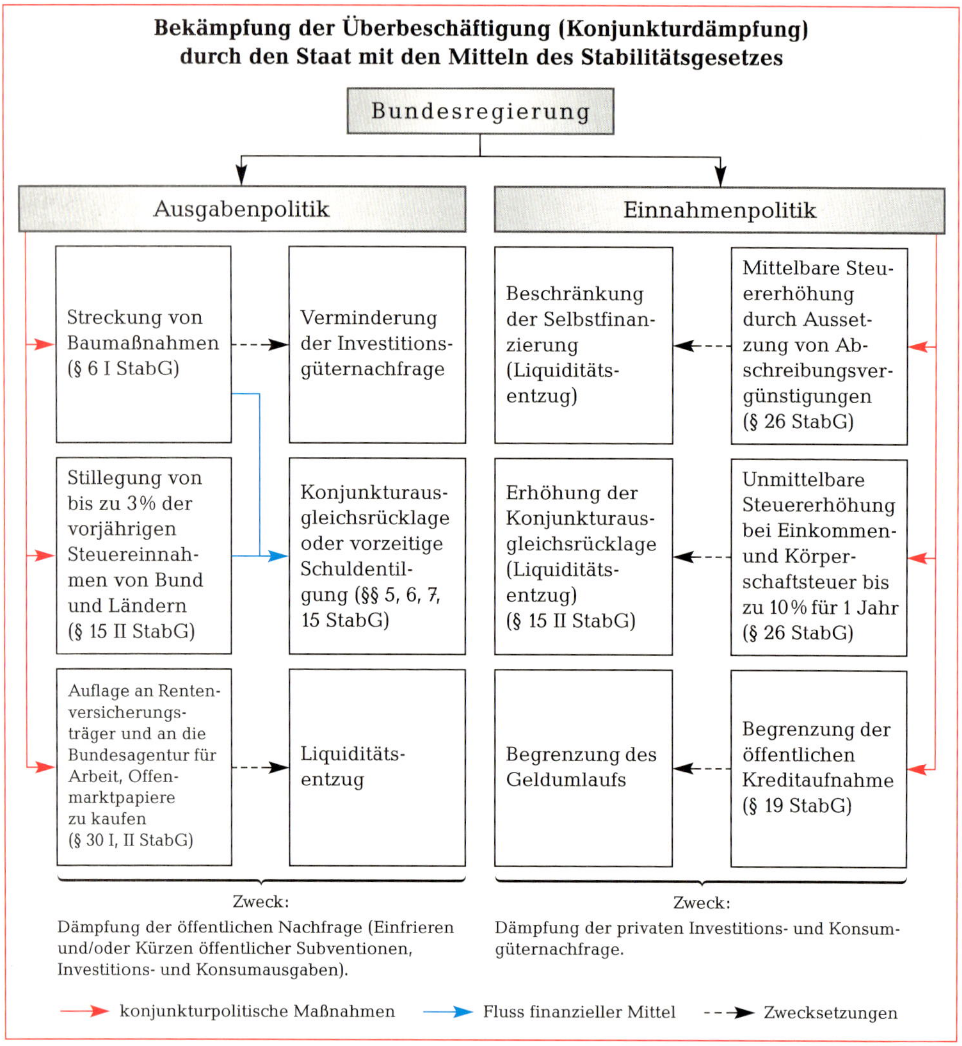

Abb. 9.31

1 Gesetz zur Förderung der Stabilität und des Wachstums der Wirtschaft (StabG) vom 8. Juni 1967 mit Änderungen.

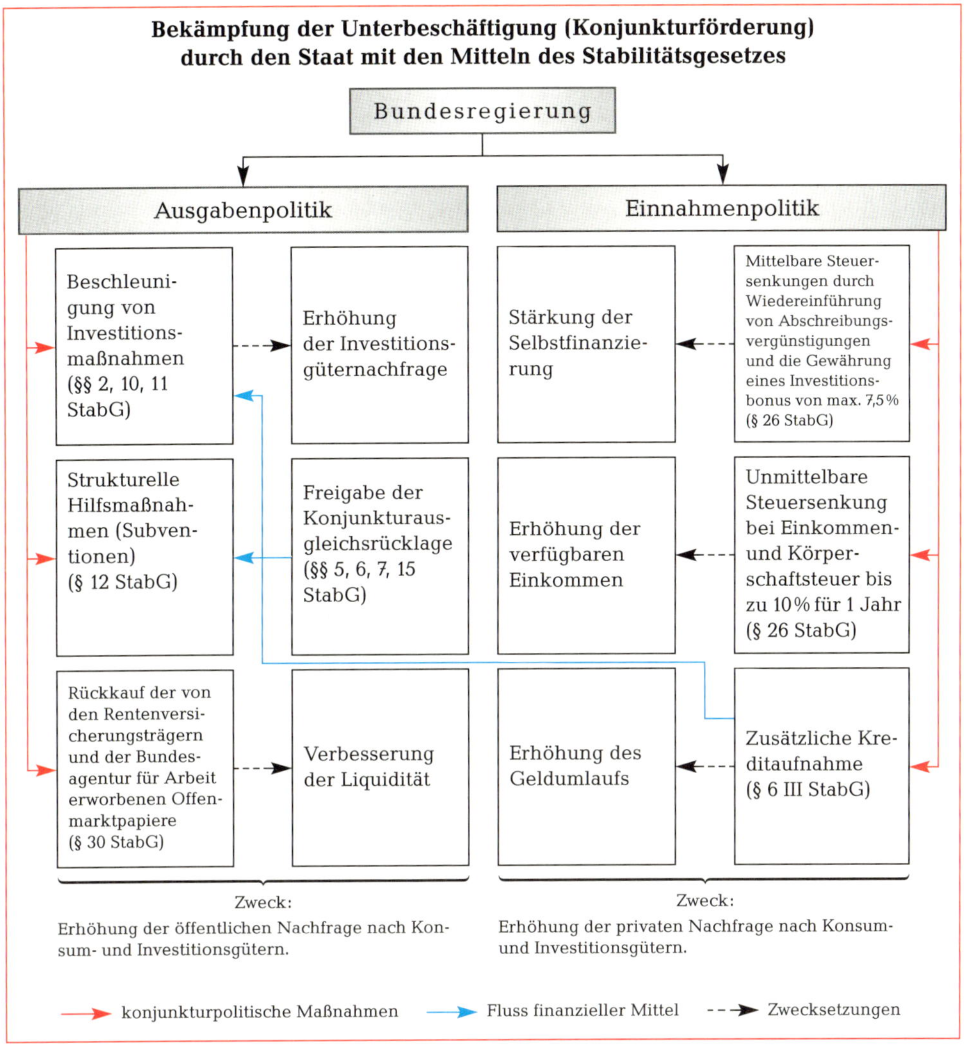

Abb. 9.32

Sonstige Maßnahmen und Einrichtungen. Das Stabilitätsgesetz sieht noch eine Reihe weiterer Maßnahmen und Einrichtungen vor, um die staatliche Konjunkturpolitik wirksamer zu gestalten:

Jahresbericht der Bundesregierung (§ 2 StabG). Die Bundesregierung muss dem Bundestag und dem Bundesrat jedes Jahr im Januar einen Jahreswirtschaftsbericht vorlegen, in welchem die wichtigsten wirtschaftspolitischen Ziele für das laufende Jahr darzulegen sind (Jahresprojektion). Die Bundesregierung hat sich dabei der Form der volkswirtschaftlichen Gesamtrechnung zu bedienen.

Konzertierte Aktion (§ 3 StabG). Im Falle der Gefährdung eines der Ziele des magischen Vierecks (§ 1 StabG) ist die Regierung verpflichtet, den Gebietskörperschaften, Gewerkschaften und Arbeitgeberverbänden Orientierungsdaten zur Verfügung zu stellen, damit ein abgestimmtes Verhalten ermöglicht wird (konzertierte Aktion).

Mittelfristige Finanzplanung (§ 9 StabG). Der Haushaltswirtschaft des Bundes ist eine fünfjährige Finanzplanung zugrunde zu legen. Der Finanzplan, der die voraussichtliche Einnahmen- und Ausgabenentwicklung aufgrund der zu erwartenden Wirtschaftsdaten enthält, muss jährlich an die jeweilige Situation angepasst werden.

Konjunkturrat (§§ 18, 22 StabG). Bei der Bundesregierung ist ein Konjunkturrat für die öffentliche Hand zu bilden. Dem Rat gehören die Bundesminister für Wirtschaft und Finanzen, je ein Vertreter eines jeden Bundeslandes und vier Gemeindevertreter an. Der Konjunkturrat ist insbesondere zu den konjunkturpolitischen Maßnahmen nach den §§ 15, 19 und 20 StabG zu hören.

Subventionsbericht (§ 12 StabG). Bundesmittel, die für bestimmte Zwecke außerhalb der Bundesverwaltung gegeben werden, insbesondere Finanzhilfen (= Subventionen), sollen so gewährt werden, dass es den Zielen des § 1 StabG nicht widerspricht. Über die Art der Finanzhilfen hat die Bundesregierung dem Bundestag und dem Bundesrat zusammen mit dem Entwurf des Bundeshaushaltsplans alle zwei Jahre eine zahlenmäßige Übersicht über die laufenden Finanzhilfen (Subventionsbericht) vorzulegen.

Außenwirtschaftliche Absicherung (§ 4 StabG). Zur Abwendung außenwirtschaftlicher Störungen hat die Bundesregierung alle Möglichkeiten internationaler Zusammenarbeit zu nutzen.

Heutige Bedeutung des Stabilitätsgesetzes. Zahlreiche Kannvorschriften des Stabilitätsgesetzes werden in der Bundesrepublik Deutschland seit Jahren praktisch nicht mehr angewendet. Der Hauptgrund: Regierungen und Parlamente haben es versäumt, in „guten Zeiten" (in der Hochkonjunktur) vorhandene Schulden zu tilgen und Konjunkturausgleichsrücklagen zu bilden. Wahltaktisch zahlt es sich kurzfristig besser aus, Steuersenkungen zu beschließen, Subventionen zu gewähren und überhaupt Ausgaben zu erhöhen, also „Wahlgeschenke" zu machen. Die in der Hochkonjunktur erforderliche Sparpolitik ist hingegen unpopulär (d.h. bei der Bevölkerung und bei den Verbänden unbeliebt) und daher schwer durchsetzbar.

Die Folge der Defizitpolitik bei guter Konjunktur ist, dass in der Rezession keine staatlichen Ersparnisse vorhanden sind, um die Konjunktur zu stützen. Im Gegenteil: Die Staatsschulden müssen, um die gesetzlichen und vertraglichen nationalen und internationalen Verpflichtungen erfüllen zu können, weiter erhöht werden. Außerdem werden Staatsausgaben gekürzt und Steuern erhöht, alles Maßnahmen, die prozyklisch wirken, also die Rezession noch verstärken.

Auch die vom Stabilitätsgesetz vorgesehene „konzertierte Aktion" findet in der Bundesrepublik Deutschland nicht mehr statt. Ein möglicher Grund ist, dass die Meinungen der Regierung, der Gewerkschaften und der Unternehmensverbände darüber, welches die „richtige" Wirtschaftspolitik ist, zu weit auseinander gehen.

Aufgaben zur Lernkontrolle

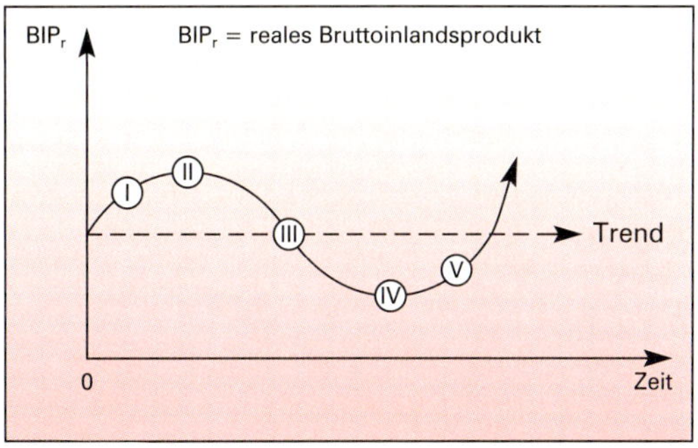

1. Unterscheiden Sie saisonale, konjunkturelle und strukturelle Wirtschaftsschwankungen!

2. In nebenstehender Abbildung sind die wesentlichen Phasen (Abschnitte) des typischen Konjunkturverlaufs mit den Ziffern I bis V versehen. Wie sind diese Phasen zu benennen?

3. Welche Merkmale weisen die von Ihnen zu Aufgabe 2 genannten Konjunkturphasen auf?

4. Unter welcher Bedingung sind die Veränderungsraten des Bruttoinlandsprodukts auch im Konjunkturabschwung positiv?

   Zu dieser Frage schrieb ein kultusministerieller Gutachter Folgendes: „Wahrscheinlich soll auf diese Frage geantwortet werden, dass das Inlandsprodukt auch im Konjunkturabschwung zunimmt, wenn der Trend stark nach oben gerichtet ist. Hierzu ist zu bemerken, dass selbstverständlich auch bei stagnierendem oder rückläufigem Trend die Wachstumsraten im Abschwung und in der Tiefkonjunktur positiv sein können."

   Nehmen Sie Stellung!

5. Eine offene Frage ist, ob sich die von Kondratieff behaupteten langen Wellen auch in Zukunft fortsetzen werden. Sollte dies aber so sein, „so wäre in den gegenwärtigen siebziger Jahren der Höhepunkt einer langen Welle erreicht und überschritten. Folgen würde ein längerfristiger Niedergang, gekennzeichnet durch nachlassendes oder sogar negatives Wirtschaftswachstum, durch Abschwünge der mittleren Wellen der Konjunktur, welche länger und heftiger ausfielen als bisher, und durch Expansionsphasen[1] von relativ bescheidener Intensität[2] und Dauer."[3]

   Begründen Sie die in diesem Zitat getroffenen Aussagen mit Hilfe der Abb. 9.23 und 9.24!

6. Die Schwankungen des realen Bruttoinlandsprodukts könnend dargestellt werden, indem

   a) die jährlich ermittelte absolute Höhe des realen Bruttoinlandsprodukts (Abb. 9.23),

   b) die jährliche prozentuale Veränderung des realen Bruttoinlandsprodukts (Abb. 9.24)

   festgestellt und verglichen wird.

   Welche Vorzüge und Nachteile haben beide Darstellungsweisen für den Betrachter?

7. Nennen Sie mindestens vier wichtige Konjunkturindikatoren! Welche Rückschlüsse lassen sich aus den von Ihnen genannten Indikatoren ziehen? Begründen Sie Ihre Antworten!

8. Welche Bedeutung messen Sie der Konjunkturforschung und -prognose zu? Begründen Sie Ihre Antwort!

---

1 Expansion = Ausdehnung, Aufschwung, Erweiterung.

2 Intensität = Stärke, Heftigkeit.

3 KÜNG, E.: „Warten auf den neuen Keynes", in: Wirtschaftswoche, Nr. 45 vom 1. November 1974, S. 58.

9. In den folgenden Teilaufgaben sind mit Hilfe wichtiger Konjunkturindikatoren (Preise, Zinsen, Beschäftigung, Nachfrage, Angebot, Wertpapierkurse, Einkommen) bestimmte konjunkturelle Situationen beschrieben. Ordnen Sie diese Situationen den entsprechenden Konjunkturphasen zu!

   a) „Der Preisindex für die Lebenshaltung ist im vergangenen Halbjahr um knapp 3 Punkte angestiegen. Das reale Nettoinlandsprodukt nahm um 0,5 % ab. Zugleich stieg die Arbeitslosenquote von 9,5 auf 9,8 % an. Die Kreditinstitute waren flüssig, das Zinsniveau demzufolge niedrig ..."

   b) „Aufgrund zunehmender Exportüberschüsse stieg im vergangenen Halbjahr das reale Nettoinlandsprodukt um 2 %, während sich die Zahl der Arbeitslosen kaum veränderte. Die Zahl der Kurzarbeiter nahm sogar noch zu, obwohl die Nettoinvestitionen um 3 % stiegen. Die Preissteigerungsraten hielten sich in Grenzen (+ 1,8 %). Die Arbeitsentgelte erhöhten sich nominell um 5 % ..."

   c) „Obwohl im Euro-Währungsgebiet immer noch eine Arbeitslosenquote von knapp 10 % bestand, erhöhte die Europäische Zentralbank den Refi-Satz um 50 Basispunkte[1] auf 3,5 %. Die Inflationsrate hat die 3 %-Grenze überschritten. Das Arbeitnehmerentgelt nahm um 8 %, die Unternehmens- und Vermögenseinkommen um 5 % zu. Auf den Finanzmärkten zeigten sich erste Verknappungserscheinungen. Für Grundkredite müssen bereits durchschnittlich 8 % Zinsen bei allerdings 100 %iger Auszahlung bezahlt werden. Die Kurse festverzinslicher Wertpapiere sind um durchschnittlich 1,5 % zurückgegangen. Die Binnennachfrage nach vor allem langlebigen Konsumgütern stieg um rund 4 % ..."

10. In den Situationen 9 a) bis 9 c) bestehen Widersprüche zu den Aussagen der klassischen Wirtschaftstheorie. Versuchen Sie diese Widersprüche herauszufinden und zu beschreiben! Zeigen Sie sodann, wie diese scheinbaren Widersprüche mit Hilfe moderner theoretischer Erkenntnisse aufgelöst werden können!

11. Inwiefern beeinflussen Staat, Zentralbank, Unternehmen, Gewerkschaften, private Haushalte und das Ausland den Konjunkturverlauf?

    Lösungshinweis: Denken Sie an die Beeinflussung solcher gesamtwirtschaftlicher Größen wie Konsumgüter- und Investitionsgüternachfrage!

12. Nennen und beschreiben Sie den Zielkatalog des „magischen Dreiecks" und des „magischen Vierecks"!

13. Warum werden diese Zielkombinationen als „magisch" bezeichnet?

14. Welche Möglichkeit staatlicher Konjunkturpolitik wird in nebenstehender Abbildung veranschaulicht?

    Begründen Sie Ihre Feststellung!

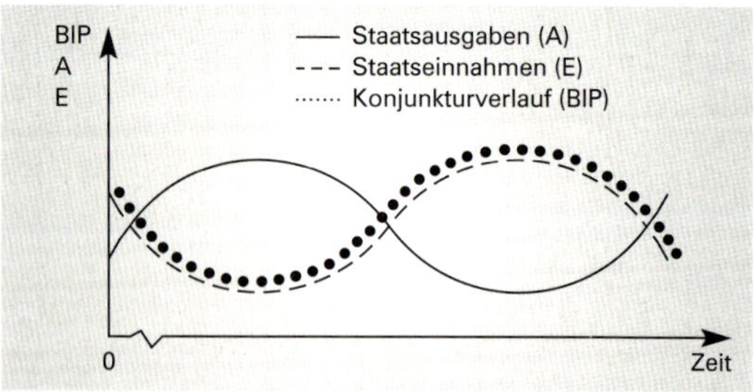

1 Ein Basispunkt ist ein hundertstel Prozent. Erhöht die Europäische Zentralbank (EZB) den Refinanzierungssatz um z. B. 25 Basispunkte auf 4,75 %, bedeutet das, dass der Zinssatz von 4,50 % um 0,25 % auf 4,75 % erhöht wurde.

15. Der Versuch des Staates (der Regierung), durch Steuer- und Ausgabenpolitik den Konjunkturverlauf zu beeinflussen, wird als Fiskalpolitik bezeichnet. Die Fiskalpolitik sollte „antizyklisch" sein.

15.1 Begründen Sie die Forderung nach einer antizyklischen Fiskalpolitik (Finanzpolitik)!

15.2 Die antizyklische Finanzpolitik setzt i. d. R. voraus, dass der Staat „Deficit-spending" betreibt, wenn er die Konjunktur ankurbeln möchte. Warum?

15.3 Während der Hochkonjunktur soll der Staat Konjunkturausgleichsrücklagen bilden oder Staatsschulden vorzeitig tilgen (zurückzahlen).[1] Welche Auswirkungen auf den Konjunkturverlauf kann diese Rücklagenpolitik haben? Begründen Sie Ihre Feststellungen!

16. Mitunter versuchen die Regierungen, das konjunkturelle Auf und Ab durch psychologische Beeinflussung zu steuern.

16.1 In welcher konjunkturellen Situation sind „Maßhalteappelle" angebracht? Warum?

16.2 In welcher konjunkturellen Situation ist es sinnvoll, zu „mehr Konsum", zum „Mut zu investieren" oder zum „Mut zum Schuldenmachen" aufzurufen?

16.3 Wie beurteilen Sie die Wirksamkeit solcher Appelle? Begründen Sie Ihre Ansicht!

17. Im Kapitel 8.7.5 wurden die geldpolitischen Instrumente der Europäischen Zentralbank in ihren Grundzügen dargestellt. Im Kapitel 9.3.5 wurden Sie über die wesentlichsten Mittel staatlicher Konjunkturpolitik informiert.

17.1 Auf welche Weise müssten der staatliche Sektor und die Europäische Zentralbank zusammenwirken, wenn

17.1.1 die Konjunktur gefördert und

17.1.2 die Konjunktur gebremst werden soll?

17.2 Warum ist es in der WWU viel schwieriger, einen geld- und fiskalpolitischen Gleichklang zwischen Zentralbank und dem staatlichen Sektor herbeizuführen als z. B. in Großbritannien, in den USA oder in Norwegen?

18. Erläutern Sie kurz die Mittel des Stabilitätsgesetzes anhand der Abb. 9.31 und 9.32!

19. **Textauszug:**

Manisch-depressiv

„Wie sich die Bilder gleichen: Wenn Unternehmer im kleinen oder großen Kreis zusammentreffen oder gar öffentliche Kundgebungen veranstalten, dann klagen sie über die Besorgnis erregende Wirtschaftslage, sinkende Gewinne und steigende Kosten, unzureichende Kapitalausstattung der Betriebe und trübe Zukunftsaussichten. Schuld sind natürlich vor allem die Gewerkschaften mit ihren überzogenen Lohnforderungen und die Uneinsichtigkeit der Politiker, die der Wirtschaft immer neue Lasten aufbürden.

Wenn Gewerkschafter Reden halten, dann vermögen sie sich ein Ende der Massenarbeitslosigkeit gar nicht mehr vorzustellen, empören sich über sinkende Reallöhne und wachsenden Stress am Arbeitsplatz ...

Wenn Wirtschaftsforschungsinstitute in die Zukunft blicken, dann sehen sie zurzeit eigentlich auch nur wachsende Arbeitslosigkeit, sinkende Investitionsbereitschaft und eine zwar rückläufige, aber immer noch viel zu hohe Inflationsrate voraus. Eventuelle Schuldzuweisungen werden von ihnen meist gleichmäßig auf Unternehmer, Gewerkschaften und Politiker verteilt.

Wir sind wieder einmal in einer Stimmungslage, in der sich kaum noch jemand – außer den von

1 Siehe §§ 5, 6, 7 und 15 StabG, Abb. 9.31 sowie Kapitel 9.3.5.

Berufs wegen zu Optimismus verpflichteten Vertretern der Regierung – vorzustellen vermag, dass die Lage sich auch wieder ändern könnte. Man trägt Trauer und verbreitet Trübsinn, Politiker, Gewerkschafter, Unternehmer und Konjunkturforscher bestätigen sich dabei noch beständig gegenseitig. Und da sich jeder bei seinen pessimistischen Prognosen auf den anderen berufen kann, muss das alles ja wohl stimmen.

Es stimmt auch - aber deswegen muss es nicht unbedingt so bleiben.

Das öffentliche Bewusstsein zeigt stets Züge eines manisch-depressiven Verhaltens. Es schwankt immer wieder zwischen himmelhoch jauchzend und zu Tode betrübt. Hinweise darauf, dass gerade in der Wirtschaft zahlreiche Kräfte der Selbstkorrektur wirken, verfangen in einer solchen Situation selten.

Das war nicht anders in den Zeiten hoher Wachstumsraten und des Arbeitskräftemangels. Damals verkauften sich Bücher über die schlimmen Folgen eines ungezügelten Wachstums wie warme Semmeln. Damals glaubten viele Weltuntergangspropheten, nur ein künstliches Drosseln des Booms könne eine Katastrophe verhindern ...

Was die öffentlichen Finanzen angeht, so haben Katastrophenalarm und das Gefühl des Alles-nur-halb-so-schlimm sich in diesem Jahr permanent abgewechselt - nicht gerade die richtige Voraussetzung für die Entwicklung einer langfristigen Strategie zur Überwindung der Misere.

Und das gilt auch für die Gesamtwirtschaft. Der nächste Aufschwung kommt bestimmt – und zwar umso eher, je schneller wir es schaffen, uns von der Vorstellung zu befreien, jetzt werde es immer nur noch bergab gehen."

Quelle: JUNGBLUT, M.: Manisch depressiv. Die Lage der Wirtschaft ist schlecht, in: Die ZEIT vom 6. November 1981.

19.1 Schauen Sie in Ihrem Lexikon nach, was unter „manisch-depressiv" zu verstehen ist!

19.2 Welche Überlegung hat Ihrer Ansicht nach den Autor des zitierten Artikels dazu geführt, die Wirtschaftslage mit dem Begriff „manisch-depressiv" zu beschreiben?

19.3 Welchen Zusammenhang sieht der Verfasser zwischen Psychologie und Konjunktur? Begründen Sie Ihre Aussage!

20. Textauszug:

Die Ökonomen des HWWA-Instituts für Wirtschaftsforschung in Hamburg schreiben in ihrem Konjunkturbericht u. a., dass mit einer Wachstumsrate des realen Bruttoinlandsprodukts von bis zu 2,7 % zu rechnen sei.

Von der – seit der Leitzinssenkung im April – „deutlich **expansiven Geldpolitk**" gingen „erhebliche Impulse" aus, die eine merkliche Steigerung der wirtschaftlichen Aktivität ab dem zweiten Halbjahr wahrscheinlich werden ließen. Die **Preisstabilität** sieht das HWWA aber nicht gefährdet.

Das HWWA rechnet angesichts unterausgelasteter Kapazitäten mit einer **Leitzinserhöhung** durch die EZB erst in einem Jahr.

Die monetären Impulse auf die **Konjunktur** gewichtet das HWWA in seiner Prognose stärker als die sich abzeichnende Verbesserung beim Außenhandel. Zwar habe sich das weltwirtschaftliche Umfeld stabilisiert, die **Talsohle** der Weltkonjunktur sei durchschritten. Mit einem Anteil der Ausfuhr von nur 14 % am **BIP** der **Eurozone** sei der außenwirtschaftliche Einfluss auf die Eurokonjunktur aber begrenzt.

Bei den binnenwirtschaftlichen Konjunkturfaktoren erwartet das Hamburger Institut angesichts der expansiven Geldpolitik positive Schubkräfte: Die Investitionsneigung dürfte sich – gerade im Bausektor – bei niedrigen Zinsen spürbar erholen. Der private Verbrauch werde weiter zügig expandieren, zumal im kommenden Jahr auch die Beschäftigung merklich steigen werde.

Quelle: Handelsblatt Wirtschafts- und Finanzzeitung vom 17. August 1999.

20.1 Erläutern Sie die fett gedruckten Begriffe!

20.2 Welchen Zusammenhang sieht das HWWA-Institut zwischen der Geldpolitik der EZB und der Konjunktur der WWU-Länder?

21. Angenommen, die Regierung senkt im Rahmen ihrer antizyklischen Finanzpolitik die Staatsausgaben. Die Staatseinnahmen sollen unverändert bleiben.

21.1 Wie wirkt sich die Ausgabenkürzung auf Beschäftigung und Preisniveau aus, wenn unterstellt wird, dass sich das gesamtwirtschaftliche Angebot normal verhält? Begründen Sie Ihre Aussage!

21.2 Welche Gründe sprechen für die Annahme, dass sich das gesamtwirtschaftliche Angebot normal verhält?

22. Angenommen, die Regierung senkt im Rahmen ihrer antizyklischen Finanzpolitik die Staatsausgaben. Die Staatseinnahmen sollen unverändert bleiben.

22.1 Wie wirkt sich die Ausgabenkürzung auf Beschäftigung und Preisniveau aus, wenn unterstellt wird, dass sich das gesamtwirtschaftliche Angebot anomal verhält? Begründen Sie Ihre Aussage!

22.2 Welche Gründe sprechen für die Annahme, dass sich das gesamtwirtschaftliche Angebot anomal verhält?

23. Stellen Sie die Grundzüge der fiskalistischen Theorie der monetaristischen Theorie gegenüber!

Gott gab den Ökonomen zwei Augen,
damit sie Angebot und Nachfrage betrachten.
(PAUL SAMUELSON)

9.3.5.5 Fiskalismus und Monetarismus

Fiskalismus

Die im Kapitel 9.3.5.2 dargestellte „antizyklische Finanzpolitik" ist die konsequente Anwendung des von JOHN MAYNARD KEYNES[1] verbreiteten Gedankenguts. Nach KEYNES und seinen Anhängern ist die **Einnahmen- und Ausgabenpolitik** der Regierung (d. h. die Politik des Fiskus = Fiskalpolitik) das **Hauptmittel,** mit dem man erfolgreich lenkend in den Konjunkturverlauf eingreifen kann **(Fiskalismus).** Durch die Steigerung der Staatsausgaben und/oder durch Steuersenkungen ist der Staat in der Lage, die Wirtschaft aus einem konjunkturellen Tal herauszuführen und die Arbeitslosigkeit zu bekämpfen. Auf der anderen Seite sehen die Fiskalisten in einer Verringerung der Staatsausgaben und/oder in Steuererhöhungen Möglichkeiten, inflationäre Tendenzen zurückzudrängen.

Da sich die so angewandte Fiskalpolitik hauptsächlich auf die gesamtwirtschaftliche Nachfrage auswirkt und die Wirkungen des Ausgabenmultiplikators (Kapitel 9.1.4) bzw. des Akzelerators (Kapitel 9.1.5) nutzen will, spricht man auch von einer **nachfrageorientierten Wirtschaftspolitik.**

1 JOHN MAYNARD KEYNES, britischer Volkswirtschaftler (1883–1946), legte in seinem Hauptwerk „Die allgemeine Theorie der Beschäftigung, des Zinses und des Geldes" die Grundlagen der Fiskalpolitik.

Statt mit Hilfe der Konsumfunktion (Kapitel 9.1.2 ff.) lassen sich die (erhofften) Wirkungen der nachfrageorientierten Wirtschaftspolitik auch wie folgt darstellen:

1. Es wird unterstellt, dass sich das gesamtwirtschaftliche Güterangebot, gemessen am realen Bruttoinlandsprodukt, normal verhält: Mit steigendem Preisniveau werden mehr Güter, mit sinkendem Preisniveau weniger Güter angeboten. In diesem Fall wirkt die Zunahme der Güternachfrage beschäftigungssteigernd, aber auch inflationär.
2. Es wird unterstellt, dass sich das gesamtwirtschaftliche Güterangebot (z. B. aufgrund des Gesetzes der Massenproduktion) anomal verhält. In diesem Fall wirkt die Zunahme der Güternachfrage beschäftigungssteigernd und preisdämpfend, falls sich das Angebot nicht verändert.

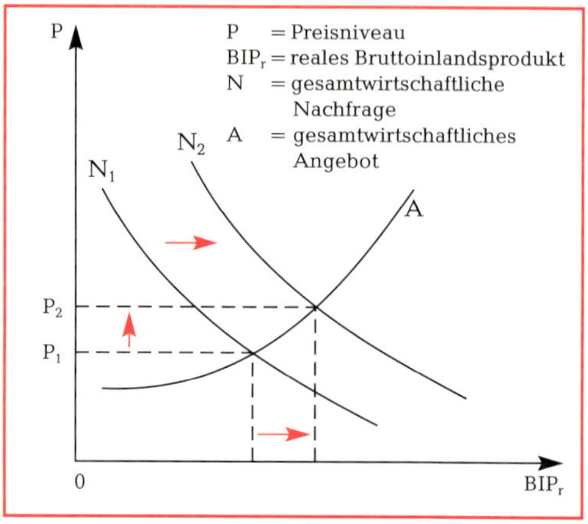

Abb. 9.33

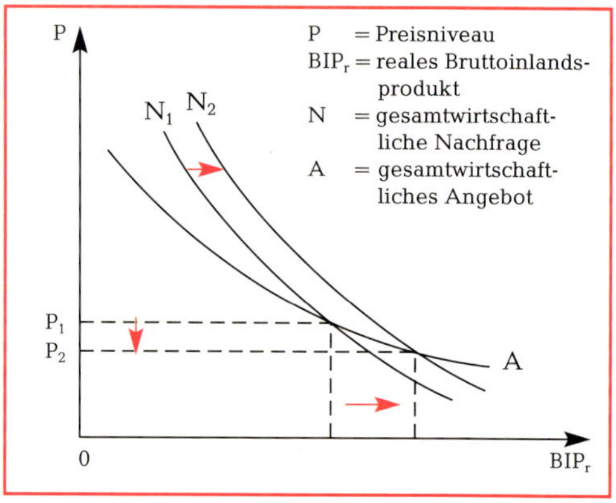

Abb. 9.34

Die **Geldpolitik der Zentralbank** spielt in der fiskalistischen Theorie nur eine untergeordnete Rolle. Sie soll lediglich die Wirtschaftspolitik des Staates unterstützen, indem sie durch eine entsprechende Gestaltung des Zinsniveaus (z. B. über die Diskontpolitik) die Kreditaufnahmebereitschaft der Wirtschaftssubjekte anregen (stimulieren) oder zurückdrängen soll. Zum anderen hat die Zentralbank die Aufgabe, die Überschussreserven und damit den Kreditschöpfungsspielraum der Kreditinstitute zu beeinflussen (z. B. mit Hilfe der Mindestreservepolitik), um die Verwirklichung staatlicher Ziele zu erleichtern.

Die fiskalistische Theorie beeinflusste nach 1949 stark die wirtschaftspolitische Praxis der Bundesrepublik Deutschland. Auch die Inhalte des „Stabilitätsgesetzes" (Gesetz zur Förderung der Stabilität und des Wachstums [StabG] vom 8. Juni 1967) fußen weitgehend auf dem Gedankengut der Fiskalisten.

Kritik am Fiskalismus wird aus mehreren Gründen geübt:

1. Konjunktursteuerungsmaßnahmen der Regierungen erfolgen in aller Regel zu spät. Wird im *Aufschwung* gebremst, tritt die dämpfende Wirkung erst ein, wenn der Abschwung bereits im Gang ist. Die Konjunkturdämpfungsmaßnahmen verschärfen somit noch die Rezession. Wird im *Abschwung* die Konjunktur gefördert, treten die anregenden Wirkungen erst dann ein, wenn der Aufschwung bereits eingesetzt hat. Die Konjunkturförderungsmaßnahmen verstärken somit den Boom und die Inflation.

2. Die **„Stop-and-go-Politik"** der Fiskalisten richtet auch deswegen mehr Schaden an als sie Gutes bewirkt, weil die bei jedem Konjunkturzyklus erforderlichen Bremsmaßnahmen Unternehmen zum Aufgeben zwingen, also volkswirtschaftliche Kapazitäten und damit Arbeitsplätze vernichten.
3. Für die Regierungen ist es leichter, die öffentlichen Ausgaben zu erhöhen als sie einzuschränken. Die Folge ist, dass die im Abschwung entstandene **Staatsverschuldung** (das so genannte **Deficit-spending**) nicht mehr oder nicht in vollem Umfang abgebaut wird. Auf diese Weise steigt die Staatsverschuldung von Konjunkturzyklus zu Konjunkturzyklus. Die Staatshaushalte werden immer mehr durch steigende Tilgungs- und Zinsleistungen belastet, sodass der Spielraum der Regierungen für fiskalpolitische Maßnahmen immer enger wird.
4. Die erforderlichen Kreditaufnahmen durch die verschuldeten öffentlichen Haushalte erhöhen die Gesamtkreditnachfrage und damit das Zinsniveau. Die Investitionsneigung der Unternehmen nimmt ab, die Arbeitslosigkeit nimmt zu.

Monetarismus[1]

Die These der **Monetaristen** ist, dass die Arbeitslosigkeit durch den Staat (genauer: durch die Regierungen) selbst verschuldet wird. Der Staat muss sich deshalb bei Eingriffen in den Wirtschaftsablauf zurückhalten, für bessere wirtschaftliche Rahmenbedingungen sorgen und den Abbau der Arbeitslosigkeit den Selbstheilungskräften des Marktes überlassen.

Die **monetaristische Theorie** geht davon aus, dass eine enge Beziehung zwischen der Beschäftigung einerseits und der Geldmenge andererseits besteht:

- Steigt die Geldmenge, wird über die zusätzlich finanzierte Nachfrage die Wirtschaft angekurbelt; das Handelsvolumen steigt, die Arbeitslosigkeit nimmt längerfristig ab.
- Wird das Geldmengenwachstum gestoppt, kann die mögliche zusätzliche Nachfrage nicht finanziert werden; die Preissteigerungsraten werden geringer; das Handelsvolumen stagniert oder geht zurück. Die Arbeitslosigkeit nimmt zu.

Aus diesen beiden Thesen folgt, dass eine **Verstetigung des Geldmengenwachstums** auch zu einer **Verstetigung des Wirtschaftswachstums** führen muss. Die führende Rolle in der Wirtschaftspolitik muss also die **Zentralbank** (Notenbank) eines Landes haben.[2]

Die Geldpolitik der Zentralbank kann durch eine **angebotsorientierte Wirtschaftspolitik** der Regierung ergänzt werden: Um die Beschäftigung zu erhöhen, müssen die Kosten der Unternehmen (der Anbieter) gesenkt werden. Einzelmaßnahmen bzw. -forderungen sind:

1. Die Löhne und die Lohnnebenkosten (vor allem Sozialversicherungsbeiträge) dürfen nicht im selben Maß wie die Produktivität steigen.
2. Die Kostensteuern müssen gesenkt und die Abschreibungsmöglichkeiten verbessert werden.[3]

---

1 Hauptvertreter des Monetarismus ist der amerikanische Nobelpreisträger MILTON FRIEDMAN.

2 Siehe auch Kapitel 8.7.5 Geldpolitische Instrumente der Europäischen Zentralbank.

3 Diese Forderung geht auf den amerikanischen Wirtschaftswissenschaftler LAFFER zurück, der die These vertritt, dass es zwei unterschiedlich hohe Steuersätze gibt, bei denen das gleich hohe Steueraufkommen erzielt wird. Wird eine bestimmte Steuersatzhöhe überschritten, geht sogar das Steueraufkommen zurück, weil die Leistungsbereitschaft der Steuerpflichtigen abnimmt, Steuerflucht (z.B. durch Kapitalflucht) einsetzt und Schwarzarbeit zu einer blühenden „Schattenwirtschaft" führt. Steuersenkungen sind angebracht.

Die Wirkungen der angebotsorientierten Wirtschaftspolitik lassen sich ebenfalls mit Hilfe der gesamtwirtschaftlichen Angebotskurve und der gesamtwirtschaftlichen Nachfragekurve darstellen:

1. Es wird unterstellt, dass sich das gesamtwirtschaftliche Angebot normal verhält. Kostensenkungen führen zu steigender Beschäftigung und (falls die Nachfrage unverändert bleibt) zu sinkendem Preisniveau.

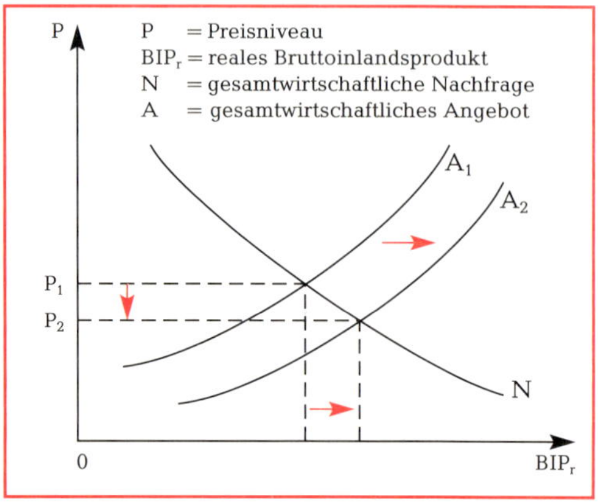

Abb. 9.35

2. Es wird unterstellt, dass sich das gesamtwirtschaftliche Angebot anomal verhält. Kostensenkungen führen ebenfalls zu steigender Beschäftigung und zu sinkendem Preisniveau, und zwar dies auch dann, wenn die Nachfrage zunehmen sollte.

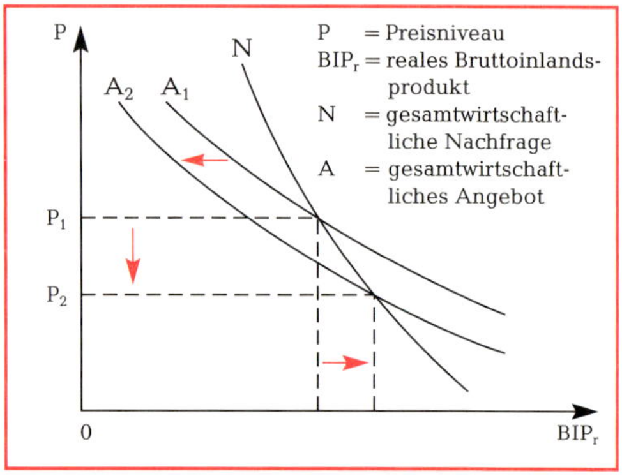

Abb. 9.36

Kritik an der monetaristischen Theorie wird vor allem aus folgenden Gründen geübt:

1. Der Monetarismus geht davon aus, dass eine Vermehrung der Geldmenge in jedem Fall das Wirtschaftswachstum (das Angebot) fördert. Dies muss jedoch nicht der Fall sein. Schlägt sich die Geldmengenerhöhung nicht in einem erhöhten Angebot nieder (z.B. weil die Unternehmen nicht in ausreichendem Maße Zusatzinvestitionen vornehmen wollen oder können), führt die Geldmengenvermehrung lediglich zur Inflation (steigende Nachfrage bei gleich bleibendem oder nicht in gleichem Maße steigendem Angebot). Die monetaristische Theorie, so wird spöttisch gesagt, gehe davon aus, dass man dicker werde, wenn man den Gürtel lockerer schnalle, nicht aber davon, dass man den Gürtel lockerer schnallen müsse, wenn man dicker wird.

2. Der Monetarismus in Verbindung mit der angebotsorientierten Wirtschaftspolitik zeigt erst auf mittlere Sicht Auswirkungen. Die Begrenzung des Geldmengenwachstums zum Zweck der Inflationsbekämpfung führt dazu, dass unrentable Unternehmen ausscheiden müssen und dadurch die Arbeitslosigkeit erhöht wird. Dies aber führt zu Protesten politischer Parteien und Gewerkschaften, denen sich die Regierungen aufgrund der kurzen Wahlperioden (i.d.R. 4 Jahre) nicht entziehen können. Die angebotsorientierte Wirtschaftspolitik sei daher aus sozialpolitischen Gründen nicht wünschenswert und aus politischen Gründen nicht durchsetzbar.

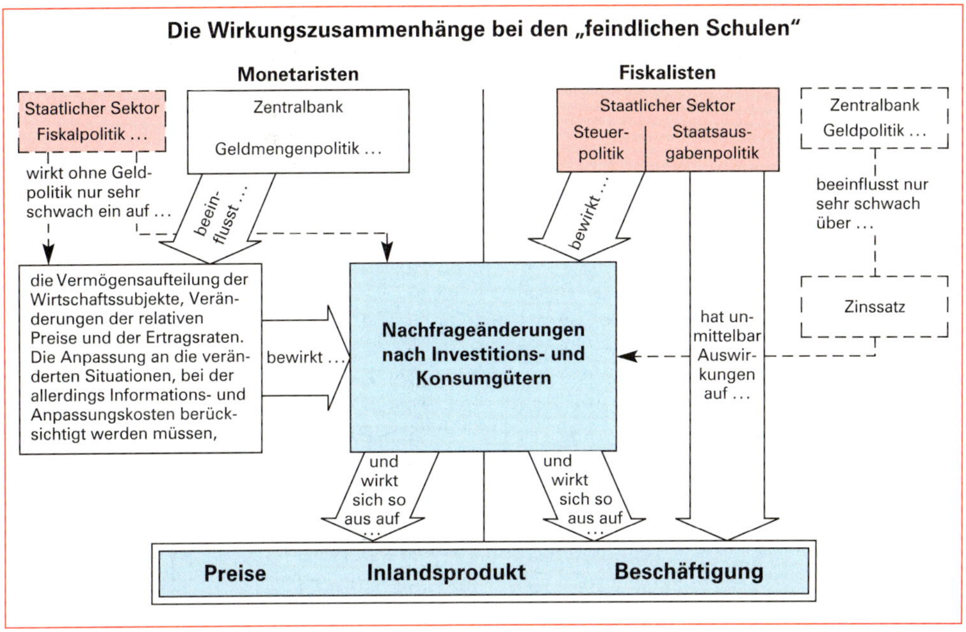

Quelle: Kleiner Wirtschaftsspiegel, Wirtschaftskunde, Nr. 4, April 1977, S. 2.

Abb. 9.37

Aufgaben zur Lernkontrolle

1. Entscheiden Sie, welche der nachstehenden wirtschafts- und geldpolitischen Maßnahmen primär „angebotsorientiert“ und welche primär „nachfrageorientiert“ sind:
   1.1 Ausrichtung des Geldmengenwachstums am langfristigen realen Wirtschaftswachstum, um die Inflationsraten zurückzuführen.
   1.2 Senkung der Steuerlastquote (prozentualer Anteil der Steuern am Einkommen der Wirtschaftssubjekte), besonders der Investoren.
   1.3 Staatliches Beschäftigungsprogramm, um die Arbeitslosigkeit zu bekämpfen.
   1.4 Abbau administrativer Hemmnisse (z.B. Vorschriften im Baubereich, Ladenschlusszeiten, Kündigungsvorschriften).
   1.5 Abbau von Subventionen.
   1.6 Abbau der Staatsverschuldung, um das Zinsniveau nicht in die Höhe zu treiben.
   1.7 Senkung der Einkommen- und Körperschaftsteuer.
   1.8 Staatliche Unterstützung bei Existenzgründungen.

2. Der wirtschaftspolitische Praktiker hat das Problem, dass selbst die theoretisch erfolgreiche Anwendung eines wirtschaftspolitischen Konzepts (z.B. der nachfrageorientierten Wirtschaftspolitik, der monetaristischen Politik, der angebotsorientierten Wirtschaftspolitik) mit Widersprüchlichkeiten bezahlt werden muss:

29 Hartmann – ISBN 978-3-8120-0320-9

„(Keynesianische) Vollbeschäftigungspolitik verschafft den Arbeitnehmern und ihren Gewerkschaften ein strukturelles Übergewicht am Arbeitsmarkt, das ohne ergänzende Aktivitäten zu einer unaufhaltsamen Inflationsspirale tendiert.“[1]

Für die (monetaristische) Geldpolitik ist jeglicher Preisauftrieb ein inflatorisches Übel. Den Einwand, mengen- oder konjunkturinduzierte Preiseffekte seien Ausdruck von Wachstum und nicht von Inflation, lehnt sie ab. Die empirisch wohl mittlerweile gesicherte Konsequenz ist ein sich von Rezession zu Rezession weiter erhöhender Sockel an struktureller Arbeitslosigkeit.[1]

„Angebotspolitik schließlich muss wegen der langen Zeiträume, die sie für ihre Wirksamkeit braucht, mit der permanenten Gefahr von undienlichen Kurswechseln etwa im Gefolge von Wahlen rechnen.

Gewiss wäre es reizvoll, nun in einer rein theoretischen Überlegung zu fragen, ob diese drei Ansätze nicht doch in einem inneren Zusammenhang stehen, etwa dergestalt, dass vielleicht der eine nur ein Spezialfall oder eine unentbehrliche Ergänzung eines anderen Ansatzes ist. ... Darum will ich hier ... der Frage nachgehen, ob es nicht ganz praktische Möglichkeiten gibt, die Vorteile von Nachfrage-, Geld- und Angebotspolitik zu nutzen, ohne ihre jeweiligen Nachteile in Kauf nehmen zu müssen.“[1]

2.1 Begründen Sie, warum die nachfrageorientierte Wirtschaftspolitik den Arbeitnehmern und ihren Gewerkschaften ein strukturelles Übergewicht am Arbeitsmarkt verschafft!

2.2 Der Verfasser des oben auszugsweise zitierten Aufsatzes sagt, dass die nachfrageorientierte Wirtschaftspolitik die Gefahr einer Inflation beinhalte. Begründen oder widerlegen Sie diese These!

2.3 Der Verfasser schreibt weiterhin, dass die genannte Inflationsgefahr dann auftrete, wenn **keine ergänzenden Aktivitäten** erfolgten. Welcher Art könnten die „ergänzenden Aktivitäten“ sein?

2.4 Die monetaristische Geldpolitik – so sagt der Verfasser – habe zur Folge, dass sich der Arbeitslosensockel von Rezession zu Rezession erhöhe. Zeigen Sie auf, dass ein innerer Zusammenhang zwischen monetaristischer Stabilitätspolitik und struktureller Arbeitslosigkeit bestehen kann!

2.5 Die Angebotspolitik braucht bis zu ihrer Wirksamkeit lange Zeiträume. Begründen Sie diese Feststellung!

2.6 Machen Sie einen Vorschlag, wie die angebotsorientierte und die nachfrageorientierte Wirtschaftspolitik mit der (monetaristischen) Geldpolitik zusammenwirken könnte, um dem Vollbeschäftigungsziel näher zu kommen, ohne dass das Ziel der Erhaltung einer lebenswerten Umwelt gefährdet wird!

3. Lesen Sie zunächst nachstehenden Text:

„... Aber seit der Wachstumsbegriff unter die Laien gefallen ist, droht vergessen zu werden, dass Wachstum nichts weiter misst als Einkommen. In eine solche ausschließlich quantitative Größe kann man nur um den Preis gedanklicher Unklarheit qualitative Unterscheidungen einführen. Und die Entdeckung der alten Banalität, dass jegliches Wachstum an Grenzen stößt, hilft auch nicht viel weiter. Wachstum kann für eine gleichermaßen wertgeleitete wie sachkundige Wirtschaftspolitik nie etwas anderes sein als Mittel zu Zwecken, die andere Maßstäbe erfordern.

1 REUTER, E.: Angebots- oder Nachfragepolitik? In: ISW – Informationsstelle Wirtschaft Baden-Württemberg, Nr. 3, 1987.

Wenn sich etwa ein Land für den umweltverträglichen Umbau seiner Wirtschaftsweise entscheidet, entscheidet es sich dafür, Einkommen künftig aus einer solchen Produktion zu erzielen. Es wäre dann nachgerade widersinnig, nicht auch weiterhin möglichst hohe Einkommenssteigerungen, also positive Wachstumsraten erzielen zu wollen. Natürlich ist klar, dass ein damit einhergehender Strukturwandel zu unvertretbaren Härten führen kann, die begleitende Maßnahmen fordern.

Aber die angebotspolitische Aufgabe ändert sich dadurch nicht. Es geht immer um Anreize, Hilfen oder Erleichterungen, die solchen Umbau vorantreiben. Je mehr Wachstum auf diese Weise zustande kommt, desto mehr verstärkt sich der Prozess: Denn natürlich lassen sich neue Aufgaben am leichtesten aus zusätzlichem Wachstum wahrnehmen. Im Rahmen einer solchen, über den Tag hinaus ehrgeizigen Umweltpolitik gäbe es noch vielfach klärungsbedürftige Fragen. Vor allem müsste herausgearbeitet werden, welche Rahmenbedingungen geeignet sind, umweltverträgliches Wirtschaften so auszudehnen, dass daraus ein sich selbst tragender Prozess wird. Eine solche Politik, die heute nicht zuletzt auch von überzeugten Marktwirtschaftlern – zu denen ich mich selbst nun wirklich zähle – gefordert wird, müsste unvermeidlich mit etablierten Interessen zusammenstoßen. Ihre Durchsetzung würde also starke und überzeugende Führungskraft erfordern.

Im Grunde gilt das für das gesamte Bündel von strukturpolitischen Maßnahmen, durch das wir die Angebotsbedingungen für die veränderten und neuen Chancen des Wachstums bereitzustellen haben. Zur wirtschaftspolitischen Leitidee der vor uns liegenden Jahre kann und muss es werden, konsequent neue Beschäftigungsfelder zu schaffen. Ohne solches Engagement werden wir keine Aussicht haben, die Arbeitslosigkeit ernsthaft bekämpfen zu können. Es ist nun einmal eine alte Erfahrung Europas, dass sich eine gute Zukunft nur durch Fortschritt, nicht aber mit den Gesängen von Traditionskompanien erreichen lässt."[1]

3.1 Welche wirtschaftspolitische Richtung vertritt Ihrer Ansicht nach der Verfasser? Begründen Sie Ihre Meinung!

3.2 Erklären Sie, warum „Wachstum nichts weiteres misst als Einkommen"!

3.3 In welche Richtung will der Verfasser das künftige Wirtschaftswachstum lenken?

3.4 Machen Sie sich Gedanken darüber, wie ein umweltverträgliches Wirtschaften zu einem sich selbst tragenden Prozess werden könnte!

3.5 Warum kann eine Politik, die ein umweltverträgliches Wirtschaften ansteuert, zu Konflikten mit etablierten Interessen führen?

3.6 Nennen Sie staatliche Maßnahmen, wie eine umweltverträgliche Wirtschaftspolitik im Rahmen der sozialen Marktwirtschaft durchgesetzt werden kann!

4. Setzen Sie sich mit nachfolgenden Texten auseinander!

Text 1:

„Sicher ist, dass sich die nachfrageorientierte Wirtschaftspolitik auch auf das Angebot auswirkt und dass umgekehrt eine angebotsorientierte Wirtschaftspolitik nicht ohne Wirkung auf die Nachfrage bleibt."

1 REUTER, E.: Angebots- oder Nachfragepolitik? In: ISW – Informationsstelle Wirtschaft Baden-Württemberg, Nr. 3, 1987.

Text 2:

„Manche Fragen der Volkswirtschaftstheorie hören sich für den Praktiker so an, wie wenn jemand wissen will, ob der linke oder aber der rechte Schuh wichtiger ist. Für einen Menschen mit zwei Beinen sind selbstverständlich beide Schuhe gleich wichtig. Keine der beiden Möglichkeiten ist von vornherein völlig unwichtig, wenn man **Angebotspolitik** und **Nachfragepolitik** vergleicht und dabei die sachlogische innere Verknüpfung bedenkt. Wie es überhaupt dazu kommen konnte, die Alternativen als unvereinbar wie Feuer und Wasser zu sehen, ist unter zwei Blickrichtungen verständlich. Zum Ersten tendieren Theoretiker von Berufs wegen dazu, alles auf ein Entweder-oder hin zu analysieren. Im Entweder-oder lässt sich trefflich streiten; man kann Kontroversen austragen und dadurch in die Literatur eingehen. Zum Zweiten bringt jede Vereinfachung, die bei den ökonomisch Oberflächlichen zur einseitigen Übertreibung gerät, notwendigerweise nach einer gewissen Zeit einen überbetonten Gegenstandpunkt zum Vorschein.

Die Interdependenz nachfrageseitiger und angebotsseitiger Störungen oder Schwächen des Wachstumsprozesses ist nur sehr schwer exakt zu modellieren. Man macht also mit starken Worten und eingängigen Schlagworten auf Sachverhalte aufmerksam, die dabei zu wenig bedacht werden. Um das Jahr 1980 herum geschah dies, um einer verbreiteten Verengung des Blickes auf die aus Keynesschen Kreislaufüberlegungen oberflächlich abgeleiteten Politikempfehlungen entgegenzuwirken. Obwohl eigentlich stets Nachfrage und Angebot bei wirtschaftspolitischen Konzeptionen der Wachstumspolitik berücksichtigt werden wollen, mussten die ‚Fünf Weisen' 1981 mit den folgenden Ausführungen für eine stärkere Hinwendung zur so genannten **‚Angebotspolitik'** werben: ‚Am meisten Skepsis begegnet die Angebotspolitik in Zeiten sehr schwacher Gesamtnachfrage. Warum sollte aufgrund verbesserter Angebotsbedingungen Produktion und Investition zunehmen, wenn es allgemein an Nachfrage mangelt? Die Nachfrage ist freilich keine Größe, die gegeben ist oder unabhängig vom Angebot entsteht. Es wird leicht aus den Augen verloren, dass in entwickelten Marktwirtschaften die Nachfrage keineswegs auch nur normalerweise einen Vorlauf gegenüber dem Angebot hat. Im Gegenteil, zu großen Teilen entwickeln sich Angebot und Nachfrage im Gleichschritt und in wichtigen Teilen des Marktgeschehens hat das Angebotshandeln einen Vorlauf. Das Angebot, das Produzieren, schafft über das Einkommen, das dabei erzielt wird, kaufkräftige Nachfrage.

Im Vorlauf ist Angebotshandeln überall dort, wo investiert, also künftige Produktion vorbereitet wird, oder wo für künftigen Bedarf Lager gehalten werden. Hier ist erwartete Nachfrage, nicht die aktuelle, in der Führungsrolle. Und es ist nicht die erwartete Nachfrageexpansion als Teil künftiger allgemeiner Nachfrageexpansion, die zählt. Es genügt, dass das einzelne Unternehmen darauf setzt, sich im Produkt- und Preiswettbewerb zusätzliche Nachfrage sichern zu können' (Sachverständigenrat 1981, S. 143)."

Quelle: WAGNER, A.: Volkswirtschaft für jedermann. Die marktwirtschaftliche Demokratie, dtv, o. Jg., S. 127 f.

4.1 Welche Wirkungen kann das Angebot auf die Nachfrage, welche Wirkungen die Nachfrage auf das Angebot ausüben?

4.2 Wie begründet der Verfasser bzw. der Sachverständigenrat im Text 2 den Gegensatz zwischen der Angebots- und der Nachfragepolitik?

4.3 Im Text 2 wird gefragt, warum aufgrund verbesserter Angebotsbedingungen Produktion und Investition zunehmen sollen, wenn es allgemein an Nachfrage mangelt. Versuchen Sie eine Antwort auf diese Frage zu geben!

Nur wer Pessimist genug ist, die ganze
Größe der Gefahr zu erkennen,
hat überhaupt die Möglichkeit,
an ihrer Abwendung mitzuwirken.
(WILHELM RÖPKE)

9.3.6 Ökologie und Ökonomie[1]

In den Grundzügen ist das Problem bereits bekannt:[2] Es besteht ein **Grundwiderspruch** zwischen der heutigen Form des Wirtschaftens (der „Ökonomie") und der Erhaltung einer lebenswerten Umwelt (der „Ökologie").[3] In diesem Kapitel geht es um die Frage, ob dieser Grundwiderspruch auflösbar ist, und zwar mit politischen und damit auch wirtschaftspolitischen Mitteln.

9.3.6.1 Problembereiche

1. Energie

Die Substitution menschlicher Arbeitskraft durch technische Energie (z.B. Wärme, mechanische Energie, chemische Energie, elektromagnetische Energie), die in großem Umfang im 19. Jahrhundert begann, brachte einen gewaltigen technischen wirtschaftlichen Aufschwung.

Die Probleme, die mit dem steigenden Energiebedarf zusammenhängen (der Primärenergieverbrauch Europas wuchs seit 1945 jährlich zwischen 3 und 10%), sind weniger die Probleme der Energieknappheit, sondern vor allem die ökonomischen und ökologischen Folgen der Energiebeschaffung (-gewinnung) und des Energieverbrauchs. So war z.B. die so genannte „Ölkrise" von 1973 nicht das Ergebnis der Erdölknappheit.[4] Sie wurde vielmehr künstlich herbeigeführt, indem die von den arabischen Ölproduzenten angeführte OPEC – die Organisation Erdöl exportierender Länder – beschloss, die Fördermengen zu reduzieren und einzelne Länder von der Belieferung auszuschließen.

Die **ökologischen Folgen der Energiebeschaffung und -erzeugung** sind zum Beispiel folgende:

a) Beim Pumpen von Erdöl wird das Erdgas „abgefackelt". Die Folgen sind Luftverschmutzung und Sauerstoffverbrauch. Beim Transport des Erdöls ereignen sich immer wieder katastrophale Tankerunfälle. Darüber hinaus lassen viele Kapitäne die Tanks auf offener See reinigen. Meere und Strände werden auf diese Weise unabsicht-

1 Die Quellen zu diesem Kapitel sind vor allem WEIZSÄCKER, E.U. von: Erdpolitik. Ökologische Realpolitik an der Schwelle zum Jahrhundert der Umwelt, 1989; GRUHL, H.: Ein Planet wird geplündert. Die Schreckensbilanz unserer Politik, 1975; GREENPEACE MAGAZIN, mehrere Jahrgänge; YELLOW. Das Jugendmagazin der Commerzbank, mehrere Jahrgänge; kosmos – Bild unserer Welt, mehrere Jahrgänge; Badische Zeitung, mehrere Jahrgänge.

2 Siehe unter anderem Kapitel 1.3.1 (Die volkswirtschaftlichen Produktionsfaktoren), Kapitel 2.2.4 (Hauptziele staatlicher Wirtschaftspolitik) und Kapitel 9.2.4 (Grenzen und Gefahren des quantitativen Wachstums).

3 Die Ökologie als Teilbereich der Biologie untersucht die Beziehungen zwischen den Lebewesen untereinander und ihre Wechselbeziehungen zu ihrer Umwelt. Der Lebensraum eines Lebewesens wird als Biotop bezeichnet. Alle Lebewesen eines Biotops bilden eine Biozönose. Biotop und Biozönose stellen zusammen ein Ökosystem dar.
Wenn der Begriff „Ökologie" im Zusammenhang mit dem Begriff „Ökonomie" verwendet wird, ist mit Ökologie in aller Regel der Umweltschutz, d. h. die Erhaltung einer lebenswerten und lebensfähigen Umwelt gemeint.

4 Im Oktober 1990 wurde in den Zeitungen berichtet, dass in Saudi-Arabien neue große Erdölvorkommen entdeckt worden sind. Sie versetzen das Land mit den weltweit größten Ölreserven in die Lage, die Märkte bis in das 22. Jahrhundert hinein zumindest in der bisherigen Größenordnung zu beliefern.

lich und/oder absichtlich verschmutzt. Die negativen Folgen für die Tierwelt sowie für die Erholungslandschaften sind nicht mehr zu übersehen. Ein Beispiel unter vielen, wie ein Wirtschaftsbereich nicht nur die Umwelt, sondern zugleich auch andere Wirtschaftsbereiche schädigt: Die Mineralölwirtschaft gewinnt, die Fischereiwirtschaft und die Fremdenverkehrswirtschaft werden geschädigt.

b) Bei der Erzeugung von Kernenergie besteht u.a. die Gefahr eines GAU (= **g**rößtmöglicher **a**nzunehmender **U**nfall), bei dem große Mengen radioaktives Material freigesetzt werden. (Radioaktive Strahlung ist Krebs erregend.) Auch stillgelegte Reaktoren (Atomkraftwerke) stellen ökologische Gefahrenherde dar. Darüber hinaus bestehen beim Transport und bei der Endlagerung radioaktiver Abfälle (bei der so genannten „Entsorgung") unabsehbare Risiken.

c) Auch wenn immer noch neue Vorräte an Rohstoffen entdeckt werden bzw. entdeckt werden sollten: Die Rohstoffvorräte der Erde sind *begrenzt*. Viele davon sind – wie z.B. die mineralischen und die fossilen Rohstoffe – nicht regenerierbar (nicht erneuerbar). Diese Tatsache ist jedoch nicht das einzige Problem. Bei der wirtschaftlichen „Ausbeutung" dieser Vorräte werden ungeheure ökologische Schäden angerichtet. Wo z.B. Erdöl, Kupfer, Blei und andere Mineralien vermutet werden, wird der Urwald vernichtet.[1] Die Zerstörung der Regenwälder erfolgt aber auch noch aus anderen Gründen. Das „exotische" Holz wird in den Industrieländern für teure Möbel, vornehme Wand- und Deckenverkleidungen, Fensterrahmen, Türrahmen und andere Erzeugnisse der Holz verarbeitenden Industrie verwendet. Oder die Wälder fallen der „Brandrodung" zum Opfer, weil Weideland für riesige Viehherden gewonnen wird. Jährlich werden heute Regenwälder in der Größe der Bundesrepublik Deutschland unwiederbringlich vernichtet.

Abb. 9.38

1 Vgl. GREENPEACE MAGAZIN, Nr. 1, 1990, S. 14ff.

Die **ökologischen Folgen der industriellen, landwirtschaftlichen und privaten Energieverwendung** sind z.B. folgende:

a) Die Verbrennung fossiler Brennstoffe (Torf, Kohle, Öl) setzt Schadstoffe wie Stickoxide und Schwefeldioxid frei. Die Folgen: Saurer Regen, der wiederum für das „Umkippen" von Gewässern sowie das Waldsterben mitverantwortlich ist. Außerdem entsteht Kohlendioxid, was den Treibhauseffekt verstärkt. (Unter Treibhauseffekt versteht man die Erwärmung des Erdklimas aufgrund der Luftverschmutzung. Je größer die Luftverschmutzung ist, desto weniger Wärme kann die Erde in den Weltraum abstrahlen: Sie erwärmt sich wie ein Treibhaus, das mehr Sonnenwärme empfängt als es an die Umwelt abgibt.) Die Folgen der Erwärmung des Erdklimas sind u.a.: verheerende Stürme und Fluten, steigende Meeresspiegel[1] durch das Abschmelzen des Polareises und der Gletscher, Überschwemmung riesiger tief liegender Landflächen und Inseln, Millionen von Umweltflüchtlingen.

Durch die Folgen des Treibhauseffekts werden nach einer Studie des britischen Forschers MARTIN PARRY im Jahr 2050 bis zu 350 Millionen Menschen zusätzlich Hunger leiden.

b) Die Verwendung von Fluorchlorkohlenwasserstoffen (FCKW) und Bromchlorkohlenwasserstoffen (Halonen) steigen im Laufe von Jahren bis in hohe Atmosphärenschichten auf und zerstören dort die Ozonschicht. Das Ozon hat die Fähigkeit, die gefährliche Ultraviolett-B-Strahlung weitgehend zu absorbieren. Je größer also das so genannte „Ozonloch" ist, desto mehr kann die lebensfeindliche (z.B. Hautkrebs fördernde) UVB-Strahlung zur Erde gelangen.

2. Verkehr

Ebenso wie die Energieerzeugung und -verwendung spielt der Verkehr in der Wirtschaft eine zentrale Rolle. Mit seiner Hilfe werden neue Energie- und Rohstoffquellen erschlossen, Rohstoffe, Halb- und Fertigerzeugnisse an die Orte des Verbrauchs befördert und Menschen an ihre Arbeits-, Freizeit- und Ferienorte gebracht.

In der Bundesrepublik Deutschland verursacht heute der Verkehr knapp ein Viertel des Energieverbrauchs, 60% der Stickoxidbelastung und 70% der CO-Belastung. Vom Lärm abgesehen verursacht der Straßenverkehr weitere Umweltschäden durch Reifenabrieb und durch Streusalz. Darüber hinaus ist der Verkehr eine Hauptursache der Naturzerstörung. Bis heute werden auf der ganzen Erde Wälder, Felder und Wiesen kreuz und quer durchschnitten, und zwar ohne Rücksicht auf natürlich gewachsene Lebensräume. (Um sich eine Vorstellung machen zu können: Rund 5% der Gesamtfläche Deutschlands besteht bereits aus Straßen, Wegen und Schienen!)

Auch die Schiffbarmachung von Flüssen verursachte und verursacht nicht mehr rückgängig zu machende ökologische Schäden wie z.B. die Zerstörung von Auwäldern mit der darin lebenden Tierwelt, das Absenken des Grundwassers und die damit verbundene Versteppung des Landes beidseits der begradigten Flüsse.

Vergleicht man die verschiedenen Verkehrsmittel im Hinblick auf ihre Umweltverträglichkeit, schneidet der Straßenverkehr am schlechtesten ab, gleichgültig, ob die Umweltverschmutzung auf Personenkilometer oder Gütertonnenkilometer bezogen wird. Ver-

---

1 Ein amerikanisch-französischer Satellit hat festgestellt, dass der Meeresspiegel jährlich durchschnittlich um bis zu 3 mm steigt.

gleichsweise umweltfreundlich ist hingegen der Schienenverkehr. Die Schadstoffemissionen je Personenkilometer sind z.B. im Straßenverkehr rund 9-mal höher als im Schienenverkehr. Beim Güterverkehr liegt die Bahn noch erheblich günstiger.

3. Landwirtschaft

Der Landwirtschaft gelang es mehrere tausend Jahre lang im Einklang mit der Natur zu wirtschaften. Sie trug nicht zur Ausrottung von Pflanzen und Tieren bei, sondern zu ihrer Erhaltung. Erst im 20. Jahrhundert entstanden aus ökonomischen Gründen (aus Rentabilitätsgründen) die maschinisierten und mechanisierten landwirtschaftlichen Großbetriebe, die sich auf die Erzeugung bestimmter Produkte spezialisierten (z.B. Getreide, Geflügel, Rinder und Schweine, Wein). Die früher übliche Fruchtwechselfolge wurde durch Düngung und chemische Pflanzenschutzmittel ersetzt. Die Entwicklung zur Monokultur wurde vielfach auch noch staatlich unterstützt. Man braucht hier nur an die „Umlegung" zu denken. Dabei wurde vielfach auf die gewachsene Natur- und Kulturlandschaft keine Rücksicht genommen. Ganze Berge wurden abgetragen, versetzt, umgepflügt, mit geteerten Wirtschaftswegen versehen. Dadurch wurden zahllose Tier- und Pflanzenarten vernichtet oder derart dezimiert, dass ihr Überleben nicht mehr gesichert erscheint. (Ein abschreckendes Beispiel ist die Rebumlegung am Kaiserstuhl im Breisgau.)

Die **ökologischen Folgen** der heutigen Landbewirtschaftung sind im Kleinen wie im Großen verheerend. Sie reichen von örtlichen Schäden bis hin zu globalen (erdweiten) Klimaveränderungen. Beispiele sind:

a) Klimaveränderung

Im asiatischen Teil der Sowjetunion spielt sich neben der fortgesetzten Zerstörung der Regenwälder eine der größten ökologischen Katastrophen der Erde ab. Der Aralsee, früher mit rund 64000 km^2 der viertgrößte Binnensee der Erde, trocknet immer mehr aus. Seit Ende der fünfziger Jahre ist der Wasserspiegel des Aralsees um etwa 12 m gesunken! Dadurch hat sich das Ufer an flachen Stellen bis zu 100 km zurückverlagert. Der ehemalige Hafen Munia liegt ebenfalls kilometerweit vom Wasser entfernt. Die einst blühenden Fischerdörfer sind verlassen. Überall breiten sich Sand und Salz aus. Im Wüstensand liegen rostige Schiffswracks. Bislang hat der Aralsee die Hälfte seines Umfangs und 60% seiner ursprünglichen Wassermenge eingebüßt. Nach Einschätzung sowjetischer Wissenschaftler wird der Aralsee im Jahr 2010 völlig verschwunden sein.

Die *Ursache* für das Schrumpfen des Sees sind menschliche Eingriffe in die Flüsse Amudarja und Syrdarja, die den Aralsee speisten. Seit Jahrzehnten werden diesen beiden Strömen riesige Wassermengen abgezweigt, um die usbekischen Baumwollfelder zu berieseln.

Falls nichts getan wird (z.B. die Baumwollproduktion nicht aufgegeben wird), ist mit dem Verschwinden des Aralsees eine Klimaverschiebung in der Region zu erwarten. Die Niederschläge werden weitgehend ausbleiben, die Sommer werden heißer, die Winter kälter. Die Landwirtschaft muss aufgegeben werden. Aufgeben musste bereits die Fischereiwirtschaft. Der See ist wegen der zunehmenden Versalzung bereits tot. Damit noch nicht genug. Der Wind weht jährlich Millionen von Tonnen Salz in das Umland des Sees, sodass die Felder verkrusten. Die Ernten werden von Jahr zu Jahr schlechter, Pflanzen- und Tierarten sterben aus.

b) Artenverlust

Die heutige Landwirtschaft trägt in höchstem Maße zu Gefährdung und Ausrottung von Tierarten bei. Die Ursachen sind vielfältig. So führt z.B. die gleichmäßige Wiesendüngung (Gülle, Handelsdünger) zum Rückgang der artenreichen Magerwiesen. Pestizide (Unkrautvertilgungsmittel) und Herbizide (Insektenvertilgungsmittel) schädigen Fauna (Tierwelt) und Flora (Pflanzenwelt). Trockenlegungen vernichten Feuchtbiotope. Durch das häufige Mähen mit Maschinen werden die Gelege bodenbrütender Vögel (z.B. der Lerchen) zerstört. Streuobstanlagen und Hecken werden entfernt, um das Land „maschinengerecht" zu gestalten. Damit werden weitere Kleinbiotope vernichtet.

Im Amazonasgebiet ist die Brandrodung in vollem Gang. Der Rauch ist sogar auf Satellitenbildern erkennbar. Ein Zweck der Brandrodung: Schaffung großräumiger Farmwirtschaft (Rinderzucht). Die Folge: Der Boden verarmt, wird weggeschwemmt und vom Wind fortgetragen **(Bodenerosion).** Das Ergebnis: Weitere Brandrodungen, um neues Weideland zu gewinnen.

c) Gewässerbelastung

Die übermäßige Düngung mit Gülle und Handelsdünger belastet die Gewässer u.a. mit Nitrat. Die Gefahr für die Nord- und die Ostsee rührt hauptsächlich aus der landwirtschaftlichen Düngung.

Darüber hinaus gefährden Pflanzenschutzmittel den Boden und damit den Menschen, die Tiere und die Pflanzen.

d) Saurer Regen und Waldsterben

Ammoniak und Stickoxide aus Viehhaltung und Überdüngung tragen in erheblichem Umfang zur Entstehung des „sauren Regens" bei. In den Niederlanden z.B. gilt die Landwirtschaft als größte Quelle für den sauren Regen. Eine Studie des schweizerischen Nationalfonds (1990) kommt zum Schluss, dass die Landwirtschaft durch ihre Tier- und damit Gülleproduktion ebenfalls zum **Waldsterben** beiträgt.

e) Bodenverdichtung

Schwere Landbearbeitungsmaschinen verdichten den Boden immer mehr. Deshalb kann bei starken Regenfällen das Wasser nicht mehr vollständig absickern. Überschwemmungen sind die Folge. Das Grundwasser wird nicht ausreichend gespeist, sodass der Grundwasserspiegel absinkt.

f) Überweidung

Ziegen und Schafe schädigen vor allem in den so genannten Entwicklungsländern die Vegetation (die Pflanzenvielfalt). Die Folgen sind Bodenerosion und Entstehung neuer Wüsten und damit Verkleinerung des Lebensraums der Menschen.

Die **wirtschaftlichen Folgen** des weltweiten Raubbaus an der Umwelt führt zunächst zu einer erheblichen Knappheit an Wasser und Nahrungsmitteln, zu sinkenden Einkommen und Arbeitslosigkeit. So brach z.B. die Holzexportindustrie der Elfenbeinküste nach den Kahlschlägen vollkommen zusammen. Vor der kanadischen Küste wurden Kabeljau und Schellfisch abgefischt. 33000 Arbeitsplätze gingen verloren. Überfischung und Verschmutzung ließen die Kaviarausbeute aus dem Kaspischen Meer auf ein Prozent früherer Erträge schrumpfen.[1]

1 Quelle: BZ vom 16. Januar 1995.

Problem groß, aber nicht unlösbar. Kann man ausrechnen, was Umweltschäden kosten? Genauer: Kann man die Schäden bewerten, die die Verschmutzung der Luft, des Wassers, des Bodens und die der Lärm jährlich anrichten? Professor Dr. Wicke, ehemals Direktor am Umweltbundesamt, meinte: Ja, wenn auch nur schätzungsweise. Der Umweltwissenschaftler kam zu dem Ergebnis, dass der jährliche Schaden eine Mindesthöhe von 52,9 Mrd. Euro hat. Obwohl er immer wieder betonte, dass der tatsächliche Schaden weit höher liegen dürfte, nannte er diesen Betrag. Er wollte erstens die Größenordnung deutlich machen; zweitens aber auch zeigen, dass das Problem trotz seiner Größe nicht unlösbar ist. Denn gemessen an der wirtschaftlichen Gesamtleistung sind das „nur" sechs Prozent. Dr. Wicke wollte damit sagen, dass wir reich genug sind, um bei entsprechender Anstrengung mit dem Problem der Verhütung und der Beseitigung von Umweltschäden fertig zu werden. (Statistische Angaben: Wicke, „Die ökologischen Milliarden".)

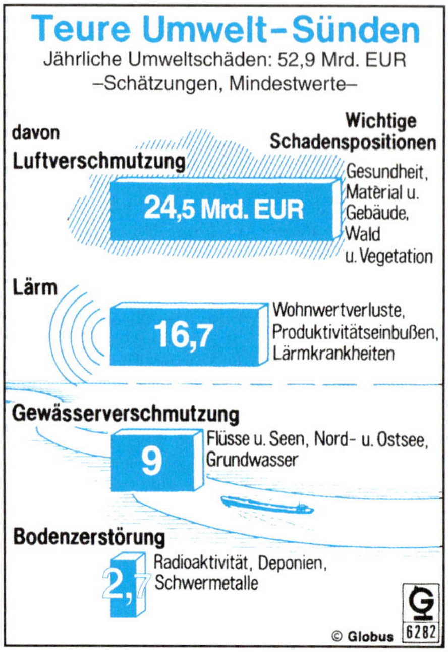

Abb. 9.39

4. Dritte Welt

Die „Dritte Welt" – das sind die Länder, in denen die Menschen unzureichend ernährt sind (Abb. 9.40). Rund 90% des Artensterbens, der Bodenerosion, der Waldvernichtung und der Wüstenbildung findet in den Entwicklungsländern statt.

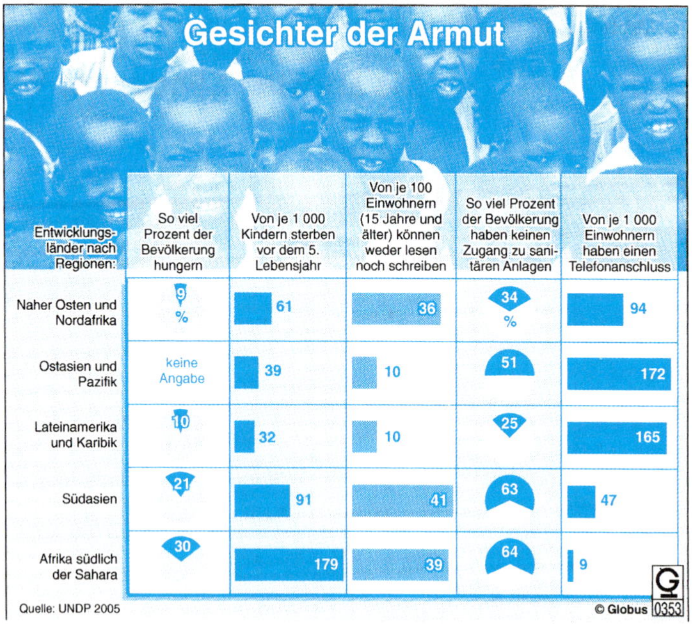

Abb. 9.40

Die wichtigsten Gründe sind:

- **Überbevölkerung.** Die „Bevölkerungsexplosion" findet vor allem in den Entwicklungsländern statt. Die Folge ist, dass immer mehr bisher unbesiedeltes Land in Besitz genommen wird.

Beispiel:

In Ruanda, das von 1899 bis 1916 zur deutschen Kolonie Ostafrika gehörte und bis zur Unabhängigkeit 1962 von Belgien verwaltet wurde, beträgt das Bevölkerungswachstum jährlich über drei Prozent. Daher führt die landwirtschaftliche Nutzung von immer mehr Grund und Boden zu zunehmender Erosion. Das Land zählt zu den am wenigsten entwickelten Staaten der Welt. Der Ertrag des Hauptexportprodukts Kaffee ist von Weltmarktpreisen abhängig, und der ist in den vergangenen Jahren stetig gesunken. Darüber hinaus hat das Land, das keinen Zugang zum Meer hat, hohe Transportkosten für sämtliche Ein- und Ausfuhrgüter zu verkraften. Größtes Problem ist und bleibt aber die Bevölkerungsdichte: In Ruanda leben im Durchschnitt 220 Menschen pro Quadratkilometer - ungefähr ebenso viele wie in Deutschland, aber eine ruandische Frau bringt im Durchschnitt 8,6 Kinder zur Welt - dies ist weltweit die höchste Geburtenrate - und man kann deshalb leicht ausrechnen, wie sich die Bevölkerungszahl in diesem Land entwickeln wird.

Die zunehmende Bevölkerungsdichte hat schlimme Auswirkungen auf die Umwelt. Der Boden in bestimmten Gegenden ist so sauer, dass er landwirtschaftlich gar nicht mehr genutzt werden kann. Der riesige Kiwusee ist derart verschmutzt, dass darin kaum noch Fische überleben können. Experten sagen für das kommende Jahrzehnt eine Hungerkatastrophe voraus, die noch schlimmer sein wird als die in Äthiopien Mitte der achtziger Jahre.

- **Armut.** Die niedrige Arbeitsproduktivität und das schnelle Bevölkerungswachstum bewirken, dass sich die Entwicklungsländer keine wirkungsvollen Umweltschutzmaßnahmen leisten können und die letzten natürlichen Ressourcen aufbrauchen müssen (Abholzung, Überweidung, Wasserentnahme).

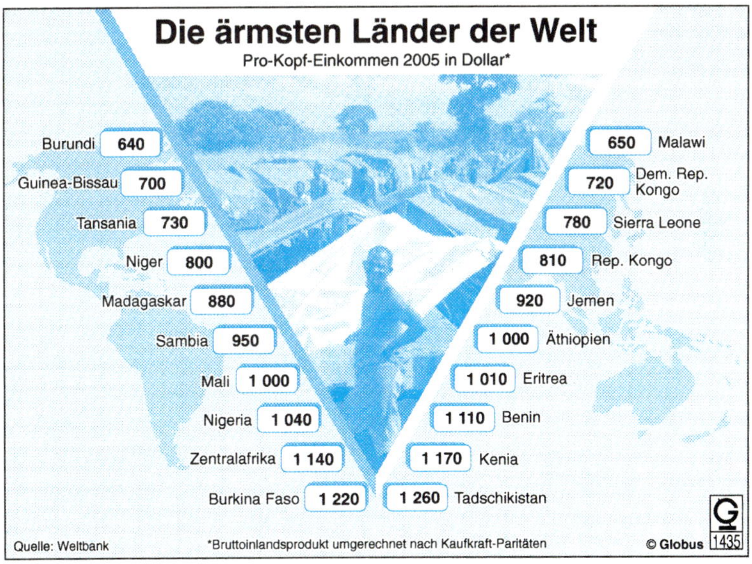

Abb. 9.41

- **Klima.** Die Entwicklungsländer liegen in der Regel in Klimazonen, in denen Wind und Regen die ungeschützten Böden besonders leicht abtragen können. Der Artenreichtum pro Flächeneinheit ist in diesen Klimazonen erheblich größer als in den gemäßigten Zonen (z. B. in den Regenwäldern). Die Landnahme in diesen Ländern führt folglich zu einer stärkeren Artenvernichtung als in den gemäßigten Zonen.
- **Außenhandel.** Der Handel zwischen den Entwicklungsländern und den Industrieländern ist ungleichgewichtig. Die Entwicklungsländer exportieren hauptsächlich Rohstoffe (z. B. Kakao, Zucker, Jute, Kautschuk, Tee, Bananen, Holz, mineralische Rohstoffe, fossile Rohstoffe). Dies führt zur **Überschuldung** der Dritten Welt und damit zu einer
- weiteren **Verarmung.**

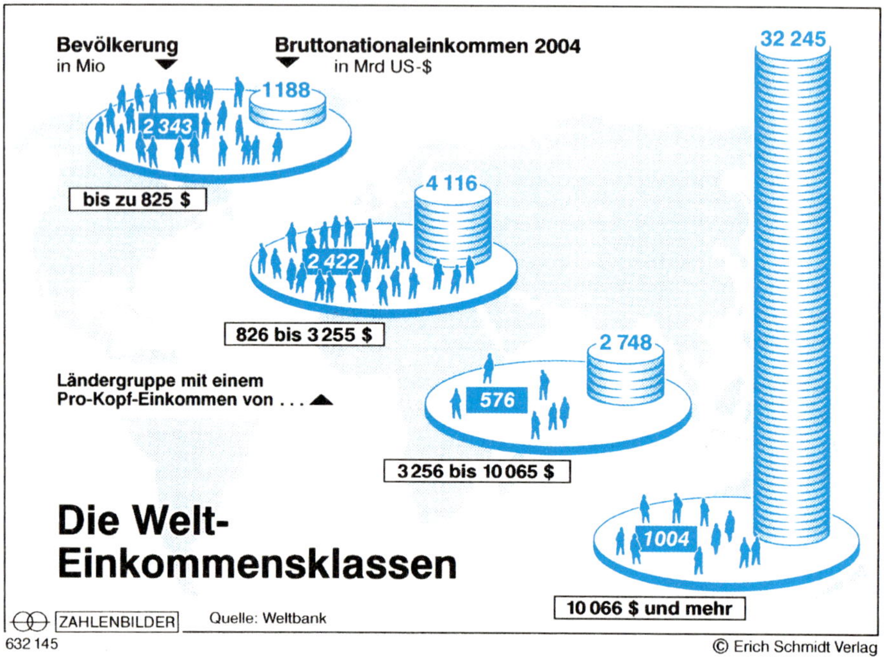

Abb. 9.42

Aufgaben zur Lernkontrolle

1. Im vorigen Kapitel wurden einige ausgewählte Problembereiche zum Thema „Ökologie und Ökonomie" angesprochen. Die genannten Problemfelder sind nicht voneinander zu trennen, sondern hängen eng zusammen und überlappen sich vielfach. Nennen Sie Beispiele von solchen Überschneidungen!

2. Die im vorigen Kapitel dargestellten Problembereiche stellen nur eine Auswahl dar! Nennen Sie weitere Problemfelder zum Thema „Ökologie und Ökonomie"!

3. „Wenn eine freie Gesellschaft den vielen, die arm sind, nicht helfen kann, kann sie auch die wenigen nicht retten, die reich sind."

   Interpretieren Sie diesen Ausspruch von John F. Kennedy!

9.3.6.2 Lösungsansätze

1. Umweltverträgliche Energiepolitik

Große Hoffnungen werden in den Ausbau der Sonnen-, Wind-, Biomassen-, Biogas- und Erdwärmeenergie gesetzt. Die Industrie arbeitet an der Entwicklung eines Wasserstoff-Methan-Antriebs für umweltfreundliche Flugzeuge. Der Staat kann solche Entwicklung fördern, indem er z. B. Forschungsvorhaben finanziert und/oder die Verwendung umweltschonender Energien steuerlich bevorzugt.

Wichtiger noch als die Suche nach umweltfreundlicheren Energien ist die Suche nach Möglichkeiten zur **Energieeinsparung.** Auch hier könnten Wirtschafts- und Finanzpolitik einiges tun. Beispiele:

- Wegfall der Kraftfahrzeugsteuer, dafür Erhöhung der Mineralölsteuer.
- Wegfall der hohen Grundgebühren für Elektrizität und Gas, dafür verbrauchsabhängige Tarife: Wer viel Strom verbraucht, muss mehr bezahlen.
- Verlagerung des Verkehrs auf die Schiene, indem der öffentliche Verkehr attraktiv gestaltet wird (z. B. Verbesserung des Komforts, Preisgestaltung, Verbesserung der Fahrpläne, Schaffung von Parkplätzen in der Nähe von Bahnhöfen usw.).
- Bessere Isolierung von Gebäuden und Kühlaggregaten.
- Steigerung der Wiederverwendungsrate von energieintensiv produzierten Stoffen wie z. B. Aluminium, Kunststoffen, Papier usw. (Recycling).
- Energieeffizienzsteigerung bei von privaten Haushalten und den Unternehmen benutzten Maschinen und Verkehrsmitteln.

Alle genannten Maßnahmen – die Reihe könnte fast beliebig fortgesetzt werden – sind keine „Jobkiller", sondern erhalten Arbeitsplätze. Sie sind auch nicht „wachstumsfeindlich". Im Gegenteil: Energiesparpolitik ist ein Beitrag zum qualitativen Wachstum, weil sie Einkommen schafft.

2. Umweltverträgliche Verkehrspolitik

Wirtschaftspolitik und Umweltpolitik hängen zusammen wie die Teile eines Mobiles. Wird ein Teil bewegt, bewegen sich alle Teile. Es gibt weder isolierte Probleme noch isolierte Problemlösungen. Wenn Wissenschaft und Praxis die Politik in Teilbereiche zerlegen, dann nur deshalb, um eine gewisse Übersichtlichkeit zu schaffen. In diesem Sinne ist z. B. Verkehrspolitik in vieler Hinsicht zugleich auch Energiepolitik, schon allein deshalb, weil der Verkehr einer der größten Energieverbraucher ist. Das ist der Grund, dass eine ökologisch orientierte Verkehrspolitik die Umlenkung des Personen- und Güterverkehrs auf die Bahn verlangen muss. (Die Liberalisierung des EU-Verkehrs wird jedoch – falls nichts geschieht – genau das Gegenteil bewirken.)

Wie kann diese Verlagerung erreicht werden? Sie könnte im Rahmen der sozialen Marktwirtschaft – also durch *marktkonforme Mittel* – beschleunigt werden, indem z. B. der Lastkraftwagentransport mit einer so hohen Lastkraftwagenabgabe belastet wird, dass der Gütertransport mit der Bahn wieder konkurrenzfähig wird. Arbeitsplatzverluste im Bereich des Lkw-Verkehrs würden durch Arbeitsplatzgewinne bei der Bahn wettgemacht.

Marktkonträre Maßnahmen wie z. B. Vorschriften zu quantitativen Beschränkungen des Lkw-Verkehrs sind weniger wünschenswert, weil sie – je nach politischem Machtverhältnis – ständig geändert werden können. Außerdem werden durch marktkonträre Maßnahmen die *Preisverhältnisse* nicht korrigiert: Der Lkw-Verkehr bleibt nach wie vor der billigere.

Auch im Personenverkehr kann die Verkehrspolitik einiges tun. In Anwendung des **Verursacherprinzips** könnten Autofahrer und Flugreisende an den von ihnen angerichteten Schäden durch Steuern und Abgaben beteiligt werden (z.B. durch eine Kohlendioxidabgabe). Diese Zusatzeinnahmen könnten für Subventionen für den Personennah- und -fernverkehr verwendet werden, z.B. für subventionierte Monatskarten (häufig schon Umweltschutzkarten genannt), für den Ausbau des Nahverkehrsnetzes der Bahn bzw. der Stadt- und Untergrundbahnen.

3. Umweltverträgliche Agrarpolitik

Die im vorigen Kapitel genannten Beispiele für die negativen ökologischen Folgen der heutigen Agrarwirtschaft werden künftig zahlreiche wirtschafts- und umweltpolitische Maßnahmen erzwingen. Solche Maßnahmen könnten sein:

- Förderung des biologischen Anbaus durch Steuererleichterungen für die Anbaubetriebe und Aufklärung der Verbraucher. (Die Erzeugnisse aus biologischen Anbaubetrieben sind mitunter nicht so schön, so groß, so fehlerfrei wie die aus den durchrationalisierten Chemie-Agrarbetrieben.)
- Besteuerung umweltschädlicher chemischer Stoffe, die in der Landwirtschaft eingesetzt werden, und damit Verteuerung der Chemie-Agrarprodukte.
- Umweltschutzvorschriften mit dem Ziel, z. B. Viehdichte und Chemikalieneinsatz zu verringern.
- Extensivierung der Landwirtschaft, wobei mögliche Einkommensverluste der Landwirte durch Zuschüsse ausgeglichen werden.
- Zahlungen aus Steuermitteln für nicht landwirtschaftliche Naturschutzleistungen der Landwirte, z. B. Restaurierung ehemaliger Feuchtgebiete, Wiederanpflanzung von Hecken, Erhalt des gewachsenen Landschaftsbildes, Erhaltung von Trockenwiesen usw.
- Abschaffung der Mindestpreispolitik, um Überproduktion zu verhindern.
- Kombinierte Einkommenspolitik, d.h. Förderung der Nebenerwerbsmöglichkeiten von Landwirten wie z.B. durch Vermietung von Ferienwohnungen („Ferien auf dem Bauernhof"), Verarbeitung eigener Erzeugnisse, Betreiben von Strauß- oder Gastwirtschaften.

4. Umweltverträgliche Entwicklungspolitik[1]

In einem sind sich alle ökologisch orientierten Wissenschaftler, die sich mit den Problemen der Entwicklungsländer befassen, einig: Der Wohlstand, der heute in den hoch industrialisierten Ländern des „Nordens" herrscht, kann von den heutigen Entwicklungsländern nicht erreicht werden. Der Grund: Der Verbrauch an Rohstoffen, Wasser, Energie und Boden würde angesichts der Bevölkerungsexplosion in den Entwicklungsländern alle Lebensgrundlagen für immer zerstören.

Was bleibt zu tun?

Die Industrieländer müssen – auch wenn dies heute noch utopisch klingt – ihr Streben nach weiterem quantitativem Wirtschaftswachstum aufgeben. Der Verbrauch nicht wiederherstellbarer Naturgüter muss drastisch eingeschränkt, die Umweltverschmutzung und -zerstörung muss eingestellt werden. Es muss sich ein ökologisch orientiertes Wirtschaftssystem durchsetzen, das auch für die Entwicklungsländer erstrebenswert ist, also gewissermaßen eine Vorbildfunktion erfüllt.

---

1 Näheres zur Entwicklungspolitik siehe Kapitel 12.

Neben dieser mittelbaren Hilfe für die Entwicklungsländer sind folgende unmittelbaren Maßnahmen möglich:

- Jährliche Steigerung der Entwicklungshilfe in Projekte, die umweltverträglich sind. (So möchte z.B. die Weltbank stärker darauf achten, dass keines der von ihr geförderten Unternehmen der Natur schadet.)
- Finanzielle Hilfe beim Bau von Kläranlagen, Müllverbrennungs- und Müllverwertungsanlagen.
- Stundung und/oder Erlass bestehender Schulden der Entwicklungsländer, um ihnen die Finanzierung von Strukturveränderungen zu ermöglichen.[1]
- Hilfen beim Aufbau einer ökologisch verträglichen Landwirtschaft (z.B. durch Schulung und Aufklärung der Landwirte).
- Hilfen beim Aufbau moderner Verwaltungen (z.B. von Forstverwaltungen, Verwaltungen von Nationalparks, Landwirtschaftsämtern).
- Zahlungen, die davon abhängig gemacht werden, dass die tropischen Wälder erhalten bleiben.

Alle Bemühungen werden weitgehend erfolglos bleiben, wenn es nicht gelingt, das Bevölkerungswachstum zu bremsen. 2001 betrug die Erdbevölkerung rd. 6,2 Mrd. Menschen, davon rd. 5 Mrd. in den unterentwickelten Ländern. Nach den durchaus realistischen Prognosen der UN-Bevölkerungskommission wird die Erdbevölkerung im Jahr 2050 auf rund 9,3 Mrd. Menschen steigen. Das stärkste Bevölkerungswachstum weisen die Entwicklungsländer auf.

Das Bevölkerungswachstum kann auf zweierlei Arten beeinflusst werden: Erstens dadurch, dass *Familienplanungsdienste* eingerichtet werden und die Menschen dazu motiviert werden diese zu nutzen, und zweitens durch die Entwicklung von besseren Bildungs- und Arbeitsmöglichkeiten. Erst verbesserte Lebensbedingungen und soziale Sicherheit senken die Geburtenrate. Der Grund: In den armen Ländern ist die hohe Kinderzahl bislang häufig die einzige Altersversorgung.

Aufgaben zur Lernkontrolle

1. Untersuchen Sie, inwieweit bei den im vorigen Kapitel genannten Energieeinsparungsmaßnahmen möglicherweise Arbeitsplätze gefährdet, aber andererseits auch Arbeitsplätze geschaffen werden!

2. Der Umweltschutz, z.B. durch Förderung des öffentlichen Nahverkehrs, kostet Geld. Machen Sie Vorschläge, wie diese Mittel beschafft werden können!

3. Nennen Sie Gründe, warum der biologische Anbau bis heute nur eine sehr geringe Rolle spielt!

4. Nennen Sie Gründe, warum für die Entwicklungsländer der Umweltschutz ein nachrangiges Problem darstellt!

1 Siehe z.B. ZWINGMANN, W.: Die Ärmsten zahlen die Rechnung, in: Konradsblatt, Wochenzeitung für das Erzbistum Freiburg, 74. Jg., 14. Oktober 1990, S. 20ff.

9.3.6.3 Perspektiven: Entwicklung einer ökosozialen Marktwirtschaft

Alle im vorigen Kapitel beispielhaft genannten „Lösungsansätze" sind punktuelle Maßnahmen, selten aufeinander abgestimmt, meistens „halbherzig" und nur dann ergriffen, wenn es anders nicht mehr geht. Woran es bislang fehlt, ist der politische Wille zu einer umfassenden umweltverträglichen Wirtschaftspolitik bzw. einer wirtschaftsverträglichen Umweltpolitik, wie dies E.U. von WEIZSÄCKER formuliert.[1]

Voraussetzungen

Eine der wichtigsten **Voraussetzungen** für eine umweltschonende Wirtschaftspolitik ist die **Veränderung des Bewusstseins** zumindest der Mehrheit der Bevölkerung. Solange z.B. noch Schüler Behältnisse aller Art ungeniert in die Schulhöfe werfen, Touristen ihre Abfälle an den Park- und Rastplätzen hinterlassen, Autofahrer ihre Motoren im Stand laufen lassen, private Haushalte oft aufwendig verpackte Lebensmittel kaufen, Motorrad- und Autofahrer an Sonn- und Feiertagen hunderte von Kilometern fahren, der Hausmüll häufig im nächstgelegenen Bach oder Wald „entsorgt" wird, Landwirte ihre Spritz- und Düngemittel nach dem Motto „viel bringt viel" ausbringen, solange also jeder, ob Privater, Unternehmer, Angestellter, Arbeiter, Beamter, Soldat oder Rentner, Auszubildender, Schüler oder Student, den Umweltschutz den „anderen" überlässt, solange ist es um eben dieses Umweltbewusstsein schlecht bestellt.

Ein geändertes Umweltbewusstsein ist aber erforderlich, weil die Politiker, die letztlich die **Entscheidungen** treffen, natürlich nur dann die erforderlichen Maßnahmen befürworten, wenn sie die Mehrheit der Bevölkerung hinter sich wissen.

Die Veränderung des Bewusstseins allein genügt nicht. Es muss vielmehr ein **neues Wirtschafts- und Gesellschaftsmodell** geschaffen werden, das alle wirtschaftlichen Ziele und Handlungen dann als **richtig** begreift, wenn sie umweltschonend sind, und alle diejenigen als **falsch** (als schädlich) ansieht, wenn sie die Umwelt schädigen.

Prinzipien

(1) Verursacherprinzip. Schließlich muss allgemein dem Verursacherprinzip Geltung verschafft werden. Das Verursacherprinzip verlangt, dass alle Kosten denjenigen Leistungen zuzurechnen sind, auf die die Kosten zurückzuführen sind. Auf die Umweltpolitik übertragen bedeutet dies, dass derjenige die Kosten zur Vermeidung, Beseitigung oder zum Ausgleich einer Umweltbelastung zu tragen hat, der für ihre Entstehung verantwortlich gemacht werden kann. Die Durchsetzung des Verursacherprinzips dient der Internalisierung von Kosten.

Beispiel:

Bislang tragen die Hersteller bzw. Verwender aufwendiger und umweltbelastender Verpackungsmaterialien nicht deren Entsorgungskosten. Sie „externalisieren" ihre Kosten, d.h., die Kosten müssen von der „Außenwelt" (der Umwelt) der Hersteller bzw. Verwender bezahlt werden. Mit der Erhebung einer Umweltsteuer auf diese Produkte werden die Kosten „internalisiert", d.h., die Kosten erscheinen in den Kalkulationen der Verursacher.

1 WEIZSÄCKER, E. U. von, a.a.O., S. 176ff.

(2) Vorsorgeprinzip. Dieser Grundsatz der Umweltpolitik verlangt, dass Umweltgefahren **vorausschauend** erkannt und vorbeugend vermieden werden.

Beispiel:

Bereits in der Planungsphase privater und öffentlicher Maßnahmen (z.B. Bauplanungen) prüfen staatliche Behörden, ob bei den zu genehmigenden Projekten schädliche Immissionen (Einwirkungen auf Pflanzen, Tiere und Menschen) zu erwarten sind (Umweltverträglichkeitsprüfung).

(3) Kooperationsprinzip. Neben dem Verursacher- und dem Vorsorgeprinzip stellt das Kooperationsprinzip die dritte Säule der Umweltpolitik dar. Das Kooperationsprinzip verlangt das enge Zusammenwirken (Kooperieren) von Unternehmen, privaten Haushalten, staatlichen Stellen und Verbänden in Angelegenheiten des Umweltschutzes.

Beispiele:

Anhörung der beteiligten Kreise nach § 51 BImSchG[1] vor Erlass von Rechtsverordnungen und Verwaltungsvorschriften. – Einwendungsbefugnis für jede Person in den Genehmigungsverfahren für Anlagen nach BImSchG und AtG.[2] – Festlegung von Zielen durch die Bundesregierung zur Minderung von Abfallmengen innerhalb bestimmter Zeiträume, bevor im Falle eines Nichterreichens der Ziele mittels Rechtsverordnung nach § 14 AbfG[3] entsprechende Verbote und Beschränkungen zum Zweck der Abfallminderung erlassen werden, falls die Selbstbeschränkung der Abfallerzeuger gescheitert ist. – Verbandsbeteiligung nach § 29 BNatSchG.[4] – In **Deutschland** gibt es z.B. eine **bundesweite Recyclingbörse der Industrie- und Handelskammern.** Das ist ein EDV-gestütztes überbetriebliches Vermittlungssystem das dazu beiträgt, die Wiederverwertung gewerblicher Produktionsrückstände in größerem Maße als bisher zu ermöglichen. Angesprochen sind in erster Linie solche Unternehmen, die ihre Produktionsrückstände nicht schon über eingeführte Handelsunternehmen einer Wiederverwertung zuführen.

Hinzu kommt das „Ökosponsoring“, d.h. die Leistung von Spenden für Wiederherstellungsmaßnahmen (z.B. Wiederaufforstung) und/oder Zahlungen an Umweltverbände (z.B. GREENPEACE, ROBIN WOOD, World Wildlife Fund [WWF], Bund für Umwelt und Naturschutz Deutschland [BUND] und der Deutsche Bund für Vogelschutz [DBV]). Diese Verbände nehmen in der Regel Spenden nur dann an, wenn umweltschädigende Produkte in großem Umfang vom Markt genommen werden.

Käme es zusätzlich noch zu einer Verlagerung des Konsums hin zu den umweltverträglichsten Produkten, dann wäre der Umweltschutz in einigen Jahren **ohne** langwierige und oft lückenhafte Gesetzgebung ein großes Stück vorangekommen, ein unbestreitbarer Vorteil des Kooperationsprinzips im Rahmen der sozialen Marktwirtschaft.

Staatliche Instrumente

(1) Gebote und Verbote

Auflagen in Form von Ge- und Verboten sind marktkonträre Maßnahmen (siehe Kapitel 5.4.1.2) der staatlichen Umweltpolitik. Ein Verbot enthält z.B. das DDT-Gesetz (Verbot der Herstellung, der Ein- und Ausfuhr, des Inverkehrbringens und der Anwendung von DDT- und DDT-Zubereitungen).

1 BImSchG = Bundes-Immissionsschutzgesetz; Immission = das Einwirken von Luftverunreinigungen, Schadstoffen, Lärm, Strahlen usw. auf Menschen, Tiere und Pflanzen.

2 AtG = Atomgesetz.

3 AbfG = Abfallgesetz.

4 BNatSchG = Bundesnaturschutzgesetz.

30 Hartmann – ISBN 978-3-8120-0320-9

Gebote sind Vorgaben für gefährliche Anlagen und für mögliche Emittenten umweltschädigender Stoffe. Leitgesetz für den Umweltpflegebereich „Immissionsschutz" (Luftreinhaltung und Lärmbekämpfung) ist das Gesetz zum Schutz vor schädlichen Umwelteinwirkungen durch Luftverunreinigungen, Geräusche, Erschütterungen und ähnliche Vorgänge (Bundesimmissionsschutzgesetz = BImSchG). Es wird durch das Gesetz zur Vermeidung von Luftverunreinigungen durch Bleiverbindungen in Ottokraftstoffen für Kraftfahrzeugmotoren (Benzinbleigesetz – BzBlG) und das Gesetz zum Schutz gegen Fluglärm (Fluglärmgesetz) ergänzt. Der Schutz vor Gefahren der Kernenergie und der schädlichen Wirkung ionisierender Strahlen obliegt dem Gesetz über die friedliche Verwendung der Kernenergie und den Schutz gegen ihre Gefahren (Atomgesetz).

Ge- und Verbote (Auflagen) sind erforderlich, wo es um die unmittelbare Gefahrabwendung geht. Der Erfolg soll durch Strafen und Bußgelder gesichert werden. Der Nachteil der Auflagen besteht darin, dass sie den umwelttechnischen Fortschritt hemmen, denn ist der Stand der Technik in einem Gesetz bzw. in einer Verordnung einmal festgeschrieben, gibt es für die Verursacher keinen Grund mehr, die vorgegebenen Grenzwerte mit einer fortgeschrittenen und möglicherweise teureren Technik zu unterschreiten.

(2) Vorgabe von Grenzwerten

Einzelschadstoffe, die mit technischen Mitteln auf einen bestimmten Stand reduziert werden können, sind mit Hilfe von Grenzwerten zu verringern (z.B. Schadstoffe in Autoabgasen).

Das Problem der Vorgabe von Grenzwerten ist jedoch, dass diese auch noch unterboten werden könnten, die Wirtschaftssubjekte aber nicht einsehen, dass sie die Kosten für eine weitere Verringerung von Schadstoffen tragen sollen, wenn dies nicht gesetzlich vorgeschrieben ist.

(3) Umweltabgaben

Umweltabgaben sind marktkonforme Instrumente der Umweltpolitik (siehe Kapitel 5.4.1.1). Abgaben lassen sich u.a. in Steuern und Sonderabgaben einteilen.

Steuern sind dadurch gekennzeichnet, dass es sich um Geldleistungen der Bürger handelt, für die der Staat keine konkrete Gegenleistung erbringt. Sie werden zur *allgemeinen Finanzierung eines öffentlichen Haushalts* herangezogen. Das schließt nicht aus, dass Steuern der Erreichung bestimmter wirtschafts- und sozialpolitischer Ziele dienen können, z.B. verteilungspolitischen, beschäftigungspolitischen, wachstumspolitischen oder strukturpolitischen Zielen.

Umweltsteuern (Ökosteuern) haben somit den Zweck, umweltpolitischen Zielen zu dienen. Sie sollen die Nachfrage der Wirtschaftssubjekte in umweltfreundlichere Bahnen lenken. Sie fließen in den allgemeinen Staatshaushalt und *können* dazu verwendet werden, an anderer Stelle die Steuerbelastung der Bürger und der Unternehmen zu verringern (z.B. Subventionierung umweltschonender Produkte). Ist Letzteres der Fall, wird die Steuerlastquote nicht erhöht.

Sonderabgaben dürfen nur erhoben werden, wenn eine besondere Beziehung zwischen dem Kreis der Abgabenpflichtigen und dem mit der Abgabe verfolgten Zweck besteht. Belastet man also z.B. Industriebetriebe mit einer Abwasserabgabe, müssen die eingenommenen Mittel für den Bau von Kläranlagen oder für einen ähnlichen Zweck eingesetzt werden.

Umweltsonderabgaben wirken im Übrigen wie Umweltsteuern. Ihr Vorteil ist, dass sie der Umwelt wieder zugute kommen. Nachteilig ist, dass sie die Steuerlastquote erhöhen.

Beispiele:

Abwasserabgabe (in der Bundesrepublik Deutschland seit 1976 eingeführt), Luftschadstoffabgaben wie z.B. eine CO_2-Abgabe (in Diskussion), Deponieabgaben, Abgaben auf einzelne Produkte (in der Diskussion befinden sich z.B. Abgaben auf Einwegflaschen, Batterien, Phosphatdünger, phosphathaltige Waschmittel, Farben, Lösungsmittel und tropische Hölzer).

(4) Umweltverträglichkeitsprüfung

Die Umweltverträglichkeitsprüfung (UVP) ist ein Instrument der Umweltvorsorgepolitik. Sie soll sicherstellen, dass vor Entscheidungen über öffentliche und private Vorgaben deren Umweltauswirkungen frühzeitig geprüft und angemessen berücksichtigt werden.

Die Umweltverträglichkeitsprüfung muss die Folgen abschätzen, die ein Vorhaben (z.B. Bau eines Kraftwerks, einer Fernstraße, eines Flughafens) auf Menschen, Tiere und Pflanzen, Boden, Wasser, Luft, Klima und Landschaft sowie Kultur- und sonstige Sachgüter haben kann.

Die Ergebnisse der Umweltverträglichkeitsprüfung sind bei der Entscheidungsfindung über die Zulassung eines Vorhabens zu berücksichtigen.

Das Gesetz über die Umweltverträglichkeitsprüfung (UVPG) ist seit 1990 in Kraft. Es basiert auf der Richtlinie des Rates der EG vom Juni 1985.

(5) Staatliche Zuschüsse

Ebenso wie die Erhebung von Abgaben ist die Bezuschussung (Subventionierung) umweltschonender Produktionsverfahren und Produkte eine marktkonforme Maßnahme der Umweltpolitik. Umweltsubventionen sollen das Angebot verbilligen und so die Nachfrage auf umweltschonende Produkte umlenken.

Die staatliche Förderung kann aus unmittelbaren Zuschüssen (direkten Subventionen), Krediten oder Bürgschaften bestehen.

Beispiel:

Förderung von Vorhaben zum Schutz der Umwelt unter besonderer Berücksichtigung der mittelständischen Wirtschaft nach § 21 I UStiftG (Gesetz zur Errichtung einer Stiftung „Deutsche Bundesstiftung Umwelt").

Eine weitere Form staatlicher Bezuschussung ist die indirekte Subventionierung in Form von Steuervergünstigungen und öffentlichen Entschädigungen.

Beispiel:

Erhöhte Absetzungen für Wirtschaftsgüter, die dem Umweltschutz dienen (§ 7 d EStG). – Erstattung für bauliche Schallschutzmaßnahmen nach § 9 FluglärmG.

(6) Umwelthaftungsrecht

Das Umwelthaftungsrecht hat die Aufgabe, die Umweltgefährdung von Produktionsanlagen und Produkten zu überprüfen und durch Vorsorgemaßnahmen die finanziellen Risiken und somit die Entstehung von Ersatzansprüchen zu vermindern. Je strenger die Haftungsvorschriften sind, desto mehr wird der Staat vom Erlass immer neuer Umweltvorschriften entlastet. Umweltkosten werden internalisiert (von den Unternehmen übernommen), auch dann, wenn sie sich versichern lassen. Die Versicherungsunternehmen werden hohe Risiken mit hohen Versicherungsbeiträgen, niedrige Risiken mit niedrigen Beiträgen belasten.

Das Haftungsrecht allein kann nur dort zum Zuge kommen, wo ein unmittelbarer Zusammenhang zwischen **Verursacher** und **Wirkung** besteht.

Beispiel:

Ein Landwirt spritzt seine Obstanlage mit für Fische gefährlichen Substanzen. Daraufhin sterben alle Fische im nahe gelegenen Teich.

In allen Fällen, in denen mehrere Ursachen zu Umweltschäden führen, kann das Umwelthaftungsrecht nicht weiterführen.

Beispiel:

Nach derzeitigen Kenntnissen hat das Waldsterben mehrere Ursachen, z.B. den sauren Regen, der wiederum aus zahlreichen Quellen stammt, die Ozonbelastung bei trockenen Sonnentagen, Monokultur, Wildverbiss). Die geschädigten Waldeigentümer können deshalb keine Schadenersatzansprüche geltend machen.

Für die Bundesrepublik Deutschland gilt das **Umwelthaftungsgesetz (UmweltHG),** das 1991 in Kraft getreten ist. Durch das Umwelthaftungsgesetz wurde eine umfassende Gefährdungshaftung eingeführt. Das bedeutet, dass der Betreiber einer Anlage für Schäden an Personen und Sachen auch dann haftet, wenn ihn kein Verschulden trifft. Das Gesetz bestimmt, dass sich die Betreiber bestimmter Anlagen um eine Deckungsvorsorge kümmern müssen, damit sie ihren gesetzlichen Verpflichtungen im Falle eines Schadens nachkommen können. § 15 UmweltHG sieht allerdings eine Haftungshöchstgrenze vor, die die Unternehmen vor dem wirtschaftlichen Ruin schützen soll.

Das **Gesetz über die Haftung für fehlerhafte Produkte (Produkthaftungsgesetz)** dient in erster Linie dem Verbraucherschutz. Wird durch den Fehler eines Produkts jemand getötet, sein Körper oder seine Gesundheit verletzt oder eine Sache beschädigt, ist der **Hersteller** verpflichtet, dem Geschädigten den daraus entstandenen Schaden zu ersetzen. Im Falle der Sachbeschädigung gilt dies nur, wenn die fehlerhafte Sache für den privaten Ge- und Verbrauch bestimmt und hierzu von dem Geschädigten hauptsächlich verwendet worden ist.

(7) Umweltzertifikate

Mit Hilfe von Umweltzertifikaten soll eine zu starke Beanspruchung der natürlichen Umwelt verhindert werden. Die Ausgabe der Zertifikate (= Berechtigungen, auch Emissionsrechte[1] oder „Verschmutzungsrechte" genannt) erfolgt z.B. durch eine staatliche Behörde. Die Summe der Nutzungsrechte wird so gewählt, dass in einer Region ein bestimmtes Immissionsvolumen[2] je Periode nicht überschritten wird. Man spricht von der **„Glocke"** oder von einer **„Deckelung".** Die Nutzungsrechte werden börsenmäßig gehandelt. Der Preis ergibt sich aufgrund von Angebot und Nachfrage.

Als **Anbieter** treten solche Betriebe auf, denen es bei dem Preis, den sie für ihre Zertifikate am Markt erzielen können, rentabler erscheint, ihre Emissionen durch den Bau von emissionsmindernden Produktionsanlagen zu verringern (z.B. durch Einbau von Filtern, Abgasreinigungsanlagen, Katalysatoren, Bau von Kläranlagen usw.). Als **Nachfrager** erscheinen die Betriebe, deren Vermeidungskosten höher sind als die Kosten des Zertifikatkaufs. Es kann sich hierbei um Betriebe mit veralteter Technik handeln. Zusatzbedarf an Nutzungsrechten kann auch bei Betriebserweiterungen oder Neugründungen entstehen.

1 Emission (lat.) = in der Technik: Ausstoßen (Ablassen) von Gasen, Ruß, Abwässern usw. in die Umwelt. Emissionshandel = Handel mit Umweltzertifikaten (Emissionsberechtigungen).

2 Immissionsvolumen = Umfang der zugelassenen Schadstoffeinleitung in die Umwelt.

Die **Glockenpolitik** trägt dazu bei, dass Produktionskosten, die bislang der Allgemeinheit angelastet wurden (externe Kosten, social costs), internalisiert werden (= interne Kosten).

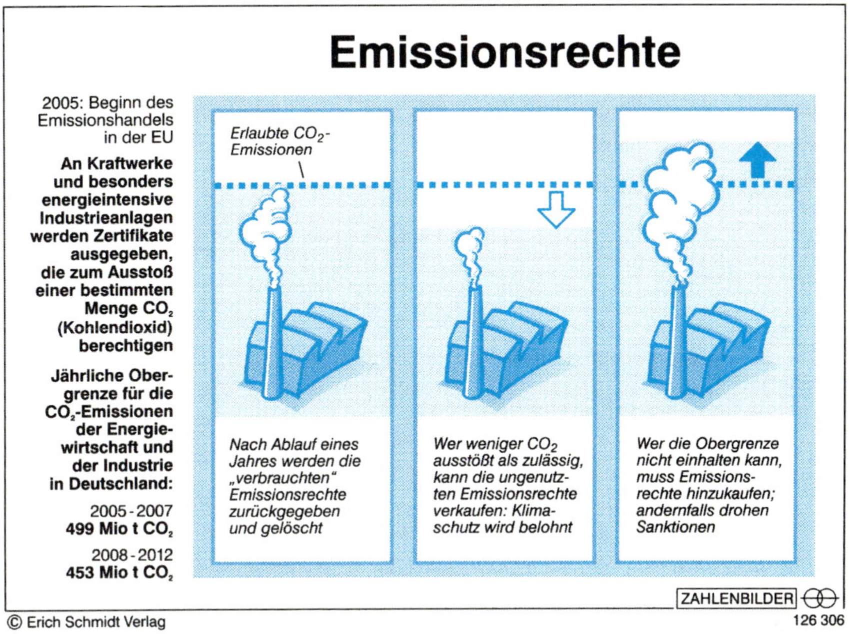

Abb. 9.43

Die Glockenpolitik wurde in der EU im Jahr 2005 eingeführt. Sie hat gegenüber der Festlegung von Grenzwerten den Vorteil, dass die Wirtschaft eines Staates oder die einer ganzen Staatengruppe auf *marktkonforme* Weise zu einem von Jahr zu Jahr sinkenden Gesamtausstoß von umweltschädlichen Stoffen gelenkt wird. Der Hintergrund: Deutschland hat sich im **Kyoto-Protokoll**[1] verpflichtet, nach und nach seine Treibhausgas-Emissionen bis 2012 auf 495 Millionen Tonnen zu verringern.

In der **ersten Phase**[2] **des EU-Emissionshandels (2005–2007)** wurden in Deutschland die Zertifikate kostenlos abgegeben, wobei die Bundesregierung den Unternehmen einen jährlichen Kohlendioxidausstoß[3] von 499 Mio. t zugestand. Da tatsächlich nur 474 Mio. t emittiert wurden, waren die Zertifikate praktisch folgen- und damit wertlos.

Für die **zweite Handelsphase (2008–2012)** wurde daher die erlaubte Gesamtmenge der CO_2-Emissionen auf 453 Mio. t verringert. Außerdem wird ein Teil der Emissionszertifikate nicht mehr kostenlos abgegeben, sondern versteigert.

1 1997 verpflichteten sich die größten Industriestaaten in Kyoto (Japan) im Rahmen des Kyoto-Protokolls, ihre Kohlendioxid-Emissionen im Zeitraum von 2008 bis 2012 um mindestens fünf Prozent unter das Niveau von 1990 zu senken. Die Länder hatten unterschiedliche Verpflichtungen zur Emissionsreduktion akzeptiert, deren konkrete Ausgestaltung in Bonn verhandelt wird. So sieht das Kyoto-Protokoll neben der Reduktion von Emissionen im eigenen Land auch so genannte „flexible Mechanismen“ vor. Die Länder können einen Teil ihrer Verpflichtungen im Ausland erfüllen. Die USA und Australien fühlen sich nicht an das Kyoto-Protokoll gebunden.

2 Phase (griech.) = Zeitabschnitt (einer bestimmten Entwicklung).

3 Vor allem Kohlendioxid wird für den erdweiten (globalen) Temperaturanstieg (den „Treibhauseffekt“) verantwortlich gemacht. Wenn der Anstieg nicht aufgehalten wird, werden nach den Prognosen der Klimaforscher katastrophale Klimaveränderungen eintreten.

Das Management (die Führung) des Emissionshandels obliegt dem Umweltbundesamt (UBA), bei dem sich die Deutsche Emissionshandelsstelle (DEHSt) befindet, die die jährliche Zuteilung an die betreffenden Unternehmen auf deren Antrag hin übernimmt. Beim DEHSt wird auch das nationale Emissionshandelsregister geführt, in dem die Emissionszertifikate und der Handel mit ihnen verbucht werden.

Die Diskussion um die Emissionsrechte erweckt den Eindruck, als ob die Industrie und die Energiewirtschaft die einzigen Bereiche seien, die zur CO_2-Belastung der Umwelt beitragen. Indessen verursachen in Deutschland die privaten Haushalte und der Verkehr schätzungsweise gut 30% des gesamten CO_2-Ausstoßes.

Deutschland ist in Sachen Klimaschutz auf gutem Weg. Der Ausstoß von Treibhausgasen wie Kohlendioxid, Lachgas und Methan sinkt von Jahr zu Jahr. Umgerechnet in Kohlendioxid-Äquivalente wurden im Jahr 1990 noch 1,2 Milliarden Tonnen Treibhausgase emittiert. Im Jahr 2006 gelangten nach neuesten Schätzungen schon 18 Prozent weniger Klimagase in die Atmosphäre, nämlich „nur" noch eine Milliarde Tonnen. Doch die Ziele der Bundesregierung sind weitaus ehrgeiziger: Sie hat sich verpflichtet, in den nächsten Jahrzehnten, aber spätestens bis zum Jahr 2050, die Emissionen um 80 Prozent im Vergleich zu 1990 zu senken. Mit dieser Vorgabe übernimmt Deutschland weltweit eine Vorreiterrolle im Klimaschutz.

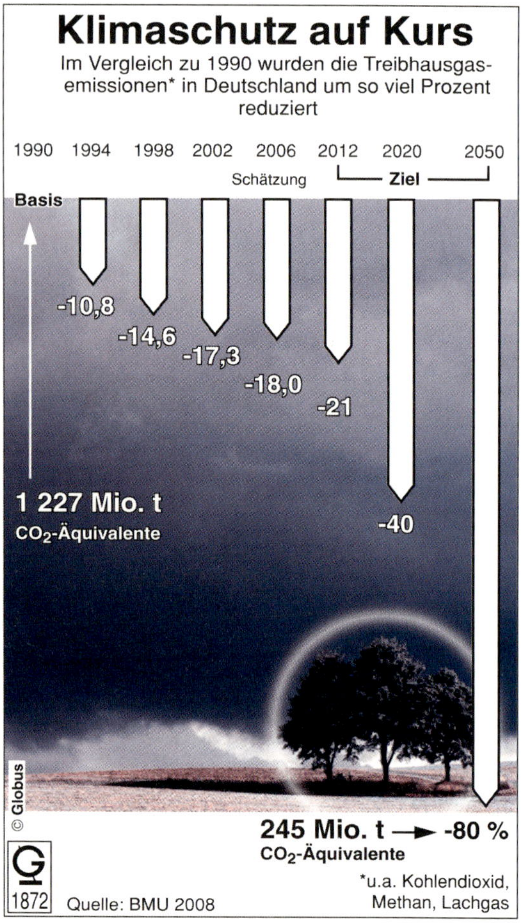

Abb. 9.44

(8) Umweltstrafrecht

Dem Umweltstrafrecht obliegt es, umweltschädigendes Verhalten als Straftaten oder Ordnungswidrigkeiten zu ahnden. Ordnungswidrigkeiten unterscheiden sich von den Straftaten dadurch, dass sie nicht mit einer Kriminalstrafe (Gefängnisstrafe, Geldstrafe), sondern mit einer *Geldbuße* belegt werden.

Straftatbestände finden sich vor allem im 28. Abschnitt des Strafgesetzbuches (StGB) „Straftaten gegen die Umwelt".

Beispiel:

Wer unbefugt ein Gewässer verunreinigt oder sonst dessen Eigenschaften nachteilig verändert, wird mit Freiheitsstrafe bis zu fünf Jahren oder mit Geldstrafe bestraft (§ 324 StGB).

Ordnungswidrigkeiten sind in den einzelnen Umweltgesetzen geregelt.

Beispiel:

Wer eine Anlage entgegen einer vollziehbaren Untersagung nach § 25 BImSchG betreibt, kann mit einer Geldbuße bis zu fünfzigtausend Euro belegt werden (§ 62 I Nr. 6 BImSchG).

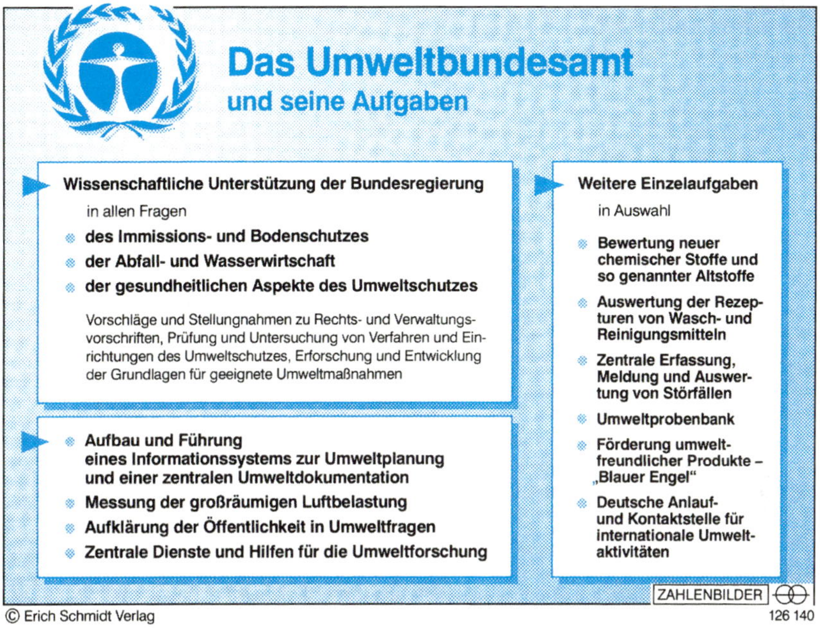

Abb. 9.45

Aufgaben zur Lernkontrolle

1. Angenommen, in einer Gemeinde befinden sich aufgelassene Industriegelände. Die Abrissarbeiten für ein ansiedlungswilliges Unternehmen betragen einschließlich der Grunderwerbskosten 250,00 € je m². Die Nachbargemeinde bietet Industriegrundstücke auf der „grünen Wiese" für 50,00 € je m² einschließlich Grunderwerbsteuer an.

   1.1 Wie hoch müsste eine „Neuversiegelungssteuer" unter sonst gleichen Bedingungen mindestens sein, um das Unternehmen zu veranlassen, das alte Industriegrundstück zu erwerben?

   1.2 Welcher Steuerart rechnen Sie die Neuversiegelungssteuer zu? Begründen Sie Ihre Antwort!

   1.3 Betrachten Sie die genannte Neuversiegelungssteuer als marktkonforme oder als marktkonträre Maßnahme?

2. Unterscheiden Sie zwischen marktkonformen und marktkonträren Umweltschutzmaßnahmen und nennen Sie Beispiele!

3. Nennen und erläutern Sie die drei wichtigsten Prinzipien der Umweltschutzpolitik! Nennen Sie Beispiele!

4. Führen Sie sich die in Abb. 9.45 dargestellten Zusammenhänge vor Augen und beantworten Sie folgende Fragen:
   4.1 Nennen Sie Beispiele für Ökosteuern!
   4.2 Wie wirkt sich die Erhebung einer Ökosteuer auf die Angebotskurve eines Gutes aus? Welche Wirkungen ergeben sich auf einem polypolistischen Markt im Hinblick auf den Preis sowie die absetzbare Menge des belasteten Gutes?
   4.3 Überlegen Sie sich ein praktisches Beispiel, wie durch Steuervorteile die Nachfrage nach einem umweltfreundlicheren Produkt zu Lasten eines umweltschädlichen Produkts erhöht werden kann!
   4.4 Nennen Sie ein Beispiel, wie der Staat selbst durch sein Nachfrageverhalten Einfluss auf die Produktion umweltfreundlicher Produkte nehmen kann!
   4.5 Erläutern Sie, wie die Nachfragesteigerung nach umweltfreundlichen Produkten und Produktionsverfahren positive Multiplikator- und Akzeleratorwirkungen hervorruft!

5. Erklären Sie die Nachteile der Grenzwertpolitik an folgendem Zeitschriftenartikel:

   Der Ökomarkt boomt. „Flops sind im Boommarkt Umwelttechnik aber nicht ausgeschlossen. Arg verschätzt hatte sich die AEG vor Jahren mit der Marktanalyse für eine … umwelttechnische Produktentwicklung. Mitte der achtziger Jahre beschlossen internationale Behörden, dass alle Öltankschiffe mit einem Kontrollgerät für Ölspuren im Wasser ausgerüstet werden müssen. Die AEG war als erste auf dem Markt: Mit ‚Oili', dem … RollsRoyce unter den Ölgehaltsanalysatoren. Die Konkurrenz zog jedoch nach – und konnte um bis zu 25 Prozent billiger produzieren. Der Grund: in der Zwischenzeit waren die entsprechenden Bestimmungen abgeschwächt worden. Einfachere Geräte tun es auch, dachten sich die Reeder, und überempfindliche Kontrollapparate halten ohnehin nur den Betrieb auf. So entwickelte sich ‚Oili' für die AEG zu einem Flop. Ganze 180 Stück verkaufte das Unternehmen. Der Konzern stellte die Fertigung ein."[1]

6. Die Notwendigkeit, mit der Umwelt behutsam umzugehen, die natürlichen Ressourcen zu schonen und umweltschädliches Verhalten zu vermeiden, wird – so allgemein ausgedrückt – wohl von den meisten Bürgern akzeptiert. Oft braucht es aber einen zusätzlichen Anstoß, damit die Einsicht in das ökologisch Notwendige auch praktisch umgesetzt wird. Dabei kommen aus umweltpolitischer Sicht verschiedene Instrumente zur Beeinflussung des Umweltverhaltens in Betracht: Ordnungsrechtliche Mittel wie Gebote und Verbote, die Förderung von Umweltschutzinvestitionen, Selbstverpflichtungen der Unternehmen, nicht zuletzt aber auch **wirtschaftlich wirksame Maßnahmen** wie die Versteuerung des Umweltverbrauchs durch so genannte Ökosteuern. Richtig eingesetzt, kann von solchen Abgaben ein Anreiz ausgehen, jeweils die ökonomisch günstigste Möglichkeit zur Vermeidung oder Reduzierung von Umweltbelastungen zu suchen.

   Derartige Überlegungen standen auch im Hintergrund der **Ökosteuerreform,** deren erste Stufe am 1. 4. 1999 in Kraft trat und die in vier weiteren Stufen bis 2003 fortgeführt wird. Kernstück der Reform ist die **zusätzliche Besteuerung des Energieverbrauchs.** ● Beim

1 PREATORIUS, R.: Der Ökomarkt boomt, in: Hobby 8/1990, S. 39f.

Heizöl kletterte die Steuerbelastung 1999 um 2,05 Cent je Liter. ● Für Erdgas müssen seit 1999 je Kilowattstund (kWh) 0,16 Cent mehr bezahlt werden. ● Elektrischer Strom verteuert sich durch die neu eingeführte Stromsteuer bis 2003 stufenweise um schließlich 2,05 Cent je kWH. Und die ● Mineralölsteuer auf Benzin und Dieselkraftstoff steigt zwischen 1999 und 2003 in fünf Etappen um insgesamt 15,33 Cent je Liter. (Darüber hinaus gilt für Kraftstoffe, deren Schwefelgehalt über einen bestimmten Grenzwert hinausgeht, seit 1. November 2001 ein um 1,53 Cent je Liter höherer Steuersatz.)

Neben dem ökologischen Lenkungsziel verfolgt die Reform eine weitere Absicht: Der Ertrag aus der Ökosteuer wird nämlich zum größten Teil verwendet, um die Rentenversicherungsbeiträge zu subventionieren und damit sowohl die Arbeitnehmer zu entlasten als auch die Arbeitskosten der Unternehmen zu senken. Mit anderen Worten: Energie soll teurer, Arbeit billiger werden. Ein Teil des Ökosteueraufkommens fließt außerdem in die Förderung erneuerbarer Energien. Die Kritik an der Ökosteuerreform richtete sich unter anderem gegen die Vermischung von umwelt- und arbeitsmarkt- bzw. sozialpolitischen Zielen, da sie eine exakte Wirkungskontrolle erschwert. Ökologisch fragwürdig sind die zahlreichen Ausnahmeregelungen, die gerade den energieintensiven Industriezweigen eingeräumt wurden, um sie im Wettbewerb nicht zu benachteiligen.

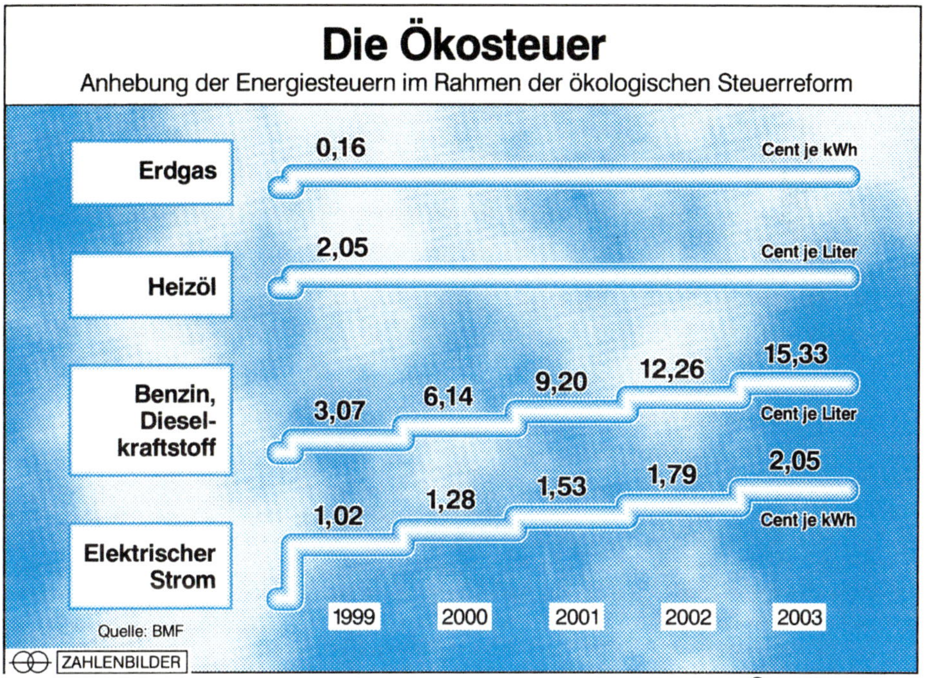

182 125

6.1 Welche Absichten verfolgt die so genannte ökologische Steuerreform?

6.2 Überlegen Sie, warum diese „ökologische Steuerreform“ vielfach auf Kritik gestoßen ist!

10 Außenwirtschaft

10.1 Die Bedeutung des Außenhandels für die Bundesrepublik Deutschland

Export ist, wenn andere Leute kaufen sollen, was wir nicht kaufen wollen.
(nach KURT TUCHOLSKY)[1]

10.1.1 Statistischer Überblick

Begriff Außenhandel

Der Außenhandel ist der wichtigste Teil der außenwirtschaftlichen Beziehungen[2] einer Volkswirtschaft bzw. einer Wirtschaftsgemeinschaft. Aus der Sicht der Bundesrepublik Deutschland sowie der Mitgliedsländer der **Europäischen Union (EU)**[3] umfasst der Außenhandel den gewerbsmäßigen Güteraustausch (Sachgüter, Dienstleistungen, Rechte) mit **Drittländern** (Länder, die nicht der EU angehören) sowie den Transithandel.

Der Handel innerhalb der EU (der **Binnenhandel**) besteht aus dem **innergemeinschaftlichen Erwerb** (Käufe aus Mitgliedsländern) und den **innergemeinschaftlichen Lieferungen** (Verkäufe an Mitgliedsländer).

In den Statistiken und in den nationalen Zahlungsbilanzen sind in den Ex- und Importwerten sowohl der Güteraustausch mit Drittländern als auch die innergemeinschaftlichen Lieferungen enthalten.

Wichtige Ausfuhrgüter der Bundesrepublik Deutschland sind Fertigwaren, wie z. B. Werkzeugmaschinen, Kraftfahrzeuge, feinmechanische Geräte, Glas- und Lederwaren, sowie Halbwaren wie z. B. Gießerei- und Walzwerkerzeugnisse oder Chemikalien. Die Ausfuhr von Rohstoffen (z. B. Kohle, Kali, Tonerde) und von Nahrungs- und Genussmitteln (z. B. Fleischwaren, Geflügel, Wein) ist im Rahmen der Gesamtausfuhr hingegen von geringer Bedeutung.

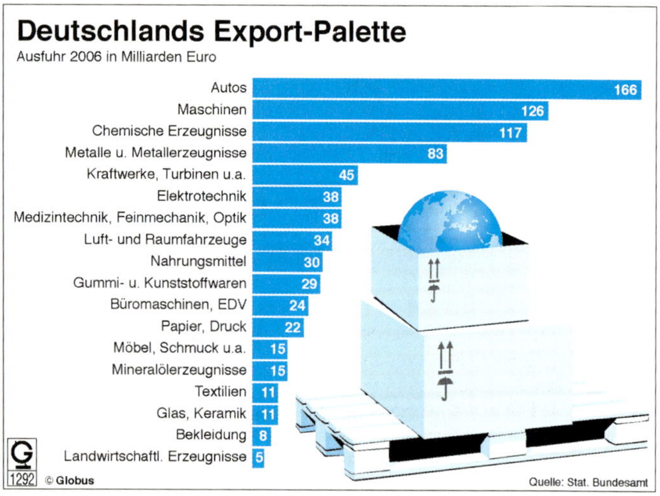

Abb. 10.1

1 TUCHOLSKY, K.: Tiger & Co., 22. Aufl., rororo, 1972, S. 162. Wie sich die Zeiten ändern: TUCHOLSKY konnte damals (1931) noch schreiben: „Export ist, wenn die anderen kaufen sollen, was wir nicht kaufen können …".

2 Was alles zu den außenwirtschaftlichen Beziehungen zählt, wird im Kapitel 10.3 (Zahlungsbilanz) behandelt.

3 Zur EU siehe Kapitel 10.4.2.

Wichtige Einfuhrgüter der Bundesrepublik Deutschland sind neben den Halb- und Fertigwaren Rohstoffe (z.B. Erdöl, Eisenerz, Steine und Erden, Rohphosphate) und Nahrungsmittel (z.B. Weizen, Mais, Gemüse, Südfrüchte, Kakao, Ölfrüchte, Kaffee, Rohtabak, Wein).

Der internationale Handel wird durch „offene Grenzen" gefördert. Der Wegfall von „Handelsschranken" wie Zölle, mengenmäßige Export- und Importbeschränkungen (Kontingentierungen) sowie technischen Hemmnissen (z.B. unterschiedliche technische Normen, Prüfverfahren, Sicherheitsvorschriften) kommt allen Handelspartnern zugute, wie das Beispiel der EU zeigt.

2007 betrug z.B. die **Einfuhr** der Bundesrepublik Deutschland 770,4 Mrd. €. Davon entfielen auf den innergemeinschaftlichen Erwerb 459,9 Mrd. €, das sind **59,7 %.**

Die **Ausfuhr** der Bundesrepublik Deutschland betrug im gleichen Zeitraum 969,1 Mrd. €. Die innergemeinschaftlichen Lieferungen machten davon 627,5 Mrd. € aus. Das entspricht einem Anteil von **64,8 %.**

Abb. 10.2

Die Handelsbeziehungen zwischen Deutschland und seinen Partnern in der Europäischen Union (EU) sind sehr eng. Fast zwei Drittel aller deutschen Exporte (65 Prozent) gingen im Jahr 2007 in die übrigen 26 Länder der EU. Hinter dieser Zahl standen Waren im Gesamtwert von 628 Milliarden Euro. Die wichtigsten Kunden innerhalb der Union waren die Franzosen (mit 94 Milliarden Euro), die Briten (71) und die Italiener (65). Auch auf der Einfuhrseite zeigt sich eine enge Verzahnung Deutschlands mit seinen europäischen Nachbarn. 60 Prozent aller Importe stammten 2007 aus EU-Ländern. Wichtigster Handelspartner außerhalb der Europäischen Union waren die Vereinigten Staaten von Amerika und China. In die USA gingen Waren im Wert von mehr als 73 Milliarden Euro; aus China kamen Waren im Wert von fast 55 Milliarden Euro.

Gleich drei Rekorde verzeichnete der Außenhandel des Jahres 2007: Die Ausfuhren stiegen auf den Höchstwert von 969,1 Milliarden Euro (ein Anstieg von 8,5 Prozent gegenüber 2006). Etwas langsamer stiegen die Einfuhren. Insgesamt importierten deutsche Unternehmen und Händler Waren im Wert von 770,4 Milliarden Euro (plus fünf Prozent). Und auch der Außenhandelsüberschuss erreichte mit 198,7 Milliarden Euro einen neuen Rekord. Insgesamt wurden also mehr Waren exportiert als eingeführt. Damit blieb der Export die wichtigste Stütze der Konjunktur. Wie in den letzten Jahren gingen auch 2007 die Exporte zu einem großen Teil in die EU-Mitgliedsländer (628 Milliarden Euro oder 65 Prozent). Umgekehrt kamen rund 60 Prozent der Importe aus der EU.

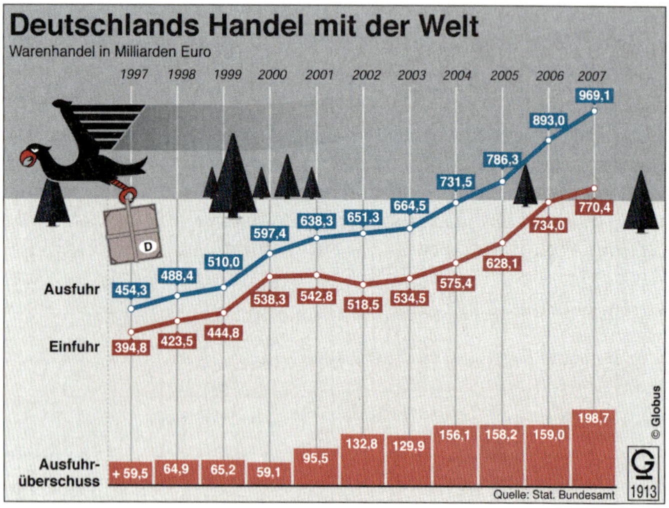

Abb. 10.3

Globalisierung ist keine Entwicklung des 20. Jahrhunderts. Der Handel über die Grenzen wird seit Jahrtausenden praktiziert. Damals waren es Gewürze, edle Stoffe und Metalle, die von reisenden Händlern auf oft abenteuerlichen Wegen in andere Teile der Welt transportiert wurden. Heute ist das Spektrum weltweit angebotener Produkte kaum noch überschaubar. Im Jahr 2006 wurden Waren für fast zwölf Billionen Dollar rund um den Globus gehandelt. Exportschlager waren dabei mit 2,3 Billionen Dollar Energieträger und Rohstoffe. Maschinen, Kraftwerke, Flugzeuge und Schiffe liegen auf dem zweiten Platz (1897 Milliarden Dollar). Mit dem Export von Computern, Telefonen und Bürogeräten wurden weltweit 1451 Milliarden Dollar umgesetzt.

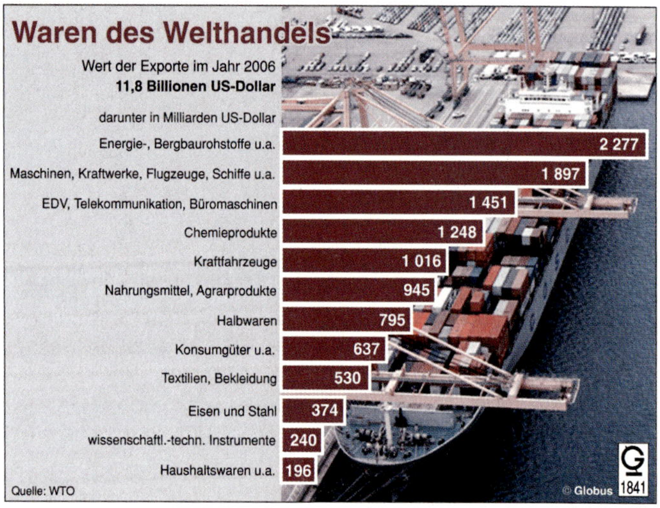

Abb. 10.4

Begriff Außenwirtschaft

Der internationale Handel mit Sachgütern („Waren") stellt zwar den wichtigsten, nicht aber den gesamten Bereich der Außenwirtschaft dar. Die wirtschaftlichen Beziehungen zwischen den Volkswirtschaften sind vielfältiger. Nicht nur Waren werden über die Grenzen hinweg gekauft und verkauft, sondern auch Dienstleistungen.[1] Ferner finden Geld- und Kreditbewegungen über die Grenzen hinweg statt, die nicht oder nicht unmittelbar mit den Waren- und Dienstleistungsaus- bzw. -einfuhren zusammenhängen. So strömen z.B. Gelder in ein Land ein, dessen Zinsniveau höher als das anderer Länder ist oder dessen Währung besonders stabil erscheint. Länder, die Kriege verloren haben, müssen Reparationen (Wiedergutmachungszahlungen) leisten. Viele Staaten, so auch die Bundesrepublik Deutschland, haben sich verpflichtet, Beiträge an internationale Organisationen zu entrichten (z.B. an die UNO, die NATO, die EU). Auch die Entwicklungshilfeleistungen stellen einen Bereich der Außenwirtschaft dar.

Merke:

- Die Bundesrepublik Deutschland ist ein **rohstoffabhängiges** und **exportorientiertes Land.**
- Der **Umfang des Außenhandels** bestimmt weitgehend den **hohen Lebensstandard** und den **hohen Beschäftigungsstand** in der Bundesrepublik Deutschland.
- Wareneinfuhr und -ausfuhr stellen den wichtigsten Teil der **außenwirtschaftlichen Beziehungen** der Bundesrepublik Deutschland dar.
- Der Begriff „außenwirtschaftliche Beziehungen" umfasst alle Leistungs- und Geld-(Kredit)bewegungen über die Grenzen einer Volkswirtschaft hinweg.
- Der Begriff **Ein- und Ausfuhr** (Im- und Export) bezeichnet die Verbringung von wirtschaftlichen Gütern von einem Drittland ins Inland bzw. vom Inland in ein Drittland.

10.1.2 Vor- und Nachteile des Außenhandels

Länder mit Außenhandel (gegenseitigem Warenaustausch) betreiben **internationale Arbeitsteilung.** Gründe für den Außenhandel sind:

1. Güter, die eine Volkswirtschaft nicht oder nicht in ausreichendem Maße selbst produzieren kann, werden eingeführt (importiert), in der Bundesrepublik Deutschland z.B. Südfrüchte und Mineralstoffe. Die Gegenleistung besteht in der Ausfuhr (im Export) von Halb- und Fertigerzeugnissen, die die Handelspartner nicht selbst oder nicht in der gewünschten Qualität herstellen können (oder wollen).
2. Güter, die eine Volkswirtschaft nur mit *höheren* Kosten als andere Volkswirtschaften herstellen kann, werden importiert. Die auf diese Weise eingesparten Produktionsfaktoren können zur Herstellung anderer Güter eingesetzt werden, die möglicherweise *kostengünstiger* als im Ausland produziert werden können.
3. Nicht nur bei absoluten, sondern auch bei relativen (komparativen)[2] Kostenvorteilen kann die internationale Arbeitsteilung für die beteiligten Länder von Vorteil sein.

---

1 Zu den Dienstleistungen rechnen der Reiseverkehr und die Transportleistungen. (Näheres siehe Kapitel 10.3.1.)

2 Komparativ = vergleichsweise.

Beispiel:

Angenommen, zwei Länder A und B stellen ein Gut P (z.B. Pkw) und ein Gut W (z.B. Werkzeugmaschinen) her. Jedes Land besitzt eine Kapazität[1] von 1 000 Stück je Periode.[2] Jede Erzeugniskombination (z.B. 200 Pkw, 800 Maschinen, 400 Pkw, 600 Maschinen) sei möglich. Die Kosten der Produktion betragen:

Länder	Kosten für einen Pkw (P) in GE	Kosten für eine Maschine (W) in GE	Komparative Kosten	
			P : W	P : W
A	8 000,00	8 800,00	1 : 1,1	0,91 : 1
B	12 000,00	9 600,00	1 : 0,8	1,25 : 1

Tabelle 10.1

Das Land B stellt also *beide* Produkte teurer als das Land A her. Dennoch lohnt sich die Spezialisierung und der Außenhandel (die internationale Arbeitsteilung). Beweis: Spezialisiert sich das Land A nach Aufnahme der Außenhandelsbeziehungen auf Automobile, weil es diese vergleichsweise *billiger* als Werkzeugmaschinen produziert, und das Land B auf Werkzeugmaschinen, weil es diese vergleichsweise *billiger* als Automobile herstellen kann, ergibt sich folgendes Ergebnis, wenn man unterstellt, dass *vor* der internationalen Arbeitsteilung (AT) jedes Land je 500 Pkw und je 500 Werkzeugmaschinen erzeugt hat:

Länder:	Land A		Land B		Gesamtkosten beider Länder
Güterart:	P	W	P	W	
Kosten **ohne** internationale AT in Mio. GE:	4,0	4,4	6,0	4,8	19,2
Kosten **mit** internationaler AT in Mio. GE:	8,0	--	--	9,6	17,6

Tabelle 10.2

Die internationale Arbeitsteilung (die Spezialisierung) erbringt eine *Kostenersparnis* von 1,6 Mio. GE. Die ersparten Mittel können zur Kapazitätserweiterung bei den Produkten P und W und/oder zum Ausbau anderer Wirtschaftszweige eingesetzt werden. In jedem Fall steigt der Lebensstandard in *beiden* am Handel beteiligten Ländern.

Die **Nachteile** des Außenhandels bestehen darin, dass er zu *wirtschaftlicher* und *politischer Abhängigkeit* führen kann.

- Die wirtschaftliche Abhängigkeit zeigt sich z.B. in der konjunkturellen Verbundenheit der am Welthandel beteiligten Staaten. Konjunkturelle Einbrüche bei den führenden Industrieländern bewirken aufgrund des Nachfragerückgangs zwangsläufig Beschäftigungsrückgänge bei den Handelspartnern.
- Ebenso wie die Konjunkturrückgänge können auch Inflationen importiert werden.
- Weiterhin zeigt die Geschichte der Entwicklungsländer, dass die einseitige, durch die ehemaligen Kolonialmächte geförderte Spezialisierung auf die Förderung von Rohstoffen und die Erzeugung von Agrarprodukten („Plantagenwirtschaft") ein den Industrieländern vergleichbares Wachstum verhindert.

Eng mit der wirtschaftlichen Abhängigkeit ist die politische Abhängigkeit verflochten. So sind z.B. Länder, die auf Rohstoffzufuhren angewiesen sind, wirtschaftlich *und* politisch erpressbar. So können die Rohstoff exportierenden Länder beispielsweise versuchen,

1 Kapazität = Leistungsfähigkeit.

2 Periode = Zeitabschnitt (z.B. ein Monat, ein Vierteljahr usw.).

durch Preis- und/oder Mengendiktate politische Entscheidungen in den Abnehmerländern zu beeinflussen.

Die moderne Ausprägung der internationalen Arbeitsteilung wird als **Globalisierung** bezeichnet. Dieser neue Begriff ist gerechtfertigt. Früher erfolgte der Austausch von Waren, Dienstleistungen und Rechten (z.B. Lizenzen) in der Weise, dass der Exporteur die im Inland hergestellten Güter an den ausländischen Importeur lieferte. Heute ist es so, dass zahlreiche Hersteller nicht nur im Inland, sondern auch im Ausland (in Kundennähe) produzieren lassen, sodass es zu einem Wettbewerb der Standorte kommt. Die präzise weltweite Steuerung wird durch die hoch entwickelte Informationstechnik ermöglicht.

Ein weiteres Merkmal der Globalisierung ist, dass die Übertragungen von Kapital für Investitions- oder reine Anlagezwecke schneller gewachsen sind als die Weltproduktion.

Die Globalisierung wird folgendermaßen sichtbar:

- Der internationale Handel weitet sich schneller aus als die Weltproduktion.
- Die Direktinvestitionen steigen schneller als die Handelsströme.
- Das Finanzkapital wird international um ein Mehrfaches der Direktinvestitionen ausgetauscht.

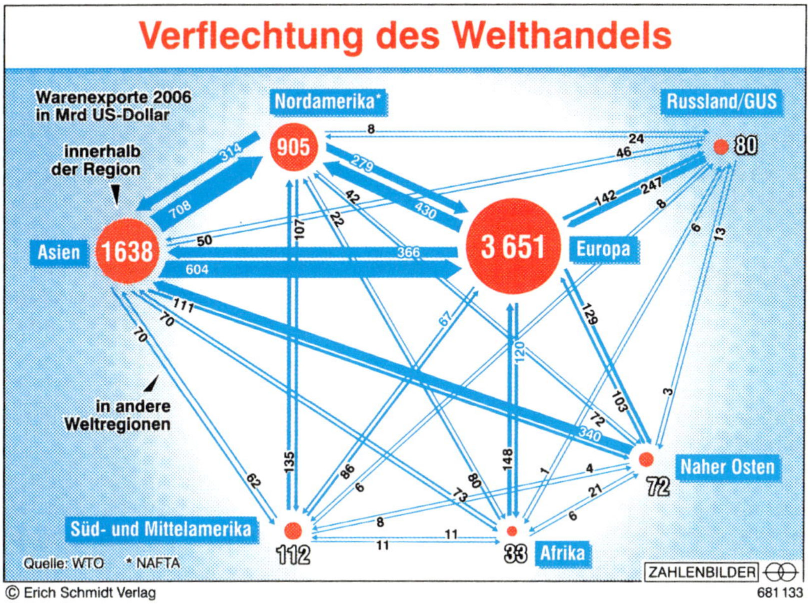

681 133

Abb. 10.5

Die **Globalisierung,** das Zusammenwachsen der Weltgemeinschaft, ist wesentlich älter als der Begriff selbst. Sie lässt sich über die letzten sechzig Jahre in zahlreichen Einzelentwicklungen nachweisen, die sich gegenseitig verstärkten und anregten. Heute ist die Welt ökonomisch, politisch, verkehrstechnisch und medial enger vernetzt als jemals zuvor. Die Entwicklung des **Welthandels** hat dazu entscheidend beigetragen. Da der grenzüberschreitende Handel in den letzten Jahrzehnten wesentlich rascher zunahm als die Güterproduktion, sind die einzelnen Volkswirtschaften durch ihre Handelsbeziehungen heute enger denn je miteinander verflochten und aufeinander angewiesen. Nach Berechnungen der Welthandelsorganisation WTO wuchs die Weltwirtschaftsleistung zwischen 1950 und 2006 real um das 7-fache; der Umfang des internationalen Warenverkehrs nahm im gleichen Zeitraum jedoch um das 26-fache zu.

Merke:

- Der **internationale Handel** (die internationale Arbeitsteilung) erhöht die Produktivität und damit den Lebensstandard der Handel treibenden Länder.
- Der Außenhandel trägt dazu bei, **Produktionsfaktoren ihrer produktivsten Verwendung** zuzuführen (Ausnutzung von Standort- und anderen Kostenvorteilen).
- Der **Nachteil des Außenhandels** ist, dass er zu wirtschaftlicher und politischer Abhängigkeit führt.
- Unter **Globalisierung** versteht man die weltweite Vernetzung der Wirtschaft.

Aufgaben zur Lernkontrolle

1. Welche Bedeutung hat der Außenhandel für den Lebensstandard in der Bundesrepublik Deutschland? Begründen Sie Ihre Antwort!

2. Erklären Sie kurz die Struktur des Außenhandels der Bundesrepublik Deutschland! Begründen Sie seine Zusammensetzung!

3. Grenzen Sie die Begriffe Außenhandel und Außenwirtschaft voneinander ab!

4. Die Theorie der komparativen Kosten stammt von DAVID RICARDO.[1]

   4.1 Erklären Sie, was die Theorie der komparativen Kosten aussagt!

   4.2 Das berühmte „Wein-Tuch-Beispiel" von RICARDO setzte voraus, dass in Portugal der Arbeitsaufwand je Einheit Wein 80, in England aber 120 sei. Hingegen betrage der Arbeitsaufwand in Portugal je Einheit Tuch 90, in England 100.

Land	Wein	Tuch
Portugal	80	90
England	120	100

   Berechnen Sie, um wie viel Prozent Wein- und Tuchproduktion steigen, wenn sich Portugal auf die Herstellung von Wein und England auf die Herstellung von Tuch spezialisiert!

5. Üben Sie Kritik an der Theorie der komparativen Kosten!

6. Nennen und begründen Sie Vor- und Nachteile des Außenhandels!

7. **Textauszug 1:**

Kostensenkung durch Globalisierung

Der Markt, der für die Industrie und viele Dienstleistungen bedeutsam ist, umfasst jetzt mehr und mehr die ganze Welt. Darauf wird ja abgestellt, wenn von Globalisierung die Rede ist. Begünstigt und gefördert wird die Globalisierung der Märkte nachhaltig auf mehrfache Weise: durch das Sinken der Kosten für den Transport von Gütern und Leistungen über weite Entfernungen; durch Kosten sparende Techniken für die Kommunikation von Worten, Texten, Tabellen und Grafiken, kurz: von Informationen und Ideen; durch die internationale Freizügigkeit des Finanz- und Investitionskapitals, die wohl auch in der Wirtschaft des 19. Jahrhunderts nie so groß war, und durch eine Angleichung der nationalen Rechtsvorschriften und Steuern, die vom internationalen Wettbewerb der Systeme vorangetrieben, wenn nicht erzwungen wird.

Mithin sinken auf breiter Front die Transaktionskosten im weitesten Sinne. Dies lässt sich praktisch nicht mehr aufhalten.

Quelle: GIERSCH, H.: Das Jahrhundert der Globalisierung, in: FAZ vom 11. November 1997.

1 Englischer Volkswirtschaftler (1772–1823).

Textauszug 2:

Arbeitsplatzexport durch Globalisierung

Von der deutschen Öffentlichkeit wird vielfach ungenügend zur Kenntnis genommen, dass Direktinvestitionen im Ausland weder Kapitalflucht noch Schikane gegen Arbeitnehmer in Deutschland sind, sondern in einem beträchtlichen Umfange inländische Arbeitsplätze sichern. Zusätzliche Auslandsmärkte, auch wenn sie nicht im Wege des Exports von Deutschland her erschlossen werden, tragen zum Beispiel dazu bei, erhebliche Investitionen in der pharmazeutischen Forschung und Entwicklung in ihrem Gesamtvolumen vertretbar und ihrem Risikogehalt überschaubarer zu machen. Durch Mischkalkulation, bei der kostengünstige Zulieferungen aus dem Ausland in das Endprodukt eingebaut werden, werden zahlreiche Fabrikate überhaupt erst wettbewerbsfähig und damit verkäuflich. Auslandsbezug sichert somit den Bestand inländischer, zugegeben personell oft abgespeckter Produktionsstätten. Die großen Jobkiller sind die deutschen Auslandsinvestitionen nicht. Nach einer Untersuchung des Ifo-Instituts für Wirtschaftsforschung haben die Investitionen ins Ausland ingesamt gesehen einen zwar negativen, aber keineswegs dramatischen Arbeitsplatzeffekt. So ist es keine Schutzbehauptung der Industrie, wenn diese auch auf die beschäftigungswirksamen Effekte hinweist. Es gilt die Daumenregel, dass drei im Ausland neu geschaffene Arbeitsplätze einen Arbeitsplatz im Inland sichern oder zusätzlich entstehen lassen ...

Quelle: JOHANN, H.: Die Globalisierung zwingt Unternehmen zur Fitnesskur, in: Blick durch die Wirtschaft vom 18. April 1997.

Textauszug 3:

Arbeitsentgelte und Globalisierung

Wenn uns zum Beispiel klar ist, dass die Öffnung der Märkte dem deutschen Arbeitsmarkt eine verschärfte Weltkonkurrenz beschert, und dies vor allem für die weniger qualifizierte Arbeit, dann müssen sich unsere Lohn- und Einkommenserwartungen von vergangenheitlichen Steigerungsraten verabschieden. Andernfalls verlieren wir die Wettbewerbsfähigkeit unseres Humankapitals. Diejenigen immunisieren sich dann gegen Arbeitslosigkeit am besten, die dies frühzeitig erkennen und sich mit ihrem eigenen Preis-Leistungs-Verhältnis, das sie dem Arbeitsmarkt anbieten, entsprechend anpassen. Zudem müssen sich die Erwartungen darauf einstellen, dass die Nettoeinkommen vor allem derjenigen gefährdet sind, die im Globalisierungsprozess mit ihrer Mobilität relativ zurückfallen. Denn sie sind es, die als „Zurückgebliebene" die Standortkosten letztlich tragen müssen, weil die mobilen Faktoren abwandern. Der hochmobile Faktor Kapital wird deshalb gegenüber dem Faktor Arbeit, je immobiler dieser bleibt oder wird, gewinnen. Deshalb ist es wichtig, dass sich Arbeit und Kapital verbindet, um an der Mobilitätsrente teilzuhaben. Arbeiter müssen immer mehr zugleich auch Kapitalisten werden, etwa durch stärkere Beteiligung am Produktivvermögen insbesondere der internationalen Unternehmen.

Quelle: BLOHM, B./SCHÄFER, W.: Globalisierung der Wirtschaft und Integration der Märkte entmonopolisieren mehr und mehr das Nationale, in: Welt am Sonntag vom 13. April 1997.

Textauszug 4:

Herausforderungen der Globalisierung

Die Globalisierung der Märkte und der schärfer werdende internationale Standortwettbewerb erzeugen Ängste. Das Schlagwort von der „Globalisierungsfalle" macht vielerorts die Runde. Danach drohen uns Verarmung, größere Einkommensungleichheit, weniger sozialer Schutz, das Ende staatlicher Souveränität, letztlich Gefahren für die Demokratie.

Um aus der „Globalisierungsfalle" herauszukommen, wird die politische Forderung erhoben, die Mitgliedsländer der Europäischen Union (und andere Industrieländer) mögen durch Absprachen im Bereich der Arbeitsmarktordnung, der Steuersysteme und der Sozialversicherung und mit Hilfe von handelspolitischen Schutzmaßnahmen, Entsendegesetzen und gezielten Eingriffen in den internationalen Kapitalverkehr („Tobin-Steuer") den Standortwettbewerb „ordnen", sprich beschränken.

Vor solchen Defensivstrategien ist nur zu warnen. Die Vorteile, die ein freier Welthandel und ein freier Kapitalverkehr mit sich bringen – in Form einer möglichst effizienten Faktorallokation,[1] die Basis jeder Wohlstandsmehrung ist –, wären schnell dahin. Die Lage am Arbeitsmarkt würde sich nicht verbessern, sie würde sich ver-

1 Faktorallokation = Hinführung eines Produktionsfaktors an den Ort seiner größtmöglichen Wirksamkeit (Effizienz).

31 Hartmann - ISBN 978-3-8120-0320-9

schlimmern. Auch in der Vergangenheit hat protektionistisches Abschirmen – im nationalen Alleingang oder durch europaweite Koordination – nicht weitergeholfen. Weder der Landwirtschaft noch der Textil- und Bekleidungsindustrie, noch den Werften, noch dem Steinkohlebergbau hat staatlicher Schutz den Schrumpfungsprozess ersparen können ... Es war nur teuerer ...

Quelle: DONGES, I. B.: Defensivstrategien gefährden die Vorteile eines freien Welthandels und eines freien Kapitalverkehrs, in: Handelsblatt vom 7. Mai 1997.

Textauszug 5:

Fesseln und Chancen

Ein dramaturgischer Höhepunkt war der Auftritt des langjährigen Chef-Volkswirts der Hypo-Bank. Wenn er diagnostiziert, die Inflation scheine, dank des verstärkten Wettbewerbs, tot zu sein, kann man dies beruhigt zur Kenntnis nehmen - auch wenn dies Mitte der achtziger Jahre schon einmal diagnostiziert wurde. Fast alarmierend aber seine Feststellung: „Die Weltfinanzmärkte sind unglaublich gefährdet", vollständig abhängig von der Wall Street.[1] Er entwarf dann ein Schreckensszenario: Global Player[2] müssen Eigenkapitalrendite von mindestens 15 Prozent erwirtschaften, um auf den Finanzmärkten akzeptiert zu werden. Negativbeispiel: Als Siemens eine niedrigere Rendite vorweisen musste, „gingen die Kurse in den Keller".

Um solche Renditen zu erreichen muss strengstens rationalisiert, müssen gegebenenfalls Unternehmensteile stillgelegt oder abgestoßen werden. Nicht deutlich ausgesprochene aber schlüssige Folgerung: Wer solche Renditen nicht erwirtschaften kann, schrumpft oder verschwindet vom Markt. Die Global Player werden immer dominanter ...

Quelle: WÖRL, V.: Fesseln und Chancen der Globalisierung, in: Süddeutsche Zeitung vom 20. Januar 1997.

Textauszug 6:

Auch die „billige" Produktion im Ausland hat ihren Preis. Es hat ja eine Reihe von Unternehmen gegeben, die wieder zurückgekommen sind. Da wurden im Ausland Qualitätsstandards nicht gehalten, da fehlte es an der entsprechenden Infrastruktur, den niedrigen Löhnen entsprach oft auch eine niedrige Produktivität, den Arbeitskräften fehlte die nötige Qualifikation.

Quelle: HENGSBACH, F.: Wettlauf der Besessenen, Spiegelgespräch, in: Der Spiegel 10/1997.

Textauszug 7:

Wir werden noch lange damit leben müssen, dass Millionen Bürger arbeitslos sind. Unser Export ist hochproduktiv. Viele zusätzliche Arbeitsplätze sind hier nicht zu erwarten. In den Bereichen Banken, Handel und Versicherungen werden wir sehr froh sein können, wenn die Arbeitsplätze gehalten werden können. Neue Arbeitsplätze wird es also vor allem durch neue Techniken, Existenzgründungen und im Dienstleistungsbereich geben. Hierfür wird mir in Deutschland noch zu wenig getan. Wir müssen vor allem darüber nachdenken, wie wir Arbeit in Bereichen schaffen können, die nicht auf Gewinnerzielung angelegt sind. Ich denke an soziale Netzwerke, auch an gemeinnützige Arbeit ...

Es sollte alles getan werden, was Arbeitslosen eine sinnvolle und möglichst ausreichend bezahlte Beschäftigung eröffnet. So genannte Non-Profit-Unternehmen müssen eine viel größere Bedeutung bekommen. Wir haben bald sechs Millionen Unterbeschäftigte und Arbeitslose. Über Wachstum und Lohnsenkungen werden wir dieses Problem in keiner Weise lösen. Deshalb muss die Politik offensiv an dieses Thema herangehen und unter anderem Konzepte für einen neuartigen Dienstleistungssektor erarbeiten.

Quelle: Aus einem BZ-Interview mit dem Präsidenten des Deutschen Giro- und Sparkassenverbands, in: Badische Zeitung vom 5. Februar 1997.

---

1 Gemeint ist die New Yorker Börse.

2 Global Player (wörtl. erdweite Spieler) = alle Kräfte, die an der Globalisierung beteiligt sind (z. B. Investoren, Produzenten, Handelsunternehmen, Kreditinstitute, Geldanleger, Spekulanten).

Textauszug 8:

Die Jobverlagerung wird überschätzt

Freiburg. Das Klischee klingt eingängig: Deutsche Firmen verlagern mehr und mehr Jobs ins Ausland, was hierzulande zu Massenarbeitslosigkeit führt. Dem widerspricht eine neue Studie des arbeitgebernahen Instituts der Deutschen Wirtschaft (IW): Investitionen im Ausland nutzen uns insgesamt mehr als sie uns schaden. Die gewerkschaftsnahe Hans-Bökler-Stiftung stimmt zu.

„Wir waren gezwungen nach China zu gehen", sagt Nikolaus Gräf, „weil unsere Kunden auch nach China gehen." Gräf leitet die südbadische Firma Dunkermotoren. In Bonndorf fertigen 700 Mitarbeiter Antriebe für elektrische Jalousien oder Automatiktüren. Nun sind 50 Kollegen in China hinzugekommen, 2008 sollen es bereits 130 sein. „Dort fertigen wir die technisch einfachen Motoren in großer Stückzahl, in Bonndorf weiter die anspruchsvolleren in kleineren Mengen." Trotz des Engagements in Fernost hat Gräf in Bonndorf nach eingen Angaben im vergangen Jahr 42 Jobs geschaffen.

Gräfs Kunden – die Produzenten der Jalousien oder der Automatiktüren – wollen diese an die Chinesen bringen und müssen deshalb nahe am Kunden sein. „Natürlich kommt auch die Kostenersparnis in der Produktion hinzu. Außerdem sind wir unabhängiger von Währungsschwankungen und dem extrem starken Euro", sagt Gräf über den Gang nach China.

Das Beispiel Dunkermotoren ist typisch für die deutsche Wirtschaft: Die Investitionen in ausländische Produktionsstandorte sind nur zu einem kleinen Teil von Stellenstreichungen in der Bundesrepublik begleitet. Das steht in der neuen Studie der Kölner Forscher vom IW – auch wenn spektakuläre Verlagerungen wie bei AEG anders abliefen.

In Ost- und Mitteleuropa etwa haben deutsche Unternehmer laut Studie zwischen 1990 und 2004 in eigenen Töchterfirmen mehr als 750 000 Arbeitsplätze geschaffen – aber nur 120 000 davon aus Kostengründen. Stattdessen gehe es den Firmenchefs bei sieben von zehn Auslandsinvestitionen darum, den dortigen Markt zu erschließen. In diesen Fällen sicherten die Auslandsinvestitionen deutsche Jobs, statt sie zu vernichten.

Zustimmung kommt von der gewerkschaftsnahnen Hans-Böckler-Stifung. „Das zeigt deutlich, dass das Problem der Verlagerung überschätzt wird", sagte Gustav A. Horn gestern der Badischen Zeitung. „Wir sind Gewinner der Globalisierunag, keine Verlierer", sagte der Chef des an die Stiftung angeschlossenen Forschungsinstituts IMK. „Allerdings dürfen wir nicht vergessen: Die Unternehmer drohen oft und gern mit der Verlagerung ins Ausland, um der Belegschaft Zugeständnisse abzuverlangen." Entgegen dieser Drohungen zeigt die IW-Studie: Nach einer Investitionswelle in den 90er-Jahren hat sich seit 2001 die Begeisterung deutscher Firmen für Osteuropa deutlich abgekühlt. „Seit 2001 ist kaum noch was passiert – verglichen mit den zehn Jahren davor", sagte Christof Römer, der Autor der Studie. „Selbst wenn ich als Unternehmer aus Kostengründen auslagere, dann lohnt es sich meist nur, die einfachen Tätigkeiten mit niedrigem Qualitätsstandard auszulagern. Das ist ein kleiner Teil der Produktion." Dieser kleine Teil wird nun bereits im Ausland erledigt, legen die Zahlen der Studie nahe ...

Quelle: Bürckholdt, R.G.: Ausland ist kein Jobkiller, in: Badische Zeitung vom 21. März 2007.

Textauszug 9:

Der Sündenbock

Für viele ist die Globalisierung zum Sündenbock geworden, den man für alle Übelstände verantwortlich macht: Arbeitslosigkeit, sinkende Reallöhne, soziale Unsicherheit und den Auszug von Industrien in Billigländer.

Eine Studie des Internationalen Währungsfonds (IWF) in Washingtion kommt zu ganz anderen Schlüssen. Zunächst: Die viel gescholtene Globalisierung ist ein altes Phänomen aus der Zeit vor dem Ersten Weltkrieg (1850 bis 1914). Damals führte sie zu höherer Produktivität und zum Ausgleich des Wohlstandsgefälles unter den Industrienationen. Dann war dieser Prozess durch Kriege, Restriktionen und den Ost-West-Konflikt gebremst worden. Nun schreitet er wieder stürmisch voran, angetrieben durch die enorme Verbilligung von Informationen, Kommunikation und Transport, durch Marktwirtschaft und weltweite Liberalisierung.

Wieder verspricht dieser Prozess zur besseren Arbeitsteilung, zur Spezialisierung und zu höherem Wohlstand zu führen, auch wenn nicht alle gleichmäßig teilhaben. In Umbruchzeiten hat es immer privilegierte Aufsteiger, aber auch absteigende Industrien und Berufe gegeben. Das gilt heute überall dort in Europa, wo starre Arbeitsmärkte abgeschottet werden und sich Löhne und Preise nicht anpassen können. So erklärt sich, warum der alte Kontinent mit Massenarbeitslosigkeit kämpft, während Amerika – mit mobilen Arbeitern und flexiblen Einkommen – mit der Globalisierung besser zurechtkommt und praktisch vollbeschäftigt ist ...

Statt diese Globalisierung zu verdammen und Gespenster an die Wand zu malen, sollte man die Arbeitsmärkte liberalisieren und die Ausbildung fördern ...

Quelle: ZÄNKER, A.: Fortschritt durch Globalisierung, in: Die Welt vom 13. Mai 1997.

Textauszug 10:

Tertiarisierung[1]

In den OECD-Staaten liegt die Dienstleistungsquote schon bei fast 70 Prozent. Offensichtlich tragen die modernen Industrieländer ihren Namen eigentlich zu Unrecht. Denn sie haben sich längst zu veritablen Dienstleistungsgesellschaften entwickelt. Genau genommen leben wir bereits im frühen Informationszeitalter. Den weiteren Übergang gilt es zu gestalten, damit er nicht so ungestüm verläuft wie jener von der Agrar- zur Industriegesellschaft.

Auch die westdeutsche Wirtschaft ist im allgemeinen Tertiarisierungsstrom mitgeschwommen. So hat die Dienstleistungsbeschäftigung in den alten Ländern von 1970 bis 1995 um rund 55 Prozent zugenommen. Das erscheint recht eindrucksvoll. Ein Vergleich mit den Vereinigten Staaten relativiert das Bild aber gleich wieder. Denn dort hat sich die Zahl der Arbeitsplätze im Dienstleistungssektor im gleichen Zeitraum fast verdoppelt. Entsprechend unterschiedlich ist die Beschäftigungsbilanz insgesamt: Legte die Zahl aller Erwerbstätigen in Westdeutschland um gerade einmal magere 7 Prozent zu, verzeichneten die USA ein Plus von mehr als 54 Prozent.

Offensichtlich haben wir das Expansionspotenzial, das die Dienstleistungsgesellschaft bietet, noch nicht ausgeschöpft. Das macht auch ein internationaler Vergleich der Dienstleistungsdichten deutlich, der Relation der Arbeitsplätze im Dienste-Sektor je 1 000 Einwohner. Gemessen an den Vereinigten Staaten besteht in Deutschland demnach eine Lücke von rund sieben Millionen Arbeitsplätzen. Das ist sicherlich eine Obergrenze, zeigt aber, welche Beschäftigungs-Möglichkeiten bei den Diensten noch bestehen.

Zudem hat das Wort Dienstleistung in Deutschland einen schlechten Klang. Weder „dienen" noch „leisten" sind hierzulande sonderlich populär – gehört beides doch zu den viel geschmähten Sekundärtugenden. Ein in Deutschland lebender Japaner schrieb vor kurzem, Deutschland sei eine Dienstleistungswüste, Kundenfeindlichkeit geradezu eine deutsche Tugend. Jeder wolle verdienen, aber keiner dienen. Auch wenn das (gekonnte) Übertreibungen sind, scheint hier doch ein Problem zu liegen ...

Quelle: FELS, G.: Globalisierung – nur eine mentale Falle, in: iwd vom 2. Januar 1997.

Lesen Sie zunächst die Textauszüge und bearbeiten Sie anschließend folgende Aufgaben:

7.1 Erläutern Sie, was Sie unter Globalisierung verstehen!

7.2 Nennen Sie zwei Gründe, worauf die Globalisierung zurückgeführt werden kann!

7.3 Die Schuld an der hohen Arbeitslosigkeit in einigen Industrieländern wird der Globalisierung zugeschoben. Welche Möglichkeiten erwägen die Verfasser der zuvor zitierten Texte, die Arbeitslosigkeit trotz Globalisierung zu verringern?

7.4 Bei der Beantwortung der Aufgabe 6 haben Sie Vor- und Nachteile des Außenhandels genannt. Überlegen Sie, ob die Globalisierung noch weitere Vor- und Nachteile mit sich bringt!

1 Die Wirtschaft kann in folgende Teilbereiche eingeteilt werden: den primären (ersten) Sektor (Landwirtschaft), den sekundären (zweiten) Sektor (Handwerk und Industrie) und den tertiären (dritten) Sektor (Dienstleistungen). Tertiarisierung ist also ein Prozess (eine Entwicklung), der den Dienstleistungssektor wachsen lässt.

In Währungsfragen bewirkt der Appell an den Patriotismus meist das Gegenteil, zum Beispiel verstärkt er die Kapitalflucht.

(BURTON K. MEAD)

10.2 Wechselkurse

10.2.1 Wechselkurssysteme im Modell

Der Wechselkurs drückt nichts anderes als den *Außenwert* des Geldes aus. Ist eine Fremdwährung „teuer", ist der Außenwert des eigenen Geldes gering. Ist eine Fremdwährung „billig", ist der Außenwert des eigenen Geldes groß. Dies stellen Sie z. B. dann fest, wenn Sie eine Auslandsreise planen. So kann es sein, dass der „Preis" (der Kurs) für Schweizer Franken schon wieder gestiegen ist. Andererseits lesen Sie in der Zeitung, dass das britische Pfund im Wert abnahm. Es ergeben sich somit zwei Grundfragen. Erstens: Warum schwanken die Wechselkurse (Umtauschkurse der Währungen) ständig? Und zweitens: Welche Auswirkungen haben Kursschwankungen für die Wirtschaft, für die Arbeitsplätze, für uns selbst?

10.2.1.1 Freie Wechselkurse (Floating)[1]

10.2.1.1.1 Grundbegriffe

Der Binnenwert des Geldes stellt sich in seinem Austauschverhältnis zu anderen Wirtschaftsgütern, also im *Preis* bzw. im *Preisniveau* dar. Der Außenwert des Geldes ist hingegen das Austauschverhältnis zwischen zwei *Währungen*, also der **Wechselkurs.** Es wird zwischen **Sorten** (= auf Fremdwährung lautende Münzen und Banknoten) und **Devisen** (= auf Fremdwährung lautende Zahlungsmittel wie z. B. Schecks, Zahlungsanweisungen und Wechsel) unterschieden. Im weiteren Sinne versteht man unter Devisen auch die auf Fremdwährung lautenden Münzen und Banknoten. Wir verwenden im Folgenden den Devisenbegriff im weiteren Sinne. Dies ist auch deshalb gerechtfertigt, weil die Sorten- und Devisenkurse in der Praxis nicht wesentlich voneinander abweichen.

Noch eine kurze Bemerkung: Die **Ankaufskurse der Sorten** sind die Kurse, die die Banken zahlen, wenn ein Kunde sein Fremdwährungs-Bargeld (Sorten) in Euro umtauschen möchte. Die Ankaufskurse sind niedriger als die **Verkaufskurse.** Dies sind die Kurse, die der Bankkunde bezahlen muss, wenn er bei einer Bank Sorten kaufen will.

WÄHRUNGEN

Devisenpreise je 1 Euro

27.02.	**Geld**	**Brief**
US-Dollar	1,5009	1,5069
Kanadische Dollar	1,4724	1,4844
Britische Pfund	0,7558	0,7598
Schweizer Franken	1,6052	1,6092
Dänische Kronen	7,4348	7,4748
Norwegische Kronen	7,8240	7,8720
Schwedische Kronen	9,3166	9,3646
Japanische Yen	159,7900	160,2700
Australischer Dollar	1,6072	1,6092
Neuseeland-Dollar	1,8513	1,8523
Russische Rubel	35,8600	36,8600
Polnischer Zloty	3,5134	3,5184

Noten in Euro

27.02.	**Ankauf**	**Verkauf**
1 US-Dollar	0,6502	0,6835
1 kan. Dollar	0,6468	0,7112
1 brit. Pfund	1,2723	1,3532
100 Schweizer Franken	60,6800	63,4120
100 dän. Kronen	12,8140	13,9000
100 norw. Kronen	12,1170	13,6000
100 schw. Kronen	10,0420	11,1880
1 türk. Lira	0,5356	0,6039
100 ungar. Forint	0,3450	0,4450
100 tschech. Kronen	3,4230	4,3070
100 polnische Zloty	25,2780	34,2940
1 südafrik. Rand	0,0807	0,0977
100 thail. Bath	1,7970	2,3840
1 neus. Dollar	0,4864	0,6227
1 austr. Dollar	0,5952	0,6667
100 jap. Yen	0,6030	0,6400

Tabelle 10.3

1 To float (engl.) = fließen, treiben, treiben lassen.

Ähnliches gilt für die **Devisen i.e.S.** Der Käufer einer Währung muss mehr bezahlen (Brief) als ein Verkäufer der gleichen Währung erhält (Geld).

Beispiel:

Geld	Brief
Die Banken verkaufen US-$ zum Kurs von 1,04. Das bedeutet, dass sie Euro zum Kurs von 1,04 kaufen.[1]	Die Banken kaufen US-$ zum Kurs von 1,05. Das bedeutet, dass sie Euro zum Kurs von 1,05 verkaufen.

Tabelle 10.4

Will z.B. ein Importeur 100 000,00 US-$ in die USA überweisen, wird er von seiner Bank mit 96 153,85 € belastet.[2]

Tauscht ein Exporteur 100 000,00 US-$ bei seiner Bank in Euro um, werden ihm nur 95 238,10 € gutgeschrieben.[3]

Auf die Kursunterschiede (Geld oder Brief) wird in den folgenden Modellen nicht eingegangen.

Merke:

- Der **Außenwert** des Geldes wird durch das Austauschverhältnis (den Kurs) zwischen der Binnen- und der Fremdwährung bestimmt.
- Der **Kurs** (Wechselkurs) drückt das Wertverhältnis zwischen zwei Währungen aus.

Bei **Banknoten** ist die Bezugsgröße der Wechselkurse i.d.R. 100 Einheiten der Fremdwährung, z.B. 100 Schweizer Franken (sfrs), 100 dänische Kronen (dkr) oder 100 norwegische Kronen (nkr). Die Kursangaben für amerikanische Dollars (US-$) oder das englische Pfund (£) sind auf einen US-$ oder auf ein £ bezogen. Die Notierung der Banknoten heißt **Preisnotierung.**

Beispiel:

Der Verkaufskurs des kanadischen Dollars (kan$) beträgt 0,70. Das bedeutet, dass für einen kan$ 0,70 € zu zahlen sind.

Bei Devisen i.e.S. ist die Bezugsgröße ein Euro. Diese Art der Notierung heißt **Mengennotierung.**

Beispiel:

Der Briefkurs des kanadischen Dollars beträgt 1,40. Das bedeutet, dass man für 1,00 € 1,40 can$ erhält.

In Zukunft wird voraussichtlich auch die Preisnotierung der Noten durch die international übliche Mengennotierung ersetzt werden.

---

1 Die Spanne (der Unterschiedsbetrag) zwischen dem Kaufpreis und dem Verkaufspreis ist der Rohgewinn der Banken. (Rohgewinn abzüglich Aufwendungen = Reingewinn.)

2 1,04 US-$ ≙ 1,00 €
100 000,00 US-$ ≙ x €

$$x = \frac{1 \cdot 100\,000}{1{,}04} = 96\,153{,}85\ €$$

3 1,05 US-$ ≙ 1,00 €
100 000,00 US-$ ≙ x €

$$x = \frac{1 \cdot 100\,000}{1{,}05} = 95\,238{,}10\ €$$

10.2.1.1.2 Kursbildung und Außenhandelsvolumen

Devisennachfrage (Angebot von Binnenwährung) und Importvolumen

■ Nach dem **Gesetz des Angebots** steigt das Angebot von Binnenwährung (die Nachfrage nach Devisen) mit steigendem Kurs und sinkt das Angebot von Binnenwährung (die Nachfrage nach Devisen) mit sinkendem Kurs.

Der Grund: *Sinkender Kurs* bedeutet, dass die Fremdwährung (z.B. der Schweizer Franken) **teurer** wird. Deshalb geht die Nachfrage nach Importgütern (z.B. auch nach Ferienreisen in Fremdwährungsgebiete) zurück. **Werden aber weniger Waren eingeführt (importiert), werden auch weniger Devisen nachgefragt,** d.h., es wird **weniger Inlandswährung** angeboten.

Umgekehrt ist es, wenn der Kurs steigt. Dann sind die Importwaren billiger. **Es wird mehr importiert. Zur Bezahlung der Importe werden mehr Devisen benötigt,** d.h., es wird **mehr Inlandswährung** angeboten.

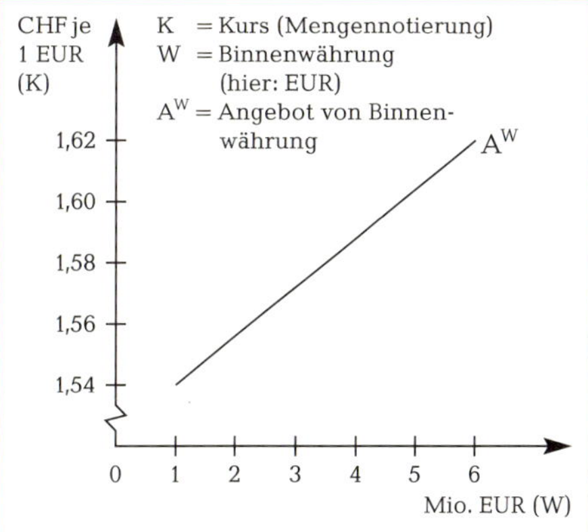

Angebot von Binnenwährung (= Nachfrage nach Devisen)

Abb. 10.6

Devisenangebot (Nachfrage nach Binnenwährung) und Exportvolumen

■ Nach dem **Gesetz der Nachfrage** steigt die Nachfrage nach Binnenwährung (das Angebot an Devisen) mit sinkendem Kurs und sinkt die Nachfrage nach Binnenwährung (das Angebot an Devisen) mit steigendem Kurs.

Der Grund: *Sinkender Kurs* bedeutet, dass für Gebietsfremde die Binnenwährung **billiger** wird.

Beispiel:

Beträgt der US-$-Kurs zz. 1,10, so kostet dem amerikanischen Importeur ein deutsches Auto zum Preis von 30 000,00 € genau 33 000,00 US-$. Sinkt der Kurs auf 1,05, muss der amerikanische Importeur nur noch 31 500,00 US-$ bezahlen.

Sinkender Wechselkurs führt somit zu steigenden Exporten (Ausfuhren). Die Exporteure bieten die erlösten Devisen auf den Devisenmärkten an, d.h., sie fragen Binnenwährung nach.

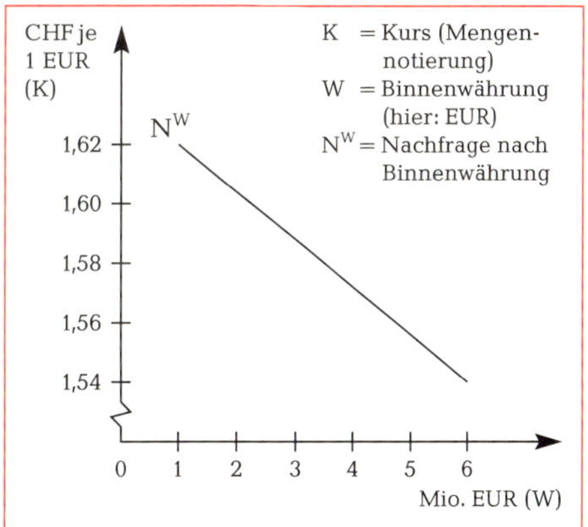

Nachfrage nach Binnenwährung (= Angebot von Devisen)

Abb. 10.7

Umgekehrt ist es, wenn der **Kurs steigt.** Dann werden für die in Fremdwährungsgebieten ansässigen Importeure die Binnenwaren teurer. **Der Export in das Devisenausland geht zurück. Die Folge ist, dass weniger Devisen erlöst und angeboten werden.**[1] Das sinkende Devisenangebot entspricht einer sinkenden Nachfrage nach Binnenwährung.

Gleichgewichtskurs

■ Der **Gleichgewichtskurs** ist der Kurs, der Devisenangebot (Nachfrage nach Binnenwährung) und Devisennachfrage (Angebot von Binnenwährung) in Einklang bringt.

Die Kursbildung auf den Devisenmärkten vollzieht sich nach den gleichen Grundsätzen wie die Preisbildung auf den Gütermärkten. Die täglich in den Wirtschaftsteilen der Zeitungen veröffentlichten Wechselkurse sind **Referenzkurse,** d.h. vom ESZB empfohlene Kurse. Die von den privaten Banken aufgrund des Devisenangebots und der Devisennachfrage ermittelten „Orientierungspreise" weichen nicht wesentlich von den Referenzkursen ab.

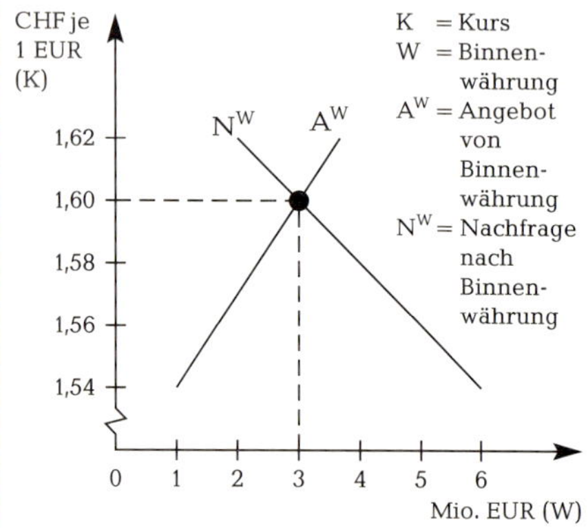

Gleichgewichtskurs

Abb. 10.8

Verschiebungen der Devisennachfrage (des Angebots von Binnenwährung)

Zunahme der Devisennachfrage bzw. des Angebots von Binnenwährung. Devisen werden – wie wir bereits sagten – vor allem dazu benötigt, Importe zu bezahlen. (Auch unsere Ferienreisen in fremde Währungsgebiete stellen in diesem Sinne Importe dar: Es werden Dienstleistungen importiert, d. h. in Anspruch genommen.)

Nehmen die Importe bei zunächst gegebenem Kurs zu, nimmt auch die Devisennachfrage und damit das **Angebot von Binnenwährung** zu. (Die Angebotskurve von Binnenwährung verschiebt sich nach rechts.)

---

1 Zahlen die in Fremdwährungsgebieten ansässigen Importeure mit Euro, ändert sich letztlich auch nichts. Euro mussten oder müssen sie sich ebenfalls kaufen. Die Nachfrage der Gebietsfremden nach Euro entspricht dem Angebot an Devisen.

Gründe für eine zunehmende Importtätigkeit können sein:

- Die Waren aus fremden Währungsgebieten werden im Vergleich zu den Binnenwaren immer billiger, weil im eigenen Währungsgebiet die Preise schneller als im Fremdwährungsland steigen.
- Die Binnenwirtschaft befindet sich im Aufschwung, sodass die Einkommen steigen. Es werden deshalb *mehr* Konsum- und Produktionsgüter aus Fremdwährungsländern importiert.

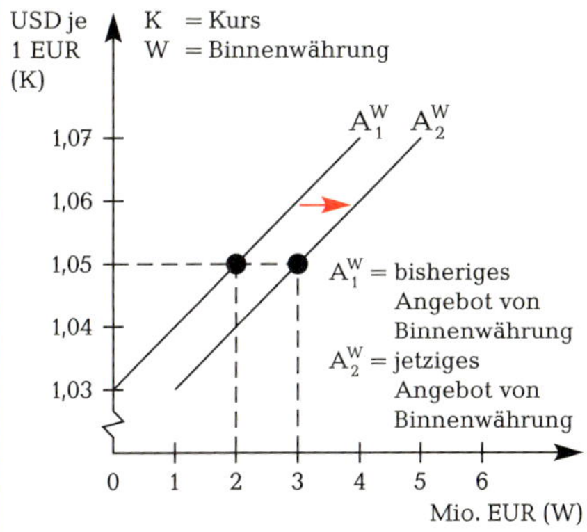

Das Angebot von Binnenwährung (die Nachfrage nach Devisen) nimmt zu

Abb. 10.9

Weitere Gründe für eine zunehmende Devisennachfrage (ein zunehmendes Angebot von Binnenwährung) sind:

- Die Regierungen gehen zusätzliche internationale Verpflichtungen ein (z.B. höhere Zahlungen an internationale Organisationen wie z.B. die NATO oder die Gewährung von Entwicklungshilfe).
- Die Zinssätze steigen in Fremdwährungsgebieten schneller als im eigenen Währungsgebiet.
- Spekulanten rechnen damit, dass der Kurs einer Fremdwährung sinken wird. Sie kaufen beim gegebenen Kurs zusätzliche Devisen. Erwarten die Besitzer von Binnenwährung ständige Kursverluste der eigenen Währung und kaufen sie deshalb in großem Stil eine als „sicher" angesehene Fremdwährung, spricht man von **„Kapitalflucht"**.

Beispiel:

Kauf von 10000,00 sfrs im Jahr 01 zum Kurs von 1,60, also für 6250,00 €.[1] Verkauf der 10000,00 sfrs im Jahr 02 zum Kurs von 1,50. Der Spekulant erhält 6666,67 €,[2] macht also einen Spekulationsgewinn von $6\,^2/_3$%.

Abnahme der Devisennachfrage (des Angebots von Binnenwährung). Die Devisennachfrage bzw. das Angebot von Binnenwährung nimmt z.B. ab, wenn die Importe aus fremden Währungsgebieten bei zunächst gegebenem Kurs zurückgehen. (Die Angebotskurve von Binnenwährung verschiebt sich nach links.)

---

1 1,60 sfrs ≙ 1,00 €
10000,00 sfrs ≙ x €

$$x = \frac{1 \cdot 10000}{1{,}6} = 6250{,}00\ €$$

2 1,50 sfrs ≙ 1,00 €
10000,00 sfrs ≙ x €

$$x = \frac{1 \cdot 10000}{1{,}50} = 6666{,}67\ €$$

Ursachen abnehmender Importtätigkeit aus Fremdwährungsgebieten können sein:

- Die Importwaren werden im Vergleich zu den Binnenwaren immer teurer, weil beispielsweise die Preise im Fremdwährungsgebiet schneller steigen als im eigenen Währungsgebiet oder fremde Rohstoffexporteure sich zu einem Kartell zusammenschließen, um die Rohstoffpreise zu erhöhen (Erdölkartell, Kupferkartell).
- Die Binnenwirtschaft befindet sich im Abschwung, sodass die Einkommen nicht mehr steigen oder sogar abnehmen. Es werden deshalb *weniger* Konsum- und Produktionsgüter importiert.

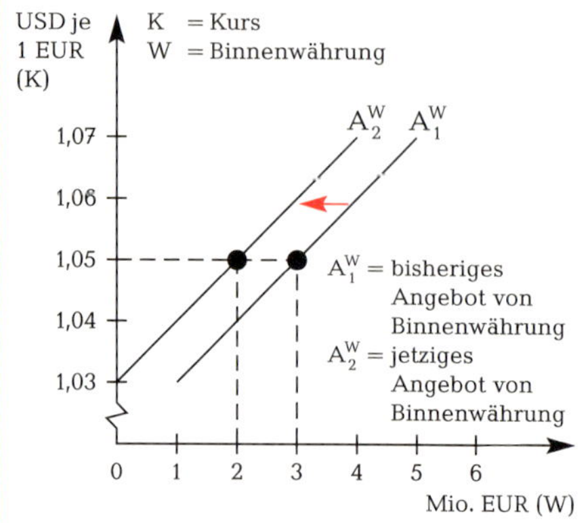

Das Angebot von Binnenwährung (die Nachfrage nach Devisen) nimmt ab

Abb. 10.10

Weitere Gründe für eine abnehmende Devisennachfrage (ein abnehmendes Angebot von Binnenwährung) sind:

- Die Regierungen kürzen Zahlungen an internationale Organisationen oder streichen Entwicklungshilfeleistungen.
- Spekulanten rechnen damit, dass der Kurs einer Fremdwährung steigen wird und stellen ihre bisherigen Devisenkäufe ein.
- Die Zinssätze steigen im eigenen Währungsgebiet schneller als in Fremdwährungsgebieten.

Verschiebungen des Devisenangebots (der Nachfrage nach Binnenwährung)

Zunahme des Devisenangebots bzw. der Nachfrage nach Binnenwährung. Ebenso wie die Devisennachfrage verschiebt sich im Laufe der Zeit das Devisenangebot. Devisen werden bekanntlich vor allem deswegen angeboten, weil Güter in fremde Währungsgebiete exportiert werden. **Nehmen z. B. die Exporte in fremde Währungsgebiete bei zunächst gegebenen Kursen zu, nimmt auch das Devisenangebot** und damit **die Nachfrage nach Binnenwährung zu.** (Die Nachfragekurve nach Binnenwährung verschiebt sich nach rechts.)

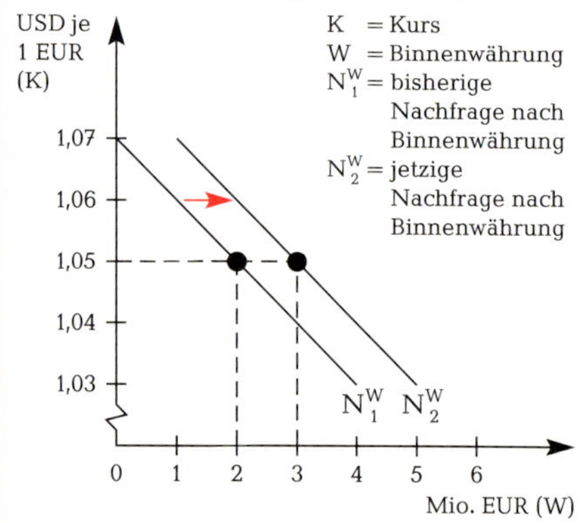

Die Nachfrage nach Binnenwährung (das Angebot von Devisen) nimmt zu

Abb. 10.11

Gründe für eine zunehmende Exporttätigkeit in Fremdwährungsgebiete können sein:

- Die Binnenwaren werden im Vergleich zu den Waren aus den Fremdwährungsländern immer billiger, weil im eigenen Währungsgebiet die Preise langsamer als im Fremdwährungsgebiet steigen.

- Technischer Vorsprung des eigenen Währungsgebiets.
- Die Fremdwährungsländer befinden sich im Aufschwung, sodass dort die Einkommen steigen. Es werden deshalb *mehr* Konsum- und Produktionsgüter in diese Länder exportiert.

Weitere Gründe für ein zunehmendes Devisenangebot (eine zunehmende Nachfrage nach Binnenwährung) sind:

- Ein Fremdwährungsland erhält Zuschüsse von internationalen Organisationen, z.B. Devisenhilfen, um seine Importe finanzieren (bezahlen) zu können, Entwicklungshilfe oder Wiedergutmachungszahlungen (Reparationen).
- Spekulanten rechnen damit, dass der Kurs einer Fremdwährung steigen wird. Sie verkaufen ihre Devisenvorräte (kaufen Binnenwährung) zu dem noch geltenden Kurs.

Abnahme des Devisenangebots bzw. der Nachfrage nach Binnenwährung. Das Devisenangebot und damit die Nachfrage nach Binnenwährung nimmt z.B. ab, wenn die Exporte bei zunächst gegebenem Kurs zurückgehen. (Die Nachfragekurve nach Binnenwährung verschiebt sich nach links.)

Ursachen abnehmender Exporttätigkeit in Fremdwährungsgebiete können sein:

- Die Preise auf dem Binnenmarkt steigen schneller als in den Fremdwährungsländern.
- Technischer Rückstand des eigenen Währungsgebiets.
- Die Fremdwährungsländer befinden sich im Abschwung, sodass dort die Einkommen sinken. Es werden deshalb weniger Konsum- und Produktionsgüter in diese Länder verkauft.

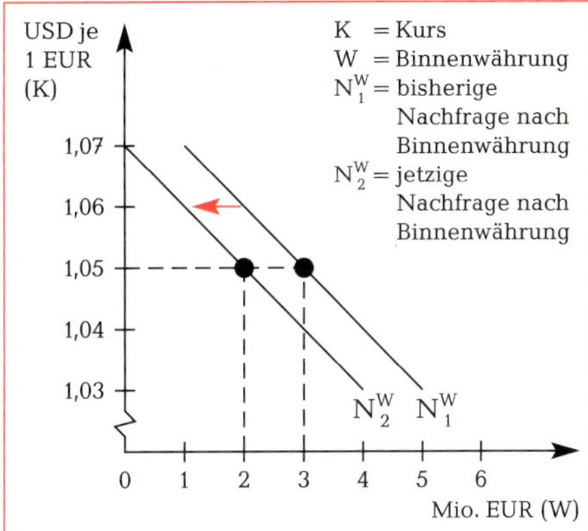

Die Nachfrage nach Binnenwährung (das Angebot von Devisen) nimmt ab

Abb. 10.12

Weitere Gründe für ein abnehmendes Devisenangebot (eine abnehmende Nachfrage nach Binnenwährung) sind:

- Einem Fremdwährungsland werden Zuschüsse von internationalen Organisationen gekürzt oder die Entwicklungshilfe wird gestrichen.
- Spekulanten rechnen damit, dass der Kurs einer Fremdwährung sinken wird. Sie werden daher ihre bisherigen Devisenverkäufe einstellen.

Wechselkursmechanismus

Die folgenden vier Abbildungen zeigen den Zusammenhang zwischen dem Angebot von Binnenwährung, der Nachfrage nach Binnenwährung und dem Wechselkurs (Wechselkursmechanismus).

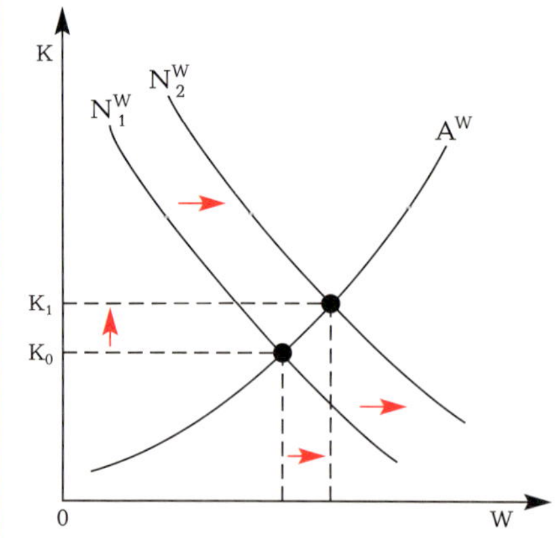

Zunehmende Nachfrage nach Binnenwährung = zunehmendes Devisenangebot: Der Wechselkurs steigt

Abb. 10.13

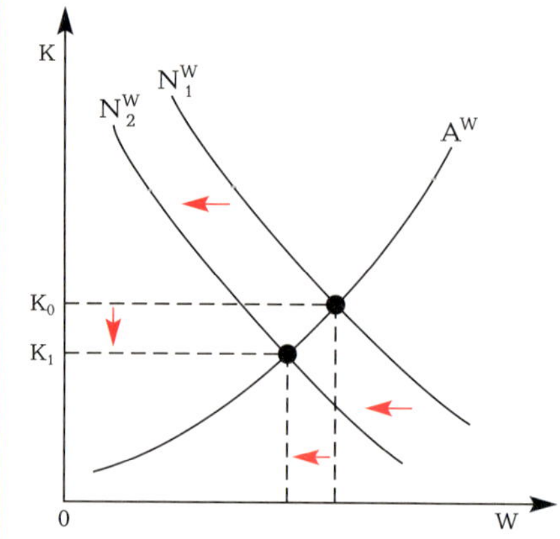

Abnehmende Nachfrage nach Binnenwährung = abnehmendes Devisenangebot: Der Wechselkurs sinkt

Abb. 10.14

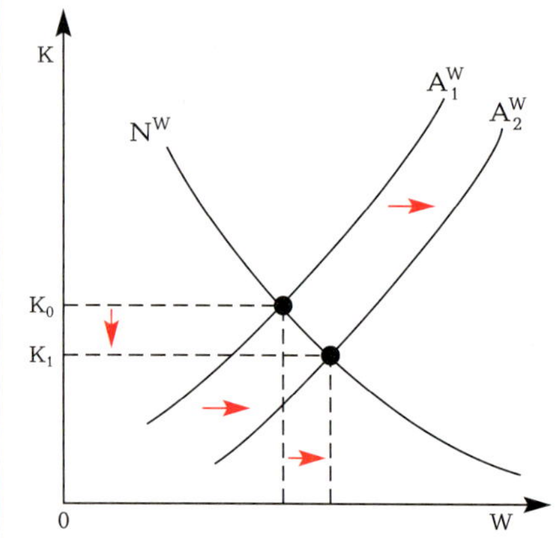

Zunehmendes Angebot von Binnenwährung = zunehmende Devisennachfrage: Der Wechselkurs sinkt

Abb. 10.15

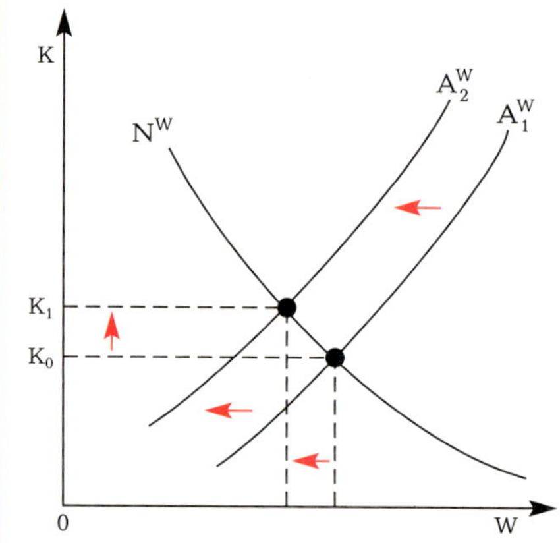

Abnehmendes Angebot von Binnenwährung = abnehmende Devisennachfrage: Der Wechselkurs steigt

Abb. 10.16

K = Kurs
K_0 = bisheriger Kurs
K_1 = neuer Kurs
W = Binnenwährung

A^W = Angebot von Binnenwährung
A_1^W = bisheriges Angebot von Binnenwährung
A_2^W = jetziges Angebot von Binnenwährung

N^W = Nachfrage nach Binnenwährung
N_1^W = bisherige Nachfrage nach Binnenwährung
N_2^W = jetzige Nachfrage nach Binnenwährung

Im Normalfall gelten somit auf den Devisenmärkten die gleichen Preisgesetze, wie sie für den Gütermarkt im Kapitel 5.2.2.1.2 abgeleitet wurden.

Bedeutung des Systems flexibler Wechselkurse

Freie (flexible) Wechselkurse haben die Tendenz, sich immer wieder auf den Gleichgewichtskurs hinzubewegen. Der Markt sorgt dafür, dass keine Währung unter- oder überbewertet wird. Die Inflation (allgemeine Preissteigerung) aus Fremdwährungsländern wird *nicht* importiert, d.h. auf die Binnenwirtschaft übertragen, weil mit steigenden Preisen bei den Handelspartnern zunächst der Import und damit die Devisennachfrage (das Angebot von Binnenwährung) zurückgeht. Dies aber bewirkt steigende Kurse (siehe Abb. 10.16 auf Seite 492). Mit steigenden Kursen verbilligen sich die Importwaren, sodass die Importpreise im Wesentlichen konstant bleiben.

10.2.1.2 Beziehungen zwischen Binnen- und Außenwert des Geldes

Die Aussage, dass freie Wechselkurse die importierte Inflation verhindern können, ist ein Teilergebnis der so genannten Kaufkraftparitätentheorie,[1] die den **Zusammenhang zwischen Außen- und Binnenwert des Geldes** erklärt.

Gehen wir z.B. davon aus, dass das Preisniveau in Fremdwährungsländern *schneller* als das im eigenen Währungsgebiet steigt. Dann nehmen – immer aus der Sicht der Binnenwirtschaft – die Exporte in die Fremdwährungsgebiete *zu*, während die Importe aus diesen Gebieten *abnehmen*. Der Grund: Die Importwaren werden immer teurer, während die Exportwaren für die Fremdwährungsländer vergleichsweise immer billiger werden. Die **Exportüberschüsse** aber erhöhen den Geldumlauf im eigenen Währungsgebiet, weil die Exporteure ihre Devisen bei den Banken in Binnenwährung umtauschen, um ihre Kosten (z.B. Löhne und Gehälter, Energiekosten, Steuern) bezahlen zu können. Ist die Binnenwirtschaft vollbeschäftigt, ist mit Preissteigerungen zu rechnen, weil a) im eigenen Währungsgebiet die Geldmenge steigt und b) das Güterangebot abnimmt (die exportierten Waren werden nicht im eigenen Währungsgebiet, sondern in Fremdwährungsgebieten angeboten).

Bei flexiblen Kursen aber wird dieser Inflationsschub schon bald dadurch gebremst, dass aufgrund des gestiegenen Devisenangebots (der gestiegenen Nachfrage nach Binnenwährung) der Wechselkurs zu **steigen** beginnt. Die Importwaren werden also billiger, während sich die Exportwaren verteuern. Es ergibt sich folgende „umgekehrte" Entwicklung: Der Export sinkt, während der Import steigt. Die Importeure kaufen bei den Banken Devisen, um die Importe bezahlen zu können. Die Inflation wird gebremst, weil a) die Geldmenge abnimmt und b) das Güterangebot (aufgrund der gestiegenen Importe) zunimmt. Ein Sinken des Preisniveaus ist allerdings i.d.R. nicht zu erwarten, wie bereits im Zusammenhang mit der Behandlung der Quantitätstheorie gezeigt wurde.

1 Parität = Gleichheit, Gleichgewichtigkeit.

Die Beziehungen zwischen Preisniveau, Import und Export bei flexiblen Wechselkursen lassen sich wie folgt darstellen:

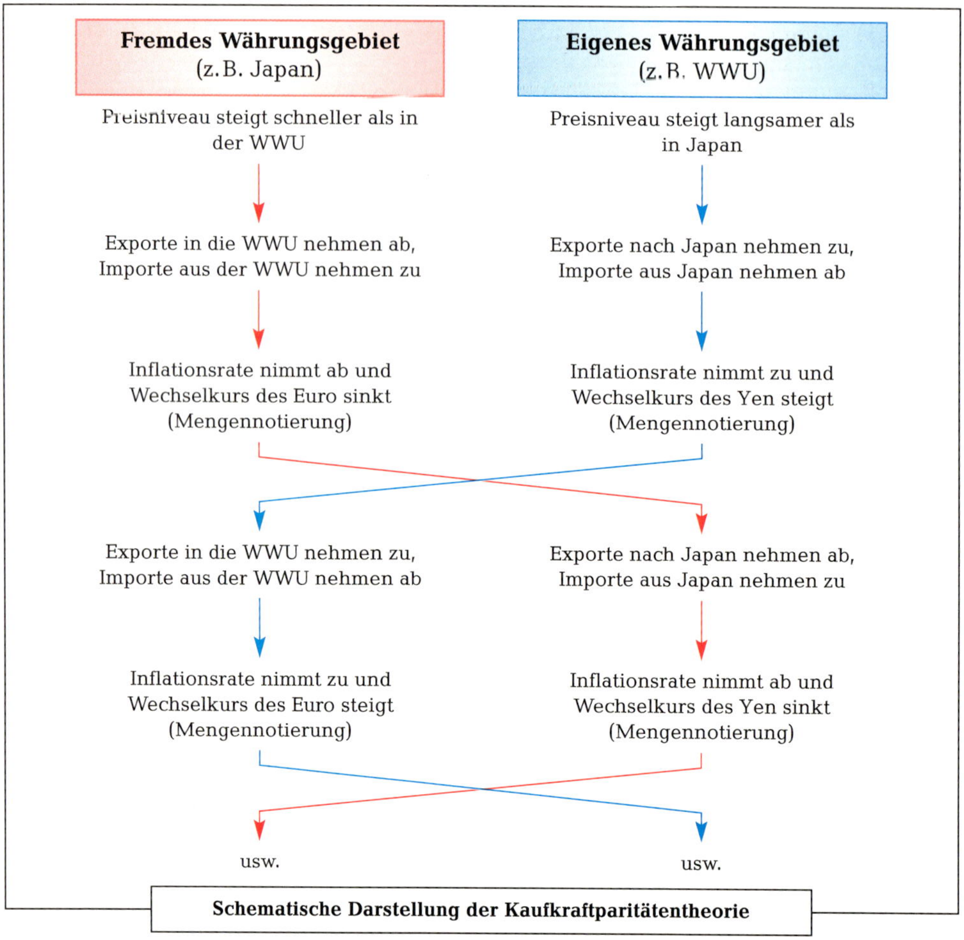

Abb. 10.17

10.2.1.3 Terms of Trade[1]

Unter Terms of Trade versteht man das Austauschverhältnis der von der Binnenwirtschaft in Fremdwährungsgebiete exportierten zu den importierten Waren. Um die Veränderungen der Terms of Trade erfassen zu können, setzt man für ein bestimmtes Ausgangsjahr (Basisjahr) einen **Exportwarenkorb** einem **Importwarenkorb** gleich. Im Basisjahr betragen also die Terms of Trade 1 : 1 (= 1 oder 100). Sinkt z. B. der Wechselkurs einer Fremdwährung um 10 % bei gleich bleibendem Preisniveau im Binnen- und Fremdwährungsgebiet, verändern sich die Terms of Trade zuungunsten der Binnenwirtschaft, denn nunmehr muss für das gleiche mengenmäßige Importvolumen 11,11 % mehr aufgewendet werden. Die Terms of Trade belaufen sich jetzt auf 1 : 1,11 (= 0,9 oder 90).

1 Terms of Trade (engl.) = Bedingungen des Handels.

Steigt z.B. der Wechselkurs einer Fremdwährung um 10% bei gleich bleibendem Preisniveau im In- und Ausland, verändern sich die Terms of Trade zugunsten des Inlands. Die Terms of Trade betragen jetzt 1 : 0,91 (= 1,1 oder 110).

- Bei steigenden Terms of Trade können für den Erlös einer bestimmten Exportmenge mehr Güter importiert und bezahlt werden als zuvor. Die Tauschposition der Binnenwirtschaft gegenüber dem Fremdwährungsgebiet verbessert sich.
- Bei sinkenden Terms of Trade können für den Erlös einer bestimmten Exportmenge weniger Güter importiert und bezahlt werden als zuvor. Die Tauschposition der Binnenwirtschaft gegenüber dem Fremdwährungsgebiet verschlechtert sich.

Beispiel:

Im Basisjahr 00 betrug der Export 450 iGE (= inländische Geldeinheiten), der Import 400 iGE. Im Jahr 01 stiegen die Importpreise um 10%; die Exportpreise blieben konstant. Im Jahr 02 stiegen die Exportpreise um 10%, die Importpreise um 5%. Die Wechselkurse blieben unverändert.

Die Terms of Trade entwickelten sich wie folgt:

Jahr 00	1 : 1	= 1	oder	100
Jahr 01	1 : 1,1	= 0,9091	oder	90,91
Jahr 02	1,1 : 1,155	= 0,9524	oder	95,24

Die Terms of Trade eines Landes können also auch definiert werden als das Verhältnis zwischen dem Index der Durchschnittswerte seiner Exporte und dem Index der Durchschnittswerte seiner Importe.

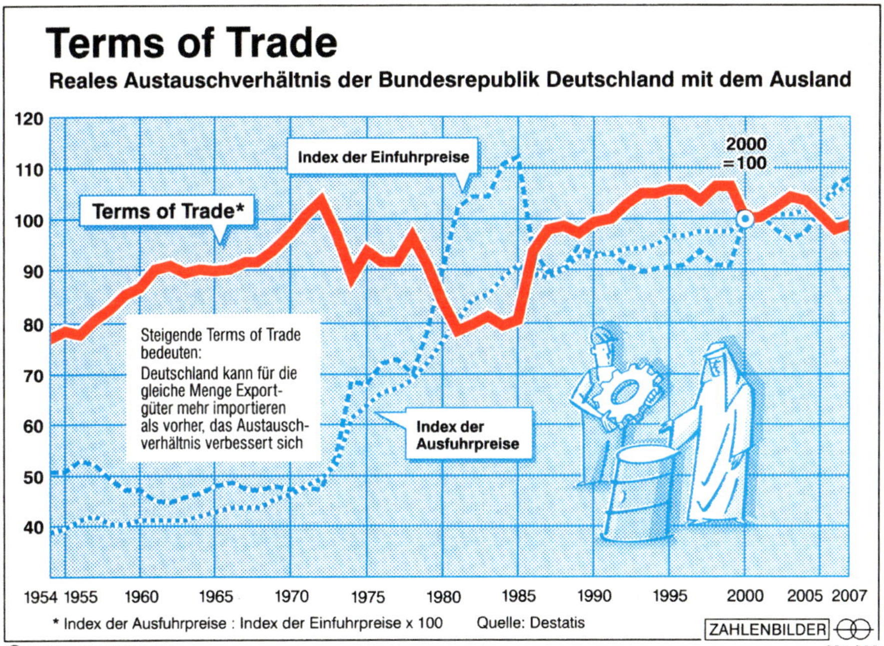

Abb. 10.18

Aufgaben zur Lernkontrolle

1. „Der Wechselkurs ist der Maßstab für den Außenwert des Geldes." Erklären Sie diesen Satz!

2. Begründen Sie, warum der Wechselkurs beim Floating (beim System freier Wechselkurse) einen Gleichgewichtskurs (Gleichgewichtspreis) darstellt!

3. Erklären Sie die Abhängigkeit zwischen Wechselkurs, Angebot bzw. Nachfrage von ausländischen Zahlungsmitteln und Außenhandel (Export bzw. Import)!

4. Wie wirkt sich nebenstehende Situation auf das Außenhandelsvolumen (Export und Import) aus?

   Begründen Sie Ihre Antwort!

5. Welche Gründe könnten zur Verschiebung der Angebotskurve von Binnenwährung auf dem Devisenmarkt geführt haben?

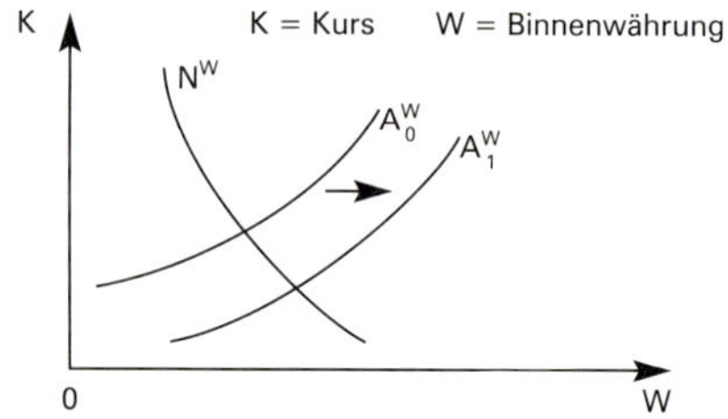

6. Wie wirkt sich nebenstehende Situation auf das Außenhandelsvolumen (Export und Import) aus?

   Begründen Sie Ihre Antwort!

7. Welche Gründe könnten zur Verschiebung der Nachfragekurve nach Binnenwährung auf dem Devisenmarkt geführt haben?

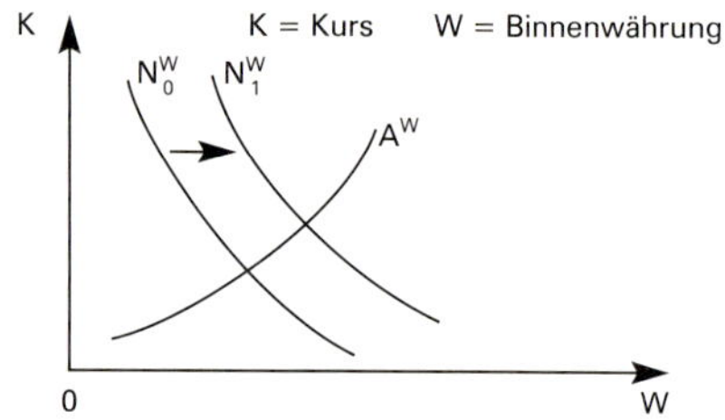

8. Inwiefern kann das System freier Wechselkurse zur Stabilisierung des Binnenwerts des Geldes beitragen?

9. Die Veränderungen der Terms of Trade kann man auch mithilfe eines Zwei-Säulen-Modells veranschaulichen.

   Die Aufgabe besteht darin, das Tauschverhältnis zwischen Mineralöl einerseits und Automobilen andererseits a) aus der Sicht des Auslands und b) aus der Sicht des Inlands für das Basisjahr 00 mit 1 : 1 (100) festzusetzen und dann die Veränderungen der Verhältnis- bzw. der Indexzahlen für die Folgejahre zu ermitteln!

   Für 1000 Tonnen importiertes Öl mussten von einem Industrieland so viele Mittelklassewagen exportiert werden:

Jahr	00	01	02	03	04	05	06	07	08	09	10	11	12	13
Autos	8,7	22,4	20,5	20,6	20,0	16,6	21,0	32,9	42,6	40,3	37,0	38,6	37,1	23,5

10. Analysieren Sie die in der Aufgabe 9 gezeigte Entwicklung der Terms of Trade und nennen Sie Gründe für diese Entwicklung!

11. Textauszug:

Unglaublich, aber wahr: Schon jetzt hängt der Euro vielen Menschen zum Halse raus, und zwar denjenigen, die beruflich mit der Währungsumstellung in der Praxis zu tun haben. Der Euro-Start als solcher verdient das Prädikat „glänzend". Nicht unerwartet stecken in den Details aber noch viele Teufel. Und die plagen seit Jahresbeginn alle Lieferanten von Kursen, damit natürlich auch die Medien. Von den Kunden wird Verständnis erhofft, wenn es in Preisübersichten und Kurstabellen da und dort versehentlich DM statt Euro (oder auch umgekehrt) gibt, wenn Darstellungen oder Zurechnungen durcheinander geraten.

Nachhaltige Irritationen hat im praktischen Umgang insbesondere die Währungsumstellung von der so genannten **„preisnotierten" Form** auf die **„Mengennotierung"** ausgelöst. Denn im Handel ist der Euro nicht einfach an die Stelle der D-Mark getreten, sondern der Euro selbst bildet jetzt die Ausgangsbasis. Was heißt das? Bisher wurden Währungen im professionellen Devisenhandel ebenso wie im Sortenhandel (auch „Reisedevisen" genannt) in DM ausgedrückt: 1 Dollar = ... DM oder 1 Pfund Sterling = ... DM. Jetzt heißt es nicht etwa 1 Dollar = ... Euro, sondern 1 Euro = ... Dollar. Alles klar? Keineswegs, denn: Was bedeuten jetzt eigentlich die **„Geld"-** und **„Brief"-Kurse,** wieso gibt es daneben **„Ankaufs-"** und **„Verkaufs"-Kurse,** die aber in umgekehrter Nennung? Beim Nachfragen in der Bankenwelt kamen selbst die Profis ins Schwimmen.[1]

In der Vergangenheit gab es damit kein Problem, denn die gemeldeten bzw. veröffentlichten Kurse waren aus Sicht der Banken quasi parallel zu sehen: (niedrigere) Geld-Kurse für den Kauf, (höhere) Brief-Kurse für den Verkauf – im **Devisen-** wie im **Sortenhandel.** Seit Anfang Januar wirkt aber die Systemumstellung. Profis handeln von Bank zu Bank nun den Euro so, wie zuvor den Dollar; deshalb ist der in Dollar ausgedrückte Kauf-Kurs (Geld) für 1 Euro niedriger als der Verkaufs-Kurs (Brief) – immer aus der Sicht einer Bank. Das gilt im Prinzip ebenso für das Sortengeschäft. Kopfzerbrechen bereitet aber nach wie vor das Umdenken, dass jetzt überall auf Basis 1 Euro = ... gerechnet und gedacht wird, obwohl der Amerikareisende weiterhin bei seiner Bank als Sortenkunde physische Dollarnoten an- oder verkauft (und nicht Euros!). Um das dem Privatkunden deutlich zu machen, sind einige Banken dazu übergegangen, das traditionelle „Geld" und „Brief" durch „Verkaufskurse" und „Ankaufskurse" zu ersetzen, und zwar in dieser Reihenfolge. Damit sind erstmals die Verkaufskurse niedriger als die Ankaufskurse. Die Verwirrung ist komplett. Der Amerikareisende sollte es gelassen hinnehmen, denn unverändert gilt: Sein Dollar-Ankaufskurs (= Verkaufskurs der Bank, linke Seite) bleibt – wie eh und je – deutlich niedriger als sein Verkaufskurs!

Quelle: KUTZER, H.: Geld oder Brief? In: Handelsblatt vom 8./9. Januar 1999.

11.1 Erklären Sie die fett gedruckten Begriffe!

11.2 Überlegen Sie, was der Verfasser dieser „Glosse"[2] zum Ausdruck bringen möchte!

---

1 Hier hat sich noch nichts geändert. Die Notierungen der Europäischen Zentralbank und mancher sonstiger Institutionen (z.B. die des Instituts der deutschen Wirtschaft) lauten richtigerweise US-$ je 1 Euro (also USD/EUR) oder Schweizer Franken je 1 Euro (CHF/EUR). Zahlreiche deutsche Banken schreiben hingegen umgekehrt EUR/USD bzw. EUR/CHF. Auf Anfrage hin teilte die EZB mit Schreiben vom 29. September 2005 mit, dass auch die letztgenannte „Variante" möglich ist, eine amtliche Vorgabe also nicht besteht. Der an einer Kursnotiz Interessierte muss somit von der Kurshöhe auf die Form der Kursnotierung schließen, was bei unbekannten Währungen oder bei sehr eng beieinander liegenden Kurswerten schwierig werden kann.

2 Glosse (gr.) = spöttischer Kommentar zu einem aktuellen Thema (aktuell = zeitgemäß, zurzeit interessierend).

32 Hartmann - ISBN 978-3-8120-0320-9

10.2.1.4 Relativ starre Wechselkurse

Wesen der relativ starren Wechselkurse

Starre Wechselkurse (feste Wechselkurse) werden entweder zwischenstaatlich vereinbart oder von der Regierung eines Landes autonom festgelegt. Schwankungen der Kurse sind nicht zugelassen. Absolut feste Wechselkurse bleiben vor allem in Zentralverwaltungswirtschaften mit Devisenbewirtschaftung.

Das System relativ starrer (fester) Wechselkurse lässt bestimmte *Schwankungsbreiten* der Kurse zu. Innerhalb dieser Schwankungsbreiten (Bandbreiten) vollzieht sich die Kursbildung nach den Grundsätzen eines freien Markts.

Wenn im Folgenden von festen (gebundenen) Wechselkursen die Rede ist, sind immer die relativ festen Wechselkurse gemeint. Das Wesen der festen Wechselkurse besteht darin, dass die Regierungen so genannte **Paritäten**[1] (Leitkurse) miteinander vereinbaren, wobei die Kurse nach oben und unten mit einem bestimmten Prozentsatz (z. B. je 2,5 %) vom Leitkurs abweichen dürfen. Die zugelassene Schwankungsbreite (z. B. 5 %) wird als **Bandbreite** bezeichnet.

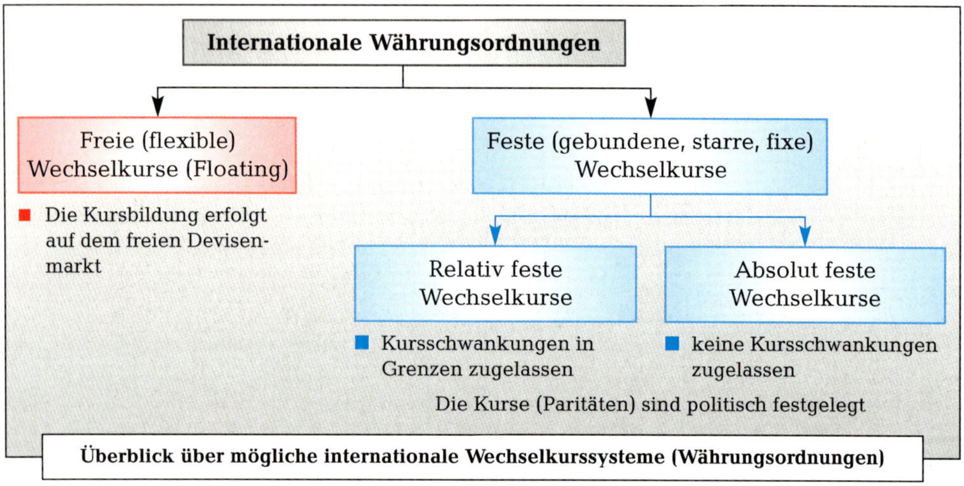

Abb. 10.19

Kurssicherung durch die Zentralbank

Angenommen, die Regierungen des Landes A und des Landes B vereinbaren zwischen ihren Währungen eine **Parität** von 2 : 1. Dies bedeutet, dass der **Leitkurs** 2 AGE (= Geldeinheiten der Währung A) für 1 BGE (= Geldeinheiten der Währung B) beträgt. Bei einer Bandbreite von 5 % darf der Kurs dann höchstens auf 2,05 steigen und nicht unter 1,95 sinken.

Würde der Kurs aufgrund gestiegener Nachfrage nach BGE oder aufgrund gesunkenen Angebots von BGE *über* 2,05 steigen, müsste die Zentralbank des Landes B eingreifen (intervenieren), indem sie AGE kauft (BGE verkauft), um den Kurs zu senken. Die obere Grenze der Bandbreite heißt deswegen **oberer Interventionspunkt.**[2]

1 Parität = wörtl. Gleichheit; hier: festgelegtes Austauschverhältnis.

2 Intervenieren = eingreifen.

Droht hingegen der Kurs unter 1,95 zu fallen, weil die Nachfrage nach BGE abgenommen oder das Angebot von BGE zugenommen hat, muss die Zentralbank des Landes B eingreifen (intervenieren), d.h. AGE aus ihren Devisenvorräten verkaufen (BGE kaufen), um den Kurs zu heben. Die untere Grenze der Bandbreite wird deshalb als **unterer Interventionspunkt** bezeichnet.

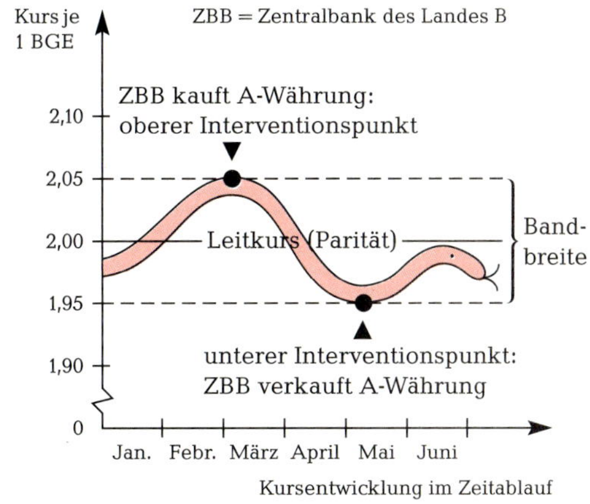

Mögliche Kursentwicklung bei relativ festen Wechselkursen („Währungsschlange")

Abb. 10.20

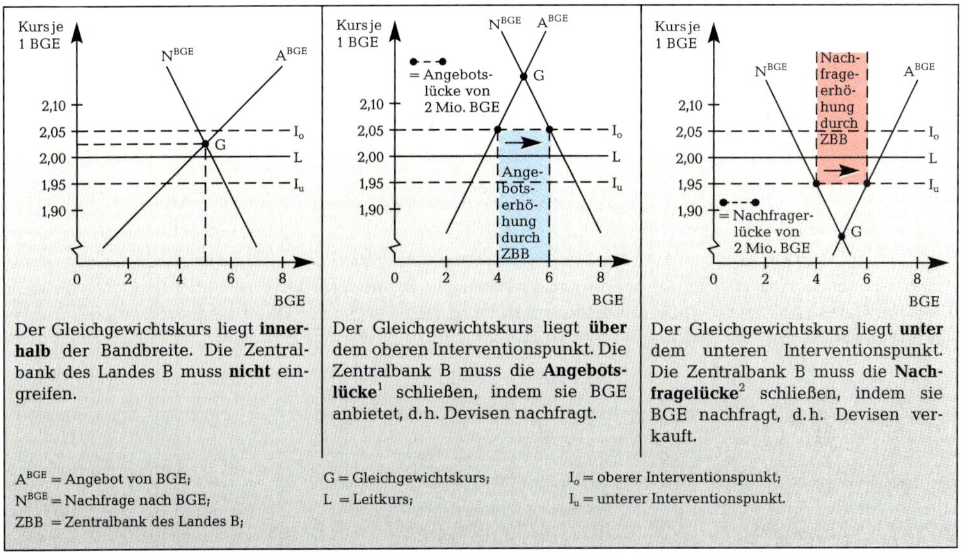

Der Gleichgewichtskurs liegt **innerhalb** der Bandbreite. Die Zentralbank des Landes B muss **nicht** eingreifen.

Der Gleichgewichtskurs liegt **über** dem oberen Interventionspunkt. Die Zentralbank B muss die **Angebotslücke**[1] schließen, indem sie BGE anbietet, d.h. Devisen nachfragt.

Der Gleichgewichtskurs liegt **unter** dem unteren Interventionspunkt. Die Zentralbank B muss die **Nachfragelücke**[2] schließen, indem sie BGE nachfragt, d.h. Devisen verkauft.

A^{BGE} = Angebot von BGE; N^{BGE} = Nachfrage nach BGE; ZBB = Zentralbank des Landes B; G = Gleichgewichtskurs; L = Leitkurs; I_o = oberer Interventionspunkt; I_u = unterer Interventionspunkt.

Abb. 10.21 a–c

1 Angebotslücke: Das Angebot von Binnenwährung ist kleiner als die Nachfrage nach Binnenwährung.

2 Nachfragelücke: Die Nachfrage nach Binnenwährung ist kleiner als das Angebot von Binnenwährung.

Bedeutung des Systems relativ fester Wechselkurse

Der Vorteil fester Devisenkurse ist, dass der Wirtschaft sichere Kalkulationsgrundlagen geboten werden. Die Gefahr eines plötzlichen Kursverfalls oder eines unerwarteten Kursanstiegs ist weitgehend gebannt.

Die Nachteile dürfen jedoch nicht übersehen werden. So kann z.B. eine Zentralbank nur so lange Devisen verkaufen, um den Kurs nicht unter den unteren Interventionspunkt fallen zu lassen, wie sie über Devisen verfügt. Sind ihre Devisenvorräte erschöpft, muss der Leitkurs (die Parität) herabgesetzt, d.h. die eigene Währung **abgewertet**[1] werden. Die neue Parität muss mindestens so niedrig sein wie der Kurs, der sich bei freien Wechselkursen ergeben würde. Währungen, die laufend abgewertet werden müssen, heißen **weiche Währungen.**[2]

Der Hauptgrund für eine erforderliche **Abwertung** ist, dass die Importe zu hoch, die Exporte zu niedrig sind (Devisenmangel). Durch die Abwertung werden die Importe gedrosselt (die Fremdwährung und damit die Importe werden teurer) und der Export gefördert.

Seltener kommt es vor, dass der Leitkurs zu niedrig ist. Dies ist dann der Fall, wenn eine Zentralbank Devisen kaufen muss, um den Kurs nicht über den oberen Interventionspunkt steigen zu lassen. Theoretisch kann die Zentralbank laufend Devisen aufkaufen: Eigenes Geld kann sie jederzeit drucken und in Umlauf setzen (Geldschöpfung). Die größte Gefahr dieser Politik besteht darin, dass der Geldumlauf im eigenen Währungsgebiet erhöht wird und so die Preise steigen. Längerfristig muss die Binnenwährung **aufgewertet,**[3] d.h. der Leitkurs heraufgesetzt werden. Die neue Parität sollte so hoch sein wie der Kurs, der sich bei freien Wechselkursen ergeben würde. Währungen, die stark nachgefragt werden, die also von Zeit zu Zeit aufgewertet werden, heißen **harte Währungen.**[4]

Der Hauptgrund für eine notwendig gewordene Aufwertung ist, dass die Exporte zu hoch, die Importe zu niedrig sind (laufende Devisenüberschüsse). Die eigene Währung ist also unterbewertet, sodass die Exportwaren für die Fremdwährungsländer billig sind. Dies ist vor allem dann der Fall, wenn die Preise in den Fremdwährungsländern schneller steigen als im eigenen Währungsgebiet; dann nämlich weicht der Gleichgewichtskurs immer mehr vom Leitkurs (von der Parität) ab. Die Folge ist, dass aufgrund der dauernden Devisenkäufe der Notenbank der Geldumlauf im eigenen Währungsgebiet steigt und das Preisniveau nach oben klettert. Man bezeichnet die auf Exportüberschüssen beruhenden Preissteigerungen als **„importierte Inflation".**

1 Das Fachwort für Abwertung heißt Devalvation.

2 Weiche Währungen = schwache Währungen. Der Begriff „weiche Währung" wurde seit 1973 auch auf floatende Währungen übertragen, nämlich auf Währungen, deren Außenwert laufend sinkt (z.B. türkische Lira).

3 Das Fachwort für Aufwertung heißt Revalvation.

4 Harte Währungen = starke Währungen. Der Begriff „harte Währung" wurde seit 1973 auch auf floatende Währungen übertragen, nämlich auf Währungen, deren Außenwert langfristig steigt oder konstant bleibt (z.B. Schweizer Franken, US-Dollar).

10.2.2 Wechselkurssysteme in der Vergangenheit und in der Gegenwart

Um die Probleme der internationalen Währungsordnung in ihren Grundzügen verstehen zu können, muss man sich mit einigen wirtschaftsgeschichtlichen Tatsachen befassen.

Das Abkommen von Bretton Woods

Um die durch den Krieg zerrüttete Weltwirtschaft wieder auf eine solide[1] Grundlage zu stellen, hatten bereits vor dem Ende des Zweiten Weltkrieges 44 Staaten in Bretton Woods (Ort in New Hampshire, USA) ein *Weltwährungsabkommen* geschlossen, in welchem sie sich verpflichteten, bei grundsätzlich **freier Austauschbarkeit der Währungen (= Konvertibilität)**[2] das System **relativ fester Wechselkurse** einzuführen. Als Leitwährung wurde der US-$ bestimmt.[3] Dies war möglich, weil sich die Vereinigten Staaten von Amerika verpflichteten, eventuelle Devisenüberschüsse der Unterzeichnerstaaten in Gold einzulösen (Gold-Devisen-Standard).

Beispiel:

Bei einem *Leitwährungssystem* muss jedes beteiligte Land den Wert seiner Währungseinheit in Gold festlegen (= Goldparität). Entspricht z.B. eine Einheit der A-Währung einer Menge von 0,60 g Gold, eine Einheit der B-Währung jedoch dem Wert von 2,00 g Gold, so ist auch die Parität der A-Währung zur B-Währung gegeben: 1 Einheit B-Währung = 3,33 Einheiten A-Währung.

Dem Abkommen von Bretton Woods traten in den Folgejahren fast alle Staaten der Erde bei.

Am 27. Dezember 1945 wurde auf der Grundlage des Abkommens von Bretton Woods der **Internationale Währungsfonds** (IWF)[4] gegründet, dem die Bundesrepublik Deutschland am 14. August 1952 beitrat.

Die Paritäten der DM zum US-Dollar betrugen bis 1961 4,20 DM, bis 1969 4,00 DM (1. Aufwertung), bis 1971 3,66 DM (2. Aufwertung) und bis 1973 3,22 DM (3. Aufwertung).

Der Währungsfonds hat die Aufgabe,

- die internationale Zusammenarbeit auf dem Gebiet der Währungspolitik zu fördern,
- die Ausweitung des Welthandels zu erleichtern,
- die Stabilität der Währungen zu sichern sowie
- bei kurzfristigen Zahlungsbilanzschwierigkeiten einzelner Länder Kredite zu gewähren.[5]

---

1 Solide = zuverlässig.

2 Konvertibel ist eine Währung dann, wenn sie jedermann (Privatpersonen oder Unternehmer) ohne jede Begrenzung kaufen oder verkaufen kann. In reinen Zentralverwaltungswirtschaften kann es keine Konvertibilität geben, weil auch die Verwendung der Devisen im staatlichen Gesamtwirtschaftsplan eingeplant sein muss. Wer Devisen braucht, bekommt sie staatlicherseits zugeteilt. Wer welche hat, muss sie abliefern, andernfalls wird er wegen „Devisenvergehens" bestraft (Devisenzwangswirtschaft).

3 Merkmale der Leitwährung: Bindung an den Goldwert; Goldeinlösungspflicht; jedes am Leitwährungssystem teilnehmende Land ist verpflichtet, die Leitwährung anstelle von Gold in Zahlung zu nehmen. Die Leitwährung ist sozusagen internationales gesetzliches Zahlungsmittel.

4 Engl.: International Monetary Fund (IMF).

5 Quelle: Wirtschaft von A bis Z; hrsg. vom Referat Öffentlichkeitsarbeit des Bundesministeriums für Wirtschaft, Mai 1987, S. 19.

Das Ende des Abkommens von Bretton Woods

Obwohl die Vorschriften des Abkommens von Bretton Woods bzw. des IWF noch gültig sind, brach 1971 das System der festen Wechselkurse zusammen, weil die USA die Goldeinlösungspflicht des Dollars aufhoben. Der US-$ als Leitwährung war abgesetzt. Die Bundesrepublik Deutschland ging zum **Floating** über, d.h. zum System **freier Wechselkurse.** Nach und nach gaben (nach vorübergehender Rückkehr zu festen Wechselkursen) bis 1973 alle größeren Industrieländer ihre Währungen frei (sie „floateten").

Die Ursachen des Zusammenbruchs des bisherigen Weltwährungssystems sind vor allem im bis heute andauernden Kursverfall des US-$ zu suchen. Das riesige Dollarangebot hatte u.a. folgende Gründe: Milliardenausgaben für den Koreakrieg, den Vietnamkrieg, Investitionen im Ausland, Entwicklungs- und Militärhilfe, den Export übersteigende Importe (Rohstoffe, Erdöl).

Sonderziehungsrechte[1]

Bereits 1967 wurde von den Mitgliedern des IWF die Einführung der Sonderziehungsrechte (Special Drawing Rights) ab 1970 beschlossen. Der Zweck war, einer weltweiten Liquiditätsverknappung (= Mangel an Gold und Devisen bei Ländern mit laufenden Importüberschüssen) abzuhelfen. Jedem Mitglied wurde eine bestimmte Quote zugeteilt, die es in Anspruch nehmen kann, um mit den Sonderziehungsrechten seine Schulden zu bezahlen. Die Sonderziehungsrechte sind somit vom IWF (von der Weltbank) eingeräumte und bereitgestellte Kredite, mit denen Auslandsschulden bezahlt werden können, denn die Mitglieder des IWF sind verpflichtet, Sonderziehungsrechte anstelle von Gold oder Devisen in Zahlung zu nehmen. Die Sonderziehungsrechte sind damit zu einer Art gesetzlichen Kreditgelds innerhalb der IWF-Länder geworden.

Nach dem Ende des US-$ als Leitwährung übernahmen die Sonderziehungsrechte die Funktion einer (künstlichen) „Leitwährung": Sämtliche Währungen der IWF-Mitglieder werden in Sonderziehungsrechten ausgedrückt, wobei die „Parität" laufend den tatsächlichen Kursänderungen der Währungen untereinander angepasst wird.

Die „Schlange"

Die Nachteile des Floatings bewogen 1972 sechs EG-Länder, und zwar Dänemark, Bundesrepublik Deutschland, Belgien, Niederlande, Luxemburg und Frankreich, untereinander wieder **feste Wechselkurse** mit einer Bandbreite von 5 % (± 2,5 %) zu vereinbaren, gegenüber den anderen Währungen jedoch zu floaten. Dieses System wird als **Blockfloating** bezeichnet, weil ein Block (eine Gruppe) von Staaten nach außen hin (gegenüber allen anderen Ländern) die Wechselkursbildung dem freien Devisenmarkt überlässt. Dem **Währungsblock** (der „Schlange") gehörten bis zur Gründung des **E**uropäischen **W**ährungs**s**ystems **(EWS)**[2] am 13. März 1979 die Bundesrepublik Deutschland, die Niederlande, Belgien, Luxemburg, Dänemark und das Nicht-EUMitglied Norwegen an.

---

1 „Ziehung" bedeutet Kreditaufnahme beim IWF. Ein „Ziehungsrecht" ist also das Recht, einen Kredit beim IWF aufzunehmen und als Zahlungsmittel zu verwenden. Näheres siehe Kapitel 10.4.5.

2 Das EWS wird heute als Europäischer Wechselkursmechanismus I bezeichnet.

Europäischer Wechselkursmechanismus I (WKM I)[1]

Im März 1979 ist an die Stelle der „Schlange" der **E**uropäische **W**echselkurs**m**echanismus (WKM) getreten. Seine Ziele waren:

- Förderung des europäischen Integrationsprozesses,
- Stabilisierung der Wechselkurse zwischen den Währungen der Mitgliedsländer,
- Festigung der internationalen Währungsbeziehungen.

Zuletzt nahmen zwölf EU-Länder[2] am System relativ fester Wechselkurse teil, nämlich Belgien, Bundesrepublik Deutschland, Dänemark, Finnland, Frankreich, Irland, Italien, Luxemburg, Österreich, Niederlande, Portugal und Spanien. Die Bandbreite betrug 30%. Drohte eine größere Kursabweichung einer Währung, mussten die nationalen Zentralbanken stützend einspringen, wie dies im Kapitel 10.2.1.4 beschrieben wurde. Der WKM trug dazu bei, die Einführung des Euro vorzubereiten.

Der Wechselkursmechanismus unterschied sich vom früheren Blockfloating dadurch, dass eine Verrechnungseinheit, die **ECU** (= **E**uropean **C**urrency **U**nit) eingeführt wurde. Die ECU war keine europäische Währung, sondern sie war u. a.

- Bezugsgröße für die Wechselkurse,
- Indikator für Wechselkursabweichungen,
- Rechengröße im Interventions- und Kreditmechanismus des WKM I und
- Zahlungsmittel zwischen den EU-Zentralbanken.

Die ECU war eine so genannte **Korbwährung:** Jedes Mitgliedsland des EWS hatte entsprechend seiner *Wirtschaftskraft* (z.B. Anteil des eigenen Inlandsprodukts am Inlandsprodukt des WKM I, Beteiligung am Außenhandel des WKM I) einen Anteil am Inhalt des Korbs.

Europäischer Wechselkursmechanismus II (WKM II)

Der WKM II ist die Fortsetzung des WKM I zwischen der WWU und den Mitgliedsländern der Europäischen Union, die noch nicht der WWU angehören wollen oder können. „Ankerwährung"[3] ist der Euro.

Wichtige Regelungen für den WKM II sind:

- Die Teilnahme ist freiwillig.
- Die Leitkurse der Outs[4] werden auf den Euro festgelegt.
- Leitkurse und Bandbreite werden in einem gemeinsamen Verfahren unter Beteiligung der EU-Kommission, der Europäischen Zentralbank, der Minister der WWU, der Minister und der Zentralbankpräsidenten der Outs und des Wirtschafts- und Sozialausschusses der EU festgelegt.

  Am Wechselkursmechanismus in der EU nahmen vom 1. Januar 1999 bis 31. Dezember 2000 nur Dänemark und Griechenland teil. Die Bandbreite der dänischen Krone wurde auf ± 2,25%, die der griechischen Drachme auf ± 15% festgelegt. Die Teilnehmerländer am WKM II sind zurzeit (2008) Dänemark (Bandbreite 4,5%) sowie Estland, Lettland, Litauen und die Slowakei (Bandbreite 30%).

---

1 Der WKM I (**W**echsel**k**urs**m**echanismus **I**) wurde ursprünglich als **E**uropäisches **W**ährungs**s**ystem (EWS) bezeichnet.

2 Zur Europäischen Union (EU) siehe Kapitel 10.4.2.

3 Ankerwährung = Währung, zu der Fremdwährungen in einem absolut oder relativ festen Umtauschverhältnis stehen, mit der sie also mehr oder weniger fest „verankert" sind.

4 Siehe S. 365.

- Sind Interventionen an den Interventionspunkten erforderlich, sollen diese grundsätzlich automatisch und unbegrenzt erfolgen. Die Interventionen dienen der Verteidigung der Wechselkurse.
- Die EZB kann Interventionen aussetzen, wenn diese das Hauptziel der EZB, nämlich die Geldwertstabilität, gefährden können.

Aufgaben zur Lernkontrolle

1. Kennzeichnen Sie kurz den Begriff (absolut) starre Wechselkurse!

Die Abkürzungen in den Aufgaben 2–4 bedeuten:

K = Kurs (Mengennotierung) A^W = Angebot von Binnenwährung
W = Binnenwährung N^W = Nachfrage nach Binnenwährung

2. Die nebenstehende Abbildung zeigt die Situation auf einem Devisenmarkt bei relativ festen Wechselkursen.
   2.1 Wie werden die Kurse K_0, K_1, K_2 und K_3 bezeichnet?
   2.2 Muss die Zentralbank (Notenbank) eingreifen? Begründen Sie Ihre Antwort!

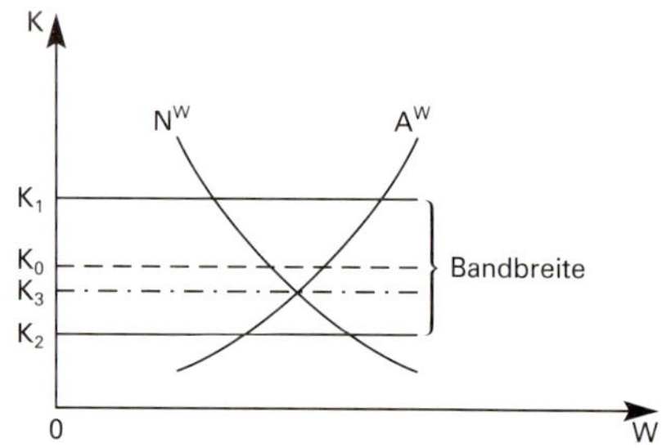

3. Die nebenstehende Abbildung zeigt die Situation auf einem Devisenmarkt bei relativ festen Wechselkursen.
   3.1 Wie werden die Kurse K_0, K_1, K_2 und K_3 bezeichnet?
   3.2 Muss die Zentralbank (Notenbank) eingreifen? Wenn ja, warum?
   3.3 Welche Folgen ergeben sich langfristig für die Binnenwirtschaft? Warum?

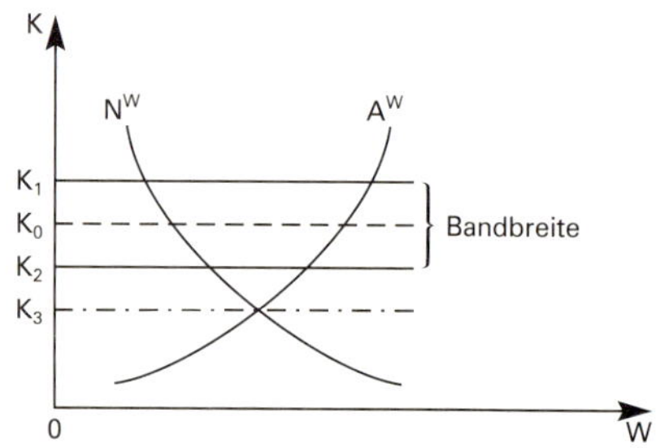

4. Die nebenstehende Abbildung zeigt die Situation auf einem Devisenmarkt bei relativ festen Wechselkursen.
   4.1 Wie werden die Kurse K_0, K_1, K_2 und K_3 bezeichnet?
   4.2 Muss die Zentralbank (Notenbank) eingreifen? Wenn ja, warum?
   4.3 Welche Folgen ergeben sich langfristig für die Binnenwirtschaft? Warum?

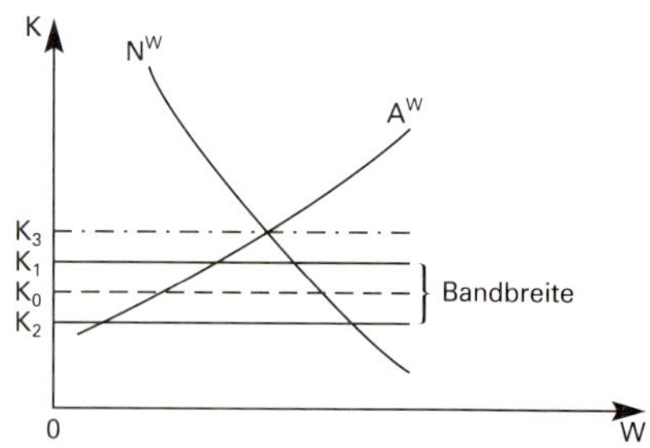

5. Definieren Sie die Begriffe Bandbreite, Leitkurs (Parität), oberer und unterer Interventionspunkt!

6. Erklären Sie die Begriffe Auf- und Abwertung!

7. Welche Situationen auf den Devisenmärkten müssen langfristig zur Aufwertung, welche zur Abwertung führen?

8. Welche Auswirkungen haben
   8.1 Aufwertungen,
   8.2 Abwertungen für den Außenhandel eines Landes bzw. Währungsgebiets?

9. Im Jahre 1978 fiel der Kurs des US-Dollars ständig (Preisnotierung). Dennoch nahm der Export der Bundesrepublik Deutschland nach den USA nicht ab. Können Sie das erklären?

10. Kann die Zentralbank (Notenbank) auch beim System freier Wechselkurse Kurssicherungspolitik betreiben? Oder ist diese Politik auf das System fester Wechselkurse beschränkt? Begründen Sie Ihre Antwort!

11. Erklären Sie die Funktionsweise des Europäischen Währungssystems!

12. **Textauszug:**

Norwegen gibt Kurs der Krone frei

Die norwegische Zentralbank hat das Handtuch geworfen. Bis auf weiteres, so verkündete der Präsident der Norges Bank, werde man sowohl auf weitere Leitzinserhöhungen[1] als auch auf Stützungskäufe der eigenen Währung verzichten - sie soll floaten. Am 24. August 1998 hatte die Norges Bank den Leitzinssatz letztmals um einen Prozentpunkt angehoben. Seit März hat die norwegische Zentralbank den Zinssatz für Tagesgeldeinlagen nun insgesamt sieben Mal erhöht: Von 3,5 Prozent auf nunmehr acht Prozent. Damit weist Norwegen neben Griechenland den mit Abstand höchsten Leitzinssatz in Europa auf. Dennoch hat die norwegische Krone in dieser Zeit gegenüber anderen Währungen stetig an Wert verloren.

Diese Entwicklung verwundert zunächst. Schließlich weist der norwegische Haushalt dank der Einnahmen aus dem Rohöl- und Erdgasgeschäft seit drei Jahren hohe Überschüsse auf. Allein in diesem Haushaltsjahr beläuft sich dieser auf umgerechnet zwölf Milliarden DM. Diese Überschüsse werden regelmäßig in den so genannten Ölgeldfonds eingezahlt. Damit sollen die Renten der kommenden Generation finanziert werden. Der Staat ist zudem schuldenfrei, die Wachstumsrate für 1998 wird auf 3,2 Prozent geschätzt und die offene Arbeitslosigkeit liegt bei zwei Prozent.

Trotz dieser Traumdaten steht die norwegische Krone unter einem Spekulationsdruck. Das hängt auch mit der norwegischen Zentralbank zusammen. Sie will die Krone durch Zinsanpassungen stabil halten. Anders als in den anderen europäischen Staaten nimmt sie dabei keine Rücksicht auf die Inflation. Das funktioniert, wenn andere wirtschaftliche Eckdaten stabil sind. Im letzten halben Jahr ist jedoch der Weltmarktpreis für Nordseeöl um gut 35 Prozent auf rund 12 Dollar pro Barrel gesunken. Das drückt auf die Handelsbilanz und damit den Wert der norwegischen Valuta.[2] Schließlich ist Norwegen hinter Saudi-Arabien der weltweit zweitgrößte Erdölexporteur.

Die internationalen Devisenspekulanten nutzen die Situation als gute Gelegenheit zum Kräftemessen mit der norwegischen Zentralbank und deren Regime der festen Wechselkurse. Der Überfallcharakter solcher Spekulationen lässt sich, wie der Fall Norwegen zeigt, kaum kontrollieren - auch nicht mit Stützkäufen ...

Quelle: ZYDRA, M.: Zentralbank wirft im Kampf gegen Spekulanten das Handtuch, in: Süddeutsche Zeitung vom 27. August 1998, zitiert in Deutsche Bundesbank, Auszüge aus Presseartikeln, Nr. 50 vom 27. August 1998, S. 12f.

   12.1 Erklären Sie die unterstrichenen Begriffe!
   12.2 Welche Wirkung erhoffte sich die norwegische Zentralbank von der Zinserhöhung?
   12.3 Begründen Sie, warum der Außenwert der norwegischen Krone gesunken ist!
   12.4 Warum brauchte die norwegische Zentralbank auf die Inflation keine Rücksicht zu nehmen?
   12.5 Aus welchem Grund war die norwegische Zentralbank zum Floating übergegangen?

1 Leitzinsen (genauer: Leitzinssätze) = Zinssätze, die eine Zentralbank ihren Kreditnehmern gegenüber (i.d.R. den Kreditinstituten) berechnet, wenn diese sich bei ihr refinanzieren. Der Leitzins der EZB z.B. ist der RefiSatz. (Näheres siehe Kapitel 8.7.5.2, S. 382)

2 Valuta (lat.) = Geld in ausländischer Währung; (Gegen)wert.

13. Textauszug:

Wechselkursvereinbarungen lösen keine Probleme

Aus der Diskussion der vergangenen Tage könnte man den Eindruck gewinnen, mit festen Wechselkursen oder -zielzonen sei plötzlich ein Zauberstab gegen alle möglichen Probleme der Weltwirtschaft aus der Versenkung aufgetaucht. Ein fataler Irrtum. Wer für eine „neue Weltwährungsordnung" eintritt, lässt wichtige Fakten außer Acht:

Die **Krise in Südostasien** haben gerade die festen Wechselkurse, die zwischen den dortigen Währungen und dem Dollar bestanden haben, mitverursacht. Auf diese Weise konnten die einstigen Tigerstaaten lange Zeit ein **Leistungsbilanzdefizit** zu niedrigen Zinsen finanzieren. Daraus entstand eine „Scheinblüte", die notwendige Anpassungen wie die Öffnung der Märkte nur hinausgeschoben hat. Der Problemstau entlud sich schließlich in der Asienkrise.

Entscheidend für die mittel- und langfristige Stabilität der Wechselkurse ist, inwieweit sich Länder im wirtschaftlichen Gleichklang befinden und von gemeinsamen finanz- und ordnungspolitischen Grundlagen ausgehen können. Während zahlreiche EU-Länder sich weitgehend parallel entwickeln, stehen die großen Wirtschaftsblöcke USA, Japan und Europa vor unterschiedlichen Aufgaben. Die USA befinden sich in einer langjährigen Phase stabilen Wachstums. Europa steckt dagegen erst seit kurzem in einer Aufholbewegung und Japan hat noch einen Berg ungelöster Strukturprobleme zu bewältigen. Zwischen diesen drei Blöcken besteht also keine ausreichende Grundlage für feste Wechselkurse.

Gegen Spekulanten sind Wechselkursvereinbarungen ebenfalls kein probates Mittel: Die Festlegung wird von den Märkten vielmehr als Aufforderung verstanden, sie bei der nächsten Gelegenheit zu „testen". Da die Wechselkurse bei solchen Angriffen in der Regel nach einem erheblichen Aufwand von Währungsreserven doch freigegeben oder angepasst werden müssen, laufen die Vereinbarungen meist auf eine „Prämie an die Spekulation" hinaus: Wer die Spekulation bekämpfen will, muss sie risikovoller machen – dadurch, dass andere Marktteilnehmer eine Gegenposition einnehmen. Bei festen Wechselkursen liegt das Risiko einseitig bei den Zentralbanken (Notenbanken), die die Festung verteidigen sollen.

Hinzu kommt ein weiterer Minuspunkt: Die Manövrierfähigkeit einer stabilitätsorientierten Geldpolitik ist gerade in der Anfangsphase der Europäischen Währungsunion von eminenter Bedeutung. Wechselkursvereinbarungen würden den Handlungsspielraum der Europäischen Zentralbank einschränken, wenn nicht aushebeln. Dies gilt unabhängig davon, ob die Währungshüter die Vereinbarungen durch Interventionen am Devisenmarkt oder durch zinspolitische Maßnahmen verteidigen.

Internationale Kooperation ist notwendiger denn je. Nur gemeinsam lässt sich gegen Ansteckungsgefahren vorbeugen, die von den Finanzkrisen in Asien und Russland ausgehen. Die Zusammenarbeit muss sich aber auf die eigentlichen Probleme und Auslöser der Finanzkrisen konzentrieren. Sie darf sich nicht damit begnügen, den Rauch zu bekämpfen, sondern muss das Feuer selbst löschen.

So stand am Beginn der Krise in Japan eine Aufblähung der Vermögens- und Sachwerte. Sie wurde durch eine langjährige Politik des billigen Geldes und durch ein laxes Bilanzierungssystem verstärkt. Als die Spekulationsblase platzte, blieb eine schwere Last fauler Kredite zurück. Da Politik, Wirtschaft und Finanzsystem eng verflochten sind, wurde die Lösung der Probleme im offenen Wettbewerb erst einmal aufgeschoben. Der Finanzmarktaufsicht mangelte es an Effizienz und Unabhängigkeit. In einigen Ländern, besonders aber in Russland, kommen fehlende oder unzureichende Institutionen im Rechts-, Verwaltungs- und Finanzbereich hinzu.

Wichtig für ein gedeihliches Wachstum der Weltwirtschaft ist aber auch die Entwicklung in den westlichen Industrieländern selbst: Etwa zwei Drittel des Weltsozialprodukts entfallen auf die USA und Europa. Damit es stetig aufwärts geht, kommt es neben soliden Reformen des Steuerwesens, der sozialen Sicherungssysteme und der Finanzverfassung auch auf eine Geldpolitik der ruhigen Hand an: Sie schafft das notwendige Vertrauen an den Finanzmärkten.

Quelle: ZEITLER, F.-C.: Nur flexible Kurse führen durch die Krise, in: FOCUS Nr. 41, 1998.

13.1 Welches Wechselkurssystem ist mit „Wechselkurs-Zielzonen" gemeint? (Begründung!)

13.2 Warum tragen bei festen Wechselkursen letztlich nicht die Währungsspekulanten, sondern die Zentralbanken (Notenbanken) das Risiko?

13.3 Welche Voraussetzung müsste nach Ansicht des Verfassers gegeben sein, wenn zwischen mehreren Ländern oder Blöcken feste oder relativ feste Wechselkurse sinnvoll sein könnten? Versuchen Sie eine Begründung zu finden!

10.3 Zahlungsbilanz und Zahlungsbilanzausgleich

Der Wohlstand eines Landes beruht auf seiner aktiven und passiven Handelsbilanz.
(KURT TUCHOLSKY)[1]

10.3.1 Begriff und Aufbau der Zahlungsbilanz

Der Ausspruch von KURT TUCHOLSKY ist natürlich zynisch gemeint. Aber den Witz der Sache kann man nur verstehen, wenn man weiß, was unter aktiver oder passiver Handelsbilanz zu verstehen ist. Und möglicherweise stellt man dann fest, dass doch ein richtiger Kern in dem Bonmot[2] steckt.

Die genannte Handelsbilanz ist der wichtigste Bestandteil der Zahlungsbilanz.

- Die **Zahlungsbilanz** ist die statistische Gegenüberstellung aller grenzüberschreitenden Transaktionen[3] eines Staates (nationale Zahlungsbilanz)[4] oder eines Währungsgebiets (z.B. Zahlungsbilanz der WWU) im internationalen Kapital-, Waren- und Dienstleistungsverkehr.

Mit Hilfe der Zahlungsbilanz lässt sich ein Überblick über die grenzüberschreitenden Leistungen und Zahlungen während eines Monats und/oder eines Jahrs gewinnen. Sie stellt daher eine wichtige Unterlage für wirtschaftspolitische Entscheidungen der Regierungen und der Zentralbank dar. Ferner dient sie als „Konjunkturindikator".[5]

Die deutsche Zahlungsbilanz wird von der Deutschen Bundesbank, die Zahlungsbilanz der WWU von der Europäischen Zentralbank veröffentlicht. Die Gliederung der deutschen Zahlungsbilanz in verschiedene **Teilbilanzen (Kategorien)** entspricht derjenigen der WWU-Zahlungsbilanz.

1. Die „Aktivseite" der Zahlungsbilanz

I. Leistungsbilanz

Außenhandel

In diesem Teil der Leistungsbilanz sind der Warenaustausch (Ex- und Import), die Lohnveredelung, bestimmte Reparaturarbeiten sowie die Lieferung von Schiffs- und Flugzeugteilen enthalten.

Die Gegenüberstellung der Im- und Exporte wird auch als „Handelsbilanz" bezeichnet. Von **aktiver Handelsbilanz** wird gesprochen, wenn die Exporte wertmäßig höher als die Importe sind. Eine **passive Handelsbilanz** liegt vor, wenn die Einfuhren die Ausfuhren übersteigen.

Dienstleistungen

In der Kategorie Dienstleistungen werden z.B. der Auslandsreiseverkehr, Transportleistungen, Telekommunikationsleistungen, die Wertschöpfung der Versicherungen (Verwaltungsleistungen und Ertragsanteile) sowie der Transithandel erfasst.

---

1 TUCHOLSKY, K., a.a.O., S. 162.

2 Bonmot (frz.) = wörtl. „gutes Wort", gelungenes Wort, treffender Ausspruch.

3 Transaktion = wörtl. Übertragung; hier: „Geschäftsvorfall".

4 In diesem Kapitel wird die nationale Zahlungsbilanz der Bundesrepublik Deutschland behandelt.

5 Siehe Kapitel 9.3.3 (Konjunkturindikatoren).

Die Gegenüberstellung der Einnahmen und Ausgaben im Dienstleistungsbereich wird auch als „Dienstleistungsbilanz" bezeichnet. Die Dienstleistungsbilanz ist **aktiv,** wenn die Einnahmen höher als die Ausgaben sind. Sie ist **passiv,** wenn die Ausgaben die Einnahmen übersteigen.

Erwerbs- und Vermögenseinkommen

Unter dieser Position der Leistungsbilanz finden sich die Arbeitseinkommen und die Kapitalerträge, die Inländern aus dem Ausland zufließen bzw. die Ausländer aus dem Inland beziehen (siehe auch Kapitel 7.5). Der Saldo der Erwerbs- und Vermögenseinkommen ist **positiv,** wenn die Erwerbs- und Vermögenseinkommen aus dem Ausland *höher* sind als die ins Ausland geflossenen Erwerbs- und Vermögenseinkommen.

Laufende Übertragungen

Laufende Übertragungen sind Geld- und Sachleistungen an das Ausland bzw. vom Ausland, denen *keine unmittelbaren* Gegenleistungen gegenüberstehen. Die Gegenüberstellung der Einnahmen und Ausgaben der laufenden Übertragungen wird deshalb auch als „Bilanz der unentgeltlichen Leistungen" bezeichnet.

Zu den laufenden Übertragungen rechnen u. a. die Heimatüberweisungen der Gastarbeiter, Zahlungen an internationale Organisationen wie z.B. an die EU und die UNO, Nettoprämien (Risikoprämien) der Versicherungen sowie Entschädigungszahlungen und Rückvergütungen.

II. Vermögensübertragungen

Einmalige Transfers (Übertragungen) wie z.B. Schuldenerlasse, Erbschaften, Schenkungen, Erbschaft- und Schenkungsteuern sowie Vermögensmitnahmen von Ein- und Auswanderern werden in der „Bilanz der Vermögensübertragungen" erfasst. Auch einmalige Zahlungen der EU an die Bundesrepublik Deutschland (z.B. Zuschüsse zu Infrastrukturmaßnahmen) gehören zu den Vermögensübertragungen.

2. Die „Passivseite" der Zahlungsbilanz

III. Kapitalbilanz

Die Kapitalbilanz bildet einen Teil der „Passivseite" der Zahlungsbilanz. Deswegen werden „Einnahmen" auf der rechten Seite (im Haben), die „Ausgaben" auf der linken Seite (im Soll) gebucht.

Zu den **„Ausgaben"** rechnen zunächst die **kurzfristigen Zahlungen** an das Ausland, z.B. Zahlungen mit Schecks, Wechseln und Zahlungsanweisungen. Ferner zählen zu den Ausgaben die in einer Rechnungsperiode entstandenen **Verbindlichkeiten** gegenüber dem Ausland. (Die Verbindlichkeiten können als später fällige Ausgaben definiert werden.)

Die Begleichung der Verbindlichkeiten wird im Haben der Kapitalbilanz gebucht.

Zu den **„Einnahmen"** gehören die **kurzfristigen Zahlungen** aus dem Ausland und die in einer Rechnungsperiode entstandenen **Forderungen** gegenüber dem Ausland. (Die Forderungen können als später fällige Einnahmen definiert werden.)

Die Begleichung der Forderungen wird im Soll der Kapitalbilanz gebucht.

Zum Verständnis der Zahlungsbilanz genügt die Darstellung *eines* „Kontos" für die Kapitalbilanz. Von der Deutschen Bundesbank wird hingegen eine Unterteilung der Kapitalbilanz in folgende Hauptkategorien vorgenommen: Direktinvestitionen, Wertpapiere, Finanzderivate, Kreditverkehr – dieser wird in kurz- und langfristige Transaktionen untergliedert – und sonstige Kapitalanlagen.

Direktinvestitionen

Hier werden Beteiligungen (z. B. Aktien und andere Kapitalanteile), langfristige Darlehen, kurzfristige Finanzbeziehungen verbundener Unternehmen und der grenzüberschreitende Erwerb von Immobilien erfasst.

Wertpapiere

Dieser Kategorie werden Wertpapieranlagen wie z. B. Aktien (ohne Beteiligungen), der Erwerb von Investment- und Geldmarktfonds, Geldmarktpapiere und Optionsscheine[1] zugeordnet.

Finanzderivate[2]

Finanzderivate (auch Derivate, derivative Finanzinstrumente oder Derivative genannt) sind Finanztitel, deren Börsen- oder Marktpreis von der Entwicklung des Börsen- oder Marktpreises von Wertpapieren oder von der Veränderung der Marktzinssätze abhängt. Derivative sind Rechte (keine Wertpapiere), die der Absicherung von Kursrisiken oder auch der Spekulation dienen.

Kreditverkehr

Unter diesem Posten finden sich die kurz- und langfristigen Finanzbeziehungen inländischer Unternehmen und Privatpersonen zum Ausland, die Auslandstransaktionen der Kreditinstitute und die kurz- und langfristigen Entwicklungshilfekredite.

Sonstige Kapitalanlagen

Die sonstigen Anlagen enthalten alle Kapitalzuflüsse aus dem Ausland bzw. alle Kapitalabflüsse in das Ausland, die nicht in den oben genannten Kategorien enthalten sind.

IV. Veränderung der Währungsreserven der Bundesbank

In dieser Position werden die von der Deutschen Bundesbank angekauften bzw. von ihr verkauften Devisen ausgewiesen.

V. Saldo der statistisch nicht weiter aufgliederbaren Transaktionen (Restposten)

Ungeklärte Beträge kommen zustande durch statistische Ermittlungsfehler und statistisch nicht erfassbare Transaktionen (z. B. „Koffergeschäfte").[3]

---

1 Optionsscheine (engl. Warrants) sind selbstständig handelbare Wertpapiere, die das Recht zum Bezug oder zur Lieferung eines so genannten „Underlying" zu einem festen Preis und zu einem künftigen, vereinbarten Termin verbriefen. Zu den Underlyings zählen z. B. Aktien, Anleihen oder Finanzderivate.

2 Derivate (wörtl. die Abgeleiteten) leiten ihren Wert von verschiedenen Finanzgrößen ab, wie z. B. Wertpapierkurse, Zinsen oder Aktienindices.

3 Siehe nachfolgendes Zahlenbeispiel.

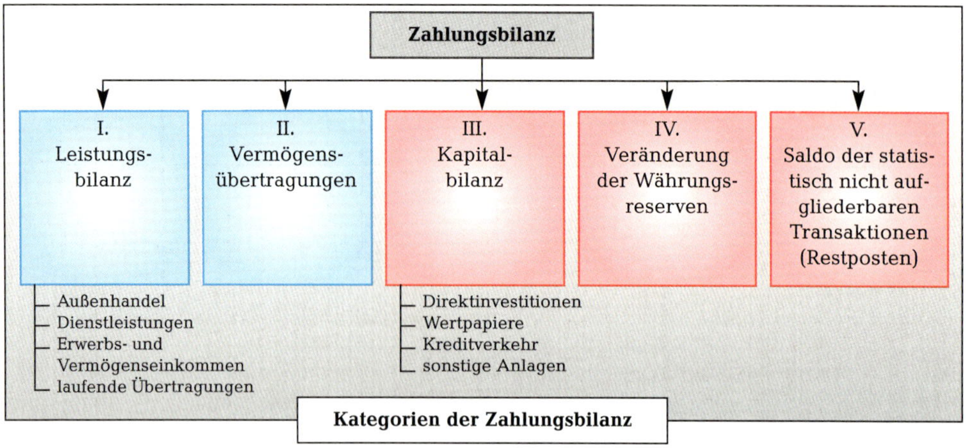

Abb. 10.22

Beispiel:

Das statistische Amt eines Landes erfasst zum Zwecke der Erstellung der nationalen Zahlungsbilanz folgende internationale Transaktionen:

		Inlandswährung in Mrd. GE
1.	Das Land A exportiert Waren in das Devisenausland gegen Zahlung mit Wechsel. (Die Wechsel lauten auf Fremdwährungen.)	56
2.	Die Exporterlöse (Devisen) werden teilweise bei der Zentralbank gegen Binnenwährung eingetauscht.	45
3.	Das Land A erbringt für das Devisenausland Transportleistungen gegen Zahlung mit Schecks. (Die Schecksummen lauten auf Fremdwährung.)	14
4.	Die Devisenerlöse werden vollständig bei der Zentralbank in Binnenwährung eingetauscht.	14
5.	Das Land A importiert aus dem Devisenausland Waren gegen Zahlung mit Schecks. (Die Schecksummen lauten auf Fremdwährung.)	40
6.	Die erforderlichen Devisen werden teilweise bei der Zentralbank gekauft.	36
7.	Die Inländer geben während ihrer Auslandsreisen Devisen aus.	20
8.	Die erforderlichen Devisen werden von den Kreditinstituten bei der Zentralbank gekauft.	20
9.	Warenexporte gegen langfristigen Kredit.	15
10.	Warenimporte gegen langfristigen Kredit.	12
11.	Das Land A zahlt Beiträge in Fremdwährung an die UN. (Von der Zentralbank abgerufen.)	8
12.	Land A erhält von der EU eine einmalige Zahlung in Binnenwährung zur Förderung strukturschwacher Gebiete.	3
13.	Das Land A gewährt einen Entwicklungshilfekredit in Devisen. (Von der Zentralbank abgerufen.)	6
14.	Das Land A erlässt einem Entwicklungsland Schulden.	2
15.	Inländer beziehen aus dem Ausland Zinsen, Dividenden und Arbeitseinkommen.	4
16.	Ausländer beziehen aus dem Inland Zinsen, Dividenden und Arbeitseinkommen.	1
17.	Inländische Sparer bringen Inlandsgeld ins Ausland („Koffergeschäfte").	2

Zahlungsbilanz																	
		Aktivseite										Passivseite					
		I. Leistungsbilanz								II. Vermögensübertragungen		III. Kapitalbilanz		IV. Veränderung der Währungsreserven		V. Saldo der statistisch nicht aufgliederbaren Transaktionen (Restposten)	
		Außenhandel		Dienstleistungen		Erwerbs- und Vermögenseinkommen		Laufende Übertragungen									
Transaktionen	Summen in Mrd. GE	Export	Import	Einnahmen	Ausgaben	Einnahmen	Ausgaben	Einnahmen	Ausgaben	Einnahmen	Ausgaben	Ausgaben*	Einnahmen**	Ausgaben	Einnahmen	Einnahmenkorrektur	Ausgabenkorrektur
1	56	56											56				
2	45											45			45		
3	14			14									14				
4	14											14			14		
5	40		40									40					
6	36												36	36			
7	20				20							20					
8	20												20	20			
9	15	15											15				
10	12		12									12					
11	8								8					8			
12	3									3			3				
13	6								6					6			
14	2										2	2					
15	4					4							4				
16	1						1					1					
17	2											2					2
Summen		71	52	14	20	4	1		14	3	2	136	148	70	59		2
Salden			19	6			3	14			1	12			11	2	
		71	71	20	20	4	4	14	14	3	3	148	148	70	70	2	2

* Ausgaben (kurzfristig), Verbindlichkeitszugänge (langfristig) und Forderungsabgänge.

** Einnahmen (kurzfristig), Forderungszugänge (langfristig) und Verbindlichkeitsabgänge.

Tabelle 10.5

Aus dem Zahlenbeispiel folgt, dass die Zahlungsbilanz formal (äußerlich) immer **ausgeglichen** sein muss. Der Grund: Alle Transaktionen werden *zwei Mal* gebucht.

Wird in der Wirtschaftspolitik und in der Wirtschaftspresse von **unausgeglichener Zahlungsbilanz (Zahlungsbilanzungleichgewicht)** gesprochen, ist stets die **Leistungsbilanz** einschließlich der Vermögensbilanz gemeint. In diesem Sinne liegt ein **Zahlungsbilanzüberschuss** vor, wenn die Leistungsbilanz einschließlich Vermögensbilanz positiv ist (Einnahmen > Ausgaben). Ein **Zahlungsbilanzdefizit** ist gegeben, wenn die Leistungsbilanz einschließlich Vermögensbilanz negativ ist (Ausgaben > Einnahmen).

Reiner Zufall wäre, wenn *alle Teilbilanzen* ausgeglichen wären. Im Beispiel ergeben sich folgende Situationen:

1. Die Außenhandelsbilanz ist **aktiv,** weil die Exporte wertmäßig höher als die Importe sind.
2. Der Saldo der Dienstleistungen ist **defizitär** (negativ, passiv). Die Ausgaben für ausländische Dienstleistungen übersteigen wertmäßig die vom Inland für das Ausland erbrachten Dienstleistungen.
3. Der Saldo der Erwerbs- und Vermögenseinkommen ist **positiv,** weil die von Inländern aus dem Ausland bezogenen Erwerbs- und Vermögenseinkommen höher als die von Ausländern aus dem Inland bezogenen Erwerbs- und Vermögenseinkommen sind.
4. Der Saldo der laufenden Übertragungen ist **defizitär,** weil lediglich Zahlungen an das Ausland vorgenommen wurden.
5. Der Saldo der Vermögensübertragungen ist **positiv:** Die Einnahmen übersteigen die Ausgaben.
6. Die Kapitalbilanz weist einen **Überschuss** aus. Die „Einnahmen" (Forderungszugänge, Verbindlichkeitsabgänge) sind höher als die „Ausgaben" (Verbindlichkeitszugänge bzw. Forderungsabgänge).
7. Der Posten Veränderung der Währungsreserven zeigt ein **Defizit** (einen Fehlbetrag) in Höhe von 11 Mrd. GE, weil den der Bundesbank zugeflossenen Devisen in Höhe von 59 Mrd. GE ein Devisenabfluss von 70 Mrd. GE gegenübersteht.
8. Der Saldo der statistisch nicht aufgliederbaren Transaktionen (Restposten der Zahlungsbilanz) beträgt 2 Mrd. GE.
9. Der **Saldo der Leistungsbilanz** (siehe Tab. 10.6, Seite 513) beträgt **2 Mrd. GE.** Er berechnet sich wie folgt: + 19 Mrd. GE (Außenhandelsüberschuss) – 6 Mrd. GE (Defizit der Dienstleistungsbilanz) + 3 Mrd. GE (positiver Saldo der Erwerbs- und Vermögenseinkommen) - 14 Mrd. GE (Defizit aus den laufenden Übertragungen).

Aus der Zahlungsbilanz ergeben sich folgende Zusammenhänge:

Leistungsbilanz	+	Vermögensübertragungen	=	Kapitalbilanz	+	Veränderung der Währungsreserven	+	Restposten

Mit den Zahlen des Beispiels:

(+ 2)	+	(+ 1)	=	(+ 12)	+	(– 11)	+	(+ 2)

Man kann auch schreiben:

Leistungsbilanz	+	Vermögensübertragungen	–	Kapitalbilanz	–	Veränderung der Währungsreserven	–	Restposten	=	0

Mit den Zahlen des Beispiels:

(+ 2)	+	(+ 1)	–	(+ 12)	–	(– 11)	–	(+ 2)	=	0
2	+	1	–	2	+	11	–	2	=	0

Das Zahlungsbilanzschema der Deutschen Bundesbank hat folgendes Aussehen (vereinfacht):

Wichtige Posten der Zahlungsbilanz

I. Leistungsbilanz	
1. Außenhandel	
Ausfuhr	+ 71 Mrd. GE
Einfuhr	– 52 Mrd. GE
Saldo	+ 19 Mrd. GE
2. Dienstleistungen	
Einnahmen	+ 14 Mrd. GE
Ausgaben	– 20 Mrd. GE
Saldo	– 6 Mrd. GE
3. Erwerbs- und Vermögenseinkommen (Saldo)	+ 3 Mrd. GE
4. Laufende Übertragungen	
Fremde Leistungen	--
Eigene Leistungen	– 14 Mrd. GE
Saldo	– 14 Mrd. GE
Saldo der Leistungsbilanz	+ 2 Mrd. GE
II. Vermögensübertragungen	
Fremde Leistungen	+ 3 Mrd. GE
Eigene Leistungen	– 2 Mrd. GE
Saldo	+ 1 Mrd. GE
III. Kapitalbilanz (Saldo)	– 12 Mrd. GE
IV. Veränderung der Währungsreserven	+ 11 Mrd. GE
V. Restposten	– 2 Mrd. GE

Tabelle 10.6

33 Hartmann – ISBN 978-3-8120-0320-9

Wichtige Posten der Zahlungsbilanz

Mrd €

Position	2005	2006	2007
I. Leistungsbilanz			
1. Außenhandel			
Ausfuhr (fob)	786,3	893,0	969,0
Einfuhr (cif)	628,1	734,0	770,4
Saldo	+ 158,2	+ 159,0	+ 198,6
Ergänzungen zum Außenhandel	– 13,8	– 12,7	– 9,4
2. Dienstleistungen (Saldo)	– 24,9	– 15,6	– 16,3
darunter: Reiseverkehr (Saldo)	– 36,3	– 32,8	– 34,2
3. Erwerbs- und Vermögenseinkommen (Saldo)	+ 25,7	+ 37,6	+ 42,0
darunter: Vermögens-einkommen (Saldo)	+ 27,1	+ 38,6	+ 42,6
4. Laufende Übertragungen (Saldo)	– 28,6	– 26,9	– 30,7
Saldo der Leistungsbilanz	+ 116,6	+ 141,5	+ 184,2
II. Saldo der Vermögens-übertragungen	– 1,2	– 0,2	+ 0,2
III. Kapitalbilanz			
1. Direktinvestitionen	– 21,6	– 31,5	– 85,1
2. Wertpapiere	– 30,9	– 10,3	+ 134,6
3. Finanzderivate	– 9,0	– 6,5	– 71,2
4. Übriger Kapital-verkehr	– 71,3	– 105,7	– 198,1
5. Veränderung der Währungsreserven zu Transaktionswerten (Zunahme: –)	+ 2,2	+ 2,9	– 1,0
Saldo der Kapitalbilanz	– 130,7	– 151,1	– 220,9
IV. Saldo der statistisch nicht aufgliederbaren Transaktionen (Restposten)	+ 15,4	+ 9,8	+ 36,4

Quelle: Monatsbericht der Deutschen Bundesbank, März 2008, S. 22.

Tabelle 10.7

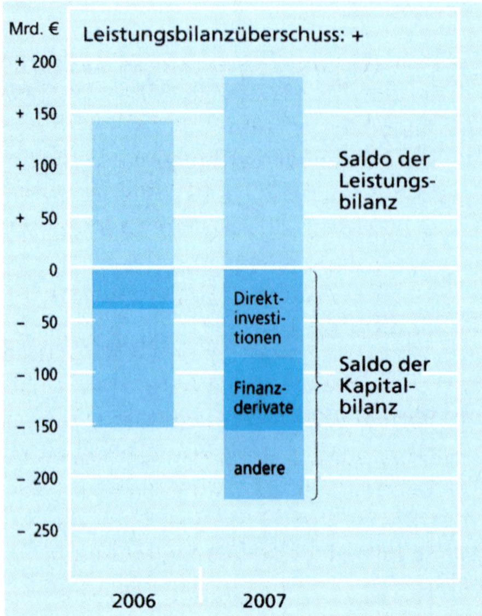

Abb. 10.23[1]

Außenhandel 2007

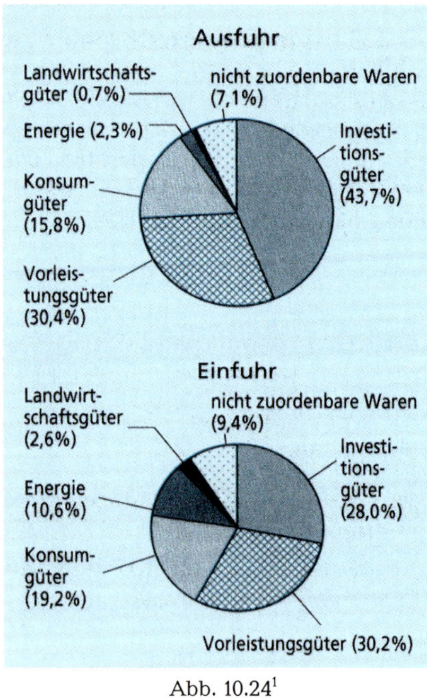

Abb. 10.24[1]

1 Quelle: Monatsbericht der Deutschen Bundesbank, März 2008, S. 19 und 23.

Merke:

- Die **Zahlungsbilanz** ist die statistische Gegenüberstellung aller grenzüberschreitenden Transaktionen eines Staates oder eines Währungsgebiets im internationalen Kapital-, Waren- und Dienstleistungsverkehr.
- Die Werte der Zahlungsbilanz dienen als **Grundlage für wirtschaftspolitische Entscheidungen** der Zentralbank und der Regierungen.
- Die Zahlungsbilanz wird in folgende **Kategorien („Teilbilanzen")** eingeteilt:
  I. Leistungsbilanz;
  II. Vermögensübertragungen;
  III. Kapitalbilanz;
  IV. Veränderung der Währungsreserven;
  V. Saldo der statistisch nicht aufgliederbaren Transaktionen (Restposten).
- **Formal** ist die **Zahlungsbilanz** immer **ausgeglichen.**
- Eine **unausgeglichene Zahlungsbilanz** (ein Zahlungsbilanzungleichgewicht) liegt vor, wenn die Leistungsbilanz einschließlich der „Bilanz der Vermögensübertragungen" positiv oder negativ ist.
- Es gilt folgende Bilanzgleichung:

Leistungsbilanz	+	Vermögensbilanz	=	Kapitalbilanz	+	Veränderung der Währungsreserven	+	Saldo der statistisch nicht aufgliederbaren Transaktionen

10.3.2 Zahlungsbilanzungleichgewichte

Wie sagte doch KURT TUCHOLSKY: „Der Wohlstand eines Landes beruht auf seiner aktiven und passiven Handelsbilanz." Etwas Wahres ist tatsächlich daran: Beruht ein Zahlungsbilanzdefizit auf einer passiven Handelsbilanz, lebt ein Volk auf Kosten der anderen. Ist ein Zahlungsbilanzüberschuss auf eine aktive Handelsbilanz zurückzuführen, wird die Vollbeschäftigung auf Kosten der Abnehmerländer gesichert.

Arten und Ursachen der Zahlungsbilanzungleichgewichte

In den nachstehenden Übersichten werden die wichtigsten Arten (Erscheinungsformen) und Ursachen der Zahlungsbilanzungleichgewichte einander gegenübergestellt. Zur Wiederholung halten wir fest:

- Ein **Zahlungsbilanzüberschuss** liegt vor, wenn die Leistungsbilanz einschließlich Vermögensbilanz *aktiv* ist.
- Ein **Zahlungsbilanzdefizit** liegt vor, wenn die Leistungsbilanz einschließlich Vermögensbilanz *passiv* ist.

Unter sonst gleichen Bedingungen kann man vor allem folgende Arten von Zahlungsbilanzungleichgewichten unterscheiden:

Wichtige Arten der Zahlungsbilanzungleichgewichte

Zahlungsbilanzdefizite	Zahlungsbilanzüberschüsse
1. Die Warenimporte sind wertmäßig größer als die Warenexporte (passive Handelsbilanz). 2. Die Importe von Dienstleistungen sind wertmäßig größer als die Exporte von Dienstleistungen (passive Dienstleistungsbilanz). 3. Die unentgeltlichen Leistungen an das Ausland sind größer als die unentgeltlichen Leistungen des Auslands (passive Übertragungsbilanz).	1. Die Warenexporte sind wertmäßig größer als die Warenimporte (aktive Handelsbilanz). 2. Die Exporte von Dienstleistungen sind wertmäßig größer als die Importe von Dienstleistungen (aktive Dienstleistungsbilanz). 3. Die unentgeltlichen Leistungen des Auslands sind größer als die unentgeltlichen Leistungen an das Ausland (aktive Übertragungsbilanz).

Übersicht 10.1

Wichtige Ursachen der Zahlungsbilanzungleichgewichte

Zahlungsbilanzdefizit	Zahlungsbilanzüberschuss
1. Exporte wertmäßig geringer als Importe: a) Inlandswaren bzw. -leistungen teurer als im Ausland; b) Inlandsproduktion mangels technischer Reife im Ausland nicht gefragt; c) Wechselkurs zu hoch (Mengennotierung. 2. Hohe unentgeltliche Leistungen an das Ausland: a) Beschäftigung ausländischer Gastarbeiter; b) politische Gründe (Stationierungskosten, Reparationen, Zahlungen an internationale Organisationen).	1. Exporte wertmäßig höher als Importe: a) Inlandswaren bzw. -leistungen billiger als im Ausland; b) Inlandsproduktion technisch ausgereifter als die des Auslands; c) Wechselkurs zu niedrig (Mengennotierung). 2. Hohe unentgeltliche Leistungen des Auslands: a) Inländer arbeiten im Ausland; b) politische Gründe (Empfänger von Reparationen, unentgeltliche Entwicklungshilfe, Empfänger von Zahlungen internationaler Organisationen).

Übersicht 10.2

Wirkungen von Zahlungsbilanzungleichgewichten

Genauere Aussagen über die Wirkungen von Zahlungsbilanzungleichgewichten kann man nur in Bezug auf Einzelstaaten mit eigener Währung oder in Bezug auf ganze Währungsgebiete wie z.B. die WWU treffen. Der Grund: Transaktionen zwischen den Mitgliedstaaten einer Währungsunion verändern zwar die nationalen Zahlungsbilanzen, nicht aber die Zahlungsbilanz der Währungsunion.

Beispiel:

Belgien hat einen Zahlungsbilanzüberschuss gegenüber Spanien. Die Geldmenge innerhalb des Euro-Währungsgebiets ändert sich dadurch nicht. Eine Aussage darüber, wie sich die lokalen Preise verhalten werden, ist nicht möglich. Es lässt sich lediglich feststellen, dass unter sonst gleichen Bedingungen die Beschäftigungslage im Exportland positiv beeinflusst wird.

Die folgenden Überlegungen beziehen sich daher stets auf die Zahlungsbilanz eines Währungsgebiets (das aus einem einzelnen Staat oder einer Staatengemeinschaft bestehen kann).

1. Wirkungen einer passiven (defizitären) Zahlungsbilanz

Eine passive (defizitäre) Zahlungsbilanz kann häufig auf zu niedrige Exporte von Waren und Dienstleistungen ins Devisenausland und/oder auf eine passive Übertragungsbilanz (Vermögensübertragungen ins Devisenausland > als Vermögensübertragungen aus dem Devisenausland) zurückzuführen sein. Beides führt - je nach Zahlungsbedingungen - kurz- oder langfristig zu Devisenmangel, weil

a) aus dem Export in Fremdwährungsländer zu wenig Devisen erlöst werden, um die Importe aus Fremdwährungsländern zu bezahlen, und
b) aufgrund hoher unentgeltlicher Übertragungen an Fremdwährungsländer Devisen abfließen.

Letztlich bedeuten **Nettodevisenabflüsse** (Devisenabflüsse > Devisenzuflüsse) eine Verminderung der Geldmenge im eigenen Währungsgebiet, weil die Zentralbank durch die Abgabe von Devisen eigenes Geld (Binnenwährung) vernichtet. Die Wirkungen abnehmender Geldmenge sind bekannt: Inflationäre Tendenzen werden gemildert, die Beschäftigung wird beeinträchtigt. In der gleichen Richtung wirkt der Versuch, bisherige Zahlungsbilanzüberschüsse abzubauen.

2. Wirkungen einer aktiven Zahlungsbilanz

Ein Zahlungsbilanzüberschuss hat entgegengesetzte Folgen. Übersteigen die Exporte in das Devisenausland die Importe aus dem Devisenausland bzw. ist die Übertragungsbilanz aktiv (Vermögensübertragungen aus dem Devisenausland > Vermögensübertragungen in das Devisenausland), entstehen kurz- oder langfristig - je nach Zahlungsbedingungen - **Devisenüberschüsse,** weil

a) aus dem Export in Fremdwährungsländer mehr Devisen erlöst als für den Import aus Fremdwährungsländern benötigt werden und
b) aufgrund hoher unentgeltlicher Übertragungen aus Fremdwährungsländern Devisen in das eigene Währungsgebiet einströmen.

Letzten Endes bewirken **Nettodevisenzuflüsse** (Devisenzuflüsse > Devisenabflüsse) eine Erhöhung der Geldmenge im eigenen Währungsgebiet, weil die Zentralbank durch den Ankauf von Devisen zusätzliches eigenes Geld (Binnenwährung) schöpft. Die Wirkungen steigender Geldmengen wurden ausführlich behandelt (Kapitel 8.4.2 und 8.4.8.1): Die Beschäftigung wird erhöht; bei bereits bestehender Vollbeschäftigung drohen Konjunkturüberhitzung und Inflationsgefahr („importierte Inflation").

Wirkungen der Zahlungsbilanzungleichgewichte

Zahlungsbilanzdefizite	Zahlungsbilanzüberschüsse
1. Geldumlauf verringert sich;	1. Geldumlauf erhöht sich;
2. Zinsniveau steigt;	2. Zinsniveau fällt;
3. Rückgang der Beschäftigung;	3. Beschäftigung nimmt zu;
4. Rückgang der Preissteigerungsraten, deflationistische Tendenzen auf vollkommenen Märkten.	4. Bei Vollbeschäftigung Preissteigerungen.
Folge:	Folge:
5. Wechselkurse sinken (Außenwert des Geldes nimmt ab).	5. Wechselkurse steigen (Außenwert des Geldes nimmt zu).

Übersicht 10.3

Möglichkeiten des automatischen Zahlungsbilanzausgleichs

Beschränken sich die außenwirtschaftlichen Beziehungen eines Währungsgebiets (eines Staates oder einer Währungsunion) auf den Ex- und Import von Waren und Dienstleistungen in Fremdwährungsländer und werden die Ex- und Importe bar bezahlt, dann entspricht dem wertmäßigen Export das **Devisenangebot,** dem wertmäßigen Import die **Devisennachfrage.** Unterstellt man des Weiteren, dass die Preise in den am Handel beteiligten Währungsgebieten flexibel – d.h. nach oben *und* unten beweglich – sind, wird über frei schwankende Wechselkurse der Zahlungsbilanzausgleich immer wieder *automatisch* herbeigeführt **(Wechselkursmechanismus).**

Es scheint, als sichere der Wechselkursmechanismus bei flexiblen Wechselkursen jederzeit das Gleichgewicht im Außenhandel. Dies wäre in der Regel auch der Fall, wenn nicht ein Teil der Ex- und Importgeschäfte mit Fremdwährungsländern gegen *Kredit* abgewickelt würde, wenn kein Kapitalverkehr stattfände und es schließlich keine unentgeltlichen Leistungen gäbe. So aber hängt die Nachfrage nach Devisen bzw. das Angebot von Devisen auch von außerökonomischen Faktoren ab (z.B. Zahlungen an internationale Organisationen, Hilfen bei Umweltkatastrophen in Fremdwährungsländer).

Aber selbst wenn wir von den nicht export- und importabhängigen Transaktionen mit dem Devisenausland absehen, lehrt uns die Preistheorie, dass sich ein Gleichgewichtspreis (hier: Gleichgewichtskurs) nur dann relativ schnell einstellen kann, wenn die Anbieter und Nachfrager auf irgendwelche Marktänderungen wie bei der Börse schnell reagieren können. Im Import- und Exportgeschäft spielt aber der Zeitfaktor eine erhebliche Rolle. Viele Außenhandelsgeschäfte bedürfen zu ihrer Abwicklung Monate, sogar Jahre. Man denke nur an einen Exportauftrag eines Fremdwährungslands zur Errichtung einer Fabrikanlage.

Da es mithin in Wirklichkeit keinen vollständigen automatischen Zahlungsbilanzausgleich gibt, ist es erforderlich, dass wirtschaftspolitische Maßnahmen ergriffen werden, um die Zahlungsbilanz zumindest langfristig zum Ausgleich zu bringen. Dies besagt nicht, dass stets eine aktive Zahlungsbilanz (ein Zahlungsbilanzüberschuss) anzustreben sei. In Zeiten der Unterbeschäftigung ist eine aktive Zahlungsbilanz (ein Zahlungsbilanzüberschuss) wünschenswert, weil so die Beschäftigung gefördert wird. In Zeiten der Hochkonjunktur mit Inflation kann ein Zahlungsbilanzdefizit von Nutzen sein, weil die Inflation gedämpft und die Überbeschäftigung abgebaut wird.

Merke:

- **Zahlungsbilanzungleichgewichte** beeinflussen die Binnenkonjunktur.
- Ein **Zahlungsbilanzdefizit** dämpft die Inflation, beeinträchtigt aber die Beschäftigung.
- Ein **Zahlungsbilanzüberschuss** fördert die Beschäftigung, verstärkt aber die Inflationsrate.
- Eine wichtige Aufgabe der **Außenwirtschaftspolitik** ist, für den **Zahlungsbilanzausgleich** (für außenwirtschaftliches Gleichgewicht) zu sorgen.

10.3.3 Zahlungsbilanzpolitik

10.3.3.1 Unmittelbare Maßnahmen zur Beeinflussung der Zahlungsbilanz

Die Zahlungsbilanzpolitik ist in erster Linie Aufgabe der Regierungen. Sie kann durch bestimmte Maßnahmen der Zentralbank unterstützt werden. Die Eingriffe einer Zentralbank zur Beeinflussung der Zahlungsbilanz hängen davon ab, ob es sich um ein System relativ fester oder um ein System freier Wechselkurse[1] handelt.

System freier Wechselkurse

Bei frei schwankenden Wechselkursen (beim „Floating") haben die Regierungen nicht die Möglichkeit, unmittelbar auf das Devisenangebot bzw. auf die Devisennachfrage Einfluss zu nehmen, weil sich die Kurse auf einem freien Devisenmarkt einpendeln. Sie können nur mittelbar auf die Entwicklung der Zahlungsbilanz einwirken, indem sie beispielsweise die Exporte fördern oder die Importe bremsen.[2] Beim System freier Wechselkurse ist es vielmehr der Zentralbank überlassen, ob sie **Wechselkurspolitik** betreiben will oder nicht.

- Die Zentralbank kann Devisen kaufen, wenn sie die Wechselkurse halten oder senken möchte (Mengennotierung). Der Außenwert der Fremdwährung wird gestützt („Stützungskäufe").

Diese Maßnahme bewirkt, dass die Exporte gefördert und die Importe gebremst werden. Ein etwa vorhandenes Zahlungsbilanzdefizit wird verringert bzw. ein vorhandener Überschuss wird vergrößert.

- Die Zentralbank kann Devisen verkaufen, wenn sie die Wechselkurse erhöhen möchte (Mengennotierung). Der Außenwert der Binnenwährung wird erhöht.

Devisenverkäufe bewirken, dass die Exporte gebremst und die Importe gefördert werden. Ein etwa vorhandener Zahlungsbilanzüberschuss wird verringert bzw. ein vorhandenes Defizit vergrößert.

Devisenkäufe und -verkäufe der Europäischen Zentralbank wirken sich zwar unmittelbar auf die Zahlungsbilanz der WWU aus. Inwieweit die nationalen Zahlungsbilanzen von den währungspolitischen Maßnahmen der EZB betroffen werden, lässt sich nur im Einzelfall beurteilen.

System relativ fester Wechselkurse

Bei festen Wechselkursen obliegt es den Regierungen (in Zusammenarbeit mit der Zentralbank) Wechselkurspolitik zu betreiben, denn sie haben die Möglichkeit, auf- oder abzuwerten.[3]

- Liegt der **Gleichgewichtskurs** langfristig **unter dem unteren Interventionspunkt,** müssen die Wechselkurse herabgesetzt werden. Die Binnenwährung wird also abgewertet.

---

1 Siehe Kapitel 10.2.1.1.

2 Näheres siehe S. 521 f.

3 Zur Auf- und Abwertung siehe Kapitel 10.2.1.4.

Die Folge ist, dass die Exporte gefördert und die Importe gebremst werden. Es ist zu erwarten, dass sich infolgedessen ein Zahlungsbilanzdefizit verringert.

- Liegt der **Gleichgewichtskurs** langfristig **über dem oberen Interventionspunkt,** müssen die Wechselkurse heraufgesetzt werden. Die Binnenwährung wird also aufgewertet.

Die Folge ist, dass die Exporte gebremst und die Importe gefördert werden. Es ist zu erwarten, dass infolgedessen ein Zahlungsbilanzüberschuss abgebaut wird.

Unmittelbare Maßnahmen zur Beeinflussung der Zahlungsbilanz

Arten der Maßnahmen	Zweck und Wirkungen
1. Maßnahmen der Regierungen	
a) bei festen Wechselkursen	
aa) Aufwertung	Kurs[1] zu niedrig; Importe werden gefördert, Exporte werden gebremst; Zahlungsbilanzüberschüsse werden abgebaut; Dämpfung der Hochkonjunktur; Verringerung der Preissteigerungsraten.
ab) Abwertung	Kurs[1] zu hoch; Importe werden gebremst; Exporte werden gefördert; Zahlungsbilanzdefizite werden verringert, Konjunkturförderungsmaßnahme.
b) Übergang zu freien Wechselkursen	Abwehr von Spekulationen, Versuch, „natürlichen" Wechselkurs durch Marktmechanismen finden zu lassen.
2. Maßnahmen der Zentralbank	
a) bei festen Wechselkursen	
aa) Devisenkäufe	Kurs[1] droht oberen Interventionspunkt zu überschreiten. Der Geldumlauf im eigenen Währungsgebiet wird vermehrt. Zahlungsbilanzdefizit wird verringert; Beschäftigung wird erhöht, bei Vollbeschäftigung verstärkte Inflationstendenzen.
ab) Devisenverkäufe	Kurs[1] droht unteren Interventionspunkt zu unterschreiten. Der Geldumlauf im eigenen Währungsgebiet wird verringert. Zahlungsbilanzüberschuss wird abgebaut; Dämpfung der Preissteigerungsraten; Gefahr für Vollbeschäftigung.
b) bei freien Wechselkursen	Zentralbank *muss* nicht, *kann* aber eingreifen. Devisenkäufe, um weitere Kurssteigerungen, Devisenverkäufe, um weitere Kurssenkungen zu verhindern.

Übersicht 10.4

10.3.3.2 Mittelbare Maßnahmen zur Beeinflussung der Zahlungsbilanz

Während eine aktive Zahlungsbilanz verhältnismäßig leicht zu korrigieren ist,[2] stellt eine ständig passive Zahlungsbilanz die Wirtschaftspolitiker vor große Probleme: Die Devisenvorräte sind knapp, Importe müssen mit zu verzinsenden Krediten aus dem Ausland finanziert werden und die Beschäftigung wird beeinträchtigt. Das Zahlungsbilanzdefizit kann nur behoben werden, wenn die Exporte gefördert und die Importe eingedämmt werden.

1 Mengennotierung.
2 Aufwertung, Einstellung der Stützungskäufe durch die Notenbank, Importerhöhung.

Exportförderung

Staatliche Exportförderungsmaßnahmen sind vor allem:

1. **Handelsabkommen**

   Sie stellen kurzfristige Verträge mit einzelnen Ländern dar, so z.B. die Handelsabkommen, die die Bundesrepublik Deutschland mit zentral verwalteten Staaten wie z.B. der Volksrepublik China abschließt, in denen Warenarten und -mengen, die zu liefern bzw. abzunehmen sind, festgelegt werden.

2. **Handelsverträge**

   Sie sind langfristige Vereinbarungen mit anderen Ländern, um den zwischenstaatlichen Handel zu regeln. Handelsverträge enthalten unter anderem auch Zollvereinbarungen.

3. **Steuerpolitische Maßnahmen**

   Ausfuhrlieferungen der Bundesrepublik Deutschland sind steuerfrei. Desgleichen wird für Waren, die aus dem Ausland zum Zweck der Veredelung eingeführt und wieder exportiert werden, kein Einfuhrzoll erhoben.

4. **Staatliche Bürgschaften und Garantien**

   Wirtschaftliche und politische Risiken werden den Exporteuren auf Antrag teilweise vom Staat abgenommen, und zwar in Form von Ausfuhrgarantien und -bürgschaften.

5. **Subventionen**

   Während Steuerbefreiungen indirekte Subventionen darstellen, können die Exportländer auch direkte Subventionen leisten. Dazu gehören z.B. Barzuschüsse, Zinssubventionen, Ausfuhrprämien, Investitionshilfen und Exportkredite. Obwohl die direkten Subventionen als Verstoß gegen die internationalen Handelsregeln angesehen werden, sind sie an der Tagesordnung.

6. **Dumping**[1]

   Obgleich es die allgemeine Überzeugung ist, dass die Beeinträchtigung des internationalen Handels alle beteiligten Volkswirtschaften langfristig schädigt, sehen die Defizitländer (die Länder mit hohen Importüberschüssen) häufig keine andere Möglichkeit, als ihre Situation durch Dumpingmaßnahmen zu verbessern. Dumping gilt als unlauteres (unfaires) Instrument der Außenwirtschaftspolitik.

   Man unterscheidet u.a. folgende Dumpingarten:

   - **Subventionsdumping.** Die Regierungen der Lieferländer subventionieren ihre Exportwirtschaft derart, dass die Hersteller in den Importländern konkurrenzfähig werden.
   - **Sozialdumping.** Hier wird Ländern mit niedrigen Reallöhnen vorgeworfen, sie beschafften sich durch unterdurchschnittliche Bezahlung ihrer Arbeitskräfte ungerechtfertigte Vorteile im internationalen Handel.
   - **Valutadumping**[2]**.** Ländern, die abgewertet haben, oder Ländern, die trotz hoher Exportüberschüsse und Vollbeschäftigung nicht aufwerten wollen, wird vorgeworfen, dass sie ihren Export und damit ihre Beschäftigung auf Kosten anderer Länder fördern.

---

1 Dumping (engl.) = Dämpfung, Druck; hier: Ausfuhr zu Schleuderpreisen.

2 Valuta = Kurswert einer Währung.

Importbeschränkung

Importbeschränkende Maßnahmen können sein:

1. **Importzölle**

   Zölle, die aus zahlungsbilanzpolitischen Gründen eingeführt bzw. erhöht werden, sind **Schutzzölle.** Soll eine im Aufbau befindliche inländische Industrie vorübergehend vor ausländischer Konkurrenz geschützt werden, spricht man von **Erziehungszöllen.** Erziehungszölle spielen vor allem für die Entwicklungsländer eine Rolle. Haben Zölle den ausschließlichen Zweck, die Staatseinnahmen zu erhöhen, handelt es sich um **Finanzzölle.**

2. **Importkontingentierung**[1]

   Die mengenmäßige Importbeschränkung führt häufig dazu, dass die Importeure größere Mengen bei den Genehmigungsbehörden anmelden, als sie tatsächlich zu importieren beabsichtigen. Deshalb verlangen Staaten mit Importkontrollen häufig finanzielle Hinterlegungen in Höhe eines bestimmten Prozentsatzes des Importwertes **(= Bardepot),** sodass sich indirekt der Import verteuert und auf diese Weise gebremst wird.

3. **Devisenbewirtschaftung**[2]

   In diesem Fall werden die Exporteure gezwungen, ihre Devisenerlöse an die Devisenbehörde abzuliefern (zu verkaufen). Die Importeure (auch private Reisende ins Devisenausland) müssen die Zuteilung von Devisen beantragen. Dabei bleibt es der staatlichen Devisenbehörde überlassen, die verfügbaren Mittel nach Importländern, Importwaren und -dienstleistungen sowie auf die verschiedenen Importeure aufzuteilen.

   Importkontingentierung und Devisenbewirtschaftung stellen marktkonträre Eingriffe in die Außenwirtschaft dar.

Merke:

- **Mittelbare Maßnahmen** zur **Beseitigung von Zahlungsbilanzdefiziten** sind:
  1. **Exportförderung** durch
     - Handelsabkommen und -verträge,
     - steuerpolitische Maßnahmen,
     - Übernahme staatlicher Bürgschaften und Garantien,
     - Exportsubventionen.
  2. **Importdrosselung** durch
     - Einführung und/oder Erhöhung von Importzöllen,
     - Importkontingentierung,
     - Devisenbewirtschaftung.
- Eine **mittelbare Maßnahme** zum **Abbau von Zahlungsbilanzüberschüssen** ist die Öffnung der Binnenmärkte nach außen (z.B. durch Zollsenkung bzw. -abschaffung).

1 Kontingentierung = mengenmäßige Begrenzung.

2 Das Gegenteil der Devisenbewirtschaftung („Devisenzwangswirtschaft") ist die Konvertibilität, d.h. die freie Austauschbarkeit der Währungen.

Aufgaben zur Lernkontrolle

1. Mit einem großen und einem kleinen Plus – so präsentierten sich die beiden wichtigen außenwirtschaftlichen Bilanzen der Bundesrepublik Deutschland für das Jahr 2006. Der Überschuss in der Handelsbilanz erreichte 143,4 Mrd. Euro. Die Leistungsbilanz, die neben dem Warenaustausch auch den Dienstleistungsverkehr und die laufenden Zahlungsvorgänge mit dem Ausland erfasst, wies zum sechsten Mal seit 1991 einen Überschuss auf.

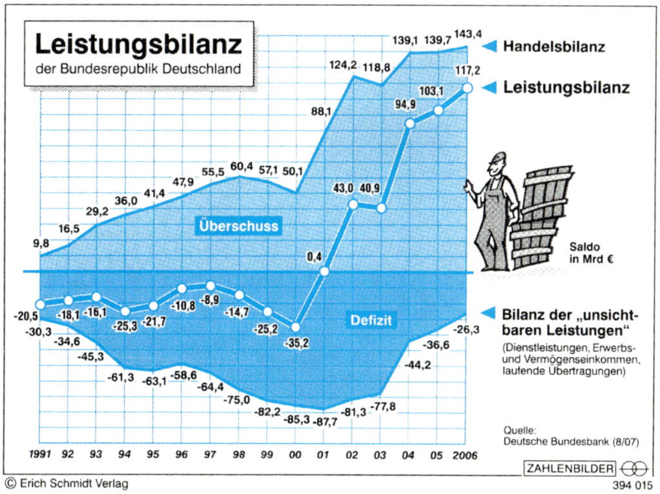

1.1 Nennen Sie die Kategorien („Teilbilanzen") der Leistungsbilanz und bringen Sie jeweils ein Beispiel für die Inhalte dieser Teilbilanzen!

1.2 Überlegen Sie Ursachen dafür, dass die Leistungsbilanz der Bundesrepublik Deutschland von 1991 bis 2000 defizitär war!

1.3 Begründen Sie, warum Zugänge in der Leistungsbilanz im „Soll", in der Kapitalbilanz jedoch im „Haben" gebucht werden!

1.4 Begründen Sie, warum die Zahlungsbilanz formal immer ausgeglichen sein muss!

1.5 Welche Tatbestände sind gemeint, wenn in der Presse zu lesen ist, dass die Zahlungsbilanz eines Landes unausgeglichen sei?

1.6 Lesen Sie § 1 StabG!

1.6.1 Was wird hier von Bund und Ländern in Bezug auf die Zahlungsbilanz verlangt?

1.6.2 Versuchen Sie, die unter 1.6.1 genannte Zielsetzung zu begründen!

2. 2.1 Erstellen Sie die Zahlungsbilanz des Landes B (Inland) nach dem Muster der Tabelle auf S. 511 und buchen Sie folgende Transaktionen:

1.	Das Land B exportiert Waren in das Devisenausland gegen Zahlung mit Scheck (die Schecks lauten auf Fremdwährung)	40 Mrd. GE
2.	Die Exporterlöse (Devisen) werden teilweise bei der Zentralbank gegen Binnenwährung eingetauscht	36 Mrd. GE
3.	Das Land B nimmt für Dienstleistungen Devisen ein	15 Mrd. GE
4.	Die Deviseneinnahmen werden teilweise bei der Zentralbank gegen Binnenwährung eingetauscht	13 Mrd. GE
5.	Das Land B importiert Waren gegen Zahlung mit Scheck (die Schecks lauten auf Fremdwährung)	50 Mrd. GE
6.	Erforderliche Devisen werden bei der Zentralbank gekauft	46 Mrd. GE

7.	Das Land B zahlt für Dienstleistungen Devisen	10 Mrd. GE
8.	Erforderliche Devisen werden bei der Zentralbank gekauft	8 Mrd. GE
9.	Warenimport gegen langfristigen Kredit	15 Mrd. GE
10.	Warenexport gegen langfristigen Kredit	14 Mrd. GE
11.	Einmalige Zahlung der EU in Binnenwährung für strukturschwache Gebiete des Landes B	5 Mrd. GE
12.	Beitragszahlungen an die UN (bei der Zentralbank abgerufen)	4 Mrd. GE
13.	Langfristige Entwicklungshilfekredite in Devisen (bei der Zentralbank abgerufen)	6 Mrd. GE
14.	Zahlungen in Devisen für Entwicklungshilfe ohne Zins- und Rückzahlungsverpflichtung (bei der Zentralbank abgerufen)	5 Mrd. GE
15.	Inländer beziehen aus dem Ausland Zinsen, Dividenden und Arbeitseinkommen	2 Mrd. GE
16.	Ausländer beziehen aus dem Inland Zinsen, Dividenden und Arbeitseinkommen	3 Mrd. GE
17.	Devisenausländer bringen „im Koffer" Devisen ins Inland im Wert von	2 Mrd. GE

Beantworten Sie folgende Fragen:

2.2 Welche Unterbilanzen der Leistungsbilanz sind aktiv bzw. passiv? Warum?

2.3 Die Zahlungsbilanz ist defizitär. Warum?

2.4 Auf welche Ursache(n) lässt sich das Zahlungsbilanzdefizit zurückführen?

3. Welche Wirkungen auf Konjunktur und Wachstum eines Währungsgebiets kann eine dauernd aktive Zahlungsbilanz haben? Begründen Sie Ihre Antwort!

4. Welche Wirkungen auf Konjunktur und Wachstum eines Währungsgebiets kann eine dauernd passive Zahlungsbilanz haben? Begründen Sie Ihre Antwort!

5. Warum sollte langfristig die Zahlungsbilanz eines Währungsgebiets ausgeglichen sein? Begründen Sie Ihre Antwort!

6. Nennen und begründen Sie unmittelbare außenwirtschaftspolitische Maßnahmen der Regierungen und der Zentralbank zur Beeinflussung der Zahlungsbilanz
   a) beim System freier Wechselkurse,
   b) beim System relativ fester Wechselkurse,

   wenn ein langfristiges Zahlungsbilanzdefizit vorliegt!

7. Nennen und begründen Sie unmittelbare außenwirtschaftspolitische Maßnahmen der Regierungen und der Zentralbank zur Beeinflussung der Zahlungsbilanz
   a) beim System freier Wechselkurse,
   b) beim System relativ fester Wechselkurse,

   wenn ein langfristiger Zahlungsbilanzüberschuss besteht!

8. Nennen und begründen Sie mittelbare staatliche Maßnahmen zur Behebung eines langfristigen Zahlungsbilanzdefizits!

9. Warum bevorzugen die Regierungen eher eine aktive als eine passive Zahlungsbilanz?

10. Warum sind Zahlungsbilanzüberschüsse leichter abzubauen als Zahlungsbilanzdefizite?

10.4 Internationale Organisationen zur Regelung außenwirtschaftlicher Beziehungen

Hauptüberschriften in Zeitungen: „Das GATT wird in die WTO eingebunden"; „Norwegen lehnt den Beitritt zur EU ab"; „Das Europäische Parlament auf 785 Sitze erweitert"; „Der IWF will künftig bei der Kreditvergabe die Umweltverträglichkeit der geplanten Projekte prüfen"; „China ins marktwirtschaftliche Regelwerk der WTO integriert".

Tagtäglich lesen wir solche und ähnliche Nachrichten. Um sie zu verstehen, sind einige Grundkenntnisse erforderlich.

10.4.1 Welthandelsorganisation (WTO)

Wie kaum eine andere Institution kann die Welthandelsorganisation (**W**orld **T**rade **O**rganization = WTO) auf eine Person zurückgeführt werden: DAVID RICARDO (siehe S. 480, Aufgabe 4). Mit seiner Außenwirtschaftstheorie der komparativen Kosten legte er den Grundstein einer liberalen Außenwirtschaftsgesetzgebung und damit für die WTO. Von ihr werden die Spielregeln für den weltweiten Güter- und Dienstleistungsaustausch festgelegt. Rund neunzig Prozent des internationalen Handels mit Sachgütern, Dienstleistungen und immateriellen Werten unterliegt den WTO-Regeln.

Ihre Arbeit nahm die WTO am 1. Januar 1995 in Genf auf. Ihr gehören rund 150 Staaten an. Ziele der WTO sind die Entwicklung eines integrierten, funktionsfähigen und dauerhaften multilateralen[1] Handelssystems, die Förderung der Wirtschaft in den Entwicklungsländern[2] und der nachhaltige Schutz der Umwelt (sustainable Development).[3]

Die WTO überwacht die Einhaltung der internationalen Handelsregeln. Sie ist Schlichtungsinstanz bei Rechtsstreitigkeiten zwischen den Mitgliedsländern. Nach eigenem Selbstverständnis ist die WTO nicht dazu da, die Interessen der einzelnen Mitgliedsländer zu vertreten, sondern die am internationalen Handel beteiligten Unternehmen. Ex- und Importeure sollen mit Hilfe des WTO-Regelwerks in die Lage versetzt werden, weitgehend freien Handel zu treiben und dadurch den Wohlstand in den WTO-Mitgliedsländern zu steigern. Die WTO ist berechtigt, Strafen für Mitgliedsländer zu verhängen, die den weltweiten Handel behindern.

Die drei wesentlichen Bereiche der WTO sind der Handel mit Waren (**G**eneral **A**greement on **T**ariffs and **T**rade = GATT), der Handel mit Dienstleistungen (z.B. Bankdienstleistungen, Versicherungen, Tourismus) und der Bereich geistige Eigentumsrechte (z.B. Patentschutz).

Das oberste Organ der WTO ist die Ministerkonferenz, die mindestens alle zwei Jahre zusammentritt. Die laufenden Geschäfte besorgt der allgemeine Rat der WTO. Er entscheidet i.d.R. mit einfacher Mehrheit. Bei bedeutenden Änderungen sieht der WTO-Vertrag aber Dreiviertelmehrheit vor. Bei anderen wichtigen Fragen, wie z.B. die Aufnahme neuer Mitglieder, eine Zweidrittelmehrheit.

1 Multilateral = mehrseitig, vielseitig.

2 Zu den Entwicklungsländern siehe Kapitel 12.2.

3 Sustainable Development (engl.) = nachhaltige (dauerhafte) Entwicklung.

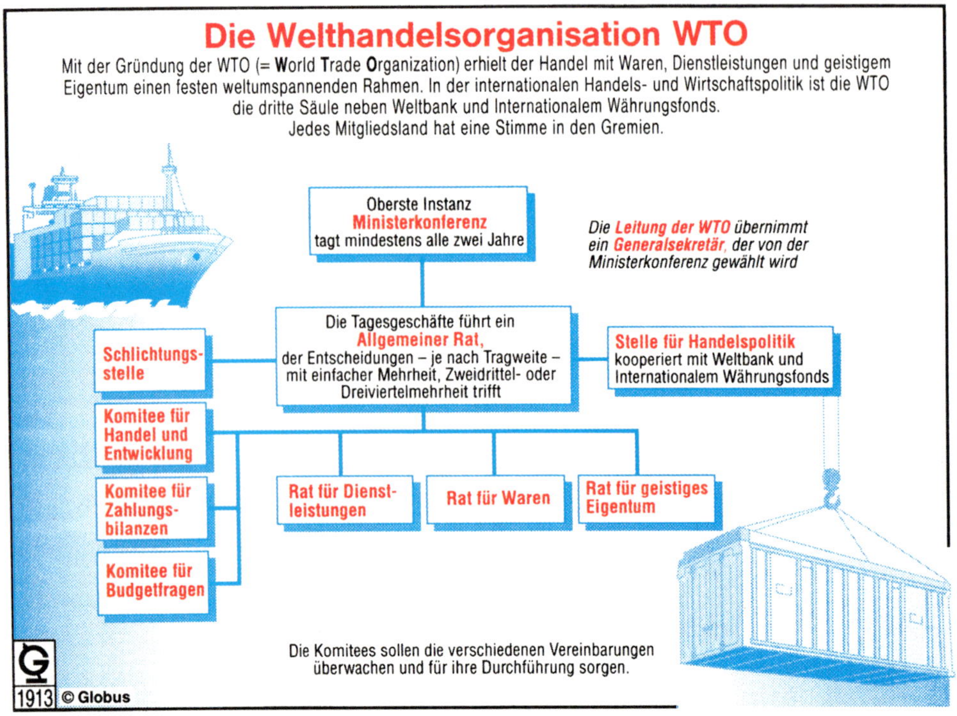

Abb. 10.25

Das GATT besteht bereits seit 1947. Die Bundesrepublik Deutschland ist seit 1951 Mitglied. Der Zweck des GATT war und ist, bestehende Handelsschranken aller Art zu beseitigen (= Liberalisierung).[1] Ziele des GATT sind demnach Abbau der Zölle, Abschaffung der Einfuhrkontingente, Verhinderung der Dumpingmethoden, Abschaffung der Diskriminierung[2] und Durchsetzung der Meistbegünstigungsklausel.

Unter **Diskriminierung** versteht man eine unterschiedliche Behandlung einzelner Staaten. Diskriminierung liegt z. B. vor, wenn Einfuhren aus einem bestimmten Land mit höheren Zöllen belastet werden als die aus einem anderen. (Die niedrigeren Zölle werden als „Präferenzzölle" bezeichnet.)[3]

Diskriminierungen werden durch den Grundsatz der **Meistbegünstigung** verhindert. Die in internationalen Verträgen aufgenommene **Meistbegünstigungsklausel** besagt, dass der Handelspartner die gleichen Rechte erhält, wie sie bereits einem anderen Land gegenüber eingeräumt worden sind.

1 Liberal = frei; Liberalisierung = Befreiung; hier: Verwirklichung des freien Welthandels.

2 Diskriminierung = nachteilig behandeln, herabsetzen.

3 Präferenz = Bevorzugung.

10.4.2 Europäische Union (EU)

Geschichtliche Entwicklung

Der erste Schritt zu einer wirtschaftlichen Integration[1] in Westeuropa war die Schaffung der **Europäischen Gemeinschaft für Kohle und Stahl (EGKS).**[2] Die **Montanunion** – wie die EGKS auch genannt wird – wurde 1952 aufgrund des Schumanplans mit Sitz in Luxemburg gegründet. Gründungsmitglieder waren Belgien, Bundesrepublik Deutschland, Frankreich, Italien, Luxemburg und Niederlande. Ziel war die Beseitigung aller Handelshemmnisse für Kohle, Stahl und Schrott.

Der zweite Schritt war die Gründung der **Europäischen Wirtschaftsgemeinschaft (EWG)** durch die sechs Mitgliedsländer der Montanunion. Der EWG-Vertrag trat am 1. Januar 1958 in Kraft.

Zusammen mit der EWG wurde die **Europäische Atomgemeinschaft (EURATOM)** gegründet, um die Atomforschung und Atomindustrie in den sechs EWG-Ländern zusammenzufassen und die Ausnutzung der Atomenergie für friedliche Zwecke zu fördern.

Die Verträge über die EWG und EURATOM wurden in Rom unterzeichnet. Man spricht daher auch von den **Römischen Verträgen.**

Der dritte Schritt erfolgte 1967 durch den Vertrag zur Einsetzung eines gemeinsamen Rates und einer gemeinsamen Kommission der EG. Dieser Vertrag wird als Fusionsvertrag bezeichnet, weil er die drei Gemeinschaften (EG, EURATOM und EGKS) zu den **Europäischen Gemeinschaften** vereinte.

1986 unterzeichneten die Vertreter der Regierungen der Mitgliedstaaten der Europäischen Gemeinschaften die „Einheitliche Europäische Akte" (EEA). Sie trat am 1. Juli 1987 in Kraft. Sie verstärkte die Kompetenzen der Organe der Gemeinschaften.

1991 haben sich die Staats- bzw. Regierungschefs der EG-Länder in Maastricht auf die Schaffung eines Europäischen Bundesstaats (die **E**uropäische **U**nion = **EU**) geeinigt. 1993 stimmte die Bundesrepublik Deutschland als letztes Mitgliedsland den Maastrichter Vereinbarungen zu. Seither werden die Europäischen Gemeinschaften als **Europäische Union** bezeichnet, obwohl die EU von einem Europäischen Bundesstaat noch weit entfernt ist.

---

1 Integration (lat. integer = ganz, unversehrt) bedeutet Zusammenfassung kleiner Einheiten zu einer größeren. Unter Integration im politischen und rechtlichen Sinne ist somit ein Zusammenschluss mehrerer Staaten zu verstehen, die einen Teil ihrer Souveränität an übergeordnete gemeinsame Organe übertragen.

2 Am 23. Juli 2002 lief der EGKS-Vertrag ab. Seine Geltungsdauer war von vornherein auf 50 Jahre begrenzt. An seine Stelle traten für die beiden Wirtschaftszweige Kohle und Stahl die allgemeinen Regelungen des EG-Vertrags.

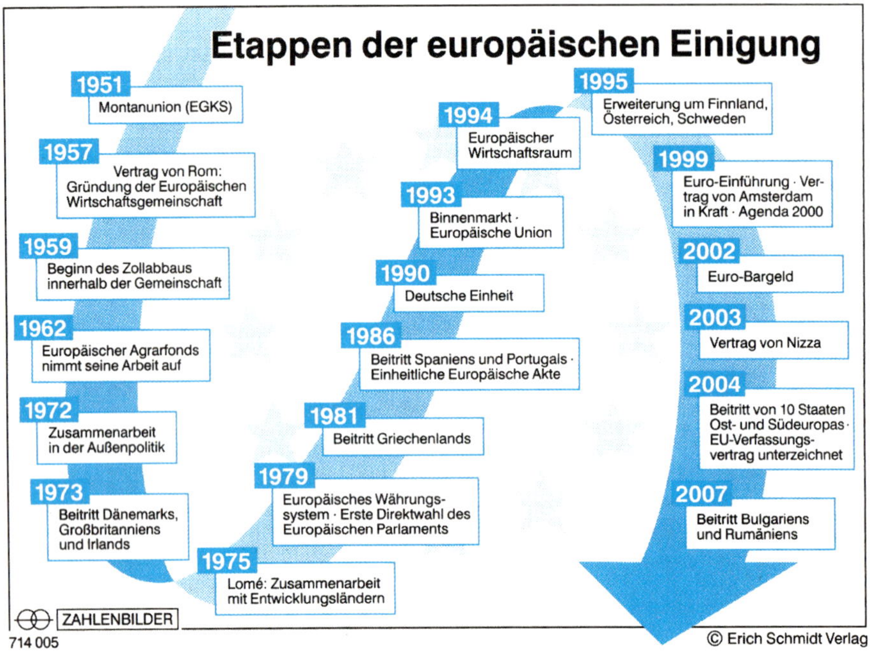

Abb. 10.26

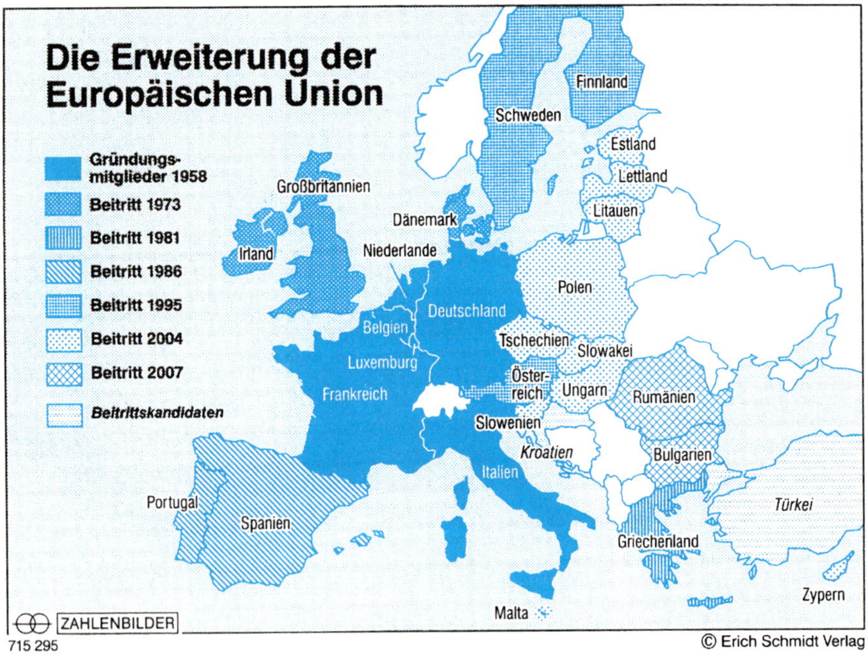

Abb. 10.27

Die Organe der EU

- **Europäischer Rat**

  Im Europäischen Rat kommen mindestens zweimal jährlich die Staats- und Regierungschefs der Mitgliedstaaten der EU und der Präsident der EU-Kommission zu einem Gipfel zusammen, um der Union allgemeine politische Impulse zu geben und politische Richtlinien zu erlassen.

- **Europäisches Parlament**

  Das Europäische Parlament (Tagungsort Straßburg) setzt sich aus 785 Abgeordneten[1] zusammen, die von den Bürgern der EU-Staaten gewählt wurden. Das Parlament hat keine gesetzgebende Gewalt, sondern lediglich Kontrollbefugnisse. Seit 1975 hat das Parlament ein Mitentscheidungsrecht für einen Teil der Ausgaben bei der Festsetzung des EU-Haushalts. Durch den Vertrag von Maastricht wurde die Stellung des Europäischen Parlaments weiter gestärkt.

- **Rat der Europäischen Union (Ministerrat)**

  Er ist das oberste rechtsetzende Organ der EU. Der Ministerrat besitzt 27 Mitglieder, die von den 27 Regierungen der Mitgliedsländer entsandt werden (Minister oder Staatssekretäre). Der Ministerrat kann i.d.R. nur auf den Vorschlag der Kommission hin beschließen.

- **Europäische Kommission**

  Die Kommission mit ihren 27 Mitgliedern hat die Aufgabe, für die Durchführung der Verträge und die Beschlüsse der Gemeinschaftsorgane (vor allem des Europäischen Parlaments) zu sorgen. Sie ist der eigentliche „Motor" der Gemeinschaft. Rechtsverordnungen, die auf Vorschlag der Kommission vom Ministerrat beschlossen werden, sind in *jedem* Mitgliedsland verbindlich.

- **Europäischer Gerichtshof**

  Der Europäische Gerichtshof (jedes Mitgliedsland stellt einen Richter) sichert die Wahrung des Rechts bei der Auslegung und Anwendung der Verträge. Er stellt z.B. fest, ob ein Mitgliedsland gegen eine vertragliche Verpflichtung verstoßen hat. Der Sitz des Europäischen Gerichtshofs ist Luxemburg.

- **Wirtschafts- und Sozialausschuss**

  Er ist ein beratendes Organ, in dem die Vertreter des wirtschaftlichen und sozialen Lebens mitwirken. Die Mitglieder bilden drei Gruppen: Arbeitgeber, Arbeitnehmer und Sonstige (z.B. Vertreter der Landwirtschaft, der Verkehrswirtschaft, der freien Berufe und der Verbraucher). Der Wirtschafts- und Sozialausschuss muss von Rat und Kommission in einer Reihe von Fällen angehört werden, z.B. bei Fragen der Agrarpolitik, der Freizügigkeit, des Niederlassungsrechts, des Dienstleistungsverkehrs, der Verkehrspolitik oder der Rechtsangleichung innerhalb der EU.

- **Ausschuss der Regionen**

  Dieser Ausschuss besteht aus Vertretern von Ländern, Regionen, autonomen Gemeinschaften und lokalen Gebietskörperschaften der EU-Mitgliedstaaten. Er hat eine beratende Funktion bei den Entscheidungsprozessen der EU.

---

1 Ab 2009 wird die Zahl der Mandate auf 750 beschränkt.

34 Hartmann - ISBN 978-3-8120-0320-9

■ **Europäische Investitionsbank**

Sie hat die Aufgabe, zur Erschließung wirtschaftlich benachteiligter Gebiete in der EU und in den assoziierten[1] Staaten durch Kreditgewährung und/oder Übernahme von Bürgschaften beizutragen.

Die verschiedenen Europäischen Fonds geben Finanzhilfen in wichtigen Sonderbereichen. Innerhalb des Europäischen Währungsverbunds hat der Europäische Währungsfonds wichtige Aufgaben.

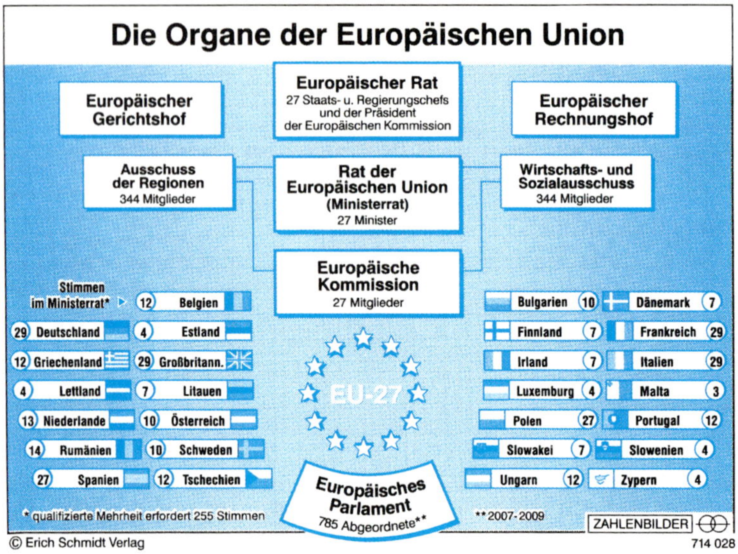

Abb. 10.28

Ziele der EU

Der Artikel 3 des Vertrags zur Gründung der Europäischen Wirtschaftsgemeinschaft („EG-Vertrag") sieht unter anderem vor:

- **(1)** die Abschaffung der Zölle und mengenmäßigen Beschränkungen bei der Ein- und Ausfuhr von Waren sowie aller sonstigen Maßnahmen gleicher Wirkung zwischen den Mitgliedstaaten;
- die Beseitigung der Hindernisse für den **(2)** freien Personen-, **(3)** Dienstleistungs- und **(4)** Kapitalverkehr zwischen den Mitgliedstaaten.

Diese so genannten **„vier EG-Freiheiten"** sind bisher teilweise nur unvollkommen, in einigen Bereichen überhaupt noch nicht verwirklicht worden. Zwar wurden Zölle und mengenmäßige Beschränkungen im **Warenverkehr** zwischen den Mitgliedstaaten abgeschafft; Maßnahmen gleicher Wirkungen kommen in Gestalt innergemeinschaftlicher Handelshemmnisse jedoch immer wieder vor.

Handelshemmnisse sind z.B. die nationalen Verbraucherschutz-, Gesundheitsschutz-, Umweltschutz-, veterinärrechtlichen und Pflanzenschutzbestimmungen, Sicherheitsbestimmungen und baurechtliche Vorschriften.

---

1 Assoziieren = wörtlich verknüpfen, verbinden; assoziierte Länder sind der EU angeschlossene Länder, ohne selbst Mitglieder zu sein. (Näheres siehe Seite 532.)

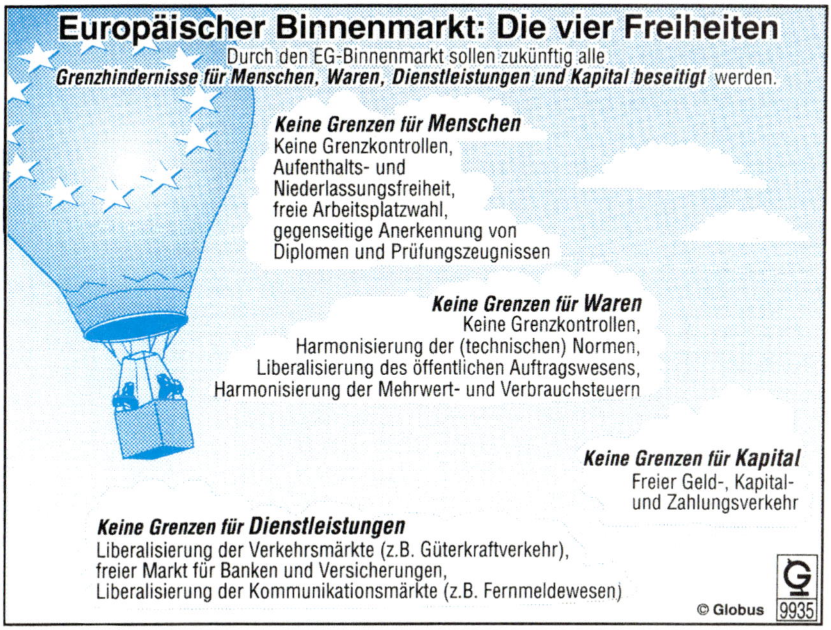

Abb. 10.29

Der **freie Personenverkehr** umfasst die Abschaffung der Grenzkontrollen an den Binnengrenzen der Gemeinschaft und das Recht der Unionsbürger, sich in jedem Land der EU aufzuhalten und frei zu bewegen, dort zu arbeiten oder Geschäfte zu treiben. Ergänzend dazu ist eine weitgehend einheitliche Asyl- und Zuwanderungspolitik erforderlich. Zum **freien Dienstleistungsverkehr** gehört es, dass Dienstleistungen über die Grenzen hinweg in jedem anderen Land der EU angeboten werden können. Unter dieses Stichwort fällt aber auch die Liberalisierung der Bank- und Versicherungsdienstleistungen und die Öffnung der Transport-, Post-, Telekommunikations- und Energiemärkte. Ein **freier Kapitalverkehr** schließlich bedeutet, dass Zahlungsvorgänge und Kapitalbewegungen (Investitionen und Anlagen) innerhalb der EU und mit Drittländern keinen Beschränkungen unterworfen sind.

Die Verwirklichung des Binnenmarkts erfordert z.B. auch eine Bindung aller Beteiligten an **gleiche Regeln für den Wettbewerb.**

Um Verfälschungen des Wettbewerbs zu verhindern, müssen die **Steuervorschriften angeglichen** (harmonisiert) werden.

Durch die **Angleichung des Gesellschaftsrechts** müssen die nationalen Bestimmungen zum Schutz der Gesellschaften sowie Dritter gleichwertig und damit wettbewerbsneutral verabschiedet werden.

Ferner sind eine ganze Reihe **gemeinsamer Politiken** anzustreben, z.B. gemeinsame Agrarpolitik, Fischereipolitik, Verkehrspolitik, Industrie-, Forschungs- und Technologiepolitik, Umweltpolitik, Energiepolitik, Sozialpolitik, Regionalpolitik, Handels- und Entwicklungshilfepolitik, Außen- und Sicherheitspolitik.

Assoziierung

Der Europäischen Union können weitere *europäische* Länder beitreten. Europäische Staaten, für die ein Beitritt aus wirtschaftlichen oder politischen Gründen nicht oder noch nicht in Frage kommt, können sich der EU assoziieren. Die Assoziierung steht auch außereuropäischen Staaten offen. Unter Assoziierung versteht man einen losen „Anschluss", der in der Regel einen Abbau von Handelshemmnissen vorsieht.

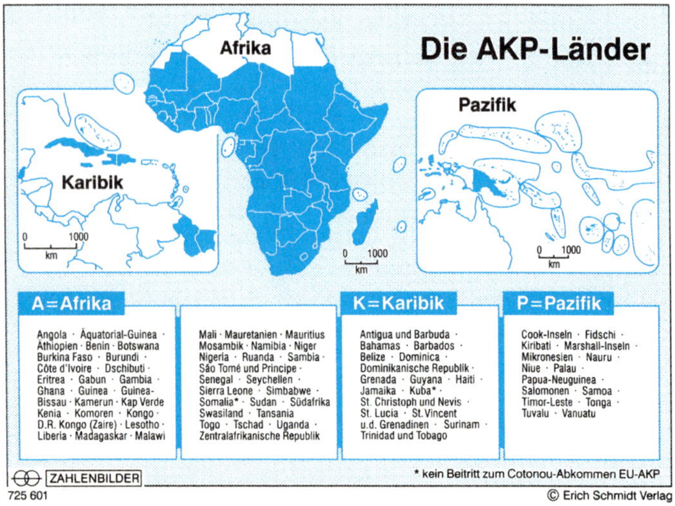

Abb. 10.30

Zwischen der Türkei und der EU besteht eine Zollunion.[1] Neben den Vereinbarungen mit Marokko, Tunesien, Ägypten, Israel, Jordanien, Libanon und Syrien bestehen zurzeit mit insgesamt 77 Staaten in **A**frika, in der **K**aribik und im **P**azifik **(AKP-Staaten)** Abkommen über handelspolitische und industrielle Zusammenarbeit und über Finanzhilfe. Die Assoziierung der Entwicklungsländer ist ein wesentlicher Beitrag zur Milderung der großen Einkommensunterschiede zwischen Nord und Süd.

10.4.3 Europäische Freihandelsassoziation (EFTA)

Die Europäische Freihandelsassoziation (**E**uropean **F**ree **T**rade **A**ssociations = **EFTA**) mit dem Sitz in Genf wurde 1960 von Dänemark, Großbritannien, Norwegen, Österreich, Portugal, Schweden und der Schweiz gegründet. 1970 traten Island und 1985 Finnland als weitere Mitglieder bei.

Nach den Beitritten Dänemarks, Großbritanniens, Irlands (1972), Portugals (1986), Finnlands, Österreichs und Schwedens (1995) zur EG bzw. EU besteht die EFTA derzeit aus vier Ländern, nämlich aus Island, Liechtenstein, Norwegen und der Schweiz.

Im Gegensatz zur EU stellt die EFTA lediglich eine **Freihandelszone** dar. Hierunter versteht man eine Gruppe von zwei oder mehreren Zollgebieten, zwischen denen die Zölle und andere den Außenhandel beschränkende Maßnahmen beseitigt werden.

Während in einem gemeinsamen Markt wie z.B. in der EU eine **Zollunion** besteht (Wegfall der Binnenzölle, Errichtung eines gemeinsamen Außenzolltarifs), behalten die in einer Freihandelszone zusammengeschlossenen Staaten ihre nationalen Außenzölle bei.

1 Eine Zollunion liegt vor, wenn sich bestimmte Staaten zusammenschließen, um den Handel zu liberalisieren und gegenüber Drittländern einen gemeinsamen Außenzoll zu errichten.

10.4.4 Europäischer Wirtschaftsraum

Im Jahre 1992 haben die Außenminister der EG-Mitgliedstaaten und der damals noch sieben EFTA-Staaten das Abkommen über die Schaffung des **E**uropäischen **W**irtschafts**r**aums **(EWR)** geschlossen. Geschaffen wurde eine Überwachungsbehörde, ein ständiger Ausschuss und ein Gerichtshof der EFTA-Länder. Da die Schweiz das Abkommen im Dezember 1992 ablehnte, trat der EWR-Vertrag erst am 1. Januar 1994 in Kraft. Liechtenstein trat dem Vertrag nach Regelung seiner Beziehungen zur Schweiz Anfang 1995 bei.

Dem Prinzip nach geht es beim EWR um die Übernahme der vier „Grundfreiheiten" des Personen-, Waren-, Dienstleistungs- und Kapitalverkehrs von der EU durch die EFTA. Allerdings hat man sich auf zahlreiche Ausnahme- und Übergangsregeln geeinigt. So müssen z.B. die EFTA-Länder das Regelwerk der EU-Agrarpolitik nicht übernehmen.

Auch sind die EFTA-Staaten nicht in die EU-Zollunion eingetreten und behalten ihre handels-, steuer- und währungspolitische Eigenständigkeit. Die Freiheit des Personenverkehrs wurde ebenfalls nicht in allen Mitgliedstaaten des EWR verwirklicht. Dem **Schengener Abkommen**[1], durch das die Personenkontrollen an den Binnengrenzen aufgehoben wurden, sind Großbritannien und Irland noch nicht in vollem Umfang beigetreten.

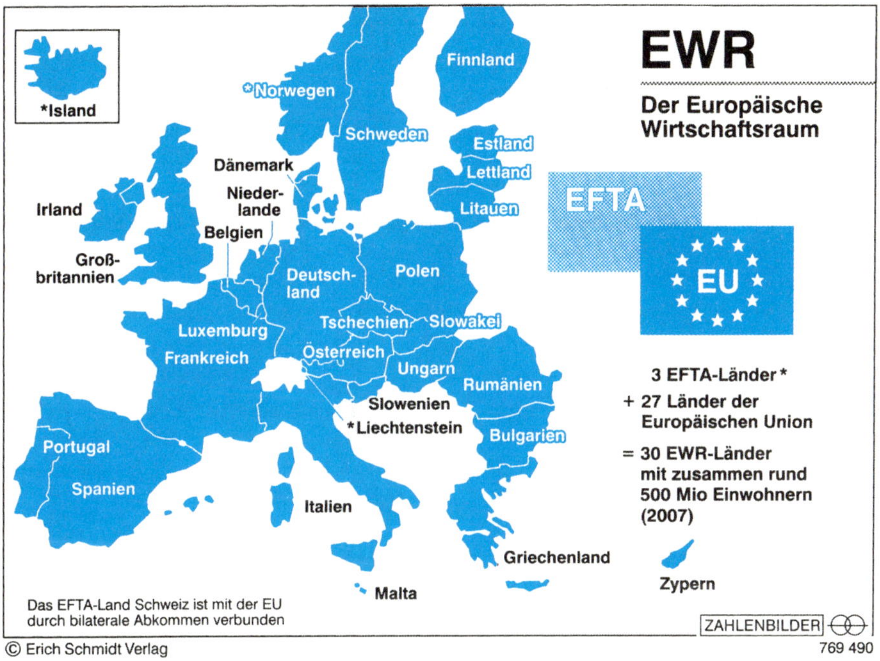

Abb. 10.31

1 In Schengen, einem kleinen Ort in Luxemburg, kamen 1985 die Regierungen von Belgien, Deutschland, Frankreich, Luxemburg und Niederlande überein, die Passkontrollen an den Grenzen abzubauen. Erst 10 Jahre später trat das Abkommen, dem zu diesem Zeitpunkt auch Portugal und Spanien beitraten, in Kraft. Die weiteren Beitritte erfolgten ab 1997 und 2001.

10.4.5 Bretton-Woods-Institution

10.4.5.1 Weltbank-Gruppe

Die **IBRD** – kurz **Weltbank** – wurde 1944 zusammen mit dem **Internationalen Währungsfonds** (**I**nternational **M**onetary **F**und – IMF) in Bretton Woods (USA) gegründet. Die beiden Organisationen werden deshalb als „Bretton-Woods-Institution" bezeichnet. Die Bretton-Woods-Institution hat zurzeit 185 Mitglieder. Sitz ist Washington, D.C. (USA).

Die Weltbank verfolgt zusammen mit IDA, IFC, MIGA und ICSD das Ziel, die wirtschaftliche Entwicklung in ihren weniger entwickelten Mitgliedsländern durch finanzielle und andere Hilfen (z.B. Beratung) zu fördern. Diese Organisationen besitzen jeweils eine eigene Rechtspersönlichkeit. Praktisch sind sie jedoch durch eine gemeinsame Leitung und Geschäftsführung weitgehend integriert.

Die Aufgaben der Weltbankgruppe sind im Einzelnen:

- Die **Internationale Bank für Wiederaufbau und Entwicklung** (**I**nternational **B**ank for **R**econstruction and **D**evelopment – IBRD) – kurz *Weltbank* – vergibt *zinsgünstige* Darlehen zu wichtigen Entwicklungsvorhaben. Die Mittel stammen aus Beteiligungen der Mitgliedsländer, aus dem Verkauf von Ausleihungen auf den internationalen Finanzmärkten und aus den Rückflüssen aus früher gewährten Darlehen.
- Die **internationale Entwicklungsorganisation** (**I**nternational **D**evelopment **A**ssociation – IDA) vergibt *zinslose* Kredite an die ärmsten Entwicklungsländer.
- Die **Internationale Finanz-Corporation** (**I**nternational **F**inance **C**orporation – IFC) fördert privatwirtschaftliche Investitionen in Entwicklungsländern durch unterstützende Darlehen.
- Die **Multilaterale Investitionsgarantie-Agentur** (**M**ultilateral **I**nvestment **G**urantee **A**gency – MIGA) hat die Aufgabe, ausländische Privatinvestitionen vor politischen und nichtkommerziellen Risiken (z.B. Überschwemmungen, Erdbeben) zu versichern.
- **Internationales Zentrum zur Beilegung von Investitionsstreitigkeit** (**I**nternational **C**entre for **S**ettlement of **I**nvestment **D**isputes – ICSID) trägt zur Beilegung von Streitigkeiten zwischen ausländischen Investoren und den Gastländern bei.

10.4.5.2 Internationaler Währungsfonds (IWF)

- Der Internationale Währungsfonds (IWF) gewährt seinen Mitgliedern Kredite zur Überwindung von Zahlungsbilanzschwierigkeiten (**S**onder**z**iehungs**r**echte – SZR) und zur Strukturanpassung.

  Am IWF ist jedes Mitgliedsland mit einer **Quote** beteiligt, die USA z.B. mit rund 37,0%, Japan und Deutschland mit je rund 13% und Frankreich mit rund 11%.

  Der IWF gewährt seinen Mitgliedern Kredite, wenn sie in Zahlungsschwierigkeiten gegenüber anderen Ländern geraten sind. Kredite zur Armutsbekämpfung gehören ebenfalls zum Aufgabenbereich des IWF.

  Wie viel Einfluss ein Mitgliedsland im IWF hat, hängt von der Quote ab.

 625 111

a) Ziehungsrechte in der Reservetranche

Die Ziehungsrechte in der Reservetranche sind aus Goldeinzahlungen sowie Zahlungen in Inlandswährungen der Notenbanken der einzelnen Mitgliedsländer entstanden. Es handelt sich dabei also um „echte" Guthaben einer Zentralbank (Notenbank) beim IWF.

Beispiel:

Eine Zentralbank erwirbt Ziehungsrechte durch Goldeinzahlung beim IWF (Aktivtausch).

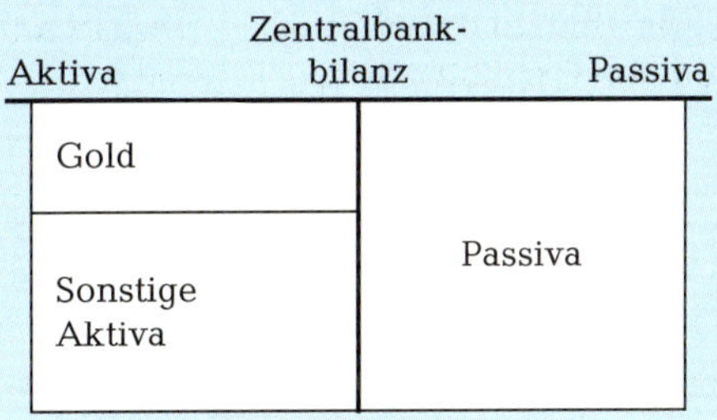

Zentralbankbilanz *vor* Entstehung der Ziehungsrechte in der Reservetranche.

Abb. 10.33

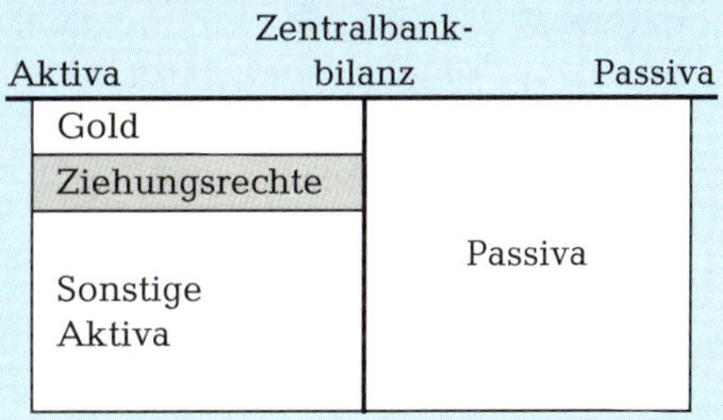

Zentralbankbilanz *nach* Entstehung der Ziehungsrechte in der Reservetranche.

Abb. 10.34

Die Ziehungsrechte sind jederzeit verfügbar wie jede andere Währungsreserve der Zentralbank (Gold, Devisen) auch, und zwar in Form des Bezugs ausländischer Währungen (z. B. £ [englische Pfund], US-$ [US-Dollar] usw.).

b) Sonderziehungsrechte

Die Sonderziehungsrechte (SZR, englisch **S**pecial **D**rawing **R**ights = SDR) verkörpern einen Anspruch gegenüber der Gesamtheit der Teilnehmer des IWF, also nicht gegenüber dem IWF selbst. Sie haben den Charakter einer Währungsreserve, weil jede Zentralbank der Mitgliedsländer verpflichtet ist, Sonderziehungsrechte als Zahlungsmittel entgegenzunehmen. Die Sonderziehungsrechte sind somit eine internationale Geldeinheit, die durch zwischenstaatliche Vereinbarung zum gesetzlichen Zahlungsmittel erklärt wurde. Den Sonderziehungsrechten stehen keine Einzahlungen der Zentralbanken gegenüber, weil sie den einzelnen Mitgliedsländern des IWF (letztlich also deren Zentralbanken) zugeteilt werden. Es handelt sich somit um originär geschöpftes Geld auf höchstem Abstraktionsniveau. Buchhalterisch steht daher auf der Passivseite der Zentralbankbilanz ein „Ausgleichsposten für zugeteilte Sonderziehungsrechte".

Beispiel:

Einer Zentralbank werden Sonderziehungsrechte zugeteilt, die a) Sonderziehungsrechte ankauft oder b) Sonderziehungsrechte verkauft.

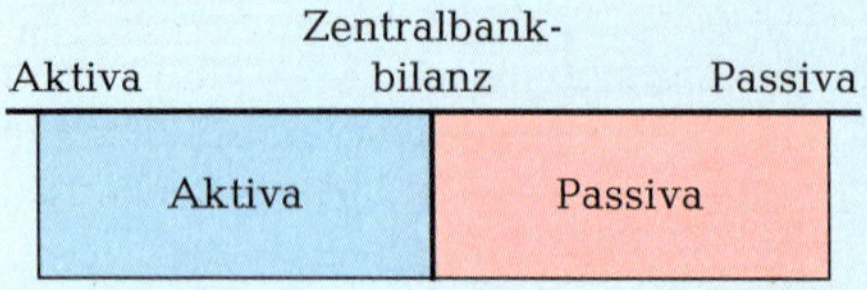

Zentralbankbilanz *vor* Entstehung der Sonderziehungsrechte.

Abb. 10.35

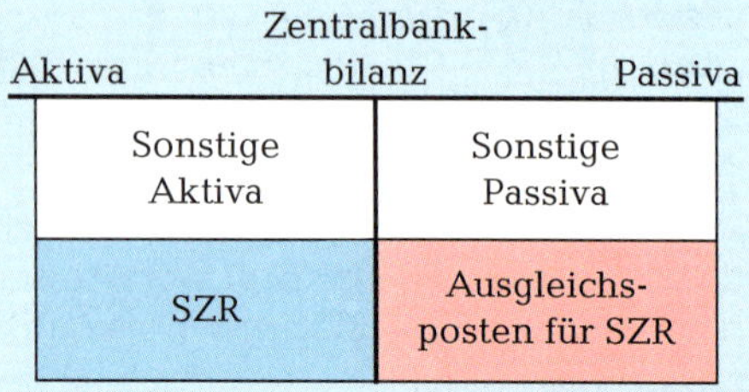

Zentralbankbilanz *nach* Entstehung der Sonderziehungsrechte.

Abb. 10.36

Nimmt nun die Zentralbank Sonderziehungsrechte als Zahlungsmittel an (sie „kauft SZR an"), übersteigt der Aktivposten „Sonderziehungsrechte" den Passivposten „Ausgleichsposten für zugeteilte Sonderziehungsrechte" (siehe Abb. 10.37). Der Ankauf der Sonderziehungsrechte kann durch Verminderung der Währungsreserven (z. B. Guthaben bei ausländischen Kreditinstituten) oder durch Vermehrung des Notenumlaufs bewirkt werden.

Ist die Position „Sonderziehungsrechte" kleiner als der Ausgleichsposten für Sonderziehungsrechte, so hat die Zentralbank Sonderziehungsrechte „verkauft", um sich Devisen zu verschaffen, damit Importe finanziert werden können (siehe Abb. 10.38).

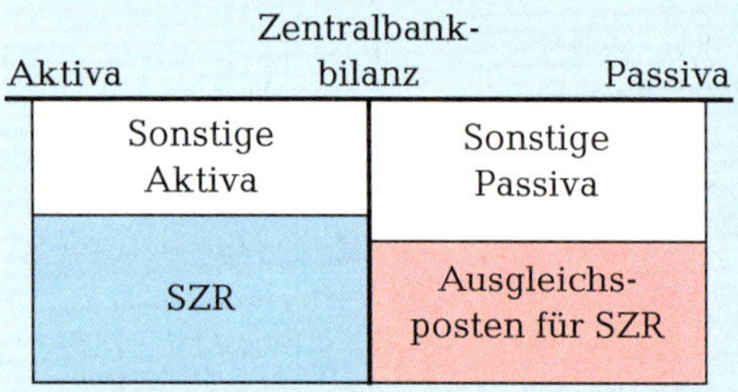

Zentralbankbilanz *nach* Ankauf von Sonderziehungsrechten.

Abb. 10.37

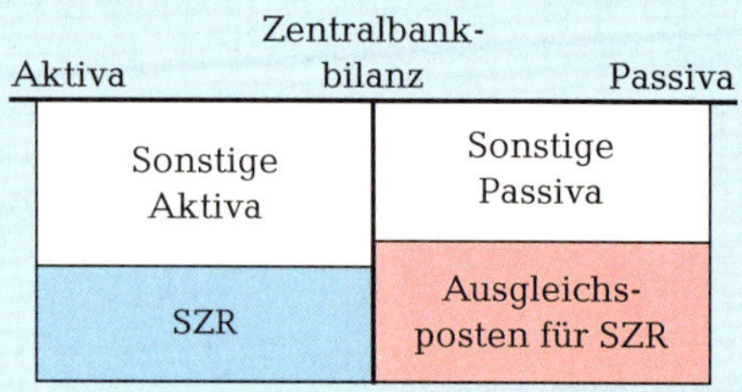

Zentralbankbilanz *nach* Verkauf von Sonderziehungsrechten.

Abb. 10.38

c) Fazilitäten zur Stärkung der Währungsreserven

Die 1997 geschaffenen Fazilitäten zur Stärkung der Währungsreserven (Supplemental Reserve Facility = SRF) sollen die Mitglieder in die Lage versetzen, Zahlungsbilanzkrisen durch kurzfristige Kredite abzuwenden. Die SRF haben eine Laufzeit von bis zu einem Jahr und müssen spätestens nach 18 Monaten zurückgezahlt werden.

d) Vorsorgefazilitäten

Die Vorsorgefazilitäten (Contengency Credit Lines = CCL) wurden 1999 eingeführt. Mit ihrer Hilfe soll das Übergreifen einer Krise auf andere Volkswirtschaften verhindert werden. Während die SRF bei bereits eingetretenen Krisen gewährt werden, dienen die CCL der Prävention (Vorsorge).

10.4.6 Internationale Liquidität

Länder mit außenwirtschaftlichen Beziehungen können mit Unternehmen verglichen werden, die sich gegenseitig mit Dienstleistungen und Sachgütern beliefern. Dabei muss jedes Unternehmen darauf achten, dass sich - zumeist längerfristig - Einnahmen und Ausgaben die Waage halten. Wenn irgend möglich, werden sich die Unternehmen **Liquiditätsreserven,** also *Zahlungsmittel* (in Binnenwährung) halten (Kasse, Bankguthaben), um notfalls die Ausgaben, die die Einnahmen übersteigen (= Defizite), finanzieren zu können.

Um einem anderen Unternehmen zu helfen, das Defizite hat, kann ein Unternehmen *Kredite* gewähren, d.h. ein Zahlungsziel einräumen. Kann oder will ein Unternehmen den Kredit nicht geben, müsste das Defizitunternehmen schließen, es sei denn, es erhält von einer *Bank* Kredit. Auf internationaler Ebene wird die Aufgabe eines Kreditinstituts vom IWF mit der Weltbank erfüllt.

Ebenso wie die inländischen Unternehmen ein allgemein anerkanntes Zahlungsmittel benötigen, um ihre Verpflichtungen bezahlen zu können, bedarf es im internationalen Zahlungsverkehr eines Zahlungsmittels, das von allen Beteiligten angenommen wird. Dieses allgemein anerkannte Zahlungsmittel war in früheren Zeiten *ausschließlich* das Gold **(Gold-Standard).**

10.4.6.1 Gold-Standard

Ein auf dem Gold-Standard fußendes internationales Zahlungssystem arbeitete etwa wie folgt: Das Land A exportierte Waren im Wert von 1 000 Goldeinheiten in das Land B, importierte aber nur Waren im Wert von 800 Goldeinheiten aus dem Land B. Das Land A war **Gläubigerland** (es hatte eine „aktive Zahlungsbilanz"), das Land B war **Schuldnerland** (es hatte eine „passive Zahlungsbilanz", d.h. ein Zahlungsbilanzdefizit). Der Saldo von 200 Goldeinheiten (die „Spitze") musste vom Land B in Gold an das Land A beglichen werden. Wurde der Zahlungsverkehr über die Notenbanken beider Länder abgewickelt,[1] zeigte sich das Zahlungsbilanzdefizit des Landes B in der Verringerung des Goldbestands. Im Land A wies die Notenbankbilanz hingegen eine Zunahme des Goldbestands aus.[2]

Solange nun die produzierte Goldmenge mit der Ausweitung des internationalen Güterverkehrs Schritt hielt und solange keine außerökonomischen Zahlungsverpflichtungen hinzutraten, mochte der Gold-Standard funktionsfähig gewesen sein. Als aber der

1 Die Notenbanken können in Ländern mit marktwirtschaftlichen Ordnungen die Zahlungsgeschäfte an die Geschäftsbanken delegieren, sodass dann in der Zentralbankbilanz nur der Goldzuwachs erscheint, der von den Geschäftsbanken in Zentralbankgeld umgetauscht wurde.

2 Im reinen Modell einer Marktwirtschaft mit Goldwährung arbeitet hier ein Goldwährungsmechanismus: Dem Gläubigerland fließt Gold zu. Der Geldumlauf erhöht sich, das Preisniveau steigt. Daher nehmen die Exporte ab und die Importe zu, sodass sich das Zahlungsbilanzgleichgewicht automatisch wieder einstellt.

Umfang des Handels *schneller* zunahm als die Goldmenge, mussten die Preise auf den Weltmärkten fallen. Sinkende Preise bewirkten aber Zurückhaltung der Käufer, weil sie auf weitere Preissenkungen hofften: Es bestand die Gefahr einer internationalen Deflation, einer Schrumpfung des Außenhandelsvolumens.

10.4.6.2 Gold-Devisen-Standard

Die Schrumpfung des Außenhandels konnte nicht hingenommen werden. Aus diesem Grund musste man *zusätzliche* internationale Zahlungsmittel einführen, um den sich ausweitenden internationalen Zahlungsverkehr zu finanzieren. Der neue Weg hieß **Gold-Devisen-Standard.** Da nicht alle am internationalen Handel beteiligten Länder eine (relativ) stabile Währung besaßen, konnte und wollte man nicht *jede* Währung als internationales Zahlungsmittel akzeptieren.

Also galt es, wenigstens *eine* Währung als internationales Zahlungsmittel zu wählen, die von allen Notenbanken angenommen werden *musste* **(Leitwährung),** wobei es den Notenbanken natürlich unbenommen blieb, auch andere Währungen als die Leitwährung in Zahlung zu nehmen. Die Leitwährung für die Mitglieder des IWF war der US-Dollar, wobei ursprünglich die USA die Verpflichtung übernommen hatten, Dollarguthaben fremder Notenbanken auf Verlangen in Gold umzutauschen (daher: Gold-Devisen-Standard). Das System war jedoch nur so lange tauglich, wie die amerikanische Zahlungsbilanz aktiv oder wenigstens ausgeglichen war. In diesem Augenblick, in dem sie passiv wurde, musste das internationale Währungssystem in Schwierigkeiten geraten. Der Grund ist darin zu sehen, dass die passive Zahlungsbilanz der USA (Importe > Exporte) zu Devisenüberschüssen (hier US-Dollar) bei anderen Ländern führte (Exporte > Importe). Das Recht, die US-Dollar in Gold umzutauschen, bewirkte eine Verringerung der amerikanischen Goldvorräte. Um einen völligen „Ausverkauf" der amerikanischen Goldvorräte zu vermeiden, mussten die USA am 15. August 1971 die Umtauschpflicht aufgeben, was praktisch das Ende des Gold-Devisen-Standards bedeutete.

10.4.6.3 Sonderziehungsrechte als Leitwährungsersatz

Die Aufgabe des US-Dollar als Leitwährung machte die Schaffung eines neuen internationalen Zahlungsmittels notwendig, nämlich die Sonderziehungsrechte, die seit dem 18. Dezember 1971 die **Funktion einer Leitwährung** übernahmen. Wie bereits bekannt ist, stellen die Sonderziehungsrechte ein internationales Buchgeld dar, zu dem alle anderen Währungen der IWF-Mitglieder in Beziehung gesetzt wurden.

Die Tatsache, dass es im Augenblick weder einen Gold-Standard noch einen Gold-Devisen-Standard gibt, besagt nicht, dass nunmehr Gold und Devisen keine internationalen Zahlungsmittel mehr sind. Gold wird nach wie vor als sicheres Zahlungsmittel angenommen, weil es eben selten, daher begehrt und allgemein anerkannt ist. Auch Devisen spielen natürlich weiterhin eine große Rolle. US-$, £, Euro und sfrs sind wegen ihrer relativen Stabilität gern angenommene Zahlungsmittel in aller Welt.

Nach Schaffung der SZR besteht jedoch ein großer Unterschied zur vorherigen Situation: Ein Land, das aufgrund von Zahlungsbilanzdefiziten keine Gold- und Devisenreserven mehr besitzt, kann mit Sonderziehungsrechten bezahlen. Die Notenbanken der Gläubigerländer sind verpflichtet, diese Sonderziehungsrechte in Zahlung zu nehmen (siehe Kapitel 10.4.5).

Aufgaben zur Lernkontrolle

1. **Textauszug:**

> „Nach der Präambel des GATT hat das Abkommen zum Ziel, den Lebensstandard, die Beschäftigung, das Realeinkommen und die Versorgung mit Ressourcen über ein möglichst freies Welthandelssystem zu verbessern. Andererseits räumen die Vertragspartner des GATT ihren nationalen Handels- und Wohlfahrtszielen häufig Priorität ein. In diesem Zielkonflikt kommt dem GATT als Zentrum der Welthandelsordnung die Aufgabe zu, einen gangbaren Mittelweg zwischen möglichst offenen Märkten und dem Trend zum Protektionismus zu finden."

Quelle: Sonderdrucke der Deutschen Bundesbank: Internationale Organisationen und Gremien im Bereich von Währung und Wirtschaft, 4. Aufl. 1992, S. 129.

1.1 Definieren Sie den Begriff Präambel!

1.2 Das GATT ist Teil der WTO.

1.2.1 Was bedeuten diese Abkürzungen?

1.2.2 Welche Bereiche umfasst die WTO außer dem GATT?

1.3 Welche Hauptaufgaben hat das GATT?

1.4 Erklären Sie den Begriff Protektionismus!

1.5 Im obigen Text wird von einem Zielkonflikt gesprochen, in dem sich das GATT befindet. Erläutern Sie diesen Zielkonflikt!

2. Nennen Sie die Organe und Institutionen der EU!

3. Welche Hauptaufgaben erfüllen die Organe der EU?

4. Die Außenhandelsstatistik beweist die große Bedeutung der EU für die Bundesrepublik Deutschland (siehe S. 474ff.). Versuchen Sie zu erklären, warum der Handel mit den EU-Ländern einen solchen Aufschwung nehmen konnte!

5. Welche Hauptziele hat sich die EU gesetzt?

6. **Textauszug:**

> ... zum 1. Januar 1999 wurden die Deutsche Mark und der französische Franc im SZR-Korb durch den Euro ersetzt. Die Zusammensetzung und Gewichtung des Korbs wird alle fünf Jahre überprüft, zuletzt Ende 2005. Aus den Korb-Anteilen berechnet der IWF täglich anhand der Londoner Devisenkurse den Gegenwert eines SZR in US-Dollar.

Quelle: Erich Schmidt Verlag, Zahlenbild 625155 vom Januar 2006.

6.1 Erklären Sie, was unter IWF zu verstehen ist!

6.2 Erläutern Sie, warum die Sonderziehungsrechte einen Leitwährungsersatz darstellen!

6.3 Angenommen, dem Land A werden Sonderziehungsrechte (SZR) in Höhe von 1000 Mio. GE zugeteilt. Der Banknotenumlauf betrug 30000 Mio. GE, das Vermögen der Zentralbank des Landes A 40000 Mio. GE.

6.3.1 Stellen Sie die vereinfachte Zentralbankbilanz des Landes A vor der Zuteilung der SZR auf!

6.3.2 Stellen Sie die Zentralbankbilanz des Landes A nach der Zuteilung der SZR dar!

6.3.3 Angenommen, die Zentralbank des Landes A kauft SZR in Höhe von 500 Mio. GE gegen Inlandswährung (bar).

6.3.3.1 Welches ist der wirtschaftliche Hintergrund des Kaufs von SZR?

6.3.3.2 Erstellen Sie die Zentralbankbilanz nach dem Kauf der SZR!

6.3.3.3 Welche gesamtwirtschaftlichen Folgen können sich durch den Kauf von SZR ergeben?

6.3.4 Angenommen, die Zentralbank verkauft SZR in Höhe von 800 Mio. GE gegen Inlandswährung (bar).

6.3.4.1 Welches ist der wirtschaftliche Hintergrund?

6.3.4.2 Erstellen Sie die Zentralbankbilanz unter Berücksichtigung der Transaktion lt. Aufgabe 6.3.3!

6.3.4.3 Wie kann sich der Verkauf von SZR auf die Gesamtwirtschaft auswirken?

7. Textauszug:

Welthandelsorganisation – Besser als ihr Ruf

Seit ihrer Gründung steht die Welthandelsorganisation (WTO) im Kreuzfeuer der Kritik. Viele Vorwürfe sind bei näherem Hinsehen allerdings unsachgemäß.

Die WTO sei undemokratisch, sie benachteilige die ohnehin schwachen Entwicklungsländer und fungiere lediglich als verlängerte Arm multinationaler Konzerne – Vorwürfen dieser Art sieht sich die internationale Einrichtung immer wieder ausgesetzt. Vor allem Globalisierungsgegner haben sich mittlerweile auf die Organisation mit Sitz am Genfer See eingeschossen. Dabei sind die Vorwürfe verfehlt und überzogen:

Demokratische Struktur. Jedes Mitgliedsland hat eine Stimme.

Vorteile für Entwicklungsländer. Die WTO eröffnet den weniger entwickelten Ländern Chancen – etwa durch das so genannte Meistbegünstigungsprinzip. Danach gelten Handelserleichterungen, die ein WTO-Mitgleid einem anderen einräumt, für alle WTO-Staaten gleichermaßen. Gäbe es die Handelsorganisation nicht, müsste jedes Entwicklungsland einzeln mit den Industriestaaten etwa um einen Abbau der Einfuhrbeschränkungen oder der Exportsubventionen ringen. Erfahrungen zeigen, dass die Dritte-Welt-Länder dabei in der Regel schlechter wegkommen. Zudem würden vor allem kleinere Entwicklungsländer, die wenig Marktpotenzial zu bieten haben, von den Industrienationen erst gar nicht an den Verhandlungstisch gebeten werden.

Regeln gelten für alle. Selbst die wirtschaftlich mächtigen Länder können sich nicht nach Gutdünken über die Regeln der multinationalen Organisation hinwegsetzen. Ansonsten droht ihnen eine Anklage im Rahmen eines WTO-Streitschlichtungsverfahrens – und die kleineren Staaten scheuen kaum davor zurück, dieses Disziplinierungsinstrument anzuwenden ...

Quelle: iwd vom 19. August 2004.

7.1 Schildern Sie kurz Wesen und Aufgaben der WTO!

7.2 Zum WTO-Gipfel im Jahr 2005 in Hongkong kamen 10000 Kritiker des freien Welthandels. Verfolgen Sie Zeitungsberichte und Internetinformationen darüber, was die Kritiker der WTO vorwerfen!

7.3 Welche Argumente für die WTO werden im obigen Textauszug vorgebracht?

7.4 Erläutern Sie das im Textauszug erwähnte Meistbegünstigungsprinzip!

11 Einkommensverteilung

11.1 Primärverteilung

Jedes Ding hat seinen Preis,
der Mensch hat seine Würde.
(KANT)

Rein wirtschaftlich gesehen ist der Lohn als wichtigste Einkommensart zwar der „Preis für menschliche Arbeit" (für den Produktionsfaktor Arbeit). Dennoch ist er mehr: Er versetzt den Einzelnen nämlich in die Lage, menschenwürdig zu leben, sofern die Lohnhöhe ausreichend ist. Daher verwundert es nicht, dass immer wieder nach dem „gerechten" Lohn (nach gerechter Einkommensverteilung) gefragt wird.

■ Enthält sich der Staat jeder Einflussnahme auf die Verteilung der Einkommen oder erhebt er allenfalls indirekte Steuern, ergibt sich die **Primärverteilung**[1] des Volkseinkommens.

Bei der Verteilung des Volkseinkommens unterscheidet man die *funktionelle* und die *personelle* Einkommensverteilung.

11.1.1 Funktionelle Einkommensverteilung

■ Wird danach gefragt, welchen *Produktionsfaktoren* die Einkommensanteile zugeflossen sind, spricht man von **funktioneller Einkommensverteilung.**[2]

1. Arbeitseinkommen (Arbeitnehmerentgelt)

Sie sind die Einkommen der Unselbstständigen (= Arbeiter, Angestellte, Beamte, Richter, Soldaten) aus ihrer Arbeitstätigkeit.

2. Bodeneinkommen

Wie jedes knappe Gut hat der Boden seinen Preis, und zwar in Form eines Pachtzinses, eines Kaufpreises oder eines Nutzungsgewinns wie z.B. in der Landwirtschaft. Das Bodeneinkommen wird in der Volkswirtschaftslehre als **Bodenrente** oder **Grundrente** bezeichnet.

Man unterscheidet absolute und relative Grundrente (= Differenzialrente).

a) **Absolute Grundrente.** Darunter versteht man den Nettoerlös für die Bodennutzung. Die Höhe der absoluten Grundrente hängt vom Preis des Grenzprodukts (des mengenmäßigen Grenzertrags) des Bodens ab.

1 Primär = zuerst, erstrangig; „Primärverteilung" deshalb, weil sich diese Verteilung vor staatlicher Einflussnahme ergibt.

2 „Funktionelle" Einkommensverteilung deshalb, weil das Volkseinkommen entsprechend den Aufgaben (Funktionen) der einzelnen Produktionsfaktoren verteilt wird.

Beispiel:

Lässt sich die letzte Tonne Getreide zu 50 GE (= Geldeinheiten) verkaufen und beträgt der Hektarertrag 4 Tonnen, so werden die Pächter des Bodens höchstens 200 GE je ha und je Jahr zu zahlen bereit sein. Ein höherer Pachtzins würde ihren Gesamtgewinn mindern. Ein Käufer wird höchstens bereit sein, die kapitalisierte Grundrente (200 GE je ha und Jahr) zu zahlen. Beträgt beispielsweise der Zinssatz für Geldkapital 10%, entspräche der jährliche Pachtzins je ha einem Geldkapital von 2000 GE.

Aus dem Beispiel folgt, dass die absolute Grundrente keine feste Größe ist. Steigen die Preise der Bodenprodukte, steigt auch die Grundrente.

Diese Überlegungen gelten nicht nur für die landwirtschaftlich genutzten Böden, sondern auch für Böden, die gewerblichen oder privaten Zwecken (z.B. Wohnungen) dienen. Im ersten Fall spricht man von der **landwirtschaftlichen,** im zweiten Fall von der **städtischen Grundrente.**

b) **Differenzialgrundrente.** Diese entsteht als **zusätzliche** Rente für bestimmte Grundbesitzer, weil in Wirklichkeit die Böden unterschiedliche Qualität und/oder Lagen besitzen. Grundbesitzer, deren Böden eine besondere Qualität und/oder Lage aufweisen, erzielen gegenüber ihren Konkurrenten ein höheres Bodeneinkommen, weil - bei gleicher Leistung - ihre Produktionskosten geringer sind. Das Gleiche gilt für Bodenbesitzer, deren Grundstücke günstiger gelegen sind.

   Ebenso wie die absolute Grundrente tritt auch die Differenzialgrundrente als landwirtschaftliche oder städtische Grundrente auf.

Bei der Differenzialgrundrente sind ferner die Qualitätsrente, die Lagerente und die Intensitätsrente zu unterscheiden.

- **Qualitätsrente**

  Ein landwirtschaftlicher Boden erbringt bei gleichem Einsatz von Arbeit und Kapital aufgrund besserer Bodenqualität einen höheren Ertrag als die Konkurrenzböden (landwirtschaftliche Qualitätsrente). Oder: Ein Mietshaus verursacht geringere Baukosten als ein gleich ausgestattetes anderes, weil der Baugrund fest ist, beim Konkurrenzgebäude jedoch Sandboden mit hohem Grundwasserstand vorhanden ist (städtische Qualitätsrente).

- **Lagerente**

  Der Grundbesitzer eines Anbaubodens erzielt einen höheren Gewinn als sein Konkurrent, wenn sein Grundstück näher am Absatzort liegt, weil seine Transportkosten geringer sind (landwirtschaftliche Lagerente). Oder: Der Nutzungswert eines Einzelhandelsgeschäfts ist in der Innenstadt höher, weil der Absatz höher ist als bei einem gleich ausgestatteten Geschäft in der Vorstadt (städtische Lagerente).

- **Intensitätsrente**

  Bei gleicher Bodenqualität wird der Boden die höchsten Erträge erzielen, der am intensivsten bewirtschaftet wird (landwirtschaftliche Intensitätsrente). Oder: In den Innenstädten wird der knappe Boden am intensivsten genutzt, indem Hochhäuser errichtet werden (städtische Intensitätsrente).

  Ob die Intensitätsrente als Grundrente bezeichnet werden kann, ist umstritten, weil der Mehrertrag im Grunde nicht auf den Boden, sondern auf die intensivere Nutzung (Mehreinsatz von Arbeit und Kapital) zurückzuführen ist.

Die Berechtigung der Bodenrente als Einkommensquelle ist seit langem umstritten, vor allem auch deshalb, weil der Boden prinzipiell nicht vermehrbar ist. Radikale[1] **Bodenreformer**, vor allem die Sozialisten, forderten und fordern die Aufhebung des Privateigentums am Grundeigentum. Gemäßigtere Bodenreformer verlangen zwar nicht die Aufhebung des privaten Grundeigentums, wohl aber eine Steuergesetzgebung, die die Abschöpfung der Grundrente (mit Ausnahme der Intensitätsrente) zum Ziel hat.

3. Kapitaleinkommen

Das Entgelt für die Überlassung von Kapital ist der **Zins.**

- Der **ursprüngliche (originäre) Zins** ist das Einkommen, das einem Kapitaleigentümer zufällt, wenn er sein Geldkapital im eigenen Unternehmen zu produktiven Zwecken einsetzt, also investiert. Der originäre Zins ist demnach der Zins für Kapital im volkswirtschaftlichen Sinne („Kapitalzins", „realer Zins").
- Der **Leihzins** ist der Zins, der sich auf den Kreditmärkten (= Geld- und Kapitalmärkte) aufgrund von Angebot und Nachfrage bildet. Man spricht deshalb auch vom „Kreditzins" oder „Geldzins".

Durchschnittlicher Kapitalzins und durchschnittlicher Leihzins sind selten gleich hoch. Dennoch sind ihre Durchschnittshöhen interdependent (= voneinander abhängig). So wird ein Unternehmer beispielsweise nur so lange investieren, wie seine Rendite (Verzinsung aus der Investition) mindestens so hoch ist wie der Geldzinssatz. Steigende Absatzpreise erhöhen somit – unter sonst gleichen Bedingungen – die Rentabilität des Sachkapitals (das Kapitaleinkommen) und umgekehrt.

4. Unternehmenseinkommen

Das Unternehmenseinkommen stellt eine **Restgröße** dar (vgl. Begriffsbestimmung im Kapitel 7.1 sowie Abb. 7.3), weil die „Unternehmer" (alle Selbstständigen und alle Unternehmen mit eigener Rechtspersönlichkeit) erst *nach* Ablauf einer Rechnungsperiode (z. B. nach einem Geschäftsjahr) feststellen können, ob sie einen Gewinn erzielt oder Verlust gemacht haben.

Das Unternehmenseinkommen enthält mehrere Einkommensbestandteile, nämlich den **Unternehmerlohn,** die **Kapitalverzinsung,** die **Risikoprämie** und den **Unternehmerlohn** für Eigentümerunternehmer. Der Unternehmerlohn ist die kalkulierte Vergütung für die routinemäßige Arbeitsleistung des Unternehmers in seinem Betrieb. Die Kapitalverzinsung ist das kalkulierte Entgelt für das investierte Kapital. Die Risikoprämie stellt das Entgelt für das Wagnis dar, das der Unternehmer mit der Gründung seines Betriebs und dem Einsatz seiner finanziellen Mittel eingegangen ist. Ein eventuell noch verbleibender Rest ist der **eigentliche Unternehmergewinn.** Für ihn gilt folgende Definitionsgleichung:

Unternehmergewinn =
Ertrag – Aufwand – Kapitalverzinsung – Risikoprämie – Unternehmerlohn.

Die **Entstehung eines Unternehmergewinns** kann auf mehrere Ursachen zurückzuführen sein, z. B. auf einen günstigen Standort gewerblicher Unternehmen (sie erzielen eine Lagerente), auf guten Boden bei landwirtschaftlichen Unternehmen (Bodenrente), auf besondere persönliche Leistungen des Unternehmers (z. B. neue Ideen) oder auf die Marktstellung (z. B. Monopolgewinn).

---

1 Radikal = (wörtl.) „von der Wurzel her".

Man könnte nun der Auffassung sein, dass eine Einkommensverteilung dann „gerecht" ist, wenn das Volkseinkommen den einzelnen Produktionsfaktoren entsprechend ihrer Beiträge zur gesamtwirtschaftlichen Leistung zufließt. Indessen ist es in einer arbeitsteiligen Gesellschaft unmöglich, den einzelnen Produktionsfaktoren ihren Beitrag zum Volkseinkommen *zuzurechnen*, ganz abgesehen davon, dass eine Einkommensverteilung nach funktionalen Gesichtspunkten die Leistungsschwachen und -unfähigen unberücksichtigt lassen würde (z.B. Kinder, in der Ausbildung Stehende, Kranke, Alte). Das Problem der „gerechten" Einkommensverteilung muss daher politisch gelöst werden.[1]

11.1.2 Personelle Einkommensverteilung

■ Untersucht man die primäre Einkommensverteilung auf verschiedene soziale Gruppen (Personengruppen), spricht man von **personeller Einkommensverteilung.**

Unter personellen Gesichtspunkten kann man die Einkommensverteilung z.B. bei folgenden Personengruppen (sozialen Gruppen) untersuchen: Arbeiter, Angestellte, Beamte, Soldaten, Selbstständige und Rentner.

Die personelle Einkommensverteilung lässt sich gut mit Hilfe der **Lorenz-Kurve** – LORENZ war ein amerikanischer Statistiker – veranschaulichen.

Beispiel:

Angenommen, in einer Gesellschaft mit 360 000 Haushalten ergeben sich folgende Einkommensschichten:

Anzahl der Haushalte	% der Haushalte	% kumuliert	Einkommen bis ... GE*	Gesamteinkommen in Mio. GE	% des Einkommens	% kumuliert
80 000	22,2	22,2	1 500	120	12,5	12,5
70 000	19,4	41,6	2 000	140	14,6	27,1
60 000	16,7	58,3	2 500	150	15,6	42,7
50 000	13,9	72,2	3 000	150	15,6	58,3
40 000	11,1	83,3	3 500	140	14,6	72,9
30 000	8,3	91,6	4 000	120	12,5	85,4
20 000	5,6	97,2	4 500	90	9,4	94,8
10 000	2,8	100,0	5 000	50	5,2	100,0
360 000	100,0	–	–	960	100,0	–

* GE = Geldeinheiten (z.B. €, US-$, £)

Tabelle 11.1

1 Siehe Kapitel 11.2.

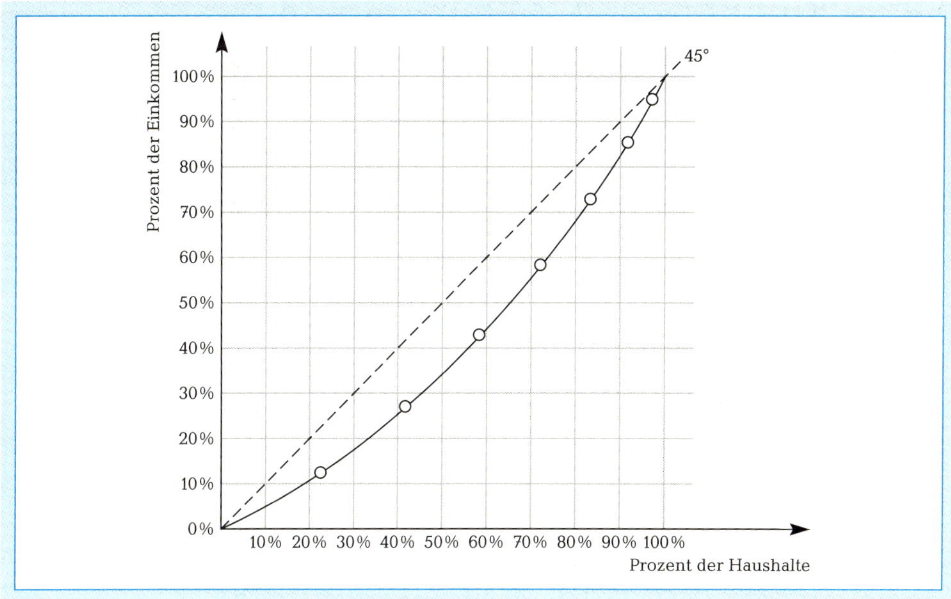

Abb. 11.1

Ergibt sich bei dieser Berechnung eine „45°-Linie", so bedeutet das, dass die Einkommen völlig gleich verteilt sind. In diesem Beispiel ist die personelle Einkommensverteilung ungleich (z.B. verdienen 2,8% der Haushalte 5,2% des Volkseinkommens; oder 8,3% der Haushalte beziehen 12,5% des Volkseinkommens).

Das Statistische Bundesamt geht bei der Ermittlung der Einkommensverteilung in der Bundesrepublik Deutschland einen Mittelweg zwischen funktioneller und personeller Betrachtungsweise. Es unterscheidet zwischen dem **Arbeitnehmerentgelt** (dem Einkommen der Unselbstständigen) und dem **Unternehmens- und Vermögenseinkommen** (Boden- und Kapitaleinkommen sowie Unternehmensgewinne). Damit reduziert sich die Frage nach der Verteilung des Volkseinkommens auf das Verteilungsproblem zwischen den Produktionsfaktoren **„Arbeit"** einerseits und **„Kapital"** andererseits (vgl. nachstehende Tabelle).

Primärverteilung des Volkseinkommens in Westdeutschland (ab 1992 in Gesamtdeutschland)
(Zahlen in jeweiligen Werten und in Mrd. Euro)

Jahr:	1960	1976	1984	1992	2000	2004	2006	2007
Arbeitnehmerentgelt (brutto):	74,1	322,8	487,5	890,3	1 089,2	1 134,5	1 144,9	1 179,8
Unternehmens- und Vermögenseinkommen (brutto):	48,7	128,3	203,6	321,6	416,6	523,8	585,5	645,1
Volkseinkommen	122,8	451,1	691,1	1 211,9	1 505,8	1 658,3	1 730,4	1 824,9

Quelle: Statistisches Jahrbuch 1977, S. 500 sowie Monatsberichte der Deutschen Bundesbank, mehrere Jahrgänge.

Tabelle 11.2

35 Hartmann – ISBN 978-3-8120-0320-9

Ursachen unterschiedlicher Einkommensverteilung

Gleichgültig, ob man die Einkommensverteilung unter funktionalen oder personellen Gesichtspunkten betrachtet: Sie ist im marktwirtschaftlichen System von der *Leistungsfähigkeit* der wirtschaftenden Personen (der „Wirtschaftssubjekte") abhängig. Sie wird weiterhin dadurch bestimmt, *welche* sozialen Gruppen *Eigentümer* von Grund und Boden bzw. des Kapitals (der Produktionsmittel) sind. Den Eigentümern fließt – falls der Staat nicht eingreift – das Besitzeinkommen zu.

Besteht das wirtschafts- und sozialpolitische Ziel, die Einkommen bisher einkommensschwacher Gruppen zu erhöhen, müssen auch die Eigentumsverhältnisse geändert werden. Nach sozialistischem Standpunkt hat dies durch Verstaatlichung der Produktionsmittel (einschließlich des Grund und Bodens) zu geschehen. Nach gemäßigten Reformvorstellungen können Besteuerung[1] und Beteiligung der Arbeitnehmer am Produktivvermögen (z.B. durch Belegschaftsaktien, Volksaktien) langfristig zu einer Umschichtung der Eigentumsverhältnisse und damit der Einkommensverteilung führen.

Die primäre personelle Einkommensverteilung hängt ferner vom Umfang der **Marktmacht** der einzelnen sozialen Gruppen ab, und zwar auf zweierlei Weise. Wird die Wirtschaft im Wesentlichen von starken Oligopolen und Monopolen beherrscht, können diese ihre Preise höher ansetzen als dies bei polypolistischer Konkurrenz möglich wäre.[2] Infolgedessen steigen die Gewinne (die Unternehmenseinkommen) zu Lasten des Arbeitnehmerentgelts.[3] Zum Zweiten ist die Höhe des Arbeitnehmerentgelts abhängig von der Marktstellung der Arbeitnehmer einerseits und der Arbeitgeber andererseits auf dem Arbeitsmarkt. Sind die Arbeitnehmer nicht organisiert, werden regelmäßig die Arbeitsentgelte niedriger sein als in Wirtschaftsordnungen, in denen den Arbeitgeberverbänden mächtige Gewerkschaften gegenüberstehen.[4]

Merke:

- Die Einkommensverteilung, wie sie sich vor der Umverteilung durch den Staat ergibt, heißt **primäre Einkommensverteilung.**
- Die **funktionale (funktionelle) Einkommensverteilung** gibt darüber Auskunft, welchen Produktionsfaktoren die Einkommensteile zugeflossen sind.
- Die **Einkommensarten** nach funktionalen Gesichtspunkten sind:
  a) Kontrakteinkommen in Form von
    aa) Arbeitnehmerentgelte (Lohn im volkswirtschaftlichen Sinne),
    ab) Kapitaleinkommen (Zins),
    ac) Bodenrente (Bodeneinkommen) und
  b) Residualeinkommen (Unternehmenseinkommen).
- Eine politisch gesteuerte Einkommensverteilung nach funktionalen Gesichtspunkten ist praktisch nicht durchführbar, weil die Beträge der Produktionsfaktoren zur gesamten Wirtschaftsleistung nicht errechenbar sind **(Zurechnungsproblem).** Sie kann auch nicht gerecht sein, weil unverschuldete Leistungsunterschiede nicht berücksichtigt werden.

1 Siehe Kapitel 11.3.

2 Vgl. Kapitel 5.2.

3 Betrachtet man das Volkseinkommen als „Kuchen", der zwischen Arbeitnehmern und Unternehmen aufgeteilt wird, nimmt der Anteil der einen Gruppe ab, wenn es der anderen Gruppe gelingt, ein größeres Stück als zuvor aus dem Kuchen herauszuschneiden.

4 Vgl. Kapitel 5.4.2.2 und 5.4.2.3.

- Die **personelle Einkommensverteilung** gibt darüber Auskunft, welchen sozialen Gruppen die Anteile am Volkseinkommen zugeflossen sind.
- Da sich in marktwirtschaftlichen Wirtschaftssystemen grundsätzlich die Produktionsmittel (das „Kapital") im Eigentum privater und staatlicher Unternehmen befinden, wird das Verteilungsproblem meist unter dem Gegensatz zwischen **„Kapital"** und **„Arbeit"** gesehen.
- Die personelle Einkommensverteilung wird mitbestimmt durch
  - die **Leistungsfähigkeit** der Wirtschaftssubjekte,
  - die **Eigentumsverhältnisse** an den Produktionsmitteln und
  - die **Marktmacht** der Wirtschaftssubjekte.

11.2 Verteilungsprinzipien

Sobald Verbände und Staat in den Verteilungsprozess eingreifen,[1] müssen sie bestimmte **Verteilungsprinzipien** verfolgen, sich also eine Vorstellung darüber machen, wie es um das endgültige Verteilungsergebnis bestellt sein soll. Es ist einleuchtend, dass die Anschauungen darüber, wie eine „gerechte" Einkommensverteilung aussehen soll, sehr unterschiedlich sind. Sie hängen von der Interessenlage der jeweiligen Regierung bzw. der Verbände sowie von der vorherrschenden Weltanschauung (z.B. Individualismus, Personalismus, christliche Soziallehre oder Kollektivismus) ab.

Im Wesentlichen lassen sich *drei* Verteilungsprinzipien unterscheiden:

1. Prinzip der Einkommensnivellierung[2]

Dieses Prinzip („Jedem das Gleiche!") wird damit begründet, dass alle Menschen gleich seien. Deshalb hätten sie auch Anspruch auf den gleichen Anteil am Volkseinkommen. Das Prinzip der Einkommensnivellierung hat den Vorteil, dass Unzufriedenheit, Neid und Missgunst abgebaut werden. Der Nachteil ist, dass für den Einzelnen kein Leistungsanreiz besteht, sodass das Volkseinkommen niedriger ist, als es bei Anstrengung aller Kräfte sein könnte.

In der Bundesrepublik Deutschland wird das Gleichheitsprinzip zwar nicht in seiner extremen Ausbildung verfochten; wohl aber ist es ein wirtschafts- und gesellschaftspolitisches Ziel der Regierung und der Gewerkschaften, eine *sozialverträgliche (gleichmäßigere)* Einkommensverteilung herbeizuführen.[3]

2. Bedarfsprinzip

Das Bedarfsprinzip verlangt, die Einkommen nach einem von bestimmten Institutionen (z.B. Regierung, Parlament, Behörden) festzustellenden Maßstab zu verteilen („Jedem nach seinen Bedürfnissen!"). Eine bedarfsgerechte Verteilung liegt z.B. vor, wenn die Einkommen nach Familienstand, Berufstätigkeit (Schwerarbeit, Bürotätigkeit) oder Kinderzahl differenziert (= abgestuft) werden. So ist in der Bundesrepublik Deutschland z.B. die Staffelung der Löhne nach Altersgruppen, Betriebszugehörigkeit und/oder Familienstand

---

1 Siehe Kapitel 11.3 sowie 5.4.2.2.

2 Nivellieren = gleichmachen, einebnen.

3 Siehe Kapitel 2.2.4 sowie Abb. 2.3 und 2.6. Statt vom Ziel der gleichmäßigeren Verteilung wird auch vom Ziel der „gerechteren" Einkommensverteilung gesprochen.

ein Element des Bedarfsprinzips. In Zentralverwaltungswirtschaften war es u.a. üblich, Schwerarbeitern einen höheren Lohn und/oder doppelte Lebensmittelrationen zuzuteilen, weil sie einen höheren Kalorienbedarf haben.

Der Vorteil des Bedarfsprinzips ist, dass auch soziale Gesichtspunkte bei der Einkommensverteilung berücksichtigt werden können. Der Nachteil ist, dass *niemand* – auch keine Behörde – in der Lage ist, den tatsächlichen Bedarf der Mitglieder einer Gesellschaft festzustellen. Der Bedarf ist vielmehr eine subjektive Größe.

3. Leistungsprinzip

Nach dem Leistungsprinzip soll jeder nach seinem Beitrag zum Inlandsprodukt entlohnt werden („Jedem nach seiner Leistung!"). Das Leistungsprinzip verlangt, dass für gleiche Leistung auch der gleiche Lohn bezahlt wird. Es setzt voraus, dass für alle die gleichen Startbedingungen gegeben sind („Chancengleichheit"). Ein Mindereinkommen ist nach dieser Auffassung auf mangelnde Leistung zurückzuführen. Der Vorteil des Leistungsprinzips ist, dass ein Anreiz zur Mehrarbeit und zum persönlichen Einsatz besteht. Der Nachteil ist (neben der Unmöglichkeit, den Beitrag des Einzelnen zum Volkseinkommen objektiv zu ermitteln),[1] dass das Leistungsprinzip unsozial sein kann, selbst wenn die Chancengleichheit gegeben wäre. Es berücksichtigt z.B. nicht, dass Minderleistung auch *unverschuldet* sein kann (z.B. Arbeitsunfall, Krankheit), zum anderen Mehrleistung auch auf Rücksichtslosigkeit, Betrug und Bestechung zurückgeführt werden kann. Außerdem berücksichtigt das Leistungsprinzip die Personen nicht, die nicht oder noch nicht (Alte und Jugendliche) im Produktionsprozess stehen.

Die **Frage nach der gerechten Einkommensverteilung** ist also nicht objektiv beantwortbar. Die Antwort hängt vielmehr von der *Einstellung* des Einzelnen oder der jeweiligen Interessengruppen (Gewerkschaften, Regierungen, Parteien, Arbeitgebern usw.) ab.

Etwas anders stellt sich die Frage, ob und in welchem Umfang die Arbeitnehmer am Produktivitätsfortschritt (siehe Kapitel 1.3.4.1) teilhaben sollen. Diese Frage ist nicht nur aus gesellschaftspolitischen, sondern auch aus wirtschaftspolitischen Gründen zu bejahen.

Gesellschaftspolitisch gilt, dass jeder Arbeitnehmer das Empfinden haben muss, gerecht behandelt und entlohnt zu werden. Wirtschaftspolitisch gilt, dass das Mehrprodukt auch gekauft werden muss, wenn wirtschaftliche Störungen vermieden werden sollen: Steigen die Einkommen und damit die nachfragewirksame Geldmenge in gleichem Maße wie die Erzeugung der Volkswirtschaft, besteht weder Inflations- noch Deflationsgefahr (siehe hierzu Kapitel 8.4.3). Steigen die Löhne (die Arbeitsentgelte) hingegen schneller als die Produktivität, werden entweder die Preise steigen („Lohn-Preis-Spirale") oder die Investitionen zurückgehen, weil die Gewinne geschmälert werden, sodass Arbeitsplätze gefährdet werden.

1 Siehe Kapitel 11.1.1.

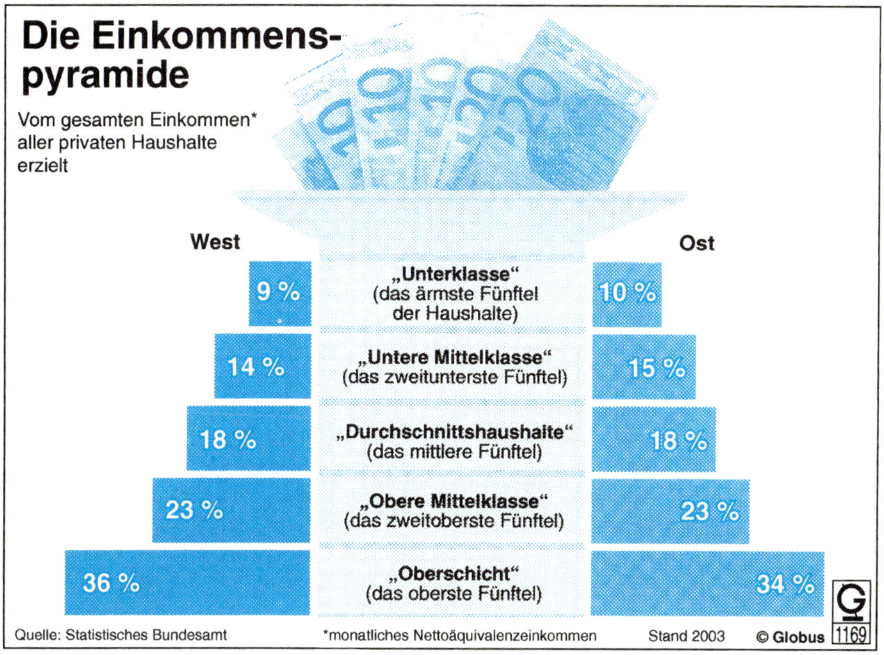

Abb. 11.2

Der Wohlstand in Deutschland ist ungleich verteilt. Am oberen Ende der Einkommensskala – dem reichsten Fünftel – teilen 20 Prozent aller Haushalte 36 (West) bzw. 34 Prozent (Ost) der Einkommen unter sich auf. Auf der anderen Seite müssen sich ebenso viele Haushalte – das ärmste Fünftel – mit neun (West) bzw. zehn Prozent (Ost) des Gesamteinkommens aller Haushalte begnügen. Anders ausgedrückt: Im Westen hat die „Unterklasse“ ein Viertel, im Osten etwa ein Drittel des Einkommens der „Oberschicht“ zur Verfügung.

11.3 Umverteilung des Einkommens

11.3.1 Veränderung der Primärverteilung durch gewerkschaftliche Lohnpolitik

Die Auseinandersetzung der Gewerkschaften als Vertreter der Arbeitnehmer einerseits und der Arbeitgeberverbände als Vertreter der Arbeitgeber andererseits um den jeweiligen Anteil am *Volkseinkommen* bezeichnet man als „Arbeitskampf“.[1] Betrachtet man das Volkseinkommen als einen „Kuchen“, den Arbeitnehmer bzw. Arbeitgeber „aufessen“, d.h. verbrauchen können, wird Folgendes deutlich:

- Steigen unter sonst gleichen Bedingungen die Löhne, sinken die Gewinne. Der Anteil des Unternehmereinkommens am Volkseinkommen ist geringer.
- Steigen unter sonst gleichen Bedingungen die Gewinne, wird der Anteil der Arbeitnehmereinkommen (Löhne) am Volkseinkommen geringer.

1 Siehe Kapitel 5.4.2.2.

Lohnquote und Pro-Kopf-Lohnquote

■ Den prozentualen Anteil der Arbeitnehmereinkommen am Volkseinkommen bezeichnet man als **Lohnquote.**

Beispiel:

Beträgt das Volkseinkommen z.B. 1 000 Mrd. GE und belaufen sich die Bruttolöhne (Arbeitnehmerentgelte einschließlich der Arbeitgeberanteile zur Sozialversicherung) auf 700 Mrd. GE, so ist die Lohnquote 70 %.

Eine Erhöhung der Lohnquote vergrößert jedoch nur dann den Anteil des einzelnen Arbeitnehmers am Volkseinkommen, wenn sich die Arbeitnehmerquote nicht oder nicht in gleichem Maße wie die Lohnquote vergrößert hat. Unter Arbeitnehmerquote ist der prozentuale Anteil der Arbeitnehmer (unselbstständig beschäftigten Personen) an der Gesamtzahl der Beschäftigten zu verstehen. Die Zahl der Beschäftigten setzt sich aus den Arbeitnehmern (den Unselbstständigen) und den Selbstständigen zusammen.

Ob sich der Anteil des einzelnen Arbeitnehmers am Volkseinkommen geändert hat oder nicht, lässt sich mit Hilfe der *Pro-Kopf-Lohnquote* ausdrücken.

$$\text{Pro-Kopf-Lohnquote} = \frac{\text{Lohnquote} \cdot 100}{\text{Arbeitnehmerquote}}$$

Beispiel:

Nachstehende Tabelle zeigt den Zusammenhang zwischen Erwerbsquote, Lohnquote und Pro-Kopf-Lohnquote.

Jahr	Zahl der Erwerbstätigen			Einkommen in GE			Lohnquote	Arbeitnehmerquote	Pro-Kopf-Lohnquote (PKL)	Bemerkungen
	Arbeitnehmer (Unselbstständige)	Arbeitgeber (Selbstständige)	Insgesamt	Arbeitnehmerentgelt	Unternehmens- und Vermögenseinkommen	Insgesamt (Volkseinkommen)				
01	500	500	1 000	5 000	5 000	10 000	50 %	50 %	100 %	
02	800	200	1 000	8 000	2 000	10 000	80 %	80 %	100 %	konstante PKL
03	800	200	1 000	8 400	1 600	10 000	84 %	80 %	105 %	gestiegene PKL
04	800	200	1 000	7 600	2 400	10 000	76 %	80 %	95 %	gesunkene PKL

Tabelle 11.3

Eine Pro-Kopf-Lohnquote von 100 % drückt aus, dass die Unternehmereinkommen (Gewinne) und Arbeitnehmereinkommen (Löhne) im Durchschnitt gleich hoch sind. Steigt also z.B. die Lohnquote von 50 % auf 80 % und steigt der Anteil der Arbeitnehmer an der Gesamtbeschäftigtenzahl von ebenfalls 50 % auf 80 %, hat sich unter sonst gleichen Bedingungen für den Arbeitnehmer nichts geändert. Eine Erhöhung der Pro-Kopf-Lohnquote findet nur statt, wenn die Lohnquote *schneller* als die Arbeitnehmerquote steigt.

Weiterhin lässt sich festhalten: Ist die Pro-Kopf-Lohnquote höher als 100 %, sind die durchschnittlichen Löhne höher als die durchschnittlichen Gewinne. Ist die Pro-Kopf-Lohnquote niedriger als 100 %, sind die durchschnittlichen Löhne niedriger als die durchschnittlichen Gewinne.

In der Bundesrepublik Deutschland belief sich im Jahr 1950 die Arbeitnehmerquote auf 69 %, die Lohnquote auf 58 %. Dies ergab eine Pro-Kopf-Lohnquote von rund **84 %.** 1962 betrug die Arbeitnehmerquote bereits 78,8 %, die Lohnquote 64 %. Hieraus errechnet sich eine Pro-Kopf-Lohnquote von **81,2 %.** Im Jahr 2007 schließlich erreichte die Arbeitnehmerquote **88,8 %**, die Lohnquote **64,7 %**. Die Pro-Kopf-Lohnquote lag demnach bei rund **72,9 %**. Hieraus folgt, dass sich der Anteil des einzelnen Arbeitnehmers am Volkseinkommen von 1950 bis 2007 trotz aller „Verteilungskämpfe" nicht erhöht, sondern sogar verringert hat.

Entwicklung der Lohnquote in der Bundesrepublik Deutschland (ab 1994 Gesamtdeutschland)

Jahr	1962	1970	1974	1978	1982	1986	1990	1994	1998	2002	2006	2007
Lohnquote (in %)	64,0	66,7	72,6	71,1	73,7	68,2	66,7	73,6	70,9	71,9	66,2	64,7
Arbeitnehmer-quote (in %)	78,8	83,4	84,5	85,6	87,0	87,2	89,5	89,2	88,9	89,4	88,8	88,8
Pro-Kopf-Lohn-quote (in %)	81,2	80,0	85,9	83,1	84,7	78,2	74,5	82,5	79,8	80,4	74,5	72,9

Quelle: Statistisches Jahrbuch, mehrere Jahrgänge. Monatsberichte der Deutschen Bundesbank, mehrere Jahrgänge.

Tabelle 11.4

Aussagewert der Lohnquote und Pro-Kopf-Lohnquote

Die Lohnquote drückt nur aus, welcher Anteil des Volkseinkommens *allen* Arbeitnehmern zugeflossen ist. Etwas mehr sagt die Pro-Kopf-Lohnquote: Sie zeigt, welchen Anteil des Volkseinkommens der einzelne Arbeitnehmer im Durchschnitt erhielt. Die gewerkschaftliche Politik zielt unter anderem deswegen darauf ab, die Pro-Kopf-Lohnquote der Arbeitnehmer zu erhöhen.

Zu beachten ist aber, dass die Pro-Kopf-Lohnquote *nichts* darüber aussagt, wie gut (oder wie schlecht) es den Arbeitnehmern in einer bestimmten Volkswirtschaft geht. Denn mit einem bestimmten Einkommensanteil kann man sich nur dann etwas kaufen, wenn die Volkswirtschaft genügend Güter bereitstellt. Konkret: In einer Volkswirtschaft, in der die Lohnquote hoch, die Güterversorgung aber gering ist, ist der Lebensstandard der Arbeitnehmer u. U. niedriger als in einer Wirtschaft, in der zwar die Lohnquote verhältnismäßig gering, die Güterversorgung aber sehr hoch ist.

Außerdem ist zu berücksichtigen, dass in der Lohnquote bzw. in der Pro-Kopf-Lohnquote nur Durchschnittswerte zum Ausdruck kommen. Dahinter können sich aber große Einkommensunterschiede verbergen.

Gesamtwirtschaftliche Wirkungen gewerkschaftlicher Lohnpolitik

Die gewerkschaftliche Lohnpolitik bleibt nicht ohne Wirkung auf die gesamtwirtschaftliche Entwicklung. Vor allem bestehen zwischen dem Ziel der gleichmäßigeren Einkommensverteilung und dem Ziel der Preisniveaustabilität Zielkonflikte. Ein vereinfachendes Beispiel verdeutlicht den Zusammenhang.

Beispiel:

Angenommen, eine Volkswirtschaft produziert mit einem Kapitalstock von 5 000 Mrd. GE und mit 25 Mio. unselbstständigen Arbeitskräften Güter im Wert von 500 Mrd. GE. Die Ersparnis und die Nettoinvestition sei null. Wenn wir eine Lohnquote von 50 % voraussetzen, entfallen vom Volkseinkommen in Höhe von 500 Mrd. GE je 250 Mrd. GE auf die Arbeitnehmer und die Unternehmen bzw. die Unternehmerhaushalte. Steigt aufgrund von Verbesserungsinvestitionen das reale Volkseinkommen auf 550 Mrd. GE, so bedeutet dies bei gleichem Einsatz von Arbeitskräften eine Produktivitätssteigerung von 10 %. (Vor der Produktivitätserhöhung betrug die Produktivität 500 Mrd. GE : 25 Mio., nunmehr 550 Mrd. : 25 Mio.)

Um die bisherige Lohnquote in Höhe von 50% zu halten, müssen die Löhne ebenfalls um 10% angehoben werden, d.h. auf 275 Mrd. GE. Dies ist allein schon zur Erhaltung der Vollbeschäftigung notwendig, falls die Unternehmen bzw. die Unternehmerhaushalte nicht die Mehrproduktion allein aufkaufen, was unwahrscheinlich ist. Andernfalls bleiben die Unternehmen auf ihrer Mehrproduktion „sitzen" und sehen sich zu Produktionseinschränkungen oder Preissenkungen gezwungen.

Sind indessen die Preise aus irgendwelchen Gründen bei gleicher Ausbringung um 10% gestiegen, oder mit anderen Worten: ist das nominelle Volkseinkommen bei Konstanz des realen Volkseinkommens gestiegen, so bleibt zwar der **Nominallohn** erhalten (250 Mrd. GE), die **Reallöhne** aber sinken: Die Arbeitnehmer nämlich können nunmehr statt bisher 50% nur noch 45,5% der gesamtwirtschaftlichen Leistung kaufen. Soll also die Lohnquote und damit der Reallohn erhalten bleiben, müssen die Löhne um ebenfalls 10% auf 275 Mrd. GE erhöht werden.

- Lohnerhöhungen sind nicht Ursache von Preissteigerungen, wenn sie sich im Rahmen der wirtschaftlichen Produktivitätssteigerung halten oder die Unternehmen in der Lage und willens sind, eine Umverteilung (in Form abnehmender Gewinne) zu akzeptieren.
- Bei defensiver Lohnpolitik der Gewerkschaften sind Lohnerhöhungen nicht die Ursache, sondern die Folge von Preissteigerungen (Preis-Lohn-Spirale).

Aus diesen Gründen wird gelegentlich gefordert, die Lohnerhöhungen an die Preis- und Produktivitätsentwicklung zu binden, die von einem hierzu geschaffenen Institut bzw. Gremium festgestellt werden müsste. Die Gewerkschaften in der Bundesrepublik Deutschland lehnen eine derartige **gleitende Lohnskala** ab, weil sie sich das Recht nicht nehmen lassen wollen, auf eine Veränderung der **Einkommensverteilung,** d.h. auf eine **Erhöhung der Lohnquote** hinzuwirken (vgl. Tab. 11.3). Sieht man sich jedoch die Statistik an, erkennt man, dass die Pro-Kopf-Lohnquote trotz aller gewerkschaftlicher Aktivität langfristig nicht gestiegen ist. Die **offensive Lohnpolitik** hat bisher aus der Sicht der Gewerkschaften *nicht* zum Ziel geführt.

Angenommen also, die Gewerkschaften betreiben eine **offensive (dynamische) Lohnpolitik.** Hier müssen Lohnforderungen zwangsläufig über die Produktivitäts- und Preisentwicklung hinausgehen. Haben die Gewerkschaften Erfolg, so muss unterschieden werden, ob die Wirtschaft vollbeschäftigt ist oder nicht. Ist die Wirtschaft vollbeschäftigt und steigen die Löhne über den Produktivitätszuwachs hinaus, wird auch die Nachfrage nach Gütern und Diensten schneller als das Angebot zunehmen.

Das lässt sich mit Hilfe des vorigen Zahlenbeispiels verdeutlichen. Beträgt das Volkseinkommen im Ausgangszeitpunkt 500 Mrd. GE und ist die Lohnquote 50%, steigt bei einer 20%igen Lohnerhöhung das Arbeitnehmereinkommen kurzfristig auf 300 Mrd. GE an. Beläuft sich der Produktionszuwachs jedoch nur auf 10% und geben die Arbeitnehmer ihr gesamtes Zusatzeinkommen – was vereinfachend unterstellt sein soll – wieder aus, werden die Unternehmer ihre Preise um 10% erhöhen. Das Volkseinkommen ist um real 50 Mrd. GE, nominell aber um 100 Mrd. GE gestiegen. Nach Ablauf einer bestimmten Zeit ist die alte Einkommensverteilung wieder hergestellt.

Nicht ganz so leicht fallen Preiserhöhungen, wenn entweder das zusätzliche Arbeitnehmereinkommen teilweise gespart wird, oder aber wenn billigere Auslandswaren importiert werden. Dann nämlich würden die Preissteigerungen nicht mit der Lohnentwicklung Schritt halten und die Einkommensverteilung würde sich zugunsten der Arbeitnehmer verschieben. In diesem Fall entsteht jedoch ein neues Problem: Die höheren Lohnkosten führen zu stagnierenden oder gar zu abnehmenden Gewinnen. Dies aber bewirkt, dass die Unternehmen ihre Investitionspläne überprüfen und Investitionsvorhaben streichen.

Unter Umständen führt das dazu, dass das Volkseinkommen real nicht mehr wächst, während Löhne und Preise weiter steigen (Stagnation bei Inflation oder kurz **„Stagflation"** genannt). Falls die Nettoinvestitionen zurückgehen, ist sogar mit einem negativen Multiplikatorprozess zu rechnen und es entsteht Arbeitslosigkeit.

Eine der wichtigsten Ursachen der modernen inflatorischen Entwicklung in den Industriestaaten ist also der Verteilungskampf um das Volkseinkommen. Wir können uns merken:

- Lohnerhöhungen über den Produktivitätszuwachs hinaus führen bei Vollbeschäftigung zu Preissteigerungen, sofern die Unternehmen in der Lage und willens sind, ihre Gewinnquote zu halten (Lohn-Preis-Spirale).

11.3.2 Sekundärverteilung durch den Staat

Bereits an anderer Stelle haben wir gesagt, dass das Marktergebnis nicht „gerecht" sein kann. Die Marktpreise der Produktionsfaktoren, also die auf sie entfallenden Einkommen, sind das Ergebnis von Angebot und Nachfrage. Setzt sich nun der Staat, wie dies in einer sozialen Marktwirtschaft der Fall ist, zum Ziel, die Einkommen gleichmäßiger zu verteilen, muss er die Einkommen der gut Verdienenden beschneiden und diese Mittel den sozial Schwachen zuführen.

Die **Umverteilung** durch den Staat (Redistribution) geschieht in erster Linie mit Hilfe der **direkten Steuern.** Mit ihrer Hilfe werden die Einkommen *unmittelbar* besteuert. Die wichtigsten direkten Steuern sind die Körperschaftsteuer, die Einkommensteuer und die Lohnsteuer. Steuerähnlichen Charakter haben die Sozialversicherungsabgaben der Versicherungspflichtigen (Beiträge zur Kranken-, Renten- und Arbeitslosenversicherung). Auch diese Beiträge werden umverteilt, weil die zurzeit Verdienenden für die nicht oder nicht mehr im Arbeitsleben Stehenden (Arbeitslose, Rentner und Pensionäre) aufkommen müssen.

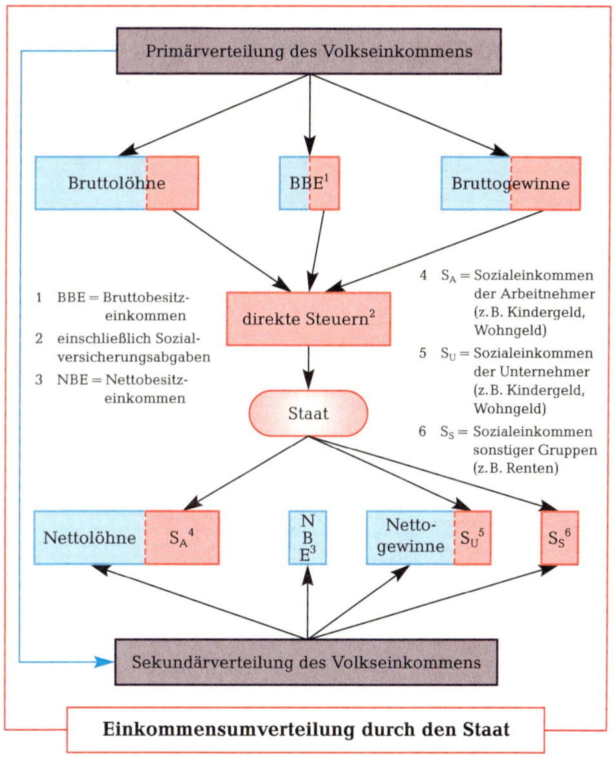

Abb. 11.3

Die aus der Sekundärverteilung stammenden Einkommen bezeichnet man als **abgeleitete Einkommen** oder auch als **Sozialeinkommen.** In der Bundesrepublik Deutschland stammt jeder vierte Euro der privaten Einkommen aus öffentlichen Kassen.

Zu den Sozialeinkommen zählen nicht nur Arbeitslosengeld, Renten und Pensionen, sondern z.B. auch Arbeitslosengeld II, Sozialhilfe an Bedürftige, Kindergeld, Wohngeld, Ausbildungsförderung oder Kriegsopferversorgung.

Das soziale Netz in Deutschland ist aus vielen Knoten geknüpft – großen und kleinen. Größter Knoten ist die Rentenversicherung mit 240 Mrd. Euro. Es folgen die Krankenversicherung mit 147 Mrd. Euro und die Leistungen für den Arbeitsmarkt (also auch die Zahlungen für Arbeitslose) mit gut 83 Mrd. Euro. Wesentlich kleinere Knoten – dennoch für viele Menschen wichtig – sind beispielsweise das Wohngeld, das Erziehungsgeld oder die Ausbildungsförderung. Alle Sozialleistungen zusammengenommen (direkte und indirekte Leistungen) erreichten im Jahr 2006 einen Umfang von rund 700 Mrd. Euro. Das entsprach fast einem Drittel (30,3 Prozent) der gesamten deutschen Wirtschaftsleistung gemessen am Bruttoinlandsprodukt.

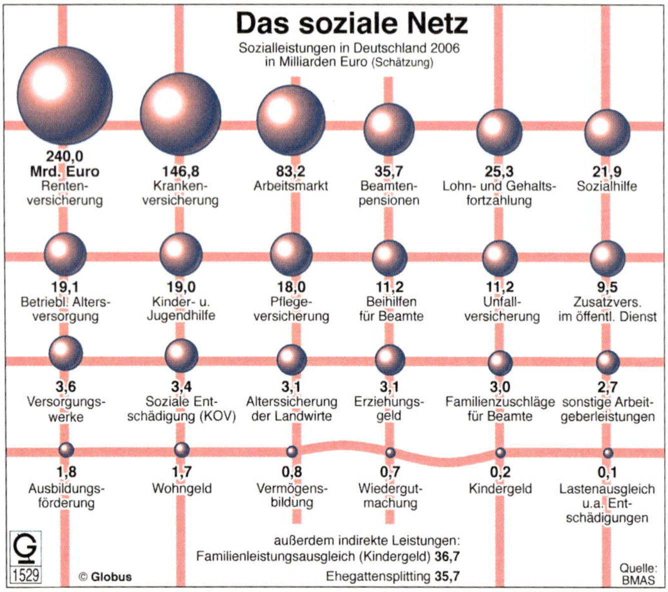

Abb. 11.4

Aufgaben zur Lernkontrolle

1. Erklären Sie den Begriff primäre Einkommensverteilung!

2. Definieren Sie den Begriff funktionale (funktionelle) Einkommensverteilung und erklären Sie die einzelnen Einkommensarten nach funktionalen Gesichtspunkten!

3. Interpretieren Sie diese Aussage:

   „Geschichtlich gesehen hat die Arbeitsteilung das Problem der richtigen („gerechten") Verteilung des Volkseinkommens verstärkt. Da die Produktion das Ergebnis eines Kombinationsprozesses ist, und weil dieses Ergebnis den einzelnen Produktionsfaktoren nicht zurechenbar ist ..., muss die Frage nach der ‚gerechten Verteilung' politisch gelöst werden. Wie aber die politische Entscheidung aussieht, hängt wiederum von der realisierten Gesellschaftsordnung ab."

4. Erklären Sie mit eigenen Worten, was unter personeller Einkommensverteilung zu verstehen ist!

5. Das Verteilungsproblem wird heute meist auf den Gegensatz zwischen Arbeit und Kapital zurückgeführt. Warum?

6. Nennen Sie wesentliche Ursachen ungleicher personeller Einkommensverteilung!

7. Nachfolgende Grafik veranschaulicht die Einkommensteuerstruktur eines Landes.

Beantworten Sie zu dieser Grafik folgende Einzelfragen:

7.1 Um welches grafische Darstellungsverfahren handelt es sich und welcher Beziehungszusammenhang wird hier veranschaulicht?

7.2 Welche Aussagen erlaubt die Grafik hinsichtlich der Einkommensverteilung in dem angesprochenen Land?

7.3 Wie würde die Verteilungskurve verlaufen, wenn eine extrem soziale Unausgewogenheit vorläge? Fertigen Sie eine Skizze an!

7.4 Wie würde die Verteilungskurve verlaufen, wenn die Einkommen vollständig nivelliert wären?

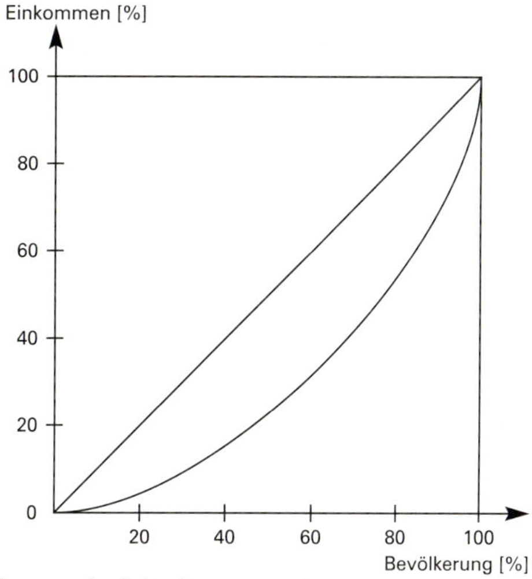

8. Erklären Sie kurz die Ihnen bekannten Verteilungsprinzipien!

9. Welche Vor- und Nachteile weist jedes Verteilungsprinzip auf?

10. Nachstehende Zitate enthalten drei Meinungen zur Frage der „gerechten Verteilung“ des Volkseinkommens:

a) „Jeder soll das Gleiche verdienen. Schließlich sind die Menschen von Natur aus gleich. Überhaupt ist jede Arbeit für die Gesellschaft gleich wertvoll.“

b) „Die Einkommen müssen sich am Beitrag des Einzelnen zum Sozialprodukt orientieren. Nur diese Entlohnung ist gerecht. Wer mehr und besser arbeitet, soll auch mehr verdienen.“

c) „Die Menschen der Industrieländer leben zu gut. Der Staat soll dafür sorgen, dass (um den Entwicklungsländern nachhaltig helfen zu können) für jeden Bürger ein bestimmter Wohnraum festgelegt wird. Der heutige Wohnungsluxus ist übertrieben. Außerdem soll der Staat für jeden Arbeitnehmer und seine Familie die Lebensmittelrationen festsetzen, wobei die Schwerarbeiter eine Sonderration beanspruchen können. Der private Autoverkehr soll zugunsten des öffentlichen Verkehrs abgeschafft werden.“

Welche Verteilungsprinzipien werden angesprochen? Welche Für und Wider sind anzuführen?

11. Warum streben die Gewerkschaften eine Erhöhung der Lohnquote an? Mit welchen Mitteln?

12. Unterscheiden Sie die Begriffe Lohnquote und Pro-Kopf-Lohnquote!

13. Das Statistische Amt eines Landes ermittelt folgende Zahlen:

Jahr	Volkseinkommen in jeweiligen Preisen und in Mrd. GE	davon Arbeitnehmerentgelt (brutto) in Mrd. GE	Erwerbspersonen insgesamt in Mio.	davon Arbeitnehmer in Mio.
01	327,3	212,1	26,7	21,5
02	419,9	271,9	26,0	21,2
03	645,5	448,8	26,7	22,4
04	876,7	626,4	25,1	21,3
05	1 155,4	830,0	25,8	22,3
06	1 346,3	952,7	25,4	22,1
07	1 751,1	1 176,1	27,7	24,7
08	2 430,3	1 787,6	37,2	33,5
09	2 705,3	1 964,6	36,1	32,3

Beantworten Sie im Zusammenhang mit dieser Statistik folgende Fragen:

13.1 Kennzeichnen Sie die Entwicklung der Lohnquote und der Pro-Kopf-Lohnquote vom Jahr 01 bis zum Jahr 09!

13.2 Welche Zahl sagt mehr über gewerkschaftliche Erfolge im Verteilungskampf aus? Warum?

13.3 Sind gewerkschaftliche Erfolge allein an der Entwicklung der Löhne zu messen?

14. 14.1 Betrachten Sie zunächst nebenstehende Karikatur! Was will der Zeichner hier ausdrücken?

14.2 Wie erfolgt die Lohnbildung in der sozialen Marktwirtschaft?

14.3 Wie würde sich der Lohn im Modell der freien Wirtschaft bilden, wenn auf allen Märkten polypolistische Konkurrenz herrscht?

14.4 Wäre der Marktlohn (Frage 14.3) höher oder niedriger als der zwischen Arbeitgeberverbänden und Gewerkschaften ausgehandelte Lohn (Frage 14.2)? Begründen Sie Ihre Antwort!

Mahlzeit — Handelsblatt: Bensch

15. Unter welchen Bedingungen wird eine „Lohn-Preis-Spirale", unter welchen eine „Preis-Lohn-Spirale" in Gang gesetzt?

16. Warum können die Unternehmen in einer Wirtschaft mit großem Außenhandelsvolumen die gestiegenen Lohnkosten häufig nicht in vollem Umfang auf die Preise abwälzen?

17. Erklären Sie den Begriff Sekundärverteilung!

18. Auf welche Weise nimmt der Staat die Sekundärverteilung vor?

12 Entwicklungspolitik

Die Welt hat genug für jedermanns Bedürfnisse, aber nicht für jedermanns Gier.
(MAHATMA GANDHI)

12.1 Begriff Entwicklungsländer

Im Allgemeinen wird der Begriff „Entwicklungsländer“ mit den Begriffen „Dritte Welt“ und „Vierte Welt“ gleichgesetzt. Einige der Entwicklungsländer konnten in den beiden letzten Jahrzehnten erhebliche wirtschaftliche und soziale Fortschritte erzielen, während andere nach wie vor ohne fremde Hilfe nicht überleben könnten. Diese Ärmsten der Armen – also die „Vierte Welt“ – werden von den Vereinten Nationen als *Least Development Countries* (LDC)[1] bezeichnet. Ihnen werden von den internationalen Entwicklungsorganisationen und einzelnen Geberländern wesentlich günstigere Bedingungen zugestanden als den übrigen Entwicklungsländern. Zurzeit erstreckt sich die LDC-Liste der Vereinten Nationen auf 50 Länder mit zusammen knapp 700 Millionen Einwohnern. Das sind rund 11 % der Weltbevölkerung, aber nur 0,6 % der Wirtschaftsleistung.

Die Kriterien (Maßstäbe) für die Zugehörigkeit zur LDC-Liste sind:

- Niedriges Pro-Kopf-Einkommen (unter 900 US-Dollar).
- Schwache Entwicklung des Humankapitals (Human capitals[2]), gemessen anhand eines Index, in den z. B. Daten zur Ernährung, zur Gesundheit und zur Bildung einfließen.
- Wirtschaftliche Anfälligkeit, wie sie in einer mangelhaften Wirtschaftsstruktur und in der wirtschaftlichen Anfälligkeit durch Schwankungen der landwirtschaftlichen Produktion (durch Umwelteinflüsse) und der Exportmöglichkeiten zum Ausdruck kommen.

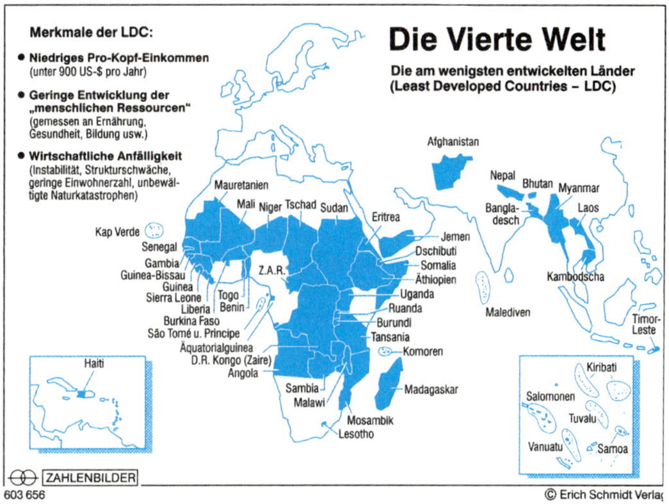

Abb. 12.1

- Weitere Anhaltspunkte sind die Bevölkerungszahl, weil kleine Länder wirtschaftlich verletzlicher als große sind, sowie die Auswirkungen von Naturkatastrophen (z. B. Dürreperioden, Überschwemmungen, Erdbeben).

---

1 Least Developed Countries (engl.) = am wenigsten entwickelte Länder.

2 Siehe Kapitel 1.3.1.4.

Merkmale der Entwicklungsländer

Zwischen den genannten Entwicklungsländern bestehen große ethnische (abstammungsmäßige), geschichtliche, kulturelle, religiöse, ökologische, politische und wirtschaftliche Unterschiede. Dennoch gibt es gemeinsame Merkmale, die ein Land zu einem Entwicklungsland machen. Die Merkmale, die nicht auf jedes Entwicklungsland in gleichem Maße zutreffen müssen, sind:

- starkes Bevölkerungswachstum,
- Mangelernährung,
- Mangel an Arbeitsplätzen,
- niedrige Einkommen und ungleiche Einkommensverteilung,
- einseitige Abhängigkeit vom Weltmarkt,
- Mängel im Gesundheitswesen,
- Mängel im Bildungswesen und
- kriegerische Auseinandersetzungen.

Darüber hinaus leiden viele Entwicklungsländer an den Folgen einer fortschreitenden Umweltzerstörung.[1]

12.2 Begriff Entwicklungspolitik

Ursprünglich war „Entwicklungspolitik" der Versuch, die Entwicklungsländer innerhalb einer Generation aus dem Zustand frühzeitlicher Landwirtschaft auf die Entwicklungsstufe der Industrieländer zu führen. Dieser Versuch ist gescheitert, weil man glaubte, dass für alle Entwicklungsländer der gleiche Weg zum Ziel führen werde und weil man überdies nicht erkannte, dass die natürlichen Ressourcen dieser Erde nicht ausreichen, um allen Menschen den Wohlstand zu bringen, den die Industrieländer erreicht haben.

In vielen Entwicklungsländern beginnt sich in den Führungsschichten als auch in der Jugend die Ansicht durchzusetzen, dass europäischer oder nordamerikanischer Lebensstandard und Lebensstil nicht *das* Ziel der Entwicklungspolitik sein muss. Es wird vielmehr nach einem eigenen Weg, der in der eigenen Kultur wurzelt, gesucht.

Deshalb richtet die moderne Entwicklungspolitik ihre Maßnahmen (Strategien) nach den unterschiedlichen länder-, religions- und kulturspezifischen Gegebenheiten aus. Darüber hinaus wird nicht mehr versucht, die Entwicklungsländer auf den oft zweifelhaften „hohen Stand" der Industrieländer zu bringen. Die Ziele sind einfacher, aber auch erreichbarer geworden, indem eine Lösung der Hauptprobleme **Bevölkerungswachstum, Ernährungssicherung, Umwelterhaltung** und **Friedenssicherung** unter Wahrung der Identität der Völker in den Entwicklungsländern angestrebt wird.

Eine Entwicklungspolitik, die sich an der individuellen Situation der einzelnen Entwicklungsländer orientiert, vor allem die Kultur, die Ressourcenausstattung, die Religion, das Klima, die natürliche Umwelt und die politischen Verhältnisse berücksichtigt, wird als **angepasste Entwicklungspolitik** bezeichnet.

1 Näheres siehe Kapitel 9.3.6.

12.3 Problembereiche der Entwicklungspolitik

12.3.1 Bevölkerung

Von 1950 bis 1999 ist die Erdbevölkerung von 2,5 auf rund 6 Mrd. Menschen gestiegen. Rund 80 % davon leben in den Entwicklungsländern. Kann die Nahrungsmittelproduktion mit dem Bevölkerungswachstum Schritt halten?

Das seit etwa 1800 einsetzende schnelle Wachstum der Erdbevölkerung (die so genannte **Bevölkerungsexplosion**) gab immer wieder Anlass zu pessimistischen Prognosen. Die bekannteste ist die des englischen Geistlichen ROBERT MALTHUS (1766 - 1834). Nach ihm hat die Erdbevölkerung die Tendenz, sich alle 25 Jahre zu verdoppeln, sich also in einer geometrischen Reihe zu vermehren, während die Nahrungsmittelproduktion nur in arithmetischer Ordnung vergrößert werden könne (Abb. 12.2). Wenn die Menschen nicht durch moralische Enthaltsamkeit („moral restraint") für eine Verminderung der Zuwachsrate sorgen, dann werden - so schloss er - Elend und Laster („misery and vices") die Zahl der Menschen dezimieren.

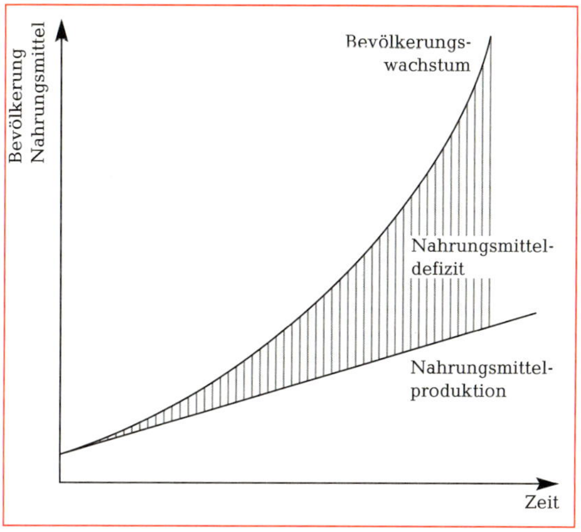

Abb. 12.2

Für Europa ist die von MALTHUS aufgestellte Prognose nicht eingetroffen. Hier verlief bzw. verläuft die Bevölkerungsentwicklung (in den einzelnen Ländern zeitverschoben) wie in Abb. 12.3 wiedergegeben.

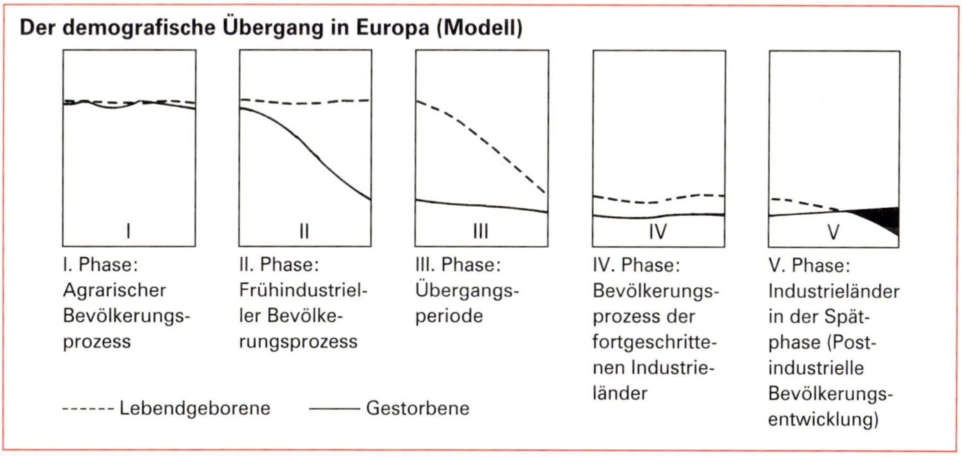

Quelle: J. BÄHR: Bevölkerungsgeographie, Stuttgart 1983.

Abb. 12.3

Noch bis vor wenigen Jahren haben Bevölkerungswissenschaftler und Entwicklungstheoretiker gehofft, dass sich in der Dritten Welt eine ähnliche Entwicklung ergeben wird wie in Europa, d. h., dass sich das Bevölkerungswachstum mit der Industrialisierung zunächst abflachen wird, um in absehbarer Zeit zum Stillstand zu kommen. Heute ist man angesichts des tatsächlichen Bevölkerungswachstums in den Entwicklungsländern mit Prognosen sehr vorsichtig geworden. Tatsache ist, dass das derzeitige Bevölkerungswachstum in den Entwicklungsländern bis weit in das nächste Jahrtausend anhalten wird. Der Grund: Die Zahl der unter 15-Jährigen beträgt in den Entwicklungsländern bis zu 50% der Gesamtbevölkerung.

12.3.2 Mangelernährung

Das Ernährungsproblem hängt u.a. mit dem Bevölkerungsproblem zusammen. In den Ländern, in denen die Bevölkerung schneller als die Nahrungsmittelproduktion bzw. -einfuhr steigt, nimmt die Unterversorgung zu.

Unterversorgung liegt vor, wenn die Nahrungsmittelaufnahme längerfristig weniger als durchschnittlich 2200 kcal pro Kopf und Tag beträgt.

Neben dem Kalorienmangel ist der Mangel an bestimmten lebenswichtigen Nährstoffen (z.B. Eiweiß, Vitamine) die Ursache für Hungerkrankheiten, vor allem bei Säuglingen und Kleinkindern.

Das Wachstum der Erdbevölkerung allein ist jedoch nicht Ursache der Unterernährung, denn erdweit werden genügend Nahrungsmittel erzeugt, um alle Menschen ausreichend ernähren zu können. Die Nahrungsmittelproduktion ist in den letzten 20 Jahren sogar schneller als die Erdbevölkerung gestiegen.

Eine der Hauptursachen der Unterernährung ist die Armut, also der Mangel an Kaufkraft, die sich sowohl als **Armut des Einzelnen** zeigt, der sich nichts zu essen kaufen kann, obwohl es genügend zu essen gibt, als auch als **Armut des Staates,** der nicht in der Lage ist, den Nahrungsmangel im Inland durch bezahlte Nahrungsmittelimporte auszugleichen.

In vielen Entwicklungsländern kommt die **mangelhafte Verteilung** hinzu, z.B. die ungleiche Verteilung des Bodens, der Vermögen und der Einkommen.

Die internationalen Getreidepreise haben sich seit einem Jahr annähernd verdoppelt. Die arme Bevölkerung kann sich in vielen Ländern das Grundnahrungsmittel nicht mehr leisten. Weltweite Unruhen sind die Folge, zum Teil mit Todesopfern, so in Haiti, Burkina Faso, Kamerun und Ägypten. Die Welternährungsorganisation FAO schätzt die Lage in 37 Ländern als kritisch ein. In den meisten genannten Ländern ist die Nahrungsmittelknappheit lokal begrenzt, z.B. in China. Die Mehrheit der Bevölkerung ist in sechs Staaten betroffen: in Eritrea, Liberia, Mauretanien, Sierra Leone, Afghanistan und Nordkorea.

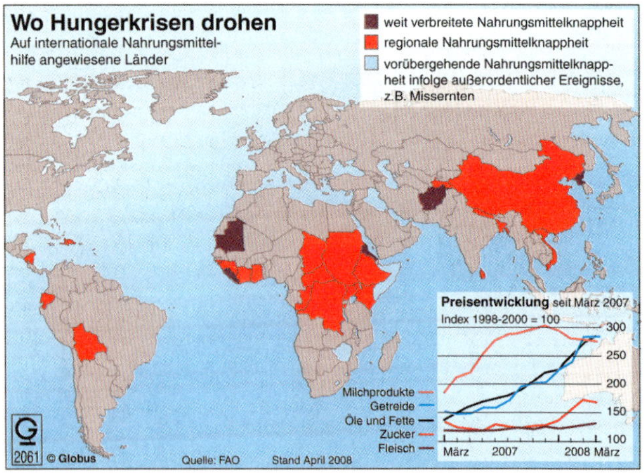

Abb. 12.4

In einigen Ländern Afrikas herrscht dauerhaft Hunger. Besonders dramatisch ist die Situation der Menschen in Burundi, in der Demokratsichen Republik Kongo und in Eritrea. Im Welthunger-Index erreichen diese Länder die höchsten Werte. Das bedeutet, dass hier die Situation am dramatischsten ist. Eingerechnet wird in die Bewertung der Anteil der Unterernährten im Land, die Zahl der untergewichtigen Kinder und die Sterblichkeit von Kindern unter fünf Jahren. Unter den am schlimmsten betroffenen Ländern findet sich neben afrikanischen Ländern auch der Jemen.

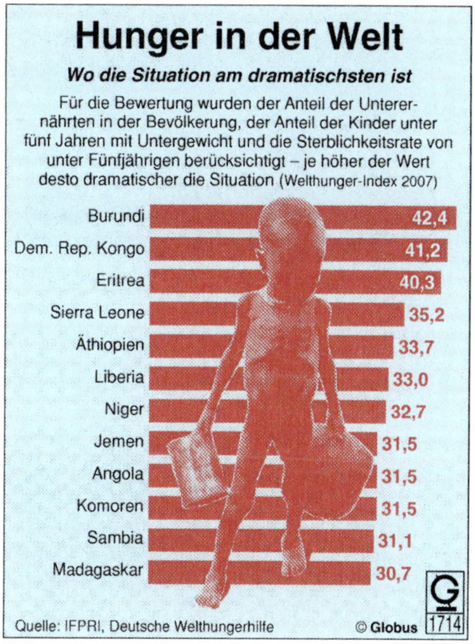

Abb. 12.5

12.3.3 Mangel an Arbeitsplätzen

Probleme auf dem Land

Millionen von Menschen sind nicht in der Lage, sich ausreichend Nahrungsmittel zu beschaffen, weil sie weder ein Stück Boden besitzen, auf dem sie anbauen können, was sie als Nahrung brauchen und/oder es an Arbeitsplätzen fehlt, die ihnen ein ausreichendes Einkommen sichern. In den meisten Entwicklungsländern besteht kein „soziales Netz" wie z.B. in der Bundesrepublik Deutschland. Wer in den Entwicklungsländern weder eigenes Land noch Arbeit hat, ist darauf angewiesen, zu betteln oder das Nötigste durch Gelegenheitsarbeit zu verdienen.

Man sollte meinen, dass es den Landbewohnern in den Entwicklungsländern im Hinblick auf die Nahrungsmittelversorgung besser gehen müsste als den Stadtbewohnern. Dies ist jedoch nicht der Fall. Die Zahl der hungernden Landbewohner ohne oder mit geringem Landbesitz steigt in allen Teilen der Dritten Welt aus sehr unterschiedlichen Gründen.

In **Asien** ist in vielen Ländern mit Ausnahme Indiens der private Kleinbesitz die traditionelle Form des Bodeneigentums. Die Zahl der Landlosen und Kleinstbauern nimmt hier aus folgenden Gründen zu:

a) Das Bevölkerungswachstum auf dem Land fördert die Zersplitterung des Bodeneigentums. Landwirtschaftliche Betriebe, die noch vor einer Generation zum Unterhalt einer Familie ausreichten, sind durch die Erbteilung zu klein geworden, um die mittlerweile gewachsenen Familien ernähren zu können. Die Kleinstbauern müssen sich verschulden. Ihr Land geht in das Eigentum von Geldverleihern (z.B. Großbauern) über. Traditionelle Landfamilien werden auf diese Weise landlos.

36 Hartmann - ISBN 978-3-8120-0320-9

b) Die bebauten Flächen wurden auf katastrophengefährdete Gebiete (z.B. in Bangladesch) ausgedehnt. Durch Überschwemmungen und Stürme werden immer wieder Hunderttausende obdach- und besitzlos.

In **Afrika** herrscht südlich der Sahara der Gemeinbesitz an Boden vor. Die Ausdehnung bebaubarer Böden stößt an ihre Grenzen, die Bevölkerung wächst weiter. Die Folge: Die Böden werden intensiver bebaut (z.B. die Brachzeiten verkürzt) und der Anbau wird auf weniger ertragreiche Böden ausgedehnt. Die Nahrungsmittelerzeugung pro Kopf sinkt. Die Kleinbauern müssen sich verschulden, wegen der fehlenden Sicherheiten meist zu Wucherzinsen. Treten Dürrezeiten auf, fällt die Ernte teilweise oder ganz aus. Die Kleinstlandwirte geraten in die Abhängigkeit der Geldverleiher, die sie dazu zwingen, ihre Schulden in ihren Betrieben abzuarbeiten (so genannte „Pfandarbeit").

In **Lateinamerika** ist der Großgrundbesitz (Latifundien) vorherrschend, der den Nachkommen der iberischen Einwanderer gehört. Man geht davon aus, dass sich in Lateinamerika rund 80% des landwirtschaftlich nutzbaren Bodens im Eigentum von nur 6% der Grundbesitzer befindet, eine Folge der Kolonialzeit.

Neben den Latifundien gibt es Millionen von Minifundien (Klein- und Kleinstbetriebe), die häufig unter dem **Subsistenzniveau** arbeiten. (Unter Subsistenz versteht man die Fähigkeit, sich und seine Familie gerade mit dem Lebensnotwendigsten versorgen zu können, ohne sich verschulden zu müssen.) In der Regel sind daher die Kleinstbauern wie die Landlosen zur Lohnarbeit oder zur Arbeit unter Geldpacht- oder Naturalpachtbedingungen bei Großgrundbesitzern gezwungen.

Probleme in der Stadt

Die zunehmende Bevölkerungsdichte auf dem Land führt zur Landflucht, weil sich die landlos gewordenen Menschen in der Stadt Arbeit und Brot erhoffen. Dies führt zu einem ungeheuren Städtewachstum.

Den Zuwanderern ergeht es in der Regel in den Ballungszentren kaum besser als auf dem Land, denn hier benötigt man zum Überleben bares Geld.

Äußeres Zeichen der Armut in der Stadt ist die Obdachlosigkeit oder das Unterkommen unter menschenunwürdigen Bedingungen, wie dies z.B. in den so genannten Slums der Fall ist.

Es fehlt nicht nur an Wohnraum, sondern vor allem auch an Arbeitsplätzen. Die Not lässt Prostitution und alle Formen von Kriminalität entstehen. Kinderarbeit ist an der Tagesordnung.

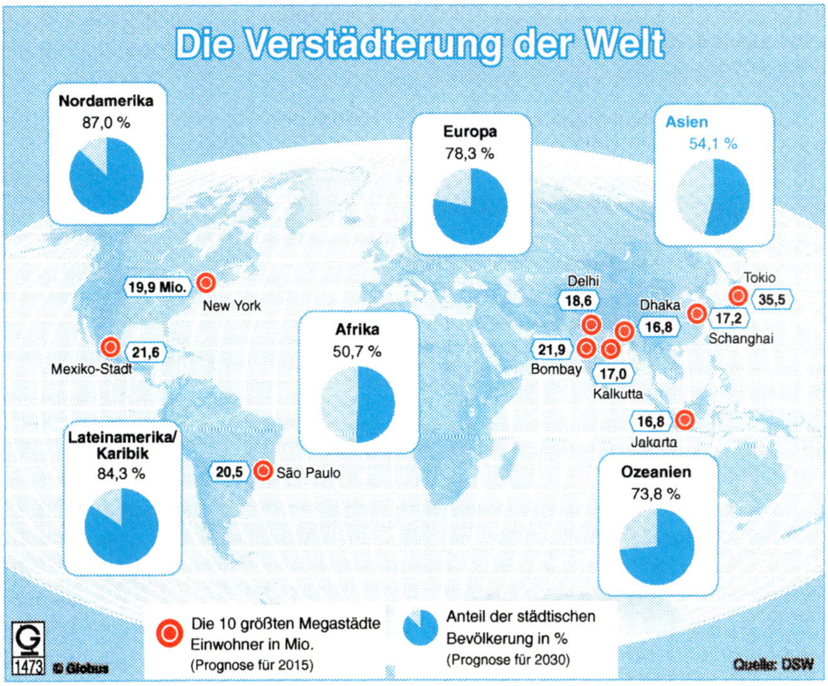

Abb. 12.6

Immer mehr Menschen leben in Städten. Ist es weltweit heute knapp die Hälfte (48,7 Prozent) der Bevölkerung, sollen es 2030 fast 60 Prozent sein. Vor allem in Afrika und Asien schreitet die Verstädterung schnell voran, so dass auch in diesen Regionen bald über die Hälfte der Einwohner zur Stadtbevölkerung gehört. In Europa, Nordamerika, Lateinamerika/Karibik und Ozeanien sind es schon heute mehr als 70 Prozent. Weltweit gibt es 20 so genannte Megastädte mit mehr als zehn Millionen Einwohnern. Ihr Wachstum wird sich in Zukunft eher verlangsamen als beschleunigen. Heute und morgen (2015) ist und bleibt Tokio die weltweit größte Stadt mit über 35 Millionen Einwohnern.

12.3.4 Einseitige Abhängigkeit vom Weltmarkt

Bei den Entwicklungsländern, die Probleme mit der Ernährung ihrer Bevölkerung haben, muss man unterscheiden zwischen

- Staaten, die aufgrund der natürlichen Gegebenheiten (Bodenbeschaffenheit, Klima) und/oder hoher Bevölkerungsdichte nie in der Lage sein werden, alle Einwohner ausreichend mit einheimischen Agrarprodukten zu versorgen;
- Staaten, die zwar in der Lage wären, ihre Bevölkerung ausreichend mit eigenen Produkten zu ernähren, jedoch wegen politischer Fehlentscheidungen (z.B. fehlende Bodenreform, falsche Preispolitik, Hemmung der Eigeninitiative in zentralverwaltungswirtschaftlichen Systemen, einseitige Förderung der Städte und der Industrie, Waffenkäufe, Kriegführung) an Nahrungsmittelmangel leiden;
- Staaten, in denen zu bestimmten Zeiten wegen vorübergehender Schwierigkeiten (Überschwemmungen, Dürreperioden) Nahrungsmittelmangel herrscht.

Nur wenige Entwicklungsländer sind in der Lage, Nahrungsmittel auf dem Weltmarkt zu kaufen, weil ihnen die hierfür notwendigen Devisen fehlen. Die Hauptgründe sind:

Sinkende Rohstoffpreise. Die Entwicklungsländer sind auf den Export von mineralischen, land-, forst- und fischereiwirtschaftlichen Rohstoffen angewiesen. Die Rohstoffpreise auf dem Weltmarkt schwanken stark und sinken in vielen Bereichen seit Jahren, vor allem deshalb, weil a) das Angebot zunahm (eben um mehr Devisen zu erlösen) und b) die Nachfrage durch Rezessionen und durch den Übergang zu Substitutionsgütern zurückging.

Verschuldung. Der Devisenmangel wurde (und wird) durch übermäßige Aufnahme von Auslandskrediten ausgeglichen. Dies konnte nur so lange gutgehen, wie die Schuldnerländer in der Lage waren, die Zins- und Tilgungsleistungen pünktlich zu bezahlen.

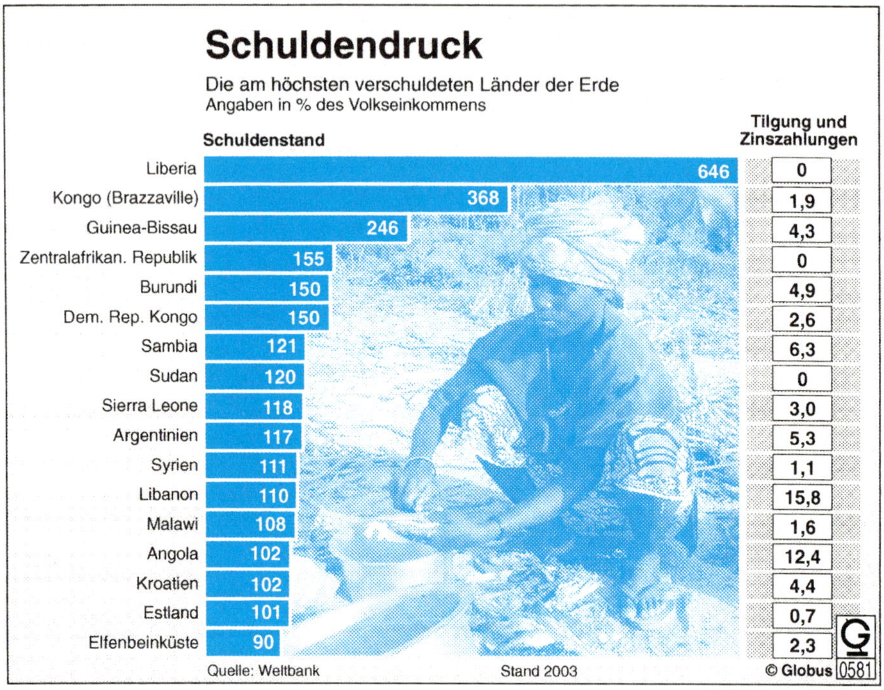

Abb. 12.7

Die Verschuldung von Entwicklungsländern hat beängstigende Ausmaße angenommen. Besonders einige afrikanische Staaten sind finanziell derart in der Klemme, dass ihre Volkswirtschaften ohne Hilfe der Industrienationen nicht auf die Beine kommen. Alle in der Grafik aufgeführten Länder gelten nach Definition der Weltbank als schwer verschuldet. Dies ist der Fall, wenn die Verschuldung im Ausland 220 Prozent des Wertes aller exportierten Waren oder 80 Prozent des Volkseinkommens übersteigt. Nach den Weltbank-Statistiken des Jahres 2005 liegen die neun am höchsten verschuldeten Länder allesamt in Afrika. Liberia führt die Rangliste an. Die Verschuldung des von Bürgerkriegen geschundenen Landes übersteigt das Volkseinkommen um das Fünfeinhalbfache. Die desaströsen Finanzlagen haben meistens politische Ursachen: Despotische Herrscher, Bürgerkriege, korrupte Regime stürzen viele Länder in die Krise. Dabei könnten viele Staaten aufgrund ihrer reichhaltigen Rohstoffvorkommen ihre Schulden reduzieren. Stattdessen werden häufig Umschuldungen, Schuldenerlasse und -moratorien gewährt. Die Vergangenheit hat jedoch gezeigt, dass diese Maßnahmen bei den hartnäckigen Schuldnern nicht disziplinierend wirken.

12.3.5 Mängel im Gesundheitswesen

Mögliche Indikatoren für den Gesundheitszustand einer Bevölkerung sind z.B. die Zahl der Einwohner je Arzt, die Säuglingssterblichkeit und die Lebenserwartung.

In rund 40 Entwicklungsländern kommt auf mehr als 5000 Einwohner ein Arzt. Zum Vergleich: In Deutschland gibt es für rund 400 Einwohner einen Arzt. Von Entwicklungsland zu Entwicklungsland herrschen allerdings große Unterschiede. Am wenigsten medizinisch versorgt sind die Menschen in den afrikanischen Ländern südlich der Sahara.

In den Indstrieländern werden die Menschen durchschnittlich 76 Jahre alt, in vielen afrikanischen Ländern höchstens 50 Jahre.

In den meisten Ländern Afrikas erleben von 1 000 Säuglingen mindestens 100 nicht ihren ersten Geburtstag. In den Industrieländern sind es durchschnittlich 8.

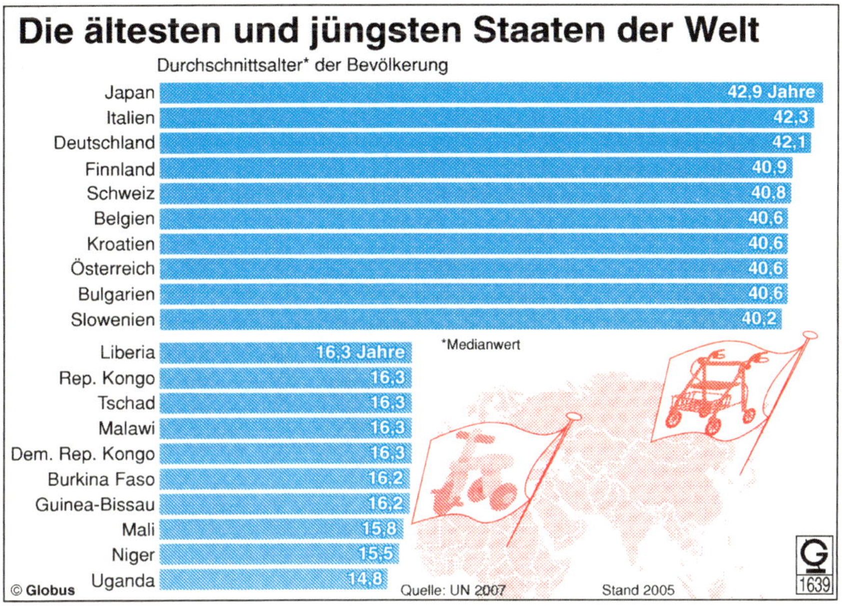

Abb. 12.8

12.3.6 Mängel im Bildungswesen

Im Jahre 1961 legte die UNESCO ein Programm für eine „Weltkampagne zur Bekämpfung des Analphabetismus" vor. Danach sollten bis 1970 alle Erwachsenen unter 50 Jahren das Lesen und Schreiben erlernt haben. Trotz eines beachtlichen Ausbaus des Bildungswesens in den Entwicklungsländern ist man heute von diesem Ziel genauso weit entfernt wie damals: In rund 30 Entwicklungsländern sind mehr als die Hälfte der über fünfzehnjährigen Einwohner Analphabeten.

Die mangelhafte Situation im Bildungswesen hat viele Gründe. So läuft z.B. die starke Bevölkerungszunahme dem Ausbau des Bildungswesen davon. Die finanziellen Mittel der Entwicklungsländer reichen nicht mehr aus, den steigenden Bedarf an Bildungseinrichtungen zu finanzieren.

Auch selbst dann, wenn eine Chance besteht, eine Schule zu besuchen, können sie viele Kinder und Jugendliche nicht wahrnehmen, weil sie arbeiten müssen, um den Lebensunterhalt der Familie sichern zu helfen.

Mängel im Bildungswesen zeigen sich aber auch in einer verfehlten, d.h. unproduktiven Bildungspolitik. Damit ist Folgendes gemeint. Viele Entwicklungsländer haben nicht primär das Grundschul- und Berufsschulwesen ausgebaut, sondern vor allem die Gymnasien und Hochschulen – z.T. aus Prestigegründen, z.T. für die Kinder der Reichen und Mächtigen –, deren Absolventen zum großen Teil keine Arbeitsplätze in der freien Wirtschaft finden können. Die arbeitslosen unzufriedenen Akademiker üben einen Druck auf die Regierungen aus, die in der Regel dadurch nachgeben, dass sie die öffentliche Verwaltung ausbauen, um die Diplominhaber unterbringen zu können. Dadurch werden der Wirtschaft noch weitere Mittel entzogen, die dringend für die Schaffung von produktiven Arbeitsplätzen bzw. für die Ausbildung von Facharbeitskräften benötigt würden.[1]

12.3.7 Kriege und Konflikte

Seit Ende des Zweiten Weltkriegs wurden nur 26 Tage ohne Krieg auf der Erde registriert. Dies war im Monat September des Jahres 1945. Seitdem gab es keinen Tag ohne militärische Konflikte. 95% aller Kriege und Konflikte wurden und werden in den Entwicklungsländern ausgetragen.[2]

Die kriegerischen Auseinandersetzungen kosten nicht nur Menschenleben, sondern auch Geld, und zwar viel Geld. Die Entwicklungsländer sind zu den größten Waffenimporteuren der Erde geworden. Die technologisch-industriell fortgeschrittensten unter ihnen – die so genannten **Schwellenländer** wie z.B. Brasilien und Indien – besitzen eigene Rüstungsindustrien und können eigene ABC-Waffen (**a**tomare, **b**iologische und **c**hemische Waffen) herstellen.

Die Militärausgaben der Entwicklungsländer betragen grundsätzlich mehr, als ihnen netto aus der übrigen Welt in Form von Entwicklungshilfe, Krediten, Direktinvestitionen und Schenkungen zufließt.

Die Gründe für den Unfrieden in der Dritten Welt sind vielfältig. Manche Konflikte haben ihre Ursache in der ehemaligen Kolonialzeit, in der ohne Rücksicht auf ethnische, kulturelle und historische Bedingungen Grenzen gezogen und künstliche Staaten geschaffen wurden. Bei anderen Konflikten ging oder geht es um den Sturz der eigenen Regierung, sei es der Sturz einer demokratisch gewählten Regierung durch radikale Gruppen, sei es der Sturz einer Diktatur durch Freiheitsbewegungen. Bei anderen Konflikten geht es wiederum um die Erlangung der Unabhängigkeit für eigenständige Volksstämme oder für religiöse Gruppen. Schließlich gab und gibt es zwischenstaatliche Kriege. Dabei geht es um die Unterwerfung benachbarter Stämme, die Ausbreitung bestimmter Religionen und/oder Ideologien sowie um die Eroberung von rohstoffreichen Gebieten.

1 Vgl. OBERNDÖRFER, D. (Hrsg.): Entwicklungspolitik, 1986, S. 118ff.

2 Vgl. ebenda, S. 46f.

12.4 Lösungsansätze

12.4.1 Bevölkerungspolitische Maßnahmen

Angesichts der Tatsache, dass derzeit die Zahl der unter 15-Jährigen in den Entwicklungsländern bis zu 50% der Gesamtbevölkerung beträgt, wird die Erdbevölkerung bis zum Jahr 2050 auf mehr als 9 Mrd. ansteigen.

Daher ist die Beschränkung der Geburten eine dringende Aufgabe. Mit der Verbreitung von Verhütungsmitteln in der Dritten Welt allein wird das nicht zu schaffen sein. Vielmehr müssen die *sozialen* und *wirtschaftlichen Voraussetzungen* geschaffen werden, dass die Eltern ein Interesse an einer kleinen Kinderzahl haben. Bis jetzt ist in den meisten Entwicklungsländern die Kinderzahl ein Symbol für das Wohlergehen der Familie. Kinder sind die sicherste Altersversorgung der Eltern. In der Subsistenzwirtschaft sind Kinder wertvolle Arbeitskräfte.

Abhilfe kann nur geschaffen werden, wenn es gelingt, die Familien wirtschaftlich so abzusichern, dass sie nicht mehr auf Kinder bzw. Kinderarbeit angewiesen sind.

Eine ergänzende Maßnahme kann die Einführung einer wirtschaftlichen „Strafe" für kinderreiche Familien sein. (In China z.B. werden Familien mit mehr als einem Kind mit höheren Steuern belastet.) Auch staatliche und/oder private Empfängnisverhütungskampagnen können zur Verringerung der Geburtenrate beitragen, wie das Beispiel Thailands beweist.

Freilich kostet die Aufklärungsarbeit Geld, das die Entwicklungsländer allein nicht aufbringen können. Der jährliche Bedarf wird auf rund 30 Mrd. US-$ geschätzt, die die reichen Länder aufbringen sollten, gewissermaßen als „Anzahlung" für eine gesicherte Zukunft.[1]

12.4.2 Sicherung der Ernährung

Der Hunger in der Welt hat nicht überall die gleichen Ursachen, kann also auch nicht überall mit den gleichen Mitteln bekämpft werden. Mit Geschenken allein (z.B. Nahrungsmittelspenden) ist es nicht getan. Solche Hilfen sind nur in Katastrophenfällen angebracht. Vielmehr muss Hilfe zur Selbsthilfe angeboten werden.

Da die Mehrzahl der extrem Armen der Erde vor allem auf dem Land lebt (und nicht in den Slums der Großstädte), muss die Hilfe auch im ländlichen Bereich ansetzen. Ländliche Entwicklung heißt nicht nur Förderung der Bauern, sondern auch Aufbau einer ländlichen Infrastruktur, d. h. bessere Versorgung mit Handwerksbetrieben, Reparaturwerkstätten, zentralen Getreidelagern, Bewässerungsanlagen, bessere Transportwege und ausreichende Transportmittel, um auch entlegenen Ansiedlungen Verkehrsverbindungen zu den Märkten der zentralen Orte zu bieten. Hierdurch wird nicht nur die landwirtschaftliche Produktion gefördert, sondern zugleich werden kleingewerbliche Arbeitsplätze mit Ausbildungsmöglichkeiten geschaffen.[2]

1 Vgl. WEIZSÄCKER, E. U. von, a.a.O., S. 114f.

2 Die Forderung, zunächst einmal die arbeitsintensiven und wenig kapitalintensiven Wirtschaftsbereiche zu fördern, steht auch im Einklang mit der Wachstumstheorie (Kapitel 9.2.2): Je kleiner der Kapitalkoeffizient ist, desto größer ist unter sonst gleichen Bedingungen die Wachstumsrate.

Als sehr wirkungsvoll hat sich auch die Hilfe bei der Errichtung von Selbsthilfeeinrichtungen, wie z.B. landwirtschaftlichen Genossenschaften und Kreditgenossenschaften, erwiesen. Hier haben vor allen Dingen die privaten Einrichtungen der Entwicklungshilfe (z.B. Kirchen, politische Stiftungen, private Organisationen) Vorbildliches geleistet.

Eine weitere Maßnahme ist, dort die so genannte Cash-Crop-Produktion zugunsten der Produktion von im eigenen Land benötigten Nahrungsmitteln einzudämmen, wo keine ausreichenden Weltmarktpreise mehr erzielt werden können. Cash-Crops sind „Ernten für bares Geld". Es handelt sich dabei um agrarische Rohstoffe wie z.B. Kaffee, Kakao, Baumwolle und Erdnüsse.

Überwunden werden muss auch die Rückständigkeit der Landwirtschaft in vielen Ländern, vor allem in Afrika. Namhafte Fachleute sind der Meinung, dass Afrika schon bald nach dem Jahr 2000 nicht nur seinen eigenen Nahrungsmittelbedarf decken wird, sondern sogar noch Nahrungsmittelexporteur für Asien werden könnte. Vergleicht man nämlich Boden, Klima, nutzungsfähige Flächen oder Durchschnittserträge Afrikas mit den Daten anderer Regionen, so zeigt sich, dass hier eine große Reserve an Entwicklungsmöglichkeiten vorhanden ist: Ein Bauer in Afrika ernährt mit seiner Ernte seine Familie und durchschnittlich noch *zwei* weitere Personen; ein Bauer in Europa ernährt neben seiner Familie noch durchschnittlich *fünfzig* weitere Menschen. Sollte indessen die landwirtschaftliche Produktion auf dem Stand von heute bleiben, wird der Nahrungsmangel zunehmen. Zahlreiche afrikanische Staaten werden dann in wenigen Jahren nicht mehr in der Lage sein, sich selbst zu ernähren.[1]

12.4.3 Schaffung von Arbeitsplätzen

Der Hunger ist nicht nur eine Folge einer zu geringen Nahrungsmittelerzeugung und -bereitstellung. Da erdweit genügend Nahrungsmittel hergestellt werden, um *alle* Menschen ausreichend ernähren zu können, ist er vor allem eine Folge der Armut, also des Mangels an bezahlter Arbeit.

Wie können Arbeitsplätze geschaffen werden?

Auf dem Land müssen neben den im vorigen Kapitel genannten entwicklungspolitischen Maßnahmen *Bodenreformen* durchgeführt werden. Denn eine Voraussetzung dafür, dass mehr Menschen Arbeit finden, ist ausreichender Besitz von eigenem Grund und Boden für möglichst viele Familien.

Natürlich stoßen solche Forderungen in den Entwicklungsländern auf den Widerstand der Großgrundbesitzer, die häufig in einem Interessenverband mit der Industrie und den Regierungen stehen. Auch auf Seiten der Industrieländer können Vorbehalte entstehen, weil sich durch eine verstärkte Förderung von Selbsthilfemaßnahmen im ländlichen Bereich die Exportchancen verringern könnten. Jedoch sind solche Befürchtungen kurzsichtig, denn Bodenumverteilungsmaßnahmen in den Entwicklungsländern, verbunden mit Maßnahmen zur Produktionssteigerung, erfordern Investitionen (Maschinen, Geräte, Düngemittel usw.), steigern langfristig die Einkommen, vermehren so die Kaufkraft und stärken langfristig den internationalen Güteraustausch.[2]

---

1 Vgl. GRUPP, D., a. a. O., S. 28 ff.

2 Vgl. ENGELHARD, K.: Dritte Welt und Entwicklungspolitik im Wandel, 1988, S. 41.

In der Stadt ist der Arbeitsplatzmangel nicht nur auf das Bevölkerungswachstum und die Landflucht zurückzuführen (siehe Kapitel 12.3.3), sondern auch darauf, dass viele Regierungen in den Entwicklungsländern das Ziel einer raschen *Industrialisierung* verfolgten und den Agrarsektor vernachlässigten. Die Industrie indessen beruht i. d. R. auf importierten *kapitalintensiven* Fertigungsverfahren. Hinzu kommt, dass die billige industrielle Massenfertigung in Konkurrenz zum ansässigen Handwerk steht und dort Arbeitsplätze vernichtet.

Ein weiterer Ausbau der Industrie wird auch in Zukunft das Angebot an **offiziellen Arbeitsplätzen**[1] kaum erhöhen. Der einzige Ausweg scheint derzeit die Förderung des **informellen Sektors** zu sein.

Als informellen Sektor (= formlos, formwidrig) bezeichnet man den Zweig der Wirtschaft, der im Verborgenen gedeiht und i. d. R. weder vom Finanzamt noch von anderen Behörden erfasst ist.

Der informelle Sektor setzt sich z. B. aus Schuhputzern, Kofferträgern, fliegenden Händlern in Zügen und Bussen, Getränke- und Wasserverkäufern in den Slums, Köchinnen mit fahrbaren Kleinküchen vor Behörden und Ministerien, Kindern als Straßenhändler, Rikschafahrern, Fahrern von Taxis und Kleinbussen, ambulanten Handwerkern usw. zusammen.[2]

Unerschöpflich ist der Einfallsreichtum, wenn es darum geht, aus Abfällen Gebrauchsgegenstände herzustellen - ein ungewolltes Recycling: Koffer oder tragbare Herde aus Coladosen, Sandalen aus Autoreifen, Schürzen aus Plastiktüten, Ackergeräte, Haushaltsartikel, Spielzeug und Schmuck aus Blech. Die Müllhalden werden systematisch nach allem durchsucht, was wieder verwertbar ist.[3]

Die Bedeutung des informellen Sektors für den Einzelnen als auch für die Volkswirtschaft wird mehr und mehr erkannt. Die Folge ist eine gezielte Förderung des informellen Sektors z. B. durch Zuteilung von Platzrechten für Straßenhändler oder die Bereitstellung von Grundstücken für Kleinhandwerker.

---

1 Offizielle Arbeitsplätze sind Arbeitsplätze in der Industrie, im Handwerk, im Handel, in sonstigen Dienstleistungsbereichen sowie in staatlichen Verwaltungen (= formeller Sektor).

2 Vgl. GRUPP, C. D., a. a. O., S. 35.

3 Vgl. ebenda, S. 35.

Es gilt, dem einseitigen Blick auf den Shareholder value[1] *einen Producer value*[2] *hinzuzufügen.*

(DIETER OVERATH)

12.4.4 Förderung des Außenhandels

Der in den meisten Entwicklungsländern bestehende Devisenmangel ist darauf zurückzuführen, dass die Weltmarktpreise für die meisten Rohstoffe stagnieren oder zurückgehen, während die Preise für die Industrieprodukte steigen. Mit anderen Worten: Die Entwicklungsländer importieren wertmäßig mehr als sie exportieren.

Diese „Schere" lässt sich nur durch folgende Maßnahmen schließen:

1. Die von den Entwicklungsländern als „ungerecht" empfundenen Rohstoffpreise werden in einem Rohstoffabkommen mit den Industrieländern erhöht oder zumindest stabilisiert.
2. Die Fördermengen werden erhöht und es wird mehr exportiert.
3. Die Entwicklungsländer produzieren das, was sie bisher einführen mussten, im eigenen Land (Importersatz).
4. Die Entwicklungsländer importieren weniger als bisher.
5. Die Industrieländer bauen ihre protektionistischen[3] Maßnahmen ab, um die Exportchancen der Entwicklungsländer zu stärken.

Zu Punkt 1: Hier lässt sich einwenden, dass sich die Preise auf den Märkten nach Angebot und Nachfrage richten müssen. Mindestpreise führen lediglich zu Angebotsüberschüssen (Nachfragelücken), ähnlich wie auf dem Agrarmarkt der EU. Ausgleichszahlungen der Industrieländer für Preisverluste könnten einen Ausweg bilden. Diesen Weg ist die EU gegangen, indem sie mit den AKP-Staaten (siehe Kapitel 10.4.2) folgendes Abkommen getroffen hat: Sinkt der Preis für einen Rohstoff unter eine vereinbarte Marke, wird der Ausfall an Exporterlösen aus einem Fond der EU erstattet (Stabilisierungsfonds für Exporterlöse = STABEX).

Um ihre Preisvorstellungen durchzusetzen, könnten die Entwicklungsländer auch versuchen, Kartelle zu bilden (ähnlich wie das ehemalige Ölpreiskartell der OPEC). Das könnte zwar – wenigstens zeitweise – mit Erfolg gekrönt sein. Andererseits können sich die Entwicklungsländer mit Rohstoffkartellen auch selbst schaden, insofern sie sich gegenseitig mit Rohstoffen beliefern. So trug z. B. der hohe Erdölpreis der OPEC nicht unerheblich zur heutigen Schuldenkrise der Dritten Welt bei. Außerdem besteht die Gefahr, dass die Industrieländer bei steigenden Rohstoffpreisen auf Ersatzstoffe ausweichen bzw. den Verbrauch einschränken.

Zu Punkt 2: Werden die Förder- bzw. Erzeugungsmengen eines Rohstoffs erhöht, das Angebot also ausgeweitet, führt dies auf dem Weltmarkt i. d. R. zu einem weiteren Preisverfall, falls die Nachfrage nicht in gleichem Maße wie das Angebot zunimmt. Die Folge: mehr Förderung, mehr Umweltzerstörung, mehr Export, bei unelastischer Nachfrage sinkende Exporterlöse.

1 Shareholder value = Interesse des Gesellschafters (Teilhabers) an einem möglichst hohen Gewinnanteil (z. B. an einem möglichst hohen Dividendensatz).

2 Producer value = Interesse des Herstellers an einem angemessenen (fairen) Verkaufspreis.

3 Protektion = Schutz, Abschirmung. Protektionistisch = der Abschirmung dienend.

Zu Punkt 3: Dies ist sicherlich ein möglicher und richtiger, aber ein langwieriger Weg, weil in den Entwicklungsländern – wie an anderer Stelle bereits begründet – zunächst Arbeitsplätze auf dem Land geschaffen werden müssen, damit die Menschen *Geld* verdienen können, also *Kaufkraft* geschaffen wird. Denn erst, wenn Absatzmärkte vorhanden sind, können lebensfähige Industrien gegründet werden.

Zu Punkt 4: Diese Maßnahme ist nur sinnvoll, wenn ein Entwicklungsland auf Einfuhren verzichten kann, die nicht lebensnotwendig sind (Luxusgüter). Dies ist jedoch i.d.R. die Ausnahme. Die meisten Entwicklungsländer sind z.B. auf die Einfuhr von Erdöl angewiesen.

Zu Punkt 5: Von wachsender Bedeutung für die Entwicklungsländer ist, dass ihre Waren freien Zugang zu den Märkten der Industrieländer haben. Waren, die sie in Europa, Nordamerika oder Japan anbieten, sollten nicht durch Zölle oder durch andere Handelshemmnisse benachteiligt werden. Ein funktionierender Außenhandel ist nämlich die beste Hilfe für die Entwicklungsländer. Steigende Ausfuhren schaffen Arbeitsplätze und bringen Devisen, die zur weiteren Entwicklung investiert und/oder zum Abbau von Schulden verwendet werden können.[1]

Für den Abbau von Zöllen und anderen Handelshemmnissen wurde bereits viel getan, vieles liegt aber noch im Argen. So hat z.B. das GATT (Kapitel 10.4.1) zum weltweiten Abbau der Zolltarife beigetragen. Andererseits gibt es immer noch – obwohl vom GATT untersagt – nichttarifäre[2] Handelshemmnisse, vor allem im Textil-, Kohle-, Stahl-, Schiffbau- und Agrarbereich. Vor allem die Landwirtschaft wird in fast allen Industrieländern durch preis- und einkommenstützende Maßnahmen (Agrarsubventionen) geschützt. Dies führt zu großen Produktionsüberschüssen, die - durch Exportsubventionen wieder verbilligt - auf dem Weltmarkt die Preise drücken, zum Schaden der Entwicklungsländer, deren Konkurrenzfähigkeit gemindert oder zerstört wird.

Es besteht also ein grundlegender Konflikt zwischen den Industrieländern einerseits und den Entwicklungsländern andererseits. Etwas vereinfacht gesagt: Die Industrieländer wollen Freihandel in den Bereichen, wo sie eine starke Stellung haben, und Protektionismus dort, wo sie ihre eigenen Industrien bzw. ihre eigene Landwirtschaft schützen wollen. Die Entwicklungsländer wollen Freihandel in den Bereichen, in denen sie konkurrenzfähig sind bzw. werden wollen (z.B. bei landwirtschaftlichen Produkten, im Textilbereich), wollen aber garantierte Mindestpreise für ihre Rohstoffe. Ob dieser Konflikt in absehbarer Zeit durch die WTO mit einem tragbaren Kompromiss gelöst werden kann, ist fraglich.

Einen Ausweg bietet möglicherweise der **„faire“[3] Handel.** Er umfasst bis jetzt nur rund 3% des Handels mit Produkten aus den Entwicklungsländern. Für die betroffenen Kleinbauern und Genossenschaften in Afrika, Lateinamerika oder Asien ist er jedoch eine große Hilfe bei der allmählichen Verbesserung ihrer sozialen Lage. Denn fairer Handel heißt Import ohne Zwischenhändler, wobei die „fairen“ Importeure neben einem vereinbarten Mindestpreis einen Zuschlag für die Schaffung bzw. Verbesserung sozialer Einrichtungen an die Produzenten in den Entwicklungsländern zahlen.

Die fairen Importeure kontrollieren, ob die Produkte tatsächlich aus Betrieben und/ oder aus Genossenschaften stammen, in denen die Sozialstandards eingehalten werden und zum Beispiel keine Kinder arbeiten.

---

1 Vgl. GRUPP, C. D., a.a.O., S. 39f.

2 Nichttarifäre Handelshemmnisse (nicht durch Zolltarife herbeigeführte Handelshemmnisse).

3 Fair (engl.) = angemessen, gerecht.

12.4.5 Gesundheitspolitik

Aus den bisherigen Überlegungen folgt, dass die Entwicklungspolitik vorrangig auf die Sicherung der menschlichen Grundbedürfnisse ausgerichtet sein muss, wenn sie längerfristig wirksam sein soll **(grundbedarfsorientierte Entwicklungspolitik).**[1]

Neben den Grundbedürfnissen nach ausreichendem Essen, nach sauberem Wasser, nach menschlichem Wohnen usw. besteht auch ein Grundbedürfnis nach Gesundheit.

Wie immer, wenn wir es mit Mensch, Wirtschaft und Natur zu tun haben, sind die Probleme (und deren möglichen Lösungen) miteinander verwoben, vernetzt. So trägt z.B. die Bereitstellung von menschenwürdigem Wohnraum, ausreichender Nahrung sowie sauberem Wasser und die Schaffung von Arbeitsplätzen zur Hebung des Gesundheitszustands der Bevölkerung bei, weil die hygienischen Verhältnisse verbessert, die Widerstandskraft der Menschen gegen Krankheiten erhöht und die Möglichkeit geschaffen wird, im Krankheitsfall einen Arzt und Medikamente zu bezahlen.

Zusätzlich zur Verbesserung der allgemeinen Lebensumstände umfasst die Entwicklungshilfe im Rahmen der Gesundheitspolitik:

- Bereitstellung von Studienplätzen für ausländische Medizinstudenten;
- Entsendung von medizinisch ausgebildeten Entwicklungshelfern in die Entwicklungsländer (z.B. Ärzte, Krankenpfleger, Krankenschwestern), die besonders auf ihre Tätigkeit vorbereitet sind;[2]
- Zusammenarbeit der staatlichen mit der nichtstaatlichen Entwicklungshilfe im medizinischen Bereich;
- Beratung und finanzielle Unterstützung bei der Errichtung eines Gesundheitswesens (Krankenhäuser, medizinische Beratungsstellen);
- Finanzierung und Lieferung von Ausrüstungen für Krankenhäuser sowie von Medikamenten in die Entwicklungsländer.

12.4.6 Bildungspolitik[3]

Ein weiteres Grundbedürfnis ist das Bedürfnis nach ausreichender Bildung, um in der jeweiligen Gesellschaft menschenwürdig bestehen zu können. Dabei kann es nicht darum gehen, möglichst viele Akademiker auszubilden, die nach Abschluss ihrer Ausbildung arbeitslos sind oder lediglich in der öffentlichen Verwaltung Anstellung finden (siehe Kapitel 12.3.6). Notwendig sind vielmehr produktive Bildungsinvestitionen. Bildung und Ausbildung müssen so gestaltet werden, dass sie auch unter den Bedingungen armer Länder wirksam zur Steigerung der gesamtwirtschaftlichen Produktivität beitragen.

---

1 Vgl. OBERNDÖRFER, D., a.a.O., S. 194ff.

2 Vgl. Achter Bericht zur Entwicklungspolitik der Bundesregierung, hrsg. vom Bundesministerium für wirtschaftliche Zusammenarbeit, Mai 1990, S. 63.

3 Vgl. zu diesem Kapitel OBERNDÖRFER, D., a.a.O., S. 118ff.

Das bedeutet z.B.:

- Hilfe beim Ausbau eines Primarschulwesens, dessen Inhalte sich an den Bedürfnissen der künftigen Lebens- und Arbeitswelt ausrichten und den Schüler befähigen, seine Umwelt zu verstehen und seine Lebensqualität zu verbessern;
- Hilfe bei der Errichtung eines beruflichen Schulwesens in Form von technischer und persönlicher Hilfe (Beratung durch Handwerker, Techniker und Berufsschullehrer);
- Förderung einer in der Selbsthilfebewegung integrierten Erwachsenenbildung.

12.4.7 Friedenspolitik

Friedenspolitik im Rahmen der Entwicklungspolitik fördert die Kräfte des Ausgleichs und widersetzt sich solchen, die gewaltsame Lösungen und den Herrschaftsanspruch totalitärer Ideologien anstreben.[1]

Viele kriegerische Konflikte in und zwischen den Entwicklungsländern wurzeln in sozioökonomischen und politischen Ungleichheiten. Häufig werden sie verschärft durch das Eingreifen (durch Interventionen) von Großmächten (USA, Russland) oder auch von kleineren Staaten, deren Regierungen Aufständische mit gleicher oder ähnlicher Ideologie unterstützen (z.B. Kuba).

Folgende Maßnahmen können z.B. friedenstiftende Wirkung haben:[2]

- der Abbau von wirtschaftlichen und sozialen Ungleichheiten, z.B. durch Landreformen, Förderung handwerklicher und kleinindustrieller Aktivitäten, gerechtere Einkommensverteilung und gleiche Bildungschancen;
- der Abbau politischer Ungleichheiten durch Demokratisierungsprozesse;
- der Abbau ethnisch-kultureller Spannungen durch Schutz von nationalen Minderheiten und Herausbildung nationaler Identitäten (nation-building);
- die Förderung einer verstärkten Kooperation zwischen den Entwicklungsländern (Süd-Ost-Kooperation).

„So viele friedenstiftende Maßnahmen es theoretisch gibt, so wenig gibt es schnelle praktische Lösungen. Entscheidend ist die politische Bereitschaft, die sich bietenden Chancen nach genauer Prüfung der jeweiligen Konfliktursachen gezielt und schrittweise wahrzunehmen. Das gilt gleichermaßen für die Erste, die Zweite und die Dritte Welt.“[3]

1 Vgl. GRUPP, C. D., a.a.O., S. 61.
2 Vgl. ENGELHARD, K., a.a.O., S. 100.
3 Ebenda, S. 100.

Aufgaben zur Lernkontrolle

1. Erklären Sie den Begriff Entwicklungsländer!
2. Nennen Sie je zwei Beispiele für Entwicklungsländer in Europa, Asien, Amerika und Afrika!
3. Nennen Sie mindestens fünf Merkmale eines Entwicklungslandes!
4. „Um 1960 fand die Welle der *Unabhängigkeitserklärungen* der schwarzafrikanischen Staaten ihren Höhepunkt. Gleichzeitig setzte fast weltweit eine gezielte Entwicklungspolitik ein, wobei die Vorstellung dominierte, Entwicklung sei nahezu ausschließlich mit wirtschaftlichem Wachstum, gemessen an der Steigerung des *Bruttosozialprodukts* (BSP) pro Kopf der Bevölkerung, gleichzusetzen. Dieses Wachstum sollte im Wesentlichen durch eine nachholende *Industrialisierung* und *Modernisierung* erreicht werden. Folgerichtig lagen die Schwerpunkte der Politik der ersten Entwicklungsdekaden in einer vorrangigen und kapitalintensiven Förderung des industriellen Sektors sowie in den Anstrengungen zum Ausbau einer *modernen Infrastruktur* und einer effizienten *Staatsbürokratie*. Ziel dieser Entwicklungsbemühungen, die vor allem die soziokulturelle Dimension völlig außer Acht ließen, war es, die Volkswirtschaften der Entwicklungsländer so schnell wie möglich an den Stand der westlichen Industrieländer heranzuführen. Man ging von der Annahme aus, dass auch innerhalb der einzelnen Entwicklungsländer die Wachstumsprozesse im modernen Sektor bis zu den *ärmeren Bevölkerungsgruppen durchsickern* und die Regierungen in Entwicklungsländern aus Legitimationsgründen zunehmend zu einer progressiven Besteuerung der Reichen und zu Umverteilungsmaßnahmen greifen würden.“[1]

   4.1 Welche Ziele der Entwicklungspolitik werden im obigen Text beschrieben?

   4.2 Worin unterscheiden sich diese Ziele von der heutigen „angepassten Entwicklungspolitik“?

   4.3 Begründen Sie mit Hilfe Ihrer Kenntnisse aus der Volkswirtschaftstheorie, warum die Industrieförderung falsch war und ist!

5. Die Entwicklungspolitik wird immer wieder mit der Bezeichnung „Neokolonialismus“ bezeichnet. „Das Wort Neokolonialismus will – wenn es exakt gebraucht wird – sagen, dass Kräfte am Werk sind, die versuchen, Abhängigkeiten und Ausbeutungsmechanismen des Kolonialzeitalters mit anderen, weniger auffälligen Mitteln zu konservieren oder neu zu etablieren. Es wäre einigermaßen erstaunlich, wenn es solche Kräfte nicht gäbe. Die koloniale Vergangenheit liegt erst wenige Jahre zurück und politische Unabhängigkeit ist nicht gleichbedeutend mit wirtschaftlicher.“[2]

   5.1 Welche Vorstellung(en) verknüpfen Sie mit dem Begriff Kolonialismus?

   5.2 Was soll damit gesagt werden, wenn behauptet wird, Entwicklungspolitik sei Neokolonialismus?

   5.3 Nehmen Sie aus Ihrer Sicht Stellung zum Vorwurf des Neokolonialismus!

6. Nehmen Sie zu der These Stellung, dass die Förderung des Außenhandels die beste Entwicklungshilfe sei!
7. Erläutern Sie folgende Aussage: „Entwicklungspolitik ist auch Weltwirtschaftspolitik“!

---

1 OBERNDÖRFER, D., a. a. O., S. 194.

2 EPPLER, E.: Wenig Zeit für die Dritte Welt, 5. Aufl. 1972, S. 124.

8. 8.1 Erklären Sie, was unter fairem Handel zu verstehen ist!

8.2 **Arbeitsauftrag:** Erkunden Sie im Einzelhandel, in Kantinen und Restaurants, ob und welche Produkte aus fairem Handel stammen!

9. Erklären Sie den Begriff „Bevölkerungsexplosion"!

10. Ende der 60er-Jahre hatte die Wachstumsrate der Weltbevölkerung ihr Maximum von 2% pro Jahr erreicht; seither ist ein Rückgang auf 1,7% zu verzeichnen. Trotzdem wird die Bevölkerungszunahme von heute bis weit in das nächste Jahrtausend hineinreichen.

    Erklären Sie, warum das so ist!

11. Nennen Sie – außer der Bevölkerungsexplosion – weitere Problembereiche der Entwicklungsländer und damit der Entwicklungspolitik!

12. Auf der Erde werden mehr Nahrungsmittel erzeugt als für die Ernährung aller Menschen notwendig ist. In vielen Ländern gibt es jedoch zu wenig Grundnahrungsmittel. Gibt es Möglichkeiten, diesen Widerspruch aufzulösen?

Stichwortverzeichnis

37 Hartmann – ISBN 978-3-8120-0320-9

H

I